2022

SOLDADO POLÍCIA MILITAR DO AMAPÁ - PMAP

EDITORA
AlfaCon
Concursos Públicos

Proteção de direitos

Todos os direitos autorais desta obra são reservados e protegidos pela Lei nº 9.610/98. É proibida a reprodução de qualquer parte deste material didático, sem autorização prévia expressa por escrito do autor e da editora, por quaisquer meios empregados, sejam eletrônicos, mecânicos, videográficos, fonográficos, reprográficos, microfílmicos, fotográficos, gráficos ou quaisquer outros que possam vir a ser criados. Essas proibições também se aplicam à editoração da obra, bem como às suas características gráficas.

Diretor Geral: Evandro Guedes
Diretor de TI: Jadson Siqueira
Diretor Editorial: Javert Falco
Gerente Editorial: Mariana Passos
Editor Responsável: Mateus Ruhmke Vazzoller
Revisão de Texto: Paula Craveiro
Coordenação de Editoração: Alexandre Rossa
Diagramação: Emilly Lazarotto

Língua Portuguesa
Pablo Jamilk
Raciocínio Lógico e Matemática
Daniel Lustosa

Noções Direito Constitucional
Daniel Sena
Noções de Direito Administrativo
Evandro Guedes

Noções de Direito Peral
André Adriano, Gustavo Muzy, Eduardo Labruna, Evandro Guedes
Noções de Direitos Humanos
Diogo Medeiros, Nilton Maos

Dados Internacionais de Catalogação na Publicação (CIP)
Jéssica de Oliveira Molinari CRB-8/9852

S668
Soldado da brigada militar do estado do Amapá / Equipe de professores alfacon. -- 1. ed. -- Cascavel, PR : AlfaCon, 2022.
   408 p : il.

Bibliografia
ISBN 978-65-5918-399-9

1. Serviço público - Concursos – Brasil 2. Polícia militar – Amapá – Concursos 3. Língua portuguesa 4. Matemática 5. Raciocínio lógico 6. Direito I. Título

22-1957   CDD 351.81076

Índices para catálogo sistemático:
1. Serviço público - Brasil - Concursos

Dúvidas?
Acesse: www.alfaconcursos.com.br/atendimento
Núcleo Editorial:
   Rua: Paraná, nº 3193, Centro - Cascavel/PR
   CEP: 85.810-010
Núcleo Comercial/Centro de Distribuição:
   Rua: Dias Leme, nº 489, Mooca - São Paulo/SP
   CEP: 03118-040
 SAC: (45) 3037-8888

Data de fechamento 1ª impressão: 03/05/2022

www.alfaconcursos.com.br/apostilas

Atualizações e erratas
Esta obra é vendida como se apresenta. Atualizações - definidas a critério exclusivo da Editora AlfaCon, mediante análise pedagógica - e erratas serão disponibilizadas no site www.alfaconcursos.com.br/codigo, por meio do código disponível no final do material didático Ressaltamos que há a preocupação de oferecer ao leitor uma obra com a melhor qualidade possível, sem a incidência de erros técnicos e/ou de conteúdo. Caso ocorra alguma incorreção, solicitamos que o leitor, atenciosamente, colabore com sugestões, por meio do setor de atendimento do AlfaCon Concursos Públicos.

APRESENTAÇÃO

A chance de fazer parte do Serviço Público chegou, e a oportunidade está no concurso para **SOLDADO - POLÍCIA MILITAR DO AMAPÁ - PMAP.** Neste universo dos concursos públicos, estar bem-preparado faz toda a diferença e para ingressar nesta carreira, é fundamental que esteja preparado com os conteúdos que o AlfaCon julga mais importante solicitados no edital de 28 de abril de 2022.

Aqui, você encontrará os conteúdos básicos de:

> - Língua Portuguesa
> - Raciocínio Lógico e Matemática
> - Noções de Direito Constitucional
> - Noções de Direito Administrativo
> - Noções de Direito Penal
> - Noções de Direitos Humanos

E, on-line, por meio do código de resgate, você encontra as disciplinas de conhecimentos específicos para cada área:

> - **Atualidades**
> - **História do Amapá**
> - **Geografia do Amapá**

O AlfaCon preparou todo o material com explicações, reunindo os principais conteúdos relacionados a prova, dando ênfase aos tópicos mais cobrados. ESTEJA ATENTO AO CONTEÚDO ONLINE POR MEIO DO CÓDIGO DE RESGATE, para que você tenha acesso a todo conteúdo do solicitado pelo edital.

Desfrute de seu material o máximo possível, estamos juntos nessa conquista!

Bons estudos e rumo à sua aprovação!

COMO ESTUDAR PARA UM CONCURSO PÚBLICO!

Para se preparar para um concurso público, não basta somente estudar o conteúdo. É preciso adotar metodologias e ferramentas, como plano de estudo, que ajudem o concurseiro em sua organização.

As informações disponibilizadas são resultado de anos de experiência nesta área e apontam que estudar de forma direcionada traz ótimos resultados ao aluno.

CURSO ON-LINE GRATUITO

- Como montar caderno
- Como estudar
- Como e quando fazer simulados
- O que fazer antes, durante e depois de uma prova!

Ou pelo link: alfaconcursos.com.br/cursos/material-didatico-como-estudar

ORGANIZAÇÃO

Organização é o primeiro passo para quem deseja se preparar para um concurso público.

Conhecer o conteúdo programático é fundamental para um estudo eficiente, pois os concursos seguem uma tendência e as matérias são previsíveis. Usar o edital anterior - que apresenta pouca variação de um para outro - como base é uma boa opção.

Quem estuda a partir desse núcleo comum precisa somente ajustar os estudos quando os editais são publicados.

PLANO DE ESTUDO

Depois de verificar as disciplinas apresentadas no edital, as regras determinadas para o concurso e as características da banca examinadora, é hora de construir uma tabela com seus horários de estudo, na qual todas as matérias e atividades desenvolvidas na fase preparatória estejam dispostas.

PASSO A PASSO

VEJA AS ETAPAS FUNDAMENTAIS PARA ORGANIZAR SEUS ESTUDOS

PASSO 1 — Selecionar as disciplinas que serão estudadas.

PASSO 2 — Organizar sua rotina diária: marcar pontualmente tudo o que é feito durante 24 horas, inclusive o tempo que é destinado para dormir, por exemplo.

PASSO 3 — Organizar a tabela semanal: dividir o horário para que você estude 2 matérias por dia e também destine um tempo para a resolução de exercícios e/ou revisão de conteúdos.

PASSO 4 — Seguir rigorosamente o que está na tabela, ou seja, destinar o mesmo tempo de estudo para cada matéria. Por exemplo: 2h/dia para cada disciplina.

PASSO 5 — Reservar um dia por semana para fazer exercícios, redação e também simulados.

Esta tabela é uma sugestão de como você pode organizar seu plano de estudo. Para cada dia, você deve reservar um tempo para duas disciplinas e também para a resolução de exercícios e/ou revisão de conteúdos. Fique atento ao fato de que o horário precisa ser determinado por você, ou seja, a duração e o momento do dia em que será feito o estudo é você quem escolhe.

TABELA SEMANAL

SEMANA	SEGUNDA	TERÇA	QUARTA	QUINTA	SEXTA	SÁBADO	DOMINGO
1							
2							
3							
4							

SUMÁRIO

LÍNGUA PORTUGUESA 9
1. Níveis de análise da língua 10
2. Morfologia classes de palavras 10
3. Pronomes 24
4. Substantivo 28
5. Verbo 29
6. Sintaxe básica da oração e do período 37
7. Concordância verbal e nominal 44
8. Acentuação gráfica 48
9. Colocação pronominal 51
10. Regência verbal e nominal 53
11. Crase 56
12. Pontuação 59
13. Tipologia textual 62
14. Compreensão e interpretação de textos 64
15. Paráfrase um recurso precioso 67
16. Ortografia 69
17. Acordo ortográfico da língua portuguesa 76
18. Interpretação de textos 82
19. Demais tipologias textuais 85
20. Interpretação de texto poético 90
21. Estrutura e formação de palavras 96
22. Figuras de linguagem 100

RACIOCÍNIO LÓGICO E MATEMÁTICA 104
1. Proposições 105
2. Argumentos 112
3. Psicotécnicos 116
4. Análise combinatória 120
5. Probabilidade 124
6. Sequências numéricas 127
7. Razões e proporções 131
8. Porcentagem e juros 134

NOÇÕES DE DIREITO CONSTITUCIONAL 136
1. Introdução ao Direito Constitucional 137
2. Princípios Fundamentais 139
3. Direitos Fundamentais - regras gerais 145
4. Direitos e Deveres Individuais e Coletivos 150
5. Direitos e Deveres Individuais e Coletivos 155
6. Direitos Sociais e Nacionalidade 166

SUMÁRIO

7. Direitos Políticos e Partidos Políticos 172
8. Da Organização Político-Administrativa 176
9. Administração Pública 187
10. Poder Legislativo 201
11. Poder Executivo 214
12. Poder Judiciário 221
13. Funções Essenciais à Justiça 234
14. Defesa do Estado e das Instituições Democráticas 244
15. Ordem Social 252

NOÇÕES DE DIREITO ADMINISTRATIVO 256
1. Introdução ao Direito Administrativo 257
2. Administração Pública 261
3. Princípios Fundamentais da Administração Pública 267
4. Poderes e Deveres Administrativos 272
5. Serviços Públicos 278
6. Ato Administrativo 288
7. Contratos 293
8. Agentes Públicos 305
9. Responsabilidade Civil do Estado 306

NOÇÕES DE DIREITO PENAL 308
1. Introdução ao Direito Penal e Aplicação da lei Penal 309
2. Do Crime 320
3. Dos crimes contra a fé pública 332
4. Dos crimes contra administração pública 336
5. Lei nº 9.455/1997 - Lei de tortura 366
6. Lei nº 13.869/2019 - Lei de abuso de autoridade 370

NOÇÕES DE DIREITOS HUMANOS 374
1. Teoria geral e caracterização dos Direitos Humanos 375
2. Afirmação histórica e vertentes dos Direitos Humanos 378
3. Direitos Humanos e Responsabilidade do Estado 382
4. A constituição e os tratados internacionais de Direitos Humanos 385
5. Programa Nacional de Direitos Humanos (PNDH-3) 389
6. Declaração Universal dos Direitos Humanos (DUDH) 397
7. Direitos Humanos, minorias e grupos vulneráveis 401

LÍNGUA PORTUGUESA

NÍVEIS DE ANÁLISE DA LÍNGUA

1. NÍVEIS DE ANÁLISE DA LÍNGUA

Vamos começar o nosso estudo fazendo uma distinção entre quatro níveis de análise da Língua Portuguesa, afinal, você não pode confundir-se na hora de estudar. Fique ligado nessa diferença:

→ **Nível Fonético / Fonológico:** estuda a produção e articulação dos sons da língua.

→ **Nível Morfológico:** estuda a estrutura e a classificação das palavras.

→ **Nível Sintático:** estuda a função das palavras dentro de uma sentença.

→ **Nível Semântico:** estuda as relações de sentido construídas entre as palavras.

Na Semântica, estudaremos, entre outras coisas, a diferença entre linguagem de sentido denotativo (ou literal, do dicionário) e linguagem de sentido conotativo (ou figurado).

Ex: Rosa é uma flor.

01. Morfologia:
Rosa: substantivo;
Uma: artigo;
É: verbo ser;
Flor: substantivo

02. Sintaxe:
Rosa: sujeito;
É uma flor: predicado;
Uma flor: predicativo do sujeito.

03. Semântica:
Rosa pode ser entendida como uma pessoa ou como uma planta, depende do sentido.

Vamos, a partir de agora, estudar as classes de palavras.

2. MORFOLOGIA CLASSES DE PALAVRAS

Antes de mergulhar nas conceituações, vamos fazer uma lista para facilitar o nosso estudo: classe e exemplo.

Artigo: o, a, os, as, um, uma, uns, umas.
Adjetivo: Legal, interessante, capaz, brasileiro, francês.
Advérbio: Muito, pouco, bem, mal, ontem, certamente
Conjunção: Que, caso, embora.
Interjeição: Ai! Ui! Ufa! Eita.
Numeral: Sétimo, vigésimo, terço.
Preposição: A, ante, até, após, com, contra, de, desde, em, entre.
Pronome: Cujo, o qual, quem, eu, lhe.
Substantivo: Mesa, bicho, concursando, Pablo, José.
Verbo: Estudar, passar, ganhar, gastar.

2.1 Substantivos

Os substantivos são palavras que nomeiam seres reais ou imaginários, objetos, lugares ou estados de espírito.

Eles podem ser:

→ Comuns: quando designam seres da mesma espécie.
gato, mulher, árvore

→ Próprios: quando se referem a um ser em particular.
Bahia, Clarice Lispector, Japão

→ Concretos: que designam seres reais no mundo ou na mente.
menino, bolo, jacaré, duende

→ Abstratos: que designam sentimentos, qualidades, estados ou ações dos seres.
saudade, tristeza, dor, sono (sensações)
beleza, destreza (qualidades)
vida, morte (estados)
estudo, trabalho, luta (ações)

→ Simples: que são formados por um único radical.
garrafa, porta, camiseta, neve

→ Compostos: que são formados por mais de um radical.
passatempo, guarda-chuva

→ Primitivos: que não derivam de outra palavra da língua portuguesa.
pulso, dente

→ Derivados: que derivam de outra palavra.
pulseira, dentista

→ Coletivos: que nomeiam seres da mesma espécie.
alcateia, arquipélago, biblioteca

Há a possibilidade de que palavras de outras classes gramaticais tenham função de substantivo em uma frase, oração ou período, e quando isso ocorre são chamadas Palavras Substantivadas. Para isso, o artigo precede a palavra.

Ainda não sei o porquê do livro não ter sido devolvido.

2.2 Artigo

O artigo é a palavra variável que tem por função individualizar algo, ou seja, possui como função primordial indicar um elemento, por meio de definição ou indefinição da palavra que, pela anteposição do artigo, passa a ser substantivada. Os artigos se subdividem em:

Artigos definidos: **o, a, os, as** - porque definem o substantivo a que se referem.

Hoje à tarde, falaremos sobre **a** aula da semana passada.

Na última aula, falamos **do** conteúdo programático.

Artigos indefinidos: **um, uma, uns, umas** - porque indefinem o substantivo a que se referem.

Assim que eu passar no concurso, eu irei comprar **um** carro.

Pela manhã, papai, apareceu **um** homem da loja aqui.

É importante ressaltar que os artigos podem ser contraídos com algumas preposições essenciais, como demonstraremos na tabela a seguir:

Prepo-sições	Artigo							
	Definido				Indefinido			
	o	a	os	as	um	uma	uns	umas
A	ao	à	aos	às	-	-	-	-
De	do	da	dos	das	dum	duma	duns	dumas
Em	no	na	nos	nas	num	numa	nuns	numas
Per	pelo	pela	pelos	pelas	-	-	-	-
Por	polo	pola	polos	polas	-	-	-	-

O artigo é utilizado para substantivar um termo. Ou seja, quer transformar algo em um substantivo? Coloque um artigo em sua frente.

"Cantar alivia a alma." (Verbo)

"O cantar alivia a alma." (Substantivo)

Emprego do artigo com a palavra "todo":

Quando inserimos artigos ao lado do termo "todo", em geral, o sentido da expressão passa a designar totalidade. Como no exemplo abaixo:

Pobreza é um problema que acomete todo país.

(todos os países)

Pobreza é um problema que acomete todo o país.

(o país em sua totalidade).

2.3 Pronome

Os pronomes são palavras que determinam ou substituem substantivos, indicando a pessoa do discurso – que é quem participa ou é objeto do ato comunicativo.

Os pronomes podem ser pessoais, possessivos, demonstrativos, indefinidos, relativos ou interrogativos.

Pronomes substantivos e adjetivos

É chamado pronome substantivo quando um pronome substitui um substantivo.

É chamado pronome adjetivo quando determina o substantivo com o qual se encontra.

Pronomes pessoais

Pronomes pessoais representam as pessoas do discurso, substituindo o substantivo.

Existem três pessoas do discurso – ou gramaticais:

> 1ª pessoa: eu, nós
> 2ª pessoa: tu, vós
> 3ª pessoa: ele, ela, eles, elas

Os pronomes pessoais podem ser:

→ Retos: têm função, em regra, como sujeito da oração.
→ Oblíquos: têm função de objeto ou complemento.

2.4 Pronomes de Tratamento

Estes são os pronomes utilizados para nos referirmos às pessoas. Eles podem ser cerimoniosos ou familiares, dependendo da pessoa com a qual falamos; considera-se a idade, o cargo e o título, dentre outros, para escolher o tratamento adequado.

É importante ressaltar que as abreviaturas devem, de modo geral, ser evitadas.

Exemplos de pronomes de tratamento:

Você: tratamento informal

Senhor, senhora: tratamento de respeito

Vossa Excelência: altas autoridades

Vossa Reverendíssima: para sacerdotes

Vossa Alteza: para príncipes, princesas e duques

Pronomes possessivos

São os pronomes que atribuem posse de algo às pessoas do discurso.

Eles podem estar em:

> 1ª pessoa do singular: meu, minha, meus, minhas
> 2ª pessoa do singular: teu, tua, teus, tuas
> 3ª pessoa do singular: seu, sua, seus, suas
> 1ª pessoa do plural: nosso, nossa, nossos, nossas
> 2ª pessoa do plural: vosso, vossa, vossos, vossas
> 3ª pessoa do plural: seu, sua, seus, suas

Pronomes demonstrativos

São os que indicam lugar, posição ou identidade dos seres, relativamente às pessoas do discurso.

São eles:

este(s), esta(s), esse(s), essa(s), aquele(s), aquela(s), aqueloutro(s), aqueloutra(s), mesmo(s), mesma(s), próprio(s), própria(s), tal, tais, semelhante(s).

Pronomes relativos

São palavras que representam substantivos já citados, com os quais estão relacionadas.

Eles podem ser:

→ Variáveis:
> Masculino: o qual, os quais, cujo, cujos, quanto, quantos.
> Femininos: a qual, as quais, cuja, cujas, quanta, quantas.
→ Invariáveis: quem, que, onde.

Os pronomes relativos podem unir duas orações como em:

Da árvore caíram maçãs, que foram recolhidas.

Pronomes indefinidos

São os pronomes que se referem, de forma imprecisa e vaga, à 3ª pessoa do discurso.

Eles podem ser:

→ Pronomes indefinidos substantivos

MORFOLOGIA CLASSES DE PALAVRAS

Têm função de substantivo: alguém, algo, nada, tudo, ninguém.

→ Pronomes indefinidos adjetivos

Têm função de adjetivo: cada, certo(s), certa (s).

→ Que variam entre pronomes adjetivos e substantivos

Variam de acordo com o contexto: algum, alguma, bastante, demais, mais, qual etc.

Locuções pronominais indefinidas

Cada qual, cada um, seja qual for, tal qual, um ou outro etc.

Pronomes interrogativos

São os pronomes utilizados em frases interrogativas e, assim como os pronomes indefinidos, não imprecisos para com a 3ª pessoa do plural.

Exemplos:
Quem foi?
Quantos professores vieram hoje?
Lutar contra quê?

Verbo

O verbo é uma palavra que exprime um estado, uma ação, um fato ou um fenômeno.

Ele possui diferentes formas, por suas flexões, para indicar a pessoa do discurso, o número, o tempo, o modo e a voz.

Pessoa e número

O verbo pode variar indicando a pessoa e o número:
> 1ª pessoa: eu ando (singular) / nós andamos
> 2ª pessoa: tu anda (singular) / vós andais
> 3ª pessoa: ele anda (singular) / eles andam

Tempos verbais

Os tempos têm a função de situar uma ação ou um acontecimento e podem ser:
→ Presente: Agora eu escrevo.
→ Pretérito (passado):
> Imperfeito: Depois de ler, ele fechava o livro.
> Perfeito: Ele fechou o livro.
> Mais-que-perfeito: Quando vi, ele já fechara o livro.
→ Futuro:
> Do presente: Indiara ganhará o presente.
> Do pretérito: Indiara ganharia o presente.

Modos verbais

Existem três modos de um fato se realizar:
→ Indicativo: Exprime um fato certo e positivo.
→ Imperativo: Exprime uma ordem, proibição, pedido, conselho.
→ Subjuntivo: Enuncia um fato hipotético, possível.

Formas nominais

As formas nominais enunciam, de forma imprecisa, vaga e impessoal, um fato.

São elas:
→ Infinitivo: prender, vender.
→ Gerúndio: prendendo, vendendo.
→ Particípio: prendido, vendido.

Além disso, o infinitivo pode ser pessoal ou impessoal, sendo:
→ Pessoal: quando tem sujeito.
→ Impessoal: quando não tem sujeito.

Também pode ser flexionado ou não flexionado
→ Flexionado: comeres tu, comermos nós, comerdes vós, comerem eles.
→ Não flexionado: comer eu, comer ele.

Verbos auxiliares

São os que se unem a uma forma nominal de outro verbo para formar voz passiva, tempos compostos e locuções verbais.

Principais verbos auxiliares: ter, haver, ser, estar.

Voz

Quanto à voz, os verbos podem ser classificados em:
→ Ativos
→ Passivos
→ Reflexivos

Conjugações

Podem-se agrupar os verbos em três conjugações, de acordo com a terminação do infinitivo.
> 1ª conjugação: terminados em -ar: cantar
> 2ª conjugação: terminados em -er: bater
> 3ª conjugação: terminados em -ir: fingir

As conjugações são caracterizadas pelas vogais temáticas A, E e I.

Elementos estruturais do verbo

É necessário identificar o radical, o elemento básico, e a terminação, que varia indicando tempo e modo, e pessoa e número.

Exemplo: dançar | danç- (radical) -ar (terminação)

Na terminação é encontrada ao menos um dos seguintes elementos:
→ Vogal temática: que caracteriza a conjugação.
→ Desinência modo-temporal: indica o modo e o tempo do verbo.
→ Desinência número pessoal: indica se seria a 1ª, 2ª ou 3ª pessoa e se seria do plural ou do singular.

Tempos primitivos e derivados

Os tempos podem ser divididos em primitivos e derivados, que podem ser:

→ Presente do infinitivo:

Exemplo: reclamar

> Pretérito imperfeito do indicativo: reclamava, reclamavas.
> Futuro do presente: reclamarei, reclamarás.
> Futuro do pretérito: reclamaria, reclamarias.
> Infinitivo pessoal: reclamar, reclamares.
> Gerúndio: reclamando.
> Particípio: reclamado.

→ Presente do indicativo:

Exemplo: guardo, guardas, guardais

> Presente do subjuntivo - guardo: guarda, guardas, guarda, guardamos, guardais, guardam
> Imperativo afirmativo - guardas: guarda, guardais

→ Pretérito perfeito do indicativo:

Exemplo: guardaram

> Pretérito mais que perfeito do indicativo: guardara, guardaras
> Pretérito imperfeito do subjuntivo: guardasse, guardasses
> Futuro do subjuntivo: guardares

Modo imperativo

O imperativo se dá de duas formas:

→ Imperativo afirmativo:
> 2ª pessoa do singular e a 2ª pessoa do plural: derivam das pessoas equivalentes do presente do indicativo e suprime-se o s final.
> demais pessoas: continuam como no presente do subjuntivo, sem alteração.

→ Imperativo negativo: as pessoas são iguais às equivalentes do presente do subjuntivo.

Tempos compostos

→ Da voz ativa: é formado pelo particípio do verbo principal, precedido pelos verbos auxiliares ter ou haver.
→ Da voz passiva: é formado quando o verbo principal, no particípio, é precedido pelos auxiliares ter (ou haver) e ser, de forma conjunta.
→ Locuções verbais: são formadas por um verbo principal, no gerúndio ou infinitivo, precedido por um verbo auxiliar.

Verbos regulares, irregulares e defectivos

A conjugação dos verbos pode ser dividida em:

→ Regular: são os que seguem um modelo comum de conjugação, mantendo o radical invariável
→ Irregular: são os que são alterados no radical e/ou nas terminações.
→ Defectiva: são os que não são usados em certos modos por não terem a conjugação completa.

Emprego do verbo haver

O verbo haver é utilizado, principalmente, para expressar ter ou existir, mas pode indicar, também, estar presente, decorrer, fazer, recuperar, julgar, acontecer, comportar-se, entender-se e o ato de ter existência. Além disso, ele possui diversas particularidades na conjugação.

O verbo haver é um verbo irregular, que passa por alterações tanto no seu radical, quanto nas suas terminações, quando conjugado.

→ Presente do indicativo:
> (eu) hei
> (tu) hás
> (ele) há
> (nós) havemos
> (vós) haveis
> (eles) hão

No pretérito perfeito do indicativo, no pretérito mais-que-perfeito do indicativo, no pretérito imperfeito do subjuntivo e no futuro do subjuntivo, o radical hav- se transformará em houv-.

→ Pretérito perfeito do indicativo
> (eu) houve
> (tu) houveste
> (ele) houve
> (nós) houvemos
> (vós) houvestes
> (eles) houveram

→ Futuro do subjuntivo
> (quando eu) houver
> (quando tu) houveres
> (quando ele) houver
> (quando nós) houvermos
> (quando vós) houverdes
> (quando eles) houverem

Nos demais tempos verbais, o radical hav- passa a ser haj-, no presente do subjuntivo e no imperativo.

→ Presente do subjuntivo
> (que eu) haja
> (que tu) hajas
> (que ele) haja
> (que nós) hajamos
> (que vós) hajais
> (que eles) hajam

LÍNGUA PORTUGUESA

MORFOLOGIA CLASSES DE PALAVRAS

Quando o verbo haver é utilizado para indicar tempo ou com o sentido de existir, ele será impessoal e sem sujeito, sendo conjugado apenas na 3ª pessoa do singular.

> Presente do indicativo: há
> Pretérito perfeito do indicativo: houve
> Pretérito imperfeito do indicativo: havia
> Pretérito mais-que-perfeito do indicativo: houvera
> Futuro do presente do indicativo: haverá
> Futuro do pretérito do indicativo: haveria
> Presente do subjuntivo: que haja
> Pretérito imperfeito do subjuntivo: se houvesse
> Futuro do subjuntivo: quando houver

Esse verbo pode ser, também, verbo auxiliar na formação de tempos compostos. Para tal, ele substitui o verbo ter, apresentando ainda o mesmo sentido, e pode ser conjugado em todas as pessoas verbais.

→ Pretérito mais-que-perfeito composto do indicativo
> (Eu) havia + particípio do verbo principal
> (Tu) havias + particípio do verbo principal
> (Ele) havia + particípio do verbo principal
> (Nós) havíamos + particípio do verbo principal
> (Vós) havíeis + particípio do verbo principal
> (Eles) haviam + particípio do verbo principal

→ Haver ou a ver

Para referir-se a algo que possui relação para com alguma coisa, a expressão correta é a ver.

2.5 Adjetivo

É a palavra variável que expressa uma qualidade, característica ou origem de algum substantivo ao qual se relaciona.

Meu terno é azul, elegante e italiano.

Analisando, entendemos assim:

Azul: característica.
Elegante: qualidade.
Italiano: origem.

Estrutura e a classificação dos adjetivos. Com relação à sua formação, eles podem ser:

Explicativos: quando a característica é comum ao substantivo referido.
Fogo **quente**, Homem **mortal**. (Todo fogo é quente, todo homem é mortal)

Restritivos: quando a característica não é comum ao substantivo, ou seja, nem todo substantivo é assim caracterizado.
Terno **azul**, Casa **grande**. (Nem todo terno é azul, nem toda casa é grande)

Simples: quando possui apenas uma raiz.
amarelo, brasileiro, competente, sagaz, loquaz, inteligente, grande, forte etc.

Composto: quando possui mais de uma raiz.
amarelo-canário, luso-brasileiro, verde-escuro, vermelho-sangue etc.

Primitivo: quando pode dar origem a outra palavra, não tendo sofrido derivação alguma.
bom, legal, grande, rápido, belo etc.

Derivado: quando resultado de um processo de derivação, ou seja, oriundo de outra palavra.
bondoso (de bom), grandioso (de grande), maléfico (de mal), esplendoroso (de esplendor) etc.

Os adjetivos que designam origem de algum termo são denominados adjetivos pátrios ou gentílicos.

Uma lista de adjetivos pátrios de estado:

Adjetivos Pátrios	
Acre	Acriano
Alagoas	Alagoano
Amapá	Amapaense
Aracaju	Aracajuano ou Aracajuense
Amazonas	Amazonense ou Baré
Belém(PA)	Belenense
Belo Horizonte	Belo-horizontino
Boa Vista	Boa-vistense
Brasília	Brasiliense
Cabo Frio	Cabo-friense
Campinas	Campineiro ou Campinense
Curitiba	Curitibano
Espírito Santo	Espírito-santense ou Capixaba
Fernando de Noronha	Noronhense
Florianópolis	Florianopolitano
Fortaleza	Fortalezense
Goiânia	Goianiense
João Pessoa	Pessoense
Macapá	Macapaense
Maceió	Maceioense
Manaus	Manauense
Maranhão	Maranhense
Marajó	Marajoara
Natal	Natalense ou Papa-jerimum
Porto Alegre	Porto Alegrense
Ribeirão Preto	Ribeiropretense
Rio de Janeiro(Estado)	Fluminense
Rio de Janeiro(Cidade)	Carioca
Rio Branco	Rio-branquense
Rio grande do Norte	Rio-grandense-do-norte, Norte-riograndense ou Potiguar

Rio grande do Sul	Rio-grandense-do-sul, Sul-rio-grandense ou Gaúcho
Rondônia	Rondoniano
Roraima	Roraimense
Salvador	Salvadorense ou Soteropolitano
Santa Catarina	Catarinense ou Barriga-verde
Santarém	Santarense
São Paulo (Estado)	Paulista
São Paulo (Cidade)	Paulistano
Sergipe	Sergipano
Teresina	Teresinense
Tocantins	Tocantinense

Países	
Croácia	Croata
Costa rica	Costarriquense
Curdistão	Curdo
Estados Unidos	Estadunidense, norte-americano ou ianque
El Salvador	Salvadorenho
Guatemala	Guatemalteco
Índia	Indiano ou hindu (os que professam o hinduísmo)
Israel	Israelense ou israelita
Irã	Iraniano
Moçambique	Moçambicano
Mongólia	Mongol ou mongólico
Panamá	Panamenho
Porto Rico	Porto-riquenho
Somália	Somali

Adjetivos pátrios compostos

Na formação de adjetivos pátrios compostos, o primeiro elemento aparece na forma reduzida e, normalmente, erudita.

Observe alguns exemplos:

Adjetivos Pátrios Compostos	
África	Afro-/Cultura afro-americana
Alemanha	Germano- ou teuto-/Competições teutoinglesas
América	Américo-/Companhia américo-africana
Ásia	Ásio-/Encontros ásio-europeus
Áustria	Austro-/Peças austro-búlgaras
Bélgica	Belgo-/Acampamentos belgo-franceses
China	Sino-/Acordos sino-japoneses
Espanha	Hispano-/Mercado hispano-português
Europa	Euro-/Negociações euro-americanas
França	Franco- ou galo-/Reuniões franco-italianas
Grécia	Greco-/Filmes greco-romanos
Índia	Indo-/Guerras indo-paquistanesas
Inglaterra	Anglo-/Letras anglo-portuguesas
Itália	Ítalo-/Sociedade ítalo-portuguesa
Japão	Nipo-/Associações nipo-brasileiras
Portugal	Luso-/Acordos luso-brasileiros

Locução adjetiva

Expressão que tem valor adjetival, mas que é formada por mais de uma palavra. Geralmente, concorrem para sua formação uma preposição e um substantivo. Veja alguns exemplos.

Locução Adjetiva	Adjetivo
de águia	Aquilino
de aluno	Discente
de anjo	Angelical
de ano	Anual
de aranha	Aracnídeo
de asno	Asinino
de baço	Esplênico
de bispo	Episcopal
de bode	Hircino
de boi	Bovino
de bronze	Brônzeo ou êneo
de cabelo	Capilar
de cabra	Caprino
de campo	Campestre ou rural
de cão	Canino
de carneiro	Arietino
de cavalo	Cavalar, equino, equídeo ou hípico
de chumbo	Plúmbeo
de chuva	Pluvial
de cinza	Cinéreo
de coelho	Cunicular
de cobre	Cúprico
de couro	Coriáceo
de criança	Pueril
de dedo	Digital
de diamante	Diamantino ou adamantino
de elefante	Elefantino
de enxofre	Sulfúrico
de estômago	Estomacal ou gástrico
de falcão	Falconídeos
de fera	Ferino
de ferro	Férreo
de fígado	Figadal ou hepático

MORFOLOGIA CLASSES DE PALAVRAS

de fogo	Ígneo
de gafanhoto	Acrídeo
de garganta	Gutural
de gelo	Glacial
de gesso	Gípseo
de guerra	Bélico
de homem	Viril ou humano
de ilha	Insular
de intestino	Celíaco ou entérico
de inverno	Hibernal ou invernal
de lago	Lacustre
de laringe	Laríngeo
de leão	Leonino
de lebre	Leporino
de lobo	Lupino
de lua	Lunar ou selênico
de macaco	Simiesco, símio ou macacal
de madeira	Lígneo
de marfim	Ebúrneo ou ebóreo
de Mestre	Magistral
de monge	Monacal
de neve	Níveo ou nival
de nuca	Occipital
de orelha	Auricular
de ouro	Áureo
de ovelha	Ovino
de paixão	Passional
de pâncreas	Pancreático
de pato	Anserino
de peixe	Písceo ou ictíaco
de pombo	Columbino
de porco	Suíno ou porcino
de prata	Argênteo ou argírico
de quadris	Ciático
de raposa	Vulpino
de rio	Fluvial
de serpente	Viperino
de sonho	Onírico
de terra	Telúrico, terrestre ou terreno
de trigo	Tritício
de urso	Ursino
de vaca	Vacum
de velho	Senil
de vento	Eólico
de verão	Estival

de vidro	Vítreo ou hialino
de virilha	Inguinal
de visão	Óptico ou ótico

Flexão do adjetivo

O adjetivo pode ser flexionado em gênero, número e grau.

Flexão de gênero (Masculino / Feminino)

Com relação ao gênero, os adjetivos podem ser classificados de duas formas:

Biformes: quando possuem uma forma para cada gênero.

Homem **belo** / mulher **bela**

Contexto **complicado** / questão **complicada**

Uniformes: quando possuem apenas uma forma, como se fossem elementos neutros.

Homem **fiel** / mulher **fiel**

Contexto **interessante** / questão **interessante**

Flexão de número (Singular / Plural)

Os adjetivos simples seguem a mesma regra de flexão que os substantivos simples, portanto essas regras serão descriminadas no quadro de número dos substantivos. Serão, por regra, flexionados os adjetivos compostos que, em sua formação, possuírem dois adjetivos. A flexão ocorrerá apenas no segundo elemento da composição.

Guerra greco-**romana** - Guerras greco-**romanas**

Conflito **socioeconômico** - Análises **socioeconômicas**

Por outro lado, se houver um substantivo como elemento da composição, o adjetivo fica invariável.

Blusa **amarelo-canário** - Blusas **amarelo-canário**

Mesa **verde-musgo** - Mesas **verde-musgo**

O caso em questão também pode ocorrer quando um substantivo passa a ser, por derivação imprópria, um adjetivo, ou seja, também serão invariáveis os "substantivos adjetivados".

Terno cinza - Ternos cinza

Vestido rosa - Vestidos rosa

E também:

surdo mudo - surdos mudos

pele vermelha - peles vermelhas

Azul-marinho e azul-celeste são invariáveis.

Flexão de grau (Comparativo e Superlativo)

Há duas maneiras de se estabelecer o grau do adjetivo: por meio do grau comparativo e por meio do grau superlativo.

Vejamos como isso ocorre.

Grau comparativo: estabelece um tipo de comparação de características, sendo estabelecido de três maneiras:

Inferioridade: O açúcar é **menos** doce (do) **que** os teus olhos.

Igualdade: O meu primo é **tão** estudioso **quanto** o meu irmão.

Superioridade: Gramática **é mais legal** (do) **que** Matemática.

Grau superlativo: reforça determinada qualidade em relação a um referente. Pode-se estabelecer o grau superlativo de duas maneiras:

Relativo: em relação a um grupo.

De superioridade: José é o **mais** inteligente dos alunos.

De inferioridade: O presidente foi o **menos** prestigiado da festa.

Absoluto: sem relações, apenas reforçando as características

Analítico (com auxílio de algum termo)

Pedro é muito magro.

Pedro é magro, magro, magro.

Sintético (com o acréscimo de – íssimo ou –érrimo)

Pedro é macérrimo.

Somos todos estudiosíssimos.

Veja, agora, uma tabela de superlativos sintéticos.

Superlativos	
Grau normal	Superlativos
Ágil	Agilíssimo
Agradável	Agradabilíssimo
Agudo	Acutíssimo ou Agudíssimo
Alto	Altíssimo, Sumo ou Supremo
Amargo	Amaríssimo ou Marguíssimo
Amável	Amabilíssimo
Amigo	Amicíssimo
Antigo	Antiquíssimo
Atroz	Atrocíssimo
Baixo	Baixíssimo ou Ínfimo
Bom	Ótimo ou Boníssimo
Capaz	Capacíssimo
Célebre	Celebérrimo
Cheio	Cheíssimo
Comum	Comuníssimo
Cristão	Cristianíssimo
Cruel	Crudelíssimo
Doce	Dolcíssimo ou Docíssimo
Difícil	Dificílimo
Eficaz	Eficacíssimo
Fácil	Facílimo
Feliz	Felicíssimo
Feroz	Ferocíssimo
Fiel	Fidelíssimo
Frágil	Fragílimo
Frio	Frigidíssimo ou Friíssimo
Geral	Generalíssimo
Grande	Grandíssimo ou Máximo
Horrível	Horribilíssimo
Honorífico	Honorificentíssimo
Humilde	Humílimo ou Humildíssimo
Inimigo	Inimicíssimo
Inconstitucional	Inconstitucionalíssimo
Jovem	Juveníssimo
Livre	Libérrimo e Livríssimo
Louvável	Laudabilíssimo
Magnífico	Magnificentíssimo
Magro	Macérrimo ou Magríssimo
Mau	Péssimo ou malíssimo
Miserável	Miserabilíssimo
Mísero	Misérrimo
Miúdo	Minutíssimo
Notável	Notabilíssimo
Pequeno	Mínimo ou Pequeníssimo
Pessoal	Personalíssimo
Pobre	Paupérrimo ou Pobríssimo
Precário	Precaríssimo ou Precariíssimo
Próspero	Prospérrimo
Provável	Probabilíssimo
Sábio	Sapientíssimo
Sério	Seríssimo
Simpático	Simpaticíssimo
Simples	Simplíssimo ou Simplicíssimo
Tenaz	Tenacíssimo
Terrível	Terribilíssimo
Vão	Vaníssimo
Voraz	Voracíssimo
Vulgar	Vulgaríssimo
Vulnerável	Vulnerabilíssimo

Atente à mudança de sentido provocada pela alteração de posição do adjetivo.

Homem **grande** (alto, corpulento)

Grande homem (célebre)

Mas isso nem sempre ocorre. Se você analisar a construção "giz azul" e "azul giz", perceberá que não há diferença semântica.

2.6 Advérbio

É a palavra invariável que se relaciona ao verbo, ao adjetivo ou a outro advérbio para atribuir-lhes uma circunstância.

Os alunos saíram **apressadamente**.

O caso era muito **interessante**.

Resolvemos **muito bem** o problema.

LÍNGUA PORTUGUESA

MORFOLOGIA CLASSES DE PALAVRAS

É importante decorar essa lista de advérbios para que você consiga reconhecê-los na sentença.

→ Classificação do Advérbio:

Afirmação: sim, certamente, efetivamente etc.

Negação: não, nunca, jamais.

Intensidade: muito, pouco, assaz, bastante, mais, menos, tão, tanto, quão etc.

Lugar: aqui, ali, aí, aquém, acima, abaixo, atrás, dentro, junto, defronte, perto, longe, algures, alhures, nenhures etc.

Tempo: agora, já, depois, anteontem, ontem, hoje, jamais, sempre, outrora, breve etc.

Modo: assim, adrede, bem, mal, depressa, devagar, melhor, pior e a maior parte das palavras formadas de um adjetivo, mais a terminação "mente" (leve + mente = levemente; calma + mente = calmamente).

Inclusão: também, inclusive.

Designação: eis.

Interrogação: onde, como, quando, por que.

Também existem as chamadas locuções adverbiais que vêm quase sempre introduzidas por uma preposição: à farta (= fartamente), às pressas (= apressadamente), à toa, às cegas, às escuras, às tontas, às vezes, de quando em quando, de vez em quando etc.

Existem casos em que utilizamos um adjetivo como forma de advérbio. É o que chamamos de adjetivo adverbializado.

Aquele orador fala **belamente**.
advérbio de modo

Aquele orador fala **bonito**.
adjetivo adverbializado que tenta designar modo

2.7 Conjunção

É a palavra invariável que conecta elementos em algum encadeamento frasal. A relação em questão pode ser de natureza lógico-semântica (relação de sentido) ou apenas indicar uma conexão exigida pela sintaxe da frase.

Coordenativas

São as conjunções que conectam elementos que não possuem dependência sintática, ou seja, as sentenças que são conectadas por meio desses elementos já estão com suas estruturas sintáticas (sujeito / predicado / complemento) completas.

Aditivas: e, nem (= e não), também, que, não só... mas também, não só... como, tanto ... como, assim... como etc.

José não foi à aula **nem** fez os exercícios.
Devemos estudar **e** apreender os conteúdos.

Adversativas: mas, porém, contudo, todavia, no entanto, entretanto, senão, não obstante, aliás, ainda assim.

Os países assinaram o acordo, **mas** não o cumpriram.
A menina cantou bem, **contudo** não agradou ao público.

Alternativas: ou... ou, já ... já, seja... seja, quer... quer, ora... ora, agora... agora.

Ora diz sim, **ora** diz não.

Ou está feliz, **ou** está no ludibriando.

Conclusivas: logo, pois (depois do verbo), então, portanto, assim, enfim, por fim, por conseguinte, conseguintemente, consequentemente, donde, por onde, por isso.

O **concursando** estudou muito, **logo**, deverá conseguir seu cargo.

É professor, **por conseguinte** deve saber explicar o conteúdo.

Explicativas: Isto é, por exemplo, a saber, ou seja, verbi gratia, pois (antes do verbo), pois bem, ora, na verdade, depois, além disso, com efeito, que, porque, ademais, outrossim, porquanto etc.

Deve ter chovido, **pois** o chão está molhado.
O homem é um animal racional, **porque** é capaz de raciocinar.
Não converse agora, **que** eu estou explicando.

Subordinativas

São as conjunções que denotam uma relação de subordinação entre orações, ou seja, a conjunção subordinativa evidencia que uma oração possui dependência sintática em relação a outra. O que se pretende dizer com isso é que uma das orações envolvidas nesse conjunto desempenha uma função sintática para com sua oração principal.

Integrantes

Que, se

Sei **que** o dia do pagamento é hoje.
Vejamos **se** você consegue estudar sem interrupções.

Adverbiais

Causais: indicam a causa de algo.

Já que, porque, que, pois que, uma vez que, sendo que, como, visto que, visto como, como etc.

Não teve medo do perigo, **já que** estava protegido.
Passou no concurso, **porque** estudou muito.

Comparativas: estabelecem relação de comparação:

Como, tal como, mais...(do)que, menos...(do)que, tão como, assim como, tanto quanto etc.

Tal como procederes, receberás o castigo.
Alberto é aplicado **como** quem quer passar.

Concessivas (concessão): estabelecem relação de quebra de expectativa com respeito à sentença à qual se relacionam.

Embora, ainda que, dado que, posto que, conquanto, em que, quando mesmo, mesmo que, por menos que, por pouco que, apesar de (que).

Embora tivesse estudado pouco, conseguiu passar.
Conquanto estudasse, não conseguiu aprender.

Condicionais: estabelecem relação de condição.

Se, salvo se, caso, exceto se, contanto que, com tal que, caso, a não ser que, a menos que, sem que etc.

Se tudo der certo, estaremos em Portugal amanhã.

Caso você tenha dúvidas, pergunte a seu professor.

Consecutivas: estabelecem relação de consequência.

> Tanto que, de modo que, de sorte que, tão...que, sem que etc.

O aluno estudou **tanto que** morreu.

Timeto Amon era **tão** feio **que** não se olhava no espelho.

Conformativas: estabelecem relação de conformidade.

> Conforme, consoante, segundo, da mesma maneira que, assim como, como que etc.

Faça a prova **conforme** teu pai disse.

Todos agem **consoante** se vê na televisão.

Finais: estabelecem relação de finalidade.

> Para que, a fim de que, que, porque.

Estudou muito **para que** pudesse ter uma vida confortável.

Trabalhei **a fim de que** o resultado seja satisfatório.

Proporcionais: estabelecem relação de proporção.

> À proporção que, à media que, quanto mais... tanto mais, quanto menos... tanto menos, ao passo que etc.

À medida que o momento de realizar a prova chegava, a ansiedade de todos aumentava.

Quanto mais você estudar, **tanto mais** terá a chance de ser bem sucedido.

Temporais: estabelecem relação de tempo.

> Quando, enquanto, apenas, mal, desde que, logo que, até que, antes que, depois que, assim que, sempre que, senão quando, ao tempo que, apenas que, antes que, depois que, sempre que etc.

Quando todos disserem para você parar, continue.

Depois que terminar toda a lição, poderá descansar um pouco.

Mal chegou, já quis sair.

2.8 Interjeição

É o termo que exprime, de modo enérgico, um estado súbito de alma. Sem muita importância para a análise a que nos propomos, vale apenas lembrar que elas possuem uma classificação semântica[1]:

Dor: ai! ui!

Alegria: ah! eh! oh!

Desejo: oxalá[2]! tomara!

Admiração: puxa! cáspite! safa! quê!

Animação: eia! sus! coragem!

Aplauso: bravo! apoiado!

Aversão: ih! chi! irra! apre!

Apelo: ó, olá! psit! pitsiu! alô! socorro!

Silêncio: psit! psiu! caluda!

Interrogação, **espanto**: hem!

---
1 Segundo Napoleão Mendes de Almeida.
2 Curiosamente, esses elementos podem ser concebidos, em algumas situações, como advérbios de dúvida.

Há, também, locuções interjeitivas: **Minha nossa! Meu Deus!**

A despeito da classificação acima, o que determina o sentido da interjeição é o seu uso.

2.9 Numeral

É a palavra que indica uma quantidade, multiplicação, fração ou um lugar numa série. Os numerais podem ser divididos em:

Cardinais: quando indicam um número básico: um, dois, três, cem mil...

Ordinais: quando indicam um lugar numa série: primeiro, segundo, terceiro, centésimo, milésimo...

Multiplicativos: quando indicam uma quantidade multiplicativa: dobro, triplo, quádruplo...

Fracionários: quando indicam parte de um inteiro: meio, metade, dois terços...

Algarismo		Cardinais	Ordinais
Romanos	Arábicos		
I	1	um	primeiro
II	2	dois	segundo
III	3	três	terceiro
IV	4	quatro	quarto
V	5	cinco	quinto
VI	6	seis	sexto
VII	7	sete	sétimo
VIII	8	oito	oitavo
IX	9	nove	nono
X	10	dez	décimo
XI	11	onze	undécimo ou décimo primeiro
XII	12	doze	duodécimo ou décimo segundo
XIII	13	treze	décimo terceiro
XIV	14	quatorze ou catorze	décimo quarto
XV	15	quinze	décimo quinto
XVI	16	dezesseis	décimo sexto
XVII	17	dezessete	décimo sétimo
XVIII	18	dezoito	décimo oitavo
XIX	19	dezenove	décimo nono
XX	20	vinte	vigésimo
XXI	21	vinte e um	vigésimo primeiro
XXX	30	trinta	trigésimo
XXXL	40	quarenta	quadragésimo
L	50	cinquenta	quinquagésimo
LX	60	sessenta	sexagésimo
LXX	70	setenta	septuagésimo ou setuagésimo

MORFOLOGIA CLASSES DE PALAVRAS

Algarismo	Número	Cardinal	Ordinal
LXXX	80	oitenta	octogésimo
XC	90	noventa	nonagésimo
C	100	cem	centésimo
CC	200	duzentos	ducentésimo
CCC	300	trezentos	trecentésimo
CD	400	quatrocentos	quadringentésimo
D	500	quinhentos	quingentésimo
DC	600	seiscentos	seiscentésimo ou sexcentésimo
DCC	700	setecentos	septingentésimo
DCCC	800	oitocentos	octingentésimo
CM	900	novecentos	nongentésimo ou noningentésimo
M	1.000	mil	milésimo
X'	10.000	dez mil	dez milésimos
C'	100.000	cem mil	cem milésimos
M'	1.000.000	um milhão	milionésimo
M"	1.000.000.000	um bilhão	bilionésimo

Lista de numerais multiplicativos e fracionários:

Algarismos	Multiplicativos	Fracionários
2	duplo, dobro, dúplice	meio ou metade
3	triplo, tríplice	terço
4	quádruplo	quarto
5	quíntuplo	quinto
6	sêxtuplo	sexto
7	sétuplo	sétimo
8	óctuplo	oitavo
9	nônuplo	nono
10	décuplo	décimo
11	undécuplo	onze avos
12	duodécuplo	doze avos
100	cêntuplo	centésimo

Para realizar a leitura dos cardinais:

É necessário colocar a conjunção "e" entre as centenas e dezenas, assim como entre as dezenas e a unidade. Ex.: 3.068.724 = três milhões sessenta e oito mil setecentos e vinte e quatro. Quanto à leitura do numeral ordinal, há duas possibilidades: Quando é inferior a 2.000, lê-se inteiramente segundo a forma ordinal. 1766º = milésimo septingentésimo sexagésimo sexto. Acima de 2.000, lê-se o primeiro algarismo como cardinal e os demais como ordinais. Hodiernamente, entretanto, tem-se observado a tendência a ler os números redondos segundo a forma ordinal.

2.536º = dois milésimos quingentésimo trigésimo sexto.

8 000º = oitavo milésimo.

Para realizar a leitura do fracionário:

O numerador de um numeral fracionário é sempre lido como cardinal. Quanto ao denominador, há dois casos:

Primeiro: se for inferior ou igual a 10, ou ainda for um número redondo, será lido como ordinal 2/6 = dois sextos; 9/10 = nove décimos; centésimos (se houver).

São exceções: 1/2 = meio; 1/3 = um terço.

Segundo: se for superior a 10 e não constituir número redondo, é lido como cardinal, seguido da palavra "avos".

1/12 = um doze avos; 4/25 = quatro vinte e cinco avos.

Ao se fazer indicação de reis, papas, séculos, partes de uma obra, usam-se os numerais ordinais até décimo. A partir daí, devem-se empregar os cardinais. Século V (século quinto), século XX (vinte), João Paulo II (segundo), Bento XVI (dezesseis).

2.10 Preposição

É a palavra invariável que serve de ligação entre dois termos de uma oração ou, às vezes, entre duas orações. Costuma-se denominar "regente" o termo que exige a preposição e "regido" aquele que recebe a preposição:

Ele comprou um livro **de** poesia.

Ele tinha medo **de** ficar solitário.

Como se vê, a preposição "de", no primeiro caso, liga termos de uma mesma oração; no segundo, liga orações.

Preposições essenciais

São aquelas que têm como função primordial a conexão das palavras: a, ante, até, após, com, contra, de, desde, em, entre, para, per, perante, por, sem, sob, sobre, trás. Veja o emprego de algumas preposições:

Os manifestantes lutaram **contra** a polícia.

O aluno chegou **ao** salão rapidamente.

Aguardo sua decisão **desde** ontem.

Entre mim e ti, não há qualquer problema.

Preposições acidentais

São palavras que pertencem a outras classes, empregadas, porém, eventualmente como preposições: conforme, consoante, durante, exceto, fora, agora, mediante, menos, salvante, salvo, segundo, tirante.

O emprego das preposições acidentais é mais comum do que parece:

Todos saíram da sala, **exceto** eu.

Tirante as mulheres, o grupo que estava na sala parou de falar.

Escreveu o livro **conforme** o original.

Locuções prepositivas

Além das preposições simples, existem também as chamadas locuções prepositivas, que terminam sempre por uma preposição simples: abaixo de, acerca de, acima de, a despeito de, adiante de, a fim de, além de, antes de, ao lado de, a par de, apesar de, a respeito de, atrás de, através de, de acordo com, debaixo de, de cima de, defronte de, dentro de, depois de, diante de, embaixo de, em cima de, em frente de(a), em lugar de, em redor de, em torno de, em vez de, graças a, junto a (de), para baixo de, para cima de, para com, perto de, por baixo de, por causa de, por cima de, por detrás de, por diante de, por entre, por trás de.

CONECTIVOS

Os conectivos têm a função de ligar palavras ou orações e eles podem ser coordenativos (ligam orações coordenadas) ou subordinativos (ligam orações subordinadas).

Coordenativos

→ Conjunções coordenativas:
Iniciam orações coordenadas:
Aditivas: e
Adversativas: mas
Alternativas: ou
Conclusivas: logo
Explicativas: pois

Subordinativos

→ Pronomes relativos:
Iniciam orações adjetivas:
que
quem
cujo/cuja
o qual/a qual

→ Conjunções subordinativas:
Iniciam orações adverbiais:
Causais: porque
Comparativas: como
Concessivas: embora
Condicionais: se
Conformativas: conforme
Consecutivas: (tão) que
Finais: para que
Proporcionais: à medida que
Temporais: quando

Iniciam orações substantivas:

Integrantes: que, se

Formas variantes

Algumas palavras possuem mais de uma forma, ou seja, junto à forma padrão existem outras formas variantes.

Em algumas situações, é irrelevante a variação utilizada, mas em outros deve-se escolher a variação mais generalizada.

Exemplos:
Assobiar, assoviar
Coisa, cousa
Louro, loiro
Lacrimejar, lagrimejar
Infarto, enfarte
Diabete, diabetes
Transpassar, traspassar, trespassar

 Questões

01. (NCE) A alternativa em que **NÃO** ocorre qualquer forma de superlativo de um adjetivo é:
    a) "...é o mais esperto do mundo";
    b) "...que mesmo espécies mais longe na escala...";
    c) "...teria evoluído a partir de organismos mais simples...";
    d) "...para chegar a conclusões bem simples...";
    e) "...os animais são, sim, algo inteligentes".

02. (NCE) "...comuns a quase todos os animais..."; O trecho abaixo em que o emprego do artigo é **EQUIVOCADO** é:
    a) Ambos os animais são dotados de alguma inteligência;
    b) Todos os quatro animais de estimação sobreviveram;
    c) Os biólogos trabalharam todo o dia;
    d) Entre os animais há diversos graus de inteligência;
    e) Toda a manhã eles chegavam sempre na hora.

03. (TJ). Assinale a alternativa em que o grupo de vocábulos, a seguir, admite, exclusivamente, o artigo masculino.
    a) Conceito, poema, sentinela;
    b) Atleta, eclipse, herpes;
    c) Quadrilha, assalto, hangar;
    d) Fonema, afã, champanha;
    e) Epígrafe, introito, omoplata.

04. (TJ) Assinale a alternativa em que a classificação morfológica da palavra está **INCORRETA**.
    a) Ele jamais faria tal afirmação tão leviana e vil. Leviana é adjetivo.
    b) Nunca se soube verdadeiramente quem era culpado naquela história. Quem é pronome adjetivo interrogativo.
    c) Não sei se vocês estão conscientes da situação periclitante em que nos encontramos. Se é conjunção.
    d) A essa hora, o delegado já terá feito a ocorrência. Ocorrência é substantivo.
    e) Era mister considerar todas as particularidades daquele contrato. Mister é adjetivo.

05. (TJ) Assinale a alternativa em que o termo em negrito NÃO apresenta o valor circunstancial indicado entre parênteses.
    a) O hábito, naquele país, era comer **com as mãos**. (instrumento)
    b) **Naquele verão**, quantos teriam viajado? (tempo)
    c) **Para vencer**, precisávamos de um esforço hercúleo. (fim)
    d) Procurava, **desordenadamente**, as fichas no arquivo morto. (modo)
    e) Só se retirarão do recinto **com a minha licença**. (companhia)

06. (TJ) Assinale a alternativa em que a palavra composta inclui um elemento que originalmente é um advérbio.
    a) Maus-tratos
    b) Pré-frontal

MORFOLOGIA CLASSES DE PALAVRAS

c) Bem-humorado
d) Peça-chave
e) Maria-vai-com-as-outras

07. (FGV) Em ***Justiça justa***, ocorre um substantivo ao lado de um adjetivo dele cognato. Assinale a alternativa em que substantivo e adjetivo, respectivamente, **NÃO** sejam cognatos.
a) Lentidão – lento
b) Inércia – inercial
c) Arma – inerme
d) Perfil – perfilhado
e) Obcecação – obcecado

08. (TJ) "**Se** fosse ensinar a uma criança a beleza da música, **não** começaria **com** partituras, notas e pautas. Ouviríamos juntos **as** melodias mais gostosas e **lhe** contaria sobre os instrumentos que fazem a música. Aí, encantada com a beleza da música, ela mesma me pediria que lhe ensinasse o mistério daquelas bolinhas pretas escritas sobre cinco linhas. Porque as bolinhas pretas e as cinco linhas são apenas ferramentas para a produção da beleza musical. A experiência da beleza tem de vir antes."

(http://pensador.uol.com.br/alegria de ensinar de rubens alves/)

Assinale a alternativa que apresenta, **correta** e ***respectivamente***, as classes gramaticais a que pertencem as palavras em negrito no trecho acima.
a) Conjunção – pronome – artigo – conjunção – pronome;
b) Conjunção – advérbio – preposição – artigo – pronome;
c) Pronome – advérbio– artigo – pronome – conjunção;
d) Pronome – conjunção – preposição – conjunção – pronome;
e) Conjunção – pronome – preposição – pronome – conjunção.

09. (CEPERJ) O sentido estabelecido pelo conectivo está corretamente indicado em:
a) "engolidas ou colocadas no nariz" - oposição
b) "comunicado público sobre o perigo" – causa
c) "tem os produtos em casa" – modo
d) "brinquedo a ser recolhido" – adição
e) "para evitar acidentes" - finalidade

10. (CEPERJ) O fragmento abaixo que apresenta uma estrutura sintática comparativa é:
a) "quem lhe escreve sou eu"
b) "Porque tive de viajar para o distante país do recall."
c) "mas três meses era o mínimo."
d) "O homem não disse nada, mas seu sorriso sinistro falava por si."
e) "ninguém mais fraco do que nós."

11. (CEPERJ) "Sei que você sente muitas saudades, porque eu também sinto saudades de você." O conectivo "porque", no contexto acima, estabelece relação de:
a) Modo
b) Causa
c) Adversidade
d) Conformidade
e) Proporcionalidade

12. (FGV) "É exatamente isso o *que* tem ocorrido, nos últimos tempos, no *que* diz respeito ao direito de maior importância em uma democracia, *que* é o direito de defesa, inexistente nos Estados totalitários."
A respeito das ocorrências da palavra QUE no trecho acima, assinale a alternativa que apresente, respectivamente, sua correta classificação.
a) Conjunção subordinativa – conjunção integrante – conjunção integrante
b) Pronome relativo – pronome relativo – pronome relativo
c) Conjunção integrante – conjunção integrante – conjunção subordinativa
d) Pronome relativo – preposição – pronome relativo
e) Conjunção integrante – preposição – conjunção subordinativa

13. (FUNIVERSA) No futebol americano, há um momento em que o jogador tem de dar um chute naquilo que eles chamam de bola. E, no circuito universitário, havia um rapaz recordista de chute. Ninguém chutava tão forte quanto esse rapaz. O importante, nessa história, era que o pé que ele usava para tal façanha não tinha nenhum dos dedos e, além disso, era menor que o outro. Quando descobriram isso, fizeram entrevistas com ele, e a primeira pergunta era: "Como você, com tal deficiência, consegue fazer uma coisa que ninguém mais conseguiu?" Ele, orgulhosamente, respondia: "Porque cresci ouvindo meu pai dizer: 'Encare suas deficiências e seus problemas como desafios, nunca como desculpas'.". O que mais se encontra no dia a dia? Justamente a postura oposta. [As pessoas encaram tudo como desculpas e justificativas.] Há pessoas que vivem dizendo frases negativas que encerram verdadeiras filosofias desastrosas.

Não são raras [as vezes] em que já se ouviu alguém falando de seus problemas e dificuldades e da incapacidade de superá-los, traduzida nas seguintes frases conformistas: "Eu sou assim mesmo..."; "Sempre fui assim..."; "Não posso evitar isso..."; "Essa é a minha natureza..."; "Não adianta mesmo..."; [**"Deus me fez assim e pronto!"**.] [O que tais pessoas talvez nunca percebam é] que desculpas e justificativas só levam ao conformismo e à acomodação. E isso não diz respeito à elevação de padrões e à melhoria da qualidade de vida. Desculpas e justificativas são coisas de perdedor! Enquanto os vencedores comemoram, os perdedores se justificam.

Roberto Shinyashiki. Internet: <http://tecessa.arteblog.com.br>(com adaptações).
Acesso em 19/1/2011.

Assinale a alternativa correta a respeito de fatos gramaticais e estilísticos encontrados no texto.
a) As palavras "ninguém", "pé", "você" são acentuadas pela mesma razão.
b) Na frase "'Deus me fez assim e pronto!'", encontra-se uma interjeição característica da linguagem coloquial.
c) Na frase "As pessoas encaram tudo como desculpas e justificativas" (linhas 8 e 19), há exemplo de gíria e de uma figura da linguagem: a anáfora.
d) Na construção "O que tais pessoas talvez nunca percebam", o pronome "tais" está empregado de modo informal, com significado de **brilhantes, grandiosas**.
e) O "as" de "as vezes" deve receber o sinal indicativo de crase para ajustar-se à norma culta padrão.

14. (FGV) A palavra centenário corresponde a cem anos. Assinale a alternativa em que não tenha havido correta associação da noção temporal à palavra indicada.
a) 400 anos – quadringentenário
b) 400 anos – quadricentenário

c) 600 anos – sesquicentenário
d) 150 anos – tricinquentenário
e) 7 anos – septenário

15. (FIP)

Corações a mil

(Gilberto Gil)

Minhas ambições são dez.
Dez corações de uma vez
pra eu poder me apaixonar
dez vezes a cada dia,
setenta a cada semana,
trezentas a cada mês.

(Fonte: www.gilbertogil.com.br/sec_discografia_letra.php?id=182)

Na primeira frase do texto, a palavra "dez", sublinhada, tem duplo sentido. São eles:

a) O sentido de serem dez ambições (no caso, "dez" seria um numeral) e o sentido de os corações serem apaixonados (no caso, "dez" seria um adjetivo).

b) O sentido de serem dez ambições e o sentido de serem dez corações (nos dois casos, "dez" seria um numeral).

c) O sentido de serem dez corações e o sentido de serem dez vezes a cada dia (nos dois casos, "dez" seria um numeral).

d) O sentido de serem dez ambições (no caso, "dez" seria um numeral) e o sentido de as ambições serem de extrema qualidade (no caso, "dez" seria um adjetivo).

e) O sentido de serem dez vontades boas (no caso, "dez" seria um substantivo) e o sentido de totalizarem dez as paixões ambiciosas (no caso, "dez" seria um adjetivo).

Gabaritos

01	B	10	E
02	E	11	B
03	D	12	B
04	B	13	B
05	E	14	C
06	C	15	D
07	D		
08	B		
09	E		

3. PRONOMES

Em uma definição breve, podemos dizer que pronome é o termo que substitui um substantivo, desempenhando, na sentença em que aparece, uma função coesiva. Podemos dividir os pronomes em sete categorias, são elas: pessoais, tratamento, demonstrativos, relativos, indefinidos, interrogativos, possessivos.

Antes de partir para o estudo pormenorizado dos pronomes, vamos fazer uma classificação funcional deles quando empregados em uma sentença:

Pronomes substantivos: são aqueles que ocupam o lugar do substantivo na sentença.

Alguém apareceu na sala ontem.

Nós faremos todo o trabalho.

Pronomes adjetivos: são aqueles que acompanham um substantivo na sentença.

Meus alunos são os mais preparados.

Pessoa **alguma** fará tal serviço por **esse** valor.

3.1 Pessoais

Referem-se às pessoas do discurso:

Quem fala (1ª pessoa);

Com quem se fala (2ª pessoa);

De quem se fala (3ª pessoa).

Classificação dos Pronomes Pessoais (caso **Reto** x caso **Oblíquo**)

Pessoa Gramatical	Retos	Oblíquos	
		Átonos	Tônicos
1ª Singular	eu	me	mim, comigo
2ª Singular	tu	te	ti, contigo
3ª Singular	ele, ela	o, a, lhe, se	si, consigo
1ª Plural	nós	nos	nós, conosco
2ª Plural	vós	vos	vós, convosco
3ª Plural	eles, elas	os, as, lhes, se	si, consigo
Função	Sujeito	Complemento/Adjunto	

Emprego de alguns pronomes (**Certo** X **Errado**)

Eu e tu x mim e ti

1ª regra: depois de preposição essencial, usa-se pronome oblíquo.

Entre mim e ti, não há acordo.

Sobre Manoel e ti, nada se pode falar.

Devo **a** ti esta conquista.

O presente é **para** mim.

Não saia **sem** mim.

Comprei um livro **para** ti.

Observe a preposição essencial destacada nas sentenças.

2ª regra: se o pronome utilizado na sentença for sujeito de um verbo, deve-se empregar os do caso RETO.

Não saia sem **eu** deixar.

Comprei um livro para **tu** leres.

O presente é para **eu** desfrutar.

Observe que o pronome desempenha a função de sujeito do verbo destacado.

Ou seja: "mim" não faz nada!

Não vá se confundir com as sentenças em que a ordem frasal está alterada. Deve-se, nesses casos, tentar pôr a sentença na ordem direta.

Para mim, fazer exercícios é muito bom. → Fazer exercícios é muito bom para mim.

Não é tarefa para mim realizar esta revisão. → Realizar esta revisão não é tarefa para mim.

Com causativos e sensitivos:

Regra com verbos causativos (mandar, fazer, deixar) ou sensitivos (ver, ouvir, sentir).

Quando os pronomes oblíquos átonos são empregados com verbos causativos ou sensitivos, pode haver a possibilidade de desempenharem a função de sujeito de uma forma verbal próxima. Ex.:

Fiz **Juliana** chorar. (sentença original)

Fi-**la** chorar. (sentença reescrita com a substituição do termo Juliana pelo pronome oblíquo)

Em ambas as situações, a "Juliana é a chorona". Isso quer dizer que o termo feminino que está na sentença é sujeito do verbo chorar. Pensando dessa maneira, entenderemos a primeira função da forma pronominal "la" que aparece na sentença reescrita.

Outro fator a ser considerado é que o verbo "fazer" necessita de um complemento, portanto, é um verbo transitivo. Bem, ocorre que o complemento do verbo "fazer" não pode ter outro referente senão "Juliana". Então, entendemos que, na reescrita da frase, a forma pronominal "la" funciona como complemento do verbo "fazer" e sujeito do verbo "chorar".

Si e consigo

Estes pronomes somente podem ser empregados se se referirem ao sujeito da oração, pois possuem função reflexiva:

Alberto só pensa em si.
("Si" refere-se a "Alberto": sujeito do verbo "pensar")

O aluno levou as apostilas consigo.
("consigo" refere-se ao termo "aluno")

Estão erradas, portanto, frases como estas:

Creio muito em si, meu amigo.

Quero falar consigo.

Corrigindo:

Creio muito em **você**, meu amigo.

Quero falar **contigo**.

Conosco e convosco

Se vierem seguidos de uma expressão complementar, geralmente a palavra "todos", desdobram-se em "com nós" e "com vós":

Este trabalho é com nós mesmos.

Ele(s), ela(s) x o(s), a(s)

É muito comum ouvirmos frases como: "Vi *ela* na esquina", "Não queremos *eles* aqui". Então, é errado falar ou escrever assim, pois o pronome em questão está sendo utilizado fora de seu emprego original, ou seja, como um complemento (ao passo que deveria ser apenas sujeito). O certo é: "Vi-*a* na esquina", "Não *os* queremos aqui".

"O" e "a"

São complementos diretos, ou seja, são utilizados juntamente aos verbos transitivos diretos, ou nos bitransitivos, como no exemplo a seguir:

Comprei **um carro** para minha namorada = Comprei-**o** para ela. (Ocorreu a substituição do Objeto Direto)

É importante lembrar que há uma especificidade em relação à colocação dos pronomes "o" e "a" depois de algumas palavras:

> Se a palavra terminar em R, S ou Z: tais letras devem ser suprimidas e o pronome há de ser empregado como **lo**, **la**, **los**, **las**.

Fazer as tarefas = fazê-**las**

Querer o dinheiro = querê-**lo**.

> Se a palavra terminar com **ão**, **õe** ou **m**: tais letras devem ser mantidas e o pronome há de ser empregado como **no**, **na**, **nos**, **nas**.

Compraram a casa = compraram-**na**

Compõe a canção = compõe-**na**.

Lhe

É um complemento indireto, equivalente a "a ele" ou "a ela": ou seja, é empregado juntamente a um verbo transitivo indireto ou a um verbo bitransitivo, como no exemplo:

Comprei um carro **para minha namorada** = comprei-**lhe** um carro. (Ocorreu a substituição do objeto indireto)

Muitas bancas gostam de trocar as formas "o" e "a" por "lhe", o que não pode ser feito sem que a sentença seja totalmente reelaborada.

3.2 De Tratamento

São pronomes de tratamento você, senhor, senhora, senhorita, fulano, sicrano, beltrano e as expressões que integram o quadro seguinte:

Pronome	Abreviatura Singular	Abreviatura Plural
Vossa Excelência(s)	V.Ex.ª	V.Ex.as
Usa-se para:		
Presidente (sem abreviatura), ministro, embaixador, governador, secretário de Estado, prefeito, senador, deputado federal e estadual, juiz, general, almirante, brigadeiro e presidente de câmara de vereadores;		
Vossa(s) Magnificência(s)	V.Mag.ª	V.Mag.as
Usa-se para:		
Reitor de universidade para o qual também se pode usar V. Ex.ª;		
Vossa(s) Senhoria(s)	V.Sª	V.S.as
Usa-se para:		
Qualquer autoridade ou pessoa civil não citada acima;		
Vossa(s) Santidade(s)	V.S	VV.SS.
Usa-se para:		
Papa;		
Vossa(s) Eminência(s)	V.Em.ª	V.Em.as
Usa-se para:		
Cardeal;		
Vossa(s) Excelência(s) Reverendíssima(s)	V.Exª.Rev.ma	V.Ex.as.Rev.mas
Usa-se para:		
Arcebispo e bispo;		
Vossa(s) Reverendíssima(s)	V.Rev.ma	V.Rev.mas
Usa-se para:		
Autoridade religiosa inferior às acima citadas;		
Vossa(s) Reverência(s)	V.Rev.ª	V.Rev.mas
Usa-se para:		
Religioso sem graduação;		
vossa(s) majestade(s)	v.m.	vv.mm.
Usa-se para:		
Rei e imperador;		
Vossa(s) Alteza(s)	V.A.	VV.AA.
Usa-se para:		
Príncipe, arquiduque e duque.		

PRONOMES

Todas essas expressões se apresentam também com SUA para cujas abreviaturas basta substituir o "V" por "S".

Emprego dos pronomes de tratamento

Vossa Excelência etc. x **Sua Excelência** etc.

Os pronomes de tratamento iniciados com "Vossa(s)" empregam-se em uma relação direta, ou seja, indicam o nosso interlocutor, pessoa com quem falamos:

Soube que V. Ex.ª, Senhor Ministro, falou que não estava interessado no assunto da reunião.

Empregaremos o pronome com a forma "Sua" quando a relação não é direta, ou seja, quando falamos SOBRE a pessoa:

A notícia divulgada é de que Sua Excelência, o Presidente da República, foi flagrado em uma boate.

Utilização da 3ª pessoa

Os pronomes de tratamento são de 3ª pessoa; portanto, todos os elementos relacionados a eles devem ser empregados também na 3ª pessoa, para que se mantenha a uniformidade:

É preciso que V. Ex.ª **diga** qual será o **seu** procedimento no caso em questão, a fim de que seus assessores possam agir a tempo.

Uniformidade de Tratamento

No momento da escrita ou da fala, não é possível ficar fazendo "dança das pessoas" com os pronomes. Isso quer dizer que se deve manter a uniformidade de tratamento. Para tanto, se for utilizada 3ª pessoa no início de uma sentença, ela deve permanecer ao longo de todo o texto. Preste atenção para ver como ficou estranha a construção abaixo:

Quando **você** chegar, eu **te** darei o presente.

"Você" é de 3ª pessoa e "te" é de 2ª pessoa. Não há motivo para cometer tal engano. Tome cuidado, portanto. Podemos corrigir a sentença:

Quando tu chegares, eu te darei o presente.

Quando você chegar, eu lhe darei o presente.

3.3 Demonstrativos

São os que localizam ou identificam o substantivo ou uma expressão no espaço, no tempo ou no texto.

1ª Pessoa	
Masculino	Este(s)
Feminino	Esta(s)
Neutro	Isto
No Espaço	Com o falante
No tempo	Presente
No Texto	O que se pretende dizer ou o imediatamente retomado
2ª Pessoa	
Masculino	Esse(s)
Feminino	Essa(s)
Neutro	Isso
No Espaço	Pouco afastado
No tempo	Passado ou futuro próximos
No Texto	O que se disse anteriormente
3ª Pessoa	
Masculino	Aquele(s)
Feminino	Aquela(s)
Neutro	Aquilo
No Espaço	Muito afastado
No tempo	Passado ou futuro distantes
No Texto	O que se disse há muito ou o que se pretende dizer

Quando o pronome retoma algo já mencionado no texto, dizemos que ele possui função **Anafórica**. Quando aponta para algo que será dito, dizemos que possui função **Catafórica**. Essa nomenclatura começou a ser cobrada em algumas questões de concurso público, portanto, é importante ter esses conceitos na ponta da língua.

Exemplos de emprego dos demonstrativos:

Veja este livro que eu trouxe, é muito bom.

Você deve estudar mais! Isso é o que eu queria dizer.

Vê aquele mendigo lá na rua? Terrível futuro o aguarda.

Há outros pronomes demonstrativos:

O, a, os, as, quando antecedem o relativo Que e podem ser permutados por: Aquele (s), Aquela (s), Aquilo:

Não entendi o que disseste. (Não entendi aquilo que disseste.)

Esta rua não é a que te indiquei. (Esta rua não é aquela que te indiquei.)

Tal: quando puder ser permutado por qualquer demonstrativo: Não acredito que você disse **tal** coisa. (aquela coisa)

Semelhante: quando puder ser permutado por qualquer demonstrativo: Jamais me prestarei a **semelhante** canalhice. (esta canalhice)

Mesmo: quando modificar os pronomes eu, tu, nós e vós: Eu **mesmo** investiguei o caso.

De modo análogo, classificamos o termo "**próprio**". (eu próprio, ela própria)

Mesmo pode ainda funcionar como pronome neutro em frases como: "é o mesmo", "vem a ser o mesmo".

Vejamos mais alguns exemplos:

José e **João** são alunos do ensino médio. Este gosta de matemática, **aquele** gosta de português.

Veja que a verdadeira relação estabelecida pelos pronomes demonstrativos focaliza, por meio do "este" o elemento mais próximo, por meio do "aquele" o elemento mais afastado.

Esta sala precisa de bons professores. / Gostaria de que esse órgão pudesse resolver meu problema.

Este(s), **esta(s)**, **isto** indicam o local de onde escrevemos. **Esse(s)**, **essa(s)**, **isso** indicam o local em que se encontra o nosso interlocutor.

3.4 Relativos

São termos que relacionam palavras em um encadeamento. Os relativos da Língua Portuguesa são:

Que: Quando puder ser permutado por "o qual" ou um de seus termos derivados. Utiliza-se o pronome "que" para referências a pessoas ou coisas.

O Qual: Empregado para referência a coisas ou pessoas.

Quem: É equivalente, segundo o mestre Napoleão Mendes de Almeida, a dois pronomes – aquele e que.

Quanto: Será relativo quando seu antecedente for o termo "tudo".

Onde: É utilizado para estabelecer referência a lugares, sendo permutável por "em que" ou "no qual" e seus derivados.

Cujo: Possui um sentido possessivo. Não permite permuta por outro relativo. Também é preciso lembrar que o pronome cujo não admite artigo, pois já é variável (cujo / cuja, jamais cujo o, cuja a).

O peão a **que** me refiro é Jonas.

A casa n**a qual** houve o tiroteio foi interditada.

O homem para **quem** se enviou a correspondência é Alberto.

Não gastes tudo **quanto** tens.

O estado para **onde** vou é Minas Gerais.

Cara, o pedreiro em **cujo** serviço podemos confiar é Marcelino.

A preposição que está relacionada ao pronome é, em grande parte dos casos, oriunda do verbo que aparece posteriormente na sentença. As bancas costumam cobrar isso!

3.5 Indefinidos

São os que determinam o substantivo de modo vago, de maneira imprecisa.

Variáveis				Invariáveis
Masculino		Feminino		
Singular	Plural	Singular	Plural	
Algum	Alguns	Alguma	Algumas	Alguém
Certo	Certos	Certa	Certas	Algo
Muito	Muitos	Muita	Muitas	Nada
Nenhum	Nenhuns	Nenhuma	Nenhumas	Ninguém
Outro	Outros	Outra	Outras	Outrem
Qualquer	Quaisquer	Qualquer	Quaisquer	Cada
Quando	Quantos	Quanta	Quantas	
Tanto	Tantos	Tanta	Tantas	
Todo	Todos	Toda	Todas	Tudo
Vário	Vários	Vária	Várias	
Pouco	Poucos	Pouca	Poucas	

Fique bem atento para as alterações de sentido relacionadas às mudanças de posição dos pronomes indefinidos.

Alguma pessoa passou por aqui ontem.
Pessoa alguma passou por aqui ontem.
Alguma pessoa = ao menos uma pessoa.
Pessoa alguma = ninguém.

3.6 Interrogativos

Chamam-se interrogativos os pronomes **que**, **quem**, **qual** e **quanto**, empregados para formular uma pergunta direta ou indireta:

Que conteúdo estão estudando?
Diga-me **que** conteúdo estão estudando.
Quem vai passar no concurso?
Gostaria de saber **quem** vai passar no concurso.
Qual dos livros preferes?
Não sei **qual** dos livros preferes.
Quantos de coragem você tem?
Pergunte **quanto** de coragem você tem.

3.7 Possessivos

Com eles relacionamos a coisa possuída à pessoa gramatical possuidora. No quadro abaixo, estão relacionados aos pronomes pessoais.

Pessoais	Possessivos
eu	meu, minha, meus, minhas
tu	teu, tua, teus, tuas
ele, você, v.ex.ª etc.	seu, sua, seus, suas
nós	nosso, nossa, nossos, nossas
vós	vosso, vossa, vossos, vossas
eles	seu, sua, seus, suas

Emprego

→ **Ambiguidade**: "Seu", "sua", "seus" e "suas" são os reis da ambiguidade (duplicidade de sentido)

O policial prendeu o maconheiro em **sua** casa.
(casa de quem?)
Meu pai levou meu tio para casa em seu carro.
(no carro de quem?)

Corrigindo:

O policial prendeu o maconheiro na casa deste.
Meu pai, em seu carro, levou meu tio para casa.

→ Emprego especial - Não se usam os possessivos em relação às partes do corpo ou às faculdades do espírito. Devemos, pois, dizer:

Machuquei a mão. (E não "a minha mão")
Ele bateu a cabeça. (E não "a sua cabeça")
Perdeste a razão? (E não "a tua razão")

LÍNGUA PORTUGUESA

4. SUBSTANTIVO

É a palavra variável que designa qualidades, sentimentos, sensações, ações etc.

Quanto a sua classificação, o substantivo pode ser:

Primitivo (sem afixos): pedra.
Derivado (com afixos): pedreiro/ empedrado.
Simples (1 núcleo): guarda.
Composto (mais de 1 núcleo): guarda-roupas.
Comum (designa ser genérico): copo, colher.
Próprio (designa ser específico): Maria, Portugal.
Concreto (existência própria): cadeira, lápis.
Abstrato (existência dependente): glória, amizade.

Os substantivos concretos

Designam seres de existência própria, como: padre, político, carro e árvore. Os substantivos abstratos nomeiam qualidades ou conceitos de existência dependente, como: beleza, fricção, tristeza e amor.

Os substantivos próprios

São sempre concretos e devem ser grafados com iniciais maiúsculas. Porém, alguns substantivos próprios podem vir a se tornar comuns, pelo processo de derivação imprópria que, geralmente, ocorre pela anteposição de um artigo e a grafia do substantivo com letra minúscula. (um judas = traidor / um panamá = chapéu). As flexões dos substantivos podem se dar em gênero, número e grau.

Gênero dos substantivos

Quanto à distinção entre masculino e feminino, os substantivos podem ser:

Biformes: quando apresentam uma forma para o masculino e outra para o feminino - gato, gata, homem, mulher.

Uniformes: quando apresentam uma única forma para ambos os gêneros. Nesse caso, eles estão divididos em:

Epicenos: usados para animais de ambos os sexos (macho e fêmea) - besouro, jacaré, albatroz;

Comum de dois gêneros: aqueles que designam pessoas. Nesse caso, a distinção é feita por um elemento ladeador (artigo, pronome) - terrícola, estudante, dentista, motorista;

Sobrecomuns: apresentam um só gênero gramatical para designar seres de ambos os sexos - indivíduo, vítima, algoz.

Em algumas situações, a mudança de gênero altera também o sentido do substantivo:

O cabeça (líder) / A cabeça (parte do corpo).

4.1 Número dos Substantivos

Tentemos resumir as principais regras de formação do plural nos substantivos.

Terminação	Variação	Exemplo
vogal ou ditongo	acréscimo do 's'	barco - barcos
m	ns	pudim - pudins
ão (primeiro caso)	ões	ladrão - ladrões
ão (segundo caso)	ães	pão - pães
ão (terceiro caso)	s	cidadão - cidadãos
r	es	mulher - Mulheres
z	es	cartaz - cartazes
n	es	abdômen - Abdômenes
s (oxítonos)	es	inglês - ingleses
al, el, ol, ul	is	tribunal - tribunais
il (oxítonos)	s	barril - barris
il (paroxítonos)	eis	fóssil - fósseis
zinho, zito	s	anelzinho - aneizinhos

Alguns substantivos são grafados apenas no plural: alvíssaras, anais, antolhos, arredores, belas-artes, calendas, cãs, condolências, esponsais, exéquias, fastos, férias, fezes, núpcias, óculos, pêsames.

Grau do substantivo:

Aumentativo / Diminutivo[1]

Analítico: quando se associam os adjetivos ao substantivo: carro grande, pé pequeno;

Sintético: quando se adiciona ao substantivo sufixos indicadores de grau, carrão, pezinho.

Sufixos:

Aumentativos: -ázio, -orra, -ola, -az, -ão, -eirão, -alhão, -arão, -arrão, -zarrão;

Diminutivos: -ito, -ulo-, -culo, -ote, -ola, -im, -elho, -inho, -zinho (o sufixo -zinho é obrigatório quando o substantivo terminar em vogal tônica ou ditongo: cafezinho, paizinho).

O aumentativo pode exprimir tamanho (casarão), desprezo (sabichão, ministraço, poetastro) ou intimidade (amigão); enquanto o diminutivo pode indicar carinho (filhinho) ou ter valor pejorativo (livreco, casebre), além das noções de tamanho (bolinha).

---

[1] Quando não flexionamos o substantivo em algum grau, dizemos que ele está no grau normal.

5. VERBO

É a palavra com que se expressa uma ação (cantar, vender), um estado (ser, estar), mudança de estado (tornar-se) ou fenômeno da natureza (chover).

Quanto à noção que expressam, os verbos podem ser classificados da seguinte maneira:

Verbos Relacionais: exprimem estado ou mudança de estado. São os chamados verbos de ligação.

Verbo de ligação
ser
estar
continuar
andar
parecer
permanecer
ficar
tornar-se

Verbos Nocionais: exprimem ação ou fenômeno da natureza. São os chamados verbos significativos.

Os Verbos Nocionais podem ser classificados da seguinte maneira:

VI (Verbo Intransitivo): diz-se daquele que não necessita de um complemento para que se compreenda a ação verbal. Exemplos: morrer, cantar, sorrir, nascer, viver.

VT (Verbo Transitivo): diz-se daquele que necessita de um complemento para expressar o afetado pela ação verbal. Divide-se em três tipos:

   Diretos: não possuem preposição para ligar o complemento verbal ao verbo. São exemplos os verbos querer, comprar, ler, falar etc.

   Indiretos: possuem preposição para ligar o complemento verbal ao verbo. São exemplos os verbos gostar, necessitar, precisar, acreditar etc.

   Diretos e Indiretos, ou Bitransitivos: possuem dois complementos, um não-preposicionado, outro com preposição. São exemplos os verbos pagar, perdoar, implicar etc.

Preste atenção na dica que segue:

João **morreu**.
(quem morre, morre. Não é preciso um complemento para entender o verbo).

Eu **quero** um aumento.
(quem quer, quer alguma coisa. É preciso um complemento para entender o sentido do verbo).

Eu **preciso** de um emprego.
(quem precisa, precisa "de" alguma coisa. Deve haver uma preposição para ligar o complemento ao seu verbo).

Mário **pagou** a conta ao padeiro.
(quem paga, paga algo a alguém. Há um complemento com preposição e um complemento sem preposição).

5.1 Estrutura e Conjugação dos Verbos

Os verbos possuem:

Raiz: o que lhes guarda o sentido (**cant**ar, **corr**er, **sorr**ir).

Vogal temática: o que lhes garante a família conjugacional. (**AR, ER, IR**).

Desinências: o que ajuda a conjugar ou nominalizar o verbo. (cant**ando**, cantá**vamos**).

Os verbos apresentam três conjugações, quer dizer, três famílias conjugacionais. Em função da vogal temática, podem-se criar três paradigmas[2] verbais. De acordo com a relação dos verbos com esses paradigmas, obtém-se a seguinte classificação:

Regulares: seguem o paradigma verbal de sua conjugação sem alterar suas raízes (amar, vender, partir).

Irregulares: não seguem o paradigma verbal da conjugação a que pertencem. As irregularidades podem aparecer na raiz ou nas desinências (ouvir - ouço/ouve, estar - estou/estão).

Anômalos: apresentam profundas irregularidades. São classificados como anômalos em todas as gramáticas os verbos ser e ir.

Defectivos: não são conjugados em determinadas pessoas, tempo ou modo, portanto, apresentam algum tipo de "defeito" (falir - no presente do indicativo só apresenta a 1ª e a 2ª pessoa do plural). Os defectivos distribuem-se em grupos:

» impessoais;
» unipessoais (vozes ou ruídos de animais, só conjugados nas 3ªˢ pessoas);
» antieufônicos (a sonoridade permite confusão com outros verbos) - demolir; falir, abolir etc.

Abundantes: apresentam mais de uma forma para uma mesma conjugação.

Existe abundância conjugacional e participial. A primeira ocorre na conjugação de algumas formas verbais, como, por exemplo, o verbo "haver", que admite "nós havemos/hemos", "vós haveis/heis". A segunda ocorre com as formas nominais de particípio. A seguir segue uma lista dos principais abundantes na forma participial.

Verbos	Particípio regular – empregado com os auxiliares TER e HAVER	Particípio irregular – empregado com os auxiliares SER, ESTAR e FICAR
aceitar	aceitado	aceito
acender	acendido	aceso
benzer	benzido	bento
eleger	eegido	eleito
entregar	entregado	entregue
enxugar	enxugado	enxuto
expressar	expressado	expresso

---
2 Paradigma é o modo como se dá a conjugação.

LÍNGUA PORTUGUESA

VERBO

expulsar	expulsado	expulso
extinguir	extinguido	extinto
matar	matado	morto
prender	prendido	preso
romper	rompido	roto
salvar	salvado	salvo
soltar	soltado	solto
suspender	suspendido	suspenso
tingir	tingido	tinto

5.2 Flexão Verbal

Relativamente à flexão verbal, anotamos:

Número: singular ou plural;

Pessoa gramatical: 1ª, 2ª ou 3ª;

Tempo: referência ao momento em que se fala (pretérito, presente ou futuro). O modo imperativo só tem um tempo, o presente;

Voz: ativa, passiva, reflexiva e recíproca (que trabalharemos mais tarde);

Modo: indicativo (certeza de um fato ou estado), subjuntivo (possibilidade ou desejo de realização de um fato ou incerteza do estado) e imperativo (expressa ordem, advertência ou pedido).

5.3 Formas Nominais do Verbo

As três formas nominais do verbo (infinitivo, gerúndio e particípio) não possuem função exclusivamente verbal.

Infinitivo: assemelha-se ao substantivo, indica algo atemporal - o nome do verbo, sua desinência característica é a letra R: ama**r**, realça**r**, ungi**r** etc.

Gerúndio: equipara-se ao adjetivo ou advérbio pelas circunstâncias que exprime de ação em processo. Sua desinência característica é -**NDO**: ama**ndo**, realça**ndo**, ungi**ndo** etc.

Particípio: tem valor e forma de adjetivo - pode também indicar ação concluída, sua desinência característica é -**ADO** ou -**IDO** para as formas regulares: am**ado**, realç**ado**, ung**ido** etc.

5.4 Tempos Verbais

Dentro do **Modo Indicativo**, anotamos os seguintes tempos:

Presente do indicativo: indica um fato real situado no momento ou época em que se fala;

Eu amo, eu vendo, eu parto.

Pretérito perfeito do indicativo: indica um fato real cuja ação foi iniciada e concluída no passado;

Eu amei, eu vendi, eu parti.

Pretérito imperfeito do indicativo: indica um fato real cuja ação foi iniciada no passado, mas não foi concluída ou era uma ação costumeira no passado;

Eu amava, eu vendia, eu partia.

Pretérito mais-que-perfeito do indicativo: indica um fato real cuja ação é anterior a outra ação já passada;

Eu amara, eu vendera, eu partira.

Futuro do presente do indicativo: indica um fato real situado em momento ou época vindoura;

Eu amarei, eu venderei, eu partirei.

Futuro do pretérito do indicativo: indica um fato possível, hipotético, situado num momento futuro, mas ligado a um momento passado.

Eu amaria, eu venderia, eu partiria.

Dentro do **Modo Subjuntivo**, anotamos os seguintes tempos:

Presente do subjuntivo: indica um fato provável, duvidoso ou hipotético, situado no momento ou época em que se fala. Para facilitar a conjugação, utilize a conjunção "que";

Que eu ame, que eu venda, que eu parta.

Pretérito imperfeito do subjuntivo: indica um fato provável, duvidoso ou hipotético, cuja ação foi iniciada, mas não concluída no passado. Para facilitar a conjugação, utilize a conjunção "se";

Se eu amasse, se eu vendesse, se eu partisse.

Futuro do subjuntivo: indica um fato provável, duvidoso, hipotético, situado num momento ou época futura. Para facilitar a conjugação, utilize a conjunção "quando".

Quando eu amar, quando eu vender, quando eu partir.

5.5 Tempos Compostos da Voz Ativa

Constituem-se pelos verbos auxiliares **ter** ou **haver** + particípio do verbo que se quer conjugar, dito principal.

No **modo Indicativo**, os tempos compostos são formados da seguinte maneira:

Pretérito perfeito: presente do indicativo do auxiliar + particípio do verbo principal (Tenho amado);

Pretérito mais-que-perfeito: pretérito imperfeito do indicativo do auxiliar + particípio do verbo principal (Tinha amado);

Futuro do presente: futuro do presente do indicativo do auxiliar + particípio do verbo principal (Terei amado);

Futuro do pretérito: futuro do pretérito indicativo do auxiliar + particípio do verbo principal (Teria amado).

No **modo Subjuntivo** a formação se dá da seguinte maneira:

Pretérito perfeito: presente do subjuntivo do auxiliar + particípio do VP (Tenha amado);

Pretérito mais-que-perfeito: imperfeito do subjuntivo do auxiliar + particípio do VP (Tivesse amado);

Futuro composto: futuro do subjuntivo do auxiliar + particípio do VP (Tiver amado).

Quanto às **formas nominais**, elas são formadas da seguinte maneira:

Infinitivo composto: infinitivo pessoal ou impessoal do auxiliar + particípio do verbo principal (Ter vendido / Teres vendido);

Gerúndio composto: gerúndio do auxiliar + particípio do verbo principal (Tendo partido).

5.6 Vozes Verbais

Cuidado com esse conteúdo, costuma ser muito cobrado em provas de concursos públicos.

Quanto às vozes, os verbos apresentam voz:

Ativa: sujeito é agente da ação verbal;

(**O corretor** vende casas)

Passiva: sujeito é paciente da ação verbal;

(Casas são vendidas **pelo corretor**)

Reflexiva: o sujeito é agente e paciente da ação verbal.

(A garota feriu-**se** ao cair da escada)

Recíproca: há uma ação mútua descrita na sentença.

(Os amigos entreolh**aram-se**)

A voz passiva: sua característica é possuir um sujeito paciente, ou seja, que é afetado pela ação do verbo.

5.7 Tipos de Voz Passiva

Analítica: verbo auxiliar + particípio do verbo principal. Isso significa que há uma locução verbal de voz passiva.

Casas **são vendidas** pelo corretor

Veja mais alguns exemplos:

Ele fez o trabalho - O trabalho **foi feito** por ele (mantido o pretérito perfeito do indicativo)

O vento ia levando as folhas - As folhas iam **sendo levadas** pelo vento (mantido o gerúndio do verbo principal em um dos auxiliares).

Vereadores entregarão um prêmio ao gari - Um prêmio **será entregue** ao gari por vereadores (veja como a flexão do futuro se mantém na locução).

Sintética: verbo apassivado pelo termo "se" (partícula apassivadora) + sujeito paciente.

Roubou-se **o dinheiro do povo**.

Fez-se **o trabalho** com pressa.

É comum observar, em provas de concurso público, questões que mostram uma voz passiva sintética como aquela que é proveniente de uma ativa com sujeito indeterminado.

Alguns verbos da língua portuguesa apresentam **problemas de conjugação**. A seguir, **temos uma lista**, seguida de comentários sobre essas dificuldades de conjugação.

Compraram um carro novo (ativa);

Comprou-se um carro novo (passiva sintética).

5.8 Verbos com a Conjugação Irregular

Abolir: Defectivo - não possui a 1ª pessoa do singular do presente do indicativo, por isso não possui presente do subjuntivo e o imperativo negativo. (= banir, carpir, colorir, delinquir, demolir, descomedir-se, emergir, exaurir, fremir, fulgir, haurir, retorquir, urgir).

Acudir: Alternância vocálica o/u - presente do indicativo - acudo, acodes... e pretérito perfeito do indicativo - com u (= bulir, consumir, cuspir, engolir, fugir).

Adequar: Defectivo - só possui a 1ª e a 2ª pessoa do plural no presente do indicativo.

Aderir: Alternância vocálica e/i - presente do indicativo - adiro, adere... (= advertir, cerzir, despir, diferir, digerir, divergir, ferir, sugerir).

Agir:

Acomodação gráfica g/j - presente do indicativo - ajo, ages... (= afligir, coagir, erigir, espargir, refulgir, restringir, transigir, urgir).

Agredir:

Alternância vocálica e/i - presente do indicativo - agrido, agrides, agride, agredimos, agredis, agridem (= prevenir, progredir, regredir, transgredir).

Aguar:

Regular - presente do indicativo - águo, águas..., - pretérito perfeito do indicativo - aguei, aguaste, aguou, aguamos, aguastes, aguaram (= desaguar, enxaguar, minguar).

Prazer:

Irregular - presente do indicativo - aprazo, aprazes, apraz... / pretérito perfeito do indicativo - aprouve, aprouveste, aprouve, aprouvemos, aprouvestes, aprouveram.

Arguir:

Irregular com alternância vocálica o/u - presente do indicativo - arguo (ú), arguis, argui, arguimos, arguis, arguem - pretérito perfeito - argui, arguiste...

Atrair:

Irregular - presente do indicativo - atraio, atrais... / pretérito perfeito - atraí, atraíste... (= abstrair, cair, distrair, sair, subtrair).

Atribuir:

Irregular - presente do indicativo - atribuo, atribuis, atribui, atribuímos, atribuís, atribuem - pretérito perfeito - atribuí, atribuíste, atribuiu... (= afluir, concluir, destituir, excluir, instruir, possuir, usufruir).

Averiguar:

Alternância vocálica o/u - presente do indicativo - averiguo (ú), averiguas (ú), averigua (ú), averiguamos, averiguais, averiguam (ú) - pretérito perfeito - averiguei, averiguaste... - presente do subjuntivo - averigue, averigues, averigue... (= apaziguar).

Cear:

Irregular - presente do indicativo - ceio, ceias, ceia, ceamos, ceais, ceiam - pretérito perfeito indicativo - ceei, ceaste, ceou, ceamos, ceastes, cearam (= verbos terminados em -ear: falsear, passear... - alguns apresentam pronúncia aberta: estreio, estreia...).

Coar:

Irregular - presente do indicativo - coo, côas, côa, coamos, coais, coam - pretérito perfeito - coei, coaste, coou... (= abençoar, magoar, perdoar).

Comerciar:

Regular - presente do indicativo - comercio, comercias... - pretérito perfeito - comerciei... (= verbos em -iar, exceto os seguintes verbos: mediar, ansiar, remediar, incendiar, odiar).

LÍNGUA PORTUGUESA

VERBO

Compelir:
Alternância vocálica e/i - presente do indicativo - compilo, compeles... - pretérito perfeito indicativo - compeli, compeliste...

Compilar:
Regular - presente do indicativo - compilo, compilas, compila... - pretérito perfeito indicativo - compilei, compilaste...

Construir:
Irregular e abundante - presente do indicativo - construo, constróis (ou construis), constrói (ou construi), construímos, construís, constroem (ou construem) - pretérito perfeito indicativo - construí, construíste...

Crer:
Irregular - presente do indicativo - creio, crês, crê, cremos, credes, creem - pretérito perfeito indicativo - cri, creste, creu, cremos, crestes, creram - imperfeito indicativo - cria, crias, cria, críamos, críeis, criam.

Falir:
Defectivo - presente do indicativo - falimos, falis - pretérito perfeito indicativo - fali, faliste... (= aguerrir, combalir, foragir-se, remir, renhir)

Frigir:
Acomodação gráfica g/j e alternância vocálica e/i - presente do indicativo - frijo, freges, frege, frigimos, frigis, fregem - pretérito perfeito indicativo - frigi, frigiste...

Ir:
Irregular - presente do indicativo - vou, vais, vai, vamos, ides, vão - pretérito perfeito indicativo - fui, foste... - presente subjuntivo - vá, vás, vá, vamos, vades, vão.

Jazer:
Irregular - presente do indicativo - jazo, jazes... - pretérito perfeito indicativo - jazi, jazeste, jazeu...

Mobiliar:
Irregular - presente do indicativo - mobílio, mobílias, mobília, mobiliamos, mobiliais, mobíliam - pretérito perfeito indicativo - mobiliei, mobiliaste...

Obstar:
Regular - presente do indicativo - obsto, obstas... - pretérito perfeito indicativo - obstei, obstaste...

Pedir:
Irregular - presente do indicativo - peço, pedes, pede, pedimos, pedis, pedem - pretérito perfeito indicativo - pedi, pediste... (= despedir, expedir, medir).

Polir:
Alternância vocálica e/i - presente do indicativo - pulo, pules, pule, polimos, polis, pulem - pretérito perfeito indicativo - poli, poliste...

Precaver-se:
Defectivo e pronominal - presente do indicativo - precavemo-nos, precaveis-vos - pretérito perfeito indicativo - precavi-me, precaveste-te...

Prover:
Irregular - presente do indicativo - provejo, provês, provê, provemos, provedes, proveem - pretérito perfeito indicativo - provi, proveste, proveu...

Reaver:
Defectivo - presente do indicativo - reavemos, reaveis - pretérito perfeito indicativo - reouve, reouveste, reouve... (verbo derivado do haver, mas só é conjugado nas formas verbais com a letra v).

Remir:
Defectivo - presente do indicativo - remimos, remis - pretérito perfeito indicativo - remi, remiste...

Requerer:
Irregular - presente do indicativo - requeiro, requeres... - pretérito perfeito indicativo - requeri, requereste, requereu... (derivado do querer, diferindo dele na 1ª pessoa do singular do presente do indicativo e no pretérito perfeito do indicativo e derivados, sendo regular)

Rir:
Irregular - presente do indicativo - rio, ris, ri, rimos, rides, riem - pretérito perfeito indicativo - ri, riste... (= sorrir)

Saudar:
Alternância vocálica - presente do indicativo - saúdo, saúdas... - pretérito perfeito indicativo - saudei, saudaste...

Suar:
Regular - presente do indicativo - suo, suas, sua... - pretérito perfeito indicativo - suei, suaste, sou... (= atuar, continuar, habituar, individuar, recuar, situar)

Valer:
Irregular - presente do indicativo - valho, vales, vale... - pretérito perfeito indicativo - vali, valeste, valeu...

Também merecem atenção os seguintes verbos irregulares:

→ **Pronominais:** Apiedar-se, dignar-se, persignar-se, precaver-se

Caber

Presente do indicativo: caibo, cabes, cabe, cabemos, cabeis, cabem;

Presente do subjuntivo: caiba, caibas, caiba, caibamos, caibais, caibam;

Pretérito perfeito do indicativo: coube, coubeste, coube, coubemos, coubestes, couberam;

Pretérito mais-que-perfeito do indicativo: coubera, couberas, coubera, coubéramos, coubéreis, couberam;

Pretérito imperfeito do subjuntivo: coubesse, coubesses, coubesse, coubéssemos, coubésseis, coubessem;

Futuro do subjuntivo: couber, couberes, couber, coubermos, couberdes, couberem.

Dar

Presente do indicativo: dou, dás, dá, damos, dais, dão;

Presente do subjuntivo: dê, dês, dê, demos, deis, deem;

Pretérito perfeito do indicativo: dei, deste, deu, demos, destes, deram;

Pretérito mais-que-perfeito do indicativo: dera, deras, dera, déramos, déreis, deram;

Pretérito imperfeito do subjuntivo: desse, desses, desse, déssemos, désseis, dessem;

Futuro do subjuntivo: der, deres, der, dermos, derdes, derem.

Dizer

Presente do indicativo: digo, dizes, diz, dizemos, dizeis, dizem;

Presente do subjuntivo: diga, digas, diga, digamos, digais, digam;

Pretérito perfeito do indicativo: disse, disseste, disse, dissemos, dissestes, disseram;

Pretérito mais-que-perfeito do indicativo: dissera, disseras, dissera, disséramos, disséreis, disseram;

Futuro do presente: direi, dirás, dirá etc.;

Futuro do pretérito: diria, dirias, diria etc.;

Pretérito imperfeito do subjuntivo: dissesse, dissesses, dissesse, disséssemos, dissésseis, dissessem;

Futuro do subjuntivo: disser, disseres, disser, dissermos, disserdes, disserem;

Estar

Presente do indicativo: estou, estás, está, estamos, estais, estão;

Presente do subjuntivo: esteja, estejas, esteja, estejamos, estejais, estejam;

Pretérito perfeito do indicativo: estive, estiveste, esteve, estivemos, estivestes, estiveram;

Pretérito mais-que-perfeito do indicativo: estivera, estiveras, estivera, estivéramos, estivéreis, estiveram;

Pretérito imperfeito do subjuntivo: estivesse, estivesses, estivesse, estivéssemos, estivésseis, estivessem;

Futuro do subjuntivo: estiver, estiveres, estiver, estivermos, estiverdes, estiverem;

Fazer

Presente do indicativo: faço, fazes, faz, fazemos, fazeis, fazem;

Presente do subjuntivo: faça, faças, faça, façamos, façais, façam;

Pretérito perfeito do indicativo: fiz, fizeste, fez, fizemos, fizestes, fizeram;

Pretérito mais-que-perfeito do indicativo: fizera, fizeras, fizera, fizéramos, fizéreis, fizeram;

Pretérito imperfeito do subjuntivo: fizesse, fizesses, fizesse, fizéssemos, fizésseis, fizessem;

Futuro do subjuntivo: fizer, fizeres, fizer, fizermos, fizerdes, fizerem.

Seguem esse modelo desfazer, liquefazer e satisfazer.

Os particípios desses verbos e seus derivados são irregulares: Feito, desfeito, liquefeito, satisfeito, etc.

Haver

Presente do indicativo: hei, hás, há, havemos, haveis, hão;

Presente do subjuntivo: haja, hajas, haja, hajamos, hajais, hajam;

Pretérito perfeito do indicativo: houve, houveste, houve, houvemos, houvestes, houveram;

Pretérito mais-que-perfeito do indicativo: houvera, houveras, houvera, houvéramos, houvéreis, houveram;

Pretérito imperfeito do subjuntivo: houvesse, houvesses, houvesse, houvéssemos, houvésseis, houvessem;

Futuro do subjuntivo: houver, houveres, houver, houvermos, houverdes, houverem.

Ir

Presente do indicativo: vou, vais, vai, vamos, ides, vão;

Presente do subjuntivo: vá, vás, vá, vamos, vades, vão;

Pretérito imperfeito do indicativo: ia, ias, ia, íamos, íeis, iam;

Pretérito perfeito do indicativo: fui, foste, foi, fomos, fostes, foram;

Pretérito mais-que-perfeito do indicativo: fora, foras, fora, fôramos, fôreis, foram;

Pretérito imperfeito do subjuntivo: fosse, fosses, fosse, fôssemos, fôsseis, fossem;

Futuro do subjuntivo: for, fores, for, formos, fordes, forem.

Poder

Presente do indicativo: posso, podes, pode, podemos, podeis, podem;

Presente do subjuntivo: possa, possas, possa, possamos, possais, possam;

Pretérito perfeito do indicativo: pude, pudeste, pôde, pudemos, pudestes, puderam;

Pretérito mais-que-perfeito do indicativo: pudera, puderas, pudera, pudéramos, pudéreis, puderam;

Pretérito imperfeito do subjuntivo: pudesse, pudesses, pudesse, pudéssemos, pudésseis, pudessem;

Futuro do subjuntivo: puder, puderes, puder, pudermos, puderdes, puderem.

Pôr

Presente do indicativo: ponho, pões, põe, pomos, pondes, põem;

Presente do subjuntivo: ponha, ponhas, ponha, ponhamos, ponhais, ponham;

Pretérito imperfeito do indicativo: punha, punhas, punha, púnhamos, púnheis, punham;

Pretérito perfeito do indicativo: pus, puseste, pôs, pusemos, pusestes, puseram;

LÍNGUA PORTUGUESA

VERBO

Pretérito mais-que-perfeito do indicativo: pusera, puseras, pusera, puséramos, puséreis, puseram;

Pretérito imperfeito do subjuntivo: pusesse, pusesses, pusesse, puséssemos, pusésseis, pusessem;

Futuro do subjuntivo: puser, puseres, puser, pusermos, puserdes, puserem.

Todos os derivados do verbo pôr seguem exatamente esse modelo: Antepor, compor, contrapor, decompor, depor, descompor, dispor, expor, impor, indispor, interpor, opor, pospor, predispor, pressupor, propor, recompor, repor, sobrepor, supor, transpor são alguns deles.

Querer

Presente do indicativo: quero, queres, quer, queremos, quereis, querem;

Presente do subjuntivo: queira, queiras, queira, queiramos, queirais, queiram;

Pretérito perfeito do indicativo: quis, quiseste, quis, quisemos, quisestes, quiseram;

Pretérito mais-que-perfeito do indicativo: quisera, quiseras, quisera, quiséramos, quiséreis, quiseram;

Pretérito imperfeito do subjuntivo: quisesse, quisesses, quisesse, quiséssemos, quisésseis, quisessem;

Futuro do subjuntivo: Quiser, quiseres, quiser, quisermos, quiserdes, quiserem;

Saber

Presente do indicativo: sei, sabes, sabe, sabemos, sabeis, sabem;

Presente do subjuntivo: saiba, saibas, saiba, saibamos, saibais, saibam;

Pretérito perfeito do indicativo: soube, soubeste, soube, soubemos, soubestes, souberam;

Pretérito mais-que-perfeito do indicativo: Soubera, souberas, soubera, soubéramos, soubéreis, souberam;

Pretérito imperfeito do subjuntivo: Soubesse, soubesses, soubesse, soubéssemos, soubésseis, soubessem;

Futuro do subjuntivo: souber, souberes, souber, soubermos, souberdes, souberem.

Ser

Presente do indicativo: Sou, és, é, somos, sois, são;

Presente do subjuntivo: Seja, sejas, seja, sejamos, sejais, sejam;

Pretérito imperfeito do indicativo: Era, eras, era, éramos, éreis, eram;

Pretérito perfeito do indicativo: Fui, foste, foi, fomos, fostes, foram;

Pretérito mais-que-perfeito do indicativo: Fora, foras, fora, fôramos, fôreis, foram;

Pretérito imperfeito do subjuntivo: Fosse, fosses, fosse, fôssemos, fôsseis, fossem;

Futuro do subjuntivo: For, fores, for, formos, fordes, forem.

As segundas pessoas do imperativo afirmativo são: Sê (tu) e sede (vós).

Ter

Presente do indicativo: Tenho, tens, tem, temos, tendes, têm;

Presente do subjuntivo: Tenha, tenhas, tenha, tenhamos, tenhais, tenham;

Pretérito imperfeito do indicativo: Tinha, tinhas, tinha, tínhamos, tínheis, tinham;

Pretérito perfeito do indicativo: Tive, tiveste, teve, tivemos, tivestes, tiveram;

Pretérito mais-que-perfeito do indicativo: Tivera, tiveras, tivera, tivéramos, tivéreis, tiveram;

Pretérito imperfeito do subjuntivo: Tivesse, tivesses, tivesse, tivéssemos, tivésseis, tivessem;

Futuro do subjuntivo: Tiver, tiveres, tiver, tivermos, tiverdes, tiverem.

Seguem esse modelo os verbos: Ater, conter, deter, entreter, manter, reter.

Trazer

Presente do indicativo: Trago, trazes, traz, trazemos, trazeis, trazem;

Presente do subjuntivo: Traga, tragas, traga, tragamos, tragais, tragam;

Pretérito perfeito do indicativo: Trouxe, trouxeste, trouxe, trouxemos, trouxestes, trouxeram;

Pretérito mais-que-perfeito do indicativo: Trouxera, trouxeras, trouxera, trouxéramos, trouxéreis, trouxeram;

Futuro do presente: Trarei, trarás, trará, etc.;

Futuro do pretérito: Traria, trarias, traria, etc.;

Pretérito imperfeito do subjuntivo: Trouxesse, trouxesses, trouxesse, trouxéssemos, trouxésseis, trouxessem;

Futuro do subjuntivo: Trouxer, trouxeres, trouxer, trouxermos, trouxerdes, trouxerem.

Ver

Presente do indicativo: Vejo, vês, vê, vemos, vedes, veem;

Presente do subjuntivo: Veja, vejas, veja, vejamos, vejais, vejam;

Pretérito perfeito do indicativo: Vi, viste, viu, vimos, vistes, viram;

Pretérito mais-que-perfeito do indicativo: Vira, viras, vira, víramos, víreis, viram;

Pretérito imperfeito do subjuntivo: Visse, visses, visse, víssemos, vísseis, vissem;

Futuro do subjuntivo: Vir, vires, vir, virmos, virdes, virem.

Seguem esse modelo os derivados antever, entrever, prever, rever. Prover segue o modelo acima apenas no presente do indicativo e seus tempos derivados; nos demais tempos, comporta-se como um verbo regular da segunda conjugação.

Vir

Presente do indicativo: Venho, vens, vem, vimos, vindes, vêm;

Presente do subjuntivo: Venha, venhas, venha, venhamos, venhais, venham;

Pretérito imperfeito do indicativo: Vinha, vinhas, vinha, vínhamos, vínheis, vinham;

Pretérito perfeito do indicativo: Vim, vieste, veio, viemos, viestes, vieram;

Pretérito mais-que-perfeito do indicativo: Viera, vieras, viera, viéramos, viéreis, vieram;

Pretérito imperfeito do subjuntivo: Viesse, viesses, viesse, viéssemos, viésseis, viessem;

Futuro do subjuntivo: Vier, vieres, vier, viermos, vierdes, vierem;

Particípio e gerúndio: Vindo.

Emprego do infinitivo

Apesar de não haver regras bem definidas, podemos anotar as seguintes ocorrências:

→ Usa-se o impessoal:

Sem referência a nenhum sujeito: É proibido **estacionar** na calçada;

Nas locuções verbais: Devemos **pensar** sobre a sua situação;

Se o infinitivo exercer a função de complemento de adjetivos: É uma questão fácil de **resolver**;

Se o infinitivo possuir valor de imperativo – O comandante gritou: "**marchar**!"

→ Usa-se o pessoal:

Quando o sujeito do infinitivo é diferente do sujeito da oração principal: Eu não te culpo por seres um imbecil;

Quando, por meio de flexão, se quer realçar ou identificar a pessoa do sujeito: Não foi bom agires dessa forma;

 Questões

01. (FCC) Levando-se em conta as alterações necessárias, o termo grifado foi substituído corretamente por um pronome em:
a) A Inveja habita o fundo de um vale = habitá-lo
b) jamais se acende o fogo = lhe acende
c) serviu de modelo a todos = serviu-os
d) infectar a jovem Aglauros = infectá-la
e) ao dilacerar os outros = dilacerar-lhes

02. (CESGRANRIO) "*A gente se acostuma* a morar em apartamentos de fundos."
Nós nos acostumamos a morar em apartamentos de fundos.
A troca de pronomes também respeita as regras de concordância estabelecidas na norma-padrão em:
a) Tu te acostuma / Você se acostuma.
b) Tu se acostuma / Você se acostumas.
c) Tu te acostumas / Você se acostuma.
d) Tu te acostumas / Você vos acostuma.
e) Tu te acostumas / Você vos acostumais.

03. (FAURGS) As bibliotecas virtuais têm, de certo modo, os predicados _____ o escritor argentino Jorge Luis Borges define a sua fantástica Biblioteca de Babel: são ilimitadas e periódicas. Desse modo, atualizam, no que oferecem e na forma _____ o oferecem, uma espécie de otimismo cético próprio do racionalismo.

A biblioteca está e vai com você onde você estiver, como uma Babel feita do paradoxo do conhecimento: quanto mais se sabe, mais há para saber, de modo que, o máximo sendo também o mínimo, nunca nos falte nem a pergunta ilimitada, nem a resposta periódica _____ os livros e revistas postos ao alcance de nosso cotidiano podem nos ajudar a formular, ou, ao menos, entrever.

Assinale a alternativa que preenche, correta e respectivamente, as lacunas das linhas.
a) que – como – que
b) com que – que – a que
c) com que – como – que
d) que – como – a que
e) que – que – a que

04. (CESGRANRIO) Os substantivos grafados com ç são derivados de verbos: **produção, redução, desaceleração, projeção**. Quais os verbos a seguir que formam substantivos com a mesma grafia:
a) admitir, agredir, intuir
b) discutir, emitir, aferir
c) inquirir, imprimir, perseguir
d) obstruir, intervir, conduzir
e) reduzir, omitir, extinguir

05. (NUCEPE) **Adaptada**. Assinale a opção em que o substantivo apresentado é uma palavra de gênero feminino.
a) "sinal".
b) "palco".
c) "comunidade".
d) "lugares".
e) "jornais".

06. (CEPERJ) Os verbos considerados impessoais devem se manter invariáveis, no singular, segundo as normas de concordância verbal. Há um caso de verbo impessoal no seguinte exemplo do texto:
a) "você não vê há três meses"
b) "Para lá fui enviada."
c) "um gigantesco caminhão que andava"
d) "aquilo nos pareceu absurdo"
e) "E não precisará de recall para isso."

07. (FCC) Ainda que os modernistas de 1922 não se _____ componentes de uma escola, nem _____ ter postulados rigorosos em comum, um grande desejo de expressão livre os unificava.

Na frase acima, a correção será mantida caso a conjugação dos verbos originalmente empregados considerarem e afirmarem for modificada de modo que as formas verbais resultantes sejam, respectivamente:
a) considerarem e afirmarem.
b) considerassem e afirmassem.
c) consideravam e afirmavam.
d) considerariam e afirmariam.
e) considerar e afirmar.

LÍNGUA PORTUGUESA

VERBO

08. (FUNCAB) Em "(...) A empregada já HAVIA CHEGADO e estava no portão, olhando o movimento.(...)", o tempo verbal mostra uma ação:
a) iniciada no passado, continuada no presente.
b) realizada em futuro próximo.
c) subordinada a uma ação futura.
d) repetida, independente da ação passada.
e) já terminada.

09. (FCC) Na Antiguidade, os egípcios tinham nas letras um objeto sagrado, inventado pelos deuses. O verbo flexionado nos mesmos tempo e modo em que se encontra o grifado acima está em:
a) Por meio da observação do cérebro de crianças e adultos, verificou-se de forma bastante clara ...
b) ... que o ato de escrever desencadeia ligações entre os neurônios ...
c) Com a digitação, essa área fica inativa.
d) .. a caligrafia constava entre as habilidades avaliadas nos exames de admissão do antigo ginásio até a década de 70 ...
e) ... entre as gerações que chegam aos bancos escolares.

10. (FCC) ... que já *detestava* a jovem... O verbo empregado nos mesmos tempo e modo que o grifado está em:
a) A Inveja habita o fundo de um vale...
b) ...todos os que falaram desse sentimento...
c) ...porque esta a espionara...
d) ...que interceda junto a Hersé...
e) Não admitia que a mortal...

11. (Vunesp) No contexto, a correlação expressa pelos verbos destacados na frase - Se o **fizesse** não **teria** coragem de me olhar no espelho. - indica:
a) hipótese sobre a consequência de mentir.
b) necessidade de comunicar-se sem enganar.
c) certeza acerca de ser desnecessária a mentira.
d) dúvida em relação àquilo que motiva a mentira.
e) negação de que a mentira seja viável.

Gabaritos

01	D	08	E
02	C	09	D
03	C	10	E
04	D	11	A
05	C		
06	A		
07	B		

6. SINTAXE BÁSICA DA ORAÇÃO E DO PERÍODO

Sintaxe é a parte da Gramática que estuda a função das palavras ou das expressões em uma oração ou em um período.

Definições importantes:

Frase, oração e período (conceitos essenciais)

Frase: qualquer sentença dotada de sentido.

Ex.: Eu adoro estudar Português!

Ex.: Fogo! Socorro!

Oração: frase organizada em torno de uma forma verbal.

Os alunos farão a prova amanhã!

Período: conjunto de orações;

> Período simples: 1 oração.

Estudarei Português.

> Período composto: mais de 1 oração.

Estudarei Português e farei a prova.

6.1 Período simples (oração)

A oração é dividida em termos. Assim, o estudo fica organizado e impossibilita a confusão. São os termos da oração:

Essenciais;

Integrantes;

Acessórios.

Termos essenciais da oração

Sujeito e Predicado: são chamados de essenciais, porque são os elementos que dão vida à oração. Quer dizer, sem um deles (o predicado, ao menos) não se pode formar oração.

O **Brasil** caminha para uma profunda transformação social.
(sujeito)   (predicado)

Sujeito

Sujeito é o termo sintático sobre o qual se declara ou se constata algo. Deve-se observar que há uma profunda relação entre o verbo que comporá o predicado e o sujeito da oração. Usualmente, o sujeito é formado por um substantivo ou por uma expressão substantivada.

Classificação do Sujeito:

Simples;

Composto;

Oculto, elíptico ou desinencial;

Indeterminado;

Inexistente;

Oracional.

Sujeito simples: aquele que possui apenas um núcleo.

O país deverá enfrentar difíceis rivais na competição.

A perda de fôlego de algumas das grandes economias também já foi notada por outras gigantes do setor.

> **Sujeito composto:** é aquele que possui mais de um núcleo.

Rigoberto e Jacinto são amigos inseparáveis.

Eu, meus **amigos** e todo o **resto** dos alunos faremos a prova.

Sujeito oculto, elíptico ou desinencial: aquele que não se encontra expresso na oração, porém é facilmente subentendido pelo verbo apresentado.

Acord**amos** cedo naquele dia. (Quem acordou? Nós)

Ab**ri** o blusão, tirei o 38, e perguntei com tanta raiva que uma gota de meu cuspe bateu na cara dele.(R. Fonseca)

Vanderlei caminhou pela manhã. À tarde pass**eou** pelo lago municipal, onde encont**rou** a Anaconda da cidade.

Perceba que o sujeito não está grafado na sentença, mas é facilmente recuperável por meio da terminação do verbo.

Sujeito indeterminado: ocorre quando o verbo não se refere a um núcleo determinado. São situações de indeterminação do sujeito:

Terceira pessoa do plural sem um referente:

Nunca lhe **deram** nada.

Fizeram comentários maldosos a seu respeito.

Com verbos transitivos indiretos, intransitivo e relacionais (de ligação) acompanhados da partícula "se" que, no caso, será classificada como índice de indeterminação de sujeito.

Vive-se muito bem.

Precisa-se de força e coragem na vida de estudante.

Nem sempre **se está** feliz na riqueza.

Sujeito inexistente ou oração sem sujeito: ocorre em algumas situações específicas.

Com verbos impessoais (principalmente os que denotam fenômeno da natureza).

Em setembro **chove** muito.

Nevava em Palotina.

Com o verbo haver, desde que empregado nos sentidos de existir, acontecer ou ocorrer.

Há poemas perfeitos, não **há** poetas perfeitos.

Deveria haver soluções para tais problemas.

Com os verbos ir, haver e fazer, desde que empregado fazendo alusão a tempo transcorrido.

Faz um ano que não viajo. (verbo "fazer" no sentido de "tempo transcorrido")

Há muito tempo que você não aparece. (verbo "haver" no sentido de "tempo")

Vai para dois meses que não recebo salário. (verbo "ir" no sentido de "tempo")

Com os verbos ser ou estar indicando tempo.

Era noite fechada.

É tarde, eles não vêm!

Com os verbos bastar e chegar indicando cessamento.

Basta de tanta corrupção no Senado!

Chega de ficar calado quando a situação aperta!

LÍNGUA PORTUGUESA

SINTAXE BÁSICA DA ORAÇÃO E DO PERÍODO

Com o verbo ser indicando data ou horas.

São dez horas no relógio da torre.

Amanhã **serão** dez de dezembro.

Sujeito oracional: ocorre nas análises do período composto, quando se verifica que o sujeito de um verbo é uma oração.

É preciso **que você estude Língua Portuguesa**.

Predicado

É o termo que designa aquilo que se declara acerca do sujeito. É mais simples e mais prudente para o aluno buscar identificar o predicado antes do sujeito, pois, se assim o fizer, terá mais concretude na identificação do sujeito.

Classificação do predicado:

> Nominal;
> Verbal;
> Verbo-nominal.

Predicado Nominal: o predicado nominal é formado por um verbo relacional (de ligação) + predicativo.

Lembre os principais verbos de ligação: ser, estar, permanecer, continuar, ficar, parecer, andar e torna-se.

A economia da Ásia parecia derrotada após a crise.

O deputado, de repente, virou patriota.

Português é legal.

Predicado Verbal: o predicado verbal tem como núcleo um verbo nocional.

Empresários **investirão R$ 250 milhões em novo berço para Porto de Paranaguá**.

Predicado Verbo-nominal: ocorre quando há um verbo significativo (nocional) + um predicativo do sujeito.

O trem chegou atrasado. ("atrasado" é uma qualidade do sujeito que aparece após o verbo, portanto, é um predicativo do sujeito).

Pedro Paladino já nasceu rico.

Acompanhei a indignação de meus alunos preocupados.

Predicativo

O predicativo é um termo componente do predicado. Qualifica sujeito ou objeto.

Josefina era **maldosa**, **ruim**, **sem valor**. (pred. do sujeito)

Leila deixou o garoto **louco**. (pred. do objeto)

O diretor nomeou João **chefe da repartição**. (pred. do objeto)

Termos integrantes da oração

Objeto Direto (complemento verbal);

Objeto Indireto (complemento verbal);

Complemento Nominal;

Agente da Passiva.

Objeto Direto: é o complemento de um verbo transitivo direto.

Os bons cidadãos cumprem **as leis**. (quem cumpre, cumpre algo)

Em resumo: ele queria **uma mulher**. (quem quer, quer algo)

Objeto Indireto: é o complemento de um verbo transitivo indireto.

Os bons cidadãos obedecem **às leis**. (quem obedece, obedece a algo)

Necessitamos **de manuais mais práticos** nos dias de hoje. (quem necessita, necessita de algo)

Complemento Nominal: é o complemento, sempre preposicionado, de adjetivos, advérbios e substantivos que, em determinadas circunstâncias, pedem complemento, assim como os verbos transitivos indiretos.

O filme era impróprio para crianças.

Finalizou-se a construção do prédio.

Agiu favoravelmente ao réu.

Agente da Passiva: É o complemento que, na voz passiva, designa o ser praticante da ação sofrida ou recebida pelo sujeito.

Ex. de voz ativa: O zagueiro executou a jogada.

Ex. de voz passiva: A jogada foi executada **pelo zagueiro**. (Agente da passiva)

Conversas foram interceptadas pela **Polícia Federal**. (Agente da passiva)

Termos acessórios da oração

Adjunto Adnominal;

Adjunto Adverbial;

Aposto;

Vocativo.

Adjunto Adnominal: a função do adjunto adnominal é desempenhada por qualquer palavra ou expressão que, junto de um substantivo ou de uma expressão substantivada, modifica o seu sentido. Vejamos algumas palavras que desempenham tal função.

Artigos: **as** alunas serão aprovadas.

Pronomes adjetivos: aquela aluna será aprovada.

Numerais adjetivos: duas alunas serão aprovadas.

Adjetivos: aluno **estudioso** é aprovado.

Locuções adjetivas: aluno **de gramática** passa no concurso.

Adjunto Adverbial: o Adjunto Adverbial é o termo acessório (que não é exigido por elemento algum da sentença) que exprime circunstância ao verbo e, às vezes, ao adjetivo ou mesmo ao advérbio.

Advérbios: os povos antigos trabalhavam mais.

Locuções Adverbiais: Li vários livros **durante as férias**.

Alguns tipos de adjuntos adverbiais: Tempo: **Ontem**, choveu muito.

Lugar: Gostaria de que me encontrasse **na esquina da padaria**.

Modo: Alfredo executou a aria **fantasticamente**.

Meio: Fui para a escola **a pé**.

Causa: **Por amor**, cometem-se loucuras.

Instrumento: Quebrou a vidraça **com uma pedra**.

Condição: **Se estudar muito**, será aprovado.

Companhia: Faremos sucesso **com essa banda**.

Aposto: o aposto é o termo sintático que, possuindo equivalência semântica, esclarece seu referente. Tipos de Aposto:

Explicativo: Alencar, **escritor romântico**, possui uma obra vastíssima.

Resumitivo ou recapitulativo: Estudo, esporte, cinema, **tudo** o chateava.

Enumerativo: Preciso de duas coisas: **saúde e dinheiro**.

Especificativo: A notícia foi publicada na revista **Veja**.

Distributivo: Havia grupos interessados: **o da direita e o da esquerda**.

Oracional: Desejo só uma coisa: **que vocês passem no concurso**.

Vocativo: O Vocativo é uma interpelação, é um chamamento. Normalmente, indica com quem se fala.

Ó mar, por que não me levas contigo?

Vem, **minha amiga**, abraçar um vitorioso.

6.2 Período Composto

Nesse tópico, você deverá realizar a análise de mais de uma oração, portanto, atenção! Há dois processos de composição de período em Língua Portuguesa. São eles: coordenação e subordinação.

Coordenação: ocorre quando são unidas orações independentes sintaticamente. Ou seja, são autônomas do ponto de vista estrutural. Vamos a um exemplo.

Altamiro pratica esportes e estuda muito.

Subordinação: ocorre quando são unidas orações que possuem dependência sintática. Ou seja, não estão completas em sua estrutura. O processo de subordinação ocorre de três maneiras:

Substantiva: quando a oração desempenhar a função de um substantivo na sentença (**sujeito, predicativo, objeto direto, objeto indireto, complemento nominal ou aposto**).

Adjetiva: quando a oração desempenhar a função de adjunto adnominal na sentença.

Adverbial: quando a oração desempenhar a função de adjunto adverbial na sentença.

Eu quero **que vocês passem no concurso**. (oração subordinada substantiva objetiva direta – a função de objeto direto está sendo desempenhada pela oração)

O Brasil, **que é um belíssimo país**, possui vegetação exuberante. (oração subordinada adjetiva explicativa)

Quando José entrou na sala, Manoel saiu. (oração subordinada adverbial temporal)

Processo de coordenação

Há dois tipos de orações coordenadas: **assindéticas** e **sindéticas**.

Assindéticas:

O nome vem da palavra grega *sýndetos*, que significa conjunção, união. Ou seja, oração que não possui conjunção quando está colocada ao lado de outra.

Valdevino **correu (OCA), correu (OCA), correu (OCA)** o dia todo.

Perceba que não há conjunções para ligar os verbos, ou seja, as orações estão colocadas uma ao lado da outra sem síndeto, portanto, são **Orações Coordenadas Assindéticas**.

Sindéticas:

Contrariamente às assindéticas, as sindéticas possuem conjunção para exprimir uma relação lógico-semântica. Cada oração recebe o nome da conjunção que a introduz. Por isso é necessário decorar as conjunções.

Aditivas: São introduzidas pelas conjunções e, nem, mas também, também, como (após "não só"), como ou quanto (após "tanto"), mais etc., dando a ideia de adição à oração anterior.

A seleção brasileira venceu a Dinamarca/ **e empatou com a Inglaterra**. (Oração Coordenada Assindética / **Oração Coordenada Sindética Aditiva**)

Adversativas: São introduzidas pelas conjunções mas, porém, todavia, contudo, entretanto, no entanto, não obstante, senão, apesar disso, embora etc., indicando uma relação de oposição à sentença anterior.

O time batalhou muito, / **mas não venceu o adversário.** (Oração Coordenada Assindética / **Oração Coordenada Sindética Adversativa**)

Alternativas: São introduzidas pelas conjunções ou... ou, ora... ora, já... já, quer... quer, seja... seja, nem... nem etc., indicando uma relação de alternância entre as sentenças.

Ora estuda, / ora trabalha,: (Oração Coordenada Sindética Alternativa / Oração Coordenada Sindética Alternativa)

Conclusivas: São introduzidas pelas conjunções pois (posposto ao verbo), logo, portanto, então, por conseguinte, por consequência, assim, desse modo, destarte, com isso, por isto, consequentemente, de modo que, indicando uma relação de conclusão do período anterior.

Comprei a carne e o carvão, / **portanto podemos fazer o churrasco**. (Oração Coordenada Assindética / **Oração Coordenada Sindética Conclusiva**)

Estou muito doente, / **não posso, pois, ir à aula**. (Oração Coordenada Assindética/ **Oração Coordenada Sindética Conclusiva**)

Explicativas: São introduzidas pelas conjunções que, porque, porquanto, por, portanto, como, pois (anteposta ao verbo), ou seja, isto é, indicando uma relação de explicação para com a sentença anterior.

Não converse, / **pois estou estudando**. (OCA / **Oração Coordenada Sindética Explicativa**)

Processo de subordinação

Orações Subordinadas Substantivas: dividem-se em 6 tipos, introduzidas, geralmente, pelas conjunções "**que**" e "**se**".

SINTAXE BÁSICA DA ORAÇÃO E DO PERÍODO

Subjetiva (O.S.S.S.): Exerce função de sujeito do verbo da oração principal.

É interessante / **que todos joguem na loteria**. (Oração Principal / **Oração subordinada substantiva subjetiva**)

Objetiva Direta (O.S.S.O.D.): Exerce função de objeto direto.

Eu quero / **que você entenda a matéria**. - Quem quer, quer algo ou alguma coisa - (Oração Principal / **Oração subordinada substantiva Objetiva Direta**)

Objetiva Indireta (O.S.S.O.I.): Exerce função de objeto indireto.

Os alunos necessitam / **de que as explicações fiquem claras**. - Quem necessita, necessita de algo - (Oração Principal / **Oração subordinada substantiva Objetiva Indireta**)

Predicativa (O.S.S.P.): Exerce função de predicativo.

O bom é / **que você faça exercícios todos os dias**. (Oração Principal / **Oração subordinada substantiva Predicativa**)

Completiva Nominal (O.S.S.C.N.): Exerce função de complemento nominal de um nome da oração principal.

Jonas tem vontade / **de que alguém o mande calar a boca**. (Oração Principal / **Oração subordinada substantiva Completiva Nominal**)

Apositivas (O.S.S.A.): Possuem a função de aposto da sentença principal, geralmente são introduzidas por dois-pontos (:).

Eu quero apenas isto: / **que você passe no concurso**. (Oração Principal / **Oração subordinada substantiva Apositiva**)

Orações Subordinadas Adjetivas: dividem-se em dois tipos. Quando desenvolvidas, são introduzidas por um pronome relativo.

O nome Oração Subordinada Adjetiva se deve ao fato de ela desempenhar a mesma função de um adjetivo na oração, ou seja, a função de adjunto adnominal. Na Gramática de Portugal, são chamadas de Orações Relativas pelo fato de serem introduzidas por pronome relativo.

Restritivas: Restringem a informação da oração principal. Não possuem vírgulas.

O homem / **que mora ao lado** / é mal-humorado. (Oração Principal / **Oração subordinada Adjetiva Restritiva** / Oração Principal)

Para entender basta perguntar: qualquer homem é mal-humorado? Não. Só o que mora ao lado.

Explicativas: Explicam ou dão algum esclarecimento sobre a oração principal.

João, / **que é o ex-integrante da comissão**, / chegou para auxiliar os novos contratados. (Oração Principal / **Oração Subordinada Adjetiva Explicativa** /Oração Principal)

Orações Subordinadas Adverbiais: dividem-se em nove tipos. Recebem o nome da conjunção que as introduz. Nesse caso, teremos uma principal (que não está negritada) e uma subordinada adverbial (que está em negrito).

Essas orações desempenham a função de Adjunto Adverbial da oração principal.

Causais: Exprimem a causa do fato que ocorreu na oração principal. Introduzidas, principalmente, pelas conjunções porque, visto que, já que, uma vez que, como que, como.

Ex.: Já que precisamos de dinheiro, vamos trabalhar.

Comparativas: Representam o segundo termo de uma comparação. Introduzidas, na maior parte dos casos, pelas conjunções que, do que, como, assim como, (tanto) quanto.

Ex.: Tiburcina fala **como uma gralha** (fala - o verbo está elíptico).

Concessivas: Indica uma concessão entre as orações. Introduzidas, principalmente, pelas conjunções embora, a menos que, ainda que, posto que, conquanto, mesmo que, se bem que, por mais que, apesar de que. Fique de olho na relação da conjunção com o verbo.

Ex.: Embora não tivesse tempo disponível, consegui estudar.

Condicionais: Expressa ideia de condição. Introduzidas, principalmente, pelas conjunções se, salvo se, desde que, exceto, caso, desde, contanto que, sem que, a menos que.

Ex.: Se ele não se defender, acabará como "boi-de-piranha" no caso.

Conformativas: Exprimem acordo, concordância entre fatos ou ideias. Introduzidas, principalmente, pelas conjunções como, consoante, segundo, conforme, de acordo com etc.

Ex.: Realize as atividades **conforme eu expliquei**.

Consecutivas: Indicam a consequência ou o efeito daquilo que se diz na oração principal. Introduzidas, principalmente, pelas conjunções que (precedida de tal, tão, tanto, tamanho), de sorte que, de modo que.

Ex.: Estudei tanto, **que saiu sangue dos olhos**.

Finais: Exprimem finalidade da ação primeira. Introduzidas, em grande parte dos casos, pelas conjunções para que, a fim de que, que e porque.

Ex.: Estudei muito **para que pudesse fazer a prova**.

Proporcionais: Expressa uma relação de proporção entre as orações. Introduzidas, principalmente, pelas conjunções (locuções conjuntivas) à medida que, quanto mais....mais, à proporção que, ao passo que, quanto mais.

Ex.: José piorava, **à medida que abandonava seu tratamento**.

Temporais: Indicam circunstância de tempo. Introduzidas, principalmente, pelas conjunções quando, antes que, assim que, logo que, até que, depois que, mal, apenas, enquanto etc.

Ex.: Logo que iniciamos o trabalho os alunos ficaram mais tranquilos.

Você viu que não é difícil. Na verdade, só é preciso estudar muito e decorar o sentido das conjunções.

Questões

01. (FCC) **Graças aos avanços na medicina e na agricultura**, as previsões funestas de Malthus não se confirmaram...
O segmento grifado exprime, em relação à afirmativa seguinte, noção de:
a) Condição.
b) Tempo.
c) Proporção.
d) Causa.
e) Finalidade.

02. (FCC) A frase em que **ambos** os elementos sublinhados são complementos verbais é:
a) Assim vos confesso que entendo de arquitetura, apesar das muitas opiniões em contrário.
b) Ninguém se impressiona tanto com um velho porão como este velho cronista, leitor amigo.
c) O porão deverá jazer sob os pés da família como jazem os cadáveres num cemitério.
d) Que atração exercem sobre o cronista as gravatas manchadas, quando desce a um porão...
e) Já não se fazem porões, hoje em dia, já não há qualquer mistério ou evocação mágica numa casa moderna.

03. (FCC) **Nascidas do povo mais humilde do Brasil**, as Escolas afirmam a vocação dos brasileiros, de todos os brasileiros, para a grandeza.
A oração grifada acima tem sentido ...... e, ao reescrevê-la com o emprego da conjunção adequada, a oração resultante deverá iniciar-se por ....
As lacunas estarão corretamente preenchidas, respectivamente, por:
a) final - Para que tivessem nascido
b) temporal - Enquanto tinham nascido
c) concessivo - Ainda que tenham nascido
d) consecutivo - Desde que tenham nascido
e) condicional - Caso tenham nascido

04. (FCC) Analisando-se aspectos sintáticos de frases de textos, é correto afirmar que em:
a) Muitos se lembravam da alegria voraz com que foram disputadas as toneladas da vítima - as formas verbais sublinhadas têm um mesmo sujeito.
b) Todos se empenhavam no lúcido objetivo comum - configura-se um caso de indeterminação do sujeito.
c) Uma tripulação de camelôs anunciava umas bugigangas - a voz verbal é ativa, sendo umas bugigangas o objeto direto.
d) Eu já podia recolher a minha aflição - não há a possibilidade de transposição para outra voz verbal.
e) Logo uma estatal, ó céus - o elemento sublinhado exerce a função de adjunto adverbial de tempo.

05. (FCC) "Fica calmo, meu caro jornalista, avião comigo não cai", procurava me tranquilizar **dr. Ulysses**...
O segmento em destaque exerce na frase acima a mesma função sintática que o elemento grifado exerce em:
a) Como a Folha era **o único veículo** ...
b) ... essas coisas não pegariam bem **para um repórter**.
c) ... **em que** tudo devia estar acertado...
d) Viajava **com os três líderes da campanha** em pequenos aviões fretados...
e) ... **quem** era o comandante.

06. (FCC) Mas, **embora ele não tivesse sido nomeado**, todos sabiam quem era o comandante.
Em relação à frase em que está inserido, o segmento grifado acima possui um sentido.
a) Condicional.
b) Causal.
c) Concessivo.
d) Comparativo.
e) Conclusivo.

07. (FCC) Este conceito **é relativo**, pois em arte não há originalidade absoluta.
... a sua contribuição maior foi **a liberdade de criação e expressão**.
Ambos os elementos acima grifados exercem nas respectivas frases a função de:
a) Adjunto adverbial.
b) Objeto direto.
c) Complemento nominal.
d) Predicativo.
e) Objeto indireto.

08. (FCC) ... o tema das mudanças climáticas **pressiona** os esforços mundiais para reduzir a queima de combustíveis.
A mesma relação entre o verbo grifado e o complemento se reproduz em:
a) ... a Idade da Pedra não acabou por falta de pedras ...
b) ... o estilo de vida e o modo da produção (...) são os principais responsáveis...
c) ... que ameaçam a nossa própria existência.
d) ... e a da China triplicou.
e) Mas o homem moderno estaria preparado.

09. (CONSULPLAN) Leia o texto:
A tradição teológica e filosófica nunca conseguiu explicar o "mistério da iniquidade", a existência do mal como potência do desejo e da ação humanas.

Ora, a corrupção é o mal do nosso tempo. Curiosamente, ela aparece como uma nova regra de conduta, uma contraditória "moral imoral". Da governalidade aos atos cotidianos, o mundo da vida no qual ética e moral se cindiram há muito tempo transformou-se na sempre saqueável terra de ninguém.

Como toda moral, a corrupção é rígida. Daí a impossibilidade do seu combate por meios comuns, seja o direito, seja a polícia. Do contrário, meio mundo estaria na prisão. A mesma polícia que combate o narcotráfico nas favelas das grandes cidades poderia ocupar o Congresso e outros espaços do governo onde a corrupção é **a regra**.

Mas o problema é que a força da corrupção é a do costume, é a da "moral", aquela mesma do malandro que age "na moral", que é "cheio de moral". Ela é muito mais forte do que a delicada reflexão ética que envolveria a autonomia de cada sujeito agente. E que só surgiria pela educação política que buscasse um pensamento reflexivo.

O sistema da corrupção é composto de um jogo de forças do qual uma das mais importantes é a "força do sentido". É ela que faz perguntar, por exemplo, "como é possível que um policial pobre se negue a aceitar dinheiro para agir ilegalmente?"

LÍNGUA PORTUGUESA

SINTAXE BÁSICA DA ORAÇÃO E DO PERÍODO

O simples fato de que essa pergunta seja colocada implica o pressuposto de que uma verdade ética tal como a honestidade foi transvalorada. Isso significa que foi também desvalorizada.

Se a conduta de praxe seria não apenas aceitar, mas exigir dinheiro em troca de uma ação qualquer na contramão do dever, é porque no sistema da corrupção o valor da honestidade, que garantiria ao sujeito a sua autonomia, foi substituído pela vantagem do dinheiro.

Mas não somente. Aquele que age na direção da lei como que age contra a moral caracterizada pelo "fazer como a grande maioria", levando em conta que no âmbito da corrupção se entende que o que a maioria quer é "dinheiro".

Verdade é que a ação em nome de um universal por si só caracteriza qualquer moral. É por meio dela que se faz o **cálculo** do "sentido" no qual, fora da vantagem que define a regra, o sujeito honesto se transfigura imediatamente em otário.

Se a moral é medida em dinheiro, não entregar-se a ele poderá parecer um luxo. Mas um contraditório luxo de pobre, já que a questão da honestidade não se coloca para os ricos, para quem tal valor parece de antemão assegurado.

Daí que jamais se louve nos noticiários a honestidade de alguém que não se enquadra no estereótipo do "pobre". **Honesto** é sempre o pobre elevado a cidadão exótico. Na verdade, por meio desse gesto o pobre é colocado à prova pelo sistema. Afinal ele teria tudo para ser corrupto, ou seja, teria todo o motivo para sê-lo. Mas teria também todo o perdão?

O cidadão exótico – pobre e honesto – que deixa de agir na direção de uma vantagem pessoal como que estaria perdoado por antecipação ao agir imoralmente sendo pobre, mas não está. A frase de Brecht seria sua jurisprudência mais básica: "O que é roubar um banco comparado a fundar um?"

Ora, sabemos que essa "moral imoral" tem sempre dois pesos e duas medidas, diferentes para ricos e pobres. No **vão** que as separa vem à tona a **incompreensibilidade** diante do mistério da honestidade. De categoria ética, ela desce ao posto de irresponsável problema metafísico.

Pois quem terá hoje a coragem de perguntar como alguém se torna o que é quando a subjetividade, a individualidade e a biografia já não valem nada e sentimos apenas o miasma que exala da vala comum das celebridades da qual o cidadão pode se salvar apenas alcançando o posto de um herói exótico, máscara do otário da vez?

(Marcia Tiburi. Cult, dezembro de 2011)

Assinale o termo que, no texto, desempenhe função sintática idêntica à de incompreensibilidade termos em destaque no texto.
a) a regra.
b) vão.
c) cálculo.
d) honesto.

10. (IPAD) Em que opção a expressão em negrito retoma a ideia de um termo para explicá-lo, desenvolvê-lo ou esclarecê-lo, assumindo a função sintática de aposto?
a) O conjunto de saltos de quedas d'água estava localizado ao oeste do Estado do Paraná, **no município de Guaíra...**
b) Calcula-se que a água do Rio Paraná levou cerca de 1 milhão de anos para cavar no basalto, **rocha vulcânica dura**, o caminho que percorria.
c) Era a cachoeira mais caudalosa do mundo, **nela** se escoando cerca de 75 mil metros cúbicos de água por segundo...
d) Capaz de gerar 15 milhões de kilowatts, Itaipu é **a usina** de maior potencial energético do mundo.
e) A barragem, **que represa o Rio Paraná**, tem a altura aproximada de um edifício de 62 andares.

11. (IPAD) Em que oração o sujeito **não** é posposto ao verbo?
a) "Sete quedas por mim passaram"
b) "Cessa o estrondo das cachoeiras"
c) "Aos mortos espanhóis, aos mortos bandeirantes, aos apagados fogos de Ciudad Real de Guaira vão juntar-se os sete fantasmas das águas assassinadas"
d) "Faz-se do movimento uma represa"
e) "da agitação faz-se um silêncio"

12. (CESGRANRIO) Em "e controlar a epidemia crescente **das doenças crônicas**," o termo destacado está ligado sintaticamente ao substantivo "epidemia". O termo que desempenha função sintática idêntica ao destacado acima está no trecho:
a) "enquanto cerca de 300 milhões de adultos são **obesos**,"
b) "...que ajude as autoridades nacionais a enfrentar os problemas."
c) "– Para alcançar as Metas do Milênio estabelecidas **pela ONU**,"
d) "Todos eles estão **mais** expostos..."
e) "entre outras doenças ligadas **ao excesso de peso**."

13. (FCC) ... mas nem todos **entendem** seu real significado.
O verbo que exige o mesmo tipo de complemento que o grifado acima está também **grifado** em:
a) Pesquisadores **revelaram** a existência de preconceitos enraizados contra a manifestação de emoções.
b) A pesquisa **tratava** da valorização de sentimentos até então vistos como negativos no ambiente de trabalho.
c) A manifestação de emoções positivas **é** geralmente bem aceita em qualquer ambiente.
d) Estudos recentes **aludem** à importância das emoções, sejam elas positivas ou negativas, na vida pessoal e profissional.
e) O local de trabalho nem sempre se **torna** propício à manifestação das próprias emoções.

14. (FUNCAB) A alternativa em que o termo destacado tem a função de adjunto adnominal e não a de predicativo do sujeito é:
a) "(...) ela estava muito mais **viva**(...)"
b) "(...) um peixe **sozinho** num tanque era algo muito solitário. (...)"
c) "(...) a mãe era **boa** para dar ideias. (...)"
d) "(...) Mas ele estava **sozinho**. (...)"
e) "(...) Só então notou como estava **cansado**."

15. (FCC) ... **embora** a maioria das pessoas consuma calorias suficientes ...
A conjunção grifada acima imprime ao contexto noção de:
a) Finalidade de uma ação.
b) Temporalidade relativa a um fato.
c) Concessão quanto à afirmativa que a segue.
d) Conjectura que não se realiza.
e) Incerteza quanto à comprovação de um fato.

16. (FCC) ... elas ainda **sofrem de imensas deficiências de nutrientes** ...
A relação entre verbo e complemento, grifada acima, se reproduz em:
a) ... embora a maioria das pessoas consuma calorias suficientes ...
b) ... e têm pontuação mais baixa nos testes de habilidade cognitiva.
c) ... a epidemia de obesidade nos países ricos representa exatamente o problema oposto.
d) ... e muitos não obtêm esses nutrientes.
e) ... menos da metade daqueles que mais precisam deles ...

17. (FCC) **Com o avançar da idade**, eles precisam de mais cálcio e vitaminas...
    a) À medida que a idade vai avançando.
    b) Conquanto a idade avance.
    c) Se a idade for avançando.
    d) Ainda que a idade vá avançando.
    e) Em comparação à idade que avança.

18. **Enquanto** o primeiro é regido por valores como amor e lealdade, o segundo tem como marca indexadores monetários e contratos. Assinale a alternativa que poderia substituir Enquanto no período anterior, sem modificação de sentido.
    a) Como
    b) Já que
    c) Ao passo que
    d) Quando

Gabaritos

01	D	10	B
02	A	11	A
03	C	12	B
04	C	13	A
05	E	14	B
06	C	15	C
07	D	16	E
08	C	17	A
09	C	18	C

LÍNGUA PORTUGUESA

7. CONCORDÂNCIA VERBAL E NOMINAL

Trata-se do processo de flexão dos termos a fim de se relacionarem harmoniosamente na frase. Quando se pensa sobre a relação do verbo com os demais termos da oração, o estudo focaliza a concordância verbal. Quando a análise se volta para a relação entre pronomes, substantivos, adjetivos e demais termos do grupo nominal, diz-se que o foco é concordância nominal.

Fique de olho aberto para a relação do sujeito com o verbo. Uma boa noção de Sintaxe é importantíssima para entender esse segmento do conteúdo.

7.1 Concordância Verbal

Regra geral

O verbo concorda com o sujeito em número e pessoa.

O **primeiro-ministro** russo **acusou** seus inimigos.

Dois **parlamentares rebateram** a acusação.

Contaram-se **mentiras** no telejornal.

Vós sois os responsáveis por vosso destino.

Regras para sujeito composto[1]

Anteposto (colocado antes do verbo): o verbo vai para o plural:

Eu e meus irmãos vamos à praia.

Posposto (colocado após o verbo): o verbo concorda com o mais próximo ou vai para o plural:

Morreu (morreram), no acidente, **o prefeito e o vereador**.

Formado por pessoas (gramaticais) diferentes: plural da predominante.

Eu, você e os alunos **estudaremos** para o concurso. (a primeira pessoa é a predominante, por isso, o verbo fica na primeira pessoa do plural)

Com núcleos em correlação: concorda com o mais próximo ou fica no plural:

O professor assim como o monitor auxilia(m) os estudantes.

Ligado por NEM: verbo concordará:

No singular: se houver exclusão.

Nem Josias nem Josué **percebeu** o perigo iminente.

No singular: quando se pretende individualizar a ação, aludindo a um termo em específico.

Nem os esportes nem a leitura **o entretém**.

No plural: quando não houver exclusão, ou seja, quando a intenção for aludir ao sujeito em sua totalidade.

Nem a minha rainha nem o meu mentor **serão** tão convincentes a ponto de me fazerem mudar de ideia.

Ligado por COM: verbo concorda com o antecedente do COM ou vai para o plural:

O vocalista com os demais integrantes da banda **realizaram (realizou)** o show.

Ligado por OU: verbo no singular (se houver exclusão) ou no plural (se não houver exclusão):

Ou Pedro Amorim ou Jurandir Leitão **será** eleito vereador da cidade.

O aviso ou o ofício **deveriam** ser expedidos antes da data prevista.

Se o sujeito for construído com os termos:

Um e outro, nem um nem outro: verbo no singular ou plural, dependendo do sentido pretendido.

Um e outro **passou (passaram)** no concurso.

Um ou outro: verbo no singular.

Um ou outro fez a lição.

Expressões partitivas seguidas de nome plural: verbo no singular ou plural.

A maior parte das pessoas **fez (fizeram)** o exercício recomendado.

Coletivo geral: verbo no singular.

O cardume **nadou** rio acima.

Expressões que indicam quantidade aproximada seguida de numeral: Verbo concorda com o substantivo.

Aproximadamente 20 % dos eleitores compareceram às urnas.

Aproximadamente 20% do eleitorado **compareceu** às urnas.

Pronomes (indefinidos ou interrogativos) seguidos dos pronomes "nós" e/ou "vós": verbo no singular ou plural.

Ex.: Quem de nós **fará (faremos)** a diferença?

Palavra QUE (pronome relativo): verbo concorda com o antecedente do pronome "que".

Ex.: Fui eu que **fiz** a diferença.

Palavra QUEM: verbo na 3ª pessoa do singular.

Ex.: Fui eu *quem* **fez** a diferença.

Pela repetida utilização errônea, algumas gramáticas já toleram a concordância do verbo com a pessoa gramatical distinta da terceira, no caso de se utilizar um pronome pessoal como antecedente do "quem".

Um dos que: verbo no singular ou plural.

Ele foi *um dos que* **fez (fizeram)** a diferença.

Palavras sinônimas: verbo concorda com o mais próximo ou fica no plural.

Ex.: *A ruindade, a maldade, a vileza* **habita** (**habitam**) a alma do ser humano.

Quando os verbos estiverem acompanhados da palavra "SE": fique atento à função da palavra "SE".

SE - na função de pronome apassivador: verbo concorda com o sujeito paciente.

Vendem-se casas e sobrados em Alta Vista.

Presenteou-se o aluno aplicado com uma gramática.

---

[1] As gramáticas registram um sem-número de regras de concordância. Selecionamos as mais relevantes para o universo do concurso público.

SE - na função de índice de indeterminação do sujeito: verbo fica sempre na 3ª pessoa do singular.

> **Precisa-se** de empregados com capacidade de aprender.
>
> **Vive**-se muito bem na riqueza.

A dica é ficar de olho na transitividade do verbo. Se o verbo for VTI, VI ou VL, o termo "SE" será índice de indeterminação do sujeito.

Casos de concordância com o verbo "ser":

Quando indicar tempo ou distância: Concorda com o predicativo.

> Amanhã **serão** 7 de fevereiro.
>
> **São** 890 quilômetros daqui até Florianópolis.

Quando houver sujeito que indica quantidade e predicativo que indica suficiência ou excesso: Concorda com o predicativo.

> Vinte milhões **era** muito por aquela casa.
>
> Sessenta centavos **é** pouco por aquele lápis.

O verbo dar, no sentido de bater ou soar, acompanhado do termo hora(s): concorda com o sujeito.

> **Deram** cinco horas no relógio do juiz.
>
> **Deu** cinco horas o relógio juiz.

Verbo "parecer" – Concordância estranha.

> **Verbo "parecer" somado a infinitivo:** Flexiona-se um dos dois.
>
> Os alunos **pareciam** estudar novos conteúdos.
>
> Os alunos **parecia estudarem** novos conteúdos.

Quando houver sujeito construído com nome no plural: com artigo no singular ou sem artigo: o verbo fica no singular.

> *Memórias Póstumas de Brás Cubas* **continua** sendo lido por jovens estudantes.
>
> *Minas Gerais* **é** um lindo lugar.

Com artigo plural: o verbo fica no plural.

> *Os Estados Unidos* **aceitaram** os termos do acordo assinado.

7.2 Concordância Nominal

A concordância nominal está relacionada aos termos do grupo nominal. Ou seja, entram na dança o substantivo, o pronome, o artigo, o numeral e o adjetivo. Vamos à regra geral para a concordância.

Regra geral

O artigo, o numeral, o adjetivo e o pronome adjetivo devem concordar com o substantivo a que se referem em gênero e número.

> **Meu belíssimo** e **antigo** carro **amarelo** quebrou, ontem, em **uma** rua **estreita.**

Os termos destacados acima, mantém uma relação harmoniosa com o núcleo de cada expressão. Relação tal que se estabelece em questões de gênero e de número.

A despeito de a regra geral dar conta de grande parte dos casos de concordância, devemos considerar a existência de casos particulares, que merecem atenção.

Casos que devem ser estudados

Dependendo da intencionalidade de quem escreve, pode-se realizar a concordância atrativa, primando por concordar com apenas um termo de uma sequência ou com toda a sequência. Vejamos:

> Vi um carro e uma **moto** *vermelha*. (concordância apenas com o termo "moto")
>
> Vi um carro e uma **moto** *vermelhos*. (concordância com ambos os elementos)

Bastante ou bastantes?

Se "bastante" é pronome adjetivo, será variável; se for advérbio (modificando o verbo), será invariável, ou seja, não vai para o plural.

> Há *bastantes* **motivos** para sua ausência. (adjetivo)
>
> Os alunos **falam** *bastante*. (advérbio)

Troque a palavra "bastante" por "muito". Se "muito" for para o plural, "bastante" também irá.

Anexo, incluso, apenso, obrigado, mesmo, próprio: são adjetivos que devem concordar com o substantivo a que se referem.

> O *relatório* segue **anexo** ao documento.
>
> Os *documentos* irão **apensos** ao relatório.

A expressão "em anexo" é invariável (não vai para plural nem para o feminino).

> As planilhas irão **em anexo.**

É bom, é necessário, é proibido, é permitido: variam somente se o sujeito vier antecedido de um artigo ou outro termo determinante.

> Maçã **é bom** para a voz. / A maçã **é boa** para a voz.
>
> É necessário **aparecer** na sala. / É necessária **sua aparição** na sala.

Menos / alerta. São sempre invariáveis, contanto que respeitem sua classe de origem - advérbio: se forem derivadas para substantivo, elas poderão variar.

> Encontramos **menos** alunos na escola. / Encontramos **menos** alunas na escola.
>
> O policial ficou **alerta**. / Os policiais ficaram **alerta**.

Só / sós. Variam apenas quando forem adjetivos: quando forem advérbios, serão invariáveis.

> Pedro apareceu **só** (sozinho) na sala. / Os meninos apareceram **sós** (sozinhos) na sala. (adjetivo)
>
> Estamos **só** (somente) esperando sua decisão. (advérbio)

A expressão "a sós" é invariável.

> A menina ficou **a sós** com seus pensamentos.

Troque "só" por "sozinho" (vai para o plural) ou "somente" (fica no singular).

CONCORDÂNCIA VERBAL E NOMINAL

Questões

01. (FCC) O verbo indicado entre parênteses deverá ser obrigatoriamente flexionado numa forma do plural para preencher de modo correto a frase:
    a) Quanto mais interesses ...... (haver) em jogo, mais contundentes serão as iniciativas da máquina neoliberal.
    b) A não ...... (ser) pelas miragens que alimenta, muitas pessoas não conseguiriam sustentar o ânimo de viver.
    c) O que não lhes ...... (dever) convir é abandonar todos esses sonhos que ajudam a viver.
    d) Nunca me ...... (sobrevir), como agora, os sobressaltos que cada sonho traz consigo.
    e) ......-se (dever) a essas miragens o esforço com que muitos conduzem seu trabalho.

02. (FCC) O verbo indicado entre parênteses deverá flexionar-se numa forma do singular para preencher corretamente a lacuna da frase:
    a) Aquele a quem ...... (sensibilizar) os fatos do noticiário deve poupar-se de acompanhá-los todos os dias.
    b) Não ...... (dever) mover a ninguém as esperanças ou a crença em que o mundo se torne mais discreto e silencioso.
    c) Em qualquer notícia que provenha do nosso íntimo não mais ...... (haver) de se ocultar as verdades que fingimos desconhecer.
    d) As pessoas a quem ...... (impor) a TV, diuturnamente, notícias de toda espécie perdem a capacidade de discriminar o que é ou não importante.
    e) As novidades que dentro de mim se ...... (mascarar) só se revelarão mediante uma análise introspectiva.

03. (FCC) O verbo entre parênteses deverá flexionar-se em uma forma do plural para preencher de modo correto a lacuna da frase:
    a) Aos sentimentos do menino ...... (corresponder) um gesto bonito, pelo qual se materializou o amor filial.
    b) Não se ...... (atribuir) ao gesto do menino quaisquer intentos que não tivessem raiz em sua generosidade.
    c) A nenhum dos parentes ...... (ocorrer) alimentar suspeitas acerca das preocupações do menino.
    d) Não ...... (faltar) aos brinquedos antigos a magia que as engenhocas eletrônicas exercem hoje sobre os pequenos.
    e) ...... (ter) ocorrido aos pais que os gestos do filho estariam ocultando algum segredo?

04. (FCC) Para cada uma dessas questões, assinale a alternativa que preenche corretamente, na ordem, as lacunas da frase apresentada. O cientista ......, com base em dados que lhe haviam sido ......, que a pesquisa ...... resultados importantes para a fauna da região.
    a) previu - entregues - traria
    b) previu - entregados - trazeria
    c) preveu - entregues - trazeria
    d) preveu - entregados - traria
    e) previu - entregues - trazeria

05. (FCC) ...... tomar medidas que ...... a sobrevivência de algumas espécies de aves na região.
    a) Eram necessários - garantissem
    b) Eram necessárias - garantissem
    c) Era necessário - garantisse
    d) Eram necessárias - garantisse
    e) Era necessário - garantissem

06. (FCC) A frase em que as regras de concordância estão plenamente respeitadas é:
    a) Contam-se que o poeta Manuel Bandeira ficou extasiado e impressionado ao ouvirem as novas batidas do violão de João Gilberto.
    b) As canções de Caetano Veloso, cuja letra costumam despertar discussões acaloradas, são considerados por muitos grandes poemas da literatura nacional.
    c) Já se passou vários anos do surgimento da bossa nova, mas Chega de saudade, de João Gilberto, continua a encantar os ouvidos ao redor do mundo.
    d) Além de uma canção de João Gilberto, Chega de saudade é o título do livro de Ruy Castro em que o autor relembra os protagonistas da bossa nova.
    e) Imagina-se que, embora pouco estudados, deve existir motivos sociais para a indiferença com que as camadas superiores durante muito tempo via o samba.

07. O verbo que se mantém corretamente **no singular**, mesmo com as alterações propostas entre parênteses para o segmento grifado, está em:
    a) Quando a peste negra varreu populações inteiras (**as epidemias**)
    b) Quanto mais gente houvesse no mundo (**mais habitantes**)
    c) Tom alarmista acerca do crescimento populacional arrefeceu (**As profecias**)
    d) A humanidade terá de colocar toda sua inventividade à prova (**Os homens**)
    e) Existe um consenso (**hipóteses diversas**)

08. (FCC) A frase em que **ambos** os elementos sublinhados são complementos verbais é:
    a) Assim vos confesso que entendo de arquitetura, apesar das muitas opiniões em contrário.
    b) Ninguém se impressiona tanto com um velho porão como este velho cronista, leitor amigo.
    c) O porão deverá jazer sob os pés da família como jazem os cadáveres num cemitério.
    d) Que atração exercem sobre o cronista as gravatas manchadas, quando desce a um porão...
    e) Já não se fazem porões, hoje em dia, já não há qualquer mistério ou evocação mágica numa casa moderna.

09. (FCC) Substituindo-se o elemento grifado pelo segmento que está entre parênteses, o verbo que deverá flexionar-se no **plural** está em:
    a) Clarice (**Juntamente com o marido, Clarice**) se encontrava no exterior...
    b) A voz nova e solitária (**A voz que poucos conheciam**) em seguida iria encontrar obstáculos ...
    c) O nome de Clarice (**A ficção de autoras intimistas**) [...] tinha aqui pequena repercussão.
    d) ... como está dito por toda parte (**em todos os jornais**).
    e) Ao contrário do que se (**os desavisados**) pensa ...

10. (FCC) Em épocas passadas, alguns poetas se ...... atrelados a convenções literárias tão rígidas que, em alguns casos, os ...... de encontrar uma voz original e única

Preenchem corretamente as lacunas da frase acima, na ordem dada:
a) Mantém - impedirão
b) Manteram - impediam
c) Mantiveram - impediram
d) Manteriam - impedira
e) Mantinham - impedia

11. (FCC) Estão plenamente observadas as normas de concordância verbal em:
a) À noite, davam-se aos trabalhos de poucos e à diversão de muitos uma trégua oportuna, para tudo recomeçar na manhã seguinte.
b) Aos esforços brutais da jubarte não correspondiam qualquer efeito prático, nenhum avanço obtinha o gigante encalhado na areia.
c) Sempre haverá de aparecer aqueles que, diante de um espetáculo trágico, logram explorá-lo como oportunidade de comércio.
d) Como se vê, cabe aos bons princípios ecológicos estimular a salvação das baleias, seja no alto-mar, seja na areia da praia.
e) Da baleia encalhada em 1966 não restou, lembra-nos o autor, senão as postas em que a cruel voracidade dos presentes retalhou o animal

12. (CESGRANRIO) Em uma mensagem de e-mail bastante formal, enviada para alguém de cargo superior numa empresa, estaria mais adequada, por seguir a norma-padrão, a seguinte frase:
a) Anexo vão os documentos.
b) Anexas está a planilha e os documentos
c) Seguem anexos os documentos
d) Em anexas vão as planilhas.
e) Anexa vão os documentos e a planilha.

13. (CESGRANRIO) Em que sentença a concordância segue os parâmetros da norma-padrão?
a) Paguei a dívida e fiquei quites com minhas obrigações.
b) A secretária disse que ela mesmo ia escrever a ata.
c) Junto com o contrato, segue anexo a procuração.
d) A vizinha adotou uma atitude pouca amistosa.
e) Após a queda, a criança ficou meio chorosa.

14. A concordância verbal está de acordo com a norma-padrão em:
a) Cada um dos curadores foram responsáveis por um tema.
b) Muitos cartões vem decorados com guirlandas de flores.
c) A maior parte dos cartões expostos encantou os visitantes.
d) Está acontecendo diversos eventos sobre meios de comunicação na cidade.
e) Haviam poucos estudantes interessados em meios de comunicação do passado.

15. (CESGRANRIO) O plural, de acordo com a norma-padrão, do trecho "Foi um momento mágico, pois, apesar de bastante jovem, eu já vinha de uma experiência de vida cheia de mudanças e recomeços." é:
a) Foi momentos mágicos, pois, apesar de bastante jovens, nós já vínhamos de uma experiência de vida cheia de mudanças e recomeços.
b) Foi um momento mágico, pois, apesar de bastante jovem, eu já vinha de uma experiência de vidas cheias de mudanças e recomeços.
c) Foi um momento mágico, pois, apesar de bastante jovem, eu já vinha de experiências de vidas cheia de mudanças e recomeços.
d) Foram momentos mágicos, pois, apesar de bastante jovens, nós já vínhamos de experiências de vida cheias de mudanças e recomeços.
e) Foram dois momentos mágicos, pois, apesar de bastante jovem, eu já vinha de uma experiência de vida cheia de mudanças e recomeços.

16. (CESGRANRIO) O chefe de vários departamentos identifica a mudança no cenário da informática.
Considere a frase a cima. *A palavra **identifica** pode ser substituída, mantendo o sentido da sentença, pelo verbo ver, flexionado de acordo com a norma-padrão, por*
a) Vêm
b) Veem
c) Vem
d) Vê
e) Viram

Gabaritos

01	D	09	E
02	D	10	C
03	B	11	D
04	A	12	C
05	E	13	E
06	D	14	C
07	B	15	D
08	A	16	D

LÍNGUA PORTUGUESA

8. ACENTUAÇÃO GRÁFICA

Antes de começar o estudo, é importante que você entenda quais são os padrões de tonicidade da Língua Portuguesa e quais são os encontros vocálicos presentes na Língua. Assim, fica mais fácil entender quais são as regras e como elas surgem.

Padrões de Tonicidade

Palavras oxítonas: última sílaba tônica (so**fá**, ca**fé**, ji**ló**)
Palavras paroxítonas: penúltima sílaba tônica (fe**rru**gem, a**du**bo, sa**ú**de)
Palavras proparoxítonas: antepenúltima sílaba tônica (**â**nimo, **ví**tima, **á**timo)

Encontros Vocálicos

Hiato (encontro vocálico que se separa):
> Pi - **a** - no; sa - **ú** - de.

Ditongo (encontro vocálico que permanece unido na sílaba):
> cha - p**éu**; to - n**éis**.

Tritongo (encontro vocálico que permanece unido na sílaba):
> sa - g**uão**; U - ru - g**uai**.

8.1 Regras Gerais

Quanto às Proparoxítonas
Acentuam-se todas as palavras:
> V**í**tima, **â**nimo, Hiper**bó**lico

Quanto às Paroxítonas
Não se acentuam as terminadas em A, E, O (seguidas ou não de S) M e ENS.
> Cas**te**lo, gra**na**da, pa**ne**la, pe**pi**no, **pa**jem, i**ma**gens etc.

Acentuam-se as terminadas em R, N, L, X, I ou IS, US, UM, UNS, PS, Ã ou ÃS e DITONGOS.
> Sustent**á**vel, t**ó**rax, h**í**fen, t**á**xi, **á**lbum, b**í**ceps, princ**í**pio etc.

Fique de olho em alguns casos particulares, como as palavras terminadas em OM / ON / ONS
> **íân**dom; **pró**ton, **nêu**trons etc.

Nova Ortografia – olho aberto! Deixam de se acentuarem as paroxítonas com OO e EE
> "Voo, enjoo, perdoo, magoo."
> "Leem, veem, deem, creem."

Quanto às Oxítonas
São acentuadas as terminadas em:
> **A** ou **AS**: Sof**á**, Par**á**;
> **E** ou **ES**: Rap**é**, Caf**é**;
> **O** ou **OS**: Av**ô**, Cip**ó**;
> **EM** ou **ENS**: Tamb**ém**, Parab**éns**.

Acentuação de Monossílabos
Acentuam-se os monossílabos tônicos terminados em **A, E e O**, seguidos ou não de **S**.
> Pá, pó, pé, já, lá, fé, só.

Acentuação dos Hiatos
Acentuam-se os hiatos quando forem formados pelas letras **I** ou **U**, sozinhas ou seguidas de **S**:
> Sa**ú**va, Ba**ú**, Bala**ú**stre, Pa**í**s.

Exceções:
> Seguidas de **NH**: Ta**i**nha
> Paroxítonas antecedidas de ditongo: Fe**i**ura
> Com o **i** duplicado: Xi**i**ta

Ditongos Abertos
Serão acentuados os ditongos abertos **ÉU, ÉI e ÓI**, com ou sem **S**, quando forem oxítonos ou monossílabos.
> Chap**éu**, R**éu**, Ton**éis**, Her**ói**, Past**éis**, Hot**éis**, Lenç**óis**.

Novo Acordo Ortográfico – fique de olho! Caiu o acento do ditongo aberto em posição de paroxítona.
> "Ideia, Onomatopeia, Jiboia, Paranoia, Heroico etc."

Formas Verbais com Hífen
Para saber se há acento em uma forma verbal com hífen, deve-se analisar o padrão de tonicidade de cada bloco da palavra:
> Aju**dá**-lo (oxítona terminada em "a" / monossílabo átono)
> Con**tar**-lhe (oxítona terminada em "r" / monossílabo átono)
> Convi**dá**-la-íamos. (oxítona terminada em "a" / proparoxítona)

Verbos "*ter*" e "*vir*"
Quando escritos na 3ª pessoa do singular, não serão acentuados:
> Ele tem / ele vem.

Quando escritos na **3ª pessoa do plural**, receberão o **acento circunflexo**:
> Eles t**ê**m / v**ê**m

Nos verbos derivados das formas acima:
> Acento agudo para singular - Contém / convém.
> Acento circunflexo para o plural - Contêm / convêm.

Acentos Diferenciais
Alguns permanecem:
> pôde / pode (pretérito perfeito / presente simples);
> pôr / por (verbo / preposição);
> fôrma[1] / forma (substantivo / verbo ou ainda substantivo).

Caiu o acento diferencial de:
> para - pára (preposição / verbo);
> pelo - pêlo (preposição + artigo / substantivo);
> polo - pólo (preposição + artigo / substantivo);
> pera - pêra (preposição + artigo / substantivo).

---
[1] Nesse caso, é facultativo o acento.

Questões

01. É preciso corrigir deslizes relativos à ortografia oficial e à acentuação gráfica da frase:
a) As obras modernistas não se distinguem apenas pela temática inovadora, mas igualmente pela apreensão do ritmo alucinante da existência moderna.
b) Ainda que celebrassem as máquinas e os aparelhos da civilização moderna, a ficção e a poesia modernista também valorizavam as coisas mais quotidianas e prosaicas.
c) Longe de ser uma excessão, a pintura modernista foi responsável, antes mesmo da literatura, por intênsas polêmicas entre artistas e críticos conservadores.
d) No que se refere à poesia modernista, nada parece caracterizar melhor essa extraordinária produção poética do que a opção quase incondicional pelo verso livre.
e) O escândalo não era apenas uma consequência da produção modernista: parecia mesmo um dos objetivos precípuos de artistas dispostos a surpreender e a chocar.

02. Assinale a palavra que **NÃO** tenha sido acentuada pelo mesmo motivo que as demais.
a) Substituído
b) Polícia
c) Jurisprudência
d) Saqueável

03. Em qual das frases abaixo, a palavra destacada está de acordo com as regras de acentuação gráfica oficial da língua portuguesa?
a) Vende-se **cocô** gelado.
b) Se **amássemos** mais, a humanidade seria diferente.
c) É importante que você estude pelo **ítem** do edital.
d) Estavam deliciosas as **larânjas** que comprei.
e) A empresa **têm** procurado um novo empregado.

04. Todas as palavras são acentuadas graficamente pelo mesmo motivo em:
a) Água, município, edifício, Guaíra
b) Estádios, superfície, Baía, média
c) Paraná, será, vulcânica
d) Cúbicos, espetáculo, energético
e) Insuperável, quilômetro, três

05. Assinale a alternativa em que todos os substantivos devem ser acentuados.
a) Lapis - bonus - bainha
b) Serie - aspecto - torax
c) Alcool - moinho - sucuri
d) Urubu - egoismo - magoa
e) Armazem - orgao - carater

06. Assinale a alternativa em que o termo tenha sido acentuado seguindo regra distinta dos demais.
a) Difíceis
b) Próprio
c) Concluída
d) Consequências
e) Solidários

07. Que palavra obedece à mesma regra de acentuação que país?
a) Compôs
b) Baú
c) Índio
d) Negócios
e) Águia

08. Cada alternativa a seguir apresenta um princípio ortográfico seguido de dois exemplos. A exemplificação está correta somente em:
a) São acentuadas todas as palavras oxítonas terminadas em a, e, o, em seguidas ou não de "s": também e já.
b) Todas as palavras proparoxítonas são acentuadas: década e porém.
c) Acentua-se a segunda vogal tônica do hiato: subtraídas e ótimo.
d) Acentuam-se os monossílabos tônicos terminados em a, e, o (s): há e só.
e) Acentuam-se com acento agudo os ditongos tônicos éi, éu, ói: vídeo e sério.

09. "Dedicar-se **à** relação é importante..." É correto afirmar que o sinal gráfico empregado na palavra destacada nessa frase é denominado:
a) Trema.
b) Acento agudo.
c) Crase.
d) Acento circunflexo.
e) Acento grave.

10. Assinale a alternativa em que a palavra tenha sido acentuada seguindo regra distinta das demais.
a) Consciência
b) Juízos
c) Pretório
d) Episódios
e) Importância

11. Assinale a alternativa em que a palavra tenha sido acentuada seguindo regra distinta das demais.
a) Previdência
b) Diária
c) Vítima
d) Declínio
e) Óbvia

12. As palavras "é", "média", "até" e "líderes", obedecem, respectivamente, às mesmas regras de acentuação gráfica de:
a) Há, salários, paletós e técnico.
b) Já, próprio, júnior e acadêmico
c) É, consultório, convém e infindáveis.
d) Mês, universitário, papéis e público
e) Só, líder, escritório e sênior.

13. Assinale a alternativa que traz toda a acentuação correta:
a) Não duvida o órfão que tal benção no tatú é doida.
b) Coçá-lo é bem doído; é seríssimo, sem dúvida.
c) Vanglória-te dos girassois cultivados no paraíso.
d) Favor apôr sua rubrica no documento, sem desdem.
e) O edil foi habil ao comprar toda a maquinária.

LÍNGUA PORTUGUESA

ACENTUAÇÃO GRÁFICA

14. Nas alternativas a seguir, os acentos foram omitidos propositadamente. Assinale a alternativa em que todas as palavras deveriam ser graficamente acentuadas
    a) Rubrica, diluvio, viuva.
    b) Ambar, heroi, ilustra-lo.
    c) Protons, forceps, releem.
    d) Dificilmente, Piaui, misantropo.
    e) Perdoo, atribuimos, caiste.

15. Assinale a série que apresenta somente palavras paroxítonas:
    a) Enciclopédia – página – relatório.
    b) Conteúdo – brechós – catálogo.
    c) Além – lá – bônus.
    d) Histórias – enciclopédia – bônus.

16. A alternativa em que o uso do acento gráfico obedece à mesma regra é:
    a) Panóptico, ótima, úteis
    b) Óleo, ótima, Ásia
    c) Óleo, Ásia, delícia
    d) Aliás, já, biguá
    e) Chapéu, vocês, aí

17. As palavras mês, está e água, respectivamente, recebem acento pelo mesmo motivo que:
    a) Baú, sofá, possível.
    b) Até, já, ausência.
    c) Nós, até, canário.
    d) Caí, será, última.
    e) Pés, saúde, notícia.

Gabaritos

01	C	11	C
02	A	12	A
03	B	13	B
04	D	14	B
05	E	15	D
06	C	16	C
07	B	17	C
08	D		
09	E		
10	B		

9. COLOCAÇÃO PRONOMINAL

Esta parte do conteúdo é relativa ao estudo da posição dos pronomes oblíquos átonos em relação ao verbo. Antes de iniciar o estudo, trate de memorizar os pronomes em questão, do contrário, você não progredirá.

Pronomes Oblíquos Átonos
me
te
o, a, lhe, se
nos
vos
os, as, lhes, se

Quatro casos de colocação:

Próclise (anteposto ao verbo)

Nunca **o** vi.

Mesóclise (medial em relação ao verbo)

Dir-**te**-ei algo.

Ênclise (posposto ao verbo)

Passa-**me** a resposta.

Apossínclise (intercalação de uma ou mais palavras entre o pronome e o verbo)

Talvez tu **me** já não creias.

9.1 Regras de Próclise

Palavras ou expressões negativas:

Não **me** deixe aqui neste lugar!

Ninguém **lhe** disse que seria fácil.

Pronomes relativos:

O material de que **me** falaste é muito bom.

Eis o conteúdo que **me** causa nojo.

Pronomes indefinidos:

Alguém **me** disse que você vai ser transferido.

Tudo **me** parece estranho.

Conjunções subordinativas:

Confiei neles, assim que **os** conheci.

Disse que **me** faltavam palavras.

Advérbios:

Sempre **lhe** disse a verdade.

Talvez **nos** apareça a resposta para essa questão.

Pronomes interrogativos:

Quem **te** contou a novidade?

Que **te** parece essa situação?

"Em + gerúndio"

Em **se** tratando de Gramática, eu gosto muito!

Nesta terra, em **se** plantando, tudo há de nascer.

Particípio

Ele havia avisado-**me** (errado)

Ele **me** havia avisado (certo)

Sentenças optativas

Deus **lhe** pague!

Deus **o** acompanhe!

9.2 Regras de Mesóclise

Emprega-se o pronome oblíquo átono no meio da forma verbal, quando ela estiver no futuro do presente ou no futuro simples do pretérito do indicativo.

Chamar-**te**-ei, quando ele chegar.

Se houver tempo, contar-**vos**-emos nossa aventura.

Contar-**te**-ia a novidade.

9.3 Regras de Ênclise

Não se inicia sentença, em Língua Portuguesa, por pronome oblíquo átono. Ou seja, não coloque o pronome átono no início da frase.

Formas verbais:

Do **infinitivo impessoal** (precedido ou não da preposição "a");

Do **gerúndio**;

Do **imperativo afirmativo**;

Alcança-**me** o prato de salada, por favor!

Urge obedecer-**se** às leis.

O garoto saiu da sala desculpando-**se**.

Tratando-**se** desse assunto, não gosto de pensar.

Dá-**me** motivos para estudar.

Se o gerúndio vier precedido da preposição "em", deve-se empregar a próclise.

Em **se** tratando de Gramática, eu gosto muito.

9.4 Casos Facultativos

Sujeito expresso, próximo ao verbo.

O menino se machucou **(-se)**.

Eu me refiro **(-me)** ao fato de ele ser idiota.

Infinitivo antecedido de "não" ou de preposição.

Sabemos que não se habituar **(-se)** ao meio causa problemas.

O público o incentivou a se jogar **(-se)** do prédio.

Questões

01. (FUNCAB) A autora escreve "mas nos cingiremos a uma delas", e não "cingiremo-nos", para não infringir a mesma regra de colocação pronominal DESRESPEITADA em:
a) O livro havia sumido e eu queria que alguém procurasse-o.
b) Se não achasse o livro na estante, eu procuraria-o por toda a casa.
c) Aquele livro era ótimo, por isso tenho procurado-o com insistência.
d) Procure o livro para mim, que eu hoje não procuro-o mais.
e) Venho tentando achar o livro, mas quem disse que encontro-o?

COLOCAÇÃO PRONOMINAL

02. (FUNCAB) A passagem em que se evitou a ênclise do pronome átono com base na mesma regra de colocação observada em: "Assim, o homem se tornaria menos consumidor e mais feliz" é a seguinte:
a) "... com argumentos de que se trata de uma economia limpa..."
b) "... fica evidente que poucos se perguntam sobre as consequências..."
c) "Para frear o drama ambiental planetário que se avizinha..."
d) "Os manipuladores da indústria da moda não se cansam de alternar tendências..."
e) "... uma maior consciência do nosso Eu Superior se refletirá num contato mais próximo coma natureza..."

03. (MS CONCURSOS - ADAPTADA) E quando Seu José, desesperado, fez saltar os miolos com uma bala, deixou esta frase escrita num pedaço de papel:
"Enquanto foi solteira, achava minha mulher que nenhum homem era digno de ser seu marido; depois de casada (por conveniência) achou que todos eles eram dignos de ser seus amantes. Mato- me".
Na oração final do texto: "Mato-me", a colocação pronominal está:
a) Correta, pois depois de verbo é obrigatória a ênclise.
b) Incorreta, pois depois de verbo é obrigatória a próclise.
c) Adequada, pois não se inicia frase ou oração com pronome oblíquo átono.
d) Adequada, pois não se inicia frase ou oração com pronome pessoal reto.

04. (CESGRANRIO) Observe os pronomes oblíquos destacados no texto abaixo.
Como já **se** sabia, o ser humano adapta-**se** rapidamente a novas condições de vida. O que a pesquisa da felicidade nos ensinou foi o fato de a nossa capacidade de adaptação ser ainda maior do que **se** imaginava. Acostumamo-**nos** a quase tudo e há coisas das quais nunca **nos** enfadamos.
Segundo a norma culta, é possível inverter a colocação do pronome apenas em:
a) Sabia-se.
b) Se adapta.
c) Imaginava-se.
d) Nos acostumamos.
e) Enfadamo-nos.

05. (CESGRANRIO) A colocação do pronome átono destacado está **INCORRETA** em:
a) Quando **se** tem dúvida, é necessário refletir mais a respeito.
b) Tudo **se** disse e nada ficou acordado.
c) Disse que, por vezes, temos equivocado-**nos** nesse assunto.
d) Alguém **nos** informará o valor do prêmio.
e) Não devemos preocupar-**nos** tanto com ela.

06. (FADESP - ADAPTADA) Quanto às normas de colocação pronominal, é correto afirmar que, no enunciado "agora se reivindica uma escola capaz de extrapolar a mera transmissão de conteúdos", a próclise justifica-se pelo(pela):
a) Uso do registro informal da língua.
b) Presença de um termo atrativo.
c) Ocorrência de forma verbal paroxítona.
d) Posição que o pronome ocupa na frase, não iniciando a oração.

07. (INSTITUTO CIDADES) A colocação pronominal no trecho "O país recusou-se a assinar o tratado" está **CORRETA** porque:
a) Não se deve usar pronome oblíquo átono antes de verbo.
b) Não há nenhuma palavra atrativa antes do verbo para que se desse a próclise.
c) Por estar no pretérito perfeito do indicativo, o pronome ocorre em ênclise.
d) Por tratar-se de uma locução verbal de infinitivo, essa é a única forma possível de colocação pronominal.

08. (FUNCAB) Marque a opção em que houve **ERRO** na colocação do pronome oblíquo átono.
a) Você realmente acha que me convenceu com esta história?
b) Pergunto-me frequentemente se há vida após a morte.
c) Ninguém me convenceria do contrário.
d) Jamais me submeteria a este tipo de interrogatório.
e) Sentiria-se tranquilo se tivesse certeza.

09. (IADES) Assinale a alternativa correta em relação à colocação pronominal em "E muitas delas, talvez a maioria das empresas manufatureiras, **se tornarão** simples fornecedoras (...)".
a) Está adequada uma vez que a vírgula funciona como fator de próclise.
b) Está inadequada, porque quando houver o emprego de verbos nos futuros do modo indicativo, seja futuro do presente ou futuro do pretérito, a colocação deve ser a mesóclise.
c) É inadequada, pois como não há fator atrativo deveria estar na posição enclítica.
d) Está adequada, já que não há justificativa para as demais posições: ênclise, mesóclise.

10. (TJ-SC) Em qual período a colocação pronominal está **INCORRETA**:
a) O cientista pretende desvendar como se formam os furacões, tornados, tsunamis e demais fenômenos naturais de inegável potência.
b) Adotarão-se medidas de urgência para minorar os efeitos do temporal.
c) Não se sabe ainda o valor do negócio, que, especula-se, ficou em torno de um bilhão de reais.
d) O advogado se referiu duas vezes ao mesmo assunto.
e) O dano moral é a lesão aos elementos individualizadores da pessoa, tais como a honra, a reputação e o prestígio, expressando-se por desequilíbrios no ânimo do lesado.

Gabaritos

01	B	06	B
02	E	07	B
03	C	08	E
04	B	09	B
05	C	10	B

10. REGÊNCIA VERBAL E NOMINAL

Regência é a parte da Gramática Normativa que estuda a relação entre dois termos, verificando se um termo serve de complemento a outro e se nessa complementação há uma preposição.

Dividimos a Regência em:

Regência Verbal (ligada aos verbos).

Regência Nominal (ligada aos substantivos, adjetivos ou advérbios).

10.1 Regência Verbal

Deve-se analisar, nesse caso, a necessidade de complementação, a presença ou ausência da preposição e a possibilidade de mudança de sentido do texto.

Vamos aos casos:

Agradar e desagradar: São transitivos indiretos (com preposição a) nos sentidos de satisfazer, contentar:

A biografia de Aníbal Machado **agradou/desagradou** à maioria dos leitores.

A criança **agradava** ao pai por ser muito comportada.

Agradar: Pode ser transitivo direto (sem preposição) se significar acariciar, afagar:

Agradar a esposa.

Pedro passava o dia todo **agradando** os seus gatos.

Agradecer: Transitivo direto e indireto, com a preposição a, no sentido de demonstrar gratidão a alguém:

Agradecemos a Santo Antônio o milagre alcançado.

A**gradecemos-lhes** a benesse concedida.

O verbo em questão também pode ser transitivo direto no sentido de mostrar gratidão por alguma coisa:

Agradeço a dedicação de todos os estudantes.

Os pais **agradecem** a dedicação dos professores para com os alunos.

Aspirar: É transitivo indireto (preposição "a") nos sentidos de desejar, pretender ou almejar:

Sempre **aspirei** a um cargo público.

Manoel **aspirava** a ver novamente a família na Holanda.

Aspirar: É transitivo direto na acepção de inalar, sorver, tragar, ou seja, mandar para dentro:

Aspiramos o perfume das flores.

Vimos a empregada **aspirando** a poeira do sofá.

Assistir: É transitivo direto no sentido de ajudar, socorrer etc:

O professor **assistia** o aluno.

Devemos **assistir** os mais necessitados.

Assistir: É transitivo indireto (complemento regido pela preposição "a") no sentido de ver ou presenciar:

Assisti ao comentário da palestra anterior.

Você deve **assistir** às aulas do professor!

Assistir: É transitivo indireto (complemento regido pela preposição "a") no sentido de "ser próprio de", "pertencer a":

O direito à vida **assiste** ao ser humano.

Esse comportamento **assiste** às pessoas vitoriosas.

Assistir: É intransitivo no sentido de morar ou residir:

Maneco **assistira** em Salvador.

Chegar: É verbo intransitivo e possui os adjuntos adverbiais de lugar introduzidos pela preposição "a":

Chegamos a Cascavel pela manhã.

Este é o ponto a que pretendia **chegar**.

Caso a expressão indique posição em um deslocamento, admite-se a preposição em:

Cheguei no trem à estação.

Os verbos ir e vir têm a mesma regência de chegar:

Nós **iremos** à praia amanhã.

Eles **vieram** ao cursinho para estudar.

Custar: Ter valor ou preço: verbo transitivo direto:

O avião **custa** 100 mil reais.

Ter como resultado certa perda ou revés: verbo transitivo direto e indireto:

Essa atitude **custou**-lhe a vida.

Ser difícil ou trabalhoso: intransitivo:

Custa muito entender esse raciocínio.

Levar tempo ou demorar: intransitivo:

Custa a vida para aprender a viver.

Esquecer / lembrar: Possuem a seguinte regra - se forem pronominais, terão complemento regido pela preposição "de"; se não forem, não haverá preposição:

Lembrei-**me de** seu nome. / Esqueci-me de seu nome.

Lembrei seu nome. / Esqueci seu nome.

Gostar: É transitivo indireto no sentido de apreciar (complemento introduzido pela preposição "de"):

Gosto de estudar.

Gosto muito de minha mãe.

Gostar: Como sinônimo de experimentar ou provar é transitivo direto:

Gostei a sobremesa apenas uma vez e já adorei.

Gostei o chimarrão uma vez e não mais o abandonei.

Implicar: pode ser:

Transitivo direto (sentido de acarretar):

Cada escolha **implica** uma renúncia.

Transitivo direto e indireto (sentido de envolver alguém em algo):

Implicou a irmã no crime.

Transitivo indireto (sentido de rivalizar):

Joana estava **implicando** com o irmão menor.

REGÊNCIA VERBAL E NOMINAL

O verbo informar é bitransitivo, ou seja, é transitivo direto e indireto. Quem informa, informa:

» Algo a alguém: **Informei** o acontecido para Jonas.
» Alguém de algo: **Informei**-o do acontecido.
» Alguém sobre algo: **Informei**-o sobre o acontecido.

Morar / Residir: Verbos intransitivos (ou, como preconizam alguns dicionários, transitivo adverbiado), cujos adjuntos adverbiais de lugar são introduzidos pela preposição "em":

José **mora** em Alagoas.

Há boas pessoas **residindo** em todos os estados do Brasil.

Obedecer: É um verbo transitivo indireto:

Os filhos **obedecem** aos pais.

Obedeça às leis de trânsito.

Embora transitivo indireto, admite forma passiva:

"Os pais são obedecidos pelos filhos."

O antônimo "desobedecer" também segue a mesma regra.

Perdoar: É transitivo direto e indireto, com objeto direto de coisa e indireto de pessoa:

Jesus **perdoou** os pecados aos pecadores.

Perdoava-lhe a desconsideração.

Perdoar admite a voz passiva:

"Os pecadores foram perdoados por Deus."

Precisar: É transitivo indireto (complemento regido pela preposição de) no sentido de "necessitar":

Precisaremos de uma nova Gramática.

Precisar: É transitivo direto no sentido de indicar com precisão:

Magali não soube **precisar** quando o marido voltaria da viagem.

Preferir É um verbo bitransitivo, ou seja, é transitivo direto e indireto, sempre exigindo a preposição a (preferir alguma coisa a outra):

Ex.: Adelaide **preferiu** o filé ao risoto.

Ex.: Prefiro estudar a ficar em casa descansando.

Ex.: Prefiro o sacrifício à desistência.

É incorreto reforçar o verbo "preferir" ou utilizar a locução "do que".

Proceder: É intransitivo na acepção de "ter cabimento":

Suas críticas são vazias, não **procedem**.

Proceder: É também intransitivo na acepção de "portar-se":

Todas as crianças **procederam** bem ao lavarem as mãos antes do lanche.

Proceder: No sentido de "ter procedência" é utilizado com a preposição de:

Acredito que a dúvida **proceda** do coração dos curiosos.

Proceder: É transitivo indireto exigindo a preposição a no sentido de "dar início":

Os investigadores **procederam** ao inquérito rapidamente.

Querer: É transitivo direto no sentido de "desejar":

Eu **quero** um carro novo.

Querer: É transitivo indireto (com o complemento de pessoa) no sentido de "ter afeto":

Quero muito a meus alunos que são dedicados.

Solicitar: É utilizado, na maior parte dos casos, como transitivo direto e indireto. Nada impede, entretanto, que se construa como transitivo direto:

O juiz **solicitou** as provas ao advogado.

Solicito seus documentos para a investidura no cargo.

Visar: É transitivo direto na acepção de mirar:

O atirador **visou** o alvo e disparou um tiro certeiro.

Visar: É transitivo direto também no sentido de "dar visto", "assinar":

O gerente havia **visado** o relatório do estagiário.

Visar: É transitivo indireto, exigindo a preposição a, na acepção de "ter em vista", "pretender", "almejar":

Pedro **visava** ao amor de Mariana.

As regras gramaticais **visam** à uniformidade da expressão linguística.

10.2 Regência Nominal

Alguns nomes (substantivos, adjetivos e advérbios) são comparáveis aos verbos transitivos indiretos: precisam de um complemento introduzido por uma preposição.

Acompanhemos os principais termos que exigem regência especial.

Substantivo		
Admiração a, por	Devoção a, para, com, por	Medo a, de
Aversão a, para, por	Doutor em	Obediência a
Atentado a, contra	Dúvida acerca de, em, sobre	Ojeriza a, por
Bacharel em	Horror a	Proeminência sobre
Capacidade de, para	Impaciência com	Respeito a, com, para com, por
Exceção a	Excelência em	Exatidão de, em
Dissonância entre	Divergência com, de, em, entre, sobre	Referência a
Alusão a	Acesso a	Menção a

Adjetivos		
Acessível a	Diferente de	Necessário a
Acostumado a, com	Entendido em	Nocivo a
Afável com, para com	Equivalente a	Paralelo a
Agradável a	Escasso de	Parco em, de
Alheio a, de	Essencial a, para	Passível de
Análogo a	Fácil de	Preferível a
Ansioso de, para, por	Fanático por	Prejudicial a
Apto a, para	Favorável a	Prestes a

Ávido de	Generoso com	Propício a
Benéfico a	Grato a, por	Próximo a
Capaz de, para	Hábil em	Relacionado com
Compatível com	Habituado a	Relativo a
Contemporâneo a, de	Idêntico a	Satisfeito com, de, em, por
Contíguo a	Impróprio para	Semelhante a
Contrário a	Indeciso em	Sensível a
Curioso de, por	Insensível a	Sito em
Descontente com	Liberal com	Suspeito de
Desejoso de	Natural de	Vazio de
Distinto de, em, por	Dissonante a, de, entre	Distante de, para

Advérbios		
Longe de	Perto de	Relativamente a
Contemporaneamente a	Impropriamente a	Contrariamente a

É provável que você encontre um grande número de listas com palavras e suas regências, porém a maneira mais eficaz de se descobrir a regência de um termo é fazer uma pergunta para ele e verificar se, na pergunta, há uma preposição. Havendo, descobre-se a regência.

Ex.: A descoberta era **acessível** a todos.

Faz-se a pergunta: algo que é acessível é acessível? (a algo ou a alguém). Descobre-se, assim, a regência de acessível.

Questões

01. (FCC) A frase em que a regência está em conformidade com o padrão culto escrito é:
a) Em seu fingimento, só restou de que dissesse ao ex-sócio que sentia saudades dele.
b) Tudo isso considerado, é necessário fazer que ele sinta o peso da responsabilidade.
c) Em atenção por seu talento indiscutível, o pouparam as devidas multas.
d) Passou os documentos a mão do técnico e não os perdeu de vista até ao final da reunião.
e) Inconformado de que eles propalavam injúrias a seu respeito, decidiu denunciá-los.

02. (CESGRANRIO) A frase em que a presença ou ausência da preposição está de acordo com a norma-padrão é:
a) A certeza que a sorte chegará para mim é grande.
b) Preciso de que me arranjem um emprego.
c) Convidei à Maria para vir ao escritório.
d) A necessidade que ele viesse me ajudar me fez chamá-lo.
e) Às dez horas em ponto, estarei à sua casa.

03. (FCC) ... de modo que ele próprio o anunciou no orçamento de 1925.
Considerando-se o contexto, o verbo grifado acima está empregado como
a) transitivo indireto pronominal.
b) transitivo indireto.
c) bitransitivo.
d) transitivo direto.
e) intransitivo.

04. (FCC) ... procurava incorporar à escrita o ritmo da fala...
O verbo empregado no texto com a mesma regência do grifado acima está em:
a) ... consagrar literariamente o vocabulário usual.
b) ... dar estado de literatura aos fatos da civilização moderna.
c) No Brasil, ele significou principalmente libertação dos modelos acadêmicos...
d) ... que a sua contribuição maior foi a liberdade de criação e expressão.
e) ... os modernistas promoveram uma valorização diferente do léxico...

05. (CESGRANRIO) Em qual das sentenças abaixo, a regência verbal está em **DESACORDO** com a norma-padrão:
a) Esqueci-me dos livros hoje.
b) Sempre devemos aspirar a coisas boas.
c) Sinto que o livro não agradou aos alunos.
d) Ele lembrou os filhos dos anos de tristeza.
e) Fomos no cinema ontem assistir o filme

06. Em relação à regência verbal e nominal, o emprego do pronome relativo, segundo o registro culto e formal da língua, está **INCORRETO** em:
a) A conclusão que chegamos é que o fracasso ensina ao homem como recomeçar
b) O barco a cujos tripulantes me referi pode voltar a navegar
c) O ideal por que lutamos norteia nossos projetos.
d) O infortúnio a que está sujeito o empreendedor motiva-o
e) Após o término da pesquisa, informei-lhe que tornasse cuidado para não errar.

Gabaritos

01	B	04	B
02	B	05	E
03	D	06	A

11. CRASE

O acento grave é solicitado nas palavras quando há a união da preposição "a" com o artigo (ou a vogal dependendo do caso) feminino "a" ou com os pronomes demonstrativos (aquele, aquela, aquilo e "a").

Ex.: Mário foi **à** festa ontem.

Tem-se o "a" preposição e o "a" artigo feminino.

Quem vai, vai a algum lugar / festa é palavra feminina, portanto, admite o artigo "a".

Chegamos **àquele** assunto (a + aquele).

A gravata que eu comprei é semelhante **à** que você comprou (a + a).

Decore os casos em que não ocorre crase, pois a tendência da prova é perguntar se há crase ou não. Sabendo os casos proibitivos, fica muito fácil.

11.1 Crase Proibitiva

Não se pode usar acento grave indicativo de crase:

Antes de palavras masculinas.

Ex.: Fez uma pergunta **a** Mário.

Antes de palavras de sentido indefinido.

Ex.: Não vai **a** festas, **a** reuniões, **a** lugar algum.

Antes de verbos.

Ex.: Todos estão dispostos **a** colaborar.

De pronomes pessoais.

Ex.: Darei um presente **a** ela.

De nomes de cidade, estado ou país que não utilizam o artigo feminino.

Ex.: Fui **a** Cascavel. / Vou **a** Pequim.

Da palavra "casa" quando tem significado de próprio lar, ou seja, quando ela aparecer indeterminada na sentença.

Ex.: Voltei a casa, pois precisava comer algo.

Quando houver determinação da palavra casa, ocorrerá crase.

"Voltei à casa de meus pais"

Da palavra "terra" quando tem sentido de solo;

Ex.: Os tripulantes vieram a terra.

A mesma regra da palavra "casa" se aplica à palavra terra.

De expressões com palavras repetidas;

Dia a dia, mano a mano, face a face, cara a cara etc.

Diante de numerais cardinais referentes a substantivos que não estão determinados pelo artigo:

Ex.: Irei assistir a duas aulas de Língua Portuguesa.

No caso de locuções adverbiais que exprimem hora determinada e nos casos em que o numeral estiver precedido de artigo, acentua-se:

"Chegamos às oito horas da noite."

"Assisti às duas sessões de ontem."

No caso dos numerais, há uma dica para facilitar o entendimento dos casos de crase. Se houver o "a" no singular e a palavra posterior no plural, não ocorrerá o acento grave. Do contrário, ocorrerá.

11.2 Crase Obrigatória

Locução adverbial feminina.

Ex.: À noite, à tarde, às pressas, às vezes, à farta, à vista, à hora certa, à esquerda, à direita, à toa, às sete horas, à custa de, à força de, à espera de, à vontade, à toa.

Termos femininos ou masculinos com sentido da expressão "à moda de" ou "ao estilo de".

Ex.: Filé à milanesa, servir à francesa, brigar à portuguesa, gol à Pelé, conto à Machado de Assis, discurso à Rui Barbosa etc.

Locuções conjuntivas proporcionais.

Ex.: À medida que, à proporção que.

Locuções prepositivas.

Ex.: À procura de, à vista de, à margem de, à beira de, à custa de, à razão de, à mercê de, à maneira de etc.

Para evitar ambiguidade: receberá o acento o termo afetado pela ação do verbo (objeto direto preposicionado).

Ex.: Derrubou a menina **à panela**.

Ex.: Matou a vaca **à cobra**.

Diante da palavra distância quando houver determinação da distância em questão:

Ex.: Achava-se à **distância de cem** (ou de alguns) **metros**.

Antes das formas de tratamento "senhora", "senhorita" e "madame" = não há consenso entre os gramáticos, no entanto, opta-se pelo uso.

Ex.: Enviei lindas flores **à senhorita**.

Ex.: Josias remeteu uma carta **à senhora**.

11.3 Crase Facultativa

Após a preposição até:

As crianças foram até **à escola**.

Antes de pronomes possessivos femininos:

Ele fez referência **à nossa causa!**

Antes de nomes próprios femininos:

Mandei um SMS **à Joaquina**.

Antes da palavra Dona.

Remeti uma carta à **Dona Benta**.

Não se usa crase antes de nomes históricos ou sagrados: "O padre fez alusão a Nossa Senhora."

"Quando o professor fez menção a Joana D'Arc, todos ficaram entusiasmados."

Questões

01. ... assim [ele] se via transportado de volta "à glória que foi a Grécia e à grandeza que foi Roma".

Ambos os sinais indicativos de crase devem ser mantidos caso o segmento sublinhado seja substituído por:
a) Enaltecia.
b) Louvava.
c) Aludia.
d) Mencionava.
e) Evocava.

02. A vida urbana ofereceu ...... condições ideais para o surgimento do detetive particular, personagem dedicado ...... elucidação dos mais variados mistérios, propenso ...... investigar delitos de todos os tipos.
Preenchem corretamente as lacunas da frase acima, na ordem dada:
a) as - à - a
b) às - a - à
c) as - a - à
d) as - à - à
e) às - à - a

03. A pesquisa, feita em terras destinadas ...... agricultura, teve por objetivo estudar ...... áreas que permitissem condições favoráveis de sobrevivência ...... aves.
a) à - às - as
b) à - as - as
c) à - as - às
d) a - as - as
e) a - às - às

04. ... e chegou à conclusão de que o funcionário passou o dia inteiro tomando café.
Do mesmo modo que se justifica o sinal indicativo de crase em destaque na frase acima, está correto o seu emprego em:
a) E chegou à uma conclusão totalmente inesperada.
b) E chegou então à tirar conclusões precipitadas.
c) E chegou à tempo de ouvir as conclusões finais.
d) E chegou finalmente à inevitável conclusão.
e) E chegou à conclusões as mais disparatadas.

05. ...os modernistas promoveram uma valorização diferente do léxico, paralela à renovação dos assuntos.
O sinal indicativo de crase presente na frase acima deve ser mantido em caso de substituição do segmento grifado por:
a) Muita inovação no repertório.
b) Uma grande reformulação dos temas.
c) Toda sorte de revigoramento do repertório.
d) Profundas mudanças temáticas.
e) Inevitável transformação temática.

06. A fidelidade ...... música e ...... fala do povo permitiram ...... Adoniran exprimir a sua cidade de modo completo e perfeito.
Antonio Cândido. Op. cit.
Preenchem corretamente as lacunas da frase acima, na ordem dada:
a) a - a - à
b) a - à - à
c) à - à - a
d) à - a - a
e) a - à - a

07. Não deixa de ser paradoxal o fato de o crescimento da descrença, que parecia levar ...... uma ampliação da liberdade, ter dado lugar ...... escalada do fundamentalismo religioso, ... que se associam manifestações profundamente reacionárias.
Preenchem corretamente as lacunas da frase acima, na ordem dada:
a) a - à - a
b) à - a - a
c) a - a - à
d) à - à - a
e) a - à - à

08. Em "Bem-vindos à Feira de Caruaru", a crase é obrigatória. Em qual das alternativas abaixo, o uso da crase É FACULTATIVO?
a) A Feira de Caruaru é atração devido à grande diversidade lá existente.
b) Na Feira de Caruaru, tudo está à venda.
c) Em feiras, como a de Caruaru, vendem-se coisas às pessoas de diferentes classes sociais
d) Nas cidades de pequeno comércio, há mais pagamentos à vista.
e) Todos os dias, os comerciantes da Feira de Caruaru permanecem até às 18h.

09. A parcela da população mundial que ascendeu ...... classe média nos últimos vinte anos passou ...... consumir mais, ... um ritmo acelerado, o que põe em risco a sustentabilidade do planeta.
As lacunas da frase acima estarão corretamente preenchidas, respectivamente, por:
a) à - a - a
b) à - à - a
c) à - a - à
d) a - a - à
e) a - a - a

10. Assinale a opção em que o espaço deve ser preenchido com À (preposição e pronome), como destacado em "(...) uma média semelhante À de um casal de classe média (...)".
a) ____ medida que caminhava, recordava-se da terra natal
b) Esta cena corresponde ____ que presenciei ontem.
c) Aproveite ____ oferta e se contente com a cor do tecido.
d) Referia-se, com certeza, ____ terra de seus pais.
e) Obedeceu ____ ordem dada, sem reclamar.

11. Assinale a alternativa em que o uso do acento grave é obrigatório.
a) Ficou a olhar para os peixes sobre a pia.
b) Abriu a torneira para ver o que acontecia.
c) Ela está lá do jeitinho que a deixei.
d) Juro; pode ir a cozinha ver os peixes.
e) Podia dar alguma coisa a ele.

12. ... levava à crença na contínua evolução da sociedade ...
O emprego do sinal de crase, exemplificado acima, estará correto, unicamente, em:
a) Aludir à felicidade geral.
b) Buscar à felicidade.
c) Propor à toda a população
d) Impor à esse grupo.
e) Discutir à obrigatoriedade da lei.

LÍNGUA PORTUGUESA

CRASE

13. Leia o texto:

A preocupação com a herança que deixaremos as (1) gerações futuras está cada vez mais em voga. Ao longo da nossa história, crescemos em número e modificamos quase todo o planeta. Graças aos avanços científicos, tomamos consciência de que nossa sobrevivência na Terra está fortemente ligada a (2) sobrevivência das outras espécies e que nossos atos, relacionados a (3) alterações no planeta, podem colocar em risco nossa própria sobrevivência. Contudo, aliado ao desenvolvimento científico, temos o crescimento econômico que nem sempre esteve preocupado com questões ambientais. O que se almeja é o desenvolvimento sustentável, que é aquele viável economicamente, justo socialmente e correto ambientalmente, levando em consideração não só as (4) nossas necessidades atuais, mas também as (5) das gerações futuras, tanto nas comunidades em que vivemos quanto no planeta como um todo.

(Adaptado de A. P. FOLTZ, A Crise Ambiental e o Desenvolvimento Sustentável: o crescimento econômico e o meio ambiente. Disponível em http://www.iuspedia.com.br.22 jan. 2008)

Para que o texto acima respeite as regras gramaticais do padrão culto da Língua Portuguesa, é obrigatória a inserção do sinal indicativo de crase em:

a) 1, 2 e 3.
b) 1 e 2.
c) 1, 3 e 5.
d) 2 e 4.
e) 3, 4 e 5.

14. Institucionalizada ___ partir das lutas antiabsolutistas, no século 18, e da expansão dos movimentos constitucionalistas, no século 19, ___ democracia representativa foi consolidada ao longo de um processo histórico marcado pelo reconhecimento de três gerações de direitos humanos: os relativos ___ cidadania civil e política, os relativos ___ cidadania social e econômica e os relativos ___ cidadania "pós-material", que se caracterizam pelo direito ___ qualidade de vida, ___ um meio ambiente saudável, ___ tutela dos interesses difusos e ao reconhecimento da diferença e da subjetividade.

(Baseado em Mário Antônio Lobato de Paiva em www.ambitojuridico.com.br)

Marque o item que preenche de forma correta as lacunas do texto seguinte:

a) a, à, a, a, à, à, a, a.
b) a, a, à, à, à, à, a, à.
c) à, a, a, à, à, a, a, à.
d) à, a, a, à, à, a, a, a.
e) a, à, a, a, à, a, a, à.

15. "O movimento altermundialista deverá também responder à nova situação mundial nascida da crise escancarada da fase neoliberal da globalização capitalista."

No trecho acima, empregou-se corretamente o acento grave indicativo de crase. Assinale a alternativa em que isso não tenha ocorrido.

a) Eles visaram à premiação no concurso.
b) Sempre nos referimos à Florianópolis dos açorianos.
c) Nossos cursos vão de 8h às 18h.
d) A solução foi sair à francesa.
e) Fizemos uma longa visita à casa nova dos nossos amigos.

16. Os trechos abaixo compõem, sequencialmente, um texto adaptado do Editorial do jornal Zero Hora (RS) de 18/01/2010. Assinale a opção que está gramaticalmente correta quanto à ausência ou à presença do acento grave indicativo de crase.

a) O novo estímulo aos usineiros, também com pesado suporte de subsídios, levou à indústria automobilística a investir na produção não mais de carros movidos a álcool, mas de veículos flex, que permitem o uso dos dois combustíveis. No ano passado, as vendas de carros flex cresceram 14% em relação a 2008.

b) Apresentado nos anos 70 como opção à crise do petróleo, sob forte apoio governamental, o álcool perdeu relevância nas décadas de 80 e 90. A produção foi retomada e intensificada nos últimos anos, com a explosão nos preços internacionais dos derivados da energia fóssil.

c) As montadoras aplicaram recursos no desenvolvimento de tecnologias, e o consumidor se dispôs a pagar mais por veículos mais modernos. Ambos apostaram nas vantagens de um combustível que, além de reduzir à dependência da gasolina e do diesel, apresentava ainda as virtudes do ecologicamente correto, por ser menos poluente e renovável.

d) A partir do ano passado, com a queda nos preços do petróleo, outros fatores de mercado conspiraram contra o álcool, como a quebra na produção da cana e o aumento dos preços do açúcar. Mesmo que o álcool se submeta à oscilações de cotações, como qualquer outro produto, o que não se pode admitir é que essas variações façam com que a oferta do produto seja imprevisível e instável.

e) A sazonalidade e outras questões envolvidas não são suficientes para explicar a ausência de uma política que assegure, à fabricantes e consumidores, a certeza de que investiram em uma opção de combustível tratada com a seriedade que merece.

17. Assinale a alternativa em que o acento indicativo de crase está corretamente empregado.

a) O memorando refere-se à documentos enviados na semana passada.
b) Dirijo-me à Vossa Senhoria para solicitar uma audiência urgente.
c) Prefiro montar uma equipe de novatos à trabalhar com pessoas já desestimuladas.
d) O antropólogo falará apenas àquele aluno cujo nome consta na lista.
e) Quanto à meus funcionários, afirmo que têm horário flexível e são responsáveis.

18. O acento indicativo de crase foi corretamente empregado apenas em:

a) O cidadão não atende à apelos sem fundamento.
b) No artigo, o autor citou à necessária reforma do Estado.
c) Convencemos à todos da necessidade de um pacto social.
d) O debatedor não se rendeu àqueles discursos demagógicos.
e) Os governantes dispuseram-se à colaborar.

Gabaritos

01	C	10	B
02	A	11	D
03	C	12	A
04	D	13	B
05	E	14	B
06	C	15	C
07	A	16	B
08	E	17	D
09	A	18	D

12. PONTUAÇÃO

A pontuação assinala a melodia de nossa fala, ou seja, as pausas, a ênfase etc.

12.1 Principais Sinais e Usos

Vírgula

É o sinal mais importante para concurso público.

Usa-se a vírgula para:

Separar termos que possuem mesma função sintática no período:

José, Maria, Antônio e **Joana** foram ao mercado. (função de núcleo do sujeito)

Isolar o vocativo:

Então, **minha cara**, não há mais o que se dizer!

Isolar um aposto explicativo (cuidado com essa regra, veja que não há verbo no aposto explicativo):

O João, **ex-integrante da comissão**, veio fazer parte da reunião.

Isolar termos antecipados, como: complemento, adjunto ou predicativo:

Na semana passada, comemos camarão no restaurante português. (antecipação de adjunto adverbial)

Separar expressões explicativas, conjunções e conectivos:

isto é, ou seja, por exemplo, além disso, pois, porém, mas, no entanto, assim etc.

Separar os nomes dos locais de datas:

Cascavel, 02 de maio de 2012.

Isolar orações adjetivas explicativas (pronome relativo + verbo + vírgula):

O Brasil, **que é um belíssimo país**, possui ótimas praias.

Separar termos de uma enumeração:

Vá ao mercado e traga **cebola, alho, sal, pimenta e coentro**.

Separar orações coordenadas:

Esforçou-se muito, **mas não venceu o desafio**. (oração coordenada sindética adversativa)

Roubou todo o dinheiro, **e ainda apareceu na casa**. (oração coordenada sindética aditiva).

A vírgula pode ser utilizada antes da conjunção aditiva "e" caso se queira enfatizar a oração por ela introduzida.

Omitir um termo, elipse (no caso da elipse verbal, chamaremos "zeugma"):

De dia era um anjo, de noite um **demônio**. (omissão do verbo "ser")

Separar termos de natureza adverbial deslocado dentro da sentença:

Na semana passada, trinta alunos foram aprovados no concurso. (locução adverbial temporal)

Se estudar muito, você será aprovado no concurso. (oração subordinada adverbial condicional)

Ponto final

Usa-se o ponto final:

Ao final de frases para indicar uma pausa total; é o que marca o fim de um período:

Depois de passar no concurso, comprarei um carro.

Em abreviaturas:

Sr., a. C., Ltda., num., adj., obs., máx., *bat., brit.* etc.

Ponto e vírgula

Usam-se ponto e vírgula para:

Separar itens que aparecem enumerados:

Uma boa dissertação apresenta:

Coesão;

Coerência;

Progressão lógica;

Riqueza lexical;

Concisão;

Objetividade;

Aprofundamento.

Separar um período que já se encontra dividido por vírgulas:

Não gostava de trabalhar; queria, no entanto, muito dinheiro no bolso.

Separar partes do texto que se equilibram em importância:

Os pobres dão pelo pão o trabalho; os ricos dão pelo pão a fazenda; os de espíritos generosos dão pelo pão a vida; os de nenhum espírito dão pelo pão a alma.(Vieira).

O capitalismo é a exploração do homem pelo homem; o socialismo é exatamente o contrário.

Dois Pontos

São usados dois pontos quando:

Se vai fazer uma citação ou introduzir uma fala:

José respondeu:

- Não, muito obrigado!

Se quer indicar uma enumeração:

Quero apenas uma coisa: que vocês sejam aprovados no concurso!

Aspas

São usadas aspas para indicar:

Citação presente no texto. Ex.:

"Há distinção entre categorias do pensamento" - disse o filósofo.

Expressões estrangeiras, neologismos, gírias. Ex.:

Na parede, haviam pintado a palavra "love". (expressão estrangeira)

Ficava "bailarinando", como diria Guimarães. (neologismo)

"Velho", esconde o "cano" aí e "deixa baixo". (gíria)

PONTUAÇÃO

Reticências

São usadas para indicar supressão de um trecho, interrupção na fala, ou dar ideia de continuidade ao que se estava falando. Ex.:

(...) Profundissimamente hipocondríaco Este ambiente me causa repugnância Sobe-me à boca uma ânsia análoga à ânsia Que se escapa pela boca de um cardíaco(...)

Eu estava andando pela rua quando...

Eu gostei da nova casa, mas da garagem...

Parênteses

São usados quando se quer explicar melhor algo que foi dito ou para fazer simples indicações. Ex.:

Foi o homem que cometeu o crime (o assassinato do irmão).

Travessão

Indica a fala de um personagem:

Ademar falou. Ex.:

- Amigo, preciso contar algo para você.

Isola um comentário no texto. Ex.:

O estudo bem realizado - **diga-se de passagem, que quase ninguém faz** - é o primeiro passo para a aprovação.

Isola um aposto na sentença. Ex.:

A Semântica – **estudo sobre as relações de sentido** - é importantíssima para o entendimento da Língua.

Reforçar a parte final de um enunciado. Ex.:

Para passar no concurso, é preciso estudar muito — **muito mesmo**.

Trocas

A Banca, eventualmente, costuma perguntar sobre a possibilidade de troca de termos, portanto, atenção!

» Vírgulas, travessões e parênteses, quando isolarem um aposto, podem ser trocadas sem prejuízo para a sentença;

» Travessões podem ser trocados por dois pontos, a fim de enfatizar um enunciado.

Regra de ouro

Na ordem natural de uma sentença, é proibido:

→ Separar Sujeito e Predicado com vírgulas:

"Aqueles maravilhosos velhos ensinamentos de meu pai foram de grande utilidade. (certo) Aqueles maravilhosos velhos ensinamentos de meu pai, foram de grande utilidade. (errado)."

→ Separar Verbo de Objeto:

"O presidente do maravilhoso país chamado Brasil assinou uma lei importante. (certo) O presidente do maravilhoso país chamado Brasil assinou, uma lei importante. (errado)"

Questões

01. (CESGRANRIO) Leia o trecho:

É uma pena que haja tamanha displicência em relação ao seu uso. Poucos se dão conta de que ela é a chave que abre as portas mais emperradas, que ela facilita negociações, encurta caminhos, cria laços, aproxima as pessoas. Tanta gente nasce e morre sem dialogar com a vida. Contam coisas, falam por falar, mas não conversam, não usam a palavra como elemento de troca. Encantam-se pelo som da própria voz e, nessa onda narcísica, qualquer palavra lhes serve.

Mas não. Não serve qualquer uma.

O trecho "Mas não. Não serve qualquer uma." pode ter sua pontuação alterada, sem modificar-lhe o sentido original, em:

a) Mas não: não serve qualquer uma.
b) Mas, não; não, serve qualquer uma.
c) Mas não; não serve, qualquer uma.
d) Mas: não, não. Serve qualquer uma.
e) Mas não - não; serve qualquer uma.

02. (CESGRANRIO) Atente para as afirmações abaixo sobre a pontuação empregada em segmentos transcritos do texto.

I. Eis aí duas culturas, a grega e a romana, que na Antiguidade se reuniram para criar uma civilização comum... **A substituição das vírgulas por travessões redundaria em prejuízo para a correção e a lógica**.

II. Se Grécia e Roma foram, para Poe, uma espécie de casa... **A retirada simultânea das vírgulas não implicaria prejuízo para a correção e a lógica**.

III. ... a primeira, em suma, a tornar-se letrada no pleno sentido deste termo, e a transmitir-nos o seu conhecimento letrado. **A vírgula colocada imediatamente depois de termo é facultativa**.

Está correto o que consta APENAS em:

a) I.
b) I e II.
c) I e III.
d) II e III.
e) III.

03. (CESGRANRIO) O uso de sinais (aspas e travessão) está adequado à norma-padrão, que deve ser observada em uma correspondência oficial, na seguinte frase:

a) O artigo sobre o "processo de desregulamentação" foi publicado na Folha de São Paulo.
b) As chuvas de verão — fenômenos que se repetem desde há muito tempo podem ser previstas.
c) "Mutatis mutandis", as novas diretrizes da direção em nada alteram as antigas.
d) O cuidado com a saúde — meta prioritária do governo, será ainda maior.
e) — O diretor disse: Demita-se o funcionário.

04. (FCC) A pesquisa também chama a atenção para o novo Código Florestal, que prevê a redução de algumas áreas – **hoje legalmente protegidas, como matas ciliares e topos de morros** –, para serem utilizadas para a agropecuária. "Ficamos receosos de que as mudanças nas áreas protegidas possam ser terríveis para as aves e para outros animais, que vão perder ambientes naturais. E aquelas que não conseguem sobreviver nas plantações tendem a se tornar raras ou até mesmo a desaparecer", prevê o professor.

O segmento isolado pelos travessões, constitui:

a) Repetição desnecessária de uma mesma informação.
b) Introdução de um novo assunto no texto
c) Transcrição exata das palavras do pesquisador.
d) Determinação de uma área a ser explorada.
e) Informação com exemplos esclarecedores.

05. (FCC) Na escala de valores, popular, mais que um adjetivo, era um estigma. Daí o escândalo do sarau de d. Nair de Tefé. Primeira-dama, ela própria artista, afrontou a conspícua Velha República.

Mantendo-se, em linhas gerais, o sentido original, uma redação alternativa para as frases acima, em que se respeitam as regras de pontuação, é:

a) Popular, era na escala de valores mais que um adjetivo, um estigma. Daí o escândalo do sarau da primeira-dama, d. Nair de Tefé, ela própria artista, que, afrontou a conspícua Velha República.
b) Popular era, na escala de valores, mais que um adjetivo, um estigma. Daí o escândalo do sarau da primeira-dama, d. Nair de Tefé, ela própria artista, que afrontou a conspícua Velha República.
c) Popular, era na escala de valores mais que um adjetivo: um estigma. Daí o escândalo do sarau da primeira-dama, d. Nair de Tefé ela própria artista, que afrontou a conspícua, Velha República.
d) Popular era, na escala de valores, mais que um adjetivo, um estigma, daí o escândalo do sarau da primeira-dama d. Nair de Tefé ela própria, artista que afrontou a conspícua Velha República.
e) Popular era, na escala de valores, mais que um adjetivo um estigma; daí o escândalo do sarau, da primeira-dama d. Nair de Tefé, ela própria, artista que afrontou, a conspícua Velha República.

06. (FCC) Está plenamente correta a pontuação do seguinte período:

a) Confessando não sem ironia, que entende de arquitetura, o cronista Rubem Braga, mestre do gênero propõe uma receita de casa, em que o porão, área frequentemente desprezada, ganha ares de profundidade e mistério.
b) Confessando, não sem ironia, que entende de arquitetura o cronista, Rubem Braga, mestre do gênero, propõe uma receita de casa, em que, o porão, área frequentemente desprezada, ganha ares de profundidade e mistério.
c) Confessando não sem ironia que entende de arquitetura, o cronista Rubem Braga, mestre do gênero, propõe: uma receita de casa em que, o porão área frequentemente desprezada, ganha ares de profundidade, e mistério.
d) Confessando, não sem ironia que, entende de arquitetura, o cronista Rubem Braga – mestre do gênero – propõe uma receita, de casa, em que o porão (área frequentemente desprezada), ganha ares de profundidade e mistério.
e) Confessando, não sem ironia, que entende de arquitetura, o cronista Rubem Braga, mestre do gênero, propõe uma receita de casa em que o porão, área frequentemente desprezada, ganha ares de profundidade e mistério.

07. (FCC - ADAPTADA) Leia o Texto:

Por mais que tudo isso venha desaparecendo dos nossos olhos e se dissolvendo em passado, em antiguidade, em raridade de museu, continua a ser parte do espírito do Rio de Janeiro. Pois as cidades são como as pessoas, em cujo espírito nada do que se passou deixa inteiramente de ser. O Rio descaracterizado de hoje guarda no seu íntimo para os que, como Gastão Cruls, sabem vê-lo histórica e sentimentalmente, uma riqueza de característicos irredutíveis ou indestrutíveis, que as páginas de Aparência do Rio de Janeiro nos fazem ver ou sentir. E este é o maior encanto do guia da cidade que o autor de A Amazônia que eu vi acaba de **escrever: dar-nos**, através da aparência do Rio de Janeiro, traços essenciais do passado e do caráter da gente carioca. Comunicar-nos do Rio de Janeiro que Gastão Cruls conhece desde seus dias de menino de morro ilustre – menino nascido à sombra do Observatório – alguma coisa de essencial. Alguma coisa do que a cidade parece ter de eterno e que vem de certa harmonia misteriosa a que tendem o branco, o preto, o roxo e o moreno – principalmente o moreno – da cor da pele dos seus homens e das suas mulheres, com o azul e o verde quente de suas águas e de suas matas.

Os dois-pontos que aparecem no trecho destacado denotam:

a) Inclusão de segmento especificativo.
b) Interrupção intencional do fluxo expositivo.
c) Intercalação de ideia isolada no contexto.
d) Constatação de fatos pertinentes ao assunto.
e) Enumeração de elementos da cidade e do povo.

Gabaritos

01	A
02	D
03	C
04	E
05	B
06	E
07	A

LÍNGUA PORTUGUESA

13. TIPOLOGIA TEXTUAL

O conteúdo relativo à tipologia textual é, deveras, fácil. Precisamos, apenas, destacar alguns elementos estruturantes a cada tipo de texto. Dessa forma, você conseguirá responder quaisquer questões relacionadas a essa temática.

O primeiro item que se deve ter em mente na hora de analisar um texto segundo sua tipologia é o caráter da predominância. Isso quer dizer que um mesmo agrupamento textual pode possuir características de diversas tipologias distintas, porém as questões costumam focalizar qual é o "tipo" predominante, o que mais está evidente no texto. Um pouco de bom-senso e uma pequena dose de conhecimento relativo ao assunto são necessários para obter sucesso nesse conteúdo.

Trabalharemos com três tipologias básicas: **narração, dissertação e descrição.** Vamos ao trabalho:

13.1 Narração

Facilmente identificável, a tipologia narrativa guarda uma característica básica: contar algo, transmitir a ocorrência de fatos e/ou ações que possuam um registro espacial e temporal. Quer dizer, a narração necessita, também, de um espaço bem marcado e de um tempo em que as ações narradas ocorram. Discorramos sobre cada aspecto separadamente.

São elementos de uma NARRAÇÃO:

Personagem: Quem pratica ação dentro da narrativa, é claro. Deve-se observar que os personagens podem possuir características físicas (altura, aparência, cor do cabelo etc.) e psicológicas (temperamento, sentimentos, emoções etc.), as quais podem ser descritas ao longo do texto.

Espaço: Trata-se do local em que a ação narrativa ocorre.

Tempo: É o lapso temporal em que a ação é descrita. Não se engane, o tempo pode ser enunciado por um simples "era uma vez".

Ação: Não existe narração sem ação! Ou seja, os personagens precisam fazer algo, ou sofrer algo para que haja ação narrativa.

Narrador: Afinal, como será contada uma estória sem uma voz que a narre? Portanto, este é outro elemento estruturante da tipologia narrativa. O narrador pode estar inserido na narrativa ou apenas "observar" e narrar os acontecimentos.

Note-se que, na tipologia narrativa, os verbos flexionados no pretérito são mais evidentes.

Eis um exemplo de narração, tente observar os elementos descritos acima, no texto:

Um Apólogo
Machado de Assis

Era uma vez uma agulha, que disse a um novelo de linha:

— Por que está você com esse ar, toda cheia de si, toda enrolada, para fingir que vale alguma cousa neste mundo?

— Deixe-me, senhora.

— Que a deixe? Que a deixe, por quê? Porque lhe digo que está com um ar insuportável? Repito que sim, e falarei sempre que me der na cabeça.

— Que cabeça, senhora? A senhora não é alfinete, é agulha. Agulha não tem cabeça. Que lhe importa o meu ar? Cada qual tem o ar que Deus lhe deu. Importe-se com a sua vida e deixe a dos outros.

— Mas você é orgulhosa.

— Decerto que sou.

— Mas por quê?

— É boa! Porque coso. Então os vestidos e enfeites de nossa ama, quem é que os cose, senão eu?

— Você? Esta agora é melhor. Você é que os cose? Você ignora que quem os cose sou eu e muito eu?— Você fura o pano, nada mais; eu é que coso, prendo um pedaço ao outro, dou feição aos babados...

— Sim, mas que vale isso? Eu é que furo o pano, vou adiante, puxando por você, que vem atrás obedecendo ao que eu faço e mando...

— Também os batedores vão adiante do imperador.

— Você é imperador?

— Não digo isso. Mas a verdade é que você faz um papel subalterno, indo adiante; vai só mostrando o caminho, vai fazendo o trabalho obscuro e ínfimo. Eu é que prendo, ligo, ajunto...

Estavam nisto, quando a costureira chegou à casa da baronesa. Não sei se disse que isto se passava em casa de uma baronesa, que tinha a modista ao pé de si, para não andar atrás dela. Chegou a costureira, pegou do pano, pegou da agulha, pegou da linha, enfiou a linha na agulha, e entrou a coser. Uma e outra iam andando orgulhosas, pelo pano adiante, que era a melhor das sedas, entre os dedos da costureira, ágeis como os galgos de Diana — para dar a isto uma cor poética. E dizia a agulha:

— Então, senhora linha, ainda teima no que dizia há pouco? Não repara que esta distinta costureira só se importa comigo; eu é que vou aqui entre os dedos dela, unidinha a eles, furando abaixo e acima...

A linha não respondia; ia andando. Buraco aberto pela agulha era logo enchido por ela, silenciosa e ativa, como quem sabe o que faz, e não está para ouvir palavras loucas. A agulha, vendo que ela não lhe dava resposta, calou-se também, e foi andando. E era tudo silêncio na saleta de costura; não se ouvia mais que o plic-plic-plic-plic da agulha no pano. Caindo o sol, a costureira dobrou a costura, para o dia seguinte. Continuou ainda nessa e no outro, até que no quarto acabou a obra, e ficou esperando o baile.

Veio a noite do baile, e a baronesa vestiu-se. A costureira, que a ajudou a vestir-se, levava a agulha espetada no corpinho, para dar algum ponto necessário. E enquanto compunha o vestido da bela dama, e puxava de um lado ou outro, arregaçava daqui ou dali, alisando, abotoando, acolchetando, a linha para mofar da agulha, perguntou-lhe:

— Ora, agora, diga-me, quem é que vai ao baile, no corpo da baronesa, fazendo parte do vestido e da elegância? Quem é que vai dançar com ministros e diplomatas, enquanto você volta para a caixinha da costureira, antes de ir para o balaio das mucamas? Vamos, diga lá.

Parece que a agulha não disse nada; mas um alfinete, de cabeça grande e não menor experiência, murmurou à pobre agulha:

— Anda, aprende, tola. Cansas-te em abrir caminho para ela e ela é que vai gozar da vida, enquanto aí ficas na caixinha de costura. Faze como eu, que não abro caminho para ninguém. Onde me espetam, fico.

Contei esta história a um professor de melancolia, que me disse, abanando a cabeça:

— Também eu tenho servido de agulha a muita linha ordinária!

13.2 Dissertação

O texto dissertativo, também chamado por alguns de informativo, possui a finalidade de discorrer sobre determinado assunto, apresentando fatos, opiniões de especialista, dados quantitativos ou mesmo informações sobre o assunto da dissertação. É preciso entender que nem sempre a dissertação busca persuadir o seu interlocutor, ela pode simplesmente transmitir informações pertinentes ao assunto dissertado.

Quando a persuasão é objetivada, o texto passa a ter também características argumentativas. A rigor, as questões de concurso público focalizam a tipologia, não seus interstícios, portanto, não precisa ficar desesperado com o fato de haver diferença entre texto dissertativo-expositivo e texto dissertativo-argumentativo. Importa saber que ele é dissertativo.

Toda boa dissertação possui a **Introdução** do tema, o **Desenvolvimento** coeso e coerente, que está vinculado ao que se diz na introdução, e uma **Conclusão** lógica do texto, evidenciando o que se permite compreender por meio da exposição dos parágrafos de desenvolvimento.

A tipologia dissertativa pode ser facilmente encontrada em editoriais, textos de divulgação acadêmica, ou seja, com caráter científico, ensaios, resenhas, artigos científicos e textos pedagógicos.

Exemplo de dissertação:

Japão foi avisado sobre problemas em usinas dois anos antes, diz Wikileaks

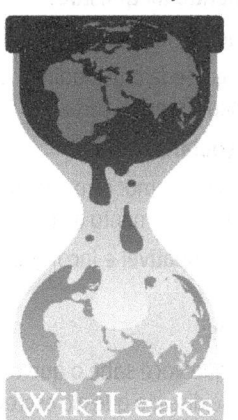

O Wikileaks, site de divulgação de informações consideradas sigilosas, vazou um documento que denuncia que o governo japonês já havia sido avisado pela vigilância nuclear internacional que suas usinas poderiam não ser capazes de resistir a terremotos. O relatório, assinado pelo embaixador Thomas Schieffer obtido pelo WikiLeaks foi publicado hoje pelo jornal britânico, The Guardian.

O documento revela uma conversa de dezembro de 2008 entre o então deputado japonês, Taro Kono, e um grupo diplomático norte-americano durante um jantar. Segundo o relatório, um membro da Agência Internacional de Energia Atômica (AIEA) disse que as normas de segurança estavam obsoletas para aguentar os fortes terremotos, o que significaria "um problema grave para as centrais nucleares". O texto diz ainda que o governo do Japão encobria custos e problemas associados a esse ramo da indústria.

Diante da recomendação da AIEA, o Japão criou um centro de resposta de emergência em Fukushima, capaz de suportar, apenas, tremores até magnitude 7,0.

13.3 Descrição

Em um texto descritivo, faz-se um tipo de retrato por escrito de um lugar, uma pessoa, um animal ou um objeto. Os adjetivos são abundantes nessa tipologia, uma vez que a sua função de caracterizar os substantivos é extremamente exigida nesse contexto. É possível existir um texto descritivo que enuncie características de sensações ou sentimentos, porém não é muito comum em provas de concurso público. Não há relação temporal na descrição. Os verbos relacionais são mais presentes, para poder evidenciar aspectos e características. Significa "criar" com palavras uma imagem.

Exemplo de texto descritivo:

Texto extraído da prova do BRB (2010) – Banca CESPE/UnB

Nome científico: *Ginkgo biloba L.*
Nome popular: *Nogueira-do-japão*
Origem: *Extremo Oriente*
Aspecto: *as folhas dispõem-se em leque e são semelhantes ao trevo; a altura da árvore pode chegar a 40 metros; o fruto lembra uma ameixa e contém uma noz que pode ser assada e comida*

14. COMPREENSÃO E INTERPRETAÇÃO DE TEXTOS

É bastante comum e compreensível que os concursandos tenham algum tipo de dificuldade nas questões de compreensão e interpretação de textos. Isso é oriundo do próprio histórico de leituras que o candidato possui, uma vez que grande parte dos concursandos querem gabaritar uma prova, ou mesmo conseguir um cargo público, sem possuir o menor hábito de leitura. Ou seja você precisa adquirir (se ainda não possui) o bom costume de ler.

Por "ler", entende-se buscar os meandros de um texto, de uma canção, de qualquer coisa com que entremos em contato. Mesmo um discurso ou um diálogo podem ser "lidos". O grande problema fica a cargo de que o bom brasileiro gosta de fazer qualquer coisa, menos de ler. Parece até que aquilo que era uma diversão, um bom entretenimento virou um pesadíssimo "fardo". Você não pode pensar desse modo. Ler deve ser uma prática constante.

E na hora do concurso? Como proceder?

Há três elementos fundamentais para boa interpretação:

Eliminação dos vícios de leitura ;
Organização;
"Malandragem".

Vícios de leitura

A pior coisa que pode acontecer com o concursando, quando recebe aquele texto "capetótico" para ler e interpretar, é cair num vício de leitura. Veja se você possui algum deles. Caso possua, tente eliminar o quanto antes.

O Movimento:

Como tudo inicia. O indivíduo pega o texto para ler e não para quieto. Troca a maneira de sentar, troca a posição do texto, nada está bom, nada está confortável. Em casa, senta para estudar e o que acontece? Fome. Depois? Sede. Então, a pessoa fica se mexendo para pegar comida, para tomar água, para ficar mais sossegado e o fluxo de leitura vai para o espaço. FIQUE QUIETO! O conceito é militar! Sente-se e permaneça assim até acabar a leitura, do contrário, vai acabar com a possibilidade de entender o que está escrito. Estudar com televisão, rádio, *msn* e qualquer coisa dispersiva desse gênero só vai atrapalhar você.

O Apoio:

Não é aconselhável utilizar apoios para a leitura, tais como: réguas, acompanhar a linha com a caneta, ler em voz baixa, passar o dedo pelo papel etc. Basta pensar que seus olhos são muito mais rápidos que qualquer movimento ou leitura em voz alta. Gaguejou, escorregou no papel, dançou.

O Garoto da Borboleta:

Se você possui os vícios "a" e "b", certamente é um "garoto da borboleta" também. Isso quer dizer que é um desatento que fica facilmente (fatalmente) disperso. Tudo chama sua atenção: caneta batendo na mesa, o concorrente barulhento, a pessoa estranha que está em sua frente, o tempo passando etc. Você vai querer ficar voltando ao início do texto porque não conseguiu compreender nada e, finalmente, vai perder as questões de interpretação.

Organização da leitura

Para que ocorra organização, é necessário compreender que todo texto possui:

Posto: aquilo que é dito no texto. O conteúdo expresso.
Pressuposto: aquilo que não está dito, mas que é facilmente compreendido.
Subentendido: o que se pode interpretar por uma soma de dito com não-dito.

Veja um exemplo:

Alguém diz: "felizmente, meu tio parou de beber." É certo que o dito se compõe pelo conteúdo da mensagem: o homem parou de beber. O não-dito, ou pressuposto, fica a cargo da ideia de que meu tio "bebia", agora, não bebe mais. Por sua vez, o subentendido pode ser abstraído como "meu tio possuía problemas com a bebida e eu assumo isso por meio da sentença que profiro". Não é difícil! É necessário, no entanto, possuir uma certa "malandragem linguística" para perceber isso de início. Veremos isso ao longo do texto.

As dicas de organização não são novas, mas são eficazes, vamos lá:

Ler mais de uma vez o texto (quando for curtinho, é lógico):

A primeira leitura é para tomar contato com o assunto, a segunda, para observar como o texto está articulado.

Ao lado de cada parágrafo, escreva a principal ideia (tópico frasal) ou argumento mais forte do trecho. Isso ajuda você a ter clareza da temática e como ela está sendo desenvolvida.

Se o texto for muito longo, recomenda-se ler primeiro a questão de interpretação, para, então, buscá-la na leitura.

Observar as relações entre parágrafos:

Observar que há relações de exemplificação, oposição, causalidade entre os parágrafos do texto, por isso, tente compreender as relações intratextuais nos parágrafos.

Ficar de olho aberto para as conjunções adversativas: no entanto, contudo, entretanto, etc.

Atentar para o comando da questão:

Responda àquilo que foi pedido.

» **Dica**: entenda que modificar e prejudicar o sentido não são a mesma coisa.

Palavras de alerta (polarizadoras):

Sublinhar palavras como: erro, incorreto, correto e exceto, para não se confundir no momento de responder à questão.

Inaceitável, incompatível e incongruente também podem aparecer.

Limitar os horizontes:

Não imaginar que você sabe o que o autor quis dizer, mas sim entender o que ele disse: o que ele escreveu. Não extrapolar a significação do texto. Para isso, é importante prestar atenção no significado das palavras.

Pode até ser coerente o que você concluiu, mas se não há base textual, descarte.

» **Ex.**: O homem **pode** morrer de infarto. / O homem **deve** morrer de infarto.

Busque o tema central do texto:

Geralmente aparece no primeiro parágrafo do texto.

Desenvolvimento:

Se o enunciado mencionar a argumentação do texto, você deve buscar entender o que ocorre com o desenvolvimento dos parágrafos.

Verificar se o desenvolvimento ocorre por:

» Causa e consequência;
» Enumeração de fatos;
» Retrospectiva histórica;
» Fala de especialista;
» Resposta a um questionamento;
» Sequência de dados;
» Estudo de caso;
» Exemplificação.

Relatores:

Atentar para os pronomes relativos e demonstrativos no texto. Ele auxiliam o leitor a entender como se estabelece a coesão textual.

Alguns deles:

» Que;
» Cujo;
» O qual;
» Onde;
» Esse;
» Este;
» Isso;
» Isto.

Entender se a questão é de interpretação ou de compreensão:

Interpretação

Parte do texto para uma conclusão. As questões que solicitam uma inferência apresentam as seguintes estruturas:

» É possível entender que...
» O texto possibilita o entendimento de que...
» O texto encaminha o leitor para...
» O texto possibilita deduzir que...
» Depreende-se do texto que...
» Com apoio no texto, infere-se que...
» Entende-se que...
» Compreende-se que...

Compreensão

Buscam-se as informações solicitadas pela questão no texto. As questões dessa natureza possuem as seguintes estruturas:

» De acordo com o texto, é possível afirmar....
» Segundo o texto...
» Conforme o autor...
» No texto...
» Conforme o texto...

Tomar cuidado com as generalizações.

Na maior parte das vezes, o elaborador da prova utiliza a generalização para tornar a questão incorreta.

Atenção para as palavras "sempre, nunca, exclusivamente, unicamente, somente".

O que você não deve fazer!

"Viajar" no texto: interpretar algo para além do que o texto permite.

Ser "mão-de-vaca": interpretar apenas um trecho do texto.

Dar uma de "Zé Mané" e entender o contrário: fique atento a palavras como "pode", "não", "deve" etc.

"Malandragem da banca"

Talvez seja essa a característica mais difícil de se desenvolver no concursando, pois ela envolve o conhecimento do tipo de interpretação e dos limites estabelecidos pelas bancas. Só há uma maneira de ficar "malandro" estudando para concurso público: realizando provas! Pode parecer estranho, mas depois de resolver 200 questões da mesma banca, você já consegue prever como será a próxima questão. Prever é garantir o acerto! Então, faça exercícios até cansar e, quando cansar, faça mais um pouco. Assim você fica "malandro" na banca!

Vamos trabalhar com alguns exemplos agora:

Exemplo I

Entre os maiores obstáculos ao pleno desenvolvimento do Brasil, está a educação. Este é o próximo grande desafio que deve ser enfrentado com paciência, mas sem rodeios. É a bola da vez dentro das políticas públicas prioritárias do Estado. Nos anos 90 do século passado, o país derrotou a inflação — que corroía salários, causava instabilidade política e irracionalidade econômica. Na primeira década deste século, os avanços deram-se em direção a uma agenda social, voltada para a redução da pobreza e da desigualdade estrutural. Nos próximos anos, a questão da melhoria da qualidade do ensino deve ser uma obrigação dos governantes, sejam quais forem os ungidos pelas decisões das urnas.

Jornal do Brasil, Editorial, 21/1/2010 (com adaptações).

Agora o mesmo texto, devidamente marcado.

Entre **os maiores obstáculos** ao pleno desenvolvimento do Brasil, está a educação. Este é o **próximo grande desafio** que deve ser enfrentado com paciência, mas sem rodeios. É a **bola da vez** dentro das políticas públicas prioritárias do Estado. **Nos anos 90 do século passado**, o país derrotou a inflação — que corroía salários, causava instabilidade política e irracionalidade econômica. **Na primeira década deste século**, os avanços deram-se em direção a uma agenda social, voltada para a redução da pobreza e da desigualdade estrutural. **Nos próximos anos**, a questão da melhoria da qualidade do ensino deve ser uma **OBRIGAÇÃO DOS GOVERNANTES**, sejam quais forem os ungidos pelas decisões das urnas.

Comentário: Observe que destacamos para você elementos que podem surgir, posteriormente como questões. O texto inicia falando que há mais obstáculos além da educação. Também argumenta, posteriormente, que já houve outros desafios além desse que ele chama de "próximo grande desafio". Utilizando uma expressão de sentido **Conotativo** (bola da vez), o escritor anuncia que a educação ocupa posição de destaque quando o assunto se volta para as políticas públicas prioritárias do Estado.

No decorrer do texto, que se desenvolve por um tipo de retrospectiva histórica (veja o que está sublinhado), o redator traça um panorama dessas políticas públicas ao longo da história do país, fazendo uma previsão para os anos vindouros (o que foi destacado em caixa alta).

Exemplo II

Um passo fundamental para que não nos enganemos quanto à **natureza do capitalismo contemporâneo** e o significado das políticas empreendidas pelos países centrais para enfrentar a recente **crise econômica** é problematizarmos, com cuidado, o termo **neoliberalismo**: "começar pelas palavras talvez não seja coisa vã", escreve Alfredo Bosi em Dialética da Colonização.

A partir da década de 1980, buscando exprimir a natureza do capitalismo contemporâneo, muitos, principalmente os críticos, utilizaram esta palavra que, por fim, se generalizou. Mas o que, de fato, significa? O prefixo neo quer dizer novo; portanto, novo liberalismo. Ora, durante o século **XIX DEU-SE A CONSTRUÇÃO DE UM LIBERALISMO** que viria encontrar a sua crise definitiva na I Guerra Mundial em 1914 e na crise de 1929. Mas desde o período entre guerras e, sobretudo, depois, com o término da II Guerra Mundial, em 1945, tomou corpo um novo modelo, principalmente na Europa, que de certa forma se contrapunha ao velho liberalismo: era **O MUNDO DA SOCIALDEMOCRACIA**, da presença do Estado na vida econômica, das ações políticas inspiradas na reflexão teórica do economista britânico John Keynes, um crítico do liberalismo econômico clássico que viveu na primeira metade do século XX. Quando esse modelo também entrou em crise, no princípio da década de 1970, surgiu a perspectiva de **RECONSTRUÇÃO DA ORDEM LIBERAL**. Por isso, novo liberalismo, neoliberalismo.

(Grupo de São Paulo, disponível em http://www.correiocidadania.com.br/content/view/5158/9/, acesso em 28/10/2010)

Exemplo III
Em Defesa do Voto Obrigatório

O voto, direito duramente conquistado, **deve ser considerado um dever** cívico, sem o exercício do qual o **direito se descaracteriza ou se perde**, afinal liberdade e democracia são fins e não apenas meios. Quem vive em uma comunidade política não pode estar **DESOBRIGADO** de opinar sobre os rumos dela. Nada contra a desobediência civil, recurso legítimo para o protesto cidadão, que, no caso eleitoral, se pode expressar no voto nulo (cuja tecla deveria constar na máquina utilizada para votação). Com o **voto facultativo**, o direito de votar e o de não votar ficam inscritos, em pé de igualdade, no corpo legal. Uma parte do eleitorado deixará voluntariamente de opinar sobre a constituição do poder político. O desinteresse pela política e a descrença no voto são registrados como mera "escolha", sequer como desobediência civil ou protesto. **A consagração da alienação política** como um direito legal interessa aos conservadores, reduz o peso da soberania popular e desconstitui o sufrágio como universal.

Para o **cidadão ativo,** que, além de votar, se organiza para garantir os direitos civis, políticos e sociais, o enfoque é inteiramente outro. O tempo e o **TRABALHO DEDICADOS AO ACOMPANHAMENTO CONTINUADO DA POLÍTICA NÃO SE APRESENTAM COMO RESTRITIVOS DA LIBERDADE INDIVIDUAL.** Pelo contrário, são obrigações auto-assumidas no esforço de construção e aprofundamento da democracia e de vigília na defesa das liberdades individuais e públicas. A ideia de que a democracia se constrói nas lutas do dia a dia se contrapõe, na essência, ao modelo liberal. O cidadão escolado na disputa política sabe que a liberdade de não ir votar é uma armadilha. Para que o sufrágio continue universal, para que todo poder emane do povo e não, dos donos do poder econômico, o voto, além de ser um direito, **deve conservar a sua condição de dever cívico.**

Exemplo IV
Madrugada na aldeia

Madrugada na aldeia nervosa,
com as glicínias escorrendo orvalho,
os figos prateados de orvalho,
as uvas multiplicadas em orvalho,
as últimas uvas miraculosas.

O silêncio está sentado pelos corredores,
encostado às paredes grossas,
de sentinela.

E em cada quarto os cobertores peludos envolvem o sono:
poderosos animais benfazejos, encarnados e negros.
Antes que um sol luarento
dissolva as frias vidraças,
e o calor da cozinha perfume a casa
com lembrança das árvores ardendo,
a velhinha do leite de cabra desce as pedras da rua
antiquíssima, antiquíssima,
e o pescador oferece aos recém-acordados
os translúcidos peixes,
que ainda se movem, procurando o rio.

(Cecília Meireles. Mar absoluto, in Poesia completa. Rio de Janeiro: Nova Aguilar, 1994, p.311)

15. PARÁFRASE UM RECURSO PRECIOSO

Parafrasear, em sentido lato, significa reescrever uma sequência de texto sem alterar suas informações originais. Isso quer dizer que o texto resultante deve apresentar o mesmo sentido do texto original, modificando, evidentemente, apenas a ordem frasal ou o vocabulário. Há algumas exigências para uma paráfrase competente. São elas:

Usar a mesma ordem das ideias que aparecem no texto original.

Em hipótese alguma é possível omitir informações essenciais.

Não tecer comentários acerca do texto original, apenas parafrasear, sem frescura.

Usar construções sintáticas e vocabulares que, apesar de manterem o sentido original, sejam distintas das do texto base.

Os passos da paráfrase

Vamos entender que há alguns recursos para parafrasear um texto. Apresentarei alguns com a finalidade de clarear mais o assunto em questão.

A utilização de termos sinônimos.

O presidente assinou o documento, **mas** esqueceu-se de pegar sua caneta. / O presidente assinou o documento, **contudo** esqueceu-se de pegar sua caneta.

O uso de palavras antônimas, valendo-se de palavra negativa.

José era um **covarde.**

José **não** era um **valente.**

Emprego de termos anafóricos.

São Paulo e Palmeiras são dois times brasileiros. O São Paulo venceu o Palmeiras na semana passada. / São Paulo e Palmeiras são dois times brasileiros. **Aquele** (São Paulo) venceu **este** (Palmeiras) na semana passada.

Permuta de termo verbal por nominal, e vice-versa.

É importante que chegue cedo. / **Sua chegada** é importante.

Deixar termos elípticos.

Eu preciso da colaboração de todos. / Preciso da colaboração de todos.

Alteração da ordem frasal.

Adalberto venceu o último desafio de sua vida ontem. / Ontem, Adalberto venceu o último desafio de sua vida.

Transposição de voz verbal.

Joel cortou a seringueira centenária. / A seringueira centenária foi cortada por Joel.

Troca de discurso.

Naquela manhã, Oséas dirigiu-se ao pai dizendo: "Cortarei a grama sozinho." (discurso direto).

Naquela manhã, Oséas dirigiu-se ao pai dizendo que cortaria a grama sozinho. (discurso indireto).

Troca de palavras por expressões perifrásticas.

O Rei do Futebol esteve presente durante as celebrações. / **Pelé** esteve presente durante as celebrações.

Troca de locuções por palavras de mesmo sentido:

A turma **da noite** está comprometida com os estudos. / A turma **noturna** está mais comprometida com os estudos.

Questões

01. Leia o texto

O que passa na cabeça deles?

Quem tem um bicho de estimação sabe muito bem: seu gato, cachorro, papagaio, hamster ou o que seja é o mais esperto do mundo. Até meados do século passado, porém, a inteligência animal era considerada inexistente. Suas atitudes e ações eram descritas como simples respostas instintivas ou estratégias de sobrevivência, sem nenhuma relação com a cognição, que se acreditava ser exclusiva do ser humano. Foi só a partir dos anos 1960 que estudos de longo prazo começaram a produzir pistas de que, sim, os animais pensam, são capazes de resolver problemas, aprender com seus erros e se adaptar a novas situações, assim como os seres humanos. Mas o que se passa na cabeça deles? Algumas espécies têm autoconsciência? Quão inteligentes são os animais? Apesar dos avanços nas pesquisas, estas e outras perguntas permanecem sem resposta, gerando controvérsias entre os especialistas. – O que existe hoje são várias linhas de entendimento do que vem a ser a inteligência animal. Há estudos feitos em ambiente natural, mas também tem muita coisa sendo feita em laboratórios – o que nos é contado pelo biólogo Salvatore Siciliano, pesquisador da Escola Nacional de Saúde da Fundação Oswaldo Cruz (Fiocruz). As pesquisas podem levar anos para chegar a conclusões bem simples, mas, à medida que aumenta o esforço de observação e amostragem, estamos passando a perceber que os animais são, sim, algo inteligentes. Quando elaborou sua Teoria da Evolução, no século XIX, Charles Darwin a estendeu para o desenvolvimento do cérebro humano. Como outros aspectos da nossa fisiologia, a inteligência teria evoluído a partir de organismos mais simples em resposta a desafios comuns a quase todos os animais, como as necessidades de se alimentar, reproduzir e interagir com o ambiente. Atualmente, faz parte do senso comum considerar que grandes primatas como os chimpanzés, cujo DNA é 99% igual ao dos seres humanos, apresentam um certo grau de inteligência, assim como outros mamíferos mais desenvolvidos, como cetáceos (baleias e golfinhos) e elefantes. Surpreendente, no entanto, foi verificar que mesmo espécies mais longe da escala e árvore evolutivas, como pássaros e polvos, também demonstram sinais de inteligência.

César Baima – O Globo, Planeta Terra, outubro 2010 (adaptado)

Sobre o título dado ao texto, pode-se fazer, de forma adequada, a seguinte afirmação:

a) A pergunta não é respondida no texto;
b) Trata-se de uma questão sobre a qual a ciência ainda não apresenta todas as respostas;
c) Representa uma interrogação feita pelos proprietários de animais domésticos;
d) O pronome eles se refere exclusivamente aos animais domésticos;
e) A pergunta fala sobre as preocupações dos donos de animais.

LÍNGUA PORTUGUESA

PARÁFRASE UM RECURSO PRECIOSO

02. (NCE – UFRJ) - "...é o mais esperto do mundo." Esse pensamento representa:
a) Uma antiga forma de pensar sobre a inteligência animal;
b) Um pensamento corrente sobre os animais selvagens;
c) Um conceito errado sobre os animais domésticos;
d) Um carinhoso modo de pensar sobre animais de estimação;
e) Um falso pensamento fundamentado apenas nas aparências.

03. (NCE – UFRJ) A presença do biólogo no texto tem a seguinte utilidade textual:
a) Mostrar que a publicação é internacional;
b) Dar mais autoridade e credibilidade ao texto;
c) Demonstrar atualização brasileira no tema estudado;
d) Indicar pessoas que demonstram interesse pelo tema estudado;
e) Convencer o leitor de que o tema é importante.

04. (NCE – UFRJ) O texto desta prova deve ser caracterizado como:
a) Informativo sobre conhecimentos atuais no tema analisado;
b) Narrativo de uma sequência de fatos ocorridos nos últimos anos;
c) Descritivo de um conjunto de ideias científicas sobre os animais;
d) Argumentativo a respeito de prós e contras das recentes descobertas;
e) Publicitário sobre os trabalhos da Fiocruz.

05. (FCC) Leia o texto:

Como declaração de princípios que é, a Declaração Universal dos Direitos Humanos não cria obrigações legais aos Estados, salvo se as respectivas Constituições estabelecem que os direitos fundamentais e as liberdades nelas reconhecidos serão interpretados de acordo com a Declaração. Todos sabemos, porém, que esse reconhecimento formal pode acabar por ser desvirtuado ou mesmo denegado na ação política, na gestão econômica e na realidade social. A Declaração Universal é geralmente considerada pelos poderes econômicos e pelos poderes políticos, mesmo quando presumem de democráticos, como um documento cuja importância não vai muito além do grau de boa consciência que lhes proporcione.

Nesses cinquenta anos não parece que os governos tenham feito pelos direitos humanos tudo aquilo a que, moralmente, quando não por força da lei, estavam obrigados. As injustiças multiplicam-se no mundo, as desigualdades agravam-se, a ignorância cresce, a miséria alastra. A mesma esquizofrênica humanidade que é capaz de enviar instrumentos a um planeta para estudar a composição das suas rochas assiste indiferente à morte de milhões de pessoas pela fome. Chega-se mais facilmente a Marte neste tempo do que ao nosso próprio semelhante.

Alguém não anda a cumprir o seu dever. Não andam a cumpri-lo os governos, seja porque não sabem, seja porque não podem, seja porque não querem. Ou porque não lho permitem os que efetivamente governam, as empresas multinacionais e pluricontinentais cujo poder, absolutamente não democrático, reduziu a uma casca sem conteúdo o que ainda restava de ideal de democracia. Mas também não estão a cumprir o seu dever os cidadãos que somos. Foi-nos proposta uma Declaração Universal dos Direitos Humanos e com isso julgamos ter tudo, sem repararmos que nenhuns direitos poderão subsistir sem a simetria dos deveres que lhes correspondem, o primeiro dos quais será exigir que esses direitos sejam não só reconhecidos, mas também respeitados e satisfeitos. Não é de esperar que os governos façam nos próximos cinquenta anos o que não fizeram nestes que comemoramos. Tomemos, então, nós, cidadãos comuns, a palavra e a iniciativa. Com a mesma veemência e a mesma força com que reivindicamos os nossos direitos, reivindiquemos também o dever dos nossos deveres. Talvez o mundo possa começar a tornar-se um pouco melhor.

(Trecho do discurso de José Saramago no banquete de encerramento da entrega do Prêmio Nobel, em 10 de dezembro de 1998. Transcrição segundo as normas brasileiras de ortografia.)

No texto, o autor
a) Reconhece o esforço empreendido por governos, mesmo os não democráticos, no sentido de respeitar integralmente os postulados da Declaração Universal dos Direitos Humanos.
b) Aponta a necessidade de participação de toda a sociedade, em todos os países, na aplicação efetiva dos princípios constantes da Declaração Universal dos Direitos Humanos.
c) Detém-se na história da elaboração da Declaração Universal dos Direitos Humanos, documento importante para a afirmação dos direitos e liberdades fundamentais do homem.
d) Relata as dificuldades encontradas em alguns países e regiões como justificativa para o fato de que os princípios da Declaração Universal ainda não estejam sendo respeitados integralmente.
e) Defende o respeito que deve merecer uma Constituição, como norma legal maior em cada Estado, para nortear toda possível ação política e até mesmo econômica.

Gabaritos

01	A
02	D
03	B
04	A
05	B

16. ORTOGRAFIA

A ortografia é a parte da Gramática que estuda a escrita correta das palavras. O próprio nome da disciplina já designa tal função. É oriunda das palavras gregas **ortho** que significa "correto" e **graphos** que significa "escrita". Neste capítulo, vamos estudar alguns aspectos da correta grafia das palavras: o emprego de algumas letras que apresentam dificuldade para os falantes do Português.

Atualmente, há um confusão a respeito do sistema ortográfico vigente. O último sistema foi elaborado em 1990, com base em um sistema de 1986, e será implantado em todos os países de língua lusófona. No Brasil, a adesão ao acordo se deu em 2009 e, como leva 4 anos para ser implantado, teríamos dois sistemas oficiais até 31 de dezembro de 2013. Bem, seria isso, se não houvesse a prorrogação do prazo até o ano de 2016. A partir de então, vale apenas o Novo Acordo Ortográfico.

Por certo, dúvidas pairam pela cabeça do aluno: que sistema devo usar? Qual sistema devo aprender? O melhor é estudar o sistema antigo, aprendendo quais foram as atualizações, assim, garante-se que não errará pela novidade ou pela tradição. A banca deve avisar no edital do concurso ou no comando da questão qual sistema ortográfico está levando em consideração. Como as maiores alterações estão no terreno de acentuação e emprego do hífen (para o Português falado no Brasil, evidentemente), não teremos grandes surpresas neste capítulo. Vamos ao trabalho.

O Alfabeto

As letras K, W e Y foram inseridas no alfabeto devido a uma grande quantidade de palavras que são grafadas com tais letras e não podem mais figurar como termos exóticos em relação ao português. Eis alguns exemplos de seu emprego:

Em abreviaturas e em símbolos de uso internacional:

Kg - quilograma / **w** - watt /

Em palavras estrangeiras de uso internacional, nomes próprios estrangeiros e seus derivados:

Kremlin, Kepler, Darwin, Byron, byroniano.

O alfabeto, também conhecido como abecedário, é formado (a partir do novo acordo ortográfico) por 26 letras.

Forma Maiúscula		Forma Minúscula	
A	B	a	b
C	D	c	d
E	F	e	f
G	H	g	h
I	J	i	j
K	L	k	l
M	N	m	n
O	P	o	p
Q	R	q	r
S	T	s	t
U	V	u	v
W	X	w	x
Y	Z	y	z

O emprego da letra "H"

A letra H demanda um pouco de atenção. Apesar de não possui verdadeiramente sonoridade, utilizamo-la, ainda, por convenção histórica. Seu emprego, basicamente, está relacionado às seguintes regras:

No início de algumas palavras, por sua origem:

Ex.: Hoje, hodierno, haver, Helena, helênico.

No fim de algumas interjeições:

Ah! Oh! Ih! Uh!

No interior de palavra compostas que preservam o hífen, nas quais o segundo elemento se liga ao primeiro:

Super-homem, pré-história, sobre-humano.

Nos dígrafos NH, LH e CH:

Tainha, lhama, chuveiro.

O emprego de "E" e "I"

Existe uma curiosidade a respeito do emprego dessas letras nas palavras que escrevemos: o fato de o "e", no final da palavra, ser pronunciado como uma semivogal faz com que muitos falantes sintam aquela vontade de grafar a palavra com "i". Bem, veremos quais são os principais aspectos do emprego dessas letras.

Escreveremos com "e"

Palavras formadas com o prefixo ante- (que significa antes, anterior):

Antebraço, antevéspera, antecipar, antediluviano etc.

A sílaba final de formas conjugadas dos verbos terminados em –OAR e –UAR (quando estiverem no subjuntivo). Ex.:

Abençoe (abençoar)

Continue (continuar)

Pontue (pontuar)

Algumas palavras, por sua origem: arrepiar, cadeado, creolina, desperdiçar, desperdício, destilar, disenteria, empecilho, indígena, irrequieto, mexerico, mimeógrafo, orquídea, quase, sequer, seringa, umedecer etc.

Escreveremos com "i"

Palavras formadas com o prefixo anti- (que significa contra). Ex.:

Antiaéreo, anticristo, antitetânico, anti-inflamatório.

A sílaba final de formas conjugadas dos verbos terminados em –AIR, -OER e –UIR:

Cai (cair)

Sai (sair)

Diminui (diminuir)

Dói (doer)

Os ditongos AI, OI, ÓI, UI:

Pai

Foi

Herói

Influi.

LÍNGUA PORTUGUESA

ORTOGRAFIA

As seguintes palavras: aborígine, chefiar, crânio, criar, digladiar, displicência, escárnio, implicante, impertinente, impedimento, inigualável, lampião, pátio, penicilina, privilégio, requisito etc.

Vejamos alguns casos em que o emprego das letras "E" e "I" pode causar uma alteração semântica:

Escrito com "e"
Arrear = pôr arreios
Área = extensão de terra, local
Delatar = denunciar
Descrição = ação de descrever
Descriminação = absolver
Emergir = vir à tona
Emigrar = sair do país ou do local de origem
Eminente = importante

Escrito com "i"
Arriar = abaixar, desistir
Ária = peça musical
Dilatar = alargar, aumentar
Discrição = qualidade do discreto
Discriminar = separar, estabelecer diferença
Imergir = mergulhar
Imigrar = entrar em um país estrangeiro
Iminente = próximo, prestes e ocorrer

O Novo Acordo Ortográfico explica que, agora, escreve-se com "i" antes de sílaba tônica. Veja alguns exemplos: acriano (admite-se, por ora, acreano), rosiano (de Guimarães Rosa), camoniano, nietzschiano (de Nietzsche) etc.

O emprego de O e U

Vejamos como empregar essas letras, a fim de que não mais possamos errar.

Apenas por exceção, palavras em Português com sílabas finais átonas (fracas) terminam por us; o comum é que se escreva com o ou os. Veja os exemplos: carro, aluno, abandono, abono, chimango etc.

Exemplos das exceções a que aludimos: bônus, vírus, ônibus etc.

Em palavras proparoxítonas ou paroxítonas com terminação em ditongo, são comuns as terminações –UA, -ULA, -ULO:

Tábua, rábula, crápula, coágulo.

As terminações –AO, -OLA, -OLO só aparecem em algumas palavras: mágoa, névoa, nódoa, agrícola[1], vinícola, varíola etc.

Fique de olho na grafia destes termos:

Com a letra O: abolir, boate, botequim, bússola, costume, engolir, goela, moela, moleque, mosquito etc.

Com a letra U: bulício, buliçoso, bulir, camundongo, curtume, cutucar, jabuti, jabuticaba, rebuliço, urtiga, urticante etc.

O emprego de G e J

Essas letras, por apresentarem o mesmo som eventualmente, costumam causar problemas de ortografia. Vamos tentar facilitar o trabalho: a letra "g" só apresenta o som de "j" diante das letras "e" e "i": gesso, gelo, agitar, agitador, agir, gíria.

Escreveremos com "G"

Palavras terminadas em - AGEM, -IGEM, -UGEM. Ex.:

Garagem, vertigem, rabugem, ferrugem, fuligem etc.

Exceções: pajem, lambujem (doce ou gorjeta), lajem (pedra da sepultura).

As palavras terminadas em –ÁGIO, ÉGIO, ÍGIO, ÓGIO, ÚGIO:

Contágio, régio, prodígio, relógio, refúgio.

As palavras derivadas de outras que já possuem a letra "g".

Viagem - viageiro
Ferrugem - ferrugento
Vertigem - vertiginoso
Regime - regimental
Selvagem - selvageria
Regional - regionalismo

Em geral, após a letra "r"

Ex.: Aspergir, divergir, submergir, imergir etc.

As palavras:

De origem latina: agir, gente, proteger, surgir, gengiva, gesto etc.

De origem árabe: álgebra, algema, ginete, girafa, giz etc.

De origem francesa: estrangeiro, agiotagem, geleia, sargento etc.

De origem italiana: gelosia, ágio etc.

Do castelhano: gitano.

Do inglês: gim.

Escreveremos com "J"

Os verbos terminados em –JAR ou –JEAR e suas formas conjugadas:

Gorjear: gorjeia (lembre-se das "aves"), gorjeiam, gorjearão.
Viajar: viajei, viaje, viajemos, viajante.

Cuidado para não confundir os termos viagem (substantivo) com viajem (verbo "viajar"). Vejamos o emprego.

"Ele fez uma bela viagem."

"Tomara que eles viajem amanhã."

Palavras derivadas de outras terminadas em –JA.

Granja: granjeiro, granjear.
Loja: lojista, lojinha.
Laranja: laranjal, laranjeira.
Lisonja: lisonjeiro, lisonjeador.
Sarja: sarjeta.

---

[1] Em razão da construção íncola (quem vive, habitante), por isso, silvícola, terrícola etc.

Palavras cognatas (raiz em comum) ou derivadas de outras que possuem o "j".

>**Laje:** lajense, lajedo.
>
>**Nojo:** nojento, nojeira.
>
>**Jeito:** jeitoso, ajeitar, desajeitado.

Nas palavras: conjetura, ejetar, injeção, interjeição, objeção, objeto, objetivo, projeção, projeto, rejeição, sujeitar, sujeito, trajeto, trajetória, trejeito.

Palavras de origem ameríndia (geralmente tupi-guarani) ou africana: canjerê, canjica, jenipapo, jequitibá, jerimum, jia, jiboia, jiló, jirau, Moji, pajé, pajéu.

Nas palavras: berinjela, cafajeste, jeca, jegue, Jeremias, jerico, jérsei, majestade, manjedoura, ojeriza, pegajento, rijeza, sujeira, traje, ultraje, varejista.

Orientações sobre a grafia do fonema /s/

Podemos representar o fonema /s/ por:

>S: ânsia, cansar, diversão, farsa.
>
>SS: acesso, assar, carrossel, discussão.
>
>C, Ç: acetinado, cimento, açoite, açúcar.
>
>SC, SÇ: acréscimo, adolescente, ascensão, consciência, nasço, desça
>
>X: aproximar, auxiliar, auxílio, sintaxe.
>
>XC: exceção, exceder, excelência, excepcional.

Como se grafa, então?

Escreveremos com s:

A correlação nd - ns:

>**Pretender** - pretensão, pretenso;
>
>**Expandir** - expansão, expansivo.

A correlação rg - rs:

>**Aspergir** - aspersão;
>
>**Imergir** - imersão;
>
>**Emergir** - emersão.

A correlação rt - rs:

>**Divertir** - diversão;
>
>**Inverter** - inversão.

O sufixo -ense:

>paranaense;
>
>cearense;
>
>londrinense.

Escreveremos com ss:

A correlação ced - cess:

>**Ceder** - cessão;
>
>**Interceder** - intercessão;
>
>**Retroceder** - retrocesso.

A correlação gred - gress

>**Agredir** - agressão, agressivo;
>
>**Progredir** - progressão, progresso.

A correlação prim - press

>**Imprimir** - impressão, impresso;
>
>**Oprimir** - opressão, opressor;
>
>**Reprimir** - repressão, repressivo.

A correlação meter - miss

>**Submeter** - submissão;
>
>**Intrometer** - intromissão.

Escreveremos com c ou com "Ç"

Palavras de origem tupi ou africana. Ex.:

>Açaí, aracá, Iguaçu, Juçara, muçurana, Paraguaçu, caçula, cacimba.

O "ç" só será usado antes das vogais a, o, u.

Com os sufixos:

>**aça:** barcaça;
>
>**ação:** armação;
>
>**çar:** aguçar;
>
>**ecer:** esmaecer;
>
>**iça:** carniça;
>
>**nça:** criança;
>
>**uça:** dentuça.

Palavras derivadas de verbos terminados em –ter (não confundir com a regra do –meter / s):

>**Abster** -> abstenção;
>
>**Reter** -> retenção;
>
>**Deter** -> detenção.

Depois de ditongos:

>Feição;
>
>louça;
>
>traição.

Palavras de origem árabe:

>açúcar;
>
>açucena;
>
>cetim;
>
>muçulmano.

Emprego do SC

Escreveremos com sc palavras que são termos emprestados do latim:

>adolescência;
>
>ascendente;
>
>consciente;
>
>crescer;
>
>descer;
>
>fascinar;
>
>fescenino.

ORTOGRAFIA

Grafia da letra s com som de "Z"

Escreveremos com "S":

Terminações –ês, -esa, -isa, que indicam nacionalidade, título ou origem:

    Japonês - japonesa;
    Marquês - marquesa;
    Camponês - camponesa.

Após ditongos:
    causa;
    coisa;
    lousa;
    Sousa.

As formas dos verbos pôr e querer e de seus compostos:
    Eu pus, nós pusemos, pusésseis etc.
    Eu quis, nós quisemos, quisésseis etc.

As terminações –oso e –osa, que indicam qualidade:
    gostoso;
    garboso;
    fervorosa;
    talentosa.

O prefixo trans-:
    transe;
    transação;
    transoceânico.

Em diminutivos cujo radical termine em "**S**":
    Rosa - rosinha;
    Teresa - Teresinha;
    Lápis - lapisinho.

A correlação "**d**" - "**s**":
    Aludir - alusão, alusivo;
    Decidir - decisão, decisivo;
    Defender - defesa, defensivo.

Verbos derivados de palavras cujo radical termina em s:
    Análise - analisar;
    Presa - apresar;
    Êxtase - extasiar.
    Português - aportuguesar

Os substantivos com os sufixos gregos –esse, isa, -ose:
    catequese;
    diocese;
    poetisa;
    virose.

(obs.: "catequizar" com "z")

Os nomes próprios:
    Baltasar;
    Heloísa;
    Isabel;
    Isaura;
    Luísa;
    Sousa;
    Teresa.

As palavras:
    análise;
    cortesia;
    hesitar;
    reses;
    vaselina;
    avisar;
    defesa;
    obséquio;
    revés;
    vigésimo;
    besouro;
    fusível;
    pesquisa;
    tesoura;
    colisão;
    heresia;
    querosene;
    vasilha.

Emprego da letra "Z"

Escreveremos com "z"

As terminações - ez, -eza de substantivos abstratos derivados de adjetivos:
    Belo - beleza;
    Rico - riqueza;
    Altivo - altivez;
    Sensato - sensatez.

Os verbos formados com os sufixo - izar e palavras cognatas:
    balizar;
    inicializar;
    civilizar.

As palavras derivadas em:
    zal: cafezal, abacaxizal;
    zeiro: cajazeiro, açaizeiro;
    zito: avezita.
    zinho: cãozinho, pãozinho, pezinho

Os derivados de palavras cujo radical termina em z:
    Cruzeiro;
    Esvaziar.

As palavras:
- azar;
- aprazível;
- baliza;
- buzina;
- bazar;
- cicatriz;
- ojeriza;
- prezar;
- proeza;
- vazamento;
- vizinho;
- xadrez;
- xerez.

Emprego do X e do CH

A letra X pode representar os seguintes fonemas:
- /ch/: xarope;
- /cx/: sexo, tóxico;
- /z/: exame;
- /ss/: máximo;
- /s/: sexto.

Escreveremos com "X"

Em geral, após um ditongo:

Caixa, peixe, ameixa, rouxinol, caixeiro (exceções: recauchutar e guache)

Geralmente, depois de sílaba iniciada por -em:
- enxada;
- enxerido;
- enxugar;
- enxurrada.

Encher (e seus derivados); palavras que iniciam por ch e recebem o prefixo en- "encharcar, enchumaçar, enchiqueirar, enchumbar". "Enchova" também é uma exceção.

Em palavras de origem indígena ou africana:
- abacaxi;
- xavante;
- xará;
- orixá;
- xinxim.

Após a sílaba me no início da palavra:
- mexerica;
- mexerico;
- mexer;
- mexida.

(exceção: mecha de cabelo)

Nas palavras:
- bexiga;
- bruxa;
- coaxar;
- faxina;
- graxa;
- lagartixa;
- lixa;
- praxe;
- vexame;
- xícara;
- xale;
- xingar;
- xampu.

Escreveremos com "CH"

→ As seguintes palavras, em razão de sua origem:
- chave;
- cheirar;
- chuva;
- chapéu;
- chalé;
- charlatão;
- salsicha;
- espadachim;
- chope;
- sanduíche;
- chuchu;
- cochilo;
- fachada;
- flecha;
- mecha;
- mochila;
- pechincha.

Atente para a divergência de sentido com os seguintes elementos

bucho - estômago	buxo - espécie de arbusto
cheque - ordem de pagamento	xeque - lance do jogo de xadrez
tacha - pequeno prego	taxa - imposto

Questões

01. (ESAF) O texto abaixo foi transcrito com adaptações. Assinale a opção que corresponde a erro gramatical ou de grafia de palavra.

Em alguns países mais afetados pela crise global, como os Estados Unidos, a indústria buscou aumentar sua competitividade por meio da forçada redução dos custos de produção, **o que** (1) implicou

ORTOGRAFIA

demissões em massa. Mesmo com menos trabalhadores, a indústria manteve ou ampliou a produção, alcançando ganhos notáveis de produtividade. Mesmo que **aceitasse** (2) arcar com um custo social tão alto, dificilmente o Brasil **alcançaria**(3) resultados econômicos tão rápidos. O aumento da produtividade do trabalhador brasileiro é limitado, entre outros fatores, pela **defazagem** (4) nos investimentos em educação. Com **escassez** (5) de trabalhadores qualificados, exigidos cada vez mais pelo mercado de trabalho, os salários de determinadas funções tendem a subir bem mais do que a produtividade média do setor, que afeta o preço dos bens finais.

(Editorial, O Estado de S. Paulo, 24/3/2012)

a) 1
b) 2
c) 3
d) 4
e) 5

02. (ESAF) O texto abaixo foi transcrito com adaptações. Assinale a opção que corresponde a erro gramatical ou de grafia de palavra.

Poucos dias depois de **estender** (1) a cobrança de 6% do Imposto sobre Operações Financeiras – IOF para os empréstimos externos de cinco anos (antes eram taxados apenas os de três anos), como parte da guerrilha que **mantém** (2) para conter a valorização do real frente **ao** (3) dólar, o ministro da Fazenda não apenas reconheceu que sacrifica sua fé no câmbio flutuante, como admitiu haver efeitos colaterais da medida que terão de ser **mitigados** (4).De fato, o aumento do custo desse tipo de empréstimo ajuda o governo a rejeitar o capital oportunista, que aqui vem apenas para tirar vantagem de nossas taxas de juros elevadas, mas **ingeta** (5) problema na veia dos exportadores que precisam financiar suas operações no exterior. Ele fez questão de reforçar sua disposição de continuar atirando com todas as armas contra o excesso de liquidez mundial, provocado pelo tsunami cambial promovido pelos bancos centrais europeu e norte-americano.

(Editorial, Correio Braziliense, 15/3/2012)

a) 1
b) 2
c) 3
d) 4
e) 5

03. Há alguns substantivos grafados com ç que são derivados de verbos, como produção, redução, desaceleração, projeção. Os verbos a seguir formam substantivos com a mesma grafia:
a) admitir, agredir, intuir
b) discutir, emitir, aferir
c) inquirir, imprimir, perseguir
d) obstruir, intervir, conduzir
e) reduzir, omitir, extinguir

04. Assinale a alternativa gramaticalmente correta de acordo com a ortografia.
a) A última paralização ocorreu há cerca de dois anos.
b) A última paralizassão ocorreu acerca de dois anos.
c) A última paralização ocorreu a cerca de dois anos.
d) A última paralisação ocorreu há cerca de dois anos.
e) A última paralisação ocorreu a cerca de dois anos.

05. (FCC) Os ...... para a conclusão da pesquisa estavam próximos e exigiam ...... na ...... dos dados já obtidos.
a) prazos – rapidês – análize
b) prazos – rapidez – análise
c) prazos – rapidez – análize
d) prasos – rapidez – análise
e) prasos – rapidês – análise

06. (FCC) É preciso corrigir deslizes relativos à ortografia oficial e à acentuação gráfica da frase:
a) As obras modernistas não se distinguem apenas pela temática inovadora, mas igualmente pela apreensão do ritmo alucinante da existência moderna.
b) Ainda que celebrassem as máquinas e os aparelhos da civilização moderna, a ficção e a poesia modernista também valorizavam as coisas mais quotidianas e prosaicas.
c) Longe de ser uma excessão, a pintura modernista foi responsável, antes mesmo da literatura, por intênsas polêmicas entre artistas e críticos concervadores.
d) No que se refere à poesia modernista, nada parece caracterizar melhor essa extraordinária produção poética do que a opção quase incondicional pelo verso livre.
e) O escândalo não era apenas uma consequência da produção modernista: parecia mesmo um dos objetivos precípuos de artistas dispostos a surpreender e a chocar.

07. (CESGRANRIO) Em qual das frases abaixo, todas as palavras são adequadas à ortografia oficial da língua portuguesa?
a) A discução sobre o português mais correto rerpercutiu bastante da mídia.
b) A discussão sobre o português mais correto repecutiu bastante na mídia.
c) A discussão sobre o português mais correto repercutiu bastante na mídia.
d) A discusão sobre o português mais correto respercutiu bastante na mídia.
e) A discursão sobre o português mais correto respercutiu bastante na mídia.

08. (ESAF) A frase correta do ponto de vista da grafia é:
a) Era grande a insidência de casos de enjoo quando era servido aquele alimento, por isso o episódio não foi tratado como exceção, atitude que garantiu o êxito das providências.
b) Em meio a tanta opulência da mansão leiloada, encontrou a geringonça que, tratada criativamente por ele, garantiu por anos seu apoio a entidades beneficientes.
c) Seus gestos desarmônicos às vezes eram mal compreendidos, mas seu jeito afável de falar, sem resquícios de mágoa, revelava sua intenção de restabelecer a paz entre os familiares.
d) Defendeu-se dizendo que nunca pretendeu axincalhar ninguém, mas as suas caçoadas realmente humilhavam e incitavam à maledicência.
e) Sempre ansiosos, desenrolaram no saguão apinhado a faixa com que brindavam os recém-formados, com os seguintes dizeres: "Viagem bastante e divirtam-se, nobres doutores".

09. A palavra corretamente grafada é
a) admissão
b) distenção

c) discusão
d) excessão
e) extenção

10. A frase que está em conformidade com a ortografia oficial é:
    a) Não interessa recaptular a indesejável dissensão, mas sim aliviar as tensões agudizadas pelo desnecessário enxerto de questões polêmicas.
    b) Sempre quis ser assessora de moda em lojas, mas eram tantos os empecilhos, que acabou por vencer a ojeriza de coser sob encomenda e, com isso, tornou-se grande costureira.
    c) Endoidescia o marido com seus gastos extravagantes, pois acreditava que o tão desejado charme era questão de plumas e brilhos esplendorosos, de preferência, vindos do exterior.
    d) Quando disse que não exitaria em abandonar o emprego de sopetão e ir relaxar numa praia distante, lhe disseram que seria sandice, mas não conseguiram vencer o fascínio da aventura.
    e) Representava na peça um cafageste que tratava a todos com escárneo, mas sua atuação era sempre tão fascinante que diariamente angariava a simpatia de toda a platéia.

Gabaritos

01	D	06	C
02	E	07	C
03	D	08	C
04	D	09	A
05	B	10	B

17. ACORDO ORTOGRÁFICO DA LÍNGUA PORTUGUESA

O Novo Acordo Ortográfico busca simplificar as regras ortográficas da Língua Portuguesa e unificar a nossa escrita e a das demais nações de língua portuguesa: Portugal, Angola, Moçambique, Cabo Verde, Guiné-Bissau, São Tomé e Príncipe e Timor-Leste.

Sua implementação no Brasil passou por algumas etapas:
> 2009 – vigência ainda não obrigatória
> 2010 a 2015: adaptação completa às novas regras
> A partir de 1º de janeiro de 2016: emprego obrigatório, o novo acordo ortográfico passa a ser o único formato da língua reconhecido no Brasil.

Entre as mudanças na língua portuguesa decorrentes da reforma ortográfica, podemos citar o fim do trema, alterações da forma de acentuar palavras com ditongos abertos e que sejam hiatos, supressão dos acentos diferenciais e dos acentos tônicos, novas regras para o emprego do hífen e inclusão das letras w, k e y ao idioma.

Entre a proposta (em 1990) e a entrada em vigor (2016) são 16 anos. Esse processo foi longo porque era necessário que fossem alcançadas as três decisões para que o acordo fosse cumprido. Em 2006, São Tomé e Príncipe e Cabo Verde se uniram ao Brasil e ratificaram o novo acordo. Em maio de 2008, Portugal também ratificou o acordo para unificar a ortografia em todas as nações de língua portuguesa.

17.1 Trema

Não se usa mais o trema (¨), sinal colocado sobre a letra u para indicar que ela deve ser pronunciada nos grupos gue, gui, que, qui.

aguentar, bilíngue, cinquenta, delinquente, eloquente, ensanguentado, frequente, linguiça, quinquênio, sequência, sequestro, tranquilo.

Obs.: o trema permanece apenas nas palavras estrangeiras e em suas derivadas. Exemplos: Müller, mülleriano.

17.2 Regras de Acentuação

Ditongos abertos em paroxítonas

Não se usa mais o acento dos ditongos abertos éi e ói das palavras paroxítonas (palavras que têm acento tônico na penúltima sílaba).

alcateia, androide, apoia, apoio (verbo), asteroide, boia, celuloide, claraboia, colmeia, Coreia, debiloide, epopeia, estoico, estreia, geleia, heroico, ideia, jiboia, joia, odisseia, paranoia, paranoico, plateia, tramoia.

Obs.: a regra é somente para palavras paroxítonas. Assim, continuam a ser acentuadas as palavras oxítonas e os monossílabos tônicos terminados em éi(s), ói(s). Exemplos: papéis, herói, heróis, dói (verbo doer), sóis etc.

A palavra ideia não leva mais acento, assim como heroico. Mas o termo herói é acentuado.

I e u tônicos depois de um ditongo

Nas palavras paroxítonas, não se usa mais o acento no i e no u tônicos quando vierem depois de um ditongo.

baiuca, bocaiuva (tipo de palmeira), cauila (avarento)

Obs.:
> se a palavra for oxítona e o i ou o u estiverem em posição final (ou seguidos des), o acento permanece. Exemplos: tuiuiú, tuiuiús, Piauí;
> se o i ou o u forem precedidos de ditongo crescente, o acento permanece. Exemplos: guaíba, Guaíra.

Hiatos ee e oo

Não se usa mais acento em palavras terminadas em eem e oo(s).

abençoo, creem, deem, doo, enjoo, leem, magoo, perdoo, povoo, veem, voos, zoo

Acento diferencial

Não se usa mais o acento que diferenciava os pares pára/para, péla(s)/pela(s), pêlo(s)/pelo(s), pólo(s)/polo(s) e pêra/pera.

Exs.:
Ele para o carro.
Ele foi ao polo Norte.
Ele gosta de jogar polo.
Esse gato tem pelos brancos.
Comi uma pera.

Obs.:
> Permanece o acento diferencial em pôde/pode. Pôde é a forma do passado do verbo poder (pretérito perfeito do indicativo), na 3ª pessoa do singular. Pode é a forma do presente do indicativo, na 3ª pessoa do singular.

Ontem, ele não pôde sair mais cedo, mas hoje ele pode.

> Permanece o acento diferencial em pôr/por. Pôr é verbo. Por é preposição. Exemplo: Vou pôr o livro na estante que foi feita por mim.
> Permanecem os acentos que diferenciam o singular do plural dos verbos ter e vir, assim como de seus derivados (manter, deter, reter, conter, convir, intervir, advir etc.).

Exs.:
Ele tem dois carros. / Eles têm dois carros.
Ele vem de Sorocaba. / Eles vêm de Sorocaba.
Ele mantém a palavra. / Eles mantêm a palavra.
Ele convém aos estudantes. / Eles convêm aos estudantes.
Ele detém o poder. / Eles detêm o poder.
Ele intervém em todas as aulas. / Eles intervêm em todas as aulas.

> É facultativo o uso do acento circunflexo para diferenciar as palavras forma/fôrma. Em alguns casos, o uso do acento deixa a frase mais clara. Veja este exemplo: Qual é a forma da fôrma do bolo?

Acento agudo no u tônico

Não se usa mais o acento agudo no u tônico das formas (tu) arguis, (ele) argui, (eles) arguem, do presente do indicativo dos verbos arguir e redarguir.

17.3 Hífen com Compostos

Palavras compostas sem elementos de ligação

Usa-se o hífen nas palavras compostas que não apresentam elementos de ligação.

guarda-chuva, arco-íris, boa-fé, segunda-feira, mesa-redonda, vaga-lume, joão-ninguém, porta-malas, porta-bandeira, pão-duro, bate-boca.

Exceções: Não se usa o hífen em certas palavras que perderam a noção de composição, como girassol, madressilva, mandachuva, pontapé, paraquedas, paraquedista, paraquedismo.

Compostos com palavras iguais

Usa-se o hífen em compostos que têm palavras iguais ou quase iguais, sem elementos de ligação.

reco-reco, blá-blá-blá, zum-zum, tico-tico, tique-taque, cri-cri, glu-glu, rom-rom, pingue-pongue, zigue-zague, esconde-esconde, pega-pega, corre-corre.

Compostos com elementos de ligação

Não se usa o hífen em compostos que apresentam elementos de ligação.

pé de moleque, pé de vento, pai de todos, dia a dia, fim de semana, cor de vinho, ponto e vírgula, camisa de força, cara de pau, olho de sogra.

Obs.: Incluem-se nesse caso os compostos de base oracional.

maria vai com as outras, leva e traz, diz que diz que, deus me livre, deus nos acuda, cor de burro quando foge, bicho de sete cabeças, faz de conta.

Exceções: água-de-colônia, arco-da-velha, cor-de-rosa, mais-que-perfeito, pé-de-meia, ao deus-dará, à queima-roupa.

Topônimos

Usa-se o hífen nas palavras compostas derivadas de topônimos (nomes próprios de lugares), com ou sem elementos de ligação.

Exs.:

Belo Horizonte: belo-horizontino

Porto Alegre: porto-alegrense

Mato Grosso do Sul: mato-grossense-do-sul

Rio Grande do Norte: rio-grandense-do-norte

África do Sul: sul-africano

17.4 Uso do Hífen com Palavras Formadas por Prefixos

Casos gerais

Antes de h

Usa-se o hífen diante de palavra iniciada por h.

Exs.:

anti-higiênico

anti-histórico

macro-história

mini-hotel

proto-história

sobre-humano

super-homem

ultra-humano

Letras iguais

Usa-se o hífen se o prefixo terminar com a mesma letra com que se inicia a outra palavra.

Exs.:

micro-ondas

anti-inflacionário

sub-bibliotecário

inter-regional

Letras diferentes

Não se usa o hífen se o prefixo terminar com letra diferente daquela com que se inicia a outra palavra.

Exs.:

autoescola

antiaéreo

intermunicipal

supersônico

superinteressante

agroindustrial

aeroespacial

semicírculo

Obs.: Se o prefixo terminar por vogal e a outra palavra começar por r ou s, dobram-se essas letras.

Exs.:

minissaia

antirracismo

ultrassom

semirreta

LÍNGUA PORTUGUESA

ACORDO ORTOGRÁFICO DA LÍNGUA PORTUGUESA

Casos particulares

Prefixos sub e sob

Com os prefixos sub e sob, usa-se o hífen também diante de palavra iniciada por r.

Exs.:
sub-região
sub-reitor
sub-regional
sob-roda

Prefixos circum e pan

Com os prefixos circum e pan, usa-se o hífen diante de palavra iniciada por m, n e vogal.

Exs.:
circum-murado
circum-navegação
pan-americano

Outros prefixos

Usa-se o hífen com os prefixos ex, sem, além, aquém, recém, pós, pré, pró, vice.

Exs.:
além-mar
além-túmulo
aquém-mar
ex-aluno
ex-diretor
ex-hospedeiro
ex-prefeito
ex-presidente
pós-graduação
pré-história
pré-vestibular
pró-europeu
recém-casado
recém-nascido
sem-terra
vice-rei

Prefixo co

O prefixo co junta-se com o segundo elemento, mesmo quando este se inicia por o ou h. Neste último caso, corta-se o h. Se a palavra seguinte começar com r ou s, dobram-se essas letras.

Exs.:
coobrigação
coedição
coeducar
cofundador
coabitação
coerdeiro
corréu
corresponsável
cosseno

Prefixos pre e re

Com os prefixos pre e re, não se usa o hífen, mesmo diante de palavras começadas por e.

Exs.:
preexistente
preelaborar
reescrever
reedição

Prefixos ab, ob e ad

Na formação de palavras com ab, ob e ad, usa-se o hífen diante de palavra começada por b, d ou r.

Exs.:
ad-digital
ad-renal
ob-rogar
ab-rogar

Outros casos do uso do hífen

Não e quase

Não se usa o hífen na formação de palavras com não e quase.

Exs.:
(acordo de) não agressão
(isto é um) quase delito

Mal

Com mal*, usa-se o hífen quando a palavra seguinte começar por vogal, h ou l.

Exs.:
mal-entendido
mal-estar
mal-humorado
mal-limpo

Obs.: Quando mal significa doença, usa-se o hífen se não houver elemento de ligação.

Exs.:
mal-francês.
Se houver elemento de ligação, escreve-se sem o hífen.
mal de lázaro, mal de sete dias.

Tupi-guarani

Usa-se o hífen com sufixos de origem tupi-guarani que representam formas adjetivas: açu, guaçu, mirim.:

Exs.:
capim-açu
amoré-guaçu
anajá-mirim

Combinação ocasional

Usa-se o hífen para ligar duas ou mais palavras que ocasionalmente se combinam, formando não propriamente vocábulos, mas encadeamentos vocabulares.

Exs.:
ponte Rio-Niterói
eixo Rio-São Paulo

Hífen e translineação

Para clareza gráfica, se no final da linha a partição de uma palavra ou combinação de palavras coincidir com o hífen, ele deve ser repetido na linha seguinte.

Exs.:
Na cidade, conta-
-se que ele foi viajar.
O diretor foi receber os ex-
-alunos.
guarda-
-chuva
Por favor, diga-
-nos logo o que aconteceu.

17.5 Síntese das Principais Regras do Hífen

	Síntese do Hífen	
Letras diferentes	Não use hífen	Infraestrutura, extraoficial, supermercado
Letras iguais	Use hífen	Anti-inflamatório, contra-argumento, inter-racial, hiper-realista
Vogal + r ou s	Não use hífen (duplique r ou s)	Corréu, cosseno, minissaia, autorretrato
Bem	Use hífen	Bem-vindo, bem-humorado

17.6 Quadro Resumo do Emprego do Hífen com Prefixos

Prefixos	Letra que inicia a palavra seguinte
Ante-, Anti-, Contra-, Entre-, Extra-, Infra-, Intra-, Sobre-, Supra-, Ultra-	H / VOGAL IDÊNTICA À QUE TERMINA O PREFIXO Exemplos com H: ante-hipófise, anti-higiênico, anti-herói, contra-hospitalar, entre-hostil, extra-humano, infra-hepático, sobre-humano, supra-hepático, ultra-hiperbólico. Exemplos com vogal idêntica: anti-inflamatório, contra-ataque, infra-axilar, sobre-estimar, supra-auricular, ultra-aquecido.
Ab-, Ad-, Ob-, Sob-	B - R - D (Apenas com o prefixo "Ad") Exemplos: ab-rogar (pôr em desuso), ad-rogar (adotar) ob-reptício (astucioso), sob-roda ad-digital
Circum-, Pan-	H / M / N / VOGAL Exemplos: circum-meridiano, circum-navegação, circum-oral, pan-americano, pan-mágico, pan-negritude.
Ex- (no sentido de estado anterior), Sota-, Soto-, Vice-, Vizo-	DIANTE DE QUALQUER PALAVRA Exemplos: ex-namorada, sota-soberania (não total), soto-mestre (substituto), vice-reitor, vizo-rei.
Hiper-, Inter-, Super-	H / R Exemplos: hiper-hidrose, hiper-raivoso, inter-humano, inter-racial, super-homem, super-resistente.
Pós-, Pré-, Pró- (tônicos e com significados próprios)	DIANTE DE QUALQUER PALAVRA Exemplos: pós-graduação, pré-escolar, pró-democracia. Obs.: se os prefixos não forem autônomos, não haverá hífen. Exemplos: predeterminado, pressupor, pospor, propor.
Sub-	B – H – R Exemplos: sub-bloco, sub-hepático, sub-humano, sub-região. Obs.: "subumano" e "subepático" também são aceitas.
Pseudoprefixos (diferem-se dos prefixos por apresentarem elevado grau de independência e possuírem uma significação mais ou menos delimitada, presente à consciência dos falantes.) Aero-, Agro-, Arqui-, Auto-, Bio-, Eletro-, Geo-, Hidro-, Macro-, Maxi-, Mega-, Micro-, Mini-, Multi-, Neo-, Pluri-, Proto-, Pseudo-, Retro-, Semi-, Tele-	H / VOGAL IDÊNTICA À QUE TERMINA O PREFIXO Exemplos com H: geo-histórico, mini-hospital, neo-helênico, proto-história, semi-hospitalar. Exemplos com vogal idêntica: arqui-inimigo, auto-observação, eletro-ótica, micro-ondas, micro-ônibus, neo-ortodoxia, semi-interno, tele-educação.

ACORDO ORTOGRÁFICO DA LÍNGUA PORTUGUESA

01. Não se utilizará o hífen em palavras iniciadas pelo prefixo 'co-'.

    Ex.: coadministrar, coautor, coexistência, cooptar, coerdeiro corresponsável, cosseno.

02. Prefixos des- e in- + segundo elemento sem o "h" inicial.

    Ex.: desarmonia, desumano, desumidificar, inábil, inumano, etc.

03. Não se utilizará o hífen com a palavra não.

    Ex.: não violência, não agressão, não comparecimento.

04. Não se utiliza o hífen em palavras que possuem os elementos "bi", "tri", "tetra", "penta", "hexa", etc.

    Ex.: bicampeão, bimensal, bimestral, bienal, tridimensional, trimestral, triênio, tetracampeão, tetraplégico, pentacampeão, pentágono, etc.

05. Em relação ao prefixo "hidro", em alguns casos pode haver duas formas de grafia.

    Ex.: hidroelétrica e hidrelétrica

06. No caso do elemento "socio", o hífen será utilizado apenas quando houver função de substantivo (= de associado).

    Ex.: sócio-gerente / socioeconômico

Questões

01. Nas alternativas a seguir, os acentos foram omitidos propositadamente. Assinale a alternativa em que todas as palavras deveriam ser graficamente acentuadas
    a) rubrica, diluvio, viuva.
    b) ambar, heroi, ilustra-lo.
    c) protons, forceps, releem.
    d) dificilmente, Piaui, misantropo.
    e) perdoo, atribuimos, caiste.

02. Observe as frases abaixo e responda a seguir.
    01. Fiz toda a janta usando só o _____ .
    02. Na _____ , os homens viviam em cavernas.
    03. Meu _____ é _____ .
    As palavras que completam corretamente as lacunas em (1), (2) e (3) são, respectivamente:
    a) micro-ondas / pré-história / microcomputador / seminovo.
    b) microondas / préhistória / microcomputador / seminovo.
    c) micro-ondas / pré-história /microcomputador / semi-novo.
    d) microndas / preistoria / microcomputador / seminovo.
    e) micro-ondas / pré-história / micro-computador / seminovo.

03. Assinale a alternativa correta, segundo o novo acordo ortográfico:
    "O pronunciamento do parlamentar na _____ da peça de teatro teve repercussão na impressa, de modo que o outro deputado, ao desembarcar do seu ____ rumo à cidade de _____, no estado do _____ também falou sobre o assunto: Os que _____ jornais saberão do que estou falando".
    a) Estréia – vôo – Parnaíba – Piauí – lêem
    b) Estreia – vôo – Parnaiba – Piaui – lêem
    c) Estreia – voo – Parnaíba – Piaui – leem
    d) Estreia – voo – Parnaíba – Piauí – leem
    e) Estreia – voo – Parnaíba – Piauí – lêem

04. Assinale a opção em o emprego do hífen, segundo as regras do mais recente Acordo Ortográfico, está incorreto.
    a) Vamos comprar um anti-inflamatório porque ela está superresfriada.
    b) O quadro foi protegido com vidro antirreflexo
    c) Ele era corréu na acusação de ter assassinado o contrarregra
    d) O grupo antissequestro já participa da investigação.
    e) Trata-se de uma informação semioficial.

05. De acordo com a Nova Ortografia da Língua Portuguesa, no trecho "Apoiou ditaduras, avalizou políticas antipopulares, fingiu não ver os desmandos de aliados (...)" o termo destacado
    I. deveria ter sido grafado com hífen, como em anti-higiênico e anti-inflacionário.
    II. está adequadamente grafado, obedecendo à regra em que prefixo terminado em vogal se junta com a palavra iniciada por consoante.
    III. está adequadamente grafado, assim como em antiaéreo e antiprofissional.
    IV. tem como facultativo o emprego do hífen, visto que o Novo Acordo Ortográfico ainda é recente.
    V. obedece à mesma regra que palavras formadas por prefixos como super-, ultra- e sub-.
    Estão CORRETAS as proposições
    a) II, III, IV e V.
    b) I, II e IV.
    c) II, III e V.
    d) I, II e III.
    e) I, II, III, IV e V.

06. Assinale a opção em que há quatro palavras INCORRETAS:
    a) coronéis; micro-ondas; hipersensível; super-resistente; anti-horário; bem-vindo.
    b) acessor; atraso; infringir; jus; excessão; ascenção; aridês; vírus; excesso; viuvez.
    c) canalizar, pesquisar, analisar, balizar, sintetizar; dialisar; atualizar; bisar; prezar.
    d) ideia, chapéu, herói, plateia, condói, céu, perdoo, voo, geo-história, subsolo.

07. "O idioma tornou-se multicultural, multiétnico, pois a maior parte dos falantes da África e da Índia é bilíngue ou multilíngue." A ortografia, nesse trecho, respeita as regras determinadas pelo novo acordo ortográfico, assim como em todas as palavras de qual alternativa? Assinale-a.
    a) O sóciogerente participou da reunião com a pré-comissão do evento.
    b) A infraestrutura está protegida por um eficiente sistema de para-raios.
    c) O médico solicitou exames pre-cirúrgicos, como ultrassom e coleta de sangue para análise.
    d) Houve efeitos que indicaram a interrelação dos elementos presentes na estrutura pré-moldada.

08. Assinale a opção em que a palavra não está de acordo com o Novo Acordo Ortográfico:
   a) Ideia;
   b) Inter-relação;
   c) Microeletrônica;
   d) Minissérie;
   e) Auto-ajuda.

09. Leia o cartoon.

Disponível em: https://ciberduvidas.iscte-iul.pt/Images/AOCartoon2.jpg. Acesso em 05 de mar. de 2016

O efeito de humor no cartoon é produzido devido a uma mudança na grafia da palavra "microondas" de acordo com o Novo Acordo Ortográfico. Segundo esse documento

   a) O hífen deve ser usado em dois casos: quando a segunda parte da palavra começar com s ou r (contra-regra permanece com hífen), e quando a primeira parte da palavra termina com vogal e a segunda parte começa com vogal (auto-estrada).
   b) Já o acento agudo permanece nos ditongos abertos "ei" e "oi" (antes "éi" e "ói"), na grafia de palavras como colméia e jibóia.
   c) O hífen deve ser usado se o prefixo do primeiro elemento terminar com a mesma vogal que inicia o segundo.
   d) O acento circunflexo foi mantido nas palavras terminadas em "êem", como nas formas verbais lêem, crêem, vêem e em substantivos como enjôo e vôo.
   e) Não se usa hífen nas palavras cujo prefixo for "ex" (no sentido de estado anterior) e "vice".

Gabaritos

01	B	06	B
02	A	07	B
03	D	08	E
04	A	09	C
05	C		

LÍNGUA PORTUGUESA

18. INTERPRETAÇÃO DE TEXTOS

18.1 Ideias Preliminares sobre o Assunto

Independentemente de quem seja o professor de Língua Portuguesa, é muito comum ele ouvir alguns alunos falando que até gostam da matéria em questão, mas que possuem muita dificuldade com a interpretação dos textos. Isso é algo totalmente normal, principalmente porque costumamos fazer algo terrível chamado de "leitura dinâmica" que poderia ser traduzido da seguinte maneira: procedimento em que você olha as palavras mas não entende o significado do que está lá escrito.

Para interpretar um texto, o indivíduo precisa de muita atenção e de muito treino. Interpretar pode ser comparado com disparar uma arma: apenas temos chance de acertar o alvo se treinarmos muito e soubermos combinar todos os elementos externos ao disparo: velocidade do ar, direção, distância etc.

Quando o assunto é texto, o primordial é estabelecer uma relação contextual com aquilo que estamos lendo. Montar o contexto significa associar o que está escrito no texto base com o que está disposto nas questões. Lembre-se de que há uma questão montada com a intenção de testar você, ou seja, deve ficar atento para todas as palavras e para todas as possibilidades de mudança de sentido que possa haver nas questões.

É preciso, para entender as questões de interpretação de qualquer banca, buscar o raciocínio que o elaborador da questão emprega na redação da questão. Usualmente, objetiva-se a depreensão dos sentidos do texto. Para tanto, destaque os itens fundamentais (as ideias principais contidas nos parágrafos) para poder refletir sobre tais itens dentro das questões.

18.2 Semântica ou Pragmática?

Existe uma discussão acadêmica sobre o que possa ser considerado como semântica e como pragmática. Em que pese o fato de os universitários divergirem a respeito do assunto, vamos estabelecer uma distinção simples, apenas para clarear nossos estudos.

Semântica: disciplina que estuda o significado dos termos. Para as questões relacionadas a essa área, o comum é que se questione acerca da troca de algum termo e a manutenção do sentido original da sentença.

Pragmática: disciplina que estuda o sentido que um termo assume dentro de determinado contexto. Isso quer dizer que a identificação desse sentido depende do entorno linguístico e da intenção de quem exprime a sentença.

Para exemplificar essa situação, vejamos o exemplo abaixo:

Pedro está na geladeira.

Nesse caso, é possível que uma questão avalie a capacidade de o leitor compreender que há, no mínimo, dois sentidos possíveis para essa sentença: um deles diz respeito ao fato de a expressão "na geladeira" poder significar algo como "ele foi até a geladeira buscar algo", o que – coloquialmente – significaria uma expressão indicativa de lugar. O outro sentido diz respeito ao fato de "na geladeira" significar que "foi apartado de alguma coisa para receber algum tipo de punição".

A questão sobre semântica exigiria que o candidato percebesse a possibilidade de trocar a palavra "geladeira" por "refrigerador" – havendo, nesse caso, uma relação de sinonímia.

A questão de pragmática exigiria que o candidato percebesse a relação contextualmente estabelecida, ou seja, a criação de uma figura de linguagem (um tipo de metáfora) para veicular um sentido particular.

18.3 Questão de Interpretação?

Como se faz para saber que uma questão de interpretação é uma questão de interpretação? É uma mera intuição que surge na hora da prova ou existe uma "pista" a ser seguida para a identificação da natureza da questão?

Respondendo a essa pergunta, entende-se que há pistas que identificam a questão como pertencente ao rol de questões para interpretação. Os indícios mais precisos que costumam aparecer nas questões são:

Reconhecimento da intenção do autor.

Ponto de vista defendido.

Argumentação do autor.

Sentido da sentença.

Apesar disso, não são apenas esses os indícios de que uma questão é de interpretação. Dependendo da banca, podemos ter a natureza interpretativa distinta, principalmente porque o critério de intepretação é mais subjetivo que objetivo. Algumas bancas podem restringir o entendimento do texto; outras podem extrapolá-lo.

18.4 Tipos de Texto - O Texto e suas Partes

Um texto é um todo. Um todo é constituído de diversas partes. A interpretação é, sobremaneira, uma tentativa de reconhecer as intenções de quem comunica recompondo as partes para uma visão global do todo.

Para podermos interpretar, é necessário termos o conhecimento prévio a respeito dos tipos de texto que, fortuitamente, podemos encontrar em um concurso. Vejamos quais são as distinções fundamentais com relação aos tipos de texto.

18.5 O Texto Dissertativo

Nas acepções mais comuns do dicionário, o verbo "dissertar" significa "discorrer ou opinar sobre algum tema". O texto dissertativo apresenta uma ideia básica que começa a ser desdobrada em subitens ou termos menores. Cabe ressaltar que não existe apenas um tipo de dissertação, há mais de uma maneira de o autor escrever um texto dessa natureza.

Conceituar, polemizar, questionar a lógica de algum tema, explicar ou mesmo comentar uma notícia são estratégias dissertativas. Vamos dividir essa tipologia textual em dois tipos essencialmente diferentes: o **dissertativo-expositivo** e o **dissertativo-argumentativo**.

Padrão dissertativo-expositivo

A característica fundamental do padrão expositivo da dissertação é utilizar a estrutura da prosa não para convencer alguém de alguma coisa, e sim para apresentar uma ideia, apresentar um conceito. O princípio do texto expositivo não é a persuasão, é a informação e, justamente por tal fato, ficou conhecido como informativo. Para garantir uma boa interpretação desse padrão textual, é importante buscar a ideia principal (que deve estar presente na introdução do texto) e, depois, entender quais serão os aspectos que farão o texto progredir.

> **Onde posso encontrar esse tipo de texto?** Jornais revistas, sites sobre o mundo de economia e finanças. Diz-se que esse tipo de texto focaliza a função referencial da linguagem.
>
> **Como costuma ser o tipo de questão relacionada ao texto dissertativo-expositivo?** Geralmente, os elaboradores questionam sobre as informações veiculadas pelo texto. A tendência é que o elaborador inverta as informações contidas no texto.
>
> **Como resolver mais facilmente?** Toda frase que mencionar o conceito ou a quantidade de alguma coisa deve ser destacada para facilitar a consulta.

Padrão dissertativo-argumentativo

No texto do padrão dissertativo-argumentativo, existe uma opinião sendo defendida e existe uma posição ideológica por detrás de quem escreve o texto. Se analisarmos a divisão dos parágrafos de um texto com características argumentativas, perceberemos que a introdução apresenta sempre uma tese (ou hipótese) que é defendida ao longo dos parágrafos.

Uma vez feito isso, o candidato deve entender qual é a estratégia utilizada pelo produtor do texto para defender seu ponto de vista. Na verdade, agora é o momento de colocar "a mão na massa" para valer, uma vez que aqueles enunciados que iniciam com "infere-se da argumentação do texto", "depreende-se dos argumentos do autor" serão vencidos caso se observem os fatores de interpretação corretos.

Quais são esses fatores, então?

> A conexão entre as ideias do texto (atenção para as conjunções).
>
> Articulação entre as ideias do texto (atenção para a combinação de argumentos).
>
> Progressão do texto.

Os Recursos Argumentativos:

Quando o leitor interage com uma fonte textual, deve observar - tratando-se de um texto com o padrão dissertativo-argumentativo - que o autor se vale de recursos argumentativos para construir seu raciocínio dentro do texto. Vejamos alguns recursos importantes:

> **Argumento de autoridade**: baseado na exposição do pensamento de algum especialista ou alguma autoridade no assunto. Citações, paráfrases e menções ao indivíduo podem ser tomadas ao longo do texto. Tome cuidado para não cair na armadilha: saiba diferenciar se a opinião colocada em foco é a do autor ou se é a do indivíduo que ele cita ao longo do texto.
>
> **Argumento com base em consenso**: parte de uma ideia tomada como consensual, o que "carrega" o leitor a entender apenas aquilo que o elaborador mostra. Sentenças do tipo todo mundo sabe que, é de conhecimento geral que identificam esse tipo de argumentação.
>
> **Argumento com fundamentação concreta**: basear aquilo que se diz em algum tipo de pesquisa ou fato que ocorre com certa frequência.
>
> **Argumento silogístico (com base em um raciocínio lógico)**: do tipo hipotético - Se...então.
>
> **Argumento de competência linguística**: consiste em adequar o discurso ao panorama linguístico de quem é tido como possível leitor do texto.
>
> **Argumento de exemplificação**: utilizar casos, ou pequenos relatos para ilustrar a argumentação do texto.

Questões

Celular Vira 'Fura-trânsito' em São Paulo

Em uma cidade com tantos problemas no trânsito como São Paulo, a indústria de apps - os aplicativos para celulares e tablets - encontrou terreno fértil para se desenvolver.

Aplicativos lançados recentemente ajudam o motorista a escapar de alagamentos, a desviar de congestionamentos e até a saber onde há vagas para estacionar.

Um dos mais famosos é o Waze. Criado em Israel, é uma mistura de rede social com GPS, em que motoristas compartilham as condições do trânsito e pontos críticos de congestionamento.

Uri Levine, fundador e presidente do Waze, diz que a ideia surgiu em suas férias de 2007, ao viajar com amigos. Ele foi o último a sair, ligou para saber como estava o trânsito e evitou engarrafamentos.

Situação semelhante ocorreu em São Paulo, na temporada de chuvas de 2010. Noel Rocha trabalhava no centro e precisava passar pelo túnel do Anhangabaú - famoso pelos alagamentos.

Preso no trânsito, ele queria saber se o túnel estava fechado. "Tentei, pelo celular, o site do CGE (Centro de Gerenciamento de Emergências), mas achei muito complicado." Foi aí que teve a ideia de criar o Alaga SP, aplicativo que mostra os alagamentos ativos em São Paulo a partir de informações da prefeitura.

Além do Waze e do Alaga SP, destacam-se o Moovit - que oferece informações sobre o transporte público (ônibus, trens etc.) -, o Maplink - que mostra rotas, condições de trânsito e exibe imagens dos principais corredores através de um sistema de coleta de informações próprio - e o Apontador Rodoviário, que traça rotas e mostra a localização de pedágios com seus preços.

(André Monteiro, Folha de S.Paulo, 10.03.2013. Adaptado)

01. (VUNESP) Os aplicativos mencionados no texto têm, em comum, a finalidade de:
a) Oferecer aos usuários opções para contornarem os problemas no trânsito.
b) Substituir os órgãos públicos na fiscalização do tráfego de veículos.
c) Auxiliar os pedestres e acabar com os atropelamentos nas grandes cidades.

INTERPRETAÇÃO DE TEXTOS

d) Orientar os motoristas que desconhecem as principais leis de trânsito.

e) Reduzir o número de carros por habitante na cidade de São Paulo.

02. (VUNESP) Uri Levine e Noel Rocha idealizaram os aplicativos Waze e Alaga SP, respectivamente, a partir:
a) Da conversa com amigos que reclamavam do trânsito.
b) De suas experiências concretas como motoristas.
c) De situações em que se viram presos em engarrafamentos.
d) Da impossibilidade de viajar devido a alagamentos.
e) Da cópia de aplicativos idênticos que faziam sucesso no mercado.

03. (VUNESP) "Quando paro com meu carro no semáforo, já olho se o caminho que vou fazer está congestionado. Se estiver, pego uma alternativa e, se também estiver travada, uso o aplicativo para avisar os outros motoristas."
Considerando as descrições dos aplicativos apresentadas no texto, pode-se concluir que esse comentário se refere ao uso do:
a) Waze.
b) Alaga SP.
c) Moovit.
d) Maplink.
e) Apontador Rodoviário.

04. (VUNESP) Leia o primeiro parágrafo:
Em uma cidade com tantos problemas no trânsito como São Paulo, a indústria de apps – os aplicativos para celulares e tablets - encontrou **terreno fértil** para se desenvolver.
A expressão **terreno fértil** pode ser substituída, sem alteração da mensagem, por:
a) Necessidade restrita.
b) Cenário conturbado.
c) Condições propícias.
d) Ferramentas exóticas.
e) Momento contraditório.

Observe a passagem do terceiro parágrafo: Criado em Israel, é uma mistura de rede social com GPS, em que motoristas compartilham as condições do trânsito e pontos **críticos** de congestionamento.

05. (VUNESP) O termo **críticos**, em destaque, é empregado com o sentido de:
a) Distintos.
b) Provisórios.
c) Sugestivos.
d) Problemáticos.
e) Analíticos.

Crescimento da População é "Desafio do Século", Diz Consultor da ONU

O crescimento populacional é o "desafio do século" e não está sendo tratado de forma adequada na Rio+20, segundo o consultor do Fundo de População das Nações Unidas, Michael Herrmann.

"O desafio do século é promover bem-estar para uma população grande e em crescimento, ao mesmo tempo em que se assegura o uso sustentável dos recursos naturais" [...] "As questões relacionadas à população estão sendo tratadas de forma adequada nas negociações atuais? Eu acho que não. O assunto é muito sensível e muitos preferem evitá-lo. Mas nós estaremos enganando a nós mesmos se acharmos que é possível falar de desenvolvimento sustentável sem falar sobre quantas pessoas seremos no planeta, onde estaremos vivendo e que estilo de vida teremos", afirmou.

No fim do ano passado, a população mundial atingiu a marca de sete bilhões de pessoas. As projeções indicam que, em 2050, serão 9 bilhões. O crescimento é mais intenso nos países pobres, mas Herrmann defende que os esforços para o enfrentamento do problema precisam ser globais.

"Se todos quiserem ter os padrões de vida do cidadão americano médio, precisaremos ter cinco planetas para dar conta. Isso não é possível. Mas também não é aceitável falar para os países em desenvolvimento 'desculpa, vocês não podem ser ricos, nós não temos recursos suficientes'. É um desafio global, que exige soluções globais e assistência ao desenvolvimento", afirmou.

O consultor disse ainda que o Fundo de População da ONU é contrário a políticas de controle compulsório do crescimento da população. Segundo ele, as políticas mais adequadas são aquelas que permitem às mulheres fazerem escolhas sobre o número de filhos que querem e o momento certo para engravidar. Para isso, diz, é necessário ampliar o acesso à educação e aos serviços de saúde reprodutiva e planejamento familiar. [...]

MENCHEN, Denise. Crescimento da população é "desafio do século", diz consultor da ONU. Folha de São Paulo. São Paulo, 11 jun. 2012. Ambiente. Disponível em:<http://www1.folha.uol.com.br/ambiente.1103277-crescimento-da-populacao-e-desafio-do--seculo-diz-consultor-da-onu.shtml>. Acesso em: 22 jun. 2012. Adaptado.

06. (CESGRANRIO) No Texto I, Michael Herrmann, consultor do Fundo de População das Nações Unidas, afirma que tratar o crescimento populacional de forma adequada significa:
a) Enfrentar o problema de forma localizada e evitar soluções globalizantes.
b) Permitir a proliferação dos padrões de vida do cidadão americano e rechaçar a miséria.
c) Evitar o enriquecimento dos países emergentes e incentivar a preservação ambiental nos demais.
d) Implementar uma política de controle populacional compulsório e garantir acesso à educação e aos serviços de saúde reprodutiva.
e) Promover o bem-estar da população e assegurar o uso sustentável dos recursos naturais.

Gabaritos

01	A
02	B
03	A
04	C
05	D

19. DEMAIS TIPOLOGIAS TEXTUAIS

19.1 O Texto Narrativo

Em uma definição bem simplista, "narrar" significa "sequenciar ações". É um dos gêneros mais utilizados e mais conhecidos pelo ser humano, quer no momento de relatar algum evento para alguém – em um ambiente mais formal -, quer na conversa informal sobre o resumo de um dia de trabalho. O fato é que narramos, e o fazemos de maneira praticamente instintiva. É importante, porém, conhecer quais são seus principais elementos de estruturação.

Os operadores do texto narrativo são:

Narrador: é a voz que conduz a narrativa.

Narrador-protagonista: narra o texto em primeira pessoa.

Narrador-personagem (testemunha): nesse caso, quem conta a história não participou como protagonista, no máximo como um personagem adjuvante da história.

Narrador onisciente: narrador que está distanciado dos eventos e conhece aquilo que se passa na cabeça dos personagens.

Personagens: são aqueles que efetivamente atuam na ordem da narração, ou seja, a trama está atrelada aos comportamentos que eles demonstram ao longo do texto.

Tempo: claramente, é o lapso em que transcorrem as ações narradas. Segundo a classificação tradicional, divide-se o tempo da narrativa em: Cronológico, Psicológico e Da narrativa.

Espaço: é o local físico em que as ações ocorrem.

Trama: é o encadeamento de ações propriamente dito.

19.2 O Texto Descritivo

O texto descritivo é o que levanta características para montar algum tipo de panorama. Essas características, mormente, são físicas, entretanto, não é necessário ser sempre desse modo. Podemos dizer que há dois tipos de descrição:

Objetiva: em que surgem aspectos sensoriais diretos, ou seja, não há uma subjetividade por parte de quem escreve. Veja um exemplo:

Nome científico: Ginkgo biloba L.
Nome popular: nogueira-do-japão.
Origem: Extremo Oriente.
Aspecto: as folhas dispõem-se em leque e são semelhantes ao trevo.
A altura da árvore pode chegar a 40 metros; o fruto lembra uma ameixa e contém uma noz que pode ser assada e comida.

Subjetiva: em que há impressões particulares do autor do texto. Há maior valorização dos sentimentos insurgentes daquilo que se contempla. Veja um exemplo:

19.3 Conotação X Denotação

É interessante, quando se estuda o conteúdo de interpretação de texto, ressaltar a distinção conceitual entre o sentido conotativo e o sentido denotativo da linguagem. Vejamos como se opera essa distinção:

Sentido conotativo: figurado, ou abstrato. Relaciona-se com as figuras de linguagem.

Adalberto **entregou sua alma a Deus**.

A ideia de entregar a alma a Deus é figurada, ou seja, não ocorre literalmente, pois não há um serviço de entrega de almas. Essa é uma figura que convencionamos chamar de **metáfora**.

Sentido denotativo: literal, ou do dicionário. Relaciona-se com a função referencial da linguagem.

Adalberto **morreu**.

Quando dizemos função referencial, entende-se que o falante está preocupado em transmitir precisamente o fato ocorrido, sem apelar para figuras de pensamento.

19.4 Figuras de Linguagem

Apenas para ilustrar algumas das mais importantes figuras de linguagem que podem ser cobradas em algumas provas, observe a lista:

Metáfora: uma figura de linguagem, que consiste na comparação de dois termos sem o uso de um conectivo.

Seus olhos **são dois oceanos**. (Os olhos possuem a profundidade do oceano, a cor do oceano etc.)

Comparação: comparação direta com o elemento conectivo.

O vento é como uma mulher.

Metonímia: figura de linguagem que consiste utilização de uma expressão por outra, dada a semelhança de sentido ou a possibilidade de associação lógica entre elas.

Vá ao mercado e traga um Nescau. (achocolatado em pó).

Antítese: figura de linguagem que consiste na exposição de ideias opostas.

"**Nasce** o Sol e não dura mais que um **dia**
Depois da **Luz** se segue à **noite** escura
Em tristes **sombras morre** a formosura,
Em contínuas **tristezas e alegrias**."

(Gregório de Matos)

Os termos em negrito evidenciam relações semânticas de distinção (oposição). Nascer é o contrário de morrer, assim como sombra é o contrário de luz. Essa figura foi muito utilizada na poesia brasileira, em especial pelo autor dos versos acima: Gregório de Matos Guerra.

Paradoxo: expressão que contraria o senso comum. Ilógica.

> "Amor é fogo que **arde sem se ver**;
> É ferida que **dói e não se sente**;
> É um **contentamento descontente**;
> É **dor que desatina sem doer**."
>
> (Luís de Camões)

A construção semântica acima é totalmente ilógica, pois é impossível uma ferida doer e não ser sentida, assim como não é possível o contentamento ser descontente.

Perífrase: expressão que tem por função substituir semanticamente um termo:

> **A última flor do Lácio** anda muito judiada. (Português é a última flor do Lácio)

Eufemismo: figura que consiste em atenuar uma expressão desagradável:

> José **pegou emprestado sem avisar**; (roubou).

Disfemismo: contrário ao Eufemismo, é a figura de linguagem que consiste em tornar uma expressão desagradável em algo ainda pior.

> O homem **abotoou o paletó de madeira**. (morreu).

Prosopopeia: atribuição de características animadas a seres inanimados.

> O vento sussurrou em meus ouvidos.

Hipérbole: exagero proposital de alguma característica.

> Estou morrendo de rir.

Sinestesia: confusão dos sentidos do corpo humano para produzir efeitos expressivos.

> Ouvi uma **voz suave** saindo do quarto.

19.5 Funções da Linguagem

Deve-se a Roman Jakobson a discriminação das seis funções da linguagem na expressão e na comunicação humanas, conforme o realce particular que cada um dos componentes do processo de comunicação recebe no enunciado. Por isso mesmo, é raro encontrar em uma única mensagem apenas uma dessas funções, ou todas reunidas em um mesmo texto. O mais frequente é elas se superporem, apresentando-se uma ou outra como predominante.

Em que pese tal fato, é preciso considerar que há particularidades com relação às funções da linguagem, ou seja, cada função descreve algo em particular. Com isso, pretendo dizer que, antes de o estudante se ater às funções em si, é preciso que ele conheça o sistema que é um pouco mais amplo, ou seja, o ato comunicativo. Afinal, a teoria de Roman Jakobson se volta à descrição do ato comunicativo em si.

Em um livro chamado Linguística e comunicação, o linguista Roman Jakobson, pensando sobre o ato comunicativo e seus elementos, identifica seis funções da linguagem.

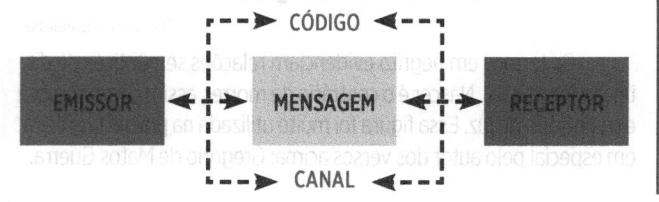

→ Nesse esquema, identificamos:
> **Emissor**: quem enuncia.
> **Mensagem**: aquilo que é transmitido pelo emissor.
> **Receptor**: quem recebe a mensagem.
> **Código**: o sistema em que a mensagem é codificada. O código deve ser comum aos polos da comunicação.
> **Canal**: meio físico por que ocorre a comunicação.

Pensando sobre esses elementos, Jakobson percebeu que cada função da linguagem está centrada em um elemento específico do ato comunicativo. É o que veremos agora.

As Funções da Linguagem são:
> **Referencial**: centrada na mensagem, ou seja, na transmissão do conteúdo. Como possui esse caráter, a objetividade é uma constante para a função referencial. É comum que se busque a imparcialidade quando dela se faz uso. É também conhecida como função denotativa. Como a terceira pessoa do singular é predominante, podem-se encontrar exemplos de tal função em textos científicos, livros didáticos, textos de cunho apenas informativo etc.

Emotiva: centrada no emissor, ou seja, em quem enuncia a mensagem. Basicamente a primeira pessoa predomina quando o texto se apoia sobre a função emotiva. É muito comum a observarmos em depoimentos, discursos, em textos sentimentais, e mesmo em textos líricos.

Apelativa: centrada no receptor, ou seja, em quem recebe a mensagem. As características comuns a manifestações dessa função da linguagem são os verbos no modo imperativo, a tentativa de persuadir o receptor, a utilização dos pronomes de tratamento que tangenciem o interlocutor. É comum observar a função apelativa em propaganda, em discursos motivacionais etc.

Poética: centrada na transformação da mensagem, ou seja, em como modificar o conteúdo da mensagem a fim de torná-lo mais expressivo. As figuras de linguagem são abundantes nessa função e, por sua presença, convencionou-se chamar, também, função poética de função conotativa. Textos literários, poemas e brincadeiras com a mensagem são fontes em que se pode verificar a presença da função poética da linguagem.

Fática: centrada no canal comunicativo. Basicamente, busca testar o canal para saber se a comunicação está ocorrendo. Expressões como "olá", "psiu" e "alô você" são exemplos dessa função.

Metalinguística: centrada no código. Quando o emissor se vale do código para explicar o próprio código, ou seja, num tipo de comunicação autorreferente. Como exemplo, podemos citar um livro de gramática, que se vale da língua para explicar a própria língua; uma aula de didática (sobre como dar aula); ou mesmo um poema que se refere ao processo de escrita de um poema. O poema a seguir é um ótimo exemplo de função metalinguística.

```
        CÓDIGO
EMISSOR ↔ MENSAGEM ↔ RECEPTOR
        CANAL
```

Catar feijão

Catar feijão se limita com escrever:
jogam-se os grãos na água do alguidar
e as palavras na da folha de papel;
e depois, joga-se fora o que boiar.
Certo, toda palavra boiará no papel,
água congelada, por chumbo seu verbo:
pois para catar esse feijão, soprar nele,
e jogar fora o leve e oco, palha e eco.
Ora, nesse catar feijão entra um risco:
o de que entre os grãos pesados entre
um grão qualquer, pedra ou indigesto,
um grão imastigável, de quebrar dente.
Certo não, quando ao catar palavras:
a pedra dá à frase seu grão mais vivo:
obstrui a leitura fluviante, flutual,
açula a atenção, isca-a com risco.

MELO NETO, João Cabral de. Obra completa.
Rio de Janeiro: Nova Aguilar, 1995.

Questões

01. Há sentido conotativo na seguinte alternativa:
a) "Será que uma bola é mais valiosa que um livro?"
b) "... aposentados choram pelo minguado aumento."
c) "Por que se concedem altos aumentos na política?"
d) "... hospitais deixam de atender ao mais simples diagnóstico..."
e) "Por que os salários não são igualitários?"

02. Leia o seguinte trecho de Machado de Assis e marque a opção correta.
"O tempo é um tecido invisível em que se pode bordar tudo, uma flor, um pássaro, uma dama, um castelo, um túmulo. Também se pode bordar nada. Nada em cima de invisível é a mais sutil obra deste mundo..."
a) Em "O tempo é um tecido invisível", o autor empregou uma metáfora.
b) Depreende-se do sentido global do trecho uma censura aos que vivem sem fazer nada.
c) A sintaxe de "bordar nada" foi construída com a figura de estilo chamada paradoxo ou oxímoro, dado que o verbo "bordar" é transitivo direto, ou seja, quem borda sempre borda alguma coisa.
d) No contexto em que está empregado, o adjetivo "sutil" significa "inútil".
e) O trecho está construído sobre uma contradição: na primeira linha, afirma-se que sobre o tecido do tempo "se pode bordar tudo"; na segunda, afirma-se que "se pode bordar nada".

O Lixo

(Luís Fernando Veríssimo)

Encontram-se na área de serviço. Cada um com seu pacote de lixo. É a primeira vez que se falam.
– Bom dia...
– Bom dia.
– A senhora é do 610.
– E o senhor do 612.
– É.
– Eu ainda não lhe conhecia pessoalmente...
– Pois é...
– Desculpe a minha indiscrição, mas tenho visto o seu lixo...
– O meu quê?
– O seu lixo.
– Ah...
– Reparei que nunca é muito. Sua família deve ser pequena...
– Na verdade sou só eu.
– Mmmm. Notei também que o senhor usa muito comida em lata.
– É que eu tenho que fazer minha própria comida. E como não sei cozinhar...
– Entendo.
– A senhora também...
– Me chame de você.
– Você também perdoe a minha indiscrição, mas tenho visto alguns restos de comida em seu lixo. Champignons, coisas assim...
– É que eu gosto muito de cozinhar. Fazer pratos diferentes. Mas, como moro sozinha, às vezes sobra...
– A senhora... Você não tem família?
– Tenho, mas não aqui.
– No Espírito Santo.
– Como é que você sabe?
– Vejo uns envelopes no seu lixo. Do Espírito Santo.
– É. Mamãe escreve todas as semanas.
– Ela é professora?
– Isso é incrível! Como foi que você adivinhou?
– Pela letra no envelope. Achei que era letra de professora.
– O senhor não recebe muitas cartas. A julgar pelo seu lixo.
– Pois é...
– No outro dia tinha um envelope de telegrama amassado.
– É.
– Más notícias?
– Meu pai. Morreu.
– Sinto muito.
– Ele já estava bem velhinho. Lá no Sul. Há tempos não nos víamos.
– Foi por isso que você recomeçou a fumar?
– Como é que você sabe?
– De um dia para o outro começaram a aparecer carteiras de cigarro amassadas no seu lixo.
– É verdade. Mas consegui parar outra vez.
– Eu, graças a Deus, nunca fumei.
– Eu sei. Mas tenho visto uns vidrinhos de comprimido no seu lixo...
– Tranquilizantes. Foi uma fase. Já passou.
– Você brigou com o namorado, certo?
– Isso você também descobriu no lixo?
– Primeiro o buquê de flores, com o cartãozinho, jogado fora. Depois, muito lenço de papel.
– É, chorei bastante, mas já passou.
– Mas hoje ainda tem uns lencinhos...
– É que eu estou com um pouco de coriza.

DEMAIS TIPOLOGIAS TEXTUAIS

– Ah.

– Vejo muita revista de palavras cruzadas no seu lixo.

– É. Sim. Bem. Eu fico muito em casa. Não saio muito. Sabe como é.

– Namorada?

– Não.

– Mas há uns dias tinha uma fotografia de mulher no seu lixo. Até bonitinha.

– Eu estava limpando umas gavetas. Coisa antiga.

– Você não rasgou a fotografia. Isso significa que, no fundo, você quer que ela volte.

– Você já está analisando o meu lixo!

– Não posso negar que o seu lixo me interessou.

– Engraçado. Quando examinei o seu lixo, decidi que gostaria de conhecê-la. Acho que foi a poesia.

– Não! Você viu meus poemas?

– Vi e gostei muito.

– Mas são muito ruins!

– Se você achasse eles ruins mesmo, teria rasgado. Eles só estavam dobrados.

– Se eu soubesse que você ia ler...

– Só não fiquei com eles porque, afinal, estaria roubando. Se bem que, não sei: o lixo da pessoa ainda é propriedade dela?

– Acho que não. Lixo é domínio público.

– Você tem razão. Através do lixo, o particular se torna público. O que sobra da nossa vida privada se integra com a sobra dos outros. O lixo é comunitário. É a nossa parte mais social. Será isso?

– Bom, aí você já está indo fundo demais no lixo. Acho que...

– Ontem, no seu lixo...

– O quê?

– Me enganei, ou eram cascas de camarão?

– Acertou. Comprei uns camarões graúdos e descasquei.

– Eu adoro camarão.

– Descasquei, mas ainda não comi. Quem sabe a gente pode...

– Jantar juntos?

– É.

– Não quero dar trabalho.

– Trabalho nenhum.

– Vai sujar a sua cozinha?

– Nada. Num instante se limpa tudo e põe os restos fora.

– No seu lixo ou no meu?

03. A função da linguagem predominante no texto de Luís Fernando Veríssimo é:
   a) Fática.
   b) Conativa.
   c) Referencial.
   d) Metalinguística.

04. O texto "Grandes cidades nem sempre são as mais poluentes diz estudo, da France Press, publicado em http://www1.folha.uol.com.br/ambiente/866228 (com acesso em 29/12/2011)" foi adaptado para compor os fragmentos abaixo. Numere-os, de acordo com a ordem em que devem ser dispostos para formar um texto coeso e coerente.

( ) Nesse estudo, enquanto cidades do mundo todo foram apontadas como culpadas por cerca de 71% das emissões causadoras do efeito estufa, cidadãos urbanos que substituíram os carros por transporte público ajudaram a diminuir as emissões per capita em algumas cidades.

( ) Pesquisadores examinaram dados de cem cidades em 33 países, em busca de pistas sobre quais metrópoles seriam as maiores poluidoras e por que, de acordo com estudo publicado na revista especializada "Environment and Urbanization".

( ) "Isso reflete a grande dependência de combustíveis fósseis para a produção de eletricidade, uma base industrial significante em muitas cidades e uma população rural relativamente grande e pobre", informa o estudo.

( ) Por fim, quando os pesquisadores olharam as cidades asiáticas, latino-americanas e africanas, descobriram emissões menores por pessoa. A maior parte das cidades na África, Ásia e América Latina tem emissões inferiores por pessoa. O desafio para elas é manter essas emissões baixas, apesar do crescimento de suas economias.

( ) O estudo também aponta outras tendências, como as cidades de climas frios terem emissões maiores, e países pobres e de renda média terem emissões per capita inferiores aos países desenvolvidos.

A sequência correta é:
a) (1) (2) (5) (4) (3)
b) (2) (1) (3) (5) (4)
c) (2) (5) (1) (3) (4)
d) (4) (1) (2) (5) (3)
e) (4) (2) (1) (3) (5)

05. Assinale a opção que preenche de forma coesa, coerente e gramaticalmente correta a lacuna do trecho a seguir.

Brasil, Rússia, Índia, China e África do Sul são mais do que cinco economias emergentes em expansão num mundo em crise. Reunidas sob o acrônimo Brics, abrigam mais de 40% da população global e somam perto de US$ 14 trilhões de PIB, ou seja, quase um quinto das riquezas produzidas no planeta. É natural que busquem maior participação no cenário internacional – o que seria facilitado por uma atuação conjunta, em bloco.

A instituição permitiria aos países reduzir a dependência econômica em relação aos Estados Unidos e à União Europeia, em sérias dificuldades. Mais do que isso, a experiência poderia depois ser replicada para dar um pontapé inicial para mudanças políticas não apenas voltadas ao desenvolvimento sustentável, como também à segurança e à paz no universo, com um rearranjo das regras e dos organismos internacionais.

(Adaptado do Correio Braziliense, 27/3/2012)

a) Maior dos Brics, a China, segunda potência mundial, tem PIB de US$ 7,4 trilhões e reservas cambiais superiores a US$ 3 trilhões. Contudo, é uma ditadura que ganha mercados mundo afora com vantagens artificiais, como a desvalorização da moeda, o yuan, um calo inclusive para o Brasil, invadido por produtos chineses em condições desfavoráveis de competitividade.

b) Assim, reconhecer a necessidade de promover correções de rumo internas é desafio de primeira ordem para os cinco emergentes. Aproximações bilaterais, vale lembrar, também terminam por fortalecer o quinteto emergente.

c) A Rússia, por sua vez, apresenta desenvolvimento relativo e hoje consolida-se como economia de mercado ainda sob olhares desconfiados de parte dos governantes de outros países do globo.

d) Os demais países têm abismos sociais a superar, problemas de desigualdades evidentes, o que deixa o bloco, formalizado ou não, distante da pose de referência internacional na questão do desenvolvimento humano.

e) Avançar na criação de um banco de desenvolvimento, proposto pelo primeiro-ministro indiano, como alternativa ao Banco Mundial - Bird e ao Fundo Monetário Internacional - FMI, já seria grande passo.

06. Os trechos abaixo compõem um texto, mas estão desordenados. Ordene-os nos parênteses e assinale a opção que corresponde à ordem que assegura coesão e coerência ao texto.

( ) Em seu Parecer, já enviado ao Tribunal Superior Eleitoral, em que responde à Consulta nº 1062, está expresso o entendimento de que o Parecer da AGU viola o artigo 73, VI, "a", da Lei 9.504/97.

( ) O subprocurador-geral da República, com aprovação do vice-procurador-geral eleitoral, contesta a posição da Advocacia Geral da União (AGU) que permite a liberação de recursos para obras e serviços iniciados nos três meses que antecedem as eleições

( ) O subprocurador-geral da República conclui, então, que "o tão-só posicionamento liberalizante de verbas em período vedado por lei está a merecer o conhecimento da presente consulta e sua resposta negativa para prevenir eventuais equívocos de interpretação, passíveis de quebra do princípio isonômico que deve presidir o embate eleitoral".

( ) Tal dispositivo legal proíbe aos agentes públicos "realizar transferência voluntária de recursos da União aos Estados e Municípios, e dos Estados aos Municípios, sob pena de nulidade de pleno direito, ressalvados os recursos destinados a cumprir obrigação formal preexistente para execução de obra ou serviço em andamento e com cronograma pré-fixado, e os destinados a atender situações de emergência e de calamidade pública".

(Adaptado de www.mpu.gov.br/noticias/ - 05/07/2004)

a) B A D C.
b) C D B A.
c) D C A B.
d) A B D C.
e) B D C A.

Gabaritos

01	B	04	B
02	A	05	E
03	A	06	A

LÍNGUA PORTUGUESA

20. INTERPRETAÇÃO DE TEXTO POÉTICO

Cada vez mais comum em provas de concursos públicos, o texto poético possui suas particularidades. Nem todas as pessoas possuem a capacidade de ler um texto poético, quanto mais interpretá-lo. Justamente por esse fato, ele tem sido o predileto dos examinadores que querem dificultar a vida dos candidatos.

Antes de passar à interpretação propriamente dita, é preciso identificar a nomenclatura das partes de um poema. Cada "linha" do poema é chamada de "**verso**", o conjunto de versos é chamado de "**estrofe**". A primeira sugestão para quem pretende interpretar um poema é segmentar a interpretação por estrofe e anotar o sentido trazido ao lado e cada trecho.

Geralmente as bancas pecam ao diferenciar **autor** de **eu-lírico**. O primeiro é realmente a pessoa por detrás da pena, ou seja, é quem efetivamente escreve o texto; o segundo é a "voz" do poema, a "pessoa" fictícia, abstrata que figura como quem traz o poema para o leitor.

Outro problema muito comum na hora de fazer algo dessa natureza é a leitura do texto. Como o texto está em uma disposição que não é mais tão usual, as pessoas têm dificuldade para realizar a leitura. Eis uma dica fundamental: só interrompa a leitura quando chegar a um ponto ou a uma vírgula, porque é dessa maneira que se lê um texto poético. Além disso, é preciso que, mesmo mentalmente, o indivíduo tente dar ênfase na leitura, pois isso pode ajudar na interpretação.

Comumente, o vocabulário do texto poético não é acessível e, em razão disso, costuma haver notas explicativas com o significado das palavras, jamais ignore essa informação! Pode ser a salvação para a interpretação do texto lido.

Veja um exemplo:

Nel mezzo del camin (Olavo Bilac)
"Cheguei. Chegaste. Vinhas fatigada
E triste, e triste e fatigado eu vinha.
Tinhas a alma de sonhos povoada,
E a alma de sonhos povoada eu tinha...

E paramos de súbito na estrada
Da vida: longos anos, presa à minha
A tua mão, a vista deslumbrada
Tive da luz que teu olhar continha.

Hoje, segues de novo... Na partida
Nem o pranto os teus olhos umedece,
Nem te comove a dor da despedida.

E eu, solitário, volto a face, e tremo,
Vendo o teu vulto que desaparece
Na extrema curva do caminho extremo."

Existe outro fator extremamente importante na hora de tentar entender o conteúdo de um texto poético: o **título**! Nem todo poema possui um título, é claro, mas os que possuem ajudam, e muito, na compreensão do "assunto" do poema.

É claro que ter conhecimento do autor e do estilo de escrita por ele adotado é a ferramenta mais importante para que o candidato compreenda com profundidade o que está sendo veiculado pelo texto, porém, como grande parte das bancas ainda não chegou a esse nível de aprofundamento interpretativo, apenas o reconhecimento da superfície do texto já é suficiente para responder às questões.

Vejamos alguns textos para explanar melhor:

Bem no fundo (Paulo Leminski)
No fundo, no fundo,
Bem lá no fundo,
A gente gostaria
De ver nossos problemas
Resolvidos por decreto

A partir desta data,
Aquela mágoa sem remédio
É considerada nula
E sobre ela – silêncio perpétuo

Extinto por lei todo o remorso,
Maldito seja quem olhar pra trás,
Lá pra trás não há nada,
E nada mais

Mas problemas não se resolvem,
Problemas têm família grande,
E aos domingos saem todos passear
O problema, sua senhora
E outros pequenos probleminhas

Interpretação: por mais que trabalhemos para resolvermos nossos problemas, a única certeza é a de que eles continuarão, pois é isso que nos move.

20.1 Tradução de Sentido

As questões de tradução de sentido costumam ser o "calcanhar de Aquiles" dos candidatos. Nem sempre aparecem nas provas, mas quando surgem, é celeuma garantida. A maneira mais eficaz de resolvê-las é buscar relações de sinonímia em ambos os lados da sentença. Com isso, fica mais fácil acertar a questão.

Consideremos a relação de sinonímia presente entre "alegria" e "felicidade". Esses dois substantivos não significam, rigorosamente, a mesma coisa, mas são considerados sinônimos contextuais, se considerarmos um texto. Disso, entende-se que o sinônimo é identificado contextualmente e não depende, necessariamente, do conhecimento do sentido de todas as palavras.

Seria bom se fosse sempre dessa maneira. Ocorre que algumas bancas tentam selecionar de maneira não rigorosa os candidatos que acabam por cobrar o chamado "conhecimento que não é básico" dos candidatos. O melhor exemplo é pedir o significado da palavra "adrede", o qual pouquíssimas pessoas conhecem.

20.2 Organização de Texto (Texto Embaralhado)

Em algumas bancas, é comum haver questões que apresentam um texto desordenado, para que o candidato o reordene, garantido a coesão e a coerência. Além disso, não é raro haver trecho de texto com lacunas para preencher com alguns parágrafos. Para que isso ocorra, é mister saber o que significa coesão e coerência. Vamos a algumas definições simples.

Coesão é o conjunto de procedimentos e mecanismos que estabelecem conexão dentro do texto, o que busca garantir a progressão daquilo que se escreve nas sentenças. Pronomes, perífrases e sinônimos estão entre os mecanismos de coesão que podem ser empregados na sentença.

Coerência diz respeito à organização de significância do texto, ou seja, o sentido daquilo que se escreve. A sequência temporal e o princípio de não contradição são os dispostos mais emergentes da coerência.

Em questões dessa natureza, busque analisar as sequências de entrada e saída dos textos. Veja se há definições e conectivos que encerram ideias, ou se há pronomes que buscam sequenciar as sentenças. Desse modo, fica mais fácil acertar a questão.

20.3 Significação das Palavras

Compreensão, interpretação, intelecção

O candidato que é concurseiro de longa data sabe que, dentre as questões de interpretação de texto, é muito comum surgirem nomenclaturas distintas para fenômenos não tão distintos assim. Quer dizer que se no seu edital há elementos como leitura, compreensão, intelecção ou interpretação de texto, no fundo, o conceito é o mesmo. Ocorre que, dentro desse processo de interpretação, há elementos importantes para a resolução dos certames.

O que se diz e o que se pode ter dito:

Sempre que há um momento de enunciação, o material linguístico serve de base para que os interlocutores negociem o sentido daquilo que está na comunicação. Isso ocorre por meio de vários processos, sendo que é possível destacar alguns mais relevantes:

Dito: consiste na superfície do enunciado. O próprio material linguístico que se enuncia.

Não-dito: consiste naquilo que se identifica imediatamente, quando se trabalha com o que está posto (o dito).

Subentendido: consiste nos sentidos ativados por um processo inferencial de análise e síntese do material linguístico somado ao não-dito.

 » Vejamos isso em uma sentença para compreendermos a teoria.
 » "A eleição de Barack Obama não é um evento apenas americano."

Dito: é o próprio conteúdo da sentença – o fato de a eleição em questão não ser um evento apenas americano.

Não-dito: alguém poderia pensar que a eleição teria importância apenas para os americanos.

Subentendido: pode-se concluir que a eleição em questão terá grandes repercussões, a um nível global.

20.4 Inferência

Assunto muitíssimo delicado e ainda não resolvido na linguística. Não vou me dispor a teorizar sobre isso, pois seria necessário o espaço de um livro para tanto. Para a finalidade dos concursos públicos, vamos considerar que a inferência é o resultado do processamento na leitura, ou seja, é aquilo que se pode "concluir" ou "depreender" da leitura de um texto.

No momento de responder a uma questão dessa natureza, recomenda-se prudência. Existe um conceito que parece fundamental para facilitar a resolução dessas questões. Ele se chama **ancoragem lexical.** Basicamente, entende-se como A. L. a inserção de algum elemento que dispara pressuposições e fomenta inferências, ou seja, se alguma questão pedir se é possível inferir algo, o candidato só poderá responder afirmativamente, se houve uma palavra ou uma expressão (âncora lexical) que permita associar diretamente esses elementos.

Semântica (sentido)

Evidentemente, o conteúdo relativo à significação das palavras deve muito a uma boa leitura do dicionário. Na verdade, o vocabulário faz parte do histórico de leitura de qualquer pessoa: quanto mais você lê, maior é o número de palavras que você vai possuir em seu "HD" mental. Como é impossível receitar a leitura de um dicionário, podemos arrolar uma lista com palavras que possuem peculiaridades na hora de seu emprego. Falo especificamente de **sinônimos, antônimos, homônimos e parônimos**. Mãos à obra!

Sinônimos:

Sentido aproximado: não existem sinônimos perfeitos:

Feliz (Alegre / Contente).

Palavra (Vocábulo).

Professor (Docente).

Professor Mário chegou à escola. O **docente** leciona matemática.

Antônimos:

Oposição de sentido:

Bem (Mal).

Bom (Mau).

Igual (Diferente).

Homônimos:

Homônimos são palavras com escrita ou pronúncia iguais (semelhantes), porém com significado (sentido) diferente:

Adoro comer **manga** com sal.

Derrubei vinho na **manga** da camisa.

INTERPRETAÇÃO DE TEXTO POÉTICO

Há três tipos de homônimos: homógrafos, homófonos e homônimos perfeitos.

Homógrafos – palavras que possuem a mesma grafia, mas o som é diferente.

> O meu **olho** está doendo.
>
> Quando eu **olho** para você, dói.

Homófonos – apresentam grafia diferente, mas o som é semelhante.

> A **cela** do presídio foi incendiada.
>
> A **sela** do cavalo é novinha.

Homônimos perfeitos – possuem a mesma grafia e o mesmo som.

> O **banco** foi assaltado.
>
> O **banco** da praça foi restaurado ontem.
>
> Ele não **para** de estudar.
>
> Ele olhou **para** a prova.

Parônimos:

Parônimos – são palavras que possuem escrita e pronúncia semelhantes, mas com significado distinto.

> O professor fez a **descrição** do conteúdo.
>
> Haja com muita **discrição**, Marivaldo.

Aqui vai uma lista para você se precaver quanto aos sentidos desses termos:

Ascender (subir).
Acender (pôr fogo, alumiar).

> Quando Nero **ascendeu** em Roma, ele **acendeu** Roma.

Acento (sinal gráfico).
Assento (lugar de sentar-se).

> O **acento** grave indica crase.
>
> O **assento** 43 está danificado.

Acerca de (a respeito de).
Cerca de (aproximadamente).
Há cerca de (faz aproximadamente).

> Falamos **acerca de** Português ontem.
>
> José mora **cerca de** mim.
>
> **Há cerca de** 10 anos, leciono Português.

Afim (semelhante a).
A fim de (com a finalidade de).

> Nós possuímos ideias **afins**.
>
> Nós estamos estudando **a fim** de passar.

Aprender (instruir-se).
Apreender (assimilar).

> Quando você **apreender** o conteúdo, saberá que **aprendeu** o conteúdo.

Área (superfície).
Ária (melodia, cantiga).

> O tenor executou a **ária**.
>
> A polícia cercou a **área**.

Arrear (pôr arreios).
Arriar (abaixar, descer).

> Precisamos **arrear** o cavalo.
>
> Joaquim **arriou** as calças.

Caçar (apanhar animais).
Cassar (anular).

> O veado foi **caçado**.
>
> O deputado teve sua candidatura **cassada**.

Censo (recenseamento).
Senso (raciocínio).

> Finalizou-se o **censo** no Brasil.
>
> Argumentou com bom-**senso**.

Cerração (nevoeiro).
Serração (ato de serrar).

> Nos dias de chuva, pode haver **cerração**.
>
> Rolou a maior **serração** na madeireira ontem.

Cerrar (fechar).
Serrar (cortar).

> **Cerrou** os olhos para a verdade.
>
> Marina **serrou**, acidentalmente, o nariz na serra.

Cessão (ato de ceder).
Seção (divisão).
Secção (corte).
Sessão (reunião).

> O órgão pediu a **cessão** do espaço.
>
> Compareça à **seção** de materiais.
>
> Fez-se uma **secção** no azulejo.
>
> Assisti à **sessão** de cinema ontem. Passava "A Lagoa Azul".

Concerto (sessão musical).
Conserto (reparo).

> Vamos ao **concerto** hoje.
>
> Fizeram o **conserto** do carro.

Mal (antônimo de bem).
Mau (antônimo de bom).

> O homem **mau** vai para o inferno.
>
> O **mal** nunca prevalece sobre o bem.

Ratificar (confirmar).
Retificar (corrigir).

> O documento **ratificou** a decisão.
>
> O documento **retificou** a decisão.

Tacha (pequeno prego, mancha).

Taxa (imposto, percentagem).
>Comprei uma tacha.
>Paguei outra taxa.

Continuação da lista:

Bucho (estômago)
Buxo (arbusto)
Calda (xarope)
Cauda (rabo)
Cela (pequeno quarto)
Sela (arreio)
Chá (bebida)
Xá (Título do soberano da Pérsia, atual Irã, antes da revolução islâmica)
Cheque (ordem de pagamento)
Xeque (lance do jogo de xadrez)
Comprimento (extensão)
Cumprimento (saudação)
Conjetura (hipótese)
Conjuntura (situação)
Coser (costurar)
Cozer (cozinhar)
Deferir (costurar)
Diferir (distinguir-se)
Degredado (desterrado, exilado)
Degradado (rebaixado, estragado)
Descrição (ato de descrever)
Discrição (reserva, qualidade de discreto)
Descriminar (inocentar)
Discriminar (distinguir)
Despensa (lugar de guardar mantimentos)
Dispensa (isenção, licença)
Despercebido (não notado)
Desapercebido (desprovido, despreparado)
Emergir (vir à tona)
Imergir (mergulhar)
Eminente (notável, célebre)
Iminente (prestes a acontecer)
Esbaforido (ofegante, cansado)
Espavorido (apavorado)
Esperto (inteligente)
Experto (perito)
Espiar (observar)
Expiar (sofrer castigo)
Estada (ato de estar, permanecer)
Estadia (permanência, estada por tempo limitado)
Estático (imóvel)
Extático (pasmo)
Estrato (tipo de nuvem)
Extrato (resumo)
Flagrante (evidente)
Fragrante (perfumado)
Fluir (correr)
Fruir (gozar, desfrutar)
Incidente (episódio)
Acidente (acontecimento grave)
Incipiente (principiante)
Insipiente (ignorante)
Inflação (desvalorização do dinheiro)
Infração (violação, transgressão)
Infligir (aplicar castigo)
Infringir (transgredir)
Intercessão (ato de interceder)
Interseção ou intersecção (ato de cortar)
Laço (nó)
Lasso (frouxo)
Mandado (ordem judicial)
Mandato (período político)
Ótico (relativo ao ouvido)
Óptico (relativo à visão)
Paço (palácio)
Passo (passada)
Peão (empregado / peça de xadrez)
Pião (brinquedo)
Pequenez (pequeno)
Pequinês (ração de cão, de Pequim)
Pleito (disputa)
Preito (homenagem)
Proeminente (saliente)
Preeminente (nobre, distinto)
Prescrição (ordem expressa)
Proscrição (eliminação, expulsão)
Prostrar-se (humilhar-se)
Postar-se (permanecer por muito tempo)
Ruço (grisalho, desbotado)
Russo (da Rússia)
Sexta (numeral cardinal)
Cesta (utensílio)
Sesta (descanso depois do almoço)
Sortido (abastecido)
Surtido (produzido, causado)
Sortir (abastecer)
Surtir (efeito ou resultado)

LÍNGUA PORTUGUESA

INTERPRETAÇÃO DE TEXTO POÉTICO

Sustar (suspender)
Suster (sustentar)
Tilintar (soar)
Tiritar (tremer)
Tráfego (trânsito)
Tráfico (comércio ilícito)
Vadear (passa a pé ou a cavalo, atravessar o rio)
Vadiar (vagabundear)
Viagem (substantivo)
Viajem (verbo)
Vultoso (volumoso, grande vulto)
Vultuoso (inchado)

Questões

01. (FUNRIO)
Vaidade – Florbela Espanca
Sonho que sou a Poetisa eleita,
Aquela que diz tudo e tudo sabe,
Que tem a inspiração pura e perfeita,
Que reúne num verso a imensidade!

Sonho que um verso meu tem claridade
Para encher todo o mundo! E que deleita
Mesmo aqueles que morrem de saudade!
Mesmo os de alma profunda e insatisfeita!

Sonho que sou Alguém cá neste mundo...
Aquela de saber vasto e profundo,
Aos pés de quem a terra anda curvada!

E quando mais no céu eu vou sonhando,
E quando mais no alto ando voando,
Acordo do meu sonho...
E não sou nada!...

No primeiro verso do poema, encontramos o eu poético feminino afirmando seu sonho de ser "a Poetisa eleita". Outro de seus sonhos é que:
a) Sua inspiração lhe diga tudo o que sabe.
b) Seus versos encham todo o mundo.
c) A terra ande curvada aos seus pés.
d) A imensidade lhe seja pura e perfeita.
e) A claridade de seus versos deleite os mortos.

02. (FUNRIO) Sobre as rimas que ocorrem nas duas primeiras estrofes do poema, é correto afirmar que elas são feitas
a) Entre verbos no gerúndio e substantivos concretos.
b) Em posição interna e externa nos oito versos.
c) Com palavras paroxítonas terminadas em vogal átona.
d) Sem simetria apenas na primeira estrofe.
e) De modo aleatório, com pouca regularidade.

03. (CEFET)

Coisas da Terra

Todas as coisas de que falo estão na cidade entre o céu e a terra. São todas elas coisas perecíveis e eternas como o teu riso a palavra solidária minha mão aberta ou este esquecido cheiro de cabelo que volta e acende sua flama inesperada no coração de maio. Todas as coisas de que falo são de carne como o verão e o salário. Mortalmente inseridas no tempo, estão dispersas como o ar no mercado, nas oficinas, nas ruas, nos hotéis de viagem. São coisas, todas elas, cotidianas, como bocas e mãos, sonhos, greves, denúncias, acidentes do trabalho e do amor. Coisas, de que falam os jornais às vezes tão rudes às vezes tão escuras que mesmo a poesia as ilumina com dificuldade. Mas é nelas que te vejo pulsando, mundo novo, ainda em estado de soluços e esperança.

Identifique os itens verdadeiros.
A primeira estrofe do poema (Texto II) é marcada pela presença de:
I. Elementos antitéticos.
II. Imagens sensoriais.
III. Ideias hiperbólicas.
IV. Termos de valor metafórico.
V. Ambiguidade de signos linguísticos.

A alternativa em que todos os itens verdadeiros estão corretamente indicados é a:
a) I e III.
b) II e V.
c) III e IV.
d) I, II e IV.
e) II, III e V.

04. (FCC) Considerando-se o contexto, traduz-se adequadamente o sentido de um segmento em:
a) Trepidam as engrenagens = Ajustam-se as peças.
b) Luz imponderável = chama impetuosa.
c) Um híbrido estranho = um mestiço inolvidável.
d) Perturbam a frieza = abalam a impassibilidade.
e) Reflexos flamejantes = imagens enérgicas.

05. (FCC) Considerado o contexto, o segmento cujo sentido está adequadamente expresso em outras palavras é:
a) Manejar a lâmina da ironia = lidar com o cortante da blasfêmia.
b) Sem apelo ideológico = desprovido de ideias revolucionárias.
c) Se alimentava da matula = se nutria da provisão.
d) Pelo atalho do senso de humor = através de um muxoxo.
e) Tratam o forasteiro = referem-se ao salteador.

06. (FCC) Considerando-se o contexto, o segmento cujo sentido está adequadamente expresso em outras palavras é:
a) Partisse os laços com a tradição = quebrasse o condão sagrado.
b) Galgou ao comando de um continente = sobrelevou o ordenamento europeu.
c) Pela causa da liberdade contra a tirania = pelo motivo da insubmissão versus rigorismo.
d) Os próprios clichês o denunciam = os próprios lugares-comuns o evidenciam.
e) O mecanismo das instituições francesas = a articulação dos institutos galeses.

07. (FCC) ... estudou para ser monge beneditino no Colégio São Bento, em São Paulo, onde chegou a escrever um livro sobre a **ordem**. No entanto, acabou seguindo o caminho da poesia – em meio à **agitação** cultural e política dos anos 1960 e 1970. (1º parágrafo).

Considerado o contexto, o sentido dos elementos grifados acima pode ser adequadamente reproduzido, na ordem dada, por:

a) Disposição - tumulto.
b) Escola - confronto.
c) Equilíbrio - burburinho.
d) Congregação - efervescência.
e) Prudência - radicalismo.

08. (FCC) Considerando-se o contexto, o segmento cujo sentido está adequadamente expresso em outras palavras é:

a) Semelhante à tensão típica = parecida com a inquietude disseminada.
b) Eletricidade que emanava da interpretação = impulso que transcendia a encenação.
c) Misto de respeito e estranhamento = mistura de reverência e espanto.
d) Energia que vibrava da vontade = força que celebrava o anseio.
e) Carga de emoção que era única = voltagem sentimental que era usual.

09. (FCC) Considere as definições abaixo:

I. **Senso** (estético): capacidade de apreciar a beleza pelo prazer que ela proporciona. **Censo** (demográfico): conjunto de dados característicos dos habitantes de uma localidade ou país.

II. **Cobre**: forma flexionada do verbo cobrir. **Cobre**: metal usado em condutores de eletricidade.

III. **Manto**: veste feminina, larga, comprida e sem mangas, usada por cima do vestido. **Manto**: por extensão, o que cobre, revestimento.

Constitui exemplo de homonímia o par que se encontra em:

a) III, apenas.
b) I e II, apenas.
c) I e III, apenas.
d) II e III, apenas.
e) I, II e III.

Gabaritos

01	D
02	D
03	C
04	D
05	D
06	D
07	C
08	C
09	D

21. ESTRUTURA E FORMAÇÃO DE PALAVRAS

21.1 Estrutura das Palavras

Para compreender os termos da Língua Portuguesa, deve-se observar, nos vocábulos, a presença de algumas estruturas como raiz, desinências e afixos:

Raiz ou Radical (morfema lexical): parte que guarda o sentido da palavra.

> **Pedr**eiro
> **Pedr**ada
> Em**pedr**ado
> **Pedr**egulho.

Desinências (fazem a flexão dos termos)
Nominais:

> Gênero: Jogador / Jogadora.
> Número: Aluno / Alunos.
> Grau: Cadeira / Cadeirinha.

Verbais:

> Modo-tempo: Cant**áva**mos / Vend**êra**mos.
> Número-pessoa: Fize**mos** / Compra**stes**.

Afixos (conectam-se às raízes dos termos)

> » Prefixos: colocados antes da raiz
> **In**feliz, **des**fazer, **re**tocar.
> » Sufixos: colocados após a raiz
> Feliz**mente**, capac**idade**, igual**dade**.

Também é importante ficar atento aos termos de ligação. São eles:

Vogal de ligação:

> Gas**ô**metro / Bar**ô**metro / Cafe**i**cultura / Carn**í**voro

Consoante de ligação:

> Gira**s**sol / Cafe**t**eira / Paula**d**a / Cha**l**eira

21.2 Radicais Gregos e Latinos

O conhecimento sobre a origem dos radicais é, muitas vezes, importante para a compreensão e memorização de inúmeras palavras.

Radicais gregos

Os radicais gregos têm uma importância expressiva para a compreensão e fácil memorização de diversas palavras que foram criadas e vulgarizadas pela linguagem científica.

Podemos observar que esses radicais se unem, geralmente, a outros elementos de origem grega e, frequentemente, sofrem alterações fonéticas e gráficas para formarem palavras compostas.

Seguem algumas palavras e seus respectivos radicais:

ácros, alto: acrópole, acrobacia, acrofobia
álgos, dor: algofilia, analgésico, nevralgia
ánthropos, homem: antropologia, antropófago, filantropo
astér, astéros, estrela: asteroide, asterisco
ástron, astro: astronomia, astronauta
biblíon, livro: biblioteca, bibliografia, bibliófilo
cir-, quiro- (de chéir, cheirós, mão): cirurgia, cirurgião, quiromante
chlorós, verde: cloro, clorofila, clorídrico
chróma, chrómatos, cor: cromático, policromia
dáktylos, dedo: datilografia, datilografar
déka, dez: decálogo, decâmetro, decassílabo
gámos, casamento: poligamia, polígamo, monogamia
gastér, gastrós, estômago: gastrite, gastrônomo, gástrico
glótta, glóssa, língua: poliglota, epiglote, glossário
grámma, letra, escrito: gramática, anagrama, telegrama
grápho, escrevo: grafia, ortografia, caligrafia
heméra, dia: herneroteca, hernerologia, efêmero
hippos, cavalo: hipódromo, hipismo, hipopótamo
kardía, coração: cardíaco, cardiologia, taquicardia
mésos, meio, do meio: mesocarpo, mesóclise, mesopotâmia
mnemo- (de mnéme, memória, lembrança): mnemônico, amnésia, mnemoteste
morphé, forma: morfologia, amorfo, metamorfose
nekrós, morto: necrotério, necropsia, necrológio
páis, paidós, criança: pedagogia, pediatria, pediatra
pyr, pyrós, fogo: pirosfera, pirotécnico, antipirético
rino- (ele rhis, rhinós, nariz): rinite, rinofonia, otorrino
theós, deus: teologia, teólogo, apoteose
zóon, animal: zoologia, zoológico, zoonose

Radicais latinos

Outras palavras da língua portuguesa possuem radicais latinos. A maioria delas entrou na língua entre os séculos XVIII e XX. Seguem algumas das que vieram por via científica ou literária:

ager, agri, campo: agrícola, agricultura
ambi- (de ambo, ambos): ambidestro, ambíguo
argentum, argenti, prata: argênteo, argentífero, argentino
capillus, capilli, cabelo: capilar, capiliforme, capilaridade
caput, capitis, cabeça: capital, decapitar, capitoso
cola-, (de colo, colere, habitar, cultivar): arborícola, vitícola
cuprum, cupri, cobre: cúpreo, cúprico, cuprífero
ego, eu: egocêntrico, egoísmo,ególatra
equi-, (de aequus, igual): equivalente, equinócio, equiângulo
-fero (de fero, ferre, levar, conter): aurífero, lactífero, carbonífero
fluvius, rio: fluvial, fluviômetro
frigus, frigoris, frio: frigorífico, frigomóvel
lapis, lapidis, pedra: lápide, lapidificar, lapidar
lex, legis, lei: legislativo, legislar, legista

noceo, nocere, prejudicar, causar mal: nocivo, inocente, inócuo

pauper, pauperis, pobre: pauperismo, depauperar

pecus, rebanho: pecuária, pecuarista, pecúnia

pluvia, chuva: pluvial, pluviômetro

radix, radieis, raiz: radical, radicar, erradicar

sidus, sideris, astro: sideral, sidéreo, siderar

stella, estrela: estelar, constelação

triticum, tritici, trigo: triticultura, triticultor, tritícola

vinum, vini, vinho: vinicultura, vinícola

vitis, videira: viticultura, viticultor, vitícola

volo, volare, voar: volátil, noctívolo

vox, vocis, voz: vocal, vociferar

21.3 Origem das Palavras de Língua Portuguesa

As palavras da língua portuguesa têm múltiplas origens, mas a maioria delas veio do latim vulgar, ou seja, o latim que era falado pelo povo duzentos anos antes de Cristo.

No geral, as palavras que formam o nosso léxico podem ser de origem latina, de formação vernácula ou de importação estrangeira.

Quanto às palavras de origem latina, sabe-se que algumas datam dos séculos VI e XI, aproximadamente, e outras foram introduzidas na língua por escritores e letrados, ao longo do tempo, sobretudo no período áureo, o século XVI, e de forma ainda mais abundante durante os séculos que o seguiram, por meios literário e científico. As primeiras, as formas populares, foram grandemente alteradas na fala do povo rude, mas as formas eruditas tiveram leves alterações.

Houve, ao longo desses séculos, com incentivo do povo luso--brasileiro, a criação de palavras que colaboraram para enriquecer o vocabulário. Essas palavras são chamadas criações vernáculas.

Desde os primórdios da língua, diversos termos estrangeiros entraram em uso, posteriormente enriquecendo definitivamente o patrimônio léxico, porque é inevitável que palavras de outros idiomas adentrem na língua por meio das relações estabelecidas entre os povos e suas culturas.

Devido a isso, encontramos, no vocabulário português, palavras provenientes:

→ Do grego

por influência do cristianismo e do latim literário: anjo, bíblia, clímax

por criação de sábios e cientistas: nostalgia, microscópio

→ Do hebraico

veiculadas pela Bíblia: aleluia, Jesus, Maria, Sábado

→ Do alemão

guerra, realengo, interlância

→ Do árabe

algodão, alfaiate, algema

→ Do japonês

biombo, micado, samurai

→ Do francês

greve, detalhe, pose

→ Do inglês

bife, futebol, tênis

→ Do turco

lacaio, algoz

→ Do italiano

piano, maestro, lasanha

→ Do russo

vodca, esputinique

→ Do tupi

tatu, saci, jiboia, pitanga

→ Do espanhol

cavalheiro, ninharia, castanhola

→ De línguas africanas

macumba, maxixe, marimbondo

Atualmente, o francês e o inglês são os idiomas com maior influência sobre a língua portuguesa.

21.4 Processos de Formação de Palavras

Há dois processos mais fortes (presentes) na formação de palavras em Língua Portuguesa: a composição e a derivação. Vejamos suas principais características.

Composição: é muito mais uma criação de vocábulo. Pode ocorrer por:

Justaposição (sem perda de elementos):
   » Guarda-chuva, girassol, arranha-céu etc.

Aglutinação (com perda de elementos):
   » Embora, fidalgo, aguardente, planalto, boquiaberto etc.

Hibridismo (união de radicais oriundos de línguas distintas:
   » Automóvel (latim e grego); Sambódromo (tupi e grego).

Derivação: é muito mais uma transformação no vocábulo. Pode ocorrer das seguintes maneiras:

Prefixal (prefixação)
   » Reforma, anfiteatro, cooperação

Sufixal (sufixação)
   » Pedreiro, engenharia, florista

Prefixal – sufixal
   » Infelizmente, ateísmo, desordenamento

Parassintética: prefixo e sufixo simultaneamente, sem a possibilidade de remover umas das partes.
   » Avermelhado, anoitecer, emudecer, amanhecer

Regressão (regressiva) ou deverbal: advinda de um verbo.
   » Abalo (abalar), luta (lutar), fuga (fugir)

ESTRUTURA E FORMAÇÃO DE PALAVRAS

Imprópria (conversão): mudança de classe gramatical.
O jantar, um não, o seu sim, o pobre.

Estrangeirismo

Pode-se entender como um empréstimo linguístico

Com aportuguesamento: abajur (do francês "abat-jour"), algodão (do árabe "al-qutun"), lanche (do inglês "lunch") etc.

Sem aportuguesamento: networking, software, pizza, show, shopping etc.

Acrônimo ou Sigla

Silabáveis: podem ser separados em sílabas.

Infraero (Infraestrutura Aeroportuária), **Petrobras** (Petróleo Brasileiro) etc.

Não-silabáveis: não podem ser separados em sílabas.

FMI, MST, SPC, PT, INSS, MPU etc.

Onomatopeia ou reduplicação

Onomatopeia: tentativa de representar um som da natureza.
Pow, paf, tum, psiu, argh.

Reduplicação: repetição de palavra com fim onomatopaico.
Reco-reco, tique-taque, pingue-pongue.

Redução ou abreviação

Eliminação do segmento de alguma palavra

Fone (telefone), cinema (cinematógrafo), pneu (pneumático) etc.

Questões

01. Marque a alternativa cujo sentido do sufixo e/ou prefixo formador da palavra está corretamente indicado.
    a) Estadual - proveniência, origem.
    b) Responsabilidade - propriedade.
    c) Construção - lugar ou instrumento da ação.
    d) Pavimentadas - referência, semelhança.
    e) Transversais - movimento para além de.

02. (Vunesp) O sentido expresso pelo prefixo na palavra desafinado também está presente na palavra destacada em:
    a) Eles teriam de cooperar com a nova administração do prédio.
    b) Trabalhou tanto e não salvou o documento, por isso o refez.
    c) No subtítulo do texto, havia uma palavra que não conhecia.
    d) Ele era incapaz de resolver um problema com agilidade.
    e) Era preciso esfriar o leite antes de acrescentar-lhe o café.

03. Considerando o processo de formação de palavras, assinale a alternativa em que se encontra um prefixo e um sufixo.
    a) Reconstrução
    b) Idealizadas
    c) Diariamente
    d) Heroicizadas
    e) Veracidade

04. Assim como em "desimpedido", o prefixo indica oposição, negação ou falta em:
    a) desgastada.
    b) embuste.
    c) investimento.
    d) independente.
    e) retificar.

05. Assinale a alternativa correta. Com relação à palavra AMAR, pode-se afirmar que:
    a) "am-" é o radical e "-a-" é a vogal temática, sendo "-r" a desinência do infinitivo.
    b) "am" é o prefixo verbal e "-ar" o radical que indica o tema verbal.
    c) "am" é o radical e "-ar" é o sufixo verbal que indica verbo no gerúndio.
    d) "am" é o radical e "-a-" é o determinante de gênero feminino, sendo "-r" a consoante de ligação.
    e) "a-" é o prefixo verbal e "-ma" o radical, sendo "-r" a desinência de ligação.

06. Assinale a alternativa em que "infra" NÃO é prefixo.
    a) Infracitado.
    b) Infrato.
    c) Inframedíocre.
    d) Infraglótico.
    e) Infracolocado.

Brasília comemorou seu aniversário com uma superfesta. A cinquentona planejada por Lúcio Costa é hoje uma metrópole que oferece alta qualidade de vida.

(Fonte: O Globo, 21/04/2010, com adaptações)

07. Na notícia do jornal, as palavras "superfesta" e "cinquentona" exemplificam, respectivamente, casos de formação de palavras por
    a) Hibridismo e neologismo.
    b) Justaposição e aglutinação.
    c) Composição e derivação.
    d) Prefixação e sufixação.
    e) Conversão e regressão.

08. (CESPE) A palavra "trem-bala" é composta por justaposição, tal qual o vocábulo:
    a) governança.
    b) ilimitado.
    c) passatempo.
    d) superprodução.
    e) faturamento.

09. Em "...que serão dignos de seu sobrenome...", o substantivo grifado foi formado pelo processo de:
    a) composição por justaposição;
    b) composição por aglutinação;
    c) derivação prefixal;
    d) derivação sufixal;
    e) derivação parassintética.

10. A palavra grifada no trecho: "...pesquisas frequentes ajudam a estimular o debate." foi formada pelo processo de:
    a) composição por aglutinação.
    b) composição por justaposição.
    c) derivação parassintética.
    d) derivação regressiva.
    e) derivação prefixal.

Gabaritos

01	E	06	B
02	D	07	D
03	A	08	C
04	D	09	C
05	A	10	D

LÍNGUA PORTUGUESA

22. FIGURAS DE LINGUAGEM

Para iniciar o estudo deste capítulo, é importante, retomar alguns conceitos: ao falar de figuras de linguagem, estamos, também, falando de **funções da linguagem** e de **semântica**.

As figuras de linguagem (também chamadas de figuras de pensamento) são construções que se relacionam com a função **poética da linguagem**, ou seja, estão articuladas em razão de modificar o código linguístico para dar ênfase no sentido de uma frase.

É comum vermos exemplos de figuras de linguagem em propagandas publicitárias, poemas, músicas etc. Essas figuras estão presentes em nossa fala cotidiana, principalmente na fala de registro **informal**.

O registro dito informal é aquele que não possui grande preocupação com a situação comunicativa, uma vez que não há tensão para a comunicação entre os falantes. Gírias, erros de concordância e subtração de termos da frase são comuns nesse baixo nível de formalidade comunicativa. Até grandes poetas já escreveram textos sobre esse assunto, veja o exemplo do escritor Oswald de Andrade, que discute a norma gramatical em relação à fala popular do brasileiro:

Pronominais

Dê-me um cigarro
Diz a gramática
Do professor e do aluno
E do mulato sabido
Mas o bom negro e o bom branco
Da Nação Brasileira
Dizem todos os dias
Deixa disso camarada
Me dá um cigarro

Oswald de Andrade
(1890-1954)

Os Cem Melhores Poemas Brasileiros do Século - Seleção e Organização de Ítalo Moriconi, Editora Objetiva, Rio de Janeiro, 2001 (In Pau-Brasil - Poesia - Oswald de Andrade, São Paulo, Globo)

22.1 Conotação X Denotação

É interessante, quando se estuda o conteúdo de figuras de linguagem, ressaltar a distinção conceitual entre o sentido conotativo e o sentido denotativo da linguagem. Vejamos como se opera essa distinção:

Sentido CONOTATIVO: figurado, ou abstrato. Relaciona-se com as figuras de linguagem.

Adalberto **entregou sua alma a Deus**.

A ideia de entregar a alma a Deus é figurada, ou seja, não ocorre literalmente, pois não há um serviço de entrega de almas. Essa é uma figura que convencionamos chamar de **metáfora**.

Sentido DENOTATIVO: literal, ou do dicionário. Relaciona-se com a função **referencial** da linguagem.

Adalberto **morreu**.

Quando dizemos função referencial, entende-se que o falante está preocupado em transmitir precisamente o fato ocorrido, sem apelar para figuras de pensamento. Essa frase do exemplo serviu para mostrar o sinônimo da figura de linguagem anterior.

Vejamos agora algumas das principais figuras de linguagem que costumam ser cobradas em provas de concursos públicos:

Metáfora: uma figura de linguagem, que consiste na comparação de dois termos sem o uso de um conectivo.

> Rosa **é uma flor**. (A pessoa é como uma flor: perfumada, delicada, bela etc.)
> Seus olhos **são dois oceanos**. (Os olhos possuem a profundidade do oceano, a cor do oceano etc.)
> João **é fera**. (João é perito em alguma coisa, desempenha determinada tarefa muito bem etc.)

Metonímia: figura de linguagem que consiste utilização de uma expressão por outra, dada a semelhança de sentido ou a possibilidade de associação lógica entre elas.

Há vários tipos de metonímia, vejamos alguns deles:

Efeito pela causa:

O carrasco ergueu **a morte**. (O efeito é a morte, a causa é o machado).

Marca pelo produto:

Vá ao mercado e traga um Nescau. (achocolatado em pó).

Autor pela obra:

Li Camões com entusiasmo. (Quem leu, leu a obra, não o autor).

Continente pelo conteúdo:

Comi dois pratos de feijão. (Comeu o feijão, ou seja, o conteúdo do prato)

Parte pelo todo:

Peço sua **mão em casamento**. (Pede-se, na verdade, o corpo todo).

Possuidor pelo possuído:

Mulher, vou **ao médico**. (Vai-se ao consultório que pertence ao médico, não ao médico em si).

Antítese: figura de linguagem que consiste na exposição de ideias opostas.

*"**Nasce** o Sol e não dura mais que um **dia***
*Depois da **Luz** se segue à **noite** escura*
Em tristes sombras morre a formosura,
*Em contínuas **tristezas** e **alegrias**."*

(Gregório de Matos)

Os termos em negrito evidenciam relações semânticas de distinção (oposição). Nascer é o contrário de morrer, assim como sombra é o contrário de luz. Essa figura foi muito utilizada na poesia brasileira, em especial pelo autor dos versos acima: Gregório de Matos Guerra.

Paradoxo: expressão que contraria o senso comum. Ilógica.

>"Amor é fogo que **arde sem se ver**;
>É ferida que **dói e não se sente**;
>É um **contentamento descontente**;
>É **dor que desatina sem doer**."
>
>(Luís de Camões)

A construção semântica acima é totalmente ilógica, pois é impossível uma ferida doer e não ser sentida, assim como não é possível o contentamento ser descontente.

Perífrase: expressão que tem por função substituir semanticamente um termo:

>**A última flor do Lácio** anda muito judiada. (Português é a última flor do Lácio)
>
>**O país do futebol** é uma grande nação. (Brasil)
>
>**O Bruxo do Cosme Velho** foi um grande escritor. (Machado de Assis era conhecido como o Bruxo do Cosme Velho)
>
>**O anjo de pernas tortas** foi o melhor jogador do mundo. (Garrincha)

Eufemismo: figura que consiste em atenuar uma expressão desagradável:

>José **pegou emprestado sem avisar**; (roubou).
>
>Maurício **entregou a alma a Deus**; (morreu).
>
>Coitado, só porque **é desprovido de beleza**. (feio)

Disfemismo: contrário ao Eufemismo, é a figura de linguagem que consiste em tornar uma expressão desagradável em algo ainda pior.

>O homem **abotoou o paletó de madeira**. (morreu)
>
>**Está chupando cana pela raiz**. (morreu)
>
>**Sentou no colo do capeta**. (morreu)

Prosopopeia: atribuição de características animadas a seres inanimados.

>**O vento sussurrou em meus ouvidos**.
>
>Parecia que a **agulha odiava o homem**.

Hipérbole: exagero proposital de alguma característica.

>**Estou morrendo de rir**.
>
>**Chorou rios de lágrimas**.

Hipérbato: inversão sintática de efeito expressivo.

>**Ouviram do Ipiranga as margens plácidas**
>**De um povo heroico o brado e retumbante.**

Colocando na ordem direta:

>*As margens plácidas do Ipiranga ouviram o brado retumbante de um povo heroico.*
>
>**Da minha família, ninguém fala!**

Gradação: figura que consiste na construção de uma escala de termo que fazem parte do mesmo campo semântico.

>Plantou **a semente**, zelou pelo **broto**, regou a **planta** e colheu o **fruto**. (A gradação pode ser do campo semântico da palavra semente – broto, planta e fruto – ou da palavra plantar – zelar, regar, colher)

Ironia: figura que consiste em dizer o contrário do que se pensa.

>**Lamento por ter sido eu o vencedor dessa prova.** (Evidentemente a pessoa não lamenta ser o vencedor de alguma coisa)

Onomatopeia: tentativa de representar um som da natureza. Figura muito comum em histórias em quadrinhos.

>Pof, tic-tac, click, bum, vrum!

Sinestesia: confusão dos sentidos do corpo humano para produzir efeitos expressivos.

>Ouvi uma **voz suave** saindo do quarto.
>
>O seu **perfume doce** é extremamente inebriante.

22.2 Vícios de Linguagem

Em um âmbito geral, vício de linguagem é toda expressão contrária à lógica da norma gramatical. Vejamos quais são os principais deslizes que se transformam em vícios.

Pleonasmo vicioso: consiste na repetição desnecessária de ideias.

>**Subir para cima.**
>
>**Descer para baixo.**
>
>**Entrar para dentro.**
>
>**Cardume de peixes.**
>
>**Enxame de abelhas.**
>
>**Elo de ligação.**
>
>**Fato real.**

Observação: pode existir o plágio expressivo em um texto poético. Na frase "ele penetrou na escura treva" há pleonasmo, mas não é vicioso.

Ambiguidade: ocorre quando a construção frasal permite que a sentença possua dois sentidos.

>Tenho que buscar **a cadela da sua irmã**.
>
>A empregada disse para o chefe que o cheque estava sobre **sua mesa**.
>
>**Como você**, também estou cansado. (conjunção "como" ou verbo "comer")

Cacofonia: ocorre quando a pronúncia de determinadas palavras permite a construção de outra palavra.

>Dei um beijo na bo**ca dela**.
>
>Nos**so hino** é belo.
>
>Na **vez passada**, esca**pei de** uma.

Barbarismo: é um desvio na forma de falar ou grafar determinada palavra.

>Mortandela (em vez de mortadela).
>
>Poblema (em vez de problema).
>
>Mindingo (em vez de mendigo).
>
>Salchicha (em vez de salsicha).

Esse conteúdo costuma ser simples para quem pratica a leitura de textos poéticos, portanto devemos sempre ler poesia. Passemos à resolução de algumas questões.

FIGURAS DE LINGUAGEM

Questões

01. (CESGRANRIO) As palavras podem assumir sentidos figurados, ou seja, significados diferentes das acepções e usos previstos pelos dicionários, embora facilmente compreensíveis no contexto específico em que se encontram. A passagem do texto em que uma palavra em sentido figurado está presente é:
a) "Daí esta avalanche, este tsunami de informações."
b) "O estado de nossas células cerebrais, as nossas emoções; tudo isso pode representar uma limitação para nossa capacidade de lembrar."
c) "Para quem, como eu, viaja bastante e tem de trabalhar em aviões ou em hotéis, é um recurso precioso."
d) "Mas não encontrei pen drive algum."
e) "Perguntei no aeroporto, entrei em contato com o táxi que me trouxera, liguei para casa: nada."

02. (UNICENTRO) O fragmento que ilustra a linguagem conotativa é o transcrito na alternativa:
a) "pelo uso dos aviões sequestrados como arma".
b) "A derrubada do Taleban, que governava o país centro-asiático, contribuiu de modo decisivo para debilitar aquele grupo terrorista."
c) "uma guerra injustificável contra o Iraque."
d) "como alegou então, por má-fé e paranoia, o governo americano."
e) "Produziu até agora apenas dois outros atentados de vulto".

03. (CEV-URCA) Em: "Chico passou por maus bocados, andou gastando mais de cinco litros de saliva para reconquistar a mulher" (linhas 40 e 41). A construção em destaque é própria da linguagem literária e caracteriza-se como:
a) Hipérbole.
b) Eufemismo.
c) Catacrese.
d) Anáfora.
e) Elipse.

04. (PaqTcPB) Leia o texto:

Tomar uma decisão envolve uma disputa com três participantes – dois deles (instinto e experiência) cuidam de seu presente, o outro (razão) pensa no seu futuro. Por isso, diante de uma encruzilhada, o melhor é tentar organizar essa briga. Antes de decidir se quer mesmo encarar uma mudança radical na carreira, talvez você resolva usar a razão. Ou não – talvez você esteja cansado da profissão que escolheu e prefira tentar um caminho novo. Tanto faz: em qualquer decisão, o importante é pensar se aquele problema merece uma consideração mais racional ou emotiva. E só aí começar a julgar as informações e os argumentos. Assim, o cérebro começa a movimentar as engrenagens sabendo qual delas interessa mais. E evita erros.

A utilização dos termos "participantes", "cuidam" e "pensa" (L. 2 e 3) contribui para estabelecer, no texto, uma relação de sentido denominada:
a) Ambiguidade.
b) Sinonímia.
c) Paráfrase.
d) Oposição.
e) Metáfora.

05. Pleonasmo é uma figura de linguagem que tem como marca a repetição de palavras ou expressões, aparentemente desnecessárias, para enfatizar uma ideia. No entanto, alguns pleonasmos são considerados "vícios de linguagem" por informarem uma obviedade e não desempenharem função expressiva no enunciado. Considerando esta afirmação, assinale a alternativa que possui exemplo de pleonasmo vicioso.
a) "(...) E então abriu a torneira: a água espalhou-se (...)"
b) "(...)O jeito era ir comprar um pão na padaria. (...)"
c) "(...)Matá-la, não ia; não, não faria isso. (...)"
d) "(...) Traíra é duro de morrer, nunca vi um peixe assim. (...)"
e) "(...) Tirou para fora os outros peixes: lambaris, chorões, piaus; (...)"

06. (FUNCAB) Assinale a figura de linguagem que predomina no trecho "Mas aquele pendão firme, vertical, beijado pelo vento do mar, veio enriquecer nosso canteirinho vulgar com uma força e uma alegria que me fazem bem."
a) hipérbole
b) eufemismo
c) prosopopeia
d) antítese
e) catacrese

07. (FUNRIO) Em um texto, as palavras e as expressões podem ser empregadas em sentido conotativo ou denotativo. No segmento "O segundo caminho, válido para profissionais liberais, é conquistar bons clientes e assumir a propriedade do próprio nariz.", a expressão "do próprio nariz" tem natureza conotativa. O termo ou expressão destacado(a) que está empregado(a) em sentido denotativo ocorre em:
a) Os jovens "lutam" aguerridamente para conseguir um bom emprego.
b) É educativo ensinar às pessoas a ganharem o dinheiro com o "suor do seu rosto".
c) Muitos jovens não conseguem ser "felizes" nas profissões que abraçaram.
d) Os profissionais financeiramente "mais bem sucedidos" são os médicos.
e) Os filhos podem ser "o braço direito" dos pais em empresas familiares.

08. (CESPE)

"Nasce o Sol e não dura mais que um *dia*
Depois da *Luz* se segue à *noite* escura
Em tristes *sombras* morre a formosura,
Em contínuas *tristezas e alegrias*."

(Gregório de Matos)

Assinale a opção que apresenta a figura de linguagem predominante no trecho do poema acima.
a) sinestesia
b) comparação
c) antítese
d) eufemismo
e) hipérbole

09. (CONSUPLAN) Há sentido conotativo na seguinte alternativa:
a) "Será que uma bola é mais valiosa que um livro?"
b) "...aposentados choram pelo minguado aumento."
c) "Por que se concedem altos aumentos na política?"

d) "... hospitais deixam de atender ao mais simples diagnóstico..."
e) "Por que os salários não são igualitários?"

10. Constitui exemplo de uso de linguagem figurada o elemento sublinhado na frase:
   I. Foi acusado de ser o cabeça do movimento.
   II. Ele emprega sempre a palavra literalmente atribuindo-lhe um sentido inteiramente inadequado.
   III. Ignoro o porquê de você se aborrecer comigo.
   IV. Seus pensamentos são fantasmagorias que não o deixam em paz.

   Atende ao enunciado APENAS o que está em:
   a) I e II.
   b) I e IV.
   c) II e III.
   d) III e IV.
   e) I e III.

Gabaritos

01	A	06	C
02	B	07	C
03	A	08	C
04	E	09	B
05	E	10	B

RACIOCÍNIO LÓGICO E MATEMÁTICA

1. PROPOSIÇÕES

1.1 Definições

Proposição é uma **declaração** (sentença declarativa - afirmação ou negação - com sujeito "definido", verbo e sentido completo - sentença fechada) que pode ser **classificada** OU em Verdadeiro OU em Falso.

São exemplos de proposições:

p: Danilo tem duas empresas

Q: Susana comprou um carro novo

a: Beatriz é inteligente

B: 2 + 7 = 10

As letras "p", "Q", "a", "B", servem para representar (simbolizar) as proposições.

Valores lógicos das proposições

Uma proposição só pode ser classificada em dois valores lógicos, que são ou o **Verdadeiro (V)** ou o **Falso (F)**, não admitindo outro valor.

As proposições têm três princípios básicos, sendo um deles o princípio fundamental que é:

Princípio da não contradição: diz que uma proposição não pode ser verdadeira e falsa ao mesmo tempo.

Os outros dois são:

Princípio da identidade: diz que uma proposição verdadeira sempre será verdadeira e uma falsa sempre será falsa.

Princípio do terceiro excluído: diz que uma proposição só pode ter dois valores lógicos, ou o de verdadeiro ou o de falso, **não existindo** um terceiro valor.

Interrogações, exclamações e ordens não são proposições.

Exs.:

Que dia é hoje?

Que maravilha!

Estudem muito.

Sentenças abertas e quantificadores lógicos

Existem algumas "sentenças abertas" que aparecem com com incógnitas (termo desconhecido) ou com sujeito indefinido, como por exemplo: "x + 2 = 5", não sendo consideradas proposições, já que não se pode classificá-las sem saber o o valor de x ou se ter a definição do sujeito, porém com o uso dos **quantificadores lógicos**, elas tornam-se proposições, uma vez que esses quantificadores passam a dar valor ao "x" ou definir o sujeito.

Os quantificadores lógicos são:

$\forall$: para todo; qualquer que seja; todo;

$\exists$: existe; existe pelo menos um; algum;

$\nexists$: não existe; nenhum.

Ex.:

x + 2 = 5 (sentença aberta - não é proposição)

p: $\exists$ x, x + 2 = 5 (lê-se: existe x tal que, x + 2 =5). Agora é proposição, uma vez que agora é possível classificar a proposição como verdadeira, já que sabemos que tem um valor de "x" que somado a dois é igual a cinco.

Negação de proposição (modificador lógico)

Negar uma proposição significa modificar o seu valor lógico, ou seja, se uma proposição é verdadeira, a sua negação será falsa, e se uma proposição for falsa, a sua negação será verdadeira.

Os símbolos da negação são (~) ou ($\neg$) antes da letra que representa a proposição.

Ex.: p: 3 é ímpar;

~p: 3 **não** é ímpar;

$\neg$p: 3 é **par** (outra forma de negar a proposição).

~p: não é verdade que 3 é ímpar (outra forma de negar a proposição).

$\neg$p: é mentira que 3 é ímpar (outra forma de negar a proposição).

Lei da dupla negação:

~(~p) = p, negar uma proposição duas vezes significa voltar para própria proposição:

q: 2 é par;

~q: 2 não é par;

~(~q): 2 **não** é **ímpar**;

portanto;

q: 2 é par.

Tipos de proposição

Simples ou atômica: são únicas, com apenas um verbo (ação), não pode ser dividida/separada (fica sem sentido) e não tem conectivo lógico.

Ex.: Na proposição "João é professor" tem-se uma única informação, com apenas um verbo, não sendo possível separá-la e sem conectivo.

Composta ou molecular: tem mais de uma proposição simples unidas pelos conectivos lógicos, podem ser divididas/separadas e tem mais de um verbo (pode ser o mesmo verbo referido mais de uma vez).

Ex.: "Pedro é advogado e João é professor". É possível separar em duas proposições simples: "Pedro é advogado" e "João é professor".

Simples (atômicas)	Compostas (moleculares)
Não têm conectivo lógico	Têm conectivo lógico
Não podem ser divididas	Podem ser divididas
1 verbo	+ de 1 verbo

Conectivo lógico

Serve para unir as proposições simples, formando proposições compostas. São eles:

e: conjunção ($\wedge$)

ou: disjunção ($\vee$)

ou..., ou: disjunção exclusiva ($\underline{\vee}$)

se..., então: condicional ($\rightarrow$)

se..., e somente se: bicondicional ($\leftrightarrow$)

Alguns autores consideram a negação (~) como um conectivo, porém aqui não faremos isso, pois os conectivos servem para

PROPOSIÇÕES

formar proposição composta, e a negação faz apenas a mudança do valor das proposições.

O "e" possui alguns sinônimos, que são: "mas", "porém", "nem" (nem = e não) e a própria vírgula. O condicional também tem alguns sinônimos que são: "portanto", "quando", "como" e "pois" (pois = condicional invertido. Ex.: A, pois B = B → A).

Ex.:
a: Maria foi à praia
b: João comeu peixe
p: Se Maria foi a praia, então João comeu peixe
q: ou 4 + 7 = 11 ou a Terra é redonda

1.2 Tabela Verdade e Conectivos Lógicos

A tabela verdade nada mais é do que um mecanismo usado para dar valor às proposições compostas (que também serão ou verdadeiras ou falsas), por meio de seus respectivos conectivos.

A primeira coisa que precisamos saber numa tabela verdade é o seu número de linhas, e que esse depende do número de proposições simples que compõem a proposição composta.

Número de linhas = 2^n

Em que "**n**" é o número de proposições simples que compõem a proposição composta. Portanto se houver 3 proposições simples formando a proposição composta então a tabela dessa proposição terá 8 linhas ($2^3 = 8$). Esse número de linhas da tabela serve para que tenhamos todas as relações possíveis entre "V" e "F" das proposições simples. Veja:

P	Q	R
V	V	V
V	V	F
V	F	V
V	F	F
F	V	V
F	V	F
F	F	V
F	F	F

Observe que temos todas as relações entre os valores lógicos das proposições, que sejam: as 3 verdadeiras (1ª linha), as 3 falsas (última linha), duas verdadeiras e uma falsa (2ª, 3ª e 5ª linhas), e duas falsas e uma verdadeira (4ª, 6ª e 7ª linhas). Nessa demonstração, temos uma forma prática de como se pode organizar a tabela, sem se preocupar se foram feitas todas relações entres as proposições.

Para o correto preenchimento da tabela, devemos seguir algumas regras:

> Comece sempre pelas proposições simples e suas negações, se houver;
> Resolva os parênteses, colchetes e chaves, respectivamente (igual à expressão numérica), se houver;
> Faça primeiro as conjunções e disjunções, depois os condicionais e por último os bicondicionais;
> numa proposição composta com mais de um conectivo o conectivo principal será o que for resolvido por último (muito importante saber o conectivo principal).
> A última coluna da tabela deverá ser sempre a da proposição toda, conforme as demonstrações adiante.

O valor lógico de uma proposição composta depende dos valores lógicos das proposições simples que a compõem assim como do conectivo utilizado, e é o que veremos a partir de agora.

Valor lógico de uma proposição composta por conjunção (e) = tabela verdade da conjunção ($\wedge$).

Conjunção "e": Sejam p e q proposições, a conjunção das proposições p e q, denotada por p $\wedge$ q, só será verdadeiro quando p e q forem verdadeiras simultaneamente (se p ou q for falso p $\wedge$ q será falso).

Ex.: P $\wedge$ Q

P	Q	P$\wedge$Q
V	V	V
V	F	F
F	V	F
F	F	F

Representando por meio de conjuntos, temos: P $\wedge$ Q

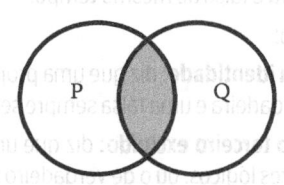

Valor lógico de uma proposição composta por disjunção (ou) = tabela verdade da disjunção ($\vee$).

Disjunção "ou": Sejam p e q proposições, a disjunção das proposições p e q, denotada por p $\vee$ q, só será falsa quando p e q forem falsas simultaneamente (se p ou q for verdadeiro p $\vee$ q será verdadeiro).

Ex.: P $\vee$ Q

P	Q	P$\vee$Q
V	V	V
V	F	V
F	V	V
F	F	F

Representando por meio de conjuntos, temos: P $\vee$ Q

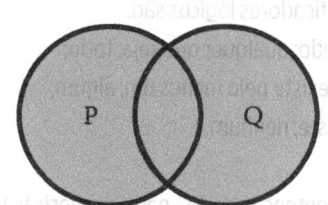

Valor lógico de uma proposição composta por disjunção exclusiva (ou, ou) = tabela verdade da disjunção exclusiva ($\underline{\vee}$).

Disjunção Exclusiva "ou ..., ou ...": Sejam p e q proposições, a disjunção exclusiva das proposições p e q, denotada por p $\veebar$ q, será verdadeiro quando p e q tiverem valores diferentes/contrários (se p e q tiverem valores iguais p $\veebar$ q será falso).

Ex.: P $\veebar$ Q

P	Q	P$\veebar$Q
V	V	F
V	F	V
F	V	V
F	F	F

Representando por meio de conjuntos, temos: P $\veebar$ Q

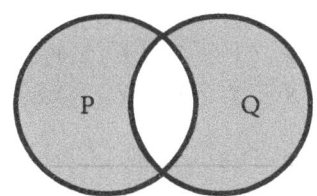

Valor lógico de uma proposição composta por condicional (se, então) = tabela verdade do condicional ($\rightarrow$).

Condicional "Se p, então q": Sejam p e q proposições, a condicional de p e q, denotada por p $\rightarrow$ q onde se lê "p condiciona q" ou "se p, então q", é a proposição que assume o valor falso somente quando p for verdadeira e q for falsa. A tabela para a condicional de p e q é a seguinte:

Ex.: P $\rightarrow$ Q

P	Q	P$\rightarrow$Q
V	V	V
V	F	F
F	V	V
F	F	V

Atente-se bem para esse tipo de proposição, pois é um dos mais cobrados em concursos.

Dicas:
P é antecedente e Q é consequente = P $\rightarrow$ Q
P é consequente e Q é antecedente = Q $\rightarrow$ P
P é suficiente e Q é necessário = P $\rightarrow$ Q
P é necessário e Q é suficiente = Q $\rightarrow$ P
Representando por meio de conjuntos, temos: P $\rightarrow$ Q

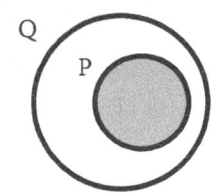

Valor lógico de uma proposição composta por bicondicional (se e somente se) = tabela verdade do bicondicional ($\leftrightarrow$).

Bicondicional "se, e somente se": Sejam p e q proposições, a bicondicional de p e q, denotada por p $\leftrightarrow$ q, onde se lê "p bicondicional q", será verdadeira quando p e q tiverem valores iguais (se p e q tiverem valores diferentes p $\leftrightarrow$ q será falso).

No bicondicional, "P" e "Q" são ambos suficientes e necessários ao mesmo tempo.

Ex.: P $\leftrightarrow$ Q

P	Q	P$\leftrightarrow$Q
V	V	V
V	F	F
F	V	F
F	F	V

Representando por meio de conjuntos, temos: P $\leftrightarrow$ Q

P = Q

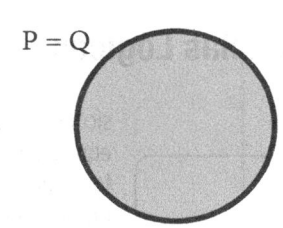

Proposição composta	Verdadeira quando...	Falsa quando...
P$\wedge$Q	P e Q são verdadeiras	Pelo menos uma falsa
P$\vee$Q	Pelo menos uma verdadeira	P e Q são falsas
P$\veebar$Q	P e Q têm valores diferentes	P e Q têm valores iguais
P$\rightarrow$Q	P = verdadeiro, q = verdadeiro ou P = falso	P = verdadeiro e Q = falso
P$\leftrightarrow$Q	P e Q têm valores iguais	P e Q têm valores diferentes

1.3 Tautologias, Contradições e Contingências

Tautologia: proposição composta que é **sempre verdadeira** independente dos valores lógicos das proposições simples que a compõem.

(P $\wedge$ Q) $\rightarrow$ (P $\vee$ Q)

P	Q	P$\wedge$Q	P$\vee$Q	(P$\wedge$Q)$\rightarrow$(P$\vee$Q)
V	V	V	V	V
V	F	F	V	V
F	V	F	V	V
F	F	F	F	V

Contradição: proposição composta que é **sempre falsa**, independente dos valores lógicos das proposições simples que a compõem.

~(P $\vee$ Q) $\wedge$ P

P	Q	P$\vee$Q	~(P$\vee$Q)	~(P$\vee$Q)$\wedge$P
V	V	V	F	F
V	F	V	F	F
F	V	V	F	F
F	F	F	V	F

PROPOSIÇÕES

Contingência: ocorre quando não é tautologia nem contradição. ~(P∨Q) ↔ P

P	Q	P∨Q	~(P∨Q)	~(P∨Q)↔P
V	V	F	V	V
V	F	V	F	F
F	V	V	F	V
F	F	F	V	F

1.4 Equivalências Lógicas

> Atente-se para o princípio da equivalência. A tabela verdade está aí só para demonstrar a igualdade.

Duas ou mais proposições compostas são ditas equivalentes quando são formadas pelas mesmas proposições simples e suas tabelas verdades (resultado) são iguais.

Seguem algumas demonstrações das mais importantes:

P ∧ Q = Q ∧ P: basta trocar as proposições de lugar – também chamada de **recíproca**.

P	Q	P∧Q	Q∧P
V	V	V	V
V	F	F	F
F	V	F	F
F	F	F	F

P ∨ Q = Q ∨ P: basta trocar as proposições de lugar – também chamada de **recíproca**.

P	Q	P∨Q	Q∨P
V	V	V	V
V	F	V	V
F	V	V	V
F	F	F	F

P ⊻ Q = Q ⊻ P: basta trocar as proposições de lugar - também chamada de **recíproca**.

P ⊻ Q = ~P ⊻ ~Q: basta negar as proposições – também chamada de **contrária**.

P ⊻ Q = ~Q ⊻ ~P: troca as proposições de lugar e nega-as – também chamada de **contra-positiva**.

P ⊻ Q = (P ∧ ~Q) ∨ (~P ∧ Q): observe aqui a exclusividade dessa disjunção.

P	Q	~P	~Q	P∧~Q	~P∧Q	P⊻Q	Q⊻P	~P⊻~Q	~Q⊻~P	(P∧~Q)∨(~P∧Q)
V	V	F	F	F	F	F	F	F	F	F
V	F	F	V	V	F	V	V	V	V	V
F	V	V	F	F	V	V	V	V	V	V
F	F	V	V	F	F	F	F	F	F	F

P ↔ Q = Q ↔ P: basta trocar as proposições de lugar - também chamada de **recíproca**.

P ↔ Q = ~P ↔ ~Q: basta negar as proposições – também chamada de contrária.

P ↔ Q = ~Q ↔ ~P: troca as proposições de lugar e nega-as – também chamada de contra-positiva.

P ↔ Q = (P → Q) ∧ (Q → P): observe que é condicional para os dois lados, por isso bicondicional.

P	Q	~P	~Q	P→Q	Q→P	P↔Q	Q↔P	~P↔~Q	~Q↔~P	(P→Q)∧(Q→P)
V	V	F	F	V	V	V	V	V	V	V
V	F	F	V	F	V	F	F	F	F	F
F	V	V	F	V	F	F	F	F	F	F
F	F	V	V	V	V	V	V	V	V	V

> A disjunção exclusiva e o bicondicional são as proposições com o maior número de equivalências.

P → Q = ~Q → ~P: troca as proposições de lugar e nega-se – também chamada de **contra-positiva**.

P → Q = ~P ∨ Q: nega-as o antecedente OU mantém o consequente.

P	Q	~P	~Q	P→Q	~Q→~P	~P∨Q
V	V	F	F	V	V	V
V	F	F	V	F	F	F
F	V	V	F	V	V	V
F	F	V	V	V	V	V

Equivalências mais importantes e mais cobradas em concursos.

Negação de proposição composta

São também equivalências lógicas; vejamos algumas delas:

~(P ∧ Q) = ~P ∨ ~Q (Leis De Morgan)

Para negar a conjunção, troca-se o conectivo e (∧) por ou (∨) e nega-se as proposições que a compõem.

P	Q	~P	~Q	P∧Q	~(P∧Q)	~P∨~Q
V	V	F	F	V	F	F
V	F	F	V	F	V	V
F	V	V	F	F	V	V
F	F	V	V	F	V	V

~(P ∨ Q) = ~P ∧ ~Q (Leis De Morgan)

Para negar a disjunção, troca-se o conectivo **ou (∨)** por **e (∧)** e negam-se as proposições simples que a compõem.

P	Q	~P	~Q	P∨Q	~(P∨Q)	~P∧~Q
V	V	F	F	V	F	F
V	F	F	V	V	F	F
F	V	V	F	V	F	F
F	F	V	V	F	V	V

~(P → Q) = P ∧ ~Q

Para negar o condicional, mantém-se o antecedente E nega-se o consequente.

P	Q	~Q	P→Q	~(P→Q)	P∧~Q
V	V	F	V	F	F
V	F	V	F	V	V
F	V	F	V	F	F
F	F	V	V	F	F

~(P ⊻ Q) = P ↔ Q

Para negar a disjunção exclusiva, faz-se o bicondicional ou nega-se a disjuncao exclusiva com a propria disjuncao exclusiva, mas negando apenas uma das proposicoes que a compõe.

P	Q	P⊻Q	~(P⊻Q)	P↔Q
V	V	F	V	V
V	F	V	F	F
F	V	V	F	F
F	F	F	V	V

~(P ↔ Q) = (P ⊻ Q).

Para negar a bicondicional, faz-se a disjunção exclusiva ou nega-se o bicondicional com o proprio bicondicional, mas negando apenas uma das proposicoes que o compõe.

P	Q	P↔Q	~(P↔Q)	P⊻Q
V	V	V	F	F
V	F	F	V	V
F	V	F	V	V
F	F	V	F	F

1.5 Relação entre Todo, Algum e Nenhum

Também conhecidos como **quantificadores lógicos**, eles têm entre si algumas relações que devemos saber, são elas:

"Todo A é B" equivale a **"nenhum A não é B"**, e vice-versa.

"todo amigo é bom = nenhum amigo não é bom."

"Nenhum A é B" equivale a **"todo A não é B"**, e vice-versa.

"nenhum aluno é burro = todo aluno não é burro."

"Todo A é B" tem como negação **"algum A não é B"** e vice-versa.

Ex.: ~(todo estudante tem insônia) = algum estudante não tem insônia.

"Nenhum A é B" tem como negação **"algum A é B"** e vice-versa.

Ex.: ~(algum sonho é impossível) = nenhum sonho é impossível.

Temos também a representação em forma de conjuntos, que é:

TODO A é B:

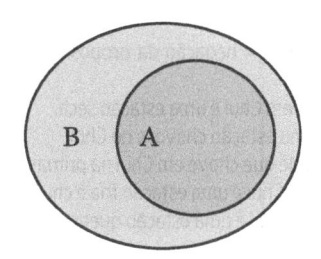

ALGUM A é B:

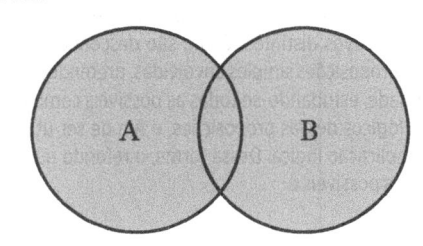

NENHUM A é B:

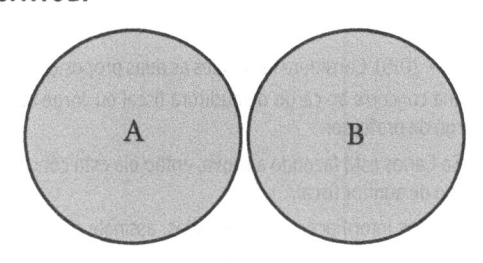

Relação de Equivalência:	Relação de Negação:
> Todo A é B = Nenhum A não é B. Ex.: Todo diretor é bom ator. = Nenhum diretor é mau ator.	> Todo A é B = Algum A não é B. Ex.: Todo policial é honesto. = Algum policial não é honesto.
> Nenhum A é B = Todo A não é B. Ex.: Nenhuma mulher é legal. = Toda mulher não é legal.	> Nenhum A é B = Algum A é B. Ex.: Nenhuma ave é mamífera. = Alguma ave é mamífera.

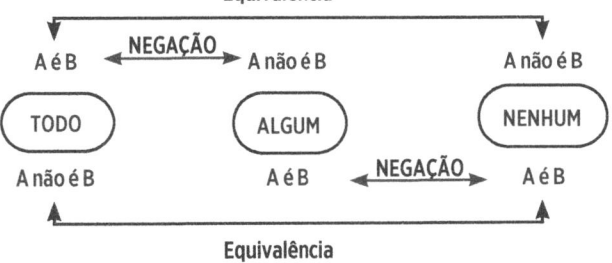

Equivalência

A é B ←NEGAÇÃO→ A não é B   A não é B

TODO   ALGUM   NENHUM

A não é B   A é B ←NEGAÇÃO→ A é B

Equivalência

RACIOCÍNIO LÓGICO E MATEMÁTICA

PROPOSIÇÕES

Questões

01. (IF-BA – 2019) Sabendo que proposição é o termo usado em lógica para descrever o conteúdo de orações declarativas que podem ser valoradas como verdadeiro ou falso, assinale a alternativa que indique uma proposição lógica.
a) O céu é azul.
b) Que dia será realizada a prova?
c) O nome dos jogadores.
d) O quadrado de um número.
e) Ser ou não ser? Eis a questão!

02. (FUNDATEC – 2019) A negação da proposição "Chove em Chuí na primavera" é:
a) A primavera em Chuí é uma estação seca.
b) O verão é uma estação chuvosa no Chuí.
c) Não é verdade que chove em Chuí na primavera.
d) O inverno em Chuí é uma estação fria e chuvosa.
e) O outono em Chuí é uma estação quente.

03. (VUNESP – 2019) Pretende-se analisar se uma proposição P, composta por quatro proposições simples, implica uma proposição Q, composta pelas mesmas quatro proposições simples, combinadas com conectivos distintos. Como são desconhecidos os valores lógicos das proposições simples envolvidas, pretende-se utilizar uma tabela verdade, estudando-se todas as possíveis combinações entre os valores lógicos dessas proposições, a fim de ser utilizada a definição de implicação lógica. Dessa forma, o referido número total de combinações possíveis é
a) 16.
b) 64.
c) 32.
d) 8.
e) 4.

04. (VUNESP – 2019) Considere falsidades as duas proposições a seguir:
I. I. Ana concorre ao cargo de auditora fiscal ou Jorge concorre ao cargo de professor.
II. II. Se Carlos está fazendo a prova, então ele está concorrendo ao cargo de auditor fiscal.

Com base nas informações apresentadas, assinale a alternativa que contém uma proposição necessariamente verdadeira.
a) Ana concorre ao cargo de professora e Jorge concorre ao cargo de auditor fiscal.
b) Carlos concorre ao cargo de auditor fiscal ou Ana concorre ao cargo de professor.
c) Carlos não está fazendo a prova e Jorge não concorre ao cargo de professor.
d) Ana não concorre ao cargo de auditora fiscal e Carlos concorre ao cargo de professor.
e) Carlos está fazendo a prova ou Jorge concorre ao cargo de professor.

05. (FUNDEP – 2019) Em uma reunião com as lideranças de uma empresa, uma das gerentes pediu a palavra e disse as seguintes afirmativas: I. "Se um funcionário cumpre com todas as suas obrigações, então ele será promovido a um cargo melhor." II. "Se um funcionário é promovido a um cargo melhor, então ele receberá um salário melhor." Assinale a alternativa que relaciona, de maneira correta, a falsidade ou a veracidade das duas afirmativas ditas pela gerente.
a) Se é falsa a afirmativa I, então será necessariamente verdadeira a afirmativa II.
b) Se é falsa a afirmativa I, então será necessariamente falsa a afirmativa II.
c) Se a afirmativa II é falsa, então será necessariamente falsa a afirmativa I.
d) Se a afirmativa II é verdadeira, então será necessariamente verdadeira a afirmativa I.

06. (FUNDATEC – 2019) Uma proposição equivalente de "Se Ana estuda para a prova, então Márcio fica feliz" é:
a) Se Márcio não fica feliz, então Ana não estuda para a prova.
b) Ana estuda para a prova e Márcio está feliz.
c) Ana não estuda para a prova e Márcio não está feliz
d) Se Ana não estuda para a prova, então Márcio não fica feliz.
e) Se Márcio estuda para a prova, então Ana fica feliz.

07. (IBADE – 2019) Dentre as proposições compostas a seguir, a que representa a negação da sentença "Mário é contador ou Sílvio não é enfermeiro", é:
a) Mário não é contador ou Sílvio é enfermeiro.
b) Mário não é contador e Sílvio é enfermeiro.
c) Mário é contador e Sílvio é enfermeiro.
d) Se Mário é contador, então Sílvio não é enfermeiro.
e) Sílvio é enfermeiro ou Mário é contador.

08. (FUNDATEC – 2019) A negação da proposição "Se Maria é colorada, então Maria é uma pessoa feliz" é:
a) Se Maria não é colorada, então Maria não é uma pessoa feliz.
b) Se Maria não é colorada, então Maria é uma pessoa feliz.
c) Maria é colorada se e somente se Maria é uma pessoa feliz.
d) Maria não é colorada e Maria é uma pessoa feliz.
e) Maria é colorada e Maria não é uma pessoa feliz.

09. (VUNESP – 2019) Uma proposição logicamente equivalente à afirmação "Se Marcos é engenheiro, então Roberta é enfermeira e Ana é psicóloga" é apresentada na alternativa:
a) Se Roberta é enfermeira e Ana é psicóloga, então Marcos é engenheiro.
b) Se Marcos não é engenheiro, então Roberta não é enfermeira e Ana não é psicóloga.
c) Se Roberta não é enfermeira ou Ana não é psicóloga, então Marcos não é engenheiro.
d) Roberta não é enfermeira, Ana não é psicóloga e Marcos não é engenheiro.
e) Ana é psicóloga, Marcos é engenheiro e Roberta é enfermeira.

10. (VUNESP – 2019) A negação da frase "Todos os analistas são inteligentes ou nenhum técnico é capacitado" é dada por
   a) Nenhum analista é inteligente ou todo técnico é capacitado.
   b) Existe analista que não é inteligente e existe técnico que é capacitado.
   c) Se nenhum técnico é capacitado, então todos os analistas são inteligentes.
   d) Existe analista que não é inteligente ou existe algum técnico que não é capacitado.
   e) Não existe analista inteligente ou algum técnico é capacitado.

Gabaritos

01	A
02	C
03	A
04	E
05	A
06	A
07	B
08	E
09	C
10	B

2. ARGUMENTOS

Os argumentos são uma extensão das proposições, mas com algumas características e regras próprias. Vejamos isso a partir de agora.

2.1 Definições

Argumento é um conjunto de proposições, divididas em premissas (proposições iniciais - hipóteses) e conclusões (proposições finais - teses).

Ex.:

p_1: Toda mulher é bonita.

p_2: Toda bonita é charmosa.

p_3: Maria é bonita.

c: Portanto, Maria é charmosa.

p_1: Se é homem, então gosta de futebol.

p_2: Mano gosta de futebol.

c: Logo, Mano é homem.

p_1, p_2, p_3, p_n, correspondem às premissas, e "c" à conclusão.

Representação dos argumentos

Os argumentos podem ser representados das seguintes formas:

$$P_1$$
$$P_2$$
$$P_3$$
$$\ldots$$
$$\underline{P_n}$$
$$C$$

ou

$$P_1 \wedge P_2 \wedge P_3 \wedge \cdots \wedge P_n \rightarrow C$$

ou

$$P_1, P_2, P_3, \cdots, P_n \vdash C$$

Tipos de argumentos

Existem vários tipos de argumento. Vejamos alguns:

Dedução

O argumento dedutivo parte de situações gerais para chegar a conclusões particulares. Esta forma de argumento é válida quando suas premissas, sendo verdadeiras, fornecem uma conclusão também verdadeira.

Ex.:

p_1: Todo professor é aluno.

p_2: Daniel é professor.

c: Logo, Daniel é aluno.

Indução

O argumento indutivo é o contrário do argumento dedutivo, pois parte de informações particulares para chegar a uma conclusão geral. Quanto mais informações nas premissas, maiores as chances da conclusão estar correta.

Ex.:

p_1: Cerveja embriaga.

p_2: Uísque embriaga.

p_3: Vodca embriaga.

c: Portanto, toda bebida alcoólica embriaga.

Analogia

As analogias são comparações (nem sempre verdadeiras). Neste caso, partindo de uma situação já conhecida verificamos outras desconhecidas, mas semelhantes. Nas analogias, não temos certeza.

Ex.:

p_1: No Piauí faz calor.

p_2: No Ceará faz calor.

p_3: No Paraná faz calor.

c: Sendo assim, no Brasil faz calor.

Falácia

As falácias são falsos argumentos, logicamente inconsistentes, inválidos ou que não provam o que dizem.

Ex.:

p_1: Eu passei num concurso público.

p_2: Você passou num concurso público.

c: Logo, todos vão passar num concurso público.

Silogismos

Tipo de argumento formado por três proposições, sendo duas premissas e uma conclusão. São em sua maioria dedutivos.

Ex.:

p_1: Todo estudioso passará no concurso.

p_2: Beatriz é estudiosa.

c: Portanto, Beatriz passará no concurso.

Classificação dos argumentos

Os argumentos só podem ser classificados em, ou válidos, ou inválidos:

Válidos ou bem construídos

Os argumentos são válidos sempre que as premissas garantirem a conclusão, ou seja, sempre que a conclusão for uma consequência obrigatória do seu conjunto de premissas.

Ex.:

p_1: Toda mulher é bonita.

p_2: Toda bonita é charmosa.

p_3: Maria é mulher.

c: Portanto, Maria é bonita e charmosa.

Veja que, se Maria é mulher, e toda mulher é bonita, e toda bonita é charmosa, então Maria só pode ser bonita e charmosa.

Inválidos ou mal construídos

Os argumentos são inválidos sempre que as premissas **não** garantirem a conclusão, ou seja, sempre que a conclusão **não** for uma consequência obrigatória do seu conjunto de premissas.

Ex.:

p_1: Todo professor é aluno.
p_2: Daniel é aluno.
c: Logo, Daniel é professor.

Note que, se Daniel é aluno, nada garante que ele seja professor, pois o que sabemos é que todo professor é aluno, não o contrário.

Alguns argumentos serão classificados apenas por meio desse conceito (da GARANTIA). Fique atento para não perder tempo.

2.2 Métodos para Classificar os Argumentos

Os argumentos nem sempre podem ser classificados da mesma forma, por isso existem os métodos para sua classificação, uma vez que dependendo do argumento, um método ou outro, sempre será mais fácil e principalmente mais rápido.

1º método: diagramas lógicos (ou método dos conjuntos).

Utilizado sempre que no argumento houver as expressões: **todo**, **algum** ou **nenhum**, e seus respectivos sinônimos.

Representaremos o que for dito em forma de conjuntos e verificaremos se a conclusão está correta (presente nas representações).

> Esse método é muito utilizado por diversas bancas de concursos e tende a confundir o concurseiro, principalmente nas questões em que temos mais de uma opção de diagrama para o mesmo enunciado. Lembrando que quando isso ocorrer (mais de um diagrama para o mesmo argumento), a questão só estará correta se a conclusão estiver presente em todas as representações se todos os diagramas corresponderem à mesma condição.

As representações genéricas são:

TODO A é B:

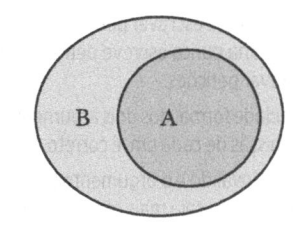

ALGUM A é B:

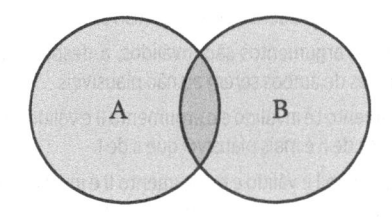

NENHUM A é B:

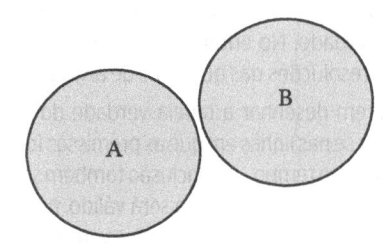

2º método: premissas verdadeiras (proposição simples ou conjunção).

Utilizado sempre que não for possível os diagramas lógicos e quando nas premissas houver uma proposição simples ou uma conjunção.

A proposição simples ou a conjunção serão os pontos de partida da resolução, já que teremos que considerar todas as premissas verdadeiras e elas – proposição simples ou conjunção – só admitem um jeito de serem verdadeiras.

O método consiste em, considerar todas as premissas como verdadeiras, dar valores às proposições simples que as compõem e no final avaliar a conclusão; se a conclusão também for verdadeira o argumento é válido, porém se a conclusão for falsa o argumento é inválido.

Premissas verdadeiras e conclusão verdadeiras = argumento válido.

Premissas verdadeiras e conclusão falsa = argumento inválido.

3º método: conclusão falsa (proposição simples, disjunção ou condicional).

Utilizado sempre que não for possível um dos "dois" métodos citados anteriormente e quando na conclusão houver uma proposição simples, uma disjunção ou um condicional.

A proposição simples, a disjunção ou o condicional serão os pontos de partida da resolução, já que teremos que considerar a conclusão como sendo falsa e elas – proposição simples, disjunção e condicional – só admitem um jeito de serem falsas.

O método consiste em: considerar a conclusão como falsa, dar valores às proposições simples, que a compõem, e supor as premissas como verdadeiras, a partir dos valores das proposições simples da conclusão e atribuir os valores das proposicoes simples das premissas. No final, se assim ficar – a conclusão falsa e as premissas verdadeiras – o argumento será inválido; porém se uma das premissas mudar de valor, então o argumento passa a ser válido.

Conclusão falsa e premissas verdadeiras = argumento inválido.

Conclusão falsa e pelo menos 1 (uma) premissa falsa = argumento válido.

Para esses dois métodos (2º método e 3º método), podemos definir a validade dos argumentos da seguinte forma:

PREMISSAS	CONCLUSÃO	ARGUMENTO
Verdadeiras	Verdadeira	Válido
Verdadeiras	Falsa	Inválido
Pelo menos 1 (uma) falsa	Falsa	Válido

4º método: tabela verdade.

Método utilizado em último caso, quando não for possível usar qualquer um dos anteriores.

ARGUMENTOS

Dependendo da quantidade de proposições simples que tiver o argumento, esse método fica inviável, pois temos que desenhar a tabela verdade. No entanto, esse método é um dos mais garantidos nas resoluções das questões de argumentos.

Consiste em desenhar a tabela verdade do argumento em questão e avaliar se nas linhas em que as premissas forem todas verdadeiras – ao mesmo tempo – a conclusão também será toda verdadeira. Caso isso ocorra, o argumento será válido, porém se em uma das linhas em que as premissas forem todas verdadeiras a conclusão for falsa, o argumento será inválido.

Linhas da tabela verdade em que as premissas são todas verdadeiras e conclusão, nessas linhas, também todas verdadeiras = argumento válido.

Linhas da tabela verdade em que as premissas são todas verdadeiras e pelo menos uma conclusão falsa, nessas linhas = argumento inválido.

Questões

01. (FUNDATEC – 2019) Considere as seguintes proposições:
I. Todo agente administrativo é estudioso.
II. Todos os estudiosos são conhecedores da Matemática Clássica.
III. Pedro é conhecedor da Matemática Clássica.

Disso, pode-se concluir que:
a) Pedro pode ser um agente administrativo.
b) Pedro é um agente administrativo.
c) Pedro é estudioso.
d) Pedro não é um agente administrativo.
e) Pedro é estudioso e não é agente administrativo.

02. (IF-BA – 2019) Assumindo que as premissas dos argumentos a seguir são verdadeiras, analise os itens quanto à sua validade ou não:
I. Toda criança é estudante. Existe estudante que joga futebol. Logo, toda criança joga futebol.
II. Se Bruna é professora, então Bruna não pratica esportes. Bruna pratica esporte. Logo, Bruna não é professora.
III. Todo jornalista apresenta um telejornal a noite. André é um jornalista. Portanto, André apresenta um telejornal a noite.

Quanto a validade ou não dos argumentos, é correto afirmar que
a) o argumento I é válido.
b) o argumento II é não válido.
c) o argumento III é não válido.
d) o argumento I é não válido e o argumento II é válido.
e) o argumento II é não válido e o argumento III é válido.

03. (FADESP – 2019) Considere os argumentos a seguir.
I. Todos os peritos criminais receberão uma gratificação. Logo, alguns peritos criminais não receberão gratificação.
II. Médicos legistas estudaram na UFPA ou na UEPA. Ana é médica legista e não estudou na UFPA. Logo, Ana estudou na UEPA.
III. Alguns peritos são engenheiros. Alguns engenheiros estudaram na UFPA. Logo, todos os peritos estudaram na UFPA.

Após a análise das argumentações, pode-se concluir que
a) apenas o argumento III é válido.
b) apenas o argumento II é válido.
c) os argumentos I e II não são válidos.
d) os argumentos II e III são válidos.
e) os argumentos I e II são válidos.

04. (INSTITUTO AOCP – 2019) Assinale a alternativa que apresenta um argumento lógico válido.
a) Todos os mamutes estão extintos e não há elefantes extintos, logo nenhum elefante é um mamute.
b) Todas as meninas jogam vôlei e Jonas não é uma menina, então Jonas não joga vôlei.
c) Em São Paulo, moram muitos retirantes e João é um retirante, logo João mora em São Paulo.
d) Não existem policiais corruptos e Paulo não é corrupto, então Paulo é policial.
e) Todo bolo é de chocolate e Maria fez um bolo, logo Maria não fez um bolo de chocolate.

05. (IBADE – 2019) Considere como verdadeiras as sentenças a seguir.
I. Se um gerente quadriplica o próprio patrimônio, então ele é competente e carismático.
II. Se um gerente não é carismático, então ele não é promovido e não aparece na mídia.
III. Se um gerente é competente e é promovido, então ele cumpre metas.

Se Carlos é um gerente promovido, então ele
a) quadriplica o próprio patrimônio.
b) cumpre metas.
c) é competente.
d) é carismático.
e) não aparece na mídia.

06. (FUNDATEC – 2019) Se chove, faz frio. Se faz frio, é inverno. Se é inverno, Laura liga o aquecedor. Sabe-se que Laura não liga o aquecedor. Pode-se concluir que:
a) É inverno e não chove.
b) É inverno e faz frio.
c) Não é inverno e faz frio.
d) Não faz frio e chove.
e) Não faz frio, não chove e não é inverno.

07. (FCC – 2019) Considere os dois argumentos a seguir:
I. Se Ana Maria nunca escreve petições, então ela não sabe escrever petições. Ana Maria nunca escreve petições. Portanto, Ana Maria não sabe escrever petições.
II. Se Ana Maria não sabe escrever petições, então ela nunca escreve petições. Ana Maria nunca escreve petições. Portanto, Ana Maria não sabe escrever petições.

Comparando a validade formal dos dois argumentos e a plausibilidade das primeiras premissas de cada um, é correto concluir que
a) o argumento I é inválido e o argumento II é válido, mesmo que a primeira premissa de I seja mais plausível que a de II.
b) ambos os argumentos são válidos, a despeito das primeiras premissas de ambos serem ou não plausíveis.
c) ambos os argumentos são inválidos, a despeito das primeiras premissas de ambos serem ou não plausíveis.
d) o argumento I é inválido e o argumento II é válido, pois a primeira premissa de II é mais plausível que a de I.
e) o argumento I é válido e o argumento II é inválido, mesmo que a primeira premissa de II seja mais plausível que a de I.

08. (VUNESP – 2018) De um argumento válido com duas premissas, conclui-se corretamente que Alexandre não é casado com Carla. Uma das premissas desse argumento afirma como verdadeiro que Alexandre é casado com Carla se, e somente se, Maria é irmã de Carla. Sendo assim, uma segunda premissa verdadeira para esse argumento é
   a) Carla não é irmã de Maria.
   b) Alexandre é casado com Carla.
   c) Maria é irmã de Carla.
   d) Alexandre é irmão de Maria.
   e) Maria não é irmã de Alexandre.

09. (CESGRANRIO – 2018) Considere o seguinte argumento, no qual a conclusão foi omitida:
Premissa 1: $p \to [(\sim r) \vee (\sim s)]$
Premissa 2: $[p \vee (\sim q)] \wedge [q \vee (\sim p)]$
Premissa 3: $r \wedge s$
Conclusão: XXXXXXXXXX
Uma conclusão que torna o argumento acima válido é
   a) $\sim(p \vee q)$
   b) $(\sim q) \wedge p$
   c) $(\sim p) \wedge q$
   d) $p \wedge q$
   e) $p \vee q$

10. (FGV – 2016) Sobre os amigos Marcos, Renato e Waldo, sabe-se que:
   I. Se Waldo é flamenguista, então Marcos não é tricolor;
   II. Se Renato não é vascaíno, então Marcos é tricolor;
   III. Se Renato é vascaíno, então Waldo não é flamenguista.
Logo, deduz-se que:
   a) Marcos é tricolor;
   b) Marcos não é tricolor;
   c) Waldo é flamenguista;
   d) Waldo não é flamenguista;
   e) Renato é vascaíno.

Gabaritos

01	A
02	D
03	B
04	A
05	D
06	E
07	E
08	A
09	A
10	D

3. PSICOTÉCNICOS

Questões psicotécnicas são todas as questões em que não precisamos de conhecimento adicional para resolvê-las. As questões podem ser de associações lógicas, verdades e mentiras, sequências lógicas, problemas com datas – calendários, sudoku, entre outras.

Neste capítulo, abordaremos inicialmente as questões mais simples do raciocínio lógico para uma melhor familiarização com a matéria.

Não existe teoria, somente prática e é com ela que vamos trabalhar e aprender.

01. (FCC) Considere que os dois primeiros pares de palavras foram escritos segundo determinado critério.

Temperamento → totem

Traficante → tetra

Massificar → ?

De acordo com esse mesmo critério, uma palavra que substituiria o ponto de interrogação é:

a) ramas.
b) maras.
c) armas.
d) samar.
e) asmar.

RESPOSTA: C.

Analisando os dois primeiros pares de palavras, vemos que a segunda palavra de cada par é formada pela última sílaba + a primeira sílaba da primeira palavra do par, logo, seguindo esse raciocínio, teremos AR + MAS = armas.

02. (FCC) Observe atentamente a disposição das cartas em cada linha do esquema seguinte. A carta que está oculta é:

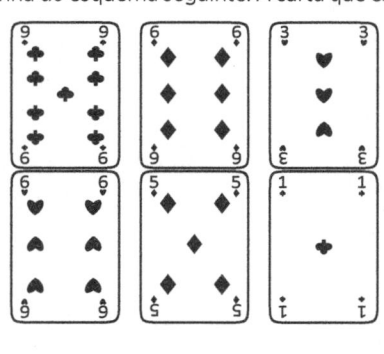

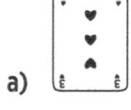

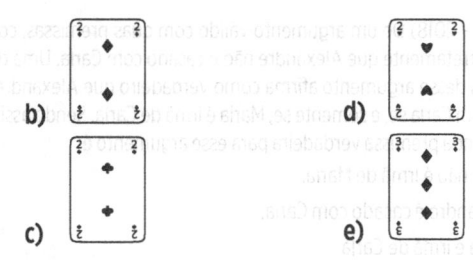

a) 3 de copas
b) (carta)
c) (carta)
d) (carta)
e) (carta)

RESPOSTA: A.

Observando cada linha (horizontal), temos nas duas primeiras os três mesmos naipes (copas, paus e ouros, só mudando a ordem) e a terceira carta é o resultado da subtração da primeira pela segunda; portanto, a carta que está oculta tem que ser o "3 de copas", pois 10 – 7 = 3 e o naipe que não apareceu na terceira linha foi o de copas.

03. (FCC) Considere a sequência de figuras abaixo. A figura que substitui corretamente a interrogação é:

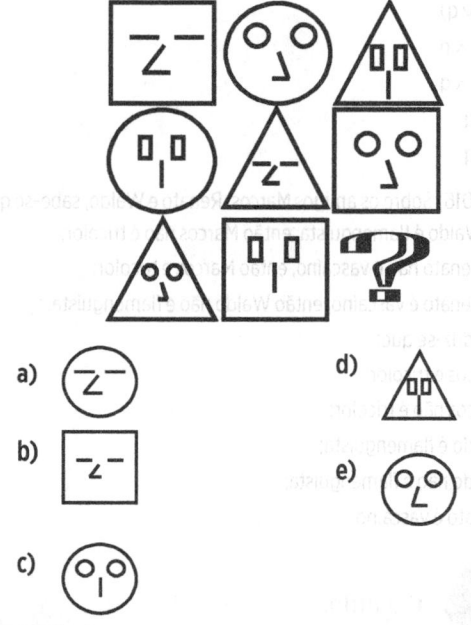

a) (figura)
b) (figura)
c) (figura)
d) (figura)
e) (figura)

RESPOSTA: A.

Veja que em cada fila (linha ou coluna) temos sempre um círculo, um triângulo e um quadrado fazendo o contorno da careta; os olhos são círculos, quadrados ou tiras; o nariz é reto, para direita ou para esquerda; sendo assim, no ponto de interrogação o que está faltando é a careta redonda com os olhos em tiras e o nariz para a esquerda.

04. (Esaf - Adaptada) Mauro, José e Lauro são três irmãos. Cada um deles nasceu em um estado diferente: um é mineiro, outro é carioca, e outro é paulista (não necessariamente nessa ordem). Os três têm, também, profissões diferentes: um é engenheiro, outro é veterinário, e outro é psicólogo (não necessariamente nessa ordem). Sabendo que José é mineiro, que o engenheiro é paulista, e que Lauro é veterinário, conclui-se corretamente que:

a) Lauro é paulista e José é psicólogo.
b) Mauro é carioca e José é psicólogo.
c) Lauro é carioca e Mauro é psicólogo.
d) Mauro é paulista e José é psicólogo.
e) Lauro é carioca e Mauro não é engenheiro.

RESPOSTA: D.

É a única resposta possível após o preenchimento da tabela e análise das alternativas.

Vamos construir uma tabela para facilitar a resolução da questão:

Nome	Estado	Profissão
José	Mineiro	Psicólogo
Mauro	Paulista	Engenheiro
Lauro	Carioca	Veterinário

De acordo com as informações:

José é mineiro;

O engenheiro é paulista;

Lauro é veterinário, note que Lauro não pode ser paulista, pois o paulista é engenheiro.

05. (FGV) Certo dia, três amigos fizeram, cada um deles, uma afirmação:

Aluísio: Hoje não é terça-feira.

Benedito: Ontem foi domingo.

Camilo: Amanhã será quarta-feira.

Sabe-se que um deles mentiu e que os outros dois falaram a verdade. Assinale a alternativa que indique corretamente o dia em que eles fizeram essas afirmações.

a) Sábado.
b) Domingo.
c) Segunda-feira.
d) Terça-feira.
e) Quarta-feira.

RESPOSTA: C.

Baseado no que foi dito na questão, Benedito e Camilo não podem, os dois, estarem falando a verdade, pois teríamos dois dias diferentes. Então, conclui-se que Aluísio falou a verdade; com isso, o que Camilo esta dizendo é mentira e, portanto Benedito também está falando a verdade. Logo, o dia em que foi feita a afirmação é uma segunda-feira.

06. (FUMARC) Heloísa, Bernardo e Antônio são três crianças. Uma delas tem 12 anos a outra tem 10 anos e a outra 8 anos. Sabe-se que apenas uma das seguintes afirmações é verdadeira:

Bernardo tem 10 anos.

Heloísa não tem 10 anos.

Antônio não tem 12 anos.

Considerando estas informações é correto afirmar que:

a) Heloísa tem 12 anos, Bernardo tem 10 anos e Antônio tem 8 anos.
b) Heloísa tem 12 anos, Bernardo tem 8 anos e Antônio tem 10 anos.
c) Heloísa tem 10 anos, Bernardo tem 8 anos e Antônio tem 12 anos.
d) Heloísa tem 10 anos, Bernardo tem 12 anos e Antônio tem 8 anos.

RESPOSTA: D.

Como a questão informa que só uma afirmação é verdadeira, vejamos qual pode ser esta afirmação: se "I" for a verdadeira, teremos Bernardo e Heloísa, os dois, com 10 anos, o que pelo enunciado da questão não é possível; se "II" for a verdadeira, teremos, mais uma vez, Bernardo e Heloísa, agora ambos com 8 anos, o que também não é possível; se "III" for a verdadeira, teremos Heloísa com 10 anos, Bernardo com 12 anos e Antônio com 8 anos.

07. (FCC) Na sentença seguinte falta a última palavra. Você deve escolher a alternativa que apresenta a palavra que MELHOR completa a sentença.

Devemos saber empregar nosso tempo vago; podemos, assim, desenvolver hábitos agradáveis e evitar os perigos da;

a) Desdita.
b) Pobreza.
c) Ociosidade.
d) Bebida.
e) Doença.

RESPOSTA: C.

Qual dessas alternativas tem a palavra que mais se relaciona com tempo vago? Agora ficou claro! Assim a palavra é OCIOSIDADE.

08. (ESAF) Três meninos, Zezé, Zozó e Zuzu, todos vizinhos, moram na mesma rua em três casas contíguas. Todos os três meninos possuem animais de estimação de raças diferentes e de cores também diferentes. Sabe-se que o cão mora em uma casa contígua à casa de Zozó; a calopsita é amarela; Zezé tem um animal de duas cores - branco e laranja; a cobra vive na casa do meio. Assim, os animais de estimação de Zezé, Zozó e Zuzu são respectivamente:

a) Cão, cobra, calopsita.
b) Cão, calopsita, cobra.
c) Calopsita, cão, cobra.
d) Calopsita, cobra, cão.
e) Cobra, cão, calopsita.

PSICOTÉCNICOS

RESPOSTA: A.

De acordo com as informações:

A cobra vive na casa do meio;

O cão mora em uma casa contígua à casa de Zozó; contígua quer dizer vizinha, e para isso Zozó só pode morar na casa do meio;

A calopsita é amarela e Zezé tem um animal de duas cores - branco e laranja; com isso o cão só pode ser de Zezé;

Vamos construir uma tabela para ficar melhor a resolução da questão:

	Casa	Casa	Casa
Nome	Zezé	Zozó	Zuzu
Animal	Cão	Cobra	Calopsita

No livro Alice no País dos Enigmas, o professor de matemática e lógica Raymond Smullyan apresenta vários desafios ao raciocínio lógico que têm como objetivo distinguir-se entre verdadeiro e falso. Considere o seguinte desafio inspirado nos enigmas de Smullyan.

Duas pessoas carregam fichas nas cores branca e preta. Quando a primeira pessoa carrega a ficha branca, ela fala somente a verdade, mas, quando carrega a ficha preta, ela fala somente mentiras. Por outro lado, quando a segunda pessoa carrega a ficha branca, ela fala somente mentira, mas, quando carrega a ficha preta, fala somente verdades.

Com base no texto acima, julgue o item a seguir.

09. (CESPE) Se a primeira pessoa diz "Nossas fichas não são da mesma cor" e a segunda pessoa diz "Nossas fichas são da mesma cor", então, pode-se concluir que a segunda pessoa está dizendo a verdade.

RESPOSTA: CERTO.

Analisando linha por linha da tabela, encontramos contradições nas três primeiras linhas, ficando somente a quarta linha como certa, o que garante que a segunda pessoa está falando a verdade.

1ª pessoa: "Nossas fichas não são da mesma cor"	2ª pessoa: "Nossas fichas são da mesma cor"
Ficha branca (verdade)	Ficha branca (mentira)
Ficha branca (verdade)	Ficha preta (verdade)
Ficha preta (mentira)	Ficha branca (mentira)
Ficha preta (mentira)	Ficha preta (verdade)

10. (CESPE) O quadro abaixo pode ser completamente preenchido com algarismos de 1 a 6, de modo que cada linha e cada coluna tenham sempre algarismos diferentes.

1				3	2
		5	6		1
	1		6		5
5	4			2	
		3	2	4	
4			2		3

RESPOSTA: CERTO.

Vamos preencher o quadro, de acordo com o que foi pedido:

1	6	4	5	3	2
3	2	5	6	4	1
2	1	6	3	5	4
5	4	3	1	2	6
6	3	2	4	1	5
4	5	1	2	6	3

Questões

01. (FCC – 2019) Ana, Beatriz e Célia moram com suas avós Sandra, Adélia e Maria em Franca, Campinas e em Araras, não necessariamente nas ordens indicadas. Além disso, sabe-se que:

– Beatriz não é neta de Maria.

– Ana não mora em Araras e é neta de Sandra.

– A menina que mora em Franca é neta de Adélia.

Desse modo, é correto afirmar que:

a) Maria mora em Campinas.
b) Adélia é avó de Célia.
c) Sandra mora em Franca.
d) Célia mora em Campinas.
e) Beatriz mora em Franca.

02. (IBADE – 2019) As informações abaixo referem-se aos pratos típicos que cinco amigas costumam comer em Porto Velho.

- Aline e Juliana não comem tacacá;
- Márcia e Fabiane não comem pato no tucupi nem bolo de macaxeira;
- Dandara não come filé de dourado nem caldeirada;
- Aline não come pato no tucupi;
- Dandara não come pato no tucupi nem bolo de macaxeira;
- Fabiane não come caldeirada.

Nessas condições, considerando que cada uma delas come um único prato típico, aquele que come bolo de macaxeira é:

a) Fabiane
b) Dandara
c) Juliana
d) Aline
e) Márcia

03. (IBADE – 2019) Nas férias, três técnicas em assuntos educacionais – Ana, Beatriz e Cátia – escolheram, num dado mês, um único ponto turístico para visitar. Considere que:

- os pontos turísticos escolhidos por elas foram: Memorial Rondon, Mercado Cultural e Parque Chico Mendes;
- os meses em que fizeram as visitas foram: dezembro, janeiro e fevereiro;
- Cátia visitou o Memorial Rondon;
- A técnica que visitou o Mercado Cultural foi no mês de dezembro;
- Ana visitou o seu ponto turístico no mês de fevereiro.

Nessas condições, é correto afirmar que:

a) Ana visitou o Mercado Cultural.
b) Cátia visitou seu ponto turístico em dezembro.

c) Beatriz visitou o Mercado Cultural.
d) Ana não visitou o Parque Chico Mendes.
e) Beatriz visitou o Parque Chico Mendes.

04. (IBADE – 2019) Para garantir que haverá pelo menos 100 alunos fazendo aniversário no mesmo mês, a quantidade de pessoas que deve estar matriculada em uma escola é de:
a) 1188.
b) 1212.
c) 1200.
d) 1189.
e) 1201.

05. (FCC – 2019) Um dado é um cubo, onde em cada face colocamos de 1 a 6 pontos, de tal maneira que a soma dos pontos que ficam em cada par de faces opostas é sempre 7.
Quatro dados foram empilhados como na figura abaixo.

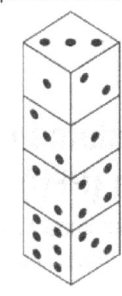

A soma dos pontos das faces que não aparecem na figura é
a) 36
b) 39
c) 47
d) 49
e) 59

06. (VUNESP – 2019) Considere a sequência:
4.444.445; 4.444.450; 444.445; 444.450; 44.445; 44.450; 4.445; ...
A soma do 5º termo com o 6º termo supera a soma do 11º termo com o 12º termo em
a) 888.800.
b) 888.880.
c) 88.800.
d) 88.880.
e) 88.000.

07. (VUNESP – 2019) Um grupo é formado por 5 garotos e sabe-se que suas idades podem ser 11 ou 12 ou 15 anos. Esses garotos sabem a própria idade e sabem as idades dos outros. Os garotos foram questionados sobre a soma das suas idades (a soma das idades dos cinco garotos), e eles responderam, respectivamente, 57 anos, 58 anos, 59 anos, 60 anos e 61 anos. Sabendo-se que, quem tem 12 anos mentiu na resposta, e quem não tem 12 anos disse a verdade, a soma das idades desses cinco garotos, em anos, é
a) 61.
b) 60.
c) 59.
d) 58.
e) 57.

08. (IADES – 2019) Suponha que, em uma unidade prisional, após um pequeno motim debelado pelos agentes de segurança prisional, três presos A, B e C tenham sido levados ao interrogatório para esclarecimento do fato. Os três presos trocaram acusações entre si e deram as declarações a seguir.
– O preso B está mentido – disse o preso A.
– O preso C está mentindo – disse o preso B.
– O preso A e o preso B estão mentindo – disse o preso C.
Com base nessas declarações, é correto concluir que
a) apenas C mente.
b) A e B mentem.
c) apenas A mente.
d) A e C mentem.
e) apenas B mente.

09. (VUNESP – 2019) Em uma ilha, ou os nativos pertencem à tribo dos mentirosos (sempre mentem) ou pertencem à tribo dos honestos (sempre dizem a verdade). Caminhando pela ilha, encontrei 5 nativos e soube por uma pessoa da tribo dos honestos que seus nomes eram Akin, Babu, Garai, Kumi e Simba. Eles se apresentaram da seguinte maneira:
Akin: bem-vindo, Kumi e Simba são da minha tribo.
Babu: bem-vindo, amanhã é feriado.
Garai: bem-vindo, Akin é da minha tribo.
Kumi: bem-vindo, não temos feriados nessa ilha.
Simba: bem-vindo, Garai é mentiroso.
Entre esses cinco nativos, dois são mentirosos e seus nomes são:
a) Akin e Babu.
b) Akin e Simba.
c) Akin e Kumi.
d) Babu e Garai.
e) Babu e Kumi.

10. (FUNDEP – 2019) Oto, Téo e Tom são três amigos que trabalham juntos. Dois deles têm 34 anos de idade e sempre dizem mentira. Já o outro amigo, que tem 40 anos de idade, diz sempre a verdade.
Se Téo disse que a idade de Tom não é 34 anos de idade, então é correto afirmar que
a) Oto tem 34 anos de idade.
b) Téo e Tom sempre mentem.
c) Téo tem 40 anos de idade.
d) Tom diz sempre a verdade.

Gabaritos

01	E	06	C
02	D	07	C
03	C	08	D
04	D	09	D
05	E	10	B

ANÁLISE COMBINATÓRIA

4. ANÁLISE COMBINATÓRIA

As primeiras atividades matemáticas da humanidade estavam ligadas à contagem de objetos de um conjunto, enumerando seus elementos.

Vamos estudar, aqui, algumas técnicas para a descrição e contagem de todos os casos possíveis de um acontecimento.

4.1 Definição

A análise combinatória é utilizada para descobrir o **número de maneiras possíveis** de realizar determinado evento, sem que seja necessário demonstrar todas essas maneiras.

> **Ex.:** Quantos são os pares formados pelo lançamento de dois **"dados"** simultaneamente?

No primeiro dado, temos 6 possibilidades – do 1 ao 6 – e, no segundo dado, também temos 6 possibilidades – do 1 ao 6. Juntando todos os pares formados, temos 36 pares (6 . 6 = 36).

(1,1), (1,2), (1,3), (1,4), (1,5), (1,6),
(2,1), (2,2), (2,3), (2,4), (2,5), (2,6),
(3,1), (3,2), (3,3), (3,4), (3,5), (3,6),
(4,1), (4,2), (4,3), (4,4), (4,5), (4,6),
(5,1), (5,2), (5,3), (5,4), (5,5), (5,6),
(6,1), (6,2), (6,3), (6,4), (6,5), (6,6);

Logo, temos **36 pares**.

Não há necessidade de expor todos os pares formados, basta que saibamos quantos pares são.

Imagine se fossem 4 dados e quiséssemos saber todas as quadras possíveis, o resultado seria 1296 quadras. Um número inviável de ser representado. Por isso utilizamos a Análise Combinatória.

Para resolver as questões de Análise Combinatória, utilizamos algumas técnicas, que veremos a partir de agora.

4.2 Fatorial

É comum, nos problemas de contagem, calcularmos o produto de uma multiplicação cujos fatores são números naturais consecutivos. Fatorial de um número (natural) é a multiplicação deste número por todos os seus antecessores, em ordem, até o número 1.

$$n! = n(n-1)(n-2)...3.2.1, \text{ sendo } n \in \mathbb{N} \text{ e } n > 1.$$

Por definição, temos:
→ $0! = 1$
→ $1! = 1$

Ex.: $4! = 4 \cdot 3 \cdot 2 \cdot 1 = 24$
$6! = 6 \cdot 5 \cdot 4 \cdot 3 \cdot 2 \cdot 1 = 720$
$8! = 8 \cdot 7 \cdot 6 \cdot 5 \cdot 4 \cdot 3 \cdot 2 \cdot 1 = 40320$

Observe que:
$6! = 6 \cdot 5 \cdot 4!$
$8! = 8 \cdot 7 \cdot 6!$

Para n = 0, teremos: $0! = 1$.
Para n = 1, teremos: $1! = 1$.

Ex.: *Qual deve ser o valor numérico de n para que a equação $(n + 2)! = 20 \cdot n!$ seja verdadeira?*

O primeiro passo na resolução deste problema consiste em escrevermos **(n + 2)!** em função de **n!**, em busca de uma equação que não mais contenha fatoriais:

$(n+2)(n+1)n! = 20n!$, dividindo por n!, temos:
$(n+2)(n+1) = 20$, fazendo a distributiva
$n^2 + 3n + 2 = 20 \Rightarrow n^2 + 3n - 18 = 0$

Rapidamente concluímos que as raízes procuradas são **-6** e **3**, mas como não existe fatorial de números negativos, já que eles não pertencem ao conjunto dos números naturais, ficamos apenas com a raiz igual a **3**.

Portanto:

O valor numérico de n, para que a equação seja verdadeira, é igual a 3.

4.3 Princípio Fundamental da Contagem (PFC)

É uma das técnicas mais importantes e uma das mais utilizadas nas questões de Análise Combinatória.

O PFC é utilizado nas questões em que os elementos podem ser repetidos **ou** quando a ordem dos elementos fizer diferença no resultado.

> **Atenção**
> Esses "elementos" são os dados das questões, os valores envolvidos.

Consiste de dois princípios: o **multiplicativo** e o **aditivo**. A diferença dos dois consiste nos termos utilizados durante a resolução das questões.

Multiplicativo: usado sempre que na resolução das questões utilizarmos o termo "**e**". Como o próprio nome já diz, faremos multiplicações.

Aditivo: usado quando utilizarmos o termo "**ou**". Aqui realizaremos somas.

Ex.: Quantas senhas de 3 algarismos são possíveis com os algarismos 1, 3, 5 e 7?

Como nas senhas os algarismos podem ser repetidos, para formar senhas de 3 algarismos temos a seguinte possibilidade:

SENHA = Algarismo E Algarismo E Algarismo

Nº de SENHAS = 4 . 4 . 4 (já que são 4 os algarismos que temos na questão, e observe o princípio multiplicativo no uso do "e"). Nº de SENHAS = 64.

Ex.: Quantos são os números naturais de dois algarismos que são múltiplos de 5?

Como o zero à esquerda de um número não é significativo, para que tenhamos um número natural com dois algarismos, ele deve começar com um dígito de 1 a 9. Temos, portanto, 9 possibilidades.

Para que o número seja um múltiplo de 5, ele deve terminar em 0 ou 5, portanto temos apenas 2 possibilidades. A multiplicação de 9 por 2 nos dará o resultado desejado. Logo: São 18 os números naturais de dois algarismos que são múltiplos de 5.

4.4 Arranjo e Combinação

Duas outras técnicas usadas para resolução de problemas de análise combinatória, sendo importante saber quando usa cada uma delas.

Arranjo: usado quando os elementos (envolvidos no cálculo) não podem ser repetidos E quando a ordem dos elementos faz diferença no resultado

A fórmula do arranjo é:

$$A_{n,p} = \frac{n!}{(n-p)!}$$

Sendo:

n = todos os elementos do conjunto;

p = os elementos utilizados.

Ex.: pódio de competição.

Combinação: usado quando os elementos (envolvidos no cálculo) não podem ser repetidos E quando a ordem dos elementos não faz diferença no resultado.

A fórmula da combinação é:

$$C_{n,p} = \frac{n!}{p! \cdot (n-p)!}$$

Sendo:

n = a todos os elementos do conjunto;

p = os elementos utilizados.

Ex.: salada de fruta.

4.5 Permutação

Permutação simples

Seja E um conjunto com n elementos. Chama-se permutação simples dos n elementos, qualquer agrupamento (sequência) de n elementos distintos de E em outras palavras, permutacao é a ORGANIZACAO de TODOS os elementos. Em outras palavras, permutação a ORGANIZAÇÃO de TODOS os elementos

Podemos, também, interpretar cada permutação de **n** elementos como um arranjo simples de **n** elementos tomados **n** a **n**, ou seja, p = n.

Nada mais é do que um caso particular de arranjo cujo p = n.
Logo:
Assim, a fórmula da permutação é:

$$P_n = n!$$

Ex.: Quantos anagramas têm a palavra prova?

A palavra **prova** tem 5 letras, e nenhuma repetida, sendo assim **n** = 5, e:

$P_5 = 5!$

$P_5 = 5 \cdot 4 \cdot 3 \cdot 2 \cdot 1$

$P_5 = 120$ anagramas

Atenção

As permutações são muito usadas nas questões de anagramas.

Anagramas: todas as palavras formadas com todas as letras de uma palavra, quer essas novas palavras tenham sentido ou não na linguagem comum.

Permutação com elementos repetidos

Na permutação com elementos repetidos, usa-se a seguinte fórmula:

$$P_n^{k,y,\ldots,w} = \frac{n!}{k! \cdot y! \cdot \ldots \cdot w!}$$

Sendo:

n = o número total de elementos do conjunto;

k, y, w = as quantidades de elementos repetidos.

Ex.: Quantos anagramas têm a palavra concurso?

Observe que na palavra **CONCURSO** existem duas letras repetidas, o "C" e o "O", e cada uma duas vezes, portanto n = 8, k = 2 e y = 2, agora:

$$P_8^{2,2} = \frac{8!}{2! \cdot 2!}$$

$$P_8^{2,2} = \frac{8 \cdot 7 \cdot 6 \cdot 5 \cdot 4 \cdot 3 \cdot 2!}{2 \cdot 1 \cdot 2!} \; (Simplificando\; o\; 2!)$$

$$P_8^{2,2} = \frac{20.160}{2}$$

$$P_8^{2,2} = 10.080\; anagramas$$

ANÁLISE COMBINATÓRIA

Resumo:

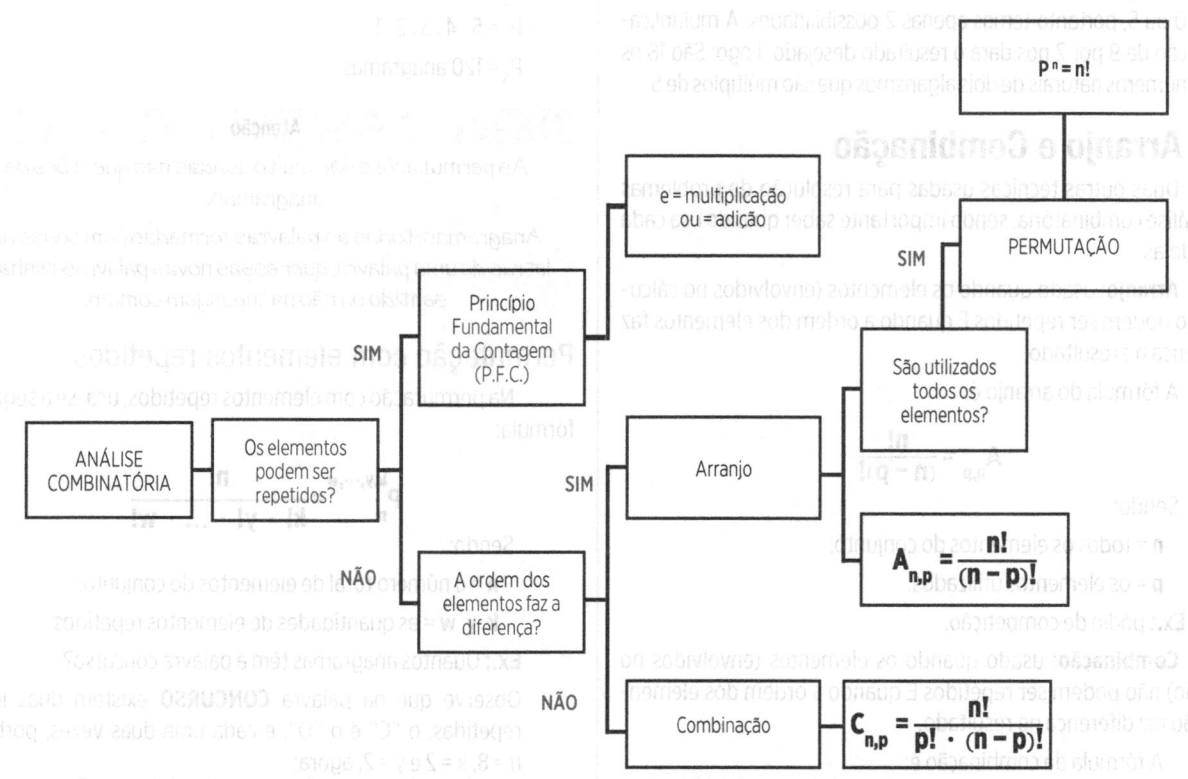

```
ANÁLISE COMBINATÓRIA → Os elementos podem ser repetidos?
  SIM → Princípio Fundamental da Contagem (P.F.C.) → e = multiplicação / ou = adição
  NÃO → A ordem dos elementos faz a diferença?
    SIM → Arranjo → São utilizados todos os elementos?
      SIM → PERMUTAÇÃO → $P^n = n!$
      (não) → $A_{n,p} = \dfrac{n!}{(n-p)!}$
    NÃO → Combinação → $C_{n,p} = \dfrac{n!}{p! \cdot (n-p)!}$
```

Para saber qual das técnicas utilizar basta fazer duas, no máximo, três perguntas para a questão, veja:

Os elementos podem ser repetidos?

Se a resposta for sim, deve-se trabalhar com o PFC; se a resposta for não, passe para a próxima pergunta;

A ordem dos elementos faz diferença no resultado da questão?

Se a resposta for sim, trabalha-se com arranjo; se a resposta for não, trabalha-se com as combinações (todas as questões de arranjo podem ser feitas por PFC).

(Opcional): vou utilizar todos os elementos para resolver a questão?

Para fazer a 3ª pergunta, depende, se a resposta da 1ª for não e a 2ª for sim; se a resposta da 3ª for sim, trabalha-se com as permutações.

Permutações circulares e combinações com repetição

Casos especiais dentro da análise combinatória

Permutação Circular: usada quando houver giro horário ou anti-horário. Na permutação circular o que importa são as posições, não os lugares.

$$Pc(n) = (n-1)!$$

Sendo:

n = o número total de elementos do conjunto;

Pc = permutação circular.

Combinação com Repetição: usada quando p > n ou quando a questão deixar subentendido que pode haver repetição.

$$C_{r(n,p)} = C_{(n+p-1,p)} = \dfrac{(n+p-1)!}{p! \cdot (n-1)!}$$

Sendo:

n = o número total de elementos do conjunto;

p = o número de elementos utilizados;

Cr = combinação com repetição.

Questões

01. (ESPCEX) Os alunos de uma escola realizam experiências no laboratório de Química utilizando 8 substâncias diferentes. O experimento consiste em misturar quantidades iguais de duas dessas substâncias e observar o produto obtido. O professor recomenda, entretanto, que as substâncias S1, S2 e S3 não devem ser misturadas entre si, pois produzem como resultado o gás metano, de odor muito ruim. Assim, o número possível de misturas diferentes que se pode obter, sem produzir o gás metano é:
a) 16
b) 24
c) 25
d) 28
e) 56

02. (EEAR) Considere todos os anagramas que podem ser formados com as letras da palavra COLHER. O número dos que começam com a letra C é:
a) 2
b) 6
c) 24
d) 120

03. (CEV) Em uma sala há "x" homens e 8 mulheres. Os homens cumprimentam-se entre si e cumprimentam todas as mulheres, mas as mulheres não se cumprimentam entre si. Houve 50 cumprimentos. Quantos homens havia na sala?
a) 6
b) 8
c) 4
d) 5
e) 7

04. (CESGRANRIO) Pedrinho precisava inventar uma bandeira para representar seu grupo em um trabalho escolar. Ele criou uma bandeira simples, de quatro listras verticais, representada abaixo.

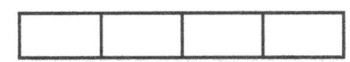

Pedrinho decidiu pintar sua bandeira utilizando as quatro cores da bandeira do Estado de Rondônia. De quantos modos essa bandeira poderá ser pintada, se duas listras seguidas devem, obrigatoriamente, ser de cores diferentes?
a) 24
b) 48
c) 72
d) 96
e) 108

05. (CEPERJ) Uma permutação de um número natural é um outro número natural que possui exatamente os mesmos algarismos em outra ordem. Se todas as permutações do número 31452 foram escritas em ordem crescente, o número que ocupará a 80ª posição nessa lista será:
a) 32154
b) 34251
c) 35142
d) 41352
e) 42153

06. (CESGRANRIO) Quantos números naturais de 5 algarismos apresentam dígitos repetidos?
a) 27.216
b) 59.760
c) 62.784
d) 69.760
e) 72.784

Gabaritos

01	C	04	E
02	D	05	E
03	D	06	C

5. PROBABILIDADE

A que temperatura a água entra em ebulição? Se largarmos uma bola, com que velocidade ela atinge o chão? Conhecidas certas condições, é perfeitamente possível responder a essas duas perguntas, antes mesmo da realização desses experimentos.

Esses experimentos são denominados determinísticos, pois neles os resultados podem ser previstos.

Considere agora os seguintes experimentos:

> No lançamento de uma moeda, qual a face voltada para cima?
> No lançamento de um dado, que número saiu?
> Uma carta foi retirada de um baralho completo. Que carta é essa?

Mesmo se esses experimentos forem repetidos várias vezes, nas mesmas condições, não poderemos prever o resultado.

Um experimento cujo resultado, mesmo que único, é imprevisível, é denominado experimento aleatório. E é justamente ele que nos interessa neste estudo. Um experimento ou fenômeno aleatório apresenta as seguintes características:

> Pode se repetir várias vezes nas mesmas condições;
> É conhecido o conjunto de todos os resultados possíveis;
> Não se pode prever o resultado.

A teoria da probabilidade surgiu para nos ajudar a medir a "chance" de ocorrer determinado resultado em um experimento aleatório.

5.1 Definições

Para o cálculo das probabilidades, temos que saber primeiro 3 (três) conceitos básicos acerca do tema:

Atenção
Maneiras possíveis de se realizar determinado evento (análise combinatória)
≠ (diferente)
Chance de determinado evento ocorrer (probabilidade).

Experimento Aleatório: é o experimento em que não é possível GARANTIR o resultado, mesmo que esse seja feito diversas vezes nas mesmas condições.

Ex.: Lançamento de uma moeda: ao lançarmos uma moeda os resultados possíveis são o de cara e o de coroa, mas não tem como garantir qual será o resultado desse lançamento.

Ex.: Lançamento de um dado: da mesma forma que a moeda, não temos como garantir qual o resultado (1, 2, 3, 4, 5 e 6) desse lançamento.

Espaço Amostral - (Ω) ou (U): é o conjunto de todos os resultados possíveis para um experimento aleatório.

Ex.: Na moeda: o espaço amostral na moeda é Ω = 2, pois só temos dois resultados possíveis para esse experimento, que é ou CARA ou COROA.

Ex.: No "dado": o espaço amostral no "dado" é U = 6, pois temos do 1 (um) ao 6 (seis), como resultados possíveis para esse experimento.

Evento: Qualquer subconjunto do espaço amostral é chamado evento. No lançamento de um dado, por exemplo, em relação à face voltada para cima, podemos ter os eventos:

> O número par: {2, 4, 6}.
> O número ímpar: {1, 3, 5}.
> Múltiplo de 8: { }.

5.2 Fórmula da Probabilidade

Considere um experimento aleatório em que para cada um dos n eventos simples, do espaço amostral U, a chance de ocorrência é a mesma. Nesse caso o cálculo da probabilidade de um evento qualquer dado pela fórmula:

$$P(A) = \frac{n(A)}{n(U)}$$

Na expressão acima, **n (U)** é o número de elementos do espaço amostral **U** e **n (A)**, o número de elementos do evento **A**.

$$P = \frac{evento}{espaço\ amostral}$$

Os valores da probabilidade variam de 0 (0%) a 1 (100%).

Quando a probabilidade é de 0 (0%), diz-se que o evento é impossível.

Ex.: Chance de você não passar num concurso.

Quando a probabilidade é de 1 (100%), diz-se que o evento é certo.

Ex.: Chance de você passar num concurso.

Qualquer outro valor entre 0 e 1, caracteriza-se como a probabilidade de um evento.

Na probabilidade também se usa o PFC, ou seja sempre que houver duas ou mais probabilidades ligadas pelo conectivo "e" elas serão multiplicadas, e quando for pelo "ou", elas serão somadas.

5.3 Eventos Complementares

Dois eventos são ditos **complementares** quando a chance do evento ocorrer somado à chance de ele não ocorrer sempre dá 1 (um).

$$P(A) + P(\bar{A}) = 1$$

Sendo:

P(A) = a probabilidade do evento ocorrer;

P(Ā) = a probabilidade do evento não ocorrer.

5.4 Casos Especiais de Probabilidade

A partir de agora veremos algumas situações típicas da probabilidade, que servem para não perdermos tempo na resolução das questões.

Eventos independentes

Dois ou mais eventos são independentes quando não dependem uns dos outros para acontecer, porém ocorrem simultaneamente. Para calcular a probabilidade de dois ou mais eventos independentes, basta multiplicar a probabilidade de cada um deles.

Ex.: Uma urna tem 30 bolas, sendo 10 vermelhas e 20 azuis. Se sortearmos 2 bolas, 1 de cada vez e repondo a sorteada na urna, qual será a probabilidade de a primeira ser vermelha e a segunda ser azul?

Sortear uma bola vermelha da urna não depende de uma bola azul ser sorteada e vice-versa, então a probabilidade da bola ser vermelha é $\frac{10}{30}$, e para a bola ser azul a probabilidade é $\frac{20}{30}$. Dessa forma, a probabilidade de a primeira bola ser vermelha e a segunda azul é:

$$P = \frac{20}{30} \cdot \frac{10}{30}$$

$$P = \frac{200}{900}$$

$$P = \frac{2}{9}$$

Probabilidade condicional

É a probabilidade de um evento ocorrer sabendo que já ocorreu outro, relacionado a esse.

A fórmula para o cálculo dessa probabilidade é:

$$P_{A/B} = \frac{P_{(A \cap B)}}{P_B}$$

$$P = \frac{\text{probabilidade dos eventos simultâneos}}{\text{probabilidade do evento condicional}}$$

Probabilidade da união de dois eventos

Assim como na teoria de conjuntos, faremos a relação com a fórmula do número de elementos da união de dois conjuntos. É importante lembrar que "ou" significa união.

A fórmula para o cálculo dessa probabilidade é:

$$P(A \cup B) = P(A) + P(B) - P(A \cap B)$$

Ex.: Ao lançarmos um dado, qual é a probabilidade de obtermos um número primo ou um número ímpar?

Os números primos no dado são 2, 3 e 5, já os números ímpares no dado são 1, 3 e 5, então os números primos e ímpares são 3 e 5. Aplicando a fórmula para o cálculo da probabilidade fica:

$$P_{(A \cup B)} = \frac{3}{6} + \frac{3}{6} - \frac{2}{6}$$

$$P_{(A \cup B)} = \frac{4}{6}$$

$$P_{(A \cup B)} = \frac{2}{3}$$

Probabilidade binomial

Essa probabilidade é a chamada probabilidade estatística e será tratada aqui de forma direta e com o uso da fórmula.

A fórmula para o cálculo dessa probabilidade é:

$$P = C_{n,s} \cdot P_{\text{sucesso}}^{s} \cdot P_{\text{fracasso}}^{f}$$

Sendo:

C = o combinação;

n = o número de repetições do evento;

s = o números de "sucessos" desejados;

f = o número de "fracassos".

Questões

01. (CESPE) Nas eleições majoritárias, em certo estado, as pesquisas de opinião mostram que a probabilidade de os eleitores votarem no candidato X à presidência da República ou no candidato Y a governador do estado é igual a 0,7; a probabilidade de votarem no candidato X é igual a 0,51 e a probabilidade de votarem no candidato Y é igual a 0,39. Nessa situação, a probabilidade de os eleitores desse estado votarem nos candidatos X e Y é igual a:
a) 0,19
b) 0,2
c) 0,31
d) 0,39
e) 0,5

02. (CESPE) Em uma pesquisa de opinião, foram entrevistados 2.400 eleitores de determinado estado da Federação, acerca dos candidatos A, ao Senado Federal, e B, à Câmara dos Deputados, nas próximas eleições. Das pessoas entrevistadas, 800 votariam no candidato A e não votariam em B, 600 votariam em B e não votariam em A e 600 não votariam em nenhum desses dois candidatos.

Com base nessa pesquisa, a probabilidade de um eleitor desse estado, escolhido ao acaso:
a) Votar em apenas um desses dois candidatos será igual a 0,5.
b) Não votar no candidato A será igual a 1/3.
c) Votar no candidato A ou no candidato B será igual a 0,75.
d) Votar nos candidatos A e B será igual a 0,2.
e) Votar no candidato B e não votar no candidato A será igual a 1/3.

RACIOCÍNIO LÓGICO E MATEMÁTICA

PROBABILIDADE

03. (CESGRANRIO) Dois dados comuns, "honestos", são lançados simultaneamente. A probabilidade do evento "a soma dos valores dos dados é ímpar e menor que 10" é igual a:
a) 4/11
b) 17/36
c) 4/9
d) 12/36
e) 3/8

04. (ESAF) As apostas na Mega-Sena consistem na escolha de 6 a 15 números distintos, de 1 a 60, marcados em volante próprio. No caso da escolha de 6 números tem-se a aposta mínima e no caso da escolha de 15 números tem-se a aposta máxima. Como ganha na Mega-Sena quem acerta todos os seis números sorteados, o valor mais próximo da probabilidade de um apostador ganhar na Mega-Sena ao fazer a aposta máxima é o inverso de:
a) 20.000.000
b) 3.300.000
c) 330.000
d) 100.000
e) 10.000

05. (ESAF) Em um experimento binomial com três provas, a probabilidade de ocorrerem dois sucessos é doze vezes a probabilidade de ocorrerem três sucessos. Desse modo, as probabilidades de sucesso e fracasso são, em percentuais, respectivamente, iguais a:
a) 80% e 20%
b) 30% e 70%
c) 60% e 40%
d) 20% e 80%
e) 25% e 75%

06. (FCC) Para disputar a final de um torneio internacional de natação, classificaram-se 8 atletas: 3 norte-americanos, 1 australiano, 1 japonês, 1 francês e 2 brasileiros. Considerando que todos os atletas classificados são ótimos e têm iguais condições de receber uma medalha (de ouro, prata ou bronze), a probabilidade de que pelo menos um brasileiro esteja entre os três primeiros colocados é igual a:
a) 5/14
b) 3/7
c) 4/7
d) 9/14
e) 5/7

Gabaritos

01	B	04	E
02	C	05	D
03	C	06	D

6. SEQUÊNCIAS NUMÉRICAS

Neste capítulo, será possível verificar a formação de uma sequência e também do que trata a P.A. (Progressão Aritmética) e a P.G. (Progressão Geométrica).

6.1 Conceitos

Sequências: conjuntos de elementos organizados de acordo com certo padrão, ou seguindo determinada regra. O conhecimento das sequências é fundamental para a compreensão das progressões.

Progressões: as progressões são sequências numéricas com algumas características exclusivas.

Cada elemento das sequências e/ou progressões são denominados termos.

Sequência dos números quadrados perfeitos:
(1, 4, 9, 16, 25, 36, 49, 64, 81, 100...);

Sequência dos números primos: (2, 3, 5, 7, 11, 13, 17, 19, 23, 29, 31, 37, 41, 43, 47, 53...).

Veja que na sequência dos números quadrados perfeitos a lei que determina sua formação é: $a_n = n^2$.

6.2 Lei de Formação de uma Sequência

Para determinarmos uma sequência numérica, precisamos de uma lei de formação. A lei que define a sequência pode ser a mais variada possível.

Ex.: A sequência definida pela lei $a_n = n^2 + 1$, com "n" $\in$ N, cujo a_n é o termo que ocupa a n-ésima posição na sequência é: 0, 2, 5, 10, 17, 26... Por esse motivo, a_n é chamado de termo geral da sequência.

6.3 Progressão Aritmética (P.A.)

Progressão aritmética é uma sequência numérica em que cada termo, a partir do segundo, é igual ao anterior adicionado a um número fixo, chamado razão da progressão (r).

Quando r > 0, a progressão aritmética é crescente; quando r < 0, decrescente e quando r = 0, constante ou estacionária.

> (2, 5, 8, 11, ...), temos r = 3. Logo, a P.A. é crescente.
> (20, 18, 16, 14, ...), temos r = -2. Logo, a P.A. é decrescente.
> (5, 5, 5, 5, ...), temos r = 0. Logo, a P.A. é constante.

A representação matemática de uma progressão aritmética é:

$$\begin{cases} a_2 = a_1 + r \\ a_3 = a_2 + r \\ a_4 = a_3 + r \\ \vdots \end{cases}$$

$(a_1, a_2, a_3, ..., a_n, a_{n+1}, ...)$ na qual:

Se a razão de uma PA é a quantidade que acrescentamos a cada termo para obter o seguinte, podemos dizer que ela é igual à diferença entre qualquer termo, a partir do segundo, e o anterior. Assim, de modo geral, temos:

$$r = a_2 - a_1 = a_3 - a_2 = \cdots = a_{n+1} - a_n$$

Para encontrar um termo específico, a quantidade de termos ou até mesmo a razão de uma P.A., dispomos de uma relação chamada termo geral de uma P.A.: $a_n = a_1 + (n-1)r$, onde:

> a_n é o termo geral;
> a_1 é o primeiro termo;
> n é o número de termos;
> r é a razão da P.A.

Propriedades:

P_1. Em toda P.A. finita, a soma de dois termos equidistantes dos extremos é igual à soma dos extremos.

```
1    3    5    7    9    11
          5 + 7 = 12
     3 + 9 = 12
1 + 11 = 12
```

OBS.: Dois termos são equidistantes quando a distância entre um deles para o primeiro termo da P.A. é igual a distância do outro para o último termo da P.A.

P_2. Uma sequência de três termos é P.A. se, e somente se, o termo médio é igual à média aritmética entre os outros dois, isto é: (a,b,c) é P.A. $\Leftrightarrow b = \frac{(a+c)}{2}$

Ex.: seja a P.A. (2, 4, 6), então, $4 = \frac{2+6}{2}$

P_3. Em uma P.A. com número ímpar de termos, o termo médio é a média aritmética entre os extremos.

Ex.: (3, 6, 9, 12, 15, 18, 21, 24, 27, 30, 33, 36, 39), $21 = \frac{3+39}{2}$

P_4. A soma S_n dos n primeiros termos da PA $(a_1, a_2, a_3, ... a_n)$ é dada por:

$$S_n = \frac{(a_1 + a_n)}{2} \cdot n$$

Ex.: Calcule a soma dos temos da P.A. (1, 4, 7, 10, 13, 16, 19, 22, 25).

Resolução:

$a_1 = 1; a_n = 25; n = 9$

$$S_n = \frac{(a_1 + a^n) \cdot n}{2}$$

$$S_n = \frac{(1 + 25) \cdot 9}{2}$$

$$S_n = \frac{(26) \cdot 9}{2}$$

$$S_n = \frac{234}{2}$$

$$S_n = 117$$

SEQUÊNCIAS NUMÉRICAS

Interpolação aritmética

Interpolar significa inserir termos, ou seja, interpolação aritmética é a colocação de termos entre os extremos de uma P.A. Consiste basicamente em descobrir o valor da razão da P.A. e, com, isso inserir esses termos.

Utiliza-se a fórmula do termo geral para a resolução das questões, em que "**n**" será igual a "**k + 2**", cujo "**k**" é a quantidade de termos que se quer interpolar.

Ex.: Insira 5 termos em uma P.A. que começa com 3 e termina com 15.

Resolução:
$a_1 = 3$; $a_n = 15$; $k = 5$ e $n = 5 + 2 = 7$
$a_n = a_1 + (n-1) \cdot r$
$15 = 3 + (7-1) \cdot r$
$15 = 3 + 6r$
$6r = 15 - 3$
$6r = 12$
$r = \dfrac{12}{6}$
$r = 2$

Então, P.A. (3, 5, 7, 9, 11, 13, 15)

6.4 Progressão Geométrica (P.G.)

Progressão geométrica é uma sequência de números não nulos em que cada termo, a partir do segundo, é igual ao anterior multiplicado por um número fixo, chamado razão da progressão (q).

A representação matemática de uma progressão geométrica é $(a_1, a_2, a_3, ..., a_{n-1}, a_n)$, na qual $a_2 = a_1 \cdot q$, $a_3 = a_2 \cdot q$,... etc. De modo geral, escrevemos: $a_{n+1} = a_n \cdot q$, $\forall n \in \mathbb{N}^*$ e $q \in \mathbb{R}$.

Em uma P.G., a razão q é igual ao quociente entre qualquer termo, a partir do segundo, e o anterior. Exemplo:

→ (4, 8, 16, 32, 64)
$q = \dfrac{8}{4} = \dfrac{16}{8} = \dfrac{32}{16} = \dfrac{64}{32} = 2$

→ (6, -18, 54, -162)
$q = \dfrac{186}{6} = \dfrac{54}{-18} = \dfrac{-162}{54} = -3$

Assim, podemos escrever:
$\dfrac{a_2}{a_1} = \dfrac{a_3}{a_2} = \cdots = \dfrac{a_{n+1}}{a_n} = q$, sendo q a razão da P.G.

Podemos classificar uma P.G. como:

→ Crescente:
> Quando $a_1 > 0$ e $q > 1$
(2, 6, 18, 54, ...) é uma P.G. crescente com $a_1 = 2$ e $q = 3$
> Quando $a_1 < 0$ e $0 < q < 1$
(-40, -20, -10, ...) é uma P.G. crescente com $a_1 = -40$ e $q = 1/2$

→ Decrescente:
> Quando $a_1 > 0$ e $0 < q < 1$
(256, 64, 16, ...) é uma P.G. decrescente, com $a_1 = 256$ e $q = 1/4$
> Quando $a_1 < 0$ e $q > 1$
(-2, -10, -50, ...) é uma P.G. decrescente, com $a_1 = -2$ e $q = 5$

→ Constante:
> Quando $q = 1$
(3, 3, 3, 3, 3, ...) é uma P.G. constante, com $a_1 = 3$ e $q = 1$

→ Alternada:
> Quando $q < 0$
(2, -6, 18, -54) é uma P.G. alternada, com $a_1 = 2$ e $q = -3$

A fórmula do termo geral de uma PG nos permite encontrar qualquer termo da progressão.

$$a_n = a_1 \cdot q^{n-1}$$

Propriedades:

P₁. Em toda P.G. finita, o produto de dois termos equidistantes dos extremos é igual ao produto dos extremos.

1 3 9 27 81 243
9 · 27 = 243
3 · 81 = 243
1 · 243 = 243

OBS.: Dois termos são equidistantes quando a distância de um deles para o primeiro termo P.G. é igual a distância do outro para o último termo da P.G.

P₂. Uma sequência de três termos, em que o primeiro é diferente de zero, é uma P.G. se, e somente, sem o quadrado do termo médio é igual ao produto dos outros dois, isto é, sendo $a \neq 0$.

Ex.: (a, b, c) é P.G. $\Leftrightarrow b^2 = ac$
$(2, 4, 8) \Leftrightarrow 4^2 = 2 \cdot 8 = 16$

P₃. Em uma P.G. com número ímpar de termos, o quadrado do termo médio é igual ao produto dos extremos.

Ex.: (2, 4, 8, 16, 32, 64, 128, 256, 512), temos que $32^2 = 2 \cdot 512 = 1024$.

P₄. Soma dos n primeiros termos de uma P.G. $S_n = \dfrac{a_1(q^n - 1)}{q - 1}$

P₅. Soma dos termos de uma P.G. infinita:

Ex.: $S_\infty = \dfrac{a_1}{1-q}$, se $-1 < q < 1$

OBS.:
$S_\infty = +\infty$, se $q > 1$ e $a_1 > 0$
$S_\infty = -\infty$, se $q > 1$ e $a_1 < 0$

Interpolação geométrica

Interpolar significa inserir termos, ou seja, interpolação geométrica é a colocação de termos entre os extremos de uma P.G. Consiste basicamente em descobrir o valor da razão da P.G. e, com isso, inserir esses termos.

Utiliza-se a fórmula do termo geral para a resolução das questões, em que "**n**" será igual a "**p + 2**", cujo "**p**" é a quantidade de termos que se quer interpolar.

Ex.: Insira 4 termos em uma P.G. que começa com 2 e termina com 2048.

Resolução:

$a_1 = 2$; $a_n = 2048$; $p = 4$ e $n = 4 + 2 = 6$

$$a_n = a_1 \cdot q^{(n-1)}$$

$$2048 = 2 \cdot q^{(6-1)}$$

$$2048 = 2 \cdot q^5$$

$$q^5 = \frac{2048}{2}$$

$$q^5 = 1024 \quad (1024 = 4^5)$$

$$q^5 = 4^5$$

$$q = 4$$

P.G. (2, **8, 32, 128, 512**, 2048).

Produto dos termos de uma p.G.

Para o cálculo do produto dos termos de uma P.G., basta usar a seguinte fórmula:

$$P_n = \sqrt{(a_1 \cdot a_n)^n}$$

Qual o produto dos termos da P.G. (5, 10, 20, 40, 80, 160).

Resolução:

$a_1 = 5$; $a_n = 160$; $n = 6$

$$P_n = \sqrt{(a_1 \cdot a_n)^n}$$

$$P_n = \sqrt{(5 \cdot 160)^6}$$

$$P_n = (5 \cdot 160)^3$$

$$P_n = (800)^3$$

$$P_n = 512000000$$

Questões

01. (ESPCEX) Um menino, de posse de uma porção de grãos de arroz, brincando com um tabuleiro de xadrez, colocou um grão na primeira casa, dois grãos na segunda casa, quatro grãos na terceira casa, oito grãos na quarta casa e continuou procedendo desta forma até que os grãos acabaram, em algum momento, enquanto ele preenchia a décima casa. A partir dessas informações, podemos afirmar que a quantidade mínima de grãos de arroz que o menino utilizou na brincadeira é:
a) 480
b) 511
c) 512
d) 1023
e) 1024

02. (CESGRANRIO) Álvaro, Bento, Carlos e Danilo trabalham em uma mesma empresa, e os valores de seus salários mensais formam, nessa ordem, uma progressão aritmética. Danilo ganha mensalmente R$ 1.200,00 a mais que Álvaro, enquanto Bento e Carlos recebem, juntos, R$ 3.400,00 por mês. Qual é, em reais, o salário mensal de Carlos?
a) 1.500,00
b) 1.550,00
c) 1.700,00
d) 1.850,00
e) 1.900,00

03. (CESGRANRIO) Seja a progressão geométrica:

$\sqrt{5}, \sqrt[3]{5}, \sqrt[6]{5}, \ldots$ O quarto termo dessa progressão é:
a) 0
b) $5^{-\frac{1}{6}}$
c) $5^{\frac{1}{9}}$
d) 1
e) 5

04. (CEPERJ) Em uma progressão geométrica, o segundo termo é 27^{-2}, o terceiro termo é 9^4, e o quarto termo é 3_n. O valor de n é:
a) 22
b) 20
c) 18
d) 16
e) 24

05. (CONSULPLAN) Qual é a soma dos termos da sequência (x - 2, 3x - 10, 10 + x, 5x + 2), para que a mesma seja uma progressão geométrica crescente?
a) 52
b) 60
c) 40
d) 48
e) 64

06. (VUNESP) Os valores das parcelas mensais estabelecidas em contrato para pagamento do valor total de compra de um imóvel constituem uma P.A crescente de 5 termos. Sabendo que $a_1 + a_3 = 60$ mil reais, e que $a_1 + a_5 = 100$ mil reais, pode-se afirmar que o valor total de compra desse imóvel foi, em milhares de reais, igual a:
a) 200
b) 220
c) 230
d) 250
e) 280

07. (FGV) Considere a sequência numérica (1, 4, 5, 9, 14, 23, ...). O primeiro número dessa sequência a ter 3 algarismos é:
a) 157
b) 116
c) 135
d) 121
e) 149

SEQUÊNCIAS NUMÉRICAS

08. (FCC) Considere que os números que compõem a sequência seguinte obedecem a uma lei de formação (120; 120; 113; 113; 105; 105; 96; 96; 86; 86; ...). A soma do décimo quarto e décimo quinto termos dessa sequência é um número:
a) Múltiplo de 5
b) Ímpar
c) Menor do que 100
d) Divisível por 3
e) Maior do que 130

09. (FCC) Às 10 horas do dia 18 de maio de 2007, um tanque continha 9050 litros de água. Entretanto, um furo em sua base fez com que a água escoasse em vazão constante e, então, às 18 horas do mesmo dia restavam apenas 8.850 litros de água em seu interior. Considerando que o furo não foi consertado e não foi colocada água dentro do tanque, ele ficou totalmente vazio às:
a) 11 horas de 02/06/2007
b) 12 horas de 02/06/2007
c) 12 horas de 03/06/2007
d) 13 horas de 03/06/2007
e) 13 horas de 04/06/2007

10. (CEPERJ) Em uma progressão geométrica, o segundo termo é 27^{-2}, o terceiro termo é 4^9, e o quarto termo é 3_n. O valor de n é:
a) 22
b) 20
c) 18
d) 16
e) 24

Gabaritos

01	C	06	D
02	E	07	A
03	D	08	B
04	A	09	B
05	B	10	A

7. RAZÕES E PROPORÇÕES

Neste capítulo, estão presentes alguns assuntos muito incidentes em provas: razões e proporções. É preciso que haja atenção no estudo desse conteúdo.

7.1 Grandeza

É tudo aquilo que pode ser contado, medido ou enumerado.

Ex.: Comprimento (distância), tempo, quantidade de pessoas e/ou coisas, etc.

Grandezas Diretamente Proporcionais: são aquelas em que o aumento de uma implica o aumento da outra.

Ex.: Quantidade e preço.

Grandezas Inversamente Proporcionais: são aquelas em que o aumento de uma implica a diminuição da outra.

Ex.: Velocidade e tempo.

7.2 Razão

É a comparação de duas grandezas. Essas grandezas podem ser de mesma espécie (com a mesma unidade) ou de espécies diferentes (unidades diferentes). Nada mais é do que uma fração do tipo $\frac{a}{b}$, com $b \neq 0$.

Nas razões, os numeradores são também chamados de antecedentes e os denominadores de consequentes.

Exs.:

Escala: comprimento no desenho comparado ao tamanho real.

Velocidade: distância comparada ao tempo.

7.3 Proporção

Pode ser definida como a igualdade de razões.

$$\frac{a}{b} = \frac{c}{d}$$

Dessa igualdade, tiramos a propriedade fundamental das proporções: "o produto dos meios igual ao produto dos extremos" (a chamada "multiplicação cruzada").

$$\boxed{b \cdot c = a \cdot d}$$

É basicamente essa propriedade que ajuda resolver a maioria das questões desse assunto.

Dados três números racionais a, b e c, não nulos, denomina-se quarta proporcional desses números um número x tal que:

$$\frac{a}{b} = \frac{c}{x}$$

Proporção contínua é toda proporção que apresenta os meios iguais.

De um modo geral, uma proporção contínua pode ser representada por:

$$\frac{a}{b} = \frac{b}{c}$$

As outras propriedades das proporções são:

Numa proporção, a soma dos dois primeiros termos está para o 2º (ou 1º) termo, assim como a soma dos dois últimos está para o 4º (ou 3º).

$$\frac{a+b}{b} = \frac{c+d}{d} \text{ ou } \frac{a+b}{a} = \frac{c+d}{c}$$

Numa proporção, a diferença dos dois primeiros termos está para o 2º (ou 1º) termo, assim como a diferença dos dois últimos está para o 4º (ou 3º).

$$\frac{a-b}{b} = \frac{c-d}{d} \text{ ou } \frac{a-b}{a} = \frac{c-d}{c}$$

Numa proporção, a soma dos antecedentes está para a soma dos consequentes, assim como cada antecedente está para o seu consequente.

$$\frac{a+c}{b+d} = \frac{c}{d} = \frac{a}{b}$$

Numa proporção, a diferença dos antecedentes está para a diferença dos consequentes, assim como cada antecedente está para o seu consequente.

$$\frac{a-c}{b-d} = \frac{c}{d} = \frac{a}{b}$$

Numa proporção, o produto dos antecedentes está para o produto dos consequentes, assim como o quadrado de cada antecedente está para quadrado do seu consequente.

$$\frac{a \cdot c}{b \cdot d} = \frac{a^2}{b^2} = \frac{c^2}{d^2}$$

A última propriedade pode ser estendida para qualquer número de razões.

$$\frac{a \cdot c \cdot e}{b \cdot d \cdot f} = \frac{a^3}{b^3} = \frac{c^3}{d^3} = \frac{e^3}{f^3}$$

7.4 Divisão em Partes Proporcionais

Para dividir um número em partes direta ou inversamente proporcionais, basta seguir algumas regras:

Divisão em partes diretamente proporcionais

Divida o número 50 em partes diretamente proporcionais a 4 e a 6.

$4x + 6x = 50$

$10x = 50$

$x = \frac{50}{10}$

$x = 5$

x = constante proporcional

Então, $4x = 4 \cdot 5 = 20$ e $6x = 6 \cdot 5 = 30$

Logo, a parte proporcional a 4 é o 20 e a parte proporcional ao 6 é o 30.

Divisão em partes inversamente proporcionais

Divida o número 60 em partes inversamente proporcionais a 2 e a 3.

RAZÕES E PROPORÇÕES

$$\frac{x}{2} + \frac{x}{3} = 60$$

$$\frac{3x}{6} + \frac{2x}{6} = 60$$

$$5x = 60 \cdot 6$$

$$5x = 360$$

$$x = \frac{360}{5}$$

$$x = 72$$

x = constante proporcional

Então, $\frac{x}{2} = \frac{72}{2} = 36$ e $\frac{x}{3} = \frac{72}{3} = 24$

Logo, a parte proporcional a 2 é o 36 e a parte proporcional ao 3 é o 24.

Perceba que, na divisão diretamente proporcional, quem tiver a maior parte ficará com o maior valor. Já na divisão inversamente proporcional, quem tiver a maior parte ficará com o menor valor.

7.5 Regra das Torneiras

Sempre que uma questão envolver uma "situação" que pode ser feita de um jeito em determinado tempo (ou por uma pessoa) e, em outro tempo, de outro jeito (ou por outra pessoa), e quiser saber em quanto tempo seria se fosse feito tudo ao mesmo tempo, usa-se a regra da torneira, que consiste na aplicação da seguinte fórmula:

$$t_T = \frac{t_1 \cdot t_2}{t_1 + t_2}$$

Em que "t" é o tempo.

Quando houver mais de duas "situações", é melhor usar a fórmula:

$$\frac{1}{t_T} = \frac{1}{t_1} + \frac{1}{t_2} + ... + \frac{1}{t_n}$$

Em que "n" é a quantidade de situações.

Uma torneira enche um tanque em 6h. Uma segunda torneira enche o mesmo tanque em 8h. Se as duas torneiras forem abertas juntas quanto tempo vão levar para encher o mesmo tanque?

$$t_T = \frac{t_1 \cdot t_2}{t_1 + t_2}$$

$$t_T = \frac{6 \cdot 8}{6 + 8} = \frac{48}{14} = 3h\ 25min\ e\ 43s$$

7.6 Regra de Três

Mecanismo prático e/ou método utilizado para resolver questões que envolvem razão e proporção (grandezas).

Regra de três simples

Aquela que só envolve duas grandezas.

Ex.: Durante uma viagem um carro consome 20 litros de combustível para percorrer 240km, quantos litros são necessários para percorrer 450km?

Primeiro, verifique se as grandezas envolvidas na questão são direta ou inversamente proporcionais, e monte uma estrutura para visualizar melhor a questão.

Distância	Litro
240	20
450	x

Ao aumentar a distância, a quantidade de litros de combustível necessária para percorrer essa distância também vai aumentar, então, as grandezas são diretamente proporcionais.

$$\frac{20}{x} = \frac{240}{450}$$

Aplicando a propriedade fundamental das proporções:
240x = 9000

$$x = \frac{9000}{240} = 37,5\ litros$$

Regra de três composta

Aquela que envolve mais de duas grandezas.

Ex.: Dois pedreiros levam nove dias para construir um muro com 2m de altura. Trabalhando três pedreiros e aumentando a altura para 4m, qual será o tempo necessário para completar esse muro?

Neste caso, deve-se comparar uma grandeza de cada vez com a variável.

Dias	Pedreiros	Altura
9	2	2
x	3	4

Note que, ao aumentar a quantidade de pedreiros, o número de dias necessários para construir um muro diminui, então as grandezas pedreiros e dias são inversamente proporcionais. No entanto, se aumentar a altura do muro, será necessário mais dias para construí-lo. Dessa forma as grandezas muro e dias são diretamente proporcionais. Para finalizar, basta montar a proporção e resolver, lembrando que quando uma grandeza for inversamente proporcional à variável sua fração será invertida.

$$\frac{9}{x} = \frac{3}{2} \cdot \frac{2}{4}$$

$$\frac{9}{x} = \frac{6}{8}$$

Ex.: Aplicando a propriedade fundamental das proporções:
$6x = 72$

$$X = \frac{72}{6} = 12\ dias$$

Questões

01. (FCC) Uma torneira enche um tanque, sozinha, em 2 horas enquanto outra torneira demora 4 horas. Em quanto tempo as duas torneiras juntas encherão esse mesmo tanque?
a) 1h10min
b) 1h20min
c) 1h30min
d) 1h50min
e) 2h

02. (EPCAR) Um reservatório possui 4 torneiras. A primeira torneira gasta 15 horas para encher todo o reservatório; a segunda, 20 horas; a terceira, 30 horas e a quarta, 60 horas. Abrem-se as 4 torneiras, simultaneamente, e elas ficam abertas despejando água por 5 horas. Após esse período fecham-se, ao mesmo tempo, a primeira e a segunda torneiras. Considerando que o fluxo de cada torneira permaneceu constante enquanto esteve aberta, é correto afirmar que o tempo gasto pelas demais torneiras, em minutos, para completarem com água o reservatório, é um número cuja soma dos algarismos é:
a) Par maior que 4 e menor que 10
b) Par menor ou igual a 4
c) Ímpar maior que 4 e menor que 12
d) Ímpar menor que 5

03. (ESAF) A taxa cobrada por uma empresa de logística para entregar uma encomenda até determinado lugar é proporcional à raiz quadrada do peso da encomenda. Ana, que utiliza, em muito, os serviços dessa empresa, pagou para enviar uma encomenda de 25kg uma taxa de R$ 54,00. Desse modo, se Ana enviar a mesma encomenda de 25kg dividida em dois pacotes de 16kg e 9kg, ela pagará o valor total de:
a) 54,32.
b) 54,86.
c) 76,40.
d) 54.
e) 75,60.

04. (ESAF) Dois trabalhadores, fazendo a jornada de 8 horas por dia cada um, colhem juntos 60 sacos de arroz. Três outros trabalhadores, fazendo a jornada de 10 horas por dia cada um, colhem juntos 75 sacos de arroz em 10 dias. Quanto tempo um trabalhador do primeiro grupo é mais ou menos produtivo que um trabalhador do segundo grupo?
a) O trabalhador do primeiro grupo é 10% menos produtivo.
b) O trabalhador do primeiro grupo é 10% mais produtivo.
c) O trabalhador do primeiro grupo é 25% mais produtivo.
d) As produtividades dos trabalhadores dos dois grupos é a mesma.
e) O trabalhador do primeiro grupo é 25% menos produtivo.

05. (FCC) Uma pesquisa realizada pelo Diretório Acadêmico de uma faculdade mostrou que 65% dos alunos são a favor da construção de uma nova quadra poliesportiva. Dentre os alunos homens, 11 em cada 16 manifestaram-se a favor da nova quadra e, dentre as mulheres, 3 em cada 5. Nessa faculdade, a razão entre o número de alunos homens e mulheres, nessa ordem, é igual a:
a) 4/3
b) 6/5
c) 7/4
d) 7/5
e) 9/7

06. (CESGRARIO) Uma herança no valor de R$ 168.000,00 foi dividida entre quatro irmãos em partes diretamente proporcionais às suas respectivas idades. Se as idades, em número de anos, são 32, 30, 27 e 23, a parte que coube ao mais novo dos irmãos é, em reais, igual a:
a) 23.000
b) 27.600
c) 28.750
d) 32.200
e) 34.500

07. (FCC) Ao serem contabilizados os dias de certo mês, em que três Técnicos Judiciários de uma Unidade do Tribunal Regional do Trabalho prestaram atendimento ao público, constatou-se o seguinte:
> a razão entre os números de pessoas atendidas por Jasão e Moisés, nesta ordem, era 3/5;
> o número de pessoas atendidas por Tadeu era 120% do número das atendidas por Jasão;
> o total de pessoas atendidas pelos três era 348.

Nessas condições, é correto afirmar que, nesse mês:
a) Tadeu atendeu a menor quantidade de pessoas.
b) Moisés atendeu 50 pessoas a mais que Jasão.
c) Jasão atendeu 8 pessoas a mais que Tadeu.
d) Moisés atendeu 40 pessoas a menos que Tadeu.
e) Tadeu atendeu menos que 110 pessoas.

08. (FCC) Suponha que certo medicamento seja obtido adicionando-se uma substância "A" a uma mistura homogênea Ω, composta de apenas duas substâncias X e Y. Sabe-se que:
> O teor de X em Ω é de 60%;
> Se pode obter tal medicamento retirando-se 15 de 50 litros de Ω e substituindo-os por 5 litros de A e 10 litros de Y, resultando em nova mistura homogênea.

Nessas condições, o teor de Y no medicamento assim obtido é de:
a) 52%.
b) 48%.
c) 45%
d) 44%.
e) 42%.

09. (FCC) Do total de pessoas que visitaram uma Unidade do Tribunal Regional do Trabalho de segunda a sexta-feira de certa semana, sabe-se que: 1/5 o fizeram na terça-feira e 1/6 na sexta-feira. Considerando que o número de visitantes da segunda-feira correspondia a 3/4 do de terça-feira e que a quarta-feira e a quinta-feira receberam, cada uma, 58 pessoas, então o total de visitantes recebidos nessa Unidade ao longo de tal semana é um número:
a) menor que 150.
b) múltiplo de 7.
c) quadrado perfeito.
d) divisível por 48.
e) maior que 250.

10. (AOCP) Se dois números na razão 5:3 são representados por 5x e 3x, assinale a alternativa que apresenta o item que expressa o seguinte: "duas vezes o maior somado ao triplo do menor é 57".
a) 10x = 9x + 57; x = 57; números: 285 e 171
b) 10x - 57 = 9x; x = 3; números: 15 e 6
c) 57 - 9x = 10x; x = 5; números: 15 e 9
d) 5x + 3x = 57; x = 7,125; números: 35,62 e 21,375
e) 10x + 9x = 57; x = 3; números: 15 e 9

Gabaritos

01	B	06	E
02	B	07	E
03	E	08	B
04	D	09	D
05	A	10	E

8. PORCENTAGEM E JUROS

O presente capítulo trata de uma pequena parte da matemática financeira, e também do uso das porcentagens, assuntos presentes no dia a dia de todos.

8.1 Porcentagem

É a aplicação da taxa percentual a determinado valor.

Taxa percentual: é o valor que vem acompanhado do símbolo %.

Para fins de cálculo, usa-se a taxa percentual em forma de fração ou em números decimais.

Ex.: 3% = 3/100 = 0,03

15% = 15/100 = 0,15

34% de 1200 = 34/100 . 1200 = 40800/100 = 408

65% de 140 = 0,65 . 140 = 91

8.2 Lucro e Prejuízo

Lucro e prejuízo são resultados de movimentações financeiras.

Custo (C): "Gasto".

Venda (V): "Ganho".

Lucro (L): quando se ganha mais do que se gasta.

$$L = V - C$$

Prejuízo (P): quando se gasta mais do que se ganha.

$$P = C - V$$

Basta substituir no lucro ou no prejuízo o valor da porcentagem, no custo ou na venda.

Ex.: Um computador foi comprado por R$ 3.000,00 e revendido com lucro de 25% sobre a venda. Qual o preço de venda?

Como o lucro foi na venda, então L = 0,25V:

L = V – C

0,25V = V – 3.000

0,25V – V = -3.000

-0,75V = -3.000 (-1)

0,75V = 3.000

$$V = \frac{3000}{0,75} = \frac{300000}{75} = 4.000$$

Logo, a venda se deu por R$ 4.000,00.

8.3 Juros Simples

Juros: atributos (ganhos) de uma operação financeira.

Juros simples: os valores são somados ao capital apenas no final da aplicação. Somente o capital rende juros.

Para o cálculo de juros simples, usa-se a seguinte fórmula:

$$J = C \cdot i \cdot t$$

Atenção

Nas questões de juros, as taxas de juros e os tempos devem estar expressos pela mesma unidade.

> J = juros;
> C = capital;
> i = taxa de juros;
> t = tempo da aplicação.

Ex.: Um capital de R$ 2.500,00 foi aplicado a juros de 2% ao trimestre durante um ano. Quais os juros produzidos?

Em 1 ano há exatamente 4 trimestres, como a taxa está em trimestre, agora é só calcular:

J = C . i . t

J = 2.500 . 0,02 . 4

J = 200

8.4 Juros Compostos

Os valores são somados ao capital no final de cada período de aplicação, formando um novo capital, para incidência dos juros novamente. É o famoso caso de juros sobre juros.

Para o cálculo de juros compostos, usa-se a seguinte fórmula:

$$M = C \cdot (1 + i)^t$$

> M = montante;
> C = capital;
> i = taxa de juros;
> t = tempo da aplicação.

Um investidor aplicou a quantia de R$ 10.000,00 à taxa de juros de 2% a.m. durante 4 meses. Qual o montante desse investimento?

Aplicando a fórmula, já que a taxa e o tempo estão na mesma unidade:

Ex.: M = C · (1 + i)t

M = 10.000 · (1 + 0,02)4

M = 10.000 · (1,02)4

M = 10.000 · 1,08243216

M = 10.824,32

8.5 Capitalização

Capitalização: acúmulo de capitais (capital + juros).

Nos juros simples, calcula-se por: M = C + J.

Nos juros compostos, calcula-se por: J = M – C.

Em algumas questões terão que ser calculados os montantes do juro simples ou os juros do juro composto.

Questões

01. (ESSA) Um par de coturnos custa na loja "Só Fardas" R$ 21,00 mais barato que na loja "Selva Brasil". O gerente da loja "Selva Brasil", observando essa diferença, oferece um desconto de 15% para que o seu preço se iguale ao de seu concorrente. O preço do par de coturnos, em reais, na loja "Só Fardas" é um número cuja soma dos algarismos é:
a) 9.
b) 11.
c) 10.
d) 13.
e) 12.

02. (EB) Um agricultor colheu dez mil sacas de soja durante uma safra. Naquele momento a soja era vendida a R$ 40,00 a saca. Como a expectativa do mercado era do aumento de preços, ele decidiu guardar a produção e tomar um empréstimo no mesmo valor que obteria se vendesse toda a sua produção, a juros compostos de 10% ao ano. Dois anos depois, ele vendeu a soja a R$ 50,00 a saca e quitou a dívida. Com essa operação ele obteve:
a) Prejuízo de R$ 20.000,00.
b) Lucro de R$ 20.000,00.
c) Prejuízo de R$ 16.000,00.
d) Lucro de R$ 16.000,00.
e) Lucro de R$ 60.000,00.

03. (EB) Um capital de R$ 1.000,00 foi aplicado a juros compostos a uma taxa de 44% a.a.. Se o prazo de capitalização foi de 180 dias, o montante gerado será de:
a) R$ 1.440,00.
b) R$ 1.240,00.
c) R$ 1.680,00.
d) R$ 1.200,00.
e) R$ 1.480,00.

04. (ESSA) O capital de R$ 360,00 foi dividido em duas partes, A e B. A quantia A rendeu em 6 meses o mesmo que a quantia B rendeu em 3 meses, ambos aplicados à mesma taxa no regime de juros simples. Nessas condições, pode-se afirmar que:
a) A = B
b) A = 2B
c) B = 2A
d) A = 3B
e) B = 3A

05. (ESSA) Uma loja de eletrodomésticos paga, pela aquisição de certo produto, o correspondente ao preço x (em reais) de fabricação, mais 5 % de imposto e 3 % de frete, ambos os percentuais calculados sobre o preço x. Vende esse produto ao consumidor por R$ 54,00, com lucro de 25 %. Então, o valor de x é:
a) R$ 36,00
b) R$ 38,00
c) R$ 40,00
d) R$ 41,80
e) R$ 42,40

06. (MB) Em um grupo de 20 pessoas, 40% são homens e 75% das mulheres são solteiras. O número de mulheres casadas é:
a) 3
b) 6
c) 7
d) 8
e) 9

07. (MB) Uma liga é composta por 70% de cobre, 20% de alumínio e 10% de zinco. Qual a quantidade, respectivamente, de cobre, alumínio e zinco em 800 g dessa liga?
a) 100 g, 250 g, 450 g
b) 400 g, 260 g, 140 g
c) 450 g, 250 g, 100 g
d) 560 g, 160 g, 80 g
e) 650 g, 100 g, 50 g

08. (MB) Qual das afirmativas é verdadeira?
a) Dois descontos sucessivos de 10% correspondem a um desconto de 20%.
b) Dois aumentos sucessivos de 15% correspondem a um aumento de 30%.
c) Um desconto de 10% e depois um aumento de 20% correspondem a um aumento de 8%.
d) Um aumento de 20% e depois um desconto de 10% correspondem a um aumento de 10%.
e) Um aumento de 15% e depois um desconto de 25% correspondem a um desconto de 5%.

09. (EPCAR) Lucas e Mateus ganharam de presente de aniversário as quantias x e y reais, respectivamente, e aplicaram, a juros simples, todo o dinheiro que ganharam, da seguinte forma:

Mateus aplicou a quantia y durante um tempo que foi metade do que esteve aplicado a quantia x de Lucas.

Mateus aplicou seu dinheiro a uma taxa igual ao triplo da taxa da quantia aplicada por Lucas.

No resgate de cada quantia aplicada, Lucas e Mateus receberam o mesmo valor de juros.

Se juntos os dois ganharam de presente 516 reais, então x – y é igual a:
a) R$ 103,20
b) R$ 106,40
c) R$ 108,30
d) R$ 109,60

10. (EPCAR) Um terreno que possui 2,5ha de área é totalmente aproveitado para o plantio de arroz. Cada m2 produz 5 litros de arroz que será vendido por 75 reais o saco de 50 kg. Sabe-se que o agricultor teve um total de despesas de 60000 reais, que houve uma perda de 10% na colheita e que vendeu todo o arroz colhido. Se cada litro de arroz corresponde a 800 g de arroz, é correto afirmar que 20% do lucro, em milhares de reais, é um número compreendido entre:
a) 1 e 10
b) 10 e 16
c) 16 e 22
d) 22 e 30

Gabaritos

01	B	06	A
02	D	07	D
03	D	08	C
04	C	09	A
05	C	10	B

RACIOCÍNIO LÓGICO E MATEMÁTICA

NOÇÕES DE DIREITO CONSTITUCIONAL

1. INTRODUÇÃO AO DIREITO CONSTITUCIONAL

1.1 Noções Gerais

Para iniciarmos o estudo do Direito Constitucional, alguns conceitos precisam ser esclarecidos, principalmente para aqueles que nunca tiveram contato com a matéria.

Primeiramente, faz-se necessário conhecer qual será o objeto de estudo desta disciplina jurídica: **Constituição Federal**.

A Constituição Federal é simplesmente a norma mais importante de todo o ordenamento jurídico brasileiro. Ela é a norma principal, a norma fundamental.

Se pudéssemos posicionar as espécies normativas na forma de uma pirâmide hierárquica, a Constituição Federal apareceria no topo desta pirâmide, ao passo que as outras espécies normativas estariam todas abaixo dela, como na ilustração:

```
         CF
       LEI, MP
      DECRETO
    PRESIDENCIAL
       PORTARIA
```

Para que sua preparação seja adequada, é necessário que se tenha em vista uma Constituição atualizada. Isso por conta de que a Constituição Federal foi promulgada em 1988, mas já foi alterada várias vezes. Significa dizer, numa linguagem mais jurídica, que ela foi **emendada**.

As Emendas Constitucionais são a única forma de alteração do Texto Constitucional. Portanto, jamais uma lei, ou outra espécie normativa hierarquicamente inferior à Constituição, poderá alterar o seu texto.

Neste ponto caberia a pergunta: o que torna a Constituição Federal a norma mais importante do Direito Brasileiro? A resposta é muito simples: a Constituição possui alguns elementos que a distinguem das outras espécies normativas, por exemplo:

Os Princípios Constitucionais;

Os Direitos Fundamentais;

A Organização do Estado;

A Organização dos Poderes.

De nada adiantaria possuir uma Constituição Federal com tantos elementos essenciais ao Estado se não existisse alguém para protegê-la. O próprio texto constitucional previu um Guardião para a Constituição, o **Supremo Tribunal Federal (STF)**.

O STF é o órgão de cúpula do Poder Judiciário e possui como atribuição principal a guarda da Constituição. Ele é tão poderoso que se alguém editar uma norma que contrarie o disposto no texto constitucional, o Supremo a declarará inconstitucional. Uma norma declarada inconstitucional pelo STF não produzirá efeitos na sociedade.

Além de Guardião da Constituição, o STF possui outra atribuição Constitucional, qual seja, a de intérprete do texto fundamental. É o Supremo quem define a melhor interpretação para esta ou aquela norma Constitucional. Quando um Tribunal manifesta sua interpretação, dizemos que ele revelou sua **jurisprudência** (o pensamento dos tribunais), sendo a do STF a que mais interessa para o estudo do Direito Constitucional. E é exatamente neste ponto que se encontra a maior importância do STF para o objetivo que aqui se tem em vista: é essencial conhecer sua jurisprudência, pois costuma cair em prova. Para se ter ideia da importância dessa matéria, é possível que alguma jurisprudência do STF seja contrária ao próprio texto constitucional. Dessa forma, o aluno precisa ter uma dupla percepção: conhecer o texto da Constituição e conhecer a jurisprudência do STF.

Contudo, ainda existe outra fonte de conhecimento essencial para o aprendizado em Direito Constitucional: a **doutrina**.

A doutrina é o pensamento produzido pelos estudiosos do Direito Constitucional. Conhecer a doutrina também faz parte de sua preparação.

Em suma, para estudar Direito Constitucional é necessário estudar:

A Constituição Federal;

A Jurisprudência do STF;

Doutrina de Direito Constitucional.

Neste estudo apresentar-se-á o conteúdo de Direito Constitucional atualizado, objetivo e necessário para prova de forma que se tenha à mão um material suficiente ao estudo para concurso público.

Metodologia de Estudo

Aproveitam-se essas considerações iniciais para passar uma dica de estudo que pode ser útil na preparação para concurso público. A preparação em Direito Constitucional precisa observar três passos:

Leitura da Constituição Federal;

Leitura da apostila;

Resolução de exercícios.

O aluno que seguir esses passos certamente chegará à aprovação em concurso público. Essa é a melhor orientação para quem está iniciando os estudos.

1.2 Classificações

A partir de algumas **características** que possuem as Constituições, é possível classificá-las, agrupá-las. As classificações abaixo não são as únicas possíveis, realçando apenas aqueles elementos mais comumente cobrados nos concursos públicos.

Quanto à **origem**, a Constituição pode ser Promulgada ou Outorgada. A **Constituição Promulgada** é aquela decorrente de um verdadeiro processo democrático para a sua elaboração, fruto de uma Assembleia Nacional Constituinte. A **Outorgada** é aquela imposta, unilateralmente, por um governante ou por um grupo de pessoas, ao povo.

INTRODUÇÃO AO DIREITO CONSTITUCIONAL

Quanto à **possibilidade** de **alteração**, **mutação**, podem ser **Flexíveis**, **Rígidas** ou **Semirrígidas**. As Constituições Flexíveis não exigem, para a sua alteração, qualquer processo legislativo especial. As Rígidas, contudo, dependem de um processo legislativo de alteração mais difícil do que aquele utilizado para as normas ordinárias. As Constituições Semirrígidas são aquelas cuja parte de seu texto só pode ser alterada por um processo mais difícil, sendo que outra parte pode ser mudada sem qualquer processo especial.

Quanto **à forma** adotada, as Constituições podem ser: **Escritas ou Dogmáticas** e **Costumeiras**. A Constituição Dogmática é aquela que apresenta um único texto, no qual encontramos sistematizadas e organizadas todas as disposições essenciais do Estado. A Constituição Costumeira é aquela formada pela reunião de diversos textos esparsos, reconhecidos pelo povo como fundamentais, essenciais.

Quanto à **extensão**, podem ser: **Sintéticas** ou **Analíticas**. A Constituição Sintética é aquela concisa, enxuta e que só traz as disposições políticas essenciais a respeito da forma, organização, fundamentos e objetivos do Estado. A Constituição Analítica é aquela que aborda diversos assuntos, não necessariamente relacionados com a organização do Estado e dos poderes. Ela desce a minúcias que poderiam figurar em uma lei ordinária, não precisando constar do texto constitucional.

A partir das classificações apresentadas acima, temos que a Constituição Federal de 1988 pode ser considerada por **Promulgada**, **Rígida**, **Escrita** e **Analítica**.

Questões

01. (FCC) Suponha que, como resultado dos trabalhos de uma Assembleia Nacional Constituinte convocada ao fim de um período e processo revolucionários, entre em vigor em determinado país uma nova Constituição, que estabeleça que a alteração do texto constitucional se dê por deliberação do mesmo órgão responsável pela elaboração da legislação ordinária, embora mediante procedimento mais complexo e quórum mais elevado do que o previsto para essa. Nessa hipótese, tem-se, respectivamente quanto à origem e alterabilidade, uma Constituição

a) promulgada, por ser fruto do trabalho de uma Assembleia Nacional Constituinte; e flexível, por atribuir o poder constituinte derivado ao mesmo órgão responsável pela legislação ordinária, a despeito da existência de procedimento diferenciado para reforma constitucional.

b) promulgada, por ser resultado de um processo revolucionário; e semirrígida, por atribuir o poder constituinte derivado ao mesmo órgão responsável pela legislação ordinária, estabelecendo um procedimento especial para reforma constitucional.

c) outorgada, por ser fruto do trabalho de uma Assembleia Nacional Constituinte; e flexível, por atribuir o poder constituinte derivado ao mesmo órgão responsável pela legislação ordinária, a despeito da existência de procedimento diferenciado para reforma constitucional.

d) promulgada, por ser fruto do trabalho de uma Assembleia Nacional Constituinte; e rígida, em virtude da existência de procedimento próprio e mais dificultoso para alteração do texto constitucional, ainda que a cargo do órgão legislativo ordinário.

e) outorgada, por ser resultado de um processo revolucionário; e rígida, em virtude da existência de procedimento próprio e mais dificultoso para alteração do texto constitucional, ainda que a cargo do órgão legislativo ordinário.

02. (IBADE) A Constituição da República Federativa do Brasil de 1988 pode ser classificada como:
a) escrita e histórica.
b) sintética e semântica.
c) liberal e preceitual.
d) promulgada e dogmática.
e) rígida e pretende ser nominal.

03. (IBADE) "_____ é, juridicamente, a lei fundamental e suprema de um Estado, contendo as normas referentes à estruturação do Estado, à formação dos poderes públicos, forma de governo e aquisição do poder de governar, distribuição de competências, direitos, garantias e deveres dos cidadãos". O documento que completa corretamente a lacuna acima é:
a) Constituição.
b) Lei complementar.
c) Lei ordinária.
d) Resolução legislativa.
e) Decreto presidencial.

04. (CESPE) Acerca da classificação das constituições, é correto afirmar que a
a) outorgada, também chamada de democrática, é decorrente do trabalho de uma Assembleia Nacional.
b) costumeira é a que traz as regras em um único texto solene e codificado.
c) sintética é a que aborda todos os assuntos que os representantes do povo entendem como fundamentais.
d) dogmática, sempre escrita, consubstancia os dogmas estruturais e fundamentais do Estado.
e) flexível é a que pode ser alterada, mas que possui um processo legislativo de alteração mais dificultoso que o processo de alteração de normas infraconstitucionais.

Gabaritos

| 01 | D | 03 | A |
| 02 | D | 04 | E |

2. PRINCÍPIOS FUNDAMENTAIS

Os Princípios Fundamentais, também chamados de Princípios Constitucionais, formam a base de toda a organização do Estado Brasileiro. Como bem citado pelo Professor José Afonso da Silva, "os Princípios Fundamentais visam essencialmente definir e caracterizar a coletividade política e o Estado e enumerar as principais opções político-constitucionais[1]".

Exatamente em razão de sua importância, a Constituição Federal os colocou logo no início, pois eles são a base de todo o texto. O que se segue a partir desses princípios é mero desdobramento de seu conteúdo.

Quem se prepara para concurso público deve saber que, quando esse tema é abordado, costuma-se trabalhar questões com o conteúdo previsto nos Arts. 1º ao 4º do texto constitucional. Geralmente, aparece apenas texto constitucional puro, mas, dependendo do concurso, as bancas costumam cobrar questões doutrinárias mais difíceis.

Quais princípios serão abordados?
> Princípio da Tripartição dos Poderes;
> Princípio Federativo;
> Princípio Republicano;
> Presidencialismo;
> Princípio Democrático;
> Fundamentos da República Federativa do Brasil;
> Objetivos Fundamentais da República Federativa do Brasil;
> Princípios que Regem as Relações Internacionais do Brasil.

2.1 Princípio da Tripartição dos Poderes

Esse princípio, também chamado de Princípio da Separação dos Poderes, originou-se, historicamente, numa tentativa de limitar os poderes do Estado. Alguns filósofos perceberam que, se o Poder do Estado estivesse dividido entre três entidades diferentes, seria possível que a sociedade exercesse um maior controle de sua utilização.

Na verdade, a divisão não é do Poder Estatal, haja vista ser ele uno, indivisível e indelegável, mas apenas uma divisão das suas funções. Nos dizeres de José Afonso da Silva: "O poder político, uno, indivisível e indelegável, se desdobra e se compõe de várias funções, fato que permite falar em distinções das funções, que fundamentalmente são três: a legislativa, a executiva e a jurisdicional"[2].

A previsão constitucional desse princípio encontra-se no Art. 2º, que diz:

> **Art. 2º.** São Poderes da União, independentes e harmônicos entre si, o Legislativo, o Executivo e o Judiciário.

Esses são os três poderes, cada qual responsável pelo desenvolvimento de uma função principal do Estado:

Poder Executivo
Função principal (típica) de administrar o Estado;

Poder Legislativo
Função principal (típica) de legislar e fiscalizar as contas públicas;

Poder Judiciário
Função principal (típica) jurisdicional.

Além da sua própria função, a Constituição criou uma sistemática que permite a cada um dos poderes o exercício da função do outro poder. Essa função acessória chamamos de **função atípica:**

Poder Executivo
Função atípica de legislar e julgar;

Poder Legislativo
Função atípica de administrar e julgar;

Poder Judiciário
Função atípica de administrar e legislar.

Dessa forma, pode-se dizer que além da própria função, cada poder exerce de forma acessória a função do outro poder.

Uma pergunta sempre surge na cabeça dos candidatos: qual dos três poderes é mais importante?

A única resposta possível é a inexistência de poder mais importante. Cada poder possui sua própria função de forma que não se pode afirmar que exista hierarquia entre os poderes do Estado.

Eles são independentes e harmônicos entre si, e para se garantir essa harmonia, a doutrina norte-americana desenvolveu um sistema que mantém a igualdade entre os poderes: **Sistema de Freios e Contrapesos** (checks and balances).

O sistema de freios e contrapesos adotado pela nossa Constituição, revela-se nas inúmeras medidas previstas no texto constitucional que condicionam a competência de um poder à apreciação de outro poder de forma a garantir o equilíbrio entre os três poderes. Abaixo estão alguns exemplos delas:

Exs.:

A necessidade de sanção do Chefe do Poder Executivo para que um Projeto de Lei aprovado pelo Poder Legislativo possa entrar em vigor;

O **processo do Chefe do Poder Executivo** por crime de responsabilidade a ser realizado no Senado Federal, cuja sessão de julgamento é presidida pelo Presidente do STF;

A **necessidade de apreciação** pelo Poder Legislativo das Medidas Provisórias editadas pelo Chefe do Poder Executivo;

A **nomeação dos ministros** do STF é feita pelo Presidente da República depois de aprovada pelo Senado Federal.

Em todas as hipóteses acima apresentadas, faz-se necessária a participação de mais de um Poder para a consecução de um ato administrativo. Isso cria uma verdadeira relação de interdependência entre os poderes, o que garante o equilíbrio entre eles.

Por último, não se pode esquecer que a separação dos poderes é uma das cláusulas pétreas por força do Art. 60, § 4º, III, da Constituição Federal.

---
[1] CANOTILHO, J. J. Gomes, e MOREIRA, Vital. Fundamentos da Constituição. In: SILVA, José Afonso da. Curso de Direito Constitucional Positivo. 33ª Ed. São Paulo: Malheiros, 2010. p. 94.
[2] SILVA, José Afonso da. Curso de Direito Constitucional Positivo. 33ª Ed. São Paulo: Malheiros, 2010. p. 108.

PRINCÍPIOS FUNDAMENTAIS

Significa dizer que a separação dos poderes não pode ser abolida do texto constitucional por meio de emenda:

> **Art. 60, § 4º.** Não será objeto de deliberação a proposta de emenda tendente a abolir:
> **III.** A separação dos Poderes.

2.2 Princípio Federativo

Esse princípio apresenta a Forma de Estado adotada no Brasil: federação. A forma de Estado reflete o modo de exercício do poder político em função do território. É uma forma composta ou complexa[3], visto que prevalece a pluralidade de poderes políticos internos. Está baseada na descentralização política do Estado, cuja representação se dá por meio de quatro entes federativos:

- **União;**
- **Estados;**
- **Distrito Federal;**
- **Municípios.**

Cada ente federativo possui sua **própria autonomia política**, o que **não** pode ser confundido com o atributo da soberania, pertencente ao Estado Federal.

A autonomia de cada ente confere-lhe a capacidade política de, inclusive, criar sua própria Constituição. Apesar de cada ente federativo possuir essa independência, não se pode esquecer que a existência do pacto federativo pressupõe a existência de uma Constituição Federal e da impossibilidade de separação (Princípio da Indissolubilidade do Vínculo Federativo). Havendo quebra do pacto federativo, a Constituição Federal prevê como instrumento de manutenção da forma de Estado a chamada Intervenção Federal, a qual será estudada em momento oportuno.

Não existe hierarquia entre os entes federativos. O que os distingue é a competência que cada um recebeu da Constituição Federal. Deve-se ressaltar que os estados e o Distrito Federal possuem direito de participação na formação da vontade nacional ao possuírem representantes no Senado Federal. Os municípios não possuem representantes no Senado Federal. Caracteriza-se, ainda, pela existência de um guardião da Constituição Federal, o Supremo Tribunal Federal. A doutrina tem apontado para algumas características da forma federativa brasileira:

Tricotômica

Federação constituída em três níveis: federal, estadual e municipal. O Distrito Federal não é considerado nessa classificação, haja vista possuir competência híbrida, ou seja, ora age como estado ora como município.

Centrífuga

Essa característica reflete a formação da federação brasileira. É a formação "de dentro para fora". O movimento é de centrifugadora. A força de criação do estado federal brasileiro surgiu a partir de um Estado Unitário para a criação de um estado federado, ou seja, o poder centralizado que se torna descentralizado. O poder político era concentrado nas mãos de um só ente e, depois, passa a fazer parte de vários entes federativos.

---

[3] A doutrina classifica as formas de Estado em Compostas ou Unitárias. Os Estados Compostos ou Complexos possuem como base a descentralização política enquanto que os Estados Unitários ou simples possuem uma única entidade política a qual exerce de forma centralizada o poder político (CUNHA, 2011, p. 872). Estado Federal é espécie de Estado Composto, portanto, não se confunde com Estado Unitário.

Por Desagregação

Ocorre quando um estado unitário resolve se descentralizar politicamente, desagregando o poder central em favor de vários entes titulares de poder político.

Como última observação, não menos importante, a **Forma Federativa de Estado** também é uma cláusula **pétrea.**

Depois de estudar os Princípios da Tripartição dos Poderes e o Federativo, passa-se a ver como eles estão estruturados dentro da República Federativa do Brasil. Uma informação importante antes disso: a autonomia política existente em cada ente federativo pode ser percebida por meio de existência dos poderes em cada um.

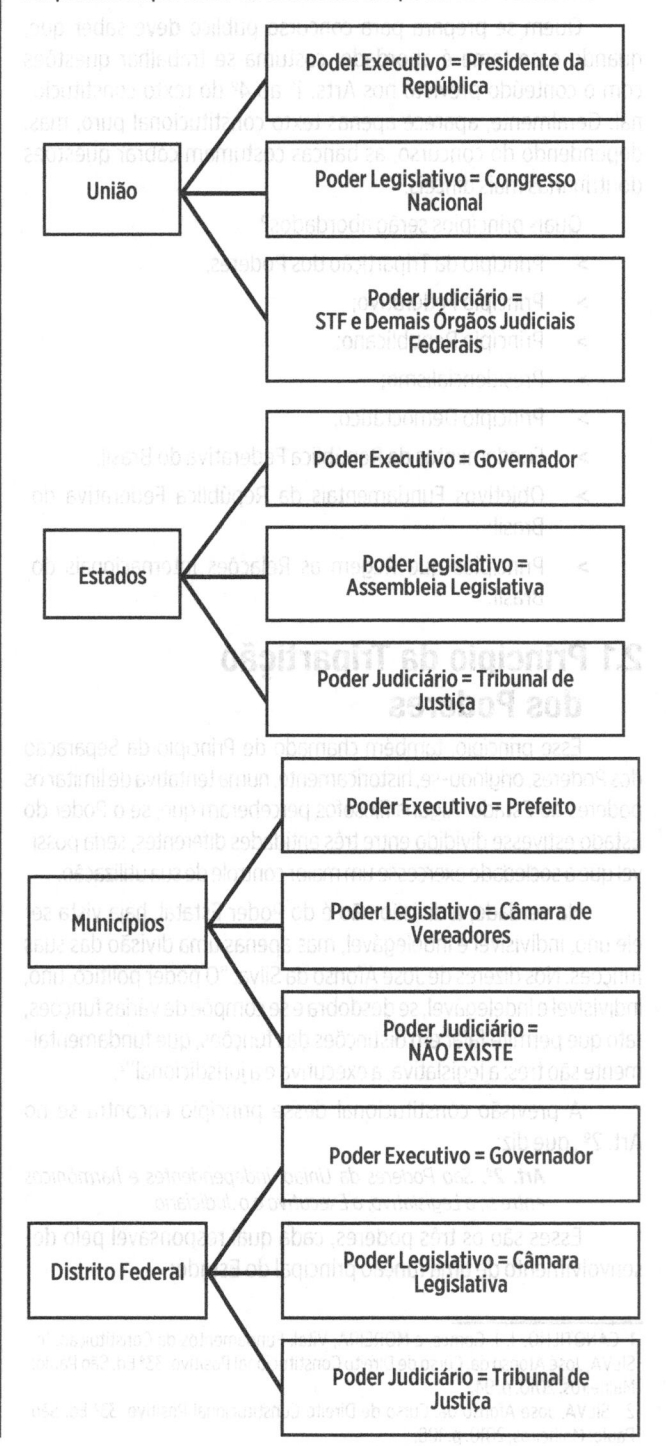

União:
- Poder Executivo = Presidente da República
- Poder Legislativo = Congresso Nacional
- Poder Judiciário = STF e Demais Órgãos Judiciais Federais

Estados:
- Poder Executivo = Governador
- Poder Legislativo = Assembleia Legislativa
- Poder Judiciário = Tribunal de Justiça

Municípios:
- Poder Executivo = Prefeito
- Poder Legislativo = Câmara de Vereadores
- Poder Judiciário = NÃO EXISTE

Distrito Federal:
- Poder Executivo = Governador
- Poder Legislativo = Câmara Legislativa
- Poder Judiciário = Tribunal de Justiça

2.3 Princípio Republicano

O princípio Republicano representa a **Forma de Governo** adotada no Brasil. A forma de governo reflete o modo de aquisição e exercício do poder político, além de medir a relação existente entre o governante e o governado.

A melhor forma de entender esse instituto é conhecendo suas características. A primeira característica decorre da análise etimológica da expressão *res publica*. Essa expressão, que dá origem ao Princípio ora estudado, significa coisa pública, ou seja, em um Estado Republicano o governante cuida da coisa pública, governa para o povo.

Outra característica importante é a Temporariedade. Esse atributo revela o caráter temporário do exercício do poder político. Por causa desse princípio, em nosso Estado, o governante permanece no poder por tempo determinado.

Em uma República, o governante é escolhido pelo povo. Essa é a chamada Eletividade. O poder político é adquirido pelas eleições, sendo que a vontade popular se concretiza nas urnas.

Por fim, em um Estado Republicano o governante pode ser responsabilizado por seus atos.

A forma de governo republicana se contrapõe à monarquia, cujas características são opostas às estudadas aqui.

É importante destacar que o princípio republicano não é uma cláusula pétrea, pois esse princípio não se encontra listado no rol das cláusulas pétreas do Art. 60, § 4o, da Constituição Federal. Apesar disso, a Constituição o considerou como princípio sensível. Princípios sensíveis são aqueles que, se tocados, ensejarão a chamada Intervenção Federal, conforme previsto no Art. 34, VII, da Constituição:

> **Art. 34.** *A União não intervirá nos Estados nem no Distrito Federal, exceto para:*
>
> *VII. assegurar a observância dos seguintes princípios constitucionais:*
>
> *a) forma republicana, sistema representativo e regime democrático.*

2.4 Presidencialismo

O Presidencialismo é o sistema de governo adotado no Brasil. O sistema de governo rege a relação entre o Poder Executivo e o Legislativo medindo o grau de dependência entre eles. No Presidencialismo, prevalece a separação entre os Poderes Executivo e Legislativo, os quais são independentes e harmônicos entre si.

A Constituição declara, em seu Art. 76, que:

> *O Poder Executivo é exercido pelo Presidente da República, auxiliado pelos Ministros de Estado.*

O Presidencialismo possui uma característica muito importante, que é a concentração das funções executivas em uma só pessoa, o Presidente, o qual é eleito pelo povo, e exerce ao mesmo tempo três funções: Chefe de Estado, Chefe de Governo, e Chefe da Administração Pública.

A função de Chefe de Estado diz respeito a todas as atribuições do Presidente nas relações externas do País. Como Chefe de Governo, o Presidente possui inúmeras atribuições internas no que tange à governabilidade do país. Já como Chefe da Administração Pública, o Presidente exercerá as funções relacionadas com a chefia da Administração Pública Federal.

2.5 Democracia

Este princípio revela o Regime de Governo adotado no Brasil. Caracteriza-se pela existência do Estado Democrático de Direito e pela preservação da dignidade da pessoa humana.

A democracia significa o governo do povo, pelo povo e para o povo. É a chamada soberania popular. Sua fundamentação constitucional encontra-se no Art. 1º da CF:

> **Art. 1º, Parágrafo único.** *Todo o poder emana do povo, que o exerce por meio de representantes eleitos ou diretamente, nos termos desta Constituição.*

Esse princípio também é conhecido como princípio sensível e, no Brasil, caracteriza-se por seu exercício se dar de forma direta e indireta. Por esse motivo, a democracia brasileira é conhecida como semidireta ou participativa. Esse tema, porém, será abordado na seção sobre **Direitos Políticos**.

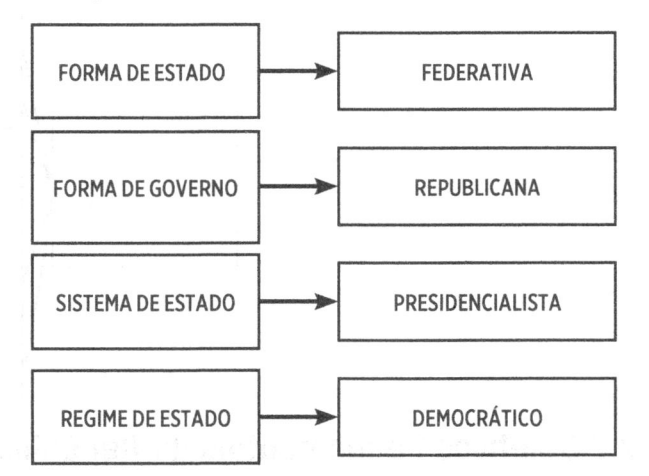

FORMA DE ESTADO	FEDERATIVA
FORMA DE GOVERNO	REPUBLICANA
SISTEMA DE ESTADO	PRESIDENCIALISTA
REGIME DE ESTADO	DEMOCRÁTICO

2.6 Fundamentos da República Federativa do Brasil

Entre os Princípios Constitucionais mais importantes, destacam-se os Fundamentos da República Federativa do Brasil, os quais estão elencados no Art. 1º da Constituição Federal:

> **Art. 1º.** *A República Federativa do Brasil, formada pela união indissolúvel dos Estados e Municípios e do Distrito Federal, constitui-se em Estado Democrático de Direito e tem como fundamentos:*
>
> *I. A soberania;*
>
> *II. A cidadania;*
>
> *III. A dignidade da pessoa humana;*
>
> *IV. Os valores sociais do trabalho e da livre iniciativa;*
>
> *V. O pluralismo político.*

A soberania é um fundamento que possui estreita relação com o Poder do Estado. É a capacidade que o Estado tem de impor sua vontade. Esse princípio possui uma dupla acepção: soberania interna e externa.

A soberania interna é a capacidade de impor o poder estatal no âmbito interno, perante os administrados, sem se sujeitar a qualquer outro poder.

PRINCÍPIOS FUNDAMENTAIS

A soberania externa é percebida pelo reconhecimento dos outros Estados soberanos de que o Estado Brasileiro possui sua própria autonomia no âmbito internacional.

A cidadania como princípio revela a condição jurídica de quem é titular de Direitos Políticos. Ela permite ao indivíduo que possui vínculo jurídico com o Estado participar de suas decisões e escolher seus representantes. O exercício da cidadania guarda estreita relação com a Democracia, pois essa autoriza a participação popular na formação da vontade estatal.

A dignidade da pessoa humana é considerada o princípio com maior hierarquia axiológica da Constituição. Sua importância se traduz na medida em que deve ser assegurada, primordialmente, pelo Estado, mas também deve ser observada nas relações particulares. Como fundamento, embasa toda a gama de direitos fundamentais, os quais estão ligados em sua origem a esse princípio. A dignidade da pessoa humana representa o núcleo mínimo de direitos e garantias que devem ser assegurados aos seres humanos.

O valor social do trabalho e da livre iniciativa revela a adoção de uma economia capitalista ao mesmo tempo em que elege o trabalho como elemento responsável pela valorização social. Ao mesmo tempo em que a Constituição garante uma liberdade econômica, protege o trabalho como elemento relacionado à dignidade do indivíduo como membro da sociedade.

O Pluralismo Político, ao contrário do que parece, não está relacionado apenas com a pluralidade de partidos políticos, devendo ser entendido sob um sentido mais amplo, pois revela uma sociedade em que pluralidade de ideias se torna um ideal a ser preservado. Liberdades, como de expressão, religiosa ou política estão entre as formas de manifestação desse princípio.

Geralmente, quando esse tema é cobrado em prova, costuma ser questionado apenas o texto constitucional.

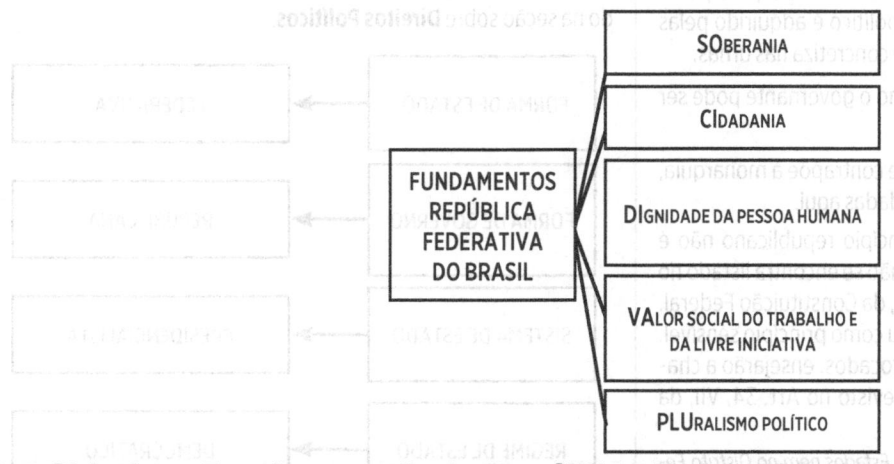

```
                        ┌─ SOberania
                        │
                        ├─ CIdadania
FUNDAMENTOS             │
REPÚBLICA ──────────────┼─ DIgnidade da pessoa humana
FEDERATIVA              │
DO BRASIL               ├─ VAlor social do trabalho e
                        │   da livre iniciativa
                        │
                        └─ PLUralismo político
```

2.7 Objetivos Fundamentais da República Federativa do Brasil

Outro grupo de Princípios Constitucionais que costuma ser cobrado em prova é o dos Objetivos da República Federativa do Brasil, os quais estão previstos em um rol exemplificativo no Art. 3º da Constituição Federal:

Art. 3º. Constituem objetivos fundamentais da República Federativa do Brasil:
I. Construir uma sociedade livre, justa e solidária;
II. Garantir o desenvolvimento nacional;
III. Erradicar a pobreza e a marginalização e reduzir as desigualdades sociais e regionais;
IV. Promover o bem de todos, sem preconceitos de origem, raça, sexo, cor, idade e quaisquer outras formas de discriminação.

Os objetivos são verdadeiras metas a serem perseguidas pelo Estado com o fim de garantir os ditames constitucionais. Deve-se ter muita atenção em relação a esses dispositivos, pois eles costumam ser cobrados em prova fazendo-se alterações dos termos constitucionais.

Outra característica que distingue os fundamentos dos objetivos é o fato de os fundamentos serem nominados com substantivos ao passo que os objetivos se iniciam com verbos. Essa diferença pode ajudar a perceber qual a resposta correta na prova.

```
                    ┌─────────────────────┐
                    │ GArantir o desenvolvimento │
                    │      nacional       │
                    └─────────────────────┘
                              │
┌──────────────────────┐      │      ┌──────────────────────┐
│ PROmover o bem de todos sem │      │ CONstruir uma sociedade │
│ distinção de origem, raça,  │─ OBJETIVOS ─│ livre, justa e solidária │
│ sexo, cor, idade e quaisquer│      │                      │
│ outras formas de            │      └──────────────────────┘
│ discriminação               │
└──────────────────────┘      │
                              │
                    ┌─────────────────────┐
                    │ ERradicar a pobreza e a │
                    │ marginalização e reduzir as │
                    │ desigualdades sociais e regionais │
                    └─────────────────────┘
```

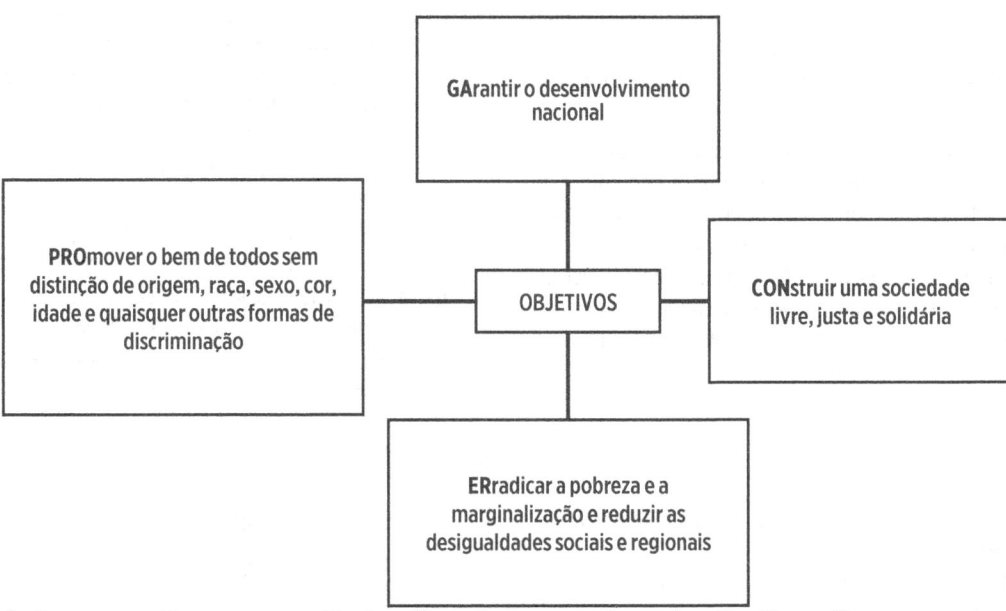

2.8 Princípios que Regem as Relações Internacionais do Brasil

E, por fim, têm-se os Princípios que regem as relações internacionais, os quais estão previstos no Art. 4º da CF:

Art. 4º. *A República Federativa do Brasil rege-se nas suas relações internacionais pelos seguintes princípios:*

I. Independência nacional;

II. Prevalência dos direitos humanos;

III. Autodeterminação dos povos;

IV. Não intervenção;

V. Igualdade entre os Estados;

VI. Defesa da paz;

VII. Solução pacífica dos conflitos;

VIII. Repúdio ao terrorismo e ao racismo;

IX. Cooperação entre os povos para o progresso da humanidade;

X. Concessão de asilo político.

Parágrafo único. *A República Federativa do Brasil buscará a integração econômica, política, social e cultural dos povos da América Latina, visando à formação de uma comunidade latino-americana de nações.*

Esses princípios revelam características muito interessantes do Brasil, ressaltando sua soberania e independência em relação aos outros Estados do mundo.

A independência nacional destaca, no âmbito da soberania externa, a relação do país com os demais estados, uma relação de igualdade, sem estar subjugado a outro Estado.

A prevalência dos direitos humanos vai ao encontro do fundamento da dignidade da pessoa humana, característica muito importante que se revela por meio do grande rol de direitos e garantias fundamentais previstos na Constituição Federal.

O Brasil **defende a autodeterminação dos povos.** Por esse princípio, respeitam-se as decisões e escolhas de cada povo. Entende-se que cada povo é capaz de escolher o seu próprio caminho político e de resolver suas crises internas sem necessidade de intervenção externa de outros países. Esse princípio se completa ao da **não intervenção** no mesmo sentido de preservação e respeito à soberania dos demais Estados.

Esses princípios se completam juntamente com o da **igualdade entre os Estados,** sendo que cada país é reconhecido como titular de soberania na mesma proporção que os demais, sem hierarquia entre eles.

Com uma ampla gama de garantias constitucionais, não poderia ficar de lado a **defesa da paz** como princípio fundamental, ao mesmo tempo que funciona como bandeira defendida pelo Brasil em suas relações internacionais. No mesmo sentido, **a solução pacífica dos conflitos** revela o lado conciliador do governo brasileiro, que por vezes intermedia relações conturbadas entre outros chefes de estado.

O repúdio ao terrorismo e ao racismo é princípio decorrente da dignidade da pessoa humana; terrorismo e racismo são tomados como inaceitáveis em sociedades modernas.

O Estado Brasileiro tem-se destacado na **cooperação entre os povos para o progresso da humanidade**, envolvendo-se em pesquisas científicas para cura de doenças, bem como na defesa e preservação do meio ambiente, entre outros.

PRINCÍPIOS FUNDAMENTAIS

A concessão de asilo político como princípio constitucional fundamenta a decisão brasileira de amparar estrangeiros que estejam sendo perseguidos em seus países por questões políticas ou de opinião.

Destaca-se, entre os princípios que regem as relações internacionais, um mandamento para que a República Federativa do Brasil busque a integração econômica, política, social e cultural dos povos da América Latina, visando à formação de uma comunidade latino-americana de nações. Repare que o texto constitucional mencionou América Latina, não América do Sul. Parece não haver muita diferença, mas esse tema já foi cobrado em prova e a troca dos termos é considerada errada.

Questões

01. (FCC) Segundo a Constituição Federal, a República Federativa do Brasil é formada:
a) Pelos cidadãos dos quais emana o poder exercido por meio de representantes eleitos.
b) Pelo conjunto de cidadãos aos quais são garantidos os direitos fundamentais.
c) Pela união dos Poderes Executivo, Legislativo e Judiciário.
d) Pela integração econômica, política e social de todos os Estados.
e) Pela união indissolúvel dos Estados e Municípios e do Distrito Federal.

02. (FCC) A Constituição Federal, no capítulo reservado aos princípios fundamentais, estabelece que a República Federativa do Brasil rege-se nas suas relações internacionais, dentre outras hipóteses, pelo princípio da:
a) Não intervenção.
b) Dependência nacional condicionada.
c) Determinação dos povos quanto à dignidade da pessoa humana.
d) Solução bélica e não arbitral dos conflitos.
e) Vedação de asilo e de exílio político-partidário.

03. (FCC) No que concerne aos Princípios Fundamentais, considere:
I. A República Federativa do Brasil, formada pela união dissolúvel dos Estados e Municípios e do Distrito Federal, constitui-se em Estado Democrático de Direito.
II. Constitui objetivo fundamental da República Federativa do Brasil garantir o desenvolvimento nacional.
III. A República Federativa do Brasil rege-se, nas suas relações internacionais, além de outros, pelo princípio da concessão de asilo político.
IV. A República Federativa do Brasil buscará a integração econômica, política, social e cultural dos povos da América Latina, visando à formação de uma comunidade latino-americana de nações.

Está correto o que consta apenas em:
a) I, II e IV.
b) II, III e IV.
c) I, II e III.
d) II e III.
e) I e III.

04. (FCC) Não é considerada exceção ao princípio da separação de poderes no Estado brasileiro, entre outras, a:
a) Fiscalização contábil, financeira e orçamentária consistente no controle externo de natureza técnica ou numérico-legal exercido pelos Tribunais de Contas.
b) Permissão para que Deputados Federais e Senadores exerçam funções de Ministros de Estado.
c) Convocação de Ministros de Estado, perante o plenário das Casas do Congresso Nacional e de suas comissões.
d) Adoção pelo Presidente da República de medidas provisórias, com força de lei, em casos de relevância e urgência.
e) Autorização, na forma de resolução, de delegação de atribuições legislativas ao Presidente da República.

Gabaritos

01	E
02	A
03	B

3. DIREITOS FUNDAMENTAIS - REGRAS GERAIS

Os direitos e garantias fundamentais estão entre os temas mais cobrados em provas. Além de questões envolvendo a literalidade do texto constitucional, encontramos aqui muitas discussões doutrinárias e jurisprudências que tornam essa matéria uma fonte inesgotável de questões.

Procura-se nas próximas páginas apresentar as principais questões levantadas na doutrina e nos tribunais, sempre privilegiando as posições adotadas pelas bancas organizadoras de concurso público.

Inicia-se o estudo pelas Regras Gerais aplicáveis aos direitos fundamentais, tema que tem sido priorizado pelas maiores organizadoras de concursos do país.

3.1 Conceito

Os direitos e garantias fundamentais são institutos jurídicos que foram criados no decorrer do desenvolvimento da humanidade e se constituem de normas protetivas que formam um núcleo mínimo de prerrogativas inerentes à condição humana.

3.2 Amplitude Horizontal e Vertical

Possuem como objetivo principal a proteção do indivíduo diante do poder do Estado. Mas não só do Estado. Os direitos e garantias fundamentais também constituem normas de proteção do indivíduo em relação aos outros indivíduos da sociedade.

E é exatamente nesse ponto que surgem os conceitos de **Amplitude Horizontal e Amplitude Vertical.** Amplitude vertical é o efeito protetor que as normas definidoras de direitos e garantias fundamentais produzem para um indivíduo diante do Estado. Já a amplitude horizontal é o efeito protetor que as normas definidoras de direitos e garantias fundamentais produzem para um indivíduo diante dos outros indivíduos.

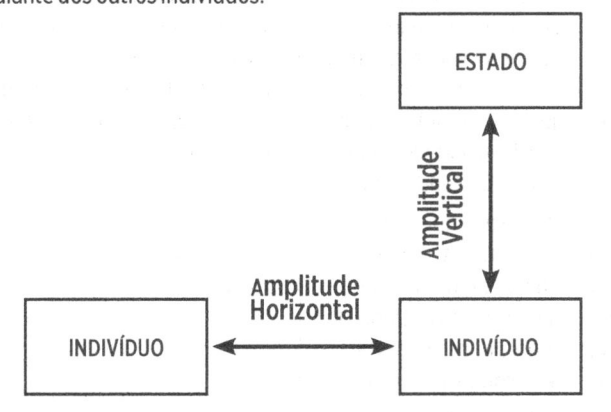

3.3 Classificação

A Constituição Federal, quando se refere aos direitos fundamentais, classifica-os em cinco grupos:

> Direitos e Deveres Individuais e Coletivos;
> Direitos Sociais;
> Direitos de Nacionalidade;
> Direitos Políticos;
> Partidos Políticos.

Essa classificação encontra-se distribuída entre os Arts. 5º e 17 do texto constitucional e é normalmente chamada pela doutrina de Conceito Formal dos Direitos Fundamentais. O Conceito Formal é o que a Constituição Federal resolveu classificar como sendo Direito Fundamental. É o rol de direitos fundamentais previstos expressamente no texto constitucional.

Costuma-se perguntar nas provas: "O rol de direitos fundamentais é um rol exaustivo? Ou melhor, taxativo?" O que se quer saber é se o rol de direitos fundamentais é só aquele que está expresso na Constituição ou não.

Responde-se a essa questão com o § 2º do Art. 5º, que diz:

§ 2º - Os direitos e garantias expressos nesta Constituição não excluem outros decorrentes do regime e dos princípios por ela adotados, ou dos tratados internacionais em que a República Federativa do Brasil seja parte.

Isso significa que o rol não é taxativo, mas exemplificativo. A doutrina costuma chamar esse parágrafo de Cláusula de Abertura Material, que é exatamente a possibilidade de existirem outros direitos fundamentais, ainda que fora do texto constitucional. Esse seria o Conceito Material dos direitos fundamentais, ou seja, todos os direitos fundamentais que possuem a essência fundamental, ainda que não estejam expressos no texto constitucional.

3.4 Características

O elemento jurídico acima abordado, além de explicar a possibilidade de se inserirem novos direitos fundamentais no rol dos que já existem expressamente na Constituição Federal, também constitui uma das características que serão abordadas a seguir:

Historicidade

Essa característica revela que os Direitos Fundamentais são frutos da evolução histórica da humanidade. Significa que eles evoluem com o passar do tempo.

Inalienabilidade

Os direitos fundamentais não podem ser alienados, não podem ser negociados, não podem ser transigidos.

Irrenunciabilidade

Os direitos fundamentais não podem ser renunciados.

Imprescritibilidade

Os direitos fundamentais não se sujeitam aos prazos prescricionais. Não se perde um direito fundamental pelo decorrer do tempo.

Universalidade

Os direitos fundamentais pertencem a todas as pessoas, independentemente da sua condição.

Máxima Efetividade

Essa característica é mais uma imposição ao Estado, que está coagido a garantir a máxima efetividade dos direitos fundamentais. Esses direitos não podem ser ofertados de qualquer forma. É necessário que eles sejam garantidos da melhor forma possível.

Concorrência

Os direitos fundamentais podem ser utilizados em conjunto com outros direitos. Não é necessário abandonar um para usufruir outro direito.

DIREITOS FUNDAMENTAIS - REGRAS GERAIS

Complementariedade

Um direito fundamental não pode ser interpretado sozinho. Cada direito deve ser analisado juntamente com outros direitos fundamentais, bem como com outros institutos jurídicos.

Proibição do Retrocesso

Essa característica proíbe que os direitos já conquistados sejam perdidos.

Limitabilidade

Não existe direito fundamental absoluto. São direitos relativos.

Não Taxatividade

Essa característica, já tratada anteriormente, diz que o rol de direitos fundamentais é apenas exemplificativo, tendo em vista a possibilidade de inserção de novos direitos.

Veja como esse tema costuma ser abordado em prova:

Os atos de improbidade administrativa estão taxativamente previstos em lei, não sendo possível compreender que sua enumeração seja meramente exemplificativa. ERRADO.

3.5 Dimensões dos Direitos Fundamentais

As dimensões, também conhecidas por Gerações de direitos fundamentais, são uma classificação adotada pela doutrina que leva em conta a ordem cronológica de reconhecimento desses direitos. São cinco as dimensões atualmente reconhecidas:

1ª Dimensão – foram os primeiros direitos conquistados pela humanidade. São direitos relacionados à liberdade, em todas as suas formas. Possuem um caráter negativo diante do Estado, tendo em vista ser utilizado como uma verdadeira limitação ao poder estatal, ou seja, o Estado, diante dos direitos de primeira dimensão, fica impedido de agir ou interferir na sociedade. São verdadeiros direitos de defesa com caráter individual. Estão entre estes direitos as liberdades públicas, civis e políticas.

2ª Dimensão – estes direitos surgem na tentativa de reduzirem as desigualdades sociais provocadas pela primeira dimensão. Por isso, são conhecidos como direitos de igualdade. Para reduzir as diferenças sociais, o Estado precisa interferir na sociedade: essa interferência reflete a conduta positiva adotada por meio de prestações sociais. São exemplos de direitos de segunda dimensão: os direitos sociais, econômicos e culturais.

3ª Dimensão – aqui estão os conhecidos direitos de fraternidade. São direitos que refletem um sentimento de solidariedade entre os povos na tentativa de preservarem os direitos de toda a coletividade. São de terceira geração o direito ao meio ambiente saudável, o direito ao progresso da humanidade, ao patrimônio comum, entre outros.

4ª Dimensão – esses direitos ainda não possuem um posicionamento pacífico na doutrina, mas costuma-se dizer que nesta dimensão ocorre a chamada globalização dos direitos fundamentais. São direitos que rompem com as fronteiras entre os Estados. São direitos de todos os seres humanos, independentemente de sua condição, como o direito à democracia, ao pluralismo político. São também considerados direitos de 4ª geração os direitos mais novos, que estão em construção, como o direito genético ou espacial.

5ª Dimensão – essa é a mais nova dimensão defendida por alguns doutrinadores. É formado basicamente pelo direito à paz. Esse seria o direito mais almejado pelo homem e que consubstancia a reunião de todos os outros direitos.

Deve-se ressaltar que esses direitos, à medida que foram sendo conquistados, complementavam os direitos anteriores, de forma que não se pode falar em substituição ou superação de uma geração sobre a outra, mas em cumulação, de forma que hoje podemos usufruir de todos os direitos pertencentes a todas as dimensões.

Para não se esquecer das três primeiras dimensões é só lembrar-se do Lema da Revolução Francesa: Liberdade, Igualdade e Fraternidade.

1ª DIMENSÃO	2ª DIMENSÃO	3ª DIMENSÃO
LIBERDADE	IGUALDADE	FRATERNIDADE

3.6 Titulares dos Direitos Fundamentais

Quem são os Titulares dos Direitos Fundamentais?

A própria Constituição Federal responde a essa pergunta quando diz no *caput* do Art. 5º que são titulares "os brasileiros e estrangeiros residentes no país". Mas será que é necessário residir no país para que o estrangeiro tenha direitos fundamentais?

Imaginemos um avião cheio de alemães que está fazendo uma escala no Aeroporto Municipal de Cascavel-PR.

Nenhum dos alemães reside no país. Seria possível entrar no avião e matar todas aquelas pessoas, haja vista não serem titulares de direitos fundamentais por não residirem no país? É claro que não. Para melhor se compreender o termo "residente", o STF o tem interpretado de forma mais ampla no sentido de abarcar todos aqueles que estão no país. Ou seja, todos os que estão no território brasileiro, independentemente de residirem no país, são titulares de direitos fundamentais.

Mas será que, para ser titular de direitos fundamentais, é necessário ter a condição humana? Ao contrário do que parece, não é necessário. Tem-se reconhecido como titulares de direitos fundamentais as pessoas jurídicas. Ressalta-se que não só as pessoas jurídicas de direito privado, mas também as pessoas jurídicas de direito público.

Os animais não são considerados titulares de direitos fundamentais, mas isso não

> O STF já se pronunciou sobre a "briga de galo" e a "farra do boi", declarando-as inconstitucionais. Quanto à "vaquejada", o Supremo se manifestou acerca da admissibilidade parcial, desde que não figure flagelação do animal. Por fim, o tema de "rodeios" ainda não foi pleiteado.

significa que seja possível maltratá-los. Na prática, a CF/88 protege-os contra situações de maus-tratos. De outro lado, mortos podem ser titulares de direitos fundamentais, desde que o direito seja compatível (ex.: honra).

3.7 Cláusulas Pétreas e os Direitos Fundamentais

O Art. 60, § 4º da Constituição Federal, traz o rol das chamadas **Cláusulas Pétreas:**

> *§ 4º - Não será objeto de deliberação a proposta de emenda tendente a abolir:*
> *I. A forma federativa de Estado;*
> *II. O voto direto, secreto, universal e periódico;*
> *III. A separação dos Poderes;*
> *IV. Os direitos e garantias individuais.*

As Cláusulas Pétreas são núcleos temáticos formados por institutos jurídicos de grande importância, os quais não podem ser retirados da Constituição. Observe-se que o texto proíbe a abolição desses princípios, mas não impede que os mesmos sejam modificados, no caso, para melhor. Isso já foi cobrado em prova. É importante notar que o texto constitucional prevê no inciso IV como sendo Cláusulas Pétreas apenas os direitos e garantias individuais. Pela literalidade da Constituição, não são todos os direitos fundamentais que são protegidos por esse instituto, mas apenas os de caráter individual. Parte da doutrina e da jurisprudência entende que essa proteção deve ser ampliada, abrangendo os demais direitos fundamentais. Deve-se ter atenção com esse tema em prova, pois já foram cobrados os dois posicionamentos.

3.8 Eficácia dos Direitos Fundamentais

O § 1º do Art. 5º da Constituição Federal prevê que:

> *§ 1º - As normas definidoras dos direitos e garantias fundamentais têm aplicação imediata.*

Quando a Constituição Federal se refere à aplicação de uma norma, na verdade está falando da sua eficácia.

Esse tema é sempre cobrado em provas de concurso. Com o intuito de obter uma melhor compreensão, é necessário conceituar, classificar e diferenciar os vários níveis de eficácia das normas constitucionais.

Para que uma norma constitucional seja aplicada é indispensável que a ela possua eficácia, a qual é *a capacidade que uma norma jurídica tem de produzir efeitos*.

Se os efeitos produzidos se restringem ao âmbito normativo, tem-se a chamada **eficácia jurídica**, ao passo que, se os efeitos são concretos, reais, tem-se a chamada **eficácia social.** Eficácia jurídica, portanto, é a capacidade que uma norma constitucional tem de revogar todas as outras normas que com ela apresentem divergência. Já a eficácia social, também conhecida como efetividade, é a aplicabilidade na prática, concreta, da norma. Todas as normas constitucionais possuem eficácia jurídica, mas nem todas possuem eficácia social. Logo, é possível afirmar que todas as normas constitucionais possuem eficácia. O problema surge quando uma norma constitucional não pode ser aplicada na prática, ou seja, não possui eficácia social.

Para explicar esse fenômeno, foram desenvolvidas várias classificações acerca do grau de eficácia de uma norma constitucional. A classificação mais adotada pela doutrina e mais cobrada em prova é a adotada pelo professor José Afonso da Silva[1]. Para esse estudioso, a eficácia social se classifica em:

> **Eficácia Plena;**
> **Eficácia Contida;**
> **Eficácia Limitada.**

As normas de **eficácia plena** são aquelas **autoaplicáveis.** São normas que possuem aplicabilidade direta, imediata e integral. Seus efeitos práticos são plenos. É uma norma que não depende de complementação legislativa para produzir efeitos. Veja os exemplos:

Art. 1º; Art. 5º, *caput* e incisos XXXV e XXXVI; Art. 19; Art. 21; Art. 53; Art. 60, § 1º e 4º; Art. 69; Art. 128, § 5º, I e II; Art. 145, § 2º; entre outros.

As normas de **eficácia contida** também são **autoaplicáveis**. Assim como as normas de eficácia plena, elas possuem **aplicabilidade direta e imediata**. Contudo, sua aplicação não é integral. É neste ponto que a eficácia contida se diferencia da eficácia plena. A norma de eficácia contida nasce plena, mas pode ser restringida por outra norma.

Daí a doutrina chamá-la de norma contível, restringível ou redutível. Essas espécies permitem que outra norma reduza a sua aplicabilidade. São normas que produzem efeitos imediatos, mas esses efeitos podem ser restringidos. Ex:

Art. 5º, VII, XII, XIII, XV, XXVII, XXXIII; Art. 9º; Art. 37, I; Art. 170, parágrafo único; entre outros.

Já as normas de **eficácia limitada** são desprovidas de eficácia social. Diz-se que as normas de eficácia limitada não são autoaplicáveis, possuem aplicabilidade indireta, mediata e reduzida ou diferida.

São normas que dependem de outra para produzirem efeitos. O que as difere das normas de eficácia contida é a dependência de outra norma para que produza efeitos sociais. Enquanto as de eficácia contida produzem efeitos imediatos, os quais poderão ser restringidos posteriormente, as de eficácia limitada dependem de outra norma para produzirem efeitos. Deve-se ter cuidado para não pensar que essas espécies normativas não possuem eficácia. Como se afirmou anteriormente, elas possuem eficácia jurídica, mas não possuem eficácia social. As normas de eficácia limitada são classificadas, ainda, em:

> Normas de eficácia limitada de princípio institutivo (organizativo ou organizatório);
> Normas de eficácia limitada de princípio programático.

As normas de eficácia limitada de **princípio institutivo** são aquelas que dependem de outra norma para organizar ou instituir estruturas, entidades ou órgãos.

Art. 18, § 2º; Art. 22, Parágrafo único; Art. 25, § 3º; Art. 33; Art. 88; Art. 90, §2º; Art. 102, §1º; Art. 107, §1º; Art. 113; Art. 121; Art. 125, §3º; 128, §5º; Art. 131; entre outros.

---
[1] Silva, José Afonso da. "Curso de Direito Constitucional Positivo". 27ª edição. São Paulo: Malheiros, 2005.

NOÇÕES DE DIREITO CONSTITUCIONAL

DIREITOS FUNDAMENTAIS - REGRAS GERAIS

As normas de eficácia limitada de **princípio programático** são aquelas que apresentam verdadeiros objetivos a serem perseguidos pelo Estado, programas a serem implementados. Em regra, possuem fins sociais.

Art. 7º, XI, XX, XXVII; Art. 173, §4º; Art. 196; Art. 205; Art. 215; Art. 218; Art. 227; entre outros.

O Supremo Tribunal Federal (STF) possui algumas decisões que conferiram o grau de eficácia limitada aos seguintes dispositivos:

Art. 5º, LI; Art. 37, I; Art. 37, VII; Art. 40, § 4º; Art. 18, §4º.

Feitas as considerações iniciais sobre esse tema, resta saber o que o § 1º do Art. 5º da CF quis dizer com "aplicação imediata". Para traduzir essa expressão, basta analisar a explicação apresentada anteriormente. Segundo a doutrina, as normas que possuem aplicação imediata ou são de eficácia plena ou contida. Ao que parece, o texto constitucional quis restringir a eficácia dos direitos fundamentais em plena ou contida, não existindo, em regra, normas definidoras de direitos fundamentais com eficácia limitada. Entretanto, pelos próprios exemplos aqui apresentados, não é essa a realidade do texto constitucional. Certamente, existem normas de eficácia limitada entre os direitos fundamentais (7º, XI, XX, XXVII). A dúvida que surge então é: como responder na prova?

A doutrina e o STF têm entendido que, apesar do texto expresso na Constituição Federal, existem normas definidoras de direitos fundamentais que não possuem aplicabilidade imediata, as quais são de eficácia limitada. Diante dessa contradição, a doutrina tem orientado no sentido de se conferir a maior eficácia possível aos direitos fundamentais. Em prova, pode ser cobrada tanto uma questão abordando o texto puro da Constituição Federal quanto o posicionamento da doutrina. Deve-se responder conforme for perguntado.

A Constituição previu dois instrumentos para garantir a efetividade das normas de eficácia limitada: **Ação Direta de Inconstitucionalidade** por omissão e o **Mandado de Injunção**.

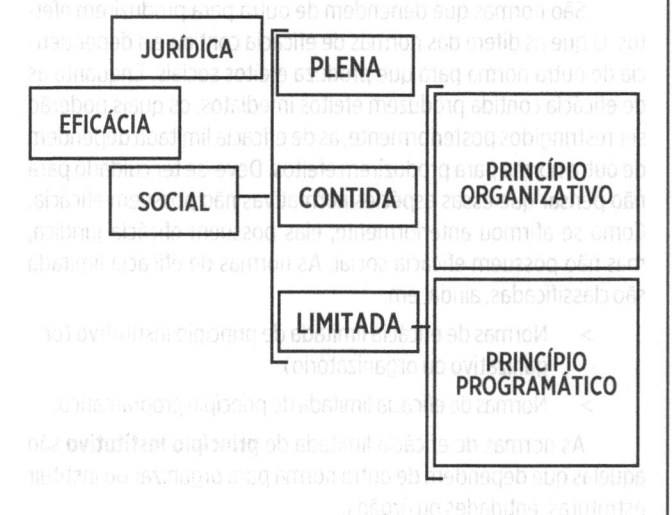

```
                  ┌─ PLENA
         ┌─ JURÍDICA ─┤
EFICÁCIA ┤           ├─ CONTIDA ─ PRINCÍPIO ORGANIZATIVO
         └─ SOCIAL ──┤
                     └─ LIMITADA ─ PRINCÍPIO PROGRAMÁTICO
```

3.9 Força Normativa dos Tratados Internacionais

Uma regra muito importante para a prova é a que está prevista no § 3º do Art. 5º:

> **§3º** - Os tratados e convenções internacionais sobre direitos humanos que forem aprovados, em cada Casa do Congresso Nacional, em dois turnos, por três quintos dos votos dos respectivos membros, serão equivalentes às emendas constitucionais.

Esse dispositivo constitucional apresenta a chamada Força Normativa dos Tratados Internacionais.

Segundo o texto constitucional, é possível que um tratado internacional possua força normativa de emenda constitucional, desde que preencha os seguintes requisitos:

> Tem que falar de direitos humanos;
> Tem que ser aprovado nas duas casas legislativas do Congresso Nacional, ou seja, na Câmara dos Deputados e no Senado Federal;
> Tem que ser aprovado em dois turnos em cada casa;
> Tem que ser aprovado por 3/5 dos membros em cada turno de votação, em cada casa.

Preenchidos esses requisitos, o Tratado Internacional terá força normativa de **Emenda à Constituição**.

Mas surge a seguinte questão: e se o Tratado Internacional for de Direitos Humanos e não preencher os requisitos constitucionais previstos no § 3º do Art. 5º da Constituição? Qual será sua força normativa? Segundo o STF, caso o Tratado Internacional fale de direitos humanos, mas não preencha os requisitos do § 3º do Art. 5º da CF, ele terá força normativa de **Norma Supralegal**.

Ainda há os tratados internacionais que não falam de direitos humanos. São tratados que falam de outros temas, por exemplo, o comércio. Esses tratados possuem força normativa de **Lei Ordinária**.

Em suma, são três as forças normativas dos Tratados Internacionais:

```
                        ┌─ EMENDA À CONSTITUIÇÃO
TRATADOS INTERNACIONAIS ┼─ NORMA SUPRALEGAL
                        └─ LEI ORDINÁRIA
```

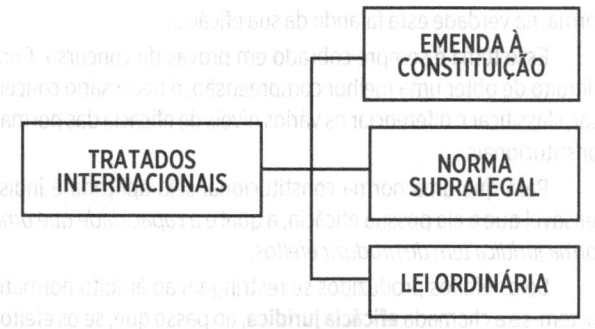

3.10 Tribunal Penal Internacional - TPI

Há outra regra muito interessante prevista no § 4º do Art. 5º da Constituição:

> **§ 4º** - O Brasil se submete à jurisdição de Tribunal Penal Internacional a cuja criação tenha manifestado adesão.

É o chamado **Tribunal Penal Internacional**. Mas o que é o Tribunal Penal Internacional? É uma corte permanente, localizada em Haia, na Holanda, com competência de julgamento dos crimes contra a humanidade.

É um Tribunal, pois tem função jurisdicional; é Penal porque só julga crimes; é Internacional, haja vista sua competência não estar restrita à fronteira de um só Estado.

Mas uma coisa deve ser esclarecida. O TPI não julga qualquer tipo de crime. Só os crimes que tenham repercussão para toda a humanidade. Geralmente, são crimes de guerra, agressão estrangeira, genocídio, dentre outros.

Apesar de ser um tribunal com atribuições jurisdicionais, o TPI não faz parte do Poder Judiciário brasileiro. Sua competência é complementar à jurisdição nacional, não ofendendo, portanto, a soberania do Estado brasileiro. Isso significa que o TPI só age quando a Justiça Brasileira se omite ou é ineficaz.

3.11 Direitos X Garantias

Muitos questionam se direitos e garantias são a mesma coisa, mas a melhor doutrina tem diferenciado esses dois institutos.

Os direitos são os próprios direitos previstos na Constituição Federal. São os bens jurídicos tutelados pela Constituição. Eles representam por si só esses bens.

As garantias são instrumentos de proteção dos direitos. São ferramentas disponibilizadas pela Constituição para a fruição dos direitos.

Apesar da diferença entre os dois institutos é possível afirmar que **toda garantia é um direito.**

Questões

01. (FCC) São direitos fundamentais classificados como de segunda geração:
    a) Os direitos econômicos e culturais.
    b) Os direitos de solidariedade e os direitos difusos.
    c) As liberdades públicas.
    d) Os direitos e garantias individuais clássicos.
    e) O direito do consumidor e o direito ao meio ambiente equilibrado.

02. (FCC) Em conformidade com o art. 113 da Constituição Federal: A lei disporá sobre a constituição, investidura, jurisdição, competência, garantias e condições de exercício dos órgãos da Justiça do Trabalho. A presente hipótese trata de uma norma constitucional de eficácia:
    a) Limitada, definidora de princípio institutivo ou organizativo.
    b) Limitada, definidora de princípios programáticos.
    c) Plena, mas de natureza facultativa ou permissiva.
    d) Contida, em razão de restrições impostas por outras normas constitucionais.
    e) Plena, mas de natureza obrigatória, de programas ou diretrizes.

03. (FCC) Nos termos da Constituição Federal, serão equivalentes às emendas constitucionais, os tratados e convenções internacionais sobre direitos humanos que forem aprovados,
    a) Pelo Senado Federal, em único turno, por três quartos dos votos dos respectivos membros.
    b) Pelo Congresso Nacional, em dois turnos, por dois terços dos votos dos respectivos membros.
    c) Em cada Casa do Congresso Nacional, em dois turnos, por três quintos dos votos dos respectivos membros.
    d) Pela Câmara dos Deputados, em único turno, por dois terços dos votos dos presentes à sessão.
    e) Pelo Congresso Nacional, em único turno, por maioria absoluta dos presentes à sessão.

Gabaritos

01	A
02	A
03	C

4. DIREITOS E DEVERES INDIVIDUAIS E COLETIVOS

A Constituição Federal, ao disciplinar os direitos individuais, os coloca basicamente no Art. 5º. Logo no *caput* desse artigo, já aparece uma classificação didática dos direitos ali previstos:

> **Art. 5º.** Todos são iguais perante a lei, sem distinção de qualquer natureza, garantindo-se aos brasileiros e aos estrangeiros residentes no País a inviolabilidade do direito à vida, à liberdade, à igualdade, à segurança e à propriedade, nos termos seguintes:

Para estudarmos os direitos individuais, utilizaremos os cinco grupos de direitos previstos no *caput* do Art. 5º:

> **Direito à vida;**
> **Direito à igualdade;**
> **Direito à liberdade;**
> **Direito à propriedade;**
> **Direito à segurança.**

Percebe-se que os 78 incisos do Art. 5º, de certa forma, decorrem de um desses direitos que podem ser chamados de **"direitos raízes"**. Utilizando essa divisão, a seguir serão abordados os incisos mais importantes desse artigo, tendo em vista a preparação para a prova. Logicamente, não conseguiremos abordar todos os incisos, o que não tira a responsabilidade de lê-los.

4.1 Direito à Vida

Ao falar desse direito, que é considerado pela doutrina como o **direito mais fundamental de todos**, por ser um pressuposto para o exercício dos demais direitos, enfrenta-se um primeiro dEsafio: esse direito é absoluto?

Assim como os demais direitos, o direito à vida não é absoluto. São várias as justificativas existentes para considerá-lo um direito passível de flexibilização:

Pena de morte

Uma que já apareceu em prova: existe pena de morte no Brasil?

A sua resposta tem que ser "SIM". A alínea "a" do inciso XLVII do Art. 5º traz essa previsão expressamente:

> **XLVII.** Não haverá penas:
> **a)** de morte, salvo em caso de guerra declarada, nos termos do Art. 84, XIX;

Todas as vezes que a Constituição traz uma negação acompanhada de uma exceção, estamos diante de uma possibilidade.

Aborto

A prática de aborto no Brasil é permitida? O Art. 128 do Código Penal Brasileiro apresenta duas possibilidades de prática de aborto que são verdadeiras excludentes de ilicitude:

> **Art. 128.** Não se pune o aborto praticado por médico:

Aborto necessário
> **I.** Se não há outro meio de salvar a vida da gestante;

Aborto sentimental
> **II.** Se a gravidez resulta de estupro e o aborto é precedido de consentimento da gestante ou, quando incapaz, de seu representante legal.

São os **abortos necessário** e **sentimental**. Aborto necessário é aquele praticado para salvar a vida da gestante e o aborto sentimental é utilizado nos casos de estupro. Essas duas exceções à prática do crime de aborto são hipóteses em que se permite a sua prática no direito brasileiro. Além dessas duas hipóteses previstas expressamente na legislação brasileira, o STF também reconhece a possibilidade da prática de aborto do feto anencéfalo (feto sem cérebro)[1]. Mais uma vez, o direito à vida encontra-se flexibilizado.

Legítima defesa e estado de necessidade

Esses dois institutos, também excludentes de ilicitude do crime, são outras possibilidades de limitação do direito a vida, conforme disposto no Art. 23 do Código Penal Brasileiro:

> **Art. 23.** Não há crime quando o agente pratica o fato:
> **I.** Em estado de necessidade;
> **II.** Em legítima defesa;

Em linhas gerais e de forma exemplificativa, o estado de necessidade permite que, diante de uma situação de perigo, uma pessoa possa, para salvar uma vida, tirar a vida de outra pessoa. Na legítima defesa, caso sua vida seja ameaçada por alguém, existe legitimidade em retirar a vida de quem o ameaçou.

Outro ponto que deve ser ressaltado é que o direito à vida não está adstrito apenas ao fato de se estar vivo. Quando a constituição protege o direito à vida, a faz em suas diversas acepções. Existem dispositivos constitucionais que protegem o direito à vida no que tange a sua preservação da integridade física e moral (Art. 5º, III, V, XLVII, XLIX; Art. 199, §4º. A Constituição também protege o direito à vida no que tange à garantia de uma vida com qualidade (Arts. 6º; 7º, IV; 196; 205; 215).

4.2 Direito à Igualdade

Igualdade formal x igualdade material

Possui como sinônimo o termo Isonomia. A doutrina classifica esse direito em:

Igualdade Formal

Traduz-se no termo "todos são iguais perante a lei, sem distinção de qualquer natureza". É o previsto no *caput* do Art. 5º. É uma igualdade jurídica, que não se preocupa com a realidade, mas apenas evita que alguém seja tratado de forma discriminatória.

Igualdade Material

Também chamada de igualdade efetiva ou substancial. É a igualdade que se preocupa com a realidade. Traduz-se na seguinte expressão: "tratar os iguais com igualdade e os desiguais com

---

[1] O Tribunal, por maioria e nos termos do voto do Relator, julgou procedente a ação para declarar a inconstitucionalidade da interpretação segundo a qual a interrupção da gravidez de feto anencéfalo é conduta tipificada nos artigos 124, 126, 128, incisos I e II, todos do Código Penal, contra os votos dos Senhores Ministros Gilmar Mendes e Celso de Mello que, julgando-a procedente, acrescentavam condições de diagnóstico de anencefalia especificadas pelo Ministro Celso de Mello; e contra os votos dos Senhores Ministros Ricardo Lewandowski e Cezar Peluso (Presidente), que a julgavam improcedente. Impedido o Senhor Ministro Dias Toffoli. Plenário, 12.04.2012. ADPF 54 – Relator Min. Marco Aurélio.

desigualdade, na medida das suas desigualdades". Esse tipo de igualdade confere um tratamento com justiça para aqueles que não a possuem.

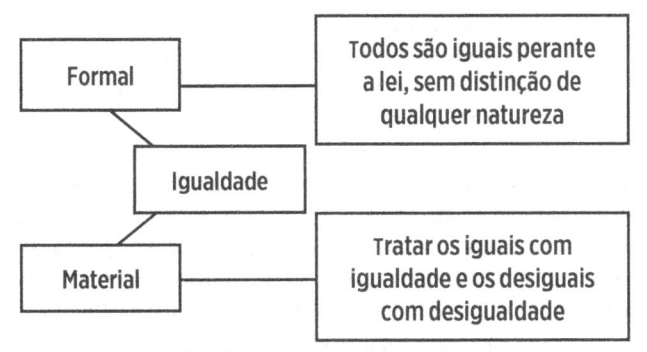

```
                    ┌─────────────────────────┐
         ┌─ Formal ─┤ Todos são iguais perante │
         │          │ a lei, sem distinção de  │
         │          │ qualquer natureza        │
Igualdade┤          └─────────────────────────┘
         │          ┌─────────────────────────┐
         └─Material─┤ Tratar os iguais com    │
                    │ igualdade e os desiguais│
                    │ com desigualdade        │
                    └─────────────────────────┘
```

A igualdade formal é a regra utilizada pelo Estado para conferir um tratamento isonômico entre as pessoas. Contudo, por diversas vezes, um tratamento igualitário não consegue atender a todas as necessidades práticas. Faz-se necessária a utilização da igualdade em seu aspecto material para que se consiga produzir um verdadeiro tratamento isonômico.

Imaginemos as relações entre homens e mulheres. A regra é que homem e mulher são tratados da mesma forma conforme previsto no inciso I do Art. 5º:

I. Homens e mulheres são iguais em direitos e obrigações, nos termos desta Constituição;

Contudo, em diversas situações, homens e mulheres serão tratados de forma diferente:

Licença-maternidade

Tem duração de 120 dias para a mulher. Para o homem, apenas 5 dias de licença-paternidade;

Aposentadoria

A mulher se aposenta 5 anos mais cedo que o homem;

Serviço Militar Obrigatório

Só o homem está obrigado.

Essas são algumas das situações em que são permitidos tratamentos desiguais entre as pessoas. As razões que justificam essa discriminação são as diferenças efetivas que existem entre os homens e as mulheres em cada uma das hipóteses. Exemplificando, a mulher tem mais tempo para se recuperar em razão da nítida distinção do desgaste feminino para o masculino no que tange ao parto. É indiscutível que, por mais desgastante que seja o nascimento de um filho para o pai, nada se compara ao sofrimento suportado pela mãe. Por essa razão, a licença-maternidade é maior que a licença-paternidade.

Igualdade nos concursos públicos

O tema diz respeito à igualdade nos concursos públicos. Seria possível restringir o acesso a um cargo público em razão do sexo de uma pessoa? Ou por causa de sua altura? Ou ainda, pela idade que possui?

Essas questões encontram a mesma resposta: sim! É possível, desde que os critérios discriminatórios preencham alguns requisitos:

Deve ser Fixado em Lei

Não basta que os critérios estejam previstos no edital, precisam estar previstos em lei, no seu sentido formal.

Deve ser Necessário ao Exercício do Cargo

O critério discriminatório deve ser necessário ao exercício do cargo. A título de exemplo: seria razoável exigir para um cargo de policial militar, altura mínima ou mesmo, idade máxima, que representam vigor físico, tendo em vista a natureza do cargo que exige tal condição. As mesmas condições não poderiam ser exigidas para um cargo de técnico judiciário, por não serem necessárias ao exercício do cargo.

Em suma, podem ser exigidos critérios discriminatórios desde que previstos em lei e que sejam necessários ao exercício do cargo, observados os critérios de proporcionalidade e razoabilidade.

Esse tema sempre tem sido alvo de questões em prova, principalmente sob o aspecto jurisprudencial. Veja este exemplo de questão:

No ato da posse o servidor apresentará, se entender necessário, declaração de bens e valores que constituem o seu patrimônio e, obrigatoriamente, declaração quanto ao exercício ou não de outro cargo, emprego ou função pública. ERRADO.

Ações afirmativas

Como formas de concretização da igualdade material foram desenvolvidas políticas públicas de compensação dirigidas às minorias sociais chamadas de **Ações Afirmativas ou Discriminações Positivas**. São verdadeiras ações de cunho social que visam a compensar possíveis perdas que determinados grupos sociais tiveram ao longo da história de suas vidas. Quem nunca ouviu falar nas "quotas para os pobres nas Universidades" ou ainda, "reserva de vagas para deficientes em concursos públicos"? Essas são algumas das espécies de ações afirmativas desenvolvidas no Brasil.

Mas por que reservar vagas para deficientes em concursos públicos? Ora, é óbvio que o deficiente, qualquer que seja sua deficiência, quando se prepara para um concurso público possui muito mais dificuldade que uma pessoa que tem a plenitude de seu vigor físico. Em razão dessa diferença, o Estado, na tentativa de reduzir a desigualdade existente entre os concorrentes, resolveu compensar a limitação de um portador de necessidades especiais reservando-lhe vagas especiais.

Perceba que, ao contrário do que parece, quando se reservam vagas num concurso público para deficientes estamos diante de um nítido tratamento discriminatório, que nesse caso é justificável pelas diferenças naturais entre o concorrente sadio e o concorrente deficiente. Lembre-se de que igualdade material é tratar iguais com igualdade e desiguais com desigualdade. O que se faz por meio dessas políticas de compensação é tratar os desiguais com desigualdade, na medida de suas desigualdades. Só dessa forma é possível alcançar um verdadeiro tratamento isonômico entre os candidatos.

Por fim, destaca-se o fato de o STF ter declarado constitucional a política de cotas étnico-raciais para seleção de estudantes em universidades públicas pacificando uma discussão antiga sobre esse tipo de ação afirmativa.

NOÇÕES DE DIREITO CONSTITUCIONAL

DIREITOS E DEVERES INDIVIDUAIS E COLETIVOS

4.3 Direito à Liberdade

O direito à liberdade pertence à primeira geração de direitos fundamentais por expressarem os direitos mais ansiados pelos indivíduos como forma de defesa diante do Estado. O que se verá a seguir são algumas das acepções desse direito que podem ser cobradas em prova.

Liberdade de ação

O inciso II do Art. 5º apresenta aquilo que a doutrina chama de liberdade de ação:

> *II. Ninguém será obrigado a fazer ou deixar de fazer alguma coisa senão em virtude de lei;*

Essa é a liberdade por excelência. Segundo o texto constitucional, a liberdade só pode ser restringida por lei. Por isso, dizemos que esse inciso também apresenta o **Princípio da Legalidade.**

A liberdade pode ser entendida de duas formas, a depender do destinatário da mensagem:

Para o particular

Para o particular, liberdade significa "fazer tudo que não for proibido".

Para o agente público

Para o agente público, liberdade significa "poder fazer tudo o que for determinado ou permitido pela lei".

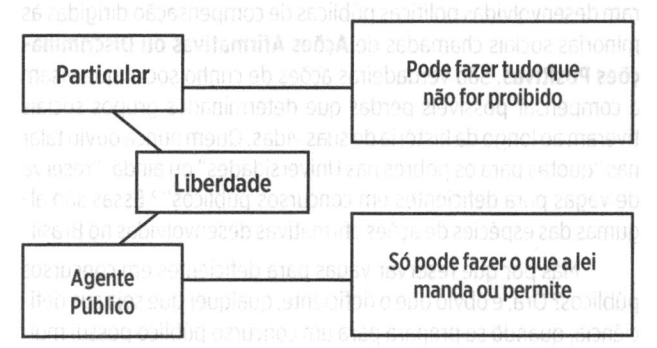

```
Particular ──────────► Pode fazer tudo que
                        não for proibido
     │
Liberdade
     │
Agente   ─────────────► Só pode fazer o que a lei
Público                  manda ou permite
```

Liberdade de locomoção

Uma das liberdades mais almejadas pelos indivíduos durante as lutas sociais é o grande carro-chefe na limitação dos poderes do Estado. O inciso XV do Art. 5º já diz:

> *XV. É livre a locomoção no território nacional em tempo de paz, podendo qualquer pessoa, nos termos da lei, nele entrar, permanecer ou dele sair com seus bens;*

Perceba-se que o direito explanado nesse inciso não possui caráter absoluto, haja vista ter sido garantido em tempo de paz. Isso significa que em momentos sem paz seriam possíveis restrições às liberdades de locomoção. Destaca-se o Estado de Sítio que pode ser decretado nos casos previstos no Art. 137 da Constituição Federal. Nessas circunstâncias, seriam possíveis maiores restrições à chamada liberdade de locomoção por meio de medidas autorizadas pela própria Constituição Federal:

> *Art. 137. O Presidente da República pode, ouvidos o Conselho da República e o Conselho de Defesa Nacional, solicitar ao Congresso Nacional autorização para decretar o estado de sítio nos casos de:*
> *I. Comoção grave de repercussão nacional ou ocorrência de fatos que comprovem a ineficácia de medida tomada durante o estado de defesa;*
> *II. Declaração de estado de guerra ou resposta a agressão armada estrangeira.*
>
> *Art. 139. Na vigência do estado de sítio decretado com fundamento no Art. 137, I, só poderão ser tomadas contra as pessoas as seguintes medidas:*
> *I. Obrigação de permanência em localidade determinada;*
> *II. Detenção em edifício não destinado a acusados ou condenados por crimes comuns;*

Outro ponto interessante refere-se à possibilidade de qualquer pessoa entrar, permanecer ou sair do país com seus bens. Esse direito também não pode ser encarado de forma absoluta, haja vista a possibilidade de se exigir declaração de bens ou pagamento de imposto quando da entrada no país com bens. Nesse caso, liberdade de locomoção não se confunde com imunidade tributária.

Caso a liberdade de locomoção seja restringida por ilegalidade ou abuso de poder, a Constituição reservou um poderoso instrumento garantidor, o chamado *Habeas Corpus*.

> *Art. 5º, LXVIII. conceder-se-á "Habeas Corpus" sempre que alguém sofrer ou se achar ameaçado de sofrer violência ou coação em sua liberdade de locomoção, por ilegalidade ou abuso de poder;*

Liberdade de pensamento

Essa liberdade serve de amparo para uma série de possibilidades no que tange ao pensamento. Assim como os demais direitos fundamentais, a manifestação do pensamento não possui caráter absoluto, sendo restringido pela própria Constituição Federal, que proíbe seu exercício de forma anônima:

> *Art. 5º, IV. É livre a manifestação do pensamento, sendo vedado o anonimato;*

A vedação ao anonimato, além de ser uma garantia ao exercício da manifestação do pensamento, possibilita o exercício do direito de resposta caso alguém seja ofendido.

Sobre Denúncia Anônima, é importante fazer uma observação. Diante da vedação constitucional ao anonimato, poder-se-ia imaginar que essa ferramenta de combate ao crime fosse considerada inconstitucional. Contudo, não tem sido esse o entendimento do STF. A denúncia anônima pode até ser utilizada como ferramenta de comunicação do crime, mas não pode servir como amparo para a instauração do Inquérito Policial, muito menos como fundamento para condenação de quem quer que seja.

Liberdade de consciência e crença religiosa

Uma primeira pergunta deve ser feita acerca da liberdade religiosa em nosso país: qual a religião oficial do Brasil? A única resposta possível: é nenhuma. A liberdade religiosa do Estado brasileiro é incompatível com a existência de uma religião oficial. É o que apresenta o inciso VI do Art. 5º:

> *VI. É inviolável a liberdade de consciência e de crença, sendo assegurado o livre exercício dos cultos religiosos e garantida, na forma da lei, a proteção aos locais de culto e a suas liturgias;*

Esse inciso marca a liberdade religiosa existente no Brasil. Por esse motivo, dizemos que o Brasil é um Estado laico, leigo ou não confessional. Isso significa, basicamente, que no Brasil existe uma relação de separação entre Estado e Igreja. Essa relação entre o Estado e a Igreja encontra, inclusive, vedação expressa no texto constitucional:

Art. 19. *É vedado à União, aos Estados, ao Distrito Federal e aos Municípios:*

I. Estabelecer cultos religiosos ou igrejas, subvencioná-los, embaraçar-lhes o funcionamento ou manter com eles ou seus representantes relações de dependência ou aliança, ressalvada, na forma da lei, a colaboração de interesse público;

Por causa da liberdade religiosa, é possível exercer qualquer tipo de crença no país. É possível ser católico, protestante, mulçumano, ateu ou satanista. Isso é liberdade de crença ou consciência. Liberdade de crer ou não crer. Perceba que o inciso VI, além de proteger as crenças e cultos, também protege as suas liturgias. Apesar do amparo constitucional, não se pode utilizar esse direito para praticar atos contrários às demais normas do direito brasileiro como, por exemplo, sacrificar seres humanos como forma de prestar culto a determinada divindade. Isso a liberdade religiosa não ampara.

Outro dispositivo importante é o previsto no inciso VII:

VII. É assegurada, nos termos da lei, a prestação de assistência religiosa nas entidades civis e militares de internação coletiva;

Nese inciso, a Constituição Federal garantiu a assistência religiosa nas entidades de internação coletivas, sejam elas civis ou militares. Entidades de internação coletivas são quartéis, hospitais ou hospícios. Em razão dessa garantia constitucional, é comum encontrarmos nesses estabelecimentos capelas para que o direito seja exercido.

Apesar da importância dos dispositivos analisados anteriormente, nenhum é mais cobrado em prova que o inciso VIII:

VIII. Ninguém será privado de direitos por motivo de crença religiosa ou de convicção filosófica ou política, salvo se as invocar para eximir-se de obrigação legal a todos imposta e recusar-se a cumprir prestação alternativa, fixada em lei;

Estamos diante do instituto da **Escusa de Consciência.** Esse direito permite a qualquer pessoa que, em razão de sua crença ou consciência, deixe de cumprir uma obrigação imposta sem que com isso sofra alguma consequência em seus direitos. Tal permissivo constitucional encontra uma limitação prevista expressamente no texto em análise. No caso de uma obrigação imposta a todos, se o indivíduo recusar-se ao seu cumprimento, ser-lhe-á oferecida uma prestação alternativa. Não a cumprindo também, a Constituição permite que direitos sejam restringidos. O Art. 15 prescreve que os direitos restringidos serão os direitos políticos:

Art. 15. É vedada a cassação de direitos políticos, cuja perda ou suspensão só se dará nos casos de:

IV. Recusa de cumprir obrigação a todos imposta ou prestação alternativa, nos termos do Art. 5º, VIII;

Liberdade de reunião

Acerca dessa liberdade, é importante ressaltar as condições estabelecidas pelo texto constitucional:

XVI. Todos podem reunir-se pacificamente, sem armas, em locais abertos ao público, independentemente de autorização, desde que não frustrem outra reunião anteriormente convocada para o mesmo local, sendo apenas exigido prévio aviso à autoridade competente;

Enumerando-as, de forma a facilitar o estudo, tem-se que as condições estabelecidas para o exercício do direito à reunião são:

Reunião Pacífica

Não se legitima uma reunião que tenha fins não pacíficos;

Sem Armas

Para evitar a violência ou coação por meio de armas;

Locais Abertos ao Público

Encontra-se subentendida a reunião em local fechado;

Independente de Autorização

Não precisa de autorização;

Necessidade de Prévio Aviso

Precisa de prévio aviso;

Não Frustrar outra Reunião convocada Anteriormente para o Mesmo Local

Garantia de isonomia no exercício do direito prevalecendo o de quem exerceu primeiro.

Sobre o exercício da liberdade de reunião é importante saber que ele não depende de autorização, mas necessita de prévio aviso.

Outro ponto que já foi alvo de questão de prova é a possibilidade de restrição desse direito no Estado de Sítio e no Estado de Defesa. O problema está na distinção entre as limitações que podem ser adotadas em cada uma das medidas:

Art. 136, § 1º - O decreto que instituir o estado de defesa determinará o tempo de sua duração, especificará as áreas a serem abrangidas e indicará, nos termos e limites da lei, as medidas coercitivas a vigorarem, dentre as seguintes:

I. Restrições aos direitos de:

a) reunião, ainda que exercida no seio das associações;

Art. 139. Na vigência do estado de sítio decretado com fundamento no Art. 137, I, só poderão ser tomadas contra as pessoas as seguintes medidas:

IV. Suspensão da liberdade de reunião;

Ao passo que no Estado de Defesa ocorrerão restrições ao direito de reunião, no Estado de Sítio ocorrerá a suspensão desse direito.

Estado de Defesa → Restrição

Estado de Sítio → Suspensão

DIREITOS E DEVERES INDIVIDUAIS E COLETIVOS

Liberdade de associação

São vários os dispositivos constitucionais que regulam a liberdade de associação:

> *XVII. É plena a liberdade de associação para fins lícitos, vedada a de caráter paramilitar;*
>
> *XVIII. A criação de associações e, na forma da lei, a de cooperativas independem de autorização, sendo vedada a interferência estatal em seu funcionamento;*
>
> *XIX. As associações só poderão ser compulsoriamente dissolvidas ou ter suas atividades suspensas por decisão judicial, exigindo-se, no primeiro caso, o trânsito em julgado;*
>
> *XX. Ninguém poderá ser compelido a associar-se ou a permanecer associado;*
>
> *XXI. As entidades associativas, quando expressamente autorizadas, têm legitimidade para representar seus filiados judicial ou extrajudicialmente;*

O primeiro ponto que dever ser lembrado é que a liberdade de associação só poderá ser usufruída para fins lícitos sendo proibida a criação de associação paramilitar.

Entende-se como associação de caráter paramilitar toda organização paralela ao Estado, sem legitimidade, com estrutura e organização tipicamente militar. São as facções criminosas, milícias ou qualquer outra organização que possua fins ilícitos e alheios aos do Estado.

Destaca-se, com a mesma importância para sua prova, a dispensa de autorização e interferência estatal no funcionamento e criação das associações.

Maior destaque deve ser dado ao inciso XIX, que condiciona qualquer limitação às atividades associativas a uma decisão judicial. As associações podem ter suas atividades suspensas ou dissolvidas. Em qualquer um dos casos deve haver decisão judicial. No caso da dissolução, por ser uma medida mais grave, não basta qualquer decisão judicial, tem que ser transitada em julgado. Isso significa uma decisão definitiva, à qual não caiba mais recurso.

O inciso XX tutela a chamada Liberdade Associativa, pela qual ninguém será obrigado a se associar ou mesmo a permanecer associado a qualquer entidade associativa.

Por fim, temos o inciso XXI, que permite às associações que representem seus associados tanto na esfera judicial quanto na administrativa desde que possuam expressa autorização. Expressa autorização significa por escrito, por meio de instrumento legal que comprove a autorização.

Vale destacar que, para suspender as atividades de uma associação, basta qualquer decisão judicial; para dissolver, tem que haver decisão judicial transitada em julgado.

```
Suspensão ──→ Decisão Judicial
Dissolução ──→ Transitada em Julgado
```

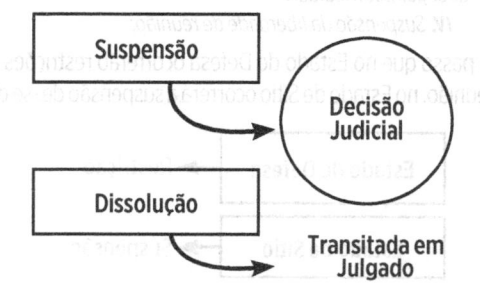

Questões

01. (FCC) No tocante aos Direitos e Deveres Individuais e Coletivos, é correto afirmar que:
a) É livre a expressão da atividade intelectual, artística, científica e de comunicação, independentemente de censura ou licença.
b) Constitui crime afiançável e prescritível a ação de grupos armados, civis ou militares, contra a ordem constitucional e o Estado Democrático.
c) A prisão de qualquer pessoa e o local onde se encontre serão comunicados ao juiz competente após cinco dias de sua prisão.
d) É proibida a prestação de assistência religiosa nas entidades militares de internação coletiva.
e) Ninguém será privado de direitos por motivo de crença religiosa ou de convicção filosófica ou política, sendo lícito invocá-las para eximir-se de obrigação legal a todos imposta.

02. (FCC) Dentre outros, a Constituição Federal estabelece como direito e dever individual e coletivo que:
a) A prática do racismo constitui crime afiançável e prescritível, sujeito à pena de detenção, nos termos da lei.
b) A expressão da atividade intelectual, científica e de comunicação depende, em qualquer hipótese, de censura ou licença da autoridade competente.
c) A criação de cooperativas depende de lei específica e o seu funcionamento, de autorização do poder executivo estadual.
d) As entidades associativas, quando expressamente autorizadas, têm legitimidade para representar seus filiados judicial ou extrajudicialmente.
e) É plena a liberdade de associação, inclusive de caráter religioso e paramilitar de segurança.

03. (FCC) No tocante aos Direitos e Deveres Individuais e Coletivos, considere as seguintes assertivas:
I. É plena a liberdade de associação para fins lícitos, permitida a de caráter paramilitar.
II. A criação de associações e, na forma da lei, a de cooperativas dependem de autorização.
III. As associações só poderão ser compulsoriamente dissolvidas por decisão administrativa.
IV. No caso de iminente perigo público, a autoridade competente poderá usar de propriedade particular, assegurada ao proprietário indenização ulterior, se houver dano.
V. São assegurados, nos termos da lei, a proteção às participações individuais em obras coletivas e à reprodução da imagem e voz humanas, inclusive nas atividades desportivas.

Está correto o que se afirma apenas em:
a) I e II.
b) I, II e III.
c) I, IV e V.
d) II, III e IV.
e) IV e V.

Gabaritos

01	A
02	D
03	E

5. DIREITOS E DEVERES INDIVIDUAIS E COLETIVOS

5.1 Direito à Propriedade

Quando se fala em direito à propriedade, alguns atributos que lhe são inerentes aparecem imediatamente. Propriedade é a faculdade que uma pessoa tem de usar, gozar dispor de um bem. O texto constitucional garante esse direito de forma expressa:

> **Art. 5º**, XXII. É garantido o direito de propriedade.

Apesar de esse direito aparentar possuir um caráter absoluto, quando se investiga mais a fundo esse tema, percebe-se que ele possui vários limitadores no próprio texto constitucional. E é isso que se passa a analisar agora.

Limitações

Dentre as limitações existentes na Constituição, estão:

Função social

A Constituição exige em seu Art. 5º que a propriedade atenda a sua função social:

> **XXIII.** A propriedade atenderá a sua função social;

Isso significa que a propriedade não é tão individual quanto pensamos. A necessidade de observância da função social demonstra que a propriedade é muito mais que uma titularidade privada. Esse direito possui reflexos em toda a sociedade. É só imaginar uma propriedade imóvel, um terreno urbano, que, apesar de possuir um proprietário, fica abandonado. Cresce o mato, as pessoas começam a jogar lixo naquele lugar, alguns criminosos começam a utilizar aquele ambiente para prática de atividades ilícitas. Veja quantas coisas podem acontecer numa propriedade e que importarão em consequências gravosas para o meio social mais próximo. É por isso que a propriedade tem que atender a sua função social.

Requisição administrativa

Consta no inciso XXV do Art. 5º:

> **XXV.** No caso de iminente perigo público, a autoridade competente poderá usar de propriedade particular, assegurada ao proprietário indenização ulterior, se houver dano;

Essa é a chamada Requisição Administrativa. Esse instituto permite que a propriedade seja limitada pela necessidade de se solucionar situação de perigo público. Não se trata de uma forma de desapropriação, pois o dono da propriedade requisitada não a perde, apenas a empresta para uso público, sendo garantido, posteriormente, havendo dano, direito a indenização. Esse instituto limita o caráter absoluto da propriedade.

Desapropriação

É a perda da propriedade. Esse é o limitador por excelência do direito, restringindo o caráter perpétuo da propriedade. A seguir, estão exemplificadas as três modalidades de desapropriação:

Desapropriação pelo Mero Interesse Público

Essa modalidade é utilizada pelo Estado quando o interesse social ou a utilidade pública prevalecem sobre o direito individual. Nesse tipo de desapropriação, destaca-se que o proprietário nada fez para merecê-la, contudo, o interesse público exige que determinada área seja desapropriada. É o caso de construção de uma rodovia que exige a desapropriação de várias propriedades para o asfaltamento da via. Conforme o texto da Constituição:

> **XXIV.** A lei estabelecerá o procedimento para desapropriação por necessidade ou utilidade pública, ou por interesse social, mediante justa e prévia indenização em dinheiro, ressalvados os casos previstos nesta Constituição;

Deve ser destacado que essa modalidade de desapropriação gera direito à indenização, que deve ser paga em dinheiro, previamente e com valor justo.

Desapropriação-Sanção

Nesta modalidade, o proprietário, por algum motivo, não observou a função social da propriedade. Por esse motivo, é chamada de Desapropriação-sanção, haja vista ser uma verdadeira punição. Segundo a CF, essa desapropriação gera direito à indenização, que deverá ser paga em títulos da dívida pública ou agrária. Segundo os Art. 182, § 4º, III e 184 da Constituição:

> **Art. 182**, § 4º - É facultado ao Poder Público municipal, mediante lei específica para área incluída no plano diretor, exigir, nos termos da lei federal, do proprietário do solo urbano não edificado, subutilizado ou não utilizado, que promova seu adequado aproveitamento, sob pena, sucessivamente, de:
>
> *I. Parcelamento ou edificação compulsórios;*
>
> *II. Imposto sobre a propriedade predial e territorial urbana progressivo no tempo;*
>
> *III. Desapropriação com pagamento mediante títulos da dívida pública de emissão previamente aprovada pelo Senado Federal, com prazo de resgate de até dez anos, em parcelas anuais, iguais e sucessivas, assegurados o valor real da indenização e os juros legais.*
>
> **Art. 184.** Compete à União desapropriar por interesse social, para fins de reforma agrária, o imóvel rural que não esteja cumprindo sua função social, mediante prévia e justa indenização em títulos da dívida agrária, com cláusula de preservação do valor real, resgatáveis no prazo de até vinte anos, a partir do segundo ano de sua emissão, e cuja utilização será definida em lei.

Desapropriação Confiscatória

Por último, tem-se essa modalidade prevista no Art. 243 da Constituição:

> **Art. 243.** As propriedades rurais e urbanas de qualquer região do País onde forem localizadas culturas ilegais de plantas psicotrópicas ou a exploração de trabalho escravo na forma da lei serão expropriadas e destinadas à reforma agrária e a programas de habitação popular, sem qualquer indenização ao proprietário e sem prejuízo de outras sanções previstas em lei, observado, no que couber, o disposto no Art. 5º. (Redação dada pela Emenda Constitucional nº 81, de 2014)
>
> **Parágrafo único.** Todo e qualquer bem de valor econômico apreendido em decorrência do tráfico ilícito de entorpecentes e drogas afins e da exploração de trabalho escravo será confiscado e reverterá a fundo especial com destinação específica, na forma da lei. (Redação dada pela Emenda Constitucional nº 81, de 2014)

É a desapropriação que ocorre com a propriedade utilizada para cultivo de plantas psicotrópicas. Nesse caso, não haverá indenização, mas o proprietário poderá ser processado pela prática de ilícito penal.

DIREITOS E DEVERES INDIVIDUAIS E COLETIVOS

Desapropriação por Interesse Público → Indenizada em Dinheiro

Desapropriação-Sanção → Indenizada em títulos da Dívida Pública

Desapropriação Confiscatória → Não tem Direito à Indenização

Bem de família

A Constituição consagra uma forma de proteção às pequenas propriedades rurais chamada de Bem de Família:

> **XXVI.** A pequena propriedade rural, assim definida em lei, desde que trabalhada pela família, não será objeto de penhora para pagamento de débitos decorrentes de sua atividade produtiva, dispondo a lei sobre os meios de financiar o seu desenvolvimento;

O mais importante para prova é atentar para os requisitos estabelecidos no inciso, quais sejam:

Pequena Propriedade Rural
Não se trata de qualquer propriedade.
Definida em Lei
Não em outra espécie normativa.
Trabalhada pela Família
Não por qualquer pessoa.
Débitos Decorrentes da Atividade Produtiva
Não por qualquer débito.

Propriedade imaterial

Além das propriedades sobre bens materiais, a Constituição também consagra normas de proteção sobre a propriedade de bens imateriais. São duas as propriedades consagradas: autoral e industrial.

A propriedade autoral encontra-se protegida nos incisos XXVII e XXVIII do Art. 5º:

> **XXVII.** Aos autores pertence o direito exclusivo de utilização, publicação ou reprodução de suas obras, transmissível aos herdeiros pelo tempo que a lei fixar;
>
> **XXVIII.** São assegurados, nos termos da lei:
> a) a proteção às participações individuais em obras coletivas e à reprodução da imagem e voz humanas, inclusive nas atividades desportivas;
> b) o direito de fiscalização do aproveitamento econômico das obras que criarem ou de que participarem aos criadores, aos intérpretes e às respectivas representações sindicais e associativas;

Já a propriedade industrial encontra-se protegida no inciso XXIX:

> **XXIX.** A lei assegurará aos autores de inventos industriais privilégio temporário para sua utilização, bem como proteção às criações industriais, à propriedade das marcas, aos nomes de empresas e a outros signos distintivos, tendo em vista o interesse social e o desenvolvimento tecnológico e econômico do País;

Uma relação muito interessante entre a propriedade autoral e a industrial está no tempo de proteção previsto na Constituição. Observe-se que na propriedade autoral o direito do autor é vitalício, tendo em vista a previsão de possibilidade de transmissão desses direitos aos herdeiros. Contudo, quando nas mãos dos sucessores, a proteção será pelo tempo que a lei fixar, ou seja, temporário.

Já na propriedade industrial, a proteção do próprio autor já possui caráter temporário.

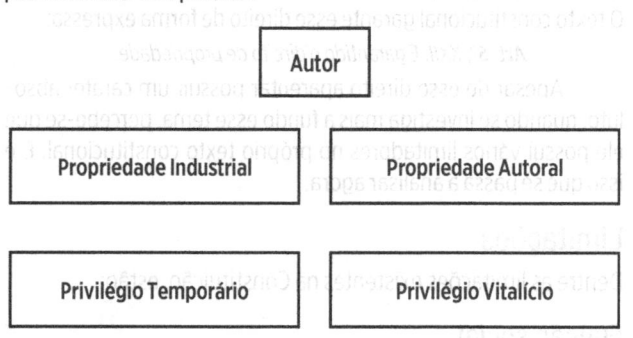

Autor
Propriedade Industrial — Propriedade Autoral
Privilégio Temporário — Privilégio Vitalício

Direito à herança

De nada adiantaria tanta proteção à propriedade se esse bem jurídico não pudesse ser transmitido por meio da sucessão de bens aos herdeiros após a morte. O direito à herança, consagrado expressamente na Constituição, traduz-se no coroamento do direito de propriedade. É a grande força motriz desse direito. Só faz sentido ter direito à propriedade se esse direito possa ser transferido aos herdeiros.

> **XXX.** É garantido o direito de herança;
>
> **XXXI.** A sucessão de bens de estrangeiros situados no País será regulada pela lei brasileira em benefício do cônjuge ou dos filhos brasileiros, sempre que não lhes seja mais favorável a lei pessoal do de cujus;

Destaque especial deve ser dado ao inciso XXXI, que prevê a possibilidade de aplicação de lei estrangeira no país em casos de sucessão de bens de pessoa estrangeira desde que esses bens estejam situados no Brasil. A Constituição Federal permite que seja aplicada a legislação mais favorável aos herdeiros, quer seja a lei brasileira, quer seja a lei estrangeira.

5.2 Direito à Segurança

Ao se referir à segurança como direito individual, o Art. 5º pretende significar "segurança jurídica" que trata de normas de pacificação social e que produzem uma maior segurança nas relações sociais. Esse é o ponto alto dos direitos individuais. Sem dúvida, aqui está a maior quantidade de questões cobradas em prova.

Princípio da segurança nas relações jurídicas

Este princípio tem como objetivo garantir a estabilidade das relações jurídicas. Veja o que diz a Constituição:

> **XXXVI.** A lei não prejudicará o direito adquirido, o ato jurídico perfeito e a coisa julgada;

Os três institutos aqui protegidos encontram seu conceito formalizado na **Lei de Introdução às normas do Direito Brasileiro**.

> **Art. 6º, § 1º** - Reputa-se ato jurídico perfeito o já consumado segundo a lei vigente ao tempo em que se efetuou.

§ 2º - Consideram-se adquiridos assim os direitos que o seu titular, ou alguém por ele, possa exercer, como aqueles cujo começo do exercício tenha termo pré-fixo, ou condição pré-estabelecida inalterável, a arbítrio de outrem.

§ 3º - Chama-se coisa julgada ou caso julgado a decisão judicial de que já não caiba recurso.

Em linhas gerais, pode-se assim conceituá-los:

Direito Adquirido

Direito já incorporado ao patrimônio do titular;

Ato Jurídico Perfeito

Ato jurídico que já atingiu seu fim. Ato jurídico acabado, aperfeiçoado, consumado;

Coisa Julgada

Sentença judicial transitada em julgado. Aquela sentença em relação à qual não cabe mais recurso.

De uma coisa não se pode esquecer: a proibição de retroatividade da lei nos casos aqui estudados não se aplica às leis mais benéficas, ou seja, uma lei mais benéfica poderá produzir efeitos em relação ao direito adquirido, ao ato jurídico perfeito e à coisa julgada.

Devido processo legal

O devido processo legal possui como objetivo principal limitar o poder do Estado. Esse princípio condiciona a restrição da liberdade ou dos bens de um indivíduo à existência de um procedimento estatal que respeite todos os direitos e garantias processuais previstos na lei. É o que diz o inciso LIV do Art. 5º:

LIV. Ninguém será privado da liberdade ou de seus bens sem o devido processo legal;

A exigência constitucional de existência de processo aplica-se tanto aos processos judiciais quanto aos procedimentos administrativos.

Desse princípio, surge a garantia constitucional à **proporcionalidade** e **razoabilidade**. Da mesma forma, é durante o devido processo legal que poderão ser exercidos os direitos ao contraditório e à ampla defesa, que serão analisados a seguir.

Contraditório e ampla defesa

Essas garantias constitucionais, conforme já salientado, decorrem do Devido Processo Legal. São utilizadas como ferramenta de defesa diante das acusações impostas pelo Estado ou por um particular nos processos judiciais e administrativos:

LV. Aos litigantes, em processo judicial ou administrativo, e aos acusados em geral são assegurados o contraditório e ampla defesa, com os meios e recursos a ela inerentes;

Mas o que significam o contraditório e a ampla defesa?

Contraditório é o direito de contradizer, contrariar, contraditar. Se alguém diz que você é ou fez alguma coisa, o contraditório lhe permite dizer que não é e que não fez o que lhe foi imputado. É simplesmente o direito de contrariar. Já a ampla defesa é a possibilidade de utilização de todos os meios admitidos em direito para se defender de uma acusação.

Em regra, o contraditório e a ampla defesa são garantidos em todos os processos judiciais ou administrativos, contudo, a legislação brasileira previu alguns procedimentos administrativos incompatíveis com o exercício desse direito:

> Inquérito Policial;
> Sindicância Investigativa;
> Inquérito Civil.

Em suma, nos procedimentos investigatórios que não possuem o condão de punir o investigado não serão garantidos o contraditório e a ampla defesa.

Observem-se as Súmulas Vinculantes do Supremo Tribunal Federal que versam sobre esse tema:

SV 3. Nos processos perante o Tribunal de Contas da União asseguram-se o contraditório e a ampla defesa quando da decisão puder resultar anulação ou revogação de ato administrativo que beneficie o interessado, excetuada a apreciação da legalidade do ato de concessão inicial de aposentadoria, reforma e pensão.

SV 5. A falta de defesa técnica por advogado no processo administrativo disciplinar não ofende a Constituição.

SV 14. É direito do defensor, no interesse do representado, ter acesso amplo aos elementos de prova que, já documentados em procedimento investigatório realizado por órgão com competência de polícia judiciária, digam respeito ao exercício do direito de defesa.

SV 21. É inconstitucional a exigência de depósito ou arrolamento prévios de dinheiro ou bens para admissibilidade de recurso administrativo.

Proporcionalidade e razoabilidade

Eis uma garantia fundamental que não está expressa no texto constitucional apesar de ser um dos institutos mais utilizados pelo Supremo em suas decisões atuais. Trata-se de um princípio implícito, cuja fonte é o Princípio do Devido Processo Legal. Esses dois institutos jurídicos são utilizados como parâmetro de ponderação quando adotadas medidas pelo Estado, principalmente no que tange à restrição de bens e direitos dos indivíduos. Duas palavras esclarecem o sentido dessas garantias: necessidade e adequação.

Para saber se um ato administrativo observou os critérios de proporcionalidade e razoabilidade, deve-se questionar se o ato foi necessário e se foi adequado à situação.

Para exemplificar, imaginemos que um determinado fiscal sanitário, ao inspecionar um supermercado, depara-se com um pote de iogurte com a data de validade vencida há um dia. Imediatamente, ele prende o dono do mercado, dá dois tiros para cima, realiza revista manual em todos os clientes e funcionários do mercado e aplica uma multa de dois bilhões de reais. Pergunta-se: será que a medida adotada pelo fiscal foi necessária? Foi adequada? Certamente que não. Logo, a medida não observou os princípios da razoabilidade e proporcionalidade.

É importante deixar claro que os princípios da proporcionalidade e da razoabilidade estão implícitos no texto constitucional, ou seja, não estão previstos expressamente.

Inadmissibilidade das provas ilícitas

Uma das garantias mais importantes do direito brasileiro é a inadmissibilidade das provas ilícitas. Encontra-se previsto expressamente no inciso LVI do Art. 5º:

LVI. São inadmissíveis, no processo, as provas obtidas por meios ilícitos.

Em razão dessa garantia, é proibida a produção de provas ilícitas num processo sob pena de nulidade processual. Em regra, a prova ilícita produz nulidade de tudo o que a ela estiver relacionado. Esse efeito decorre da chamada Teoria dos Frutos da Árvore Envenenada. Segundo a teoria, se a árvore está envenenada, os frutos também o serão. Se uma prova foi produzida de forma ilícita, as demais provas dela decorrentes também serão ilícitas (ilicitude por derivação). Contudo, deve-se ressaltar que essa teoria é aplicada de forma restrita no direito brasileiro, ou seja, encontrada uma prova ilícita num processo, não significa que todo o processo será anulado, mas apenas os atos e demais provas que decorreram direta ou indiretamente daquela produzida de forma ilícita.

Caso existam provas autônomas produzidas em conformidade com a lei, o processo deve prosseguir ainda que tenham sido encontradas e retiradas as provas ilícitas. Logo, é possível afirmar que a existência de uma prova ilícita no processo não anula de pronto todo o processo.

Deve-se destacar, ainda, a única possibilidade já admitida de prova ilícita nos tribunais brasileiros: a produzida em legítima defesa.

Inviolabilidade domiciliar

Essa garantia protege o indivíduo em seu recinto mais íntimo: a casa. A Constituição diz:

> *XI. A casa é asilo inviolável do indivíduo, ninguém nela podendo penetrar sem consentimento do morador, salvo em caso de flagrante delito ou desastre, ou para prestar socorro, ou, durante o dia, por determinação judicial.*

Como regra, só se pode entrar na casa de uma pessoa com o seu consentimento. Excepcionalmente, a Constituição Federal admite a entrada sem consentimento do morador nos casos de:

> Flagrante delito;
> Desastre;
> Prestar socorro;
> Determinação Judicial – só durante o dia.

No caso de determinação judicial, a entrada se dará apenas durante o dia. Nos demais casos, a entrada será permitida a qualquer hora.

Alguns conceitos importantes: o que é casa? O que pode ser entendido como casa para efeito de inviolabilidade? A jurisprudência tem interpretado o conceito de casa de forma ampla, em consonância com o disposto nos Arts. 245 e 246 do Código de Processo Penal:

> *Art. 245. As buscas domiciliares serão executadas de dia, salvo se o morador consentir que se realizem à noite, e, antes de penetrarem na casa, os executores mostrarão e lerão o mandado ao morador, ou a quem o represente, intimando-o, em seguida, a abrir a porta.*
>
> *Art. 246. Aplicar-se-á também o disposto no artigo anterior, quando se tiver de proceder a busca em compartimento habitado ou em aposento ocupado de habitação coletiva ou em compartimento não aberto ao público, onde alguém exercer profissão ou atividade.*

O STF já considerou como casa, para efeitos de inviolabilidade, oficina mecânica, quarto de hotel ou escritório profissional.

Outra questão relevante é saber o que é dia? Dois são os posicionamentos adotados na doutrina:

Das 6h às 18h;
Da aurora ao crepúsculo.

Segundo a jurisprudência, isso deve ser resolvido no caso concreto, tendo em vista variação de fusos horários existentes em nosso país, bem como a ocorrência do "Horário de Verão". Na prática, é possível entrar na casa independentemente do horário, desde que seja durante o dia.

Veja esta questão da FCC sobre o tema:

A casa é asilo inviolável do indivíduo, podendo-se nela entrar, sem permissão do morador, EXCETO

A em caso de desastre.

B em caso de flagrante delito.

C para prestar socorro.

D por determinação judicial, a qualquer hora. Gabarito: D.

Em caso de flagrante delito, desastre ou para prestar socorro, pode-se entrar a qualquer momento

Entrada somente para pessoas autorizadas

Mas se for para cumprir determinação judicial só durante o dia

Casa – Asilo Inviolável

Princípio da inafastabilidade da jurisdição

Esse princípio, também conhecido como Princípio do Livre Acesso ao Poder Judiciário ou Direito de Ação, garante, nos casos de necessidade, o acesso direto ao poder judiciário. Também, decorre desse princípio a ideia de que não é necessário o esgotamento das vias administrativas para ingressar com uma demanda no Poder Judiciário. Assim prevê a Constituição Federal:

> *XXXV. A lei não excluirá da apreciação do Poder Judiciário lesão ou ameaça a direito;*

Perceba que a proteção possui sentido duplo: lesão ou ameaça à lesão. Significa dizer que a garantia pode ser utilizada tanto de forma preventiva como de forma repressiva. Tanto para prevenir a ofensa a direito como para reprimir a ofensa já cometida.

Quanto ao acesso ao Judiciário independentemente do esgotamento das vias administrativas, há algumas peculiaridades previstas na legislação brasileira:

Justiça Desportiva

A Constituição Federal prevê no Art. 217:

> *Art. 217, § 1º - O Poder Judiciário só admitirá ações relativas à disciplina e às competições desportivas após esgotarem-se as instâncias da justiça desportiva, regulada em lei.*

Ou seja, o acesso ao Poder Judiciário está condicionado ao esgotamento das vias administrativas.

Compromisso Arbitral

A Lei nº 9.307/96 prevê que as partes, quando em discussão patrimonial, poderão optar pela arbitragem como forma de resolução de conflito.

Não se trata de uma instância administrativa de curso forçado, mas de uma opção facultada às partes.

Habeas Data

O Art. 8º da Lei nº 9.507/97 exige, para impetração do Habeas Data, a comprovação da recusa ao acesso a informação. Parte da doutrina não considera isso como exigência de prévio esgotamento da via administrativa, mas condição da ação. Veja-se a súmula nº 2 do STJ:

> *Súm. 2. Não cabe "Habeas Data" se não houve recusa de informações por parte da autoridade administrativa.*

Reclamação Constitucional

O Art. 7º, § 1º da Lei nº 11.417/2006, que regula a edição de Súmulas Vinculantes, prevê que só será possível a Reclamação Constitucional nos casos de omissão ou ato da administração pública que contrarie ou negue vigência à Súmula Vinculante, após o esgotamento das vias administrativas.

Gratuidade das certidões de nascimento e de óbito

A Constituição traz expressamente que:

> *LXXVI. São gratuitos para os reconhecidamente pobres, na forma da lei:*
> *a) o registro civil de nascimento;*
> *b) a certidão de óbito;*

Observe-se que o texto Constitucional condiciona o benefício da gratuidade do registro de nascimento e da certidão de óbito apenas para os reconhecidamente pobres. Entretanto, a Lei nº 6.015/73 prevê que:

> *Art. 30. Não serão cobrados emolumentos pelo registro civil de nascimento e pelo assento de óbito, bem como pela primeira certidão respectiva.*
> *§ 1º - Os reconhecidamente pobres estão isentos de pagamento de emolumentos pelas demais certidões extraídas pelo cartório de registro civil.*

Perceba que essa lei amplia o benefício garantido na Constituição para todas as pessoas no que tange ao registro e à aquisição da primeira certidão de nascimento e de óbito. Quanto às demais vias, só serão garantidas aos reconhecidamente pobres. Deve-se ter cuidado com essa questão em prova, pois deve ser levado em conta se a pergunta tem como referência a Constituição ou não.

Celeridade processual

Traz o texto constitucional:

> *LXXVIII. A todos, no âmbito judicial e administrativo, são assegurados a razoável duração do processo e os meios que garantam a celeridade de sua tramitação.*

Essa é a garantia da celeridade processual. Decorre do Princípio da Eficiência que obriga o Estado a prestar assistência em tempo razoável. Celeridade quer dizer rapidez, mas uma rapidez com qualidade. Esse princípio é aplicável nos processos judiciais e administrativos, visa dar maior efetividade a prestação estatal. Deve-se garantir o direito antes que o seu beneficiário deixe de precisar. Após a inclusão desse dispositivo entre os direitos fundamentais, várias medidas para acelerar a prestação jurisdicional foram adotadas, dentre as quais destacam-se:

> - Juizados Especiais;
> - Súmula Vinculante;
> - Realização de Inventários e Partilhas por Vias Administrativas;
> - Informatização do Processo.

Essas são algumas das medidas que foram adotadas para trazer mais celeridade ao processo.

Erro judiciário

Dispositivo de grande utilidade social que funciona como limitador da arbitrariedade estatal. O Estado, no que tange à liberdade do indivíduo, não pode cometer erros sob pena de ter que indenizar o injustiçado. Isso é o que prevê o inciso LXXV do Art. 5º:

> *LXXV. O Estado indenizará o condenado por erro judiciário, assim como o que ficar preso além do tempo fixado na sentença;*

Publicidade dos atos processuais

Em regra, os atos processuais são públicos. Essa publicidade visa a garantir maior transparência aos atos administrativos bem como permite a fiscalização popular. Além disso, atos públicos possibilitam um exercício efetivo do contraditório e da ampla defesa. Entretanto, essa publicidade comporta algumas exceções:

> *LX. A lei só poderá restringir a publicidade dos atos processuais quando a defesa da intimidade ou o interesse social o exigirem;*

Nos casos em que a intimidade ou o interesse social exigirem, a publicidade poderá ser restringida apenas aos interessados. Imaginemos uma audiência em que estejam envolvidas crianças; nesse caso, como forma de preservação da intimidade, o juiz poderá restringir a participação na audiência apenas aos membros da família e demais interessados.

Sigilo das comunicações

Uma das normas mais importantes da Constituição Federal que versa sobre segurança jurídica é esta:

> *XII. É inviolável o sigilo da correspondência e das comunicações telegráficas, de dados e das comunicações telefônicas, salvo, no último caso, por ordem judicial, nas hipóteses e na forma que a lei estabelecer para fins de investigação criminal ou instrução processual penal;*

Esse dispositivo prevê quatro formas de comunicação que possuem proteção constitucional:

> - Sigilo da Correspondência;
> - Comunicação Telegráfica;
> - Comunicação de Dados;
> - Comunicações Telefônicas.

Dessas quatro formas de comunicação, apenas uma obteve autorização de violação do sigilo pelo texto constitucional: as comunicações telefônicas. Deve-se tomar cuidado com esse tema em prova. Segundo o texto expresso, só as comunicações telefônicas poderão ter o seu sigilo violado. E mais, só o juiz poderá fazê-lo, com fins definidos também pela Constituição, os quais são para investigação criminal e instrução processual penal.

Entretanto, considerando a inexistência de direito fundamental absoluto, a jurisprudência tem considerado a possibilidade de quebra dos demais sigilos, desde que seja determinada por ordem judicial.

No que tange ao sigilo dos dados bancários, fiscais, informáticos e telefônicos, a jurisprudência tem permitido sua quebra

NOÇÕES DE DIREITO CONSTITUCIONAL

DIREITOS E DEVERES INDIVIDUAIS E COLETIVOS

por determinação judicial, determinação de Comissão Parlamentar de Inquérito, requisição do Ministério Público, solicitação da autoridade fazendária.

Tribunal do júri

O Tribunal do Júri é uma instituição pertencente ao poder judiciário, que possui competência específica para julgar determinados tipos de crime. O Júri é formado pelo Conselho de Sentença, que é presidido por um Juiz Togado e por sete jurados que efetivamente farão o julgamento do acusado. A ideia do Tribunal do Júri é que o acusado seja julgado por seus pares.

A Constituição Federal apresenta alguns princípios que regem esse tribunal:

> **Art. 5º**, XXXVIII. É reconhecida a instituição do júri, com a organização que lhe der a lei, assegurados:
> a) a plenitude de defesa;
> b) o sigilo das votações;
> c) a soberania dos veredictos;
> d) a competência para o julgamento dos crimes dolosos contra a vida.

Segundo esse texto, o Tribunal do Júri é regido pelos seguintes princípios:

Plenitude de Defesa

Esse princípio permite que no júri sejam utilizadas todas as provas permitidas em direito. Aqui, o momento probatório é bastante explorado haja vista a necessidade de se convencer os jurados que são pessoas comuns da sociedade.

Sigilo das Votações

O voto é sigiloso. Durante o julgamento não é permitido que um jurado converse com o outro sobre o julgamento sob pena de nulidade;

Soberania dos Veredictos

O que for decidido pelos jurados será considerado soberano. Nem o Juiz presidente poderá modificar o julgamento. Aqui quem decide são os jurados;

Competência para Julgar os Crimes Dolosos Contra a Vida

O júri não julga qualquer tipo de crime, mas apenas os dolosos contra a vida. Crimes dolosos, em simples palavras, são aqueles praticados com intenção, com vontade. São diferentes dos crimes culposos, os quais são praticados sem intenção.

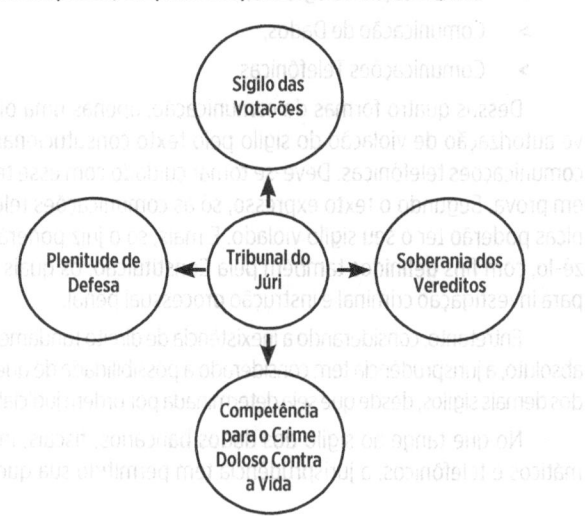

Princípio da anterioridade

O inciso XXXIX do Art. 5º da CF apresenta o chamado Princípio da Anterioridade Penal:

> **XXXIX.** Não há crime sem lei anterior que o defina, nem pena sem prévia cominação legal.

Esse princípio decorre na necessidade de se prever antes da aplicação da pena, a conduta que é considerada como crime e a pena que deverá ser cominada. Mais uma regra de segurança jurídica.

Princípio da irretroatividade

Esse princípio também possui sua importância ao prever que a lei penal não poderá retroagir, salvo se for para beneficiar o réu.

> **Art. 5º**, XL. A lei penal não retroagirá, salvo para beneficiar o réu.

Crimes imprescritíveis, inafiançáveis e insuscetíveis de graça e anistia

Os dispositivos a seguir estão entre os mais cobrados em prova. O ideal é que sejam memorizados na ordem proposta no quadro abaixo:

> **Art. 5º**, XLII. A prática do racismo constitui crime inafiançável e imprescritível, sujeito à pena de reclusão, nos termos da lei;
> **Art. 5º**, XLIII. A lei considerará crimes inafiançáveis e insuscetíveis de graça ou anistia a prática da tortura, o tráfico ilícito de entorpecentes e drogas afins, o terrorismo e os definidos como crimes hediondos, por eles respondendo os mandantes, os executores e os que, podendo evitá-los, se omitirem;
> **Art. 5º**, XLIV. Constitui crime inafiançável e imprescritível a ação de grupos armados, civis ou militares, contra a ordem constitucional e o Estado Democrático.

Crimes Imprescritíveis	Crimes Inafiançáveis	Crimes Insuscetíveis de Graça e Anistia
Racismo	Racismo	Tráfico
	Ação de Grupos Armados	Terrorismo
	Tráfico	Tortura
Ação de Grupos Armados	Terrorismo	
	Tortura	Crimes Hediondos
	Crimes Hediondos	

Os crimes inafiançáveis englobam todos os crimes previstos nos incisos XLII, XLIII e XLIV.

Os crimes que são insuscetíveis de graça e anistia não são imprescritíveis, e vice e versa. Dessa forma, nunca pode existir, na prova, uma questão que trabalhe com as duas classificações ao mesmo tempo.

Nunca, na prova, pode haver uma questão em que se apresentem as três classificações ao mesmo tempo.

Princípio da personalidade da pena

Assim diz o inciso XLV, do Art. 5º da CF:

> **XLV.** Nenhuma pena passará da pessoa do condenado, podendo a obrigação de reparar o dano e a decretação do perdimento de bens ser, nos termos da lei, estendidas aos sucessores e contra eles executadas, até o limite do valor do patrimônio transferido.

Esse inciso diz que a pena é pessoal, quem comete o crime responde pelo crime, de forma que não é possível que uma pessoa cometa um crime e outra responda pelo crime em seu lugar; pode até ocorrer, mas seria algum erro, não como regra, porque a pena é pessoal.

É necessário prestar atenção ao tema, pois já apareceu em prova tanto na forma de um problema quanto com a modificação do próprio texto constitucional. Esse princípio da personalidade da pena diz que a pena é pessoal, isto é, a pena não pode passar para outra pessoa, mas permite que a responsabilidade pelos danos civis possa passar para seus herdeiros. Para exemplificar, imaginemos que uma determinada pessoa assalta uma padaria e consegue roubar uns R$ 50.000,00.

Em seguida, a polícia prende o ladrão por ter roubado a padaria. Em regra, todo crime cometido gera uma responsabilidade penal prevista no Código Penal brasileiro. Ainda, deve-se ressarcir os danos causados à vítima. Se ele roubou R$50.000,00, tem que devolver, no mínimo, esse valor à vítima.

É muito difícil conseguir o montante voluntariamente, por isso, é necessário entrar com uma ação civil ex delicto para reaver o dinheiro referente ao crime cometido. O dono da padaria entra com a ação contra o bandido pedindo os R$50.000,00 acrescidos juros e danos morais. Enquanto ele cumpre a pena, a ação está tramitando. Ocorre que o preso se envolve numa confusão dentro da penitenciária e acaba morrendo.

O preso possui alguns filhos, os quais são seus herdeiros. Quando os bens passam aos herdeiros, chamamos isso de sucessão. Quando foram contabilizar os bens que o bandido tinha, perceberam que sobraram apenas R$30.000,00, valor que deve ser dividido entre os herdeiros. Pergunta:

01. O homem que cometeu o crime estava cumprindo pena, mas ele morreu. Qual filho assume o lugar dele? O mais velho ou o mais novo?

Nenhum dos dois, porque a pena é personalíssima. Só cumpre a pena quem praticou o crime.

02. É possível que a responsabilidade de reparar os danos materiais exigidos pelo dono da padaria recaia sobre seus herdeiros?

Sim. A Constituição diz que os herdeiros respondem com o valor do montante recebido, até o limite da herança recebida.

03. O dono da padaria pediu R$50.000,00, mas só sobraram R$30.000,00. Os filhos terão que inteirar esse valor até completar os R$50.000,00?

Não, pois a Constituição diz que os sucessores respondem até o limite do patrimônio transferido. Ou seja, se só são transferidos R$30.000,00, então os herdeiros só vão responder pela indenização com esses R$30.000,00. E o os outros R$20.000,00, quem vai pagar? Ninguém. O dono da padaria fica com esse prejuízo.

Penas proibidas e permitidas

Vejamos agora dois incisos do Art. 5º da CF, que sempre caem em prova juntos: incisos XLVI e XLVII. Há no inciso XLVI as penas permitidas e no XLVII as penas proibidas. Mas como isso cai em prova? O examinador pega uma pena permitida e diz que é proibida ou pega uma proibida e diz que é permitida. Conforme os incisos:

XLVI. A lei regulará a individualização da pena e adotará, entre outras, as seguintes:
 a) privação ou restrição da liberdade;
 b) perda de bens;
 c) multa;
 d) prestação social alternativa;
 e) suspensão ou interdição de direitos.

Aqui há o rol de penas permitidas. Memorize essa lista para lembrar quais são as penas permitidas. Atenção para uma pena que é pouco comum e que geralmente em prova é colocada como pena proibida, que é a pena de perda de bens.

Veja o próximo inciso com o rol de penas proibidas:

XLVII. Não haverá penas:
 a) de morte, salvo em caso de guerra declarada, nos termos do Art. 84, XIX;
 b) de caráter perpétuo;
 c) de trabalhos forçados;
 d) de banimento;
 e) cruéis.

Essas são as penas que não podem ser aplicadas no Brasil. E, na prova, é cobrado da seguinte forma: existe pena de morte no Brasil? Deve-se ter muita atenção com esse tema, pois apesar de a Constituição ter dito que é proibida, existe uma exceção no caso de guerra declarada. Essa exceção é uma verdadeira possibilidade, de forma que deve-se afirmar que existe pena de morte no Brasil. Apesar de a regra ser a proibição, existe a possibilidade de sua aplicação. Só como curiosidade, a pena de morte no Brasil é regulada pelo Código Penal Militar, a qual será executada por meio de fuzilamento.

A próxima pena proibida é a de caráter perpétuo. Não existe esse tipo de pena no Brasil, pois as penas aqui são temporárias. No Brasil, uma pessoa só fica presa até, no máximo, 30 anos.

A outra pena é a de trabalhos forçados. É aquela pena em que o sujeito é obrigado a trabalhar de forma a denegrir a sua condição como ser humano. Esse tipo de pena não é permitida no Brasil.

Há ainda a pena de banimento, que é a expulsão do brasileiro, tanto nato como naturalizado.

Por fim, a Constituição veda a aplicação de penas cruéis. Pena cruel é aquela que denigre a condição humana, expõe o indivíduo a situações desumanas, vexatórias, que provoquem intenso sofrimento.

Princípio da individualização da pena

Nos termos do Art. 5º, inciso XLVIII, da CF:

XLVIII. A pena será cumprida em estabelecimentos distintos, de acordo com a natureza do delito, a idade e o sexo do apenado;

Esse dispositivo traz uma regra muito interessante, o princípio da individualização da pena. Significa que a pessoa quando cumprir sua pena deve cumpri-la em estabelecimento e condições compatíveis com a sua situação. Se mulher, deve cumprir com mulheres; se homem, cumprirá com homens; se reincidente, com reincidentes; se réu primário, com réus primários; e assim por diante. O ideal é que cada situação possua um cumprimento de pena adequado que propicie um melhor acompanhamento do poder público e melhores condições para a ressocialização.

DIREITOS E DEVERES INDIVIDUAIS E COLETIVOS

Regras sobre prisões

São vários os dispositivos constitucionais previstos no Art. 5º, da CF, que se referem às prisões:

LXI. Ninguém será preso senão em flagrante delito ou por ordem escrita e fundamentada de autoridade judiciária competente, salvo nos casos de transgressão militar ou crime propriamente militar, definidos em lei;

LXII. A prisão de qualquer pessoa e o local onde se encontre serão comunicados imediatamente ao juiz competente e à família do preso ou à pessoa por ele indicada;

LXIII. O preso será informado de seus direitos, entre os quais o de permanecer calado, sendo-lhe assegurada a assistência da família e de advogado;

LXIV. O preso tem direito à identificação dos responsáveis por sua prisão ou por seu interrogatório policial;

LXV. A prisão ilegal será imediatamente relaxada pela autoridade judiciária;

LXVI. Ninguém será levado à prisão ou nela mantido, quando a lei admitir a liberdade provisória, com ou sem fiança;

LXVII. Não haverá prisão civil por dívida, salvo a do responsável pelo inadimplemento voluntário e inescusável de obrigação alimentícia e a do depositário infiel.

Como destaque para prova, é importante enfatizar o disposto no inciso LXVII, o qual prevê duas formas de prisão civil por dívida:

Devedor de Pensão Alimentícia;
Depositário Infiel.

Apesar de a Constituição Federal apresentar essas duas possibilidades de prisão civil por dívida, o STF tem entendido que só existe uma: a prisão do devedor de pensão alimentícia. Isso significa que o depositário infiel não poderá ser preso. Essa é a inteligência da Súmula Vinculante nº 25:

Súmula Vinculante 25. É ilícita a prisão civil de depositário infiel, qualquer que seja a modalidade do depósito.

Em relação a esse assunto, deve-se ter muita atenção ao resolver a questão. Se a Banca perguntar conforme a Constituição Federal, responde-se segundo a Constituição Federal. Mas se perguntar à luz da jurisprudência, responde-se conforme o entendimento do STF. Vejamos como o Cespe abordou o tema utilizando o posicionamento jurisprudencial:

```
Constituição Federal        STF
      ↓                      ↓
 Duas Formas           Uma Forma
 de Prisão Civil       de Prisão Civil
      ↓                      ↓
 Depositário Infiel e    Devedor de Pensão
 Devedor de Pensão         Alimentícia
 Alimentícia
```

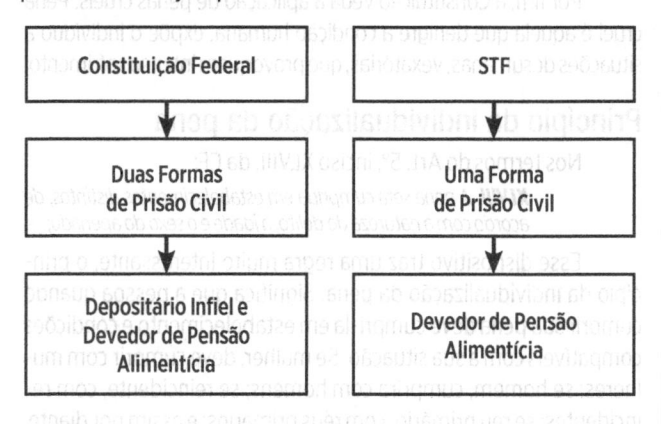

Extradição

Fruto de acordo internacional de cooperação, a extradição permite que determinada pessoa seja entregue a outro país para que seja responsabilizada pelo cometimento de algum crime. Existem duas formas de extradição:

Extradição Ativa
Quando o Brasil pede para outro país a extradição de alguém.

Extradição Passiva
Quando algum país pede para o Brasil a extradição de alguém.

A Constituição Federal preocupou-se em regular apenas a extradição passiva por meios dos incisos LI e LII do Art. 5º:

LI. Nenhum brasileiro será extraditado, salvo o naturalizado, em caso de crime comum, praticado antes da naturalização, ou de comprovado envolvimento em tráfico ilícito de entorpecentes e drogas afins, na forma da lei;

LII. Não será concedida extradição de estrangeiro por crime político ou de opinião.

De acordo com a inteligência desses dispositivos, três regras podem ser adotadas em relação à extradição passiva:

Brasileiro Nato
Nunca será extraditado.

Brasileiro Naturalizado
Será extraditado em duas hipóteses: crime comum cometido antes da naturalização comprovado envolvimento com o tráfico ilícito de drogas, antes ou depois da naturalização.

Estrangeiro
Poderá ser extraditado salvo em dois casos:
> **Crime Político;**
> **Crime de Opinião.**

E na extradição ativa, quem poderá ser extraditado?

Qualquer pessoa pode ser extraditada na extradição ativa, inclusive o brasileiro nato. Deve-se ter muito cuidado com essa questão em prova. Lembre-se que a extradição ativa ocorre quando o Brasil pede a extradição de um criminoso para outro país. Isso pode ser feito pedindo a extradição de qualquer pessoa que o Brasil queira punir.

Princípios que regem a extradição no país

```
                Extradição
                ↙        ↘
           Passiva        Ativa
              ↓
    Estrangeiro – pode, salvo crime
    político e de opinião
              ↓
    Brasileiro nato – não pode
              ↓
    Brasileiro naturalizado – pode
              ↓
         Envolvimento com tráfico de drogas antes ou
                  depois da naturalização
              ↓
         Crime comum antes da naturalização
```

Princípio da Reciprocidade

O Brasil só extradita ao país que extradita para o Brasil. Deve haver acordo ou tratado de extradição entre os países requerente e o Brasil.

Princípio da Especialidade

O extraditando só poderá ser processado e julgado pelo crime informado no pedido de extradição.

Comutação da Pena

O país requerente deverá firmar um compromisso de comutar a pena prevista em seu país quando a pena a ser aplicada for proibida no Brasil.

Dupla Tipicidade ou Dupla Incriminação

Só se extradita se a conduta praticada for considerada crime no Brasil e no país requerente.

Deve-se ter muito cuidado para não confundir extradição com entrega, deportação, expulsão ou banimento. A extradição, como se viu, é instituto de cooperação internacional entre países soberanos para a punição de criminosos.

Pela extradição, um país entrega o criminoso a outro país para que ele seja punido pelo crime praticado.

A entrega é o ato por meio do qual o país entrega uma pessoa para ser julgada no Tribunal Penal Internacional.

Deportação é a retirada do estrangeiro que tenha entrado de forma irregular no território nacional.

Expulsão é a retirada do estrangeiro que tenha praticado um ato ofensivo ao interesse nacional conforme as regras estabelecidas no Estatuto do Estrangeiro (Art. 65, Lei nº 6.815/80).

Banimento é uma das penas proibidas no direito brasileiro que consiste na expulsão de brasileiros para fora do território nacional.

Princípio da presunção da inocência

Também conhecido como princípio da não culpabilidade, essa regra de segurança jurídica garante que ninguém poderá ser condenado sem antes haver uma sentença penal condenatória transitada em julgado. Ou seja, uma sentença judicial condenatória definitiva:

> **Art. 5º, LVII.** Ninguém será considerado culpado até o trânsito em julgado de sentença penal condenatória.

Identificação criminal

> **Art. 5º, LVIII.** O civilmente identificado não será submetido a identificação criminal, salvo nas hipóteses previstas em lei.

A Constituição garante que não será identificado criminalmente quem possuir identificação pública capaz de identificá-lo. Contudo, a Lei 12.037/2009 prevê hipóteses nas quais será possível a identificação criminal mesmo de quem apresentar outra identificação:

> **Art. 3º.** Embora apresentado documento de identificação, poderá ocorrer identificação criminal quando:
> *I.* O documento apresentar rasura ou tiver indício de falsificação;
> *II.* O documento apresentado for insuficiente para identificar cabalmente o indiciado;
> *III.* O indiciado portar documentos de identidade distintos, com informações conflitantes entre si;
> *IV.* A identificação criminal for essencial às investigações policiais, segundo despacho da autoridade judiciária competente, que decidirá de ofício ou mediante representação da autoridade policial, do Ministério Público ou da defesa;
> *V.* Constar de registros policiais o uso de outros nomes ou diferentes qualificações;
> *VI.* O estado de conservação ou a distância temporal ou da localidade da expedição do documento apresentado impossibilite a completa identificação dos caracteres essenciais.

Ação penal privada subsidiária da pública

> **Art. 5º LIX.** Será admitida ação privada nos crimes de ação pública, se esta não for intentada no prazo legal.

Em regra, nos crimes de ação penal pública, o titular da ação penal é o Ministério Público. Contudo, havendo omissão ou mesmo desídia por parte do órgão ministerial, o ofendido poderá promover a chamada Ação Penal Privada Subsidiária da Pública. Esse tema encontra-se disciplinado no Art. 29 do Código de Processo Penal:

> **Art. 29.** Será admitida ação privada nos crimes de ação pública, se esta não for intentada no prazo legal, cabendo ao Ministério Público aditar a queixa, repudiá-la e oferecer denúncia substitutiva, intervir em todos os termos do processo, fornecer elementos de prova, interpor recurso e, a todo tempo, no caso de negligência do querelante, retomar a ação como parte principal.

5.3 Remédios Constitucionais

Inicia-se agora o estudo dos chamados Remédios Constitucionais, tema muito cobrado em prova de concurso. Os remédios constitucionais são espécies de garantias constitucionais que visam a proteger determinados direitos e até outras garantias fundamentais. São poderosas ações constitucionais que estão disciplinadas no texto da Constituição.

Habeas corpus

Sem dúvida, esse remédio constitucional é o mais importante para prova, haja vista a sua utilização para proteger um dos direitos mais ameaçados do indivíduo: a liberdade de locomoção. Vejamos o que diz o texto constitucional:

> **Art. 5º LXVIII.** Conceder-se-á "Habeas Corpus" sempre que alguém sofrer ou se achar ameaçado de sofrer violência ou coação em sua liberdade de locomoção, por ilegalidade ou abuso de poder.

É essencial, conhecer os elementos necessários para a utilização dessa ferramenta.

Deve-se compreender que o *Habeas Corpus* é utilizado para proteger a liberdade de locomoção. Em relação a isso, é preciso estar atento, pois ele não tutela qualquer liberdade, mas apenas a liberdade de locomoção.

Outro ponto fundamental é que ele poderá ser utilizado tanto de forma preventiva quanto de forma repressiva. *Habeas Corpus* preventivo é aquele utilizado para prevenir a violência ou coação à liberdade de locomoção. *Habeas Corpus* repressivo é utilizado para reprimir à violência ou coação a liberdade de locomoção, ou seja, é utilizado quando a restrição da liberdade de locomoção já ocorreu.

Percebe-se que não é a qualquer tipo de restrição à liberdade de locomoção que caberá o remédio, mas apenas àquelas cometidas com ilegalidade ou abuso de poder.

Nas relações processuais que envolvem a utilização do *Habeas Corpus*, é possível identificar a participação de três figurantes:

Impetrante

O impetrante é a pessoa que impetra a ação. Quem entra com a ação. A titularidade dessa ferramenta é Universal, pois

DIREITOS E DEVERES INDIVIDUAIS E COLETIVOS

qualquer pessoa pode impetrar o HC. Não precisa sequer de advogado. Sua possibilidade é tão ampla que não precisa possuir capacidade civil ou mesmo qualquer formalidade. Esse remédio é desprovido de condições que impeçam sua utilização da forma mais ampla possível. Poderá impetrar essa ação tanto uma pessoa física quanto jurídica.

Paciente

O paciente é quem teve a liberdade de locomoção restringida. Ele será o beneficiário do *Habeas Corpus*. Pessoa jurídica não pode ser paciente de Habeas Corpus, pois a liberdade de locomoção é um direito incompatível com sua natureza jurídica.

Autoridade coatora

É quem restringiu a liberdade de locomoção com ilegalidade ou abuso de poder. Poderá ser tanto uma autoridade privada quanto uma autoridade pública.

Outra questão interessante que está prevista na Constituição é a gratuidade dessa ação:

> *Art. 5º LXXVII. São gratuitas as ações de Habeas Corpus e Habeas Data, e, na forma da lei, os atos necessários ao exercício da cidadania.*

A Constituição proíbe a utilização desse remédio constitucional em relação às punições disciplinares militares. É o que prevê o Art. 142, § 2º:

> *§ 2º - Não caberá "Habeas Corpus" em relação a punições disciplinares militares.*

Contudo, o STF tem admitido o remédio quando impetrado por razões de ilegalidade da prisão militar. Quanto ao mérito da prisão, deve-se aceitar a vedação Constitucional, mas em relação às legalidade da prisão, prevalece o entendimento de que o remédio seria possível.

Também não cabe *Habeas Corpus* em relação às penas pecuniárias, multas, advertências ou, ainda, nos processos administrativos disciplinares e no processo de *Impeachment*. Nesses casos, o não cabimento deve-se ao fato de que as medidas não visam restringir a liberdade de locomoção.

Por outro lado, a jurisprudência tem admitido o cabimento para impugnar inserção de provas ilícitas no processo ou quando houver excesso de prazo na instrução processual penal.

Por último, cabe ressaltar que o magistrado poderá concedê-lo de ofício.

Habeas data

O *Habeas Data* cuja previsão está no inciso LXXII do Art. 5º tem como objetivo proteger a liberdade de informação:

> *LXXII. conceder-se-á "Habeas Data":*
> *a) para assegurar o conhecimento de informações relativas à pessoa do impetrante, constantes de registros ou bancos de dados de entidades governamentais ou de caráter público;*
> *b) para a retificação de dados, quando não se prefira fazê-lo por processo sigiloso, judicial ou administrativo.*

Duas são as formas previstas na Constituição para utilização desse remédio:

> **Para Conhecer a Informação.**
> **Para Retificar a Informação.**

É importante ressaltar que só caberá o remédio em relação às informações do próprio impetrante.

As informações precisam estar em um banco de dados governamental ou de caráter público, o que significa que seria possível entrar com um *Habeas Data* contra um banco de dados privado desde que tenha caráter público.

Da mesma forma que o *Habeas Corpus*, o *Habeas Data* também é gratuito:

> *Art. 5º, LXXVII. São gratuitas as ações de "Habeas Corpus" e "Habeas Data", e, na forma da lei, os atos necessários ao exercício da cidadania.*

Mandado de segurança

O mandado de segurança é um remédio muito cobrado em prova em razão dos seus requisitos:

> *Art. 5º, LXIX. Conceder-se-á mandado de segurança para proteger direito líquido e certo, não amparado por "Habeas Corpus" ou "Habeas Data", quando o responsável pela ilegalidade ou abuso de poder for autoridade pública ou agente de pessoa jurídica no exercício de atribuições do Poder Público.*

Como se pode ver, o mandado de segurança será cabível proteger direito líquido e certo desde que não amparado por Habeas Corpus ou Habeas Data. O que significa dizer que será cabível desde que não seja para proteger a liberdade de locomoção e a liberdade de informação. Esse é o chamado caráter subsidiário do mandado de segurança.

O texto constitucional exigiu também para a utilização dessa ferramenta a ilegalidade e o abuso de poder praticado por autoridade pública ou privada, desde que esteja no exercício de atribuições do poder público.

O mandado de segurança possui prazo decadencial para ser utilizado: 120 dias.

Existe também o mandado de segurança coletivo:

> *Art. 5º, LXX. O mandado de segurança coletivo pode ser impetrado por:*
> *a) partido político com representação no Congresso Nacional;*
> *b) organização sindical, entidade de classe ou associação legalmente constituída e em funcionamento há pelo menos um ano, em defesa dos interesses de seus membros ou associados.*

Observadas as regras do mandado de segurança individual, o mandado de segurança coletivo possui alguns requisitos que lhe são peculiares: os legitimados para propositura.

São legitimados para propor o mandado de segurança coletivo:

> **Partidos políticos com representação no Congresso Nacional.**

Para se ter representação no Congresso Nacional, basta um membro em qualquer uma das casas.

> **Organização Sindical.**
> **Entidade de Classe.**
> **Associação.**

Desde que legalmente constituída e em funcionamento há, pelo menos, um ano. Segundo o STF, a necessidade de estar constituída e em funcionamento há pelo menos um ano só se aplica às associações. A Banca FCC entende que esse requisito se aplica a todas as entidades.

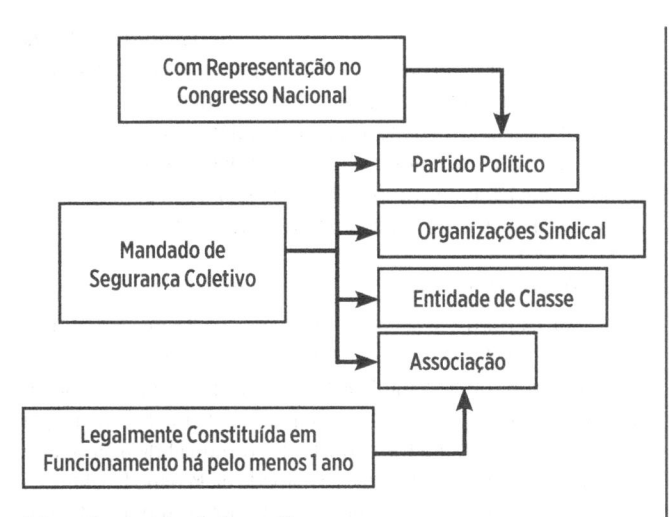

[Diagrama: Mandado de Segurança Coletivo → Partido Político (Com Representação no Congresso Nacional), Organizações Sindical, Entidade de Classe, Associação (Legalmente Constituída em Funcionamento há pelo menos 1 ano)]

Mandado de injunção

O mandado de injunção é uma ferramenta mais complexa para se entender. Vejamos o que diz a Constituição:

> **Art. 5º, LXXI.** Conceder-se-á mandado de injunção sempre que a falta de norma regulamentadora torne inviável o exercício dos direitos e liberdades constitucionais e das prerrogativas inerentes à nacionalidade, à soberania e à cidadania.

O seu objetivo é suprir a omissão legislativa que impede o exercício de direitos fundamentais. Algumas normas constitucionais para que produzam efeitos dependem da edição de outras normas infraconstitucionais. Essas normas são conhecidas por sua eficácia como normas de eficácia limitada. O mandado de injunção visa a corrigir a ineficácia das normas com eficácia limitada.

Todas as vezes que um direito deixar de ser exercido pela ausência de norma regulamentadora, será cabível esse remédio.

No que tange à efetividade da decisão, deve-se esclarecer a possibilidade de adoção por parte do STF de duas correntes doutrinárias:

Teoria Concretista Geral

O Poder Judiciário concretiza o direito no caso concreto aplicando seu dispositivo com efeito *erga omnes*, para todos os casos iguais;

Teoria Concretista Individual

O Poder Judiciário concretiza o direito no caso concreto aplicando seu dispositivo com efeito inter partes, ou seja, apenas com efeito entre as partes.

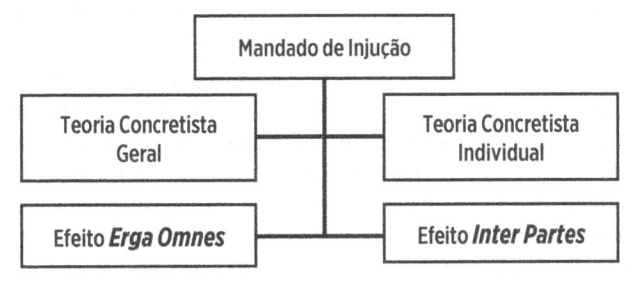

[Diagrama: Mandado de Injunção → Teoria Concretista Geral (Efeito *Erga Omnes*) / Teoria Concretista Individual (Efeito *Inter Partes*)]

Ação popular

A ação popular é uma ferramenta fiscalizadora utilizada como espécie de exercício direto dos direitos políticos. Por isso, só poderá ser utilizada por cidadãos. Segundo o inciso LXXIII do Art. 5º:

> **LXXIII.** Qualquer cidadão é parte legítima para propor ação popular que vise a anular ato lesivo ao patrimônio público ou de entidade de que o Estado participe, à moralidade administrativa, ao meio ambiente e ao patrimônio histórico e cultural, ficando o autor, salvo comprovada má-fé, isento de custas judiciais e do ônus da sucumbência.

Além da previsão constitucional, essa ação encontra-se regulamentada pela Lei nº 4.717/65. Percebe-se que seu objetivo consiste em proteger o patrimônio público, a moralidade administrativa, o meio ambiente e o patrimônio histórico e cultural.

O autor não precisa pagar custas judiciais ou ônus da sucumbência, salvo se houver má-fé.

[Diagrama: Ação Popular → Patrimônio Histórico e Cultural, Mandado de Segurança Coletivo, Meio Ambiente, Patrimônio Público, Privativo do Cidadão, Sem custas judiciais e ônus da sucumbência, salvo se houver **Má-fé**.]

Questões

01. (FCC) No que diz respeito ao direito à inviolabilidade de domicílio, é correto afirmar que:
a) Ninguém pode violar a casa, à noite, mesmo que munido de autorização judicial.
b) A casa é asilo inviolável e em nenhuma hipótese se pode nela ingressar sem o consentimento do morador.
c) O conceito de casa é restrito e abrange, apenas, a residência com ânimo definitivo.
d) A casa, à noite, torna-se violável nas hipóteses de flagrante, desastre e prestação de socorro, porém é necessária autorização judicial.
e) A casa é violável no caso de flagrante, desastre ou para prestar socorro.

02. (FCC) De acordo com a Constituição Federal, é assegurado, nos processos de competência do Tribunal do Júri:
a) O processamento dos crimes patrimoniais dolosos.
b) O sigilo das votações.
c) A divulgação das votações, para garantia da plenitude de defesa.
d) A soberania da sentença sobre as votações.
e) O processamento dos crimes dolosos e culposos contra a vida.

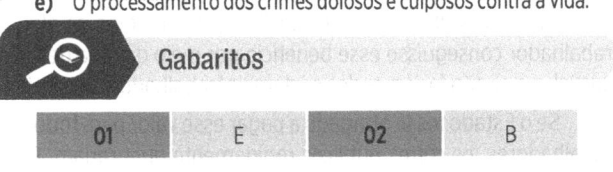

Gabaritos

| 01 | E | 02 | B |

NOÇÕES DE DIREITO CONSTITUCIONAL

6. DIREITOS SOCIAIS E NACIONALIDADE

6.1 Direitos Sociais

Prestações positivas

Os direitos sociais encontram-se previstos a partir do Art. 6º até o Art. 11 da Constituição Federal. São normas que se concretizam por meio de prestações positivas por parte do Estado, haja vista objetivarem reduzir as desigualdades sociais.

Deve-se dar destaque para o Art. 6º, que foi alterado pela EC 64/2010 e que possivelmente será objeto de questionamento em concurso público:

> *Art. 6º. São direitos sociais a educação, a saúde, a alimentação, o trabalho, a moradia, o transporte, o lazer, a segurança, a previdência social, a proteção à maternidade e à infância, a assistência aos desamparados, na forma desta Constituição. (Redação dada pela Emenda Constitucional nº 90, de 2015)*

Boa parte dos direitos aqui previstos necessita de recursos financeiros para serem implementados, o que acaba por dificultar sua plena eficácia.

Mas, antes de avançar nessa parte do conteúdo, faz-se necessário dizer que costumam ser cobradas questões de provas que abordam apenas o texto puro da Constituição Federal. A principal orientação, portanto, é que se dedique tempo à leitura da Constituição Federal, mais precisamente, do Art. 7º, que possui vários dispositivos que podem ser trabalhados em prova.

Reserva do possível

Seria possível exigir do Estado a concessão de um direito social quando tal direito não fosse assegurado de forma condizente com sua previsão constitucional? A título de exemplo, veremos um dispositivo dos direitos sociais dos trabalhadores:

> *IV. Salário-mínimo, fixado em lei, nacionalmente unificado, capaz de atender a suas necessidades vitais básicas e às de sua família com moradia, alimentação, educação, saúde, lazer, vestuário, higiene, transporte e previdência social, com reajustes periódicos que lhe preservem o poder aquisitivo, sendo vedada sua vinculação para qualquer fim.*

Observe-se que a Constituição garante que o salário-mínimo deve atender às necessidades vitais básicas do trabalhador e de sua família com moradia, alimentação, educação, saúde, lazer, vestuário, higiene, transporte e previdência social. Entendendo que os direitos sociais são espécies de direitos fundamentais e, analisando-os sob o dispositivo previsto no § 1º do Art. 5º, segundo o qual "as normas definidoras de direitos e garantias fundamentais têm aplicação imediata", pergunta-se: seria possível entrar com uma ação visando a garantir o disposto no inciso IV, que está sendo analisado?

Certamente não. Para se garantir tudo o que está previsto no referido inciso, seria necessário que o salário-mínimo valesse, em média, por volta de R$ 3.000,00. Agora, imagine se algum trabalhador conseguisse esse benefício por meio de uma decisão judicial, o que não fariam todos os demais trabalhadores do país.

Se o Estado fosse obrigado a pagar esse valor para todos os trabalhadores, os cofres públicos rapidamente quebrariam. Para se garantir essa estabilidade, foi desenvolvida a teoria da **Reserva do Possível**, por meio da qual o Estado pode alegar essa impossibilidade financeira para atender algumas demandas, como o aumento do salário-mínimo. Quando o poder público for demandado para garantir algum benefício de ordem social, poderá ser alegada, previamente, a impossibilidade financeira para concretização do direito sob o argumento da reserva do possível.

Mínimo existencial

Por causa da Reserva do Possível, o Estado passou a se esconder atrás dessa teoria, eximindo-se da sua obrigação social de garantia dos direitos tutelados na Constituição Federal. Tudo o que era pedido para o Estado era negado sob o argumento de que "não era possível". Para trazer um pouco de equilíbrio a essa relação, foi desenvolvida outra teoria chamada de Mínimo Existencial. Essa teoria permite que os poderes públicos deixem de atender algumas demandas em razão da reserva do possível, mas exige que seja garantido o Mínimo Existencial.

Princípio da proibição ou retrocesso ou efeito cliquet

Uma regra que funciona com caráter de segurança jurídica é a Proibição do Retrocesso. Esse dispositivo proíbe que os direitos sociais já conquistados sejam esvaziados ou perdidos sob pena de desestruturação social do País.

Salário-mínimo

Feitas algumas considerações iniciais sobre a doutrina social, segue-se à análise de alguns dispositivos constitucionais que se encontram no Art. 7º:

> *IV. Salário-mínimo, fixado em lei, nacionalmente unificado, capaz de atender a suas necessidades vitais básicas e às de sua família com moradia, alimentação, educação, saúde, lazer, vestuário, higiene, transporte e previdência social, com reajustes periódicos que lhe preservem o poder aquisitivo, sendo vedada sua vinculação para qualquer fim.*

Vários pontos são relevantes nesse inciso. Primeiramente, é importante comentar o trecho "fixado em lei". Segundo o texto constitucional, o salário-mínimo só poderá ser fixado em Lei; entretanto, no dia 25 de fevereiro de 2011 foi publicada a Lei nº 12.382, que prevê a possibilidade de fixação do salário-mínimo por meio de Decreto do Poder Executivo. Questionado no STF[1], o guardião da Constituição considerou constitucional a fixação de salário-mínimo por meio de Decreto Presidencial.

Outro ponto interessante diz respeito ao salário-mínimo ser nacionalmente unificado. Muitos acham que alguns estados da federação fixam valores referentes ao salário-mínimo maiores do que o fixado nacionalmente. O STF já afirmou que os Estados não podem fixar salário-mínimo diferente do nacionalmente unificado. O que cada Estado pode fixar é o piso salarial da categoria de trabalhadores com valor maior que o salário-mínimo.

---

[1] Ver no STF, ADI 4.568, Rel. Min. Cármen Lúcia, julgamento em 3-11-2011, Plenário, Informativo 646.

Temos ainda a proibição de vinculação do salário-mínimo para qualquer fim. Em fevereiro de 2011, esse tema foi enfrentado pelo STF, que determinou a desvinculação do salários dos técnicos em radiologia do salário-mínimo, como estava previsto na Lei nº 7.394/85.

Algumas Súmulas Vinculantes do STF são importantes, pois se referem ao salário-mínimo:

> **Súmula Vinculante 4:** *Salvo nos casos previstos na Constituição, o salário-mínimo não pode ser usado como indexador de base de cálculo de vantagem de servidor público ou de empregado, nem ser substituído por decisão judicial.*
>
> **Súmula Vinculante 6:** *Não viola a Constituição o estabelecimento de remuneração inferior ao salário-mínimo para as praças prestadoras de serviço militar inicial.*
>
> **Súmula Vinculante 15:** *O cálculo de gratificações e outras vantagens do servidor público não incide sobre o abono utilizado para se atingir o salário-mínimo.*
>
> **Súmula Vinculante 16:** *Os Arts. 7º, IV, e 39, § 3º (redação da EC 19/98) da Constituição referem-se ao total da remuneração percebida pelo servidor público.*

Prescrição trabalhista

Um dos dispositivos previstos no Art. 7º mais cobrados em prova é o inciso XXIX:

> ***XXIX.*** *Ação, quanto aos créditos resultantes das relações de trabalho, com prazo prescricional de cinco anos para os trabalhadores urbanos e rurais, até o limite de dois anos após a extinção do contrato de trabalho.*

Imaginemos, por exemplo, uma pessoa que tenha exercido sua função no período noturno, em uma empresa, durante 20 anos. Contudo, em todos esses anos de trabalho, ela não recebeu nenhum adicional noturno. Ora, ao ter seu contrato de trabalho rescindido, ela poderá ingressar em juízo pleiteando as verbas trabalhistas não pagas. Tendo em vista a existência de prazo prescricional para reaver seus direitos, o trabalhador terá o prazo de 2 anos para entrar com a ação, e só terá direito aos últimos 5 anos de adicional noturno.

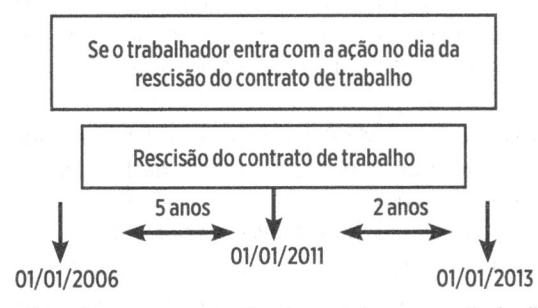

Ressalta-se que esses 5 anos contam-se a partir do dia em que entrou com a ação. Se ele entrar com a ação no último dia do prazo de 2 anos, só terá direito a 3 anos de adicional noturno.

Nesse exemplo, se o trabalhador entrar com a ação no dia 01/01/2011, receberá os últimos 5 anos de adicional noturno, ou seja, até o dia 01/01/2006. Mas se o trabalhador entrar com a ação no dia 01/01/2013, último dia do prazo prescricional de 2 anos, ele terá direito aos últimos 5 anos de adicional noturno a contar do dia em que entrou com a ação. Isso significa que se depare o adicional noturno até o dia 01/01/2008. Perceba que, se o trabalhador demorar a entrar com a ação, ele perde os direitos trabalhistas anteriores ao prazo dos últimos 5 anos.

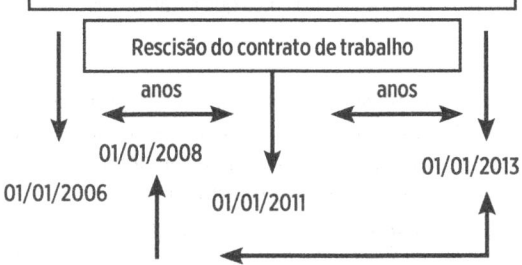

Proibição do trabalho noturno, perigoso e insalubre

Este inciso também é muito cotado para ser cobrado em prova. É importante lê-lo para que, em seguida, se possa responder a uma pergunta que fará entender o motivo de ele ser tão abordado em testes:

> ***Art. 7º***, *XXXIII. Proibição de trabalho noturno, perigoso ou insalubre a menores de dezoito e de qualquer trabalho a menores de dezesseis anos, salvo na condição de aprendiz, a partir de quatorze anos.*

A pergunta é muito simples: a partir de qual idade pode se trabalhar no Brasil? Você deve estar em dúvida: entre 16 e 14 anos. Isso é o que acontece com a maioria dos candidatos. Por isso, nunca esqueça: se temos uma regra e essa regra está acompanhada de uma exceção; temos, então, uma possibilidade.

Ora, se a Constituição diz que é proibido o trabalho para os menores de 16 e, em seguida, excepciona essa regra dizendo que é possível a partir dos 14, na condição de aprendiz, ela quis dizer que o trabalho no Brasil se inicia aos 14 anos. Esse entendimento se fortalece à luz do Art. 227, § 3º, I:

> ***Art. 227***, *§ 3º - O direito a proteção especial abrangerá os seguintes aspectos:*
>
> *I. Idade mínima de quatorze anos para admissão ao trabalho, observado o disposto no Art. 7º, XXXIII.*

Direitos dos empregados domésticos

O parágrafo único, do Art. 7º, da CF assegurava ao trabalhador doméstico um número reduzido de direitos, se comparado com os demais empregados, urbanos ou rurais.

Nos termos daquele dispositivo, seriam garantidos à categoria dos trabalhadores domésticos apenas os direitos previstos nos incisos IV, VI, VIII, XV, XVII, XVIII, XIX, XXI e XXIV, do Art. 7º, bem como a sua integração à previdência social.

Com a promulgação da EC nº 72, de 2 de abril de 2013, aquele parágrafo foi alterado para estender aos empregados domésticos praticamente todos os demais direitos constantes nos incisos, do Art. 7º, da CF.

A nova redação do parágrafo único, do Art. 7º, da CF dispõe:

> ***Art. 7º***, *Parágrafo único. São assegurados à categoria dos trabalhadores domésticos os direitos previstos nos incisos IV, VI, VII, VIII, X, XIII, XV, XVI, XVII, XVIII, XIX, XXI, XXII, XXIV, XXVI, XXX, XXXI e XXXIII e, atendidas as condições estabelecidas em lei e observada a simplificação do cumprimento das obrigações tributárias, principais e acessórias, decorrentes da relação de trabalho e suas peculiaridades, os previstos nos incisos I, II, III, IX, XII, XXV e XXVIII, bem como a sua integração à previdência social.*

DIREITOS SOCIAIS E NACIONALIDADE

Direitos coletivos dos trabalhadores

São basicamente os direitos relacionados à criação e organização das associações e sindicatos que estão previstos no Art. 8º.

Princípio da unicidade sindical

O primeiro direito coletivo refere-se ao princípio da unicidade sindical. Esse dispositivo proíbe a criação de mais de uma organização sindical, representativa de categoria profissional ou econômica, em uma mesma base territorial:

> *II. É vedada a criação de mais de uma organização sindical, em qualquer grau, representativa de categoria profissional ou econômica, na mesma base territorial, que será definida pelos trabalhadores ou empregadores interessados, não podendo ser inferior à área de um Município.*

Em cada base territorial (federal, estadual, municipal ou distrital) só pode existir um sindicato representante da mesma categoria, lembrando que a base territorial mínima refere-se à área de um município.

Exemplificando: só pode existir **um** sindicato municipal de pescadores no município de Cascavel. Só pode existir **um** sindicato estadual de pescadores no estado do Paraná. Só pode existir **um** sindicato federal de pescadores no Brasil. Contudo, é possível existirem vários sindicatos municipais de pescadores no Estado do Paraná.

Contribuição confederativa e sindical

Essa questão costuma enganar até mesmo os mais preparados. Vejamos o que diz a Constituição Federal no Art. 8º, IV:

> *IV. A assembleia geral fixará a contribuição que, em se tratando de categoria profissional, será descontada em folha, para custeio do sistema confederativo da representação sindical respectiva, independentemente da contribuição prevista em lei.*

A primeira coisa que se deve perceber é a existência de duas contribuições nesse inciso. Uma chamada de Contribuição Confederativa a outra de Contribuição Sindical.

A Contribuição Confederativa é a prevista nesse inciso, fixada pela assembleia geral, descontada em folha para custear o sistema confederativo. Essa contribuição é aquela paga às organizações sindicais e que só é obrigada aos filiados e aos sindicatos. Não possui natureza tributária, por isso obriga apenas as pessoas que voluntariamente se filiam a uma entidade sindical.

A Contribuição Sindical, que é a contribuição prevista em lei, mais precisamente na Consolidação das Leis Trabalhistas (Decreto-Lei nº 5.452/43), deve ser paga por todos os trabalhadores ainda que profissionais liberais. Sua natureza é tributária, não possuindo caráter facultativo.

Contribuição	
Confederativa	Sindical
Fixada pela Assembleia	Fixada pela CLT
Natureza não tributária	Natureza tributária
Obrigada apenas aos filiados a sindicatos	Obrigada a todos os trabalhadores

Liberdade de associação

Esse inciso costuma ser cobrado em prova devido às inúmeras possibilidades de se modificar o seu texto:

> *V. Ninguém será obrigado a filiar-se ou a manter-se filiado a sindicato.*

É a liberdade de associação que permite aos trabalhadores escolherem se desejam ou não se filiar a um determinado sindicato. Ninguém será obrigado a filiar-se ou a manter-se filiado.

Participação do aposentado no sindicato

Esse inciso também possui aplicação semelhante ao anterior, portanto deve haver uma leitura atenta aos detalhes que podem ser modificados em prova:

> *VII. O aposentado filiado tem direito a votar e ser votado nas organizações sindicais.*

Estabilidade sindical

A estabilidade sindical constitui norma de proteção aos dirigentes sindicais que possui grande utilidade ao evitar o cometimento de arbitrariedades por partes das empresas em retaliação aos representantes dos empregados:

> *VIII. É vedada a dispensa do empregado sindicalizado a partir do registro da candidatura a cargo de direção ou representação sindical e, se eleito, ainda que suplente, até um ano após o final do mandato, salvo se cometer falta grave nos termos da lei.*

O importante aqui é entender o período de proteção que a Constituição garantiu aos dirigentes sindicais. A estabilidade se inicia com o registro da candidatura e permanece, com o candidato eleito, até um ano após o término do seu mandato. Ressalte-se que essa proteção contra despedida arbitrária não prospera diante do cometimento de falta grave.

6.2 Direitos de Nacionalidade

A nacionalidade é um vínculo jurídico existente entre um indivíduo e um Estado. Esse vínculo jurídico é a ligação existente capaz de gerar direitos e obrigações entre a pessoa e o Estado.

A aquisição da nacionalidade decorre do nascimento ou da manifestação de vontade. Quando a nacionalidade é adquirida pelo nascimento, estamos diante da chamada **Nacionalidade Originária**. Mas, se for adquirida por meio da manifestação de vontade, estamos diante de uma **Nacionalidade Secundária**.

A Nacionalidade Originária, também chamada de aquisição de nacionalidade primária, é aquela involuntária. Decorre do nascimento desde que preenchidos os requisitos previstos na legislação. Um brasileiro que adquire nacionalidade originária é chamado de nato.

Dois critérios foram utilizados em nossa Constituição para se conferir a nacionalidade originária:

Jus Solis

Esse é critério do solo, critério territorial. Serão considerados brasileiros natos as pessoas que nascerem no território nacional. Esse é o critério adotado como regra no texto constitucional.

Jus Sanguinis

Esse é o critério do sangue. Serão considerados brasileiros natos os descendentes de brasileiros, ou seja, aqueles que possuem o sangue brasileiro.

A nacionalidade secundária ou adquirida é a aquisição que depende de uma manifestação de vontade. É voluntária e, quem a adquire, possui a qualificação de naturalizado.

Conflito de nacionalidade

Alguns países adotavam apenas o critério *jus sanguinis*, outros somente o critério *jus solis*, e isso gerou alguns problemas que a doutrina nominou de Conflito de Nacionalidade. O Conflito de Nacionalidade pode ser de duas formas:

Conflito Positivo

Ocorre quando o indivíduo adquire várias nacionalidades. Ele será chamado de polipátrida.

Conflito Negativo

Ocorre quando o indivíduo não adquire qualquer nacionalidade. Esse será chamado de apátrida (*heimatlos*).

Para evitar a ocorrência desses tipos de conflito, os países têm adotado critérios mistos de aquisição de nacionalidade originária, a exemplo do próprio Brasil.

A seguir, serão analisadas várias hipóteses previstas no Art. 12 da Constituição Federal de aquisição de nacionalidade tanto originária quanto secundária.

Nacionalidade originária

As hipóteses de aquisição da nacionalidade originária estão previstas no Art. 12, I da Constituição Federal, e são:

> **Art. 12.** São brasileiros:
> **I.** Natos:
> **a)** os nascidos na República Federativa do Brasil, ainda que de pais estrangeiros, desde que estes não estejam a serviço de seu país;
> **b)** os nascidos no estrangeiro, de pai brasileiro ou mãe brasileira, desde que qualquer deles esteja a serviço da República Federativa do Brasil;
> **c)** os nascidos no estrangeiro de pai brasileiro ou de mãe brasileira, desde que sejam registrados em repartição brasileira competente ou venham a residir na República Federativa do Brasil e optem, em qualquer tempo, depois de atingida a maioridade, pela nacionalidade brasileira.

A primeira hipótese, prevista na alínea "a", adotou para aquisição o critério *jus solis*, ou seja, serão considerados brasileiros natos aqueles que nascerem no país ainda que de pais estrangeiros, desde que, os pais não estejam a serviço do seu país. Para que os filhos de pais estrangeiros fiquem impedidos de adquirirem a nacionalidade brasileira, é preciso que ambos os pais sejam estrangeiros, mas basta que apenas um deles esteja a serviço do seu país. Se os pais estrangeiros estiverem a serviço de outro país, a doutrina tem entendido que não se aplicará a vedação.

Já a segunda hipótese, adotada na alínea "b", utilizou o critério *jus sanguinis* para fixação da nacionalidade originária. Serão brasileiros natos os nascidos fora do país, filho de pai ou mãe brasileira, desde que qualquer deles esteja a serviço da República Federativa do Brasil. Estar a serviço do país significa estar a serviço de qualquer ente federativo (União, Estados, Distrito Federal ou Município) incluídos os órgãos e entidades da administração indireta (fundações, autarquias, empresas públicas e sociedades de economia mista).

A terceira hipótese, prevista na alínea "c", apresenta, na verdade, duas possibilidades: uma depende do registro a outra depende da opção confirmativa.

Primeiro, temos a regra aplicada aos nascidos no estrangeiro, filho de pai brasileiro ou mãe brasileira, condicionada à aquisição da nacionalidade ao registro em repartição brasileira competente. Nessa hipótese, adota-se o critério *jus sanguinis* acompanhado do registro em repartição brasileira.

Em seguida, temos a segunda possibilidade destinada aos nascidos no estrangeiro de pai brasileiro ou de mãe brasileira, que venham a residir na República Federativa do Brasil e optem (opção confirmativa), em qualquer tempo, depois de atingida a maioridade, pela nacionalidade brasileira.

Essa é a chamada nacionalidade protestativa, pois depende da manifestação de vontade por parte do interessado. Deve-se ter cuidado com a condição para a manifestação da vontade que só poder ser exercida depois de atingida a maioridade, apesar de não existir tempo limite para o exercício desse direito.

Nacionalidade secundária

A seguir, serão apresentadas as hipóteses de aquisição de nacionalidade secundária:

> **Art. 12**, II. Naturalizados:
> **a)** Os que, na forma da lei, adquiram a nacionalidade brasileira, exigidas aos originários de países de língua portuguesa apenas residência por um ano ininterrupto e idoneidade moral;
> **b)** os estrangeiros de qualquer nacionalidade, residentes na República Federativa do Brasil há mais de quinze anos ininterruptos e sem condenação penal, desde que requeiram a nacionalidade brasileira.

A primeira hipótese de naturalização, prevista na alínea "a" do inciso II, é a chamada naturalização ordinária. Essa naturalização apresenta uma forma de aquisição prevista em lei. Esta Lei é a nº 6.815/80, que traz algumas regras para aquisição de nacionalidade, as quais não serão estudadas neste momento. O que interessa agora para a prova é a segunda parte da alínea, que confere um tratamento diferenciado para os originários de países de língua portuguesa, para quem será exigida apenas residência por um ano ininterrupto e idoneidade moral. Entende-se país de língua portuguesa qualquer país que possua a língua portuguesa como língua oficial (Angola, Portugal, Timor Leste, entre outros). Essa forma de naturalização não gera direito subjetivo ao estrangeiro, o que significa que ele poderá pleitear sua naturalização e essa poderá ser indeferida pelo Chefe do Poder Executivo, haja vista se tratar de um ato discricionário.

A alínea "b" do inciso II apresenta a chamada naturalização extraordinária ou quinzenária. Essa hipótese é destinada a qualquer estrangeiro e será exigida residência ininterrupta pelo prazo de 15 anos e não existência de condenação penal. Nessa espécie, não há discricionariedade em conceder a naturalização, pois ela gera direito subjetivo ao estrangeiro que tenha preenchido os requisitos.

NOÇÕES DE DIREITO CONSTITUCIONAL

O melhor é não esquecer que a ausência temporária da residência não quebra o vínculo ininterrupto exigido para a naturalização no país. Também deve ser ressaltado que não existe naturalização tácita ou automática, sendo exigido requerimento de quem desejar se naturalizar no Brasil.

Português equiparado

Art. 12. § 1º. Aos portugueses com residência permanente no País, se houver reciprocidade em favor de brasileiros, serão atribuídos os direitos inerentes ao brasileiro, salvo os casos previstos nesta Constituição.

Trata-se do chamado português equiparado ou quase nacional. Segundo o dispositivo, a Constituição assegura aos portugueses tratamento diferenciado, como se fossem brasileiros. Não se trata de uma hipótese de naturalização, nesse caso são atribuídos os mesmos direitos inerentes ao brasileiro.

Essa condição depende de reciprocidade por parte de Portugal. O Brasil possui um acordo internacional com Portugal por meio do Decreto nº 3.927/2001 que promulgou o Tratado de Cooperação, Amizade e Consulta Brasil/Portugal. Havendo o mesmo tratamento a um brasileiro quando estiver no país português, serão garantidos tratamentos diferenciados aos portugueses que aqui estiverem desde que manifestem interesse no recebimento desse tratamento diferenciado. Ressalta-se que para requerer esse tipo de tratamento será necessária, além do requerimento, a constituição de residência permanente no Brasil.

Por fim, não se pode esquecer de que o tratamento dado aos portugueses os equipara aos brasileiros naturalizados.

Tratamento diferenciado entre brasileiros

O § 2º do Art. 12 proíbe o tratamento diferençado entre brasileiros natos e naturalizados:

§ 2º - A lei não poderá estabelecer distinção entre brasileiros natos e naturalizados, salvo nos casos previstos nesta Constituição.

O próprio dispositivo excepciona a regra permitindo que a Constituição Federal estabeleça tratamento diferenciado entre brasileiros natos e naturalizados. São quatro os tratamentos diferenciados estabelecidos pelo texto constitucional:

> **Cargos privativos de brasileiros natos;**
> **Funções privativas de brasileiros natos;**
> **Regras de extradição;**
> **Propriedade de empresas de jornalística ou de radiodifusão.**

O § 3º apresenta a primeira hipótese de distinção dentre brasileiros natos e naturalizados:

§ 3º - São privativos de brasileiro nato os cargos:
I. De Presidente e Vice-Presidente da República;
II. De Presidente da Câmara dos Deputados;
III. De Presidente do Senado Federal;
IV. De Ministro do Supremo Tribunal Federal;
V. Da carreira diplomática;
VI. de oficial das Forças Armadas;
VII. De Ministro de Estado da Defesa.

Os cargos privativos aos brasileiros natos são muito incidentes em provas. Por esse motivo, sugere-se que sejam memorizados. Dois critérios foram utilizados para escolha desses cargos. O primeiro está relacionado com os cargos que sucedem o Presidente da República (Presidente e Vice-Presidente da República, Presidente da Câmara dos Deputados, Presidente do Senado Federal e Ministro do Supremo Tribunal Federal). O segundo critério diz respeito à segurança nacional (carreira diplomática, oficial das forças armadas e Ministro do Estado da Defesa).

As funções privativas de brasileiros natos estão prevista no Art. 89, VII da Constituição:

Art. 89. O Conselho da República é órgão superior de consulta do Presidente da República, e dele participam:
I. O Vice-Presidente da República;
II. O Presidente da Câmara dos Deputados;
III. O Presidente do Senado Federal;
IV. Os líderes da maioria e da minoria na Câmara dos Deputados;
V. Os líderes da maioria e da minoria no Senado Federal;
VI. O Ministro da Justiça;
VII. Seis cidadãos brasileiros natos, com mais de trinta e cinco anos de idade, sendo dois nomeados pelo Presidente da República, dois eleitos pelo Senado Federal e dois eleitos pela Câmara dos Deputados, todos com mandato de três anos, vedada a recondução.

A terceira possibilidade de tratamento diferenciado diz respeito às regras de extradição previstas no inciso LI do Art. 5º:

LI. Nenhum brasileiro será extraditado, salvo o naturalizado, em caso de crime comum, praticado antes da naturalização, ou de comprovado envolvimento em tráfico ilícito de entorpecentes e drogas afins, na forma da lei.

A quarta previsão está no Art. 222 da Constituição:

Art. 222. A propriedade de empresa jornalística e de radiodifusão sonora e de sons e imagens é privativa de brasileiros natos ou naturalizados há mais de dez anos, ou de pessoas jurídicas constituídas sob as leis brasileiras e que tenham sede no País.

Perda da nacionalidade

A seguir serão trabalhadas as hipóteses de perda da nacionalidade. Uma pergunta: brasileiro nato pode perder a nacionalidade? Vejamos o que diz a Constituição Federal:

§ 4º - Será declarada a perda da nacionalidade do brasileiro que:
I. Tiver cancelada sua naturalização, por sentença judicial, em virtude de atividade nociva ao interesse nacional;
II. Adquirir outra nacionalidade, salvo no casos:
a) de reconhecimento de nacionalidade originária pela lei estrangeira;
b) de imposição de naturalização, pela norma estrangeira, ao brasileiro residente em estado estrangeiro, como condição para permanência em seu território ou para o exercício de direitos civis.

Ao se analisar o dispositivo do *caput* desse parágrafo, é possível concluir que as regras são para os brasileiros natos ou naturalizados. Mas vale a pena verificar cada hipótese:

O inciso I deixa claro que é uma hipótese aplicada apenas aos brasileiros naturalizados (cancelamento de naturalização). Se o indivíduo tem seu vínculo com o Estado cancelado por decisão judicial, não há que se falar em permanência da nacionalidade brasileira;

O inciso II já não permite a mesma conclusão, haja vista ter considerado qualquer brasileiro. Logo, ao brasileiro, seja ele nato ou naturalizado, que adquirir outra nacionalidade, será declarada a perda da nacionalidade, pelo menos em regra. Essa regra possui duas exceções: nos casos de reconhecimento de nacionalidade originária estrangeira ou de imposição de naturalização, não será declarada a perda da nacionalidade brasileira. É nestas hipóteses que se encontram permitidas as situações de dupla nacionalidade que conhecemos.

Uma questão interessante surge: seria possível a reaquisição da nacionalidade brasileira?

Uma vez perdida a nacionalidade, tem-se entendido que é possível a sua reaquisição dependo da forma que foi perdida.

Se o indivíduo perde a nacionalidade com fundamento no inciso I, por cancelamento de naturalização, só seria possível a reaquisição por meio de ação rescisória.

Caso o indivíduo perca a nacionalidade por ter adquirido outra, que revela a hipótese do inciso II, também será possível a reaquisição por decreto presidencial (Art. 36, Lei nº 818/49).

Apesar da divergência doutrinária, prevalece o entendimento de que o brasileiro, após a reaquisição, volta à condição anterior, ou seja, se era brasileiro nato, volta a ser nato, se era naturalizado, volta como naturalizado.

Gabaritos

01	A
02	B
03	D

Questões

01. (FCC) A Constituição Federal estabelece a proibição de trabalho noturno, perigoso ou insalubre a menores de:
   a) Dezoito anos e de qualquer trabalho a menores de dezesseis anos, salvo na condição de aprendiz a partir de quatorze anos.
   b) Vinte e um anos e de qualquer trabalho a menores de dezoito anos, salvo na condição de aprendiz a partir de dezesseis anos.
   c) Dezessete anos e de qualquer trabalho a menores de quinze anos, salvo na condição de aprendiz a partir de treze anos.
   d) Dezenove anos e de qualquer trabalho a menores de dezesseis anos, salvo na condição de aprendiz a partir de quinze anos.
   e) Vinte anos e de qualquer trabalho a menores de dezenove anos, salvo na condição de aprendiz a partir de quinze anos.

02. (FCC) O filho nascido no Brasil de um casal de alemães que tenha vindo morar no Estado do Ceará em razão da aquisição de um estabelecimento hoteleiro (pousada), tem nacionalidade, nos termos da Constituição Federal Brasileira:
   a) Alemã.
   b) Brasileira.
   c) Alemã, considerado naturalizado brasileiro.
   d) Brasileira, considerado naturalizado.
   e) Brasileira, considerado naturalizado alemão.

03. (FCC) É privativo de brasileiro nato o cargo de:
   a) Presidente do Superior Tribunal de Justiça.
   b) Presidente do Tribunal de Justiça.
   c) Defensor Geral do Estado.
   d) Presidente da Câmara dos Deputados.
   e) Presidente do Tribunal de Contas da União.

NOÇÕES DE DIREITO CONSTITUCIONAL

7. DIREITOS POLÍTICOS E PARTIDOS POLÍTICOS

7.1 Direitos Políticos

Os direitos políticos são um conjunto de direitos fundamentais que permitem ao indivíduo participar da vontade política do Estado. Para se falar de direitos políticos, alguns conceitos são indispensáveis.

Cidadania, democracia e soberania popular

A Cidadania é a condição conferida ao indivíduo que possui direito político. É o exercício desse direito. Essa condição só é possível em nosso país por causa do regime de governo adotado, a Democracia. A democracia parte do pressuposto de que o poder do Estado decorre da vontade popular, da Soberania Popular. Conforme o parágrafo único do Art. 1º da Constituição:

> *Art. 1º, Parágrafo único. Todo o poder emana do povo, que o exerce por meio de representantes eleitos ou diretamente, nos termos desta Constituição.*

A democracia brasileira é classificada como semidireta ou participativa, haja vista poder ser exercida tanto de forma direta como de forma indireta. Como forma de exercício direto temos o previsto no Art. 14 da CF:

> *Art. 14. A soberania popular será exercida pelo sufrágio universal e pelo voto direto e secreto, com valor igual para todos, e, nos termos da lei, mediante:*
> *I. Plebiscito;*
> *II. Referendo;*
> *III. Iniciativa popular.*

Mas ainda há a ação popular que também é forma de exercício direto dos direitos políticos:

> *Art. 5º, LXXIII. Qualquer cidadão é parte legítima para propor ação popular que vise a anular ato lesivo ao patrimônio público ou de entidade de que o Estado participe, à moralidade administrativa, ao meio ambiente e ao patrimônio histórico e cultural, ficando o autor, salvo comprovada má-fé, isento de custas judiciais e do ônus da sucumbência.*

Entendamos o que significa cada uma das formas de exercício direto dos direitos políticos:

Plebiscito

Consulta popular realizada antes da tomada de decisão. O representante do poder público quer tomar uma decisão, mas, antes de tomá-la, ele pergunta para os cidadãos quem concorda. O que os cidadãos decidirem será feito.

Referendo

Consulta popular realizada depois da tomada de decisão. O representante do poder público toma uma decisão e depois pergunta o que os cidadãos acharam.

Iniciativa popular

Essa é uma das formas de se iniciar o processo legislativo no Brasil. A legitimidade para propor criação de lei pelo eleitorado encontra amparo no Art. 61, § 2º da CF:

> *Art. 61, § 2º - A iniciativa popular pode ser exercida pela apresentação à Câmara dos Deputados de projeto de lei subscrito por, no mínimo, um por cento do eleitorado nacional, distribuído pelo menos por cinco Estados, com não menos de três décimos por cento dos eleitores de cada um deles.*

Ação popular

Remédio constitucional previsto no inciso LXXIII que funciona como instrumento de fiscalização dos poderes públicos nos termos do inciso citado.

Quando se fala em exercício indireto, significa exercício por meio dos representantes eleitos que representarão a vontade popular.

Todas essas ferramentas disponibilizadas acima constituem formas de exercício dos direitos políticos no Brasil.

A doutrina costuma classificar os direitos políticos em:
> **Direitos políticos positivos.**
> **Direitos políticos negativos.**

Direitos políticos positivos

Os direitos políticos positivos se mostram pela possibilidade de participação na vontade política do Estado. Esses direitos políticos se materializam por meio da Capacidade Eleitoral Ativa e da Capacidade Eleitoral Passiva. O primeiro é a possibilidade de votar. O segundo, de ser votado.

Para que se possa exercer a capacidade eleitoral ativa, faz-se necessário o chamado alistamento eleitoral. É, simplesmente, inscrever-se como eleitor, o que acontece quando obtemos o título de eleitor. A Constituição apresenta três regras para o alistamento e o voto:

Voto Obrigatório
Maiores de 18 anos;

Voto Facultativo
Maiores de 16 e menores de 18; analfabetos e maiores de 70 anos;

Voto Proibido
Estrangeiros e conscritos.

Vejamos estas regras previstas no texto constitucional:

> *Art. 14, § 1º. O alistamento eleitoral e o voto são:*
> *I. Obrigatórios para os maiores de dezoito anos;*
> *II. Facultativos para:*
> *a) os analfabetos;*
> *b) os maiores de setenta anos;*
> *c) os maiores de dezesseis e menores de dezoito anos.*
> *§ 2º - Não podem alistar-se como eleitores os estrangeiros e, durante o período do serviço militar obrigatório, os conscritos.*

Condições de alistabilidade

- **Obrigatório**: Maiores de 18 anos e < 70
- **Facultativo**:
  - Maiores de 16 e menores de 18 anos
  - Analfabetos
  - Maiores de 70 anos
- **Proibido**:
  - Estrangeiros
  - Conscritos

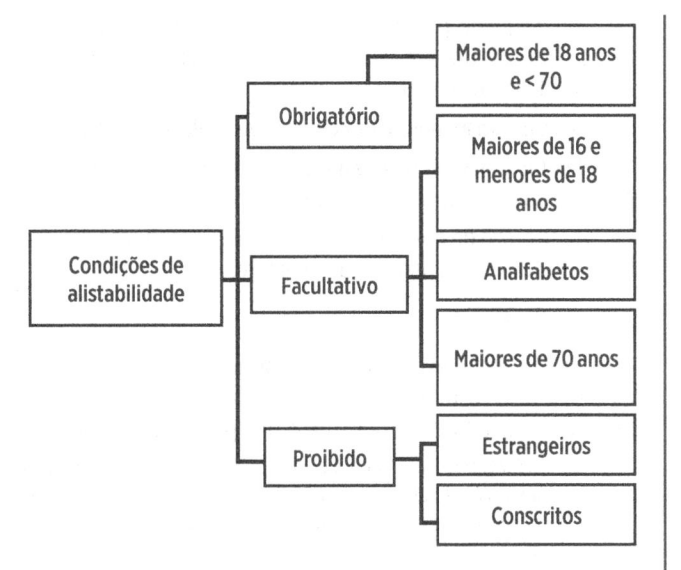

A **capacidade eleitoral passiva** é a capacidade de ser eleito. É uma das formas de participação política em que o cidadão aceita a incumbência de representar os interesses dos seus eleitores. Para que alguém possa ser eleito se faz necessário o preenchimento das Condições de Elegibilidade. São condições de elegibilidade as previstas no Art. 14, § 3º da Constituição:

Art. 14, § 3º - São condições de elegibilidade, na forma da lei:
I. a nacionalidade brasileira;
II. o pleno exercício dos direitos políticos;
III. o alistamento eleitoral;
IV. o domicílio eleitoral na circunscrição;
V. a filiação partidária;
VI. a idade mínima de:
a) trinta e cinco anos para Presidente e Vice-Presidente da República e Senador;
b) trinta anos para Governador e Vice-Governador de Estado e do Distrito Federal;
c) vinte e um anos para Deputado Federal, Deputado Estadual ou Distrital, Prefeito, Vice-Prefeito e juiz de paz;
d) dezoito anos para Vereador.

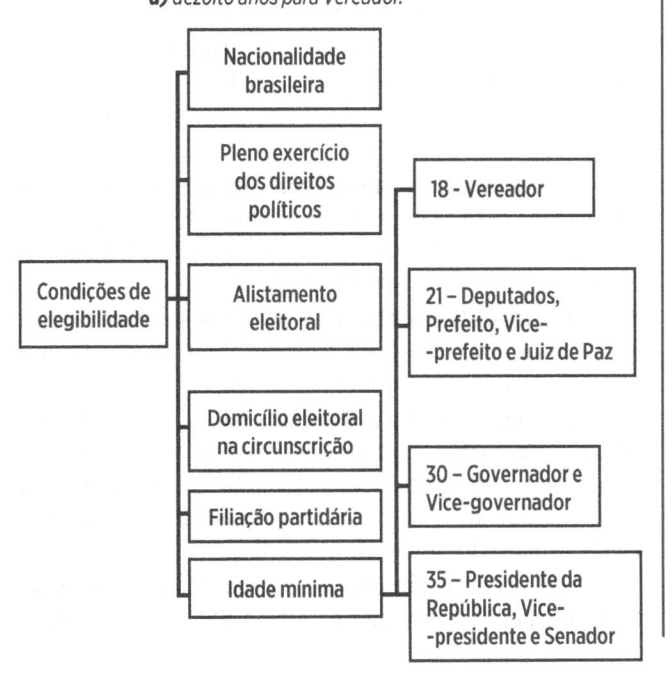

Condições de elegibilidade

- Nacionalidade brasileira
- Pleno exercício dos direitos políticos
- Alistamento eleitoral
- Domicílio eleitoral na circunscrição
- Filiação partidária
- Idade mínima:
  - 18 – Vereador
  - 21 – Deputados, Prefeito, Vice-prefeito e Juiz de Paz
  - 30 – Governador e Vice-governador
  - 35 – Presidente da República, Vice-presidente e Senador

Direitos políticos negativos

Os direitos políticos negativos são verdadeiras vedações ao exercício da cidadania. São inelegibilidades, hipóteses de perda ou suspensão dos direitos políticos que se encontram previstos expressamente no texto constitucional. Só não se pode esquecer a possibilidade prevista no § 9º do Art. 14 da Constituição, que admite que sejam criadas outras inelegibilidades por Lei Complementar, desde possuam caráter relativo. Inelegibilidade absoluta, segundo a doutrina, só na Constituição Federal.

A primeira inelegibilidade está prevista no Art. 14, § 4º:

Art. 14, § 4º - São inelegíveis os inalistáveis e os analfabetos.

Trata-se de uma inelegibilidade absoluta que impede os inalistáveis e analfabetos a concorrerem a qualquer cargo eletivo. Nota-se primeiramente que a Constituição se refere aos inalistáveis como "inelegíveis". Todas as vezes que se encontrar o termo inalistável, deve-se pensar automaticamente em estrangeiros e conscritos. Logo, são inelegíveis os estrangeiros, conscritos e analfabetos.

Quanto aos analfabetos, uma questão merece atenção: os analfabetos podem votar, mas não podem receber votos.

Em seguida, tem-se o § 5º, que traz a chamada regra da Reeleição. Trata-se de uma espécie de inelegibilidade relativa por meio do qual alguns titulares de cargos políticos ficam impedidos de se reelegerem por mais de duas eleições consecutivas, ou seja, é permitida apenas uma reeleição:

Art. 14, § 5º - O Presidente da República, os Governadores de Estado e do Distrito Federal, os Prefeitos e quem os houver sucedido, ou substituído no curso dos mandatos poderão ser reeleitos para um único período subsequente.

O primeiro ponto interessante desse parágrafo está na restrição que só ocorre para os membros do poder executivo (Presidente, Governador e Prefeito). Logo, um membro do Poder Legislativo poderá se reeleger quantas vezes ele quiser, enquanto o membro do Poder Executivo só poderá se reeleger uma única vez. Ressalte-se que o impedimento se aplica também a quem suceder ou substituir o titular dos cargos supracitados.

Mais uma regra de inelegibilidade relativa encontra-se no § 6º:

Art. 14, § 6º - Para concorrerem a outros cargos, o Presidente da República, os Governadores de Estado e do Distrito Federal e os Prefeitos devem renunciar aos respectivos mandatos até seis meses antes do pleito.

Estamos diante da chamada regra de **Desincompatibilização**. Da mesma forma que o dispositivo anterior só se aplica aos membros do Poder Executivo, e essa norma exige que os representantes desse Poder, para que possam concorrer a outro cargo, devem renunciar os respectivos mandatos até seis meses antes do pleito.

Ainda há a chamada Inelegibilidade Reflexa, ou em razão do parentesco. Essa hipótese gera um impedimento, não ao titular do cargo político, mas aos seus parentes até segundo grau. Também se aplica apenas aos membros do Poder Executivo:

Art. 14, § 7º - São inelegíveis, no território de jurisdição do titular, o cônjuge e os parentes consanguíneos ou afins, até o segundo grau ou por adoção, do Presidente da República, de Governador de Estado ou Território, do Distrito Federal, de Prefeito ou de quem os haja substituído dentro dos seis meses anteriores ao pleito, salvo se já titular de mandato eletivo e candidato à reeleição.

DIREITOS POLÍTICOS E PARTIDOS POLÍTICOS

O impedimento gerado está relacionado ao território de jurisdição do titular da seguinte forma:

> O Prefeito gera inelegibilidade aos cargos de Prefeito e Vereador do mesmo município;
> O Governador gera inelegibilidade aos cargos de Prefeito, Vereador, Deputado Estadual, Deputado Federal, Senador da República e Governador do mesmo Estado Federativo;
> O Presidente gera inelegibilidade a todos os cargos eletivos do país.

São parentes de 1º grau: pai, mãe, filho, sogro. São parentes de 2º grau: avô, irmão, neto, cunhado.

O STF editou a Súmula Vinculante nº 18, que diz:

Súmula Vinculante nº 18. A dissolução da sociedade ou do vínculo conjugal, no curso do mandato, não afasta a inelegibilidade prevista no § 7º do Art. 14 da Constituição Federal.

Lei complementar pode estabelecer novas hipóteses de inelegibilidade relativa. É o que dispõe o § 9º do Art. 14:

Art. 14, § 9º - Lei complementar estabelecerá outros casos de inelegibilidade e os prazos de sua cessação, a fim de proteger a probidade administrativa, a moralidade para exercício de mandato considerada vida pregressa do candidato, e a normalidade e legitimidade das eleições contra a influência do poder econômico ou o abuso do exercício de função, cargo ou emprego na administração direta ou indireta.

Com base no texto, é possível concluir que o rol de inelegibilidades relativas previstas na Constituição Federal é meramente exemplificativo. Há ainda a Lei Complementar nº 64/90 que traz várias hipóteses de inelegibilidade.

Condições para eleição do militar

O militar pode se candidatar a cargo político eletivo desde que observadas as regras estabelecidas no § 8º do Art. 14:

Art. 14, § 8º - O militar alistável é elegível, atendidas as seguintes condições:
I. se contar menos de dez anos de serviço, deverá afastar-se da atividade;
II. se contar mais de dez anos de serviço, será agregado pela autoridade superior e, se eleito, passará automaticamente, no ato da diplomação, para a inatividade.

| Militar | → | Mais de 10 anos | → | Agregado |

| Militar | → | Menos de 10 anos | → | Afasta-se da atividade |

Primeiramente, deve-se ressaltar que a Constituição veda a filiação partidária aos militares:

Art. 142, § 3º, V. O militar, enquanto em serviço ativo, não pode estar filiado a partidos políticos.

Recordando as condições de elegibilidade, tem-se que é necessária a filiação partidária para ser elegível, contudo, no caso do militar, o TSE tem entendido que o registro da candidatura supre a falta de prévia filiação partidária.

Um segundo ponto interessante decorre da própria interpretação do § 8º, que prevê duas regras para eleição dos militares em razão do tempo de serviço:

Militar com menos de dez anos: deve se afastar da atividade;
Militar com mais de dez anos: deve ficar agregado pela autoridade superior e se eleito, passado para inatividade.

Esse prazo de dez anos escolhido pela Constituição decorre da garantia de estabilidade para os militares.

Impugnação de mandato eletivo

Estes parágrafos dispensam explicação e, quando aparecem em prova, costumam cobrar o próprio texto constitucional. Deve-se ter cuidado com o prazo de 15 dias para impugnação:

Art. 14, § 10 - O mandato eletivo poderá ser impugnado ante a Justiça Eleitoral no prazo de quinze dias contados da diplomação, instruída a ação com provas de abuso do poder econômico, corrupção ou fraude.

§ 11 - A ação de impugnação de mandato tramitará em segredo de justiça, respondendo o autor, na forma da lei, se temerária ou de manifesta má-fé.

Cassação, suspensão e perda dos direitos políticos

Uma coisa é certa: não existe cassação de direitos políticos no Brasil. Isso não pode ser esquecido, pois sempre é cobrado em prova. Apesar dessa norma protetiva, são permitidas a perda e a suspensão desses direitos, conforme disposto no Art. 15 da Constituição:

Art. 15. É vedada a cassação de direitos políticos, cuja perda ou suspensão só se dará nos casos de:
I. Cancelamento da naturalização por sentença transitada em julgado;
II. Incapacidade civil absoluta;
III. Condenação criminal transitada em julgado, enquanto durarem seus efeitos;
IV. Recusa de cumprir obrigação a todos imposta ou prestação alternativa, nos termos do Art. 5º, VIII;
V. Improbidade administrativa, nos termos do Art. 37, § 4º.

Observe-se que o texto constitucional não esclareceu muito bem quais são as hipóteses de perda ou suspensão, trabalho esse que ficou a cargo da doutrina fazer. Seguem abaixo as hipóteses de perda ou suspensão:

Cancelamento da naturalização por sentença transitada em julgado – trata-se de perda dos direitos políticos. Ora, se o indivíduo teve cancelado seu vínculo com o Estado Brasileiro, não há sentido em lhe garantir os direitos políticos;

Incapacidade civil absoluta – apesar de ser absoluta, essa incapacidade civil pode cessar dependendo da situação. Logo, é hipótese de suspensão dos direitos políticos;

Condenação criminal transitada em julgado, enquanto durarem seus efeitos – condenação criminal é suspensão, pois dura enquanto durar a pena. Deve-se ter cuidado com essa questão em prova. O efeito da suspensão sobre os direitos políticos independe do tipo de pena aplicada ao cidadão.

Recusa de cumprir obrigação a todos imposta ou prestação alternativa, nos termos do Art. 5º, VIII - essa é a famosa hipótese da escusa de consciência. Em relação a esse tema, existe divergência na doutrina. Parte da doutrina Constitucional entende que é hipótese de perda, outra parte da doutrina, principalmente eleitoral, entende que seja hipótese de suspensão.

Improbidade administrativa, nos termos do Art. 37, § 4º - essa é mais uma hipótese de suspensão dos direitos políticos.

Princípio da anterioridade eleitoral

Este princípio exige o prazo de um ano para aplicação de lei que altere processo eleitoral. Isso visa a evitar que os candidatos sejam pegos de surpresa com as regras eleitorais. O Art. 16 diz:

> *Art. 16. A lei que alterar o processo eleitoral entrará em vigor na data de sua publicação, não se aplicando à eleição que ocorra até um ano da data de sua vigência.*

O STF decidiu que essa lei não se aplica às eleições de 2010 por não ter respeitado esse princípio que requer o prazo de 1 ano para aplicação da lei que alterar o processo eleitoral.

A lei havia sido publicada em junho de 2010 e queriam que valesse para as eleições do mesmo ano. O STF disse que sua aplicação para 2010 era inconstitucional.

7.2 Partidos Políticos

Natureza jurídica dos partidos políticos

Os partidos políticos, segundo previsão expressa da Constituição, possuem natureza jurídica de direito privado. Segundo o disposto no Art. 17, § 2º:

> *§ 2º - Os partidos políticos, após adquirirem personalidade jurídica, na forma da lei civil, registrarão seus estatutos no Tribunal Superior Eleitoral.*

Quando a Constituição determina que os partidos devem adquirir sua personalidade jurídica na forma da lei civil, praticamente, afirma que é uma pessoa jurídica de direito privado apesar de ser exigido seu registro no TSE.

Direitos dos partidos

Os partidos possuem vários direitos previstos expressamente na Constituição, dentre os quais destacam-se:

Recursos do fundo partidário;

Acesso gratuito ao rádio e à televisão (Lei nº 9.096/95).

Limitações aos partidos

Apesar da liberdade estampada no *caput* do Art. 17, é possível perceber que a criação dos partidos políticos possui algumas limitações:

> *Art. 17. É livre a criação, fusão, incorporação e extinção de partidos políticos, resguardados a soberania nacional, o regime democrático, o pluripartidarismo, os direitos fundamentais da pessoa humana e observados os seguintes preceitos:*
>
> *I. Caráter nacional;*
>
> *II. Proibição de recebimento de recursos financeiros de entidade ou governo estrangeiros ou de subordinação a estes;*
>
> *III. Prestação de contas à Justiça Eleitoral;*
>
> *IV. Funcionamento parlamentar de acordo com a lei.*
>
> *§ 4º - É vedada a utilização pelos partidos políticos de organização paramilitar.*

Verticalização

Antes da Emenda Constitucional nº 52/2006, era utilizada a chamada Verticalização, que significava a necessidade de vinculação das candidaturas do nível nacional, estadual, distrital ou municipal. Vejamos como está escrito agora:

> *§ 1º - É assegurada aos partidos políticos autonomia para definir sua estrutura interna, organização e funcionamento e para adotar os critérios de escolha e o regime de suas coligações eleitorais, sem obrigatoriedade de vinculação entre as candidaturas em âmbito nacional, estadual, distrital ou municipal, devendo seus estatutos estabelecer normas de disciplina e fidelidade partidária.*

Significa dizer que não é mais preciso haver vinculação das candidaturas nos diversos níveis federativos (União, Estados, Distrito Federal e Municípios).

Questões

01. (FCC) Um jovem com vinte anos completos que deseja concorrer a cargo eletivo junto ao Executivo ou ao Legislativo, poderá ser eleito:
a) Vice-prefeito.
b) Juiz de paz.
c) Vereador.
d) Prefeito.
e) Deputado distrital.

02. (FCC) Sobre os Direitos Políticos, considere as seguintes assertivas:
I. Se contar menos de dez anos de serviço, o militar alistável é elegível, mas deverá afastar-se da atividade.
II. Para concorrer a outro cargo o Prefeito deve renunciar ao respectivo mandato até sete meses antes do pleito.
III. O mandato eletivo poderá ser impugnado ante a Justiça Eleitoral no prazo de trinta dias contados da diplomação, instruída a ação com provas de abuso do poder econômico, corrupção ou fraude.
IV. A ação de impugnação de mandato tramitará em segredo de justiça, respondendo o autor, na forma da lei, se temerária ou de manifesta má-fé.

Está correto o que se afirma apenas em:
a) I e III.
b) I e IV.
c) II e III.
d) II e IV.

Gabaritos

01	C
02	B

NOÇÕES DE DIREITO CONSTITUCIONAL

8. DA ORGANIZAÇÃO POLÍTICO-ADMINISTRATIVA

Para que se possa compreender a Organização Político-Administrativa do Estado Brasileiro, faz-se necessário, primeiramente, entender como se deu essa formação. Para isso, será abordado o Princípio Federativo.

8.1 Princípio Federativo

A Forma de Estado adotada no Brasil é a Federativa. Quando se afirma que o nosso Estado é uma Federação, quer-se dizer como se dá o exercício do poder político em função do território. Em um Estado Federal, existe pluralidade de poderes políticos internos, os quais se organizam de forma descentralizada. No Brasil, são quatro poderes políticos, também chamados de entes federativos:

União;

Estados;

Distrito Federal;

Municípios.

Essa organização é baseada na autonomia política de cada ente federativo. Deve-se estar atento a esse tema em prova, pois as bancas gostam de trocar autonomia por soberania. Cada ente possui sua própria autonomia, enquanto que o Estado Federal possui a soberania. A autonomia de cada ente federativo se dá no âmbito político, financeiro, orçamentário, administrativo e em qualquer outra área permitida pela Constituição Federal:

Art. 18. A organização político-administrativa da República Federativa do Brasil compreende a União, os Estados, o Distrito Federal e os Municípios, todos autônomos, nos termos desta Constituição.

Deve-se destacar, inclusive, que o pacto federativo sobrevive em torno da Constituição Federal, que impede sua dissolução sob pena de se decretar Intervenção Federal:

Art. 34. A União não intervirá nos Estados nem no Distrito Federal, exceto para:
I. Manter a integridade nacional.

A proibição de secessão, que impede a separação de um ente federativo, também é conhecida como Princípio da Indissolubilidade.

Outro ponto muito cobrado em prova diz respeito à inexistência de hierarquia entre os entes federativos. O que distingue um ente federativo do outro não é a superioridade, mas a distribuição de competências feita pela própria Constituição Federal. Não se deve esquecer também que as Unidades da Federação possuem representação junto ao Poder Legislativo da União, mais precisamente, no Senado Federal.

Em razão dessa organização completamente diferenciada, a doutrina classifica a federação brasileira de várias formas:

Tricotômica

Federação constituída em três níveis: federal, estadual e municipal. O Distrito Federal não é considerado nessa classificação, haja vista possuir competência híbrida, agindo tanto como um Estado quanto como Município;

Centrífuga

Característica que reflete a formação da federação brasileira. É a formação "de dentro para fora". O movimento é de centrifugadora. A força de criação do estado federal brasileiro surgiu a partir de um Estado Unitário para a criação de um estado federado, ou seja, o poder centralizado que se torna descentralizado. O poder político era concentrado nas mãos de um só ente e depois passa a fazer parte de vários entes federativos;

Por Desagregação

Ocorre quando um Estado Unitário resolve se descentralizar politicamente, desagregando o poder central em favor de vários entes titulares de poder político.

Mais uma característica que não pode ser ignorada em prova: a Forma Federativa de Estado é uma cláusula pétrea, conforme dispõe o Art. 60, § 4º, I:

Art. 60, § 4º - Não será objeto de deliberação a proposta de emenda tendente a abolir:
I. A forma federativa de Estado.

Cumpre lembrar de que a Capital do Brasil é Brasília. Deve-se ter cuidado: há questão de prova que diz que a Capital é o Distrito Federal. O Distrito Federal é um ente federativo, ao passo que Brasília é uma Região Administrativa dentro do Distrito Federal:

Art. 18, § 1º - Brasília é a Capital Federal.

Outra coisa com a qual se deve ter cuidado diz respeito aos Territórios Federais:

§ 2º - Os Territórios Federais integram a União, e sua criação, transformação em Estado ou reintegração ao Estado de origem serão reguladas em lei complementar.

Esses não são entes federativos, pois não possuem autonomia política. São pessoas jurídicas de direito público que possuem apenas capacidade administrativa. Sua natureza jurídica é de autarquia federal e só podem ser criados por lei federal. Para sua criação se faz necessária a aprovação das populações diretamente envolvidas, por meio de plebiscito, parecer da Assembleia Legislativa e lei complementar federal. Os territórios são administrados por governadores escolhidos pelo Presidente da República e podem ser divididos em municípios. Cada território elegerá quatro deputados federais, mas não poderá eleger Senador da República. Seguem abaixo vários dispositivos constitucionais que regulamentam os Territórios:

Art. 18, § 3º - Os Estados podem incorporar-se entre si, subdividir-se ou desmembrar-se para se anexarem a outros, ou formarem novos Estados ou Territórios Federais, mediante aprovação da população diretamente interessada, através de plebiscito, e do Congresso Nacional, por lei complementar.

Art. 45, § 2º - Cada Território elegerá quatro Deputados.

Art. 48. Cabe ao Congresso Nacional, com a sanção do Presidente da República, não exigida esta para o especificado nos Arts. 49, 51 e 52, dispor sobre todas as matérias de competência da União, especialmente sobre:
VI. Incorporação, subdivisão ou desmembramento de áreas de Territórios ou Estados, ouvidas as respectivas Assembleias Legislativas.

Art. 84. Compete privativamente ao Presidente da República:
XIV. Nomear, após aprovação pelo Senado Federal, os Ministros do Supremo Tribunal Federal e dos Tribunais Superiores, os Governadores de Territórios, o Procurador-Geral da República, o presidente e os diretores do banco central e outros servidores, quando determinado em lei.

A Constituição Federal autoriza a divisão dos Territórios em Municípios. Os Territórios com mais de 100.000 habitantes possuirão Poder Judiciário próprio, bem como membros do Ministério Público e Defensores Públicos Federais. Poderão ainda eleger membros para Câmara Territorial:

> **Art. 33**, § 1º - Os Territórios poderão ser divididos em Municípios, aos quais se aplicará, no que couber, o disposto no Capítulo IV deste Título.
>
> § 3º - Nos Territórios Federais com mais de cem mil habitantes, além do Governador nomeado na forma desta Constituição, haverá órgãos judiciários de primeira e segunda instância, membros do Ministério Público e defensores públicos federais; a lei disporá sobre as eleições para a Câmara Territorial e sua competência deliberativa.

8.2 Vedações Constitucionais

A Constituição Federal fez questão de estabelecer algumas vedações expressas aos entes federativos, as quais estão previstas no Art. 19:

> **Art. 19.** É vedado à União, aos Estados, ao Distrito Federal e aos Municípios:
>
> **I.** Estabelecer cultos religiosos ou igrejas, subvencioná-los, embaraçar-lhes o funcionamento ou manter com eles ou seus representantes relações de dependência ou aliança, ressalvada, na forma da lei, a colaboração de interesse público;
>
> **II.** Recusar fé aos documentos públicos;
>
> **III.** Criar distinções entre brasileiros ou preferências entre si.

A primeira vedação decorre da laicidade do Estado brasileiro, ou seja, não possuímos religião oficial no Brasil, em razão da situação de separação entre Estado e Igreja. A segunda vedação decorre da presunção de veracidade dos documentos públicos. E, por último, contemplando o Princípio da Isonomia, o qual será tratado em momento oportuno, fica vedado estabelecer distinções entre brasileiros ou preferências entre si. Atente-se a esta questão.

8.3 Características dos Entes Federativos

União

Muitos sentem dificuldade em visualizar a União, tendo em vista ser um ente meio abstrato. O que se precisa saber é que a União é uma pessoa jurídica de direito público interno ao mesmo tempo em que é pessoa jurídica de direito público externo. É o Poder Central responsável por assuntos de interesse geral do Estado e que representa os demais entes federativos. Apesar de não possuir o atributo Soberania, a União exerce essa soberania em nome do Estado Federal. É só pensar na representação internacional do Estado. Quem celebra tratados internacionais? É o Chefe do Executivo da União, o Presidente da República.

Um dos temas mais cobrados em prova são os Bens da União. Os Bens da União estão previstos no Art. 20 da Constituição Federal:

> **Art. 20.** São bens da União:
>
> **I.** Os que atualmente lhe pertencem e os que lhe vierem a ser atribuídos;
>
> **II.** As terras devolutas indispensáveis à defesa das fronteiras, das fortificações e construções militares, das vias federais de comunicação e à preservação ambiental, definidas em lei;
>
> **III.** Os lagos, rios e quaisquer correntes de água em terrenos de seu domínio, ou que banhem mais de um Estado, sirvam de limites com outros países, ou se estendam a território estrangeiro ou dele provenham, bem como os terrenos marginais e as praias fluviais;
>
> **IV.** As ilhas fluviais e lacustres nas zonas limítrofes com outros países; as praias marítimas; as ilhas oceânicas e as costeiras, excluídas, destas, as que contenham a sede de Municípios, exceto aquelas áreas afetadas ao serviço público e a unidade ambiental federal, e as referidas no art. 26, II;
>
> **V.** Os recursos naturais da plataforma continental e da zona econômica exclusiva;
>
> **VI.** O mar territorial;
>
> **VII.** Os terrenos de marinha e seus acrescidos;
>
> **VIII.** os potenciais de energia hidráulica;
>
> **IX.** Os recursos minerais, inclusive os do subsolo;
>
> **X.** As cavidades naturais subterrâneas e os sítios arqueológicos e pré-históricos;
>
> **XI.** As terras tradicionalmente ocupadas pelos índios.
>
> **§ 1º** É assegurada, nos termos da lei, à União, aos Estados, ao Distrito Federal e aos Municípios a participação no resultado da exploração de petróleo ou gás natural, de recursos hídricos para fins de geração de energia elétrica e e de outros recursos minerais no respectivo território, plataforma continental, mar territorial ou zona econômica exclusiva, ou compensação financeira por essa exploração.
>
> **§ 2º** - A faixa de até cento e cinquenta quilômetros de largura, ao longo das fronteiras terrestres, designada como faixa de fronteira, é considerada fundamental para defesa do território nacional, e sua ocupação e utilização serão reguladas em lei.

Esse artigo, quando cobrado em prova, costuma ser trabalhado apenas com o texto literal da Constituição. A dica de estudo é a memorização dos bens que são considerados da União. Contudo, alguns bens necessitam de uma explicação maior para que sejam compreendidos.

Terras devolutas

O inciso II fala das chamadas terras devolutas, mas o que significa terras devolutas? São terras que estão sob o domínio da União sem qualquer destinação, nem pública nem privada. Serão da União apenas as terras devolutas indispensáveis à defesa das fronteiras, das fortificações e construções militares, das vias federais de comunicação e à preservação ambiental, conforme definição em lei. As demais terras devolutas serão de propriedade dos Estados Membros nos termos do Art. 26, IV:

> **Art. 26.** Incluem-se entre os bens dos Estados:
>
> **IV.** As terras devolutas não compreendidas entre as da União.

Mar territorial, plataforma continental e zona econômica exclusiva

Os incisos IV e V apresentam três bens que são muito interessantes e que se confundem nas cabeças dos alunos: mar territorial, plataforma continental e Zona Econômica Exclusiva. A Lei 8.617/93 esclarece as diferenças entre esses institutos.

O mar territorial é formado por uma faixa de água marítima ao longo da costa brasileira, com uma dimensão de 12 milhas marítimas, contadas a partir da linha base. A plataforma continental é o prolongamento natural do território terrestre, compreendidos o

DA ORGANIZAÇÃO POLÍTICO-ADMINISTRATIVA

leito e o subsolo do mar até a distância de 200 milhas marítimas ou até o bordo exterior da margem continental.

A zona econômica exclusiva é a extensão situada além do mar territorial até o limite das 200 milhas marítimas.

Acerca desse tema sempre há confusão. O mar territorial é extensão do território nacional sobre qual o Estado exerce sua soberania. Já a plataforma continental e a zona econômica exclusiva são águas internacionais onde o direito à soberania do Estado se limita à exploração e ao aproveitamento, à conservação e a gestão dos recursos naturais, vivos ou não vivos, das águas sobrejacentes ao leito do mar, do leito do mar e seu subsolo, e no que se refere a outras atividades com vistas à exploração e ao aproveitamento da zona para fins econômicos.

Estados

Os Estados são pessoas jurídicas de direito público interno, entes federativos detentores de autonomia própria. Essa autonomia se percebe pela sua capacidade de auto-organização, autogoverno, autoadministração. Destaca-se, ainda, o seu poder de criação da própria Constituição Estadual, bem como das demais normas de sua competência:

> *Art. 25. Os Estados organizam-se e regem-se pelas Constituições e leis que adotarem, observados os princípios desta Constituição.*

Percebe-se, ainda, o seu autogoverno à medida que cada Estado organiza seus próprios Poderes: Poder Legislativo (Assembleia Legislativa), Poder Executivo (Governador) e Poder Judiciário (Tribunal de Justiça). Destacam-se também suas autonomias administrativa, tributária e financeira.

Segundo o Art. 18, § 3º:

> *Art. 18, § 3º - Os Estados podem incorporar-se entre si, subdividir-se ou desmembrar-se para se anexarem a outros, ou formarem novos Estados ou Territórios Federais, mediante aprovação da população diretamente interessada, através de plebiscito, e do Congresso Nacional, por lei complementar.*

O que se precisa lembrar para a prova é que, para se criar outro Estado, faz-se necessária a aprovação da população diretamente interessada por meio de plebiscito e que essa criação depende de lei complementar federal. A Constituição prevê ainda a oitiva das Assembleias Legislativas envolvidas na modificação:

> *Art. 48. Cabe ao Congresso Nacional, com a sanção do Presidente da República, não exigida esta para o especificado nos Arts. 49, 51 e 52, dispor sobre todas as matérias de competência da União, especialmente sobre:*
> *IV. Incorporação, subdivisão ou desmembramento de áreas de Territórios ou Estados, ouvidas as respectivas Assembleias Legislativas.*

Em razão de sua autonomia, a Constituição apresentou um rol de bens que pertencem aos Estados:

> *Art. 26. Incluem-se entre os bens dos Estados:*
> *I. As águas superficiais ou subterrâneas, fluentes, emergentes e em depósito, ressalvadas, neste caso, na forma da lei, as decorrentes de obras da União;*
> *II. As áreas, nas ilhas oceânicas e costeiras, que estiverem no seu domínio, excluídas aquelas sob domínio da União, Municípios ou terceiros;*
> *III. As ilhas fluviais e lacustres não pertencentes à União;*
> *IV. As terras devolutas não compreendidas entre as da União.*

Algumas regras em relação à Organização dos Poderes Legislativo e Executivo no âmbito dos Estados também aparecem na Constituição Federal. Quando cobradas em prova, a leitura e memorização dos artigos abaixo se tornam essenciais:

> *Art. 27. O número de Deputados à Assembleia Legislativa corresponderá ao triplo da representação do Estado na Câmara dos Deputados e, atingido o número de trinta e seis, será acrescido de tantos quantos forem os Deputados Federais acima de doze.*
> *§ 1º - Será de quatro anos o mandato dos Deputados Estaduais, aplicando-se-lhes as regras desta Constituição sobre sistema eleitoral, inviolabilidade, imunidades, remuneração, perda de mandato, licença, impedimentos e incorporação às Forças Armadas.*
> *§ 2º - O subsídio dos Deputados Estaduais será fixado por lei de iniciativa da Assembleia Legislativa, na razão de, no máximo, setenta e cinco por cento daquele estabelecido, em espécie, para os Deputados Federais, observado o que dispõem os Arts. 39, § 4º, 57, § 7º, 150, II, 153, III, e 153, § 2º, I.*
> *§ 3º - Compete às Assembleias Legislativas dispor sobre seu regimento interno, polícia e serviços administrativos de sua secretaria, e prover os respectivos cargos.*
> *§ 4º - A lei disporá sobre a iniciativa popular no processo legislativo estadual.*
> *Art. 28. A eleição do Governador e do Vice-Governador de Estado, para mandato de quatro anos, realizar-se-á no primeiro domingo de outubro, em primeiro turno, e no último domingo de outubro, em segundo turno, se houver, do ano anterior ao do término do mandato de seus antecessores, e a posse ocorrerá em primeiro de janeiro do ano subsequente, observado, quanto ao mais, o disposto no Art. 77.*
> *§ 1º - Perderá o mandato o Governador que assumir outro cargo ou função na administração pública direta ou indireta, ressalvada a posse em virtude de concurso público e observado o disposto no Art. 38, I, IV e V.*
> *§ 2º - Os subsídios do Governador, do Vice-Governador e dos Secretários de Estado serão fixados por lei de iniciativa da Assembleia Legislativa, observado o que dispõem os Arts. 37, XI, 39, § 4º, 150, II, 153, III, e 153, § 2º, I.*

Municípios

Os municípios são elencados pela Constituição Federal como entes federativos dotados de autonomia, a qual se percebe pela sua capacidade de auto-organização, autogoverno e autoadministração. São regidos por Lei Orgânica e possui Executivo e Legislativo próprio, os quais são representados, respectivamente, pela Prefeitura e pela Câmara Municipal e que são regulamentados pelos Arts. 29 e 29-A da Constituição. O examinador pode explorar, em prova de concurso público, questões que requeiram a memorização desses artigos. Para entender por que ele faria isso, recomenda-se a leitura:

> *Art. 29. O Município reger-se-á por lei orgânica, votada em dois turnos, com o interstício mínimo de dez dias, e aprovada por dois terços dos membros da Câmara Municipal, que a promulgará, atendidos os princípios estabelecidos nesta Constituição, na Constituição do respectivo Estado e os seguintes preceitos:*
> *I. Eleição do Prefeito, do Vice-Prefeito e dos Vereadores, para mandato de quatro anos, mediante pleito direto e simultâneo realizado em todo o País;*
> *II. Eleição do Prefeito e do Vice-Prefeito realizada no primeiro domingo de outubro do ano anterior ao término do mandato dos que devam suceder, aplicadas as regras do Art. 77, no caso de Municípios com mais de duzentos mil eleitores;*

III. *Posse do Prefeito e do Vice-Prefeito no dia 1º de janeiro do ano subsequente ao da eleição;*

IV. *Para a composição das Câmaras Municipais, será observado o limite máximo de:*

a) *9 (nove) Vereadores, nos Municípios de até 15.000 (quinze mil) habitantes;*

b) *11 (onze) Vereadores, nos Municípios de mais de 15.000 (quinze mil) habitantes e de até 30.000 (trinta mil) habitantes;*

c) *13 (treze) Vereadores, nos Municípios com mais de 30.000 (trinta mil) habitantes e de até 50.000 (cinquenta mil) habitantes;*

d) *15 (quinze) Vereadores, nos Municípios de mais de 50.000 (cinquenta mil) habitantes e de até 80.000 (oitenta mil) habitantes;*

e) *17 (dezessete) Vereadores, nos Municípios de mais de 80.000 (oitenta mil) habitantes e de até 120.000 (cento e vinte mil) habitantes;*

f) *19 (dezenove) Vereadores, nos Municípios de mais de 120.000 (cento e vinte mil) habitantes e de até 160.000 (cento sessenta mil) habitantes;*

g) *21 (vinte e um) Vereadores, nos Municípios de mais de 160.000 (cento e sessenta mil) habitantes e de até 300.000 (trezentos mil) habitantes;*

h) *23 (vinte e três) Vereadores, nos Municípios de mais de 300.000 (trezentos mil) habitantes e de até 450.000 (quatrocentos e cinquenta mil) habitantes;*

i) *25 (vinte e cinco) Vereadores, nos Municípios de mais de 450.000 (quatrocentos e cinquenta mil) habitantes e de até 600.000 (seiscentos mil) habitantes;*

j) *27 (vinte e sete) Vereadores, nos Municípios de mais de 600.000 (seiscentos mil) habitantes e de até 750.000 (setecentos cinquenta mil) habitantes;*

k) *29 (vinte e nove) Vereadores, nos Municípios de mais de 750.000 (setecentos e cinquenta mil) habitantes e de até 900.000 (novecentos mil) habitantes;*

l) *31 (trinta e um) Vereadores, nos Municípios de mais de 900.000 (novecentos mil) habitantes e de até 1.050.000 (um milhão e cinquenta mil) habitantes;*

m) *33 (trinta e três) Vereadores, nos Municípios de mais de 1.050.000 (um milhão e cinquenta mil) habitantes e de até 1.200.000 (um milhão e duzentos mil) habitantes;*

n) *35 (trinta e cinco) Vereadores, nos Municípios de mais de 1.200.000 (um milhão e duzentos mil) habitantes e de até 1.350.000 (um milhão e trezentos e cinquenta mil) habitantes;*

o) *37 (trinta e sete) Vereadores, nos Municípios de 1.350.000 (um milhão e trezentos e cinquenta mil) habitantes e de até 1.500.000 (um milhão e quinhentos mil) habitantes;*

p) *39 (trinta e nove) Vereadores, nos Municípios de mais de 1.500.000 (um milhão e quinhentos mil) habitantes e de até 1.800.000 (um milhão e oitocentos mil) habitantes;*

q) *41 (quarenta e um) Vereadores, nos Municípios de mais de 1.800.000 (um milhão e oitocentos mil) habitantes e de até 2.400.000 (dois milhões e quatrocentos mil) habitantes;*

r) *43 (quarenta e três) Vereadores, nos Municípios de mais de 2.400.000 (dois milhões e quatrocentos mil) habitantes e de até 3.000.000 (três milhões) de habitantes;*

s) *45 (quarenta e cinco) Vereadores, nos Municípios de mais de 3.000.000 (três milhões) de habitantes e de até 4.000.000 (quatro milhões) de habitantes;*

t) *47 (quarenta e sete) Vereadores, nos Municípios de mais de 4.000.000 (quatro milhões) de habitantes e de até 5.000.000 (cinco milhões) de habitantes;*

u) *49 (quarenta e nove) Vereadores, nos Municípios de mais de 5.000.000 (cinco milhões) de habitantes e de até 6.000.000 (seis milhões) de habitantes;*

v) *51 (cinquenta e um) Vereadores, nos Municípios de mais de 6.000.000 (seis milhões) de habitantes e de até 7.000.000 (sete milhões) de habitantes;*

w) *53 (cinquenta e três) Vereadores, nos Municípios de mais de 7.000.000 (sete milhões) de habitantes e de até 8.000.000 (oito milhões) de habitantes; e*

x) *55 (cinquenta e cinco) Vereadores, nos Municípios de mais de 8.000.000 (oito milhões) de habitantes;*

V. *Subsídios do Prefeito, do Vice-Prefeito e dos Secretários Municipais fixados por lei de iniciativa da Câmara Municipal, observado o que dispõem os Arts. 37, XI, 39, § 4º, 150, II, 153, III, e 153, § 2º, I;*

VI. *O subsídio dos Vereadores será fixado pelas respectivas Câmaras Municipais em cada legislatura para a subsequente, observado o que dispõe esta Constituição, observados os critérios estabelecidos na respectiva Lei Orgânica e os seguintes limites máximos:*

a) *em Municípios de até dez mil habitantes, o subsídio máximo dos Vereadores corresponderá a vinte por cento do subsídio dos Deputados Estaduais;*

b) *em Municípios de dez mil e um a cinquenta mil habitantes, o subsídio máximo dos Vereadores corresponderá a trinta por cento do subsídio dos Deputados Estaduais;*

c) *em Municípios de cinquenta mil e um a cem mil habitantes, o subsídio máximo dos Vereadores corresponderá a quarenta por cento do subsídio dos Deputados Estaduais;*

d) *em Municípios de cem mil e um a trezentos mil habitantes, o subsídio máximo dos Vereadores corresponderá a cinquenta por cento do subsídio dos Deputados Estaduais;*

e) *em Municípios de trezentos mil e um a quinhentos mil habitantes, o subsídio máximo dos Vereadores corresponderá a sessenta por cento do subsídio dos Deputados Estaduais;*

f) *em Municípios de mais de quinhentos mil habitantes, o subsídio máximo dos Vereadores corresponderá a setenta e cinco por cento do subsídio dos Deputados Estaduais;*

VII. *O total da despesa com a remuneração dos Vereadores não poderá ultrapassar o montante de cinco por cento da receita do Município;*

VIII. *Inviolabilidade dos Vereadores por suas opiniões, palavras e votos no exercício do mandato e na circunscrição do Município;*

IX. *Proibições e incompatibilidades, no exercício da vereança, similares, no que couber, ao disposto nesta Constituição para os membros do Congresso Nacional e na Constituição do respectivo Estado para os membros da Assembleia Legislativa;*

X. *Julgamento do Prefeito perante o Tribunal de Justiça;*

XI. *Organização das funções legislativas e fiscalizadoras da Câmara Municipal;*

XII. *Cooperação das associações representativas no planejamento municipal;*

XIII. *Iniciativa popular de projetos de lei de interesse específico do Município, da cidade ou de bairros, através de manifestação de, pelo menos, cinco por cento do eleitorado;*

XIV. *Perda do mandato do Prefeito, nos termos do Art. 28, parágrafo único.*

Art. 29-A. *O total da despesa do Poder Legislativo Municipal, incluídos os subsídios dos Vereadores e excluídos os gastos com inativos, não poderá ultrapassar os seguintes percentuais, relativos ao somatório da receita tributária e das transferências previstas no § 5º do Art. 153 e nos Arts. 158 e 159, efetivamente realizado no exercício anterior:*

DA ORGANIZAÇÃO POLÍTICO-ADMINISTRATIVA

IX. 7% (sete por cento) para Municípios com população de até 100.000 (cem mil) habitantes;

X. 6% (seis por cento) para Municípios com população entre 100.000 (cem mil) e 300.000 (trezentos mil) habitantes;

XI. 5% (cinco por cento) para Municípios com população entre 300.001 (trezentos mil e um) e 500.000 (quinhentos mil) habitantes;

XII. 4,5% (quatro inteiros e cinco décimos por cento) para Municípios com população entre 500.001 (quinhentos mil e um) e 3.000.000 (três milhões) de habitantes;

XIII. 4% (quatro por cento) para Municípios com população entre 3.000.001 (três milhões e um) e 8.000.000 (oito milhões) de habitantes;

XIV. 3,5% (três inteiros e cinco décimos por cento) para Municípios com população acima de 8.000.001 (oito milhões e um) habitantes.

§1º - A Câmara Municipal não gastará mais de setenta por cento de sua receita com folha de pagamento, incluído o gasto com o subsídio de seus Vereadores.

§2º - Constitui crime de responsabilidade do Prefeito Municipal:

I. Efetuar repasse que supere os limites definidos neste artigo;

II. Não enviar o repasse até o dia vinte de cada mês; ou

III. Enviá-lo a menor em relação à proporção fixada na Lei Orçamentária.

§3º - Constitui crime de responsabilidade do Presidente da Câmara Municipal o desrespeito ao § 1º deste artigo.

Mesmo sendo dotada de autonomia federativa, sua organização possui algumas limitações impostas pela própria Constituição. Entre essas limitações, deve-se destacar a ausência de Poder Judiciário no âmbito municipal, cuja função jurisdicional é exercida pelos órgãos do Judiciário Federal e Estadual. É importante lembrar que não existe representante municipal no Congresso Nacional.

A Constituição permite que sejam criados novos municípios, conforme as regras estabelecidas no Art. 18, § 4º:

Art. 18, § 4º - A criação, a incorporação, a fusão e o desmembramento de Municípios, far-se-ão por lei estadual, dentro do período determinado por Lei Complementar Federal, e dependerão de consulta prévia, mediante plebiscito, às populações dos Municípios envolvidos, após divulgação dos Estudos de Viabilidade Municipal, apresentados e publicados na forma da lei.

Perceba que as regras são um pouco diferentes das necessárias para a criação de Estados. A primeira coisa que deve ser lembrada é que a criação será por Lei Ordinária Estadual, desde que haja autorização emanada de Lei Complementar Federal. As populações diretamente envolvidas na modificação devem ser consultadas por meio de plebiscito. E, por último, não se pode esquecer a exigência de Estudo de Viabilidade Municipal. Para prova, memorize essas condições.

Um fato curioso é que apesar de não existir ainda uma Lei Complementar Federal autorizando o período de criação de Municípios, vários Municípios foram criados na vigência de Constituição Federal, o que obrigou o Congresso Nacional a aprovar a Emenda Constitucional nº 57/2008, que acrescentou o Art. 96 ao Ato das Disposições Constitucionais Transitórias (ADCT), convalidando a criação dos Municípios até 31 de dezembro de 2006:

Art. 96. Ficam convalidados os atos de criação, fusão, incorporação e desmembramento de Municípios, cuja lei tenha sido publicada até 31 de dezembro de 2006, atendidos os requisitos estabelecidos na legislação do respectivo Estado à época de sua criação.

Distrito federal

Se questionarem se o Distrito Federal é um Estado ou é um Município, a resposta será: "O Distrito Federal não é Estado nem Município, é Distrito Federal."

A Constituição Federal afirma que o Distrito Federal é ente federativo assim como a União, os Estados e os Municípios. Esse ente federativo é conhecido pela sua autonomia e por sua competência híbrida. Quando se fala em competência híbrida, quer-se dizer que o DF pode exercer competências tanto de Estado quanto de Município:

Art. 32, § 1º - Ao Distrito Federal são atribuídas as competências legislativas reservadas aos Estados e Municípios.

Caracteriza a sua autonomia o fato de poder criar a sua própria Lei Orgânica, bem como a existência do Poder Executivo (Governador), Legislativo (Câmara Legislativa) e Judiciário (Tribunal de Justiça do Distrito Federal e Territórios):

Art. 32. O Distrito Federal, vedada sua divisão em Municípios, reger-se-á por lei orgânica, votada em dois turnos com interstício mínimo de dez dias, e aprovada por dois terços da Câmara Legislativa, que a promulgará, atendidos os princípios estabelecidos nesta Constituição.

§ 2º - A eleição do Governador e do Vice-Governador, observadas as regras do Art. 77, e dos Deputados Distritais coincidirá com a dos Governadores e Deputados Estaduais, para mandato de igual duração.

§ 3º - Aos Deputados Distritais e à Câmara Legislativa aplica-se o disposto no Art. 27.

Como se pode depreender da leitura do artigo, a autonomia do DF possui algumas limitações, por exemplo, a vedação da sua divisão em Municípios. Nesse mesmo sentido, deve-se lembrar que o DF não possui competência para organizar e manter as Polícias Civil e Militar, o Corpo de Bombeiros Militar, o Poder Judiciário, o Ministério Público e a Defensoria Pública. Nesses casos, a competência foi conferida à União:

Art. 32, § 4º - Lei federal disporá sobre a utilização, pelo Governo do Distrito Federal, da polícia civil, da polícia penal, da polícia militar e do corpo de bombeiros militar.

Art. 21. Compete à União:

XIII - organizar e manter o Poder Judiciário, o Ministério Público do Distrito Federal e dos Territórios e a Defensoria Pública dos Territórios;

XIV - organizar e manter a polícia civil, a polícia penal, a polícia militar e o corpo de bombeiros militar do Distrito Federal, bem como prestar assistência financeira ao Distrito Federal para a execução de serviços públicos, por meio de fundo próprio;

Por fim, é importante lembrar que o Distrito Federal não se confunde com Brasília. Isso é facilmente percebido pela leitura do Art. 18:

Art. 18. A organização político-administrativa da República Federativa do Brasil compreende a União, os Estados, o Distrito Federal e os Municípios, todos autônomos, nos termos desta Constituição.

§ 1º - Brasília é a Capital Federal.

O Distrito Federal é ente federativo, ao passo que Brasília é a Capital Federal. Sob a ótica da organização administrativa do DF, pode-se afirmar que Brasília é uma das Regiões Administrativas do Distrito Federal, haja vista não poder o DF ser dividido em municípios.

8.4 Competências dos Entes Federativos

Como já foi visto, entre os entes federativos não existe hierarquia. Mas o que diferencia um ente federativo do outro? A diferença está na distribuição das competências pela Constituição. Cada ente federativo possui sua parcela de responsabilidades estabelecidas dentro da Constituição Federal.

Para a fixação dessas competências, a Constituição fez uso do Princípio da Predominância de Interesse. Esse princípio define a abrangência das competências de cada ente com base na predominância de interesse. Para a União, em regra, foram previstas competências de interesse geral, de toda a coletividade. Para os Estados, a Constituição reservou competências de interesse regional. Aos Municípios, competências de interesse local. E, por fim, ao Distrito Federal, foram reservadas competências de interesse local e regional, razão pela qual a doutrina chama de competência híbrida.

As competências são classificadas em dois tipos:

Competências Materiais ou Administrativas;
Competências Legislativas.

As competências materiais ou administrativas são aquelas que preveem ações a serem desempenhadas pelos entes federativos.

As competências legislativas estão relacionadas com a capacidade que um ente federativo possui de criar leis, inovar o ordenamento jurídico. Primeiramente, serão analisadas as competências administrativas de todos os entes federativos. De início, será abordada a União.

Competências administrativas

A União possui duas formas de competências materiais: Exclusiva e Comum. As competências exclusivas estão previstas no Art. 21 da Constituição Federal:

Art. 21. Compete à União:

I. Manter relações com Estados estrangeiros e participar de organizações internacionais;

II. Declarar a guerra e celebrar a paz;

III. Assegurar a defesa nacional;

IV. Permitir, nos casos previstos em lei complementar, que forças estrangeiras transitem pelo território nacional ou nele permaneçam temporariamente;

V. Decretar o estado de sítio, o estado de defesa e a intervenção federal;

VI. Autorizar e fiscalizar a produção e o comércio de material bélico;

VII. Emitir moeda;

VIII. Administrar as reservas cambiais do País e fiscalizar as operações de natureza financeira, especialmente as de crédito, câmbio e capitalização, bem como as de seguros e de previdência privada;

IX. Elaborar e executar planos nacionais e regionais de ordenação do território e de desenvolvimento econômico e social;

X. Manter o serviço postal e o correio aéreo nacional;

XI. Explorar, diretamente ou mediante autorização, concessão ou permissão, os serviços de telecomunicações, nos termos da lei, que disporá sobre a organização dos serviços, a criação de um órgão regulador e outros aspectos institucionais;

XII. Explorar, diretamente ou mediante autorização, concessão ou permissão:

a) os serviços de radiodifusão sonora, e de sons e imagens;

b) os serviços e instalações de energia elétrica e o aproveitamento energético dos cursos de água, em articulação com os Estados onde se situam os potenciais hidroenergéticos;

c) a navegação aérea, aeroespacial e a infraestrutura aeroportuária;

d) os serviços de transporte ferroviário e aquaviário entre portos brasileiros e fronteiras nacionais, ou que transponham os limites de Estado ou Território;

e) os serviços de transporte rodoviário interestadual e internacional de passageiros;

f) os portos marítimos, fluviais e lacustres;

XIII. organizar e manter o Poder Judiciário, o Ministério Público do Distrito Federal e dos Territórios e a Defensoria Pública dos Territórios;

XIV. organizar e manter a polícia civil, a polícia penal, a polícia militar e o corpo de bombeiros militar do Distrito Federal, bem como prestar assistência financeira ao Distrito Federal para a execução de serviços públicos, por meio de fundo próprio;

XV. Organizar e manter os serviços oficiais de estatística, geografia, geologia e cartografia de âmbito nacional;

XVI. Exercer a classificação, para efeito indicativo, de diversões públicas e de programas de rádio e televisão;

XVII. Conceder anistia;

XVIII. Planejar e promover a defesa permanente contra as calamidades públicas, especialmente as secas e as inundações;

XIX. Instituir sistema nacional de gerenciamento de recursos hídricos e definir critérios de outorga de direitos de seu uso;

XX. Instituir diretrizes para o desenvolvimento urbano, inclusive habitação, saneamento básico e transportes urbanos;

XXI. Estabelecer princípios e diretrizes para o sistema nacional de viação;

XXII. Executar os serviços de polícia marítima, aeroportuária e de fronteiras;

XXIII. Explorar os serviços e instalações nucleares de qualquer natureza e exercer monopólio estatal sobre a pesquisa, a lavra, o enriquecimento e reprocessamento, a industrialização e o comércio de minérios nucleares e seus derivados, atendidos os seguintes princípios e condições:

Essas competências são exclusivas, pois a União exclui a possibilidade de outro ente federativo realizá-la. Por isso, diz-se que são indelegáveis. Só a União pode fazer.

A outra competência material da União é a comum. Ela é comum a todos os entes federativos, União, Estados, Distrito Federal e Municípios. Vejamos o que diz o Art. 23:

Art. 23. É competência comum da União, dos Estados, do Distrito Federal e dos Municípios:

I. Zelar pela guarda da Constituição, das leis e das instituições democráticas e conservar o patrimônio público;

II. Cuidar da saúde e assistência pública, da proteção e garantia das pessoas portadoras de deficiência;

NOÇÕES DE DIREITO CONSTITUCIONAL

DA ORGANIZAÇÃO POLÍTICO-ADMINISTRATIVA

III. Proteger os documentos, as obras e outros bens de valor histórico, artístico e cultural, os monumentos, as paisagens naturais notáveis e os sítios arqueológicos;

IV. Impedir a evasão, a destruição e a descaracterização de obras de arte e de outros bens de valor histórico, artístico ou cultural;

V. Proporcionar os meios de acesso à cultura, à educação, à ciência, à tecnologia, à pesquisa e à inovação; (Redação dada pela Emenda Constitucional nº 85, de 2015)

VI. Proteger o meio ambiente e combater a poluição em qualquer de suas formas;

VII. Preservar as florestas, a fauna e a flora;

VIII. Fomentar a produção agropecuária e organizar o abastecimento alimentar;

IX. Promover programas de construção de moradias e a melhoria das condições habitacionais e de saneamento básico;

X. Combater as causas da pobreza e os fatores de marginalização, promovendo a integração social dos setores desfavorecidos;

XI. Registrar, acompanhar e fiscalizar as concessões de direitos de pesquisa e exploração de recursos hídricos e minerais em seus territórios;

XII. Estabelecer e implantar política de educação para a segurança do trânsito.

Parágrafo único. *Leis complementares fixarão normas para a cooperação entre a União e os Estados, o Distrito Federal e os Municípios, tendo em vista o equilíbrio do desenvolvimento e do bem-estar em âmbito nacional.*

Agora vejamos as competências materiais dos Estados. A primeira de que já se falou, é a competência comum prevista no Art. 23, analisada anteriormente.

Os Estados também possuem a chamada competência residual, reservada ou remanescente. Está prevista no Art. 25, § 1º, o qual cita que estão reservadas aos Estados as competências que não lhe sejam vedadas pela Constituição. Significa dizer que os Estados poderão fazer tudo aquilo que não for competência da União ou do Município.

Art. 25, § 1º - *São reservadas aos Estados as competências que não lhes sejam vedadas por esta Constituição.*

Em relação às competências administrativas dos Municípios, a Constituição previu duas espécies: Comum e Exclusiva. A competência comum está prevista no Art. 23 e já foi vista anteriormente. A competência exclusiva está no Art. 30, III a IX da Constituição:

Art. 30. *Compete aos Municípios:*
III. Instituir e arrecadar os tributos de sua competência, bem como aplicar suas rendas, sem prejuízo da obrigatoriedade de prestar contas e publicar balancetes nos prazos fixados em lei;

IV. Criar, organizar e suprimir distritos, observada a legislação estadual;

V. Organizar e prestar, diretamente ou sob regime de concessão ou permissão, os serviços públicos de interesse local, incluído o de transporte coletivo, que tem caráter essencial;

VI. Manter, com a cooperação técnica e financeira da União e do Estado, programas de educação infantil e de ensino fundamental;

VII. Prestar, com a cooperação técnica e financeira da União e do Estado, serviços de atendimento à saúde da população;

VIII. Promover, no que couber, adequado ordenamento territorial, mediante planejamento e controle do uso, do parcelamento e da ocupação do solo urbano;

IX. Promover a proteção do patrimônio histórico-cultural local, observada a legislação e a ação fiscalizadora federal e estadual.

No âmbito das competências administrativas, temos as competências do Distrito Federal que são chamadas de híbridas. O DF pode fazer tudo o que for de competência dos Estados ou dos Municípios.

Competências legislativas

Vejamos agora as competências legislativas de cada ente federativo. Primeiramente, no que diz respeito às competências legislativas da União, elas podem ser privativas ou concorrentes.

As competências privativas da União estão previstas no Art. 22 da Constituição Federal e possuem como característica principal a possibilidade de delegação mediante Lei Complementar aos Estados:

Art. 22. *Compete privativamente à União legislar sobre:*
I. Direito civil, comercial, penal, processual, eleitoral, agrário, marítimo, aeronáutico, espacial e do trabalho;

II. Desapropriação;

III. Requisições civis e militares, em caso de iminente perigo e em tempo de guerra;

IV. Águas, energia, informática, telecomunicações e radiodifusão;

V. Serviço postal;

VI. Sistema monetário e de medidas, títulos e garantias dos metais;

VII. Política de crédito, câmbio, seguros e transferência de valores;

VIII. Comércio exterior e interestadual;

IX. Diretrizes da política nacional de transportes;

X. Regime dos portos, navegação lacustre, fluvial, marítima, aérea e aeroespacial;

XI. Trânsito e transporte;

XII. Jazidas, minas, outros recursos minerais e metalurgia;

XIII. Nacionalidade, cidadania e naturalização;

XIV. Populações indígenas;

XV. Emigração e imigração, entrada, extradição e expulsão de estrangeiros;

XVI. Organização do sistema nacional de emprego e condições para o exercício de profissões;

XVII. Organização judiciária, do Ministério Público do Distrito Federal e dos Territórios e da Defensoria Pública dos Territórios, bem como organização administrativa destes;

XVIII. Sistema estatístico, sistema cartográfico e de geologia nacionais;

XIX. Sistemas de poupança, captação e garantia da poupança popular;

XX. Sistemas de consórcios e sorteios;

XXI. Normas gerais de organização, efetivos, material bélico, garantias, convocação e mobilização das polícias militares e corpos de bombeiros militares;

XXII. Competência da polícia federal e das polícias rodoviária e ferroviária federais;

XXIII. Seguridade social;

XXIV. *Diretrizes e bases da educação nacional;*

XXV. *Registros públicos;*

XXVI. *Atividades nucleares de qualquer natureza;*

XXVII. *Normas gerais de licitação e contratação, em todas as modalidades, para as administrações públicas diretas, autárquicas e fundacionais da União, Estados, Distrito Federal e Municípios, obedecido o disposto no Art. 37, XXI, e para as empresas públicas e sociedades de economia mista, nos termos do Art. 173, § 1º, III;*

XXVIII. *Defesa territorial, defesa aeroespacial, defesa marítima, defesa civil e mobilização nacional;*

XXIX. *Propaganda comercial.*

Parágrafo único. *Lei complementar poderá autorizar os Estados a legislar sobre questões específicas das matérias relacionadas neste artigo.*

As competências concorrentes, previstas no Art. 24 da Constituição, podem ser exercidas de forma concorrentes pela União, pelos Estados e pelo Distrito Federal. Atenção: Município não possui competência concorrente. Vejamos o que diz o citado artigo:

Art. 24. *Compete à União, aos Estados e ao Distrito Federal legislar concorrentemente sobre:*

I. *Direito tributário, financeiro, penitenciário, econômico e urbanístico;*

II. *Orçamento;*

III. *Juntas comerciais;*

IV. *Custas dos serviços forenses;*

V. *Produção e consumo;*

VI. *Florestas, caça, pesca, fauna, conservação da natureza, defesa do solo e dos recursos naturais, proteção do meio ambiente e controle da poluição;*

VII. *Proteção ao patrimônio histórico, cultural, artístico, turístico e paisagístico;*

VIII. *Responsabilidade por dano ao meio ambiente, ao consumidor, a bens e direitos de valor artístico, estético, histórico, turístico e paisagístico;*

IX. *Educação, cultura, ensino, desporto, ciência, tecnologia, pesquisa, desenvolvimento e inovação; (Redação dada pela Emenda Constitucional nº 85, de 2015)*

X. *Criação, funcionamento e processo do juizado de pequenas causas;*

XI. *Procedimentos em matéria processual;*

XII. *Previdência social, proteção e defesa da saúde;*

XIII. *Assistência jurídica e Defensoria pública;*

XIV. *Proteção e integração social das pessoas portadoras de deficiência;*

XV. *Proteção à infância e à juventude;*

XVI. *Organização, garantias, direitos e deveres das polícias civis.*

§ 1º *- No âmbito da legislação concorrente, a competência da União limitar-se-á a estabelecer normas gerais.*

§ 2º *- A competência da União para legislar sobre normas gerais não exclui a competência suplementar dos Estados.*

§ 3º *- Inexistindo lei federal sobre normas gerais, os Estados exercerão a competência legislativa plena, para atender a suas peculiaridades.*

§ 4º *- A superveniência de lei federal sobre normas gerais suspende a eficácia da lei estadual, no que lhe for contrário.*

No âmbito das competências concorrentes, algumas regras são fundamentais para a prova. Aqui, a participação da União é no sentido de fixar normas gerais, ficando os Estados com a competência de suplementar a legislação federal. Caso a União não legisle sobre determinada matéria de competência concorrente, nasce para o Estado o direito de legislar de forma plena sobre a matéria. Contudo, resolvendo a União legislar sobre matéria já regulada pelo Estado, a lei estadual ficará com sua eficácia suspensa pela lei federal nos pontos discordantes. Deve-se ter cuidado com esse último ponto. Não ocorre revogação da lei estadual pela lei federal, haja vista não existir hierarquia entre leis de entes federativos distintos. O que ocorre, como bem explicitou a Constituição Federal, é a suspensão da eficácia.

Quanto às competências dos Estados, há as seguintes espécies: residual, por delegação da União, concorrente suplementar e expressa.

A competência residual dos Estados é também chamada de competência remanescente ou reservada. Está prevista no Art. 25, § 1º, o qual prevê que aos Estados serão reservadas todas as competências que não sejam previstas a União ou aos Municípios. Deve-se lembrar que esse dispositivo fundamenta tanto as competências materiais quanto as legislativas:

Art. 25*, § 1º - São reservadas aos Estados as competências que não lhes sejam vedadas por esta Constituição.*

Outra competência dos Estados é a por delegação da União, que decorre da possibilidade de serem delegadas as competências privativas da União mediante Lei Complementar. Encontra-se prevista no Art. 22, parágrafo único:

Art. 22*, Parágrafo único. Lei complementar poderá autorizar os Estados a legislar sobre questões específicas das matérias relacionadas neste artigo.*

Temos ainda as competências concorrentes suplementares previstas no Art. 24, § 2º da CF. Essas suplementam a competência legislativa da União no âmbito das competências concorrentes permitindo, inclusive, que os Estados legislem de forma plena quando não existir lei federal sobre o assunto:

Art. 24*, § 2º - A competência da União para legislar sobre normas gerais não exclui a competência suplementar dos Estados.*

§ 3º *- Inexistindo lei federal sobre normas gerais, os Estados exercerão a competência legislativa plena, para atender a suas peculiaridades.*

Há também as competências expressas dos Estados, as quais podem ser encontradas nos Art. 18, § 4º e 25, §§ 2º e 3º da Constituição Federal:

Art. 18*, § 4º - A criação, a incorporação, a fusão e o desmembramento de Municípios, far-se-ão por lei estadual, dentro do período determinado por Lei Complementar Federal, e dependerão de consulta prévia, mediante plebiscito, às populações dos Municípios envolvidos, após divulgação dos Estudos de Viabilidade Municipal, apresentados e publicados na forma da lei.*

Art. 25*, § 2º - Cabe aos Estados explorar diretamente, ou mediante concessão, os serviços locais de gás canalizado, na forma da lei, vedada a edição de medida provisória para a sua regulamentação.*

§ 3º *- Os Estados poderão, mediante lei complementar, instituir regiões metropolitanas, aglomerações urbanas e microrregiões, constituídas por agrupamentos de municípios limítrofes, para integrar a organização, o planejamento e a execução de funções públicas de interesse comum.*

NOÇÕES DE DIREITO CONSTITUCIONAL

Para os Municípios, a Constituição previu dois tipos de competência legislativa: exclusiva e suplementar. A legislativa exclusiva dos Municípios está prevista no Art. 30, I, o qual menciona que os Municípios possuem competência para legislar sobre assuntos de interesse local:

Art. 30. *Compete aos Municípios:*
I. Legislar sobre assuntos de interesse local.

A competência legislativa suplementar está prevista no Art. 30, II, o qual permite aos Municípios legislar de forma suplementar a Legislação Federal e Estadual:

Art. 30. *Compete aos Municípios:*
II. Suplementar a legislação federal e a estadual no que couber.

Por fim, nós há a competência legislativa do Distrito Federal que, conforme já dito, é híbrida, permitindo ao DF legislar sobre as matérias de competência dos Estados e dos Municípios. Apesar dessa competência ampla, a Constituição resolveu estabelecer algumas limitações a sua autonomia legislativa excluindo algumas matérias de sua competência. Segundo o Art. 21, XIII e XIV da CF, o Distrito Federal não possui competência para organizar e legislar sobre alguns dos seus órgãos: Poder Judiciário, Polícia Militar, Corpo de Bombeiros Militar e Polícia Civil.

Art. 21. *Compete à União:*
XIII. Organizar e manter o Poder Judiciário, o Ministério Público do Distrito Federal e dos Territórios e a Defensoria Pública dos Territórios.
XIV. Organizar e manter a polícia civil, a polícia militar e o corpo de bombeiros militar do Distrito Federal, bem como prestar assistência financeira ao Distrito Federal para a execução de serviços públicos, por meio de fundo próprio;

Diante deste estudo, algumas conclusões são muito úteis para a prova:

Não se deve confundir as competências exclusivas com as privativas da União. Competência exclusiva é administrativa e indelegável. Competência privativa é legislativa e delegável.

Não se deve confundir as competências comuns com as concorrentes. Competência comum é comum a todos os entes e é administrativa. Competência concorrente é só para União, Estados e o DF além de ser legislativa. Município tem competência comum, mas não tem concorrente.

Competências Administrativas (Materiais)
União
Exclusiva (Art. 21)
Comum (Art. 23)
Estados
Comum (Art. 23)
Residual, reservada, remanescente (Art. 25 § 1º)
Municípios
Comum (Art. 23)
Exclusiva (Art. 30, III-IX)
Distrito Federal
Competência híbrida
Competências Legislativas
União
Privativa (Art. 22)
Concorrente (Art. 24)
Estados
Concorrente suplementar (Art. 24)
Residual, reservada, remanescente (Art. 25, § 1º)
Por delegação da União (Art. 22, Parágrafo Único)
Expressos (Art. 25, § 2º e 3º)
Municípios
Exclusiva (Art. 30, I)
Suplementar ao Estado (Art. 30, II)
Distrito Federal
Competência híbrida (Estados e Municípios)

8.5 Intervenção

A Constituição Federal está assentada no princípio federativo como forma de Estado adotada no Brasil. O fato de sermos uma federação reflete inúmeras características, dentre as quais se destaca a autonomia de cada ente federativo. A autonomia é atributo inerente aos entes federativos que exclui a possibilidade de hierarquia entre os mesmos bem como a possibilidade de intervenção de um ente federativo no outro.

A regra constitucional é a da não intervenção. Contudo, excepcionalmente, a Constituição Federal previu hipóteses taxativas que permitem a um ente federativo intervir em outro ente em situações que visem à preservação da unidade do pacto federativo, a garantia da soberania nacional e de princípios fundamentais.

A União poderá intervir nos Estados e no Distrito Federal e os Estados poderão intervir em seus Municípios. A União não pode intervir em município, salvo se for um município pertencente a Território Federal. Destaca-se, novamente, que a possibilidade de intervenção é uma exceção e só poderá ocorrer nas hipóteses taxativamente elencadas na Constituição Federal.

Outra regra comum às intervenções é que a competência para decretá-las é exclusiva do Chefe do Poder Executivo. Se a intervenção é federal, a competência para decretar é do Presidente da República. Se a intervenção é estadual, a competência é do Governador de Estado.

A seguir serão abordados as espécies de intervenção.

Intervenção federal

A intervenção federal é a intervenção da União nos Estados ou nos Municípios pertencentes aos Territórios Federais e será decretada pelo Presidente da República.

Como dito anteriormente, a possibilidade de intervenção federal constitui exceção prevista em rol taxativo, conforme disposto no Art. 34:

Art. 34. *A União não intervirá nos Estados nem no Distrito Federal, exceto para:*
I. Manter a integridade nacional;
II. Repelir invasão estrangeira ou de uma unidade da Federação em outra;
III. Pôr termo a grave comprometimento da ordem pública;

IV. Garantir o livre exercício de qualquer dos Poderes nas unidades da Federação;

V. Reorganizar as finanças da unidade da Federação que:
 a) suspender o pagamento da dívida fundada por mais de dois anos consecutivos, salvo motivo de força maior;
 b) deixar de entregar aos Municípios receitas tributárias fixadas nesta Constituição, dentro dos prazos estabelecidos em lei;

VI. Prover a execução de lei federal, ordem ou decisão judicial;

VII. Assegurar a observância dos seguintes princípios constitucionais:
 a) forma republicana, sistema representativo e regime democrático;
 b) direitos da pessoa humana;
 c) autonomia municipal;
 d) prestação de contas da administração pública, direta e indireta;
 e) aplicação do mínimo exigido da receita resultante de impostos estaduais, compreendida a proveniente de transferências, na manutenção e desenvolvimento do ensino e nas ações e serviços públicos de saúde.

A partir desse artigo, a doutrina classificou a intervenção federal em dois tipos:

Intervenção Federal Espontânea;

Intervenção Federal Provocada.

A intervenção Federal espontânea, ou de ofício, é aquela em que o Chefe do Poder Executivo, de forma discricionária, decreta a intervenção independentemente de provocação de outros órgãos. A decretação de ofício ocorrerá nas hipóteses previstas nos incisos I, II, III e do Art. 34:

Art. 34. A União não intervirá nos Estados nem no Distrito Federal, exceto para:
 I. Manter a integridade nacional;
 II. Repelir invasão estrangeira ou de uma unidade da Federação em outra;
 III. Pôr termo a grave comprometimento da ordem pública.

A intervenção federal provocada é aquela que depende da provocação dos órgãos legitimados pela Constituição Federal, conforme o Art. 36:

Art. 36. A decretação da intervenção dependerá:
 I. No caso do Art. 34, IV, de solicitação do Poder Legislativo ou do Poder Executivo coacto ou impedido, ou de requisição do Supremo Tribunal Federal, se a coação for exercida contra o Poder Judiciário;
 II. No caso de desobediência a ordem ou decisão judiciária, de requisição do Supremo Tribunal Federal, do Superior Tribunal de Justiça ou do Tribunal Superior Eleitoral;
 III. De provimento, pelo Supremo Tribunal Federal, de representação do Procurador-Geral da República, na hipótese do Art. 34, VII, e no caso de recusa à execução de lei federal.

A provocação se dá por meio de solicitação ou requisição. A solicitação não obriga o Presidente da República a decretar a medida, ao contrário da requisição, que está revestida de obrigatoriedade na qual caberá ao Presidente apenas executá-la.

A decretação de intervenção federal por solicitação ocorrerá na hipótese do Art. 34, IV, a qual compete ao Poder Executivo ou Legislativo das Unidades da Federação solicitar a execução da medida quando se acharem coagidos ou impedidos de executarem suas atribuições constitucionais.

A decretação de intervenção federal por requisição ocorrerá nas hipóteses previstas no Art. 34, IV, VI e VII. No inciso IV, a requisição caberá ao Supremo Tribunal Federal quando a coação for exercida contra o Poder Judiciário. No inciso VI, a requisição virá do STF, STJ ou do TSE quando houver desobediência de ordem judicial. E no inciso VI e VII a requisição será do Supremo quando houver representação interventiva feita pelo Procurador Geral da República nos casos de recusa de execução de lei federal ou ofensa aos princípios sensíveis.

O decreto interventivo especificará todas as condições em que ocorrerá a medida e terá eficácia imediata após a sua decretação pelo Presidente da República. Após sua decretação, a medida será submetida a apreciação do Congresso Nacional no prazo de 24 horas:

Art. 36, *§ 1º* - O decreto de intervenção, que especificará a amplitude, o prazo e as condições de execução e que, se couber, nomeará o interventor, será submetido à apreciação do Congresso Nacional ou da Assembleia Legislativa do Estado, no prazo de vinte e quatro horas.

§ 2º - Se não estiver funcionando o Congresso Nacional ou a Assembleia Legislativa, far-se-á convocação extraordinária, no mesmo prazo de vinte e quatro horas.

Caberá ao Congresso Nacional aprovar ou suspender a execução da Intervenção:

Art. 49. É da competência exclusiva do Congresso Nacional:
 IV. Aprovar o estado de defesa e a intervenção federal, autorizar o estado de sítio, ou suspender qualquer uma dessas medidas.

Nas hipóteses de intervenção decretada por requisição do Poder Judiciário previstas no Art. 34, VI e VII, a Constituição dispensou a necessidade e apreciação do Congresso Nacional, destacando que, nesses casos, o decreto limitar-se-á a suspensão do ato impugnado, caso essa medida seja suficiente para conter a crise. Se a mera suspensão do ato não restabelecer a normalidade, poderão ser adotadas outras medidas com o mesmo objetivo:

Art. 36, *§ 3º* - Nos casos do Art. 34, VI e VII, ou do Art. 35, IV, dispensada a apreciação pelo Congresso Nacional ou pela Assembleia Legislativa, o decreto limitar-se-á a suspender a execução do ato impugnado, se essa medida bastar ao restabelecimento da normalidade.

Não podemos esquecer que nos casos de intervenção espontânea ou provocada por solicitação, o Presidente deverá consultar, antes da decretação, o Conselho da República e o Conselho da Defesa Nacional que emitirão parecer opinativo sobre a situação:

Art. 90. Compete ao Conselho da República pronunciar-se sobre:
 V. Intervenção federal, estado de defesa e estado de sítio;

Art. 91, *§ 1º* - Compete ao Conselho de Defesa Nacional:
 II. Opinar sobre a decretação do estado de defesa, do estado de sítio e da intervenção federal.

Cessando a crise, a ordem será restabelecida, inclusive com o retorno das autoridades públicas afastadas, caso não possuam outra incompatibilidade:

§ 4º - Cessados os motivos da intervenção, as autoridades afastadas de seus cargos a estes voltarão, salvo impedimento legal.

NOÇÕES DE DIREITO CONSTITUCIONAL

DA ORGANIZAÇÃO POLÍTICO-ADMINISTRATIVA

Apesar de a Constituição Federal não mencionar sobre a possibilidade de controle judicial da Intervenção, seria possível que ocorresse este controle caso os limites constitucionais estabelecidos fossem desrespeitados. Ressalta-se que contra a Intervenção em si não cabe atuação do Poder Judiciário, considerando ser essa uma medida de natureza política.

Intervenção estadual

A intervenção estadual poderá ocorrer nos Municípios localizados em seu território mediante decreto do Governador do Estado nas hipóteses previstas no Art. 35:

> **Art. 35.** O Estado não intervirá em seus Municípios, nem a União nos Municípios localizados em Território Federal, exceto quando:
>
> **I.** Deixar de ser paga, sem motivo de força maior, por dois anos consecutivos, a dívida fundada;
>
> **II.** Não forem prestadas contas devidas, na forma da lei;
>
> **III.** Não tiver sido aplicado o mínimo exigido da receita municipal na manutenção e desenvolvimento do ensino e nas ações e serviços públicos de saúde;
>
> **IV.** O Tribunal de Justiça der provimento a representação para assegurar a observância de princípios indicados na Constituição Estadual, ou para prover a execução de lei, de ordem ou de decisão judicial.

Devem ser atendidos os mesmos requisitos da Intervenção Federal: temporariedade, controle político pelo legislativo e decreto do Chefe do Executivo.

Na hipótese do inciso IV, a intervenção dependerá de representação interventiva do Procurador-Geral de Justiça, sendo dispensada a apreciação da Assembleia Legislativa. Segundo o STF, essa decisão do Tribunal de Justiça que autoriza a intervenção do Estado no Município possui natureza político-administrativa e tem caráter definitivo, sendo insuscetível de recurso extraordinário para o STF[1].

Questões

01. (FCC) Tendo em vista a organização do Estado, é certo que:
- a) A União é pessoa jurídica de direito público interno e externo sendo o único ente formador do Estado Federal, uma vez que os demais entes são divisões administrativo-territoriais.
- b) A República Federativa do Brasil representa o Estado Federal nos atos de Direito Internacional, porque quem pratica os atos desse Direito é a União Federal e os Estados federados.
- c) A União, por ser soberana em todos os aspectos, pode ser considerada entidade federativa em relação aos Estados membros e Municípios.
- d) Os entes integrantes da Federação, em determinadas situações, à exceção dos Territórios, têm competência para representar o Estado federal frente a outros Estados soberanos.
- e) À União cabe exercer as prerrogativas de soberania do Estado brasileiro, quando representa a República Federativa do Brasil nas relações internacionais.

02. (CESPE) Assinale a opção correta a respeito da competência da União, do Distrito Federal (DF) e dos estados-membros.

1 Súmula 637 do STF: não cabe recurso extraordinário contra acórdão de Tribunal de Justiça que defere pedido de intervenção estadual em Município.

- a) Ao legislar sobre normas gerais, a União, no que diz respeito à sua competência, não deixa margem de atuação legislativa para os estados-membros, caso o assunto tenha sido esgotado.
- b) A União, por ser soberana, poderá editar normas específicas aplicáveis aos estados-membros e ao DF que não serão passíveis de controle de constitucionalidade.
- c) Os estados-membros têm competência comum, não legislativa, e residual ou reservada. Neste último caso, aos estados-membros estarão reservadas todas as competências que não sejam vedadas a eles, ou seja, as que não forem de competência expressa dos outros entes. Uma das competências expressamente reservadas aos estados-membros pela CF é a de explorar os serviços locais de gás canalizado, mediante concessão, na forma da lei, vedada a regulamentação da referida matéria por medida provisória.
- d) É competência exclusiva da União legislar sobre direito civil, comercial, penal, processual, eleitoral, agrário, marítimo, aeronáutico, espacial e do trabalho.
- e) Os estados, autônomos que são, têm competência legislativa própria, e a CF, assim como fez com os outros entes federados, dedicou artigo para enumerar, taxativamente, as matérias de sua competência.

03. (ESAF) Sobre a organização do Estado brasileiro, julgue os itens a seguir e assinale a opção correta.
- a) As terras devolutas localizadas no território brasileiro, são, por força de disposição constitucional, bens da União.
- b) Nos termos da Constituição Federal, a fixação dos subsídios dos vereadores dependerá, tão somente, do número de habitantes do município e do valor do subsídio do Deputado Estadual.
- c) A divisão dos Territórios em municípios depende de lei e poderá ser feita, apenas, nos Territórios cuja população seja superior ao limite mínimo estabelecido no texto constitucional.
- d) A intervenção da União em um Estado, em razão de impedimento do livre exercício do Poder Judiciário estadual, depende de solicitação, ao presidente da República, do Poder Judiciário impedido, feita pelo presidente do Tribunal.
- e) A administração fazendária e seus servidores fiscais terão, na forma da lei, dentro das suas áreas de competência e jurisdição, precedência sobre os demais setores administrativos

Gabaritos

01	E
02	C
03	E

9. ADMINISTRAÇÃO PÚBLICA

Antes de iniciar este estudo sobre a Administração Pública, definida nos Art. 37 ao 43 da Constituição Federal, é importante esclarecer que o tema analisado aqui é devidamente estudado de forma mais aprofundada na disciplina de Direito Administrativo. A missão deste estudo é apresentar os mais importantes temas acerca da Administração Pública, sob a ótica do texto constitucional.

9.1 Conceito

Primeiramente, faz-se necessário conceituar a Administração Pública, remetendo ao *caput* do Art. 37, CF.

> *Art. 37. A administração pública direta e indireta de qualquer dos Poderes da União, dos Estados, do Distrito Federal e dos Municípios obedecerá aos princípios de legalidade, impessoalidade, moralidade, publicidade e eficiência e, também, ao seguinte:*

Neste primeiro momento, deve-se entender que alguns termos que aparecem no Art. 37. O conceito da Administração Pública deve ser visto sob dois aspectos. Sob a perspectiva objetiva, a Administração Pública constitui a atividade desenvolvida pelo poder público, que tem como função a satisfação do interesse público. Sob a perspectiva subjetiva, Administração Pública é o conjunto de órgãos e pessoas jurídicas que desempenham a atividade administrativa. Interessa aqui conhecer a Administração Pública sob essa última perspectiva, a qual se classifica em Administração Direta e Indireta.

A Administração Pública Direta é formada por pessoas jurídicas de direito público, ou pessoas políticas, entes que possuem personalidade jurídica e autonomia própria. São entes da Administração Pública Direta a União, os Estados, o Distrito Federal e os Municípios. Esses entes são pessoas jurídicas de Direito Público que exercem as atividades administrativas por meio dos órgãos e agentes pertencentes aos Poderes Executivo, Legislativo e Judiciário. Os órgãos não são dotados de personalidade jurídica própria, pois agem em nome da pessoa jurídica a qual estão vinculados.

A Administração Pública Indireta é formada por pessoas jurídicas próprias, de direito público ou privado, que executam atividades do Estado por meio da descentralização administrativa. São os entes da Administração Indireta as Autarquias, Fundações Públicas, Sociedades de Economia Mista e Empresas Públicas.

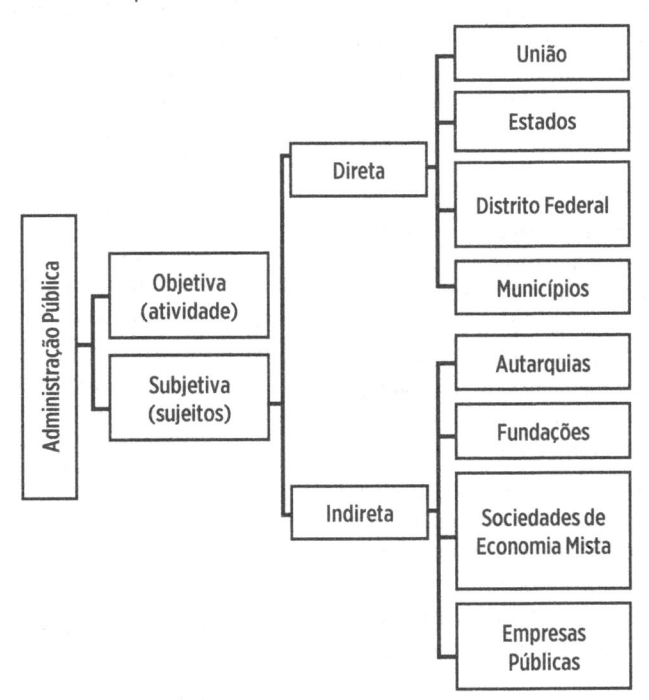

Segundo a Constituição Federal, a Administração Pública, seja ela direta ou indireta, pertencente a qualquer dos Poderes, deverá obedecer aos princípios da Legalidade, Impessoalidade, Moralidade, Publicidade e Eficiência, os quais serão estudados agora.

9.2 Princípios Expressos da Administração Pública

Os princípios que regem a Administração Pública são verdadeiros parâmetros que orientam o desenvolvimento da atividade administrativa, os quais são de observância obrigatória. A Administração é regida por princípios expressos e princípios implícitos. Primeiramente vamos analisar os princípios expressos no texto constitucional, que são: Legalidade, Impessoalidade, Moralidade, Publicidade e Eficiência.

ADMINISTRAÇÃO PÚBLICA

Legalidade

Esse é o primeiro princípio expresso na Constituição Federal para a Administração Pública. Para se entender o Princípio da Legalidade, é preciso analisar suas duas acepções: a legalidade em relação aos particulares e a legalidade em relação à Administração Pública.

Para os particulares, a legalidade remete ao Art. 5º da Constituição: significa que ele poderá fazer tudo o que não for proibido por lei, conforme já previa o Art. 5º, II da Constituição Federal:

> *II. ninguém será obrigado a fazer ou deixar de fazer alguma coisa senão em virtude de lei.*

Já em relação à Administração Pública, a legalidade impõe uma conduta mais rigorosa exigindo que se faça apenas o que estiver determinado por lei ou que seja permitido pela lei: quando se fala em lei, trata-se daquela em sentido estrito, ou em sentido formal, porque há exceções à aplicação do Princípio da Legalidade que já apareceram em prova, como a Medida Provisória, o Estado de Defesa e o Estado de Sítio; por isso, esse princípio não deve ser encarado de forma absoluta.

A Medida Provisória é exceção, pois é ato emitido pelo chefe do Poder Executivo, porque com sua publicação já produz efeitos na sociedade; em seguida, temos os sistemas constitucionais de crises, sendo exceções, porque o decreto que rege essas medidas prevê algumas situações excepcionais, com amparo constitucional, então são exceções à legalidade, mas com fundamento constitucional. O agente público, ao agir, deverá pautar sua conduta segundo a lei.

Impessoalidade

Esse princípio exige do administrador uma postura isenta de interesses pessoais. Ele não poderá agir com o fim de atender suas próprias vontades. Agir de forma impessoal é agir visando a atender o interesse público. A impessoalidade deve ser enxergada sob duas perspectivas: finalidade da atuação administrativa e proibição da promoção pessoal. A impessoalidade deve ser vista sob duas perspectivas: primeiro, a impessoalidade se confunde com o interesse público; segundo, a impessoalidade é a proibição da autopromoção, ou seja, vedação à promoção pessoal.

A título exemplificativo, para a finalidade da atuação administrativa, que será sempre a satisfação do interesse público em benefício da coletividade, é que se realizam os concursos públicos para contratação de pessoal e licitação para contratação dos serviços pela Administração Pública, são formas exigidas por lei que garantem o referido princípio. Isso impede que o administrador atue satisfazendo seus interesses pessoais.

Nesse sentido, fica proibida a vinculação da imagem do administrador a obras e propagandas não se permitindo também a vinculação da sigla do partido. Ressalte-se ainda o teor da Súmula Vinculante nº 13 do STF, que veda a prática de nepotismo:

> *Súmula Vinculante 13. A nomeação de cônjuge, companheiro ou parente em linha reta, colateral ou por afinidade, até o terceiro grau, inclusive, da autoridade nomeante ou de servidor da mesma pessoa jurídica, investido em cargo de direção, chefia ou assessoramento, para o exercício de cargo em comissão ou de confiança, ou, ainda, de função gratificada na Administração Pública direta e indireta, em qualquer dos Poderes da União, dos Estados, do Distrito Federal e dos municípios, compreendido o ajuste mediante designações recíprocas, viola a Constituição Federal.*

A impessoalidade também proíbe a promoção pessoal. O administrador público não poderá se utilizar da máquina administrativa para promover sua própria imagem. Veja o que diz o Art. 37, § 1º diz:

> *§1º - A publicidade dos atos, programas, obras, serviços e campanhas dos órgãos públicos deverá ter caráter educativo, informativo ou de orientação social, dela não podendo constar nomes, símbolos ou imagens que caracterizem promoção pessoal de autoridades ou servidores públicos.*

Notemos que esse parágrafo tem como objetivo trazer de forma expressa a proibição da vinculação da imagem do agente público com as obras e serviços realizadas durante seu mandato, nesse sentido, já existe proibição da utilização inclusive da sigla do partido.

Moralidade

Não é possível se definir o que é, mas é possível compreender por meio da interpretação das normas. Esse princípio prevê que o administrador deve agir conforme os fins públicos. Por esse princípio, ao administrador não basta fazer tudo conforme a lei. É importante o faça de boa-fé, respeitando os preceitos éticos, com probidade e justiça. E aqui não se fala em moral comum, mas em uma moral jurídica ou política.

A não observância do referido princípio poderá ser combatida por meio da Ação Popular, conforme prevê o Art. 5º, LXXIII da CF:

> *LXXIII. Qualquer cidadão é parte legítima para propor ação popular que vise a anular ato lesivo ao patrimônio público ou de entidade de que o Estado participe, à moralidade administrativa, ao meio ambiente e ao patrimônio histórico e cultural, ficando o autor, salvo comprovada má-fé, isento de custas judiciais e do ônus da sucumbência.*

Ressalte-se também que, se o agente público agir em desconformidade com o princípio de moralidade, sua conduta poderá ensejar a ação de improbidade administrativa, a qual é punida nos termos do Art. 37, § 4º:

> *§ 4º - Os atos de improbidade administrativa importarão a suspensão dos direitos políticos, a perda da função pública, a indisponibilidade dos bens e o ressarcimento ao erário, na forma e gradação previstas em lei, sem prejuízo da ação penal cabível.*

Publicidade

A publicidade como princípio também poderá ser analisada sob duas acepções: a primeira delas é a publicidade como condição de eficácia do ato administrativo; a segunda, como forma de se garantir a transparência destes mesmos atos.

Como condição de eficácia do ato administrativo, a publicidade muito aparece em prova; o examinador costuma dizer que a publicidade é requisito de validade do ato administrativo, mas isso é errado, porque validade e eficácia são diferentes. A publicidade é necessária, pois é a forma de tornar conhecido o conteúdo do ato, principalmente se esse ato for capaz de produzir efeitos externos ou que ensejem ônus para o patrimônio público. Em regra, a publicidade se dá pelos meios de comunicação oficiais, como o Diário Oficial da União.

A publicidade também tem a função de garantir a transparência do ato administrativo. É uma forma dos administrados fiscalizarem a atuação do poder público. Apesar de sua importância, nesse aspecto a publicidade encontra limitação na própria Constituição que prevê a possibilidade de sigilo dos atos administrativos todas as vezes que for necessário para preservar a segurança da sociedade e do Estado:

> **XXXIII.** Todos têm direito a receber dos órgãos públicos informações de seu interesse particular, ou de interesse coletivo ou geral, que serão prestadas no prazo da lei, sob pena de responsabilidade, ressalvadas aquelas cujo sigilo seja imprescindível à segurança da sociedade e do Estado.

Eficiência

O Princípio da Eficiência foi o último incluído no rol dos princípios, em razão da reforma administrativa promovida pela Emenda Constitucional nº 19/98. A sua inserção como princípio expresso está relacionada a necessidade de produção de resultados satisfatórios a sociedade. A Administração Pública deve ter produtividade em suas atividades como se fosse iniciativa privada.

Como forma de garantir uma nova postura na prestação dos seus serviços, esse princípio exige que as ações sejam praticadas com celeridade, perfeição, visando a atingir ótimos resultados, sempre tendo como destinatário o bem-estar do administrado. A celeridade dos processos encontra-se prevista no Art. 5º, LXXVIII da CF:

> **LXXVIII.** A todos, no âmbito judicial e administrativo, são assegurados a razoável duração do processo e os meios que garantam a celeridade de sua tramitação.

Em respeito ao princípio da eficiência, a Constituição Federal previu formas de participação do administrado como fiscal da Administração Pública:

> **Art. 37**, § 3º - A lei disciplinará as formas de participação do usuário na administração pública direta e indireta, regulando especialmente:
>
> **I.** As reclamações relativas à prestação dos serviços públicos em geral, asseguradas a manutenção de serviços de atendimento ao usuário e a avaliação periódica, externa e interna, da qualidade dos serviços;
>
> **II.** O acesso dos usuários a registros administrativos e a informações sobre atos de governo, observado o disposto no Art. 5º, X e XXXIII;
>
> **III.** A disciplina da representação contra o exercício negligente ou abusivo de cargo, emprego ou função na administração pública.

Decorre desse princípio, ainda, a necessidade de avaliação de desempenho para concessão da estabilidade ao servidor público em estágio probatório, bem como a existência da avaliação periódica de desempenho como uma das condições para perda do cargo nos termos do Art. 41 da CF:

> **Art. 41.** São estáveis após três anos de efetivo exercício os servidores nomeados para cargo de provimento efetivo em virtude de concurso público.
>
> **§ 1º** - O servidor público estável só perderá o cargo:
>
> **I.** Em virtude de sentença judicial transitada em julgado;
>
> **II.** Mediante processo administrativo em que lhe seja assegurada ampla defesa;
>
> **III.** Mediante procedimento de avaliação periódica de desempenho, na forma de lei complementar, assegurada ampla defesa.
>
> **§ 2º** - Invalidada por sentença judicial a demissão do servidor estável, será ele reintegrado, e o eventual ocupante da vaga, se estável, reconduzido ao cargo de origem, sem direito a indenização, aproveitado em outro cargo ou posto em disponibilidade com remuneração proporcional ao tempo de serviço.
>
> **§ 3º** - Extinto o cargo ou declarada a sua desnecessidade, o servidor estável ficará em disponibilidade, com remuneração proporcional ao tempo de serviço, até seu adequado aproveitamento em outro cargo.
>
> **§ 4º** - Como condição para a aquisição da estabilidade, é obrigatória a avaliação especial de desempenho por comissão instituída para essa finalidade.

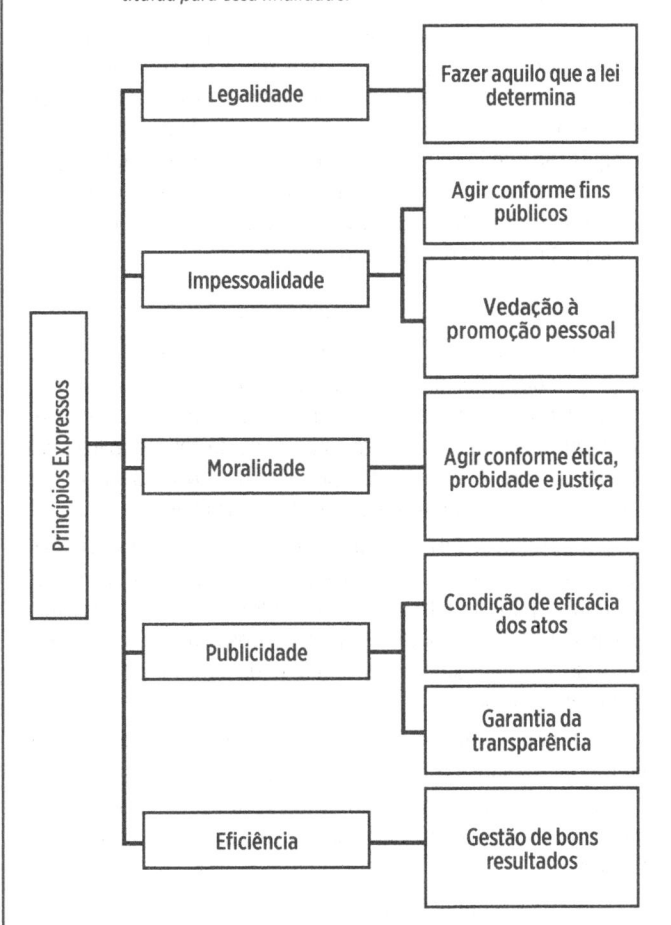

Princípios Expressos:
- Legalidade → Fazer aquilo que a lei determina
- Impessoalidade → Agir conforme fins públicos; Vedação à promoção pessoal
- Moralidade → Agir conforme ética, probidade e justiça
- Publicidade → Condição de eficácia dos atos; Garantia da transparência
- Eficiência → Gestão de bons resultados

9.3 Princípios Implícitos da Administração Pública

Além dos princípios expressamente previstos no *caput* do Art. 37 da Constituição Federal (Legalidade, Impessoalidade, Moralidade, Publicidade e Eficiência), a doutrina elenca outros como princípios gerais de direito que decorrem da interpretação constitucional:

Supremacia do interesse público

Esse princípio é tido pela doutrina como um dos pilares do regime jurídico administrativo. Nesse sentido, o Estado representa o interesse público ou da coletividade, e a coletividade, em regra, deve prevalecer sobre o interesse privado. A Administração Pública, em sua relação com os administrados tem prevalência sobre o interesse privado.

ADMINISTRAÇÃO PÚBLICA

O Regime Democrático adotado no Estado brasileiro confere à Administração Pública o poder de representar os interesses da sociedade, é nessa relação que vamos desenvolver a supremacia do interesse público, que decorre da relação de verticalidade entre o Estado e os particulares.

Esse princípio não goza de caráter absoluto, pois o Estado também age como se fosse particular em suas relações jurídicas, geralmente econômicas, por exemplo, o Estado não pode abusar da autoridade estatal sobre os direitos e princípios fundamentais dos administrados, já que esses são os limites da supremacia do interesse público.

Decorre desse princípio o poder de império exercido pela Administração Pública, a qual poderá impor sua vontade ao particular de forma coercitiva, podendo inclusive restringir seus direitos e impor obrigações, como ocorre no caso da desapropriação e requisição administrativa. Logicamente, esse princípio não goza de caráter absoluto, não tendo aplicabilidade nos atos praticados de mera gestão administrativa ou quando o poder público atua como particular nas relações econômicas.

Indisponibilidade do interesse público

Juntamente com a Supremacia do Interesse Público, o princípio da Indisponibilidade do Interesse Público forma a base do regime jurídico-administrativo. Por esse princípio, a Administração Pública não pode ser vista como dona da coisa pública, mas apenas gestora. A coisa pública pertence ao povo, e o Estado é o responsável pelo cuidado ou gestão da coisa pública.

Como limitação a esse princípio, existe o princípio da legalidade, que determina os passos e em que condições a Administração Pública pode se utilizar dos bens públicos, sempre respeitando a indisponibilidade do interesse público. Destaca-se ainda o papel que esse princípio exerce como limitador do princípio da supremacia do interesse público.

Um ponto importante a respeito desse princípio é que os bens públicos são indisponíveis, não pertencendo aos seus administradores ou aos seus agentes os quais estão proibidos, inclusive de renunciar a qualquer direito ou prerrogativa inerente ao Poder Público.

Na desapropriação, a Administração Pública pode retirar o bem de uma pessoa pelo fundamento da Supremacia do interesse público, por outro lado, em razão da Indisponibilidade do interesse público, há vedação à Administração Pública no sentido de não se apropriar de tal bem sem que o particular seja indenizado.

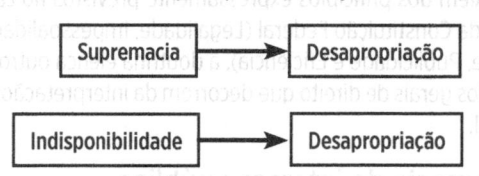

Supremacia → Desapropriação

Indisponibilidade → Desapropriação

Razoabilidade e proporcionalidade

Esses princípios são, por vezes, vistos em separado pela doutrina; eles servem para a limitação da atuação administrativa, e devem ser vistos em conjunto, como unidade. A Razoabilidade e a Proporcionalidade decorrem do princípio do devido processo legal e são utilizados, principalmente, como limitador da discricionariedade administrativa, ainda mais quando o ato limitado restringe os direitos do administrado. Trata-se, portanto, de uma ferramenta para controle de legalidade que pode gerar a nulidade do ato administrativo. Ao pensar em Razoabilidade e Proporcionalidade, deve-se pensar em dois elementos que os identificam: adequação e necessidade.

A melhor forma de verificar a sua utilização prática é no caso concreto. Imagine uma fiscalização sanitária realizada pelo poder público em que o administrado é flagrado cometendo um ilícito sanitário, ou seja, encontra um produto com o prazo de validade vencido. Dependendo da infração cometida, será aplicada uma penalidade administrativa maior ou não. Com a aplicação dos princípios em tela, a penalidade deve ser necessária, adequada e equivalente à infração cometida. Os princípios garantem que a sanção aplicada não seja maior que a necessária para atingir o fim proposto pelo poder público. O que se busca é uma adequação entre os meios e os fins necessários, proibindo o excesso na aplicação das medidas.

Sem dúvida, esses princípios gerais de direito estão entre os mais utilizados atualmente nas decisões do Supremo Tribunal Federal, pois esses princípios são utilizados nas decisões para se adequar a lei ao caso concreto.

Em suma, esses princípios são a adequação dos meios com a finalidade proposta pela Administração Pública, com o fim de evitar os excessos cometidos pelo agente público. Em razão disso, também são conhecidos como a proibição do excesso, por isso trabalhar a razoabilidade e a proporcionalidade como unidade.

Continuidade dos serviços públicos

Esse princípio se traduz pelo próprio nome. Ele exige que a atividade administrativa seja contínua, não sofra interrupções e seja adequada, com qualidade, para que não ocorram prejuízos tanto para a Administração quanto para os administrados. Apesar disso, há situações excepcionais, em que se permite a interrupção do serviço público. Existem limitações a esse princípio, tanto para a Administração, quanto para o particular que está incumbido de executar o serviço público, e sua atuação pode ser percebida no próprio direito de greve do servidor público que se encontra condicionado à observância da lei para ser exercido.

O poder de vinculação desse princípio é tão grande que o particular, ao prestar o serviço público por delegação, não poderá interrompê-lo ainda que a administração pública não cumpra sua parte no contrato. Significa dizer que o particular prejudicado no contrato administrativo **não poderá opor a exceção do contrato não cumprido,** ficando desobrigado apenas por decisão judicial transitada em julgado, ou seja, o particular não pode deixar de cumprir sua obrigação pelo não cumprimento por parte da administração, mas o particular pode deixar de prestar o serviço público quando determinado por decisão judicial.

O responsável pela prestação do serviço público só ficaria desobrigado da sua prestação em caso de emergência e desde que haja aviso prévio em situações de **segurança**, de **ordem técnica** ou mesmo por **inadimplência do usuário**.

Autotutela

Esse princípio permite que a Administração avalie e reveja seus próprios atos, tanto em relação à legalidade do ato, quanto ao aspecto do mérito. Essa possibilidade não impede o ato de ser apreciado pelo Poder Judiciário, limitando a verificação da legalidade, nunca o mérito. Quando o ato for revisto em razão de vício de legalidade, ocorre a anulação do ato, se a questão é de mérito (discricionariedade e oportunidade), a administração revoga seus atos.

Este princípio foi consagrado pelo Supremo por meio da Súmula 473:

> *Súm. 473, STF. A administração pode anular seus próprios atos, quando eivados de vícios que os tornam ilegais, porque deles não se originam direitos; ou revogá-los, por motivo de conveniência ou oportunidade, respeitados os direitos adquiridos, e ressalvada, em todos os casos, a apreciação judicial.*

A autotutela dos atos administrativos não depende de provocação, podendo a administração analisar de ofício seus próprios atos. Essa é a ideia primordial da autotutela.

Segurança jurídica

Esse princípio tem fundamento inicial já no Art. 5º da CF, que decorre da própria garantia fundamental à Segurança Jurídica; no que tange a sua aplicabilidade na Administração Pública, esse princípio evoca a impossibilidade da lei nova prejudicar o direito adquirido, o ato jurídico perfeito e a coisa julgada, ou seja, esse princípio veda a aplicação retroativa de nova interpretação da norma administrativa, para que o administrado não seja surpreendido com inovações jurídicas.

Por se tratar de um direito fundamental, a administração pública fica obrigada a assegurar o seu cumprimento sob pena de ser responsabilizada.

9.4 Regras Aplicáveis aos Servidores Públicos

Passamos agora a analisar as regras aplicáveis aos servidores públicos, as quais estão previstas nos Arts. 37 a 41 da Constituição Federal.

Cargos, empregos e funções

Os primeiros dispositivos relacionados aos servidores públicos e que foram apresentados pela Constituição Federal regulamentam o acesso a cargos, empregos e funções públicas. Vejamos o que diz o Art. 37, I e II da CF:

> *I. Os cargos, empregos e funções públicas são acessíveis aos brasileiros que preencham os requisitos estabelecidos em lei, assim como aos estrangeiros, na forma da lei;*
>
> *II. A investidura em cargo ou emprego público depende de aprovação prévia em concurso público de provas ou de provas e títulos, de acordo com a natureza e a complexidade do cargo ou emprego, na forma prevista em lei, ressalvadas as nomeações para cargo em comissão declarado em lei de livre nomeação e exoneração.*

Ao iniciarmos este estudo, uma distinção se faz necessária antes de tudo: qual a diferença entre cargo, emprego e função pública?

Cargo público é a unidade de competência ofertada por uma pessoa jurídica de direito público e ocupada por um agente público que tenha sido criado por lei com denominação específica e quantidade certa. Quem ocupa um cargo público fez concurso público e é submetido a um regime estatutário e pode ser de provimento efetivo ou em comissão.

Emprego público, por sua vez, seria a unidade de competência desempenhada por agentes contratados sob regime celetista, ou seja, quem ocupa um emprego público possui uma relação trabalhista com a Administração Pública.

Função pública é a atribuição ocupada por quem não possui cargo ou emprego público. Ocorre em duas situações: nas contratações temporárias e nas atividades de confiança.

Os cargos, empregos e funções são acessíveis a todos os brasileiros e estrangeiros que preencherem os requisitos previstos em lei. Aos estrangeiros, o acesso é limitado, essa é norma de eficácia limitada, pois depende de regulamentação, como professores ou pesquisadores em universidades e instituições de pesquisa científica e tecnológica. Destaca-se ainda que existem cargos privativos de brasileiros natos, os quais estão previstos no Art. 12, § 3º da CF: Presidente e Vice-Presidente da República, Presidente da Câmara dos Deputados, Presidente do Senado Federal, Ministro do STF, oficial das forças armadas, carreira diplomática e Ministro do Estado da Defesa.

O acesso aos cargos e empregos públicos depende de aprovação em concurso público de provas ou de provas e títulos dependendo do cargo a ser ocupado. A realização do concurso não será necessária para o preenchimento de cargos em comissão, haja vista serem de livre nomeação e exoneração. Estão obrigados a contratar por meio de concurso toda a Administração Pública direta e indireta, seja do Poder Executivo, Legislativo, ou Judiciário, seja da União, Estados, Distrito Federal e Municípios.

É importante ressaltar, neste momento, que a função pública aqui tratada não pode ser confundida com a função que todo agente da Administração Pública detém, que é aquele conjunto de atribuições inerentes ao cargo ou emprego; neste momento a função pública foi tratada como diferenciação do cargo e do emprego públicos. Em seguida, é necessário ressaltar que os cargos em comissão dispensam o concurso público, que é meio exigido para que se ocupe um cargo ou emprego públicos.

Validade do concurso público

A Constituição Federal previu prazo de validade para os concursos públicos. Vejamos o que diz o Art. 37, III e IV:

> *Art. 37, III. O prazo de validade do concurso público será de até dois anos, prorrogável uma vez, por igual período;*
>
> *IV. Durante o prazo improrrogável previsto no edital de convocação, aquele aprovado em concurso público de provas ou de provas e títulos será convocado com prioridade sobre novos concursados para assumir cargo ou emprego, na carreira.*

O prazo de validade será de **até 2 anos,** podendo ser prorrogado apenas uma vez, por igual período. O prazo de validade passa a ser contado a partir da homologação do resultado. Este é o prazo que a Administração Pública terá para contratar ou nomear

ADMINISTRAÇÃO PÚBLICA

os aprovados para o preenchimento do emprego ou do cargo público, respectivamente.

Segundo posicionamento do STF, quem é aprovado dentro do número de vagas previstas no edital possui direito subjetivo à nomeação durante o prazo de validade do concurso. Uma forma de burlar esse sistema encontrado pela Administração Pública tem sido a publicação de edital com cadastro de reserva, que gera apenas uma expectativa de direito para quem foi classificado no concurso público.

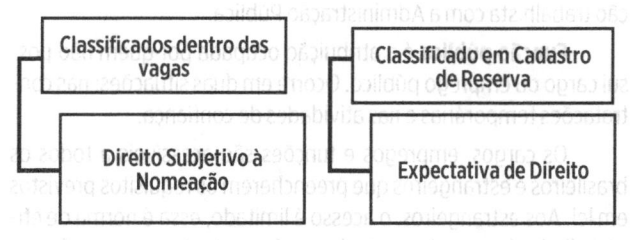

- Classificados dentro das vagas → Direito Subjetivo à Nomeação
- Classificado em Cadastro de Reserva → Expectativa de Direito

Segundo a Constituição, durante o prazo improrrogável do concurso, os aprovados terão prioridade na convocação diante dos novos concursados, o que não impede a abertura de novos certames apesar de a Lei nº 8.112/90 proibir a abertura de novo concurso enquanto houver candidato aprovado no concurso anterior e desde que esteja dentro do prazo de validade. Na prova, deve-se responder conforme for perguntado. Se for segundo a Constituição Federal, não há proibição de realização de novo concurso enquanto existir outro com prazo de validade aberto. Se perguntar segundo a Lei nº 8.112/90, não se abrirá novo concurso enquanto houver candidato aprovado em concurso anterior com prazo de validade não expirado.

Reserva de vaga para deficiente

Essa regra sobre concurso público é uma das mais importantes de inclusão social previstas no texto constitucional; é regra de ação afirmativa que visa à inserção social dos portadores de necessidades especiais, e compensar a perda social que alguns grupos têm. Possuindo valor social relevante, diz respeito à reserva de vagas para pessoas com necessidades especiais, que não podem ser tratados da mesma forma que as pessoas que estão em pleno vigor físico. Aqui, a isonomia deve ser material observando a nítida diferença entre os deficientes e os que não são. Vejamos o que dispõe a Constituição a respeito desse tema:

> *Art. 37, VIII. A lei reservará percentual dos cargos e empregos públicos para as pessoas portadoras de deficiência e definirá os critérios de sua admissão.*

Por se tratar de norma de eficácia limitada, a Constituição exigiu regulamentação para este dispositivo o que foi feito, no âmbito federal, pela Lei nº 8.112/90:

> *Art. 5, § 2º - Às pessoas portadoras de deficiência é assegurado o direito de se inscrever em concurso público para provimento de cargo cujas atribuições sejam compatíveis com a deficiência de que são portadoras; para tais pessoas serão reservadas até 20% (vinte por cento) das vagas oferecidas no concurso.*

Esse dispositivo garante a reserva de até 20% das vagas oferecidas no concurso para os deficientes. Complementando esta norma, foi publicado o Decreto Federal nº 3.298/99 que fixou o mínimo de 5% das vagas para deficientes, exigindo nos casos em que esse percentual gerasse número fracionado, que fosse arredondado para o próximo número inteiro. Essa proteção gerou um inconveniente nos concursos com poucas vagas, fazendo com que o STF interviesse e decidisse no sentido de que se a observância do mínimo de 5% ultrapassar o máximo de 20% não será necessário fazer a reserva da vaga. Isso é perfeitamente visível em concursos com duas vagas. Se fosse reservado o mínimo, ter-se-ia pelo menos 1 vaga para deficiente, o que corresponderia a 50% das vagas, ultrapassando assim o limite de 20% estabelecido em lei.

Funções de confiança e cargos em comissão

A Constituição prevê a existência das funções de confiança e os cargos em comissão:

> *Art. 37, V. As funções de confiança, exercidas exclusivamente por servidores ocupantes de cargo efetivo, e os cargos em comissão, a serem preenchidos por servidores de carreira nos casos, condições e percentuais mínimos previstos em lei, destinam-se apenas às atribuições de direção, chefia e assessoramento.*

Existem algumas peculiaridades entre esses dois institutos que sempre são cobrados em prova. As funções de confiança são privativas de ocupantes de cargo efetivo, ou seja, para aquele que fez concurso público; já os cargos em comissão podem ser ocupados por qualquer pessoa, apesar de a Constituição estabelecer que deve se reservar um percentual mínimo para os ocupantes de cargo efetivo. Tanto as funções de confiança como os cargos em comissão destinam-se às atribuições de **direção, chefia** e **assessoramento**.

As funções de confiança – livre designação e livre dispensa – são apenas para servidores públicos ocupantes de cargos efetivos, os quais serão designados para seu exercício podendo ser dispensados a critério da administração pública. Já os **cargos em comissão** são de livre nomeação e livre exoneração, podendo ser ocupados por qualquer pessoa, servidor público ou não. A ocupação de um cargo em comissão por pessoa não detentora de cargo de provimento efetivo não gera direito de ser efetivado, muito menos de adquirir a estabilidade.

Contratação por tempo determinado

Outra forma de ingresso no serviço público é por meio de contratação por tempo determinado. A Constituição prevê:

> *Art. 37, IX. A lei estabelecerá os casos de contratação por tempo determinado para atender a necessidade temporária de excepcional interesse público.*

Nesse caso, temos uma norma de eficácia limitada, pois a Constituição não regulamenta, apenas prevê que uma lei vai regulamentar. Na contratação por tempo determinado, o contratado não ocupa cargo público nem possui vínculo trabalhista. Ele exercerá função pública de caráter temporário. Essa contratação tem que ser embasada em excepcional interesse público, questão emergencial. Em regra, faz-se o Processo Seletivo Simplificado, podendo ser feito por meio de provas, entrevista ou até mesmo entrega de currículo; esse processo simplificado não pode ser confundido com o concurso público.

O seu contrato com a Administração Pública é regido por norma específica de regime especial que, no caso da esfera federal, será a Lei nº 8.745/93. A referida lei traz várias hipóteses de contratação temporária para atender a essa necessidade excepcional.

Direitos sociais dos servidores públicos

Quando se fala em direitos sociais aplicáveis aos servidores públicos, significa dizer uma parcela dos direitos de natureza trabalhista prevista no Art. 7º da Constituição Federal. Vejamos quais direitos sociais trabalhistas foram destinados a esses trabalhadores ocupantes de cargos públicos.

9.5 Direitos Trabalhistas

A Constituição Federal não concedeu todos os direitos trabalhistas aos servidores públicos, mas apenas os previstos expressamente no texto constitucional no Art. 39, § 3º:

> *Art. 39, § 3º - Aplica-se aos servidores ocupantes de cargo público o disposto no Art. 7º, IV, VII, VIII, IX, XII, XIII, XV, XVI, XVII, XVIII, XIX, XX, XXII e XXX, podendo a lei estabelecer requisitos diferenciados de admissão quando a natureza do cargo o exigir.*

Segundo esse dispositivo, foram garantidos os seguintes direitos sociais aos servidores públicos:

> *VI. Salário-mínimo, fixado em lei, nacionalmente unificado, capaz de atender a suas necessidades vitais básicas e às de sua família com moradia, alimentação, educação, saúde, lazer, vestuário, higiene, transporte e previdência social, com reajustes periódicos que lhe preservem o poder aquisitivo, sendo vedada sua vinculação para qualquer fim;*
>
> *VII. Garantia de salário, nunca inferior ao mínimo, para os que percebem remuneração variável;*
>
> *VIII. Décimo terceiro salário com base na remuneração integral ou no valor da aposentadoria;*
>
> *IX. Remuneração do trabalho noturno superior à do diurno;*
>
> *XII. Salário-família pago em razão do dependente do trabalhador de baixa renda nos termos da lei;*
>
> *XIII. Duração do trabalho normal não superior a oito horas diárias e quarenta e quatro semanais, facultada a compensação de horários e a redução da jornada, mediante acordo ou convenção coletiva de trabalho;*
>
> *XV. Repouso semanal remunerado, preferencialmente aos domingos;*
>
> *XVI. Remuneração do serviço extraordinário superior, no mínimo, em cinquenta por cento à do normal;*
>
> *XVII. Gozo de férias anuais remuneradas com, pelo menos, um terço a mais do que o salário normal;*
>
> *XVIII. Licença à gestante, sem prejuízo do emprego e do salário, com a duração de cento e vinte dias;*
>
> *XIX. Licença-paternidade, nos termos fixados em lei;*
>
> *XX. Proteção do mercado de trabalho da mulher, mediante incentivos específicos, nos termos da lei;*
>
> *XXII. Redução dos riscos inerentes ao trabalho, por meio de normas de saúde, higiene e segurança;*
>
> *XXX. Proibição de diferença de salários, de exercício de funções e de critério de admissão por motivo de sexo, idade, cor ou estado civil.*

A experiência de ler os incisos destinados aos servidores públicos é muito importante para que você acerte em prova. O fato de outros direitos trabalhistas do Art. 7º não terem sido previstos no Art. 39 não significa que tais direitos não sejam concedidos aos servidores públicos. Ocorre que alguns direitos trabalhistas conferidos aos servidores públicos estão disciplinados em outros lugares na própria Constituição ou em leis esparsas. A título de exemplo, pode-se citar o direito à aposentadoria, que apesar de não ter sido referido no Art. 39, § 3º, encontra-se previsto expressamente no Art. 40 da Constituição Federal.

9.6 Liberdade de Associação Sindical

A Constituição Federal garante aos servidores públicos o direito à associação sindical:

> *VI. É garantido ao servidor público civil o direito à livre associação sindical.*

A Constituição concede ao servidor público civil o direito à associação sindical. Dessa forma, a livre associação profissional ou sindical não é garantida aos militares em razão da peculiaridade do seu regime jurídico, cuja vedação está prevista na própria Constituição Federal:

> *Art. 142, IV. Ao militar são proibidas a sindicalização e a greve.*

Segundo a doutrina, trata-se de uma norma autoaplicável, a qual não depende de regulamentação para ser exercida, pois o servidor pode prontamente usufruir desse direito.

Direito de greve

Segundo o Art. 37, VII:

> *VII. O direito de greve será exercido nos termos e nos limites definidos em lei específica;*

O direito de greve, previsto na Constituição Federal aos servidores públicos, condiciona o seu exercício a uma norma regulamentadora, por isso é uma norma de eficácia limitada.

Como até o presente momento a necessária lei não foi publicada, o Supremo Tribunal Federal adotou a Teoria Concretista Geral, a partir da análise do Mandado de Injunção, e fez com que o direito de greve tivesse efetividade e conferiu efeito erga omnes à decisão, ou seja, os seus efeitos atingem todos os servidores públicos, ainda que aquele não tenha ingressado com ação judicial para exercer seu direito de greve.

A partir disso, segundo o STF, os servidores públicos de todo o país poderão se utilizar do seu direito de greve nos termos da Lei nº 7.783/89, a qual regulamenta o direito de greve dos trabalhadores da iniciativa privada.

Ressalte-se que o direito de greve, juntamente com o de associação sindical, não se aplica aos militares pelos mesmos motivos já apresentados ao analisarmos o direito de liberdade de associação sindical.

```
                Direitos Sociais dos Servidores
                           Públicos
          ┌────────────────────┼────────────────────┐
     Trabalhista        Associação Sindical        Greve
          │                                           │
    Garantida aos                          Nos termos da lei que regulamenta
    servidores civis                       a greve dos trabalhadores da
                                           iniciativa privada
```

ADMINISTRAÇÃO PÚBLICA

TRABALHISTAS
- Salário-mínimo
- Garantia do mínimo para os que têm remuneração variável
- 13º salário
- Duração de trabalho não superior a oito horas por dia e 44 por semana
- Repouso semanal remunerado
- Remuneração pelo serviço extraordinário (horas extras)
- Férias anuais
- Licença à gestante (120 dias)
- Licença-paternidade
- Proteção ao mercado de trabalho da mulher
- Redução dos riscos inerentes ao trabalho
- Proibição de diferença de salários

Vedação à acumulação de cargos, empregos e funções públicas

A Constituição achou por bem regular a acumulação de cargos públicos no Art. 37, XVI e XVII:

> **XVI.** É vedada a acumulação remunerada de cargos públicos, exceto, quando houver compatibilidade de horários, observado em qualquer caso o disposto no inciso XI:
> a) a de dois cargos de professor;
> b) a de um cargo de professor com outro técnico ou científico;
> c) a de dois cargos ou empregos privativos de profissionais de saúde, com profissões regulamentadas;
>
> **XVII.** A proibição de acumular estende-se a empregos e funções e abrange autarquias, fundações, empresas públicas, sociedades de economia mista, suas subsidiárias, e sociedades controladas, direta ou indiretamente, pelo poder público;

Segundo o texto constitucional, em regra, é vedada a acumulação de cargos públicos, ressalvadas as hipóteses previstas na própria Constituição Federal e quando houver compatibilidade de horário.

Além dessas hipóteses, a Constituição Federal também previu a acumulação lícita em outros casos, observemos:

Magistrado + Magistério – é permitida a acumulação de um cargo de juiz com um de professor:

> **Art. 95,** Parágrafo único. Aos juízes é vedado:
> **I.** Exercer, ainda que em disponibilidade, outro cargo ou função, salvo uma de magistério.

Membro do Ministério Público + Magistério – é permitida a acumulação de um cargo de Membro do Ministério Público com um de professor:

> **Art. 128, § 5º.** Leis complementares da União e dos Estados, cuja iniciativa é facultada aos respectivos Procuradores-Gerais, estabelecerão a organização, as atribuições e o estatuto de cada Ministério Público, observadas, relativamente a seus membros:
> **II.** As seguintes vedações:
> **d)** exercer, ainda que em disponibilidade, qualquer outra função pública, salvo uma de magistério.

Cargo Eletivo + cargo, emprego ou função pública – é permitida a acumulação de um cargo eletivo com um cargo emprego ou função pública:

> **Art. 38.** Ao servidor público da administração direta, autárquica e fundacional, no exercício de mandato eletivo, aplicam-se as seguintes disposições:
> **I.** Tratando-se de mandato eletivo federal, estadual ou distrital, ficará afastado de seu cargo, emprego ou função;
> **II.** Investido no mandato de Prefeito, será afastado do cargo, emprego ou função, sendo-lhe facultado optar pela sua remuneração;
> **III.** Investido no mandato de Vereador, havendo compatibilidade de horários, perceberá as vantagens de seu cargo, emprego ou função, sem prejuízo da remuneração do cargo eletivo, e, não havendo compatibilidade, será aplicada a norma do inciso anterior;
> **IV.** Em qualquer caso que exija o afastamento para o exercício de mandato eletivo, seu tempo de serviço será contado para todos os efeitos legais, exceto para promoção por merecimento;
> **V.** Para efeito de benefício previdenciário, no caso de afastamento, os valores serão determinados como se no exercício estivesse.

A proibição de acumular se estende à percepção de remuneração e aposentadoria. Vejamos o que diz o §10º do Art. 37:

> **§ 10** - É vedada a percepção simultânea de proventos de aposentadoria decorrentes do Art. 40 ou dos Arts. 42 e 142 com a remuneração de cargo, emprego ou função pública, ressalvados os cargos acumuláveis na forma desta Constituição, os cargos eletivos e os cargos em comissão declarados em lei de livre nomeação e exoneração.

Aqui a acumulação dos proventos da aposentadoria com a remuneração será permitida nos casos em que são autorizadas a acumulação dos cargos, ou, ainda, quando acumular com cargo em comissão e cargo eletivo. Significa dizer ser possível a acumulação dos proventos da aposentadoria de um cargo, emprego ou função pública com a remuneração de cargo, emprego ou função pública.

A Constituição também vedou a percepção de mais de uma aposentadoria, ressalvados os casos de acumulação de cargos permitida, ou seja, o indivíduo pode acumular as aposentadorias dos cargos que podem ser acumulados:

> **Art. 40, § 6º** - Ressalvadas as aposentadorias decorrentes dos cargos acumuláveis na forma desta Constituição, é vedada a percepção de mais de uma aposentadoria à conta do regime de previdência previsto neste artigo.

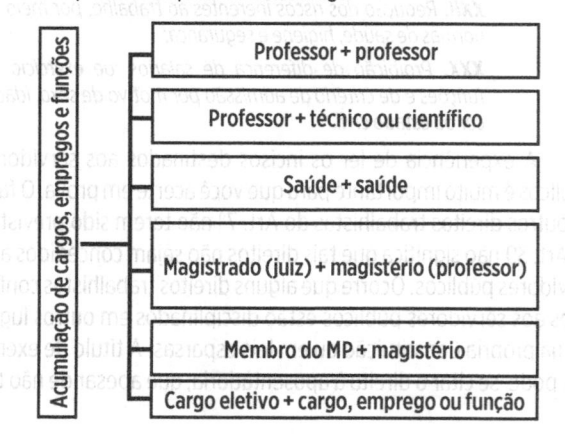

Acumulação de cargos, empregos e funções
- Professor + professor
- Professor + técnico ou científico
- Saúde + saúde
- Magistrado (juiz) + magistério (professor)
- Membro do MP + magistério
- Cargo eletivo + cargo, emprego ou função

Estabilidade

Um dos maiores desejos de quem faz concurso público é alcançar a Estabilidade. Essa é a garantia que se dá aos titulares de cargo público, ou seja, ao servidor público. Essa garantia faz que o servidor tenha certa tranquilidade para usufruir do seu cargo com maior tranquilidade; o servidor passa exercer suas atividades sem a preocupação de perder seu cargo por qualquer simples motivo. Vejamos o que diz a Constituição Federal:

> *Art. 41. São estáveis após três anos de efetivo exercício os servidores nomeados para cargo de provimento efetivo em virtude de concurso público.*
>
> *§ 1º - O servidor público estável só perderá o cargo:*
>
> *I. Em virtude de sentença judicial transitada em julgado;*
>
> *II. Mediante processo administrativo em que lhe seja assegurada ampla defesa;*
>
> *III. Mediante procedimento de avaliação periódica de desempenho, na forma de lei complementar, assegurada ampla defesa.*
>
> *§ 2º - Invalidada por sentença judicial a demissão do servidor estável, será ele reintegrado, e o eventual ocupante da vaga, se estável, reconduzido ao cargo de origem, sem direito a indenização, aproveitado em outro cargo ou posto em disponibilidade com remuneração proporcional ao tempo de serviço.*
>
> *§ 3º - Extinto o cargo ou declarada a sua desnecessidade, o servidor estável ficará em disponibilidade, com remuneração proporcional ao tempo de serviço, até seu adequado aproveitamento em outro cargo.*
>
> *§ 4º - Como condição para a aquisição da estabilidade, é obrigatória a avaliação especial de desempenho por comissão instituída para essa finalidade.*

O primeiro ponto relevante é que a estabilidade se adquire após três anos de efetivo exercício. Só adquire estabilidade quem ocupa um cargo público de provimento efetivo, após a aprovação em concurso público. Essa garantia não se estende aos titulares de emprego público nem aos que ocupam cargos em comissão de livre nomeação e exoneração.

Não confunda a estabilidade com estágio probatório. Esse é o período de avaliação inicial dentro do novo cargo a que o servidor concursado se sujeita antes de adquirir sua estabilidade. A Constituição não fala nada de estágio probatório, mas, para os servidores públicos federais, aplica-se o prazo previsto na Lei 8.112/90. Aqui temos um problema. O referido estatuto dos servidores públicos federais prevê o prazo de 24 meses para o estágio probatório.

Contudo, tem prevalecido, na doutrina e na jurisprudência, o entendimento de que não tem como se dissociar o prazo do estágio probatório da aquisição da estabilidade, de forma que até o próprio STF e o STJ reconhecem que o prazo do estágio probatório foi revogado tacitamente pela EC 19/98 que alterou o prazo de aquisição da estabilidade para 3 anos. Reforça esse entendimento o fato de que a Advocacia-Geral da União já emitiu parecer vinculante determinando a aplicação do prazo de **3 anos para o estágio probatório** em todo o Poder Executivo Federal, o que de fato acontece. Dessa forma, para prova o prazo do estágio probatório é de 3 anos.

Segundo o texto constitucional, é condição para a aquisição da estabilidade a avaliação especial de desempenhos aplicada por comissão instituída para essa finalidade.

O servidor estável só perderá o cargo nas hipóteses previstas na Constituição, as quais são:

> **Sentença judicial transitada em julgado;**
> **Procedimento Administrativo Disciplinar;**
> **Insuficiência de desempenho comprovada na Avaliação Periódica;**
> **Excesso de despesas com pessoal nos termos do Art. 169, § 3º.**

Servidores em exercício de mandato eletivo

Para os servidores públicos que estão no exercício de mandato eletivo, aplicam-se as seguintes regras:

> *Art. 38. Ao servidor público da administração direta, autárquica e fundacional, no exercício de mandato eletivo, aplicam-se as seguintes disposições:*
>
> *I. Tratando-se de mandato eletivo federal, estadual ou distrital, ficará afastado de seu cargo, emprego ou função;*
>
> *II. Investido no mandato de Prefeito, será afastado do cargo, emprego ou função, sendo-lhe facultado optar pela sua remuneração;*
>
> *III. Investido no mandato de Vereador, havendo compatibilidade de horários, perceberá as vantagens de seu cargo, emprego ou função, sem prejuízo da remuneração do cargo eletivo, e, não havendo compatibilidade, será aplicada a norma do inciso anterior;*
>
> *IV. Em qualquer caso que exija o afastamento para o exercício de mandato eletivo, seu tempo de serviço será contado para todos os efeitos legais, exceto para promoção por merecimento;*
>
> *V. Para efeito de benefício previdenciário, no caso de afastamento, os valores serão determinados como se no exercício estivesse.*

Em suma:

Mandato Eletivo Federal, Estadual ou Distrital: afasta-se do cargo, emprego ou função;

Mandato Eletivo Municipal:

Prefeito: Afasta-se do cargo, mas pode optar pela remuneração;

Vereador: Havendo compatibilidade de horário, pode exercer os dois cargos e cumular as duas remunerações respeitando os limites legais. Não havendo compatibilidade de horário, deverá afastar-se do cargo podendo optar pela remuneração de um dos dois.

Havendo o afastamento, a Constituição determinou ainda que esse período seja contabilizado como tempo de serviço gerando todos seus efeitos legais, com exceção da promoção de merecimento, além de ser contabilizado para efeito de benefício previdenciário.

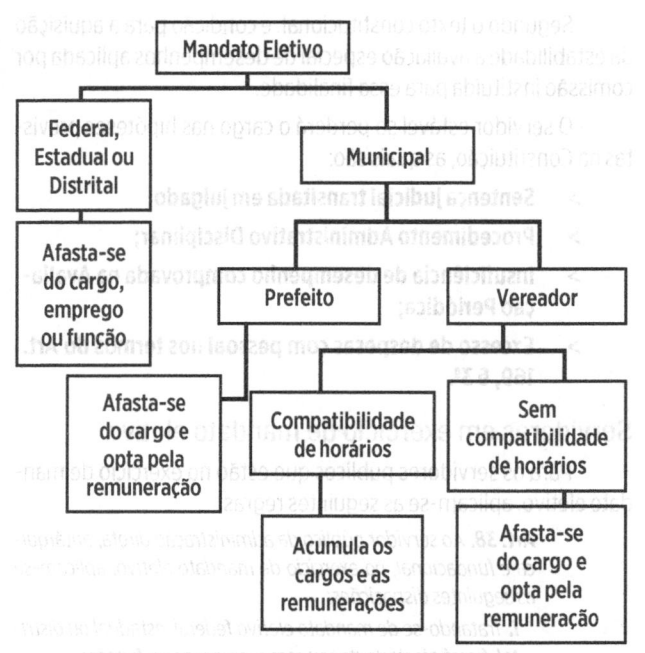

ADMINISTRAÇÃO PÚBLICA

```
Mandato Eletivo
├── Federal, Estadual ou Distrital
│   └── Afasta-se do cargo, emprego ou função
│       └── Afasta-se do cargo e opta pela remuneração
└── Municipal
    ├── Prefeito
    │   └── (Afasta-se do cargo e opta pela remuneração)
    └── Vereador
        ├── Compatibilidade de horários
        │   └── Acumula os cargos e as remunerações
        └── Sem compatibilidade de horários
            └── Afasta-se do cargo e opta pela remuneração
```

Regras de Remuneração dos Servidores Públicos

A Constituição Federal previu várias regras referentes a remuneração dos servidores públicos, que consta no Art. 37, da CF, as quais são bem interessantes para serem cobradas em sua prova:

> **X.** A remuneração dos servidores públicos e o subsídio de que trata o § 4º do Art. 39 somente poderão ser fixados ou alterados por lei específica, observada a iniciativa privativa em cada caso, assegurada revisão geral anual, sempre na mesma data e sem distinção de índices;

O primeiro ponto importante sobre a remuneração dos servidores é que ela só pode ser fixada por meio de lei específica, se a Constituição não estabelece qualquer outro critério, essa lei é ordinária. Além disso, a iniciativa da lei também é específica, ou seja, cada poder tem competência para propor a lei que altere o quadro remuneratório dos seus servidores. Por exemplo, no âmbito do Poder Executivo Federal o Presidente da República é quem tem a iniciativa para propor o projeto de lei.

Ainda há que se fazer a revisão geral anual, sem distinção de índices e sempre na mesma data, que serve para suprir as perdas inflacionárias que ocorrem com a remuneração dos servidores. No que tange à revisão geral anual, o STF entende que a competência para a iniciativa é privativa do Presidente da República, com base no Art. 61, § 1º, II, "a" da CF:

> **§ 1º** - São de iniciativa privativa do Presidente da República as leis que:
>
> **II.** Disponham sobre:
>
> **a)** criação de cargos, funções ou empregos públicos na administração direta e autárquica ou aumento de sua remuneração.

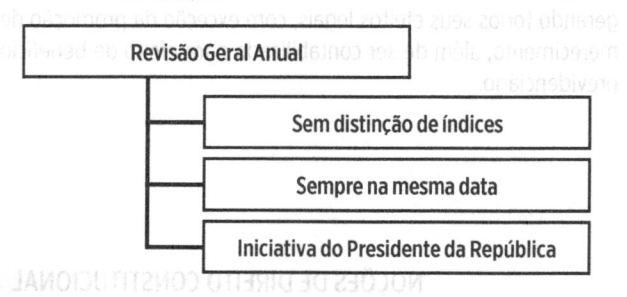

```
Revisão Geral Anual
├── Sem distinção de índices
├── Sempre na mesma data
└── Iniciativa do Presidente da República
```

Outro ponto importante é o teto constitucional, que é o limite imposto para fixação das tabelas remuneratórias dos servidores; conforme o inciso XI do Art. 37, CF:

> **XI.** A remuneração e o subsídio dos ocupantes de cargos, funções e empregos públicos da administração direta, autárquica e fundacional, dos membros de qualquer dos Poderes da União, dos Estados, do Distrito Federal e dos Municípios, dos detentores de mandato eletivo e dos demais agentes políticos e os proventos, pensões ou outra espécie remuneratória, percebidos cumulativamente ou não, incluídas as vantagens pessoais ou de qualquer outra natureza, não poderão exceder o subsídio mensal, em espécie, dos Ministros do Supremo Tribunal Federal, aplicando-se como limite, nos Municípios, o subsídio do Prefeito, e nos Estados e no Distrito Federal, o subsídio mensal do Governador no âmbito do Poder Executivo, o subsídio dos Deputados Estaduais e Distritais no âmbito do Poder Legislativo e o subsídio dos Desembargadores do Tribunal de Justiça, limitado a noventa inteiros e vinte e cinco centésimos por cento do subsídio mensal, em espécie, dos Ministros do Supremo Tribunal Federal, no âmbito do Poder Judiciário, aplicável este limite aos membros do Ministério Público, aos Procuradores e aos Defensores Públicos.

Vamos entender essa regra, analisando os diversos tipos de limites previstos no texto constitucional.

O primeiro limite é o Teto Geral, que, segundo a Constituição, corresponde ao subsídio do Ministro do Supremo Tribunal Federal. Isso significa que nenhum servidor público no Brasil pode receber remuneração maior que o subsídio do Ministro do Supremo Tribunal Federal. Esse limite se aplica a todos os poderes em todos os entes federativos. Ressalte-se que a iniciativa de proposta legislativa para fixação da remuneração dos Ministros pertence aos próprios membros do STF.

Em seguida, nós temos os subtetos, que são limites aplicáveis a cada poder e em cada ente federativo. Vejamos de forma sistematizada as regras previstas na Constituição Federal:

Estados e df

Poder Executivo: subsídio do Governador.

Poder Legislativo: subsídio do Deputado Estadual ou Distrital.

Poder Judiciário: subsídio do Desembargador do Tribunal de Justiça. Aplica-se este limite aos membros do Ministério Público e da Defensoria Pública dos Estados e Distrito Federal.

Municípios

Poder Executivo: subsídio do Prefeito.

A Constituição permite que os Estados e o Distrito Federal poderão, por iniciativa do governador, adotar limite único nos termos do Art. 37, § 12, mediante emenda a Constituição Estadual ou a Lei Orgânica do DF, o qual não poderá ultrapassar 90,25% do subsídio do ministro do STF. Ressalte-se que se porventura for criado este limite único ele não será aplicado a alguns membros do Poder Legislativo, como aos Deputados Distritais e Vereadores.

```
Subtetos
├── Estados e DF
│   ├── Poder Executivo: subsídio do Governador
│   ├── Poder Legislativo: subsídio do deputado estadual ou distrital
│   └── Poder Judiciário: subsídio do desembargador do TJ
└── Municípios
    └── Subsídios do Prefeito
```

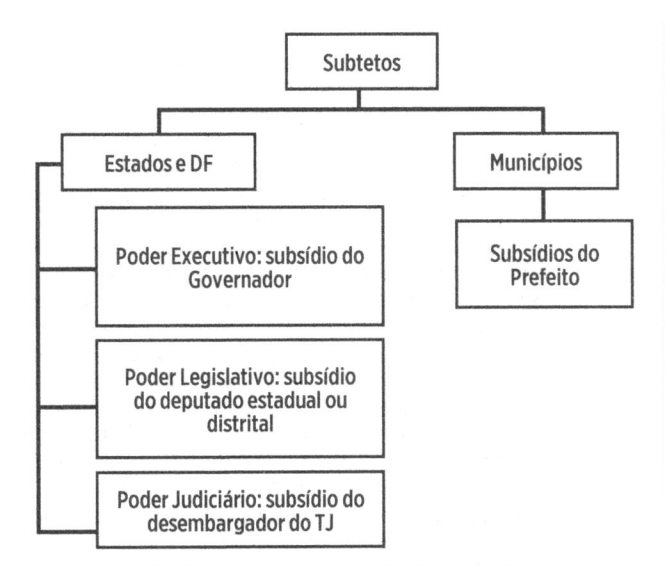

A seguir, são abordados alguns limites específicos que também estão previstos no texto constitucional, mas em outros artigos, pois são determinados a algumas autoridades:

Governador e Prefeito: subsídio do ministro do STF;

Deputado Estadual e Distrital[1]: 75% do subsídio do Deputado Federal;

Vereador: 75% do subsídio do Deputado Estadual para os municípios com mais de 500.000 habitantes. Nos municípios com menos habitantes, aplica-se a regra proporcional a população conforme o Art. 29, VI da Constituição Federal[2].

Magistrados dos Tribunais Superiores: 95% do subsídio dos ministros do STF. Dos demais magistrados, o subteto é 95% do subsídio dos ministros dos Tribunais Superiores.

> *Art. 93, V. O subsídio dos Ministros dos Tribunais Superiores corresponderá a noventa e cinco por cento do subsídio mensal fixado para os Ministros do Supremo Tribunal Federal e os subsídios dos demais magistrados serão fixados em lei e escalonados, em nível federal e estadual, conforme as respectivas categorias da estrutura judiciária nacional, não podendo a diferença entre uma e outra ser superior a dez por cento ou inferior a cinco por cento, nem exceder a noventa e cinco por cento do subsídio mensal dos Ministros dos Tribunais Superiores, obedecido, em qualquer caso, o disposto nos Arts. 37, XI, e 39, § 4º.*

---

1 Arts. 27, §2º e 32, §3º da Constituição Federal
2 Art. 29, VI . O subsídio dos Vereadores será fixado pelas respectivas Câmaras Municipais em cada legislatura para a subsequente, observado o que dispõe esta Constituição, observados os critérios estabelecidos na respectiva Lei Orgânica e os seguintes limites máximos: a) em Municípios de até dez mil habitantes, o subsídio máximo dos Vereadores corresponderá a vinte por cento do subsídio dos Deputados Estaduais; b) em Municípios de dez mil e um a cinquenta mil habitantes, o subsídio máximo dos Vereadores corresponderá a trinta por cento do subsídio dos Deputados Estaduais; c) em Municípios de cinquenta mil e um a cem mil habitantes, o subsídio máximo dos Vereadores corresponderá a quarenta por cento do subsídio dos Deputados Estaduais; d) em Municípios de cem mil e um a trezentos mil habitantes, o subsídio máximo dos Vereadores corresponderá a cinquenta por cento do subsídio dos Deputados Estaduais; e) em Municípios de trezentos mil e um a quinhentos mil habitantes, o subsídio máximo dos Vereadores corresponderá a sessenta por cento do subsídio dos Deputados Estaduais; f) em Municípios de mais de quinhentos mil habitantes, o subsídio máximo dos Vereadores corresponderá a setenta e cinco por cento do subsídio dos Deputados Estaduais;

Tetos Específicos	
Governador e Prefeito	Subsídio do ministro do STF
Deputado Estadual e Distrital	75% do subsídio do Deputado Federal
Vereador	75% do subsídio do Deputado Estadual (municípios + de 500 mil hab.)
Magistrados dos Tribunais Superiores	95% do subsídio dos ministros do STF

Lembre-se de que esses limites aplicam-se quando for possível a acumulação de cargos prevista no texto constitucional, ressalvados os seguintes casos:

Magistratura + Magistério: a Resolução nº 14/2006 do Conselho Nacional de Justiça prevê que não se sujeita ao teto a remuneração oriunda no magistério exercido pelos juízes;

Exercício cumulativo de funções no Supremo Tribunal Federal e Tribunal Superior Eleitoral.

Casos em que se pode ultrapassar o teto constitucional

```
Magistratura + Magistério        Min. STF + Min. TSE
            └──── Teto Ministro STF ────┘
```

Os limites aplicam-se as empresas públicas e sociedades de economia mista desde que recebam recursos da União dos Estados e do Distrito Federal para pagamento do pessoal e custeio em geral:

> *§ 9º - O disposto no inciso XI aplica-se às empresas públicas e às sociedades de economia mista, e suas subsidiárias, que receberem recursos da União, dos Estados, do Distrito Federal ou dos Municípios para pagamento de despesas de pessoal ou de custeio em geral.*

A Constituição Federal também trouxe previsão expressa vedando qualquer equiparação ou vinculação de remuneração de servidor público:

> *XIII. É vedada a vinculação ou equiparação de quaisquer espécies remuneratórias para o efeito de remuneração de pessoal do serviço público.*

Antes da EC 19/1998, muitos servidores incorporavam vantagens pecuniárias calculadas sobre outras vantagens, gerando aumento desproporcional da remuneração. Isso acabou com a alteração do texto constitucional:

NOÇÕES DE DIREITO CONSTITUCIONAL

XIV. Os acréscimos pecuniários percebidos por servidor público não serão computados nem acumulados para fins de concessão de acréscimos ulteriores.

Destaque-se, ainda, a regra constitucional que prevê a irredutibilidade da remuneração dos servidores públicos:

XV. O subsídio e os vencimentos dos ocupantes de cargos e empregos públicos são irredutíveis, ressalvado o disposto nos incisos XI e XIV deste artigo e nos Arts. 39, § 4º, 150, II, 153, III, e 153, § 2º, I.

A irredutibilidade aqui é meramente nominal, não existindo direito à preservação do valor real em proteção a perda do poder aquisitivo. A irredutibilidade também não impede a alteração da composição remuneratória; significa dizer que podem ser retiradas as gratificações, mantendo-se o valor nominal da remuneração, nem mesmo a supressão de parcelas ou gratificações; é preciso considerar que o STF entende não haver direito adquirido a regime jurídico.

Regras de aposentadoria

Esse tema costuma ser trabalhado em Direito Previdenciário devido às inúmeras regras de transição que foram editadas, além das previstas no texto constitucional. Para as provas de Direito Constitucional, é importante a leitura atenta dos dispositivos abaixo:

Art. 40. O regime próprio de previdência social dos servidores titulares de cargos efetivos terá caráter contributivo e solidário, mediante contribuição do respectivo ente federativo, de servidores ativos, de aposentados e de pensionistas, observados critérios que preservem o equilíbrio financeiro e atuarial.

§ 1º O servidor abrangido por regime próprio de previdência social será aposentado:

I. por incapacidade permanente para o trabalho, no cargo em que estiver investido, quando insuscetível de readaptação, hipótese em que será obrigatória a realização de avaliações periódicas para verificação da continuidade das condições que ensejaram a concessão da aposentadoria, na forma de lei do respectivo ente federativo;

II. compulsoriamente, com proventos proporcionais ao tempo de contribuição, aos 70 (setenta) anos de idade, ou aos 75 (setenta e cinco) anos de idade, na forma de lei complementar;

III. no âmbito da União, aos 62 (sessenta e dois) anos de idade, se mulher, e aos 65 (sessenta e cinco) anos de idade, se homem, e, no âmbito dos Estados, do Distrito Federal e dos Municípios, na idade mínima estabelecida mediante emenda às respectivas Constituições e Leis Orgânicas, observados o tempo de contribuição e os demais requisitos estabelecidos em lei complementar do respectivo ente federativo.

§ 2º Os proventos de aposentadoria não poderão ser inferiores ao valor mínimo a que se refere o § 2º do art. 201 ou superiores ao limite máximo estabelecido para o Regime Geral de Previdência Social, observado o disposto nos §§ 14 a 16.

§ 3º As regras para cálculo de proventos de aposentadoria serão disciplinadas em lei do respectivo ente federativo.

§ 4º É vedada a adoção de requisitos ou critérios diferenciados para concessão de benefícios em regime próprio de previdência social, ressalvado o disposto nos §§ 4º-A, 4º-B, 4º-C e 5º. (Redação dada pela Emenda Constitucional nº 103, de 2019)

§ 4º-A. Poderão ser estabelecidos por lei complementar do respectivo ente federativo idade e tempo de contribuição diferenciados para aposentadoria de servidores com deficiência, previamente submetidos a avaliação biopsicossocial realizada por equipe multiprofissional e interdisciplinar.

§ 4º-B. Poderão ser estabelecidos por lei complementar do respectivo ente federativo idade e tempo de contribuição diferenciados para aposentadoria de ocupantes do cargo de agente penitenciário, de agente socioeducativo ou de policial dos órgãos de que tratam o inciso IV do caput do art. 51, o inciso XIII do caput do art. 52 e os incisos I a IV do caput do art. 144.

§ 4º-C. Poderão ser estabelecidos por lei complementar do respectivo ente federativo idade e tempo de contribuição diferenciados para aposentadoria de servidores cujas atividades sejam exercidas com efetiva exposição a agentes químicos, físicos e biológicos prejudiciais à saúde, ou associação desses agentes, vedada a caracterização por categoria profissional ou ocupação.

§ 5º Os ocupantes do cargo de professor terão idade mínima reduzida em 5 (cinco) anos em relação às idades decorrentes da aplicação do disposto no inciso III do § 1º, desde que comprovem tempo de efetivo exercício das funções de magistério na educação infantil e no ensino fundamental e médio fixado em lei complementar do respectivo ente federativo.

§ 6º Ressalvadas as aposentadorias decorrentes dos cargos acumuláveis na forma desta Constituição, é vedada a percepção de mais de uma aposentadoria à conta de regime próprio de previdência social, aplicando-se outras vedações, regras e condições para a acumulação de benefícios previdenciários estabelecidas no Regime Geral de Previdência Social.

§ 7º Observado o disposto no § 2º do art. 201, quando se tratar da única fonte de renda formal auferida pelo dependente, o benefício de pensão por morte será concedido nos termos de lei do respectivo ente federativo, a qual tratará de forma diferenciada a hipótese de morte dos servidores de que trata o § 4º-B decorrente de agressão sofrida no exercício ou em razão da função.

§ 8º É assegurado o reajustamento dos benefícios para preservar-lhes, em caráter permanente, o valor real, conforme critérios estabelecidos em lei.

§ 9º O tempo de contribuição federal, estadual, distrital ou municipal será contado para fins de aposentadoria, observado o disposto nos §§ 9º e 9º-A do art. 201, e o tempo de serviço correspondente será contado para fins de disponibilidade.

§ 10. A lei não poderá estabelecer qualquer forma de contagem de tempo de contribuição fictício.

§ 11. Aplica-se o limite fixado no art. 37, XI, à soma total dos proventos de inatividade, inclusive quando decorrentes da acumulação de cargos ou empregos públicos, bem como de outras atividades sujeitas a contribuição para o regime geral de previdência social, e ao montante resultante da adição de proventos de inatividade com remuneração de cargo acumulável na forma desta Constituição, cargo em comissão declarado em lei de livre nomeação e exoneração, e de cargo eletivo.

§ 12. Além do disposto neste artigo, serão observados, em regime próprio de previdência social, no que couber, os requisitos e critérios fixados para o Regime Geral de Previdência Social.

§ 13. Aplica-se ao agente público ocupante, exclusivamente, de cargo em comissão declarado em lei de livre nomeação e exoneração, de outro cargo temporário, inclusive mandato eletivo, ou de emprego público, o Regime Geral de Previdência Social.

§ 14. A União, os Estados, o Distrito Federal e os Municípios instituirão, por lei de iniciativa do respectivo Poder Executivo, regime de previdência complementar para servidores públicos ocupantes de cargo efetivo, observado o limite máximo dos benefícios do Regime Geral de Previdência Social para o valor das aposentadorias e das pensões em regime próprio de previdência social, ressalvado o disposto no § 16.

§ 15. O regime de previdência complementar de que trata o § 14 oferecerá plano de benefícios somente na modalidade contribuição definida, observará o disposto no art. 202 e será efetivado por intermédio de entidade fechada de previdência complementar ou de entidade aberta de previdência complementar.

§ 16. Somente mediante sua prévia e expressa opção, o disposto nos § § 14 e 15 poderá ser aplicado ao servidor que tiver ingressado no serviço público até a data da publicação do ato de instituição do correspondente regime de previdência complementar.

§ 17. Todos os valores de remuneração considerados para o cálculo do benefício previsto no § 3º serão devidamente atualizados, na forma da lei.

§ 18. Incidirá contribuição sobre os proventos de aposentadorias e pensões concedidas pelo regime de que trata este artigo que superem o limite máximo estabelecido para os benefícios do regime geral de previdência social de que trata o art. 201, com percentual igual ao estabelecido para os servidores titulares de cargos efetivos.

§ 19. Observados critérios a serem estabelecidos em lei do respectivo ente federativo, o servidor titular de cargo efetivo que tenha completado as exigências para a aposentadoria voluntária e que opte por permanecer em atividade poderá fazer jus a um abono de permanência equivalente, no máximo, ao valor da sua contribuição previdenciária, até completar a idade para aposentadoria compulsória.

§ 20. É vedada a existência de mais de um regime próprio de previdência social e de mais de um órgão ou entidade gestora desse regime em cada ente federativo, abrangidos todos os poderes, órgãos e entidades autárquicas e fundacionais, que serão responsáveis pelo seu financiamento, observados os critérios, os parâmetros e a natureza jurídica definidos na lei complementar de que trata o § 22.

§ 21. A contribuição prevista no § 18 deste artigo incidirá apenas sobre as parcelas de proventos de aposentadoria e de pensão que superem o dobro do limite máximo estabelecido para os benefícios do regime geral de previdência social de que trata o art. 201 desta Constituição, quando o beneficiário, na forma da lei, for portador de doença incapacitante.

§ 22. Vedada a instituição de novos regimes próprios de previdência social, lei complementar federal estabelecerá, para os que já existam, normas gerais de organização, de funcionamento e de responsabilidade em sua gestão, dispondo, entre outros aspectos, sobre:

I. requisitos para sua extinção e consequente migração para o Regime Geral de Previdência Social;

II. modelo de arrecadação, de aplicação e de utilização dos recursos;

III. fiscalização pela União e controle externo e social;

IV. definição de equilíbrio financeiro e atuarial;

V. condições para instituição do fundo com finalidade previdenciária de que trata o art. 249 e para vinculação a ele dos recursos provenientes de contribuições e dos bens, direitos e ativos de qualquer natureza;

VI. mecanismos de equacionamento do déficit atuarial;

VII. estruturação do órgão ou entidade gestora do regime, observados os princípios relacionados com governança, controle interno e transparência;

VIII. condições e hipóteses para responsabilização daqueles que desempenhem atribuições relacionadas, direta ou indiretamente, com a gestão do regime;

IX. condições para adesão a consórcio público;

X. parâmetros para apuração da base de cálculo e definição de alíquota de contribuições ordinárias e extraordinárias.

Dos militares dos estados, do distrito federal e dos territórios

A Constituição Federal distingue duas espécies de servidores, os civis e os militares, sendo que a estes reserva um regime jurídico diferenciado, previsto especialmente no Art. 42 (Polícias Militares e Corpos de Bombeiros Militares) e no Art. 142, § 3º (Forças Armadas – Exército, Marinha e Aeronáutica).

As Polícias Militares, os Corpos de Bombeiros Militares e as Forças Armadas são instituições organizadas com base na **hierarquia** e na **disciplina**.

Tomando de empréstimo o conceito constante do Art. 14, § 1º e 2º, da Lei nº 6.880, de 1980 (Estatuto dos Militares das Forças Armadas), temos que a **hierarquia** militar é a ordenação da autoridade, em níveis diferentes, dentro da estrutura militar e a **disciplina** é a rigorosa observância e o acatamento integral das leis, regulamentos, normas e disposições que fundamentam o organismo militar e coordenam seu funcionamento regular e harmônico, traduzindo-se pelo perfeito cumprimento do dever por parte de todos e de cada um dos componentes desses organismos.

É claro que a hierarquia e a disciplina estão presentes em todo o serviço público. No entanto, no seio militar, elas são muito mais rígidas, objetivando garantir pronta e irrestrita obediência de seus membros, o que é imprescindível para o exercício das suas atividades.

As Polícias Militares e os Corpos de Bombeiros Militares são **órgãos de Segurança Pública** (Art. 144, da CF), organizados e mantidos pelos Estados.

Às Polícias Militares cabem as atribuições de polícia administrativa, ostensiva e a preservação da ordem pública. Aos Corpos de Bombeiros Militares cabe, além das atribuições definidas em lei (atividades de combate a incêndio, busca e resgate de pessoas etc.), a execução de atividades de defesa civil (Art. 144, § 5º, da CF).

Segundo o § 6º, do Art. 144, da CF, as Polícias Militares e os Corpos de Bombeiros Militares são forças auxiliares e reserva do Exército e subordinam-se aos Governadores dos Estados, do Distrito Federal e dos Territórios.

Apesar de estarem subordinadas ao Governador do Distrito Federal, a organização e a manutenção da Polícia Militar e do Corpo de Bombeiros Militares do Distrito Federal são de competência da União (Art. 21, inciso XIV, da CF).

No Art. 42, a Constituição Federal estende aos policiais militares e aos bombeiros militares praticamente as mesmas **disposições** aplicáveis aos integrantes das Forças Armadas, militares da União, previstas no Art. 142, § 2º e 3º, da CF. Assim, entre outros:

> **O militar que seja alistável é elegível.** No entanto, se contar menos de dez anos de serviço, deverá afastar-se da atividade; se contar mais de dez anos de serviço será agregado pela autoridade superior e, se eleito, passará automaticamente, no ato da diplomação, para a inatividade;

> **Não cabe Habeas** Corpus em relação a punições disciplinares militares;

> **Ao militar são proibidas** a sindicalização e a greve;

> O militar, **enquanto em serviço ativo**, não pode estar filiado a partidos políticos.

ADMINISTRAÇÃO PÚBLICA

Questões

01. (COPESE) Sobre a Administração Pública na Constituição Federal de 1988, marque a alternativa correta:
a) O princípio da impessoalidade está previsto de forma implícita na Constituição Federal de 1988.
b) As funções de confiança são exercidas exclusivamente por servidores ocupantes de cargos em comissão.
c) A moralidade, a legalidade e a parcialidade são princípios norteadores da Administração Pública direta e de qualquer dos Poderes da União, dos Estados, do Distrito Federal, dos Municípios e dos Territórios.
d) O prazo de validade do concurso público será de até dois anos, prorrogável uma vez, por igual período, sendo que, durante o prazo improrrogável previsto no edital de convocação, aquele que aprovado em concurso público de provas ou de provas e títulos será convocado com prioridade sobre novos concursados para assumir cargo ou emprego, na carreira.

02. (FCC) Dentre as regras da Constituição Federal a respeito da investidura em cargos públicos está aquela segundo a qual:
a) Os cargos, empregos e funções públicas são acessíveis apenas aos brasileiros natos, não podendo ser exercidos por brasileiros naturalizados, nem por estrangeiros.
b) A investidura em cargo, mas não a investidura em emprego, depende de aprovação prévia em concurso público de provas ou de provas e títulos.
c) O prazo de validade do concurso público será de até dois anos, prorrogável uma vez, pela metade do período, caso expressamente autorizado no edital de abertura do concurso.
d) Durante o prazo improrrogável previsto no edital de convocação, aquele aprovado em concurso público de provas ou de provas e títulos será convocado com prioridade sobre novos concursados para assumir cargo ou emprego, na carreira.
e) Os cargos em comissão, exercidos exclusivamente por servidores de carreira, destinam-se apenas às atribuições de direção, chefia e assessoramento.

03. (MPE) A administração pública direta e indireta de qualquer dos Poderes da União, dos Estados, do Distrito Federal e dos Municípios obedecerá aos princípios de legalidade, impessoalidade, moralidade, publicidade e eficiência e, também, ao seguinte:
a) O prazo de validade do concurso público será de dois anos, prorrogável uma vez, por igual período.
b) É vedada a vinculação ou equiparação de vencimentos, para o efeito de remuneração de pessoal do serviço público, com a ressalva de que a lei assegurará, aos servidores da administração direta, isonomia de vencimentos para cargos de atribuições iguais ou assemelhados do mesmo Poder ou entre servidores dos Poderes Executivo, Legislativo e Judiciário.
c) A investidura em cargo ou emprego público depende de aprovação prévia em concurso público de provas ou de provas e títulos, ressalvadas as nomeações para cargo em comissão declarado em lei de livre nomeação e exoneração.
d) É vedada a acumulação remunerada de cargos públicos, exceto, quando houver compatibilidade de horários, a de dois cargos de professor, a de um cargo de professor com outro técnico ou científico e a de dois cargos privativos de médicos.

Gabaritos

01	D
02	D
03	C

10. PODER LEGISLATIVO

Com o objetivo de limitar o poder do Estado, alguns filósofos desenvolveram a tese de que, se o poder estivesse nas mãos de várias pessoas, seria possível controlá-lo de uma forma melhor. Essa necessidade se deu em razão dos grandes abusos cometidos pelos imperadores que agiam arbitrariamente com seus súditos. A partir de então, surgiu a teoria da **Separação dos Poderes**, também chamada de Tripartição dos Poderes. Antes de analisar cada um dos Poderes do Estado, são explorados a seguir dois princípios constitucionais essenciais para entender essa organização: Tripartição dos Poderes e Federativo.

10.1 Princípios

Princípio da tripartição dos poderes

O primeiro princípio constitucional importante para o estudo da Organização dos Poderes é o Princípio da Tripartição dos Poderes, também chamado de Princípio da Separação dos Poderes. Sua origem histórica tem como fundamento a necessidade de se limitar os poderes do Estado. Alguns filósofos perceberam que se o Poder do Estado estivesse dividido entre três entidades diferentes, seria possível que a sociedade exercesse um maior controle sobre sua utilização.

Foi aí que surgiu a ideia de se dividir o Poder do Estado em três poderes, cada qual responsável pelo desenvolvimento de uma função principal do Estado:

Poder Executivo

Função principal (típica) de administrar o Estado;

Poder Legislativo

Função principal (típica) de legislar e fiscalizar as contas públicas;

Poder Judiciário

Função principal (típica) jurisdicional.

Além da sua própria função, a Constituição criou uma sistemática que permite a cada um dos poderes o exercício da função do outro poder. É a função atípica:

Poder Executivo

Função atípica de legislar e julgar;

Poder Legislativo

Função atípica de administrar e julgar;

Poder Judiciário

Função atípica de administrar e legislar.

Dessa forma, pode-se dizer que além da própria função, cada poder exercerá de forma acessória a função do outro poder.

Uma pergunta sempre surge na cabeça dos estudantes e poderá aparecer em prova: qual dos três poderes é mais importante?

A única resposta possível é a inexistência de poder mais importante. Cada poder possui sua própria função de forma que não se pode afirmar que exista hierarquia entre os poderes do Estado. Como diz a Constituição no Art. 2º:

> **Art. 2º.** *São Poderes da União, independentes e harmônicos entre si, o Legislativo, o Executivo e o Judiciário.*

A seguir, será tratado de outro princípio que, juntamente com a Separação dos Poderes, é responsável pela organização do Estado: Princípio Federativo.

Princípio federativo

Quando se fala em Federação, está-se falando da Forma de Estado adotada no Brasil. A forma de Estado reflete o modo de exercício do poder político em função do território, ou seja, como o poder político está distribuído dentro do território. Para compreender esta forma de Estado precisa-se ter em mente sua principal característica: descentralização política. Dizemos então que, numa federação, o poder político está distribuído entre os vários entes federativos, ou melhor, entre quatro entes federativos:

União;

Estados;

Distrito Federal;

Municípios.

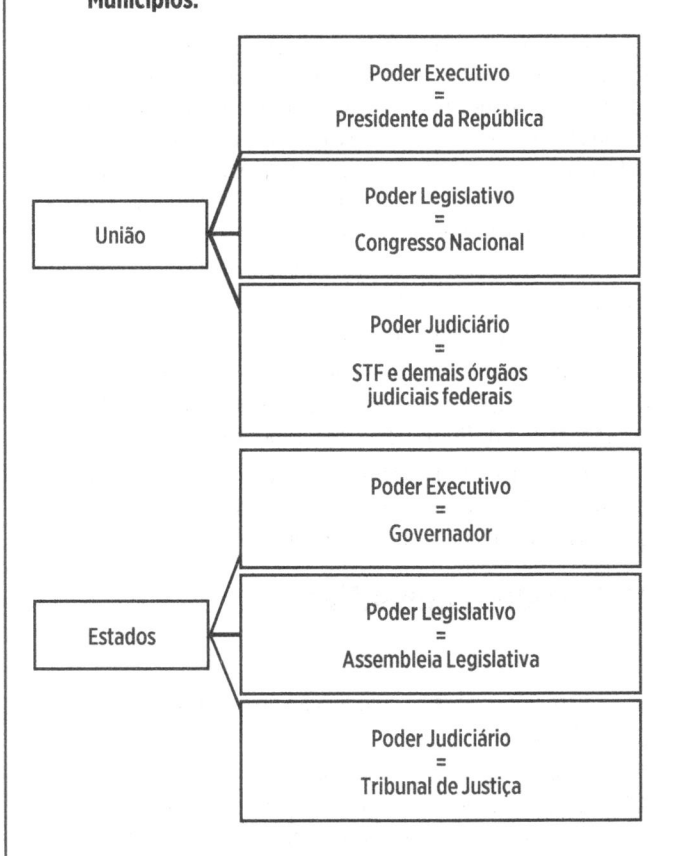

- União
  - Poder Executivo = Presidente da República
  - Poder Legislativo = Congresso Nacional
  - Poder Judiciário = STF e demais órgãos judiciais federais

- Estados
  - Poder Executivo = Governador
  - Poder Legislativo = Assembleia Legislativa
  - Poder Judiciário = Tribunal de Justiça

PODER LEGISLATIVO

```
                    ┌─ Poder Executivo
                    │   =
                    │   Prefeito
                    │
                    ├─ Poder Legislativo
    Municípios ─────┤   =
                    │   Câmara de Vereadores
                    │
                    └─ Poder Judiciário
                        =
                        Não Existe

                    ┌─ Poder Executivo
                    │   =
                    │   Governador
                    │
                    ├─ Poder Legislativo
 Distrito Federal ──┤   =
                    │   Câmara Legislativa
                    │
                    └─ Poder Judiciário
                        =
                        Tribunal de Justiça
```

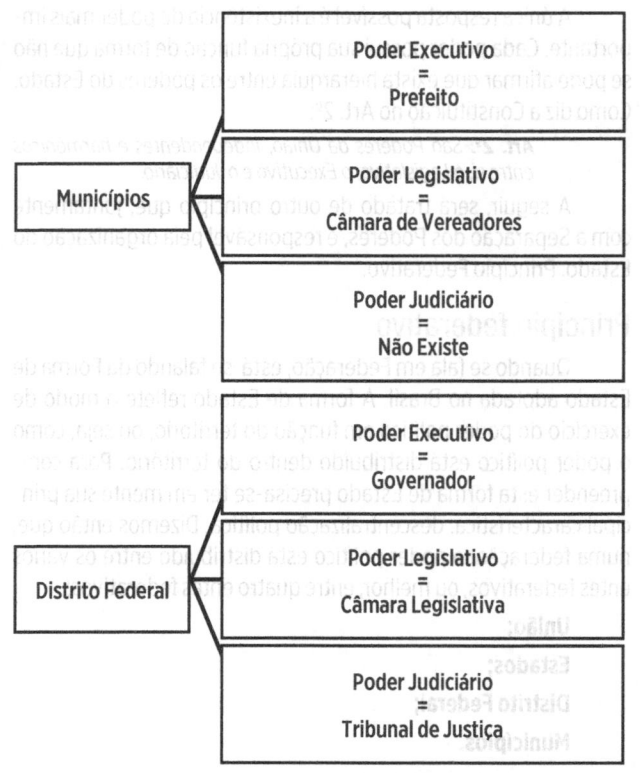

Cada um dos entes federativos possui sua própria autonomia política, a qual pode ser percebida pela capacidade de auto-organização, de criação de leis e, inclusive, de criação da sua própria Constituição. Apesar de cada ente federativo possuir essa independência, não se pode esquecer que a existência do pacto federativo pressupõe a existência de uma Constituição Federal e da impossibilidade de separação.

Uma coisa deve ficar bem clara: não existe hierarquia entre os entes federativos. O que os diferencia é a competência que cada um recebeu da Constituição Federal.

Após analisar estes dois princípios constitucionais, será feita a junção entre eles para se ver como se estruturam dentro da República Federativa do Brasil. Dessa forma, foi visto na imagem anterior.

Agora que ficou esclarecido como o Estado Brasileiro está organizado, serão estudados os três Poderes em espécie. Começaremos pelo Poder Legislativo, sempre muito cobrado em prova.

10.2 Poder Legislativo

Funções típicas e atípicas

Esse Poder possui como função típica duas atribuições: legislar e fiscalizar.

Legislar significa criar leis, inovar o ordenamento jurídico. A função fiscalizatória diz respeito ao controle externo das contas públicas. É a fiscalização financeira, contábil e orçamentária.

Informações gerais

O Poder Legislativo da União é representado pelo Congresso Nacional, cuja estrutura é bicameral, ou seja, é formado pela Câmara dos Deputados e pelo Senado Federal. Essa previsão encontra-se na Constituição Federal:

> **Art. 44.** *O Poder Legislativo é exercido pelo Congresso Nacional, que se compõe da Câmara dos Deputados e do Senado Federal.*

A **Câmara dos Deputados** é composta pelos Deputados Federais que são **representantes do povo** eleitos segundo o **sistema proporcional,** devendo cada ente (Estado e Distrito Federal) eleger no mínimo 8 e no máximo 70 Deputados Federais. A proporcionalidade está relacionada com a quantidade da população dos entes federativos. Quanto maior for a população, mais deputados serão eleitos. Os territórios podem eleger quatro deputados. O mandato do Deputado é de quatro anos. Atualmente, existem na Câmara 513 membros. Sua organização é assim expressa na Constituição:

> **Art. 45.** *A Câmara dos Deputados compõe-se de representantes do povo, eleitos, pelo sistema proporcional, em cada Estado, em cada Território e no Distrito Federal.*
> *§ 1º - O número total de Deputados, bem como a representação por Estado e pelo Distrito Federal, será estabelecido por lei complementar, proporcionalmente à população, procedendo-se aos ajustes necessários, no ano anterior às eleições, para que nenhuma daquelas unidades da Federação tenha menos de oito ou mais de setenta Deputados.*
> *§ 2º. Cada Território elegerá quatro Deputados.*

O **Senado Federal** é composto por Senadores da República que são **representantes dos Estados e do Distrito Federal** eleitos segundo o **sistema majoritário simples ou puro**, devendo cada ente eleger três senadores. Aqui o sistema é majoritário, haja vista serem eleitos os candidatos mais votados.

O mandato do Senador é de oito anos cuja eleição de quatro em quatro anos ocorre de forma alternada. Numa eleição, elegem-se 2 e na outra 1. Cada Senador será eleito com dois suplentes. Atualmente, existem 81 Senadores. Conforme o Art. 46 do texto constitucional:

> **Art. 46.** *O Senado Federal compõe-se de representantes dos Estados e do Distrito Federal, eleitos segundo o princípio majoritário.*
> *§ 1º - Cada Estado e o Distrito Federal elegerão três Senadores, com mandato de oito anos.*
> *§ 2º - A representação de cada Estado e do Distrito Federal será renovada de quatro em quatro anos, alternadamente, por um e dois terços.*
> *§ 3º - Cada Senador será eleito com dois suplentes.*

Competências

Este é um dos temas mais cobrados em prova, razão pela qual precisa ser estudado com estratégia para que no momento em que o candidato enfrentar a questão, consiga resolvê-la. A melhor forma de acertar essas questões é memorizando os artigos sobre as competências, pois é dessa forma que será cobrado em prova. Uma sugestão para facilitar a memorização é fazer muitos exercícios sobre o tema.

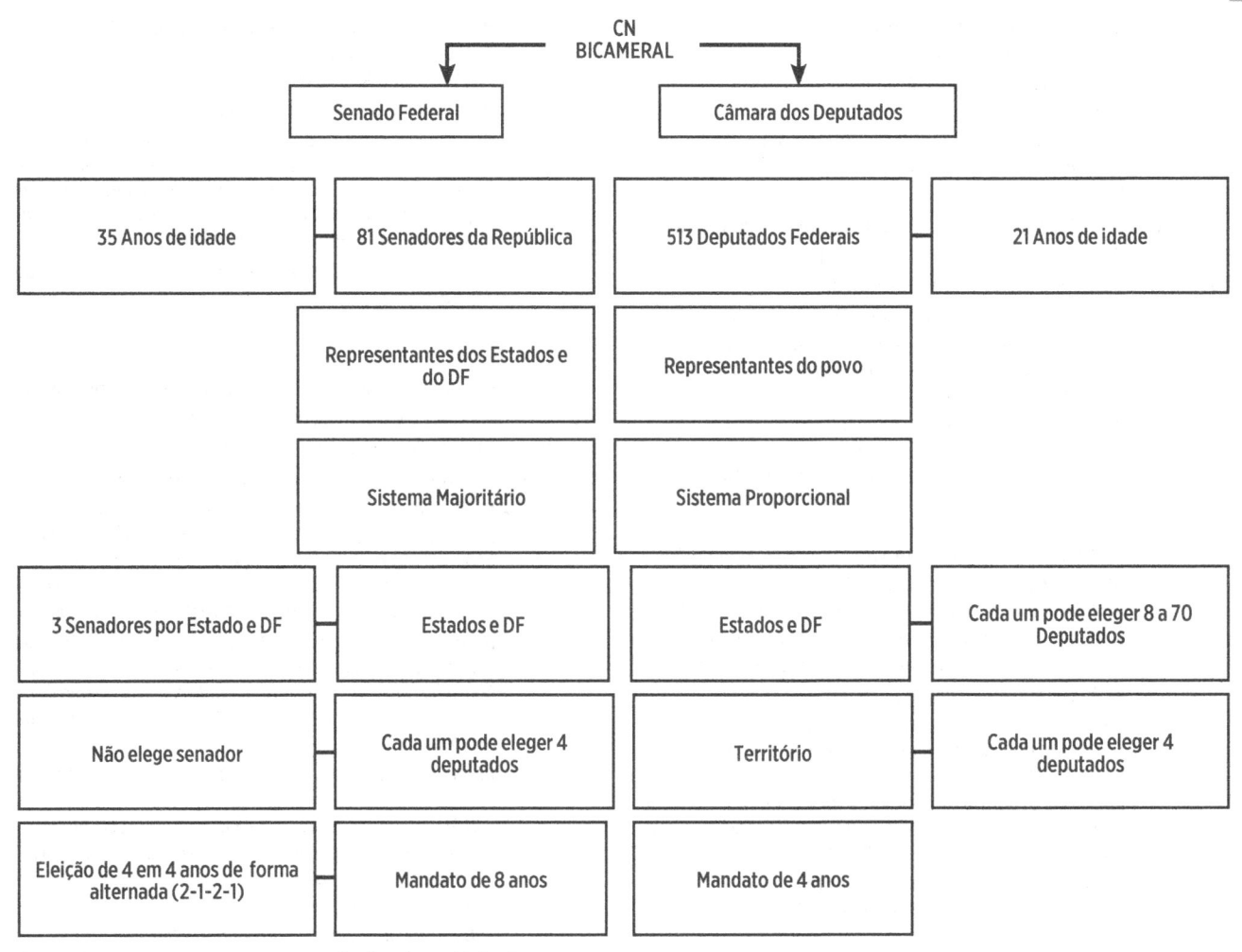

```
                              CN
                          BICAMERAL
              ┌───────────────┴───────────────┐
              ▼                               ▼
       Senado Federal                  Câmara dos Deputados
```

35 Anos de idade	81 Senadores da República	513 Deputados Federais	21 Anos de idade
	Representantes dos Estados e do DF	Representantes do povo	
	Sistema Majoritário	Sistema Proporcional	
3 Senadores por Estado e DF	Estados e DF	Estados e DF	Cada um pode eleger 8 a 70 Deputados
Não elege senador	Cada um pode eleger 4 deputados	Território	Cada um pode eleger 4 deputados
Eleição de 4 em 4 anos de forma alternada (2-1-2-1)	Mandato de 8 anos	Mandato de 4 anos	

A seguir apresentam-se as competências de cada órgão.

Competência do congresso nacional

Uma coisa que se deve entender é que o Congresso Nacional, apesar de ser formado pela Câmara e pelo Senado, possui suas próprias competências, as quais estão previstas nos Arts. 48 e 49. Um detalhe que sempre cai em prova diz respeito à diferença entre as competências desses dois artigos.

No Art. 48, encontram-se as competências do Congresso que dependem de sanção presidencial, as quais serão desempenhadas mediante lei (lei ordinária ou complementar) que disponham sobre matérias de competência da União. Segue abaixo o rol dessas competências:

> **Art. 48.** Cabe ao Congresso Nacional, com a sanção do Presidente da República, não exigida esta para o especificado nos Arts. 49, 51 e 52, dispor sobre todas as matérias de competência da União, especialmente sobre:
>
> *I.* Sistema tributário, arrecadação e distribuição de rendas;
>
> *II.* Plano plurianual, diretrizes orçamentárias, orçamento anual, operações de crédito, dívida pública e emissões de curso forçado;
>
> *III.* Fixação e modificação do efetivo das Forças Armadas;
>
> *IV.* Planos e programas nacionais, regionais e setoriais de desenvolvimento;
>
> *V.* Limites do território nacional, espaço aéreo e marítimo e bens do domínio da União;
>
> *VI.* Incorporação, subdivisão ou desmembramento de áreas de Territórios ou Estados, ouvidas as respectivas Assembleias Legislativas;
>
> *VII.* Transferência temporária da sede do Governo Federal;
>
> *VIII.* Concessão de anistia;
>
> *IX.* organização administrativa, judiciária, do Ministério Público e da Defensoria Pública da União e dos Territórios e organização judiciária e do Ministério Público do Distrito Federal;
>
> *X.* Criação, transformação e extinção de cargos, empregos e funções públicas, observado o que estabelece o Art. 84, VI, b;
>
> *XI.* Criação e extinção de Ministérios e órgãos da administração pública;
>
> *XII.* Telecomunicações e radiodifusão;

PODER LEGISLATIVO

XIII. Matéria financeira, cambial e monetária, instituições financeiras e suas operações;

XIV. Moeda, seus limites de emissão, e montante da dívida mobiliária federal;

XV. Fixação do subsídio dos Ministros do Supremo Tribunal Federal, observado o que dispõem os Arts. 39, § 4º; 150, II; 153, III; e 153, § 2º, I.

No Art. 49, têm-se as Competências Exclusivas do Congresso Nacional. Essas não dependem de sanção presidencial e serão formalizadas por meio de Decreto Legislativo:

Art. 49. *É da competência exclusiva do Congresso Nacional:*

I. Resolver definitivamente sobre tratados, acordos ou atos internacionais que acarretem encargos ou compromissos gravosos ao patrimônio nacional;

II. Autorizar o Presidente da República a declarar guerra, a celebrar a paz, a permitir que forças estrangeiras transitem pelo território nacional ou nele permaneçam temporariamente, ressalvados os casos previstos em lei complementar;

III. Autorizar o Presidente e o Vice-Presidente da República a se ausentarem do País, quando a ausência exceder a quinze dias;

IV. Aprovar o estado de defesa e a intervenção federal, autorizar o estado de sítio, ou suspender qualquer uma dessas medidas;

V. Sustar os atos normativos do Poder Executivo que exorbitem do poder regulamentar ou dos limites de delegação legislativa;

VI. Mudar temporariamente sua sede;

VII. Fixar idêntico subsídio para os Deputados Federais e os Senadores, observado o que dispõem os Arts. 37, XI, 39, § 4º, 150, II, 153, III, e 153, § 2º, I;

VIII. Fixar os subsídios do Presidente e do Vice-Presidente da República e dos Ministros de Estado, observado o que dispõem os Arts. 37, XI, 39, § 4º, 150, II, 153, III, e 153, § 2º, I;

IX. Julgar anualmente as contas prestadas pelo Presidente da República e apreciar os relatórios sobre a execução dos planos de governo;

X. Fiscalizar e controlar, diretamente, ou por qualquer de suas Casas, os atos do Poder Executivo, incluídos os da administração indireta;

XI. Zelar pela preservação de sua competência legislativa em face da atribuição normativa dos outros Poderes;

XII. Apreciar os atos de concessão e renovação de concessão de emissoras de rádio e televisão;

XIII. Escolher dois terços dos membros do Tribunal de Contas da União;

XIV. Aprovar iniciativas do Poder Executivo referentes a atividades nucleares;

XV. Autorizar referendo e convocar plebiscito;

XVI. Autorizar, em terras indígenas, a exploração e o aproveitamento de recursos hídricos e a pesquisa e lavra de riquezas minerais;

XVII. Aprovar, previamente, a alienação ou concessão de terras públicas com área superior a dois mil e quinhentos hectares.

Competência da câmara de deputados

As competências da Câmara dos Deputados estão previstas no Art. 51, as quais serão exercidas, em regra, por meio de Resolução da Câmara. Apesar de o texto constitucional prever essas competências como privativas, elas não podem ser delegadas:

Art. 51. *Compete privativamente à Câmara dos Deputados:*

I. Autorizar, por dois terços de seus membros, a instauração de processo contra o Presidente e o Vice-Presidente da República e os Ministros de Estado;

II. Proceder à tomada de contas do Presidente da República, quando não apresentadas ao Congresso Nacional dentro de sessenta dias após a abertura da sessão legislativa;

III. Elaborar seu regimento interno;

IV. Dispor sobre sua organização, funcionamento, polícia, criação, transformação ou extinção dos cargos, empregos e funções de seus serviços, e a iniciativa de lei para fixação da respectiva remuneração, observados os parâmetros estabelecidos na lei de diretrizes orçamentárias;

V. Eleger membros do Conselho da República, nos termos do Art. 89, VII.

Competência do senado federal

As competências do Senado Federal estão previstas no Art. 52, as quais serão exercidas, em regra, por meio de Resolução do Senado. Apesar de o texto constitucional prever essas competências como privativas, elas não podem ser delegadas:

Art. 52. *Compete privativamente ao Senado Federal:*

I. Processar e julgar o Presidente e o Vice-Presidente da República nos crimes de responsabilidade, bem como os Ministros de Estado e os Comandantes da Marinha, do Exército e da Aeronáutica nos crimes da mesma natureza conexos com aqueles;

II. Processar e julgar os Ministros do Supremo Tribunal Federal, os membros do Conselho Nacional de Justiça e do Conselho Nacional do Ministério Público, o Procurador-Geral da República e o Advogado-Geral da União nos crimes de responsabilidade;

III. Aprovar previamente, por voto secreto, após arguição pública, a escolha de:

a) Magistrados, nos casos estabelecidos nesta Constituição;

b) Ministros do Tribunal de Contas da União indicados pelo Presidente da República;

c) Governador de Território;

d) Presidente e diretores do banco central;

e) Procurador-Geral da República;

f) Titulares de outros cargos que a lei determinar;

IV. Aprovar previamente, por voto secreto, após arguição em sessão secreta, a escolha dos chefes de missão diplomática de caráter permanente;

V. Autorizar operações externas de natureza financeira, de interesse da União, dos Estados, do Distrito Federal, dos Territórios e dos Municípios;

VI. Fixar, por proposta do Presidente da República, limites globais para o montante da dívida consolidada da União, dos Estados, do Distrito Federal e dos Municípios;

VII. Dispor sobre limites globais e condições para as operações de crédito externo e interno da União, dos Estados, do Distrito Federal e dos Municípios, de suas autarquias e demais entidades controladas pelo Poder Público federal;

VIII. Dispor sobre limites e condições para a concessão de garantia da União em operações de crédito externo e interno;

IX. Estabelecer limites globais e condições para o montante da dívida mobiliária dos Estados, do Distrito Federal e dos Municípios;

X. Suspender a execução, no todo ou em parte, de lei declarada inconstitucional por decisão definitiva do Supremo Tribunal Federal;

XI. Aprovar, por maioria absoluta e por voto secreto, a exoneração, de ofício, do Procurador-Geral da República antes do término de seu mandato;

XII. Elaborar seu regimento interno;

XIII. Dispor sobre sua organização, funcionamento, polícia, criação, transformação ou extinção dos cargos, empregos e funções de seus serviços, e a iniciativa de lei para fixação da respectiva remuneração, observados os parâmetros estabelecidos na lei de diretrizes orçamentárias;

XIV. Eleger membros do Conselho da República, nos termos do Art. 89, VII;

XV. Avaliar periodicamente a funcionalidade do Sistema Tributário Nacional, em sua estrutura e seus componentes, e o desempenho das administrações tributárias da União, dos Estados e do Distrito Federal e dos Municípios.

Parágrafo único. Nos casos previstos nos incisos I e II, funcionará como Presidente o do Supremo Tribunal Federal, limitando-se a condenação, que somente será proferida por dois terços dos votos do Senado Federal, à perda do cargo, com inabilitação, por oito anos, para o exercício de função pública, sem prejuízo das demais sanções judiciais cabíveis.

As questões sobre as competências dos órgãos parlamentares são muito cobradas em prova e exigem do candidato uma nítida capacidade de memorização. Às vezes, é possível encontrar uma questão que trabalhe a competência associada com questões doutrinárias ou mesmo jurisprudencial. Vejamos o exemplo:

Imunidade parlamentar

Os parlamentares, por ocuparem uma função essencial na organização política do Estado, possuem Imunidades. As imunidades são prerrogativas inerentes à sua função que têm como objetivo garantir a sua independência durante o exercício do seu mandato. Um ponto que deve ser lembrado é que a imunidade não pertence à pessoa, e sim ao cargo, motivo pelo qual é irrenunciável. Isso significa que o parlamentar só a detém enquanto estiver no exercício de sua função.

São dois os tipos de imunidade:

Imunidade material;
Imunidade formal.

A imunidade material é uma verdadeira irresponsabilidade absoluta. Também conhecida como inviolabilidade parlamentar, ela isenta o seu titular de qualquer responsabilidade civil, penal, administrativa ou mesmo política, no que tange às suas opiniões, palavras e votos. Vejamos o que diz o *caput* do Art. 53:

Art. 53. Os Deputados e Senadores são invioláveis, civil e penalmente, por quaisquer de suas opiniões, palavras e votos.

Mas deve-se ter atenção: essa prerrogativa diz respeito apenas às opiniões, palavras e votos proferidos no exercício da função parlamentar durante o seu mandato, ainda que a busca pela responsabilização ocorra após o término do seu mandato. Não importa se está dentro do recinto parlamentar ou fora dele. O que importa é que seja praticado na função ou em razão da função parlamentar.

As imunidades formais são prerrogativas de ordem processual e ocorrem em relação:

Ao foro de julgamento;
À prisão;
Ao processo.

A **prerrogativa de foro** decorre do previsto no Art. 53, § 1º da CF, que prevê:

§ 1º - Os Deputados e Senadores, desde a expedição do diploma, serão submetidos a julgamento perante o Supremo Tribunal Federal.

Como pode se depreender do texto constitucional, a partir da expedição do diploma o parlamentar será julgado perante o STF nas ações de natureza penal sem necessidade de autorização da Casa legislativa à qual pertence. Ressalte-se que o parlamentar será julgado no STF por infrações cometidas antes ou depois da diplomação, contudo, finalizado o seu mandato, perde-se com ele a imunidade, fazendo com que os seus processos saiam da competência do STF e passem para os demais órgãos do Judiciário, a depender da matéria em questão. Não estão incluídas nessa prerrogativa as ações de natureza cível.

Em relação **à prisão**, o parlamentar só poderá ser preso em flagrante delito de crime inafiançável conforme previsão do § 2º do Art. 53:

§ 2º - Desde a expedição do diploma, os membros do Congresso Nacional não poderão ser presos, salvo em flagrante de crime inafiançável. Nesse caso, os autos serão remetidos dentro de vinte e quatro horas à Casa respectiva, para que, pelo voto da maioria de seus membros, resolva sobre a prisão.

Essa prerrogativa inicia sua abrangência a partir da diplomação e alcança qualquer forma de prisão, seja de natureza penal ou civil. A manutenção dessa prisão depende de manifestação da maioria absoluta dos membros da Casa.

Apesar de o texto constitucional não prever, interpreta-se de forma lógica que o Parlamentar será preso no caso de uma sentença penal condenatória transitada em julgado.

Há também a imunidade em relação ao processo prevista no Art. 53, §§ 3º ao 5º:

§ 3º - Recebida a denúncia contra o Senador ou Deputado, por crime ocorrido após a diplomação, o Supremo Tribunal Federal dará ciência à Casa respectiva, que, por iniciativa de partido político nela representado e pelo voto da maioria de seus membros, poderá, até a decisão final, sustar o andamento da ação.

§ 4º - O pedido de sustação será apreciado pela Casa respectiva no prazo improrrogável de quarenta e cinco dias do seu recebimento pela Mesa Diretora.

§ 5º - A sustação do processo suspende a prescrição, enquanto durar o mandato.

A imunidade em relação ao processo prevista na Constituição possibilita a Casa a qual pertence o parlamentar, pelo voto da maioria absoluta, sustar o andamento da ação penal desde que a faça antes da decisão definitiva e desde que seja em relação aos crimes cometidos após a diplomação. Não é necessária autorização da respectiva casa para processar o parlamentar.

A Casa Legislativa possui 45 dias para apreciar o pedido que, se aprovado, suspenderá o prazo prescricional da infração até o final do mandato.

Função fiscalizadora

Essa é a segunda função típica do Poder Legislativo. Além de criar normas, o Congresso Nacional também possui como função principal a fiscalização contábil, financeira e orçamentária da União e de suas Entidades da Administração direta e Indireta. Vejamos o Art. 70 da Constituição:

Art. 70. A fiscalização contábil, financeira, orçamentária, operacional e patrimonial da União e das entidades da administração direta e indireta, quanto à legalidade, legitimidade, economicidade, aplicação das subvenções e renúncia de receitas, será exercida pelo Congresso Nacional, mediante controle externo, e pelo sistema de controle interno de cada Poder.

PODER LEGISLATIVO

Parágrafo único. *Prestará contas qualquer pessoa física ou jurídica, pública ou privada, que utilize, arrecade, guarde, gerencie ou administre dinheiros, bens e valores públicos ou pelos quais a União responda, ou que, em nome desta, assuma obrigações de natureza pecuniária.*

Veja que o Art. 70 fala em Controle Externo e Controle Interno. São as duas formas de fiscalização vislumbrada pelo texto constitucional. O Controle Interno é aquele realizado por cada Poder. Cada um fiscaliza suas próprias contas. Já o Controle Externo é o realizado pelo Congresso Nacional, com apoio do Tribunal de Contas da União.

O Art. 71 ainda apresenta as atribuições do Tribunal de Contas da União no que tange à fiscalização exercida:

Art. 71. *O controle externo, a cargo do Congresso Nacional, será exercido com o auxílio do Tribunal de Contas da União, ao qual compete:*

I. Apreciar as contas prestadas anualmente pelo Presidente da República, mediante parecer prévio que deverá ser elaborado em sessenta dias a contar de seu recebimento;

II. Julgar as contas dos administradores e demais responsáveis por dinheiros, bens e valores públicos da administração direta e indireta, incluídas as fundações e sociedades instituídas e mantidas pelo Poder Público federal, e as contas daqueles que derem causa a perda, extravio ou outra irregularidade de que resulte prejuízo ao erário público;

III. Apreciar, para fins de registro, a legalidade dos atos de admissão de pessoal, a qualquer título, na administração direta e indireta, incluídas as fundações instituídas e mantidas pelo Poder Público, excetuadas as nomeações para cargo de provimento em comissão, bem como a das concessões de aposentadorias, reformas e pensões, ressalvadas as melhorias posteriores que não alterem o fundamento legal do ato concessório;

IV. Realizar, por iniciativa própria, da Câmara dos Deputados, do Senado Federal, de Comissão técnica ou de inquérito, inspeções e auditorias de natureza contábil, financeira, orçamentária, operacional e patrimonial, nas unidades administrativas dos Poderes Legislativo, Executivo e Judiciário, e demais entidades referidas no inciso II;

V. Fiscalizar as contas nacionais das empresas supranacionais de cujo capital social a União participe, de forma direta ou indireta, nos termos do tratado constitutivo;

VI. Fiscalizar a aplicação de quaisquer recursos repassados pela União mediante convênio, acordo, ajuste ou outros instrumentos congêneres, a Estado, ao Distrito Federal ou a Município;

VII. Prestar as informações solicitadas pelo Congresso Nacional, por qualquer de suas Casas, ou por qualquer das respectivas Comissões, sobre a fiscalização contábil, financeira, orçamentária, operacional e patrimonial e sobre resultados de auditorias e inspeções realizadas;

VIII. Aplicar aos responsáveis, em caso de ilegalidade de despesa ou irregularidade de contas, as sanções previstas em lei, que estabelecerá, entre outras cominações, multa proporcional ao dano causado ao erário;

IX. Assinar prazo para que o órgão ou entidade adote as providências necessárias ao exato cumprimento da lei, se verificada ilegalidade;

X. Sustar, se não atendido, a execução do ato impugnado, comunicando a decisão à Câmara dos Deputados e ao Senado Federal;

XI. Representar ao Poder competente sobre irregularidades ou abusos apurados.

Uma questão sempre cobrada em prova diz respeito às regras do Tribunal de Contas da União. A primeira coisa a ser estabelecida é a situação jurídica do TCU. A qual dos três poderes pertence o TCU?

A única resposta possível: o TCU não está subordinado a nenhum Poder. Ele é um órgão autônomo que está vinculado funcionalmente ao Poder Legislativo. Não se trata de subordinação, mas de ligação funcional. Apesar da previsão de função jurisdicional, o TCU também não pertence ao Poder Judiciário. O termo utilizado no Art. 73 é equivocado quando comparado à natureza do órgão:

Art. 73. *O Tribunal de Contas da União, integrado por nove Ministros, tem sede no Distrito Federal, quadro próprio de pessoal e jurisdição em todo o território nacional, exercendo, no que couber, as atribuições previstas no Art. 96.*

Apesar de ser chamado de "tribunal" e de a Constituição Federal ter dito que possuía "jurisdição", o TCU não é órgão do Poder Judiciário. As suas ações possuem natureza meramente administrativa.

Vencido esse tema, passa-se à análise da composição do TCU:

§ 1º - *Os Ministros do Tribunal de Contas da União serão nomeados dentre brasileiros que satisfaçam os seguintes requisitos:*

I. Mais de trinta e cinco e menos de sessenta e cinco anos de idade;

II. Idoneidade moral e reputação ilibada;

III. Notórios conhecimentos jurídicos, contábeis, econômicos e financeiros ou de administração pública;

IV. Mais de dez anos de exercício de função ou de efetiva atividade profissional que exija os conhecimentos mencionados no inciso anterior.

§ 2º - *Os Ministros do Tribunal de Contas da União serão escolhidos:*

I. Um terço pelo Presidente da República, com aprovação do Senado Federal, sendo dois alternadamente dentre auditores e membros do Ministério Público junto ao Tribunal, indicados em lista tríplice pelo Tribunal, segundo os critérios de antiguidade e merecimento;

II. Dois terços pelo Congresso Nacional.

Como se pode perceber, ser Ministro do TCU não é para qualquer pessoa. Faz-se necessário o preenchimento dos seguintes requisitos:

> Ser brasileiro;
> Possuir mais de trinta e cinco e menos de sessenta e cinco anos de idade;
> Possuir idoneidade moral e reputação ilibada;
> Possuir notórios conhecimentos jurídicos, contábeis, econômicos e financeiros ou de administração pública;
> Ter mais de dez anos de exercício de função ou de efetiva atividade profissional que exija os conhecimentos mencionados no inciso anterior.

A Constituição também regulou a forma de escolha desses membros por meio das seguintes regras:

> Um terço será escolhido pelo Presidente da República, com aprovação do Senado Federal, sendo dois alternadamente dentre auditores e membros do Ministério Público junto ao Tribunal, indicados em lista tríplice pelo Tribunal, segundo os critérios de antiguidade e merecimento;
> Dois terços pelo Congresso Nacional.

Quanto à escolha feita pelo Presidente uma observação é pertinente. Dos três membros que poderão ser escolhidos pelo Presidente dois serão, obrigatoriamente, auditores e membros do Ministério Público junto ao Tribunal de Contas da União. Já o terceiro membro escolhido pelo Presidente, será de sua livre escolha desde que preenchidos os demais requisitos já mencionados.

Outra observação importantíssima e sempre cobrada em prova: a Constituição equipara os Ministros do TCU aos Ministros do STJ ao passo que os auditores estão equiparados aos Juízes do TRF. Logicamente, se o auditor estiver substituindo o Ministro, a ele serão asseguradas as garantias próprias dos Ministros. Esta é a leitura dos § 3º e 4º:

> *§ 3º - Os Ministros do Tribunal de Contas da União terão as mesmas garantias, prerrogativas, impedimentos, vencimentos e vantagens dos Ministros do Superior Tribunal de Justiça, aplicando-se-lhes, quanto à aposentadoria e pensão, as normas constantes do Art. 40.*
>
> *§ 4º - O auditor, quando em substituição a Ministro, terá as mesmas garantias e impedimentos do titular e, quando no exercício das demais atribuições da judicatura, as de juiz de Tribunal Regional Federal.*

Processo legislativo

Agora será estudada outra função típica do Poder Legislativo: o Processo Legislativo. O Processo Legislativo é um conjunto de procedimentos necessários para criação das normas. A Constituição, no Art. 59, apresenta algumas normas que podem ser criadas segundo essas regras:

> **Art. 59.** *O processo legislativo compreende a elaboração de:*
> *I. Emendas à Constituição;*
> *II. Leis complementares;*
> *III. Leis ordinárias;*
> *IV. Leis delegadas;*
> *V. Medidas provisórias;*
> *VI. Decretos legislativos;*
> *VII. Resoluções.*
>
> **Parágrafo único.** *Lei complementar disporá sobre a elaboração, redação, alteração e consolidação das leis.*

Essas são as chamadas normas primárias, pois a sua fonte de validade é a própria constituição. Nem de longe são as únicas normas existentes no direito brasileiro. O candidato deve ter ouvido falar em uma portaria ou instrução normativa. Essas outras normas que não estão no Art. 59, mas que também regulam nossas vidas, são chamadas de normas secundárias as quais, retiram a validade das normas primárias.

Uma pergunta que sempre é feita em prova: existe hierarquia entre as normas primárias previstas no Art. 59?

Em um primeiro momento, é possível verificar hierarquia entre essas normas, haja vista as emendas constitucionais possuírem o mesmo *status* da Constituição Federal. Fora as emendas que são hierarquicamente superiores às demais, pode-se afirmar, com amparo no próprio STF, que não existe hierarquia entre demais normas primárias. Isso significa dizer que as leis complementares, leis ordinárias, leis delegadas, medidas provisórias, decretos legislativos e resoluções estão na mesma posição jurídica. O que as distingue é a competência para edição e para a utilização. Cada uma dessas normas possui uma utilização específica prevista na própria Constituição e é isso que será estudado a partir de agora. Inicia-se com o chamado Processo Legislativo Ordinário.

Processo legislativo ordinário

Esse é o processo legislativo destinado a elaboração das leis ordinárias e complementares. É composto por três fases: **introdutória**, **constitutiva** e **complementar.**

Fase introdutória

A fase introdutória é composta basicamente pela iniciativa, ou seja, pela deflagração do processo de criação de uma lei.

Mas quem pode iniciar esse processo legislativo?

Qualquer membro ou comissão do Congresso Nacional, da Câmara ou do Senado; o Presidente da República; o Supremo Tribunal Federal; os Tribunais Superiores; o Procurador-Geral da República; e os cidadãos. Isso está previsto no *caput* do Art. 61:

> **Art. 61.** *A iniciativa das leis complementares e ordinárias cabe a qualquer membro ou Comissão da Câmara dos Deputados, do Senado Federal ou do Congresso Nacional, ao Presidente da República, ao Supremo Tribunal Federal, aos Tribunais Superiores, ao Procurador-Geral da República e aos cidadãos, na forma e nos casos previstos nesta Constituição.*

Algumas considerações precisam ser feitas acerca da iniciativa. Primeiramente, no que tange à iniciativa do Presidente da República: existem algumas matérias em que a iniciativa da lei é privativa do Presidente, as quais estão previstas no § 1º do Art. 61:

> *§ 1º - São de iniciativa privativa do Presidente da República as leis que:*
> *I. Fixem ou modifiquem os efetivos das Forças Armadas;*
> *II. Disponham sobre:*
> *a) criação de cargos, funções ou empregos públicos na administração direta e autárquica ou aumento de sua remuneração;*
> *b) organização administrativa e judiciária, matéria tributária e orçamentária, serviços públicos e pessoal da administração dos Territórios;*
> *c) servidores públicos da União e Territórios, seu regime jurídico, provimento de cargos, estabilidade e aposentadoria;*
> *d) organização do Ministério Público e da Defensoria Pública da União, bem como normas gerais para a organização do Ministério Público e da Defensoria Pública dos Estados, do Distrito Federal e dos Territórios;*
> *e) criação e extinção de Ministérios e órgãos da administração pública, observado o disposto no Art. 84, VI;*
> *f) militares das Forças Armadas, seu regime jurídico, provimento de cargos, promoções, estabilidade, remuneração, reforma e transferência para a reserva.*

Quer dizer que só o Presidente da República tem iniciativa para propor projetos de lei sobre esses temas.

Outra consideração importante se refere à iniciativa popular, ou seja, os projetos de lei propostos por cidadãos. A Constituição

PODER LEGISLATIVO

no § 2º do Art. 61 condiciona o exercício desta iniciativa ao preenchimento de alguns requisitos:

> *§ 2º - A iniciativa popular pode ser exercida pela apresentação à Câmara dos Deputados de projeto de lei subscrito por, no mínimo, um por cento do eleitorado nacional, distribuído pelo menos por cinco Estados, com não menos de três décimos por cento dos eleitores de cada um deles.*

Também é relevante anotar a competência do STF e dos Tribunais Superiores que estão previstos no Art. 93 e 96, II:

> ***Art. 93.*** *Lei complementar, de iniciativa do Supremo Tribunal Federal, disporá sobre o Estatuto da Magistratura, observados os seguintes princípios.*
>
> ***Art. 96.*** *Compete privativamente:*
>
> *II. Ao Supremo Tribunal Federal, aos Tribunais Superiores e aos Tribunais de Justiça propor ao Poder Legislativo respectivo, observado o disposto no Art. 169.*

E ainda há a iniciativa do Procurador Geral da República, chefe do Ministério Público da União, e que está prevista no Art. 127, § 2º:

> ***Art. 127, § 2º*** *- Ao Ministério Público é assegurada autonomia funcional e administrativa, podendo, observado o disposto no Art. 169, propor ao Poder Legislativo a criação e extinção de seus cargos e serviços auxiliares, provendo-os por concurso público de provas ou de provas e títulos, a política remuneratória e os planos de carreira; a lei disporá sobre sua organização e funcionamento.*

Todo Processo Legislativo precisa ser iniciado em uma das Casas do Poder Legislativo da União, as quais possuem atribuição principal para legislar. A Casa Legislativa, onde o projeto de lei é apresentado inicialmente, é chamada de Casa Iniciadora. Sempre o projeto se inicia em uma Casa, enquanto a outra fica responsável pela revisão. Quem revisa é chamada de Casa Revisora. Se o projeto se iniciar na Câmara dos Deputados, essa será a Casa Iniciadora, enquanto o Senado Federal será a Casa Revisora. Se ao contrário, o projeto se inicia no Senado, a Câmara será a Casa Revisora.

Em regra, a Casa Iniciadora será a Câmara dos Deputados, ou seja, é nessa casa que os processos legislativos costumam ser iniciados. Excepcionalmente, o Processo Legislativo se iniciará no Senado Federal. O Senado só será Casa Iniciadora quando a iniciativa for de um membro ou de uma comissão do Senado bem como nos casos em que for proposta por comissão mista do Congresso Nacional. No último caso, o processo iniciar-se-á alternadamente em cada casa, iniciando-se uma vez na Câmara outra vez no Senado[1].

Fase constitutiva

Apresentado o projeto de lei à Casa Iniciadora, iniciar-se-á a Fase Constitutiva. Essa fase é formada por três momentos: discussão, votação e sanção.

Discussão

A discussão, também chamada de debate, é o momento destinado à discussão dos projetos de lei. A discussão ocorre em três locais: na Comissão de Constituição e Justiça (CCJ), nas Comissões Temáticas (CT) e no Plenário.

A CCJ realiza uma análise formal do projeto e emite um parecer terminativo quanto à constitucionalidade. Isso significa dizer que aquilo que for decidido por essa comissão definirá o rumo do projeto de lei analisado.

Já as Comissões Temáticas realizam um exame material e emitem pareceres meramente opinativos, ou seja, essas comissões emitem apenas uma opinião que poderá ser seguida ou não.

Após o debate nas comissões, o projeto de lei é enviado ao plenário, onde ocorre a votação.

Votação

Neste momento se faz necessário compreender os quóruns necessários para votação. Existem três tipos de quórum:

Quórum para deliberação:

Para a deliberação em plenário de qualquer projeto de lei é necessária a presença da maioria absoluta dos membros, conforme disposto no Art. 47:

> ***Art. 47.*** *Salvo disposição constitucional em contrário, as deliberações de cada Casa e de suas Comissões serão tomadas por maioria dos votos, presente a maioria absoluta de seus membros.*

Quórum para aprovação de lei ordinária:

Para aprovação de lei ordinária, é necessário o voto de maioria simples ou relativa dos presentes com fundamento no Art. 47 acima apresentado.

Quórum para aprovação de lei complementar:

Para aprovação de lei complementar é necessário o voto da maioria absoluta dos membros. Vejamos o Art. 69 da Constituição:

> ***Art. 69.*** *As leis complementares serão aprovadas por maioria absoluta.*

Mas o que é **maioria absoluta**? Calcula-se a maioria absoluta de forma muito simples. É o primeiro número inteiro após a metade.

Ex.: No caso do Senado Federal, que possui 81 membros, para se calcular a maioria absoluta primeiramente se busca a metade, que é 40,5. O primeiro número inteiro após a metade é 41. Logo, esse número representa a maioria absoluta do Senado. Esse raciocínio deve ser feito também com a Câmara para se chegar a sua maioria absoluta, que é 257. Lembre-se de que a maioria absoluta é um número fixo. Sempre será a mesma quantidade. Lembre-se também de que esse quórum serve tanto para iniciar as deliberações nas Casas quanto para aprovar a lei complementar.

A **maioria relativa** é a maioria dos presentes. Sua lógica é parecida com a utilizada para descobrir a maioria absoluta, com apenas uma distinção: o parâmetro aqui é a quantidade de presentes. Logo, para se calcular a maioria relativa, deve-se contar os presentes, descobrir quanto é a metade e chegar ao primeiro número inteiro após a metade. Supondo que estejam presentes 41 Senadores, o que já bastaria para se iniciar qualquer deliberação, a maioria relativa dos presentes estaria representada por 21 membros. Essa quantidade já seria suficiente para aprovar uma lei ordinária.

Entendidos esses *quóruns*, pode-se votar o projeto de lei. Duas são as consequências possíveis de um projeto de lei na Casa Iniciadora:

Rejeição

Projeto de lei rejeitado deve ser arquivado;

Aprovação

Projeto de lei aprovado segue para Casa Revisora.

---

[1] Regimento Comum: Resolução nº 1, de 1970-CN, (texto consolidado até 2010) e normas conexas. Brasília: Congresso Nacional, 2011, Art. 142: Os projetos elaborados por Comissão Mista serão encaminhados, alternadamente, ao Senado e à Câmara dos Deputados.

Após a aprovação do projeto de lei na Casa Iniciadora, o projeto será encaminhado para a Casa Revisora conforme disposição do Art. 65:

> **Art. 65.** O projeto de lei aprovado por uma Casa será revisto pela outra, em um só turno de discussão e votação, e enviado à sanção ou promulgação, se a Casa revisora o aprovar, ou arquivado, se o rejeitar.
> **Parágrafo único.** Sendo o projeto emendado, voltará à Casa iniciadora.

Na Casa Revisora o projeto também precisa passar pelas mesmas comissões que passou na Casa Iniciadora até chegar ao plenário. A partir da votação, o projeto pode ter três destinos:

Rejeição

Caso o projeto seja rejeitado, o mesmo será arquivado;

Aprovação sem emenda

Se aprovado sem emendas, o projeto segue para o Presidente da República sancionar ou vetar;

Aprovação com emendas

Se aprovado com emendas, o projeto retorna à Casa Iniciadora, que analisará as emendas. Caso aprove as emendas, encaminhará o projeto para sanção do Presidente. Se as emendas não forem aprovadas, a Casa Iniciadora retira as emendas e, do mesmo jeito, encaminha o Projeto de Lei para sanção. Essa situação revela uma nítida prevalência da Casa Iniciadora sobre a Casa Revisora.

Uma observação deve ser feita nos casos dos Projetos de Lei rejeitados: segundo o Art. 67, projeto de lei rejeitado só poderá ser apresentado novamente na mesma sessão legislativa se for apresentado pelo voto de maioria absoluta dos membros de qualquer das casas **(Princípio da Irrepetibilidade Relativa):**

> **Art. 67.** A matéria constante de projeto de lei rejeitado somente poderá constituir objeto de novo projeto, na mesma sessão legislativa, mediante proposta da maioria absoluta dos membros de qualquer das Casas do Congresso Nacional.

Esse tema sempre é cobrado em prova, bem como os aspectos relacionados aos *quóruns* exigidos para as deliberações no parlamento. Memorize as regras e tenha cuidado para não confundi-las.

Sanção ou veto

Inicia-se agora a tratar do terceiro momento da fase constitutiva: a sanção ou veto. A sanção é a concordância do Presidente com o projeto de lei, enquanto o veto é a sua discordância. Tanto a sanção quanto o veto estão regulados no Art. 66:

> **Art. 66.** A Casa na qual tenha sido concluída a votação enviará o projeto de lei ao Presidente da República, que, aquiescendo, o sancionará.
> **§ 1º** - Se o Presidente da República considerar o projeto, no todo ou em parte, inconstitucional ou contrário ao interesse público, vetá-lo-á total ou parcialmente, no prazo de quinze dias úteis, contados da data do recebimento, e comunicará, dentro de quarenta e oito horas, ao Presidente do Senado Federal os motivos do veto.

Primeiramente, serão analisados alguns aspectos importantes da sanção. O § 1º do Art. 66 afirma que o Presidente possui 15 dias úteis para manifestar-se sobre o projeto de lei. Esse parágrafo apresenta a modalidade de Sanção Expressa. Sanção Expressa é aquela em que o Presidente expressamente manifesta sua concordância com o projeto de lei. Ele deixa clara sua opinião a favor do projeto de lei.

Outra forma de sanção é a chamada Sanção Tácita. Vejamos o § 3º do mesmo artigo:

> **Art. 66, § 3º** - Decorrido o prazo de quinze dias, o silêncio do Presidente da República importará sanção.

A Sanção Tácita ocorre quando o Presidente, durante o prazo que possui de 15 dias, não manifesta sua vontade quanto ao projeto de lei. Simplesmente fica em silêncio.

O silêncio do Presidente significa concordância com o projeto de lei. Note que com a sanção o projeto de lei se transforma em lei.

Quanto ao veto, algumas considerações também precisam ser feitas. Utilizando a mesma fundamentação do Art. 66, pode-se afirmar que o Presidente possui o prazo de 15 dias úteis para concordar ou discordar do projeto de lei. Agora, havendo discordância de forma expressa tem-se o chamado Veto Expresso. Uma pergunta surge diante dessa afirmação: será que existe veto tácito?

Ora, se durante o prazo de 15 dias úteis, o Presidente não falar nada, tem-se a Sanção Tácita. Seria possível o silêncio do Presidente provocar duas consequências jurídicas diferentes? Não. Logo, pode-se afirmar que não existe Veto Tácito. O veto será sempre expresso.

O veto pode ser jurídico ou político. O Veto Jurídico ocorre quando o Presidente considera o projeto de lei inconstitucional. É uma espécie de controle de constitucionalidade prévio, pois ocorre antes da criação da lei. Já o Veto Político ocorre quando o Presidente veta o projeto de lei por considerá-lo contrário ao interesse público.

A doutrina afirma ainda que o veto poderá ser total ou parcial. O Veto Total ocorre quando o Presidente veta todo o projeto de lei. O Veto Parcial é aquele em que o Presidente veta parte do projeto de lei. No que tange ao veto parcial, a Constituição estabeleceu alguns limites no § 2º:

> **Art. 66, § 2º** - O veto parcial somente abrangerá texto integral de artigo, de parágrafo, de inciso ou de alínea.

Ou seja, não existe veto de palavras ou letras isoladas. O veto só pode abranger o texto integral de um artigo, parágrafo, inciso ou de alínea.

O veto tem que ser motivado, pois, conforme prevê o § 1º do Art. 61 o Presidente deverá informar a sua justificativa ao Presidente do Senado Federal em 48 horas. Isso se faz necessário em razão do veto ser superável, ou seja, o Congresso, em 30 dias, analisará o veto e poderá, pelo voto de maioria absoluta dos Deputados e Senadores, rejeitá-lo. É o que dispõe o § 4º do Art. 66:

> **§ 4º** - O veto será apreciado em sessão conjunta, dentro de trinta dias a contar de seu recebimento, só podendo ser rejeitado pelo voto da maioria absoluta dos Deputados e Senadores. (Redação dada pela Emenda Constitucional nº 76, de 2013)

Derrubado o veto, o projeto será enviado ao Presidente da República para que o promulgue:

> **§ 5º** - Se o veto não for mantido, será o projeto enviado, para promulgação, ao Presidente da República.

Finalizado o terceiro momento da fase constitutiva, inicia-se agora a fase complementar.

Fase complementar

A fase complementar consiste em dois momentos: a promulgação e a publicação.

PODER LEGISLATIVO

A promulgação é um atestado de que a lei existe. Em regra, é feita pelo Presidente da República; contudo, nos casos de sanção tácita ou rejeição do veto, em que o Presidente não promulgue a lei em 48 horas, a competência para fazê-la será do Presidente do Senado Federal e, se esse não a fizer, será competente o Vice-Presidente do Senado. A publicação marca o início da exigência da lei.

> **§ 7º** - Se a lei não for promulgada dentro de quarenta e oito horas pelo Presidente da República, nos casos dos § 3º e § 5º, o Presidente do Senado a promulgará, e, se este não o fizer em igual prazo, caberá ao Vice-Presidente do Senado fazê-lo.

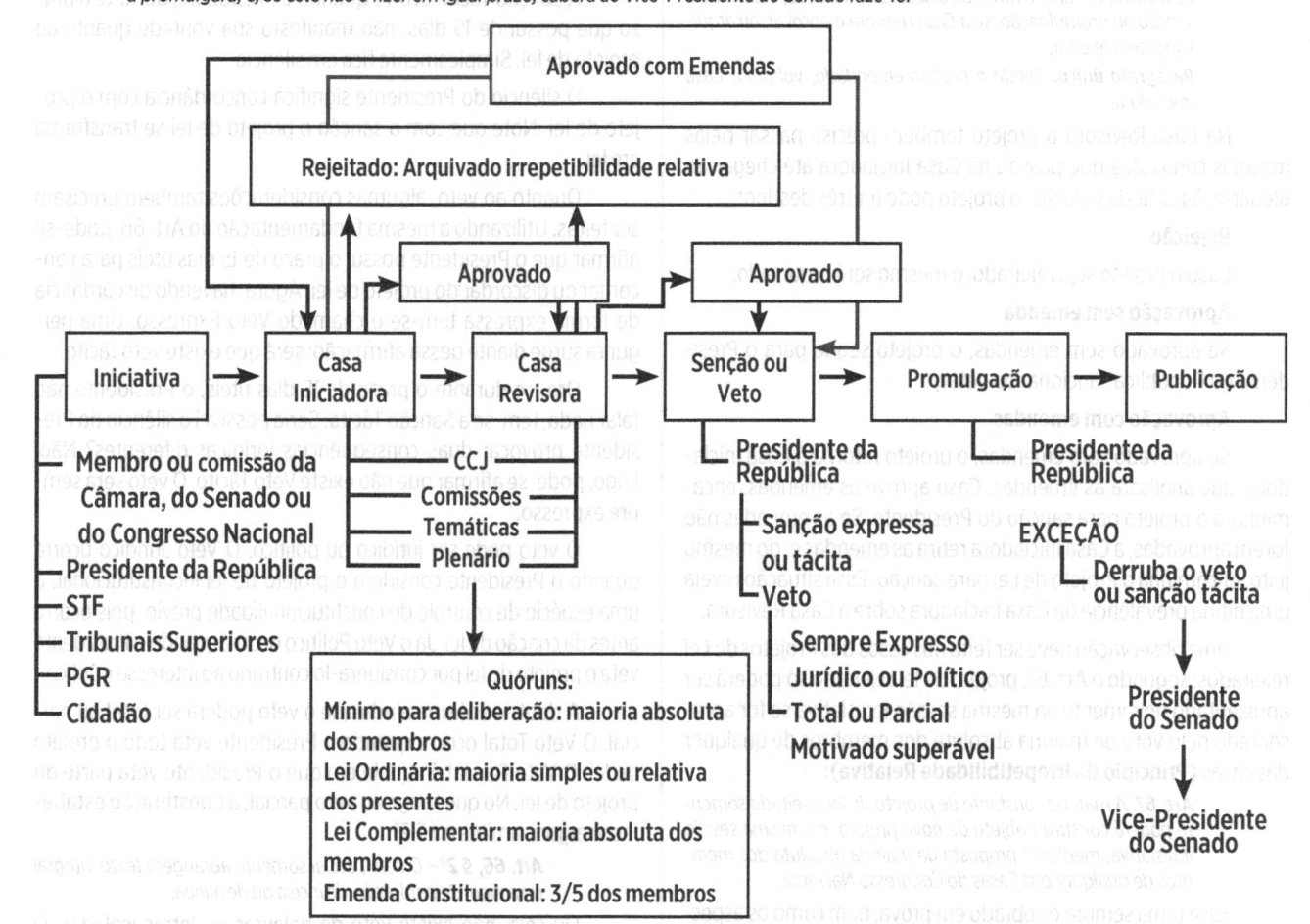

```
                    Aprovado com Emendas
                           │
            Rejeitado: Arquivado irrepetibilidade relativa
                           │
                    Aprovado      Aprovado
                       │             │
Iniciativa → Casa    → Casa    → Sanção ou → Promulgação → Publicação
             Iniciadora Revisora   Veto
                                    │
                         Presidente da      Presidente da
                         República          República
─ Membro ou comissão da   ─ CCJ
  Câmara, do Senado ou    ─ Comissões       ─ Sanção expressa       EXCEÇÃO
  do Congresso Nacional   ─ Temáticas         ou tácita         ─ Derruba o veto
─ Presidente da República ─ Plenário        ─ Veto                ou sanção tácita
─ STF
─ Tribunais Superiores                      ─ Sempre Expresso
─ PGR                                       ─ Jurídico ou Político   Presidente
─ Cidadão                                   ─ Total ou Parcial       do Senado
                                            ─ Motivado superável
          Quóruns:                                                       ↓
          Mínimo para deliberação: maioria absoluta                 Vice-Presidente
          dos membros                                                 do Senado
          Lei Ordinária: maioria simples ou relativa
          dos presentes
          Lei Complementar: maioria absoluta dos
          membros
          Emenda Constitucional: 3/5 dos membros
```

Após a promulgação, há a **publicação**. A publicação marca o momento em que a norma se torna conhecida da sociedade, pois passa a ser pública. Essa publicidade é feita em jornais oficiais como o Diário Oficial da União. A partir da publicação, se não houver outro prazo para o início da vigência, a lei poderá ser exigida.

Esse é o Processo Legislativo das leis ordinárias e complementares. A diferença entre o Processo Legislativo das leis ordinárias e o das leis complementares está no quórum de aprovação. Além dessa diferença, a doutrina tem salientado que, para uma matéria ser regulada por lei complementar, deve haver exigência expressa do texto constitucional.

Passa-se para outra espécie de processo legislativo: o Processo Legislativo Sumário.

Processo legislativo sumário

O Processo Legislativo Sumário é o Processo Legislativo Ordinário com prazo. Regulado no Art. 64, o Processo Legislativo Sumário é caracterizado pelo pedido de urgência solicitado pelo Presidente da República nos projetos de Lei de sua iniciativa, ainda que não seja de iniciativa privativa.

> **Art. 64, § 1º** - O Presidente da República poderá solicitar urgência para apreciação de projetos de sua iniciativa.

Pedida a urgência, o Congresso Nacional deverá analisar o projeto de lei no prazo de 100 dias os quais são destinados:

45 dias para análise da Câmara dos Deputados (Casa Iniciadora);

45 dias para análise do Senado (Casa Revisora);

10 dias para a Casa Iniciadora analisar as emendas se existirem.

Esta é a leitura dos § 2º e 3º do Art. 64:

> **§ 2º** - Se, no caso do § 1º, a Câmara dos Deputados e o Senado Federal não se manifestarem sobre a proposição, cada qual sucessivamente, em até quarenta e cinco dias, sobrestar-se-ão todas as demais deliberações legislativas da respectiva Casa, com exceção das que tenham prazo constitucional determinado, até que se ultime a votação.

§ 3º - A apreciação das emendas do Senado Federal pela Câmara dos Deputados far-se-á no prazo de dez dias, observado quanto ao mais o disposto no parágrafo anterior.

O § 2º apresentado também prevê que se qualquer uma das Casas Legislativas não votar o Projeto de Lei no prazo de 45 dias, a votação das demais proposituras ficará sobrestada até que se realize a votação. É o chamado sobrestamento ou trancamento de pauta.

A Constituição também deixou clara sua vedação de pedido de urgência para projetos de códigos bem como a suspensão do prazo nos recessos parlamentares:

§ 4º - Os prazos do § 2º não correm nos períodos de recesso do Congresso Nacional, nem se aplicam aos projetos de código.

É possível afirmar que todos os processos legislativos em regime de urgência se iniciam na Câmara dos Deputados?

Certamente que sim, visto que só pode ser pedido pelo Presidente da República e este, quando inicia o processo legislativo, o faz na Câmara dos Deputados conforme disposição expressa no *caput* do Art. 64:

Art. 64. *A discussão e votação dos projetos de lei de iniciativa do Presidente da República, do Supremo Tribunal Federal e dos Tribunais Superiores terão início na Câmara dos Deputados.*

Processo legislativo especial

O Processo Legislativo Especial é o processo de criação das demais espécies normativas previstas no Art. 59: emendas constitucionais, medidas provisórias, leis delegadas, decretos legislativos e resoluções. As leis ordinárias e complementares são criadas segundo o Processo Legislativo Ordinário. Nesta apostila não serão estudados todos os processos legislativos especiais. Focalizam-se as duas principais, mais cobradas em prova: emendas constitucionais e medidas provisórias.

Emendas à constituição

A aprovação de Emendas à Constituição decorre do Poder Constituinte Derivado Reformador, que é o único legitimado para alterar o texto constitucional. As emendas são as únicas espécies normativas responsáveis pela alteração da Constituição Federal.

O Processo Legislativo das Emendas é diferenciado, tendo em vista seu poder normativo ser muito grande, pois é o da própria Constituição. Logo, é um processo mais dificultado, mais rigoroso. A Constituição Federal regula esse processo no seu Art. 60.

Primeiramente, será analisada a iniciativa, que é o rol de legitimados para propor a alteração do Texto Constitucional. Vejamos o *caput* do Art. 60, que possui um rol de legitimados para propor emendas, o qual é diferente do rol de legitimados para propor projetos de lei:

Art. 60. *A Constituição poderá ser emendada mediante proposta:*
I. De um terço, no mínimo, dos membros da Câmara dos Deputados ou do Senado Federal;
II. Do Presidente da República;
III. De mais da metade das Assembleias Legislativas das unidades da Federação, manifestando-se, cada uma delas, pela maioria relativa de seus membros.

Atente-se para alguns detalhes que são muito importantes. Um deputado ou senador não pode propor emenda à Constituição, só se estiverem representados por 1/3, no mínimo, dos membros. Outro ponto relevante é saber que o Presidente da República é legitimado para propor tanto lei quanto emenda. E, por último, deve-se ter cuidado com o último legitimado, que é um pouco diferente: mais da metade das Assembleias legislativas das unidades da federação, manifestando-se, cada uma delas, pela maioria relativa de seus membros. Deve-se ter muito cuidado, principalmente, com o *quórum* exigido aqui, que é a maioria relativa dos membros, e não maioria absoluta.

A aprovação de Emendas depende de um *quórum* bem qualificado: aprovação nas duas Casas, em dois turnos em cada Casa, por três quintos dos membros em cada votação. É o que prevê o § 2º do Art. 60:

§ 2º - A proposta será discutida e votada em cada Casa do Congresso Nacional, em dois turnos, considerando-se aprovada se obtiver, em ambos, três quintos dos votos dos respectivos membros.

Não depende de sanção presidencial que, após aprovada, vai direto para promulgação, que fica a cargo das Mesas da Câmara e do Senado. Caso a proposta seja rejeitada por qualquer uma das Casas, deverá ser arquivada aplicando-se o Princípio da Irrepetibilidade Absoluta, o qual significa que a mesma proposta, uma vez rejeitada, não pode ser reapresentada na mesma sessão legislativa, conforme estabelecido no Art. 60:

§ 3º - A emenda à Constituição será promulgada pelas Mesas da Câmara dos Deputados e do Senado Federal, com o respectivo número de ordem.

§ 5º - A matéria constante de proposta de emenda rejeitada ou havida por prejudicada não pode ser objeto de nova proposta na mesma sessão legislativa.

A edição de Emendas Constitucionais obedece a alguns limites constitucionais chamados de limites circunstanciais e limites materiais.

Os limites circunstanciais são momentos em que não se podem apresentar propostas de emendas constitucionais. São três os momentos: intervenção federal, estado de defesa e estado de sítio. Assim, dispõe o § 1º do Art. 60:

§ 1º - A Constituição não poderá ser emendada na vigência de intervenção federal, de estado de defesa ou de estado de sítio.

Os **limites materiais** são temas que não podem ser retirados da Constituição Federal, pois compõem seu núcleo imutável. São as chamadas cláusulas pétreas previstas no § 4º do Art. 60:

§ 4º - Não será objeto de deliberação a proposta de emenda tendente a abolir:
I. A forma federativa de Estado;
II. O voto direto, secreto, universal e periódico;
III. A separação dos Poderes;
IV. Os direitos e garantias individuais.

Medidas provisórias

O Art. 62 é destinado à regulação das Medidas Provisórias. A edição dessa espécie normativa é de competência privativa do Presidente da República e só pode ser elaborada em situação de relevância e urgência. É uma função atípica desempenhada pelo Chefe do Executivo. Veja o *caput* do Art. 62:

Art. 62. *Em caso de relevância e urgência, o Presidente da República poderá adotar medidas provisórias, com força de lei, devendo submetê-las de imediato ao Congresso Nacional.*

PODER LEGISLATIVO

A Medida Provisória não é uma lei, mas tem força de lei. Depois de editada, produz efeitos imediatos, mas precisa ser submetida à apreciação do Congresso Nacional.

Primeiramente, passa por uma comissão mista do Congresso para verificação dos requisitos constitucionais, seguindo posteriormente para o plenário de cada Casa Legislativa. A Casa Iniciadora obrigatória é a Câmara dos Deputados, tendo em vista a competência ser do Presidente da República:

> § 5º - A deliberação de cada uma das Casas do Congresso Nacional sobre o mérito das medidas provisórias dependerá de juízo prévio sobre o atendimento de seus pressupostos constitucionais.
>
> § 8º - As medidas provisórias terão sua votação iniciada na Câmara dos Deputados.
>
> § 9º - Caberá à comissão mista de Deputados e Senadores examinar as medidas provisórias e sobre elas emitir parecer, antes de serem apreciadas, em sessão separada, pelo plenário de cada uma das Casas do Congresso Nacional.

O Congresso tem um prazo de 60 dias para manifestar-se sobre a Medida Provisória, o qual poderá ser prorrogado por mais 60 dias se necessário. Esse prazo ficará suspenso durante os recessos parlamentares. Se, por ventura, nos primeiros 45 dias a MP não for analisada, a pauta da Casa onde se encontrar entrará em regime de urgência sobrestando as demais deliberações. O sobrestamento da pauta, também conhecido como trancamento de pauta, impede a Casa Legislativa de votar outra proposição que não possua prazo enquanto a Medida Provisória não for votada:

> § 3º - As medidas provisórias, ressalvado o disposto nos §§ 11 e 12 perderão eficácia, desde a edição, se não forem convertidas em lei no prazo de sessenta dias, prorrogável, nos termos do § 7º, uma vez por igual período, devendo o Congresso Nacional disciplinar, por decreto legislativo, as relações jurídicas delas decorrentes.
>
> § 4º - O prazo a que se refere o § 3º contar-se-á da publicação da medida provisória, suspendendo-se durante os períodos de recesso do Congresso Nacional.
>
> § 6º - Se a medida provisória não for apreciada em até quarenta e cinco dias contados de sua publicação, entrará em regime de urgência, subsequentemente, em cada uma das Casas do Congresso Nacional, ficando sobrestadas, até que se ultime a votação, todas as demais deliberações legislativas da Casa em que estiver tramitando.
>
> § 7º - Prorrogar-se-á uma única vez por igual período a vigência de medida provisória que, no prazo de sessenta dias, contado de sua publicação, não tiver a sua votação encerrada nas duas Casas do Congresso Nacional.

A apreciação da Medida Provisória pelo Congresso Nacional pode gerar três consequências:

Conversão em lei sem emendas

Havendo conversão integral da MP em lei, ela seguirá para promulgação pelo Presidente da Mesa do Congresso Nacional.

Conversão em lei com emendas

Havendo conversão parcial a MP se transformará em Projeto de Lei, seguindo todos os trâmites normais, inclusive em relação a sanção presidencial:

> § 12 - Aprovado projeto de lei de conversão alterando o texto original da medida provisória, esta manter-se-á integralmente em vigor até que seja sancionado ou vetado o projeto.

Rejeição

A rejeição pode ser tácita ou expressa. Em ambos os casos, se rejeitada, a MP perde sua eficácia desde a origem (ex tunc). Nesse caso o Congresso Nacional terá 60 dias para disciplinar as relações jurídicas decorrentes do período em que estava em vigor mediante Decreto Legislativo. Caso não o faça, os atos praticados durante a vigência da MP permanecerão regulados pela própria Medida Provisória:

> § 11 - Não editado o decreto legislativo a que se refere o § 3º até sessenta dias após a rejeição ou perda de eficácia de medida provisória, as relações jurídicas constituídas e decorrentes de atos praticados durante sua vigência conservar-se-ão por ela regidas.

A Medida Provisória rejeitada ou que tenha perdido a eficácia não poderá ser reeditada na mesma Sessão Legislativa aplicando-se nesse caso o Princípio da Irrepetibilidade Absoluta:

> § 10 - É vedada a reedição, na mesma sessão legislativa, de medida provisória que tenha sido rejeitada ou que tenha perdido sua eficácia por decurso de prazo.

Não poderão ser editadas Medidas Provisórias que versem sobre os limites materiais estabelecidos no Art. 62, § 1º e no Art. 25, § 2º da Constituição Federal:

> § 1º - É vedada a edição de medidas provisórias sobre matéria:
> I. Relativa a:
> a) nacionalidade, cidadania, direitos políticos, partidos políticos e direito eleitoral;
> b) direito penal, processual penal e processual civil;
> c) organização do Poder Judiciário e do Ministério Público, a carreira e a garantia de seus membros;
> d) planos plurianuais, diretrizes orçamentárias, orçamento e créditos adicionais e suplementares, ressalvado o previsto no Art. 167, § 3º;
> I. Que vise a detenção ou sequestro de bens, de poupança popular ou qualquer outro ativo financeiro;
> II. Reservada a lei complementar;
> III. Já disciplinada em projeto de lei aprovado pelo Congresso Nacional e pendente de sanção ou veto do Presidente da República.
>
> **Art. 25.** Os Estados organizam-se e regem-se pelas Constituições e leis que adotarem, observados os princípios desta Constituição.
>
> § 2º - Cabe aos Estados explorar diretamente, ou mediante concessão, os serviços locais de gás canalizado, na forma da lei, vedada a edição de medida provisória para a sua regulamentação.

Questões

01. (FCC) A Câmara dos Deputados compõe-se de representantes do povo eleitos, pelo sistema proporcional, em cada Estado, em cada Território e no Distrito Federal, sendo certo que o número total de Deputados, bem como a representação por Estado e pelo Distrito Federal, será estabelecido por:

a) Lei complementar, proporcionalmente à população, procedendo-se aos ajustes necessários, no ano anterior às eleições, para que nenhuma daquelas unidades da Federação tenha menos de oito ou mais de setenta Deputados.

b) Lei delegada, proporcionalmente à população, procedendo-se aos ajustes necessários, até seis meses das eleições, para que nenhuma daquelas unidades da Federação tenha menos de cinco ou mais de sessenta Deputados.

c) Emenda constitucional, proporcionalmente à população, procedendo-se aos ajustes necessários, até três meses das eleições, para que nenhuma daquelas unidades da Federação tenha menos de três ou mais de oitenta e oito Deputados.

d) Lei ordinária, proporcionalmente à população, procedendo-se aos ajustes necessários, no ano anterior às eleições, para que nenhuma daquelas unidades da Federação tenha menos de sete ou mais de setenta e cinco Deputados.

e) Decreto legislativo, proporcionalmente à população, procedendo-se aos ajustes necessários, no ano anterior às eleições, para que nenhuma daquelas unidades da Federação tenha menos de seis ou mais de sessenta e cinco Deputados.

02. (FCC) Em relação ao Poder Legislativo, é INCORRETO afirmar:
a) A Câmara dos Deputados compõe-se de representantes do povo, eleitos, pelo sistema proporcional, em cada Estado, em cada Território e no Distrito Federal.
b) A representação de cada Estado e do Distrito Federal no Senado será renovada de quatro em quatro anos, alternadamente, por um e dois terços.
c) O Senado Federal compõe-se de representantes dos Estados e Territórios, eleitos segundo o princípio proporcional.
d) Cada Senador será eleito com dois suplentes.
e) No Congresso Nacional, cada legislatura terá a duração de quatro anos.

03. (FCC) Considere as assertivas, relacionadas ao Poder Legislativo.
I. Cada legislatura terá a duração de dois anos, permitida uma reeleição.
II. A Câmara dos Deputados compõe-se de representantes do povo, eleitos pelo sistema majoritário em cada Estado, em cada Município e no Distrito Federal.
III. Cada senador será eleito com dois suplentes.
IV. O Senado Federal compõe-se de representantes dos Estados, Territórios e do Distrito Federal, eleitos pelo sistema proporcional.
V. No Senado Federal, a representação de cada Estado e do Distrito Federal será renovada de quatro em quatro anos, alternadamente, por um e dois terços.

É correto o que consta apenas em:
a) I e II.
b) III e IV.
c) III e V.
d) I, II e IV.
e) II, III e V.

Gabaritos

01	A
02	C
03	C

11. PODER EXECUTIVO

O Poder Executivo, tem como função principal administrar o Estado. Para entender como o Poder Executivo Brasileiro está organizado, a seguir serão analisados alguns princípios constitucionais que o influenciam.

11.1 Princípios

Princípio republicano

O primeiro princípio que será estudo é o Republicano que representa a Forma de Governo adotada no Brasil. A forma de governo reflete o modo de aquisição e exercício do poder político, além de medir a relação existente entre o governante e o governado.

A melhor forma de entender esse instituto é conhecendo suas características. A primeira característica decorre da análise etimológica da expressão res publica. Essa expressão, que dá origem ao princípio ora estudado, significa coisa pública, ou seja, em um Estado republicano o governante governa a coisa pública, governa para o povo.

Na república, o governante é escolhido pelo povo. Essa é a chamada eletividade. O poder político é adquirido pelas eleições, cuja vontade popular se concretiza nas urnas.

Outra característica importante é a Temporariedade. Esse atributo revela o caráter temporário do exercício do poder político. Por causa desse princípio, em nosso Estado, o governante permanece por quatro anos no poder, sendo permitida apenas uma reeleição.

Por fim, num Estado Republicano o governante pode ser responsabilizado por seus atos.

Quando se fala dessas características da forma de governo republicana, remete-se imediatamente ao regime político adotado no Brasil, que permite a participação popular nas decisões estatais: **democracia.**

Princípio democrático

Esse princípio revela o **Regime de Governo** adotado no Brasil, também chamado de **Regime Político**. Caracteriza-se por um governo do povo, pelo povo e para o povo.

Presidencialismo

O Presidencialismo é o **Sistema de Governo** adotado no Brasil. O sistema de governo rege a relação entre o Poder Executivo e o Legislativo, medindo o grau de dependência entre eles. No Presidencialismo, prevalece a separação entre os Poderes Executivo e Legislativo os quais são independentes e harmônicos entre si.

A Constituição declara que o Poder Executivo da União é exercido pelo Presidente da República, auxiliado por seus Ministros de Estado:

> **Art. 76.** O Poder Executivo é exercido pelo Presidente da República, auxiliado pelos Ministros de Estado.

O Presidencialismo possui uma característica muito importante para prova: o presidente, que é eleito pelo povo, exerce ao mesmo tempo três funções: Chefe de Estado, Chefe de Governo e Chefe da Administração Pública.

A função de Chefe de Estado diz respeito a todas as atribuições do Presidente nas relações externas do País. Como Chefe de Governo, o Presidente possui inúmeras atribuições internas, no que tange à governabilidade do país. Já como Chefe da Administração Pública, o Presidente exercerá as funções relacionadas com a chefia da Administração Pública Federal, ou seja, apenas da União.

Esses princípios que regem o Poder Executivo costumam ser cobrados em prova. Vejamos esta questão sobre o princípio republicano:

```
Sistema de Governo
        │
   Presidencialismo
   ┌────┬────┐
Chefe   Chefe da      Chefe de
de      Administração Governo
Estado  Pública
   │       │            │
Relações  Chefe da     Ações internas
externas  Administração de
do Brasil Pública       Governabilidade
com       Federal
outros
Estados
```

Partindo de discussões sobre o presidencialismo, que caracteriza as funções exercidas pelo Presidente da República, a seguir serão estudados suas atribuições, que aparecem praticamente em todos os editais que contêm Poder Executivo.

Atribuições do presidente

As atribuições do Presidente da República encontram-se arroladas no Art. 84 da Constituição Federal:

> **Art. 84.** Compete privativamente ao Presidente da República:
> **I.** Nomear e exonerar os Ministros de Estado;
> **II.** Exercer, com o auxílio dos Ministros de Estado, a direção superior da administração federal;
> **III.** Iniciar o processo legislativo, na forma e nos casos previstos nesta Constituição;
> **IV.** Sancionar, promulgar e fazer publicar as leis, bem como expedir decretos e regulamentos para sua fiel execução;
> **V.** Vetar projetos de lei, total ou parcialmente;
> **VI.** Dispor, mediante decreto, sobre:
> **a)** Organização e funcionamento da administração federal, quando não implicar aumento de despesa nem criação ou extinção de órgãos públicos;
> **b)** Extinção de funções ou cargos públicos, quando vagos;
> **VII.** Manter relações com Estados estrangeiros e acreditar seus representantes diplomáticos;
> **VIII.** Celebrar tratados, convenções e atos internacionais, sujeitos a referendo do Congresso Nacional;
> **IX.** Decretar o estado de defesa e o estado de sítio;
> **X.** Decretar e executar a intervenção federal;
> **XI.** Remeter mensagem e plano de governo ao Congresso Nacional por ocasião da abertura da sessão legislativa, expondo a situação do País e solicitando as providências que julgar necessárias;

XII. Conceder indulto e comutar penas, com audiência, se necessário, dos órgãos instituídos em lei;

XIII. Exercer o comando supremo das Forças Armadas, nomear os Comandantes da Marinha, do Exército e da Aeronáutica, promover seus oficiais-generais e nomeá-los para os cargos que lhes são privativos;

XIV. Nomear, após aprovação pelo Senado Federal, os Ministros do Supremo Tribunal Federal e dos Tribunais Superiores, os Governadores de Territórios, o Procurador-Geral da República, o presidente e os diretores do banco central e outros servidores, quando determinado em lei;

XV. Nomear, observado o disposto no Art. 73, os Ministros do Tribunal de Contas da União;

XVI. Nomear os magistrados, nos casos previstos nesta Constituição, e o Advogado-Geral da União;

XVII. Nomear membros do Conselho da República, nos termos do Art. 89, VII;

XVIII. Convocar e presidir o Conselho da República e o Conselho de Defesa Nacional;

XIX. Declarar guerra, no caso de agressão estrangeira, autorizado pelo Congresso Nacional ou referendado por ele, quando ocorrida no intervalo das sessões legislativas, e, nas mesmas condições, decretar, total ou parcialmente, a mobilização nacional;

XX. Celebrar a paz, autorizado ou com o referendo do Congresso Nacional;

XXI. Conferir condecorações e distinções honoríficas;

XXII. Permitir, nos casos previstos em lei complementar, que forças estrangeiras transitem pelo território nacional ou nele permaneçam temporariamente;

XXIII. Enviar ao Congresso Nacional o plano plurianual, o projeto de lei de diretrizes orçamentárias e as propostas de orçamento previstos nesta Constituição;

XXIV. Prestar, anualmente, ao Congresso Nacional, dentro de sessenta dias após a abertura da sessão legislativa, as contas referentes ao exercício anterior;

XXV. Prover e extinguir os cargos públicos federais, na forma da lei;

XXVI. Editar medidas provisórias com força de lei, nos termos do Art. 62;

XXVII. Exercer outras atribuições previstas nesta Constituição.

Parágrafo único: O Presidente da República poderá delegar as atribuições mencionadas nos incisos VI, XII e XXV, primeira parte, aos Ministros de Estado, ao Procurador-Geral da República ou ao Advogado-Geral da União, que observarão os limites traçados nas respectivas delegações.

Esse tema, quando cobrado em prova, costuma trabalhar com a memorização do texto constitucional. A dica é memorizar o Art. 84 da Constituição. Ele sempre está contemplado em prova.

Como já se falou na análise do Presidencialismo, as atribuições do Presidente são de Chefe de Estado, Chefe de Governo ou Chefe da Administração Pública. Procurou-se, abaixo, adequar, conforme a melhor doutrina, as atribuições do Art. 84 às funções desenvolvidas pelo Presidente no exercício de seu mandato:

Como **Chefe de Estado:**

O Presidente representa o Estado nas suas relações internacionais. São funções de Chefe de Estado as previstas nos incisos VII, VIII, XIX, XX, XXII e XXVII do Art. 84;

Como **Chefe de Governo:**

O Presidente exerce sua liderança política representando e gerindo os negócios internos nacionais. São funções de Chefe de Governo as previstas nos incisos I, III, IV, V, IX, X, XI, XII, XIII, XIV, XV, XVI, XVII, XVIII, XXI, XXIII, XXIV, XXVI e XXVII;

Como **Chefe da Administração Pública:**

O Presidente gerencia os negócios internos administrativos da administração pública federal. São funções de Chefe da Administração Pública as previstas nos incisos II, VI, XXV e XXVII.

Uma característica interessante é que esse rol de competências é meramente exemplificativo, por força do inciso XXVII, que abre a possibilidade de o Presidente exercer outras atribuições além das previstas expressamente no texto constitucional.

Outra questão amplamente trabalhada em prova é a possibilidade de delegação de algumas de suas atribuições, conforme prescrição do parágrafo único do Art. 84. Nem todas as atribuições do Presidente são delegáveis, apenas as previstas nos incisos **VI, XII e XXV, primeira parte:**

VI. Dispor, mediante decreto, sobre:

a) Organização e funcionamento da administração federal, quando não implicar aumento de despesa nem criação ou extinção de órgãos públicos;

b) Extinção de funções ou cargos públicos, quando vagos;

XII. Conceder indulto e comutar penas, com audiência, se necessário, dos órgãos instituídos em lei;

XXV. Prover os cargos públicos federais, na forma da lei.

São três competências que podem ser delegadas para três pessoas: Ministro de Estado, Procurador-Geral da República e Advogado-Geral da União.

Ministro de Estado é qualquer ministro que auxilie o Presidente da República na administração do Estado. São exemplos: Ministro da Justiça, Ministro da Fazenda e Ministro da Agricultura.

Processo eleitoral

O processo de eleição do Presidente da República também encontra regulação expressa no texto constitucional:

Art. 77. A eleição do Presidente e do Vice-Presidente da República realizar-se-á, simultaneamente, no primeiro domingo de outubro, em primeiro turno, e no último domingo de outubro, em segundo turno, se houver, do ano anterior ao do término do mandato presidencial vigente.

§ 1º - A eleição do Presidente da República importará a do Vice-Presidente com ele registrado.

§ 2º - Será considerado eleito Presidente o candidato que, registrado por partido político, obtiver a maioria absoluta de votos, não computados os em branco e os nulos.

§ 3º - Se nenhum candidato alcançar maioria absoluta na primeira votação, far-se-á nova eleição em até vinte dias após a proclamação do resultado, concorrendo os dois candidatos mais votados e considerando-se eleito aquele que obtiver a maioria dos votos válidos.

§ 4º - Se, antes de realizado o segundo turno, ocorrer morte, desistência ou impedimento legal de candidato, convocar-se-á, dentre os remanescentes, o de maior votação.

§ 5º - Se, na hipótese dos parágrafos anteriores, remanescer, em segundo lugar, mais de um candidato com a mesma votação, qualificar-se-á o mais idoso.

Algumas considerações são importantes acerca desse tema. Primeiramente, deve-se registrar que a Constituição regulou até o dia em que deve ocorrer a eleição:

PODER EXECUTIVO

Primeiro Turno:

Primeiro Domingo de Outubro;

Segundo Turno:

Último Domingo de Outubro.

Uma coisa chama a atenção no *caput* do Art. 77. É que a Constituição diz que as eleições ocorrem no ano anterior ao do término do mandato presidencial vigente. Pergunta-se: será que essa regra é aplicável no direito brasileiro?

É claro que esse dispositivo é aplicado nos dias de hoje. A eleição ocorre no ano anterior ao do término do mandato presidencial vigente, pois o mandato acaba no dia 1º de janeiro, conforme dispõe o Art. 82:

Art. 82. *O mandato do Presidente da República é de quatro anos e terá início em primeiro de janeiro do ano seguinte ao da sua eleição.*

Ora, se o novo mandato tem início em primeiro de janeiro, significa que o mandato antigo acaba no dia primeiro de janeiro. Logo, está corretíssimo afirmar que as eleições ocorrem no ano anterior ao do término do mandato presidencial vigente.

Quando votamos para Presidente, só votamos no Presidente. O Vice é eleito como consequência da eleição do Presidente. Esse será eleito se tiver a maioria absoluta dos votos, não computados os votos brancos e nulos, ou seja, será eleito aquele que possuir a maioria absoluta dos votos válidos. Maioria absoluta dos votos significa dizer que o eleito obteve o primeiro número inteiro após a metade dos votos válidos. Se ninguém obtiver maioria absoluta, deve-se convocar nova eleição – segundo turno. Para o segundo turno, são chamados os dois candidatos mais votados. Se, porventura, ocorrer empate no segundo lugar, a Constituição determina que seja convocado o mais idoso.

O critério de idade é para a situação de desempate. Ocorrendo morte, desistência ou impedimento de algum candidato do segundo turno, deverá ser convocado o próximo mais votado.

Finalizada a eleição, o Presidente e o Vice terão prazo de dez dias a contar da posse, para assumir o cargo. Caso não seja assumido, o cargo será declarado vago. Se o Presidente assume e o Vice não, o cargo do Vice é declarado vago, ficando o Presidente sem Vice até o fim do mandato. Caso o Vice assuma e o Presidente não, o cargo de Presidente será declarado vago, assumindo o Vice a função de Presidente e permanecendo durante o seu mandato sem Vice.

Art. 78. *O Presidente e o Vice-Presidente da República tomarão posse em sessão do Congresso Nacional, prestando o compromisso de manter, defender e cumprir a Constituição, observar as leis, promover o bem geral do povo brasileiro, sustentar a união, a integridade e a independência do Brasil.*

Parágrafo único. *Se, decorridos dez dias da data fixada para a posse, o Presidente ou o Vice-Presidente, salvo motivo de força maior, não tiver assumido o cargo, este será declarado vago.*

Impedimento e vacância

O Impedimento e a Vacância são espécies de ausência do Presidente da República. São circunstâncias em que o Presidente não está no exercício de sua função. A diferença entre os dois institutos está no fato de que, na vacância a ausência é definitiva, enquanto no impedimento a ausência é temporária. São exemplos de vacância: morte, perda do cargo, renúncia. São exemplos de impedimento: doença, viagem, férias. Na vacância, ocorre sucessão; no impedimento, ocorre substituição. Tanto no caso de impedimento como no de vacância, a Constituição Federal determina que o Vice-Presidente ficará no lugar do Presidente, pois essa é a sua função precípua:

Art. 79. *Substituirá o Presidente, no caso de impedimento, e suceder-lhe-á, no de vaga, o Vice-Presidente.*

Parágrafo único. *O Vice-Presidente da República, além de outras atribuições que lhe forem conferidas por lei complementar, auxiliará o Presidente, sempre que por ele convocado para missões especiais.*

O problema maior surge quando o Presidente e o Vice se ausentam ao mesmo tempo. Nesse caso, a Constituição determina que se convoquem outros sucessores: Presidente da Câmara dos Deputados, Presidente do Senado Federal e Presidente do Supremo Tribunal Federal. Esses são os legitimados a sucederem o Presidente da República e o Vice-Presidente de forma sucessiva e temporária quando ocorrer a ausência dos dois ao mesmo tempo:

Art. 80. *Em caso de impedimento do Presidente e do Vice-Presidente, ou vacância dos respectivos cargos, serão sucessivamente chamados ao exercício da Presidência o Presidente da Câmara dos Deputados, o do Senado Federal e o do Supremo Tribunal Federal.*

Uma coisa deve ser observada: o Vice-Presidente é o único legitimado a suceder o Presidente de forma definitiva. O Presidente da Câmara, do Senado e do STF só substituem o Presidente em caráter temporário. Isso significa que, se o Presidente morrer, quem assume o cargo é o Vice.

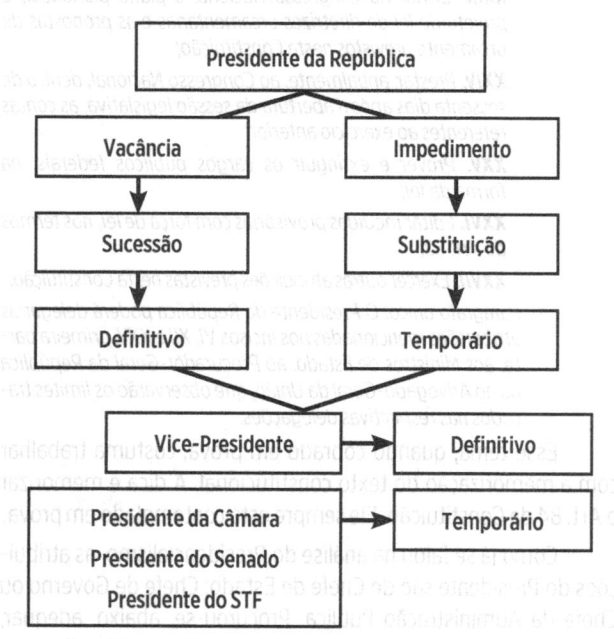

```
                    Presidente da República
                    /                    \
              Vacância                  Impedimento
                 ↓                           ↓
              Sucessão                  Substituição
                 ↓                           ↓
              Definitivo                 Temporário

              Vice-Presidente    →    Definitivo

              Presidente da Câmara
              Presidente do Senado   →   Temporário
              Presidente do STF
```

Agora, se ocorrer vacância dos cargos de Presidente e de Vice ao mesmo tempo, a Constituição determina que sejam realizadas novas eleições:

Art. 81. *Vagando os cargos de Presidente e Vice-Presidente da República, far-se-á eleição noventa dias depois de aberta a última vaga.*

§ 1º - *Ocorrendo a vacância nos últimos dois anos do período presidencial, a eleição para ambos os cargos será feita trinta dias depois da última vaga, pelo Congresso Nacional, na forma da lei.*

§ 2º - *Em qualquer dos casos, os eleitos deverão completar o período de seus antecessores.*

Caso a vacância se dê nos dois primeiros anos de mandato, a eleição será direta, ou seja, com a participação do povo e deverá ocorrer no prazo de 90 dias a contar da última vacância. Mas, se a vacância se der nos dois últimos anos do mandato, a eleição será indireta (realizada pelo Congresso Nacional) no prazo de 30 dias a contar da última vacância. Quem for eleito permanecerá no cargo até o fim do mandato de quem ele sucedeu. Não se inicia um novo mandato. Esse mandato é chamado pela doutrina de Mandato-Tampão.

Em qualquer uma das duas situações, enquanto não forem eleitos os novos Presidente e Vice-Presidente, quem permanece no cargo é um dos sucessores temporários: Presidente da Câmara, do Senado ou do STF.

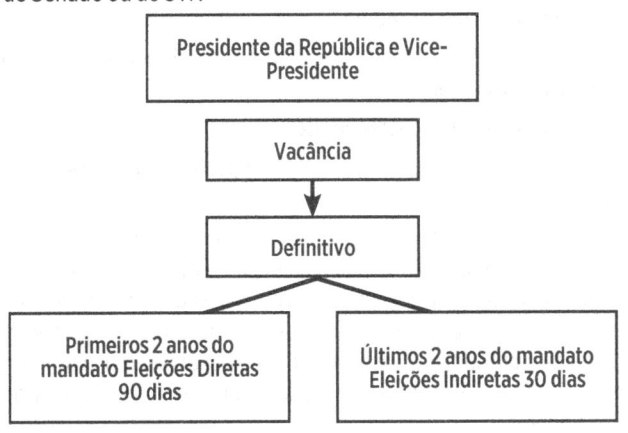

```
Presidente da República e Vice-Presidente
                │
             Vacância
                │
                ▼
            Definitivo
           /          \
Primeiros 2 anos do    Últimos 2 anos do mandato
mandato Eleições Diretas   Eleições Indiretas 30 dias
      90 dias
```

Perda do cargo no caso de saída do país sem autorização do congresso nacional

Esse artigo prevê a possibilidade de perda do cargo do Presidente e Vice-Presidente nos casos de ausência do País por período superior a 15 dias sem licença do Congresso Nacional:

Art. 83. O Presidente e o Vice-Presidente da República não poderão, sem licença do Congresso Nacional, ausentar-se do País por período superior a quinze dias, sob pena de perda do cargo.

Vejamos que a Constituição não proíbe que o Presidente ou o Vice se ausentem do país sem licença do Congresso Nacional. Mas se a ausência se der por mais de 15 dias, nesse caso será indispensável a autorização da Casa Legislativa.

Órgãos auxiliares do presidente da república

A Constituição nos apresenta três órgãos auxiliares do Presidente da República: Ministros de Estado, Conselho da República e Conselho de Defesa Nacional. Os Ministros de Estados são os auxiliares diretos do Presidente da República. Os Arts. 87 e 88 trazem várias regras que podem ser trabalhadas em prova:

Art. 87. Os Ministros de Estado serão escolhidos dentre brasileiros maiores de vinte e um anos e no exercício dos direitos políticos.

Parágrafo único. Compete ao Ministro de Estado, além de outras atribuições estabelecidas nesta Constituição e na lei:

I. Exercer a orientação, coordenação e supervisão dos órgãos e entidades da administração federal na área de sua competência e referendar os atos e decretos assinados pelo Presidente da República;

II. Expedir instruções para a execução das leis, decretos e regulamentos;

III. Apresentar ao Presidente da República relatório anual de sua gestão no Ministério;

IV. Praticar os atos pertinentes às atribuições que lhe forem outorgadas ou delegadas pelo Presidente da República.

Art. 88. A lei disporá sobre a criação e extinção de Ministérios e órgãos da administração pública.

O Conselho da República e o Conselho de Defesa Nacional também são órgãos auxiliares do Presidente da República, mas que possuem atribuição consultiva. Em situações determinadas pela Constituição, o Presidente, antes de tomar alguma decisão, precisa consultar esses dois órgãos.

Abaixo, seguem os Arts. 89, 90 e 91, cujas regras também podem ser cobradas em prova. Destacam-se as composições e as competências desses órgãos:

Art. 89. O Conselho da República é órgão superior de consulta do Presidente da República, e dele participam:

I. O Vice-Presidente da República;

II. O Presidente da Câmara dos Deputados;

III. O Presidente do Senado Federal;

IV. Os líderes da maioria e da minoria na Câmara dos Deputados;

V. Os líderes da maioria e da minoria no Senado Federal;

VI. O Ministro da Justiça;

VII. Seis cidadãos brasileiros natos, com mais de trinta e cinco anos de idade, sendo dois nomeados pelo Presidente da República, dois eleitos pelo Senado Federal e dois eleitos pela Câmara dos Deputados, todos com mandato de três anos, vedada a recondução.

Art. 90. Compete ao Conselho da República pronunciar-se sobre:

I. Intervenção federal, estado de defesa e estado de sítio;

II. As questões relevantes para a estabilidade das instituições democráticas.

§ 1º - O Presidente da República poderá convocar Ministro de Estado para participar da reunião do Conselho, quando constar da pauta questão relacionada com o respectivo Ministério.

§ 2º - A lei regulará a organização e o funcionamento do Conselho da República.

Art. 91. O Conselho de Defesa Nacional é órgão de consulta do Presidente da República nos assuntos relacionados com a soberania nacional e a defesa do Estado democrático, e dele participam como membros natos:

I. O Vice-Presidente da República;

II. O Presidente da Câmara dos Deputados;

III. O Presidente do Senado Federal;

IV. Ministro da Justiça;

V. O Ministro de Estado da Defesa;

VI. O Ministro das Relações Exteriores;

VII. O Ministro do Planejamento;

VIII. Os Comandantes da Marinha, do Exército e da Aeronáutica.

§ 1º - Compete ao Conselho de Defesa Nacional:

I. Opinar nas hipóteses de declaração de guerra e de celebração da paz, nos termos desta Constituição;

II. Opinar sobre a decretação do estado de defesa, do estado de sítio e da intervenção federal;

III. Propor os critérios e condições de utilização de áreas indispensáveis à segurança do território nacional e opinar sobre seu efetivo uso, especialmente na faixa de fronteira e nas relacionadas com a preservação e a exploração dos recursos naturais de qualquer tipo;

IV. Estudar, propor e acompanhar o desenvolvimento de iniciativas necessárias a garantir a independência nacional e a defesa do Estado democrático.

NOÇÕES DE DIREITO CONSTITUCIONAL

PODER EXECUTIVO

§ 2º - A lei regulará a organização e o funcionamento do Conselho de Defesa Nacional.

Responsabilidades

A forma de governo adotada no País é a República e, por essa razão, é possível responsabilizar o Presidente da República por seus atos. A Constituição tratou de regular a responsabilização por Crime de Responsabilidade e por Infrações Penais Comuns.

Antes de trabalhar com cada uma das responsabilidades, serão analisadas as chamadas Imunidades.

Imunidades são prerrogativas inerentes aos cargos mais importantes do Estado. Cargos que são estratégicos e essenciais à manutenção da ordem constitucional. Entre vários, se destaca o de Presidente da República.

A imunidade pode ser:

Material

É a conhecida irresponsabilidade penal absoluta. Essa imunidade protege o titular contra a responsabilização penal.

Formal

São prerrogativas de cunho processual

Um primeiro ponto essencial que precisa ser estabelecido: o Presidente não possui imunidade material, contudo, em razão da importância do seu cargo, possui imunidades formais. Apesar de o Presidente não possuir imunidade material, outros cargos a possuem, por exemplo, os Parlamentares.

Ao todo, pode-se elencar **quatro prerrogativas processuais** garantidas pela Constituição Federal ao Chefe do Executivo da União:

Processo

A Constituição exige juízo de admissibilidade emitido pela Câmara para que o Presidente possa ser processado durante o seu mandato. Isso significa que o Presidente da República só poderá ser processado se a Câmara dos Deputados autorizar pelo voto de 2/3 dos membros:

> *Art. 86. Admitida a acusação contra o Presidente da República, por dois terços da Câmara dos Deputados, será ele submetido a julgamento perante o Supremo Tribunal Federal, nas infrações penais comuns, ou perante o Senado Federal, nos crimes de responsabilidade.*

Prerrogativa de foro

O Presidente não pode ser julgado por qualquer juiz, haja vista a importância da função que exerce no Estado.

Diante disso, a Constituição estabeleceu dois foros competentes para julgar o Presidente:

Supremo Tribunal Federal

Será julgado pelas infrações penais comuns;

Senado Federal

Será julgado pelos Crimes de Responsabilidade.

Analisando essas duas primeiras prerrogativas, não se pode esquecer o previsto no Art. 86, §1º:

> *§1º - O Presidente ficará suspenso de suas funções:*
> *I. Nas infrações penais comuns, se recebida a denúncia ou queixa-crime pelo Supremo Tribunal Federal;*
> *II. Nos crimes de responsabilidade, após a instauração do processo pelo Senado Federal.*
> *§2º - Se, decorrido o prazo de cento e oitenta dias, o julgamento não estiver concluído, cessará o afastamento do Presidente, sem prejuízo do regular prosseguimento do processo.*

A Constituição determina que, após iniciado o processo, tanto por infração penal comum quanto por crime de responsabilidade, o Presidente fique suspenso de suas funções pelo prazo de 180 dias, tempo necessário para que se finalize o processo. Caso o Presidente não seja julgado nesse período, ele poderá retornar ao exercício de suas funções sem prejuízo de continuidade do processo. Deve-se ter muito cuidado em prova com o início do prazo de suspensão:

Infração Penal Comum

O prazo de suspensão inicia-se **a partir do recebimento da denúncia ou queixa**;

Crime de Responsabilidade

O prazo de suspensão inicia-se **a partir da instauração do processo**.

Caso a Câmara autorize o processo do Presidente por crime de responsabilidade, o Senado deverá processá-lo, pois não assiste discricionariedade ao Senado em processar ou não. Sua decisão é vinculada à decisão da Câmara, pelo fato de as duas Casas serem políticas. Contudo, nos casos de infração penal comum, o STF não está obrigado a processar o Presidente em respeito à Separação dos Poderes.

Vamos aproveitar o momento para entender o que são infração penal comum e crime de responsabilidade.

Infração Penal Comum:

É qualquer crime ou contravenção penal cometida pelo Presidente da República na função ou em razão da sua função de Presidente. Seu processamento se dará no Supremo Tribunal Federal.

Crime de Responsabilidade:

A primeira coisa que se precisa saber sobre o crime de responsabilidade é que ele não é um crime. O crime de responsabilidade é uma infração de natureza **político-administrativa.** O nome crime é impróprio para esse instituto. O processo que visa a esse tipo de responsabilização é o *Impeachment.*

O Presidente responderá por esse tipo de infração caso sua conduta se amolde ao previsto no Art. 85 da Constituição Federal:

> *Art. 85. São crimes de responsabilidade os atos do Presidente da República que atentem contra a Constituição Federal e, especialmente, contra:*
> *I. A existência da União;*
> *II. O livre exercício do Poder Legislativo, do Poder Judiciário, do Ministério Público e dos Poderes constitucionais das unidades da Federação;*
> *III. O exercício dos direitos políticos, individuais e sociais;*
> *IV. A segurança interna do País;*
> *V. A probidade na administração;*
> *VI. A lei orçamentária;*
> *VII. O cumprimento das leis e das decisões judiciais.*
> *Parágrafo único. Esses crimes serão definidos em lei especial, que estabelecerá as normas de processo e julgamento.*

Esse rol de condutas, consideradas como Crime de Responsabilidade estabelecido na Constituição, é meramente exemplificativo, já que é a Lei 1.079/50 o dispositivo regulador do Crime de Resposabilidade. Deve-se destacar sua relevância na fixação de outras autoridades que respondem por esse crime, novos crimes além dos procedimentos adotados nesse processo, principalmente na competência exclusiva do cidadão para denunciar o Presidente. Destaca-se ainda que, para haver condenação, o Senado deve proferi-la pelo voto de 2/3 dos seus membros.

Considerando que não se trata de um crime, essa infração não pode resultar numa pena privativa de liberdade. Quem pratica crime de responsabilidade não pode ser preso. A consequência estabelecida no Art. 52, parágrafo único, é a perda do cargo e a inabilitação para o exercício de qualquer função pública pelo prazo de oito anos:

> *Art. 52, Parágrafo único. Nos casos previstos nos incisos I e II, funcionará como Presidente o do Supremo Tribunal Federal, limitando-se a condenação, que somente será proferida por dois terços dos votos do Senado Federal, à perda do cargo, com inabilitação, por oito anos, para o exercício de função pública, sem prejuízo das demais sanções judiciais cabíveis.*

Prisão

O Presidente só pode ser preso pela prática de infração penal comum e somente se sobrevier sentença condenatória:

> *Art. 86, § 3º - Enquanto não sobrevier sentença condenatória, nas infrações comuns, o Presidente da República não estará sujeito a prisão.*

Irresponsabilidade penal relativa

Também conhecida na doutrina como Imunidade Formal Temporária, essa prerrogativa afirma que o Presidente não poderá ser responsabilizado por atos alheios aos exercícios de suas funções:

> *§ 4º - O Presidente da República, na vigência de seu mandato, não pode ser responsabilizado por atos estranhos ao exercício de suas funções.*

Para melhor compreender as imunidades conferidas ao Presidente da República, analisemos as seguintes situações hipotéticas:

01. Suponhamos que o Presidente da República seja flagrado após ter cometido o assassinado de duas pessoas por motivos particulares.

    a) Poderia ele, no momento em que é flagrado, ser preso pelo crime?

    Não. O Presidente só pode ser preso se tiver uma sentença condenatória.

    Poderia o Presidente ser processado pelo crime de duplo homicídio durante o se mandato?

    O Presidente não pode ser responsabilizado por atos alheios aos exercícios de suas funções. Ao matar duas pessoas, ele não comete o crime na condição de Presidente, ou seja, esse crime não possui relação com sua função de Presidente. Por esse motivo, ele não pode ser processado durante o seu mandato. Não significa que ficará impune pelo crime cometido, apenas será responsabilizado normalmente após o mandato, nesse caso, sem nenhuma prerrogativa. Apesar de não haver previsão legal, a jurisprudência entende que o prazo prescricional, nesse caso, ficará suspenso, não prejudicando a responsabilização do Presidente.

02. Suponhamos agora que, em reunião com os Ministros, o Presidente tenha discutido com um deles. Em meio à confusão, o Presidente mata o Ministro.

    a) Poderia ele ser preso por esse crime?

    O Presidente não pode ser preso enquanto não sobrevier sentença condenatória. É a imunidade em relação às prisões.

    b) O Presidente poderá ser processado por esse crime enquanto estiver no seu mandato?

    Nesse caso sim. Perceba que o crime cometido foi em razão da função de Presidente, visto que não estaria na reunião com Ministros se não fosse o Presidente da República. Dessa forma, ele será processado por essa infração penal comum no Supremo Tribunal Federal, caso a Câmara dos Deputados autorize o processo. Havendo sentença condenatória, ele poderá ser preso. A possibilidade de responsabilização do Presidente da República por infração penal comum só ocorre se o crime cometido estiver ligado à sua função de Presidente.

    Já em relação a outras esferas do direito, como cíveis, administrativas, trabalhistas ou qualquer outra área, o presidente não possui prerrogativa. Isso significa que o Presidente responderá normalmente, sem nenhum privilégio, nas outras esferas do Direito. O tema das Responsabilidades do Presidente tem sido alvo de inúmeras questões de prova. As questões podem ser trabalhadas a partir da literalidade do texto constitucional ou mesmo invocando caso concreto para verificação das regras e prerrogativas do Presidente.

```
                    Imunidade
                   /        \
              Formal      Material (X)
                |
              Processo ── Autorização da Câmara dos
                          Deputados = 2/3 dos votos
                |
              Prerrogativa ── STF: Crime Comum
              de Foro      ── Senado: Crime de
                              Responsabilidade
                |
              Prisão ── Só depois da sentença penal
                        condenatória
                |
              Irresponsabilidade ── Não responde por ato alheio a
              Penal relativa        sua função
```

Questões

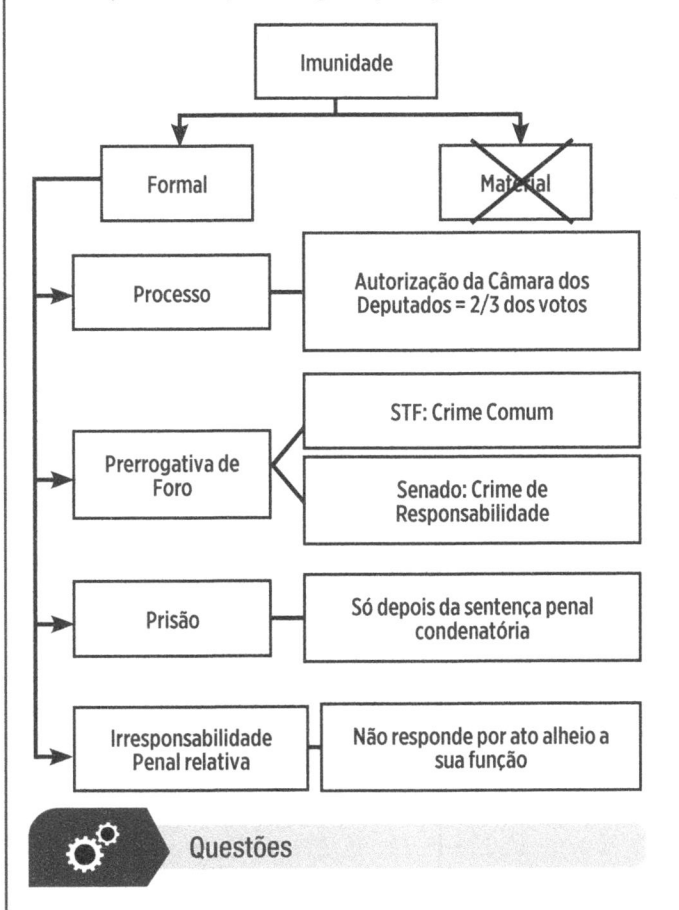

01. (FCC) No que diz respeito à eleição do Presidente e do Vice-Presidente da República, é correto afirmar:

    a) Se, antes de realizado o segundo turno, ocorrer morte, desistência ou impedimento legal do candidato, convocar-se-á, dentre os remanescentes, o de maior votação.

PODER EXECUTIVO

b) Será considerado eleito Presidente o candidato que, registrado por partido político, obtiver a maioria absoluta de votos, computados os em branco e os nulos.

c) Se, decorridos trinta dias da data fixada para a posse, o Presidente ou o Vice-Presidente, salvo força maior, não tiver assumido o cargo, esse será declarado vago.

d) Ocorrendo a vacância nos últimos dois anos do período presidencial, a eleição para ambos os cargos será feita dez dias depois da última vaga, pelo Congresso Nacional, nos termos da lei.

e) Em caso de impedimento ou vacância do Presidente e de seu Vice, serão chamados sucessivamente o Presidente do Senado, da Câmara dos Deputados e do Supremo Tribunal Federal.

02. (FCC) No que tange ao Poder Executivo, é correto afirmar que compete ao Ministro de Estado:
a) Decretar e executar a intervenção federal.
b) Decretar o estado de defesa e o estado de sítio.
c) Expedir instruções para a execução das leis, decretos e regulamentos.
d) Conferir condecorações e distinções honoríficas.
e) Nomear o Advogado-Geral da União.

Gabaritos

| 01 | A |
| 02 | C |

12. PODER JUDICIÁRIO

12.1 Disposições Gerais

Organograma

O Poder Judiciário é o titular da chamada função jurisdicional. Ele possui a atribuição principal de "dizer o direito", "aplicar o direito ao caso concreto". Além de desempenhar esta função típica, o Judiciário também exerce de forma atípica a função dos demais poderes. Quando realiza concursos públicos ou contrata uma empresa prestadora de serviços, ele o faz no exercício da função administrativa (Poder Executivo). O Judiciário também exerce de forma atípica a função do Poder Legislativo quando edita instrumentos normativos que regulam as atividades dos tribunais.

Para desempenhar suas funções, o Poder Judiciário se utiliza de diversos órgãos os quais estão previstos no Art. 92:

> **Art. 92.** São órgãos do Poder Judiciário:
> *I.* O Supremo Tribunal Federal;
> *I-A.* O Conselho Nacional de Justiça;
> *II.* O Superior Tribunal de Justiça;
> *II-A.* O Tribunal Superior do Trabalho; (Incluído pela Emenda Constitucional nº 92, de 2016)
> *III.* Os Tribunais Regionais Federais e Juízes Federais;
> *IV.* Os Tribunais e Juízes do Trabalho;
> *V.* Os Tribunais e Juízes Eleitorais;
> *VI.* Os Tribunais e Juízes Militares;
> *VII.* Os Tribunais e Juízes dos Estados e do Distrito Federal e Territórios.
> **§ 1º** - O Supremo Tribunal Federal, o Conselho Nacional de Justiça e os Tribunais Superiores têm sede na Capital Federal.
> **§ 2º** - O Supremo Tribunal Federal e os Tribunais Superiores têm jurisdição em todo o território nacional.

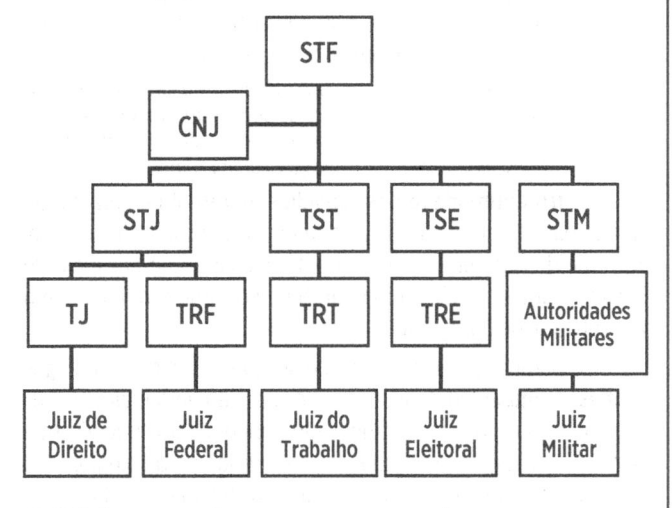

```
                    STF
                     |
           CNJ ------|
                     |
        ┌──────┬─────┴─────┬──────┐
       STJ    TST         TSE    STM
     ┌──┴──┐   |           |      |
     TJ   TRF TRT         TRE   Autoridades
                                 Militares
      |    |   |           |      |
   Juiz  Juiz Juiz do    Juiz   Juiz
   de    Federal Trabalho Eleitoral Militar
   Direito
```

Critérios para ingresso na carreira

Conforme o que diz o Art. 93, I, da Constituição Federal:

> **Art. 93.** Lei complementar, de iniciativa do Supremo Tribunal Federal, disporá sobre o Estatuto da Magistratura, observados os seguintes princípios:
> *I.* Ingresso na carreira, cujo cargo inicial será o de juiz substituto, mediante concurso público de provas e títulos, com a participação da Ordem dos Advogados do Brasil em todas as fases, exigindo-se do bacharel em direito, no mínimo, três anos de atividade jurídica e obedecendo-se, nas nomeações, à ordem de classificação.

Esse inciso apresenta regras para o ingresso na carreira da Magistratura. O ingresso dar-se-á no cargo de juiz substituto e depende de aprovação em concurso público de provas e títulos.

Como foi possível perceber, é um tipo de concurso que é bem seletivo, sendo que aprovação depende de intensa dedicação do candidato. Além de a prova ser dificílima, o candidato precisa comprovar no mínimo três anos de atividade jurídica, que só pode ser realizada após a conclusão do curso. Deve-se estar atento a esse prazo de atividade jurídica exigido, as bancas costumam trocar o três por outro numeral.

O conceito de atividade jurídica é definido na Resolução nº 75/2009 do Conselho Nacional de Justiça que prevê, entre outros, o exercício da advocacia ou de cargo público privativo de bacharel em direito como forma de se comprovar o tempo exigido.

Quinto constitucional

O quinto permite que uma pessoa se torne magistrado sem necessidade de realização de concurso público para a magistratura. É uma porta de entrada destinada a quem não é membro do Poder Judiciário. A regra do quinto decorre do fato de que 1/5 das vagas em alguns tribunais são destinadas aos membros do Ministério Público ou da Advocacia. Vejamos o que dispõe o Art. 94 da Constituição Federal:

> **Art. 94.** Um quinto dos lugares dos Tribunais Regionais Federais, dos Tribunais dos Estados, e do Distrito Federal e Territórios será composto de membros, do Ministério Público, com mais de dez anos de carreira, e de advogados de notório saber jurídico e de reputação ilibada, com mais de dez anos de efetiva atividade profissional, indicados em lista sêxtupla pelos órgãos de representação das respectivas classes.
> **Parágrafo único.** Recebidas as indicações, o tribunal formará lista tríplice, enviando-a ao Poder Executivo, que, nos vinte dias subsequentes, escolherá um de seus integrantes para nomeação.

Um detalhe que não pode ser esquecido é: para concorrer às vagas pelo quinto constitucional, faz-se necessário que os membros do Ministério Público e da Advocacia possuam mais de dez anos de experiência.

Outra questão muito importante é saber quais são os tribunais que permitem o ingresso pelo quinto. Segundo o Art. 94, podem ingressar pelo quinto os membros dos Tribunais Regionais Federais, dos Tribunais dos Estados, e do Distrito Federal e Territórios.

Ainda possuem um quinto das vagas para os Membros do MP e da Advocacia os Tribunais Regionais do Trabalho e o Tribunal Superior do Trabalho. Assim preveem os Arts. 111-A e 115 da Constituição:

> **Art. 111-A.** O Tribunal Superior do Trabalho compor-se-á de vinte e sete Ministros, escolhidos dentre brasileiros com mais de trinta e cinco anos e menos de sessenta e cinco anos, de notável saber jurídico e reputação ilibada, nomeados pelo Presidente da República após aprovação pela maioria absoluta do Senado Federal, sendo: (Redação dada pela Emenda Constitucional nº 92, de 2016)

PODER JUDICIÁRIO

I. Um quinto dentre advogados com mais de dez anos de efetiva atividade profissional e membros do Ministério Público do Trabalho com mais de dez anos de efetivo exercício, observado o disposto no Art. 94.

Art. 115. *Os Tribunais Regionais do Trabalho compõem-se de, no mínimo, sete juízes, recrutados, quando possível, na respectiva região, e nomeados pelo Presidente da República dentre brasileiros com mais de trinta e menos de sessenta e cinco anos, sendo:*

I. Um quinto dentre advogados com mais de dez anos de efetiva atividade profissional e membros do Ministério Público do Trabalho com mais de dez anos de efetivo exercício, observado o disposto no Art. 94.

O Superior Tribunal de Justiça também permite que membros do Ministério Público ou da Advocacia nele ingressem, contudo não são destinadas 1/5 das vagas, mas 1/3 das vagas:

Art. 104. *O Superior Tribunal de Justiça compõe-se de, no mínimo, trinta e três Ministros.*

Parágrafo único. *Os Ministros do Superior Tribunal de Justiça serão nomeados pelo Presidente da República, dentre brasileiros com mais de trinta e cinco e menos de sessenta e cinco anos, de notável saber jurídico e reputação ilibada, depois de aprovada a escolha pela maioria absoluta do Senado Federal, sendo:*

I. Um terço dentre juízes dos Tribunais Regionais Federais e um terço dentre desembargadores dos Tribunais de Justiça, indicados em lista tríplice elaborada pelo próprio Tribunal;

II. Um terço, em partes iguais, dentre advogados e membros do Ministério Público Federal, Estadual, do Distrito Federal e Territórios, alternadamente, indicados na forma do Art. 94.

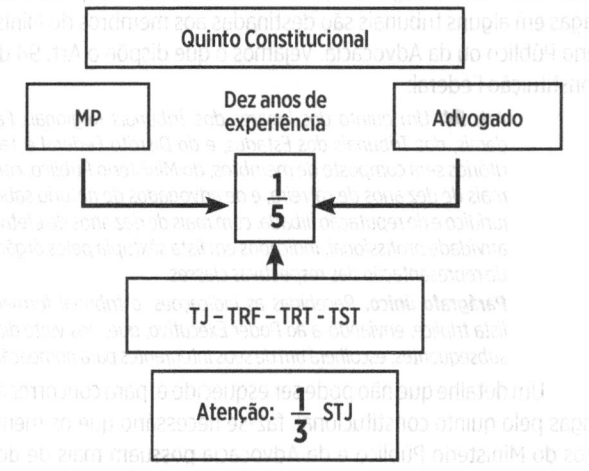

Quinto Constitucional

MP → Dez anos de experiência ← Advogado
↓
1/5
↑
TJ – TRF – TRT - TST

Atenção: 1/3 STJ

Garantias dos membros

As garantias são um conjunto de proteções que os membros do Poder Judiciário possuem e que são inerentes ao exercício de suas funções. Uma observação se faz necessária: quando se fala "membro do poder judiciário", refere-se ao titular da Função Jurisdicional, ou seja, ao magistrado, ao juiz. Os demais servidores auxiliares do Poder Judiciário não possuem as mesmas garantias dos juízes.

A doutrina classifica as garantias dos magistrados em duas espécies:

> **Garantias de Independência;**
> **Garantias de Imparcialidade.**

As Garantias de Independência são proteções que garantem ao magistrado uma maior tranquilidade para desempenhar suas funções. O objetivo é permitir ao juiz segurança no desempenhar de suas funções. Elas estão previstas no Art. 95, as quais são:

Art. 95. *Os juízes gozam das seguintes garantias:*

I. Vitaliciedade, que, no primeiro grau, só será adquirida após dois anos de exercício, dependendo a perda do cargo, nesse período, de deliberação do tribunal a que o juiz estiver vinculado, e, nos demais casos, de sentença judicial transitada em julgado;

II. Inamovibilidade, salvo por motivo de interesse público, na forma do Art. 93, VIII;

III. Irredutibilidade de subsídio, ressalvado o disposto nos Arts. 37, X e XI, 39, § 4º, 150, II, 153, III, e 153, § 2º, I.

A **vitaliciedade** é como se fosse a estabilidade do servidor público, com uma diferença: ela é bem mais vantajosa que a simples estabilidade. A vitaliciedade garante ao magistrado perder o seu cargo apenas por sentença judicial transitada em julgado. Como se pode ver, é bem mais vantajosa que a estabilidade. Atente-se para alguns detalhes: a vitaliciedade só será adquirida após dois anos de exercício no cargo; durante o estágio probatório do juiz, que dura dois anos, ele poderá perder o cargo por deliberação do próprio tribunal do qual faz parte.

Um detalhe quase nunca percebido é que a exigência dos dois anos de exercício para se adquirir a vitaliciedade só se aplica aos juízes do primeiro grau, ou seja, aos juízes que ingressaram na carreira por meio de concurso público. Os juízes que ingressam diretamente no Tribunal, por meio do Quinto Constitucional, ou mesmo no STJ pelo 1/3 das vagas, não precisam esperar os dois anos para adquirir a garantia. Para estes, a vitaliciedade é imediata, sendo adquirida no momento em que ele pisa no Tribunal.

A **inamovibilidade** prevê que o magistrado não poderá ser removido do local onde exerce a sua função sem sua vontade. Ele poderá julgar qualquer pessoa, conforme sua convicção, sem medo de ser obrigado a deixar o local onde exerce sua jurisdição. Essa garantia não é absoluta, pois poderá ser removido de ofício por interesse público conforme preleciona o Art. 93, VIII:

Art. 93, *VIII. O ato de remoção, disponibilidade e aposentadoria do magistrado, por interesse público, fundar-se-á em decisão por voto da maioria absoluta do respectivo tribunal ou do Conselho Nacional de Justiça, assegurada ampla defesa.*

A **irredutibilidade dos subsídios** representa a garantia de que o magistrado não poderá ter redução em sua remuneração. A forma de retribuição pecuniária do magistrado é por meio de subsídio, que equivale a uma parcela única. Por isso, fala-se em irredutibilidade dos subsídios.

O parágrafo único do mesmo artigo apresenta o rol de **garantias de imparcialidade.** Essas normas são verdadeiras vedações aplicadas aos magistrados. São impedimentos que visam a garantir um julgamento imparcial, sem vícios ou privilégios. Por isso, são chamadas de garantias de imparcialidade. São elas:

Art. 95, *Parágrafo único. Aos juízes é vedado:*

I. Exercer, ainda que em disponibilidade, outro cargo ou função, salvo uma de magistério;

II. Receber, a qualquer título ou pretexto, custas ou participação em processo;

III. Dedicar-se à atividade político-partidária.

IV. Receber, a qualquer título ou pretexto, auxílios ou contribuições de pessoas físicas, entidades públicas ou privadas, ressalvadas as exceções previstas em lei;

V. *Exercer a advocacia no juízo ou tribunal do qual se afastou, antes de decorridos três anos do afastamento do cargo por aposentadoria ou exoneração.*

Geralmente as bancas cobram a memorização dessas vedações. O **inciso I** é bem cobrado em razão da exceção prevista na Constituição para a acumulação de cargos ou funções. Segundo esse inciso, o magistrado, além de exercer sua função de juiz, também pode exercer uma função no magistério.

O **inciso II** proíbe o magistrado de receber custas ou participação em processos. O juiz já recebe sua remuneração para desempenhar sua função independente dos valores que estão em jogo nos processos.

O **inciso III** proíbe o juiz de se dedicar à atividade político-partidária exatamente para evitar que seus julgamentos sejam influenciados por correntes políticas ou convicções partidárias. O juiz precisa ficar alheio a tais situações.

O **inciso IV** proíbe o magistrado de receber ajudas financeiras de terceiros ressalvados os casos previstos em lei. Por exemplo, um juiz não pode receber um carro como agradecimento por um julgamento favorável, mas poderia receber os valores decorrentes da venda de livros que tenha escrito ou mesmo, receber valores pela ministração de palestras.

12.2 Composição dos Órgãos do Poder Judiciário

A composição dos tribunais é tema recorrente em prova e requer um alto poder de memorização do candidato, principalmente pela composição diferenciada entre um e outro tribunal. A seguir descreve-se, então, a composição de cada um dos órgãos do Poder Judiciário.

Supremo tribunal federal

Art. 101. *O Supremo Tribunal Federal compõe-se de onze Ministros, escolhidos dentre cidadãos com mais de trinta e cinco e menos de sessenta e cinco anos de idade, de notável saber jurídico e reputação.*

Parágrafo único. *Os Ministros do Supremo Tribunal Federal serão nomeados pelo Presidente da República, depois de aprovada a escolha pela maioria absoluta do Senado Federal.*

O Supremo Tribunal Federal é o órgão de cúpula do Poder Judiciário e é formado por 11 ministros escolhidos pelo Presidente da República depois de aprovada a escolha pela maioria absoluta do Senado Federal, dentre os cidadãos com mais de trinta e cinco e menos de sessenta e cinco anos de idade, de notável saber jurídico e reputação ilibada.

Existe mais um requisito que não está escrito nesse artigo, mas está previsto no Art. 12, § 3º, IV, da Constituição. Para ser Ministro do STF deve ser brasileiro nato:

Art. 12, *§ 3º - São privativos de brasileiro nato os cargos:*
IV. *De Ministro do Supremo Tribunal Federal.*

A Constituição não exige do candidato a Ministro do STF que tenha formação superior em Direito, apesar de exigir notório saber jurídico.

Conselho nacional de justiça

Vejamos agora a composição do Conselho Nacional de Justiça:

Art. 103-B. *O Conselho Nacional de Justiça compõe-se de 15 (quinze) membros com mandato de 2 (dois) anos, admitida 1 (uma) recondução, sendo:*

I. *O Presidente do Supremo Tribunal Federal;*

II. *Um Ministro do Superior Tribunal de Justiça, indicado pelo respectivo tribunal;*

III. *Um Ministro do Tribunal Superior do Trabalho, indicado pelo respectivo tribunal;*

IV. *Um desembargador de Tribunal de Justiça, indicado pelo Supremo Tribunal Federal;*

V. *Um juiz estadual, indicado pelo Supremo Tribunal Federal;*

VI. *Um juiz de Tribunal Regional Federal, indicado pelo Superior Tribunal de Justiça;*

VII. *Um juiz federal, indicado pelo Superior Tribunal de Justiça;*

VIII. *Um juiz de Tribunal Regional do Trabalho, indicado pelo Tribunal Superior do Trabalho;*

IX. *Um juiz do trabalho, indicado pelo Tribunal Superior do Trabalho;*

X. *Um membro do Ministério Público da União, indicado pelo Procurador-Geral da República;*

XI. *Um membro do Ministério Público estadual, escolhido pelo Procurador-Geral da República dentre os nomes indicados pelo órgão competente de cada instituição estadual;*

XII. *Dois advogados, indicados pelo Conselho Federal da Ordem dos Advogados do Brasil;*

XIII. *Dois cidadãos, de notável saber jurídico e reputação ilibada, indicados um pela Câmara dos Deputados e outro pelo Senado Federal.*

§ 1º - O Conselho será presidido pelo Presidente do Supremo Tribunal Federal e, nas suas ausências e impedimentos, pelo Vice-Presidente do Supremo Tribunal Federal.

§ 2º - Os demais membros do Conselho serão nomeados pelo Presidente da República, depois de aprovada a escolha pela maioria absoluta do Senado Federal.

§ 3º - Não efetuadas, no prazo legal, as indicações previstas neste artigo, caberá a escolha ao Supremo Tribunal Federal.

§ 4º Compete ao Conselho o controle da atuação administrativa e financeira do Poder Judiciário e do cumprimento dos deveres funcionais dos juízes, cabendo-lhe, além de outras atribuições que lhe forem conferidas pelo Estatuto da Magistratura:

I. *zelar pela autonomia do Poder Judiciário e pelo cumprimento do Estatuto da Magistratura, podendo expedir atos regulamentares, no âmbito de sua competência, ou recomendar providências;*

II. *zelar pela observância do art. 37 e apreciar, de ofício ou mediante provocação, a legalidade dos atos administrativos praticados por membros ou órgãos do Poder Judiciário, podendo desconstituí-los, revê-los ou fixar prazo para que se adotem as providências necessárias ao exato cumprimento da lei, sem prejuízo da competência do Tribunal de Contas da União;*

III. *receber e conhecer das reclamações contra membros ou órgãos do Poder Judiciário, inclusive contra seus serviços auxiliares, serventias e órgãos prestadores de serviços notariais e de registro que atuem por delegação do poder público ou oficializados, sem prejuízo da competência disciplinar e correicional dos tribunais, podendo avocar processos disciplinares em curso, determinar a remoção ou a disponibilidade e aplicar outras sanções administrativas, assegurada ampla defesa;*

PODER JUDICIÁRIO

IV. representar ao Ministério Público, no caso de crime contra a administração pública ou de abuso de autoridade;

V. rever, de ofício ou mediante provocação, os processos disciplinares de juízes e membros de tribunais julgados há menos de um ano;

VI. elaborar semestralmente relatório estatístico sobre processos e sentenças prolatadas, por unidade da Federação, nos diferentes órgãos do Poder Judiciário;

VII. elaborar relatório anual, propondo as providências que julgar necessárias, sobre a situação do Poder Judiciário no País e as atividades do Conselho, o qual deve integrar mensagem do Presidente do Supremo Tribunal Federal a ser remetida ao Congresso Nacional, por ocasião da abertura da sessão legislativa.

A composição do CNJ possui uma dificuldade peculiar para a memorização. Perceba na leitura do artigo, que os membros do Conselho são indicados por algum órgão. Além de memorizar os membros, o candidato tem de memorizar o órgão que indicou o membro. Para isso, deve-se fazer uma análise lógica na construção dessa composição:

A primeira coisa que se tem que fazer é identificar os órgãos que escolhem:

STF;
STJ;
TST;
PGR;
CFOAB;
Câmara dos Deputados;
Senado Federal.

A partir dessa primeira análise, parte-se para a identificação dos membros que são indicados por cada um dos órgãos, que deve ser construída de forma lógica.

Entre os membros do CNJ existem dois advogados: quem poderia indicar dois advogados? O STF, o STJ, o TST ou o **Conselho Federal dos Advogados do Brasil**? Que quem indica os dois advogados é o CFOAB. Entre os membros do CNJ, existe um membro do Ministério Público da União e um membro do Ministério Público estadual. Quem indica esses dois membros do Ministério Público? Será o STF? Ou seria o STJ? Não é mais lógico que a escolha dos membros do Ministério Público seja do **Procurador Geral da República**, que é o chefe do Ministério Público da União? Certamente.

Com base nessa lógica, fica fácil identificar os membros do CNJ. Continuemos a análise. Agora existem membros da justiça trabalhista: um Ministro do TST, um Juiz do TRT e um Juiz do Trabalho. Quem escolhe esses juízes? STF, STJ ou TST? Mais uma resposta bem lógica. Só pode ser o **Tribunal Superior do Trabalho** o responsável pela escolha desses três membros pertencentes à justiça trabalhista.

Ainda há alguns membros a serem escolhidos. Quem escolhe os membros da Justiça Federal (Juiz do TRF e Juiz Federal)? Tem de ser o Tribunal guardião da Legislação Federal: **Superior Tribunal de Justiça**. Ele também escolherá um membro do seu próprio tribunal para fazer parte do CNJ.

Ao **Supremo Tribunal Federal** fica a responsabilidade pela escolha dos membros da Justiça Estadual, ou seja, um Juiz Estadual e um Desembargador de Tribunal de Justiça. Aqui cabe uma observação importantíssima. O STF não escolhe um de seus ministros para fazer parte do CNJ, pois o Presidente do STF é membro nato. Ele não é escolhido, ele faz parte do CNJ desde sua nomeação como Presidente do STF. Ao mesmo tempo em que é indicado como Presidente do STF, ele também cumulará a função de Presidente do CNJ.

Por último, resta saber quem o **Senado Federal** e a **Câmara dos Deputados** indicará para ser membro do CNJ. Cada um deles indicará um cidadão de notável saber jurídico e reputação ilibada.

Como se pode perceber, nem todos os membros do Conselho Nacional de Justiça são membros do Poder Judiciário. Essa é uma característica já cobrada em prova, com exceção do Presidente do STF, que é membro nato do CNJ; os demais serão nomeados pelo Presidente da República depois de aprovada a escolha pela maioria do Senado Federal. Caso as indicações acima listadas não sejam efetuadas, caberá ao Supremo Tribunal Federal fazê-las. Lembre-se de que os membros do CNJ exercem um mandato de dois anos, sendo admitida uma recondução.

Abaixo, segue um esquema de memorização para a composição desse órgão do poder judiciário.

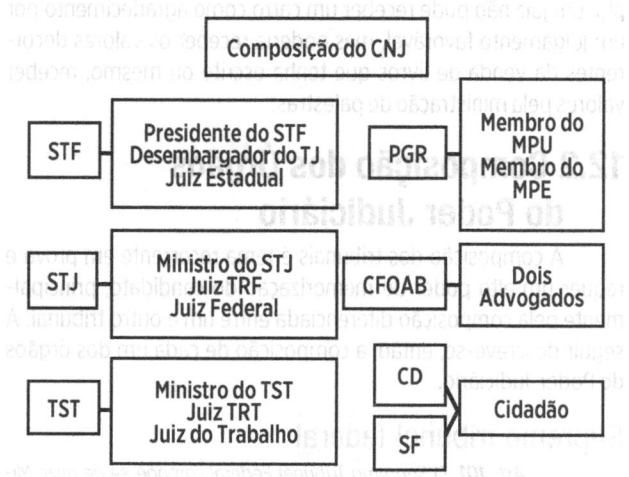

```
                    Composição do CNJ

STF  →  Presidente do STF          PGR  →  Membro do MPU
        Desembargador do TJ                Membro do MPE
        Juiz Estadual

STJ  →  Ministro do STJ            CFOAB →  Dois
        Juiz TRF                            Advogados
        Juiz Federal

TST  →  Ministro do TST            CD  →
        Juiz TRT                           Cidadão
        Juiz do Trabalho           SF  →
```

Superior tribunal de justiça

O texto constitucional prevê no Art. 104:

Art. 104. O Superior Tribunal de Justiça compõe-se de, no mínimo, trinta e três Ministros.

Parágrafo único. Os Ministros do Superior Tribunal de Justiça serão nomeados pelo Presidente da República, dentre brasileiros com mais de trinta e cinco e menos de sessenta e cinco anos, de notável saber jurídico e reputação ilibada, depois de aprovada a escolha pela maioria absoluta do Senado Federal, sendo:

I. Um terço dentre juízes dos Tribunais Regionais Federais e um terço dentre desembargadores dos Tribunais de Justiça, indicados em lista tríplice elaborada pelo próprio Tribunal;

II. Um terço, em partes iguais, dentre advogados e membros do Ministério Público Federal, Estadual, do Distrito Federal e Territórios, alternadamente, indicados na forma do Art. 94.

O Superior Tribunal de Justiça é composto por, no mínimo, 33 ministros. Deve-se ter cuidado com isso em prova: não são 33, mas, no mínimo 33. Esse dispositivo permite que o Tribunal possua mais de 33 membros.

Seus membros serão nomeados pelo Presidente da República depois de aprovada a escolha pelo Senado Federal. Aqui se aplica uma regra comum nos tribunais superiores: nomeação pelo

Presidente mediante aprovação do Senado. Outro requisito é a idade: no mínimo 35 e no máximo 65 anos.

Questão sempre cobrada em prova é a composição. A escolha dos Ministros não é livre, estando vinculada ao texto constitucional que prevê:

> 1/3 das vagas para os membros dos Tribunais Regionais Federais;

> 1/3 das vagas para os Desembargadores dos Tribunais de Justiça;

> 1/3 das vagas, dividida em partes iguais, para membros do Ministério Público Federal, Estadual e do Distrito Federal e advogados com mais de 10 anos de experiência.

No que tange às vagas para os membros do Ministério Público e advogados, uma coisa chama a atenção: a divisão em partes iguais. Se houver isso em uma prova, é muito provável que o candidato marque essa afirmação como sendo incorreta, tendo em vista 1/3 de 33 ser igual a 11, valor esse impossível de se dividir em partes iguais, quando a divisão se trata de pessoas. Contudo, essa é a previsão expressa da Constituição, que não é de toda absurda. Considerando que o STJ pode ser composto por mais de 33 membros, havendo, por exemplo, 36, seria possível efetivar essa divisão em partes iguais. Enquanto o órgão for formado por 33 membros, a vaga remanescente é alternada entre membros do MPF e MPDFT e da advocacia.

Tribunal regional federal

O Art. 107 apresenta as regras de composição dos Tribunais Regionais Federais:

> **Art. 107.** *Os Tribunais Regionais Federais compõem-se de, no mínimo, sete juízes, recrutados, quando possível, na respectiva região e nomeados pelo Presidente da República dentre brasileiros com mais de trinta e menos de sessenta e cinco anos, sendo:*
>
> *I. Um quinto dentre advogados com mais de dez anos de efetiva atividade profissional e membros do Ministério Público Federal com mais de dez anos de carreira;*
>
> *II. Os demais, mediante promoção de juízes federais com mais de cinco anos de exercício, por antiguidade e merecimento, alternadamente.*

Os TRFs possuem a mesma peculiaridade do STJ no que diz respeito à composição baseada em um mínimo, sendo, nesse caso, no mínimo sete juízes, recrutados, quando possível, na respectiva região. Atualmente, são cinco regiões jurisdicionais, cada uma sob a responsabilidade de um TRF.

Para fazer parte dos TRFs o juiz precisa ter no mínimo 30 e no máximo 65 anos de idade. Quando comparada aos Tribunais Superiores, a idade mínima sofre uma atenuação de 35 para 30 anos; deve-se ter atenção em relação a isso.

Os membros dos TRFs são nomeados pelo Presidente da República sem necessidade de aprovação do Senado Federal. Essa é outra distinção importante.

Nos TRFs adota-se a regra do Quinto Constitucional, por meio do qual, 1/5 das vagas são destinadas a advogados e membros do Ministério Público Federal com mais de 10 anos de experiência. As demais vagas são destinadas a promoção de juízes federais com mais de cinco anos de exercício, que pode ocorrer ou por merecimento ou por antiguidade, de forma alternada.

Justiça do trabalho

A Justiça do Trabalho encontra-se prevista no Art. 111 da Constituição, sendo competente para julgar as causas cuja matéria possua natureza trabalhista. São órgãos da Justiça do Trabalho:

> **Art. 111.** *São órgãos da Justiça do Trabalho:*
>
> *I. O Tribunal Superior do Trabalho;*
>
> *II. Os Tribunais Regionais do Trabalho;*
>
> *III. Juízes do Trabalho.*

§ 1º a 3º - Vejamos a composição dos órgãos da Justiça trabalhista.

Tribunal superior de trabalho

O Tribunal Superior do Trabalho é o órgão de cúpula da Justiça do Trabalho. Segundo a Constituição Federal, o TST é composto por 27 membros, conforme previsão do Art. 111-A:

> **Art. 111-A.** *O Tribunal Superior do Trabalho compor-se-á de vinte e sete Ministros, escolhidos dentre brasileiros com mais de trinta e cinco anos e menos de sessenta e cinco anos, de notável saber jurídico e reputação ilibada, nomeados pelo Presidente da República após aprovação pela maioria absoluta do Senado Federal, sendo:* (Redação dada pela Emenda Constitucional nº 92, de 2016)
>
> *I. Um quinto dentre advogados com mais de dez anos de efetiva atividade profissional e membros do Ministério Público do Trabalho com mais de dez anos de efetivo exercício, observado o disposto no Art. 94;*
>
> *II. Os demais dentre juízes dos Tribunais Regionais do Trabalho, oriundos da magistratura da carreira, indicados pelo próprio Tribunal Superior.*

O Texto Constitucional exige para ser Ministro do TST a condição de brasileiro, maior de 35 anos e menor de 65 anos. A nomeação dos Ministros se dá por ato do Presidente da República após a aprovação do Senado Federal pelo voto da maioria absoluta dos seus membros. Os 27 ministros são divididos da seguinte forma:

> 1/5: advogados com mais de dez anos de efetiva atividade profissional e membros do Ministério Público do Trabalho com mais de dez anos de efetivo exercício;

> 4/5: juízes dos TRT's, oriundos da magistratura de carreira, indicados pelo próprio tribunal.

Como se pode perceber, no TST adota-se o critério de ingresso pela regra do Quinto Constitucional. Além disso, é importante ressaltar a exigência de que juiz do TRT que deseje concorrer a uma vaga no TST seja membro do Poder Judiciário de carreira, isto é, que tenha ingressado nos quadros do tribunal por meio de concurso público nos termos do Art. 93, I da CF. Essa última regra exclui a possibilidade daqueles que são oriundos do quinto constitucional nos TRTs de ingressarem no TST na vaga destinada aos membros da magistratura trabalhista (4/5 das vagas).

A Constituição prevê, ainda, o funcionamento junto ao TST da Escola Nacional de Formação e Aperfeiçoamento de Magistrados do Trabalho e o Conselho Superior da Justiça do Trabalho, conforme o Art. 111-A, § 2º:

> **Art. 111-A, § 2º** - *Funcionarão junto ao Tribunal Superior do Trabalho:*
>
> *I. A Escola Nacional de Formação e Aperfeiçoamento de Magistrados do Trabalho, cabendo-lhe, dentre outras funções, regulamentar os cursos oficiais para o ingresso e promoção na carreira;*

PODER JUDICIÁRIO

II. O Conselho Superior da Justiça do Trabalho, cabendo-lhe exercer, na forma da lei, a supervisão administrativa, orçamentária, financeira e patrimonial da Justiça do Trabalho de primeiro e segundo graus, como órgão central do sistema, cujas decisões terão efeito vinculante.

§ 3º Compete ao Tribunal Superior do Trabalho processar e julgar, originariamente, a reclamação para a preservação de sua competência e garantia da autoridade de suas decisões. (Incluído pela Emenda Constitucional nº 92, de 2016)

Tribunal regional do trabalho

O ingresso no Tribunal Regional do Trabalho se dá conforme as regras previstas no Art. 115 da CF:

Art. 115. Os Tribunais Regionais do Trabalho compõem-se de, no mínimo, sete juízes, recrutados, quando possível, na respectiva região, e nomeados pelo Presidente da República dentre brasileiros com mais de trinta e menos de sessenta e cinco anos, sendo:

I. Um quinto dentre advogados com mais de dez anos de efetiva atividade profissional e membros do Ministério Público do Trabalho com mais de dez anos de efetivo exercício, observado o disposto no Art. 94;

II. Os demais, mediante promoção de juízes do trabalho por antiguidade e merecimento, alternadamente.

§ 1º - Os Tribunais Regionais do Trabalho instalarão a justiça itinerante, com a realização de audiências e demais funções de atividade jurisdicional, nos limites territoriais da respectiva jurisdição, servindo-se de equipamentos públicos e comunitários.

§ 2º - Os Tribunais Regionais do Trabalho poderão funcionar descentralizadamente, constituindo Câmaras regionais, a fim de assegurar o pleno acesso do jurisdicionado à justiça em todas as fases do processo.

Art. 116. Nas Varas do Trabalho, a jurisdição será exercida por um juiz singular.

São no mínimo sete juízes recrutados, quando possível, na respectiva região os quais serão nomeados pelo Presidente da República entre brasileiros com mais de 30 e menos de 65 anos de idade. Para ser um juiz do TRT, é necessária a observação dos seguintes critérios:

> 1/5 – advogados com mais de 10 anos de efetiva atividade profissional e membros do Ministério Público do Trabalho com mais de 10 anos de efetivo exercício;

> 4/5 – juízes do trabalho promovidos por antiguidade e merecimento, alternadamente.

A Constituição prevê, dentro da estrutura dos TRTs, como forma de democratizar o acesso à Justiça do Trabalho, a possibilidade de instalação da justiça itinerante, com a realização de audiências e demais funções de atividade jurisdicional, nos limites territoriais da respectiva jurisdição, servindo-se de equipamentos públicos e comunitários. Não se deve esquecer de que os TRTs poderão funcionar descentralizadamente, constituindo Câmaras regionais, a fim de assegurar o pleno acesso do jurisdicionado à justiça em todas as fases do processo, garantindo-se, dessa forma, uma maior celeridade processual. Ainda dentro da estrutura da Justiça do Trabalho, a Constituição prevê a possibilidade de juízes de direito exercerem as atribuições da jurisdição trabalhista nas comarcas não abrangidas pela Justiça do Trabalho, garantindo-se, nesse caso, recurso para o TRT:

Art. 112. A lei criará varas da Justiça do Trabalho, podendo, nas comarcas não abrangidas por sua jurisdição, atribuí-la aos juízes de direito, com recurso para o respectivo Tribunal Regional do Trabalho.

Por fim, a Constituição determinou que a jurisdição nas Varas do Trabalho seja exercida por um juiz singular:

Art. 116. Nas Varas do Trabalho, a jurisdição será exercida por um juiz singular.

Competências

Quanto às competências da Justiça do Trabalho, a Constituição encarregou-se de defini-las expressamente no Art. 114:

Art. 114. Compete à Justiça do Trabalho processar e julgar:

I. As ações oriundas da relação de trabalho, abrangidos os entes de direito público externo e da administração pública direta e indireta da União, dos Estados, do Distrito Federal e dos Municípios;

II. As ações que envolvam exercício do direito de greve;

III. As ações sobre representação sindical, entre sindicatos, entre sindicatos e trabalhadores, e entre sindicatos e empregadores;

IV. Os mandados de segurança, "Habeas Corpus" e "Habeas Ddata", quando o ato questionado envolver matéria sujeita à sua jurisdição;

V. Os conflitos de competência entre órgãos com jurisdição trabalhista, ressalvado o disposto no Art. 102, I, o;

VI. As ações de indenização por dano moral ou patrimonial, decorrentes da relação de trabalho;

VII. As ações relativas às penalidades administrativas impostas aos empregadores pelos órgãos de fiscalização das relações de trabalho;

VIII. A execução, de ofício, das contribuições sociais previstas no Art. 195, I, a, e II, e seus acréscimos legais, decorrentes das sentenças que proferir;

IX. Outras controvérsias decorrentes da relação de trabalho, na forma da lei.

§ 1º - Frustrada a negociação coletiva, as partes poderão eleger árbitros.

§ 2º - Recusando-se qualquer das partes à negociação coletiva ou à arbitragem, é facultado às mesmas, de comum acordo, ajuizar dissídio coletivo de natureza econômica, podendo a Justiça do Trabalho decidir o conflito, respeitadas as disposições mínimas legais de proteção ao trabalho, bem como as convencionadas anteriormente.

§ 3º - Em caso de greve em atividade essencial, com possibilidade de lesão do interesse público, o Ministério Público do Trabalho poderá ajuizar dissídio coletivo, competindo à Justiça do Trabalho decidir o conflito.

Justiça eleitoral

A Justiça Eleitoral é a justiça especializada em questões de natureza eleitoral. Seus órgãos estão previstos no Art. 118 da Constituição:

Art. 118. São órgãos da Justiça Eleitoral:

I. O Tribunal Superior Eleitoral;

II. Os Tribunais Regionais Eleitorais;

III. Os Juízes Eleitorais;

IV. As Juntas Eleitorais.

Uma peculiaridade distingue os órgãos da Justiça Eleitoral dos demais órgãos do Poder Judiciário. Apesar de seus membros possuírem as mesmas garantias dos demais membros do Poder

Judiciário, eles não possuem a vitaliciedade, haja vista serem eleitos para um mandato de dois anos, no mínimo, não podendo exercê-lo por mais de dois biênios consecutivos:

> **Art. 121.** *Lei complementar disporá sobre a organização e competência dos tribunais, dos juízes de direito e das juntas eleitorais.*
>
> *§ 1º - Os membros dos tribunais, os juízes de direito e os integrantes das juntas eleitorais, no exercício de suas funções, e no que lhes for aplicável, gozarão de plenas garantias e serão inamovíveis.*
>
> *§ 2º - Os juízes dos tribunais eleitorais, salvo motivo justificado, servirão por dois anos, no mínimo, e nunca por mais de dois biênios consecutivos, sendo os substitutos escolhidos na mesma ocasião e pelo mesmo processo, em número igual para cada categoria.*

Analisa-se, a seguir, a composição de cada um dos órgãos da Justiça Eleitoral:

Tribunal superior eleitoral

O Tribunal Superior Eleitoral é o tribunal superior da Justiça Eleitoral. Sua composição está prevista no Art. 119 da Constituição Federal:

> **Art. 119.** *O Tribunal Superior Eleitoral compor-se-á, no mínimo, de sete membros, escolhidos:*
>
> *I. Mediante eleição, pelo voto secreto:*
>
> *a) Três juízes dentre os Ministros do Supremo Tribunal Federal;*
>
> *b) Dois juízes dentre os Ministros do Superior Tribunal de Justiça;*
>
> *II. Por nomeação do Presidente da República, dois juízes dentre seis advogados de notável saber jurídico e idoneidade moral, indicados pelo Supremo Tribunal Federal.*
>
> **Parágrafo único.** *O Tribunal Superior Eleitoral elegerá seu Presidente e o Vice-Presidente dentre os Ministros do Supremo Tribunal Federal, e o Corregedor Eleitoral dentre os Ministros do Superior Tribunal de Justiça.*

Como se pode depreender do texto constitucional, o TSE é composto de no mínimo sete membros os quais serão eleitos ou nomeados segundo as seguintes regras:

Escolhidos mediante eleição: **três** juízes dentre os Ministros STF e **dois** juízes dentre os Ministros do STJ;

Por nomeação do Presidente da República: dois juízes dentre seis **advogados** de notável saber jurídico e idoneidade moral, indicados pelo Supremo Tribunal Federal.

O Presidente e o Vice-Presidente do TSE serão escolhidos dentre os Ministros do STF e o Corregedor Eleitoral será escolhido dentre os Ministros do STJ.

Tribunal regional eleitoral

Os Tribunais Regionais Eleitorais serão distribuídos em todo território nacional sendo um em cada Capital de cada Estado e no Distrito Federal os quais se comporão de **sete membros**, conforme dispõe o Art. 120 da Constituição Federal:

> **Art. 120.** *Haverá um Tribunal Regional Eleitoral na Capital de cada Estado e no Distrito Federal.*
>
> *§ 1º - Os Tribunais Regionais Eleitorais compor-se-ão:*
>
> *I. Mediante eleição, pelo voto secreto:*
>
> *a) De dois juízes dentre os desembargadores do Tribunal de Justiça;*
>
> *b) De dois juízes, dentre juízes de direito, escolhidos pelo Tribunal de Justiça;*
>
> *II. De um juiz do Tribunal Regional Federal com sede na Capital do Estado ou no Distrito Federal, ou, não havendo, de juiz federal, escolhido, em qualquer caso, pelo Tribunal Regional Federal respectivo;*
>
> *III. Por nomeação, pelo Presidente da República, de dois juízes dentre seis advogados de notável saber jurídico e idoneidade moral, indicados pelo Tribunal de Justiça.*
>
> *§ 2º - O Tribunal Regional Eleitoral elegerá seu Presidente e o Vice-Presidente dentre os desembargadores.*

Os membros do TRE serão escolhidos conforme os seguintes critérios:

Mediante eleição: dois juízes dentre os desembargadores do Tribunal de Justiça e **dois** juízes, dentre juízes de direito, escolhidos pelo Tribunal de Justiça.

Por nomeação do Presidente da República: de**dois** juízes dentre seis advogados de notável saber jurídico e idoneidade moral, indicados pelo Tribunal de Justiça.

Cada TRE elegerá seu Presidente e o Vice-Presidente entre os seus desembargadores.

Juízes e juntas eleitorais

No que tange aos juízes e juntas eleitorais previstos no Art. 121 da Constituição, sua regulação está prevista no Código Eleitoral entre os Arts. 32 e 41, a qual deve ser analisada em disciplina oportuna. Isto é o que prevê o texto constitucional:

> **Art. 121.** *Lei complementar disporá sobre a organização e competência dos tribunais, dos juízes de direito e das juntas eleitorais.*
>
> *§ 1º - Os membros dos tribunais, os juízes de direito e os integrantes das juntas eleitorais, no exercício de suas funções, e no que lhes for aplicável, gozarão de plenas garantias e serão inamovíveis.*

Competência

Quanto às atribuições da Justiça Eleitoral, não existe dúvida sobre a sua competência especializada em matéria eleitoral. O Art. 121, em seu § 3º, estabelece algumas regras que podem ser cobradas em prova:

> **Art. 121, §3º** - *São irrecorríveis as decisões do Tribunal Superior Eleitoral, salvo as que contrariarem esta Constituição e as denegatórias de Habeas Corpus ou mandado de segurança.*
>
> *§ 4º - Das decisões dos Tribunais Regionais Eleitorais somente caberá recurso quando:*
>
> *I. Forem proferidas contra disposição expressa desta Constituição ou de lei;*
>
> *II. Ocorrer divergência na interpretação de lei entre dois ou mais tribunais eleitorais;*
>
> *III. Versarem sobre inelegibilidade ou expedição de diplomas nas eleições federais ou estaduais;*
>
> *IV. Anularem diplomas ou decretarem a perda de mandatos eletivos federais ou estaduais;*
>
> *V. Denegarem Habeas Corpus, mandado de segurança, Habeas Data ou mandado de injunção.*

Justiça militar

A Justiça Militar compõe a chamada justiça especializada, nesse caso, em direito militar. A sua existência se deve à subordinação dos militares a um regime especial com direitos e deveres distintos quando comparados aos servidores civis.

PODER JUDICIÁRIO

A Constituição Federal definiu como órgãos da Justiça Militar os seguintes:

> **Art. 122.** São órgãos da Justiça Militar:
> I. O Superior Tribunal Militar;
> II. Os Tribunais e Juízes Militares instituídos por lei.

Na sequência, pode-se ver a composição de cada um dos órgãos:

Superior tribunal militar

O Superior Tribunal Militar é o órgão de cúpula da Justiça Militar, o qual é composto segundo as regras estabelecidas no Art. 123 da CF:

> **Art. 123.** O Superior Tribunal Militar compor-se-á de quinze Ministros vitalícios, nomeados pelo Presidente da República, depois de aprovada a indicação pelo Senado Federal, sendo três dentre oficiais-generais da Marinha, quatro dentre oficiais-generais do Exército, três dentre oficiais-generais da Aeronáutica, todos da ativa e do posto mais elevado da carreira, e cinco dentre civis.
>
> **Parágrafo único.** Os Ministros civis serão escolhidos pelo Presidente da República dentre brasileiros maiores de trinta e cinco anos, sendo:
> I. Três dentre advogados de notório saber jurídico e conduta ilibada, com mais de dez anos de efetiva atividade profissional;
> II. Dois, por escolha paritária, dentre juízes auditores e membros do Ministério Público da Justiça Militar.

O STM é composto por quinze ministros nomeados pelo Presidente da República, depois de aprovada a indicação pelo Senado Federal. Esses ministros ocuparão os cargos de forma vitalícia e serão escolhidos entre militares da ativa e do posto mais elevado da carreira, bem como entre civis escolhidos pelo Presidente da República com mais de 35 anos de idade, observadas as seguintes regras:

10 Militares

Três – oficiais-generais da Marinha;
Quatro – oficiais-generais do Exército;
Três – oficiais-generais da Aeronáutica;

5 Civis

Três – civis entre advogados de notório saber jurídico e conduta ilibada, com mais de dez anos de efetiva atividade profissional;
Dois – civis escolhidos de forma paritária, entre juízes auditores e membros do Ministério Público da Justiça Militar.

Competências

Segundo a Constituição Federal, a Justiça Militar é competente para processar e julgar os crimes militares definidos em lei:

> **Art. 124.** À Justiça Militar compete processar e julgar os crimes militares definidos em lei.
>
> **Parágrafo único.** A lei disporá sobre a organização, o funcionamento e a competência da Justiça Militar.

É importante lembrar que essa competência é da Justiça Militar da União, a qual só julgará crimes militares praticados por militares das Forças Armadas. A Constituição também previu a criação da Justiça Militar nos Estados com competência para julgar os militares dos estados (policiais e bombeiros militares) em seu Art. 125, § 3º ao 5º:

> **Art. 125.** Os Estados organizarão sua Justiça, observados os princípios estabelecidos nesta Constituição.
>
> **§ 3º** - A lei estadual poderá criar, mediante proposta do Tribunal de Justiça, a Justiça Militar estadual, constituída, em primeiro grau, pelos juízes de direito e pelos Conselhos de Justiça e, em segundo grau, pelo próprio Tribunal de Justiça, ou por Tribunal de Justiça Militar nos Estados em que o efetivo militar seja superior a vinte mil integrantes.
>
> **§ 4º** - Compete à Justiça Militar estadual processar e julgar os militares dos Estados, nos crimes militares definidos em lei e as ações judiciais contra atos disciplinares militares, ressalvada a competência do júri quando a vítima for civil, cabendo ao tribunal competente decidir sobre a perda do posto e da patente dos oficiais e da graduação das praças.
>
> **§ 5º** - Compete aos juízes de direito do juízo militar processar e julgar, singularmente, os crimes militares cometidos contra civis e as ações judiciais contra atos disciplinares militares, cabendo ao Conselho de Justiça, sob a presidência de juiz de direito, processar e julgar os demais crimes militares.

Tribunais e juízes estaduais

Em relação aos Tribunais e Juízes estaduais, a Constituição Federal fixou regras gerais e deixou a cargo de cada Estado organizar a sua justiça, observados os princípios estabelecidos na Constituição Federal:

> **Art. 125.** Os Estados organizarão sua Justiça, observados os princípios estabelecidos nesta Constituição.
>
> **§ 1º** - A competência dos tribunais será definida na Constituição do Estado, sendo a lei de organização judiciária de iniciativa do Tribunal de Justiça.
>
> **§ 2º** - Cabe aos Estados a instituição de representação de inconstitucionalidade de leis ou atos normativos estaduais ou municipais em face da Constituição Estadual, vedada a atribuição da legitimação para agir a um único órgão.
>
> **§ 3º** - A lei estadual poderá criar, mediante proposta do Tribunal de Justiça, a Justiça Militar estadual, constituída, em primeiro grau, pelos juízes de direito e pelos Conselhos de Justiça e, em segundo grau, pelo próprio Tribunal de Justiça, ou por Tribunal de Justiça Militar nos Estados em que o efetivo militar seja superior a vinte mil integrantes.
>
> **§ 4º** - Compete à Justiça Militar estadual processar e julgar os militares dos Estados, nos crimes militares definidos em lei e as ações judiciais contra atos disciplinares militares, ressalvada a competência do júri quando a vítima for civil, cabendo ao tribunal competente decidir sobre a perda do posto e da patente dos oficiais e da graduação das praças.
>
> **§ 5º** - Compete aos juízes de direito do juízo militar processar e julgar, singularmente, os crimes militares cometidos contra civis e as ações judiciais contra atos disciplinares militares, cabendo ao Conselho de Justiça, sob a presidência de juiz de direito, processar e julgar os demais crimes militares.
>
> **§ 6º** - O Tribunal de Justiça poderá funcionar descentralizadamente, constituindo Câmaras regionais, a fim de assegurar o pleno acesso do jurisdicionado à justiça em todas as fases do processo.
>
> **§ 7º** - O Tribunal de Justiça instalará a justiça itinerante, com a realização de audiências e demais funções da atividade jurisdicional, nos limites territoriais da respectiva jurisdição, servindo-se de equipamentos públicos e comunitários.
>
> **Art. 126.** Para dirimir conflitos fundiários, o Tribunal de Justiça proporá a criação de varas especializadas, com competência exclusiva para questões agrárias.
>
> **Parágrafo único.** Sempre que necessário à eficiente prestação jurisdicional, o juiz far-se-á presente no local do litígio.

ÓRGÃO	MEMBROS	IDADE
STF	11	35 - 65
COMPOSIÇÃO		
Brasileiros natos. Notável saber jurídico e reputação ilibada. Nomeado pelo Presidente da República mediante aprovação do Senado pela maioria absoluta.		

ÓRGÃO	MEMBROS	IDADE
CNJ	15	
COMPOSIÇÃO		
Presidente do STF. Indicados pelo STF: 1 desembargador do TJ, 1 juiz estadual. Indicados pelo STJ: 1 ministro do STJ, 1 juiz do TRF, 1 juiz federal. Indicados pelo TST: 1 ministro do TST, 1 juiz do TRT, 1 juiz do trabalho. Indicados pelo PGR: 1 membro do MPE, 1 membro do MPU. Indicados pelo CFOAB: 2 advogados. Indicado pela Câmara: 1 cidadão. Indicado pelo Senado: 1 cidadão.		

ÓRGÃO	MEMBROS	IDADE
STJ	Mínimo de 33	35-65
COMPOSIÇÃO		
Brasileiro. Notável saber jurídico e reputação ilibada. Nomeado pelo Presidente da República mediante aprovação do Senado. 1/3 juízes do TRF. 1/3 desembargadores do TJ. 1/3 advogados e membros do MPF, MPE e MPDFT.		

ÓRGÃO	MEMBROS	IDADE
TRF	Mínimo de 7	30-65
COMPOSIÇÃO		
Nomeados pelo Presidente da República. 1/5 advogados e membros do MPF (os advogados e membros do Ministério Público quando são nomeados para algum cargo do Poder Judiciário pelo Quinto Constitucional precisam comprovar 10 anos de experiência). 4/5 juízes federais.		

ÓRGÃO	MEMBROS	IDADE
TST	27	35-65
COMPOSIÇÃO		
Nomeado pelo Presidente da República mediante aprovação do Senado. 1/5 advogados e membros do MPT. 4/5 juízes do TRT da magistratura de carreira.		

ÓRGÃO	MEMBROS	IDADE
TRT	Mínimo de 7	30-65
COMPOSIÇÃO		
Nomeados pelo Presidente da República. 1/5 advogados e membros do MPT. 4/5 juízes do trabalho.		

ÓRGÃO	MEMBROS	IDADE
TSE	Mínimo de 7	
COMPOSIÇÃO		
Eleição: 3 ministros do STF; 2 ministros do STJ. Nomeação pelo Presidente da República: 2 advogados de notável saber jurídico e idoneidade moral indicados pelo STF.		

ÓRGÃO	MEMBROS	IDADE
TRE	7	
COMPOSIÇÃO		
Eleição: 2 desembargadores do TJ, 2 juízes de direito do TJ. 1 juiz do TRF ou juiz federal. Nomeação pelo Presidente da República: 2 advogados de notável saber jurídico e idoneidade moral indicados pelo TJ.		

ÓRGÃO	MEMBROS	IDADE
STM	15	
COMPOSIÇÃO		
Ministros vitalícios. Nomeados pelo Presidente da República mediante aprovação do Senado. 3 oficiais-generais da Marinha. 4 oficiais-generais do Exército. 3 oficiais-generais da Aeronáutica. 5 civis escolhidos pelo Presidente entre brasileiros com mais de trinta e cinco anos sendo três dentre advogados com mais de dez anos de efetiva atividade profissional e dois entre juízes auditores e membros do MPJM.		

12.3 Análise das Competências dos Órgãos do Poder Judiciário

O sucesso nesta parte da matéria depende de intensa leitura e memorização das competências que serão cobradas em prova. As mais cobradas são, sem dúvida, as do STF e do STJ. Também há grande ocorrência de questões sobre o CNJ. Passa-se à análise de cada um dos órgãos do Poder Judiciário.

Supremo tribunal federal

O Supremo Tribunal Federal é o órgão de cúpula do Poder Judiciário. Também é conhecido como Tribunal Constitucional, pois possui como atribuição precípua a guarda da Constituição Federal. Como protetor do texto constitucional, ele realiza o chamado Controle de Constitucionalidade Concentrado. Nota-se que as competências do STF compõem um rol taxativo e estão distribuídas em três espécies: originária, recursal ordinária e recursal extraordinária.

Originárias – as causas previstas no inciso I do Art. 102 têm início no próprio STF, a quem compete julgar originariamente.

> *Art. 102.* Compete ao Supremo Tribunal Federal, precipuamente, a guarda da Constituição, cabendo-lhe:
> *I.* Processar e julgar, originariamente:
> *a)* A ação direta de inconstitucionalidade de lei ou ato normativo federal ou estadual e a ação declaratória de constitucionalidade de lei ou ato normativo federal;
> *b)* Nas infrações penais comuns, o Presidente da República, o Vice-Presidente, os membros do Congresso Nacional, seus próprios Ministros e o Procurador-Geral da República;
> *c)* Nas infrações penais comuns e nos crimes de responsabilidade, os Ministros de Estado e os Comandantes da Marinha, do Exército e da Aeronáutica, ressalvado o disposto no Art. 52, I, os membros dos Tribunais Superiores, os do Tribunal de Contas da União e os chefes de missão diplomática de caráter permanente;
> *d)* O Habeas Corpus, sendo paciente qualquer das pessoas referidas nas alíneas anteriores; o mandado de segurança e o Habeas Data contra atos do Presidente da República, das Mesas da Câmara dos Deputados e do Senado Federal, do Tribunal de Contas da União, do Procurador-Geral da República e do próprio Supremo Tribunal Federal;

NOÇÕES DE DIREITO CONSTITUCIONAL

PODER JUDICIÁRIO

e) O litígio entre Estado estrangeiro ou organismo internacional e a União, o Estado, o Distrito Federal ou o Território;
f) As causas e os conflitos entre a União e os Estados, a União e o Distrito Federal, ou entre uns e outros, inclusive as respectivas entidades da administração indireta;
g) A extradição solicitada por Estado estrangeiro;
h) (Revogado Emenda Constitucional nº 45, de 2004);
i) O Habeas Corpus, quando o coator for Tribunal Superior ou quando o coator ou o paciente for autoridade ou funcionário cujos atos estejam sujeitos diretamente à jurisdição do Supremo Tribunal Federal, ou se trate de crime sujeito à mesma jurisdição em uma única instância;
j) A revisão criminal e a ação rescisória de seus julgados;
l) A reclamação para a preservação de sua competência e garantia da autoridade de suas decisões;
m) A execução de sentença nas causas de sua competência originária, facultada a delegação de atribuições para a prática de atos processuais;
n) A ação em que todos os membros da magistratura sejam direta ou indiretamente interessados, e aquela em que mais da metade dos membros do tribunal de origem estejam impedidos ou sejam direta ou indiretamente interessados;
o) Os conflitos de competência entre o Superior Tribunal de Justiça e quaisquer tribunais, entre Tribunais Superiores, ou entre estes e qualquer outro tribunal;
p) O pedido de medida cautelar das ações diretas de inconstitucionalidade;
q) O mandado de injunção, quando a elaboração da norma regulamentadora for atribuição do Presidente da República, do Congresso Nacional, da Câmara dos Deputados, do Senado Federal, das Mesas de uma dessas Casas Legislativas, do Tribunal de Contas da União, de um dos Tribunais Superiores, ou do próprio Supremo Tribunal Federal;
r) As ações contra o Conselho Nacional de Justiça e contra o Conselho Nacional do Ministério Público.

Recurso ordinário

Analisa matéria já debatida em instância anterior atuando como tribunal de 2º grau de jurisdição. O Art. 102, II prevê como competência em sede de recurso ordinário:

II. Julgar, em recurso ordinário:
a) O Habeas Corpus, o mandado de segurança, o Habeas Data e o mandado de injunção decididos em única instância pelos Tribunais Superiores, se denegatória a decisão;
b) O crime político.

Recurso extraordinário

Atua na defesa da norma constitucional. O Art. 102, III, prevê que compete ao STF o julgamento das causas decididas em única ou última instância quando a decisão recorrida:

III. Julgar, mediante recurso extraordinário, as causas decididas em única ou última instância, quando a decisão recorrida:
a) Contrariar dispositivo desta Constituição;
b) Declarar a inconstitucionalidade de tratado ou lei federal;
c) Julgar válida lei ou ato de governo local contestado em face desta Constituição.
d) Julgar válida lei local contestada em face de lei federal.

As questões sobre competências costumam ser bem complicadas, pois exigem do candidato a memorização de vários dispositivos, sem contar que se costuma complicar colocando a competência de um tribunal como se fosse de outro tribunal. Vejamos este exemplo:

Controle de constitucionalidade

O STF, em sede de controle de constitucionalidade concentrado, tem competência para apreciar originariamente a Ação Direta de Inconstitucionalidade e a Ação Declaratória de Constitucionalidade. Essas ações têm como objetivo questionar a constitucionalidade de uma lei ou ato normativo diante da Constituição. Quando esse questionamento se dá diretamente no STF, é necessário que seja apresentado por um dos legitimados que estão previstos no Art. 103:

Art. 103. Podem propor a ação direta de inconstitucionalidade e a ação declaratória de constitucionalidade:
I. O Presidente da República;
II. A Mesa do Senado Federal;
III. A Mesa da Câmara dos Deputados;
IV. A Mesa de Assembleia Legislativa ou da Câmara Legislativa do Distrito Federal;
V. O Governador de Estado ou do Distrito Federal;
VI. O Procurador-Geral da República;
VII. O Conselho Federal da Ordem dos Advogados do Brasil;
VIII. Partido político com representação no Congresso Nacional;
IX. Confederação sindical ou entidade de classe de âmbito nacional.

§1º - O Procurador-Geral da República deverá ser previamente ouvido nas ações de inconstitucionalidade e em todos os processos de competência do Supremo Tribunal Federal.
§2º - Declarada a inconstitucionalidade por omissão de medida para tornar efetiva norma constitucional, será dada ciência ao Poder competente para a adoção das providências necessárias e, em se tratando de órgão administrativo, para fazê-lo em trinta dias.
§3º - Quando o Supremo Tribunal Federal apreciar a inconstitucionalidade, em tese, de norma legal ou ato normativo, citará, previamente, o Advogado-Geral da União, que defenderá o ato ou texto impugnado.

Deve-se memorizar o rol de legitimados. Observe que os membros do Poder Executivo e Legislativo da União, dos Estados e do Distrito Federal possuem legitimidade para ingressar com essas ações de Controle de Constitucionalidade, contudo as mesmas autoridades no âmbito dos Municípios não possuem tal poder, e isso aparece muito em prova. Prefeito e Mesa da Câmara de Vereadores não possuem legitimidade para propor as ações de controle de constitucionalidade citadas acima.

Observam-se também outros detalhes. No que tange às Casas Legislativas, a competência é da Mesa e não do membro. Mesa da Câmara ou da Assembleia é órgão de direção em que encontram o Presidente da Casa, os Secretários e demais membros de direção.

Quanto aos partidos políticos, não é qualquer partido político que tem legitimidade; tem de ser partido com representação no Congresso Nacional. E representação no Congresso Nacional significa pelo menos um membro em qualquer uma das Casas.

Em relação à confederação sindical ou entidade de classe, não será qualquer uma que possui legitimidade. Deve ser de âmbito nacional.

Súmulas vinculantes

As súmulas vinculantes são ferramentas jurídicas criadas para garantir maior efetividade ao inciso LXXVIII do Art. 5º da

Constituição Federal de 1988 (celeridade processual). Introduzida no direito brasileiro por meio da Emenda Constitucional nº 45/2004, essas súmulas refletem o pensamento do Supremo Tribunal Federal acerca da validade, interpretação e eficácia de algumas normas que já foram analisadas em reiteradas decisões.

A competência para edição dessas súmulas é exclusiva do STF. Após a edição da súmula, ela produz efeitos vinculantes para todos os órgãos do Poder Judiciário e para a Administração Pública direta e indireta, nas esferas federal, estadual e municipal. É importante ressaltar que os efeitos das súmulas vinculantes não atingem o STF nem o Poder Legislativo: o STF, por poder rever ou cancelar a súmula conforme a evolução jurisprudencial; e o Legislativo, por ser o Poder responsável pela inovação legislativa no Brasil.

O seu principal objetivo é diminuir a quantidade de processos com temas idênticos que se acumulam nas diversas instâncias do Judiciário. Ao editar uma súmula vinculante, o STF produz segurança jurídica e evita a multiplicação de processos sobre as questões sumuladas. Esse tema está regulado pelo Art. 103-A da Constituição Federal e a Lei 11.417/2006.

> **Art. 103-A.** *O Supremo Tribunal Federal poderá, de ofício ou por provocação, mediante decisão de dois terços dos seus membros, após reiteradas decisões sobre matéria constitucional, aprovar súmula que, a partir de sua publicação na imprensa oficial, terá efeito vinculante em relação aos demais órgãos do Poder Judiciário e à administração pública direta e indireta, nas esferas federal, estadual e municipal, bem como proceder à sua revisão ou cancelamento, na forma estabelecida em lei.*
>
> *§ 1º - A súmula terá por objetivo a validade, a interpretação e a eficácia de normas determinadas, acerca das quais haja controvérsia atual entre órgãos judiciários ou entre esses e a administração pública que acarrete grave insegurança jurídica e relevante multiplicação de processos sobre questão idêntica.*
>
> *§ 2º - Sem prejuízo do que vier a ser estabelecido em lei, a aprovação, revisão ou cancelamento de súmula poderá ser provocada por aqueles que podem propor a ação direta de inconstitucionalidade.*
>
> *§ 3º - Do ato administrativo ou decisão judicial que contrariar a súmula aplicável ou que indevidamente a aplicar, caberá reclamação ao Supremo Tribunal Federal que, julgando-a procedente, anulará o ato administrativo ou cassará a decisão judicial reclamada, e determinará que outra seja proferida com ou sem a aplicação da súmula, conforme o caso.*

Superior tribunal de justiça

O Superior Tribunal de Justiça é o conhecido protetor da legislação federal. Suas competências estão arroladas no Art. 105 da Constituição e estão divididas em: originária, recursal ordinária e recursal especial.

Originária

As causas previstas no inciso I do Art. 105 têm início no próprio STJ, a quem compete julgar originariamente:

> *a) Nos crimes comuns, os Governadores dos Estados e do Distrito Federal, e, nestes e nos de responsabilidade, os desembargadores dos Tribunais de Justiça dos Estados e do Distrito Federal, os membros dos Tribunais de Contas dos Estados e do Distrito Federal, os dos Tribunais Regionais Federais, dos Tribunais Regionais Eleitorais e do Trabalho, os membros dos Conselhos ou Tribunais de Contas dos Municípios e os do Ministério Público da União que oficiem perante tribunais;*
>
> *b) Os mandados de segurança e os Habeas Data contra ato de Ministro de Estado, dos Comandantes da Marinha, do Exército e da Aeronáutica ou do próprio Tribunal;*
>
> *c) Os Habeas Corpus, quando o coator ou paciente for qualquer das pessoas mencionadas na alínea "a", ou quando o coator for tribunal sujeito à sua jurisdição, Ministro de Estado ou Comandante da Marinha, do Exército ou da Aeronáutica, ressalvada a competência da Justiça Eleitoral;*
>
> *d) Os conflitos de competência entre quaisquer tribunais, ressalvado o disposto no Art. 102, I, "o", bem como entre tribunal e juízes a ele não vinculados e entre juízes vinculados a tribunais diversos;*
>
> *e) As revisões criminais e as ações rescisórias de seus julgados;*
>
> *f) A reclamação para a preservação de sua competência e garantia da autoridade de suas decisões;*
>
> *g) Os conflitos de atribuições entre autoridades administrativas e judiciárias da União, ou entre autoridades judiciárias de um Estado e administrativas de outro ou do Distrito Federal, ou entre as deste e da União;*
>
> *h) O mandado de injunção, quando a elaboração da norma regulamentadora for atribuição de órgão, entidade ou autoridade federal, da administração direta ou indireta, excetuados os casos de competência do Supremo Tribunal Federal e dos órgãos da Justiça Militar, da Justiça Eleitoral, da Justiça do Trabalho e da Justiça Federal;*
>
> *i) A homologação de sentenças estrangeiras e a concessão de exequatur às cartas rogatórias.*

Recurso Ordinário

Analisa matéria já debatida em instância anterior atuando como tribunal de 2º grau de jurisdição. O Art. 105, II prevê como competência em sede de recurso ordinário:

> *a) Os "Habeas Corpus" decididos em única ou última instância pelos Tribunais Regionais Federais ou pelos tribunais dos Estados, do Distrito Federal e Territórios, quando a decisão for denegatória;*
>
> *b) Os mandados de segurança decididos em única instância pelos Tribunais Regionais Federais ou pelos tribunais dos Estados, do Distrito Federal e Territórios, quando denegatória a decisão;*
>
> *c) As causas em que forem partes Estado estrangeiro ou organismo internacional, de um lado, e, do outro, Município ou pessoa residente ou domiciliada no País.*

Recurso Especial

Atua na defesa das normas infraconstitucionais federais. O Art. 105, III prevê que compete ao STJ o julgamento das causas decididas em única ou última instância pelos TRFs e TJs que:

> *a) Contrariar tratado ou lei federal, ou negar-lhe vigência;*
>
> *b) Julgar válido ato de governo local contestado em face de lei federal;*
>
> *c) Der a lei federal interpretação divergente da que lhe haja atribuído outro tribunal.*

Conselho nacional de justiça

O Conselho Nacional de Justiça é órgão do poder judiciário, mas não possui função jurisdicional. Sua função é de caráter administrativo.

O CNJ é responsável pela fiscalização administrativa e financeira do Poder Judiciário. Possui também atribuição para fiscalizar os seus membros quanto a observância dos deveres funcionais.

PODER JUDICIÁRIO

Por fim, deve-se lembrar que o CNJ não possui competência sobre o STF, haja vista este ser o órgão de cúpula de todo o poder judiciário.

§ 4º - Compete ao Conselho o controle da atuação administrativa e financeira do Poder Judiciário e do cumprimento dos deveres funcionais dos juízes, cabendo-lhe, além de outras atribuições que lhe forem conferidas pelo Estatuto da Magistratura:

I. Zelar pela autonomia do Poder Judiciário e pelo cumprimento do Estatuto da Magistratura, podendo expedir atos regulamentares, no âmbito de sua competência, ou recomendar providências;

II. Zelar pela observância do Art. 37 e apreciar, de ofício ou mediante provocação, a legalidade dos atos administrativos praticados por membros ou órgãos do Poder Judiciário, podendo desconstituí-los, revê-los ou fixar prazo para que se adotem as providências necessárias ao exato cumprimento da lei, sem prejuízo da competência do Tribunal de Contas da União;

III. Receber e conhecer das reclamações contra membros ou órgãos do Poder Judiciário, inclusive contra seus serviços auxiliares, serventias e órgãos prestadores de serviços notariais e de registro que atuem por delegação do poder público ou oficializados, sem prejuízo da competência disciplinar e correicional dos tribunais, podendo avocar processos disciplinares em curso e determinar a remoção, a disponibilidade ou a aposentadoria com subsídios ou proventos proporcionais ao tempo de serviço e aplicar outras sanções administrativas, assegurada ampla defesa;

IV. Representar ao Ministério Público, no caso de crime contra a administração pública ou de abuso de autoridade;

V. Rever, de ofício ou mediante provocação, os processos disciplinares de juízes e membros de tribunais julgados há menos de um ano;

VI. Elaborar semestralmente relatório estatístico sobre processos e sentenças prolatadas, por unidade da Federação, nos diferentes órgãos do Poder Judiciário;

VII. Elaborar relatório anual, propondo as providências que julgar necessárias, sobre a situação do Poder Judiciário no País e as atividades do Conselho, o qual deve integrar mensagem do Presidente do Supremo Tribunal Federal a ser remetida ao Congresso Nacional, por ocasião da abertura da sessão legislativa.

§ 5º - O Ministro do Superior Tribunal de Justiça exercerá a função de Ministro-Corregedor e ficará excluído da distribuição de processos no Tribunal, competindo-lhe, além das atribuições que lhe forem conferidas pelo Estatuto da Magistratura, as seguintes:

I. Receber as reclamações e denúncias, de qualquer interessado, relativas aos magistrados e aos serviços judiciários;

II. Exercer funções executivas do Conselho, de inspeção e de correição geral;

III. Requisitar e designar magistrados, delegando-lhes atribuições, e requisitar servidores de juízes ou tribunais, inclusive nos Estados, Distrito Federal e Territórios.

§ 6º - Junto ao Conselho oficiarão o Procurador-Geral da República e o Presidente do Conselho Federal da Ordem dos Advogados do Brasil.

§ 7º - A União, inclusive no Distrito Federal e nos Territórios, criará ouvidorias de justiça, competentes para receber reclamações e denúncias de qualquer interessado contra membros ou órgãos do Poder Judiciário, ou contra seus serviços auxiliares, representando diretamente ao Conselho Nacional de Justiça.

Justiça federal

Estes são os órgãos da chamada Justiça Federal:

Art. 106. São órgãos da Justiça Federal:
I. Os Tribunais Regionais Federais;
II. Os Juízes Federais.

Tribunal regional federal e juízes federais

As competências da Justiça Federal, em regra, estão relacionadas com causas de interesse da União. Atente para esse tema, pois há competências que são dos Tribunais Regionais Federais e outras que são dos Juízes Federais. As provas costumam trocar essas competências umas pelas outras. As primeiras encontram-se definidas no Art. 108 e as dos Juízes Federais estão previstas no Art. 109:

Art. 108. Compete aos Tribunais Regionais Federais:

I. Processar e julgar, originariamente:

a) Os juízes federais da área de sua jurisdição, incluídos os da Justiça Militar e da Justiça do Trabalho, nos crimes comuns e de responsabilidade, e os membros do Ministério Público da União, ressalvada a competência da Justiça Eleitoral;

b) As revisões criminais e as ações rescisórias de julgados seus ou dos juízes federais da região;

c) Os mandados de segurança e os Habeas Data contra ato do próprio Tribunal ou de juiz federal;

d) Os Habeas Corpus, quando a autoridade coatora for juiz federal;

e) Os conflitos de competência entre juízes federais vinculados ao Tribunal;

II. Julgar, em grau de recurso, as causas decididas pelos juízes federais e pelos juízes estaduais no exercício da competência federal da área de sua jurisdição.

Art. 109. Aos juízes federais compete processar e julgar:

I. As causas em que a União, entidade autárquica ou empresa pública federal forem interessadas na condição de autoras, rés, assistentes ou oponentes, exceto as de falência, as de acidentes de trabalho e as sujeitas à Justiça Eleitoral e à Justiça do Trabalho;

II. As causas entre Estado estrangeiro ou organismo internacional e Município ou pessoa domiciliada ou residente no País;

III. As causas fundadas em tratado ou contrato da União com Estado estrangeiro ou organismo internacional;

IV. Os crimes políticos e as infrações penais praticadas em detrimento de bens, serviços ou interesse da União ou de suas entidades autárquicas ou empresas públicas, excluídas as contravenções e ressalvada a competência da Justiça Militar e da Justiça Eleitoral;

V. Os crimes previstos em tratado ou convenção internacional, quando, iniciada a execução no País, o resultado tenha ou devesse ter ocorrido no estrangeiro, ou reciprocamente;

V-A. As causas relativas a direitos humanos a que se refere o § 5º deste artigo;

VI. Os crimes contra a organização do trabalho e, nos casos determinados por lei, contra o sistema financeiro e a ordem econômico-financeira;

VII. Os Habeas Corpus, em matéria criminal de sua competência ou quando o constrangimento provier de autoridade cujos atos não estejam diretamente sujeitos a outra jurisdição;

VIII. Os mandados de segurança e os Habeas Data contra ato de autoridade federal, excetuados os casos de competência dos tribunais federais;

IX. Os crimes cometidos a bordo de navios ou aeronaves, ressalvada a competência da Justiça Militar;

X. Os crimes de ingresso ou permanência irregular de estrangeiro, a execução de carta rogatória, após o "exequatur", e de sentença estrangeira, após a homologação, as causas referentes à nacionalidade, inclusive a respectiva opção, e à naturalização;

XI. A disputa sobre direitos indígenas.

Questões

01. (FCC) Os Juízes dos Tribunais Regionais do Trabalho, nomeados pelo Presidente da República, dentre brasileiros, deverão contar com mais de:
a) Trinta e menos de sessenta anos de idade.
b) Trinta e menos de sessenta e cinco anos de idade.
c) Trinta e menos de setenta anos de idade.
d) Trinta e cinco e menos de sessenta e cinco anos de idade.
e) Trinta e cinco e menos de setenta e cinco anos de idade.

02. (FCC) Quanto ao Poder Judiciário, o Conselho Nacional de Justiça é composto por quinze membros com mais de trinta e cinco e menos de sessenta e seis anos de idade, sendo:
a) Dois cidadãos, de notável saber jurídico e reputação ilibada, indicados um pela Câmara dos Deputados e outro pelo Senado Federal.
b) Três juízes do trabalho, indicados pelo Tribunal Superior do Trabalho.
c) Dois membros do Ministério Público da União, indicados pelo Procurador-Geral da República.
d) Dois membros do Ministério Público estadual, escolhidos pelo Procurador-Geral da República dentre os nomes indicados pelo órgão competente de cada instituição estadual.
e) Três juízes federais, indicados pelo Superior Tribunal de Justiça.

Gabaritos

01	B
02	A

FUNÇÕES ESSENCIAIS À JUSTIÇA

13. FUNÇÕES ESSENCIAIS À JUSTIÇA

As funções essenciais à justiça estão previstas expressamente do Art. 127 ao 135 da Constituição Federal, elas são representadas pelas seguintes instituições:

Ministério Público;

Advocacia Pública;

Defensoria Pública;

Advocacia.

Ao contrário do que muitos pensam, essas instituições não fazem parte do Poder Judiciário, mas desempenham suas funções junto a esse poder. Sua atuação é essencial ao exercício jurisdicional, razão pela qual foram classificadas como funções essenciais. Essa necessidade se justifica em razão da impossibilidade de o Judiciário agir de ofício, ou seja, toda a atuação jurisdicional demanda provocação, a qual será titularizada por uma dessas instituições.

Esses organismos são representados por agentes públicos ou privados cuja função principal é provocar a atuação do Poder Judiciário, o qual se mantém inerte e imparcial, aguardando o momento certo para agir. São em sua essência "advogados".

O Ministério Público é o advogado da Sociedade, pois, conforme prevê o *caput* do Art. 127, incumbe-lhe a tarefa de defender a ordem jurídica, o regime democrático e os interesses sociais e individuais indisponíveis:

> **Art. 127.** O Ministério Público é instituição permanente, essencial à função jurisdicional do Estado, incumbindo-lhe a defesa da ordem jurídica, do regime democrático e dos interesses sociais e individuais indisponíveis.

A Advocacia Pública advoga para o Estado representando os entes públicos judicial e extrajudicialmente ou mesmo desempenhando atividades de assessoria e consultoria jurídica.

A Defensoria Pública tem como atribuição principal advogar para os necessitados. São os defensores públicos responsáveis pela defesa dos hipossuficientes, aqueles que não possuem recursos financeiros para contratarem advogados privados.

E, por último, há a Advocacia, que, pela lógica, é privada, formada por advogados particulares, os quais são inscritos na Ordem dos Advogados do Brasil e atuam de forma autônoma e independente dentro dos limites estabelecidos em lei.

O objetivo desta breve introdução é apresentar a diferença funcional básica entre as instituições de forma a facilitar o estudo que, a partir de agora, será mais aprofundado, visando a possíveis questões em provas de concursos públicos. Então, analisaremos, a partir de agora, as Funções Essenciais à Justiça.

13.1 Ministério Público

A compreensão dessa instituição inicia-se pela leitura do próprio texto constitucional, que prevê:

O Ministério Público é uma instituição permanente, de natureza política, cujas atribuições possuem natureza administrativa, sem que com isso esteja subordinada ao Poder Executivo.

Fala-se em uma instituição independente e autônoma aos demais Poderes, motivo pelo qual está posicionada constitucionalmente em capítulo à parte na organização dos poderes como uma função essencial à justiça. Como função essencial à justiça, o Ministério Público é responsável pela provocação do Poder Judiciário em defesa da sociedade, quando se tratar de direitos sociais e individuais indisponíveis.

O Ministério Público no Brasil, além de obedecer às regras constitucionais, também é regido por duas normas: Lei Complementar nº 75/93 e a Lei nº 8.625/93. Essa regula o Ministério Público Nacional e é aplicável aos Ministérios Públicos dos Estados. Aquela é específica para o Ministério Público da União. Cada Estado da Federação poderá organizar o seu órgão ministerial editando sua própria Lei Orgânica Estadual.

A seguir, será feita uma leitura da instituição sob a ótica constitucional sem aprofundar nas estruturas lançadas nas referidas leis orgânicas, o que será feito em momento oportuno.

Estrutura orgânica

Para viabilizar o exercício de suas funções, a Constituição Federal organizou o Ministério Público no Art. 128:

> **Art. 128.** O Ministério Público abrange:
> *I.* o Ministério Público da União, que compreende:
> *a)* o Ministério Público Federal;
> *b)* o Ministério Público do Trabalho;
> *c)* o Ministério Público Militar;
> *d)* o Ministério Público do Distrito Federal e Territórios;
> *II.* os Ministérios Públicos dos Estados.

Fique atento a essa classificação, pois o rol é taxativo e, em prova, os examinadores costumam mencionar a existência de um "Ministério Público Eleitoral" ao se fazer comparativo com a estrutura do Poder Judiciário. Na organização do MPU, não foi prevista a existência de Ministério Público com atribuição Eleitoral, função essa de competência do Ministério Público Federal e do Ministério Público Estadual, conforme prevê a Lei Complementar nº 75/93 (Arts. 72 a 80 da LC nº 75/93).

Como se pode perceber, o Ministério Público está dividido em Ministério Público da União e Ministério Público dos Estados, cada um com sua própria autonomia organizacional e chefia própria. O Ministério Público da União, por sua vez, abrange:

> Ministério Público Federal;
> Ministério Público do Trabalho;
> Ministério Público Militar;
> Ministério Público do Distrito Federal e Territórios.

Existe ainda o Ministério Público junto ao Tribunal de Contas, o qual possui natureza diversa do Ministério Público aqui estudado. Sua organização está atrelada ao Tribunal de Contas do qual faz parte, mas aos seus membros são estendidas as disposições aplicáveis aos Membros do Ministério Público:

> **Art. 130.** Aos membros do Ministério Público junto aos Tribunais de Contas aplicam-se as disposições desta seção pertinentes a direitos, vedações e forma de investidura.

Atribuições

Suas atribuições se apoiam na defesa da ordem jurídica, do regime democrático e dos interesses sociais e individuais indisponíveis. É um verdadeiro defensor da sociedade e fiscal dos poderes públicos. Em rol meramente exemplificativo, a Constituição previu como funções institucionais o Art. 129:

> **Art. 129.** São funções institucionais do Ministério Público:
> **I.** promover, privativamente, a ação penal pública, na forma da lei;
> **II.** zelar pelo efetivo respeito dos Poderes Públicos e dos serviços de relevância pública aos direitos assegurados nesta Constituição, promovendo as medidas necessárias a sua garantia;
> **III.** promover o inquérito civil e a ação civil pública, para a proteção do patrimônio público e social, do meio ambiente e de outros interesses difusos e coletivos;
> **IV.** promover a ação de inconstitucionalidade ou representação para fins de intervenção da União e dos Estados, nos casos previstos nesta Constituição;
> **V.** defender judicialmente os direitos e interesses das populações indígenas;
> **VI.** expedir notificações nos procedimentos administrativos de sua competência, requisitando informações e documentos para instruí-los, na forma da lei complementar respectiva;
> **VII.** exercer o controle externo da atividade policial, na forma da lei complementar mencionada no artigo anterior;
> **VIII.** requisitar diligências investigatórias e a instauração de inquérito policial, indicados os fundamentos jurídicos de suas manifestações processuais;
> **IX.** exercer outras funções que lhe forem conferidas, desde que compatíveis com sua finalidade, sendo-lhe vedada a representação judicial e a consultoria jurídica de entidades públicas.
> **§ 1º.** A legitimação do Ministério Público para as ações civis previstas neste artigo não impede a de terceiros, nas mesmas hipóteses, segundo o disposto nesta Constituição e na lei.
> **§ 2º.** As funções do Ministério Público só podem ser exercidas por integrantes da carreira, que deverão residir na comarca da respectiva lotação, salvo autorização do chefe da instituição (Redação dada pela Emenda Constitucional nº 45, de 2004).
> **§ 3º.** O ingresso na carreira do Ministério Público far-se-á mediante concurso público de provas e títulos, assegurada a participação da Ordem dos Advogados do Brasil em sua realização, exigindo-se do bacharel em direito, no mínimo, três anos de atividade jurídica e observando-se, nas nomeações, a ordem de classificação (Redação dada pela Emenda Constitucional nº 45, de 2004).
> **§ 4º.** Aplica-se ao Ministério Público, no que couber, o disposto no Art. 93 (Redação dada pela Emenda Constitucional nº 45, de 2004).
> **§ 5º.** A distribuição de processos no Ministério Público será imediata (Incluído pela Emenda Constitucional nº 45, de 2004).

No desempenho das suas funções institucionais, algumas características foram previstas pela Constituição, as quais são muito importantes para a prova.

Os § 2º e § 3º afirmam que as funções do Ministério Púbico só podem ser exercidas por integrantes da carreira, ou seja, por Membros aprovados em concurso público de provas e títulos, assegurada a participação da OAB durante a sua realização, entre os quais são exigidos os seguintes requisitos:

> ser bacharel em direito;
> possuir, no mínimo, três anos de atividade jurídica.

Em relação à atividade jurídica, deve-se salientar a regulamentação feita pela Resolução nº 40 do Conselho Nacional do Ministério Público, a qual prevê, entre outras atividades, o exercício da advocacia ou de cargo, função e emprego que exija a utilização preponderante de conhecimentos jurídicos, ou até mesmo a realização de cursos de pós-graduação dentro dos parâmetros estabelecidos pela referida resolução. É importante lembrar que esse requisito deverá ser comprovado no momento da investidura no cargo, ou seja, na posse[1], depois de finalizadas todas as fases do concurso.

A Constituição exige ainda que o Membro do Ministério Público resida na comarca de lotação, salvo quando houver autorização do chefe da Instituição. Em razão da semelhança e importância com a carreira da magistratura, a Constituição previu expressamente a aplicação do Art. 93 aos membros do Ministério Público, no que for compatível com a carreira. E, por fim, determina que a distribuição dos processos aos órgãos ministeriais seja feita de forma imediata.

No âmbito de suas atribuições, algumas funções merecem destaque:

Titular da ação penal pública

Segundo o inciso I do Art. 129, compete ao Ministério Público promover, privativamente, a ação penal pública, na forma da lei. A doutrina classifica esse dispositivo como espécie de norma de eficácia contida possuindo aplicabilidade direta e imediata, permitida a regulamentação por lei.

Essa competência é corroborada pela possibilidade de requisição de diligências investigatórias e da instauração de inquérito policial, para que o órgão ministerial formule sua convicção sobre o ilícito penal, o que está previsto no inciso VIII do Art. 129.

Essa exclusividade conferida pela Constituição Federal encontra limitação no próprio texto constitucional, ao permitir o cabimento de ação penal privada subsidiária da pública nos casos em que o Ministério Público fique inerte e não cumpra com sua obrigação[2].

Dessa competência decorre o poder de investigação do Ministério Público, o qual tem sido alvo de muita discussão nos tribunais. Quem não concorda com esse poder sustenta ser a atividade de investigação criminal uma atividade exclusiva da autoridade policial nos termos do Art. 144 da CF.

O posicionamento que tem prevalecido na doutrina e na jurisprudência é no sentido de que o Ministério Público tem legitimidade para promover a investigação criminal, haja vista ser ele o destinatário das informações sobre o fato delituoso produzido no inquérito policial. Ademais, por ter caráter administrativo, o inquérito policial é dispensável, não dependendo o MP da sua existência para promover a persecução penal.

Para a solução desse caso, tem-se aplicado a Teoria dos Poderes Implícitos. Segundo a teoria, as competências expressamente previstas no texto constitucional carregam consigo os meios necessários para sua execução, ou seja, a existência de uma competência explícita implica existência de competências implicitamente previstas e necessárias para execução da atribuição principal. Em suma, se ao Ministério Público compete o oferecimento exclusivo da Ação Penal Pública, por consequência da aplicação dessa teoria, compete também a execução das atividades necessárias à formação da sua opinião sobre o delito. Significa dizer que o poder de investigação criminal está implicitamente previsto no poder de oferecimento da ação penal pública.

---
1 Resolução do CNMP nº 87, de 27 de junho de 2012.
2 Ações Diretas de Inconstitucionalidade, Ações Declaratórias de Constitucionalidade, Arguição de Descumprimento de Preceito Fundamental.

FUNÇÕES ESSENCIAIS À JUSTIÇA

Legitimidade para promover o inquérito civil e a ação civil pública

O Ministério Público também é competente para promover o inquérito civil e a ação civil pública nos termos do inciso III do Art. 129. Essas ferramentas são utilizadas para a proteção do patrimônio público e social, do meio ambiente e de outros interesses difusos e coletivos.

Entendem-se como interesses difusos aqueles de natureza indivisível, cujos titulares não se podem determinar apesar de estarem ligados uns aos outros pelas circunstâncias fáticas. Interesses coletivos se diferenciam dos difusos na medida em que é possível determinar quem são os titulares do direito.

Segundo a Constituição Federal, a ação civil pública não é medida exclusiva a ser adotada pelo Ministério Público:

Art. 129, § 1º. A legitimação do Ministério Público para as ações civis previstas neste artigo não impede a de terceiros, nas mesmas hipóteses, segundo o disposto nesta Constituição e na lei.

A lei de Ação Civil Pública (Lei nº 7.347/85) prevê que são legitimados para propor tal ação, além do MP:

A Defensoria Pública;

A União, os Estados, o Distrito Federal e os Municípios;

A autarquia, empresa pública, fundação ou sociedade de economia mista;

A associação que concomitantemente esteja constituída há pelo menos 1 (um) ano nos termos da lei civil e inclua entre suas finalidades institucionais a proteção ao meio ambiente, ao consumidor, à ordem econômica, à livre concorrência ou ao patrimônio artístico, estético, histórico, turístico e paisagístico.

Já o inquérito civil é procedimento investigatório de caráter administrativo, que poderá ser instaurado pelo Ministério Público com o fim de colher os elementos de prova necessários para a sua convicção sobre o ilícito e, posteriormente, instrução da Ação Civil Pública.

Controle de constitucionalidade

Função das mais relevantes desempenhada pelos órgãos ministeriais ocorre no Controle da Constitucionalidade das leis e atos normativos. Essa atribuição é inerente à sua função de guardião da ordem jurídica. Como protetor da ordem jurídica, compete ao Ministério Público oferecer as ações de controle abstrato de constitucionalidade[3], bem como a Representação Interventiva para fins de intervenção da União e dos Estados nas hipóteses previstas na Constituição Federal.

Controle externo da atividade policial

A Constituição Federal determina que o Ministério Público realize o controle externo da atividade policial. Fala-se em controle externo haja vista o Ministério Público não pertencer à mesma estrutura das forças policiais. É uma instituição totalmente autônoma a qualquer órgão policial, razão pela qual não se pode falar em subordinação dos organismos policiais ao Parquet. A justificativa para essa atribuição decorre do fato de ser ele o destinatário final da atividade policial.

Se, por um lado, o controle externo objetiva a fiscalização das atividades policiais para que elas não sejam desenvolvidas além dos limites legais, preservando os direitos e garantias fundamentais dos investigados, por outro, garante o seu perfeito desenvolvimento, prevenindo e corrigindo a produção probatória, visando ao adequado oferecimento da ação penal.

O controle externo da atividade policial desenvolvido pelo Ministério Público, além de regulamentado nas respectivas leis orgânicas, está normatizado na Resolução nº 20 do CNMP. Ressalte-se que o controle externo não exime a instituição policial de realizar o seu próprio controle interno por meio das corregedorias e órgãos de fiscalização.

Sujeitam-se ao citado controle externo todas as instituições previstas no Art. 144 da Constituição Federal[4], bem como as demais instituições que possuam parcela do poder de polícia desde que estejam relacionadas com a segurança pública e a persecução criminal.

Conselho nacional do ministério público

O Conselho Nacional do Ministério Público, a exemplo do Conselho Nacional de Justiça, foi criado pela Emenda Constitucional nº 45/2004 com o objetivo de efetuar a fiscalização administrativa e financeira do Ministério Público, bem como o cumprimento dos deveres funcionais de seus membros.

Composição

Segundo o texto constitucional, o CNMP é composto de 14 membros, nomeados pelo Presidente da República, depois de aprovada a escolha pela maioria absoluta do Senado Federal, para um mandato de dois anos, sendo permitida apenas uma recondução. Veja-se a composição prevista pela Constituição Federal no Art. 130-A:

Art. 130-A. O Conselho Nacional do Ministério Público compõe-se de quatorze membros nomeados pelo Presidente da República, depois de aprovada a escolha pela maioria absoluta do Senado Federal, para um mandato de dois anos, admitida uma recondução, sendo:

I. o Procurador-Geral da República, que o preside;

II. quatro membros do Ministério Público da União, assegurada a representação de cada uma de suas carreiras;

III. três membros do Ministério Público dos Estados;

IV. dois juízes, indicados um pelo Supremo Tribunal Federal e outro pelo Superior Tribunal de Justiça;

V. dois advogados, indicados pelo Conselho Federal da Ordem dos Advogados do Brasil;

VI. dois cidadãos de notável saber jurídico e reputação ilibada, indicados um pela Câmara dos Deputados e outro pelo Senado Federal.

§ 1º. Os membros do Conselho oriundos do Ministério Público serão indicados pelos respectivos Ministérios Públicos, na forma da lei.

Atribuições

Vejamos as atribuições previstas constitucionalmente para o CNMP:

---

3 Art. 5º, LIX, da CF. *Será admitida ação privada nos crimes de ação pública, se esta não for intentada no prazo legal.*

4 Art. 144. *A segurança pública, dever do Estado, direito e responsabilidade de todos, é exercida para a preservação da ordem pública e da incolumidade das pessoas e do patrimônio, através dos seguintes órgãos: I - polícia federal; II - polícia rodoviária federal; III - polícia ferroviária federal; IV - polícias civis; V - polícias militares e corpos de bombeiros militares.*

§ 2º. Compete ao Conselho Nacional do Ministério Público o controle da atuação administrativa e financeira do Ministério Público e do cumprimento dos deveres funcionais de seus membros, cabendo-lhe:

I. zelar pela autonomia funcional e administrativa do Ministério Público, podendo expedir atos regulamentares, no âmbito de sua competência, ou recomendar providências;

II. zelar pela observância do Art. 37 e apreciar, de ofício ou mediante provocação, a legalidade dos atos administrativos praticados por membros ou órgãos do Ministério Público da União e dos Estados, podendo desconstituí-los, revê-los ou fixar prazo para que se adotem as providências necessárias ao exato cumprimento da lei, sem prejuízo da competência dos Tribunais de Contas;

III. receber e conhecer das reclamações contra membros ou órgãos do Ministério Público da União ou dos Estados, inclusive contra seus serviços auxiliares, sem prejuízo da competência disciplinar e correicional da instituição, podendo avocar processos disciplinares em curso, determinar a remoção, a disponibilidade ou a aposentadoria com subsídios ou proventos proporcionais ao tempo de serviço e aplicar outras sanções administrativas, assegurada ampla defesa;

IV. rever, de ofício ou mediante provocação, os processos disciplinares de membros do Ministério Público da União ou dos Estados julgados há menos de um ano;

V. elaborar relatório anual, propondo as providências que julgar necessárias sobre a situação do Ministério Público no País e as atividades do Conselho, o qual deve integrar a mensagem prevista no Art. 84, XI.

§ 3º. O Conselho escolherá, em votação secreta, um Corregedor nacional, dentre os membros do Ministério Público que o integram, vedada a recondução, competindo-lhe, além das atribuições que lhe forem conferidas pela lei, as seguintes:

I. receber reclamações e denúncias, de qualquer interessado, relativas aos membros do Ministério Público e dos seus serviços auxiliares;

II. exercer funções executivas do Conselho, de inspeção e correição geral;

III. requisitar e designar membros do Ministério Público, delegando-lhes atribuições, e requisitar servidores de órgãos do Ministério Público.

§ 4º. O Presidente do Conselho Federal da Ordem dos Advogados do Brasil oficiará junto ao Conselho.

§ 5º. Leis da União e dos Estados criarão ouvidorias do Ministério Público, competentes para receber reclamações e denúncias de qualquer interessado contra membros ou órgãos do Ministério Público, inclusive contra seus serviços auxiliares, representando diretamente ao Conselho Nacional do Ministério Público.

Princípios institucionais

A Constituição Federal prevê expressamente no § 1º do Art. 127 os chamados Princípios Institucionais, os quais norteiam o desenvolvimento das atividades dos Órgãos Ministeriais:

§ 1º. São princípios institucionais do Ministério Público a unidade, a indivisibilidade e a independência funcional.

O **Princípio da Unidade** revela que os membros do Ministério Público integram um órgão único chefiado por um Procurador-Geral. Essa unidade é percebida dentro de cada ramo do Ministério Público, não existindo unidade entre o Ministério Público estadual e da União, ou entre os diversos Ministérios Públicos estaduais, ou ainda entre os ramos do Ministério Público da União. Qualquer divisão que exista dentro de um dos Órgãos Ministeriais possui caráter meramente funcional.

Já o **Princípio da Indivisibilidade**, que decorre do Princípio da Unidade, revela a possibilidade de os membros se substituírem sem qualquer prejuízo ao processo, pois o Ministério Público é uno e indivisível. Os membros agem em nome da instituição e nunca em nome próprio, pois pertencem a um só corpo. Esse princípio veda a vinculação de um membro a um processo permitindo, inclusive, a delegação da denúncia a outro membro. Ressalte-se que, como no Princípio da Unidade, a Indivisibilidade só ocorre dentro de um mesmo ramo do Ministério Público.

E, por fim, há o **Princípio da Independência Funcional,** com uma dupla acepção: em relação aos membros e em relação à instituição. No que tange aos membros, o referido Princípio garante uma atuação independente no exercício das suas atribuições sujeitando-se apenas às determinações constitucionais, legais e de sua consciência jurídica, não havendo qualquer hierarquia ou subordinação intelectual entre os membros. Sob a perspectiva da instituição, o Princípio da Independência Funcional elimina qualquer subordinação do Ministério Público a outro Poder. Apesar da Independência Funcional, verifica-se a existência de uma mera hierarquia administrativa.

Além desses princípios expressos na Constituição Federal, a doutrina e a Jurisprudência reconhecem a existência de um princípio implícito no texto constitucional: **Princípio do Promotor Natural**. Esse princípio decorre da interpretação do Art. 129, § 2º, da Constituição, que afirma:

§ 2º. As funções do Ministério Público só podem ser exercidas por integrantes da carreira, que deverão residir na comarca da respectiva lotação, salvo autorização do chefe da instituição.

O Princípio do Promotor Natural veda a designação de membros do Ministério Público fora das hipóteses constitucionais e legais, exigindo que sua atuação seja predeterminada por critérios objetivos aplicáveis a todos os membros da carreira, evitando, assim, que haja designações arbitrárias. O princípio também impede a nomeação de promotor *ad hoc* ou de exceção considerando que as funções do Ministério Público só podem ser desempenhadas por membros da carreira.

```
                              ┌─── Unidade
          ┌─ Constituição ────┼─── Indivisibilidade
Princípios │    Federal       └─── Independência Funcional
Institucionais
          └─ Doutrina ──────────── Promotor Natural
```

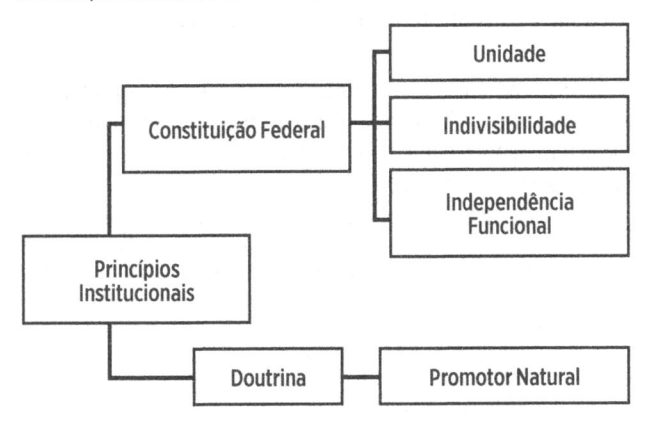

Garantias

O Ministério Público, em razão da importância de sua função, recebeu da Constituição Federal algumas garantias que lhe asseguram a independência necessária para bem desempenhar suas atribuições. E não é só a instituição que possui garantias, mas os membros também. Vejamos o que diz a Constituição sobre as garantias institucionais e dos membros:

FUNÇÕES ESSENCIAIS À JUSTIÇA

Art. 127, § 2º. Ao Ministério Público é assegurada autonomia funcional e administrativa, podendo, observado o disposto no Art. 169, propor ao Poder Legislativo a criação e extinção de seus cargos e serviços auxiliares, provendo-os por concurso público de provas ou de provas e títulos, a política remuneratória e os planos de carreira; a lei disporá sobre sua organização e funcionamento.

§ 3º. O Ministério Público elaborará sua proposta orçamentária dentro dos limites estabelecidos na lei de diretrizes orçamentárias.

§ 4º Se o Ministério Público não encaminhar a respectiva proposta orçamentária dentro do prazo estabelecido na lei de diretrizes orçamentárias, o Poder Executivo considerará, para fins de consolidação da proposta orçamentária anual, os valores aprovados na lei orçamentária vigente, ajustados de acordo com os limites estipulados na forma do § 3º.

§ 5º. Se a proposta orçamentária de que trata este artigo for encaminhada em desacordo com os limites estipulados na forma do § 3º, o Poder Executivo procederá aos ajustes necessários para fins de consolidação da proposta orçamentária anual.

§ 6º. Durante a execução orçamentária do exercício, não poderá haver a realização de despesas ou a assunção de obrigações que extrapolem os limites estabelecidos na lei de diretrizes orçamentárias, exceto se previamente autorizadas, mediante a abertura de créditos suplementares ou especiais.

O Art. 127, § 2º a § 6º, trata das chamadas **Garantias Institucionais.** Essas garantias visam a conceder maior autonomia à instituição, além de proteger sua independência no exercício de suas atribuições constitucionais. As Garantias Institucionais são de três espécies:

Autonomia funcional: ao desempenhar sua função, o Ministério Público não se subordina a qualquer outra autoridade ou poder, sujeitando-se apenas às determinações constitucionais, legais e de sua consciência jurídica.

Autonomia administrativa: é a capacidade de autogestão, autoadministração e autogoverno. O Ministério Público tem competência para propor ao Legislativo a criação, extinção e organização de seus cargos e carreiras bem como demais atos de gestão.

Autonomia financeira: o Ministério Público pode elaborar sua proposta orçamentária dentro dos limites estabelecidos na Lei de Diretrizes Orçamentárias, tendo liberdade para administrar esses recursos.

Um dos temas mais importantes e que revelam a autonomia administrativa do Ministério Público é a possibilidade que a instituição tem de escolher os seus próprios chefes. Vejamos a literalidade do texto constitucional:

Art. 128, § 1º. O Ministério Público da União tem por chefe o Procurador-Geral da República, nomeado pelo Presidente da República dentre integrantes da carreira, maiores de trinta e cinco anos, após a aprovação de seu nome pela maioria absoluta dos membros do Senado Federal, para mandato de dois anos, permitida a recondução.

§ 2º. A destituição do Procurador-Geral da República, por iniciativa do Presidente da República, deverá ser precedida de autorização da maioria absoluta do Senado Federal.

No âmbito dessa autonomia, a Constituição previu expressamente que o Procurador-Geral será escolhido pela própria instituição dentre os membros da carreira. No caso do Ministério Público da União, a chefia ficará a cargo do Procurador-Geral da República, o qual será nomeado pelo Presidente da República dentre os membros da carreira com mais de 35 anos de idade, desde que sua escolha seja aprovada pelo voto da maioria absoluta do Senado Federal. O Procurador-Geral da República exercerá seu mandato por dois anos, permitida a recondução. Ao permitir a recondução, a Constituição não estabeleceu limites, de forma que o Procurador-Geral da República poderá ser reconduzido por quantas vezes o Presidente considerar conveniente. Se o Presidente pode nomear o Chefe do MPU, ele também poderá destituí-lo do cargo, desde que autorizado pelo Senado pela mesma quantidade de votos, qual seja, maioria absoluta.

Já em relação à Chefia dos Ministérios Públicos dos Estados e do Distrito Federal e Territórios a regra é um pouco diferente:

Art. 128, § 3º. Os Ministérios Públicos dos Estados e o do Distrito Federal e Territórios formarão lista tríplice dentre integrantes da carreira, na forma da lei respectiva, para escolha de seu Procurador-Geral, que será nomeado pelo Chefe do Poder Executivo, para mandato de dois anos, permitida uma recondução.

§ 4º. Os Procuradores-Gerais nos Estados e no Distrito Federal e Territórios poderão ser destituídos por deliberação da maioria absoluta do Poder Legislativo, na forma da lei complementar respectiva.

A escolha dos Procuradores-Gerais de Justiça dependerá de nomeação pelo Chefe do Poder Executivo[5], com base em lista tríplice formada dentre os integrantes da carreira, sendo permitida uma recondução. Diferentemente do Procurador-Geral da República, que poderá ser reconduzido várias vezes, o Procurador-Geral de Justiça só poderá ser reconduzido uma única vez. A destituição desses Procuradores-Gerais dependerá da deliberação da maioria absoluta do Poder Legislativo.

Já o Art. 128, § 5º, apresenta as **Garantias dos Membros.**

Art. 128, § 5º. Leis complementares da União e dos Estados, cuja iniciativa é facultada aos respectivos Procuradores-Gerais, estabelecerão a organização, as atribuições e o estatuto de cada Ministério Público, observadas, relativamente a seus membros:

I. as seguintes garantias:

a) vitaliciedade, após dois anos de exercício, não podendo perder o cargo senão por sentença judicial transitada em julgado;

b) inamovibilidade, salvo por motivo de interesse público, mediante decisão do órgão colegiado competente do Ministério Público, pelo voto da maioria absoluta de seus membros, assegurada ampla defesa;

c) irredutibilidade de subsídio, fixado na forma do Art. 39, § 4º, e ressalvado o disposto nos Arts. 37, X e XI, 150, II, 153, III, 153, § 2º, I;

São duas espécies de garantias dos membros: **Garantias de Independência e Garantias de Imparcialidade.**

As **Garantias de Independência** são prerrogativas inerentes ao cargo e estão previstas no inciso I do referido artigo, as quais visam a garantir aos membros maior liberdade, independência e autonomia no exercício de sua função ministerial. Tais garantias são indisponíveis, proibindo o titular do cargo de dispensar qualquer das prerrogativas. São as garantias da vitaliciedade, inamovibilidade e irredutibilidade dos subsídios.

A **Vitaliciedade** é como se fosse uma estabilidade só que muito mais vantajosa. O membro, ao ingressar na carreira mediante concurso público, torna-se vitalício após o efetivo exercício no cargo pelo prazo de dois anos. Uma vez vitalício só perderá o cargo

---

5 No caso do Ministério Público do Distrito Federal e Territórios, a nomeação do seu chefe será feita pelo Presidente da República e sua destituição dependerá do voto da maioria absoluta do Senado Federal mediante provocação do Presidente da República.

por sentença judicial transitada em julgado. Após passar pelo estágio probatório de dois anos, um Membro do Ministério Público só perderá o cargo por sentença judicial transitada em julgado.

A **Inamovibilidade** impede a movimentação do membro *ex-ofício* contra a sua vontade. Em regra, o Membro do Ministério Público só poderá ser removido ou promovido por sua própria iniciativa, ressalvados os casos em que houver interesse público. E mesmo quando o interesse público exigir, a remoção dependerá de decisão do órgão colegiado competente pelo voto da maioria absoluta de seus membros, assegurando-se o direito à ampla defesa.

A **Irredutibilidade dos Subsídios** diz respeito à proteção da remuneração do membro ministerial. Subsídio é a forma de retribuição pecuniária paga ao membro do Ministério Público a qual se caracteriza por ser uma parcela única. Com essa garantia, o Membro do Ministério Público poderá trabalhar sem medo de perder sua remuneração.

Ressalta-se que o Supremo Tribunal Federal já entendeu tratar-se esta irredutibilidade como meramente nominal, não protegendo o subsídio da desvalorização provocada por perdas inflacionárias. Lembre-se também de que essa garantia não é absoluta, pois comporta exceções previstas nos Arts. 37, X e XI, 150, II, 153, III, e 153, § 2º, I, da Constituição Federal. Em suma, a irredutibilidade não impedirá a redução do subsídio quando ultrapassar o teto constitucional ou em razão da cobrança do imposto de renda.

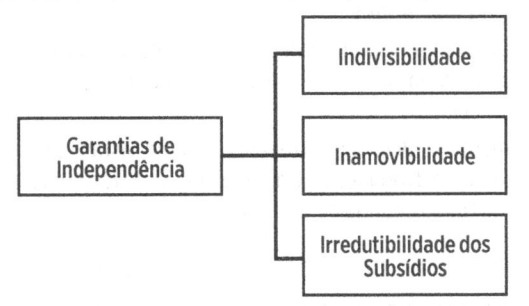

```
                    ┌─── Indivisibilidade
Garantias de    ────┼─── Inamovibilidade
Independência       └─── Irredutibilidade dos
                         Subsídios
```

As **Garantias de Imparcialidade** são verdadeiras vedações e visam a garantir uma atuação isenta de qualquer interferência política ou pessoal.

Art. 128, § 5º, II. as seguintes vedações:
a) receber, a qualquer título e sob qualquer pretexto, honorários, percentagens ou custas processuais;
b) exercer a advocacia;
c) participar de sociedade comercial, na forma da lei;
d) exercer, ainda que em disponibilidade, qualquer outra função pública, salvo uma de magistério;
e) exercer atividade político-partidária (Redação dada pela Emenda Constitucional nº 45, de 2004);
f) receber, a qualquer título ou pretexto, auxílios ou contribuições de pessoas físicas, entidades públicas ou privadas, ressalvadas as exceções previstas em lei (Incluída pela Emenda Constitucional nº 45, de 2004).

§ 6º. Aplica-se aos membros do Ministério Público o disposto no Art. 95, parágrafo único, V (Incluído pela Emenda Constitucional nº 45, de 2004).

Antes de explorar essas regras, faz-se necessária a menção ao Art. 29, § 3º, da ADCT:

§ 3º. Poderá optar pelo regime anterior, no que respeita às garantias e vantagens, o membro do Ministério Público admitido antes da promulgação da Constituição, observando-se, quanto às vedações, a situação jurídica na data desta.

Esse dispositivo retrata uma peculiaridade interessante a respeito dos Membros do Ministério Público. Antes da promulgação da Constituição Federal de 1988, o regime jurídico a que estavam sujeitos era diferente. A ADCT permitiu aos membros que ingressaram antes de 1988 a escolha do regime jurídico a que estariam sujeitos a partir de então. Os membros que ingressaram na carreira antes de 1988 e que possuíam inscrição na OAB podem advogar desde que tenham optado pelo regime jurídico anterior a 1988. Para os membros que ingressaram na carreira depois da promulgação da Constituição Federal, essa escolha não é permitida, pois estão sujeitos apenas ao regime constitucional atual. Feita essa consideração, passa-se à análise das garantias vigentes.

Deve-se compreender a abrangência das vedações do inciso II do § 5º do Art. 128 da Constituição Federal.

É vedado aos membros do Ministério Público receber, a qualquer título e sob qualquer pretexto, honorários, percentagens ou custas processuais, bem como receber auxílios ou contribuições de pessoas físicas, entidades públicas ou privadas, ressalvadas as exceções previstas em lei. Tais vedações visam a impedir que membros sejam motivados indevidamente a exercer suas funções sob a expectativa de receberem maiores valores pela sua atuação. Percebe-se que a vedação encontra exceção quando a contribuição está prevista em lei. Dessa forma, não ofende a Constituição Federal o recebimento de valores em razão da venda de livros, do exercício do magistério ou mesmo da ministração de palestra.

Outra vedação aplicável aos membros do Parquet é em relação ao exercício da advocacia. Acerca desse impedimento, deve-se ressaltar a situação dos membros do Ministério Público da União que ingressaram na carreira antes de 1988 e que tenham optado pelo regime jurídico anterior, nos termos do § 3º do Art. 29 da ADCT, os quais poderão exercer a advocacia nos termos da Resolução nº 8 do CNMP, com a nova redação dada pela Resolução nº 16.

Ademais, o texto constitucional estendeu aos Membros do Ministério Público a mesma vedação aplicável aos Magistrados no Art. 95, parágrafo único, V, qual seja, a de exercer a advocacia no juízo ou tribunal do qual se afastou, antes de decorridos três anos do afastamento do cargo por aposentadoria ou exoneração. A doutrina tem chamado essa vedação de quarentena.

Os membros do Ministério Público não podem participar de sociedade comercial, na forma da lei. Essa vedação encontra regulamentação na Lei nº 8.625/93, a qual prevê a possibilidade de participação como cotista ou acionista[6].

Também não podem exercer, ainda que em disponibilidade, qualquer outra função pública, salvo uma de magistério. Ressalta-se que o CNMP regulamentou o exercício do magistério, que poderá ser público ou privado, por no máximo 20 horas aula por semana, desde que o horário seja compatível com as atribuições ministeriais e o seu exercício se dê inteiramente em sala de aula[7].

Para evitar que sua atuação seja influenciada por pressões políticas, a Constituição vedou o exercício de atividade político-partidária aos Membros do Ministério Público. Isso significa que, se um membro quiser se filiar ou mesmo exercer um cargo político, deverá se afastar do cargo no Ministério Público. Essa vedação tem caráter absoluto desde a Emenda Constitucional nº 45/2004, a qual foi

---
6 Lei Orgânica Nacional do Ministério Público, Lei nº 8.625/93, Art. 44, III.
7 Resolução nº 3/2005 – CNMP.

NOÇÕES DE DIREITO CONSTITUCIONAL

regulamentada pelo Conselho Nacional do Ministério Público, que determinou a aplicação da vedação apenas aos membros que tenham ingressado na carreira após a promulgação da emenda[8].

13.2 Advocacia Pública

A Advocacia Pública é a função essencial à justiça responsável pela defesa dos interesses dos entes estatais, tanto judicialmente quanto extrajudicialmente, bem como as atividades de consultoria e assessoramento jurídico do Poder Executivo.

No âmbito da União, essa atividade é exercida pela Advocacia-Geral da União, enquanto nos Estados, Distrito Federal e nos Municípios, a Advocacia Pública será exercida pelas Procuradorias.

Apesar de não haver previsão constitucional para as Procuradorias Municipais, elas são perfeitamente possíveis desde que previstas na Lei Orgânica do Município ou permitidas sua criação pela Constituição Estadual.

São vistas, a seguir, quais instituições compõem a Advocacia Pública no Brasil.

Advocacia-geral da união (agu)

A AGU é responsável pela assistência jurídica da União, conforme prevê o texto constitucional:

> **Art. 131.** *A Advocacia-Geral da União é a instituição que, diretamente ou através de órgão vinculado, representa a União, judicial e extrajudicialmente, cabendo-lhe, nos termos da lei complementar que dispuser sobre sua organização e funcionamento, as atividades de consultoria e assessoramento jurídico do Poder Executivo.*
>
> **§ 1º.** *A Advocacia-Geral da União tem por chefe o Advogado-Geral da União, de livre nomeação pelo Presidente da República dentre cidadãos maiores de trinta e cinco anos, de notável saber jurídico e reputação ilibada.*

A chefia desse órgão fica a cargo do Advogado-Geral da União, o qual é nomeado livremente pelo Presidente da República, entre os cidadãos maiores de trinta e cinco anos, com notável saber jurídico e reputação ilibada. Segundo a Lei nº 10.683/03, em seu Art. 25, o Advogado-Geral da União é considerado Ministro de Estado, sendo-lhe aplicadas todas as prerrogativas inerentes ao *status*. Atente-se para isso em prova, visto que, para ser o Chefe dessa Instituição, não é necessário ser membro da carreira nem depende de aprovação do Senado Federal. É um cargo de livre nomeação e exoneração cuja confiança do Presidente da República se torna o principal critério para a escolha do seu titular.

Um detalhe muito importante e que pode ser cobrado em prova é que a Constituição Federal, ao apontar as competências dessa instituição, afirmou que a AGU representa judicial e extrajudicialmente a União e em relação a consultoria e assessoramento jurídico apenas ao Poder Executivo. Essas competências foram confirmadas na Lei Orgânica da Advocacia-Geral da União (Lei Complementar nº 73/93):

> **Art. 1º.** *A Advocacia-Geral da União é a instituição que representa a União judicial e extrajudicialmente.*
>
> **Parágrafo único.** *À Advocacia-Geral da União cabem as atividades de consultoria e assessoramento jurídicos ao Poder Executivo, nos termos desta Lei Complementar.*

Enquanto a atividade de consultoria e assessoramento jurídico restringe-se apenas ao Poder Executivo, a representação judicial e extrajudicial abrangerá todos os Poderes da União (Executivo, Legislativo e Judiciário), bem como suas autarquias e fundações públicas, conforme esclarece a Lei nº 9.028/95:

> **Art. 22.** *A Advocacia-Geral da União e os seus órgãos vinculados, nas respectivas áreas de atuação, ficam autorizados a representar judicialmente os titulares e os membros dos Poderes da República, das Instituições Federais referidas no Título IV, Capítulo IV, da Constituição, bem como os titulares dos Ministérios e demais órgãos da Presidência da República, de autarquias e fundações públicas federais, e de cargos de natureza especial, de direção e assessoramento superiores e daqueles efetivos, inclusive promovendo ação penal privada ou representando perante o Ministério Público, quando vítimas de crime, quanto a atos praticados no exercício de suas atribuições constitucionais, legais ou regulamentares, no interesse público, especialmente da União, suas respectivas autarquias e fundações, ou das Instituições mencionadas, podendo, ainda, quanto aos mesmos atos, impetrar Habeas Corpus e mandado de segurança em defesa dos agentes públicos de que trata este artigo.*

É importante lembrar também que o ingresso na carreira da AGU depende de aprovação em concurso público de provas e títulos nos termos do Art. 131, § 2º:

> **§ 2º.** *O ingresso nas classes iniciais das carreiras da instituição de que trata este artigo far-se-á mediante concurso público de provas e títulos.*

Destaca-se ainda a atuação da AGU na defesa da República Federativa do Brasil em demandas instauradas perante Cortes Internacionais.

Além das diversas carreiras que serão vistas, não se pode esquecer dos Advogados da União, os quais são responsáveis pela defesa da União quando esta se encontra em juízo.

Procuradoria-geral da fazenda nacional (pgfn)

A PGFN é órgão vinculado a AGU responsável pelas ações de natureza tributária, cujo objetivo principal é garantir o recebimento de recursos de origem fiscal. A Constituição assim define sua competência no Art. 131:

> **Art. 131, § 3º.** *Na execução da dívida ativa de natureza tributária, a representação da União cabe à Procuradoria-Geral da Fazenda Nacional, observado o disposto em lei.*

Procuradoria-geral federal

A Procuradoria-Geral Federal, órgão vinculado à AGU, é responsável pela representação judicial e extrajudicial das autarquias e fundações públicas da União por meio dos Procuradores Federais. Sua previsão não é constitucional, mas está descrita na Lei nº 10.480/2002:

> **Art. 10.** *À Procuradoria-Geral Federal compete a representação judicial e extrajudicial das autarquias e fundações públicas federais, as respectivas atividades de consultoria e assessoramento jurídicos, a apuração da liquidez e certeza dos créditos, de qualquer natureza, inerentes às suas atividades, inscrevendo-os em dívida ativa, para fins de cobrança amigável ou judicial.*

Em relação ao Banco Central, autarquia vinculada a União, foi prevista carreira própria regulamentada na Lei nº 9.650/98, a qual localizou o Procurador do Banco Central como membro de carreira da própria instituição. Apesar disso, o Procurador do Banco Central está vinculado à AGU.

---

8 Resolução nº 5/2006 – CNMP.

Procuradoria-geral dos estados e do distrito federal

No âmbito dos Estados e do Distrito Federal, a consultoria jurídica e a representação judicial serão realizadas pelos Procuradores dos Estados e do Distrito Federal, conforme preleciona o Art. 132 da Constituição Federal:

> **Art. 132.** *Os Procuradores dos Estados e do Distrito Federal, organizados em carreira, na qual o ingresso dependerá de concurso público de provas e títulos, com a participação da Ordem dos Advogados do Brasil em todas as suas fases, exercerão a representação judicial e a consultoria jurídica das respectivas unidades federadas.*
>
> **Parágrafo único.** *Aos procuradores referidos neste artigo é assegurada estabilidade após três anos de efetivo exercício, mediante avaliação de desempenho perante os órgãos próprios, após relatório circunstanciado das corregedorias.*

Segundo a Constituição, o ingresso na carreira depende de concurso público de provas e títulos, cuja participação da OAB é obrigatória em todas as suas fases, não sendo admitido, portanto, que as atividades de representação judicial e de consultoria jurídica sejam realizadas por ocupantes de cargos em comissão.

Apesar de não haver previsão constitucional, o STF já decidiu que devem ser aplicadas simetricamente as mesmas regras da União para a nomeação do Procurador-Geral das Unidades Federadas. Dessa forma, o Governador detém a competência de nomear e exonerar livremente o chefe da Instituição, não se exigindo que o titular do referido cargo seja membro da carreira.

Por fim, a Constituição Federal garantiu aos procuradores estaduais e do Distrito Federal, estabilidade após três anos de efetivo exercício mediante avaliação de desempenho perante os órgãos próprios, após relatório circunstanciado das corregedorias.

Procuradoria dos municípios

Conforme já estudado, não existe previsão constitucional para a criação das procuradorias municipais, não havendo da mesma forma qualquer impedimento para sua criação. Logo, cada município poderá criar sua própria procuradoria, desde que prevista essa possibilidade na Constituição Estadual ou na Lei Orgânica do Município.

13.3 Defensoria Pública

Como instituição essencial ao funcionamento da Justiça, a Defensoria Pública é responsável, em primeiro plano, pela assistência jurídica e gratuita dos hipossuficientes, os quais não possuem recursos financeiros para contratar um advogado. Essa função tipicamente realizada pela Defensoria concretiza o direito fundamental expresso no Art. 5º, LXXIV, da Constituição:

> **Art. 5º,** *LXXIV. O Estado prestará assistência jurídica integral e gratuita aos que comprovarem insuficiência de recursos.*

Complementando esse dispositivo, a Constituição previu no Art. 134 algumas regras sobre a Defensoria:

> **Art. 134.** *A Defensoria Pública é instituição permanente, essencial à função jurisdicional do Estado, incumbindo-lhe, como expressão e instrumento do regime democrático, fundamentalmente, a orientação jurídica, a promoção dos direitos humanos e a defesa, em todos os graus, judicial e extrajudicial, dos direitos individuais e coletivos, de forma integral e gratuita, aos necessitados, na forma do inciso LXXIV do Art. 5º desta Constituição Federal. (Redação dada pela Emenda Constitucional nº 80, de 2014)*
>
> **§ 1º.** *Lei complementar organizará a Defensoria Pública da União e do Distrito Federal e dos Territórios e prescreverá normas gerais para sua organização nos Estados, em cargos de carreira, providos, na classe inicial, mediante concurso público de provas e títulos, assegurada a seus integrantes a garantia da inamovibilidade e vedado o exercício da advocacia fora das atribuições institucionais.*
>
> **§ 2º.** *Às Defensorias Públicas Estaduais são asseguradas autonomia funcional e administrativa e a iniciativa de sua proposta orçamentária dentro dos limites estabelecidos na lei de diretrizes orçamentárias e subordinação ao disposto no Art. 99, § 2º.*
>
> **§ 3º** *Aplica-se o disposto no § 2º às Defensorias Públicas da União e do Distrito Federal. (Incluído pela Emenda Constitucional nº 74, de 2013)*
>
> **§ 4º** *São princípios institucionais da Defensoria Pública a unidade, a indivisibilidade e a independência funcional, aplicando-se também, no que couber, o disposto no Art. 93 e no inciso II do Art. 96 desta Constituição Federal. (Incluído pela Emenda Constitucional nº 80, de 2014)*

Atualmente, cada Unidade Federativa é responsável pela organização da sua Defensoria Pública, havendo ainda uma Defensoria no âmbito da União e no Distrito Federal.

As Defensorias Estaduais possuem autonomia funcional e administrativa não se admitindo sua subordinação a nenhum dos poderes. Sua autonomia avança ainda nas questões orçamentárias permitindo que tenha iniciativa própria para apresentação de proposta orçamentária dentro dos limites estabelecidos na lei de diretrizes orçamentárias.

A Emenda Constitucional nº 74, de 06 de agosto de 2013, introduziu o § 3º ao Art. 134, da CF para conferir autonomia funcional e administrativa e a iniciativa de proposta orçamentária também às Defensorias Públicas da União e do Distrito Federal.

Segundo a Lei Complementar nº 80/94 que organiza a Defensoria Pública:

> **Art. 2º.** *A Defensoria Pública abrange:*
> *I. a Defensoria Pública da União;*
> *II. a Defensoria Pública do Distrito Federal e dos Territórios;*
> *III. as Defensorias Públicas dos Estados.*

Cabe aos Defensores Públicos a assistência jurídica integral dos hipossuficientes, não se limitando apenas à defesa judicial. A Lei Complementar nº 80/94 traz extenso rol de atribuições:

> **Art. 4º.** *São funções institucionais da Defensoria Pública, dentre outras:*
>
> *I. prestar orientação jurídica e exercer a defesa dos necessitados, em todos os graus (Redação dada pela Lei Complementar nº 132, de 2009);*
>
> *II. promover, prioritariamente, a solução extrajudicial dos litígios, visando à composição entre as pessoas em conflito de interesses, por meio de mediação, conciliação, arbitragem e demais técnicas de composição e administração de conflitos;*
>
> *III. promover a difusão e a conscientização dos direitos humanos, da cidadania e do ordenamento jurídico;*
>
> *IV. prestar atendimento interdisciplinar, por meio de órgãos ou de servidores de suas Carreiras de apoio para o exercício de suas atribuições;*
>
> *V. exercer, mediante o recebimento dos autos com vista, a ampla defesa e o contraditório em favor de pessoas naturais e jurídicas, em processos administrativos e judiciais, perante todos os órgãos e em todas as instâncias, ordinárias ou extraordinárias, utilizando todas as medidas capazes de propiciar a adequada e efetiva defesa de seus interesses;*

NOÇÕES DE DIREITO CONSTITUCIONAL

FUNÇÕES ESSENCIAIS À JUSTIÇA

VI. representar aos sistemas internacionais de proteção dos direitos humanos, postulando perante seus órgãos;

VII. promover ação civil pública e todas as espécies de ações capazes de propiciar a adequada tutela dos direitos difusos, coletivos ou individuais homogêneos quando o resultado da demanda puder beneficiar grupo de pessoas hipossuficientes;

VIII. exercer a defesa dos direitos e interesses individuais, difusos, coletivos e individuais homogêneos e dos direitos do consumidor, na forma do inciso LXXIV do Art. 5º da Constituição Federal;

IX. impetrar Habeas Corpus, mandado de injunção, Habeas Data e mandado de segurança ou qualquer outra ação em defesa das funções institucionais e prerrogativas de seus órgãos de execução;

X. promover a mais ampla defesa dos direitos fundamentais dos necessitados, abrangendo seus direitos individuais, coletivos, sociais, econômicos, culturais e ambientais, sendo admissíveis todas as espécies de ações capazes de propiciar sua adequada e efetiva tutela;

XI. exercer a defesa dos interesses individuais e coletivos da criança e do adolescente, do idoso, da pessoa portadora de necessidades especiais, da mulher vítima de violência doméstica e familiar e de outros grupos sociais vulneráveis que mereçam proteção especial do Estado;

XIV. acompanhar inquérito policial, inclusive com a comunicação imediata da prisão em flagrante pela autoridade policial, quando o preso não constituir advogado (Incluído pela Lei Complementar nº 132, de 2009);

XV. patrocinar ação penal privada e a subsidiária da pública (Incluído pela Lei Complementar nº 132, de 2009);

XVI. exercer a curadoria especial nos casos previstos em lei (Incluído pela Lei Complementar nº 132, de 2009);

XVII. atuar nos estabelecimentos policiais, penitenciários e de internação de adolescentes, visando a assegurar às pessoas, sob quaisquer circunstâncias, o exercício pleno de seus direitos e garantias fundamentais (Incluído pela Lei Complementar nº 132, de 2009);

XVIII. atuar na preservação e reparação dos direitos de pessoas vítimas de tortura, abusos sexuais, discriminação ou qualquer outra forma de opressão ou violência, propiciando o acompanhamento e o atendimento interdisciplinar das vítimas (Incluído pela Lei Complementar nº 132, de 2009);

XIX. atuar nos Juizados Especiais (Incluído pela Lei Complementar nº 132, de 2009);

XX. participar, quando tiver assento, dos conselhos federais, estaduais e municipais afetos às funções institucionais da Defensoria Pública, respeitadas as atribuições de seus ramos (Incluído pela Lei Complementar nº 132, de 2009);

XXI. executar e receber as verbas sucumbenciais decorrentes de sua atuação, inclusive quando devidas por quaisquer entes públicos, destinando-as a fundos geridos pela Defensoria Pública e destinados, exclusivamente, ao aparelhamento da Defensoria Pública e à capacitação profissional de seus membros e servidores(Incluído pela Lei Complementar nº 132, de 2009);

XXII. convocar audiências públicas para discutir matérias relacionadas às suas funções institucionais(Incluído pela Lei Complementar nº 132, de 2009).

Por fim, cabe destacar que, assim como os Advogados Públicos, os Defensores Públicos são remunerados por meio de subsídio:

Art. 135. Os servidores integrantes das carreiras disciplinadas nas Seções II e III deste Capítulo serão remunerados na forma do Art. 39, § 4º.

13.4 Advocacia

Quando a Constituição Federal se refere à Advocacia, fala-se do advogado privado, profissional autônomo, indispensável à função jurisdicional. Os advogados estão vinculados à Ordem dos Advogados do Brasil, entidade de classe de natureza especial, não vinculada aos Poderes do Estado e que tem como atribuições controlar, fiscalizar e selecionar novos profissionais para o exercício da Carreira.

Segundo a Constituição Federal:

Art. 133. O advogado é indispensável à administração da justiça, sendo inviolável por seus atos e manifestações no exercício da profissão, nos limites da lei.

Esse dispositivo revela dois princípios que regem a advocacia no Brasil: o princípio da indispensabilidade e o da inviolabilidade.

Segundo o princípio da indispensabilidade, o advogado é indispensável à administração da Justiça, pois só ele possui a chamada capacidade postulatória. Logicamente, esse princípio não goza de caráter absoluto, sendo permitida a capacidade de postular ao próprio interessado em situações expressamente previstas na Constituição Federal como no *Habeas Corpus* e nos juizados especiais.

Destaca-se ainda que nos processos administrativos disciplinares a ausência de defesa técnica por meio de advogado não gera nulidade ao procedimento[9].

Já o princípio da inviolabilidade constitui norma que visa a garantir ao advogado o exercício das suas atribuições de forma independente e autônoma às demais instituições do Estado. Da mesma forma, esse princípio não goza de caráter absoluto, sendo possível a limitação quando seus atos e atribuições não estiverem ligados ao exercício da profissão nos termos do Estatuto da Advocacia[10].

Como condição para o exercício dessa profissão, o STF já declarou que é constitucional a necessidade de aprovação do Exame de Ordem aplicado pela OAB aos bacharéis em direito.

A amplitude desse tema requer análise aprofundada, a qual é feita em disciplina própria. Aqui foi feita uma breve análise constitucional do instituto.

Ministério Público	Defende a sociedade
Advocacia Pública	Defende o Estado
Advocacia Privada	Defende os particulares
Defensoria Pública	Defende os pobres

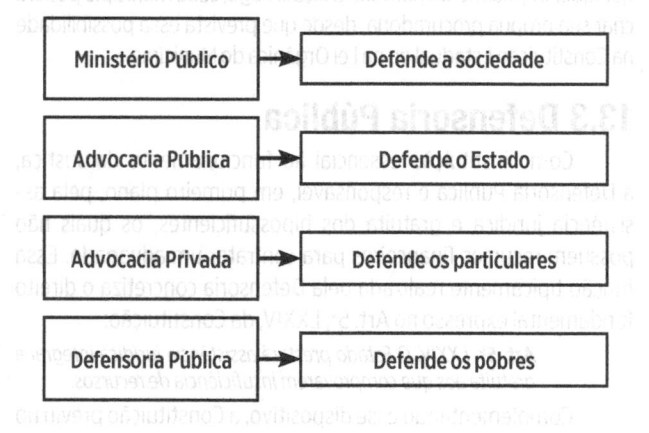

9 Súmula Vinculante nº 5: *A falta de defesa técnica por advogado no processo administrativo disciplinar não ofende a Constituição.*
10 Lei nº 8.906/94.

Questões

01. (FCC) De acordo com a Constituição da República Federativa do Brasil, NÃO se inclui dentre as funções institucionais do Ministério Público:
a) Defender judicialmente os direitos e interesses da população indígena.
b) Promover, privativamente, ação penal pública, na forma da lei.
c) Requisitar diligências investigatórias e instauração de inquérito policial, indicados os fundamentos jurídicos de suas manifestações processuais.
d) Promover ação de inconstitucionalidade ou representação para fins de intervenção da União e dos Estados, nos casos previstos na Constituição.
e) Promover ação popular para a proteção do meio ambiente e de outros interesses difusos e coletivos.

02. (FCC) Considere:
I. Três membros do Ministério Público dos Estados, indicados pelos respectivos Ministérios Públicos.
II. Três juízes, indicados dois pelo Supremo Tribunal Federal e um pelo Superior Tribunal de Justiça.
III. Dois advogados, indicados pelo Conselho Federal da Ordem dos Advogados do Brasil.
IV. Dois cidadãos de notável saber jurídico e reputação ilibada, indicados um pela Câmara dos Deputados e outro pelo Senado Federal.

O Conselho Nacional do Ministério Público será composto, dentre outros, pelos membros indicados apenas em:
a) I, III e IV.
b) I, II e III.
c) II, III e IV.
d) II e III.
e) I e IV.

Gabaritos

01	E
02	A

DEFESA DO ESTADO E DAS INSTITUIÇÕES DEMOCRÁTICAS

14. DEFESA DO ESTADO E DAS INSTITUIÇÕES DEMOCRÁTICAS

No título V, Arts. 136 a 144, a Constituição Federal apresenta instrumentos eficazes na proteção do Estado e de toda estrutura democrática. Os instrumentos disponibilizados são o Sistema Constitucional de Crises que compreende o Estado de Defesa e o Estado de Sítio, Forças Armadas e Segurança Pública, os quais serão analisados a partir de agora.

14.1 Sistema Constitucional de Crises

O Sistema Constitucional de Crises é um conjunto de medidas criadas pela Constituição Federal para restabelecer a ordem constitucional em momentos de crises político-institucionais. Antes de tratar das espécies em si, deve-se ressaltar algumas características essenciais desses institutos.

É necessário partir do pressuposto de que o **Estado de sítio é mais grave que o estado de defesa.** Essa compreensão permite entender que as medidas adotadas no Estado de Sítio serão mais gravosas que no Estado de Defesa.

Outro ponto interessante são os princípios que regem o Sistema Constitucional de Crises. As duas medidas devem observar os seguintes princípios:

Necessidade

Só podem ser decretadas em último caso.

Proporcionalidade

As medidas adotadas devem ser proporcionais aos problemas existentes.

Temporariedade

As medidas do Sistema Constitucional de Crises devem ser temporárias. Devem durar apenas o tempo necessário para resolver a crise.

Legalidade

As medidas devem guardar respeito à lei. E aqui é possível vislumbrar duas perspectivas acerca da legalidade:

Stricto sensu: As medidas devem respeitar os limites estabelecidos nos Decretos Presidenciais que autorizam a execução. É uma perspectiva mais restrita da legalidade;

Lato sensu: As medidas precisam respeitar a lei em sentido amplo, ou seja, toda a legislação brasileira, incluindo a Constituição Federal.

Trabalhados esses conceitos iniciais, agora será abordado cada um dos institutos do Sistema Constitucional de Crises em espécie. Inicia-se pelo Estado de Defesa.

Estado de defesa

O Estado de Defesa está regulamentado no Art. 136 da Constituição e o seu χαπυτ apresenta algumas informações importantíssimas:

> **Art. 136.** O Presidente da República pode, ouvidos o Conselho da República e o Conselho de Defesa Nacional, decretar estado de defesa para preservar ou prontamente restabelecer, em locais restritos e determinados, a ordem pública ou a paz social ameaçadas por grave e iminente instabilidade institucional ou atingidas por calamidades de grandes proporções na natureza.

Esse dispositivo enumera as **hipóteses de cabimento da medida ou quais são os seus objetivos**: preservar ou prontamente restabelecer a ordem pública ou a paz social ameaçadas por grave e iminente instabilidade institucional ou atingidas por calamidades de grandes proporções na natureza. Qualquer circunstância dessas autoriza a decretação de Estado de Defesa. Lembre-se de que esse rol é taxativo. Só essas situações podem autorizar a medida.

Um detalhe interessante e que pode funcionar como ponto de distinção entre o Estado de Sítio e de Defesa é a área abrangida. O texto constitucional apresentado determina que as áreas abrangidas pela medida sejam locais restritos e determinados.

Outro ponto importante e que é frequente cobrado em prova diz respeito ao tempo de duração do Estado de Defesa. Segundo Art. 136, § 2º, essa medida de contenção de crises poderá durar 30 dias, podendo prorrogar mais uma vez por igual período:

> **§ 2º.** O tempo de duração do estado de defesa não será superior a trinta dias, podendo ser prorrogado uma vez, por igual período, se persistirem as razões que justificaram a sua decretação.

Não se esqueça de que o prazo só poderá ser prorrogado uma única vez.

Como característica principal da execução do Estado de Defesa está a possibilidade de se restringirem alguns direitos, os quais estão previamente definidos nos §§ 1º a 3º do Art. 136:

> **§ 1º.** O decreto que instituir o estado de defesa determinará o tempo de sua duração, especificará as áreas a serem abrangidas e indicará, nos termos e limites da lei, as medidas coercitivas a vigorarem, dentre as seguintes:
>
> **I.** restrições aos direitos de:
>
> **a)** reunião, ainda que exercida no seio das associações;
>
> **b)** sigilo de correspondência;
>
> **c)** sigilo de comunicação telegráfica e telefônica;
>
> **II.** ocupação e uso temporário de bens e serviços públicos, na hipótese de calamidade pública, respondendo a União pelos danos e custos decorrentes.
>
> **§ 3º.** Na vigência do estado de defesa:
>
> **I.** a prisão por crime contra o Estado, determinada pelo executor da medida, será por este comunicada imediatamente ao juiz competente, que a relaxará, se não for legal, facultado ao preso requerer exame de corpo de delito à autoridade policial;
>
> **II.** a comunicação será acompanhada de declaração, pela autoridade, do estado físico e mental do detido no momento de sua autuação;
>
> **III.** a prisão ou detenção de qualquer pessoa não poderá ser superior a dez dias, salvo quando autorizada pelo Poder Judiciário;
>
> **IV.** é vedada a incomunicabilidade do preso.

Alguns pontos merecem um destaque especial. Devido à gravidade da situação e à excepcionalidade das medidas, a Constituição autoriza a restrição de vários direitos fundamentais, por exemplo, o direito de reunião, o sigilo das correspondências, das comunicações telegráficas e telefônicas.

Essas medidas restritivas dispensam autorização judicial, inclusive a decretação de prisão que será determinada pela própria autoridade executora do Estado de Defesa e poderá durar até dez dias. A prisão deverá ser comunicada imediatamente ao juiz o qual poderá prorrogá-la por período superior.

Não se deve esquecer que, mesmo em um momento de crise, como esse em que muitos direitos constitucionais são flexibilizados, é vedada pela Constituição Federal a incomunicabilidade do preso. A ele deverá ser garantido o direito de falar com seu familiar ou advogado, além do direito de ter preservada sua integridade.

Para que seja decretado o Estado de Defesa, a Constituição previu alguns procedimentos. Primeiramente, deve-se lembrar que a decretação é competência do Presidente da República. Antes de executar a medida, ele deverá consultar o Conselho de Defesa Nacional e o Conselho da República os quais emitirão um parecer acerca da situação. Apesar da obrigatoriedade em ouvir os Conselhos, o Presidente não está vinculado ao seus pareceres. Significa dizer que os pareceres emitidos pelos conselhos são meramente opinativos.

Ouvidos os Conselhos, o Presidente decreta a medida e imediatamente submete o decreto ao Congresso Nacional para aprovação. A decisão do Congresso Nacional é definitiva. Caso o decreto seja rejeitado, o Estado de Defesa cessa imediatamente.

> *§ 4º. Decretado o estado de defesa ou sua prorrogação, o Presidente da República, dentro de vinte e quatro horas, submeterá o ato com a respectiva justificação ao Congresso Nacional, que decidirá por maioria absoluta.*
> *§ 5º. Se o Congresso Nacional estiver em recesso, será convocado, extraordinariamente, no prazo de cinco dias.*
> *§ 6º. O Congresso Nacional apreciará o decreto dentro de dez dias contados de seu recebimento, devendo continuar funcionando enquanto vigorar o estado de defesa.*
> *§ 7º. Rejeitado o decreto, cessa imediatamente o estado de defesa.*

Apesar de ser caracterizado por medidas excepcionais, que restringem sobremaneira os direitos e garantias fundamentais, o Controle Constitucional de Crises não está imune à fiscalização por parte dos poderes públicos. Havendo excessos nas medidas adotadas, a Constituição prevê a possibilidade de responsabilização dos agentes por seus atos. A doutrina constitucional prevê duas formas de controle: Controle Político e Controle Jurisdicional.

O Controle Político é realizado basicamente pelo Congresso Nacional, que o efetuará de três formas:

Imediato: ocorre logo após a decretação da medida conforme o § 4º do Art. 136.

Concomitante: ocorre durante a execução do Estado de Defesa conforme § 6º do Art. 136 e Art. 140.

> *Art. 140. A Mesa do Congresso Nacional, ouvidos os líderes partidários, designará Comissão composta de cinco de seus membros para acompanhar e fiscalizar a execução das medidas referentes ao estado de defesa e ao estado de sítio.*

Sucessivo (posterior): ocorre após a execução da medida nos termos do Art. 141:

> *Art. 141. Cessado o estado de defesa ou o estado de sítio, cessarão também seus efeitos, sem prejuízo da responsabilidade pelos ilícitos cometidos por seus executores ou agentes.*
> *Parágrafo único. Logo que cesse o estado de defesa ou o estado de sítio, as medidas aplicadas em sua vigência serão relatadas pelo Presidente da República, em mensagem ao Congresso Nacional, com especificação e justificação das providências adotadas, com relação nominal dos atingidos e indicação das restrições aplicadas.*

O Controle Jurisdicional é o realizado pelo Poder Judiciário, e ocorrerá de duas formas:

Concomitante: durante a execução da medida. Veja-se o disposto no Art. 136, § 3º;

Sucessivo (Posterior): após a execução da medida nos termos do Art. 141.

Estado de sítio

O Estado de Sítio é mais gravoso que o Estado de Defesa. Por consequência, as medidas adotadas nesse caso terão maior efeito restritivo aos direitos fundamentais.

Primeiramente são abordadas às hipóteses de cabimento do Estado de Sítio, que estão previstas no Art. 137, I e II:

> *I. comoção grave de repercussão nacional ou ocorrência de fatos que comprovem a ineficácia de medida tomada durante o estado de defesa;*
> *II. declaração de estado de guerra ou resposta a agressão armada estrangeira.*

A doutrina faz uma distinção interessante entre os dois incisos, classificando-os em Repressivo e Defensivo. O Estado de Sítio Repressivo está previsto no inciso I, haja vista ser necessária a atuação dos poderes públicos para conter a situação de crise. Já o inciso II, é chamado de Estado de Sítio Defensivo, pois o poder público utiliza a medida como forma de se defender de agressões externas.

Um ponto distintivo entre o Estado de Defesa e o Estado de Sítio, muito cobrado em prova, refere-se à área abrangida. Segundo o inciso I do Art. 137, será decretada a medida quando a crise tiver repercussão nacional. Quando o candidato encontrar na prova o termo "repercussão nacional", deve associar com o Estado de Sítio. Diferentemente, se estiver escrito "local restrito e determinado", relacionar o dispositivo com Estado de Defesa.

Um tema muito cobrado em prova é o tempo de duração do Estado de Sítio. Vejamos o que diz o §1º do Art. 137:

> *§ 1º. O estado de sítio, no caso do Art. 137, I, não poderá ser decretado por mais de trinta dias, nem prorrogado, de cada vez, por prazo superior; no do inciso II, poderá ser decretado por todo o tempo que perdurar a guerra ou a agressão armada estrangeira.*

Qual o prazo de duração do Estado de Sítio? Depende da hipótese de cabimento.

Segundo o § 1º, se a hipótese for a do inciso I do Art. 137, o prazo será de 30 dias prorrogáveis por mais 30 dias enquanto for necessário para conter a situação. Cuidado com este prazo, pois a Constituição deixou transparecer que ele não pode ser prorrogado, contudo, o que ela quis dizer é que não pode ser prorrogado por mais de 30 dias todas as vezes que for prorrogado. Dessa forma, ele poderá ser prorrogado indefinidamente, enquanto for necessário.

Já no caso do inciso II, a Constituição regula o Estado de Sítio em caso de guerra ou agressão estrangeira e prevê que a medida durará enquanto for necessária para repelir a agressão estrangeira ou acabar com a guerra. Logo, o Estado de Sítio nestes casos não possuem prazo certo para terminar.

No que tange às medidas coercitivas que podem ser adotadas no Estado de Sítio, a Constituição prevê no Art. 139:

> *Art. 139. Na vigência do estado de sítio decretado com fundamento no Art. 137, I, só poderão ser tomadas contra as pessoas as seguintes medidas:*
> *I. obrigação de permanência em localidade determinada;*

DEFESA DO ESTADO E DAS INSTITUIÇÕES DEMOCRÁTICAS

II. detenção em edifício não destinado a acusados ou condenados por crimes comuns;
III. restrições relativas à inviolabilidade da correspondência, ao sigilo das comunicações, à prestação de informações e à liberdade de imprensa, radiodifusão e televisão, na forma da lei;
IV. suspensão da liberdade de reunião;
V. busca e apreensão em domicílio;
VI. intervenção nas empresas de serviços públicos;
VII. requisição de bens.
Parágrafo único. Não se inclui nas restrições do inciso III a difusão de pronunciamentos de parlamentares efetuados em suas Casas Legislativas, desde que liberada pela respectiva Mesa.

O dispositivo só regulamentou as restrições adotadas na hipótese do inciso I do Art. 137, qual seja: comoção grave de repercussão nacional ou ocorrência de fatos que comprovem a ineficácia de medida tomada durante o Estado de Defesa. Esse rol de medidas é taxativo, restringindo a atuação do poder público durante sua aplicação. No caso do Art. 137, II, a Constituição nada disse, o que levou a doutrina a concluir a possibilidade de adoção de qualquer medida necessária para conter a situação, desde que compatíveis com a Ordem Constitucional e com as leis brasileiras.

Como se pode perceber, as medidas aqui são mais gravosas que as adotadas no Estado de Defesa, e isso pode ser muito bem notado pela distinção feita entre o Estado de Defesa e de Sítio no que se refere à liberdade de reunião. Enquanto no Estado de Defesa a liberdade de reunião sofre restrições, aqui ela será suspensa.

Outro dispositivo importante é o previsto no parágrafo único, que isenta os pronunciamentos dos parlamentares efetuados em suas Casas das restrições impostas no inciso III do artigo em análise, desde que liberadas pelas respectivas Mesas. As demais restrições devem ser lidas e memorizadas, pois podem ser cobradas em prova.

Vejamos agora como é o procedimento de decretação do Estado de Sítio:

Art. 137. O Presidente da República pode, ouvidos o Conselho da República e o Conselho de Defesa Nacional, solicitar ao Congresso Nacional autorização para decretar o estado de sítio nos casos de:
Parágrafo único. O Presidente da República, ao solicitar autorização para decretar o estado de sítio ou sua prorrogação, relatará os motivos determinantes do pedido, devendo o Congresso Nacional decidir por maioria absoluta.
Art. 138. O decreto do estado de sítio indicará sua duração, as normas necessárias a sua execução e as garantias constitucionais que ficarão suspensas, e, depois de publicado, o Presidente da República designará o executor das medidas específicas e as áreas abrangidas.
§ 2º. Solicitada autorização para decretar o estado de sítio durante o recesso parlamentar, o Presidente do Senado Federal, de imediato, convocará extraordinariamente o Congresso Nacional para se reunir dentro de cinco dias, a fim de apreciar o ato.
§ 3º. O Congresso Nacional permanecerá em funcionamento até o término das medidas coercitivas.

Conforme estudado no Estado de Defesa, a decretação do Estado de Sítio fica a cargo do Presidente da República após ouvir o Conselho da República e o Conselho de Defesa Nacional. A consulta é obrigatória, mas os pareceres dos Conselhos não vinculam o Presidente. Apesar da similaridade de procedimentos, aqui o Presidente tem que solicitar autorização do Congresso Nacional

antes de decretar o Estado de Sítio. Essa diferença é bastante cobrada em prova.

Ao passo que no Estado de Defesa o Presidente Decreta a medida e depois apresenta para o Congresso avaliar. No Estado de Sítio, antes de decretar, o Presidente deve sujeitar a medida à apreciação do Congresso Nacional.

Essa característica demonstra que, assim como no Estado de Defesa, a medida está sujeita a controle dos outros Poderes. Sendo assim, verifica-se que a fiscalização será feita tanto pelos órgãos políticos quanto pelos órgãos jurisdicionais.

Tem-se controle político quando realizado pelo Congresso Nacional, o qual se dará de forma:

Prévio: ocorre quando o Congresso Nacional autoriza a execução da medida;

Concomitante: ocorre durante a execução da medida;

Art. 140. A Mesa do Congresso Nacional, ouvidos os líderes partidários, designará Comissão composta de cinco de seus membros para acompanhar e fiscalizar a execução das medidas referentes ao estado de defesa e ao estado de sítio.

Sucessivo (posterior): ocorre após a execução da medida;

Art. 141. Cessado o estado de defesa ou o estado de sítio, cessarão também seus efeitos, sem prejuízo da responsabilidade pelos ilícitos cometidos por seus executores ou agentes.
Parágrafo único. Logo que cesse o estado de defesa ou o estado de sítio, as medidas aplicadas em sua vigência serão relatadas pelo Presidente da República, em mensagem ao Congresso Nacional, com especificação e justificação das providências adotadas, com relação nominal dos atingidos e indicação das restrições aplicadas.

Também existe o controle Jurisdicional executado pelos órgãos do Poder Judiciário, o qual se dará de forma:

Concomitante: durante a execução da medida. Apesar de não haver previsão constitucional expressa, qualquer lesão ou ameaça a direito poderá ser apreciada pelo Poder Judiciário;

Sucessivo (Posterior): após a execução da medida nos termos do Art. 141.

14.2 Forças Armadas

Instituições

As Forças Armadas são formadas por instituições que compõem a estrutura de defesa do Estado, a Marinha, o Exército e a Aeronáutica. Possuem como funções principais a defesa da pátria, a garantia dos poderes constitucionais, da lei e da ordem. Apesar de sua vinculação à União, suas atribuições têm caráter nacional e podem ser exercidas em todo o território brasileiro:

Art. 142. As Forças Armadas, constituídas pela Marinha, pelo Exército e pela Aeronáutica, são instituições nacionais permanentes e regulares, organizadas com base na hierarquia e na disciplina, sob a autoridade suprema do Presidente da República, e destinam-se à defesa da Pátria, à garantia dos poderes constitucionais e, por iniciativa de qualquer destes, da lei e da ordem.

Segundo o $\chi\alpha\pi\upsilon\tau$ do Art. 142, são classificadas como instituições permanentes e regulares. Estão sempre prontas para agir. São regulares, pois desempenham funções sistemáticas e dependem de um efetivo de servidores para realizá-las.

Ainda, destaca-se a base de sua organização na hierarquia e na disciplina. Esses atributos típicos da Administração Pública são ressaltados nessas instituições devido ao caráter militar que possuem. As Forças Armadas valorizam demasiadamente essa estrutura hierárquica, com regulamentos que garantem uma distribuição do efetivo em diversos níveis de escalonamento, cujo comando supremo está nas mãos do Presidente da República.

Em linhas gerais, a Constituição previu algumas regras para o funcionamento das instituições militares:

§ 1º. Lei complementar estabelecerá as normas gerais a serem adotadas na organização, no preparo e no emprego das Forças Armadas.

§ 3º. Os membros das Forças Armadas são denominados militares, aplicando-se-lhes, além das que vierem a ser fixadas em lei, as seguintes disposições:

I. as patentes, com prerrogativas, direitos e deveres a elas inerentes, são conferidas pelo Presidente da República e asseguradas em plenitude aos oficiais da ativa, da reserva ou reformados, sendo-lhes privativos os títulos e postos militares e, juntamente com os demais membros, o uso dos uniformes das Forças Armadas;

II. o militar em atividade que tomar posse em cargo ou emprego público civil permanente, ressalvada a hipótese prevista no Art. 37, inciso XVI, alínea "c", será transferido para a reserva, nos termos da lei; (Redação dada pela Emenda Constitucional nº 77, de 2014)

III. o militar da ativa que, de acordo com a lei, tomar posse em cargo, emprego ou função pública civil temporária, não eletiva, ainda que da administração indireta, ressalvada a hipótese prevista no art. 37, inciso XVI, alínea "c", ficará agregado ao respectivo quadro e somente poderá, enquanto permanecer nessa situação, ser promovido por antiguidade, contando-se-lhe o tempo de serviço apenas para aquela promoção e transferência para a reserva, sendo depois de dois anos de afastamento, contínuos ou não, transferido para a reserva, nos termos da lei; (Redação dada pela Emenda Constitucional nº 77, de 2014);

IV. ao militar são proibidas a sindicalização e a greve;

V. o militar, enquanto em serviço ativo, não pode estar filiado a partidos políticos;

VI. o oficial só perderá o posto e a patente se for julgado indigno do oficialato ou com ele incompatível, por decisão de tribunal militar de caráter permanente, em tempo de paz, ou de tribunal especial, em tempo de guerra;

VII. o oficial condenado na justiça comum ou militar a pena privativa de liberdade superior a dois anos, por sentença transitada em julgado, será submetido ao julgamento previsto no inciso anterior;

VIII. aplica-se aos militares o disposto no art. 7º, incisos VIII, XII, XVII, XVIII, XIX e XXV, e no Art. 37, incisos XI, XIII, XIV e XV, bem como, na forma da lei e com prevalência da atividade militar, no Art. 37, inciso XVI, alínea "c"; (Redação dada pela Emenda Constitucional nº 77, de 2014)

IX. (Revogado pela Emenda Constitucional nº 41, de 19.12.2003).

X. a lei disporá sobre o ingresso nas Forças Armadas, os limites de idade, a estabilidade e outras condições de transferência do militar para a inatividade, os direitos, os deveres, a remuneração, as prerrogativas e outras situações especiais dos militares, consideradas as peculiaridades de suas atividades, inclusive aquelas cumpridas por força de compromissos internacionais e de guerra.

Habeas corpus

A Constituição declarou expressamente o não cabimento de *Habeas Corpus* nas punições disciplinares militares:

§ 2º. Não caberá Habeas Corpus em relação a punições disciplinares militares.

Essa vedação decorre do regime constritivo rigoroso existente nas instituições castrenses, o qual permite como sanção administrativa a prisão. Deve-se ter muito cuidado com isso em prova. Segundo o STF, se o *Habeas Corpus* versar sobre a ilegalidade da prisão, ele será admitido, ficando a vedação adstrita apenas ao seu mérito.

Vedações

Como foi dito anteriormente, o regime militar é bem rigoroso e a Constituição apresentou algumas vedações que sempre caem em prova:

IV. ao militar são proibidas a sindicalização e a greve;

V. o militar, enquanto em serviço ativo, não pode estar filiado a partidos políticos;

A sindicalização e a greve são medidas que dificultam o trabalho do militar, pois o influencia a questionar as ordens recebidas de seus superiores. As atribuições dos militares dependem de uma obediência irrestrita, por essa razão a Constituição os impediu de se organizarem em sindicatos e de realizarem movimentos paredistas.

Quanto à vedação de filiação a partido político, deve-se destacar que o militar, para que desenvolva suas atividades com eficiência, não pode se sujeitar às correntes político-partidárias. O militar deve obedecer apenas à Constituição Federal e executar suas atividades com determinação. Essa vedação não o impede de se candidatar a cargo eletivo, desde que não seja conscrito. Aqui cabe citar o Art. 14, § 8º da CF:

§ 8º. O militar alistável é elegível, atendidas as seguintes condições:
I. se contar menos de dez anos de serviço, deverá afastar-se da atividade;

II. se contar mais de dez anos de serviço, será agregado pela autoridade superior e, se eleito, passará automaticamente, no ato da diplomação, para a inatividade.

Serviço militar obrigatório

Outro tema importante acerca das Forças Armadas é a existência do serviço militar obrigatório, previsto no Art. 143:

Art. 143. O serviço militar é obrigatório nos termos da lei.
§ 1º. Às Forças Armadas compete, na forma da lei, atribuir serviço alternativo aos que, em tempo de paz, após alistados, alegarem imperativo de consciência, entendendo-se como tal o decorrente de crença religiosa e de convicção filosófica ou política, para se eximirem de atividades de caráter essencialmente militar.

§ 2º. as mulheres e os eclesiásticos ficam isentos do serviço militar obrigatório em tempo de paz, sujeitos, porém, a outros encargos que a lei lhes atribuir.

A Lei que regula o serviço militar obrigatório é a 4.375/64, a qual obriga todos os brasileiros a se alistarem. Destaca-se que essa obrigatoriedade não se aplica aos eclesiásticos (líderes religiosos) e às mulheres, em tempos de paz, o que nos conduz à conclusão de que eles poderiam ser convocados em momentos de guerra ou mobilização nacional.

NOÇÕES DE DIREITO CONSTITUCIONAL

DEFESA DO ESTADO E DAS INSTITUIÇÕES DEMOCRÁTICAS

O § 1º apresenta um tema que já foi cobrado em prova: a dispensa do serviço obrigatório pela escusa de consciência. Isso ocorre quando o indivíduo se recusa a cumprir a obrigação essencialmente militar que é imposta pela Constituição Federal em razão da sua convicção filosófica, religiosa ou política. O referido parágrafo, em consonância com o inciso VIII do Art. 5º, permite que nesses casos o interessado tenha respeitado o seu direito de escolha e de livre consciência desde que cumpra a prestação alternativa regulamentada na Lei 8.239/91, a qual consiste no desempenho de atribuições de caráter administrativo, assistencial, filantrópico ou produtivo, em substituição às atividades de caráter essencialmente militar. Não havendo o cumprimento da atividade obrigatória ou da prestação alternativa fixada em lei, o Art. 15 prevê como consequência a restrição dos direitos políticos:

> **Art. 15.** É vedada a cassação de direitos políticos, cuja perda ou suspensão só se dará nos casos de:
> **IV.** recusa de cumprir obrigação a todos imposta ou prestação alternativa, nos termos do Art. 5º, VIII.

Acerca desse tema, um problema surge na doutrina. A Constituição não estabelece de forma clara qual consequência deverá ser aplicada ao indivíduo que se recusa a cumprir a obrigação ou a prestação alternativa. A Lei 8.239/91, que regula a prestação alternativa ao serviço militar obrigatório, prevê que será declarada a suspensão dos direitos políticos de quem se recusar a cumprir a obrigação e a prestação alternativa. A doutrina tem se dividido entre as duas possibilidades: perda ou suspensão dos direitos políticos.

Em tese, esse tema não deveria ser cobrado em prova de concurso, considerando sua divergência doutrinária; entretanto, recentemente, para o concurso de juiz do TRF da 5ª região, a banca CESPE trouxe essa questão e sustentou em seu gabarito definitivo a posição de perda dos direitos políticos. Diante desse último posicionamento da CESPE, caso o candidato faça alguma prova desta banca, em que seja cobrada esse conteúdo, deve-se responder perda. O mesmo se aplica para FCC, que também entende que ocorre perda dos direitos políticos.

14.3 Segurança Pública

Órgãos

Conforme prescrito no χαπυτ do Art. 144, a Segurança Pública é dever do Estado e tem como objetivo a preservação da ordem pública e da incolumidade das pessoas e do patrimônio. Esse tema é certo em concursos públicos da área de Segurança Pública e deve ser estudado com o foco na memorização de todo o artigo. Um dos pontos mais importantes está na definição de quais órgãos compõem a chamada segurança pública, os quais estão listados de forma taxativa no Art. 144:

> **Art. 144.** A segurança pública, dever do Estado, direito e responsabilidade de todos, é exercida para a preservação da ordem pública e da incolumidade das pessoas e do patrimônio, através dos seguintes órgãos:
> **I.** polícia federal;
> **II.** polícia rodoviária federal;
> **III.** polícia ferroviária federal;
> **IV.** polícias civis;
> **V.** polícias militares e corpos de bombeiros militares.
> **VI.** polícias penais federal, estaduais e distrital.

O STF já decidiu que esse rol é taxativo e que os demais entes federativos estão vinculados à classificação proposta pela Constituição. Diante disso, conclui-se que os Estados, Distrito Federal e Municípios estão proibidos de criar outros órgãos de segurança pública diferentes dos estabelecidos na Constituição Federal. Vejamos esta questão de prova:

Ainda, como fruto dessa taxatividade, deve-se afirmar que nenhum outro órgão além dos estabelecidos nesse artigo poderá ser considerado como sendo de Segurança Pública. Isso se aplica às Guardas Municipais, aos Agentes Penitenciários, aos Agentes de Trânsito e aos Seguranças Privados.

Há ainda a chamada Força Nacional de Segurança, instituição criada como fruto de um acordo de cooperação entre os Estados e o Distrito Federal que possui o objetivo de apoiar ações de segurança pública nesses locais. Apesar de ser formado por membros dos órgãos de segurança pública de todo o país, não se pode afirmar, principalmente numa prova de concurso, que essa instituição faça parte dos Órgãos de Segurança Pública.

Não se pode esquecer das Polícias Legislativas criadas no âmbito da Câmara dos Deputados e do Senado Federal, previstas nos Arts. 51, IV e 52, XIII. Também não entram na classificação de Órgãos de Segurança Pública para a prova, pois não estão no rol do Art. 144:

> **Art. 51.** Compete privativamente à Câmara dos Deputados:
> **IV.** dispor sobre sua organização, funcionamento, polícia, criação, transformação ou extinção dos cargos, empregos e funções de seus serviços, e a iniciativa de lei para fixação da respectiva remuneração, observados os parâmetros estabelecidos na lei de diretrizes orçamentárias.
>
> **Art. 52.** Compete privativamente ao Senado Federal:
> **XIII.** dispor sobre sua organização, funcionamento, polícia, criação, transformação ou extinção dos cargos, empregos e funções de seus serviços, e a iniciativa de lei para fixação da respectiva remuneração, observados os parâmetros estabelecidos na lei de diretrizes orçamentárias.

Cada um dos órgãos será organizado em estatuto próprio, conforme preleciona o § 7º do Art. 144:

> **§ 7º.** A lei disciplinará a organização e o funcionamento dos órgãos responsáveis pela segurança pública, de maneira a garantir a eficiência de suas atividades.

Polícia administrativa x polícia judiciária

Antes de iniciar uma análise mais detida do artigo em questão, uma importante distinção doutrinária deve ser feita em relação às polícias de segurança pública: Polícia Administrativa e Polícia Judiciária.

Polícia Administrativa é a polícia preventiva. Sua atividade ocorre antes do cometimento da infração penal com o intuito de impedir a sua ocorrência. Sua atuação é ostensiva, ou seja, visível pelos membros da sociedade. É aquela polícia a que recorremos quando temos um problema. Uma característica marcante das polícias ostensivas é o seu uniforme. É a vestimenta que identifica um policial ostensivo. O maior exemplo de polícia administrativa é a Polícia Militar. Também são consideradas como polícia preventiva: Polícia Federal (em situações específicas), Polícia Rodoviária Federal, Polícia Ferroviária Federal e Corpo de Bombeiros Militar.

Polícia Judiciária é a polícia repressiva. Sua atividade ocorre após o cometimento da infração penal, quando a atuação da polícia preventiva não surtiu efeito. Sua atividade é investigativa com o fim de encontrar os elementos comprobatórios do ilícito penal cometido. O resultado do trabalho das polícias judiciárias é utilizado posteriormente pelo Ministério Público para subsidiar sua atuação junto ao Poder Judiciário. Daí a razão do nome ser Polícia Judiciária. O resultado de seu trabalho é utilizado pelo Poder Judiciário em seus julgamentos. Atente-se para a seguinte diferença, pois já caiu em prova de concurso: a Polícia Judiciária não faz parte do Poder Judiciário, mas do Poder Executivo. São consideradas como Polícia Judiciária a Polícia Civil e a Polícia Federal. A Polícia Militar também possui atribuições repressivas quando atua na investigação de crimes cometidos por policiais militares.

Além dessa classificação, pode-se distinguir os órgãos do Art. 144 em federais e estaduais, a depender da sua vinculação federativa:

Federais

Polícia Federal, Polícia Rodoviária Federal e Polícia Ferroviária Federal;

Estaduais

Polícia Civil, Polícia Militar e Corpo de Bombeiro Militar.

Feitas essas considerações iniciais, prossegue-se agora com a análise de cada um dos órgãos de segurança pública do Art. 144.

Polícia federal

A Polícia Federal é o órgão de segurança pública com maior quantidade de atribuições previstas na Constituição Federal, razão pela qual é a mais cobrada em prova:

> *§ 1º. A polícia federal, instituída por lei como órgão permanente, organizado e mantido pela União e estruturado em carreira, destina-se a:*
>
> *I. apurar infrações penais contra a ordem política e social ou em detrimento de bens, serviços e interesses da União ou de suas entidades autárquicas e empresas públicas, assim como outras infrações cuja prática tenha repercussão interestadual ou internacional e exija repressão uniforme, segundo se dispuser em lei;*
>
> *II. prevenir e reprimir o tráfico ilícito de entorpecentes e drogas afins, o contrabando e o descaminho, sem prejuízo da ação fazendária e de outros órgãos públicos nas respectivas áreas de competência;*
>
> *III. exercer as funções de polícia marítima, aeroportuária e de fronteiras;*
>
> *IV. exercer, com exclusividade, as funções de polícia judiciária da União.*

Deve-se destacar, como característica principal, a sua atuação como Polícia Judiciária exclusiva da União. É ela quem atuará na repressão dos crimes cometidos contra a União e suas entidades autárquicas e empresas públicas. Apesar de mencionar algumas entidades da administração indireta, não se mencionou as Sociedades de Economia Mista. Isso força uma conclusão de que a Polícia Federal não tem atribuição nos crimes que envolvam interesses de Sociedades de Economia Mista.

As demais atribuições serão exercidas concomitantemente com outros órgãos, limitando a exclusividade de sua atuação apenas à função investigativa no âmbito da União.

Polícia rodoviária federal

A Polícia Rodoviária Federal é órgão da União responsável pelo patrulhamento das rodovias federais:

> *§ 2º. A polícia rodoviária federal, órgão permanente, organizado e mantido pela União e estruturado em carreira, destina-se, na forma da lei, ao patrulhamento ostensivo das rodovias federais.*

Eventualmente, sua atuação se estenderá às rodovias estaduais ou distritais mediante convênio firmado entre os entes federativos. Não havendo esse convênio, o patrulhamento das rodovias estaduais e distritais fica a cargo das Polícias Militares. É comum no âmbito das Polícias Militares a criação de batalhões ou companhias com essa atribuição específica, as chamadas Polícias Rodoviárias.

Polícia ferroviária federal

A Polícia Ferroviária Federal é o órgão da União responsável pelo patrulhamento das ferrovias federais:

> *§ 3º. A polícia ferroviária federal, órgão permanente, organizado e mantido pela União e estruturado em carreira, destina-se, na forma da lei, ao patrulhamento ostensivo das ferrovias federais.*

Diante da pouca relevância das ferrovias no Brasil, esse órgão ficou no esquecimento durante vários anos. No dia 5 agosto de 2011, a Presidente Dilma sancionou a Lei 12.462, que cria no âmbito do Ministério da Justiça a Polícia Ferroviária Federal. O efetivo que comporá essa nova estrutura se originará das instituições que anteriormente cuidavam das ferrovias:

> **Art. 48.** *A Lei nº 10.683, de 28 de maio de 2003, passa a vigorar com as seguintes alterações:*
>
> **Art. 29**, *XIV. Do Ministério da Justiça: o Conselho Nacional de Política Criminal e Penitenciária, o Conselho Nacional de Segurança Pública, o Conselho Federal Gestor do Fundo de Defesa dos Direitos Difusos, o Conselho Nacional de Combate à Pirataria e Delitos contra a Propriedade Intelectual, o Conselho Nacional de Arquivos, o Conselho Nacional de Políticas sobre Drogas, o Departamento de Polícia Federal, o Departamento de Polícia Rodoviária Federal, o Departamento de Polícia Ferroviária Federal, a Defensoria Pública da União, o Arquivo Nacional e até 6 (seis) Secretarias;*
>
> *§ 8º. Os profissionais da Segurança Pública Ferroviária oriundos do grupo Rede, Rede Ferroviária Federal (RFFSA), da Companhia Brasileira de Trens Urbanos (CBTU) e da Empresa de Trens Urbanos de Porto Alegre (Trensurb) que estavam em exercício em 11 de dezembro de 1990, passam a integrar o Departamento de Polícia Ferroviária Federal do Ministério da Justiça (NR).*

Polícia civil

Essa é a Polícia Judiciária no âmbito dos Estados e do Distrito Federal. É dirigida por delegados de polícia de carreira e possui atribuição subsidiária à da Polícia Federal e à da Polícia Militar. Significa dizer que o que não for atribuição da Polícia Federal ou da Polícia Militar será da Polícia Civil:

> *§ 4º - às polícias civis, dirigidas por delegados de polícia de carreira, incumbem, ressalvada a competência da União, as funções de polícia judiciária e a apuração de infrações penais, exceto as militares.*

Polícia militar e corpo de bombeiros militar

Essas duas instituições possuem caráter essencialmente ostensivo dentro das atribuições próprias. A Polícia Militar é responsável pelo policiamento ostensivo e preservação da ordem pública.

DEFESA DO ESTADO E DAS INSTITUIÇÕES DEMOCRÁTICAS

É a PM quem exerce a função principal de prevenção do crime. Quando se pensa em polícia, certamente é a primeira que vem à mente, pois é vista pela sociedade. Já o Corpo de Bombeiros Militar, apesar de não ser órgão policial, possui atribuição de segurança pública à medida que executa atividades de defesa civil. São responsáveis por uma atuação voltada para a proteção da sociedade, prestação de socorro, atuação em incêndios e acidentes. Destaca-se pela agilidade no atendimento, o que muitas vezes acaba por coibir maiores tragédias:

> *§ 5º. às polícias militares cabem a polícia ostensiva e a preservação da ordem pública; aos corpos de bombeiros militares, além das atribuições definidas em lei, incumbe a execução de atividades de defesa civil.*
>
> *§ 6º. As polícias militares e corpos de bombeiros militares, forças auxiliares e reserva do Exército, subordinam-se, juntamente com as polícias civis, aos Governadores dos Estados, do Distrito Federal e dos Territórios.*

Por serem corporações militares, a eles se aplicam as mesmas regras que são aplicadas às Forças Armadas, como a proibição de greve, filiação partidária e sindicalização.

São ainda consideradas forças auxiliares e reserva do Exército. Significa que num momento de necessidade de efetivo seria possível a convocação de Policiais e Bombeiros Militares como força reserva e de apoio.

Estão subordinados aos Governadores dos Estados, a Distrito Federal e dos Territórios a quem compete a gestão da Segurança Pública em cada ente federativo.

No que tange à Polícia Militar, ao Corpo de Bombeiros Militares e à Polícia Civil do Distrito Federal, há um detalhe que não pode ser esquecido, pois já foi cobrado em prova. Apesar da subordinação destas forças ao Governador do Distrito Federal, a competência para legislar e manter estas corporações é da União.

Aqui há uma exceção na autonomia federativa do Distrito Federal, que está prevista expressamente na Constituição no Art. 21, XIV:

> **Art. 21.** *Compete à União:*
> *XIV. organizar e manter a polícia civil, a polícia militar e o corpo de bombeiros militar do Distrito Federal, bem como prestar assistência financeira ao Distrito Federal para a execução de serviços públicos, por meio de fundo próprio.*

Polícias penais

A Emenda Constitucional 104/2019 introduziu no rol de entidades de segurança pública as chamadas penais.

De acordo com o art. 144, §5º-A da Constituição, cabe às polícias penais, vinculadas ao órgão administrador do sistema penal da unidade federativa a que pertencem, a segurança dos estabelecimentos penais.

Questões

01. (PCDF) Quanto à defesa do Estado e das instituições democráticas, assinale a alternativa correta.
    a) Aos policiais civis e militares são vedadas a sindicalização e a greve.
    b) Compõem a Polícia da União a Polícia Federal e a Polícia Rodoviária Federal.
    c) Os policiais civis, militares e do corpo de bombeiros do Distrito Federal têm sua remuneração sob a forma de subsídio, e é da União a competência para editá-la.
    d) O porte de arma é vedado, sem exceções, às guardas municipais.
    e) Para a decretação do estado de defesa, faz-se necessário que o presidente da República realize prévia solicitação ao Congresso Nacional, que se manifestará por maioria absoluta de seus membros.

02. (ACAFE) Sobre Segurança Pública é correto afirmar, exceto:
    a) Aos corpos de bombeiros militares incumbe a execução de atividades de defesa civil.
    b) As polícias militares cabem a polícia ostensiva e a preservação da ordem pública.
    c) A polícia incumbe a função de polícia judiciária e a apuração de infrações penais.
    d) A polícia rodoviária federal destina-se, na forma da lei, ao patrulhamento ostensivo das rodovias federais.

03. (NCUFPR) De acordo com o disposto no artigo 144 da Constituição da República Federativa do Brasil de 1988, a segurança pública, dever do Estado, direito e responsabilidade de todos, é exercida para a preservação da ordem pública e da incolumidade das pessoas e do patrimônio, através dos seguintes órgãos:
    a) Secretaria de Estado da Segurança Pública, Polícia Federal, Polícia Civil, Polícia Militar e Guarda Municipal.
    b) Polícias Federais, Polícias Civis, Corpo de Bombeiros, Guarda Municipal, Polícia de Trânsito e Exército.
    c) Secretaria de Estado da Segurança Pública, Ministério Público Estadual e Federal, Polícia Federal e Polícia Civil.
    d) Polícia Federal, Polícia Rodoviária Federal, Polícia Ferroviária Federal, Polícias Civis, Polícias Militares e Corpos de Bombeiros Militares.
    e) Secretaria de Estado da Segurança Pública, Ministério Público Estadual e Federal, Polícia Federal, Polícia Militar e Polícia Civil.

04. (FUNRIO) Com relação ao estado de defesa, no que se refere às medidas coercitivas, pode-se afirmar:
    I. Restrições aos direitos de reunião, ainda que exercida no seio das associações;
    II. O tempo de duração do estado de defesa não será superior a trinta dias, podendo ser prorrogado duas vezes, por igual período;
    III. Na vigência do estado de defesa a prisão ou detenção de qualquer pessoa não poderá ser superior a vinte dias, salvo quando autorizada pelo Poder Judiciário;
    IV. Na vigência do estado de defesa a prisão por crime contra o Estado, determinada pelo executor da medida, será por este comunicada imediatamente ao juiz competente, que a relaxará, se não for legal, facultado ao preso requerer exame de corpo de delito à autoridade policial;

V. Na vigência do estado de defesa poderá ser o preso mantido sob incomunicabilidade por um período de 180 (cento e oitenta) dias.

Estão corretas apenas as opções:

a) II e V.
b) III e IV.
c) I e IV.
d) I e II.
e) III e V.

05. (UEG) São atribuições da Polícia Federal:
a) Apurar infrações penais contra a ordem pública e social ou em detrimento de bens, serviços e interesses da União ou de suas entidades autárquicas e empresas públicas, assim como outras infrações cuja prática tenha repercussão regional ou interestadual e exija repressão uniforme, segundo se dispuser em lei.
b) Prevenir e reprimir o tráfico ilícito de entorpecentes e drogas afins, o contrabando e o descaminho, sem prejuízo da ação fazendária e de outros órgãos públicos nas respectivas áreas de competência.
c) Exercer, concorrentemente com as polícias civis e militares, as funções de polícia judiciária da União.
d) Exercer as funções de polícia marítima, fluvial, aeroportuária e de fronteiras.

06. (UEG) Sobre a vigência do estado de defesa, é correto afirmar:
a) É permitida a incomunicabilidade do preso.
b) A prisão ou detenção de qualquer pessoa não poderá ser superior a quinze dias, salvo quando autorizada pelo Poder Judiciário.
c) A comunicação da prisão será acompanhada de declaração, pela autoridade, do estado físico e mental do detido no momento de sua autuação.
d) A prisão por crime contra o Estado, determinada pelo executor da medida, será por este comunicada imediatamente ao juiz competente, que a relaxará, se não for legal, facultado ao preso requerer exame de corpo de delito à autoridade judiciária.

07. (FCC) Face a comoção grave de repercussão nacional, sendo decretado o estado de sítio, Alberto, brasileiro maior e capaz e domiciliado no Estado de Roraima, resolveu se mudar para o Estado do Rio Grande do Sul, porém ao chegar no aeroporto, Otávio, agente da Polícia Federal, legalmente e no exercício de atribuições do Poder Público, proibiu a sua locomoção para outro Estado, mantendo-o contra sua vontade no Estado de Roraima. Segundo a Constituição Federal, Alberto, na vigência do estado de sítio:
a) Poderá viajar desde que impetre habeas corpus ao Superior Tribunal de Justiça, cuja competência é originária.
b) Tem direito líquido e certo e, assim, impetrará habeas corpus ao Presidente do Tribunal de Justiça do Estado de Roraima, que permitirá sua viagem.
c) Não terá que se sujeitar a ordem da autoridade desde que impetre habeas corpus ao Supremo Tribunal Federal, cuja competência é originária.
d) Não terá que se sujeitar a ordem da autoridade desde que impetre habeas corpus ao Juiz do Tribunal Militar, que requisitará informações à Policia Federal.
e) Em regra, terá que se sujeitar a ordem da autoridade e deverá permanecer no Estado de Roraima.

08. (FCC) Gustavo, Presidente da República, após ouvidos o Conselho da República e o Conselho de Defesa Nacional, decretou estado de defesa para preservar, em local restrito e determinado, a ordem pública ameaçada por grave e iminente instabilidade institucional, indicando no decreto, segundo a Constituição Federal, nos termos e limites da lei, as medidas coercitivas a vigorarem, podendo restringir os direitos de:
a) Ir e vir, sujeito à pena de banimento, apenas.
b) Ir e vir, sujeito à prisão perpetua e multa.
c) Imagem e de propriedade intelectual.
d) Reunião, ainda que exercida no seio das associações, sigilo de correspondência e sigilo de comunicação telegráfica e telefônica.
e) Livre manifestação do pensamento e de propriedade imóvel.

09. (FCC) No caso de pedido de autorização para a decretação de estado de sítio, a convocação extraordinária do Congresso Nacional far-se-á pelo:
a) Ministro das Forças Armadas.
b) Presidente da Câmara dos Deputados.
c) Presidente do Senado Federal.
d) Ministro Chefe da Casa Civil.
e) Ministro da Justiça.

10. (CESPE) Assinale a opção correta quanto à defesa do Estado e das instituições democráticas.
a) A natureza discricionária do ato do presidente da República que decreta o estado de sítio não viabiliza o controle judicial, razão pela qual há, sobre tal ato, a incidência do controle exclusivamente político, exercido pelo Congresso Nacional.
b) Não se admite, no estado de defesa e no estado de sítio, a suspensão das denominadas imunidades parlamentares.
c) Os estados-membros podem, a seu critério, inserir os seus respectivos departamentos de trânsito entre os órgãos incumbidos do exercício da segurança pública.
d) A punição disciplinar militar imposta sem que haja previsão legal é passível de impugnação via habeas corpus.
e) Para a prorrogação do prazo de duração do estado de defesa é dispensável a aprovação do Congresso Nacional.

Gabaritos

01	C
02	C
03	D
04	C
05	B
06	C
07	E
08	D
09	C
10	D

NOÇÕES DE DIREITO CONSTITUCIONAL

15. ORDEM SOCIAL

A Ordem Social é um conjunto de ações desencadeadas por meio de prestações positivas do Estado que visam a reduzir as desigualdades sociais e a garantir um tratamento mínimo, com o fim de tornar efetivo o fundamento constitucional da dignidade da pessoa humana. Perceba este sentimento expresso no Art. 193 da Constituição Federal:

> *Art. 193. A ordem social tem como base o primado do trabalho, e como objetivo o bem-estar e a justiça sociais.*

O trabalho é considerado como a base de toda a teia social. É ele que garante a dignidade para as pessoas. Além disso, o citado artigo deixa claro o objetivo da Ordem Social, qual seja, garantir o bem-estar e a justiça sociais.

Esses direitos decorrem dos direitos sociais trabalhados anteriormente no Art. 6º da Constituição. São direitos implementados por meio de políticas públicas.

A Constituição Federal estabeleceu alguns grupos de direitos que serão trabalhados na Ordem Social:

> Seguridade Social;
> Educação, Cultura e Desporto;
> Ciência e Tecnologia;
> Comunicação Social;
> Meio Ambiente;
> Família, Criança, Adolescente, Jjovem e Idoso; e
> Índios.

Esse tema, quando cobrado em prova, costuma ter uma abordagem próxima da literalidade da Constituição. Significa dizer que, para o candidato acertar questões sobre Ordem Social, será necessária a leitura repetida dos artigos que compõem essa parte da Constituição Federal. Apesar de o mais cobrado ser o próprio texto, tratar-se-á de cada um desses temas sob uma abordagem doutrinária e jurisprudencial.

15.1 Meio Ambiente

Nossa Constituição é uma das normas mais garantistas do Meio Ambiente. Essa postura tem colocado o país à frente de muitos outros nas questões de preservação ambiental. É muito interessante a forma como esse direito social é apresentado sendo bem de uso comum do povo cuja preservação visa a garantir um meio ambiente sadio para as presentes e futuras gerações:

> *Art. 225. Todos têm direito ao meio ambiente ecologicamente equilibrado, bem de uso comum do povo e essencial à sadia qualidade de vida, impondo-se ao Poder Público e à coletividade o dever de defendê-lo e preservá-lo para as presentes e futuras gerações.*

Atribuições do poder público

Para que esse ideal de preservação seja garantido, a Constituição exigiu uma série de condutas dos Poderes Públicos, as quais estão previstas no § 1º do Art. 225 da CF:

> *§ 1º. Para assegurar a efetividade desse direito, incumbe ao Poder Público:*
>
> *I. preservar e restaurar os processos ecológicos essenciais e prover o manejo ecológico das espécies e ecossistemas;*
>
> *II. preservar a diversidade e a integridade do patrimônio genético do País e fiscalizar as entidades dedicadas à pesquisa e manipulação de material genético;*
>
> *III. definir, em todas as unidades da Federação, espaços territoriais e seus componentes a serem especialmente protegidos, sendo a alteração e a supressão permitidas somente através de lei, vedada qualquer utilização que comprometa a integridade dos atributos que justifiquem sua proteção;*
>
> *IV. exigir, na forma da lei, para instalação de obra ou atividade potencialmente causadora de significativa degradação do meio ambiente, estudo prévio de impacto ambiental, a que se dará publicidade;*
>
> *V. controlar a produção, a comercialização e o emprego de técnicas, métodos e substâncias que comportem risco para a vida, a qualidade de vida e o meio ambiente;*
>
> *VI. promover a educação ambiental em todos os níveis de ensino e a conscientização pública para a preservação do meio ambiente;*
>
> *VII. proteger a fauna e a flora, vedadas, na forma da lei, as práticas que coloquem em risco sua função ecológica, provoquem a extinção de espécies ou submetam os animais a crueldade.*

Responsabilização pela atividade lesiva ao meio ambiente

Os dois parágrafos que se seguem ambos do Art. 225 da CF, são muito importantes, pois trazem a possibilidade de responsabilização pelo dano ambiental tanto na esfera administrativa quanto na esfera penal. Ou seja, quem polui o meio ambiente pode ser responsabilizado penalmente, incluindo a Pessoa Jurídica. Aqui fica claro que Pessoa Jurídica pode praticar crime:

> *§ 2º. Aquele que explorar recursos minerais fica obrigado a recuperar o meio ambiente degradado, de acordo com solução técnica exigida pelo órgão público competente, na forma da lei.*
>
> *§ 3º. As condutas e atividades consideradas lesivas ao meio ambiente sujeitarão os infratores, pessoas físicas ou jurídicas, a sanções penais e administrativas, independentemente da obrigação de reparar os danos causados.*

Se uma Pessoa Jurídica praticar crime ambiental ela será punida com uma sanção compatível com sua natureza jurídica.

Patrimônio nacional

Esse parágrafo já foi abordado várias vezes em prova e requer a memorização do candidato dos ecossistemas que são considerados patrimônio nacional. Os examinadores costumam incluir outro tipo de ecossistema não previsto nesse parágrafo. Por exemplo, em 2010 afirmou-se numa prova da banca CESPE que os "pampas gaúchos" também integravam o patrimônio nacional. Estes elementos devem ser memorizados:

> *Art. 225, § 4º. A Floresta Amazônica brasileira, a Mata Atlântica, a Serra do Mar, o Pantanal Mato-Grossense e a Zona Costeira são patrimônio nacional, e sua utilização far-se-á, na forma da lei, dentro de condições que assegurem a preservação do meio ambiente, inclusive quanto ao uso dos recursos naturais.*

Limitação para utilização do meio ambiente

Como forma de limitar a utilização do Meio Ambiente, a Constituição instituiu algumas restrições à utilização das terras devolutas ou arrecadadas. Essas terras são consideradas bens dos Estados e, por esse motivo, indisponíveis:

Art. 225, § 5º. São indisponíveis as terras devolutas ou arrecadadas pelos Estados, por ações discriminatórias, necessárias à proteção dos ecossistemas naturais.

Outro dispositivo limitador é o § 6º, que restringe a instalação de reatores nucleares, os quais, antes de serem instalados, terão sua localização definida em legislação federal:

Art. 225 § 6º. As usinas que operem com reator nuclear deverão ter sua localização definida em lei federal, sem o que não poderão ser instaladas.

```
           Floresta
          Amazônica
          Brasileira
                              Pantanal
Mata                          Mato-
Atlântica                     Grossense
          Patrimônio
           Nacional
Serra do                      Zona Costeira
  Mar
```

15.2 Família, Criança, Adolescente, Jovem e Idoso

Família

Esse é um dos temas sobre a Ordem Social que aparecem em abundância em provas, em razão das recentes mudanças promovidas pelas Emendas Constitucionais nos 65 e 66 de 2010, bem como o atual posicionamento jurisprudencial do STF:

Art. 226. A família, base da sociedade, tem especial proteção do Estado.

§ 1º. O casamento é civil e gratuita a celebração.

§ 2º. O casamento religioso tem efeito civil, nos termos da lei.

§ 3º. Para efeito da proteção do Estado, é reconhecida a união estável entre o homem e a mulher como entidade familiar, devendo a lei facilitar sua conversão em casamento.

§ 4º. Entende-se, também, como entidade familiar a comunidade formada por qualquer dos pais e seus descendentes.

§ 5º. Os direitos e deveres referentes à sociedade conjugal são exercidos igualmente pelo homem e pela mulher.

§ 6º. O casamento civil pode ser dissolvido pelo divórcio.

§ 7º. Fundado nos princípios da dignidade da pessoa humana e da paternidade responsável, o planejamento familiar é livre decisão do casal, competindo ao Estado propiciar recursos educacionais e científicos para o exercício desse direito, vedada qualquer forma coercitiva por parte de instituições oficiais ou privadas.

§ 8º. O Estado assegurará a assistência à família na pessoa de cada um dos que a integram, criando mecanismos para coibir a violência no âmbito de suas relações.

O primeiro destaque é o fim da separação judicial. De acordo com a nova redação do § 6º, a partir de agora o casamento se dissolve com o divórcio, sem a necessidade de efetivar-se primeiro a separação judicial.

Outro destaque é a recente decisão do STF[1] que reconheceu a possibilidade de União Estável entre casais homoafetivos,

[1] Vide ADI 4.277 e ADPF 132, Rel. Min. Ayres Britto, julgamento em 5-5-2011,

ampliando a compreensão do § 3º. Sobre esse tema deve-se ter muito cuidado. A Constituição Federal entende que União Estável ocorre entre homem e mulher, enquanto o STF entende que pode ocorrer entre casais do mesmo sexo. Diante dessa pluralidade de entendimentos, caso em prova haja uma pergunta que tenha como base a Constituição Federal, deve-se responder que é só entre homem e mulher. Mas se a questão perguntar segundo o STF, nesse caso a União Estável poderá ocorrer entre pessoas do mesmo sexo. É bom lembrar também das entidades familiares reconhecidas pela Constituição Federal:

Casamento civil ou religioso: quando ocorre a formalização da união entre um homem e mulher segundo as leis civis ou religiosas;

União Estável: união informal entre pessoas (do mesmo sexo ou não) com efeitos jurídicos iguais aos do casamento;

Monoparental: quando a família é formada por qualquer um dos pais e seus descendentes.

O STF não liberou o casamento entre casais homoafetivos, apenas reconheceu a União Estável entre eles. Não se deve confundir casamento com união estável.

Criança, adolescente e jovem

O Art. 227 possui várias normas de proteção para a criança, o adolescente e jovem, que podem ser cobradas em prova. A Constituição também sofreu alterações nesse artigo por meio da Emenda Constitucional nº 65, que inseriu o Jovem entre os indivíduos que possuem proteção especial da Constituição Federal. Merece destaque especial no § 3º, I, que prevê como idade mínima para o trabalho da criança 14 anos:

Art. 227. É dever da família, da sociedade e do Estado assegurar à criança, ao adolescente e ao jovem, com absoluta prioridade, o direito à vida, à saúde, à alimentação, à educação, ao lazer, à profissionalização, à cultura, à dignidade, ao respeito, à liberdade e à convivência familiar e comunitária, além de colocá-los a salvo de toda forma de negligência, discriminação, exploração, violência, crueldade e opressão.

§ 1º. O Estado promoverá programas de assistência integral à saúde da criança, do adolescente e do jovem, admitida a participação de entidades não governamentais, mediante políticas específicas e obedecendo aos seguintes preceitos:

I. aplicação de percentual dos recursos públicos destinados à saúde na assistência materno-infantil;

II. criação de programas de prevenção e atendimento especializado para as pessoas portadoras de deficiência física, sensorial ou mental, bem como de integração social do adolescente e do jovem portador de deficiência, mediante o treinamento para o trabalho e a convivência, e a facilitação do acesso aos bens e serviços coletivos, com a eliminação de obstáculos arquitetônicos e de todas as formas de discriminação.

§ 2º. A lei disporá sobre normas de construção dos logradouros e dos edifícios de uso público e de fabricação de veículos de transporte coletivo, a fim de garantir acesso adequado às pessoas portadoras de deficiência.

§ 3º. O direito a proteção especial abrangerá os seguintes aspectos:

I. idade mínima de quatorze anos para admissão ao trabalho, observado o disposto no Art. 7º, XXXIII;

II. garantia de direitos previdenciários e trabalhistas;

III. garantia de acesso do trabalhador adolescente e jovem à escola;

Plenário, DJE de 14-10-2011.

ORDEM SOCIAL

IV. garantia de pleno e formal conhecimento da atribuição de ato infracional, igualdade na relação processual e defesa técnica por profissional habilitado, segundo dispuser a legislação tutelar específica;

V. obediência aos princípios de brevidade, excepcionalidade e respeito à condição peculiar de pessoa em desenvolvimento, quando da aplicação de qualquer medida privativa da liberdade;

VI. estímulo do Poder Público, através de assistência jurídica, incentivos fiscais e subsídios, nos termos da lei, ao acolhimento, sob a forma de guarda, de criança ou adolescente órfão ou abandonado;

VII. programas de prevenção e atendimento especializado à criança, ao adolescente e ao jovem dependente de entorpecentes e drogas afins.

§ 4º. A lei punirá severamente o abuso, a violência e a exploração sexual da criança e do adolescente.

§ 5º. A adoção será assistida pelo Poder Público, na forma da lei, que estabelecerá casos e condições de sua efetivação por parte de estrangeiros.

§ 6º. Os filhos, havidos ou não da relação do casamento, ou por adoção, terão os mesmos direitos e qualificações, proibidas quaisquer designações discriminatórias relativas à filiação.

§ 7º. No atendimento dos direitos da criança e do adolescente levar-se-á em consideração o disposto no Art. 204.

§ 8º. A lei estabelecerá:

I. o estatuto da juventude, destinado a regular os direitos dos jovens;

II. o plano nacional de juventude, de duração decenal, visando à articulação das várias esferas do poder público para a execução de políticas públicas.

Imputabilidade penal

Art. 228. São penalmente inimputáveis os menores de dezoito anos, sujeitos às normas da legislação especial.

Dizer que são inimputáveis os menores de 18 anos significa dizer que a eles não podem ser imputada a prática de crime e nem podem ser punidos segundo o Código Penal. Por isso, o próprio dispositivo determina que a conduta ilícita dos menores de 18 anos seja regulada por legislação especial, a qual já existe: Lei 8.069/90, Estatuto da Criança e do Adolescente.

Responsabilidade dos pais para com os filhos e dos filhos para com os pais

Art. 229. Os pais têm o dever de assistir, criar e educar os filhos menores, e os filhos maiores têm o dever de ajudar e amparar os pais na velhice, carência ou enfermidade.

Atente-se nesse dispositivo para o dever recíproco de cuidado que a Constituição impõe tanto aos pais quanto aos filhos. Uma verdadeira lição de moral que não necessitaria sequer estar prevista na Constituição Federal. Contudo, as práticas abusivas de violência e desrespeito registradas em nosso país são tantas que o Legislador Originário não se excedeu em prever tais normas de proteção.

Idoso

Quanto à proteção constitucional ao idoso, veja-se o disposto no Art. 230, o qual contém várias informações que podem se tornar questões de prova:

Art. 230. A família, a sociedade e o Estado têm o dever de amparar as pessoas idosas, assegurando sua participação na comunidade, defendendo sua dignidade e bem-estar e garantindo-lhes o direito à vida.

§ 1º. Os programas de amparo aos idosos serão executados preferencialmente em seus lares.

§ 2º. Aos maiores de sessenta e cinco anos é garantida a gratuidade dos transportes coletivos urbanos.

Chama-se a atenção para a realização de programas de amparo aos idosos que se realizarão preferencialmente em seus lares. Preferencialmente, não é obrigatoriamente!

Outra questão que sempre aparece em prova é acerca da idade para a concessão de transporte gratuito: maior de 65 anos de idade. É muito comum as bancas tentarem confundir o candidato colocando a idade de 60 ou 70 anos. Apesar de todas as idades se referirem ao idoso, cada uma tem uma consequência jurídica diferente.

15.3 Índios

Os artigos que falam sobre os índios estão entre os mais cobrados da Ordem Social. Primeiramente, serão abordadas as Terras tradicionalmente ocupadas. É importante que memorize os elementos que caracterizam as terras tradicionalmente ocupadas, que estão previstas no § 1º do Art. 231:

Art. 231. São reconhecidos aos índios sua organização social, costumes, línguas, crenças e tradições, e os direitos originários sobre as terras que tradicionalmente ocupam, competindo à União demarcá-las, proteger e fazer respeitar todos os seus bens.

§ 1º. São terras tradicionalmente ocupadas pelos índios as por eles habitadas em caráter permanente, as utilizadas para suas atividades produtivas, as imprescindíveis à preservação dos recursos ambientais necessários a seu bem-estar e as necessárias a sua reprodução física e cultural, segundo seus usos, costumes e tradições.

Não se deve esquecer de que os índios não possuem a propriedade das terras tradicionalmente por eles habitadas, mas apenas a posse, conforme o § 2º do Art. 231. Não se confunde a propriedade com a posse. A propriedade dessas terras é da União, conforme previsto no Art. 20, XI:

§ 2º. As terras tradicionalmente ocupadas pelos índios destinam-se a sua posse permanente, cabendo-lhes o usufruto exclusivo das riquezas do solo, dos rios e dos lagos nelas existentes.

Art. 20. São bens da União:

XI. as terras tradicionalmente ocupadas pelos índios.

Várias regras constitucionais objetivam a proteção dessas terras:

§ 3º. O aproveitamento dos recursos hídricos, incluídos os potenciais energéticos, a pesquisa e a lavra das riquezas minerais em terras indígenas só podem ser efetivados com autorização do Congresso Nacional, ouvidas as comunidades afetadas, ficando-lhes assegurada participação nos resultados da lavra, na forma da lei.

§ 4º. As terras de que trata este artigo são inalienáveis e indisponíveis, e os direitos sobre elas, imprescritíveis.

§ 6º. São nulos e extintos, não produzindo efeitos jurídicos, os atos que tenham por objeto a ocupação, o domínio e a posse das terras a que se refere este artigo, ou a exploração das riquezas naturais do solo, dos rios e dos lagos nelas existentes, ressalvado relevante interesse público da União, segundo o que dispuser lei complementar, não gerando a nulidade e a extinção direito a indenização ou a ações contra a União, salvo, na forma da lei, quanto às benfeitorias derivadas da ocupação de boa fé.

§ 7º. Não se aplica às terras indígenas o disposto no Art. 174, § 3º e § 4º.

Remoção dos índios

Uma norma de proteção e que demonstra a preocupação do Constituinte Originário com a preservação da cultura indígena é a que proíbe a remoção obrigatória dos índios sem que seja referendada pelo Congresso Nacional. O STF[2], em uma interpretação ampliativa desse instituto, entende que o índio não pode ser intimado por Comissão Parlamentar de Inquérito na condição de testemunha para prestar depoimento fora do seu habitat:

> *§ 5º. É vedada a remoção dos grupos indígenas de suas terras, salvo, ad referendum do Congresso Nacional, em caso de catástrofe ou epidemia que ponha em risco sua população, ou no interesse da soberania do País, após deliberação do Congresso Nacional, garantido, em qualquer hipótese, o retorno imediato logo que cesse o risco.*

Defesa dos direitos indígenas

O Art. 232 delega ao Ministério Público como função institucional o dever de acompanhar os processos que tenham como partes os índios, suas comunidades e organização, os quais possuem legitimidade para ingressar em juízo em defesa dos seus direitos e interesses. A atribuição Ministerial encontra reforço no Art. 129, V da CF:

> **Art. 232.** *Os índios, suas comunidades e organizações são partes legítimas para ingressar em juízo em defesa de seus direitos e interesses, intervindo o Ministério Público em todos os atos do processo.*
>
> **Art. 129.** *São funções institucionais do Ministério Público:*
> *V. defender judicialmente os direitos e interesses das populações indígenas.*

---

2 Vide HC 80.240, Rel. Min. Sepúlveda Pertence, julgamento em 20-6-2001, Primeira Turma, DJ de 14-10-2005.

NOÇÕES DE DIREITO ADMINISTRATIVO

1. INTRODUÇÃO AO DIREITO ADMINISTRATIVO

Neste capítulo, vamos conhecer algumas características do Direito Administrativo, seu conceito, sua finalidade, seu regime jurídico peculiar que orienta toda a sua atividade administrativa, seja ela exercida pelo próprio Estado-administrador, ou por particular. Para entendermos melhor tudo isso, é preciso dar início ao nosso estudo pela compreensão adequada do papel do Direito na vida social.

O Direito é um conjunto de normas (regras e princípios) impostas coativamente pelo Estado que regularão a vida em sociedade, possibilitando a coexistência pacífica das pessoas.

1.1 Ramos do Direito

O Direito é historicamente dividido em dois grandes ramos: o Direito Público e o Direito Privado. Em relação ao Direito Privado, vale o princípio da igualdade (isonomia) entre as partes; aqui não há que se falar em superioridade de uma parte sobre a outra. Por esse motivo, dizemos que estamos em uma relação jurídica horizontal ou uma horizontalidade nas relações jurídicas.

O Direito Privado é regulado pelo princípio da autonomia da vontade, o que traduz a regra a qual diz que o particular pode fazer tudo que não é proibido (Art. 5º, II, da Constituição Federal).

No Direito Público, temos o Estado em um dos polos, representando os interesses da coletividade, e um particular desempenhando seus próprios interesses. Sendo assim, o Estado é tratado com superioridade ante ao particular, pois o Estado é o procurador da vontade da coletividade e, representada pelo próprio Estado, deve ser tratada de forma prevalente ante a vontade do particular.

O fundamento dessa relação jurídica vertical é encontrado no Princípio da Supremacia do Interesse Público, que estudaremos com mais detalhes no tópico referente aos princípios. Mas já podemos adiantar que, como o próprio nome o interesse público é supremo. Desse modo, são disponibilizadas ao Estado prerrogativas especiais para que possa atingir os seus objetivos. Essas prerrogativas são os poderes da administração pública.

Esquema da Divisão do Direito

Os dois princípios norteadores do Direito Administrativo são: Supremacia do Interesse Público (gera os poderes) e Indisponibilidade do Interesse Público (gera os deveres da administração).

1.2 Conceito de Direito Administrativo

Vários são os conceitos que podem ser encontrados na doutrina para o Direito Administrativo. Descreveremos dois deles trazidos pela doutrina contemporânea e citados a seguir:

O Direito Administrativo é o ramo do direito público que tem por objeto órgãos, agentes e pessoas jurídicas administrativas que integram a Administração Pública. A atividade jurídica não contenciosa que exerce e os bens que se utiliza para a consecução de seus fins de natureza pública[1].

O Direito Administrativo é o conjunto harmônico de princípios jurídicos que regem órgãos, agentes e atividades públicas que tendem a realizar concreta, direta e imediatamente os fins desejados pelo Estado[2].

1.3 Objeto do Direito Administrativo

Os conceitos de Direito Administrativo foram desenvolvidos de forma que se desdobram em uma sequência natural de tópicos que devem ser estudados ponto a ponto para que a matéria seja corretamente entendida.

Por meio desses conceitos, podemos constatar que o objeto do Direito Administrativo são as relações da administração pública, sejam elas de natureza interna entre as entidades que a compõe, seus órgãos e agentes, ou de natureza externa entre a administração e os administrados.

Além de ter por objeto a atuação da administração pública, também é foco do Direito Administrativo o desempenho das atividades públicas quando exercidas por algum particular, como no caso das concessões, permissões e autorizações de serviços públicos.

Resumidamente, podemos dizer que o Direito Administrativo tem por objeto a administração pública e também as atividades administrativas, independentemente de quem as exerçam.

1.4 Fontes do Direito Administrativo

É o lugar de onde provêm algo, no nosso caso, no qual emanam as regras do Direito Administrativo. Esse não está codificado em um único livro. Dessa forma, para o estudarmos de maneira completa, temos que recorrer às fontes, ou seja, a institutos esparsos. Por esse motivo, dizemos que o Direito Administrativo está tipificado (escrito), mas não está codificado em um único instituto.

Lei: fonte principal do Direito Administrativo. A lei deve ser compreendida em seu sentido amplo, o que inclui a Constituição Federal, as normas supra legais, as leis e também os atos normativos da própria administração pública. Temos como exemplo os Arts. 37 ao 41 da Constituição Federal, a Lei nº 8.666/93, a Lei nº 8.112/90, a Lei de Improbidade Administrativa (Lei nº 8.429/92), Processo Administrativo Federal (Lei nº 9.784/99), etc.

Jurisprudência: gênero que se divide entre jurisprudência e doutrina. Jurisprudência são decisões quais são editadas pelos tribunais e não possuem efeito vinculante; são resumos numerados

---

1 Direito Administrativo, Maria Sylvia Zanella di Pietro, 23ª edição.
2 Conceito de Direito Administrativo do professor Hely Lopes Meirelles.

INTRODUÇÃO AO DIREITO ADMINISTRATIVO

que servem de fonte de pesquisa do direito materializados em livros, artigos e pareceres.

Doutrina tem a finalidade de tentar sistematizar e melhor explicar o conteúdo das normas de Direito Administrativo; doutrina pode ser utilizada como critério de interpretação de normas, bem como auxiliar a produção normativa.

Costumes: conjunto de regras não escritas, porém, observadas de maneira uniforme, as quais suprem a omissão legislativa acerca de regras internas da Administração Pública.

Segundo o doutrinador do Direito Administrativo, Hely Lopes Meirelles, em razão da deficiência da legislação, a prática administrativa vem suprindo o texto escrito e, sedimentada na consciência dos administradores e administrados, a praxe burocrática passa a saciar a lei e atuar como elemento informativo da doutrina.

Lei e Súmulas Vinculantes são consideradas fontes principais do Direito Administrativo. Jurisprudência, súmulas, doutrina e costumes são consideradas fontes secundárias.

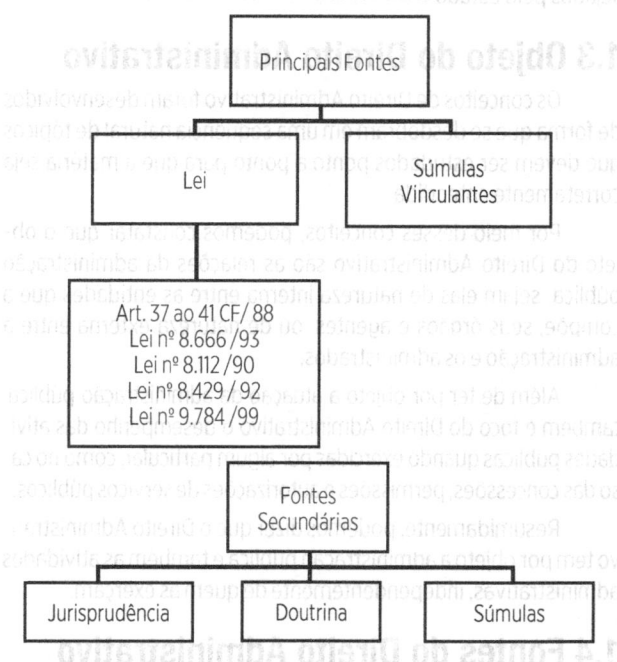

```
Principais Fontes
├── Lei
└── Súmulas Vinculantes

Lei:
  Art. 37 ao 41 CF/88
  Lei nº 8.666/93
  Lei nº 8.112/90
  Lei nº 8.429/92
  Lei nº 9.784/99

Fontes Secundárias
├── Jurisprudência
├── Doutrina
└── Súmulas
```

1.5 Sistemas Administrativos

É o regime que o Estado adota para o controle dos atos administrativos ilegais praticados pelo poder público nas diversas esferas e em todos os poderes. Existem dois sistemas que são globalmente utilizados.

O Sistema Francês (do contencioso administrativo), não utilizado no Brasil, determina que as lides administrativas podem transitar em julgado, ou seja, as decisões administrativas têm força de definibilidade. Nesse sentido, falamos em dualidade de jurisdição, já que existem tribunais administrativos e judiciais, cada qual com suas competências.

O Sistema Inglês, também chamado de jurisdicional único ou unicidade da jurisdição, é o sistema que atribui somente ao poder judiciário a capacidade de tomar decisões sobre a legalidade administrativa com caráter de coisa julgada ou definitividade.

O Direito Administrativo, no nosso sistema, não pode fazer coisa julgada e todas as decisões administrativas podem ser revistas pelo poder judiciário, pois somente ele pode dar resolução em caráter definitivo. Ou seja, não cabem mais recursos, por isso, falamos em trânsito em julgado das decisões judiciais e nunca das decisões administrativas.

> A Constituição Federal de 1988 adotou o sistema Inglês ou, o do não contencioso administrativo.

Via administrativa de curso forçado

São situações em que o particular é obrigado a seguir todas as vias administrativas até o fim, antes de socorrer ao poder judiciário. Isso é exceção, pois a regra é que, ao particular, é facultado socorrer ao poder judiciário, por força do Art. 5º, XXXV, da Constituição Federal.

> *XXXV. A lei não excluirá da apreciação do Poder Judiciário lesão ou ameaça a direito.*

Exemplos de via administrativa de curso forçado:

Aqui, o indivíduo deve esgotar as esferas administrativas obrigatoriamente antes de ingressar com ação no poder judiciário.

Justiça Desportiva: só são admitidas pelo poder judiciário ações relativas à disciplina e as competições desportivas depois de esgotadas as instâncias da Justiça Desportiva. Art. 217, § 1º, CF.

Ato Administrativo ou a Omissão da Administração Pública que contrarie Súmula Vinculante: só pode ser alvo de reclamação ao STF depois de esgotadas as vias administrativas. Lei nº 11.417/2006, Art. 7º, §1º.

Habeas Data: é indispensável para caracterizar o interesse de agir no *Habeas Data* a prova anterior do indeferimento do pedido de informação de dados pessoais ou da omissão em atendê-lo sem que se confirme situação prévia de pretensão. *STF, HD, 22-DF Min. Celso de Mello.*

1.6 Regime Jurídico Administrativo

É o conjunto de normas e princípios de direito público que regulam a atuação da administração pública. Tais regras se fundamentam nos princípios da Supremacia e da Indisponibilidade do Interesse Público, conforme estudaremos adiante.

O Princípio da Supremacia do Interesse Público é o fundamento dos poderes da Administração Pública, afinal de contas, qualquer pessoa que tenha como fim máximo da sua atuação o interesse da coletividade, somente conseguirá atingir esses objetivos se dotadas de poderes especiais.

O Princípio da Indisponibilidade do Interesse Público é o fundamento dos deveres da Administração Pública, pois essa tem o dever de nunca abandonar o interesse público e de usar os seus poderes com a finalidade de satisfazê-lo.

Desses dois princípios decorrem todos os outros princípios e regras que se desdobram no regime jurídico administrativo.

1.7 Noções de Estado

Conceito de estado

Estado é a pessoa jurídica territorial soberana.

Pessoa: capacidade para contrair direitos e obrigações.

Jurídica: é constituída por meio de uma formalidade documental e não por uma mulher, tal como a pessoa física.

Territorial soberana: quer dizer que, dentro do território do Estado, esse detém a soberania, ou seja, sua vontade prevalece ante a das demais pessoas (sejam elas físicas ou jurídicas). Podemos definir soberania da seguinte forma: soberania é a independência na ordem internacional (lá fora ninguém manda no Estado) e supremacia na ordem interna (aqui dentro quem manda é o Estado).

Elementos do estado

Território: é a base fixa do Estado (solo, subsolo, mar, espaço aéreo).

Povo: é o componente humano do Estado.

Governo Soberano: é o responsável pela condução do Estado. Por ser tal governo soberano, ele não se submete a nenhuma vontade externa, pois, relembrando, lá fora o Estado é independente e aqui dentro sua vontade é suprema, afinal, a vontade do Estado é a vontade do povo.

Formas de estado

Temos duas formas de Estado:

Estado Unitário: é caracterizado pela centralização política; não existe divisão em estados membros ou municípios, há somente uma esfera política central que emana sua vontade para todo o país. É o caso do Uruguai.

Estado Federado: caracteriza-se pela descentralização política; existem diferentes entidades políticas autônomas que são distribuídas regionalmente e cada uma exerce o poder político dentro de sua área de competência. É o caso do Brasil.

Poderes do estado

Os poderes do Estado estão previstos no texto Constitucional.

Art. 2º. São Poderes da União, independentes e harmônicos entre si, o Legislativo, o Executivo e o Judiciário.

Os poderes podem exercer as funções para que foram investidos pela Constituição Federal (funções típicas) ou executar cargos diversas das suas competências constitucionais (funções atípicas). Por esse motivo, não há uma divisão absoluta entre os poderes, e sim relativa, pois o poder Executivo pode executar suas funções típicas (administrar) e pode também iniciar o processo legislativo em alguns casos (pedido de vagas para novos cargos). Além disso, é possível até mesmo legislar no caso de medidas provisórias com força de lei.

Poderes	Funções Típicas	Funções Atípicas
Legislativo	Criar Leis Fiscalizar (Tribunal de Contas)	Administrar Julgar Conflitos
Executivo	Administrar	Criar Leis Julgar Conflitos
Judiciário	Julgar Conflitos	Administrar Criar Leis

É importante notar que a atividade administrativa está presente nos três poderes, por isso, o Direito Administrativo, por ser um dos ramos do Direito Público, disciplina não somente a atividade administrativa do Poder Executivo, mas também a do Poder Legislativo e do Judiciário.

1.8 Noções de Governo

O governo é atividade política e discricionária, tendo conduta independente. Governar está relacionado com a função política do Estado, a de comandar, de coordenar, de direcionar e de fixar planos e diretrizes de atuação do Estado. O governo é o conjunto de Poderes e órgãos constitucionais responsáveis pela função política do Estado.

O governo está diretamente ligado com as decisões tomadas pelo Estado. Exerce a direção suprema e geral, ao fazer uma analogia, podemos dizer que o governo é o cérebro do Estado.

Função de governo e função administrativa

É comum aparecer em provas de concursos públicos questões que confundem as ideias de governo e de administração pública. Para evitar esse erro, analisaremos as diferenças entre as expressões:

Segundo o jurista brasileiro, Hely Lopes Meirelles, o governo é uma atividade política e discricionária e tem conduta independente.

De acordo com ele, a administração é uma atividade neutra, normalmente vinculada à lei ou à norma técnica, e exercida mediante conduta hierarquizada.

Não podemos confundir Governo com Administração Pública, pois governo se encarrega de definir os objetivos do Estado e definir as políticas para o alcance desses objetivos; a Administração Pública se encarrega simplesmente em atingir os objetivos traçados pelo governo.

O governo atua mediante atos de soberania ou, pelo menos, de autonomia política na condução dos negócios públicos. A Administração é atividade neutra, normalmente vinculada à lei ou à norma técnica. Governo é conduta independente, enquanto a Administração é hierarquizada.

O Governo deve comandar com responsabilidade constitucional e política, mas sem responsabilidade técnica e legal pela execução. A administração age sem responsabilidade política, mas com responsabilidade técnica e legal pela execução dos serviços públicos.

Sistemas de governo

Sistema de governo se refere ao grau de dependência entre o poder legislativo e executivo.

Parlamentarismo

É caracterizado por uma grande relação de dependência entre o poder legislativo e o executivo.

A chefia do Estado e a do Governo são desempenhadas por pessoas distintas.

Chefe de Estado: responsável pelas relações internacionais.

Chefe de Governo: responsável pelas relações internas, o chefe de governo é o da Administração pública.

INTRODUÇÃO AO DIREITO ADMINISTRATIVO

Presidencialismo

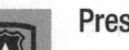

É caracterizado por não existir dependência, ou quase nenhuma, entre o Poder Legislativo e o Executivo.

A chefia do Estado e a do Governo são representadas pela mesma pessoa.

O Brasil adota o presidencialismo.

Formas de governo

Conforme Hely Meirelles, a forma de governo se refere à relação entre governantes e governados.

Monarquia

Hereditariedade: o poder é passado de pai para filho.
Vitaliciedade: o detentor do poder fica no cargo até a morte.
Ausência de prestação de contas.

República

Eletividade: o governante precisa ser eleito para chegar ao poder.
Temporalidade: ao chegar ao poder, o governante ficará no cargo por tempo determinado.
Dever de prestar contas.

O Brasil adota a república como forma de governo.

2. ADMINISTRAÇÃO PÚBLICA

Antes de fazermos qualquer conceituação doutrinária sobre Administração Pública, podemos entendê-la como a ferramenta utilizada pelo Estado para atingir os seus objetivos. O Estado possui objetivos, e quem escolhe quais são eles é o seu governo, pois a esse é que cabe a função política (atividade eminentemente discricionária) do Estado e que determina as suas vontades, ou seja, o Governo é o cérebro do Estado. Para poder atingir esses objetivos, o Estado precisa fazer algo, e o faz por meio de sua Administração Pública. Sendo assim, essa é a responsável pelo exercício das atividades públicas do Estado.

```
Estado → Administração Pública → Objetivo
              ↓                    ↑
             Meio ─────────────────┘
```

2.1 Classificação de Administração Pública

Sentido material/objetivo

Em sentido material ou objetivo, a Administração Pública compreende o exercício de atividades pelas quais se manifesta a função administrativa do Estado.

Compõe a Administração Pública material qualquer pessoa jurídica, seus órgãos e agentes que exercem as **atividades** administrativas do Estado. Como exemplo de tais atividades, há a prestação de serviços públicos, o exercício do poder de polícia, o fomento, a intervenção e as atividades da Administração Pública.

Essas são as chamadas atividades típicas do Estado e, pelo critério formal, qualquer pessoa que exerce alguma dessas é Administração Pública, não importa quem seja. Por esse critério, teríamos, por exemplo, as seguintes pessoas na Administração Pública:

> União, Estados, Municípios, DF, Autarquias, Fundações Públicas prestadoras de serviços públicos, Empresa Pública prestadora de serviço público, Sociedade de Economia Mista prestadora de serviços públicos e, ainda, as concessionárias, autorizatárias e permissionárias de serviço público.

Esse critério não é o adotado pelo Brasil. Assim sendo, a classificação feita acima não descreve a Administração Pública Brasileira, que, conforme veremos a seguir, adota o modelo formal de classificação.

Sentido formal/subjetivo

Em sentido formal ou subjetivo, a Administração Pública compreende o conjunto de órgãos e pessoas jurídicas encarregadas, por determinação legal, do exercício da função administrativa do Estado.

Pelo modelo formal, segundo Meirelles, a Administração Pública é o conjunto de entidades (pessoas jurídicas, seus órgãos e agentes) que o nosso ordenamento jurídico identifica como Administração Pública, pouco interessa a sua área de atuação, ou seja, pouco importa a atividade mas, sim, quem a desempenha.

A Administração Pública Brasileira que adota o modelo formal é classificada em Administração Direta e Indireta.

2.2 Organização da Administração

A Administração Pública foi definida pela Constituição Federal no Art. 37.

> **Art. 37.** *A Administração Pública direta e indireta de qualquer dos Poderes da União, dos Estados, do Distrito Federal e dos Municípios obedecerá aos princípios de legalidade, impessoalidade, moralidade, publicidade e eficiência e, também, ao seguinte:*

O Decreto-Lei nº 200/67 determina quem é Administração Pública Direta e Indireta.

> **Art. 4º.** *A Administração Federal compreende:*
> *I. A Administração Direta, que se constitui dos serviços integrados na estrutura administrativa da Presidência da República e dos Ministérios.*
> *II. A Administração Indireta, que compreende as seguintes categorias de entidades, dotadas de personalidade jurídica própria:*
>   *a) Autarquias;*
>   *b) Empresas Públicas;*
>   *c) Sociedades de Economia Mista.*
>   *d) Fundações públicas.*

Dessa forma, temos somente quatro pessoas que representam a Administração Direta e nenhuma outra. São consideradas pessoas jurídicas de direito público e possuem várias características. As pessoas da Administração Direta recebem o nome de pessoas políticas do estado.

A Administração Indireta também representa um rol taxativo e não cabe ampliação. Existem quatro pessoas da Administração Indireta e nenhuma outra; elas possuem características marcantes. Contudo, não possuem a mais importante e que diferencia das pessoas políticas do Estado, ou seja, a capacidade de legislar (capacidade política).

2.3 Administração Direta

A Administração Direta é representada pelas entidades políticas. São elas: União, Estados, DF e os Municípios.

A definição no Brasil foi feita pelo Decreto-Lei nº 200/67, que dispõe sobre a organização da Administração Federal e estabelece diretrizes para a Reforma Administrativa.

É importante observar que esse decreto dispõe somente sobre a Administração Pública Federal, todavia, pela aplicação do princípio da simetria, tal regra é aplicada uniformemente por todo o território nacional. Assim sendo, tal classificação utilizada nesse decreto define expressamente a Administração Pública Federal e também, implicitamente, a Administração Pública dos demais entes da federação.

Os entes políticos possuem autonomia política (capacidade de legislar), administrativa (capacidade de auto-organizar-se) e capacidade financeira (capacidade de julgar as próprias contas). Não podemos falar aqui em hierarquia entre os entes, mas sim em cooperação, pois um não dá ordens aos outros, visto que eles são autônomos.

ADMINISTRAÇÃO PÚBLICA

Características

São pessoas jurídicas de direito público interno – tem autonomia.

> Unidas formam a República Federativa do Brasil: pessoa jurídica de direito público externo –tem soberania (independência na ordem externa e supremacia na interna).
> Regime jurídico de direito público.
> Autonomia Política: Administrativa e Financeira.
> Sem subordinação: atuam por cooperação.
> Competências: hauridas da CF.
> Responsabilidade civil - regra - objetiva.
> Bens: públicos, não pode ser objeto de sequestro, arresto, penhora etc.
> Débitos judiciais: são pagos por precatórios.
> Regime de pessoal: regime jurídico único.
> Competência para julgamento de ações judiciais.
>> União = Justiça Federal.
>> Demais Entes Políticos = Justiça Estadual.

2.4 Noção de Centralização, Descentralização e Desconcentração

Centralização Administrativa: órgãos e agentes trabalhando para a Administração Direta.

Descentralização Administrativa: técnica administrativa em que a Administração direta passa a atividade administrativa, serviço ou obra pública para outras pessoas jurídicas ou físicas (para pessoa física somente por delegação por colaboração). A descentralização pode ser feita por outorga legal (titularidade + execução) ou diante delegação por colaboração (somente execução). A outorga legal cria as pessoas da Administração Indireta. A Delegação por colaboração gera os concessionários, permissionários e Autorizatários de serviços públicos:

> **Descentralização por Outorga Legal** (também chamada de descentralização técnica, por serviços, ou funcional): é feita por lei e transfere a titularidade e a execução da atividade administrativa por prazo indeterminado para uma pessoa jurídica integrante da administração indireta.

> **Descentralização por Delegação** (também chamada de descentralização por colaboração): é feita em regra por um contrato administrativo e, nesses casos, depende de licitação; também pode acontecer descentralização por delegação por meio de um ato administrativo. Transfere somente a execução da atividade administrativa, e não a sua titularidade, por prazo determinado para um particular, pessoa física ou jurídica.

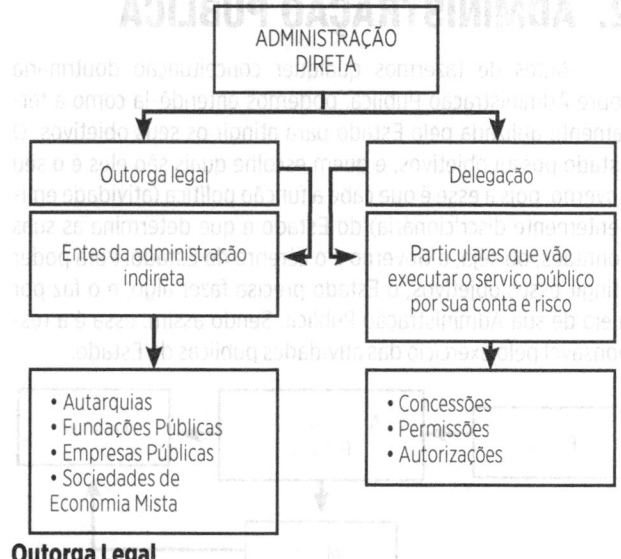

```
                    ADMINISTRAÇÃO
                       DIRETA
                    /           \
              Outorga legal    Delegação
                   |               |
        Entes da administração   Particulares que vão
              indireta           executar o serviço público
                                 por sua conta e risco
                   |               |
            • Autarquias        • Concessões
            • Fundações Públicas • Permissões
            • Empresas Públicas  • Autorizações
            • Sociedades de
              Economia Mista
```

Outorga Legal
> Feita por lei;
> Transfere a titularidade e a execução do serviço público;
> Não tem prazo.

Delegação
> Feita por contrato, exceto as autorizações;
> Os contratos dependem de licitação;
> Transfere somente a execução do serviço público e não a titularidade;
> Há fiscalização do Poder Público. Tal fiscalização decorre do exercício do poder disciplinar;
> Tem prazo.
> **Desconcentração administrativa**: técnica de subdivisão de órgãos públicos para que melhor desempenhem o serviço público ou atividade administrativa. Em outras palavras, na desconcentração, a Pessoa Jurídica distribui competências no âmbito de sua própria estrutura. É a distribuição de competências entre os diversos órgãos integrantes da estrutura de uma pessoa jurídica da Administração Pública. Somente ocorre na Administração Direta ou Indireta, jamais para particulares, uma vez que não existem órgãos públicos entre particulares.

2.5 Administração Indireta

Pessoas / Entes / Entidades Administrativas
> **F**undações Públicas;
> **A**utarquias;
> **S**ociedades de Economia Mista;
> **E**mpresas Públicas.

Características
> Tem personalidade jurídica própria;
> Tem patrimônio e receita próprios;
> Tem autonomia:

» Administrativa;
» Técnica;
» Financeira.

Obs.:
> Não tem autonomia política;.
> Finalidade definida em lei;
> Controle do Estado.

Não há subordinação nem hierarquia entre os entes da administração direta e indireta, mas sim, vinculação que se manifesta por meio da **supervisão ministerial** realizada pelo ministério ou secretaria da pessoa política responsável pela área de atuação da entidade administrativa. Tal supervisão tem por finalidade o exercício do denominado **controle finalístico** ou **poder de tutela**.

Em alguns casos, a entidade administrativa pode estar diretamente vinculada à chefia do poder executivo e, nesse contexto, caberá a essa chefia o exercício do controle finalístico de tal entidade.

> São frutos da descentralização por outorga legal.
> Nomeação de Dirigentes.

Os dirigentes das entidades administrativas são nomeados pelo chefe do poder a que está vinculada a respectiva entidade, ou seja, as entidades administrativas ligadas ao poder executivo federal têm seus dirigentes nomeados pelo chefe de tal poder, que, nesse caso, é o(a) Presidente(a) da República.

É válido lembrar que, em todos os poderes, existe a função administrativa no executivo, de forma típica, e nos demais poderes, de forma atípica. Além disso, a função administrativa de todos os poderes é exercida pela sua Administração Pública (Administração Direta e Indireta), assim sendo, existe Administração Pública Direta e Indireta nos três poderes e, caso uma entidade administrativa seja vinculada ao Poder Legislativo ou Judiciário, caberá ao chefe do respectivo poder a nomeação de tal dirigente.

Excepcionalmente, a nomeação de um dirigente pode depender ainda de aprovação do Poder Legislativo. Na esfera federal, temos como exemplo a nomeação dos dirigentes das agências reguladoras. Tais nomeações são feitas pelo Presidente da República e, para terem efeito, dependem de aprovação do Senado Federal.

Via de regra, lembraremos que a nomeação do dirigente de uma entidade administrativa é feita pelo chefe do Poder Executivo, sendo que, em alguns casos, é necessária a prévia aprovação de outro poder. Excepcionalmente, o Judiciário e o Legislativo poderão nomear dirigentes para essas entidades, desde que vinculadas ao respectivo poder.

Criação dos entes da administração indireta

A instituição das entidades administrativas depende sempre de uma lei ordinária específica. Essa lei pode criar a entidade administrativa. Nesse caso, nasce uma pessoa jurídica de direito público, as autarquias. A lei também pode autorizar a criação das entidades administrativas. Nessa circunstância, nascem as demais entidades da administração indireta: fundações públicas, empresas públicas e sociedades de economia mista. Pelo fato dessas entidades serem autorizadas por lei, elas são pessoas jurídicas de Direito Privado.

A lei que cria ou que autoriza a criação de uma entidade administrativa é uma **lei ordinária específica.**

Quando a lei autoriza a criação de uma entidade da Administração Indireta, a sua construção será consumada após o registro na serventia registral pertinente (cartório ou junta comercial, conforme o caso).

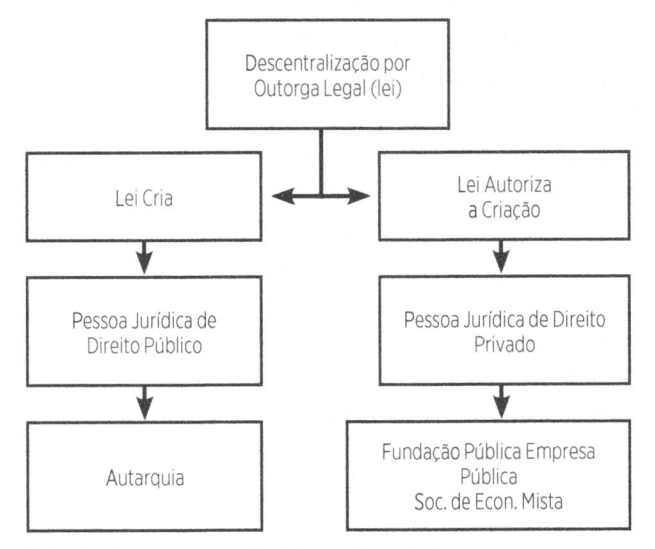

```
           Descentralização por
            Outorga Legal (lei)
                   │
         ┌─────────┴─────────┐
         ▼                   ▼
      Lei Cria   ⟷    Lei Autoriza
                        a Criação
         │                   │
         ▼                   ▼
  Pessoa Jurídica de   Pessoa Jurídica de Direito
   Direito Público            Privado
         │                   │
         ▼                   ▼
     Autarquia          Fundação Pública Empresa
                              Pública
                         Soc. de Econ. Mista
```

Extinção dos entes da administração indireta:
> Só lei revoga lei.
> Se a lei cria, a lei extingue.
> Se a lei autoriza a criação, autoriza também a extinção.

Relação da administração pública direta com a indireta

As entidades compreendidas na Administração Indireta vinculam-se ao Ministério em cuja área de competência estiver enquadrada sua principal atividade. Dessa forma, não há que se falar em hierarquia ou subordinação, mas, sim vinculação.

A vinculação entre a Administração Direta e a Administração Indireta gera o chamado controle finalístico ou supervisão ministerial. Assim, a Administração Direta não pode intervir nas decisões da Indireta, salvo se ocorrer a chamada fuga de finalidade.

```
           ╳Subordinação e╳
           ╳  Hierarquia  ╳
               VÍNCULO
         ┌─────────┬─────────┐
    Administração      Administração
       Direta             Indireta
         │                   │
         ▼                   ▼
      Controle           Supervisão
     Finalístico         Ministerial
```

Autarquias

Autarquia é a pessoa jurídica de direito público, criada por lei, com capacidade de autoadministração, para o desempenho de

ADMINISTRAÇÃO PÚBLICA

serviço público descentralizado (atividade típica do Estado). É o próprio serviço público personificado.

Vejamos a seguir as suas características:

Personalidade Jurídica: Direito Público.
> Recebem todas as prerrogativas do Direito Público.

Finalidade: atividade típica do Estado.

Regime Jurídico: público.

Responsabilidade Civil: objetiva.

Bens: públicos (não podem ser objeto de penhora, arresto, sequestro).
> Ao serem constituídas, recebem patrimônio do Ente Instituidor e, a partir desse momento, seguem com sua autonomia.

Débitos Judiciais: pagamento por precatórios.

Regime de Pessoal: regime jurídico único.

Competência para o julgamento de suas ações judiciais:
> Autarquia Federal = Justiça Federal.
> Outras Esferas = Justiça Estadual.

Ex.: INSS, Banco Central do Brasil.

Espécies de autarquias

Comum ou Ordinária (de Acordo com Decreto-Lei nº 200/67)

São as autarquias que recebem as características principais, ou seja, criadas diretamente por lei, pessoas jurídicas de direito público e que desempenham um serviço público especializado; seu ato constitutivo é a própria lei.

Sob Regime Especial

As autarquias em regime especial são submetidas a um regime jurídico peculiar, diferente do jurídico relativo às autarquias comuns.

Por autarquia comum deve-se entender as ordinárias, aquelas que se submetem a regime jurídico comum das autarquias. Na esfera federal, o regime jurídico comum das autarquias é o Decreto-Lei nº 200/67.

Se a autarquia além das regras do regime jurídico comum ainda é alcançada por alguma regra especial, peculiar às suas atividades, será considerada uma autarquia em regime especial.

Agências Reguladoras

São responsáveis por regular, normatizar e fiscalizar determinados serviços públicos que foram delegados ao particular. Em razão dessa característica, elas têm mais liberdade e maior autonomia, se comparadas com as Autarquias comuns.

Ex.: ANCINE, ANA, ANAC, ANTAQ, ANATEL, ANEEL, ANP, ANTT.

Autarquia Territorial

É classificado como Autarquia Territorial, o espaço que faça parte do território da União, mas que não se enquadre na definição de Estado membro, DF ou município. No Brasil atual, não existem exemplos de Autarquias Territoriais, mas elas podem vir a ser criadas. Nesse caso, esses Territórios fazem parte da Administração Direta e são Autarquias Territoriais, pois são criados por lei e assumem personalidade jurídica de direito público.

Associações Públicas (Autarquias Interfederativas ou Multifederativas)

Também chamada de consórcio público de Direito Público.

O consórcio público é a pessoa jurídica formada exclusivamente por entes da Federação, na forma da Lei nº 11.107, de 2005, para estabelecer relações de cooperação federativa, inclusive a realização de objetivos de interesse comum, constituída como associação pública, com personalidade jurídica de direito público e natureza autárquica, ou como pessoa jurídica de direito privado, sem fins econômicos.

Sendo assim, não é todo consórcio público que representa uma Autarquia Interfederativa, mas somente os públicos de Direito Público.

Autarquia Fundacional ou Fundação Autárquica

As Fundações Públicas de Direito Público (exceção) são consideradas, na verdade, uma espécie de autarquia.

Agências Executivas

As agências executivas não se configuram como pessoas jurídicas, menos ainda outra classificação qualquer. Representam, na prática, um título que é dado às autarquias e fundações públicas que assinam contrato de gestão com a Administração Pública. Art. 37, §8º.

Conselhos fiscalizadores de profissões são considerados autarquias. Contudo, comportam uma exceção muito importante:

ADI 3.026-DF Min. Eros Graus. 08/06/2006. OAB: Considerada entidade sui generis, um serviço independente não sujeita ao controle finalístico da Administração Direta.

Fundação pública

A Fundação Pública é a entidade dotada de personalidade jurídica de Direito Privado, sem fins lucrativos, criada em virtude de autorização legislativa, para o desenvolvimento de atividades que não exijam execução por órgãos ou entidades de direito público, com autonomia administrativa, patrimônio próprio gerido pelos respectivos órgãos de direção e funcionamento custeado por recursos da União e de outras fontes.

Regra
> Autorizada por lei;
> Pessoa jurídica de Direito Privado;
> Depende de registro dos atos constitutivos na junta comercial;
> Depende de lei complementar que especifique o campo de atuação.

Exceção
> Criada diretamente por lei;
> Pessoa jurídica de direito público;
> Possui um capital personalizado (diferença meramente conceitual);
> Considerada pela doutrina como autarquia fundacional.

> As fundações públicas de Direito Público, são espécie de autarquia, sendo chamadas pela doutrina como autarquias fundacionais.

Características
> **Personalidade Jurídica:** Direito Privado.
> **Finalidade:** lei complementar definirá – Sem fins lucrativos.
> **Regime Jurídico:** Híbrido (regras de Direito Público + Direito Privado) incontroverso.
> **Responsabilidade Civil:** se for prestadora de serviço público é objetiva, caso contrário é subjetiva.
> **Bens Privados, com exceção:** bens diretamente ligados à prestação de serviço público são bens públicos.
> **Débitos Judiciais:** são pagos por meio do seu patrimônio, com exceção dos bens diretamente ligados à prestação de serviços públicos, que são bens públicos e não se submetem a pagamento de débitos judiciais.
> **Regime de Pessoal:** Regime Jurídico **Único**.

Competência para o julgamento de suas ações judiciais:
» Justiça Federal.
» Outras esferas = Justiça Estadual.
» IBGE, Biblioteca Nacional, FUNAI.

Empresas públicas e sociedades de economia mista

São pessoas jurídicas de Direito Privado, criadas pela Administração Direta por meio de autorização da lei, com o respectivo registro, para a prestação de serviços públicos ou a exploração da atividade econômica.

A Lei 13.303/16 dispõe sobre o estatuto jurídico da empresa pública, da sociedade de economia mista e de suas subsidiárias, no âmbito da União, dos Estados, do Distrito Federal e dos Municípios.

A referida lei apresenta os seguintes conceitos:

Art. 3º Empresa pública é a entidade dotada de personalidade jurídica de direito privado, com criação autorizada por lei e com patrimônio próprio, cujo capital social é integralmente detido pela União, pelos Estados, pelo Distrito Federal ou pelos Municípios.

Art. 4º Sociedade de economia mista é a entidade dotada de personalidade jurídica de direito privado, com criação autorizada por lei, sob a forma de sociedade anônima, cujas ações com direito a voto pertençam em sua maioria à União, aos Estados, ao Distrito Federal, aos Municípios ou a entidade da administração indireta.

Empresas públicas e sociedades de economia mista exploradoras da atividade econômica

Segundo o Art. 173 da Constituição Federal:

Art. 173. Ressalvados os casos previstos nesta Constituição, a exploração direta de atividade econômica pelo Estado só será permitida quando necessária aos imperativos da segurança nacional ou a relevante interesse coletivo, conforme definidos em lei.

§ 1º - A lei estabelecerá o estatuto jurídico da Empresa Pública, da sociedade de economia mista e de suas subsidiárias que explorem atividade econômica de produção ou comercialização de bens ou de prestação de serviços, dispondo sobre:

I. Sua função social e formas de fiscalização pelo Estado e pela sociedade;

II. A sujeição ao regime jurídico próprio das empresas privadas, inclusive quanto aos direitos e obrigações civis, comerciais, trabalhistas e tributários;

III. Licitação e contratação de obras, serviços, compras e alienações, observados os princípios da Administração Pública;

IV. A constituição e o funcionamento dos conselhos de administração e fiscal, com a participação de acionistas minoritários;

V. Os mandatos, a avaliação de desempenho e a responsabilidade dos administradores.

§ 2º - As empresas públicas e as sociedades de economia mista não poderão gozar de privilégios fiscais não extensivos às do setor privado.

§ 3º - A lei regulamentará as relações da Empresa Pública com o Estado e a sociedade.

§ 4º - A lei reprimirá o abuso do poder econômico que vise à dominação dos mercados, à eliminação da concorrência e ao aumento arbitrário dos lucros.

§ 5º - A lei, sem prejuízo da responsabilidade individual dos dirigentes da pessoa jurídica, estabelecerá a responsabilidade desta, sujeitando-a às punições compatíveis com sua natureza, nos atos praticados contra a ordem econômica e financeira e contra a economia popular.

Empresas públicas e sociedades de economia mista prestadoras de serviço público

Essas entidades são criadas para a exploração da atividade econômica em sentido amplo, o que inclui o exercício delas em sentido estrito e também a prestação de serviços públicos que podem ser explorados com o intuito de lucro.

Segundo o Art. 175 da Constituição Federal:

Art. 175. Incumbe ao Poder Público, na forma da lei, diretamente ou sob regime de concessão ou permissão, sempre através de licitação, a prestação de serviços públicos.

Parágrafo único. A lei disporá sobre:

I. O regime das empresas concessionárias e permissionárias de serviços públicos, o caráter especial de seu contrato e de sua prorrogação, bem como as condições de caducidade, fiscalização e rescisão da concessão ou permissão;

II. Os direitos dos usuários;

III. Política tarifária;

IV. A obrigação de manter serviço adequado.

Não se inclui nessa categoria os serviços públicos relativos aos direitos sociais, pois esses não podem ser prestados com o intuito de lucro pelo Estado e, também, não são de titularidade exclusiva do Estado, podendo ser livremente explorados por particulares.

Características comuns das empresas públicas e sociedades de economia mista

Personalidade Jurídica: Direito Privado.

Finalidade: prestação de serviço público ou a exploração da atividade econômica.

Regime Jurídico Híbrido: se for prestadora de serviço público, o regime jurídico é mais público; se for exploradora da atividade econômica, o regime jurídico é mais privado.

Responsabilidade Civil: se for prestadora de serviço público, a responsabilidade civil é objetiva, se for exploradora da atividade econômica, a civil é subjetiva.

Bens Privados, com exceção: bens diretamente ligados à prestação de serviço público são bens públicos.

NOÇÕES DE DIREITO ADMINISTRATIVO

Débitos Judiciais: são pagos por meio do seu patrimônio, com exceção dos bens diretamente ligados à prestação de serviços públicos, que são bens públicos e não se submetem a pagamento de débitos judiciais.

Regime de Pessoal: CLT – Emprego Público.

Exemplo de Empresa Pública: Caixa Econômica Federal, Correios.

Exemplo de Sociedade de Economia Mista: Banco do Brasil e Petrobras.

Sociedade de economia mista

A Sociedade de Economia Mista é uma entidade dotada de personalidade jurídica de Direito Privado, autorizada por lei para a exploração de atividade econômica, sob a forma de sociedade anônima, cujas ações com direito a voto pertençam em sua maioria à União ou a entidade da Administração Indireta:

> Autorizada por lei;
> Pessoa jurídica de Direito Privado;
> Capital 50% + 1 ação no controle da Administração Pública;
> Constituição obrigatória por Sociedade Anônima (S.A.);
> Competência da Justiça Estadual.

Empresa pública

Entidade dotada de personalidade jurídica de Direito Privado, com patrimônio próprio e capital exclusivo da União, autorizado por lei para a exploração de atividade econômica que o Governo seja levado a exercer por força de contingência ou de conveniência administrativa, podendo revestir-se de qualquer das formas admitidas em direito.

> Autorizado por lei;
> Pessoa jurídica de Direito Privado;
> 100% na constituição de capital público;
> Constituído de qualquer forma admitido em direito;
> Competência da Justiça Federal.

Esse quadro foi desenvolvido para memorização das características mais importantes das pessoas da Administração Pública indireta.

Tabela Comparativa das Características dos Entes da Administração Pública

CARACTERÍSTICA	ENTIDADES POLÍTICAS	AUTARQUIA	FUNDAÇÃO PÚBLICA	EMPRESA PÚBLICA	SOCIEDADE DE ECONOMIA MISTA
PERSONALIDADE JURÍDICA	Direito Público	Direito Público	Direito Privado	Direito Privado	Direito Privado
FINALIDADE	Competências constitucionais	Atividade típica do Estado	Lei Complementar definirá	Exploração da atividade econômica OU prestação de serviço público	Exploração da atividade econômica OU prestação de serviço público
REGIME JURÍDICO	Direito Público	Direito Público	Híbrido: se PSP + público. Caso desenvolva outra atividade, mais privado.	Híbrido: se EAE + privado; se PSP + público	Híbrido: se EAE + privado; se PSP + público
RESPONSABILIDADE CIVIL	Objetiva: ação Subjetiva: omissão	Objetiva: ação Subjetiva: omissão	PSP = Objetiva, nos demais casos, subjetiva	PSP = Objetiva, EAE = Subjetiva	PSP = Objetiva, EAE = Subjetiva
BENS	Públicos	Públicos	Privados, exceção: bens diretamente ligados à prestação de serviços públicos são bens públicos.	Privados, exceção: bens diretamente ligados à prestação de serviços públicos são bens públicos.	Privados, exceção: bens diretamente ligados à prestação de serviços públicos são bens públicos.
DÉBITOS JUDICIAIS	Precatórios	Precatórios	Patrimônio	Patrimônio	Patrimônio
REGIME DE PESSOAL	Regime Jurídico Único	Regime Jurídico Único	Regime Jurídico Único	CLT	CLT
COMPETÊNCIA PARA JULGAMENTO	União: Justiça Federal; Demais: Justiça Estadual.	Federal: Justiça Federal; Demais: Justiça Estadual.	Federal: Justiça Federal; Demais: justiça Estadual.	Federal: Justiça Federal; Demais: justiça Estadual.	Todas: Justiça Estadual.

* EAE: Exploração da Atividade Econômica.
* PSP: Prestação de Serviço Público.

3. PRINCÍPIOS FUNDAMENTAIS DA ADMINISTRAÇÃO PÚBLICA

Neste capítulo, o objetivo é conhecer o rol de princípios fundamentais que norteiam e orientam toda a atividade administrativa do Estado, bem como toda a atuação da Administração Pública direta e indireta.

Tais princípios são de observância obrigatória para toda a Administração Pública, quer da União, dos Estados, do Distrito Federal, quer dos Municípios. São considerados expressos, pois estão descritos expressamente no *caput* do Art. 37 da Constituição Federal de 1988.

> **Art. 37.** *A Administração Pública direta e indireta de qualquer dos Poderes da União, dos Estados, do Distrito Federal e dos Municípios obedecerá aos princípios de legalidade, impessoalidade, moralidade, publicidade e eficiência e, também, ao seguinte (Ver CF/88).*

3.1 Classificação

Os princípios da Administração Pública são classificados como princípios explícitos (expressos) e implícitos.

É importante apontar que não existe relação de subordinação e de hierarquia entre os princípios expressos e os implícitos; na verdade, essa relação não existe entre nenhum princípio.

Isso quer dizer que, em um aparente conflito entre os princípios, um não exclui o outro, pois deve o administrador público observar ambos ao mesmo tempo, devendo nortear sua decisão na obediência de todos os princípios fundamentais pertinentes ao caso em concreto.

Como exemplo, não pode o administrador público deixar de observar o princípio da legalidade para buscar uma atuação mais eficiente (de acordo com o Princípio da Eficiência), devendo ele, na colisão entre os dois princípios, observar a lei e ainda buscar a eficiência conforme os meios que lhes seja possível.

Os princípios explícitos ou expressos são aqueles que estão descritos no *caput* do Art. 37 da CF. São eles:

> LEGALIDADE
> IMPESSOALIDADE
> MORALIDADE
> PUBLICIDADE
> EFICIÊNCIA

Os princípios implícitos são aqueles que não estão descritos no *caput* do Art. 37 da CF. São eles:
> - Supremacia do Interesse Público;
> - Indisponibilidade do Interesse Público;
> - Motivação;
> - Razoabilidade;
> - Proporcionalidade;
> - Autotutela;
> - Continuidade dos Serviços Públicos;
> - Segurança Jurídica, entre outros.

A seguir, analisaremos as características dos princípios fundamentais da administração pública que mais aparecem nas provas de concurso público.

3.2 Princípio da Legalidade

O Princípio da Legalidade está previsto em dois lugares distintos na Constituição Federal. Em primeiro plano, no Art. 5º, II: ninguém será obrigado a fazer ou deixar de fazer alguma coisa senão em virtude de lei. O Princípio da Legalidade regula a vida dos particulares e, ao particular, é facultado fazer tudo que a lei não proíbe; é o chamado princípio da Autonomia da Vontade. Essa regra não deve ser aplicada à administração pública.

Em segundo plano, o Art. 37, *caput* do texto Constitucional, determina que a Administração Pública somente pode fazer aquilo que a lei determina ou autoriza. Assim, em caso de omissão legislativa (falta de lei), a Administração Pública está proibida de agir.

Nesse segundo caso, a lei deve ser entendida em sentido amplo, o que significa que a administração pública deve obedecer aos mandamentos constitucionais, às leis formais e materiais (leis complementares, leis delegadas, leis ordinárias, Medidas Provisórias) e também às normas infra legais (decretos, resoluções, portarias, entre outros), e não somente a lei em sentido estrito.

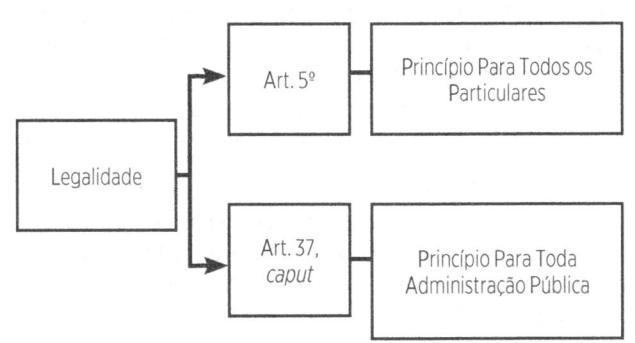

```
                  ┌──────────┐    ┌───────────────────────┐
               →  │ Art. 5º  │ →  │ Princípio Para Todos os│
┌────────────┐   └──────────┘    │      Particulares      │
│ Legalidade │                    └───────────────────────┘
└────────────┘   ┌──────────┐    ┌───────────────────────┐
               →  │ Art. 37, │ →  │   Princípio Para Toda  │
                  │  caput   │    │  Administração Pública │
                  └──────────┘    └───────────────────────┘
```

3.3 Princípio da Impessoalidade

O Princípio da Impessoalidade determina que todas as ações da administração pública devem ser revestidas de finalidade pública. Além disso, como segunda vertente, proíbe a promoção pessoal do agente público, como determina o Art. 37, § 1º da CF/88:

> **Art. 37, § 1º -** *A publicidade dos atos, programas, obras, serviços e campanhas dos órgãos públicos deverá ter caráter educativo, informativo ou de orientação social, dela não podendo constar nomes, símbolos ou imagens que caracterizem promoção pessoal de autoridades ou servidores públicos (Ver CF/88).*

O Princípio da Impessoalidade é tratado sob dois prismas, a saber:

→ Como determinante da finalidade de toda atuação administrativa (também chamado de princípio da **finalidade**, considerado constitucional implícito, inserido no princípio expresso da impessoalidade).

→ Como vedação a que o agente público se promova à custa das realizações da administração pública (vedação à promoção pessoal do administrador público pelos serviços, obras e outras realizações efetuadas pela administração pública).

PRINCÍPIOS FUNDAMENTAIS DA ADMINISTRAÇÃO PÚBLICA

É pelo Princípio da Impessoalidade que dizemos que o agente público age em imputação à pessoa jurídica a que está ligado, ou seja, pelo princípio da impessoalidade as ações do agente público são determinadas como se o próprio Estado estivesse agindo.

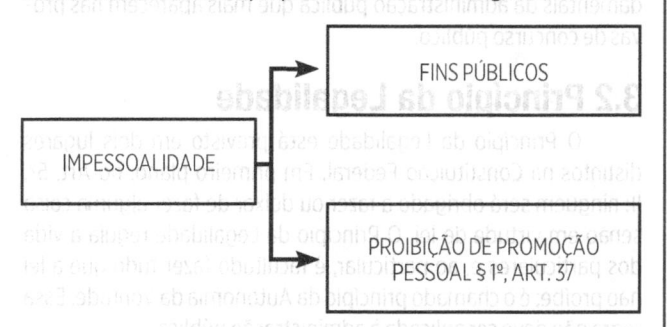

```
                    ┌──────────────────────────┐
                    │      FINS PÚBLICOS       │
                    └──────────────────────────┘
┌───────────────┐ →
│ IMPESSOALIDADE│
└───────────────┘ →
                    ┌──────────────────────────┐
                    │   PROIBIÇÃO DE PROMOÇÃO  │
                    │   PESSOAL § 1º, ART. 37  │
                    └──────────────────────────┘
```

3.4 Princípio da Moralidade

O Princípio da Moralidade é um complemento ao da legalidade, pois nem tudo que é legal é moral. Dessa forma, o Estado impõe a sua administração a atuação segundo a lei e também segundo a moral administrativa. Tal princípio traz para o agente público o dever de probidade. Esse dever é sinônimo de atuação com ética, decoro, honestidade e boa-fé.

O Princípio da Moralidade determina que o agente deva sempre trabalhar com ética e em respeito aos princípios morais da administração pública. O princípio está intimamente ligado ao dever de probidade (honestidade) e sua não observação acarreta a aplicação do Art. 37, §4º da CF/88 e a Lei nº 8.429/92 (Lei de Improbidade Administrativa).

> *§ 4º - Os atos de improbidade administrativa importarão a suspensão dos direitos políticos, a perda da função pública, a indisponibilidade dos bens e o ressarcimento ao erário, na forma e gradação previstas em lei, sem prejuízo da ação penal cabível.*

O desrespeito ao Princípio da Moralidade afeta a própria legalidade do ato administrativo, ou seja, leva a anulação do ato, e ainda pode acarretar a responsabilização dos agentes por improbidade administrativa.

O Princípio da Moralidade não se refere ao senso comum de moral, que é formado por meio das instituições que passam pela vida da pessoa, tais como família, escola, igreja, entre outras. Para a administração pública, esse princípio refere-se à moralidade administrativa, que está inserida no corpo das normas de Direito Administrativo.

3.5 Princípio da Publicidade

Esse princípio deve ser entendido como aquele que determina que os atos da Administração sejam claros quanto à sua procedência. Por esse motivo, em regra, os atos devem ser publicados em diário oficial e, além disso, a Administração deve tornar o fato acessível (público). Tornar público é, além de publicar em diário oficial, apresentar os atos na Internet, pois esse meio hoje é o que deixa todas as informações acessíveis.

O Princípio da Publicidade apresenta dupla acepção em face do sistema constitucional vigente:

> Exigência de publicação em órgão oficial como requisito de eficácia dos atos administrativos que devam produzir efeitos externos e dos atos que impliquem ônus para o patrimônio público.

Essa regra não é absoluta, pois, em defesa da intimidade e também do Estado, alguns atos públicos não precisam ser publicados:

> *Art. 5º, X, CF. São invioláveis a intimidade, a vida privada, a honra e a imagem das pessoas, assegurado o direito a indenização pelo dano material ou moral decorrente de sua violação.*
>
> *Art. 5º, XXXIII, CF. Todos têm direito a receber dos órgãos públicos informações de seu interesse particular, ou de interesse coletivo ou geral, que serão prestadas no prazo da lei, sob pena de responsabilidade, ressalvadas aquelas cujo sigilo seja imprescindível à segurança da sociedade e do Estado.*

Sendo assim, o ato que tiver em seu conteúdo uma informação sigilosa ou relativa à intimidade da pessoa tem que resguardar o devido sigilo.

> Exigência de transparência da atuação administrativa:
>
> *Art. 5º, XXXIII, CF. Todos têm direito a receber dos órgãos públicos informações de seu interesse particular, ou de interesse coletivo ou geral, que serão prestadas no prazo da lei, sob pena de responsabilidade, ressalvadas aquelas cujo sigilo seja imprescindível à segurança da sociedade e do Estado.*

O Princípio da Publicidade orientou o poder legislativo nacional a editar a Lei nº 12.527/2011, que regulamenta o dispositivo do Art. 5º, XXXIII, da CF. Dispõe sobre o acesso à informação pública, sobre a informação sigilosa, sua classificação, bem como a informação pessoal, entre outras providências. Tal dispositivo merece ser lido, pois essa lei transpassa toda a essência do Princípio da Publicidade.

Podemos inclusive afirmar que esse princípio foi materializado em lei após a edição da Lei nº 12.527/2011. Veja a seguir a redação do Art. 3º dessa Lei:

> *Art. 3º. Os procedimentos previstos nesta Lei destinam-se a assegurar o direito fundamental de acesso à informação e devem ser executados em conformidade com os princípios básicos da administração pública e com as seguintes diretrizes:*
>
> *I. Observância da publicidade como preceito geral e do sigilo como exceção;*
>
> *II. Divulgação de informações de interesse público, independentemente de solicitações;*
>
> *III. Utilização de meios de comunicação viabilizados pela tecnologia da informação;*
>
> *IV. Fomento ao desenvolvimento da cultura de transparência na administração pública;*
>
> *V. Desenvolvimento do controle social da administração pública.*

```
                    ┌──────────────┐
                    │   PUBLICAR   │
                 →  └──────────────┘
┌──────────────┐
│ PUBLICIDADE  │
└──────────────┘
                    ┌──────────────┐   ┌──────────────┐
                 →  │    TORNAR    │───│ TRANSPARÊNCIA│
                    │    PÚBLICO   │   │   DO ATO     │
                    └──────────────┘   └──────────────┘
```

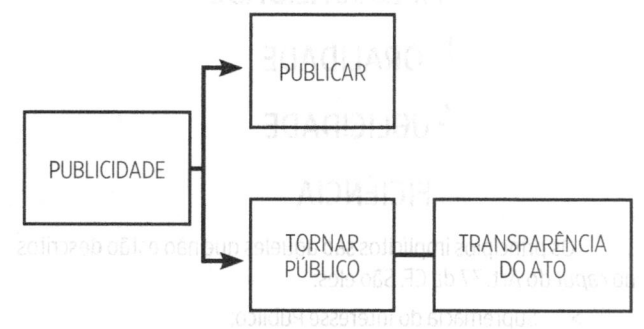

3.6 Princípio da Eficiência

O Princípio da Eficiência foi o último a ser inserido no bojo do texto constitucional (o Princípio da Eficiência foi incluído com a Emenda Constitucional nº 19/98), e apresenta dois aspectos principais:

> Relativamente à forma de atuação do agente público, espera-se o melhor desempenho possível de suas atribuições, a fim de obter os melhores resultados.

> Quanto ao modo de organizar, estruturar e disciplinar a Administração Pública, exigiu-se que esse seja o mais racional possível, no intuito de alcançar melhores resultados na prestação dos serviços públicos.

Art. 37, § 8º, CF. A autonomia gerencial, orçamentária e financeira dos órgãos e entidades da administração direta e indireta poderá ser ampliada mediante contrato, a ser firmado entre seus administradores e o poder público, que tenha por objeto a fixação de metas de desempenho para o órgão ou entidade, cabendo à lei dispor sobre.

O Princípio da Eficiência orienta a atuação da administração pública de forma que essa busque o melhor custo benefício no exercício de suas atividades, ou seja, os serviços públicos devem ser prestados com adequação às necessidades da sociedade que o custeia.

A atuação da Administração Pública tem que ser eficiente, o que acarreta ao agente público o dever de agir com presteza, esforço, rapidez e rendimento funcional. O seu descumprimento poderá acarretar a perda do seu cargo por baixa produtividade apurada em procedimento da avaliação periódica de desempenho, tanto antes da aquisição da estabilidade, como também após.

3.7 Princípio da Supremacia do Interesse Público sobre o Privado

Esse princípio é também considerado o norteador do Direito Administrativo. Ele determina que o Estado, quando trabalhando com o interesse público, se sobrepõe ao particular. Devemos lembrar que esse princípio deve ser utilizado pelo administrador público de forma razoável e proporcional para que o ato não se transforme em arbitrário e, consequentemente, ilegal.

É o fundamento das prerrogativas do Estado, ou seja, da relação jurídica desigual ou vertical entre o Estado e o particular. A exemplo, temos o poder de império do Estado (também chamado de poder extroverso), que se manifesta por meio da imposição da lei ao administrado, admitindo até o uso da força coercitiva para o cumprimento da norma. Assim sendo, a administração pública pode criar obrigações, restringir ou condicionar os direitos dos administrados.

Limitações:

> Respeito aos demais princípios;
> Não está presente diretamente nos atos de gestão (Atos de gestão são praticados pela administração na qualidade de gestora de seus bens e serviços, sem exercício de supremacia sobre os particulares, assemelhando-se aos atos praticados pelas pessoas privadas. São exemplos de atos de gestão a alienação ou a aquisição de bens pela administração pública, o aluguel a um particular de um imóvel de propriedade de uma autarquia, entre outros).

Exemplos de Incidência:

> Intervenção na propriedade privada;
> Exercício do poder de polícia, limitando ou condicionando o exercício de direito em prol do interesse público;
> Presunção de legitimidade dos atos administrativos.

3.8 Princípio da Indisponibilidade do Interesse Público

Conforme dito anteriormente, o princípio da indisponibilidade do interesse público juntamente com o da supremacia do interesse público, formam os pilares do regime jurídico administrativo.

Esse princípio é o fundamento das **restrições** do Estado. Assim sendo, apesar de o Princípio da Supremacia do Interesse Público prever prerrogativas especiais para a Administração Pública em determinadas relações jurídicas com o administrado, tais poderes são ferramentas que a ordem jurídica confere ao agentes públicos para alcançar os objetivos do Estado. E o uso desses poderes, então, deve ser balizado pelo interesse público, o que impõe restrições legais a sua atuação, garantindo que a utilização do poder tenha por finalidade o interesse público e não o do administrador.

Sendo assim, é vedada a renúncia do exercício de competência pelo agente público, pois a atuação desse não é balizada por sua vontade pessoal, mas, sim, pelo interesse público, também chamado de interesse da lei. Os poderes conferidos aos agentes públicos têm a finalidade de auxiliá-los a atingir tal interesse. Com base nessa regra, concluímos que esses agentes não podem dispor do interesse público, por não ser o seu proprietário, e sim o povo. Ao agente público cabe a gestão da Administração Pública em prol da coletividade.

3.9 Princípios da Razoabilidade e Proporcionalidade

Os Princípios da Razoabilidade e da Proporcionalidade não se encontram expressos no texto constitucional. Esses são classificados como princípios gerais do Direito e são aplicáveis a vários ramos da ciência jurídica. São chamados de princípios da proibição de excesso do agente público.

A razoabilidade diz que toda atuação da Administração tem que seguir a teoria do homem médio, ou seja, as decisões devem ser tomadas segundo o critério da maioria das pessoas "racionais", sem exageros ou deturpações.

Razoabilidade: adequação entre meios e fins. O Princípio da Proporcionalidade diz que o agente público deve ser proporcional no uso da força para o cumprimento do bem público, ou seja, nas aplicações de penalidades pela Administração deve ser levada em conta sempre a gravidade da falta cometida.

Proporcionalidade: vedação de imposição de obrigações, restrições e sanções em medida superior àquela estritamente necessária ao interesse público.

Podemos dar como exemplo a atuação de um fiscal sanitário, que esteja vistoriando dois estabelecimentos e, em um deles, encontre um quilo de carne estragada e, no outro, encontre uma tonelada.

Na aplicação da penalidade, deve ser respeitada tanto a razoabilidade quanto a proporcionalidade, ou seja, aplica-se, no primeiro, uma penalidade pequena, uma multa, por exemplo, e, no segundo, uma penalidade grande, suspensão de 90 dias.

Veja que o administrador não pode fazer menos ou mais do que a lei determina, isso em obediência ao Princípio da Legalidade, senão cometerá abuso de poder.

3.10 Princípio da Autotutela

O Princípio da Autotutela propicia o controle da Administração Pública sob seus próprios atos em dois pontos específicos:

De legalidade: em que a Administração pode controlar seus próprios atos quando eivados de vício de ilegalidade, sendo provocado ou de ofício.

De mérito: a Administração Pública pode revogar seus atos por conveniência e oportunidade.

> *Súmula 473 do STF.* A Administração pode anular seus próprios atos, quando eivados de vícios que os tornam ilegais, porque deles não se originam direitos; ou revogá-los, por motivo de conveniência ou oportunidade, respeitados os direitos adquiridos, e ressalvada, em todos os casos, a apreciação judicial.

O Princípio da Autotutela não exclui a possibilidade de controle jurisdicional do ato administrativo previsto no Art. 5º, XXXV, da CF: a lei não excluirá da apreciação do Poder Judiciário lesão ou ameaça a direito.

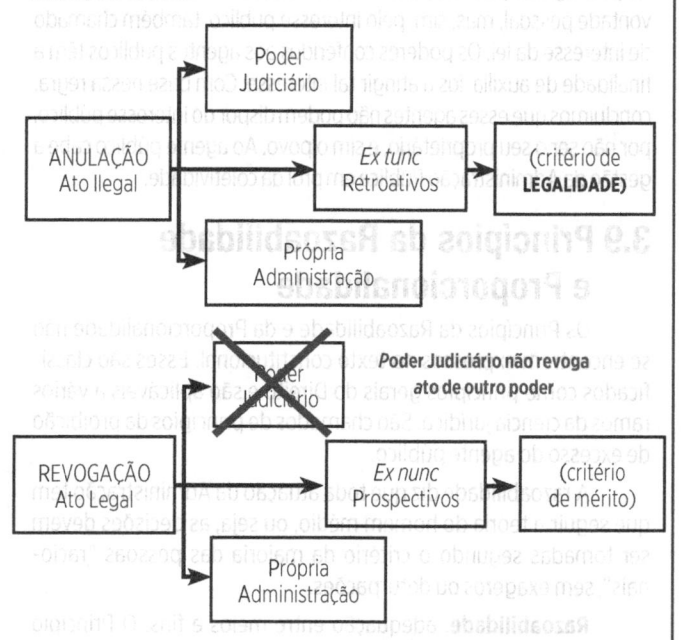

```
ANULAÇÃO        → Poder Judiciário
Ato Ilegal      → Ex tunc Retroativos → (critério de LEGALIDADE)
                → Própria Administração

REVOGAÇÃO       → Poder Judiciário não revoga ato de outro poder (tachado)
Ato Legal       → Ex nunc Prospectivos → (critério de mérito)
                → Própria Administração
```

3.11 Princípio da Ampla Defesa

A ampla defesa determina que todos que sofrerem medidas de caráter de pena terão direito a se defender de todos os meios disponíveis legais em direito. Está previsto nos processos administrativos disciplinares:

> *Art. 5º, LV, CF.* Aos litigantes, em processo judicial ou administrativo, e aos acusados em geral são assegurados o contraditório e ampla defesa, com os meios e recursos a ela inerentes;

3.12 Princípio da Continuidade do Serviço Público

O Princípio da Continuidade do Serviço Público tem como escopo (objetivo) não prejudicar o atendimento dos serviços essenciais à população. Assim, evitam que esses sejam interrompidos.

O professor Celso Ribeiro Bastos[1] é um dos doutrinadores que defende a não interrupção do serviço público essencial: O serviço público deve ser prestado de maneira contínua, o que significa dizer que não é passível de interrupção. Isso ocorre pela própria importância de que tal serviço se reveste, o que implica ser colocado à disposição do usuário com qualidade e regularidade, assim como com eficiência e oportunidade... Essa continuidade afigura-se em alguns casos de maneira absoluta, quer dizer, sem qualquer abrandamento, como ocorre com serviços que atendem necessidades permanentes, como é o caso de fornecimento de água, gás, eletricidade. Diante, pois, da recusa de um serviço público, ou do seu fornecimento, ou mesmo da cessação indevida desse, pode o usuário utilizar-se das ações judiciais cabíveis, até as de rito mais célere, como o mandado de segurança e a própria ação cominatória.

Regra:
- » Os serviços públicos devem ser adequados e ininterruptos.

Exceção:
- » Aviso prévio;
- » Situações de emergência.

Alcance:
- › Todos os prestadores de serviços públicos;
- › Administração Direta;
- › Administração Indireta;
- › Concessionárias, Autorizatárias e Permissionárias de serviços públicos.

Efeitos:
- › Restrição de direitos das prestadoras de serviços públicos, bem como dos agentes envolvidos na prestação desses serviços, a exemplo do direito de greve.

Dessa forma, quem realiza o serviço público se submete a algumas restrições:

- › Restrição ao direito de greve, Art. 37, VII CF/88;
- › Suplência, delegação e substituição – casos de funções vagas temporariamente;
- › Impossibilidade de alegar a exceção do contrato não cumprido, somente em casos em que se configure uma impossibilidade de realização das atividades;
- › Possibilidade da encampação da concessão do serviço, retomada da administração do serviço público concedido no prazo na concessão, quando o serviço não é prestado de forma adequada.

O Código de Defesa do Consumidor, em seu Art. 22, assegura ao consumidor que os serviços essenciais devem ser contínuos, caso contrário, aos responsáveis, caberá indenização. O referido código não diz quais seriam esses serviços essenciais. Podemos usar, como analogia, o Art. 10 da Lei nº 7.783/89, que enumera os que seriam considerados fundamentais:

> *Art. 10.* São considerados serviços ou atividades essenciais:
> *I.* Tratamento e abastecimento de água; produção e distribuição de energia elétrica, gás e combustíveis;
> *II.* Assistência médica e hospitalar;
> *III.* Distribuição e comercialização de medicamentos e alimentos;
> *IV.* Funerários;
> *V.* Transporte coletivo;

---
[1] Curso de direito administrativo, 2. ed. – São Paulo: Saraiva, 1996, p. 165.

VI. *Captação e tratamento de esgoto e lixo;*
VII. *Telecomunicações;*
VIII. *Guarda, uso e controle de substâncias radioativas, equipamentos e materiais nucleares;*
IX. *Processamento de dados ligados a serviços essenciais;*
X. *Controle de tráfego aéreo;*
XI. *Compensação bancária.*

3.13 Princípio da Segurança Jurídica

Esse princípio veda a aplicação retroativa da nova interpretação da norma.

Caso uma regra seja revogada ou alterada a sua redação ou interpretação, os atos praticados durante a vigência da norma antiga continuam valendo, pois tal princípio visa resguardar o direito adquirido, o ato jurídico perfeito e a coisa julgada.

Assim, temos que a nova interpretação da norma, via de regra, somente terá efeitos prospectivos, ou seja, da data em que for revogada para frente, não atingindo os atos praticados na vigência da norma antiga.

4. PODERES E DEVERES ADMINISTRATIVOS

Para um desempenho adequado do papel que compete à administração pública, o ordenamento jurídico confere a ela poderes e deveres especiais. Nesse capítulo, conheceremos seus deveres e poderes de modo a diferenciar a aplicabilidade de um ou de outro poder ou dever na análise de casos concretos, bem como apresentado nas questões de concurso público.

4.1 Deveres

Os deveres da administração pública são um conjunto de obrigações de direito público que a ordem jurídica confere aos agentes públicos com o objetivo de permitir que o Estado alcance seus fins.

O fundamento desses deveres é o Princípio da Indisponibilidade do Interesse Público, pois, como a administração pública é uma ferramenta do Estado para alcançar seus objetivos, não é permitido ao agente público usar dos seus poderes para satisfazer interesses pessoais ou de terceiros. Com base nessa regra, concluímos que esses agentes não podem dispor do interesse público, por não ser o seu proprietário, e sim o povo. A ele cabe a gestão da administração pública em prol da coletividade.

A doutrina, de um modo geral, enumera, como alguns dos principais deveres impostos aos agentes administrativos pelo ordenamento jurídico, quatro obrigações administrativas, a saber:

> Poder-Dever de Agir;
> Dever de Eficiência;
> Dever de Probidade;
> Dever de Prestar Contas.

Poder-dever de agir

O poder-dever de agir determina que toda a Administração Pública tem que agir em caso de determinação legal. Contudo, essa é temperada, uma vez que o administrador precisa ter possibilidade real de atuar.

> *Art. 37, § 6º, CF. Policiais em serviço que presenciam um cidadão ser assaltado e morto e nada fazem. Nessa situação, além do dever imposto por lei, havia a possibilidade de agir. Nesse caso concreto, gera-se a possibilidade de indenização por parte do Estado, com base na responsabilidade civil do Estado.*

Enquanto no direito privado agir é uma faculdade do administrador, no direito público, agir é um dever legal do agente público.

Em decorrência dessa regra temos que os **poderes** administrativos são **irrenunciáveis**, devendo ser **obrigatoriamente exercidos** por seus titulares nas situações cabíveis.

A inércia do agente público acarreta responsabilização a ela por abuso de poder na modalidade omissão. A Administração Pública também responderá pelos danos patrimoniais ou morais decorrentes da omissão na esfera cível.

Dever de eficiência

A Constituição implementou o dever de eficiência com a introdução da Emenda Constitucional nº 19 de 1998, a chamada reforma administrativa. Esse novo modelo instituiu a denominada "administração gerencial", tendo vários exemplos dispostos no corpo do texto constitucional, como:

> Possibilidade de perda do cargo de servidor estável em razão de insuficiência de desempenho (Art. 41, § 1º, III);
> O estabelecimento como condição para o ganho da estabilidade de avaliação de desempenho (Art. 41, § 4º);
> A possibilidade da celebração de contratos de gestão (Art. 37, § 8º);
> A exigência de participação do servidor público em cursos de aperfeiçoamento profissional como um dos requisitos para a promoção na carreira (Art. 39, § 2º).

Dever de probidade

O dever de probidade determina que todo administrador público, no desempenho de suas atividades, atue sempre com ética, honestidade e boa-fé, em consonância com o Princípio da Moralidade Administrativa.

> *Art. 37, § 4º, CF. Os atos de improbidade administrativa importarão a suspensão dos direitos políticos, a perda da função pública, a indisponibilidade dos bens e o ressarcimento ao erário, na forma e gradação previstas em lei, sem prejuízo da ação penal cabível.*

Efeitos:

> A suspensão dos direitos políticos;
> Perda da função pública;
> Ressarcimento ao erário;
> Indisponibilidade dos bens.

Dever de prestar contas

O dever de prestar contas decorre diretamente do Princípio da Indisponibilidade do Interesse Público, sendo pertinente à função do agente público, que é simples gestão da coisa pública.

> *Art. 70, Parágrafo único, CF. Prestará contas qualquer pessoa física ou jurídica, pública ou privada, que utilize, arrecade, guarde, gerencie ou administre dinheiros, bens e valores públicos ou pelos quais a União responda, ou que, em nome dessa, assuma obrigações de natureza pecuniária.*

4.2 Poderes Administrativos

São mecanismos que, utilizados isoladamente ou em conjunto, permitem que a administração pública possa cumprir suas finalidades. Dessa forma, os poderes administrativos representam um conjunto de prerrogativas de direito Público que a ordem jurídica confere aos agentes administrativos para o fim de permitir que o Estado alcance os seus fins, assim leciona o professor José dos Santos Carvalho Filho.

O fundamento desses poderes é o princípio da supremacia do interesse público, pois, como a administração pública é uma ferramenta do Estado para alcançar seus objetivos, e tais objetivos são de interesse de toda coletividade, é necessário que o Estado possa ter prerrogativas especiais na busca de seus objetivos. Como exemplo, podemos citar a aplicação de uma multa de trânsito. Imagine que a lei fale que ultrapassar o sinal vermelho é errado, mas que o Estado não tenha o poder de aplicar a multa. De nada vale a previsão da infração na lei.

São Poderes Administrativos descritos pela doutrina pátria:
> Poder Vinculado;
> Poder Discricionário;
> Poder Hierárquico;
> Poder Disciplinar;
> Poder Regulamentar;
> Poder de Polícia.

Poder vinculado

O poder vinculado determina que o administrador somente pode fazer o que a lei determina; aqui não se gera poder de escolha, ou seja, está o administrador preso (vinculado) aos ditames da lei.

O agente público não pode fazer considerações de conveniência e oportunidade. Caso descumpra a única hipótese prevista na lei para orientar a sua conduta, praticará um ato ilegal, sendo assim, deve o ato ser anulado.

Poder discricionário

O poder discricionário gera a margem de escolha, que é a conveniência e a oportunidade, o mérito administrativo. Diz-se que o agente público pode agir com liberdade de escolha, mas sempre respeitando os parâmetros da lei.

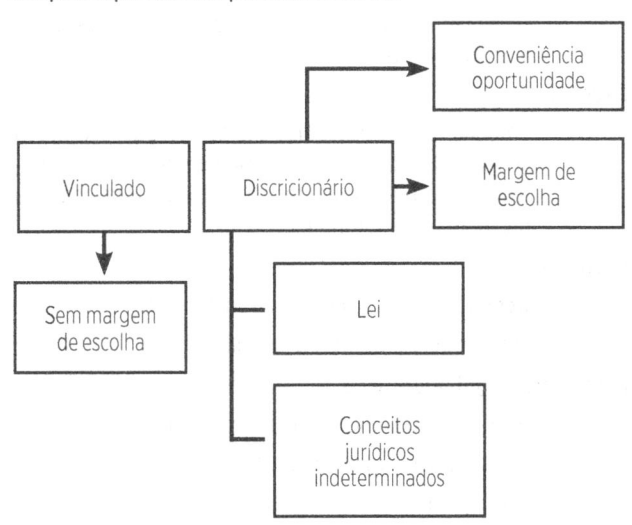

```
Vinculado → Sem margem de escolha
Discricionário → Conveniência oportunidade
              → Margem de escolha
              → Lei
              → Conceitos jurídicos indeterminados
```

Duas são as vertentes que autorizam o poder discricionário: a lei e os conceitos jurídicos indeterminados. Esses últimos são determinações da própria lei, por exemplo: quando a Lei prevê a boa-fé, quem decide se o administrado está de boa ou má-fé é o agente público, sempre sendo razoável e proporcional.

Poder hierárquico

Manifesta a noção de um escalonamento vertical da Administração Pública, já que temos a subordinação entre órgãos e agentes, sempre no âmbito de uma mesma pessoa jurídica.

Observação

Não há subordinação nem hierarquia:
> Entre pessoas distintas;
> Entre os poderes da república;
> Entre a administração e o administrado.

Prerrogativas

Dar ordens: cabe ao subordinado o dever de obediência, salvo nos casos de ordens manifestamente ilegais.

Fiscalizar a atuação dos subordinados.

Revisar os atos dos subordinados e, nessa atribuição:
> Manter os atos vinculados legais e os atos discricionários legais convenientes e oportunos.
> Convalidar os atos com defeitos sanáveis.
> Anular os atos ilegais.
> Revogar os atos discricionários legais inconvenientes e inoportunos.

A caraterística marcante é o grau de subordinação entre órgãos e agentes, sempre dentro da estrutura da mesma pessoa jurídica. O controle hierárquico permite que o superior aprecie todos os aspectos dos atos de seus subordinados (quanto à legalidade e quanto ao mérito administrativo) e pode ocorrer de ofício ou a pedido, quando for interesse de terceiros, por meio de recurso hierárquico.

Aplicar sanções aos servidores que praticarem infrações funcionais.

Delegar competência

Delegação é o ato discricionário, revogável a qualquer tempo, mediante o qual o superior hierárquico confere o exercício temporário de algumas de suas atribuições, originariamente pertencentes ao seu cargo, a um subordinado.

É importante alertar que, excepcionalmente, a lei admite a delegação para outro órgão que não seja hierarquicamente subordinado ao delegante, conforme podemos constatar da redação do Art. 12 da Lei nº 9.784/99:

> *Art. 12. Um órgão administrativo e seu titular poderão, se não houver impedimento legal, delegar parte da sua competência a outros órgãos ou titulares, ainda que estes não lhe sejam hierarquicamente subordinados, quando for conveniente, em razão de circunstâncias de índole técnica, social, econômica, jurídica ou territorial.*

Características da delegação

Não podem ser Delegados
> Edição de atos de caráter normativo;
> A decisão de recursos administrativos;
> As matérias de competência exclusiva do órgão ou autoridade.

Consequências
> Não acarreta renúncia de competências;
> Transfere o exercício da atribuição e não a titularidade, pois pode ser revogada a delegação a qualquer tempo pela autoridade delegante;
> O ato de delegação e sua revogação deverão ser publicados em meio oficial.

Avocação Competência

Avocar é o ato discricionário mediante o qual o superior hierárquico traz para si o exercício temporário de determinada competência, atribuída por lei a um subordinado.

NOÇÕES DE DIREITO ADMINISTRATIVO

PODERES E DEVERES ADMINISTRATIVOS

Cabimento: é uma medida excepcional e deve ser fundamentada.

Restrições: não podem ser avocadas competências exclusivas do subordinado.

Consequências: desonera o agente de qualquer responsabilidade relativa ao ato praticado pelo superior hierárquico.

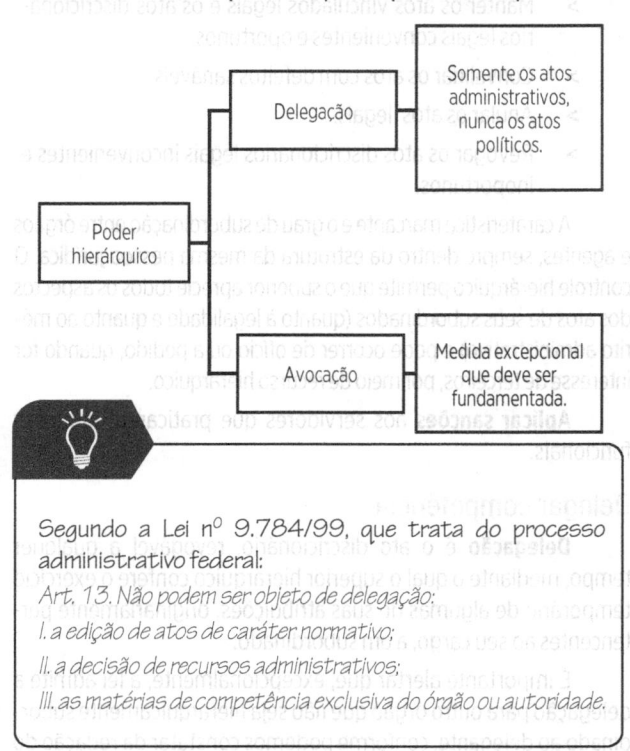

```
Poder hierárquico
├── Delegação — Somente os atos administrativos, nunca os atos políticos.
└── Avocação — Medida excepcional que deve ser fundamentada.
```

> Segundo a Lei nº 9.784/99, que trata do processo administrativo federal:
> Art. 13. Não podem ser objeto de delegação:
> I. a edição de atos de caráter normativo;
> II. a decisão de recursos administrativos;
> III. as matérias de competência exclusiva do órgão ou autoridade.

Poder disciplinar

O poder disciplinar é uma espécie de poder-dever de agir da Administração Pública. Dessa forma, o administrador público atua de forma a punir internamente as infrações cometidas por seus agentes e, em exceção, atua de forma a, punir particulares que mantenham um vínculo jurídico específico com a Administração.

O poder disciplinar não pode ser confundido com o *jus puniendi* do Estado, ou seja, com o poder do Estado de aplicar a lei penal a quem comete uma infração penal.

Em regra, o poder disciplinar é discricionário, algumas vezes, é vinculado. Essa discricionariedade se encontra na escolha da quantidade de sanção a ser aplicada dentro das hipóteses previstas na lei, e não na faculdade de punir ou não o infrator, pois puni-lo é um dever, sendo assim, a punição não é discricionária, quantidade de punição que em regra é. Porém, é importante lembrar que, quando a lei apontar precisamente a penalidade ou a quantidade dela que deve ser aplicada para determinada infração, o poder disciplinar será vinculado.

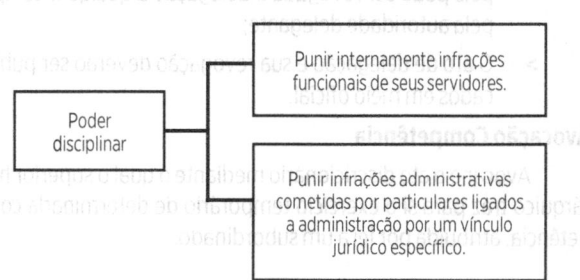

```
Poder disciplinar
├── Punir internamente infrações funcionais de seus servidores.
└── Punir infrações administrativas cometidas por particulares ligados a administração por um vínculo jurídico específico.
```

Poder regulamentar

Quando a Administração atua punindo particulares (comuns) que cometeram falta, ela está usando o poder de polícia. Contudo, quando atua penalizando particulares que mantenham um vínculo jurídico específico (plus), estará utilizando o poder disciplinar.

Existem duas formas de manifestação do poder regulamentar: o decreto regulamentar e o autônomo, sendo que o primeiro é a regra e o segundo é a exceção.

Decreto regulamentar

Também denominado decreto executivo ou regulamento executivo.

O decreto regulamentar é uma prerrogativa dos chefes do poder executivo de regulamentar a lei para garantir a sua fiel aplicação.

Restrições
> Não inova o ordenamento jurídico;
> Não pode alterar a lei;
> Não pode criar direitos e obrigações;
> Caso o decreto regulamentar extrapole os limites da lei, haverá quebra do princípio da legalidade. Nessa situação, se do decreto regulamentar for federal, caberá ao Congresso Nacional sustar os seus dispositivos violadores da lei.

Exercício
> Somente por decretos dos chefes do poder Executivo (Presidente da República, Governadores e Prefeitos), sendo uma competência exclusiva, indelegável a qualquer outra autoridade.

Natureza
> **Decreto:** natureza secundária ou derivada;
> **Lei:** natureza primária ou originária.

Prazo para Regulamentação
> A lei a ser regulamentada deve apontar;
> A ausência do prazo é inconstitucional;
> Enquanto não regulamentada, a lei é inexequível (não pode ser executada);
> Se o chefe do executivo descumprir o prazo, a lei se torna exequível (pode ser executada);
> A competência para editar decreto regulamentar não pode ser objeto de delegação.

Decreto autônomo

A Emenda Constitucional nº 32, alterou o Art. 84 da Constituição Federal e deu ao seu inciso VI a seguinte redação:

> **Art. 84.** Compete privativamente ao Presidente da República:
> **VI.** dispor, mediante decreto, sobre:
> **a)** organização e funcionamento da administração federal, quando não implicar aumento de despesa nem criação ou extinção de órgãos públicos;
> **b)** extinção de funções ou cargos públicos, quando vagos;

Essa previsão se refere ao que a doutrina chama de decreto autônomo, pois se refere à predição para o presidente da república tratar mediante decreto de determinados assuntos, sem lei anterior, balizando a sua atuação, pois a baliza foi a própria Constituição Federal. O decreto é autônomo porque não depende de lei.

Características

> Inova o ordenamento jurídico.

> O decreto autônomo tem natureza primária ou originária.

> Somente pode tratar das matérias descritas no Art. 84, VI, da Constituição Federal.

> O Presidente da República poderá delegar as atribuições mencionadas para edição de decretos autônomos aos Ministros de Estado, ao Procurador-Geral da República ou ao Advogado-Geral da União, que observarão os limites traçados nas respectivas delegações, conforme prevê o inciso único do Art. 84.

As regras relativas às competências do Presidente da República no uso do decreto regulamentar e do autônomo são estendidas aos demais chefes do executivo nacional dentro das suas respectivas administrações públicas. Sendo assim, governadores e prefeitos podem tratar, mediante decreto autônomo, dos temas estaduais e municipais de suas respectivas administrações que o Presidente da República pode resolver, mediante decreto autônomo, na esfera da administração pública federal.

DECRETO DE EXECUÇÃO
É a regra.
Pode ser editado pelos chefes do Executivo.
Não inova o ordenamento jurídico e necessita de amparo de uma lei.
É de competência exclusiva, não pode ser delegável.
DECRETO AUTÔNOMO
É a exceção.
Somente pode ser editado pelo Presidente da República.
Inova lei nos casos do Art. 84, IV, a e b do texto constitucional.
É de competência privativa e pode ser delegável de acordo com o Art. 84, parágrafo único.

Poder de polícia

O Código Tributário Nacional, em seu Art. 78, ao tratar dos fatos geradores das taxas, assim conceitua poder de polícia:

> **Art. 78.** Considera-se poder de polícia atividade da Administração Pública que, limitando ou disciplinando direito, interesse ou liberdade, regula a prática de ato ou abstenção de fato, em razão de interesse público concernente à segurança, à higiene, à ordem, aos costumes, à disciplina da produção e do mercado, ao exercício de atividades econômicas dependentes de concessão ou autorização do Poder Público, à tranquilidade pública ou ao respeito à propriedade e aos direitos individuais ou coletivos.

Hely Lopes Meirelles conceitua poder de polícia como a faculdade que dispõe a Administração Pública para condicionar, restringir o uso, o gozo de bens, atividades e direitos individuais, em benefício da coletividade ou do próprio Estado.

É competente para exercer o poder de polícia administrativa sobre uma dada atividade o ente federado, ao qual a Constituição da República atribui competência para legislar sobre essa mesma atividade, para regular a prática dessa.

Assim, podemos dizer que o poder de polícia é discricionário em regra, podendo ser vinculado nos casos em que a lei determinar. Ele dispõe que toda a Administração Pública pode condicionar ou restringir os direitos dos administrados em caso de não cumprimento das determinações legais.

O poder de polícia **fundamenta-se** no de **império** do Estado (Poder **Extroverso**), que decorre do Princípio da Supremacia do Interesse Público, pois, por meio de imposições limitando ou restringindo a esfera jurídica dos administrados, visa à Administração Pública à defesa de um bem maior, que é proteção dos direitos da coletividade, pois o interesse público prevalece sobre os particulares.

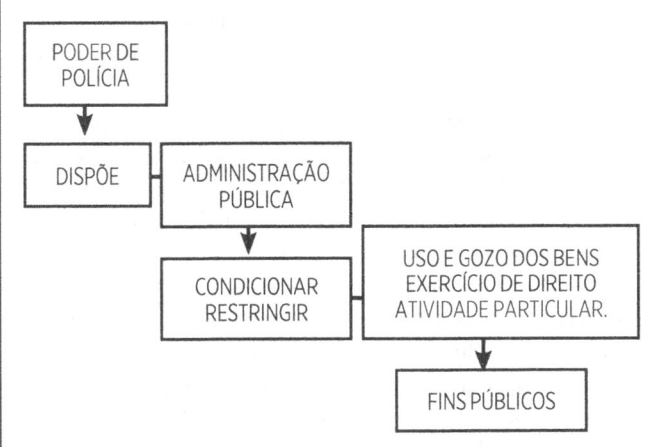

Atributos do poder de polícia

Discricionariedade: o poder de polícia, em regra, é discricionário, pois dá margem de liberdade dentro dos parâmetros legais ao administrador público para agir; contudo, se a lei exigir, tal poder pode ser vinculado.

O Estado escolhe as atividades que sofrerão as fiscalizações da polícia administrativa. Essa escolha é manifestação da discricionariedade do poder de polícia do Estado. Também é manifestação da discricionariedade do poder de polícia a majoração da quantidade de pena aplicada a quem cometer uma infração sujeita à disciplina do poder de polícia.

Nos casos em que a lei prever uma pena que tenha duração no tempo e não fixar exatamente a quantidade, dando uma margem de escolha de quantidade ao julgador, temos o exercício do poder discricionário na atuação de polícia e, como limite desse poder de punir, temos a própria lei que traz a ordem de polícia e ainda os princípios da razoabilidade e da proporcionalidade que vedam a aplicação da pena em proporção superior à gravidade do fato ilícito praticado.

Autoexecutoriedade: é a prerrogativa da Administração Pública de executar diretamente as decisões decorrentes do poder de polícia, por seus próprios meios, sem precisar recorrer ao judiciário.

PODERES E DEVERES ADMINISTRATIVOS

Cabimento
> Autorização da Lei;
> Medida Urgente.

A **Autoexecutoriedade** no uso do poder de polícia não é absoluta, tendo natureza relativa, ou seja, não são todos os atos decorrentes do poder de polícia que são autoexecutórios. Para que um ato assim ocorra, é necessário que ele seja exigível e executório ao mesmo tempo:

> **Exigibilidade**: exigível é aquela conduta prevista na norma que, caso seja infringida, pode ser aplicada uma **coerção indireta**, ou seja, caso a pessoa venha a sofrer uma penalidade e se recuse a aceitar a aplicação da sanção, a aplicação dessa somente poderá ser executada por decisão judicial. É o caso das multas, por exemplo, que podem ser lançadas a quem comete uma infração de trânsito, a administração não pode receber o valor devido por meio da coerção, caso a pessoa penalizada se recuse a pagar a multa, o seu recebimento dependerá de execução judicial pela Administração Pública. A exigibilidade é uma característica de todos os atos praticados no exercício do poder de polícia.

> **Executoriedade**: executória é a norma que, caso seja desrespeitada, permite a aplicação de uma **coerção direta**, ou seja, a administração pode utilizar da força coercitiva para garantir a aplicação da penalidade, sem precisar recorrer ao judiciário.

É o caso das sanções de interdição de estabelecimentos comerciais, suspensão de direitos, entre outras. Não são todas as medidas decorrentes do poder de polícia executórias.

O ato de polícia para ser autoexecutório precisa ser ao mesmo tempo exigível e executório, ou seja, nem todos os atos decorrentes do poder de polícia são autoexecutórios.

> **Coercibilidade**: esse atributo informa que as determinações da Administração podem ser impostas coercitivamente ao administrado, ou seja, o particular é obrigado a observar os ditames da administração. Caso ocorra resistência por parte desse, a administração pública estará autorizada a usar força, independentemente de autorização judicial, para fazer com que seja cumprida a regra de polícia. Todavia, os meios utilizados pela administração devem ser legítimos, humanos e compatíveis com a urgência e a necessidade da medida adotada.

Classificação

O poder de polícia pode ser originário, no caso da Administração Pública direta e derivada. Quando diz respeito as autarquias, a doutrina orienta que fundações públicas, sociedade de economia mista e empresas públicas não possuem o poder de polícia em suas ações. Classificação:

Poder de Polícia Originário:
> Dado à Administração Pública Direta.

Poder de Polícia Delegado:
> Dado às pessoas da Administração Pública Indireta que possuem personalidade jurídica de direito público. Esse poder somente é proporcionado para as autarquias ligadas à Administração Indireta.

O poder de polícia não pode ser exercido por particulares ou por pessoas jurídicas de direito privado da administração indireta, entretanto, o STJ em uma recente decisão entendeu que os atos de consentimento de polícia e de fiscalização dessa, que por si só não têm natureza coercitiva, podem ser delegados às pessoas jurídicas de direito privado da Administração Indireta.

Meios de atuação

O poder de polícia pode ser exercido tanto preventivamente quanto repressivamente.

Prevenção: manifesta-se por meio da edição de atos normativos de alcance geral, tais como leis, decretos, resoluções, entre outros, e também por meio de várias medidas administrativas, tais como a fiscalização, a vistoria, a notificação, a licença, a autorização, entre outros.

Repressão: manifesta-se por meio da aplicação de punições, tais como multas, interdição de direitos, destruição de mercadorias etc.

Ciclo de polícia

O ciclo de polícia se refere às fases de atuação desse poder, ordem de polícia, consentimento, fiscalização e sanção de polícia, sendo assim, esse ciclo, para se completar, pode passar por quatro fases distintas:

Ordem de Polícia: é a Lei inovadora que tem trazido limites ou condições ao exercício de atividades privadas ou uso de bens.

Consentimento: é a autorização prévia fornecida pela Administração para a prática de determinada atividade privada ou para usar um bem.

Fiscalização: é a verificação, por parte da administração pública, para certificar-se de que o administrado está cumprindo as exigências contidas na ordem de polícia para a prática de determinada atividade privada ou uso de bem.

Sanção de Polícia: é a coerção imposta pela administração ao particular que pratica alguma atividade regulada por ordem de polícia em descumprimento com as exigências contidas.

É importante destacar que o ciclo de polícia não precisa necessariamente comportar essas quatro fases, pois as de ordem e fiscalização devem sempre estar presentes em qualquer atuação de polícia administrativa, todavia, as fases de consentimento e de sanção não estarão presentes em todos os ciclos de polícia.

Prescrição

O Prazo de Prescrição das ações punitivas decorrentes do exercício do poder de polícia é de **5 anos** para a esfera federal, conforme constata-se na redação do Art. 1º da Lei nº 9.873/99:

> Art. 1º. Prescreve em cinco anos a ação punitiva da Administração Pública Federal, direta e indireta, no exercício do poder de polícia, objetivando apurar infração a legislação em vigor, contados da data da prática do ato ou, no caso de infração permanente ou continuada, do dia em que tiver cessado.

Polícia administrativa x polícia judiciária

Polícia Administrativa: atua visando evitar a prática de infrações administrativas, tem natureza preventiva, entretanto, em alguns casos ela pode ser repressiva. A polícia administrativa atua sobre atividades privadas, bens ou direitos.

Polícia Judiciária: atua com o objetivo de reprimir a infração criminal, tem natureza repressiva, mas, em alguns casos, pode ser preventiva. Ao contrário da polícia administrativa que atua sobre atividades privadas, bens ou direitos, a atuação da judiciária recai sobre as pessoas.

Poder de polícia x prestação de serviços públicos

Não podemos confundir toda atuação estatal com a prestação de serviços públicos, pois, dentre as diversas atividades desempenhadas pela Administração Pública, temos, além da prestação de serviços públicos, o exercício do poder de polícia, o fomento, a intervenção na propriedade privada, entre outras.

Distingue-se o poder de polícia da prestação de serviços públicos, pois essa é uma atividade positiva, que se manifesta numa obrigação de fazer.

Poder de Polícia: atividade negativa, que traz a noção de não fazer, proibição, excepcionalmente pode trazer uma obrigação de fazer. Seu exercício sofre tributação mediante taxa e é indelegável a particulares.

Serviço Público: atividade positiva, que traz a noção de fazer algo. A sua remuneração se dá por meio da tarifa, que não é um tributo, mas sim, uma espécie de preço público, e o serviço público, mesmo sendo de titularidade exclusiva do Estado, é delegável a particulares.

4.3 Abuso de Poder

O administrador público tem que agir obrigatoriamente em obediência aos princípios constitucionais, do contrário, sua ação pode ser arbitrária e, consequentemente, ilegal, o que gerará o chamado abuso de poder.

Excesso de Poder: quando o agente público atua fora dos limites de sua esfera de competência.

Desvio de Poder: quando a atuação do agente, embora dentro de sua órbita de competência, contraria a finalidade explícita ou implícita na lei que determinou ou autorizou a sua atuação, tanto é desvio de poder a conduta contrária à finalidade geral (ou mediata) do ato – o interesse público –, quanto a que discrepe de sua finalidade específica (ou imediata).

Omissão de Poder: ocorre quando o agente público fica inerte diante de uma situação em que a lei impõe o uso do poder.

> Todos os atos que forem praticados com abuso de poder são ilegais e devem ser anulados; essa anulação pode acontecer tanto pela via administrativa quanto pela via judicial.
> O remédio constitucional para combater o abuso de poder é o Mandado de Segurança.

5. SERVIÇOS PÚBLICOS

5.1 Base Constitucional

Art. 175. Incumbe ao Poder Público, na forma da lei, diretamente ou sob regime de concessão ou permissão, sempre através de licitação, a prestação de serviços públicos.

Parágrafo único. A lei disporá sobre:

I. O regime das empresas concessionárias e permissionárias de serviços públicos, o caráter especial de seu contrato e de sua prorrogação, bem como as condições de caducidade, fiscalização e rescisão da concessão ou permissão;

II. Os direitos dos usuários;

III. Política tarifária;

IV. A obrigação de manter serviço adequado.

Conforme a redação desse artigo, vemos que incumbe ao Poder Público a prestação direta dos serviços públicos ou, sob delegação (concessão ou permissão), a prestação indireta.

Poder Público a que o artigo se refere são as entidades da Administração Direta e Indireta. Assim, a prestação direta dos serviços públicos é a realizada pelas entidades direta e da Administração Indireta, e a prestação indireta é a prestação executada por delegação por um particular, seja por meio de concessão ou permissão.

Os serviços públicos são, conceituados em sentido estrito, se referem aos serviços que têm a possibilidade de serem explorados com o intuito de lucro, relaciona-se com a atividade econômica em sentido amplo. É importante ressaltar que o Art. 175 da Constituição Federal se enquadra no título VI (Da Ordem Econômica e Financeira).

Características dos Serviços Públicos (Estrito):

Referem-se às atividades econômicas em sentido amplo.

Têm a possibilidade de serem explorados com o intuito de lucro.

Não Perde a Natureza de Serviço Público:

Titularidade exclusiva do Poder Público.

Pode ser prestado por particular mediante delegação:

> Quando prestado por delegação pelo particular, tal atividade é fiscalizada pelo poder público por meio do exercício do poder disciplinar.

> Atividades prestadas pelo Estado como serviço público e que, ao mesmo tempo, são abertas à livre iniciativa.

Atividades Relacionadas aos Direitos Fundamentais Sociais (Art. 6º CF):

> São atividades de natureza essencial à sobrevivência e ao desenvolvimento da sociedade.

> A prestação dessas atividades é um dever do Estado, por isso, não podem ser exploradas pelo Poder Público com o intuito de lucro.

> Não existe delegação dessas atividades a particulares.

> Os particulares têm o direito de explorar tais atividades, sem delegação do poder público, sob fiscalização decorrente do exercício do poder de Polícia.

Serviços de Educação, Saúde, Assistência Social:

Se prestado pelo Estado, é um serviço público, caso seja oferecido por particular, não se enquadra como serviço público e sim como privado. Todavia, o foco desse capítulo são os serviços públicos de titularidade exclusiva do Estado, possíveis de serem explorados economicamente com o intuito de lucro e que podem ser prestados por particular mediante delegação. Assim sendo, quando nos referirmos aos serviços públicos, em regra, não estaremos nos reportando às atividades prestadas pelo Estado como serviço público e que ao mesmo tempo podem ser oferecidas livremente pelo particular sob fiscalização do poder de polícia.

5.2 Elementos Definidores de uma Atividade sendo Serviço Público

Material

O elemento material se refere a uma atividade administrativa que visa à prestação de utilidade ou comodidade material, que possa ser fruível, individual ou coletivamente, pelos administrados, sejam elas vitais ou secundárias às necessidades da sociedade.

Esse elemento exclui da noção de serviço público várias atividades estatais, como:

> Atividade legislativa.
> Atividade jurisdicional.
> Poder de polícia.
> Fomento.
> Intervenção.
> Atividades internas (atividade-meio da Administração Pública).
> Obras públicas.

Subjetivo / orgânico

A titularidade do serviço é exclusiva do estado.

Formal

A prestação do serviço público é submetida a Regime Jurídico de Direito Público.

Conceito

Serviço público é atividade administrativa concreta traduzida em prestações que diretamente representem, em si mesmas, utilidades ou comodidades materiais para a população em geral, executada sob regime jurídico de direito público pela Administração Pública, ou, se for o caso, por particulares delegatários (concessionários e permissionários ou, ainda, em restritas hipóteses, detentores de autorização de serviço público[1]).

Observem que tal conceito tenta satisfazer a necessidade da presença dos elementos caracterizadores dos serviços públicos.

---

1 ALEXANDRINO, Marcelo & PAULO Vicente – Direito Administrativo Descomplicado, pg. 685 – 20ª Edição – Editora Método.

5.3 Classificação dos Serviços Públicos

Essenciais e úteis

Serviços Públicos Essenciais

São serviços essenciais à própria sobrevivência da sociedade; Devem ser garantidos pelo Estado.

Ex.: Serviços públicos que estejam relacionados aos direitos fundamentais sociais, como o saneamento básico.

Serviços Públicos de Utilidade Pública

Não são essenciais à sobrevivência da sociedade, mas sua prestação é útil ou conveniente a ela, pois proporciona maior bem estar.

Ex.: Telefonia.

Serviços públicos gerais e individuais

Serviços Públicos Gerais (*uti universi*)
> STF: Serviço Público indivisível.
> Prestado à coletividade.
> Usuários indeterminados e indetermináveis.

Serviços Públicos Individuais/específicos/singulares (*uti singuli*)
> STF: Serviço Público divisível.
> Prestados a beneficiários determinados.
> Podem ser remunerados mediante a cobrança de tarifas.

Serviços públicos delegáveis e indelegáveis

Serviços Públicos Delegáveis
> São prestados pelo Estado centralizadamente.
> São oferecidos também por meio de descentralização:
>> » Serviços ou outorga legal: Administração Indireta.
>> » Colaboração ou delegação: particulares.

Serviços Públicos Indelegáveis
> Somente podem ser prestados pelo Estado centralizadamente ou por entidade da administração indireta de direito público.
> Exige para a sua prestação o exercício do poder de império do Estado.

Serviços administrativos, sociais e econômicos

Serviços Administrativos
> São atividades internas da Administração (atividade-meio).
> Não são diretamente fruível pela população.
> O benefício gerado à coletividade é indireto.

Serviços Públicos Sociais
> Todos os serviços públicos que correspondem às atividades do Art. 6º (Direitos fundamentais sociais).
> Prestação obrigatória pelo Estado sob regime jurídico de direito público.
> Podem ser livremente prestados por particular sob regime jurídico de direito privado (nesse caso não é serviço público, mas, sim, serviço privado).

Serviços Públicos Econômicos
> Descritos no Art. 175 da CF.
> Atividade econômica em sentido amplo.
> Podem ser explorados com o intuito de lucro.
> Titularidade exclusiva do Estado.
> Pode ser delegado a particulares.

Serviço público adequado

A definição de serviço público adequado é feita pelo Art. 6º, §1º, da Lei nº 8.987/95:

Art. 6º, §1º. Serviço adequado é o que satisfaz as condições de regularidade, continuidade, eficiência, segurança, atualidade, generalidade, cortesia na sua prestação e modicidade das tarifas.

5.4 Princípios dos Serviços Públicos

Com base no conceito acima exposto de serviço público adequado, constatamos que são princípios da boa prestação dos serviços públicos, além dos princípios fundamentais da Administração Pública, o exposto na redação de tal conceito, sendo assim, vamos analisar os princípios descritos no Art. 6º, §1º.

Regularidade: o padrão de qualidade da prestação do serviço deve ser sempre o mesmo e suficiente para atender com adequação as necessidades dos usuários.

Continuidade dos Serviços Públicos: os serviços públicos não podem ser interrompidos, salvo em situações de emergência ou mediante aviso prévio do prestador, tais como ocorre em casos de inadimplência ou quando o prestador pretende realizar manutenção nos equipamentos necessários à boa prestação do serviço.

Eficiência: na prestação dos serviços públicos, devem ser observados o custo e o benefício.

Segurança: os serviços devem ser prestados sem riscos aos usuários e esses não podem expor sua saúde em perigos na utilização do serviço.

Atualidade: busca constante de atualizações de tecnologia e técnicas empregadas, bem como da qualificação de pessoal. A adequação na prestação às novas tecnologias tem como finalidade melhorar o alcance e a eficiência da prestação.

Generalidade: a prestação de serviços públicos não distingue usuários, ou seja, é igual para todos.

Cortesia na prestação: os prestadores dos serviços públicos devem tratar bem os usuários.

Modicidade das Tarifas: as tarifas oriundas da prestação dos serviços públicos devem ter valores razoáveis para os usuários. A finalidade dessa regra é garantir o acesso aos serviços públicos ao maior número de usufruidores possíveis. Quanto mais essencial for o serviço, mais barata será a tarifa e, em alguns casos, pode até mesmo chegar à zero.

5.5 Formas de Prestação dos Serviços Públicos

Prestação Centralizada: a pessoa política titular do serviço público faz a prestação por meio dos seus próprios órgãos.

Prestação Descentralizada: a pessoa política transfere a execução do serviço público para outra pessoa.

Modalidades

Prestação Descentralizada por Serviços/Outorga Legal: a pessoa política titular do serviço público transfere a sua titularidade e a sua execução para uma entidade integrante da administração indireta.

Prestação Descentralizada por Colaboração/Delegação: a pessoa política transfere somente a execução do serviço público, por delegação a um particular, que vai executá-lo por sua conta e risco. Ex.: Concessões, Permissões e Autorizações de Serviços Públicos.

Prestação Desconcentrada: o serviço é executado por um órgão, com competência específica para prestá-lo, integrante da estrutura da pessoa jurídica que detém a titularidade do serviço[2].

Prestação Desconcentrada Centralizada: o órgão competente para prestar o serviço integra a estrutura de uma entidade da Administração Direta.

Prestação Desconcentrada Descentralizada: o órgão competente para prestar o serviço integra a estrutura de uma entidade da Administração Indireta.

A prestação feita por delegação não caracteriza prestação desconcentrada descentralizada, pois, para isso, seria necessário que o particular delegado tivesse a titularidade do serviço público, o que não acontece na delegação, que transfere somente a execução do serviço e mantém a titularidade com o poder concedente.

Prestação Direta: é a prestação feita pelo Poder Público, que é sinônimo de Administração Direta e Indireta, sendo assim, prestação direta é a do serviço público feita pelas entidades da Administração Direta e também pelas Indiretas.

Prestação Indireta: é a prestação do serviço público feita por particulares mediante delegação da execução.

5.6 Concessão e Permissão e Serviço Público

Base Constitucional

Art. 22, XXVII, CF. Compete privativamente à União legislar sobre: normas gerais de licitação e contratação, em todas as modalidades, para as administrações públicas diretas, autárquicas e fundacionais da União, Estados, Distrito Federal e Municípios, obedecido o disposto no Art. 37, XXI, e para as empresas públicas e sociedades de economia mista, nos termos do Art. 173, § 1º, III;

Art. 175, Parágrafo único: A lei disporá sobre:

I. O regime das empresas concessionárias e permissionárias de serviços públicos, o caráter especial de seu contrato e de sua prorrogação, bem como as condições de caducidade, fiscalização e rescisão da concessão ou permissão;

II. Os direitos dos usuários;

III. Política tarifária;

IV. A obrigação de manter serviço adequado.

5.7 Competência para a Edição de Normas

Normas gerais

Competência privativa da União (Art. 22, XXVII, CF).

Lei 8.987/95: institui normas gerais sobre o regime de concessão ou permissão de serviço público.

Lei 11.079/04: institui normas gerais para licitação e contratação de parceria público-privada no âmbito da Administração Pública.

As duas leis acima descritas são nacionais, ou seja, são leis criadas pela União e que devem obrigatoriamente ser observadas pela União, Estados, DF e Municípios. Todavia, a Lei 11.079/04 tem um núcleo que é aplicável somente à Administração Pública Federal, em outras palavras, ela traça normas gerais para todos os entes federados e ainda traz algumas específicas que são aplicadas somente à Administração Pública Federal.

Normas específicas

Cada ente federal cria as suas próprias normas específicas.

Lei 8.987/95: institui normas gerais sobre o regime de concessão e permissão da prestação de serviços públicos.

É importante observar que, com base no Art. 1º da Lei 8.987/95, é aplicável aos contratos de concessão e permissão de serviços públicos, naquilo que lhes couber, as disposições contidas na Lei 8.666/93 (licitação e contratos administrativos). Tal lei visa regulamentar as regras contidas no parágrafo único do Art. 175 da CF.

Conceito de concessão e permissão de serviço público

Poder Concedente: a União, o Estado, o Distrito Federal ou o Município, em cuja competência se encontre o serviço público, precedido ou não da execução de obra pública, objeto de concessão ou permissão (Art. 2º, I).

Concessão de Serviço Público: a delegação de sua prestação, feita pelo poder concedente, mediante licitação, na modalidade de concorrência, à pessoa jurídica ou consórcio de empresas que demonstre capacidade para seu desempenho, por sua conta e risco e por prazo determinado (Art. 2º, II).

Concessão de Serviço Público precedida da Execução de Obra Pública: a construção, total ou parcial, conservação, reforma, ampliação ou melhoramento de quaisquer obras de interesse público, delegada pelo poder concedente, mediante licitação, na modalidade de concorrência, à pessoa jurídica ou a consórcio de empresas que demonstre capacidade para a sua realização, por sua conta e risco, de forma que o investimento da concessionária seja remunerado e amortizado mediante a exploração do serviço ou da obra por prazo determinado (Art. 2º, III).

Permissão de Serviço Público: a delegação, a título precário, mediante licitação, da prestação de serviços públicos, feita pelo poder concedente à pessoa física ou jurídica que demonstre capacidade para seu desempenho, por sua conta e risco (Art. 2º, IV).

---

2 ALEXANDRINO, Marcelo & PAULO Vicente – Direito Administrativo Descomplicado, pg. 696 – 20ª Edição – Editora Método.

Características comuns das concessões e permissões

São delegações de prestação de serviço público;

Transferem somente a execução do serviço público, ficando a titularidade com o poder público concedente;

A prestação do serviço é por conta e risco do particular;

O poder concedente fiscaliza a prestação feita pelo particular em decorrência do exercício do poder disciplinar;

O particular tem o dever de prestar um serviço público adequado:

> Descumprimento.
> Intervenção.
> Aplicação de penalidade administrativa.
> Extinção por caducidade.

Duração por prazo determinado, podendo o contrato prever sua prorrogação, estipulando as condições;

A execução indireta por delegação (concessão ou permissão) depende de lei autorizativa;

São sempre precedidos de licitação.

Diferenças entre a concessão e permissão de serviços públicos

Art. 2º da Lei 9.074/95: É vedado à União, aos Estados, ao Distrito Federal e aos Municípios executarem obras e serviços públicos por meio de concessão e permissão de serviço público, sem lei que lhes autorize e fixe os termos, dispensada a lei autorizativa nos casos de saneamento básico e limpeza urbana e nos já referidos na Constituição Federal, nas Constituições Estaduais e nas Leis Orgânicas do Distrito Federal e Municípios, observado, em qualquer caso, os termos da Lei nº 8.987, de 1995.

Concessão	Permissão
Sempre licitação na modalidade concorrência.	Sempre licitação, todavia, admite outras modalidades e não somente concorrência.
Natureza contratual.	Natureza contratual: contrato de adesão (Art. 40).
Celebração do contrato: pessoa jurídica ou Consórcio de empresas.	Celebração do contrato: pessoa jurídica ou pessoa física.
Não há precariedade.	Delegação a título precário.
Não é cabível revogação do contrato.	Revogabilidade unilateral do contrato pelo poder concedente.

5.8 Autorização de Serviço Público

Autorização de serviço público é o ato discricionário, mediante o qual o Poder Público delega ao particular, a título precário, a prestação de serviço público que não exija alto investimento de capital ou alto grau de especialização técnica.

Características do termo de Autorização

> Tem natureza precária/discricionária:
>> É discricionária a autorização.
>> Pode ser revogada unilateralmente pela Administração Pública por razões de conveniência e oportunidade.
> Em regra, não tem prazo determinado.
> A revogação não acarreta direito à indenização.

Exceção: nos casos de autorização por prazo certo, ou seja, com tempo determinado no ato de autorização, a revogação antes do término do prazo pode ensejar ao particular o direito à indenização.

Cabimento da Autorização de Serviços Públicos

> Casos em que o serviço seja prestado a um grupo restrito de usuários, sendo o seu beneficiário exclusivo ou principal o próprio particular autorizado.

Ex.: Exploração de serviços de telecomunicação em regime privado, que é autorizada a prestação por usuário restrito que é o seu único beneficiário: operador privado de rádioamador.

> Situações de emergência, transitórias e eventuais.

Diferença entre Autorização de Serviços Públicos e a Autorização do Poder de Polícia

Autorização de Serviço Público	Autorização do poder de Polícia
Concede ao particular o exercício de atividade cuja titularidade é exclusiva do poder público.	Concede ao particular o exercício de atividades regidas pelo direito privado, livre à iniciativa privada.

Características comuns entre Concessão, Autorização e Permissão de Serviços Públicos

São formas de delegação da prestação de serviços públicos.

> Transferem somente a execução da atividade e não a sua titularidade.

As delegações de serviço público são fiscalizadas em decorrência do Poder Disciplinar da Administração Pública.

5.9 Diferenças entre Concessão, Permissão e Autorização de Serviços Públicos

Concessão	Permissão	Autorização
Sempre licitação na modalidade concorrência.	Sempre licitação, todavia, admite outras modalidades e não somente concorrência.	Não há licitação.
Natureza contratual.	Natureza contratual: contrato de adesão (Art. 40).	Ato administrativo.
Celebração do contrato: pessoa jurídica ou consórcio de empresas.	Celebração do contrato: pessoa jurídica ou pessoa física.	Concessão da Autorização pode ser feita para pessoa física, jurídica ou consórcio de empresas.
Não há precariedade.	Delegação a título precário.	Ato administrativo precário.
Não é cabível revogação do contrato.	Revogabilidade unilateral do contrato pelo poder concedente.	Revogável unilateralmente pelo Poder Concedente.

SERVIÇOS PÚBLICOS

5.10 Parcerias Público-Privadas

A Parceria Público-Privada (PPP), cujas normas gerais encontram-se traçadas na Lei nº 11.079/2004, é um contrato de prestação de obras ou serviços com valor não inferior a R$ 20 milhões firmado entre empresa privada e o governo federal, estadual ou municipal, com duração mínima de cinco e no máximo 35 anos.

Disposições preliminares

A Lei nº 11.079/2004 institui **normas gerais para licitação e contratação de parceria público-privada** no âmbito dos Poderes:

> Da União.
> Dos Estados.
> Do Distrito Federal.
> Dos Municípios.

Da mesma forma, essa lei também é aplicada para:

> Órgãos da Administração Pública **Direita**;
> Administração Pública **Indireta** (autarquias, fundações públicas, empresas públicas, sociedades de economia mista);
> **Fundos Especiais**;
> **Entidades Controladas** (direta ou indiretamente pela União, Estados, Distrito Federal e Municípios).

A parceria público-privada é um **Contrato administrativo de concessão**, podendo adotar duas modalidades:

Concessão Patrocinada

É a concessão de serviços públicos ou de obras públicas de que trata a Lei nº 8.987, de 13 de fevereiro de 1995, quando envolver, adicionalmente à tarifa cobrada dos usuários **contraprestação pecuniária do parceiro público ao parceiro privado**.

As concessões patrocinadas regem-se Lei nº 11.079/2004, aplicando subsidiariamente o disposto na Lei nº 8.987, de 13 de fevereiro de 1995, e nas leis que lhe são correlatas.

Concessão Administrativa

É o contrato de prestação de serviços de que a Administração Pública seja a usuária direta ou indireta, ainda que envolva execução de obra ou fornecimento e instalação de bens.

As concessões administrativas regem-se pela Lei nº 11.079/2004, aplicado adicionalmente o disposto nos Arts. 21, 23, 25 e 27 a 39 da Lei nº 8.987, de 13 de fevereiro de 1995, e Art. 31 da Lei nº 9.074, de 7 de julho de 1995.

A concessão comum não constitui parceria público-privada – assim entendida a concessão de serviços públicos ou de obras públicas de que trata a Lei nº 8.987/1995, quando não envolver contraprestação pecuniária do parceiro público ao parceiro privado. Os contratos administrativos de concessão comum continuam sendo regidos exclusivamente pela Lei nº 8.987/1995 demais legislação correlata.

Concessão Patrocinada → contraprestação paga pela Administração + tarifa paga pelo usuário.
Concessão Administrativa → contraprestação paga pela Administração.

Os contratos administrativos **que não caracterizem concessão** comum, patrocinada ou administrativa continuam regidos exclusivamente pela Lei nº 8.666/1993 e pelas leis que lhe são correlatas.

É **vedada a celebração** de contrato de parceria público-privada:

> Cujo valor do contrato seja **inferior a R$ 20.000.000,00** (vinte milhões de reais).
> Cujo período de prestação do serviço seja **inferior a cinco anos**.
> Que tenha como **objeto único** o fornecimento de mão de obra, o fornecimento e instalação de equipamentos ou a execução de obra pública.

Diretrizes que devem ser observadas na contratação de parceria público-privada:

> Eficiência no cumprimento das missões de Estado e no emprego dos recursos da sociedade.
> Respeito aos interesses e direitos dos destinatários dos serviços e dos entes privados incumbidos da sua execução.
> Indelegabilidade das funções de regulação, jurisdicional, do exercício do poder de polícia e de outras atividades exclusivas do Estado.
> Responsabilidade fiscal na celebração e execução das parcerias.
> Transparência dos procedimentos e das decisões.
> Repartição objetiva de riscos entre as partes.
> Sustentabilidade financeira e vantagens socioeconômicas dos projetos de parceria.

5.11 Contratos de Parceria Público-Privada

As cláusulas dos contratos de parceria público-privada atenderão ao disposto no Art. 23 da Lei nº 8.987/1995, no que couber, devendo também prever:

> O **prazo de vigência** do contrato, compatível com a amortização dos investimentos realizados, não inferior a cinco, nem superior a 35 anos, incluindo eventual prorrogação.
> As **penalidades aplicáveis** à Administração Pública e ao parceiro privado em caso de inadimplemento contratual, fixadas sempre de forma proporcional à gravidade da falta cometida, e às obrigações assumidas.
> A **repartição de riscos** entre as partes, inclusive os referentes a caso fortuito, força maior, fato do príncipe e álea econômica extraordinária.
> As formas de remuneração e de atualização dos valores contratuais.

> Os mecanismos para a preservação da atualidade da prestação dos serviços.
> Os fatos que caracterizem a inadimplência pecuniária do parceiro público, os modos e o prazo de regularização e, quando houver, a forma de acionamento da garantia.
> Os critérios objetivos de avaliação do desempenho do parceiro privado.
> A prestação, pelo parceiro privado, de garantias de execução suficientes e compatíveis com os ônus e riscos envolvidos, observados os limites dos §§ 3º e 5º do Art. 56 da Lei nº 8.666, de 21 de junho de 1993, e, no que se refere às concessões patrocinadas, o disposto no inciso XV do Art. 18 da Lei nº 8.987, de 13 de fevereiro de 1995.
> O compartilhamento com a Administração Pública de ganhos econômicos efetivos do parceiro privado decorrentes da redução do risco de crédito dos financiamentos utilizados pelo parceiro privado.
> A realização de vistoria dos bens reversíveis, podendo o parceiro público reter os pagamentos ao privado, no valor necessário para reparar as irregularidades eventualmente detectadas.
> O cronograma e os marcos para o repasse ao parceiro privado das parcelas do aporte de recursos, na fase de investimentos do projeto e/ou após a disponibilização dos serviços, sempre que verificada a hipótese do § 2º do Art. 6º da Lei 11.079/2004.

As cláusulas contratuais de atualização automática de valores baseadas em índices e fórmulas matemáticas, quando houver, serão aplicadas sem necessidade de homologação pela Administração Pública, exceto se essa publicar na imprensa oficial, onde houver, até o prazo de 15 dias após apresentação da fatura, razões fundamentadas nesta Lei ou no contrato para a rejeição da atualização.

Os contratos poderão prever adicionalmente:

> Os requisitos e condições em que o parceiro público autorizará a transferência do controle da sociedade de propósito específico para os seus financiadores, com o objetivo de promover a sua reestruturação financeira e assegurar a continuidade da prestação dos serviços, não se aplicando para esse efeito o previsto no inciso I do parágrafo único do Art. 27 da Lei nº 8.987, de 13 de fevereiro de 1995.
> A possibilidade de emissão de empenho em nome dos financiadores do projeto em relação às obrigações pecuniárias da Administração Pública.
> A legitimidade dos financiadores do projeto para receber indenizações por extinção antecipada do contrato, bem como pagamentos efetuados pelos fundos e empresas estatais garantidores de parcerias público-privadas.

A **contraprestação da administração pública** nos contratos de parceria público-privada poderá ser feita por:

> Ordem bancária.
> Cessão de créditos não tributários.
> Outorga de direitos em face da Administração Pública.
> Outorga de direitos sobre bens públicos dominicais.
> Outros meios admitidos em lei.

O contrato poderá prever o pagamento ao parceiro privado de **remuneração variável** vinculada ao seu desempenho, conforme metas e padrões de qualidade e disponibilidade definidos no contrato.

O contrato poderá prever o **aporte de recursos** em favor do parceiro privado para a **realização de obras e aquisição de bens reversíveis**, nos termos dos incisos X e XI do caput do Art. 18 da Lei nº 8.987, de 13 de fevereiro de 1995, desde que autorizado no edital de licitação, se contratos novos, ou em lei específica, se contratos **celebrados até 8 de agosto de 2012.**

O valor desse aporte de poderá ser excluído da determinação:

> Do lucro líquido para fins de apuração do lucro real e da base de cálculo da Contribuição Social sobre o Lucro Líquido – CSLL.
> Da base de cálculo da Contribuição para o PIS/Pasep e da Contribuição para o Financiamento da Seguridade Social – Cofins.

Essa parcela excluída deverá ser computada na determinação do lucro líquido para fins de apuração do lucro real, da base de cálculo da CSLL e da base de cálculo da Contribuição para o PIS/Pasep e da Cofins, na proporção em que o custo para a realização de obras e aquisição de bens a que se refere o § 2º deste artigo for realizado, inclusive mediante depreciação ou extinção da concessão, nos termos do Art. 35 da Lei nº 8.987, de 13 de fevereiro de 1995.

Por ocasião da **extinção do contrato**, o parceiro privado **não receberá indenização** pelas parcelas de investimentos vinculados a **bens reversíveis ainda não amortizadas** ou **depreciadas**, quando tais investimentos houverem sido **realizados com valores provenientes do aporte de recursos acima tratado**.

A **contraprestação** da Administração Pública será **obrigatoriamente precedida da disponibilização do serviço objeto do contrato de parceria público-privada.**

É facultado à Administração Pública, nos termos do contrato, efetuar o pagamento da contraprestação relativa a parcela fruível do serviço objeto do contrato de parceria público-privada.

O aporte de recursos acima tratado, quando realizado durante a fase dos investimentos a cargo do parceiro privado, deverá guardar proporcionalidade com as etapas efetivamente executadas.

Garantias

As obrigações pecuniárias contraídas pela Administração Pública em contrato de parceria público-privada poderão ser garantidas mediante:

> Vinculação de receitas, observado o disposto no inciso IV do Art. 167 da Constituição Federal.
> Instituição ou utilização de fundos especiais previstos em lei.
> Contratação de seguro-garantia com as companhias seguradoras que não sejam controladas pelo Poder Público.

SERVIÇOS PÚBLICOS

> Garantia prestada por organismos internacionais ou instituições financeiras que não sejam controladas pelo Poder Público.
> Garantias prestadas por fundo garantidor ou empresa estatal criada para essa finalidade.
> Outros mecanismos admitidos em lei.

Sociedade de propósito específico

Antes da celebração do contrato, deverá ser constituída **sociedade de propósito específico**, incumbida de **implantar e gerir o objeto da parceria**.

A transferência do controle da sociedade de propósito específico estará condicionada à autorização expressa da Administração Pública, nos termos do edital e do contrato, observado o disposto no parágrafo único do Art. 27 da Lei nº 8.987/1995.

A sociedade de propósito específico poderá assumir a **forma de companhia aberta**, com **valores mobiliários admitidos a negociação no mercado**. Tal sociedade também deverá obedecer a padrões de governança corporativa e adotar contabilidade e demonstrações financeiras padronizadas, conforme regulamento.

Fica **vedado à Administração Pública ser titular da maioria do capital votante dessas sociedades**. Entretanto, essa vedação não se aplica à eventual aquisição da maioria do capital votante da sociedade de propósito específico por instituição financeira controlada pelo Poder Público em caso de inadimplemento de contratos de financiamento.

Licitação

De acordo com o Art. 10 da Lei 11.079/04, contratação de parceria público-privada será precedida de licitação na modalidade de concorrência, estando a abertura do processo licitatório condicionada a:

I. Autorização da autoridade competente, fundamentada em estudo técnico que demonstre:

a) A conveniência e a oportunidade da contratação, mediante identificação das razões que justifiquem a opção pela forma de parceria público-privada.

b) Que as despesas criadas ou aumentadas não afetarão as metas de resultados fiscais previstas no Anexo referido no § 1º do Art. 4º da Lei Complementar nº 101, de 4 de maio de 2000, devendo seus efeitos financeiros, nos períodos seguintes, ser compensados pelo aumento permanente de receita ou pela redução permanente de despesa.

c) Quando for o caso, conforme as normas editadas na forma do Art. 25 desta Lei, a observância dos limites e condições decorrentes da aplicação dos Arts. 29, 30 e 32 da Lei Complementar nº 101, de 4 de maio de 2000, pelas obrigações contraídas pela Administração Pública relativas ao objeto do contrato.

A comprovação referida nas alíneas **b** e **c** acima citadas conterá as premissas e metodologia de cálculo utilizadas, observadas as normas gerais para consolidação das contas públicas, sem prejuízo do exame de compatibilidade das despesas com as demais normas do plano plurianual e da lei de diretrizes orçamentárias.

II. Elaboração de estimativa do impacto orçamentário-financeiro nos exercícios em que deva vigorar o contrato de parceria público-privada;

III. Declaração do ordenador da despesa de que as obrigações contraídas pela Administração Pública no decorrer do contrato são compatíveis com a lei de diretrizes orçamentárias e estão previstas na lei orçamentária anual;

IV. Estimativa do fluxo de recursos públicos suficientes para o cumprimento, durante a vigência do contrato e por exercício financeiro, das obrigações contraídas pela Administração Pública;

V. Seu objeto estar previsto no plano plurianual em vigor no âmbito onde o contrato será celebrado;

VI. Submissão da minuta de edital e de contrato à consulta pública, mediante publicação na imprensa oficial, em jornais de grande circulação e por meio eletrônico, que deverá informar a justificativa para a contratação, a identificação do objeto, o prazo de duração do contrato, seu valor estimado, fixando-se tempo mínimo de 30 (trinta) dias para recebimento de sugestões, cujo termo dar-se-á pelo menos 7 (sete) dias antes da data prevista para a publicação do edital; e

VIII. Licença ambiental prévia ou expedição das diretrizes para o licenciamento ambiental do empreendimento, na forma do regulamento, sempre que o objeto do contrato exigir.

Sempre que a assinatura do contrato ocorrer em exercício diverso daquele em que for publicado o edital, deverá ser precedida da atualização dos estudos e demonstrações a que se referem os itens I a IV acima citados.

As concessões patrocinadas em que mais de **70% da remuneração do parceiro privado for paga pela Administração Pública** dependerão de **autorização legislativa específica.**

Os estudos de engenharia para a definição do valor do investimento da PPP deverão ter nível de detalhamento de anteprojeto, e o valor dos investimentos para definição do preço de referência para a licitação será calculado com base em preços de mercado considerando o custo global de obras semelhantes no Brasil ou no exterior ou com base em sistemas de custos que utilizem como insumo valores de mercado do setor específico do projeto, aferidos, em qualquer caso, mediante orçamento sintético, elaborado por meio de metodologia expedita ou paramétrica.

O **instrumento convocatório** conterá minuta do contrato, indicará expressamente a submissão da licitação às normas da Lei 11.079/2004 e observará, no que couber, os §§ 3º e 4º do Art. 15, os Arts. 18, 19 e 21 da Lei nº 8.987, de 13 de fevereiro de 1995, **podendo ainda prever:**

> Exigência de garantia de proposta do licitante, observado o limite do inciso III do Art. 31 da Lei nº 8.666, de 21 de junho de 1993.

> O emprego dos mecanismos privados de resolução de disputas, inclusive a arbitragem, a ser realizada no Brasil e em língua portuguesa, nos termos da Lei nº 9.307, de 23 de setembro de 1996, para dirimir conflitos decorrentes ou relacionados ao contrato.

O edital deverá especificar, quando houver, as garantias da contraprestação do parceiro público a serem concedidas ao privado.

Art. 12. O certame para a contratação de parcerias público-privadas obedecerá ao procedimento previsto na legislação vigente sobre licitações e contratos administrativos e também ao seguinte:

I. O julgamento poderá ser precedido de etapa de qualificação de propostas técnicas, desclassificando-se os licitantes que não alcançarem a pontuação mínima, os quais não participarão das etapas seguintes;

II. *O julgamento poderá adotar como critérios, além dos previstos nos incisos I e V do Art. 15 da Lei nº 8.987, de 13 de fevereiro de 1995, os seguintes:*

a) *menor valor da contraprestação a ser paga pela Administração Pública;*

b) *melhor proposta em razão da combinação do critério da alínea a com o de melhor técnica, de acordo com os pesos estabelecidos no edital;*

III. *O edital definirá a forma de apresentação das propostas econômicas, admitindo-se:*

a) *propostas escritas em envelopes lacrados; ou*

b) *propostas escritas, seguidas de lances em viva voz;*

IV. *O edital poderá prever a possibilidade de saneamento de falhas, de complementação de insuficiências ou ainda de correções de caráter formal no curso do procedimento, desde que o licitante possa satisfazer as exigências dentro do prazo fixado no instrumento convocatório.*

No caso de **propostas escritas, seguidas de lances em viva voz** (verbais):

> Os lances em viva-voz serão sempre oferecidos na ordem inversa da classificação das propostas escritas, sendo vedado ao edital limitar a quantidade de propostas.

> O edital poderá restringir a apresentação de lances em viva-voz aos licitantes cuja proposta escrita for no máximo **20% maior que o valor da melhor proposta.**

O exame de propostas técnicas, para fins de qualificação ou julgamento, será feito por ato motivado, com base em exigências, parâmetros e indicadores de resultado pertinentes ao objeto, definidos com clareza e objetividade no edital. Este poderá prever a inversão da ordem das fases de habilitação e julgamento, hipótese em que:

I. *Encerrada a fase de classificação das propostas ou o oferecimento de lances, será aberto o invólucro com os documentos de habilitação do licitante mais bem classificado, para verificação do atendimento das condições fixadas no edital;*

II. *Verificado o atendimento das exigências do edital, o licitante será declarado vencedor;*

III. *Inabilitado o licitante melhor classificado, serão analisados os documentos habilitatórios do licitante com a proposta classificada em 2º (segundo) lugar, e assim, sucessivamente, até que um licitante classificado atenda às condições fixadas no edital;*

IV. *Proclamado o resultado final do certame, o objeto será adjudicado ao vencedor nas condições técnicas e econômicas por ele ofertadas.*

Disposições aplicáveis à união

Apesar de traçar normas gerais aplicáveis no âmbito Federal, Estadual, Distrital e Municipal, a Lei 11.079/2004 traz algumas regras específicas para a União.

Órgão gestor de parcerias público-privadas federais

Será instituído por **decreto** e com **competência** para:

> Definir os serviços prioritários para execução no regime de parceria público-privada.

> Disciplinar os procedimentos para celebração desses contratos.

> Autorizar a abertura da licitação e aprovar seu edital.

> Apreciar os relatórios de execução dos contratos.

Esse órgão será composto por indicação nominal de um representante titular e respectivo suplente de cada um dos seguintes órgãos:

> Ministério do Planejamento, Orçamento e Gestão, ao qual cumprirá a tarefa de coordenação das respectivas atividades.

> Ministério da Fazenda.

> Casa Civil da Presidência da República.

Das reuniões desse órgão para examinar projetos de parceria público-privada participará um representante do órgão da Administração Pública direta cuja área de competência seja pertinente ao objeto do contrato em análise.

Para deliberação do órgão gestor sobre a contratação de parceria público-privada, o expediente deverá estar instruído com pronunciamento prévio e fundamentado:

> Do Ministério do Planejamento, Orçamento e Gestão, sobre o mérito do projeto.

> Do Ministério da Fazenda, quanto à viabilidade da concessão da garantia e à sua forma, relativamente aos riscos para o Tesouro Nacional e ao cumprimento do limite de que trata o Art. 22 da Lei 11.079/2004.

Para o desempenho de suas funções, o órgão gestor de parcerias público-privadas federais poderá criar estrutura de apoio técnico com a presença de representantes de instituições públicas.

O órgão gestor de parcerias público-privadas federais remeterá ao Congresso Nacional e ao Tribunal de Contas da União, com periodicidade anual, relatórios de desempenho dos contratos de parceria público-privada (esse relatórios, salvo informações classificadas como sigilosas, serão disponibilizados ao público, por meio de rede pública de transmissão de dados).

Compete aos **Ministérios e às Agências Reguladoras**, nas suas respectivas áreas de competência, submeter o edital de licitação ao órgão gestor, proceder à licitação, acompanhar e fiscalizar os contratos de parceria público-privada.

Os Ministérios e Agências Reguladoras encaminharão ao órgão gestor de parcerias público-privadas federais, com **periodicidade semestral**, relatórios circunstanciados acerca da execução dos contratos de parceria público-privada, na forma definida em regulamento.

Ficam a União, seus fundos especiais, suas autarquias, suas fundações públicas e suas empresas estatais dependentes autorizadas a participar, no **limite global de R$ 6.000.000.000,00 (seis bilhões de reais)**, em Fundo Garantidor de Parcerias Público-Privadas - FGP que terá por finalidade prestar garantia de pagamento de obrigações pecuniárias assumidas pelos parceiros públicos federais, distritais, estaduais ou municipais em virtude das parcerias de que trata a Lei 11.079/2004.

O FGP terá natureza privada e patrimônio próprio separado do patrimônio dos cotistas, e será sujeito a direitos e obrigações próprios.

O patrimônio do Fundo será formado pelo aporte de bens e direitos realizado pelos cotistas, por meio da integralização de cotas e pelos rendimentos obtidos com sua administração.

Os bens e direitos transferidos ao Fundo serão avaliados por empresa especializada, que deverá apresentar laudo fundamentado, com indicação dos critérios de avaliação adotados e instruído com os documentos relativos aos bens julgados.

A integralização das cotas poderá ser realizada em dinheiro, títulos da dívida pública, bens imóveis dominicais, bens móveis, inclusive ações de sociedade de economia mista federal excedentes ao necessário para manutenção de seu controle pela União, ou outros direitos com valor patrimonial.

O FGP responderá por suas obrigações com os bens e direitos integrantes de seu patrimônio, não respondendo os cotistas por qualquer obrigação do Fundo, salvo pela integralização das cotas que subscreverem.

A integralização com bens acima referido será feita independentemente de licitação, mediante prévia avaliação e autorização específica do Presidente da República, por proposta do Ministro da Fazenda.

O aporte de bens de uso especial ou de uso comum no FGP será condicionado a sua desafetação de forma individualizada.

A capitalização do FGP, quando realizada por meio de recursos orçamentários, dar-se-á por ação orçamentária específica para essa finalidade, no âmbito de Encargos Financeiros da União.

O FGP será criado, administrado, gerido e representado judicial e extrajudicialmente por instituição financeira controlada, direta ou indiretamente, pela União, com observância das normas a que se refere o inciso XXII do Art. 4º da Lei nº 4.595, de 31 de dezembro de 1964.

O estatuto e o regulamento do FGP serão aprovados em assembleia dos cotistas. A representação da União na referida assembleia dar-se-á na forma do inciso V do Art. 10 do Decreto-Lei nº 147, de 3 de fevereiro de 1967.

Caberá à instituição financeira deliberar sobre a gestão e alienação dos bens e direitos do FGP, zelando pela manutenção de sua rentabilidade e liquidez.

O estatuto e o regulamento do FGP devem deliberar sobre a política de concessão de garantias, inclusive no que se refere à relação entre ativos e passivos do Fundo.

A garantia será prestada na forma aprovada pela assembleia dos cotistas, nas seguintes modalidades:

> Fiança, sem benefício de ordem para o fiador.
> Penhor de bens móveis ou de direitos integrantes do patrimônio do FGP, sem transferência da posse da coisa empenhada antes da execução da garantia.
> Hipoteca de bens imóveis do patrimônio do FGP.
> Alienação fiduciária, permanecendo a posse direta dos bens com o FGP ou com agente fiduciário por ele contratado antes da execução da garantia.
> Outros contratos que produzam efeito de garantia, desde que não transfiram a titularidade ou posse direta dos bens ao parceiro privado antes da execução da garantia.
> Garantia, real ou pessoal, vinculada a um patrimônio de afetação Constituído em decorrência da separação de bens e direitos pertencentes ao FGP.

O FGP poderá prestar contra-garantias a seguradoras, instituições financeiras e organismos internacionais que assegurarem o cumprimento das obrigações pecuniárias dos cotistas em contratos de parceria público-privadas.

A quitação pelo parceiro público de cada parcela de débito garantido pelo FGP importará exoneração proporcional da garantia.

O FGP poderá prestar garantia mediante contratação de instrumentos disponíveis em mercado, inclusive para complementação das modalidades acima previstas.

O parceiro privado poderá acionar o FGP nos casos de:

> Crédito líquido e certo, constante de título exigível aceito e não pago pelo parceiro público após 15 dias contados da data de vencimento; e
> Débitos constantes de faturas emitidas e não aceitas pelo parceiro público após 45 (quarenta e cinco) dias contados da data de vencimento, desde que não tenha havido rejeição expressa por ato motivado.

A quitação de débito pelo FGP importará sua sub-rogação nos direitos do parceiro privado. Em caso de inadimplemento, os bens e direitos do Fundo poderão ser objeto de constrição judicial e alienação para satisfazer as obrigações garantidas.

O FGP poderá usar parcela da cota da União para prestar garantia aos seus fundos especiais, às suas autarquias, às suas fundações públicas e às suas empresas estatais dependentes.

O FGP é obrigado a honrar faturas aceitas e não pagas pelo parceiro público. O FGP é proibido de pagar faturas rejeitadas expressamente por ato motivado.

O parceiro público deverá informar o FGP sobre qualquer fatura rejeitada e sobre os motivos da rejeição no prazo de 40 (quarenta) dias contado da data de vencimento.

A ausência de aceite ou rejeição expressa de fatura por parte do parceiro público no prazo de 40 (quarenta) dias contado da data de vencimento implicará aceitação tácita. O agente público que contribuir por ação ou omissão para essa aceitação tácita ou que rejeitar fatura sem motivação será responsabilizado pelos danos que causar, em conformidade com a legislação civil, administrativa e penal em vigor.

O FGP não pagará rendimentos a seus cotistas, assegurando-se a qualquer deles o direito de requerer o resgate total ou parcial de suas cotas, correspondente ao patrimônio ainda não utilizado para a concessão de garantias, fazendo-se a liquidação com base na situação patrimonial do Fundo.

A dissolução do FGP, deliberada pela assembleia dos cotistas, ficará condicionada à prévia quitação da totalidade dos débitos garantidos ou liberação das garantias pelos credores.

Dissolvido o FGP, o seu patrimônio será rateado entre os cotistas, com base na situação patrimonial à data da dissolução.

É facultada a constituição de patrimônio de afetação que não se comunicará com o restante da herança do FGP, ficando vinculado exclusivamente à garantia em virtude da qual tiver sido constituído, não podendo ser objeto de penhora, arresto, sequestro, busca e apreensão ou qualquer ato de constrição judicial decorrente de outras obrigações do FGP.

A constituição do patrimônio de afetação será feita por registro em Cartório de Registro de Títulos e Documentos ou, no caso de bem imóvel, no Cartório de Registro Imobiliário correspondente.

A União somente poderá contratar parceria público-privada quando a soma das despesas de caráter continuado derivadas do conjunto das parcerias já contratadas **não tiver excedido, no ano anterior, a 1% da receita corrente líquida** do exercício, e as despesas anuais dos contratos vigentes, **nos 10 anos subsequentes, não excedam a 1% da receita corrente líquida projetada para os respectivos exercícios.**

Disposições finais

Fica a União autorizada a conceder incentivo, nos termos do Programa de Incentivo à Implementação de Projetos de Interesse Social – PIPS, instituído pela Lei nº 10.735, de 11 de setembro de 2003, às aplicações em fundos de investimento, criados por instituições financeiras, em direitos creditórios provenientes dos contratos de parcerias público-privadas.

O Conselho Monetário Nacional estabelecerá, na forma da legislação pertinente, as diretrizes para a concessão de crédito destinado ao financiamento de contratos de parcerias público-privadas, bem como para participação de entidades fechadas de previdência complementar.

A Secretaria do Tesouro Nacional editará, na forma da legislação pertinente, normas gerais relativas à consolidação das contas públicas aplicáveis aos contratos de parceria público-privada.

O inciso I do § 1º do Art. 56 da Lei nº 8.666/1993, foi alterado pela Lei 11.079/2004, passando a vigorar com a seguinte redação:

> *Caução em dinheiro ou em títulos da dívida pública, devendo estes ter sido emitidos sob a forma escritural, mediante registro em sistema centralizado de liquidação e de custódia autorizado pelo Banco Central do Brasil e avaliados pelos seus valores econômicos, conforme definido pelo Ministério da Fazenda.*

As operações de crédito efetuadas por empresas públicas ou sociedades de economia mista controladas pela União não poderão exceder a 70% do total das fontes de recursos financeiros da sociedade de propósito específico, sendo que para as áreas das regiões Norte, Nordeste e Centro-Oeste, onde o Índice de Desenvolvimento Humano (IDH) seja inferior à média nacional, essa participação não poderá exceder a 80%.

Não poderão exceder a 80% do total das fontes de recursos financeiros da sociedade de propósito específico ou 90% nas áreas das regiões Norte, Nordeste e Centro-Oeste, onde o IDH seja inferior à média nacional, as operações de crédito ou contribuições de capital realizadas cumulativamente por:

> Entidades fechadas de previdência complementar.
> Empresas públicas ou sociedades de economia mista controladas pela União.

Para esses fins, financeiros as operações de crédito e contribuições de capital à sociedade entende-se por fonte de recursos de propósito específico.

A União não poderá conceder garantia ou realizar transferência voluntária aos Estados, Distrito Federal e Municípios se a soma das despesas de caráter continuado, derivadas do conjunto das parcerias já contratadas por esses entes, tiver excedido, no ano anterior, a 5% da receita corrente líquida do exercício ou se as despesas anuais dos contratos vigentes nos 10 anos subsequentes excederem a 5% da receita corrente líquida projetada para os respectivos exercícios.

Os Estados, o Distrito Federal e os Municípios que contratarem empreendimentos por intermédio de parcerias público-privadas deverão encaminhar ao Senado Federal e à Secretaria do Tesouro Nacional, previamente à contratação, as informações necessárias para cumprimento dessa determinação.

Na aplicação do limite previsto no caput deste artigo, serão computadas as despesas derivadas de contratos de parceria celebrados pela administração pública direta, autarquias, fundações públicas, empresas públicas, sociedades de economia mista e demais entidades controladas, direta ou indiretamente, pelo respectivo ente, excluídas as instituições estatais não dependentes.

Serão aplicáveis, no que couber, as penalidades previstas no Decreto-Lei nº 2.848, de 7 de dezembro de 1940 - Código Penal; na Lei nº 8.429, de 2 de junho de 1992 – Lei de Improbidade Administrativa; na Lei nº 10.028, de 19 de outubro de 2000 - Lei dos Crimes Fiscais; no Decreto-Lei nº 201, de 27 de fevereiro de 1967; e na Lei nº 1.079, de 10 de abril de 1950, sem prejuízo das penalidades financeiras previstas contratualmente.

ATO ADMINISTRATIVO

6. ATO ADMINISTRATIVO

6.1 Conceito de Ato Administrativo

Ato administrativo é toda manifestação unilateral de vontade da Administração Pública que, agindo nessa qualidade, tenha por fim imediato adquirir, resguardar, transferir, modificar, extinguir e declarar direitos, ou impor obrigações aos administrados ou a si própria.

Da prática dos atos administrativos gera-se:

> Superioridade
> Efeitos jurídicos

6.2 Elementos de Validade do Ato

Competência

Poderes que a lei confere aos agentes públicos para exercer funções com o mínimo de eficácia. A competência tem caráter instrumental, ou seja, é um instrumento outorgado para satisfazer interesses públicos – finalidade pública.

Características da Competência:

> Obrigatoriedade: ela é obrigatória para todos os agentes e órgãos públicos.
> Irrenunciabilidade: a competência é um poder-dever de agir e não pode ser renunciada pelo detentor do poder-dever. Contudo, tem caráter relativo uma vez que a competência pode ser delegada ou pode ocorrer a avocação.
> Intransferível: mesmo após a delegação, a competência pode ser retomada a qualquer tempo pelo titular do poder-dever, por meio da figura da revogação.
> Imodificável: pela vontade do agente, pois somente a lei determina competências.
> Imprescritível: a competência pode ser executada a qualquer tempo. Somente a lei pode exercer a função de determinar prazos prescricionais. **Ex.:** *o Art. 54 da Lei nº 9.784/99 determina o prazo decadência de cinco anos para anular atos benéficos para o administrado de boa-fé.*

Finalidade

Visa sempre ao interesse público e à finalidade específica prevista em lei. **Ex.:** *remoção de ofício.*

Forma

O ato administrativo é, em regra, formal e escrito.

Motivo

O motivo é a causa imediata do ato administrativo. É a situação de fato e de direito que determina ou autoriza a prática do ato, ou, em outras palavras, o pressuposto fático e jurídico (ou normativo) que enseja a prática do ato.

Art. 40, § 1º, II, "a", CF. Trata da aposentadoria por tempo de contribuição.

A Lei nº 9.784/99, que trata dos processos administrativos no âmbito da União, reza pelo Princípio do Informalismo, admitindo que existam atos verbais ou por meio de sinais (de acordo com o contexto).

Objeto

É o ato em si, ou seja, no caso da remoção o ato administrativo é o próprio instituto da remoção.

Ex.: Demissão: quanto ao ato de demissão deve ter o agente competente para determiná-lo (competência), depois disso, deve ser revertido de forma escrita (forma), a finalidade deve ser o interesse público (finalidade), o motivo deve ser embasado em lei, ou seja, os casos do Art. 132 da Lei nº 8.112/90, o objeto é o próprio instituto da demissão que está prescrito em lei.

6.3 Motivação

É a exteriorização por escrito dos motivos que levaram a produção do ato.

> Faz parte do elemento forma e não do motivo.
> Teoria dos Motivos Determinantes.

A motivação é elemento de controle de validade dos atos administrativos. Se ela for falsa, o ato é ilegal, independentemente da sua qualidade (discricionário ou vinculado).

Devem ser motivados:

> Todos os atos administrativos vinculados;
> Alguns atos administrativos discricionários (atos punitivos, que geram despesas, dentre outros).

A Lei nº 9.784/99, em seu Art. 50, traz um rol dos atos que devem ser motivados. Veja a seguir:

Art. 50. Os atos administrativos deverão ser motivados, com indicação dos fatos e dos fundamentos jurídicos, quando:

I. Neguem, limitem ou afetem direitos ou interesses;
II. Imponham ou agravem deveres, encargos ou sanções;
III. Decidam processos administrativos de concurso ou seleção pública;
IV. Dispensem ou declarem a inexigibilidade de processo licitatório;
V. Decidam recursos administrativos;
VI. Decorram de reexame de ofício;
VII. Deixem de aplicar jurisprudência firmada sobre a questão ou discrepem de pareceres, laudos, propostas e relatórios oficiais;
VIII. Importem anulação, revogação, suspensão ou convalidação de ato administrativo.

§ 1º - A motivação deve ser explícita, clara e congruente, podendo consistir em declaração de concordância com fundamentos de anteriores pareceres, informações, decisões ou propostas, que, nesse caso, serão parte integrante do ato.

§ 2º - Na solução de vários assuntos da mesma natureza, pode ser utilizado meio mecânico que reproduza os fundamentos das decisões, desde que não prejudique direito ou garantia dos interessados.

§ 3º - A motivação das decisões de órgãos colegiados e comissões ou de decisões orais constará da respectiva ata ou de termo escrito.

6.4 Atributos do Ato

Qualidades especiais dos atos administrativos que lhes asseguram uma qualidade jurídica superior a dos atos de direito privado.

Presunção de legitimidade e veracidade

Presume-se, em caráter relativo, que os atos da administração foram produzidos em conformidade com a lei e os fatos deles. Para os administrados são obrigatórios. Ocorre aqui, a inversão do ônus da prova (cabe ao administrado provar que o ato é vicioso).

Consequências

Imediata executoriedade do ato administrativo, mesmo impugnado pelo administrado. Até decisão que reconhece o vício ou susta os efeitos do ato.

Impossibilidade de o Poder Judiciário analisar, de ofício, elementos de validade do ato não expressamente impugnados pelo administrado.

Imperatividade

Imperativo, ou seja, é impositivo e independe da anuência do administrado.

Exceção

Atos negociais: a Administração concorda com uma pretensão do Administrado ou reconhece que ela satisfaz os requisitos para o exercício de certo direito (autorização e permissão – discricionário; licença - vinculado).

> Relacionado ao poder extroverso do Estado (expressão italiana do autor Renato Aless), esse poder é usado como sinônimo para imperatividade nas provas de concurso.

Atos enunciativos: declaram um fato ou emitem uma opinião sem que tal manifestação produza por si só efeitos jurídicos.

Autoexecutoriedade

O ato administrativo, uma vez produzido pela Administração, é passível de execução imediata, independentemente de manifestação do Poder Judiciário.

Para Hely Lopes Meirelles, deve haver previsão legal, a exceção existe em casos de emergência. Esse atributo incide em todos os atos, com exceção dos enunciativos e negociais. A administração não goza de autoexecutoriedade na cobrança de débito, quando o administrado resiste ao pagamento.

Tipicidade

O ato deve observar a forma e o tipo previsto em lei para sua produção.

6.5 Classificação dos Atos Administrativos

Atos Vinculados: são os que a Administração pratica sem margem alguma de liberdade de decisão, pois a lei previamente determinou o único comportamento possível a ser obrigatoriamente adotado sempre que se configure a situação objetiva descrita na lei. Não cabe ao agente público apreciar a situação objetiva descrita nela.

Atos Discricionários: a Administração pode praticar, com certa liberdade de escolha, nos termos e limites da lei, quanto ao seu conteúdo, seu modo de realização, sua oportunidade e sua conveniência administrativa.

Atos Gerais: caracterizam-se por não possuir destinatários determinados. Os Atos Gerais são sempre determinados e prevalecem sobre os individuais. Podem ser revogados a qualquer tempo. Ex.: são os decretos regulamentares. Esses atos necessitam ser publicados em meio oficial.

Atos Individuais: são aqueles que possuem destinatários certos (determinados), produzindo diretamente efeitos concretos, constituindo ou declarando situação jurídicas subjetivas. **Ex.:** nomeação em concurso público e exoneração. Os atos podem ser discricionários ou vinculados e sua revogação somente é passível caso não tenha gerado direito adquirido.

Atos Simples: decorrem de uma única manifestação de vontade, de um único órgão.

Atos Complexos: necessitam, para formação de seu conteúdo, da manifestação de vontade de dois ou mais órgãos.

Atos Compostos: o seu conteúdo depende de manifestação de vontade de um único órgão, contudo, para funcionar, necessita de outro ato que o aprove.

Diferenças entre ato complexo e ato composto:

Ato Complexo	Ato Composto
1 ato	2 atos
2 vontades	2 vontades
2 ou + órgãos	1 órgão com a aprovação de outro

6.6 Espécies de Atos Administrativos

Normativo;
Ordinatórios;
Negociais;
Enunciativos;
Punitivos.

Atos normativos

São atos caracterizados pela generalidade e pela abstração, isto é, um ato normativo não é prescrito para uma situação determinada, mas para todos os eventos assemelhados; a abstração deriva do fato desse ato não representar um caso concreto, determinado, mas, sim, um caso abstrato, descrito na norma e possível de acontecer no mundo real. A regra abstrata deve ser aplicada no caso concreto.

Finalidade: regulamentar as leis e uniformizar procedimentos administrativos.

Características:

> Não possuem destinatários determinados;
> Correspondem aos atos gerais;
> Não pode inovar o ordenamento jurídico;
> Controle.

Regra: os atos administrativos normativos não podem ser atacados mediante recursos administrativos ou judiciais.

Exceção: atos normativos que gerarem efeitos concretos para determinado destinatário podem ser impugnados pelo administrado na via judicial ou administrativa.

Decretos regulamentares, instruções normativas, atos declaratórios normativos.

Atos ordinatórios

São atos administrativos endereçados aos servidores públicos em geral.

Finalidade: divulgar determinações aplicáveis ao adequado desempenho de suas funções.

Características:

> Atos internos;
> Decorrem do exercício do poder hierárquico;
> Vinculam os servidores subordinados ao órgão que o expediu;
> Não atingem os administrados;
> Estão hierarquicamente abaixo dos atos normativos;
> Devem obediência aos atos normativos que tratem da mesma matéria relacionada ao ato ordinatório.

Exs.: Instruções, circulares internas, portarias, ordens de serviço.

Atos negociais

São atos administrativos editados quando o ordenamento jurídico exige que o particular obtenha anuência prévia da Administração para realizar determinada atividade de interesse dele ou exercer determinado direito.

Finalidade: satisfação do interesse público, ainda que essa possa coincidir com o interesse do particular que requereu o ato.

Características:

> Os atos negociais não são imperativos, coercitivos e autoexecutórios;
> Os atos negociais não podem ser confundidos com contratos, pois, nesses existe manifestação de vontade bilateral e, nos atos negociais, nós temos uma manifestação de vontade unilateral da Administração Pública, que é provocada mediante requerimento do particular;
> Podem ser vinculados, discricionários, definitivos e precários.

Atos Negociais Vinculados: reconhecem um direito subjetivo do particular, mediante um requerimento, desse particular, comprovando preencher os requisitos que a lei exige para a anuência do direito, a Administração obrigatoriamente deve praticar o ato.

Atos Negociais Discricionários: não reconhecem um direito subjetivo do particular, pois, mesmo que esse atenda às exigências necessárias para a obtenção do ato, a Administração poderá não praticá-lo, decidindo se executa ou não o ato por juízo de conveniência e oportunidade.

Atos Negociais Definitivos: não comportam revogação, são atos vinculados, mas podem ser anulados ou cassados. Sendo assim, esses atos geram, ao particular, apenas uma expectativa de definitividade.

Atos Negociais Precários: podem ser revogados a qualquer tempo, são atos discricionários; via de regra, a revogação do ato negocial não gera direito de indenização ao particular.

Espécies de atos negociais

Licença: fundamenta-se no poder de polícia da Administração. É ato vinculado e definitivo, pois reconhece um direito subjetivo do particular, mediante um requerimento desse, comprovando preencher os requisitos que a lei exige. Para a anuência do direito, a Administração, obrigatoriamente, deve praticar o ato. A licença não comporta revogação, mas ela pode ser anulada ou cassada, sendo assim, esses atos geram, ao particular, apenas uma expectativa de definitividade.

Ex.: Alvará para a realização de uma obra, alvará para o funcionamento de um estabelecimento comercial, licença para dirigir, licença para exercer uma profissão.

Admissão: é o ato unilateral e vinculado pelo qual a Administração faculta a alguém a inclusão em estabelecimento governamental para o gozo de um serviço público. O ato de admissão não pode ser negado aos que preencham as condições normativas requeridas.

Ex.: Ingresso em estabelecimento oficial de ensino na qualidade de aluno; o desfrute dos serviços de uma biblioteca pública como inscrito entre seus usuários.

Aprovação: é o ato unilateral e discricionário pelo qual a Administração faculta a prática de ato jurídico (aprovação prévia) ou manifesta sua concordância com ato jurídico já praticado (aprovação a posteriori).

Homologação: é o ato unilateral e vinculado de controle pelo qual a Administração concorda com um ato jurídico ou série de atos (procedimento) já praticados, verificando a consonância deles com os requisitos legais condicionadores de sua válida emissão.

Autorização: na maior parte das vezes em que é praticado, fundamenta-se no poder de polícia do Estado quando a lei exige a autorização como condicionante para prática de uma determinada atividade privada ou para o uso de bem público. Todavia, a autorização também pode representar uma forma de descentralizar, por delegação, serviços públicos para o particular.

A autorização é caracterizada por uma predominância do interesse do particular que solicita o ato, todavia, também existe interesse público na prática desse ato.

É um ato discricionário, pois não reconhece um direito subjetivo do particular; mesmo que esse atenda às exigências necessárias para a obtenção do ato, a Administração poderá não praticá-lo, decidindo se desempenha ou não o ato por juízo de conveniência e oportunidade.

É um ato precário, pois pode ser revogado a qualquer tempo. Via de regra, a revogação da autorização não gera direito de indenização ao particular, mas, caso a autorização tenha sido concedida por prazo certo, pode haver o direito de indenização para o particular.

Prazo: a autorização é concedida sem prazo determinado, todavia, pode havê-la outorgada por prazo certo.

Exs.:
> Atividades potencialmente perigosas e que podem colocar em risco a coletividade, por isso, a necessidade de regulação do Estado;
> Autorização para porte de arma de fogo;
> Autorização para a prestação de serviços privados de educação e saúde;
> Autorização de uso de bem público;
> Autorização de serviço público: prestação de serviço de táxi.

Permissão: é o ato administrativo discricionário e precário, pelo qual a Administração Pública consente ao particular o exercício de uma atividade de interesse predominantemente da coletividade.

Características:
> Pode ser concedida por prazo certo;
> Pode ser imposta condições ao particular.

A Permissão é um ato precário, pois pode ser revogada a qualquer tempo. Via de regra, a revogação da permissão não gera direito de indenização ao particular, mas, caso a autorização tenha sido concedida por prazo certo ou sob condições, pode haver o direito de indenização para o particular.

A permissão concedida ao particular, por meio de um ato administrativo, não se confunde com a permissão para a prestação de serviços públicos. Nesse último caso, representa uma espécie de descentralização por delegação realizada por meio de contrato.

Ex.: Permissão de uso de bem público.

Atos enunciativos

São atos administrativos enunciativos aqueles que têm por finalidade declarar um juízo de valor, uma opinião ou um fato.

Características:
> Não produzem efeitos jurídicos por si só;
> Não contêm uma manifestação de vontade da administração.

Certidão, atestado, parecer e apostila.

Certidão: é uma cópia de informações registradas em banco de dados da Administração. Geralmente, é concedida ao particular mediante requerimento da informação registrada pela Administração.

Atestado: declara uma situação de que a Administração tomou conhecimento em virtude da atuação de seus agentes. O atestado não se assemelha à certidão, pois essa declara uma informação constante em banco de dados e aquele declara um fato que não corresponde a um registro de um arquivo da Administração.

Parecer: é um documento técnico, confeccionado por órgão especializado na respectiva matéria tema do parecer, em que o órgão emite sua opinião relativa ao assunto.

Apostila: apostilar significa corrigir, emendar, complementar um documento. É o aditamento de um contrato administrativo ou de um ato administrativo. É um ato de natureza aditiva, pois sua finalidade é adicionar informações a um registro já existente.

Ex.: Anotar alterações na situação funcional de um servidor.

Atos punitivos

São os atos administrativos por meio dos quais a Administração Pública impõe sanções a seus servidores ou aos administrados.

Fundamento
> **Poder Disciplinar:** quando o ato punitivo atinge servidores públicos e particulares ligados à Administração por algum vínculo jurídico específico.
> **Poder de Polícia:** quando o ato punitivo atinge a particulares não ligados à Administração Pública por um vínculo jurídico específico.

Os atos punitivos podem ser internos e externos:
> **Atos Punitivos Internos:** têm como destinatários os servidores públicos e aplicam penalidades disciplinares, ou seja, os atos punitivos internos decorrem sempre do poder disciplinar.
> **Atos Punitivos Externos**: têm como destinatários os particulares. Podem ter fundamento decorrente do poder disciplinar, quando punem particulares sujeitos à disciplina administrativa, ou podem ter fundamento no poder de polícia, quando punem particulares não ligados à Administração Pública.

Todo ato punitivo interno decorre do poder disciplinar, mas nem todo ato que decorre do poder punitivo que surge do poder disciplinar é um ato punitivo interno, pois, quando a Administração aplica punição aos particulares ligados a administração, essa punição decorre do poder disciplinar, mas também representa um ato punitivo externo.

Todo ato punitivo decorrente do poder de polícia é um ato punitivo externo, pois, nesse caso, temos a Administração punindo sempre o particular.

6.7 Extinção dos Atos Administrativos

Anulação ou controle de legalidade

É o desfazimento do ato administrativo que decorre de vício de legalidade ou de legitimidade na prática do ato.

Cabimento
> Ato discricionário;
> Ato vinculado.

Competência para Anular
> Entidade da Administração Pública que praticou o ato: pode anular o ato a pedido do interessado ou de ofício em razão do princípio da autotutela.
> Poder Judiciário: pode anular somente por provocação do interessado.

Efeitos da Anulação: *ex tunc*, retroagem desde a data da prática do ato, impugnando a validade do ato.

Prazo: 5 (cinco) anos
> Contagem;
> Prática do ato.

NOÇÕES DE DIREITO ADMINISTRATIVO

No caso de efeitos patrimoniais contínuos, a partir do primeiro pagamento.

Revogação ou controle de mérito

É o desfazimento do ato administrativo por motivos de conveniência e oportunidade.

Cabimento
> Ato discricionário legal, inconveniente e inoportuno;
> Não é cabível a revogação de ato vinculado.

Competência para Revogar

Apenas a entidade da Administração Pública que praticou o ato.

Não pode o controle de mérito ser feito pelo Poder Judiciário na sua função típica de julgar. Todavia, a Administração Pública está presente nos três poderes da União e, caso uma entidade dos Poderes Judiciário, Legislativo ou Executivo pratique um ato discricionário legal, que com o passar do tempo, se mostre inconveniente e inoportuno, somente a entidade que criou o ato tem competência para revogá-lo.

Assim, o poder judiciário não tem competência para exercer o controle de mérito dos atos da Administração Pública, mas a essa do Poder Judiciário pratica atos administrativos e cabe somente a ela a revogação dos atos praticados por ela mesma.

Efeitos da revogação: *ex nunc*, não retroagem, ou seja, a revogação gera efeitos prospectivos, para frente.

Cassação

É o desfazimento do ato administrativo decorrente do descumprimento dos requisitos que permitem a manutenção do ato. Na maioria das vezes, a cassação representa uma sanção aplicada ao particular que deixou de atender às condições exigidas para a manutenção do ato.

Como exemplo, temos a cassação da carteira de motorista, que nada mais é do que a cassação de um ato administrativo classificado como licença. A cassação da licença para dirigir decorre da prática de infrações de trânsito praticadas pelo particular, sendo assim, nesse caso, essa cassação é uma punição.

6.8 Convalidação

Convalidação é a correção com efeitos retroativos do ato administrativo com defeito sanável, o qual pode ser considerado:

Vício de Competência relativo à Pessoa

Exceção: competência exclusiva (não cabe convalidação).

O vício de competência relativo à matéria não é considerado um defeito sanável e também não cabe convalidação.

Vício de Forma

Exceção: a lei determina que a forma seja elemento essencial de validade de determinado ato (também não cabe convalidação).

Convalidação Tácita

O Art. 54 da Lei nº 9.784/99 prevê que a Administração tem o direito de anular os atos administrativos de que decorram efeitos favoráveis para os destinatários. O prazo é de cinco anos, contados da data em que forem praticados, salvo comprovada má-fé. Transcorrido esse prazo, o ato foi convalidado, pois não pode ser mais anulado pela Administração.

Convalidação Expressa

> *Art. 55, Lei nº 9.784/99. Em decisão na qual se evidencie não acarretarem lesão ao interesse público nem prejuízo a terceiros, os atos que apresentarem defeitos sanáveis poderão ser convalidados pela própria Administração.*

7. CONTRATOS

Para conceituarmos os contratos administrativos, em primeiro lugar, devemos isolar as palavras. A partir de então, podemos definir:

Contratos: são acordos de vontades, manifestações bilaterais que formam um vínculo jurídico entre as partes, estipulando obrigações recíprocas para o atingimento de determinado objetivo comum.

Os contratos podem ser classificados como contratos públicos e contratos privados.

Contratos Privados: são contratos regulados integralmente pelo direito privado. A principal característica dos contratos privados é a absoluta igualdade entre as partes.

Contratos Públicos: são contratos regulados predominantemente pelo direito público, mas com observância de algumas regras gerais relativas ao direito privado. Em um contrato público, predomina a relação da desigualdade entre as partes, pois dentre de um contrato público figura alguma entidade da Administração Pública e tal entidade é dotada de poderes especiais que a outra parte (particular) não possui e obrigatoriamente deve aceitar.

Os contratos, sejam eles públicos ou privados, são acordos de vontades, ou seja, são manifestações bilaterais de vontade.

Os contratos administrativos são públicos, e a diferença marcante entre os contratos administrativos e os privados é que aqueles são regidos predominantemente por um regime jurídico de direito público e estes são predominantemente regidos por normas de direito privado.

O jurídico de direito público dos contratos administrativos se manifesta por meio da existência das cláusulas exorbitantes, que serão vistas logo adiante.

Apesar de os contratos administrativos serem regidos predominantemente por um regime jurídico de direito público, aplica-se a esses a teoria geral dos contratos, na qual se manifesta o núcleo de disposições de direito privado dos contratos administrativos.

Em algumas situações, a administração celebra contratos que são regidos precipuamente por normas de direito privado, nesse caso, temos os contratos da administração.

→ **Contratos Administrativos:** regidos predominantemente por normas de direito público, ou seja, normas de direito privado e normas de direito público (cláusulas exorbitantes).

→ **Contratos da Administração:** regidos predominantemente por normas de direito privado.

7.1 Conceito

Segundo o parágrafo único do Art. 2º da Lei 8.666, considera-se contrato todo e qualquer ajuste entre órgãos ou entidades da Administração Pública e particulares em que haja um acordo de vontades para a formação de vínculo e a estipulação de obrigações recíprocas, seja qual for a denominação utilizada.

Segundo Hely Lopes Meirelles[1], "contrato administrativo é o ajuste que a Administração Pública, agindo nessa qualidade, firma com particular ou com outra entidade administrativa para a consecução de objetivos de interesse público, nas condições estabelecidas pela própria Administração".

Quando o autor utiliza a expressão "ajuste", fica claro que o contrato administrativo é um negócio jurídico firmado com a Administração, ou seja, um negócio em que a mesma será uma das partes. Porém, a expressão "agindo nessa qualidade" deixa claro que, em função da importância do objeto dessa avença, a administração deverá ter cuidados especiais, acautelando-se na proteção do interesse público.

Para tanto, a Administração necessita de mecanismos legais que lhe permitam firmar contratos que a coloquem em posição de supremacia. Isso para que possa, utilizando seu poder de império, fazer cumprir o contrato com o máximo de ganho para a sociedade. Afinal, ambas as partes representam interesses opostos, quando, por exemplo, em um contrato de concessão de serviços públicos, a sociedade deseja serviços públicos de qualidade, enquanto o particular deseja o lucro.

Como em qualquer estado de direito, em que ninguém será obrigado a fazer ou deixar de fazer alguma coisa, senão em virtude de lei, é ela que estabelece os mecanismos para que a Administração Pública possa garantir a supremacia do interesse público sobre o particular quando firma contratos administrativos, estabelecendo um regime jurídico que se caracteriza pelo estabelecimento de prerrogativas e sujeições.

7.2 Normas Constitucionais

A Carta Magna de 1988 estabeleceu como privativa da União a competência para legislar sobre normas gerais de licitação e contratação, em todas as modalidades, para as Administrações Públicas Diretas, Autárquicas e Fundacionais da União, Estados, Distrito Federal e Municípios, obedecido o disposto no Art. 37, XXI, também para as empresas públicas e sociedades de economia mista.

O Art. 37, XXI, estabelece que, ressalvados os casos especificados na legislação, as obras, os serviços, as compras e as alienações serão contratados mediante processo de licitação pública que assegure igualdade de condições a todos os concorrentes, com cláusulas que estabeleçam obrigações de pagamento, mantidas as condições efetivas da proposta, nos termos da lei, que somente permitirá as exigências de qualificação técnica e econômica indispensáveis à garantia do cumprimento das obrigações.

Como a regra geral é de competência da União, cabe a Estados e Municípios estabelecerem regras suplementares.

7.3 Lei nº 8.666/93

Como principal mandamento legal que disciplina a matéria, essa lei regulamenta o Art. 37, inciso XXI, da Constituição Federal visto acima, institui normas para licitações e contratos da Administração Pública e dá outras providências.

---

[1] MEIRELES, Hely lopes. Direito Administrativo Brasileiro, 25ª ed. atualizada por Eurico de Andrade Azevedo et al, São Paulo Malheiros, 2000, p. 199.

CONTRATOS

Essa Lei estabelece normas gerais sobre licitações e contratos administrativos pertinentes a obras, serviços, inclusive de publicidade, compras, alienações e locações no âmbito dos Poderes da União, os Estados, do Distrito Federal e dos Municípios.

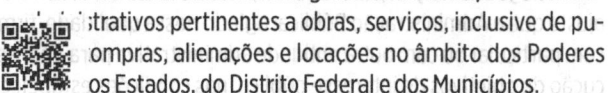

Subordinam-se ao regime dessa Lei, além dos órgãos da Administração Direta, os Fundos Especiais, as Autarquias, as Fundações Públicas, as empresas públicas, as sociedades de economia mista e demais entidades controladas direta ou indiretamente pela União, Estados, Distrito Federal e Municípios.

7.4 Outras Leis

Várias leis versam sobre contrato, mas, de forma específica tratam sobre à matéria que se referem, sendo aplicadas as regras da Lei 8.666/93 de forma subsidiária. São elas:

Lei nº 8.987/95

Essa lei dispõe sobre o regime de concessão e permissão da prestação de serviços públicos, previsto no Art. 175 da Constituição Federal, e dá outras providências.

Estabelece a lei que as concessões de serviços e de obras públicas e as permissões de serviços públicos reger-se-ão pelos termos do Art. 175 da Constituição Federal, por essa Lei, pelas normas legais pertinentes e pelas cláusulas dos indispensáveis contratos.

Lei nº 9.074/95

Estabelece normas para outorga e prorrogações das concessões e permissões de serviços públicos e dá outras providências.

Sujeitam-se ao regime de concessão ou, quando couber, de permissão, nos termos da Lei nº 8.987, de 13 de fevereiro de 1995, os seguintes serviços e obras públicas de competência da União:

> Vias federais, precedidas ou não da execução de obra pública;
> Exploração de obras ou serviços federais de barragens, contenções, eclusas, diques e irrigações, precedidas ou não da execução de obras públicas;
> Estações aduaneiras e outros terminais alfandegados de uso público, não instalados em área de porto ou aeroporto, precedidos ou não de obras públicas;
> Os serviços postais.

Outras leis esparsas foram editadas visando à regulamentação de serviços específicos, como as Leis nos 9.427/97 (energia elétrica) e 9.472/97 (telecomunicações), além da Lei no 11.079/2004, que regulamenta as parcerias público privadas.

7.5 Características

Formalismo

Os contratos administrativos devem ser formais e escritos.

Em regra, é nulo e sem efeito o contrato verbal com a administração, salvo o de pequenas compras de pagamento imediato (compras de valor não superior a R$ 4.000,00).

Cláusulas essenciais

Todo contrato deve mencionar os nomes das partes e os de seus representantes, a finalidade, o ato que autorizou a sua lavratura, o número do processo da licitação, da dispensa ou da inexigibilidade, a sujeição dos contratantes às normas dessa Lei e às cláusulas contratuais.

São cláusulas necessárias em todo contrato as que estabeleçam:

> O objeto e seus elementos característicos;
> O regime de execução ou a forma de fornecimento;
> O preço e as condições de pagamento, os critérios, data-base e periodicidade do reajustamento de preços, os critérios de atualização monetária entre a data do adimplemento das obrigações e a do efetivo pagamento;
> Os prazos de início de etapas de execução, de conclusão, de entrega, de observação e de recebimento definitivo, conforme o caso;
> O crédito pelo qual correrá a despesa, com a indicação da classificação funcional programática e da categoria econômica;
> As garantias oferecidas para assegurar sua plena execução, quando exigidas;
> Os direitos e as responsabilidades das partes, as penalidades cabíveis e os valores das multas;
> Os casos de rescisão;
> O reconhecimento dos direitos da Administração, em caso de rescisão administrativa prevista no Art. 77 dessa Lei;
> As condições de importação, a data e a taxa de câmbio para conversão, quando for o caso;
> A vinculação ao edital de licitação ou ao termo que a dispensou ou a inexigiu, ao convite e à proposta do licitante vencedor;
> A legislação aplicável à execução do contrato e especialmente aos casos omissos;
> A obrigação do contratado de manter, durante toda a execução do contrato, em compatibilidade com as obrigações por ele assumidas, todas as condições de habilitação e qualificação exigidas na licitação.

A publicação na imprensa oficial do resumo do instrumento de contrato é um requisito de eficácia dos contratos administrativos.

Obrigatoriedade e exceção dos contratos

Obrigatoriedade: o instrumento de contrato é obrigatório nos casos de concorrência e de tomada de preços, bem como nas dispensas e inexigibilidades cujos preços estejam compreendidos nos limites dessas duas modalidades de licitação.

Os contratos decorrentes de dispensa ou de inexigibilidade de licitação devem atender aos termos do ato que os autorizou e da respectiva proposta.

Facultativo: nos demais em que a Administração puder substituí-lo por outros instrumentos hábeis, tais como carta-contrato, nota de empenho de despesa, autorização de compra ou ordem de execução de serviço.

É importante observar que nos casos em que o contrato é facultativo, esse será substituído por algum outro instrumento hábil, tal como a carta-contrato, a nota de empenho, entre outros.

Dispensável: é dispensável o "termo de contrato" e facultada à substituição por outro instrumento, a critério da Administração e independentemente de seu valor, nos casos de compra com entrega imediata e integral dos bens adquiridos, dos quais não resultem obrigações futuras, inclusive assistência técnica.

Contratos de adesão

Os contratos administrativos são de adesão, pois a Administração cria as regras do contrato e a outra parte não pode propor alterações.

Uma minuta do contrato integrará o edital de licitação, para que os interessados em celebrá-lo possam conhecer suas cláusulas. Os particulares não propõem alterações no contrato, mas em contrapartida não estão obrigados a aceitá-lo. Todavia, uma vez concordando participar da licitação, o particular já sabe que, caso saia vencedor, será obrigado a celebrar o contrato, no entanto, caso não aceite participar, não há se falar em obrigatoriedade de celebrar o contrato.

Pessoalidade / *intuitu personae*

A execução do contrato deve ser feita pela pessoa física ou jurídica que aceitou as obrigações contratuais.

Em decorrência dessa característica, em regra, é vedada a subcontratação para a execução ou fornecimento do objeto do contrato.

Exceção: o contratado, na execução do contrato, sem prejuízo das responsabilidades contratuais e legais, poderá subcontratar partes da obra, serviço ou fornecimento, até o limite admitido, em cada caso, pela Administração. Nesse caso, as regras da subcontratação deverão integrar o edital de licitação e o próprio contrato.

Na situação de prestação de serviços técnicos especializados em que a empresa apresente relação de integrantes do seu corpo técnico como elemento de justificação de dispensa ou inexigibilidade de licitação, ficará a empresa obrigada a garantir que os referidos integrantes realizem pessoal e diretamente os serviços objeto do contrato. Nesse caso, temos uma vedação absoluta à subcontratação, ou seja, nessas circunstâncias, não há que se falar em subcontratação.

7.6 Cláusulas Exorbitantes

As cláusulas exorbitantes são regras que extrapolam as comuns do direito privado; nesse, tais cláusulas seriam inaceitáveis, pois elas conferem mais poderes a uma parte do que a outra, e, no direito privado, as partes gozam de uma relação jurídica horizontal, igual.

Essas cláusulas exorbitantes representam as prerrogativas de direito público da administração pública nos contratos administrativos, indicam a supremacia da vontade do Estado diante da vontade individual e confere a esses contratos uma relação jurídica vertical entre a administração e o particular que celebra o contrato.

As principais cláusulas exorbitantes estão descritas no Art. 58:

Art. 58. O regime jurídico dos contratos administrativos instituído por esta Lei confere à Administração, em relação a eles, a prerrogativa de:

I. Modificá-los, unilateralmente, para melhor adequação às finalidades de interesse público, respeitados os direitos do contratado;

As cláusulas econômico-financeiras do contrato deverão ser revistas para que se mantenha o equilíbrio contratual.

II. Rescindi-los, unilateralmente, nos casos especificados no inciso I do Art. 79 desta Lei;

III. Fiscalizar lhes a execução;

IV. Aplicar sanções motivadas pela inexecução total ou parcial do ajuste;

V. Nos casos de serviços essenciais, ocupar provisoriamente bens móveis, imóveis, pessoal e serviços vinculados ao objeto do contrato, na hipótese da necessidade de acautelar apuração administrativa de faltas contratuais pelo contratado, bem como na hipótese de rescisão do contrato administrativo.

Além dessas hipóteses, nós temos as restrições à oposição pelo contratado da "exceção do contrato não cumprido" e as normas acerca da exigência de garantia pela administração.

7.7 Poder de Alteração Unilateral do Contrato (Mutabilidade)

Os contratos regidos por normas de direito público podem ser alterados, com as devidas justificativas, nos seguintes casos:

Unilateralmente pela Administração:

> Quando houver modificação do projeto ou das especificações, para melhor adequação técnica aos seus objetivos (alteração qualitativa);

> Quando necessária a modificação do valor contratual em decorrência de acréscimo ou diminuição quantitativa de seu objeto, nos limites permitidos em Lei (alteração quantitativa).

A alteração quantitativa sofre um limite, conforme veremos a seguir:

O contratado fica obrigado a aceitar, nas mesmas condições contratuais, os acréscimos ou supressões que se fizerem nas obras, serviços ou compras, até 25% (vinte e cinco por cento) do valor inicial atualizado do contrato, e, no caso particular de reforma de edifício ou de equipamento, até o limite de 50% (cinquenta por cento) para os seus acréscimos.

Nenhum acréscimo ou supressão poderá exceder os limites estabelecidos.

No caso de supressão de obras, bens ou serviços, se o contratado já houver adquirido os materiais e posto no local dos trabalhos, esses deverão ser pagos pela Administração pelos custos de aquisição regularmente comprovados e monetariamente corrigidos, podendo caber indenização por outros danos eventualmente decorrentes da supressão, desde que regularmente comprovados.

Quaisquer tributos ou encargos legais criados, alterados ou extintos, bem como a superveniência de disposições legais, quando ocorridas após a data da apresentação da proposta, de

CONTRATOS

comprovada repercussão nos preços contratados, implicarão a revisão desses para mais ou para menos, conforme o caso.

Em havendo alteração unilateral do contrato que aumente os encargos do contratado, a Administração deverá restabelecer, por aditamento, o equilíbrio econômico-financeiro inicial.

A variação do valor contratual para fazer face ao reajuste de preços previsto no próprio contrato, as atualizações, compensações ou penalizações financeiras decorrentes das condições de pagamento nele previstas, bem como o empenho de dotações orçamentárias suplementares até o limite do seu valor corrigido, não caracterizam alteração do mesmo, podendo ser registrados por simples apostila, dispensando a celebração de aditamento.

Por acordo das partes:

> Quando conveniente a substituição da garantia de execução;
> Quando necessária a modificação do regime de execução da obra ou serviço, bem como do modo de fornecimento, em face de verificação técnica da inaplicabilidade dos termos contratuais originários;
> Quando necessária a modificação da forma de pagamento, por imposição de circunstâncias supervenientes, mantido o valor inicial atualizado, vedada a antecipação do pagamento, com relação ao cronograma financeiro fixado, sem a correspondente contraprestação de fornecimento de bens ou execução de obra ou serviço;
> Para restabelecer a relação que as partes pactuaram inicialmente entre os encargos do contratado e a retribuição da administração para a justa remuneração da obra, serviço ou fornecimento, objetivando a manutenção do equilíbrio econômico-financeiro inicial do contrato, na hipótese de sobrevirem fatos imprevisíveis, ou previsíveis, porém, de consequências incalculáveis, retardadores ou impeditivos da execução do ajustado, ou, ainda, em situação de força maior, caso fortuito ou fato do príncipe, configurando álea econômica extraordinária e extracontratual.

7.8 Fiscalização da Execução do Contrato

A execução do contrato deverá ser acompanhada e fiscalizada por um representante da Administração especialmente designado, permitida a contratação de terceiros para assisti-lo e subsidiá-lo de informações pertinentes a essa atribuição.

O representante da Administração anotará, em registro próprio, todas as ocorrências relacionadas com a execução do contrato, determinando o que for necessário à regularização das faltas ou defeitos observados.

As decisões e providências que ultrapassarem a competência do representante deverão ser solicitadas a seus superiores em tempo hábil para a adoção das medidas convenientes.

A fiscalização pelo poder público não isenta o particular contratado das suas responsabilidades legais.

Deveres do contratado quanto à fiscalização

O contratado deverá manter preposto, aceito pela Administração, no local da obra ou serviço, para representá-lo na execução do contrato. Ele é obrigado a reparar, corrigir, remover, reconstruir ou substituir, às suas expensas, no total ou em parte, o objeto do contrato em que se verificarem vícios, defeitos ou incorreções resultantes da execução ou de materiais empregados.

Além disso, é responsável pelos danos causados diretamente à Administração ou a terceiros decorrentes de sua culpa ou dolo na execução do contrato, não excluindo ou reduzindo essa responsabilidade à fiscalização ou ao acompanhamento pelo órgão interessado. Nesse caso, estamos diante da responsabilidade civil subjetiva do contrato, pois depende de dolo ou culpa, entretanto, quando se tratar de obra pública, se o dano causado for pelo simples fato da obra, então, estaremos diante da responsabilidade civil objetiva da Administração, não importe quem esteja realizando a obra.

O contratado é responsável pelos encargos trabalhistas, previdenciários, fiscais e comerciais resultantes da execução do contrato.

A inadimplência do contratado, com referência aos encargos trabalhistas, fiscais e comerciais não transfere à Administração Pública a responsabilidade por seu pagamento, nem poderá onerar o objeto do contrato ou restringir a regularização e o uso das obras e edificações, inclusive perante o Registro de Imóveis.

A Administração Pública responde solidariamente com o contratado pelos encargos previdenciários resultantes da execução do contrato.

7.9 Aplicação de Sanções

O atraso injustificado na execução do contrato sujeitará o contratado à multa de mora, na forma prevista no instrumento convocatório ou no contrato.

> A multa aplicada após regular processo administrativo será descontada da garantia do respectivo contratado.
> Se a multa for de valor superior ao da garantia prestada, além da perda dessa, responderá o contratado pela sua diferença, a qual será descontada dos pagamentos eventualmente devidos pela Administração ou ainda, quando for o caso, cobrada judicialmente.

Pela inexecução total ou parcial do contrato a Administração poderá, garantida a prévia defesa, aplicar ao contratado as seguintes sanções:

> Advertência;
> Multa na forma prevista no instrumento convocatório ou no contrato;

Suspensão temporária de participação em licitação e impedimento de contratar com a Administração, por prazo não superior a 2 (dois) anos;

Declaração de inidoneidade para licitar ou contratar com a Administração Pública enquanto perdurarem os motivos determinantes da punição ou até que seja promovida a reabilitação perante a própria autoridade que aplicou a penalidade, que será concedida sempre que o contratado ressarcir a Administração pelos prejuízos resultantes e após decorrido o prazo da sanção aplicada com base no inciso anterior.

> Esta última sanção é de competência exclusiva (não pode ser delegada) do Ministro de Estado, do Secretário Estadual ou Municipal, conforme o caso, facultada a defesa do interessado no respectivo processo, no prazo de dez dias da abertura de vista, podendo a reabilitação ser requerida após dois anos de sua aplicação.

As sanções podem ser aplicadas de forma cumulativa, facultada a defesa prévia do interessado, no respectivo processo, no prazo de cinco dias úteis.

7.10 Ocupação Temporária

Nos casos de serviços essenciais, a Administração pode ocupar provisoriamente bens móveis, imóveis, pessoais e serviços vinculados ao objeto do contrato.

Finalidade: necessidade de acautelar apuração administrativa de faltas contratuais pelo contratado, bem como na hipótese de rescisão do contrato administrativo.

Essa regra decorre do princípio da continuidade dos serviços públicos.

Nos contratos de concessão e permissão de serviços públicos, a ocupação temporária aparece com o nome de intervenção.

7.11 Exceção do Contrato Não Cumprido / Exceptio Non Adimpleti Contractus

No direito privado, caso uma das partes descumpra as cláusulas contratuais, é permitido a outra suspender a execução de sua parte até o adimplemento da outra parte.

Nos contratos de direito público, à exceção do contrato não cumprido, tem a seguinte aplicação:

Particular Descumpre sua Parte:

A Administração pode descumprir sua parte até o adimplemento do particular, e além disso, é possível que a administração aplique diretamente sanções ao particular.

Administração Descumpre sua Parte:

Regra: o particular é obrigado a continuar executando sua parte do contrato, não podendo alegar a exceção do contrato não cumprido.

Exceção: é facultado ao particular suspender a execução das suas obrigações diante de atraso superior a 90 dias dos pagamentos devidos pela administração decorrentes de obras, serviços ou fornecimento, ou parcelas desses, já recebidos ou executados, até a normalização da situação, salvo em caso de calamidade pública, grave perturbação da ordem interna ou guerra.

7.12 Exigência de Garantia

A Administração pode exigir dos licitantes garantias cuja finalidade é assegurar o adequado cumprimento do contrato ou, no caso de inexecução, facilitar o ressarcimento dos prejuízos sofridos pela administração.

Modalidades

A critério da autoridade competente, em cada caso, desde que prevista no instrumento convocatório, poderá ser exigida prestação de garantia nas contratações de obras, serviços e compras.

Caberá ao contratado optar por uma das seguintes modalidades de garantia:

> Caução em dinheiro ou em títulos da dívida pública, devendo esses terem sido emitidos sob a forma escritural, mediante registro em sistema centralizado de liquidação e de custódia autorizado pelo Banco Central do Brasil e avaliados pelos seus valores econômicos, conforme definido pelo Ministério da Fazenda;

> Seguro-garantia;

> Fiança bancária.

Valor da garantia

Regra: não excederá a cinco por cento do valor do contrato e terá seu valor atualizado nas mesmas condições daquele.

Exceção: para obras, serviços e fornecimentos de grande vulto envolvendo alta complexidade técnica e riscos financeiros consideráveis, demonstrados por meio de parecer tecnicamente aprovado pela autoridade competente, o limite de garantia poderá ser elevado para até dez por cento do valor do contrato.

Nos casos de contratos que importem na entrega de bens pela Administração, dos quais o contratado ficará depositário, ao valor da garantia deverá ser acrescido o valor desses bens.

7.13 Restituição da Garantia

A garantia prestada pelo contratado será liberada ou restituída após a execução do contrato e, quando em dinheiro, atualizada monetariamente.

7.14 Prazo de Duração dos Contratos Administrativos

Art. 57. A duração dos contratos ficará adstrita à vigência dos respectivos créditos orçamentários, exceto quanto aos relativos:

I. Aos projetos cujos produtos estejam contemplados nas metas estabelecidas no Plano Plurianual, os quais poderão ser prorrogados se houver interesse da Administração e desde que isso tenha sido previsto no ato convocatório;

II. À prestação de serviços a serem executados de forma contínua, que poderão ter a sua duração prorrogada por iguais e sucessivos períodos com vistas à obtenção de preços e condições mais vantajosas para a administração, limitada a sessenta meses;

Em caráter excepcional, devidamente justificado e mediante consentimento superior, o prazo poderá ser prorrogado por até doze meses.

IV. Ao aluguel de equipamentos e à utilização de programas de informática, podendo a duração estender-se pelo prazo de até 48 (quarenta e oito) meses após o início da vigência do contrato.

V. Às hipóteses previstas nos incisos IX, XIX, XXVIII e XXXI do Art. 24, cujos contratos poderão ter vigência por até 120 (cento e vinte) meses, caso haja interesse da administração:

CONTRATOS

Art. 24. É dispensável a licitação:

IX. Quando houver possibilidade de comprometimento da segurança nacional, nos casos estabelecidos em decreto do Presidente da República, ouvido o Conselho de Defesa Nacional;

XIX. Para as compras de material de uso pelas Forças Armadas, com exceção de materiais de uso pessoal e administrativo, quando houver necessidade de manter a padronização requerida pela estrutura de apoio logístico dos meios navais, aéreos e terrestres, mediante parecer de comissão instituída por decreto;

XXVIII. Para o fornecimento de bens e serviços, produzidos ou prestados no País, que envolvam, cumulativamente, alta complexidade tecnológica e defesa nacional, mediante parecer de comissão especial designada pela autoridade máxima do órgão.

XXXI. Nas contratações visando ao cumprimento do disposto nos Arts. 3º, 4º, 5º e 20 da Lei nº 10.973, de 2 de dezembro de 2004, observados os princípios gerais de contratação dela constantes.

Art. 57, §1º. Os prazos de início de etapas de execução, de conclusão e de entrega admitem prorrogação, mantidas as demais cláusulas do contrato e assegurada a manutenção de seu equilíbrio econômico-financeiro, desde que ocorra algum dos seguintes motivos, devidamente autuados em processo:

I. Alteração do projeto ou especificações, pela Administração;

II. Superveniência de fato excepcional ou imprevisível, estranho à vontade das partes, que altere fundamentalmente as condições de execução do contrato;

III. Interrupção da execução do contrato ou diminuição do ritmo de trabalho por ordem e no interesse da Administração;

IV. Aumento das quantidades inicialmente previstas no contrato, nos limites permitidos por esta Lei;

V. Impedimento de execução do contrato por fato ou ato de terceiro reconhecido pela Administração em documento contemporâneo à sua ocorrência;

VI. Omissão ou atraso de providências a cargo da Administração, inclusive quanto aos pagamentos previstos de que resulte, diretamente, impedimento ou retardamento na execução do contrato, sem prejuízo das sanções legais aplicáveis aos responsáveis.

§2º - Toda prorrogação de prazo deverá ser justificada por escrito e previamente autorizada pela autoridade competente para celebrar o contrato.

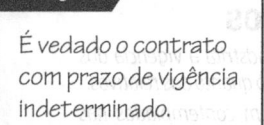

> É vedado o contrato com prazo de vigência indeterminado.

7.15 Recebimento do Objeto do Contrato

Art. 73. Executado o contrato, o seu objeto será recebido:

I. Em se tratando de obras e serviços:

a) provisoriamente, pelo responsável por seu acompanhamento e fiscalização, mediante termo circunstanciado, assinado pelas partes em até 15 (quinze) dias da comunicação escrita do contratado;

b) definitivamente, por servidor ou comissão designada pela autoridade competente, mediante termo circunstanciado, assinado pelas partes, após o decurso do prazo de observação, ou vistoria que comprove a adequação do objeto aos termos contratuais. Este prazo não poderá ser superior a 90 (noventa) dias, salvo em casos excepcionais, devidamente justificados e previstos no edital.

II. Em se tratando de compras ou de locação de equipamentos:

a) provisoriamente, para efeito de posterior verificação da conformidade do material com a especificação;

b) definitivamente, após a verificação da qualidade e quantidade do material e consequente aceitação.

§1º - Nos casos de aquisição de equipamentos de grande vulto, o recebimento far-se-á mediante termo circunstanciado e, nos demais, mediante recibo.

§4º - Na hipótese de o termo circunstanciado ou a verificação não serem, respectivamente, lavrado ou procedida dentro dos prazos fixados, reputar-se-ão como realizados, desde que comunicados à Administração nos 15 (quinze) dias anteriores à exaustão dos mesmos.

§2º - O recebimento provisório ou definitivo não exclui a responsabilidade civil pela solidez e segurança da obra ou do serviço, nem ético-profissional pela perfeita execução do contrato, dentro dos limites estabelecidos pela lei ou pelo contrato.

Dispensa do Recebimento Provisório

Art. 74. Poderá ser dispensado o recebimento provisório nos seguintes casos:

I. Gêneros perecíveis e alimentação preparada;

II. Serviços profissionais;

III. Obras e serviços de valor até o valor de R$ 80.000,00, desde que não se componham de aparelhos, equipamentos e instalações sujeitos à verificação de funcionamento e produtividade.

Parágrafo único. Nesses casos o recebimento será feito mediante recibo.

7.16 Extinção do Contrato

Com a extinção do contrato, temos a abolição das obrigações de ambas as partes, que pode acontecer em decorrência das seguintes situações:

> Conclusão do objeto do contrato;
> Término do seu prazo de duração;
> Anulação do contrato;
> Rescisão do contrato.

Anulação do contrato

A anulação do contrato é idêntica à abolição de um ato administrativo, assim sendo, se um contrato foi celebrado com ilegalidade, ele deve ser extinto. Essa regra se estende à fase da licitação, pois, se houve alguma ilegalidade na tramitação do processo licitatório, tal ilegalidade acarretará a nulidade do contrato.

A anulação pode ser feita pela própria administração pública de ofício ou a pedido e também pode ser feita pelo poder judiciário, somente por provocação.

A declaração de nulidade do contrato administrativo opera retroativamente impedindo os efeitos jurídicos que ele, ordinariamente, deveria produzir, além de desconstituir os já produzidos.

A nulidade não exonera a Administração do dever de indenizar o contratado pelo que esse houver executado até a data em que ela for declarada e por outros prejuízos regularmente comprovados, contanto que não lhe seja imputável, promovendo-se a responsabilidade de quem lhe deu causa.

Rescisão

A rescisão do contrato, em algumas hipóteses, se dá unilateralmente pela administração e, em outras, de forma amigável ou via judicial.

Rescisão unilateral pela administração

Em regra, estamos diante de situações que caracterizam culpa do particular, entretanto, a rescisão unilateral do contrato administrativo também pode ter por motivo razões superveniente de interesse público, o caso fortuito e a força maior. Nessas três últimas situações, a rescisão unilateral do contrato não resulta de culpa do particular. Segue abaixo a lista das hipóteses que acarretam a rescisão unilateral pela administração pública:

Art. 78. Constituem motivo para rescisão do contrato:

I. O não cumprimento de cláusulas contratuais, especificações, projetos ou prazos;

II. O cumprimento irregular de cláusulas contratuais, especificações, projetos e prazos;

III. A lentidão do seu cumprimento, levando a Administração a comprovar a impossibilidade da conclusão da obra, do serviço ou do fornecimento, nos prazos estipulados;

IV. O atraso injustificado no início da obra, serviço ou fornecimento;

V. A paralisação da obra, do serviço ou do fornecimento, sem justa causa e prévia comunicação à Administração;

VI. A subcontratação total ou parcial do seu objeto, a associação do contratado com outrem, a cessão ou transferência, total ou parcial, bem como a fusão, cisão ou incorporação, não admitidas no edital e no contrato;

VII. O desatendimento das determinações regulares da autoridade designada para acompanhar e fiscalizar a sua execução, assim como as de seus superiores;

VIII. O cometimento reiterado de faltas na sua execução, anotadas na forma do § 1º do Art. 67 desta Lei;

IX. A decretação de falência ou a instauração de insolvência civil;

X. A dissolução da sociedade ou o falecimento do contratado;

XI. A alteração social ou a modificação da finalidade ou da estrutura da empresa, que prejudique a execução do contrato;

XII. Razões de interesse público, de alta relevância e amplo conhecimento, justificadas e determinadas pela máxima autoridade da esfera administrativa a que está subordinado o contratante e exaradas no processo administrativo a que se refere o contrato; (Não há culpa do particular)

XVII. A ocorrência de caso fortuito ou de força maior, regularmente comprovada, impeditiva da execução do contrato (não há culpa do particular);

Parágrafo Único. Os casos de rescisão contratual serão formalmente motivados nos autos do processo, assegurado o contraditório e a ampla defesa.

XVIII. Desrespeitar o Art. 7º, inciso XXXIII, da CF: a proibição de trabalho noturno, perigoso ou insalubre a menores de dezoito e de qualquer trabalho a menores de dezesseis anos, salvo na condição de aprendiz, a partir de quatorze anos;

Rescisão amigável ou judicial

A rescisão amigável ou judicial decorre de hipóteses que caracterizam culpa da administração em relação as suas obrigações contratuais.

Art. 78. Constituem motivo para rescisão do contrato:

XIII. A supressão, por parte da Administração, de obras, serviços ou compras, acarretando modificação do valor inicial do contrato além do limite permitido no § 1º do Art. 65 desta Lei;

XIV. A suspensão de sua execução, por ordem escrita da Administração, por prazo superior a 120 (cento e vinte) dias, salvo em caso de calamidade pública, grave perturbação da ordem interna ou guerra, ou ainda por repetidas suspensões que totalizem o mesmo prazo, independentemente do pagamento obrigatório de indenizações pelas sucessivas e contratualmente imprevistas desmobilizações e mobilizações e outras previstas, assegurado ao contratado, nesses casos, o direito de optar pela suspensão do cumprimento das obrigações assumidas até que seja normalizada a situação;

XV. O atraso superior a 90 (noventa) dias dos pagamentos devidos pela Administração decorrentes de obras, serviços ou fornecimento, ou parcelas destes, já recebidos ou executados, salvo em caso de calamidade pública, grave perturbação da ordem interna ou guerra, assegurado ao contratado o direito de optar pela suspensão do cumprimento de suas obrigações até que seja normalizada a situação;

XVI. A não liberação, por parte da Administração, de área, local ou objeto para execução de obra, serviço ou fornecimento, nos prazos contratuais, bem como das fontes de materiais naturais especificadas no projeto;

Consequências da rescisão

As consequências da rescisão variam de acordo com a existência ou não de culpa do contratado, é importante observar que o simples fato da rescisão acontecer de forma unilateral por parte da administração pública não define as consequências, mas sim, a presença de culpa ou não do contratado.

Consequências da Rescisão Unilateral quando Não há Culpa do Contratado

Observe que nesses casos temos as hipóteses de que a culpa é da administração e ainda as de que a responsabilidade não é da administração, nem do contrato como nos casos de ocorrência de razões de interesse público que justifique a rescisão, bem como diante de caso fortuito ou força maior.

O contratado será ressarcido dos prejuízos regularmente comprovados que houver sofrido, tendo ainda direito a:

I. Devolução de garantia;

II. Pagamentos devidos pela execução do contrato até a data da rescisão;

III. Pagamento do custo da desmobilização.

Consequências da Rescisão Unilateral quando Há Culpa do Contratado

I. Assunção imediata do objeto do contrato, no estado e local em que se encontrar, por ato próprio da Administração;

II. Ocupação e utilização do local, instalações, equipamentos, material e pessoal empregados na execução do contrato, necessários à sua continuidade.

Esse ato deverá ser precedido de autorização expressa do Ministro de Estado competente, ou Secretário Estadual ou Municipal, conforme o caso.

III. Execução da garantia contratual, para ressarcimento da Administração, e dos valores das multas e indenizações a ela devidos;

IV. Retenção dos créditos decorrentes do contrato até o limite dos prejuízos causados à Administração.

CONTRATOS

7.17 Tipos de Contrato

Contrato de obra pública

É todo ajuste entre a Administração pública e o particular que tenha por objeto construção, reforma, fabricação, recuperação ou ampliação de móvel ou imóvel cuja finalidade seja à população em geral ou a prestação de serviços públicos.

Contrato de serviço

É todo ajuste entre a Administração Pública e o particular que tenha por objeto atividade destinada a obter determinada utilidade de interesse para a Administração, tais como: demolição, conserto, instalação, montagem, operação, conservação, reparação, adaptação, manutenção, transporte, locação de bens, publicidade, seguro ou trabalhos técnico-profissionais.

A diferença marcante entre o contrato de obra pública e o de serviço é que, neste caso, a administração contrata um particular para exercer uma atividade de caráter contínuo, e no primeiro caso, a administração contrata o particular para realizar algo em que predomina o emprego de materiais, não havendo caráter contínuo, pois a obra um dia chegará ao fim. O mesmo raciocínio não é válido para a contratação de serviços.

Contrato de fornecimento

É todo ajuste entre a Administração Pública e o particular que tenha por objeto a aquisição remunerada de bens para fornecimento de uma só vez ou parceladamente.

Contrato de concessão

Contrato de concessão é o contrato administrativo pelo qual a Administração confere ao particular a execução remunerada de serviço público ou de obra pública, ou lhe cede o uso de bem público, para que o explore por sua conta e risco, pelo prazo e nas condições regulamentares e contratuais.

Convênio

É um acordo, ajuste ou qualquer outro instrumento que discipline a transferência de recursos financeiros de dotações consignadas nos Orçamentos Fiscal e da Seguridade Social da União e tenha como partícipe, de um lado, órgão ou entidade da Administração Pública Federal, direta ou indireta, e, de outro, órgão ou entidade da Administração Pública Estadual, Distrital ou Municipal, direta ou indireta, ou ainda, entidades privadas sem fins lucrativos, visando à execução de programa de governo, envolvendo a realização de projeto, atividade, serviço, aquisição de bens ou evento de interesse recíproco, em regime de mútua cooperação.

Contrato de repasse

É o instrumento administrativo por meio do qual a transferência dos recursos financeiros se processa por intermédio de instituição ou agente financeiro público federal, atuando como mandatário da União.

Termo de cooperação

É o instrumento por meio do qual é ajustada a transferência de crédito de órgão da Administração Pública Federal Direta, autarquia, fundação pública, ou empresa estatal dependente, para outro órgão ou entidade federal da mesma natureza.

Consórcio público

É a pessoa jurídica formada exclusivamente por entes da Federação, na forma da Lei nº 11.107, de 2005, para estabelecer relações de cooperação federativa, inclusive a realização de objetivos de interesse comum, constituída como associação pública, com personalidade jurídica de direito público e natureza autárquica, ou como pessoa jurídica de direito privado sem fins econômicos.

7.18 Contratação Temporária

A Lei nº 8.745/1993 trata da contratação por tempo determinado para atender a necessidade temporária de excepcional interesse público, no serviço federal, nos termos do inciso IX do Art. 37 da Constituição Federal.

Para atender a necessidade temporária de excepcional interesse público, os órgãos da **Administração Federal Direta, as autarquias e as fundações públicas** poderão efetuar contratação de pessoal por tempo determinado, devem observar as condições e prazos fixados na Lei nº 8.745/1993.

Art. 2º. Considera-se necessidade temporária de excepcional interesse público:

I. Assistência a situações de calamidade pública; (prazo máximo de 6 meses)

II. Assistência a emergências em saúde pública; (prazo máximo de 6 meses)

III. Realização de recenseamentos e outras pesquisas de natureza estatística efetuadas pela Fundação Instituto Brasileiro de Geografia e Estatística - IBGE; (prazo máximo de 1 ano)

IV. Admissão de professor substituto e professor visitante; (prazo máximo de 1 ano)

V. Admissão de professor e pesquisador visitante estrangeiro; (prazo máximo de 4 anos)

VI. Atividades:

a) Especiais nas organizações das Forças Armadas para atender à área industrial ou a encargos temporários de obras e serviços de engenharia; (prazo máximo de 4 anos)

b) De identificação e demarcação territorial; (prazo máximo de 2 anos)

c) Revogado.

d) Finalísticas do Hospital das Forças Armadas; (prazo máximo de 1 ano)

e) De pesquisa e desenvolvimento de produtos destinados à segurança de sistemas de informações, sob responsabilidade do Centro de Pesquisa e Desenvolvimento para a Segurança das Comunicações - CEPESC; (prazo máximo de dois anos)

f) De vigilância e inspeção, relacionadas à defesa agropecuária, no âmbito do Ministério da Agricultura e do Abastecimento, para atendimento de situações emergenciais ligadas ao comércio internacional de produtos de origem animal ou vegetal ou de iminente risco à saúde animal, vegetal ou humana; (prazo máximo de 1 ano)

g) Desenvolvidas no âmbito dos projetos do Sistema de Vigilância da Amazônia - SIVAM e do Sistema de Proteção da Amazônia - SIPAM; (prazo máximo de 4 anos)

h) *Técnicas especializadas, no âmbito de projetos de cooperação com prazo determinado, implementados mediante acordos internacionais, desde que haja, em seu desempenho, subordinação do contratado ao órgão ou entidade pública;* (prazo máximo de três anos)

I) *Técnicas especializadas necessárias à implantação de órgãos ou entidades ou de novas atribuições definidas para organizações existentes ou as decorrentes de aumento transitório no volume de trabalho que não possam ser atendidas mediante a aplicação do Art. 74 da Lei nº 8.112, de 11 de dezembro de 1990;* (prazo máximo de 4 anos)

j) *Técnicas especializadas de tecnologia da informação, de comunicação e de revisão de processos de trabalho, não alcançadas pela alínea i e que não se caracterizem como atividades permanentes do órgão ou entidade;* (prazo máximo de 4 anos)

l) *Didático-pedagógicas em escolas de governo;* (prazo máximo de três anos)

m) *De assistência à saúde para comunidades indígenas;* (prazo máximo de 2 anos)

VII. *Admissão de professor, pesquisador e tecnólogo substitutos para suprir a falta de professor, pesquisador ou tecnólogo ocupante de cargo efetivo, decorrente de licença para exercer atividade empresarial relativa à inovação;* (prazo máximo de três anos)

VIII. *Admissão de pesquisador, de técnico com formação em área tecnológica de nível intermediário ou de tecnólogo, nacionais ou estrangeiros, para projeto de pesquisa com prazo determinado, em instituição destinada à pesquisa, ao desenvolvimento e à inovação; (Redação dada pela Lei nº 13.243, de 2016)*

IX. *Combate a emergências ambientais, na hipótese de declaração, pelo Ministro de Estado do Meio Ambiente, da existência de emergência ambiental na região específica;* (prazo máximo de 6 meses)

X. *Admissão de professor para suprir demandas decorrentes da expansão das instituições federais de ensino, respeitados os limites e as condições fixados em ato conjunto dos Ministérios do Planejamento, Orçamento e Gestão e da Educação;* (prazo máximo de 1 ano)

XI. *Admissão de professor para suprir demandas excepcionais decorrentes de programas e projetos de aperfeiçoamento de médicos na área de Atenção Básica em saúde em regiões prioritárias para o Sistema Único de Saúde (SUS), mediante integração ensino-serviço, respeitados os limites e as condições fixados em ato conjunto dos Ministros de Estado do Planejamento, Orçamento e Gestão, da Saúde e da Educação;* (prazo máximo de três anos)

XII. *Admissão de profissional de nível superior especializado para atendimento a pessoas com deficiência, nos termos da legislação, matriculadas regularmente em cursos técnicos de nível médio e em cursos de nível superior nas instituições federais de ensino, em ato conjunto do Ministério do Planejamento, Desenvolvimento e Gestão e do Ministério da Educação. (Incluído pela Lei nº 13.530, de 2017)*

As contratações dessas atividades serão feitas exclusivamente por projeto, **vedado o aproveitamento** dos contratados em qualquer área da administração pública.

A **Contratação de Professor Substituto** poderá ocorrer para suprir a falta de docente efetivo em razão de:

> Vacância do cargo.
> Afastamento ou licença, na forma do regulamento.
> Nomeação para ocupar cargo de direção de reitor, vice-reitor, pró-reitor e diretor de campus.

O número total de professores substitutos e visitantes **não poderá ultrapassar 20% do total de docentes efetivos em exercício** na instituição federal de ensino.

Ato do Poder Executivo disporá, para efeitos dessa Lei, sobre a declaração de emergências em **saúde pública.**

A contratação de **Professor Visitante** e de **Professor Visitante Estrangeiro** tem por **Objetivo**:

> Apoiar a execução dos programas de pós-graduação *stricto sensu*.
> Contribuir para o aprimoramento de programas de ensino, pesquisa e extensão.
> Colaborar para a execução de programas de capacitação docente.
> Viabilizar o intercâmbio científico e tecnológico.

Essas contratações (professor visitante e professor visitante estrangeiro) deverão:

> Atender a requisitos de titulação e competência profissional; ou
> Ter reconhecido renome em sua área profissional, atestado por deliberação do Conselho Superior da instituição contratante.

São **requisitos mínimos de titulação e competência profissional** para a contratação:

> Ser portador do título de doutor, no mínimo, há dois anos.
> Ser docente ou pesquisador de reconhecida competência em sua área.
> Ter produção científica relevante, preferencialmente nos últimos cinco anos.

Excepcionalmente, no âmbito das Instituições da Rede Federal de Educação Profissional, Científica e Tecnológica, poderão ser contratados professor visitante ou professor visitante estrangeiro, **sem o título de doutor**, desde que **possuam comprovada competência** em ensino, pesquisa e extensão tecnológicos ou reconhecimento da qualificação profissional pelo mercado de trabalho, na forma prevista pelo Conselho Superior da instituição contratante.

A contratação de professores substitutos, visitantes e visitantes estrangeiros poderá ser autorizada pelo dirigente da instituição, condicionada à existência de recursos orçamentários e financeiros para fazer frente às despesas decorrentes da contratação e ao quantitativo máximo de contratos estabelecido para a IFE.

A contratação dos professores substitutos fica limitada ao regime de trabalho de 20 horas ou 40 horas.

O recrutamento do pessoal a ser contratado, nos termos da Lei nº 8.745/1993, será feito mediante **processo seletivo simplificado** sujeito à ampla divulgação, inclusive por meio do Diário Oficial da União, **prescindindo de concurso público** (não precisa de concurso público).

A contratação para atender às necessidades decorrentes de calamidade pública, de emergência ambiental e de emergências em saúde pública prescindirá de processo seletivo. Nesses casos, a contratação dispensa até mesmo o processo seletivo.

CONTRATOS

Algumas contratações poderão ser efetivadas em vista de notória capacidade técnica ou científica do profissional, mediante análise do **curriculum vitae**:

> Relacionadas a um Professor visitante.
> Referentes a um Professor e pesquisador visitante estrangeiro.
> Especiais nas organizações das Forças Armadas para atender à área industrial ou a encargos temporários de obras e serviços de engenharia.
> Finalísticas do Hospital das Forças Armadas.
> De pesquisa e desenvolvimento de produtos destinados à segurança de sistemas de informações, sob responsabilidade do Centro de Pesquisa e Desenvolvimento para a Segurança das Comunicações – Cepesc.
> Desenvolvidas no âmbito dos projetos do Sistema de Vigilância da Amazônia - Sivam e do Sistema de Proteção da Amazônia – Sipam.
> Didático-pedagógicas em escolas de governo.
> De assistência à saúde para comunidades indígenas.
> Admissão de pesquisador, nacional ou estrangeiro, para projeto de pesquisa com prazo determinado, em instituição destinada à pesquisa.

As seguintes contratações de pessoal serão feitas mediante processo seletivo simplificado, observados os critérios e condições estabelecidos pelo **Poder Executivo**:

> Técnicas especializadas, no âmbito de projetos de cooperação com prazo determinado, implementados mediante acordos internacionais, desde que haja, em seu desempenho, subordinação do contratado ao órgão ou entidade pública.
> Técnicas especializadas necessárias à implantação de órgãos ou entidades ou de novas atribuições definidas para organizações existentes ou as decorrentes de aumento transitório no volume de trabalho que não possam ser atendidas mediante a aplicação do Art. 74 da Lei nº 8.112, de 11 de dezembro de 1990.

É admitida a prorrogação dos contratos:

Prazo total não excedente a dois anos:

» Admissão de professor substituto e professor visitante.
» De identificação e demarcação territorial.
» Finalísticas do Hospital das Forças Armadas.
» De vigilância e inspeção, relacionadas à defesa agropecuária, no âmbito do Ministério da Agricultura e do Abastecimento, para atendimento de situações emergenciais ligadas ao comércio internacional de produtos de origem animal ou vegetal ou de iminente risco à saúde animal, vegetal ou humana.
» Admissão de professor para suprir demandas decorrentes da expansão das instituições federais de ensino, respeitados os limites e as condições fixados em ato conjunto dos Ministérios do Planejamento, Orçamento e Gestão e da Educação.

Prazo total não excedente a **três anos**:

» Realização de recenseamentos e outras pesquisas de natureza estatística efetuadas pela Fundação Instituto Brasileiro de Geografia e Estatística – IBGE.
» De pesquisa e desenvolvimento de produtos destinados à segurança de sistemas de informações, sob responsabilidade do Centro de Pesquisa e Desenvolvimento para a Segurança das Comunicações – CEPESC.

Prazo total não excedente a **quatro anos:**

» Admissão de professor e pesquisador visitante estrangeiro.
» Especiais nas organizações das Forças Armadas para atender à área industrial ou a encargos temporários de obras e serviços de engenharia.
» Técnicas especializadas, no âmbito de projetos de cooperação com prazo determinado, implementados mediante acordos internacionais, desde que haja, em seu desempenho, subordinação do contratado ao órgão ou entidade pública.
» Didático-pedagógicas em escolas de governo.
» De assistência à saúde para comunidades indígenas.
» Admissão de pesquisador, nacional ou estrangeiro, para projeto de pesquisa com prazo determinado, em instituição destinada à pesquisa.

Prazo Total não Excedente a **Cinco anos**:

» Desenvolvidas no âmbito dos projetos do Sistema de Vigilância da Amazônia - Sivam e do Sistema de Proteção da Amazônia - Sipam.
» Técnicas especializadas necessárias à implantação de órgãos ou entidades ou de novas atribuições definidas para organizações existentes ou as decorrentes de aumento transitório no volume de trabalho que não possam ser atendidas mediante a aplicação do Art. 74 da Lei nº 8.112, de 11 de dezembro de 1990.
» Técnicas especializadas de tecnologia da informação, de comunicação e de revisão de processos de trabalho, não alcançadas pela alínea "i" e que não se caracterizem como atividades permanentes do órgão ou entidade.

Prazo Total não Excedente a **Seis anos:**

» Admissão de professor, pesquisador e tecnólogo substitutos para suprir a falta de professor, pesquisador ou tecnólogo ocupante de cargo efetivo, decorrente de licença para exercer atividade empresarial relativa à inovação.

» Admissão de professor para suprir demandas excepcionais decorrentes de programas e projetos de aperfeiçoamento de médicos na área de Atenção Básica em saúde em regiões prioritárias para o Sistema Único de Saúde (SUS), mediante integração ensino-serviço, respeitados os limites e as condições fixados em ato conjunto dos Ministros de Estado do Planejamento, Orçamento e Gestão, da Saúde e da Educação.

» **Pelo Prazo Necessário** à superação da situação de calamidade pública ou das situações de emergências em saúde pública, desde que **não exceda a dois anos**, nos casos de:

> Assistência a situações de calamidade pública.
> Assistência a emergências em saúde pública.

As contratações somente poderão ser feitas com observância da dotação orçamentária específica e mediante prévia autorização do Ministro de Estado do Planejamento, Orçamento e Gestão e do Ministro de Estado sob cuja supervisão se encontrar o órgão ou entidade contratante, conforme estabelecido em regulamento.

Os órgãos e entidades contratantes encaminharão à Secretaria de Recursos Humanos do Ministério do Planejamento, Orçamento e Gestão, para controle do disposto na Lei nº 8.745/1993, síntese dos contratos efetivados.

É **Proibida a Contratação**, nos termos Lei nº 8.745/1993, de servidores da **Administração Direta ou Indireta** da União, dos Estados, do Distrito Federal e dos Municípios, bem como de **empregados ou servidores de suas subsidiárias e controladas**.

Essa proibição, entretanto, não aplica-se no caso de **formal comprovação da compatibilidade de horários**, a contratação de:

> **Professor Substituto nas Instituições Federais de Ensino**, desde que o contratado não ocupe cargo efetivo integrante das carreiras de magistério de que trata a Lei nº 7.596, de 10 de abril de 1987.
> **Profissionais de Saúde em Unidades Hospitalares**, quando administradas pelo Governo Federal e para atender às necessidades decorrentes de calamidade pública, desde que o contratado não ocupe cargo efetivo ou emprego permanente em órgão ou entidade da Administração Pública Federal Direta e Indireta.

No caso de violação dessa proibição, sem prejuízo da nulidade do contrato, essa infração importará responsabilidade administrativa da autoridade contratante e do contratado, inclusive, se for a situação, solidariedade quanto à devolução dos valores pagos ao contratado.

A remuneração do pessoal contratado temporariamente nos termos da Lei nº 8.745/1993 será fixada: Em importância não superior ao valor da **remuneração fixada para os servidores de final de Carreira das mesmas categorias**, nos planos de retribuição ou nos quadros de cargos e salários do órgão ou entidade contratante.

Admissão de professor substituto e professor visitante.

Admissão de professor para suprir demandas decorrentes da expansão das instituições federais de ensino, respeitados os limites e as condições fixados em ato conjunto dos Ministérios do Planejamento, Orçamento e Gestão e da Educação.

Admissão de professor para suprir demandas excepcionais decorrentes de programas e projetos de aperfeiçoamento de médicos na área de Atenção Básica em saúde em regiões prioritárias para o Sistema Único de Saúde (SUS), mediante integração ensino-serviço, respeitados os limites e as condições fixados em ato conjunto dos Ministros de Estado do Planejamento, Orçamento e Gestão, da Saúde e da Educação.

Em importância **não superior ao valor da remuneração constante dos planos de retribuição ou nos quadros de cargos e salários do serviço público, para servidores que desempenhem função semelhante, ou, não existindo a semelhança, às condições do mercado de trabalho:**

> Assistência a situações de calamidade pública.
> Assistência a emergências em saúde pública.
> Realização de recenseamentos e outras pesquisas de natureza estatística efetuadas pela Fundação Instituto Brasileiro de Geografia e Estatística – IBGE.
> Admissão de professor e pesquisador visitante estrangeiro.
> Atividades do inciso VI.
> Admissão de pesquisador, nacional ou estrangeiro, para projeto de pesquisa com prazo determinado, em instituição destinada à pesquisa.

Quando se tratar de coleta de dados, o valor da remuneração poderá ser formado por unidade produzida, desde que obedecido à mesma regra acima disposta:

> Realização de recenseamentos e outras pesquisas de natureza estatística efetuadas pela Fundação Instituto Brasileiro de Geografia e Estatística – IBGE.

Para os efeitos do cálculo dessa remuneração, não se consideram as vantagens de natureza individual dos servidores ocupantes de cargos tomados como paradigma.

Caberá ao Poder Executivo fixar as tabelas de remuneração para as hipóteses de contratações previstas nas alíneas h, i, j, l e m do inciso VI do *caput* do Art. 2º da Lei nº 8.745/1993.

Ao pessoal contratado nos termos da Lei nº 8.745/1993 aplica-se o disposto na Lei nº 8.647, de 13 de abril de 1993 (lei que trata da vinculação do servidor público civil, ocupante de cargo em comissão sem vínculo efetivo com a Administração Pública Federal, ao Regime Geral de Previdência Social).

O pessoal contratado nos termos da Lei nº 8.745/1993, Art. 9º **não poderá**:

I. Receber atribuições, funções ou encargos não previstos no respectivo contrato.

II. Ser nomeado ou designado, ainda que a título precário ou em substituição, para o exercício de cargo em comissão ou função de confiança.

CONTRATOS

***III.** Ser novamente contratado, com fundamento nessa Lei, **antes de decorridos 24 meses do encerramento de seu contrato anterior** (salvo nas hipóteses dos incisos I e IX do Art. 2º desta Lei, mediante prévia autorização, conforme determina o Art. 5º da Lei nº 8.745/1993).*

A inobservância dessas proibições importará na **rescisão do contrato** (nos casos dos incisos I e II) ou na **declaração da sua insubsistência** (no caso do inciso III), **sem prejuízo da responsabilidade administrativa** das autoridades envolvidas na transgressão.

As infrações disciplinares atribuídas ao pessoal contratado nos termos da Lei nº 8.745/1993 serão apuradas mediante sindicância, concluída no prazo de **trinta dias e assegurada ampla defesa.**

Extinção do Contrato (sem direito a indenizações)
> Pelo término do prazo contratual (comunicada com antecedência mínima de 30 dias).
> Por iniciativa do contratado (comunicada com antecedência mínima de 30 dias).
> Pela extinção ou conclusão do projeto, definidos pelo contratante, nos casos da alínea h do inciso VI do Art. 2º da Lei nº 8.745/1993.

A extinção do contrato, por iniciativa do órgão ou entidade contratante, decorrente de **conveniência administrativa**, importará no pagamento ao **contratado de indenização correspondente à metade** do que lhe caberia referente ao restante do contrato.

O tempo de serviço prestado em virtude de contratação temporária nos termos dessa Lei será contado para todos os efeitos.

8. AGENTES PÚBLICOS

Neste capítulo estudaremos a respeito dos agentes públicos, sua finalidade, seu papel na estrutura da administração pública, bem como as diversas classificações relativas ao tema.

8.1 Conceito

Considera-se agente público toda pessoa física que exerça, ainda que transitoriamente ou sem remuneração, por eleição, nomeação, designação, contratação ou qualquer outra forma de investidura ou vínculo, mandato, cargo, emprego ou função pública.

8.2 Classificação

> Agentes políticos.
> Agentes administrativos.
> Particulares em colaboração com o poder público.

Agentes políticos

Estão nos mais altos escalões do Poder Público. São responsáveis pela elaboração das diretrizes governamentais e pelas funções de direção, orientação e supervisão geral da Administração Pública.

Características

> Sua competência é haurida da Constituição Federal.
> Não se sujeitam às regras comuns aplicáveis aos servidores públicos em geral.
> Normalmente são investidos em seus cargos por meio de eleição, nomeação ou designação.
> Não são hierarquizados, subordinando-se tão somente à Constituição Federal.

Exceção: auxiliares imediatos dos chefes do Executivo são, hierarquizados, pois se subordinam ao líder desse poder.

Ex.: Ministros de Estado; Secretários estaduais e municipais.

Poder	Federal	Estadual	Municipal
Executivo	Presidente da República; Ministros de Estados.	Governadores; Secretários Estaduais.	Prefeitos; Secretários Municipais.
Legislativo	Deputados Federais; Senadores.	Deputados Estaduais.	Vereadores
Judiciário	Membros do Poder Judiciário Federal.	Membros do Poder Judiciário Estadual.	Não há
Ministério Público	Membros do Ministério Público Federal.	Membros do Ministério Público Estadual.	Não há

Agentes administrativos

São as pessoas que exercem atividade pública de natureza profissional, permanente e remunerada, estão sujeitos à hierarquia funcional e ao regime jurídico estabelecido pelo ente ao qual pertencem. O vínculo entre esses agentes e o ente ao qual estão ligados é um vínculo de natureza permanente.

Servidores Públicos (Estrito): são os titulares de cargos públicos[1] (efetivos e comissionados), são vinculados ao seu cargo por meio de um estatuto estabelecido pelo ente contratante.

Empregados Públicos: são os ocupantes de Emprego Público[2]; são vinculados ao seu emprego por meio da CLT (Consolidação das Leis do Trabalho).

Temporários: são contratados por tempo determinado para atender necessidade temporária de excepcional interesse público. Exercem função pública temporária e remunerada, estão vinculados à administração pública por meio de um contrato de direito público e não de natureza trabalhista. O meio utilizado pelo Estado para selecionar os temporários é o processo seletivo simplificado e não o concurso público.

Algumas doutrinas dividem a classificação dos servidores públicos em sentido amplo e em estrito. Nesse último caso, servidor público é o que consta acima, ou seja, somente os titulares de cargos públicos; já em sentido amplo, adota-se a seguinte regra: servidor público é um gênero que comporta três espécies: os servidores estatutários, os empregados públicos e os servidores temporários. Então, caso se adote o conceito de servidor público em sentido amplo, este será sinônimo de agente administrativo.

Servidor Público (Amplo):
> Servidor Estatutário = servidor público (estrito)
> Empregado Público = empregado público
> Servidor Temporário = temporário

Particulares em colaboração com o poder público

Agentes Honoríficos: são cidadãos que transitoriamente são requisitados ou designados para prestar certos serviços públicos específicos em razão da sua honra, da sua conduta cívica ou de sua notória capacidade profissional. Geralmente atuam sem remuneração. São os mesários, jurados, entre outros.

Agentes Delegados: são particulares que recebem a incumbência de exercer determinada atividade, obra ou serviço, por sua conta e risco e em nome próprio, sob permanente fiscalização do poder contratante, ou seja, são aquelas pessoas que recebem a incumbência de prestar certas atividades do Estado por meio da descentralização por delegação. São elas:

> Autorizatárias de serviços públicos;
> Concessionárias de serviços públicos;
> Permissionárias de serviços públicos.

Agentes Credenciados: são os particulares que recebem a incumbência de representar a administração em determinado ato ou praticar certa atividade específica, mediante remuneração do Poder Público credenciante.

---

1 Os cargos públicos estão presentes na Administração Direta da União, dos Estados, do DF e dos Municípios, e também nas suas autarquias e fundações públicas.
2 Os empregos públicos estão presentes nas empresas públicas e sociedades de economia mista.

9. RESPONSABILIDADE CIVIL DO ESTADO

A responsabilidade civil consubstancia-se na obrigação de indenizar um dano patrimonial decorrente de um fato lesivo voluntário. É modalidade de obrigação extracontratual e, para que ocorra, são necessários alguns elementos previstos no Art. 37, § 6º, da Constituição Federal:

> **§6º** - As pessoas jurídicas de direito público e as pessoas jurídicas de direito privado prestadoras de serviço público responderão pelos danos seus agentes, nessa qualidade, causarem a terceiros, assegurado o direito de regresso contra o responsável nos casos de dolo ou culpa.

9.1 Teoria do Risco Administrativo

É a responsabilidade objetiva do Estado, que paga o terceiro lesado, desde que ocorra o dano por ação praticada pelo agente público, mesmo o agente não agindo com dolo ou culpa.

Enquanto para a Administração a responsabilidade independe da culpa, para o servidor, ela depende: aquela é objetiva, esta é subjetiva e se apura pelos critérios gerais do Código Civil.

Requisitos

O fato lesivo causado pelo agente em decorrência de culpa em sentido amplo, a qual abrange o dolo (intenção), e a culpa em sentido estrito, que engloba a negligência, a imprudência e a imperícia.

A ocorrência de um dano patrimonial ou moral.

O nexo de causalidade entre o dano havido e o comportamento do agente, o que significa ser necessário que o dano efetivamente haja decorrido diretamente, da ação ou omissão indevida do agente.

> As Pessoas Jurídicas de Direito Privado prestadoras de serviço público estão também sob a responsabilidade na modalidade risco administrativo.

Situações de quebra do nexo causal da Administração Pública (Rompimento do Nexo Causal).

Caso I

Culpa exclusiva de terceiros ou da vítima.

Ex.: Marco, Agente Federal, dirigindo regularmente viatura oficial em escolta, atropela Sérgio, um suicida. Nessa situação, a Administração Pública não está obrigada a indenizar, pois o prejuízo foi causado exclusivamente pela vítima.

Caso II

Caso fortuito, evento da natureza imprevisível e inevitável.

Ex.: A PRF apreende um veículo em depósito. No local, cai um raio e destrói por completo o veículo apreendido. Nessa situação, a Administração não estará obrigada a indenizar o prejuízo sofrido, uma vez que não ocorreu culpa.

Caso III

Motivo de força maior, evento humano imprevisível e inevitável.

Ex.: A PRF apreende um veículo em depósito. Uma manifestação popular intensa invade-o e depreda todo o veículo, inutilizando-o. Nessa situação, a Administração não estará obrigada a indenizar o prejuízo sofrido, uma vez que não ocorreu culpa.

> Estão incluídas todas as pessoas jurídicas de Direito Público, ou seja, a Administração Direta, as autarquias e as fundações públicas de direito público, independentemente de suas atividades.

9.2 Teoria da Culpa Administrativa

Segundo a Teoria da Culpa Administrativa, também conhecida como Teoria da Culpa Anônima ou Falta de Serviço, o dever do Estado de indenizar o dano sofrido pelo particular somente existe caso seja comprovada a existência de falta de serviço. É possível ainda ocorrer a responsabilização do Estado aos danos causados por fenômenos da natureza quando ficar comprovado que o Estado concorreu de alguma maneira para que se produzisse o evento danoso, seja por dolo ou culpa. Nessa situação, vigora a responsabilidade subjetiva, pois temos a condição de ter ocorrido com dolo ou culpa. A culpa administrativa pode decorrer de uma das três formas possíveis de falta do serviço:

> Inexistência do serviço.
> Mau funcionamento do serviço.
> Retardamento do serviço.

Cabe sempre ao particular prejudicado pela falta comprovar sua ocorrência para fazer justa indenização.

Para os casos de omissão, a regra geral é a responsabilidade subjetiva. No entanto, há casos em que mesmo na omissão a responsabilidade do Estado será objetiva como, por exemplo, no caso de atendimento hospitalar deficiente e de pessoas sob a custódia do Estado, ou seja, o preso, pois, nesse caso, o Estado tem o dever de assegurar integridade física e mental do custodiado.

9.3 Teoria do Risco Integral

A Teoria do Risco Integral representa uma exacerbação da responsabilidade civil da Administração. Segundo essa teoria, basta a existência de evento danoso e do nexo causal para que surja a obrigação de indenizar para a administração, mesmo que o dano decorra de culpa exclusiva do particular.

Alguns autores consideram essa teoria para o caso de acidente nuclear.

9.4 Danos Decorrentes de Obras Públicas

Só fato da obra: sem qualquer irregularidade na sua execução.

Responsabilidade Civil **Objetiva** da Administração Pública ou particular (tanto faz quem execute a obra).

Má Execução da Obra

> **Administração Pública:** responsabilidade civil objetiva, com direito de ação regressiva.
> **Particular:** responsabilidade civil subjetiva.

9.5 Responsabilidade Civil Decorrente de Atos Legislativos

Regra: irresponsabilidade do Estado.

Exceção 1: leis inconstitucionais:
> Depende de declaração de inconstitucionalidade do STF;
> Depende de ajuizamento de ação de reparação de danos.

Exceção 2: leis de efeitos concretos

9.6 Responsabilidade Civil Decorrente de Atos Jurisdicionais

Regra: irresponsabilidade do Estado.

Exceção: erro judiciário – esfera penal, ou seja, erro do judiciário que acarretou na prisão de um inocente ou na manutenção do preso no cárcere por tempo superior ao prolatado na sentença, Art. 5º, LXXV, da CF. Segundo o STF, essa responsabilidade não alcança outras esferas.

Caso seja aplicada uma prisão cautelar a um acusado criminal e ele venha a ser absolvido, o Estado não responderá pelo erro judiciário, pois se entende que a aplicação da medida não constitui erro do judiciário, mas sim, uma medida cautelar pertinente ao processo.

9.7 Ação de Reparação de Danos

Administração Pública X Particular:

Pode ser amigável ou judicial.

Não pode ser intentada contra o agente público cuja ação acarretou o dano.

Ônus da Prova:

Particular: nexo de causalidade direto e imediato entre o fato lesivo e o dano.

Administração Pública:
> Culpa exclusiva da vítima.
> Força Maior.
> Culpa concorrente da vítima.

Valor da Indenização destina-se à cobertura das seguintes despesas:
> O que a vítima perdeu;
> O que a vítima gastou (advogados);
> O que a vítima deixou de ganhar.

Em caso de morte:
> Sepultamento;
> Pensão alimentícia para os dependentes com base na expectativa de vida da vítima.

Prescrição:

Art. 1º da Lei nº 9.494/97: 5 anos.

Tal prazo aplica-se inclusive às delegatárias de serviço público.

9.8 Ação Regressiva

Administração Pública X Agente Público:

O Art. 37, § 6º, da CF permite à Administração Pública ou delegatária (Concessionárias, Autorizatárias e Permissionárias) de serviço público a ingressar com uma ação regressiva contra o agente cuja atuação acarretou o dano, desde que comprovado dolo ou culpa.

Requisitos:
> Trânsito em julgado da sentença que condenou a Administração ou Delegatária a indenizar.
> Culpa ou dolo do agente público (responsábilidade civil subjetiva).

Regras Especiais:
> O dever de reparação se estende aos sucessores até o limite da herança recebida.
> Pode acontecer após a quebra do vínculo entre o agente público e a Administração Pública.
> A ação de ressarcimento ao erário é imprescritível.

O agente ainda pode ser responsabilizado nas esferas administrativa e criminal se a conduta que gerou o prejuízo ainda incorrer em crime ou em falta administrativa, conforme o caso, podendo as penalidades serem aplicadas de forma cumulativa.

NOÇÕES DE DIREITO PENAL

1. INTRODUÇÃO AO DIREITO PENAL E APLICAÇÃO DA LEI PENAL

1.1 Introdução ao Estudo do Direito Penal

A Infração Penal é gênero que se divide em duas espécies: **crimes** (conduta mais gravosa) e **contravenções penais** (conduta de menor gravidade). Essa divisão é chamada de dicotômica. A diferença básica incide sobre as penas aplicáveis aos infratores: enquanto o crime é punível com pena de reclusão e detenção, as contravenções penais implicam em prisão simples e multa, que pode ser aplicada de forma cumulativa ou não.

Para que a conduta seja definida como crime, tem que estar tipificada (escrita) em alguma norma penal. Não somente o próprio Código Penal as descreve, mas também as Leis Complementares Penais ou Leis Especiais, por exemplo: Estatuto do Desarmamento (Lei nº 10.826/2003), Lei de Tortura (Lei nº 9.455/1997), entre outras. Por conseguinte, o Decreto-lei nº 3.688/1941 prevê as Contravenções Penais, que também são conhecidas como Crime Anão ou Delito Liliputiano, visto seu reduzido potencial ofensivo. Como essa espécie de infração não é o objetivo do estudo, não convém aprofundar o assunto, basta apenas ressaltar que Contravenção Penal não admite tentativa. Porém, no Crime, a modalidade tentada é punível, desde que exista previsão legal (Código Penal).

Fique Ligado
O Direito Penal é chamado de Direito das Condutas Ilícitas

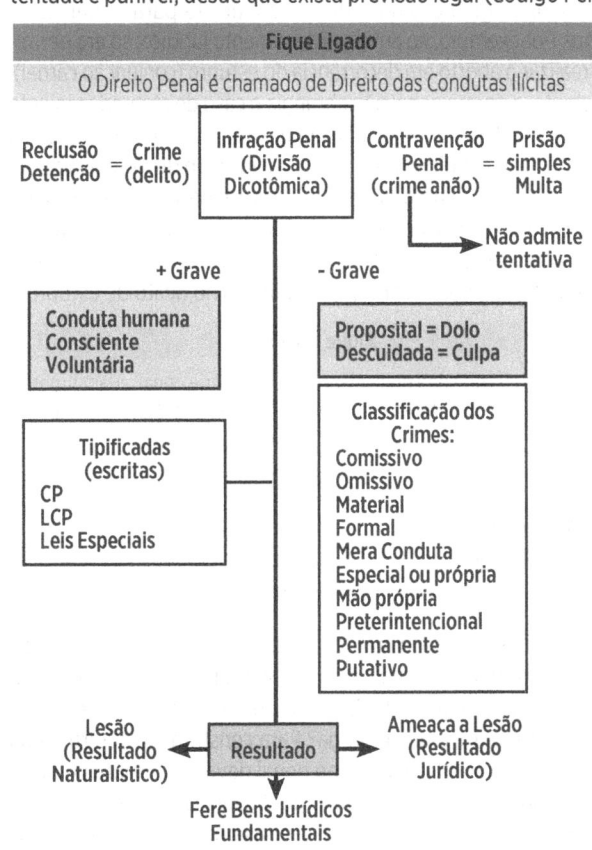

```
Reclusão/Detenção = Crime (delito)
Infração Penal (Divisão Dicotômica)
Contravenção Penal (crime anão) = Prisão simples / Multa → Não admite tentativa

+ Grave:
- Conduta humana
- Consciente
- Voluntária
- Tipificadas (escritas): CP, LCP, Leis Especiais

- Grave:
- Proposital = Dolo
- Descuidada = Culpa
- Classificação dos Crimes: Comissivo, Omissivo, Material, Formal, Mera Conduta, Especial ou própria, Mão própria, Preterintencional, Permanente, Putativo

Lesão (Resultado Naturalístico) ← Resultado → Ameaça a Lesão (Resultado Jurídico)
Fere Bens Jurídicos Fundamentais
```

→ **Para configurar infração penal, são necessários alguns pressupostos:**

Deve ser uma **conduta humana**, ou seja, o simples ataque de um animal não configura crime, porém, caso ele seja instigado por uma pessoa, passa a ser um mero objeto utilizado na prática da conduta do agressor.

Deve ser uma **ação consciente**, possível de ser prevista pelo agente, quando a conduta do agente se der com imprudência, negligência ou imperícia. Responderá de forma culposa, entretanto se realmente houver intenção, ou seja, a conduta do indivíduo é motivada por desejo ou propósito específico, tem-se a conduta dolosa.

Necessita ser **voluntária**. Por exemplo, caso o agente venha a agredir alguém por conta de um espasmo muscular, essa conduta é tida como involuntária.

→ **A infração penal sempre gera um resultado que pode ser:**

> **Naturalístico:** quando ocorre efetivamente a lesão do um bem jurídico tutelado. Por exemplo, no crime de homicídio, o resultado naturalístico ocorre com a interrupção da vida da vítima, pois a conduta modificou o mundo exterior, tanto do de cujus (falecido) como de seus familiares.

> **Jurídico:** ocorre quando a lesão não se consuma. Utilizando o mesmo exemplo acima, ocorreria caso o agressor não tivesse êxito na sua conduta. Ele responderia pela tentativa de homicídio, desde que não tivesse causado lesão corporal. Convém ressaltar que, embora o agente não obtenha êxito no resultado pretendido, o Código Penal sempre irá punir por aquilo que ele queria fazer (elemento subjetivo), contudo, nesse caso, gerou apenas um resultado jurídico.

Fique Ligado
Todo crime gera um resultado, porém nem todo crime gera um resultado naturalístico (lesão).

1.2 Teoria do Crime

Sendo o crime (delito) espécie da infração penal, possui uma nova divisão. Nesse caso, existem diversas correntes doutrinárias que definem esse conceito, entretanto, adotaremos a majoritária, a qual vigora no Direito Penal Brasileiro, classificada como Teoria Finalista Tripartida ou Tripartite.

Crime Delito:
→ Fato Típico (está escrito, definido como crime)
+
→ Ilícito (antijurídico) – (contrário à lei)
+
→ Culpável (culpabilidade)

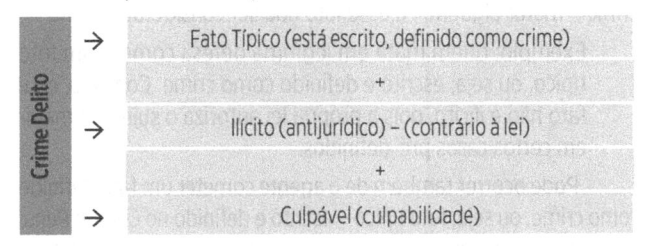

1.2.1 conceito de crime no direito penal brasileiro

→ Fato típico: para ser considerado fato típico, é fundamental que a conduta esteja tipificada, ou seja, escrita em alguma norma penal. Não obstante, é necessário que exista:

INTRODUÇÃO AO DIREITO PENAL E APLICAÇÃO DA LEI PENAL

> Conduta. É a ação do agente, seja ela culposa (descuidada) ou dolosa, intencional; comissiva (ação) ou omissiva (deixar de fazer).

> Resultado. Que seja naturalístico (modificação provocada no mundo exterior pela conduta) ou jurídico (quando não houver resultado jurídico, não há crime).

> Nexo Causal. O elo entre a ação e o resultado, ou seja, se o resultado foi provocado diretamente pela ação do agente, há nexo causal.

> Tipicidade. A conduta tem que ser considerada crime, deve estar tipificada, escrita na norma penal.

→ Ilícito (antijurídico): neste quesito, a ação do agente tem que ser ilícita, pois nosso ordenamento jurídico prevê legalidade em determinadas situações em que, mesmo sendo antijurídicas, serão permissivas. São as chamadas excludentes de ilicitude ou de antijuridicidade, sendo elas: Legítima Defesa, Estado de Necessidade, Estrito Cumprimento do Dever Legal ou Exercício Regular de um Direito.

Fique Ligado
Caso não existam alguns destes elementos na conduta, pode-se dizer que o fato é atípico.

→ Culpável (culpabilidade): é o juízo de reprovação que recai na conduta típica e ilícita. Em alguns casos, mesmo o agente cometendo um fato típico e ilícito, ele não poderá ser culpável, ou seja, não poderá receber uma sanção penal, pois incidirá nas excludentes de culpabilidade. A mais conhecida é a inimputabilidade em razão da idade, ou seja, é o agente menor de 18 anos em conflito com a lei, o qual não comete crime, mas ato infracional análogo aos delitos previstos no Código Penal. É quando, no momento da ação ou da omissão, o agente é totalmente incapaz de entender o caráter ilícito do fato ou de determinar-se de acordo com esse entendimento. Ainda dentro dessa espécie, haverá três desdobramentos, que são a imputabilidade, a potencial consciência da ilicitude e a exigibilidade de conduta diversa.

Para que o crime ocorra, é necessário preencher todos os requisitos anteriores. Caso haja exclusão de alguns dos elementos do fato típico ou se não for ilícito/antijurídico, tem-se a exclusão do crime. Caso não possa ser culpável, o agente será **isento** de pena.

Pode ocorrer de o agente cometer um fato descrito como crime – matar alguém – e esse fato não ser considerado crime.

Exemplo: quem mata em legítima defesa comete um fato típico, ou seja, escrito e definido como crime. Contudo, esse fato não é ilícito, pois a própria lei autoriza o sujeito a matar em certos casos pré-definidos.

Pode ocorrer também de o agente cometer um fato definido como crime, ou seja, fato típico – escrito e definido no Código Penal – e ilícito, o ordenamento jurídico não autorizar aquela conduta, e mesmo assim ficar isento de PENA. Assim, pode o sujeito cometer um crime e não ter pena.

Exemplo: quem é obrigado a cometer um crime. Uma pessoa encosta a arma carregada na cabeça de outra e diz que, se ela não cometer tal crime, irá morrer.

1.3 Princípio da Legalidade (Anterioridade – Reserva Legal)

Art. 1º Não há crime sem lei anterior que o defina. Não há pena sem prévia cominação legal.

Somente haverá crime quando existir perfeita correspondência entre a conduta praticada e a previsão legal (Reserva Legal), que não pode ser vaga, ou seja, deve ser específica. Exige-se que a lei esteja em vigor no momento da prática da infração penal (Anterioridade). Fundamento Constitucional é o art. 5º, XXXIX.

→ Princípio: *Nullum crimen, nulla poena sine praevia lege* (não há crime nem pena sem lei prévia).

As normas penais incriminadoras não são proibitivas e, sim, descritivas. Por exemplo, o art. 121 diz que matar alguém, no Código Penal, não é proibitivo, ou seja, não descreve "não matar". O tipo penal prevê uma conduta, que, se cometida, possuirá uma sanção (punição).

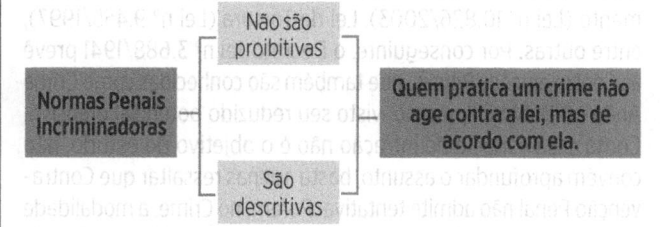

Normas Penais Incriminadoras	Não são proibitivas
	São descritivas
	Quem pratica um crime não age contra a lei, mas de acordo com ela.

A analogia no Direito Penal só é aceita para beneficiar o agente. Por exemplo, no antigo ordenamento jurídico, só era permitido realizar o aborto em decorrência do estupro (conjunção carnal), entretanto, a norma penal não abrangia o caso de atentado violento ao pudor (qualquer outro contato íntimo que não seja relação sexual vaginal). Caso a mulher viesse a engravidar em decorrência disso, realizava-se a analogia *in bonam partem*, permitindo também, nesse caso, o aborto. Contudo, cabe destacar que atualmente não há mais previsão do crime de atentado violento ao pudor no Código Penal, visto que hoje a conduta é tipificada no delito de estupro.

Fique Ligado
Medida Provisória não pode dispor sobre matéria penal, criar crimes e cominar penas, art. 62, § 1º, inciso I, alínea b CF/1988, somente Lei Ordinária.

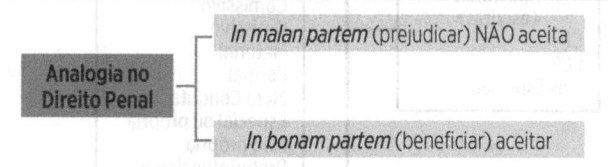

Analogia no Direito Penal	*In malan partem* (prejudicar) NÃO aceita
	In bonam partem (beneficiar) aceitar

Normas Penais em branco são aquelas que precisam ser complementadas para que analisemos o caso concreto. Por exemplo, a vigente Lei de Drogas nº 11.343/06 dispõe sobre diversas condutas ilícitas, entretanto, o que é droga? Para constatar se determinada substância é droga ou não, o tipo penal deve ser complementado pela portaria da Agência Nacional de Vigilância Sanitária (Anvisa) nº 344/98, em que todas as substâncias que estiverem descritas serão consideradas como droga.

> **Fique Ligado**
> O princípio da Reserva Legal admite o uso de Normas Penais em branco.

A Analogia Penal é diferente de Interpretação Analógica, nessa situação, a conduta do agente é analisada dentro da própria norma penal, ou seja, é observado a forma como a conduta foi praticada, quais os meios utilizados. Sendo assim, a Interpretação Analógica sempre será possível, ainda que mais gravosa para o agente.

> **Art. 121.** *Matar alguém:*
> **Pena** - *reclusão, de seis a vinte anos.*
> **§ 2º** *Se o homicídio é cometido:*
> **III.** *Com emprego de veneno, fogo, explosivo, asfixia, tortura ou outro meio insidioso ou cruel, ou de que possa resultar perigo comum;*
> **Pena** - *reclusão, de doze a trinta anos.*

Nessa situação, caso o agente tenha cometido o homicídio utilizando-se de alguma das formas expostas no inciso III, ocorrerá a aplicação de uma pena mais gravosa, visto que a conduta qualifica o crime.

1.4 Interpretação da Lei Penal

A matéria **Interpretação da Lei Penal** passou a ser abordada com mais frequência pelos editais de concursos públicos. No entanto, quando cobrada, não costuma gerar muita dificuldade. Isso porque geralmente a banca examinadora aborda uma espécie de interpretação e questiona o seu significado na questão.

A interpretação da Lei Penal consiste em buscar o significado e a extensão da letra da lei em relação à realidade e à vontade do legislador.

Assim, a interpretação da Lei Penal divide-se em:

Quanto ao sujeito

Autêntica ou legislativa

É aquela realizada pelo mesmo órgão da qual emana, podendo vir no próprio texto legislativo ou em lei posterior.

Exemplo: conceito de funcionário público previsto no art. 327, CP.

Doutrina

É aquela realizada pelos doutrinadores – estudiosos do direito penal – normalmente encontrada em livros, artigos e documentos.

Exemplo: Código Penal comentado.

Jurisprudencial ou judicial

É aquela realizada pelo Poder Judiciário na aplicação do caso concreto, na busca pela vontade da lei. É a análise das decisões reiteradas sobre determinado assunto legal.

Exemplos: Súmulas do Tribunais Superiores e Súmula Vinculante.

Quanto ao modo

Literal ou gramatical

É aquela que busca o sentido literal das palavras.

Teleológica

É aquela que busca compreender a intenção ou a vontade da lei.

Histórica

É aquela que busca compreender o sentido da lei por meio da análise de momento e contexto histórico em que foi editada.

Sistemática

É aquela que analisa o sentido da lei em conjunto com todo o ordenamento jurídico (as Legislações em vigor, os Princípios Gerais de Direito, a Doutrina e a Jurisprudencial).

Progressiva

É aquela que busca adaptar a lei aos progressos obtidos pela sociedade.

Quanto ao resultado

Declarativa

É aquela em que se encontra a perfeita correspondência entre a letra da lei e a intenção do legislador.

Restritiva

É aquela em que se restringe o alcance da letra da lei para que corresponda à real intenção do legislador. A lei diz mais do que deveria dizer.

Extensiva

É aquela em que se amplia o alcance da letra da lei para que corresponda à real intenção do legislador. A lei diz menos do que deveria dizer.

Analógica

É aquela em que a Lei Penal permite a ampliação de seu conteúdo por meio da utilização de uma expressão genérica ou aberta pelo legislador.

Exemplo:

> **Art. 121, § 2º, III, CP.** *Homicídio qualificado por emprego de veneno, fogo, explosivo, asfixia, tortura ou outro meio insidioso ou cruel, ou de que possa resultar perigo comum.*

1.5 Conflito Aparente de Normas Penais

Fala-se em conflito aparente de normas penais quando duas ou mais normas aparentemente parecem reger o mesmo tema. Na prática, uma conduta pode se enquadrar em mais de um tipo penal, mas isso é tão somente aparente, pois os princípios do direito penal resolvem esse fato. São eles:

a) Princípio da Especialidade.
b) Princípio da Subsidiariedade.

c) Princípio da Consunção.
d) Princípio da Alternatividade.

Princípio da especialidade

A regra, nesse caso, é que a norma especial prevalecerá sobre a norma geral. Dessa forma, a norma no tipo penal incriminador é mais completa que a prevista na norma geral.

Isso ocorre, por exemplo, no crime de homicídio e infanticídio. O crime de infanticídio possui em sua elementar dados complementares que o tornam mais especial – completo – que a norma geral.

Repare as elementares do art. 123 do CP: 1) matar o próprio filho; 2) logo após o parto; 3) sob o estado puerperal. Esses são dados que, se presentes, tornam a conduta de matar alguém um crime específico, diferente do homicídio. Logo, o art. 123 (infanticídio) é considerado especial em relação ao art. 121 (homicídio), que pode ser entendido, nesse caso, como uma conduta genérica.

Princípio da subsidiariedade

Utiliza-se esse princípio sempre que a norma principal mais grave não puder ser utilizada. Nesse caso, usamos a norma subsidiária menos gravosa.

A subsidiariedade pode ser expressa ou tácita. Será expressa sempre que o próprio artigo de lei assim determinar. Um bom exemplo é o art. 239, que trata da simulação de casamento. O tipo penal prevê pena de detenção, de um a três anos, se o fato não constituir elemento de crime mais grave. Assim, caso não tenha ocorrido crime mais grave, será aplicada a pena expressa em lei. Porém, se ocorrer crime mais grave, deve ser aplicado somente esse, ficando atípico o fato menos grave.

A subsidiariedade tácita ocorre quando não há expressa referência na lei, mas, se um fato mais grave ocorrer, a norma subsidiária ficará afastada. Isso ocorre, por exemplo, no crime do art. 311 do Código de Trânsito Brasileiro (CTB). O artigo expressa a proibição da conduta de trafegar em velocidade incompatível com a segurança nas proximidades de escolas, hospitais, estações de embarques e desembarques de passageiros, logradouros estreitos ou onde houver grande movimentação ou concentração de pessoas, gerando perigo de dano.

Contudo, se o agente estiver conduzindo nessas condições e acabar por atropelar e matar alguém, responderá pelo crime do art. 302 do CTB, que descreve a figura do homicídio culposo na direção de veículo automotor. Assim, esse crime – mais grave – afastará aquele crime de perigo.

Princípio da consunção

Esse princípio pode ocorrer quando um crime "meio" é necessário ou durante a fase normal de preparação para outro crime. Por exemplo, o crime de lesão corporal fica absorvido pelo crime de homicídio, ou mesmo o crime de invasão de domicílio que fica absorvido pelo crime de furto.

Não estamos falando em norma especial ou geral, mas do crime mais grave que absorveu o crime menos grave, que simplesmente foi um meio necessário para a execução da conduta mais gravosa.

Ocorre também o princípio da consunção quando, por exemplo, o agente falsifica um documento com o intuito de cometer o crime de estelionato. Como o crime de falsificação é o meio necessário para o crime de estelionato, funcionando como a elementar fraude, fica por esse absorvido.

Nesse sentido, o STJ editou a Súmula 17, que diz o seguinte:

Súmula 17
Quando o falso se exaure no estelionato, sem mais potencialidade lesiva, é por este absorvido.

Outro ponto importante é quando se trata do assunto de crime progressivo e progressão criminosa. Pode-se afirmar o seguinte:

No **crime progressivo,** o agente tem um fim específico mais grave, contudo, necessariamente deve passar por fases anteriores menos graves. No final das contas, o crime progressivo é um meio para um fim. Isso ocorre no caso do dolo de matar, em que o agente obrigatoriamente tem que ferir a vítima antes, causando lesões corporais.

Aqui tem-se a aplicação do Princípio da Consunção. Por outro lado, a progressão criminosa ocorre quando o dolo inicial é menos grave e, no decorrer da conduta, o agente muda sua intenção para uma conduta mais grave (repare que há dois dolos).

Tem-se como exemplo do agente que inicia a conduta com o dolo de lesionar e desfere socos na vítima, contudo, no decorrer da ação muda de intenção lhe desfere golpes de faca, causando o resultado morte.

Veja que há duas intenções, contudo, o Código Penal punirá o agente somente pelo crime mais grave. Assim, no caso exemplificado, também

se aplica o Princípio da Consunção.

No entanto, pode ocorrer progressão criminosa com a incidência do concurso material, ou seja, aplicação de mais de um crime. Isso ocorre, por exemplo, no crime de roubo em que o agente no meio da conduta resolve estuprar a vítima, ou seja, tem-se a progressão criminosa com dois dolos, em que o agente responderá por dois crimes diversos.

Princípio da alternatividade

Esse princípio é aplicado nos chamados crimes de ação múltipla ou de conteúdo variado. Os penais descrevem várias condutas para um único crime. Tem-se como exemplo o art. 33 da Lei nº 11.343/2006:

Art. 33. *Importar, exportar, remeter, preparar, produzir, fabricar, adquirir, vender, expor à venda, oferecer, ter em depósito, transportar, trazer consigo, guardar, prescrever, ministrar, entregar a consumo ou fornecer drogas, ainda que gratuitamente, sem autorização ou em desacordo com determinação legal ou regulamentar:*

Pena - *reclusão de 5 (cinco) a 15 (quinze) anos e pagamento de 500 (quinhentos) a 1.500 (mil e quinhentos) dias-multa.*

Assim, pode-se afirmar que, se o agente tiver um depósito e vender a droga, não responderá por dois crimes, mas somente por crime único. Isso ocorre porque qualquer ação nuclear do tipo representa o mesmo crime. Na prática, não há concurso material, respondendo o agente por uma pena somente.

→ Costume NÃO revoga nem altera lei.

→ Assim, pode-se dizer que há três princípios intrínsecos no art. 1º do Código Penal: da Legalidade, da Anterioridade e da Reserva Legal. É importante ressaltar que apenas a Lei Ordinária pode versar sobre matéria penal, tanto para criá-las quanto para extingui-las.

Não obstante, convém ressaltar os preceitos existentes nos tipos penais. Por exemplo: art. 121, Código Penal, matar alguém. Pena de 6 a 20 anos. O preceito primário seria a conduta do agente – matar alguém – e o preceito secundário seria a cominação da pena de 6 a 20 anos. Para ser considerado crime, é fundamental que existam os dois preceitos.

1.6 Lei Penal no Tempo

Art. 2º Ninguém pode ser punido por fato que lei posterior deixa de considerar crime, Cessado em virtude dela a execução e os efeitos penais da sentença condenatória.

Parágrafo único. A Lei posterior, que de qualquer forma modo favorecer o agente, aplica-se aos fatos anteriores, ainda que decididos por sentença transitada em julgado.

Conflito temporal

Regra: irretroatividade da lei.

Exceção: retroatividade para beneficiar o réu.

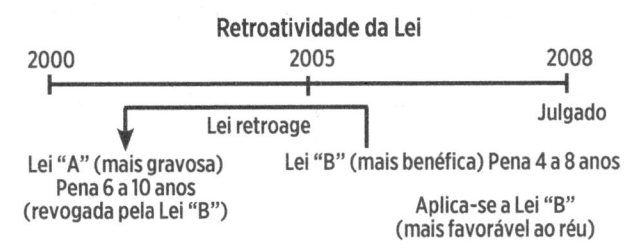

Retroatividade da Lei

2000 — 2005 — 2008

Lei retroage

Julgado

Lei "A" (mais gravosa) Pena 6 a 10 anos (revogada pela Lei "B")

Lei "B" (mais benéfica) Pena 4 a 8 anos

Aplica-se a Lei "B" (mais favorável ao réu)

Em regra, o Código Penal sempre adota a lei vigente ("A") no momento da ação ou omissão do agente. Sendo assim, se um crime for cometido nessa época, o agente irá responder pelo fato descrito no tipo penal. Contudo, por vezes, o processo se estende no tempo, e o julgamento do agente demora a acontecer. Nesse lapso temporal, caso sobrevenha uma nova Lei ("B"), que torne mais branda a sanção aplicada, esta irá retroagir ao tempo do fato, beneficiando o réu.

Ultratividade da lei

2000 — 2005 — 2008

Lei "A" (mais benéfica) Pena 4 a 8 anos Lei revogada

Lei "B" (mais gravosa) Pena 6 a 10 anos

Aplica-se a Lei "A" (mesmo revogada)

Não obstante a regra da irretroatividade, pode ocorrer a chamada ultratividade de lei mais benéfica. Seria o caso que, no momento da ação, vigorava a Lei "A", entretanto, no decorrer do processo, entrou em vigência nova Lei "B", revogando a Lei "A", tornando mais gravosa a conduta anteriormente praticada pelo agente.

Sendo assim, no momento do julgamento, ocorrerá a ultratividade da lei, ou seja, a Lei "A", mesmo não estando mais em vigor, irá ultra-agir ao momento do julgamento para beneficiar o réu, por ser menos gravosa a punição que o agente irá receber.

Abolitio criminis (abolição do crime)

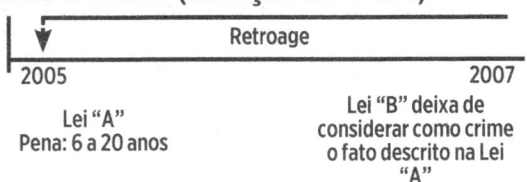

Retroage

2005 — 2007

Lei "A" Pena: 6 a 20 anos

Lei "B" deixa de considerar como crime o fato descrito na Lei "A"

Consequências:

> Tranca e extingue o inquérito policial e a ação penal.
> Cassa imediatamente a execução de todos os efeitos penais.
> Não alcança os efeitos civis da condenação.

Em relação à *Abolitio Criminis*, ocorre o seguinte fato: quando uma conduta que antes era tipificada como crime pelo Código Penal deixa de existir, ou seja, passa a não ser mais considerada crime, dizemos que ocorreu a abolição do crime. Diante disso, cessam imediatamente todos os efeitos penais que incidiam sobre o agente: tranca e extingue o inquérito policial. Caso o acusado esteja preso, deve ser posto em liberdade. Entretanto, não extingue os efeitos civis, ou seja, caso o agente tenha sido impelido em ressarcir a vítima da sua conduta mediante o pagamento de multa, essa ainda assim deverá ser paga.

Importante ressaltar que a lei que beneficia o réu não se trata de uma faculdade do juiz, mas de um dever que deve ser adotado em benefício do acusado.

1.7 Crimes Permanentes ou Continuados

Nos crimes permanentes, ou seja, naqueles em que a consumação se prolonga no tempo, aplica-se ao fato a lei que estiver em vigência quando cessada a atividade, mesmo que mais grave (severa) que a lei em vigência quando da prática do primeiro ato executório. O crime se perpetua no tempo, enquanto não cessada a permanência. É o que ocorre, por exemplo, com o crime de sequestro e cárcere privado. Assim, será aplicada a lei que estiver em vigência quando da libertação da vítima. Observa-se, então, o momento em que cessa a permanência, para daí se determinar qual é a norma a ser aplicada. É o que estabelece a Súmula 711 do Supremo Tribunal Federal (STF).

Súmula 711
A lei penal mais grave aplica-se ao crime continuado ou ao crime permanente, se a sua vigência é anterior à cessação da continuidade ou da permanência.

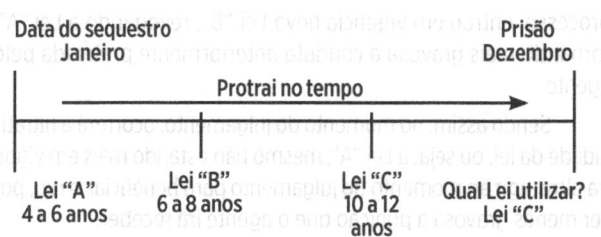

INTRODUÇÃO AO DIREITO PENAL E APLICAÇÃO DA LEI PENAL

```
Data do sequestro                          Prisão
Janeiro                                    Dezembro
|─────────── Protrai no tempo ──────────→
|            |            |            |
Lei "A"    Lei "B"     Lei "C"      Qual Lei utilizar?
4 a 6 anos  6 a 8 anos  10 a 12       Lei "C"
                        anos
```

Exemplo: O sequestro é um crime que se protrai no tempo, ou seja, a todo instante ele está se consumando; qualquer que seja o momento da prisão, o agente estará em flagrante. Assim, nos casos de crimes permanentes ou continuados, aplica-se a pena no momento em que cessar a conduta do agente, ainda que mais grave ou mais branda. Independe nessa circunstância a quantificação da pena, isto é, a lei vigente será considerada no momento que cessou a conduta do agente ou a privação de liberdade da vítima, com a prisão dos acusados.

1.8 Lei Excepcional ou Temporária

Art. 3º *A Lei excepcional ou temporária, embora decorrido o período de sua duração ou cessada as circunstâncias que a determinaram, aplica-se ao fato praticado durante sua vigência.*

Lei Excepcional: utilizada em períodos de anormalidade social.

Exemplo: guerra, calamidades públicas, enchentes, grandes eventos etc.

Lei Temporária: período previamente fixado pelo legislador.

Exemplo: lei que configura o crime de pescar em certa época do ano (piracema). Após lapso de tempo previamente determinado, a lei deixa de considerar tal conduta como crime.

Exemplo:

→ de 2005 a 2006, o fato "A" era considerado crime. Aqueles que infringiram a lei responderam posteriormente, mesmo o fato não sendo considerado mais crime.

→ Só ocorre retroatividade se a lei posterior expressamente determinar.

É importante ressaltar que são leis excepcionais e temporárias, ou seja, a lei irá vigorar por determinado tempo. Após o prazo determinado, tal conduta não mais será considerada crime. Entretanto, durante a sua vigência, todos aqueles que cometerem o fato tipificado em tais normas, mesmo encerrada sua vigência, serão punidos.

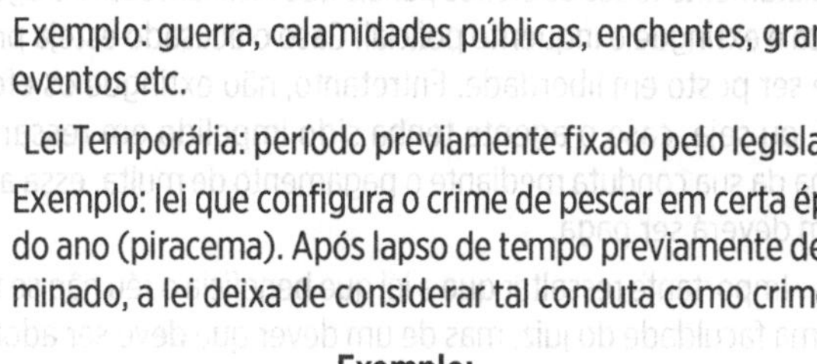

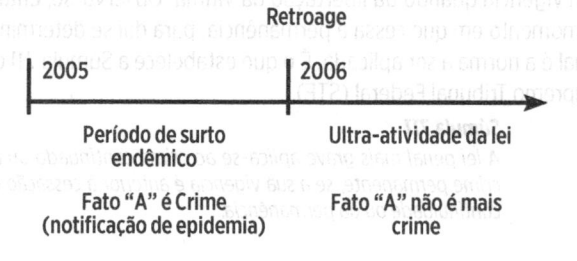

```
                    Retroage
        2005                  2006
        |─────────────────────|─────────→
        Período de surto      Ultra-atividade da lei
        endêmico
        Fato "A" é Crime      Fato "A" não é mais
        (notificação de epidemia)   crime
```

Fique Ligado
Não existe abolitio criminis de Lei Temporária ou Excepcional.

1.9 Tempo do Crime

Art. 4º *Considera-se praticado o crime no momento da ação ou omissão, ainda que outro seja o momento do resultado.*

Teoria da Atividade: o crime reputa-se praticado no momento da conduta (momento da execução).

Fique Ligado
A imputabilidade do agente deve ser aferida no momento em que o crime é praticado.

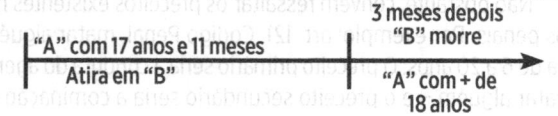

```
                              3 meses depois
"A" com 17 anos e 11 meses    "B" morre
|─────────────────────────────|─────────→
Atira em "B"                  "A" com + de
                              18 anos
```

Este princípio traz o momento da ação do crime, ou seja, independentemente do resultado, para aplicação da lei penal, é considerado o momento exato da prática delituosa, seja ela comissiva (ação) ou omissiva (omissão).

Exemplo: O menor "A" comete disparos de arma de fogo contra "B", vindo a feri-lo. Entretanto, devido às lesões causadas pelos disparos, três meses depois do fato, "B" vem a falecer. Nessa época, mesmo "A" tendo completado sua maioridade penal (18 anos), ainda assim não poderá ser punido, pois, no momento em que praticou a conduta (disparos contra "B"), era inimputável.

Devemos, contudo, ficar atentos aos crimes permanentes e continuados. É o caso do sequestro, por exemplo, em que o crime se consuma a todo instante em que houver a privação de liberdade da vítima.

```
"A" com 17 anos e 11 meses    3 meses depois
|─────────────────────────────|─────────→
Sequestra "B"                 Preso com 18
                              anos
                    ↓
              Crime de
              sequestro
```

No exemplo em questão, "A" não será mais inimputável, pois, no momento de sua prisão, já completou 18 anos, não sendo considerado o momento em que se iniciou a ação, mas, sim, quando cessou.

1.10 Lugar do Crime

Art. 6º *Considera-se praticado o crime no lugar em que ocorreu a ação ou omissão, no todo ou em parte, bem como onde se produziu ou deveria produzir-se o resultado.*

Teoria da Ubiquidade: utilizada no caso de um crime ser praticado em território nacional e o resultado ser produzido no estrangeiro. O foro competente será tanto o lugar da ação ou omissão quanto o local em que produziu ou deveria produzir-se o resultado.

```
Ambos os lugares são competentes para jugar o processo
|─────────────────────────────────────────────→

"A", manda uma              A carta explote
carta bomba                 efetivamente
pelo correio para           em LONDRES.
LONDRES.
Local da ação               Local que produziu
ou omissão                  ou deveria produzir
                            o resultado
```

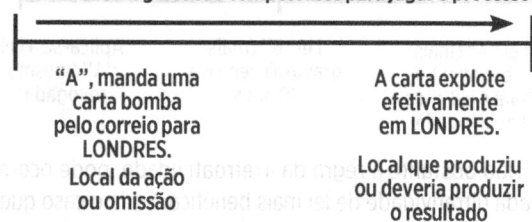

Exemplo: "A", residente no Brasil, enviou uma carta-bomba pelo correio para Londres, na Inglaterra. Sendo assim, a carta efetivamente explode naquele país. Desse modo, tanto o Brasil quanto a Inglaterra serão competentes para julgar "A".

Não se aplica a teoria do "resultado".

São considerados para os crimes a distância países diferentes. Não confundir os artigos.

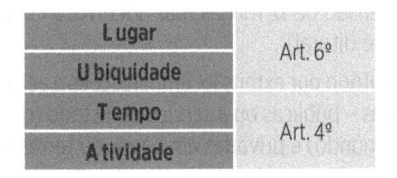

Lugar	Art. 6º
Ubiquidade	
Tempo	Art. 4º
Atividade	

1.11 Da Lei Penal no Espaço

Da territorialidade

Antes de iniciar o estudo deste tópico, tenha em mente que iremos estudar a Lei Penal e não a Lei Processual Penal, que segue outra regra específica.

Aqui trataremos de como se comporta a Lei Penal Brasileira quando ocorrerem crimes no exterior, ou seja, a extraterritorialidade da lei penal. Portanto, a extraterritorialidade abrange apenas a Lei Penal, excluindo-se a Lei Processual Penal.

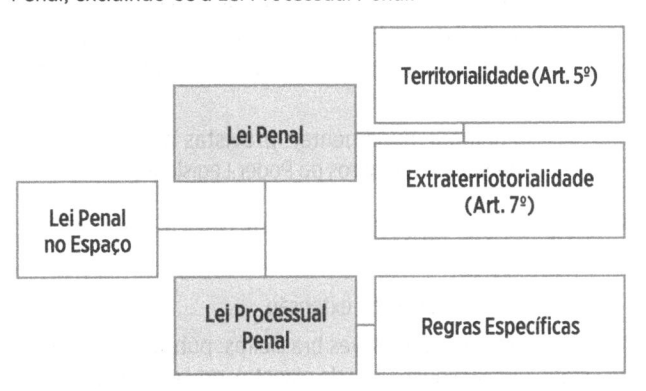

```
                    ┌─ Lei Penal ─┬─ Territorialidade (Art. 5º)
Lei Penal no Espaço ─┤             └─ Extraterriotorialidade (Art. 7º)
                    └─ Lei Processual Penal ── Regras Específicas
```

A territorialidade refere-se à aplicação da Lei Penal dentro do próprio Estado que a editou. Dessa forma, quando se aplica a lei brasileira em território nacional, utiliza-se o conceito de Territorialidade.

A territorialidade é tratada no art. 5º, CP: *aplica-se a lei brasileira, sem prejuízo de convenções, tratados e regras de direito internacional, ao crime cometido no território nacional.*

Território Nacional Próprio

Art. 5º

> Lei Brasileira:
> sem prejuízo.
> Convenções, tratados e regras internacionais:
> imunidades.

§1º Território por extensão ou assimilação.

Embarcação ou aeronave brasileira pública (em qualquer lugar).

Embarcação ou aeronave brasileira privada a serviço do Estado brasileiro (em qualquer lugar).

Embarcação ou aeronave brasileira mercante ou privada, desde que não esteja em território alheio.

A extraterritorialidade é tratada no Art. 7º.

Art. 7º Ficam sujeitos a Lei Brasileira, embora cometidos no estrangeiro:
  I. Os crimes:
    a) contra a vida ou a liberdade do Presidente de República;
    b) contra o patrimônio ou a fé pública da União, do Distrito Federal, de Estado, de Território, de Município, de empresa pública, sociedade de economia mista, autarquia ou fundação instituída pelo Poder Público;
    c) contra a administração pública, por quem está a seu serviço;
    d) de genocídio, quando o agente for brasileiro ou domiciliado no Brasil;
  II. Os crimes:
    a) que, por tratado ou convenção, o Brasil se obrigou a reprimir;
    b) praticados por brasileiros;
    c) praticados em aeronaves ou embarcações brasileiras, mercantes ou de propriedade privada, quando em território estrangeiro e aí não venham a ser julgados.

§ 1º Nos casos do inciso I, o agente é punido segundo a lei brasileira, ainda que absolvido ou condenado no estrangeiro.

§ 2º Nos casos do inciso II, a aplicação da lei brasileira depende do concurso das seguintes condições:
    a) entra o agente no território nacional;
    b) ser o fato punível também no país em que foi praticado;
    c) estar o crime incluído entre aqueles pelos quais a lei brasileira autoriza a extradição;
    d) não ter sido o agente absolvido no estrangeiro ou aí não ter cumprido pena;
    e) não ter sido o agente perdoado no estrangeiro, ou, por outro motivo não estar extinta a punibilidade, segundo a lei mais favorável.

§ 3º A lei brasileira aplica-se também ao crime cometido por estrangeiro contra brasileiro fora do Brasil, se reunidas as condições previstas no parágrafo anterior:
    a) não pedida ou negada sua extradição;
    b) houve requisição do Ministro da Justiça.

Território nacional

Podemos conceituar território nacional como sendo o espaço onde certo Estado possui sua soberania.

Elementos que constituem um Estado soberano:

> Território.
> Povo.
> Soberania – governo autônomo e independente.

Considera-se como território nacional as limitações geográficas do país, incluindo o mar territorial, que representa a extensão de 12 milhas do mar a contar da costa, sempre na maré baixa. O Código Penal considera também como território nacional o espaço aéreo respectivo e o espaço aéreo correspondente ao território nacional. Esse sempre deve ser considerado como território próprio.

É preciso considerar também como território nacional o chamado território por extensão, assimilação ou impróprio, que é descrito no § 1º do art. 5º do Código Penal.

INTRODUÇÃO AO DIREITO PENAL E APLICAÇÃO DA LEI PENAL

§ 1º Para os efeitos penais, consideram-se como extensão do território nacional as embarcações e aeronaves brasileiras, de natureza pública ou a serviço do governo brasileiro, onde quer que se encontrem, bem como as aeronaves e as embarcações brasileiras, mercantes ou de natureza privada, que se achem, respectivamente no espaço aéreo correspondente ou em alto mar.

§ 2º É também aplicável a lei brasileira aos crimes praticados a bordo de aeronaves ou embarcações estrangeiras, de propriedade privada, achando-se aquelas em pouso no território nacional ou em voo no espaço aéreo correspondente, e estas em porto ou mar territorial do Brasil.

Como mencionado, a Lei Penal aplica-se em todo o território nacional próprio ou por assimilação. Por esse princípio aplica-se aos nacionais ou estrangeiros (mesmo que irregular) a Lei Penal brasileira.

Contudo, em alguns casos, mesmo o fato sendo praticado no Brasil, não se aplica a Lei Penal. Isso se dá em razão de convenções, tratados e regras de direito internacional em que o Brasil abre mão de punir a conduta, ou seja, nesses casos não se aplicará a Lei Brasileira.

Dessa forma, o Princípio da Territorialidade da Lei Penal é mitigado, isto é, não é adotado de forma absoluta e, sim, temperada. Por esse motivo denomina-se Princípio da Territorialidade Temperada.

Pode-se citar como exemplo as imunidades diplomáticas e consulares concedidas aos diplomatas e aos cônsules que exercem suas atividades no Brasil, por meio de adesão do Brasil às convenções de Viena (1961 e 1963).

Quando se fala em território nacional, obrigatoriamente devem ser analisadas algumas regras: todas as embarcações ou aeronaves brasileiras de natureza pública, onde quer que se encontrem, são consideradas extensão do território nacional.

Embarcações e aeronaves de natureza privada serão consideradas extensão do território nacional quando estiverem, respectivamente, em alto mar, no mar territorial brasileiro ou no espaço aéreo correspondente. Preste bem atenção: as embarcações e aeronaves de natureza privada que não estiverem a serviço do Brasil somente responderão pela lei brasileira se estiverem em território nacional.

Exemplo: Um navio brasileiro privado que se encontre no mar territorial da Argentina se submeterá Leis Penais Argentinas, ou seja, caso um brasileiro mate alguém naquele local, a lei a ser aplicada é a Lei Penal Argentina, pois o navio não está a serviço do Brasil.

Por outro lado, se o navio estiver em alto mar (terra de ninguém; aplica-se o princípio do pavilhão ou da bandeira) e ostentar a bandeira brasileira e lá um marujo matar o outro, a competência é da lei brasileira.

A mesma regra se aplica para as aeronaves. Outra questão interessante é o caso de uma aeronave a serviço do Brasil (Força Aérea Brasileira) pousar em um país distinto e o piloto cometer um crime. Nesse caso, aplica-se a lei brasileira. Caso a aeronave seja particular, aplica-se a lei do país onde a aeronave tiver pousado.

Outra questão interessante é se o piloto sair do aeroporto e fora cometer um crime do lado de fora. Nesse caso, deve ser questionado se o piloto estava em serviço oficial ou não, pois, caso esteja, aplica-se a lei penal brasileira; em caso contrário, aplica-se a lei do país onde o crime foi cometido.

Resumo dos Conceitos

> Território nacional: é o espaço onde determinado Estado exerce com exclusividade sua soberania.

> Território próprio: toda a extensão territorial geográfica (o mapa), acrescida do mar territorial, que possui a extensão de 12 milhas mar adentro, a contar da baixa maré (litoral).

> Território por extensão: embarcações e aeronaves brasileiras – públicas ou a serviço do Estado (qualquer lugar do mundo) e privadas em águas ou terras de ninguém.

> Territorialidade: aplicação da lei penal no território nacional.

> Territorialidade absoluta: impossibilidade para aplicação de convenções, tratados e regras de direito internacional ao crime cometido no território nacional.

> Territorialidade temperada: adota como regra a aplicação da lei penal brasileira no território nacional. Entretanto, com determinadas hipóteses, permite a aplicação de lei penal estrangeira a fatos cometidos no Brasil (art. 5º do CP).

> Imunidade: exclusão da aplicação da lei penal.

> Imunidade diplomática e consular: são imunidades previstas em convenções internacionais chanceladas pelo Brasil.

> Imunidade parlamentar: previstas na Constituição Federal aos membros do Poder Legislativo.

Princípios da aplicação da lei penal no espaço

> Próprio.
> Por assimilação ou extensão.

Embarcação e aeronaves brasileiras: públicas ou a serviço do Estado (em qualquer parte do planeta); privadas ou marcantes em águas ou terras de ninguém.

Passa-se à análise dos princípios que regulam a aplicação da Lei Penal no Espaço.

Princípio da territorialidade

A lei penal de um país será aplicada aos crimes cometidos dentro de seu território. O Estado soberano tem o dever de exercer jurisdição sobre as pessoas que estejam sem seu território.

Princípio da nacionalidade

É classificado também como Princípio da Personalidade. Os cidadãos de um determinado país devem obediência às suas leis, onde quer que se encontrem. Pode-se dividir esse princípio em:

→ Princípio da Nacionalidade Ativa: aplica-se a lei nacional ao cidadão que comete crime no estrangeiro, independentemente da nacionalidade do sujeito passivo ou do bem jurídico lesado.

→ Princípio da Nacionalidade Passiva: o fato praticado pelo cidadão nacional deve atingir um bem jurídico de seu próprio estado ou de um concidadão.

Princípio da defesa, real ou de proteção

Considera-se a nacionalidade do bem jurídico lesado (sujeito passivo), independentemente da nacionalidade do sujeito ativo ou do local da prática do crime.

Princípio da justiça penal universal ou da universalidade

Todo Estado tem o direito de punir todo e qualquer crime, independentemente da nacionalidade do criminoso, do bem jurídico lesado ou do local em que o crime foi praticado, bastando que o criminoso se encontre dentro do seu território. Assim, qualquer pessoa que cometa crime dentro do território nacional será processado e julgado aqui.

Princípio da representação

A Lei Penal Brasileira também será aplicada aos delitos cometidos em aeronaves e embarcações privadas brasileiras quando se encontrarem no estrangeiro e não venham a ser julgadas.

> **Fique Ligado**
> O Código Penal brasileiro adota o princípio da Territorialidade como regra e os outros como exceção. Assim, os outros princípios visam disciplinar a aplicação extraterritorial da Lei Penal brasileira.

Extraterritorialidade

Art. 7º Ficam sujeitos à lei brasileira, embora cometidos no estrangeiro:
I. Os crimes:
a) contra a vida ou a liberdade do Presidente da República;
b) contra o patrimônio ou a fé pública da União, do Distrito Federal, de Estado, de Território, de Município, de empresa pública, sociedade de economia mista, autarquia ou fundação instituída pelo Poder Público;
c) contra a administração pública, por quem está a seu serviço;
d) de genocídio, quando o agente for brasileiro ou domiciliado no Brasil;
II. Os crimes:
a) que, por tratado ou convenção, o Brasil se obrigou a reprimir;
b) praticados por brasileiro;
c) praticados em aeronaves ou embarcações brasileiras, mercantes ou de propriedade privada, quando em território estrangeiro e aí não sejam julgados.
§ 1º Nos casos do inciso I, o agente é punido segundo a lei brasileira, ainda que absolvido ou condenado no estrangeiro.
§ 2º Nos casos do inciso II, a aplicação da lei brasileira depende do concurso das seguintes condições:
a) entrar o agente no território nacional;
b) ser o fato punível também no país em que foi praticado;
c) estar o crime incluído entre aqueles pelos quais a lei brasileira autoriza a extradição;
d) não ter sido o agente absolvido no estrangeiro ou não ter aí cumprido a pena;
e) não ter sido o agente perdoado no estrangeiro ou, por outro motivo, não estar extinta a punibilidade, segundo a lei mais favorável.
§ 3º A lei brasileira aplica-se também ao crime cometido por estrangeiro contra brasileiro fora do Brasil, se, reunidas as condições previstas no parágrafo anterior:
a) não foi pedida ou foi negada a extradição;
b) houve requisição do Ministro da Justiça.

A regra é: a Lei Penal brasileira se aplica apenas aos crimes praticados no Brasil (conforme estudado no art. 5º do Código Penal). No entanto, há situações que, por força do art. 7º, Estado pode aplicar sua legislação penal no estrangeiro. Nessa norma, encontram-se diversos princípios. São eles:

Da defesa ou real: amplia a aplicação da lei penal em decorrência da gravidade da lesão. É o aplicável no art. 7º, nas alíneas do inciso I.

a) contra a vida ou a liberdade do Presidente da República.

Caso seja a prática de latrocínio, não há a extensão da lei brasileira, visto que o latrocínio é considerado crime contra o patrimônio.

b) contra o patrimônio ou a fé pública da União, do Distrito Federal, de Estado, de Território, de Município, de empresa pública, sociedade de economia mista, autarquia ou fundação instituída pelo Poder Público;
c) contra a administração pública, por quem está a seu serviço;
d) de genocídio, quando o agente for brasileiro ou domiciliado no Brasil.

Há discussão sobre qual o princípio aplicável nesse caso, havendo quem sustente ser da defesa, outros dizem ser da nacionalidade ativa e outra corrente, ainda, afirma ser relacionado ao princípio da Justiça Penal Universal.

Justiça Penal Universal (também chamada de Justiça Cosmopolita): amplia a aplicação da legislação penal brasileira em decorrência da de tratado ou convenção que o Brasil é signatário. Vem normatizada pelo Art. 7º, inciso II, alínea "a":

a) Que, por tratado ou convenção, o Brasil se obrigou a reprimir.

Nacionalidade Ativa: amplia a aplicação da legislação penal brasileiro ao exterior caso o crime seja praticado por brasileiro. Está prevista no art. 7º, inciso II, alínea "b":

b) Praticados por brasileiro.

Representação (também chamado de Pavilhão ou da Bandeira ou da Substituição): amplia a aplicação da legislação penal brasileira em decorrência do local em que o crime é praticado. Vem normatizada pelo art. 7º, inciso II, alínea "c":

c) Praticados em aeronaves ou embarcações brasileiras, mercantes ou de propriedade privada, quando em território estrangeiro e aí não sejam julgados.

Nacionalidade Passiva: amplia a aplicação da legislação penal brasileira em decorrência da nacionalidade da vítima do crime. Vem normatizada pelo art. 7º, §3º:

§3º A lei brasileira aplica-se também ao crime cometido por estrangeiro contra brasileiro fora do Brasil.

A regra de que a Legislação Penal brasileira será aplicada no exterior vale apenas para os crimes e nunca para as contravenções penais. Apesar de a lei prever no art. 7º que a lei brasileira também será aplicada no exterior, há determinadas regras para essa aplicação, também normatizadas pelos parágrafos do artigo em questão. Vejamos:

Extraterritorialidade incondicionada: é a prevista para os casos normatizados no art. 7º, inciso I, alíneas "a" até "d". Segundo o Código Penal, o agente será processado de acordo com a lei brasileira, mesmo se for absolvido ou condenado no exterior (conforme normatizado pelo §1º do art. 7º). Não exige qualquer condição.

NOÇÕES DE DIREITO PENAL

Extraterritorialidade condicionada: é a prevista para os casos normatizados no art. 7º, § 2º, alíneas "a" até "e". São as condições:

a) Entrar o agente no território nacional.
b) Ser o fato punível também no país em que foi praticado.
c) Estar o crime incluído entre aqueles pelos quais a lei brasileira autoriza a extradição.
d) Não ter sido o agente absolvido no estrangeiro ou cumprido a pena.
e) Não ter sido o agente perdoado no estrangeiro.

Não estará extinta a punibilidade do agente, seja pela brasileira ou pela lei estrangeira.

Extraterritorialidade hipercondicionada: é prevista para os casos normatizados no art. 7º, §3º. É chamado pela doutrina de hipercondicionada porque exige, além das condições da extraterritorialidade condicionada, outras duas. São condições:

> Não ser pedida ou, se pleiteada, negada a extradição.
> Requisição do Ministro da Justiça.

1.12 Pena Cumprida no Estrangeiro

Art. 8º A pena cumprida no estrangeiro atenua a pena imposta no Brasil pelo mesmo crime, quando diversas, ou nela é computada, quando idênticas.

Caso o agente seja processado, condenado e cumprido pena no exterior, estipula-se no art. 7º que, caso venha a ser condenado pelo mesmo fato no Brasil (no caso da extraterritorialidade incondicionada), deverá se verificar:

Se as penas são idênticas, ou seja, da mesma natureza. Caso positivo, deverá ser computada como cumprida no Brasil.

Exemplo: as duas são privativas de liberdade.

Se as penas são diversas, ou seja, de natureza diferente. Nesse caso, deverá haver uma atenuação.

Exemplo: no exterior, o agente cumpriu pena restritiva de liberdade e, no Brasil, foi condenado e teve sua pena substituída pela prestação de serviços comunitários. Neste caso, deverá se atenuar a pena no Brasil.

1.13 Eficácia de Sentença Estrangeira

Art. 9º A sentença estrangeira, quando a aplicação da lei brasileira produz na espécie as mesmas consequências, pode ser homologada no Brasil para:
I. Obrigar o condenado à reparação do dano, a restituições e a outros efeitos civis;
II. Sujeitá-lo a medida de segurança.
Parágrafo único. A homologação depende:
a) para os efeitos previstos no inciso I, de pedido da parte interessada;
b) para os outros efeitos, da existência de tratado de extradição com o país de cuja autoridade judiciária emanou a sentença, ou, na falta de tratado, de requisição do Ministro da Justiça.

A regra geral é de que a sentença penal estrangeira não precisa ser homologada para produzir efeitos no Brasil. No entanto, o art. 9º traz duas situações que necessitam da homologação para que a sentença produza efeitos no Brasil. São elas:

Para a produção de efeitos civis (por exemplo, reparação de danos, restituições, entre outros). Nesse caso, depende do pedido da parte interessada.

Para a aplicação de medida de segurança ao agente da Infração Penal. Caso exista tratado de extradição, necessita de requisição do Procurador-Geral da República. Caso inexista tratado de extradição, necessita de requisição do Ministro da Justiça.

1.14 Contagem de Prazo

Art. 10 O dia do começo inclui-se no cômputo do prazo. Contam-se os dias, os meses e os anos pelo calendário comum.

A regra aqui é diferente da processual, visto que o dia em que se começa a contar o prazo penal é incluído no cômputo do prazo. Por exemplo, imagine que determinado agente tenha praticado uma infração penal em 10 de agosto de 2012. Supondo que essa infração penal possui um prazo prescricional de 8 anos, a pretensão punitiva irá prescrever em 9 de agosto de 2020.

1.15 Frações Não Computáveis da Pena

Art. 11. Desprezam-se, nas penas privativas de liberdade e nas restritivas de direitos, as frações de dia, e, na pena de multa, as frações de cruzeiro.

Caso após o cálculo da pena, remanesçam frações de dia. Por exemplo, o agente é condenado à pena de 15 dias de detenção, com uma causa de aumento de 1/2, sendo a pena final de 22,5 dias. Com a aplicação do art. 11, despreza-se a fração de metade e a pena final é de 22 dias.

Do mesmo modo, aplica-se a regra à pena de multa, não sendo condenado o agente a pagar os centavo do valor aplicado.

1.16 Legislação Especial

Art. 12. As regras gerais deste Código aplicam-se aos fatos incriminados por lei especial, se esta não dispuser de modo diverso.

As infrações penais não estão descritas apenas no Código Penal, mas também em outras leis, chamadas de leis especiais. Nesses casos, são aplicadas as regras gerais do Código Penal, desde que a legislação especial não disponha de modo diverso.

Questões

01. (FCC) Adotada a Teoria Finalista, é possível firmar que o dolo e a culpa integram:
a) Tipicidade e culpabilidade, respectivamente.
b) Culpabilidade.
c) Antijuridicidade.
d) Culpabilidade e tipicidade, respectivamente.
e) Tipicidade.

02. (FCC) Adotada a teoria finalista da ação, o dolo e a culpa integram a:
a) Punibilidade.
b) Tipicidade.
c) Culpabilidade.
d) Imputabilidade.
e) Antijuridicidade.

03. (ALFACON) Assinale a alternativa falsa:
   a) Pode-se definir ilicitude como a relação de antagonismo que se estabelece entre uma conduta humana voluntária e o ordenamento jurídico.
   b) O roubo de veículo automotor acarreta necessariamente em aumento de pena se o veículo for transportado para o exterior.
   c) A difamação, em regra, não admite a exceção da verdade, enquanto a calúnia, em regra, a admite.
   d) Pode-se afirmar que a analogia no Direito Penal só pode ser utilizada para beneficiar o réu.

04. (ALFACON) A chamada abolitio criminis faz cessar em virtude dela:
   a) A execução da sentença condenatória, mas não os seus demais efeitos penais.
   b) A execução da pena em relação ao autor do crime, mas este benefício não se estende aos eventuais coautores ou partícipes.
   c) Os efeitos penais da sentença condenatória, mas não a sua execução.
   d) A execução e os efeitos penais da sentença condenatória.

05. (ALFACON) Taxatividade, em Direito Penal, significa que:
   a) Os fatos descritos na lei penal admitem ampliações de entendimento.
   b) O fato é típico ou atípico.
   c) O conjunto de normas incriminadoras admitem pena de multa.
   d) As regras de direito penal decorrem do princípio da reserva legal.

Gabaritos

01	E
02	B
03	A
04	D
05	B

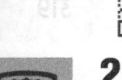

2. DO CRIME

2.1 Relação de Causalidade

Teoria da equivalência dos antecedentes

A ação ou omissão tem que dar causa ao resultado.

Relação de Causalidade

Art. 13 O resultado, de que depende a existência do crime, somente é imputável a quem lhe deu causa. Considera-se causa a ação ou omissão sem a qual o resultado não teria ocorrido.

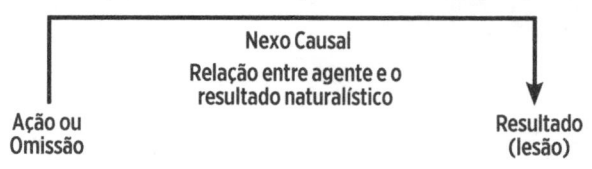

```
                    Nexo Causal
           Relação entre agente e o
              resultado naturalístico
   Ação ou                              Resultado
   Omissão                               (lesão)
```

Nesse caso, antes de tudo, é importante mencionar sobre a responsabilidade do agente. Para o Código Penal, existem duas formas de responsabilidade: subjetiva e objetiva.

Subjetiva: o agente pode ser punido na modalidade culposa, quando não queria o resultado. É o imperito, imprudente ou negligente. A modalidade dolosa ocorre quando o agente quis ou assumiu o risco do resultado. O Código Penal sempre irá punir sobre aquilo que o agente queria causar, sobre a intenção no momento da conduta.

Objetiva: a responsabilidade objetiva não é mais adotada, visto que sempre haveria a punição por dolo, não se admitindo a forma culposa.

Exemplo: "A" dispara dois tiros em "B". Os tiros efetivamente acertam "B" causando sua morte. Nessa situação, a ação de "A" deu causa ao resultado (morte de "B"), mantendo uma relação de causa × efeito, com resultado naturalístico: morte.

Superveniência de causa independente

§ 1º A superveniência de causa relativamente independente exclui a imputação quando, por si só, produziu o resultado; os fatos anteriores, entretanto, imputam-se a quem os praticou.

Exemplo: "A" atira em "B", contudo, "B" morre devido a um veneno ingerido anteriormente. A causa efetiva da morte de "B" foi envenenamento e não o disparo efetuado por "A". Nessa situação, "A" responderá apenas por tentativa de homicídio.

Neste exemplo, a causa da morte não foi efetivamente o tiro disparado por "A", mas o veneno ingerido anteriormente.

Sendo assim, não foi efetivamente o disparo que causou o resultado naturalístico da morte de "B".

Exemplo: "A" atira na cabeça de "B", que é socorrido por uma ambulância e, no trajeto para o hospital, o veículo capota causando a morte de "B". Mesmo "A" tendo concorrido diretamente para que "B" estivesse na ambulância, o código penal manda que "A" responda somente por tentativa de homicídio.

O fato que ocorre após a conduta do agente, entretanto, não ocorreria se a ação ou omissão não tivesse acontecido.

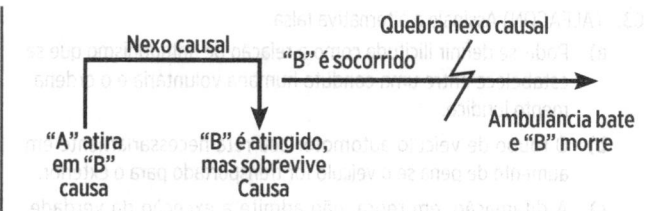

```
                         Nexo causal    Quebra nexo causal
                                        "B" é socorrido
                                                        Ambulância bate
    "A" atira        "B" é atingido,                    e "B" morre
    em "B"           mas sobrevive
    causa            Causa
```

No exemplo anterior, digamos que "B" tenha sido socorrido com sucesso. Entretanto, devido ao ferimento na cabeça, precisou se submeter a uma intervenção cirúrgica imprescindível e, durante o procedimento, devido a complicações, vem a falecer. Nessa situação, "A" responderá por homicídio consumado, pois ninguém está obrigado a submeter-se a intervenções cirúrgicas. A mesma situação ocorre se, devido à internação, "B" contraia infecção hospitalar, vindo a falecer. Nessas duas hipóteses, "A" responderá pelo crime consumado, segundo entendimento do Superior Tribunal de Justiça (STJ). Cabe ressaltar que, mesmo "B" estando no hospital, se ele falecer devido a um desmoronamento provocado por um terremoto, haverá novamente a quebra do nexo causal, como no acidente com a ambulância. Assim, "A" responderá somente pela tentativa de homicídio.

Relevância da omissão

O "dever" de agir é um dever jurídico. É dever do garantidor ou garantia, imposto por lei. Quando da omissão, o agente tem a possibilidade e o dever jurídico de agir e omite-se.

Exemplo: Dois policiais observam uma pessoa sendo vítima de roubo e nada fazem. Nesse caso, os agentes, tendo a possibilidade e o dever de agir, omitiram-se. Nessa situação, ambos responderão pelo resultado, ou seja, por roubo.

§ 2º A omissão é penalmente relevante quando o omitente devia e podia agir para evitar o resultado. O dever de agir incumbe a quem:
a) Tenha por Lei obrigação de cuidado, proteção ou vigilância; (dever legal).

Exemplos: Pai que deixa de alimentar o filho, que vem a morrer de inanição.

Carcereiro que observa o preso agonizando à beira da morte e nada faz.

b) De outra forma, assumiu a responsabilidade de impedir o resultado; (dever do garantidor).

Exemplos: Babá que descuida da criança e a deixa morrer. Salva-vidas que observa banhista se afogar e nada faz.

c) Com seu comportamento anterior, criou o risco da ocorrência do resultado.

Exemplo: Homem se propõe a ajudar um idoso a atravessar a rua, porém, no meio do caminho, o homem abandona o idoso, que morre atropelado.

Esses crimes são chamados de crimes omissivos impróprios, comissivos por omissão ou ainda participação por omissão. Em todos esses casos, o omitente responderá pelo resultado, a não ser que este não lhe possa ser atribuído nem por dolo nem por culpa. O agente deve ter consciência de que se encontra na função de agente garantidor.

2.2 Da Consumação e Tentativa

Art. 14 *Diz-se do Crime:*
I. Consumado, quando nele se reúnem todos os elementos de sua definição legal.

```
                    "Iter Criminis"
                  (caminho do crime)
  Cogitação  ─────────────────────────  Consumação
              Preparação    Execução
                  │              │
                  ▼              ▼
  Não se pune a preparação salvo    O crime se torna
  se por si só constituir crime          punível
  autônomo (independente)
```

Para que o crime seja consumado, é necessário que ele percorra todas as fases do iter criminis: cogitação, preparação, execução e consumação. O agente, com sua conduta, "caminha" por todas as fases até atingir o resultado.

Exemplo: Fabrício tem vontade de matar (animus necandi) Pedro, e pensa em uma forma de consumar seu desejo (cogitação). Para isso, compra um revólver e munições (preparação) e desloca-se até a casa da vítima. Ao avistar Pedro, inicia os disparos (execução) contra ele, ferindo-o mortalmente (consumação).

O Código Penal não admite a punição nas fases de **cogitação** e **preparação**, salvo se constituírem **crimes autônomos**. No caso citado anteriormente, se Fabrício fosse preso no momento em que estava com o revólver, deslocando-se à casa de Pedro para matá-lo, iria configurar apenas o crime de porte ilegal de arma de fogo, não podendo ser, de forma alguma, punido pela tentativa de matar Pedro. Só é possível punir a intenção do agente a partir do momento que entra na esfera de **execução**.

Outro exemplo seria a união de três ou mais pessoas que planejam assaltar um banco, e, para isso, compram ferramentas (picaretas, pás, marretas), conseguem a planta do banco e alugam uma casa nas proximidades. Contudo, no momento em que planejavam o assalto, já munidos com toda parafernália, são surpreendidos pela polícia. Nesse caso, essas pessoas não responderão pelo crime de "roubo" (art. 157, CP), na forma tentada, mas pelo crime de "associação criminosa" (art. 288, CP). Mesmo com a posse de todos os materiais que seriam utilizados, eles não haviam entrado na esfera de execução do roubo.

Por conseguinte, o Código Penal sempre irá punir o agente por aquilo que ele queria cometer (**elemento subjetivo**), ou seja, qual era a intenção do agente, ainda que o resultado seja outro.

Exemplo: "A", com intenção de matar "B", efetua vários disparos em sua direção, contudo, acerta apenas um tiro no dedo do pé de "B". Independentemente desse resultado, "A" vai responder por tentativa de homicídio, pois essa era sua intenção inicial.

É importante sempre atentar-se para a vontade do agente, pois o Código Penal irá puni-lo somente pelo resultado ao qual quis causar, ou seja, sempre pelo elemento subjetivo do agente.

Tentativa

Diz que o crime é tentado quando iniciada a execução, que não se consuma por circunstâncias alheias à vontade do agente.

Não se admite tentativa para:
> Crime culposo.
> Contravenções Penais (art. 4º, inciso L, CP).
> Mera conduta.
> Crime Preterdoloso.

Alguns tipos penais não aceitam a forma "tentada". Sendo assim, o fato de iniciar a execução já o torna consumado, como o crime de concussão (art. 316, CP). Nessas situações, a consumação é um mero exaurimento.

Os crimes "tentados" são aqueles que iniciam a fase de execução, mas não chegam à consumação por circunstâncias alheias à vontade do agente, ou seja, o autor quer praticar a conduta, mas é impedido de alguma forma.

Exemplos:

"A", com intenção de matar "B", compra um revólver, mas, ao encontrar "B", no momento em que iria iniciar os disparos, é flagrado por um policial, que o impede.

"A", com intenção de matar "B", compra um revólver, mas, ao encontrar "B" do outro lado da rua, atinge uma caçamba de entulhos que trafegava pela via no momento em que começa a efetuar os disparos.

As circunstâncias alheias à vontade do agente podem ser quaisquer fatos que impeçam a consumação do crime.

Pena do crime tentado

É a mesma do crime consumado, contudo, deve ser reduzida de 1/3 a 2/3. Quanto mais próximo o crime chegar da consumação, maior deve ser a pena aplicada e menor a redução de tempo.

Se, quando iniciada a execução, o crime não se consumar por circunstâncias alheias à vontade do agente, incidirá a pena do crime consumado, com redução no quantum da pena.

Homicídio: pena de 6 a 20 anos.

Exemplo: João fez disparos contra José causando sua morte.

Pena de 12 anos

Tentativa de homicídio: pena de 6 a 20 anos reduzida de 1/3 a 2/3.

Exemplo: João fez disparos contra José, que foi ferido, socorrido e sobreviveu.

Pena de 4 anos (melhor cenário) a 8 anos (pior cenário).

Exemplo: João, armado de pistola, efetua 15 disparos contra José, ficando este em coma por 40 dias, quase vindo a falecer, mas consegue sobreviver.

Pena: mesmo nesse caso, haverá redução de pena. Porém, a pena mínima (8 anos ou 1/3) deve ser aplicada.

Existem dois tipos de tentativa – a perfeita e a imperfeita –, e ambas podem ser cruentas e incruentas.

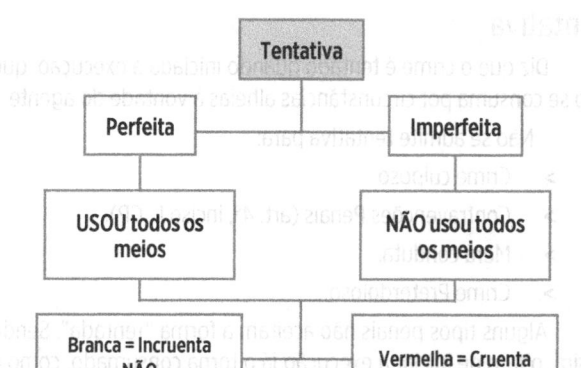

DO CRIME

```
                    Tentativa
                   /        \
              Perfeita    Imperfeita
                 |            |
           USOU todos    NÃO usou todos
            os meios       os meios
              /    \        /      \
    Branca =      Vermelha =
    Incruenta     Cruenta
    NÃO           Machucou/lesionou
    Machucou/
    lesionou
```

A tentativa perfeita (crime falho) ocorre quando o agente esgotar todos os meios, vindo a acertar ou não a vítima. E a tentativa imperfeita ocorre quando o agente NÃO esgotou todos os meios, mesmo que já tenha atingido a vítima ou ainda sem feri-la, por circunstâncias alheias à sua vontade.

A doutrina ainda classifica a tentativa em idônea ou inidônea (também apelidada de "crime impossível") quanto à possibilidade de alcançar o resultado.

2.3 Desistência Voluntária e Arrependimento Eficaz

Art. 15 O agente que, voluntariamente, desiste de prosseguir na execução ou impede que o resultado se produza, só responde pelos atos já praticados.

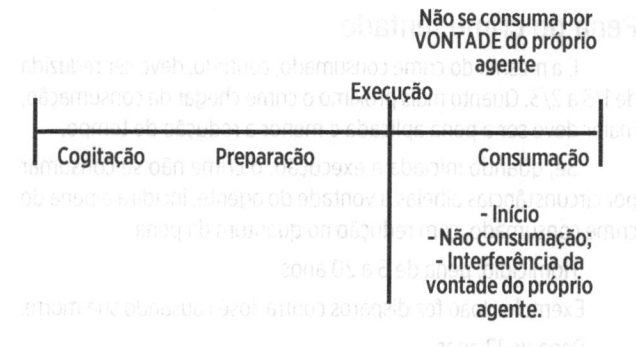

```
                        Não se consuma por
                        VONTADE do próprio
                              agente
                     Execução
|----------|------------|------------|
Cogitação  Preparação              Consumação
                              - Início
                              - Não consumação;
                              - Interferência da
                                vontade do próprio
                                agente.
```

Desistência voluntária: o agente interrompe voluntariamente a execução do crime, impedindo a consumação. Nessa situação, o agente poderia efetuar mais disparos, porém desiste de continuar a efetuá-los e vai embora. É importante ressaltar que a desistência não teve influência de nenhuma outra circunstância, senão a vontade do próprio agente.

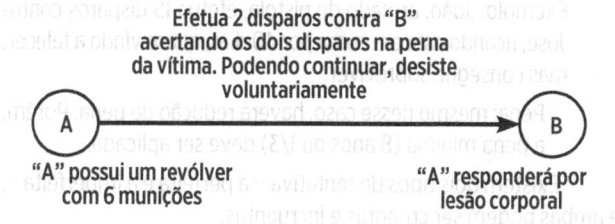

```
         Efetua 2 disparos contra "B"
         acertando os dois disparos na perna
         da vítima. Podendo continuar, desiste
                 voluntariamente
        (A) ──────────────────────────> (B)
    "A" possui um revólver         "A" responderá por
      com 6 munições                 lesão corporal
```

Arrependimento eficaz: encerrada a execução do crime, o agente voluntariamente impede o resultado. Aqui, ele leva a execução até o fim, contudo, com sua ação impede que o resultado seja produzido.

Nessa situação, o agente esgota os meios, efetuando todos os disparos, mas, após finalizá-los, arrepende-se do que fez, socorre a vítima, levando-a para um hospital, o que garante que ela seja salva.

A "desistência voluntária" (ato negativo) e o "arrependimento eficaz" (ato positivo) têm como consequência a desclassificação da figura típica, ou seja, exclui a modalidade tentada. Dessa forma, o agente responderá pelos atos até então praticados. Nessas situações, considera-se a lesão corporal.

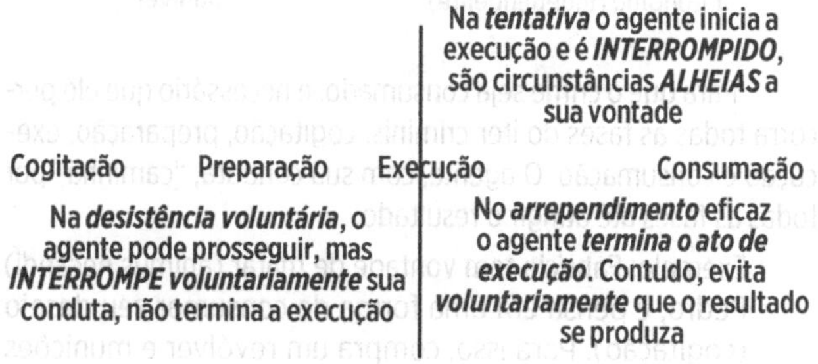

```
                            Na tentativa o agente inicia a
                            execução e é INTERROMPIDO,
                            são circunstâncias ALHEIAS a
                                   sua vontade
|------------|------------|------------|------------|
Cogitação   Preparação   Execução    Consumação
         Na desistência voluntária,    No arrependimento eficaz
         o agente pode prosseguir,     o agente termina o ato de
         mas INTERROMPE                execução. Contudo, evita
         voluntariamente sua           voluntariamente que o resultado
         conduta, não termina a        se produza
         execução
```

Tentativa: após o início da execução, o crime não se consuma por circunstâncias alheias à vontade do agente.

Desistência voluntária: mesmo podendo prosseguir, o agente desiste, interrompe por sua vontade própria.

Arrependimento eficaz: finalizados todos os atos de execução, o agente por vontade própria, socorre a vítima, impedindo que o resultado (morte) ocorra.

2.4 Arrependimento Posterior

Art. 16. Nos crimes cometidos sem violência ou grave ameaça à pessoa, reparado o dano ou restituída a coisa, até o recebimento da denúncia ou da queixa, por ato voluntário do agente, a pena será reduzida de um a dois terços.

É requisito fundamental que não ocorra violência ou ameaça grave. Após a consumação do crime, antes do recebimento da denúncia ou queixa (início da ação penal), o agente repara o dano causado anteriormente.

Exemplo: Um rapaz é preso pelo furto (art. 155, CP) de uma televisão de 14 polegadas, mas, antes do recebimento da denúncia, seu advogado ou representante legal repara à vítima todos os danos que o agente causou quando subtraiu o bem. Nessa hipótese, a pena do agente será reduzida.

Caso a reparação do dano ocorra após o recebimento da denúncia, não se fala mais em arrependimento posterior, mas em circunstância atenuante (prevista no art. 65, inciso III, alínea "b", do Código Penal). Da mesma forma, o arrependimento posterior não é reconhecido quando o bem é apreendido pela autoridade policial e restituído à vítima, pois depende da voluntariedade do agente.

2.5 Crime Impossível ("Quase Crime")

Art. 17. Não se pune a tentativa quando, por ineficácia absoluta do meio ou por absoluta impropriedade do objeto, é impossível consumar-se o crime.

Ineficácia absoluta do meio: o meio empregado ou o instrumento utilizado para a execução do crime jamais levarão o agente à consumação.

> Tentar matar alguém utilizando uma arma de brinquedo.
> Tentar envenenar alguém com sal.

Exemplo: "A", com a intenção de envenenar "B", coloca sal – erro de tipo putativo – em sua comida, pensando ser arsênico.

Impropriedade absoluta do objeto material: nessa hipótese, a pessoa ou a coisa sobre a qual recai a conduta é absolutamente inidônea para produção de algum resultado lesivo.

> Matar quem já está morto.

Exemplo: "A", com intenção de matar "B" enquanto este está dormindo, efetua vários disparos. Contudo, "B" já estava morto devido ao veneno administrado por "C" horas atrás.

Embora o elemento subjetivo do agente seja o dolo – homicídio –, a conduta não será punível, pois o meio empregado "sal" ou o objeto material "morto" tornam o crime impossível de ser consumado.

Caso a ineficácia absoluta do meio seja relativa, será considerado crime.

Exemplo: A quase impossibilidade de cometer um crime com uma arma antiga de colecionador, usada na Segunda Guerra Mundial. Entretanto, caso a arma tenha potencial para causar lesão (esteja funcionando), o crime que o agente tentou praticar com a arma será considerado punível.

2.6 Crime Doloso

Art. 18. *Diz-se o crime:*
doloso, quando o agente quis o resultado ou assumiu o risco de produzi-lo.

> Dolo direto: o agente quis o resultado.
> Doloso indireto ou indeterminado: o agente assumiu o risco de produzir o resultado (dolo eventual).

Exemplos:

"A" atira em direção de "B" querendo matá-lo.

O caçador "A" efetua vários disparos a fim de abater um animal. Contudo, "A" é advertido por "B" que há um local habitado na direção em que está atirando. "A" não se importa e continua os disparos, mesmo consciente de que pode acertar alguém. Um de seus projéteis acerta "C", um inocente morador das redondezas. Nessa situação, deverá "A" responder por homicídio doloso (eventual), pois assumiu o risco de produzir o resultado não observando a advertência que "B" lhe havia feito. O agente sabe o que pode vir a causar, mas não se importa com o resultado.

"A" dirigindo em altíssima velocidade e disputando um racha com amigos perto de uma movimentada escola vem a atropelar "B", estudante, no momento que este atravessava a via. "A" tinha consciência de que sua conduta poderia matar alguém, contudo, não se importou em continuar. Novamente, o agente sabe que pode acontecer, mas não se importa.

> Dolo Direto: Teoria da Vontade. Quer o resultado.
> Dolo Eventual: Teoria do Assentimento. Assume o risco de produzir o resultado.

2.7 Crime Culposo

Diz- Art. 18 se o crime:
II. Culposo, quando o agente deu causa ao resultado por imprudência, negligência ou imperícia.

Parágrafo único. Salvo os casos expressos em lei, ninguém pode ser punido por fato previsto como crime, senão quando o pratica dolosamente.

Culpa

Na conduta culposa, há uma ação voluntária dirigida a uma finalidade lícita, mas, pela quebra do dever de cuidado a todos exigidos, sobrevém um resultado ilícito não desejado, cujo risco nem sequer foi assumido.

Requisitos do crime culposo

→ **Quebra do dever objetivo de cuidado**: a culpa decorre da comparação que se faz entre o comportamento realizado pelo sujeito no plano concreto e aquele que uma pessoa de prudência normal, mediana, teria naquelas mesmas circunstâncias. Haverá a conduta culposa sempre que o evento decorrer da quebra do dever de cuidado por parte do agente mediante uma conduta imperita, negligente ou imprudente.

→ **Previsibilidade**: não basta tão somente a quebra do dever de cuidado para que o agente responda pela modalidade culposa, pois é necessário que as consequências de sua ação descuidada sejam previsíveis.

Modalidades do crime culposo

→ **Imprudência**: é o fazer sem a obrigação de cuidado.

É a culpa de quem age, ou seja, aquela que surge durante a realização de um fato sem o cuidado necessário.

Exemplo: Ultrapassagem em local proibido, excesso de velocidade, trafegar na contramão, manejar arma carregada, atravessar o sinal vermelho etc.

→ **Imperícia**: é a falta de conhecimento técnico ou habilitação para o exercício de profissão ou atividade.

Exemplo: Médico que, ao realizar uma cirurgia, esquece uma pinça dentro do abdômen do paciente. Atirador de elite que acerta a vítima em vez de acertar o criminoso. Médico que faz uma cirurgia de lipoaspiração e causa a morte de paciente.

→ **Negligência**: é o não fazer sem a obrigação de cuidado.

É a culpa na sua forma omissiva. Consiste em deixar alguém não tomar o cuidado devido antes de começar a agir.

Exemplo: Deixar de conferir os pneus antes de viajar ou realizar a devida manutenção do veículo. Deixar substância tóxica ao alcance de crianças etc.

```
Crime Culposo ---,
      |          |----> Imprudência --> Apressado
      v          |
  Quebra do      |----> Imperícia   --> Despreparado
  dever de       |
  cuidado        |----> Negligência --> Relaxado
      |
      v
  Previsível
```

Culpa consciente

Na culpa consciente, o agente antevê o resultado, mas não o aceita, não se conforma com ele. O agente age na crença de que não causará o resultado danoso.

Exemplo: O atirador (não o substituto) de facas no circo. Ele atira as facas na crença de que, habilidoso, acertará a maçã. Mas, ao contrário do que acreditava, ele acerta uma espectadora.

2.8 Preterdolo

Art. 19 *Pelo resultado que agrava especialmente a pena, só responde o agente que o houver causado ao menos culposamente.*

Quando o resultado agravador for imputado a título de culpa, tem-se o crime preterdoloso. Nele, o agente quer praticar determinado crime, mas acaba excedendo-se e produzindo culposamente um resultado mais gravoso do que o desejado.

Exemplo: O agente desfere um soco no rosto da vítima com a intenção de lesioná-la, no entanto, ela perde o equilíbrio, bate a cabeça e morre.

Veja a seguir a previsão de latrocínio, que admite a figura do preterdolo, e da lesão corporal seguida de morte, que se aplica ao exemplo mencionado.

Art. 157. *Subtrair coisa móvel alheia, para si ou para outrem, mediante grave ameaça ou violência à pessoa, ou depois de havê-la, por qualquer meio, reduzido a impossibilidade de resistência:*
Pena - *Reclusão, de quatro a dez anos, e multa.*
§ 3º *Se da violência resulta lesão corporal grave, a pena é de reclusão, de sete a quinze anos, além da multa; se resulta morte, a reclusão é de vinte a trinta anos, sem prejuízo da multa.*
Art. 129. *Ofender a integridade corporal ou a saúde de outrem:*
[...]
§ 3º *Se resulta morte e as circunstâncias evidenciam que o agente não quis o resultado, nem assumiu o risco de produzi-los;*
Pena - *Reclusão, de quatro a doze anos.*

2.9 Erro sobre Elemento do Tipo

Art. 20. *O erro sobre elemento constitutivo do tipo legal de crime exclui o dolo, mas permite a punição por crime culposo, se previsto em lei.*

Elementares: é a descrição típica do crime. Geralmente o próprio *caput*. Quando ausente a elementar, o crime não existe.

Art. 155. *Subtrair coisa alheia móvel:* Caso o indivíduo subtraia coisa própria por engano não haverá o crime, pouco importando sua intenção. Assim, se o agente subtrai sua própria bicicleta por "engano", pensando que está a subtrair bicicleta de seu vizinho não comete crime algum. Não há como punir uma pessoa que subtrai suas próprias coisas.

Circunstancias: são dados assessórios do crime, que, se suprimidos, não impedem a punição do agente. Só servem para aumentar ou diminuir a pena.

Exemplo: ladrão que furta um bem de pequeno valor pensando ser de grande valor. Ele responderá pelo furto simples sem redução de pena do privilégio.

Erro essencial

Incide sobre situação e tem tal importância para o tipo que, se o erro não existisse, o agente não teria cometido o crime, ou pelo menos, não naquelas circunstâncias.

Erro inevitável (invencível ou escusável)

É aquele que não podia ter sido evitado, nem mesmo com o emprego de uma diligência mediana.

Nessas duas situações, exclui-se o dolo e a culpa do agente. Sendo assim, exclui-se o crime.

Exemplos:

O agente furta caneta pensando que é dele próprio.

Sujeito que mantém conjunção carnal com uma menor de 13 anos que aparenta ter 20 anos pela sua proporção física.

Bêbado que sai de uma festa e liga carro alheio com sua chave, sendo o carro de mesma cor e modelo que o seu.

Erro evitável (vencível ou inescusável)

É aquele que poderia ser evitado pela prudência normal do homem médio. Exclui o dolo, mas permite a modalidade culposa se prevista em lei. Quando não prevista a modalidade culposa, não ocorre o crime.

Exemplo: caçador confunde vulto em uma moita com o animal que caçava e atira, vindo a causar a morte de um lavrador. Nessa situação, caso o fato seja previsível, deverá o caçador responder por homicídio culposo.

O agente bêbado sai de uma festa e, ao observar carro idêntico ao seu, tenta abri-lo com a chave do próprio carro. Não obtendo êxito, quebra o vidro com uma pedra, força a ignição e vai para casa. Nesse caso, ainda que a conduta do agente seja reprovável, não há que se falar em crime, pois o furto não prevê a modalidade culposa. Assim, tem-se a exclusão da tipicidade.

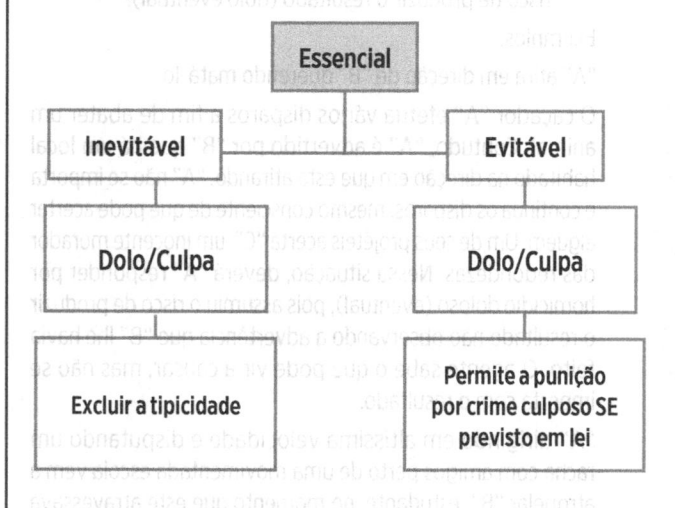

```
              Essencial
             /          \
        Inevitável      Evitável
            |              |
        Dolo/Culpa     Dolo/Culpa
            |              |
      Excluir a         Permite a punição
      tipicidade        por crime culposo SE
                        previsto em lei
```

Erro de tipo acidental

Já o erro de tipo acidental não exclui o crime, visto que o agente manifesta o elemento subjetivo do tipo e apenas erra na execução da ação criminosa.

- Erro sobre o objeto *(error in objecto)*: o agente furta um quadro que acredita ser verdadeiro, mas no outro dia descobre que é falso. Aqui, ele responde como se tivesse furtado o quadro verdadeiro.
- Erro sobre a pessoa *(error in persona)*: o agente tenta matar "A", mas mata "B", executando fielmente o que havia planejado. Nesse caso, responde normalmente pelo homicídio da vítima desejada.
- Erro sobre a execução *(aberratio ictus)*: o agente tenta matar a sua namorada ao vê-la com outro, mas por não saber manusear a arma, acerta em pessoa diversa quando atira. Nesse caso, responderá como se tivesse matado a namorada. Possui previsão no art. 73, CP.
- Resultado diverso do pretendido *(aberratio criminis)*: ocorre resultado diverso do pretendido. A consequência para o agente é responder pelo crime, a título de culpa (se houver), conforme art. 74, CP. Se ocorrer também o resultado pretendido, haverá concurso formal (1 ação = 2 crimes).
- Erro sucessivo (dolo geral ou *aberratio causae*): o agente, após acreditar ter matado a sogra por veneno, "desova" o corpo em um lago. Após a perícia analisar o caso, é constatado que não houve morte por envenenamento, mas por afogamento. Nessa situação, o agente responde como se tivesse envenenado a vítima.

2.10 Erro sobre a Pessoa

Art. 20 [...]
§ 3º O erro quanto à pessoa contra a qual o crime é praticado não isenta de pena. Não se consideram, neste caso, as condições ou qualidades da vítima, senão as da pessoa contra quem o agente queria praticar o crime.

É o erro na representação do agente, que olha um desconhecido e o confunde com a pessoa que quer atingir. O erro é tão irrelevante, que o legislador determinou que o autor fosse punido pelo crime que efetivamente cometeu contra o terceiro inocente (vítima efetiva), como se tivesse atingido a pretendida (vítima virtual), por exemplo:

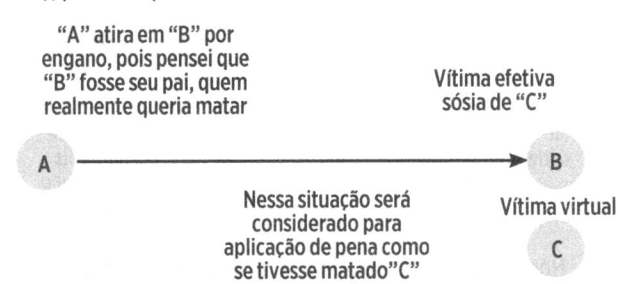

"A" atira em "B" por engano, pois pensei que "B" fosse seu pai, quem realmente queria matar

A → B

Vítima efetiva sósia de "C"

Nessa situação será considerado para aplicação de pena como se tivesse matado "C" seu pai

Vítima virtual
C
Pai de "A"

Esta situação é considerada um irrelevante penal, ou seja, o agente quer cometer uma coisa – matar "C" –, entretanto, acaba matando "B". Porém, independentemente do resultado, o Código Penal sempre adota o elemento subjetivo, ou seja, irá punir o agente pelo fato que ele realmente quis praticar. Como no exemplo o agente queria matar seu pai, incidirá ainda aumento de pena – agravante genérica (art. 61, inciso II, alínea "e", CP).

2.11 Erro sobre a Ilicitude do Fato

Erro de proibição

Art. 21. O desconhecimento da lei é inescusável. O erro sobre a ilicitude do fato, se inevitável, isenta de pena; se evitável, poderá diminuí-la de um sexto a um terço.

É a errada compreensão de uma determinada regra legal. Pode levar o agente a supor que certa conduta seja lícita.

Exemplo: Um rústico aldeão, que nasceu e passou toda a sua vida em um vilarejo afastado no sertão, agride levemente sua mulher, por suspeitar de traição. É de irrelevante importância se o aldeão sabia ou não que sua conduta era ilícita.

Nesse caso, há crime, porém o CP determina que, devido às circunstâncias (por força do ambiente onde vive e as experiências acumuladas do agente), o sujeito não terá PENA, ou seja, exclui-se a culpabilidade.

Nesta situação, como o agente é de lugar ermo e não possui conhecimento suficiente sobre fatos que não são permitidos, o juiz não aplicará pena, embora a conduta seja criminosa.

Tipos de erro de proibição

Erro inevitável ou escusável: é isento de pena.

Exemplo: O caso de uma dona de casa de prostituição, cujo funcionamento era de pleno conhecimento das autoridades fiscais e com alvará de funcionamento fornecido pela prefeitura, apresenta circunstância que sugeriam o desempenho de atividade lícita.

Parágrafo único. Considera-se evitável o erro se o agente atua ou se omite sem a consciência da ilicitude do fato, quando lhe era possível, nas circunstâncias, ter ou atingir essa consciência.

Erro evitável ou inescusável: não isenta de pena, mas terá direito a uma redução de pena de 1/6 a 1/3.

Exemplo: Atendente de farmácia que, apesar de ter ciência de que a venda de medicamentos com tarja preta configura transgressão administrativa, não tem consciência de que tal prática, com relação a alguns dos medicamentos controlados, caracteriza também crime de tráfico de drogas.

Observe o quadro a seguir.

Erro de tipo	Erro de proibição
O agente erra sobre dados do próprio crime. Isento do dolo e culpa, se inevitável, e isento de dolo, mas permite a punição por culpa se evitável.	O agente acha que sua conduta é legal, quando na verdade é ilegal. Aqui o agente comete crime, mas não tem pena, pois a culpabilidade fica excluída.

É importante que diferenciarmos bem a relação entre erro de tipo (exclui o crime) e erro de proibição (isento de pena). No erro de tipo, o agente sabe que sua conduta é ilícita, entretanto, erra sobre o próprio tipo penal, ou seja, sua intenção é realizar uma conduta, mas acaba cometendo outra. No erro de proibição, o agente desconhece o caráter ilícito do fato, imagina estar praticando uma conduta lícita, quando na verdade é ilícita (criminosa).

DO CRIME

2.12 Coação Irresistível e Obediência Hierárquica

Art. 22. Se o fato é cometido sob coação irresistível ou em estrita obediência a ordem, não manifestamente ilegal, de superior hierárquico, só é punível o autor da coação ou da ordem.

Para que se possa considerar alguém culpado do cometimento de uma infração penal, é necessário que o ato tenha sido praticado em condições e circunstâncias normais, pois, do contrário, não será possível exigir do sujeito conduta diferente daquela que acabou efetivamente praticando.

Nessa situação, o agente (autor mediato) obriga uma terceira pessoa (autor imediato) a cometer um crime ou cumprir uma ordem ilegal. A pessoa coagida não será punida; a punição será de quem a coagiu e a obrigou a realizar a conduta contra seu consentimento.

Coação irresistível

É o emprego de força física ou de grave ameaça para que alguém faça ou deixe de fazer alguma coisa.

Coação física (vis absoluta): o sujeito não comete crime.

Exemplo: "A" imobiliza "B"; em seguida, "A" coloca uma arma na mão de "B" e o força a apertar o gatilho, sendo que o disparo acerta "C", que morre. Nessa situação, devido à coação FÍSICA irresistível, "B" NÃO comete crime. "A" responderá por homicídio.

A coação física recai sobre a conduta do agente (elemento do fato típico), pois este foi forçado. Nessa situação, exclui-se o crime.

Coação moral (vis relativa): o sujeito comete um crime, mas ocorre isenção de pena.

Exemplo: "A" encosta uma arma carregada na cabeça "B" e ordena que ele atire em "C", caso contrário quem irá morrer é "B". Assim, "B" atira e "C" morre. Nessa situação, ambos cometem crime ("A" e "B"). Contudo, somente "A" terá PENA, "B" estará ISENTO de pena devido a coação MORAL irresistível e inexigibilidade de conduta diversa.

Assim sendo, mesmo "B" tendo praticado o ato, sua conduta foi forçada mediante grave ameaça moral, e, temendo por sua própria vida, cometeu crime. Nessa situação, a conduta de "B" é típica e ilícita, contudo, não culpável, pois ficará isento de pena.

Obediência hierárquica

É a obediência à ordem não manifestamente ilegal de superior hierárquico, tornando viciada a vontade do subordinado e afastando a exigência de conduta diversa. Também exclui a culpabilidade.

Ordem de superior hierárquico: é a manifestação de vontade do titular de uma função pública a um funcionário que lhe é subordinado.

Exemplo: Um delegado de polícia manda seu subordinado, aspirante recém-chegado à corporação, que prenda um desafeto do agente, para que esse aprenda uma lição.

Caso o aspirante cumpra a ordem ilegal de seu superior, ambos estarão cometendo crime (abuso de autoridade), pois, embora haja ordem de superior, o aspirante não é obrigado a cumpri-la.

Ordem manifestamente não ilegal: a ordem deve ser aparentemente legal. Se for manifestamente ilegal, deve o subordinado responder pelo crime.

Exemplo: Um delegado de polícia determina que o agente prenda Antônio, indiciado por crime de latrocínio, alegando que Antônio tem contra si um mandado de prisão expedido pela autoridade judiciária. O agente prende Antônio e o conduz até a delegacia. Acontece que não existia mandado algum contra Antônio. Nessa situação, o delegado e o agente cometeram crime de abuso de autoridade. Contudo, somente o delegado terá PENA, enquanto o agente ficará isento devido à "aparência" de ordem manifestamente NÃO ilegal.

Nessa conduta, o agente pensava estar praticando uma ação lícita, entretanto, foi enganado por seu superior, sob alegação de posse de falso mandado de prisão.

2.13 Exclusão da Ilicitude

Art. 23. Não há crime quando o agente pratica o fato:
Em estado de necessidade;
II. Em legítima defesa;
III. Em estrito cumprimento de dever legal ou no exercício regular de direito.

Excesso punível

Parágrafo único. O agente, em qualquer das hipóteses deste artigo, responderá pelo excesso doloso ou culposo.

O agente que extrapolar os limites das excludentes deve responder pelo resultado produzido de forma dolosa ou culposa.

Exemplo: João saca sua arma para matar Manoel, que, prevendo o ocorrido, pega sua própria arma e atira primeiro, ferindo João. Mesmo após a cessação da agressão por parte de João, Manoel efetua mais dois disparos para garantir o resultado.

Nessa situação, Manoel excedeu-se e deverá responder por homicídio na modalidade dolosa.

Excesso - responderá por homicídio doloso

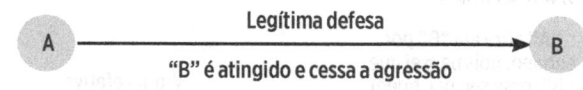

Legítima defesa

A ──────────────────→ B

"B" é atingido e cessa a agressão

"A" atira em "B" para se defender de injusta agressão

"A" mesmo depois de cessada a agressão de "B" efetua mais dois disparos para garantir o resultado

Não obstante, as excludentes de ilicitude, como o próprio nome já diz, excluem o caráter ilícito do fato, tornando a conduta lícita e jurídica.

```
                    Crime
                   /      \
            Fato Típico    Ilícito
                         (Antijurídico)
                        /            \
              Estado de          Legítima Defesa
              Necessidade
              
        Estrito Comprimento    Exercício Regular do
          do Dever Legal              Direito
```

Ocorrendo o fato diante de uma dessas excludentes, exclui-se também o crime.

São situações em que a norma penal permite que se cometa crime em determinadas situações, pois, apesar de serem condutas ilícitas, o agente não será punido.

Estado de necessidade

Art. 24. Considera-se em estado de necessidade quem pratica o fato para salvar de perigo atual, que não provocou por sua vontade, nem podia de outro modo evitar, direito próprio ou alheio, cujo sacrifício, nas circunstâncias, não era razoável exigir-se.

Ocorre quando um bem é lesado para se salvar outro bem em perigo de ser igualmente ofendido. Ambos os possuidores desses bens têm direito de agir para proteger-se.

→ Requisitos para configuração do estado de necessidade:
> Perigo atual.
> Direito próprio ou alheio.
> Perigo não causado voluntariamente pelo agente.
> Inevitabilidade de comportamento.
> Razoabilidade do sacrifício.
> Requisito subjetivo.

Exemplos:

Em um cruzeiro marítimo, 10 passageiros estão a bordo de um navio. No entanto, só existem 9 salva-vidas e o navio está afundando em alto-mar. O único que ficou sem o apetrecho não sabe nadar e, para salvar sua vida do perigo atual, desfere facadas em outro passageiro para conseguir se salvar.

Trabalhador desempregado vê os filhos passarem fome, entra em supermercado e furta dois pacotes de arroz e um pedaço de carne seca (furto famélico).

Cidadão não tem carteira de motorista e observa um motorista em avançado estado de infarto. Nessa situação, toma a direção de veículo automotor e dirige perigosamente até o hospital, gerando perigo de dano.

Não irá incidir em estado de necessidade caso o agente dê causa ao acontecimento.

§ 1º Não pode alegar estado de necessidade quem tinha o deve legal de enfrentar o perigo.

Um exemplo disso é o bombeiro. Ele poderá recusar-se a participar de uma situação perigosa, quando for impossível o salvamento ou quando o risco for inútil.

Legítima defesa

Art. 25. Entende-se em legítima defesa quem, usando moderadamente dos meios necessários, repele injusta agressão, atual ou iminente, a direito seu ou de outrem. (Redação dada pela Lei nº 7.209, de 11.7.1984)

Parágrafo único. Observados os requisitos previstos no caput deste artigo, considera-se também em legítima defesa o agente de segurança pública que repele agressão ou risco de agressão a vítima mantida refém durante a prática de crimes.
(Incluído pela Lei nº 13.964, de 2019) ANTICRIME

Agora há uma nova (porém, não tão nova assim) previsão de legítima defesa para agentes de segurança pública que repelem (a meu ver, já era assim) agressão ou risco de agressão (já era assim também; injusta agressão ATUAL ou IMINENTE) vítima mantida REFÉM (injusta agressão acontecendo) durante a prática de crimes.

Conclui-se que não há nada de novo, senão já preenchidos todos os requisitos da legítima defesa do *caput* do art. 25 do CP.

No entanto, a novidade está no novíssimo art. 14-A do Código de Processo Penal (introduzido também pelo pacote ANTICRIME). Esses agentes terão um Inquérito PRIVILEGIADO e com direito a contraditório (direito a serem CITADOS EM 48 HORAS e ampla defesa com direito a DEFENSOR).

Ocorre um efetivo ataque ilícito contra o agente ou terceiro, legitimando repulsa.

Requisitos para que subsista a legítima defesa:

> Agressão humana.
> Agressão injusta.
> Agressão atual ou iminente.
> Agressão a direito próprio ou a terceiro.
> Meios necessários.
> Requisito subjetivo.

Exemplos:

"A", desafeto de "B", arma-se com um machado e, prestes a desferir um golpe, é surpreendido pela reação de "B", que saca um revólver e efetua um disparo.

"A", munido de um cão, atiça o animal na direção de "B", que, para repelir a injusta agressão, atira no enfurecido animal.

"A", menor de idade, pega um fuzil e, prestes a atirar em "B", é surpreendido por esse, que pega uma bazuca, único meio de proteção disponível no momento, vindo a "explodir" "A".

Os meios necessários para conter a injusta agressão podem ser quaisquer que estejam disponíveis, inexistindo equiparação dos meios utilizados.

É necessário que seja atual e iminente. Caso "B", ferido por "A", desloque-se até sua casa depois de sofrida agressão para apanhar revólver com intuito de se defender, não será mais válido, caso venha efetuar disparos contra "A".

DO CRIME

Não Configura Legítima Defesa

Exemplo: "A", marido traído, chega a casa e surpreende "C", sua esposa, em conjunção carnal com "B". Enfurecido, pega sua arma e dispara contra a esposa traidora.

"A", surpreendido por cão feroz, dispara para que não seja atacado.

"A", desafeto de "B", sai à procura dele e efetua disparo. Mais tarde, provou-se que "B" também estava armado e queria igualmente executar "A".

Estrito cumprimento do dever legal

Em síntese, é a ação praticada por um dever imposto por lei. É necessário que o cumprimento seja nos exatos ditames da lei. Do contrário, o agente incorrerá em excesso, podendo responder criminalmente.

Exemplos:

Policial que prende foragido da justiça, vindo a causar-lhe lesões devido à sua resistência.

Soldado que, em tempos de guerra, executa inimigo.

A execução efetuada pelo carrasco, quando o ordenamento jurídico admite.

Exercício regular de direito

É o desempenho de uma atividade ou prática de uma conduta autorizada em lei.

> Tratamento médico ou intervenção cirúrgica, em que o médico comete lesão corporal para realizar o ato cirúrgico.

> Ofendículos (exercício regular do direito de defesa da propriedade), cerca elétrica, cacos de vidro, arame farpado etc.

A lei não permite o emprego da violência física como meio para repelir injúrias ou palavras caluniosas, visto que não existe legítima defesa da honra. Somente a vida ou a integridade física são abrangidas pelo instituto da legítima defesa.

Admite-se a excludente de legítima defesa real contra quem pratica o fato acobertado por causa de exclusão da culpabilidade, como o inimputável.

Nos termos do Código Penal e na descrição da excludente de ilicitude, haverá legítima defesa sucessiva na hipótese de excesso, que permite a defesa legítima do agressor inicial.

É possível legítima defesa de provocações por meio de injúrias verbais, segundo a sua intensidade e conforme as circunstâncias, que podem ou não ser agressão.

Agressão de inimputável constitui legítima defesa.

Agressão decorrente de desafio, duelo, convite para briga não constitui legítima defesa.

Agressão passada constitui vingança e, não, legítima defesa.

Agressão futura não autoriza legítima defesa (mal futuro).

Não existe legítima defesa da honra.

O agente tem que saber que está na legítima defesa.

Legítima defesa e porte ilegal de arma de fogo: se portar anteriormente, responde pelo crime do art. 14 ou art. 16, *caput* do estatuto do desarmamento (Lei nº 10.826/2003). Se for contemporâneo, não responde pelo crime dos artigos mencionados.

2.14 Da Imputabilidade Penal

Art. 26. É isento de pena o agente que, por doença mental ou desenvolvimento mental incompleto ou retardado, era, ao tempo da ação ou da omissão, inteiramente incapaz de entender o caráter ilícito do fato ou de determinar-se de acordo com esse entendimento.

Redução de pena

Parágrafo único. A pena pode ser reduzida de um a dois terços, se o agente, em virtude de perturbação de saúde mental ou por desenvolvimento mental incompleto ou retardado não era inteiramente capaz de entender o caráter ilícito do fato ou de determinar-se de acordo com esse entendimento.

Imputabilidade: é a capacidade de entender o caráter ilícito do fato e de determinar-se de acordo com esse entendimento. É a capacidade de entendimento e a faculdade de controlar e comandar suas próprias ações. Ou seja, é a capacidade de compreensão do agente de que sua conduta é ilícita, inapropriada. É um dos elementos da culpabilidade, a qual é substrato do conceito analítico de crime.

→ Imputável (regra): pode-se imputar (aplicar) pena ao sujeito.

→ INimputável (exceção): não pode sofrer pena.

Exclusão da imputabilidade

Doença mental

Inclui-se doença mental de qualquer ordem, compreendendo a infindável gama de moléstias mentais.

Exemplo: alcoolismo patológico.

Desenvolvimento mental incompleto ou retardado

Exemplo: Silvícola inadaptado (índio) menor de 18 anos.

Sistema adotado pela legislação brasileira

Regra: BIOpsicológico

Não basta ter a enfermidade. No momento da ação ou omissão, o sujeito precisa estar inteiramente incapaz de entender e compreender o caráter ilícito do fato e determinar-se de acordo com esse entendimento.

Exceção: biológico

Basta tão somente a menoridade (menos de 18 anos) para configurar a inimputabilidade (art. 27 do CP).

Embriaguez

Art. 28

II A embriaguez, voluntária ou culposa, pelo álcool ou substância de efeitos análogos.

§ 1º É isento de pena o agente que, por embriaguez completa, proveniente de caso fortuito ou força maior, era, ao tempo da ação ou da omissão, inteiramente incapaz de entender o caráter ilícito do fato ou de determinar-se de acordo com esse entendimento.

NÃO exclui a Imputabilidade	Exclui a Imputabilidade
Voluntária	Caso fortuito
Culposa	Força maior
Preordenada	

A embriaguez não exclui a imputabilidade, quais sejam: a voluntária (toma bebida alcoólica por conta própria); a culposa (toma além da conta) e a preordenada (toma para criar coragem), sendo que a última é causa de aumento de pena (agravante genérica – art. 61, inciso II, alínea "L"). Nesse caso, aplica-se a teoria da *actio libera in causa*.

> *§ 2º A pena pode ser reduzida de um a dois terços, se o agente, por embriaguez, proveniente de caso fortuito ou força maior, não possuía, ao tempo da ação ou da omissão, a plena capacidade de entender o caráter ilícito do fato ou de determinar-se de acordo com esse entendimento.*

No caso da embriaguez por caso fortuito, caso ela seja completa, será causa de isenção de pena; caso seja semicompleta (semi-imputabilidade), incidirá em diminuição de pena (redução de culpabilidade) de 1/3 a 2/3.

Emoção e paixão

> *Art. 28. Não excluem a imputabilidade penal:*
> *I. A emoção ou a paixão;*

A emoção pode, em alguns casos, servir como diminuição de pena (privilégio), como no caso do homicídio e lesão corporal privilegiado. São requisitos: a emoção deve ser intensa; o agente deve estar sob o domínio dessa emoção; deve ter sido provocado por ato injusto da vítima; a reação do agente deve ocorre logo após a provocação.

A injusta provocação pode ser de forma indireta. Por exemplo, alguém que maltrata um animal, com intenção de provocar o agente, utilizando desse objeto (um cachorro) para obter seu desejo.

Menores de 18 anos

> *Art. 27. Os menores de 18 (dezoito) anos são penalmente inimputáveis, ficando sujeitos às normas estabelecidas na legislação especial.*

Fundamento constitucional

O art. 228 da CF/1988 prevê que são penalmente inimputáveis os menores de dezoito anos, sujeitos às normas de legislação especial.

Critério adotado pelo Código Penal: sistema biológico

→ Crime + contravenção penal maior de 18 anos.
→ Ato infracional menor de 18 anos.

Os menores de 18 anos não sofrem sanção penal pela prática do ato ilícito, em decorrência da ausência de culpabilidade. Estão sujeitos ao procedimento e às medidas socioeducativas previstas no Estatuto da Criança e do Adolescente (ECA – Lei nº 8.069/1990) em virtude das condutas descritas como crime e contravenção penal, se consideradas ato infracional.

Para auxiliar, convém esquematizar as Excludentes de Imputabilidade. Veja a seguir.

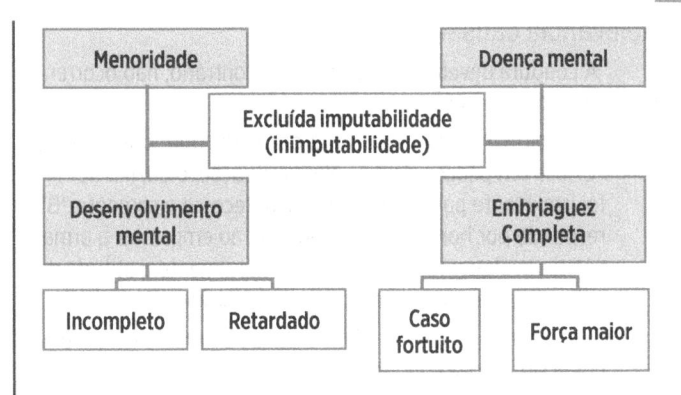

De acordo com entendimento, essas são as causas justificantes para a exclusão da imputabilidade, podemos dizer que são elementos da culpabilidade. Esta é substrato que compõe o conceito analítico de crime, juntamente com fato típico e a ilicitude.

2.15 Do Concurso de Pessoas

> *Art. 29. Quem, de qualquer modo, concorre para o crime incide nas penas a este cominadas, na medida de sua culpabilidade.*

Sujeitos da infração penal:

> Sujeito Ativo (quem comete a ação).
> Sujeito Passivo (quem sofre a ação).

Foco do estudo = sujeito ativo do crime.

Quem pode ser sujeito ativo da infração penal:

> Maiores de dezoito anos. Lembre-se: o
> menor comete ato infracional (tudo que representa crime, para o menor de idade é ato infracional, que, na verdade, constitui um tipo específico tratado no ECA).
> Pessoas Jurídicas em atos lesivos ao meio ambiente.
> As pessoas jurídicas podem ser responsabilizadas penalmente.

O Concurso de Pessoas também conhecido como concurso de agentes. Ocorre quando duas ou mais pessoas concorrem para o mesmo crime. Colaborar ou concorrer para o crime é praticar o ato (moral ou material) que tenha relevância para a perpetração do ilícito.

Requisitos para concursos de pessoas

Pluralidade de agentes

Quem participa da execução do crime é coautor. Quem não executa o verbo do tipo é partícipe.

Exemplo: "A" segura "B" enquanto "C" o esfaqueia até a morte. "A" e "C" são coautores do crime de homicídio. Há divisão de tarefas no crime, pois ambos participam da execução.

"A" empresta arma para "B", que utiliza a arma para executar "C". Assim, "B" é autor (executou) e "A" é partícipe (auxiliou de forma material).

O código penal adotou a Teoria Monista de agentes, ou seja, todos responderão pelo mesmo crime, independentemente de qual seja a sua participação.

DO CRIME

Relevância causal

A conduta deverá ser relevante. Do contrário, não ocorrerá o concurso de pessoas.

Exemplo: "A" empresta arma para "B", que, para matar, "C" usa um pedaço de pau. Nessa situação, o auxílio de "A" foi irrelevante para que o crime acontecesse e somente "B" responde por homicídio. Contudo, se, ao emprestar a arma, "A" de qualquer forma incentivou moralmente a atitude de "B", esse será partícipe do crime de homicídio.

Se não houve nexo entre o homicídio e o empréstimo da arma, nessa situação, a conduta de "A" é atípica.

Liame subjetivo

É a vontade de participar do crime. Pelo menos um agente tem que querer participar do crime do outro.

Exemplo: "A", desafeto de "B", posiciona-se para matá-lo. "C", também inimigo mortal de "B", sabendo da vontade de "A", adere à vontade dele e juntos disparam a arma. Ambos responderão por homicídio como coautores.

Identidade de infração

O Código Penal adotou a Teoria Unitária ou Monista, em que todos que concorrem para o crime responderão pelo mesmo crime, na medida de sua culpabilidade (responsabilidade).

Teorias do concurso de pessoas

Teoria do *Caput*
> Regra: monista / igualitária / unitária.
> Exceção: pluralista (não tem concurso de pessoas).
Exemplo: corrupção passiva e ativa.

Teoria do autor

> Regra: restritiva (Código Penal). Quem pratica o núcleo do tipo (verbo).
> Exceção: domínio do fato (doutrina e jurisprudência); Teoria do Partícipe.
> Acessoriedade limitada.

Não pratica o verbo; contudo, auxilia de qualquer forma.
» Moral: instigado ou induzido.
» Material: qualquer auxílio.
> Não ocorre concurso de pessoas.
> Autor mediato (homem por trás).
> Autoria colateral.
> Participação inócua (ineficaz).
> Crimes de concurso necessário.

Autoria sucessiva ou participação sucessiva TÊM Concurso de Pessoas!

Exemplo: associação criminosa, de acordo com o art. 288, CP.

A exceção é a teoria pluralista.

Exemplo: corrupção passiva e ativa.

Autor (Teoria Restrita).

> Quem pratica o núcleo do tipo (verbo).
Partícipe.
> Não pratica o verbo; contudo, auxilia de qualquer forma.
» Moral: instigado ou induzido.
» Material: qualquer auxílio.
Mandante = Partícipe.

Autor mediato (não ocorre concurso):
> São usados como instrumentos do crime:
> Inimputável.
> Doente mental.
> Coação irresistível.
> Obediência hierárquica.
Exceção: Teoria Pluralista.

Participação em crime diverso

§ 1º Se a participação for de menor importância, a pena pode ser diminuída de um sexto a um terço

§ 2º Se algum dos concorrentes quis participar de crime menos grave, ser-lhe-á aplicada a pena deste; essa pena será aumentada até metade, na hipótese de ter sido previsível o resultado mais grave.

Há hipóteses, todavia, em que o partícipe colabora com um crime e o autor, no momento da prática do ilícito, vai além do imaginado pelo partícipe.

Exemplo: é o caso em que dois indivíduos combinam um furto. Sendo que um deles fica no carro esperando pela fuga e o outro entra na residência. No interior da casa, o autor, além de furtar, encontra a moradora e dispara vários tiros contra ela. Nessa situação, por força do art. 29, § 2º, do CP, os agentes deverão responder por crimes diferentes. O que ficou no carro responde por furto (pois era esse ato que queria praticar) e, o autor, por latrocínio.

Partícipe		Autor / Coautor	Executem o núcleo do tipo
Cogitação	Preparação	Execução	Consumação
	- Ajuste - Determinação - Instigação - Auxílio	**Regra**: teoria *Monista*, todos responderão pelo mesmo crime.	
- Se não chegar a ser tentado (executado) não ocorre crime. Salvo se por si só configurar crime autônomo.		Exceção: Teoria Pluralista, quem quis participar do crime menos grave, responderá por ele.	

2.16 Circunstâncias Incomunicáveis

Fique Ligado

No crime culposo admite-se coautoria, mas NÃO participação.
Não existe tentativa em crime Preterdoloso.

Art. 30. Não se comunicam as circunstâncias e as condições de caráter pessoal, salvo quando elementares do crime.

Exemplo: "A", funcionário público, convida "B" para furtar a repartição pública em que trabalha. "B", desconhecendo a função de "A", acaba aceitando. Nesse caso, "A" responderá por peculato (art. 312, CP) e "B" por furto (art. 155, CP). Porém, caso "B" soubesse da função pública de "A", ambos responderiam por peculato.

Art. 31. *O ajuste, a determinação ou instigação e o auxílio, salvo disposição expressa em contrário, não são puníveis, se o crime não chega, pelo menos, a ser tentado.*

Atualmente, o induzimento, a instigação e o auxílio material ao suicídio ou à automutilação configuraram o crime, com ou sem resultados. De crime eminentemente material, se converteu, por força da Lei nº 13.968/2019, em crime formal.

Questões

01. (ALFACON) Assinale a alternativa falsa:
    a) Pode-se definir ilicitude como a relação de antagonismo que se estabelece entre uma conduta humana voluntária e o ordenamento jurídico.
    b) O roubo de veículo automotor acarreta necessariamente um aumento de pena, se o veículo for transportado para o exterior.
    c) A difamação, em regra, não admite a exceção da verdade, enquanto a calúnia, em regra, a admite.
    d) Pode-se afirmar que a analogia no direito penal só pode ser utilizada para beneficiar o réu.

02. (ALFACON) "A", imputável, comete o crime de furto. No dia seguinte, ao recebimento da denúncia, restitui o objeto ao proprietário. O fato é:
    a) Irrelevante.
    b) Atenuante.
    c) Arrependimento posterior.
    d) Tentativa.
    e) Extinção da punibilidade.

03. (ALFACON) Rogério, amigo íntimo de Rubens, comenta com este que vai assaltar o Banco BB na manhã de segunda-feira, pedindo que guarde segredo. No dia do roubo, Rogério é preso e diz à polícia que Rubens sabia disto. Portanto, diante desta hipótese, é correto afirmar que:
    a) Rogério responde pelo crime de roubo e Rubens terá a pena diminuída de 1/3 a 2/3 por participação de menor importância.
    b) Rubens é partícipe, pois tinha ciência do crime a ser praticado por Rogério.
    c) Somente Rogério é autor do crime de roubo.
    d) Rogério é autor e Rubens é coautor.

04. (ALFACON) Paulo resolve atirar em José, que está conversando com Afonso. E mesmo prevendo que poderá atingir o terceiro (Afonso), não desiste do seu intento e atira, acertando Afonso. Paulo responderá pelo crime a título de:
    a) Dolo direto.
    b) Dolo alternativo.
    c) Dolo eventual.
    d) Culpa inconsciente.
    e) Dolo indireto.

05. (ALFACON) Paulo, para defender-se de João, retira a arma que está na posse de Aldo. Haverá:
    a) Legítima defesa subjetiva e legítima defesa sucessiva.
    b) Legítima defesa putativa e legítima defesa sucessiva.
    c) Estado de necessidade e exercício regular de direito.
    d) Legítima defesa e estado de necessidade.
    e) Legítima defesa e estrito cumprimento de dever legal.

06. (ALFACON) O homicídio praticado sob coação a que o agente poderia resistir implica no reconhecimento:
    a) De causa que isente o agente de pena.
    b) De causa que privilegia o agente.
    c) De circunstância que atenua a pena do agente.
    d) De causa que qualifica o homicídio.

07. (ALFACON) Constituem elementos do fato típico culposo, exceto:
    a) Resultado voluntário.
    b) Previsibilidade objetiva.
    c) Tipicidade.
    d) Resultado.

08. (ALFACON) São pressupostos da culpabilidade:
    a) A exigibilidade de conduta diversa e a possibilidade de conhecer a ilicitude do fato.
    b) A falta de dever de cuidado e a imputabilidade.
    c) A possibilidade de conhecer a ilicitude do fato e a previsibilidade do resultado.
    d) O dolo e a culpa.
    e) A exigibilidade de conduta diversa e a falta de dever de cuidado.

09. (NCE) Entre as alternativas a seguir, é correto afirmar que os ofendículos excluem:
    a) O nexo causal.
    b) A culpabilidade.
    c) A imputabilidade.
    d) A ilicitude.
    e) A culpa.

Gabaritos

01	A	06	C
02	B	07	B
03	C	08	A
04	E	09	D
05	D		

3. DOS CRIMES CONTRA A FÉ PÚBLICA

3.1 Da Falsidade Documental

Falsificação do selo ou sinal público

Art. 296. Falsificar, fabricando-os ou alterando-os:
I. Selo público destinado a autenticar atos oficiais da União, de Estado ou de Município;
II. Selo ou sinal atribuído por lei à entidade de direito público, ou a autoridade, ou sinal público de tabelião:
Pena - reclusão, de dois a seis anos, e multa.
§1º. Incorre nas mesmas penas:
I. Quem faz uso do selo ou sinal falsificado;
II. Quem utiliza indevidamente o selo ou sinal verdadeiro em prejuízo de outrem ou em proveito próprio ou alheio.
III. Quem altera, falsifica ou faz uso indevido de marcas, logotipos, siglas ou quaisquer outros símbolos utilizados ou identificadores de órgãos ou entidades da Administração Pública.
§2º. Se o agente é funcionário público, e comete o crime prevalecendo-se do cargo, aumenta-se a pena de sexta parte.

> Na situação em que o agente é FUNCIONÁRIO PÚBLICO, responderá com aumento de pena de SEXTA PARTE (conforme Art. 327 do CP).

Esse delito visa incriminar o agente que **falsifica SELOS ou SINAIS públicos** - objetos que atestam um documento como verdadeiro - por meio da **fabricação** (contrafação - próprio agente fabrica um selo ou sinal falso), ou pela **alteração** (modificação de selo ou sinal verdadeiro).

Tais itens - selo ou sinal - **não** são considerados documentos públicos, e sim, objetos que o criminoso utiliza para falsificação.

Ex.: Carimbo, selo de identificação etc.

A falsidade tipificada nesse artigo é **MATERIAL**, ou seja, a forma do documento é modificada (alteração), ou fabricada (contrafação).

Falsificação de documento público

Art. 297. Falsificar, no todo ou em parte, documento público, ou alterar documento público verdadeiro:
Pena - reclusão, de dois a seis anos, e multa.
§1º. Se o agente é funcionário público, e comete o crime prevalecendo-se do cargo, aumenta-se a pena de sexta parte.
§2º. Para os efeitos penais, equiparam-se a documento público o emanado de entidade paraestatal, o título ao portador ou transmissível por endosso, as ações de sociedade comercial, os livros mercantis e o testamento particular.
§3º. Nas mesmas penas incorre quem insere ou faz inserir:
I. Na folha de pagamento ou em documento de informações que seja destinado a fazer prova perante a previdência social, pessoa que não possua a qualidade de segurado obrigatório;
II. Na Carteira de Trabalho e Previdência Social do empregado ou em documento que deva produzir efeito perante a previdência social, declaração falsa ou diversa da que deveria ter sido escrita;
III. Em documento contábil ou em qualquer outro documento relacionado com as obrigações da empresa perante a previdência social, declaração falsa ou diversa da que deveria ter constado.
§4º. Nas mesmas penas incorre quem omite, nos documentos mencionados no § 3º, nome do segurado e seus dados pessoais, a remuneração, a vigência do contrato de trabalho ou de prestação de serviços.

Este título do Código Penal tem por objetivo tipificar a conduta do agente que **falsifica, total ou parcialmente, documento público**, bem como aquele que **altera** documentos públicos **verdadeiros** com intenção de obter **vantagem ilícita**.

A falsidade tipificada nesse artigo é material, ou seja, a forma do documento é modificada (alteração), ou falsificada (contrafação), total ou parcialmente.

Documento para o Direito Penal deve possuir as seguintes características:

> Forma escrita;
> Elaborado por pessoa determinada;
> Conteúdo revestido de relevância jurídica;
> Possuir eficácia probatória.
> Portanto, **documento público** é aquele confeccionado pelo funcionário público, nacional ou estrangeiro, **no desempenho de suas atividades**, em conformidade com as formalidades legais.

Caso o agente seja funcionário público, responde com aumento de pena de sexta parte, conforme preceitua o §1º desse artigo.

A fotocópia (xerox/traslado), sem autenticação, não tem eficácia probatória. Desse modo, não é classificado como documento público para fins penais.

§ 2º. Para os efeitos penais, equiparam-se a documento público o emanado de entidade paraestatal, o título ao portador ou transmissível por endosso, as ações de sociedade comercial, os livros mercantis e o testamento particular.

Entidades paraestatais, integrantes do terceiro setor, são as pessoas jurídicas de direito privado, sem fins lucrativos, que atuam ao lado e em colaboração com o Estado. (Exemplo: SESC, SENAI, SESI, SENAC e ONGs).

Título ao portador: cheque ao portador (nominal).

Título transmissível por endosso: cheque, duplicata, nota promissória, letra de câmbio.

Ações de sociedade comercial: sociedades anônimas, sociedades em comandita por ações.

> Para provar a materialidade do crime, é INDISPENSÁVEL a realização de exame de corpo de delito, direto ou indireto, no documento, NÃO podendo supri-lo pela confissão do acusado (Art. 158 do CPP), ou seja, pela perícia no documento.

> Documento escrito a lápis é documento público? É necessário observar que documento escrito a lápis ainda que feito por servidor público não é documento, considerando a insegurança na manutenção de seu conteúdo. Substituir fotografia em documento de identidade, prevalece que é o delito do Art. 297 do CP. (Atualmente a jurisprudência dispensa a perícia nesses casos).

Livros mercantis: destinados a registrar as atividades empresariais.

Testamento **particular**.

Na hipótese em que o agente que faz **uso** do documento falsificado ou modificado seja o mesmo que falsificou - os papéis públicos - esse delito (Art. 297) será absorvido pelo (Art. 171), estelionato, do Código Penal, visto que, a conduta visa obter **vantagem indevida** mediante o **uso de fraude**. Sendo assim, a falsificação é "**meio**" (uso da fraude) para o fim (a vantagem), que é o crime de estelionato. Por conseguinte, de acordo com o **princípio da consunção**, o crime mais grave absorve o menos grave.

Súmula 17 – STJ. Quando o falso se exaure no estelionato, sem mais potencialidade lesiva, é por ele absorvido.

Falsificação de documento particular

Art. 298. Falsificar, no todo ou em parte, documento particular ou alterar documento particular verdadeiro:
Pena - reclusão, de um a cinco anos, e multa.

Este artigo do Código Penal tem por objetivo tipificar a conduta do agente que falsifica, total ou parcialmente, documento **particular**, bem como aquele que altera documentos particulares verdadeiros com intenção de obter vantagem ilícita.

Para configurar o crime de falsificação, faz-se necessário que a conduta tenha capacidade de ludibriar terceiros, pois a falsificação ou modificação **grosseira** ou sem potencialidade lesiva **não** configura o crime, ou seja, de acordo com o Art. 17 do CP é um crime impossível por absoluta impropriedade do objeto, podendo configurar estelionato.

Nessa situação, o documento em si é falso, porém os dados podem ser verdadeiros, pois o agente que emite/falsifica o documento, não tem competência para fazê-lo.

Para provar a materialidade do crime, é INDISPENSÁVEL a realização de exame de corpo de delito, direto ou indireto, no documento, não podendo supri-lo a confissão do acusado (Art. 158 do CPP).

Considerações

Se a falsidade do documento é material, o agente responde pelo Art. 298 do CP, falsificação de documento particular, caso seja **ideológica**, o agente responderá pelo Art. 299 do CP, falsidade ideológica.

Caso o agente que utilize o documento falsificado ou modificado seja o mesmo que o falsificou, responderá pelo crime do Art. 304 do CP, uso de documento particular falsificado.

Documento público nulo, se torna documento particular. Atos públicos nulos, feitos por oficiais incompetentes, são documentos particulares.

Na hipótese de documento particular, com firma reconhecida em cartório, temos um documento público? Falsificando os escritos do documento, o delito será o do Art. 298 do CP. Porém, se a conduta for para falsificar o selo do tabelião, o delito é o do Art. 297.

Na hipótese em que um indivíduo falsifica um documento particular com o objetivo de praticar o CRIME DE SONEGAÇÃO FISCAL, responderá pelo crime previsto no Art. 1º, III e IV, da Lei 8.137/90.

Falsidade ideológica

Art. 299. Omitir, em documento público ou particular, declaração que dele devia constar, ou nele inserir ou fazer inserir declaração falsa ou diversa da que devia ser escrita, com o fim de prejudicar direito, criar obrigação ou alterar a verdade sobre fato juridicamente relevante:
Pena - reclusão, de um a cinco anos, e multa, se o documento é público, e reclusão de um a três anos, e multa, se o documento é particular.
Parágrafo único. Se o agente é funcionário público, e comete o crime prevalecendo-se do cargo, ou se a falsificação ou alteração é de assentamento de registro civil, aumenta-se a pena de sexta parte.

Diferentemente dos Art. 297 e 298, que tratam da falsidade material, em que o conteúdo pode ser verdadeiro, mas o documento em si é falso, esse artigo aborda a falsidade ideológica, em que o documento é verdadeiro, mas o conteúdo, a ideia é falsa. A falsidade ideológica também é conhecida como falso ideal, falso intelectual ou falso moral.

Falsidade Material	Falsidade Ideológica
A forma do documento é falsa, porém os dados podem ser verdadeiros.	A forma do documento é verdadeira, mas a ideia contida é falsa.

Núcleos do tipo

Omitir: o funcionário público no momento da elaboração de um documento, **deixa de inserir** (omissão) informação que nesse deveria constar. É a falsidade imediata.

Inserir: aquele que **insere** no documento público ou particular informação falsa ou diversa que deveria ser escrita. É a falsidade **imediata**.

Fazer inserir: é o particular que fornece a informação falsa ao funcionário público competente, que **por erro** a insere no documento verdadeiro. É chamada falsidade **mediata**.

Caso o agente que utilizar o documento falsificado ou modificado seja o mesmo, esse delito (Art. 299) será absorvido pelo Art. 171, estelionato, do Código Penal, visto que a conduta busca obter vantagem indevida mediante o uso de fraude.

Para que seja configurado o crime de falsidade ideológica, o agente deve ter um especial fim de agir, ou seja, um **dolo específico**, de prejudicar um direito, criar uma obrigação ou alterar a verdade sobre um fato.

Falso reconhecimento de firma ou letra

Art. 300. Reconhecer, como verdadeira, no exercício de função pública, firma ou letra que o não seja:
Pena - reclusão, de um a cinco anos, e multa, se o documento é público; e de um a três anos, e multa, se o documento é particular.

Esse crime é classificado como **próprio**, pois somente pode ser cometido por funcionário público no exercício da função, ou seja, aquele que tem a competência para o reconhecimento.

O delito configura-se quando o funcionário público reconhece (atesta, afirma), como verdadeiro a firma ou letra que **sabe ser falsa**.

DOS CRIMES CONTRA A FÉ PÚBLICA

Não admite a modalidade culposa, porém o agente poderá vir a responder na esfera administrativa e civil. (**STJ. RMS 26.548/PR - 2010**)

Certidão ou atestado ideologicamente falso

Art. 301. Atestar ou certificar falsamente, em razão de função pública, fato ou circunstância que habilite alguém a obter cargo público, isenção de ônus ou de serviço de caráter público, ou qualquer outra vantagem:
Pena - detenção, de dois meses a um ano.

Esse delito tipifica a conduta do funcionário público que, devido às qualidades que seu cargo **propicia, atesta ou certifica** aquilo que sabe ser falso, em benefício de terceiros, para que obtenham vantagem, isenção ou ônus de obrigações junto à Administração Pública (*caput*).

A **certidão ou atestado** são verdadeiros, porém **os dados** informados para que tal pessoa obtenha vantagem sobre a Administração são falsos.

Falsidade material de atestado ou certidão

§1º. Falsificar, no todo ou em parte, atestado ou certidão, ou alterar o teor de certidão ou de atestado verdadeiro, para prova de fato ou circunstância que habilite alguém a obter cargo público, isenção de ônus ou de serviço de caráter público, ou qualquer outra vantagem:
Pena - detenção, de três meses a dois anos.
§2º. Se o crime é praticado com o fim de lucro, aplica-se, além da pena privativa de liberdade, a de multa.

Configura também a conduta do agente que, ao contrário de atestar ou certificar, **falsifica** atestado, certidões ou **altera** o seu conteúdo em benefício de terceiros que desejam obter as mesmas vantagens já mencionadas no *caput* (§ 1º).

De acordo com o § 2º, caso a conduta tenha o fim de obtenção de lucro, além da pena de restrição de liberdade, o agente será apenado também com o pagamento de multa.

> Se o agente é funcionário público, e comete o crime prevalecendo-se do cargo, ou se a falsificação ou alteração é de assentamento de registro civil, aumenta-se a pena de sexta parte.
>
> A falsidade ideológica é crime que não pode ser comprovado pericialmente, pois o documento é verdadeiro em seu aspecto formal, sendo falso apenas o seu conteúdo. Assim, não se exige o exame pericial (corpo de delito). O juiz é quem deve avaliar no caso concreto se o conteúdo é verdadeiro ou falso.

Falsidade de atestado médico

Art. 302. Dar o médico, no exercício da sua profissão, atestado falso:
Pena - detenção, de um mês a um ano.
Parágrafo único. Se o crime é cometido com o fim de lucro, aplica-se também multa.

O artigo visa punir o médico que, no exercício da sua profissão, fornece atestado falso independente de ele ser especialista ou não na área, imputando diagnóstico falso ao paciente que o solicita.

NÃO é necessário que o médico seja especialista da área a qual ele tenha fornecido o atestado falso.

Ex.: Um médico cirurgião plástico, atesta um distúrbio psiquiátrico para que a pessoa consiga obter licença ou qualquer alguma outra vantagem. Embora ele não seja neurologista, responderá pelo crime de falso atestado.

Caso o médico seja funcionário público, responderá pelo crime do Art. 301, *caput* do Código Penal.

Sendo a conduta realizada com o objetivo de obter lucros, além da pena de detenção, será aplicada também uma multa (parágrafo único).

Reprodução ou adulteração de selo ou peça filatélica

Art. 303. Reproduzir ou alterar selo ou peça filatélica que tenha valor para coleção, salvo quando a reprodução ou a alteração está visivelmente anotada na face ou no verso do selo ou peça:
Pena - detenção, de um a três anos, e multa.
Parágrafo único. Na mesma pena incorre quem, para fins de comércio, faz uso do selo ou peça filatélica.

Uso de documento falso

Art. 304. Fazer uso de qualquer dos papéis falsificados ou alterados, a que se referem os Arts. 297 a 302:
Pena - a cominada à falsificação ou à alteração.

> Artigo revogado pelo Art. 39 da Lei 6.538/78 que trata do mesmo crime.

O crime de documento falso é um crime classificado doutrinariamente como remetido e acessório.

Crime remetido: pois tem a conduta típica descrita em artigos diferentes: **Arts. 297 a 302**, ou seja, é quando o agente efetivamente faz o uso dos documentos mencionados nesses artigos.

Crime acessório: pois necessita da prática de crime anterior - **Art. 297 a 302** - para caracterizar-se crime. Antes de ocorrer efetivamente o uso do documento falso, já houve um crime anterior, consumado no momento em que esse foi fabricado, alterado, modificado etc.

Apontamentos

A consumação ocorre no momento da utilização de quaisquer dos documentos falsificados dos Arts. 297 a 302 do Código Penal.

É necessário que haja o uso, não sendo suficiente a simples alusão ao documento falso.

Para configurar o instituto da tentativa, irá depender de que maneira que o crime de uso de documento falso seja praticado.

No caso do comento ser mal feito e a falsidade seja evidente (GROSSEIRA), afasta a falsidade do documento.

Apesar de haver corrente sustentando que, para a caracterização do crime basta que o escrito saia da esfera de disponibilidade do agente, ainda que empregado em finalidade diversa daquela a que se destinava, de acordo com a maioria, é imprescindível que o documento falso seja utilizado em sua específica destinação probatória.

Quando o agente utiliza o documento falso para cometer o crime de estelionato, responderá apenas por este último, e o outro restará absorvido.

Ex.: "A" usa o documento falso para enganar "B", com o fim de obter vantagem.

O agente deve apresentar de forma espontânea o documento a terceiros. A doutrina vem aceitando que, se o agente for solicitado a entregar por agente policial, o crime persiste.

Ex.: Em uma blitz de trânsito, quando o condutor apresenta uma Carteira Nacional de Habilitação ao ser essa solicitada pelo agente público.

Caso o agente que utilize o documento falsificado ou modificado seja o mesmo que praticou a falsificação, responderá apenas pelo crime da falsificação do documento.

Independente da forma que será realizada a apresentação do documento, se voluntária ou por solicitação de autoridade pública, o agente responderá pelo crime do Art. 304 do CP.

Supressão de documento

> **Art. 305.** Destruir, suprimir ou ocultar, em benefício próprio ou de outrem, ou em prejuízo alheio, documento público ou particular verdadeiro, de que não podia dispor:
> **Pena** - reclusão, de dois a seis anos, e multa, se o documento é público, e reclusão, de um a cinco anos, e multa, se o documento é particular.

O crime desse artigo, tem por objetivo tipificar a conduta do agente que dispõe de documento público ou particular verdadeiro, quando não o podia, com intuito de destruir, suprimir ou ocultar informações na intenção de causar prejuízo para outrem ou vantagem para si ou para terceiros.

É necessário que o documento suprimido, o alterado ou ocultado tenha seu valor probatório insubstituível, ou seja, caso seja cópia do documento original, NÃO estará configurado o crime.

O autor deve agir com finalidade específica, qual seja, executar o crime em benefício próprio ou de outrem, ou em prejuízo alheio (ausente esse elemento, outro poderá ser o delito).

Questões

01. (AOCP) Omitir, em documento público ou particular, declaração que dele devia constar, ou nele inserir ou fazer inserir declaração falsa ou diversa da que devia ser escrita, com o fim de prejudicar direito, criar obrigação ou alterar a verdade sobre fato juridicamente relevante, configura o crime de:
a) Supressão de documento.
b) Falsidade ideológica.
c) Falso reconhecimento.
d) Falsificação de documento particular.
e) Falsificação de sinal público.

02. (TRT 15R) O médico do trabalho da empresa que omite ou faz inserir declaração falsa ou diversa da que deveria ser escrita no documento Perfil Profissiográfico Previdenciário, com o fim de preservar a empresa contra eventual demanda judicial, comete crime de:
a) Falsificação de documento público;
b) Falsificação de documento particular;
c) Falsidade ideológica;
d) Falsidade de atestado médico;
e) Falsidade material de atestado ou certidão.

Gabaritos

01	B
02	C

4. DOS CRIMES CONTRA ADMINISTRAÇÃO PÚBLICA

4.1 Dos Crimes Praticados por Funcionário Público Contra a Administração em Geral

Peculato

Art. 312. *Apropriar-se o funcionário público de dinheiro, valor ou qualquer outro bem móvel, público ou particular, de que tem a posse em razão do cargo, ou desviá-lo, em proveito próprio ou alheio:*
Pena - *reclusão, de dois a doze anos, e multa.*
§ 1º. *Aplica-se a mesma pena, se o funcionário público, embora não tendo a posse do dinheiro, valor ou bem, o subtrai, ou concorre para que seja subtraído, em proveito próprio ou alheio, valendo-se de facilidade que lhe proporciona a qualidade de funcionário.*
Peculato Culposo
§ 2º. *Se o funcionário concorre culposamente para o crime de outrem:*
Pena - *detenção, de três meses a um ano.*
§ 3º. *No caso do parágrafo anterior, a reparação do dano, se precede à sentença irrecorrível, extingue a punibilidade; se lhe é posterior, reduz de metade a pena imposta.*

Esse artigo tem por objetivo tipificar a conduta do funcionário público que, aproveitando do cargo que ocupa, apropria-se de bem público ou particular. É necessário que o agente utilize das facilidades do seu cargo, pois, se não o fizer, responderá normalmente, a depender do caso concreto, nos crimes elencados no Título II. Dos Crimes Contra O Patrimônio, do Código Penal, por exemplo, o furto. (Art. 155 do CP).

Peculato apropriação

Art. 312. apropriar-se *o funcionário público de dinheiro, valor ou qualquer outro bem* **móvel, público ou particular**, *de que tem a posse em razão do cargo.(...)*

Nessa situação o funcionário público já possui a posse ou detenção lícita do bem (em razão do cargo que ocupa), porém passa a se comportar como se fosse o dono (pratica atos de disposição da coisa, venda, troca, doação etc.), não mais devolvendo ou restituindo o bem à Administração Pública.

Peculato-desvio

Art. 312. *(...) ou desviá-lo, em proveito próprio ou alheio.*

Também chamado de **peculato próprio**, valendo-se do cargo, o agente desvia, em proveito próprio ou de outrem; dinheiro, valor ou qualquer outro bem móvel, público ou particular.

Peculato furto

Também chamado de **peculato impróprio**. Só haverá este crime se o funcionário público valer-se dessa qualidade para subtrair o bem. Caso contrário, o crime será o de furto (Art. 155 do CP). Caso o particular não tenha conhecimento da qualidade de funcionário público, responderá por furto, enquanto esse último, responderá por peculato.

Exs.: "A" funcionário público, valendo-se do cargo, subtrai bem móvel da administração com auxílio de "B", o qual conhecia sua função. Ambos respondem por peculato, Art. 312 do CP.

"A" funcionário público, valendo-se do cargo, subtrai bem móvel da administração com auxílio de "B", o qual desconhecia a função de "A". "A" responderá por peculato (Art. 312 do CP), e "B" por furto (Art. 155 do CP).

"A" funcionário público, sem aproveitar do cargo que ocupa, com auxílio de "B", subtrai bem móvel da repartição em que "A" trabalha. Ambos respondem por furto (Art. 155 do CP).

São considerados crimes próprios, pois exigem a qualidade de funcionário público para sua classificação.

A conduta é sempre dolosa (apropriar-se, desviar, subtrair). Existe, no entanto, previsão para modalidade culposa (vide § 2º, peculato culposo).

É um crime comissivo, por conseguinte, pode incorrer em omissão imprópria, quando o agente, como garantidor, podendo evitar, nada faz para que o crime não seja consumado (Art. 13, §2º, do CP).

Sujeitos do crime

Sujeito Ativo: o funcionário público (crime próprio), mas admite-se coautoria e participação de particulares, desde que tenham conhecimento da qualidade de funcionário público do agente.

Se, comprovado que o particular desconhecia a qualidade funcional do agente, responde por apropriação indébita.

Sujeito Passivo: o Estado e secundariamente o particular, pessoa física ou jurídica, diretamente lesada em seu patrimônio.

Consumação e tentativa

Admite tentativa, salvo o peculato culposo, pois os crimes culposos não admitem a modalidade culposa.

Tratando-se do peculato apropriação, e peculato furto, são crimes materiais, pois estarão consumados com a efetiva posse do bem móvel. No caso do peculato desvio, é um crime formal, pois se consuma no momento em que ocorre o desvio do destino da verba.

Figura culposa

§ 2º. *Se o funcionário concorre culposamente para o crime de outrem:*

Essa situação é quando o funcionário público, por imprudência, imperícia ou negligência, diante de sua conduta, permite que um terceiro pratique um crime contra a Administração Pública.

Caso o agente não seja funcionário público, ou sendo, não se utilize das facilidades que o cargo lhe proporciona para a subtração, incorrerá no crime de furto.

É importante considerar que:
> É o único crime culposo da espécie dos delitos funcionais.
> É o único crime de menor potencial ofensivo entre os delitos funcionais.

O funcionário público só responderá por este crime se o crime doloso de outrem (terceiro) chegar a se consumar.

Qual crime de outrem? Qualquer crime de outrem? Ou apenas algumas modalidades de crime?

O § 2º merece uma interpretação topográfica. Então, esse crime de outrem só pode ser o do §1º. Só pode ser o do *caput*. Desse modo, só existe o crime de peculato culposo quando o funcionário público concorre culposamente para um peculato-furto ou peculato próprio (apropriação ou desvio), de outrem. Prevalece essa corrente, que é a restritiva.

No que tange ao diretor de sindicato que se apropria de quantia, ele não irá praticar peculato, pois não é funcionário público, sequer por equiparação. Não é o diretor de sindicato funcionário público típico ou atípico.

> **§ 3º.** *No caso do parágrafo anterior, a reparação do dano, se precede à sentença irrecorrível, extingue a punibilidade; se lhe é posterior, reduz de metade a pena imposta.*

No crime de peculato culposo, a reparação do DANO, se precede (é anterior) à sentença irrecorrível, extingue a punibilidade; se lhe é posterior, reduz de metade a pena imposta. Somente para o peculato culposo. No Peculato Doloso não é possível aplicação do § 3º.

Sentença irrecorrível

Antes da sentença irrecorrível, extingue a punibilidade.

A reparação do dano após a sentença irrecorrível, há redução de metade da pena imposta. E, isso é feito pelo juiz da execução penal.

Peculato x roubo

Se a posse do bem (peculato apropriação ou desvio) decorre de violência ou grave ameaça, há crime de roubo (Art. 157) ou extorsão (Art. 158 do CP).

Peculato	
Peculato Doloso	Peculato apropriação (*caput* 1ª parte); Peculato desvio (peculato próprio) (*caput* 2ª parte); Peculato mediante erro de outrem (peculato estelionato) (Art. 313).
Peculato Culposo	(§2)

O Peculato de Uso não é crime, mas pode caracterizar ato de improbidade administrativa (Art. 9º, Lei nº 8.429/92). É o fato em que, por exemplo, um funcionário público apropria-se temporariamente de veículo público, no intuito de realizar diligências de caráter pessoal, restituindo o veículo ao pátio da repartição logo após o uso.

Se há desvio da verba em proveito da própria Administração, com utilização diversa da prevista em sua destinação, configura-se o crime do Art. 315 do CP.

Princípio da insignificância

O princípio da insignificância é causa supralegal de exclusão da tipicidade, ou seja, o fato não será considerado crime. Sendo assim, há duas posições sobre o assunto:

> STJ: **não** admite a incidência do princípio da insignificância nos crimes contra a Administração Pública, pois a norma penal busca resguardar não somente o aspecto patrimonial, mas a moral administrativa (Súmula 599).

> STF: **admite** a aplicação do princípio da insignificância nos crimes contra a administração pública. (HC 107370/SP, rel. Min. Gilmar Mendes, 26.4.2011).

Peculato mediante erro de outrem

> **Art. 313.** *Apropriar-se de dinheiro ou qualquer utilidade que, no exercício do cargo, recebeu por erro de outrem:*
> **Pena** - *reclusão, de um a quatro anos, e multa.*

Conduta

Pune-se a conduta do agente que inverter, no exercício do seu cargo, a posse de valores recebidos por erro de terceiro. O bem apoderado, ao contrário do que ocorre no peculato apropriação, não está naturalmente na posse do agente, derivando de erro alheio.

O erro do ofendido deve ser espontâneo, pois, se provocado pelo funcionário, poderá configurar o crime de estelionato.

Classificação

É considerado crime próprio, pois exige a qualidade de funcionário público para sua classificação.

A conduta é sempre dolosa (apropriar-se). Não existe, no entanto, a forma culposa.

É um crime comissivo, por conseguinte, pode incorrer em omissão imprópria, quando o agente, como garantidor, podendo evitar, nada faz para que o crime não seja consumado (Art. 13, §2º do CP).

Sujeitos do crime

Sujeito Ativo: o funcionário público (crime próprio), mas admite-se coautoria e participação de particulares, desde que tenham conhecimento da qualidade de funcionário público do agente.

Sujeito Passivo: o Estado e secundariamente o particular, pessoa física ou jurídica, diretamente lesada em seu patrimônio.

Consumação e tentativa

ADMITE Tentativa

Sendo esse um crime material, consuma-se com a efetiva apropriação. Neste caso há divergência, alguns autores sustentam que a consumação se dará somente no momento em que o agente percebe o erro de terceiro e não o desfaz, ou seja, a consumação não se dá no momento do recebimento da coisa, mas sim no instante em que o agente se apropria da coisa recebida por erro, agindo como se dono fosse.

Descrição

O funcionário público que, no exercício do cargo, recebeu de terceiro, o qual estava em erro, dinheiro ou qualquer outra utilidade, e não prossegue com a efetiva destinação correta do recurso.

Apropriação coisa havida por erro

Se o funcionário público se apropriou de dinheiro ou qualquer utilidade que recebeu fora do exercício do cargo, responderá pelo crime de: apropriação de coisa havida por erro, caso fortuito ou força da natureza.

> **Art. 169**, *CP. Apropriar-se alguém de coisa alheia vinda ao seu poder por erro, caso fortuito ou força da natureza.*

DOS CRIMES CONTRA ADMINISTRAÇÃO PÚBLICA

Se o particular, por engano quanto à pessoa, coisa ou obrigação, entrega objeto a funcionário público, em razão do cargo deste, e se ele se apropria do bem, há crime de peculato mediante erro de outrem (Art. 313, CP).

Inserção de dados falsos em sistema de informações

Art. 313-A. *Inserir ou facilitar, o funcionário autorizado, a inserção de dados falsos, alterar ou excluir indevidamente dados corretos nos sistemas informatizados ou bancos de dados da Administração Pública com o fim de obter vantagem indevida para si ou para outrem ou para causar dano:*
Pena - reclusão, de 2 (dois) a 12 (doze) anos, e multa.

Pune-se a conduta do funcionário público autorizado que insere ou facilita inserção de dados falsos, altera ou exclui indevidamente dados nos sistema de informação da Administração Pública com o objetivo de receber vantagem indevida, tal crime é também conhecido como **peculato eletrônico**.

Classificação

Trata-se de crime de mão própria, pois exige a qualidade de funcionário público autorizado para sua classificação, ou seja, não é qualquer funcionário público, mas sim aquele autorizado a inserir, alterar ou excluir dados nos sistemas informatizados ou banco de dados.

A conduta é sempre dolosa (inserir, alterar ou excluir). Não existe, no entanto, a possibilidade da forma culposa.

É um crime comissivo, por conseguinte, pode incorrer em omissão imprópria, quando o agente, como garantidor, podendo evitar, nada faz para que o crime não seja consumado (Art. 13, §2º, CP).

Sujeitos do crime

Sujeito Ativo: o funcionário público autorizado (crime de mão própria), sendo possível a coautoria e participação do particular que tenha consciência da função pública do agente.

Sujeito Passivo: o Estado e secundariamente o particular, pessoa física ou jurídica, diretamente lesada em seu patrimônio.

Consumação e tentativa

ADMITE Tentativa

Sendo um crime formal, consuma-se com a devida inserção, alteração ou exclusão, não sendo necessário o efetivo recebimento da vantagem indevida, considerada apenas mero exaurimento do crime.

Descrição

Visa punir o funcionário autorizado, o qual detém acesso aos sistemas de informação da Administração Pública, e, aproveitando-se dessa situação, realiza condutas indevidas causando prejuízo para Administração, bem como, aos particulares.

Erro de tipo

É possível a ocorrência do erro do tipo, escusável ou inescusável, do agente que acredita estar agindo corretamente e acaba inserindo, excluindo ou alterando de forma equivocada, dados verdadeiros.

Mesmo sendo um crime de mão própria, é possível a figura da participação e coautoria, seja ela material ou moral.

Modificação ou alteração não autorizada de sistema de informações

Art. 313-B. *Modificar ou alterar, o funcionário, sistema de informações ou programa de informática sem autorização ou solicitação de autoridade competente:*
Pena - detenção, de 3 (três) meses a 2 (dois) anos, e multa.
Parágrafo único. *As penas são aumentadas de um terço até a metade se da modificação ou alteração resulta dano para a Administração Pública ou para o administrado.*

Consiste em punir a conduta do funcionário público que modifica ou altera, sem autorização, os sistemas de informações da Administração Pública.

Classificação

É considerado crime próprio, pois exigem a qualidade de funcionário público para sua Classificação.

A conduta é sempre dolosa (modificar, alterar). NÃO existe, no entanto, a possibilidade da forma culposa.

É um crime comissivo, por conseguinte pode incorrer em omissão imprópria, quando o agente, como garantidor, podendo evitar, nada faz para que o crime não seja consumado (Art. 13, §2º, CP).

Sujeitos do crime

Sujeito Ativo: o funcionário público (crime próprio), não exige a qualidade de ser funcionário autorizado, ademais é possível a coautoria e participação do particular que tenha consciência da função pública do agente.

Sujeito Passivo: o Estado e secundariamente o particular, pessoa física ou jurídica, diretamente prejudicada.

Consumação e tentativa

ADMITE Tentativa

O crime se consuma no momento da efetiva modificação ou alteração do sistema de informação, sendo que, se resultar em dano, é causa de aumento de pena conforme parágrafo único desse artigo.

Descrição

Para configuração do crime em tela é necessário que a modificação ou alteração ocorra sem autorização, pois tal conduta resume-se ao dolo do agente, à vontade livre de provocar as modificações.

Os crimes previstos nos Arts. 313-A e 313-B, ambos do CP, são conhecidos como peculato eletrônico.

Extravio, sonegação ou inutilização de livro ou documento

Art. 314. *Extraviar livro oficial ou qualquer documento, de que tem a guarda em razão do cargo; sonegá-lo ou inutilizá-lo, total ou parcialmente:*
Pena - reclusão, de um a quatro anos, se o fato não constitui crime mais grave.

Para a configuração deste crime, é indispensável que o funcionário público tenha a posse do livro ou documento em razão do cargo que ocupa. É considerado como sendo um **crime subsidiário**, pois comumente sendo aplicado, caso o resultado não constitua crime mais grave.

Classificação

É considerado crime próprio, pois exige a qualidade de funcionário público para sua classificação.

A conduta é sempre dolosa (extravio, inutilização, sonegação). Não existe, no entanto, a possibilidade da forma culposa.

É um crime comissivo, por conseguinte, pode incorrer em omissão imprópria, quando o agente, como garantidor, podendo evitar, nada faz para que o crime não seja consumado (Art. 13, §2º, CP).

Sujeitos do crime

Sujeito Ativo: somente funcionário público (crime próprio), ademais é possível a coautoria e participação do particular que tenha consciência da função pública do agente.

Sendo o sujeito ativo servidor em exercício junto a repartição fiscal ou tributária, o extravio de livre oficial, processo fiscal, ou qualquer documento por ele causado, configura crime especial previsto no Art. 3º, I, da Lei nº 8.137/90.

Sujeito Passivo: o Estado e, por conseguinte, o particular, pessoa física ou jurídica prejudicada.

Consumação e tentativa

ADMITE Tentativa

O crime se consuma no momento do efetivo extravio ou inutilização, mesmo que seja de forma parcial, bem como, com a sonegação.

Descrição

Por ser um crime subsidiário, a depender do resultado naturalístico que ocasionar, o crime será absorvido de acordo com sua especificidade (princípio da consunção), conforme em alguns dos casos expostos abaixo.

> - Quando há o dolo específico de agir, responde pelo Art. 305 do CP.
> - Caso o funcionário não seja o responsável pela guarda do livro ou do documento, responderá pelo Art. 337 do CP.
> - Se praticado por advogado ou procurador, responderá pelo Art. 356 do CP.

O crime tipificado no Art. 314, além de ser próprio, é subsidiário em relação ao delito previsto no Art. 305, que exige dolo específico. Veja as diferenças:

	Art. 305. Supressão de documento público.	Art. 314. Extravio, sonegação ou inutilização de livro ou documento.
Objetividade Jurídica	Crime contra a fé pública.	Crime contra a administração pública.
Sujeito Ativo	Qualquer pessoa (crime comum).	Funcionário público (crime próprio).
Conduta	Destruir, suprimir ou ocultar documento público ou particular verdadeiro.	Extraviar, sonegar ou inutilizar livro oficial ou qualquer documento de que tem guarda em razão do cargo.
Tipo Subjetivo	Há finalidade específica de tirar proveito próprio ou de outrem, ou visando causar prejuízo alheio.	Não se exige qualquer finalidade específica.
Pena	Reclusão, de 2 a 6 anos, e multa, se o documento é público, e reclusão, de 1 a 5 anos, e multa, se o documento é particular.	Reclusão de 1 a 4 anos, se o fato não constitui crime mais grave.

Emprego irregular de verbas ou rendas públicas

Art. 315. *Dar às verbas ou rendas públicas aplicação diversa da estabelecida em lei:*
Pena *- detenção, de um a três meses, ou multa.*

Este tipo penal visa penalizar o administrador público que destina a verba pública para projetos, despesas ou gastos que não foram previstos no Orçamento Público, ou então, que não foram autorizados pela Lei Orçamentária Anual.

Classificação

São considerados crimes próprios, pois exigem a qualidade específica do funcionário público dotado de competência para utilizar e destinar as verbas públicas.

A conduta é sempre dolosa (destinar a verba para outra situação a qual não era prevista). Não existe possibilidade para modalidade culposa.

É um crime comissivo, por conseguinte, pode incorrer em omissão imprópria, quando o agente, como garantidor, podendo evitar, nada faz para que o crime não seja consumado (Art. 13, §2º, CP).

Sujeitos do crime

Sujeito Ativo: é crime próprio, pois o sujeito ativo será somente aquele funcionário público que tenha o poder de administração de verbas ou rendas pública (ex.: Presidente da República, Ministros, Governadores etc.), ademais, é possível a coautoria e participação do particular que tenha consciência da função pública do agente.

Tratando-se de Prefeito Municipal, há crime próprio, prevalecendo pelo princípio da especialidade o disposto no Art. 1º, III, do Decreto-Lei nº 201/67.

Sujeito Passivo: o Estado e secundariamente o particular, pessoa física ou jurídica, diretamente prejudicada.

DOS CRIMES CONTRA ADMINISTRAÇÃO PÚBLICA

Consumação e tentativa

ADMITE Tentativa

O crime se consuma no momento da efetiva destinação ou aplicação das verbas ou rendas públicas.

A simples destinação, sem posterior aplicação, constitui tentativa, gerando perigo para a regularidade administrativa.

Descrição

Caso o agente público seja o Presidente da República, ele responderá pela lei de improbidade administrativa, Art. 11, Lei nº 1.079/50. Por conseguinte, sendo prefeito, responderá pelo Art. 1º, III, do Decreto-Lei nº 201/67.

Entendimento stf

Segundo o STF

RT 617/396. Se o orçamento for aprovado por decreto do próprio Poder Executivo, e não por lei, não há o que se falar neste crime.
RT 883/462. Para que caracterize esse crime, é necessário que a lei que destina as verbas ou rendas públicas, seja em sentido formal e material.

Concussão

Art. 316. Exigir, para si ou para outrem, direta ou indiretamente, ainda que fora da função ou antes de assumi-la, mas em razão dela, vantagem indevida:
Pena - reclusão, de 2 (dois) a 12 (doze) anos, e multa. (Redação dada pela Lei nº 13.964, de 2019) - **ANTICRIME**
§ 1º. Se o funcionário exige tributo ou contribuição social que sabe ou deveria saber indevido, ou, quando devido, emprega na cobrança meio vexatório ou gravoso, que a lei não autoriza:
Pena - reclusão, de três a oito anos, e multa.
§ 2º. Se o funcionário desvia, em proveito próprio ou de outrem, o que recebeu indevidamente para recolher aos cofres públicos:
Pena - reclusão, de dois a doze anos, e multa.

No crime de concussão, o funcionário público exige uma vantagem indevida e a vítima, temendo represálias, cede a essa exigência.

Trata-se de uma forma especial de extorsão, executada por funcionário público.

Classificação

São considerados crimes próprios, pois exigem uma qualidade específica, ser funcionário público.

A conduta é sempre dolosa (**exigir**). Não existe possibilidade para modalidade culposa.

É um crime comissivo, por conseguinte pode incorrer em omissão imprópria, quando o agente, como garantidor, podendo evitar, nada faz para que o crime não seja consumado (Art. 13, §2º, do CP).

Sujeitos do crime

Sujeito ativo: somente funcionário público (crime próprio), ademais, é possível a coautoria e participação do particular que tenha consciência da função pública do agente.

Sujeito passivo: o Estado e, por conseguinte, o particular, pessoa física ou jurídica prejudicada.

Consumação e tentativa

ADMITE Tentativa

O crime é formal, sendo assim, está consumado no momento da exigência.

Descrição

Sendo um crime formal, e a consumação ocorrendo com a mera exigência da vantagem indevida. Pouco importa se o funcionário público recebe ou não. Porém, caso receba, haverá o exaurimento do crime.

> É atípica a conduta do particular (vítima) que efetivamente entregou o dinheiro exigido pelo funcionário público, pois ele agiu assim por medo de represálias.

Vantagem devida

Se a vantagem for devida, o agente funcionário público responderá pelo crime de abuso de autoridade, Lei nº 13.869/2019.

Caso a vantagem seja **para a própria Administração Pública**, poderá haver o crime de excesso de exação (Art. 316, §1º, CP).

Mesmo que seja funcionário público, mas que não tenha a competência para a prática do mal prometido, não responde por este crime, mas por extorsão.

> O particular que se disfarça de policial e exige dinheiro (vantagem indevida) para não efetuar a prisão de alguém, responderá pelo crime de extorsão (Art. 158, CP).

No crime de concussão, o agente exige a vantagem indevida. Ademais, no crime de corrupção passiva, Art. 317 do CP, o agente solicita, recebe ou aceita promessa de vantagem indevida.

Excesso de exação

Art. 316, §1º. Se o funcionário exige tributo ou contribuição social que sabe ou deveria saber indevido, ou, quando devido, emprega na cobrança meio vexatório ou gravoso, que a lei não autoriza:
Pena - reclusão, de três a oito anos, e multa.
Art. 316, §2º. Se o funcionário desvia, em proveito próprio ou de outrem, o que recebeu indevidamente para recolher aos cofres públicos:
Pena - reclusão, de dois a doze anos, e multa.

Trata-se da cobrança integral e pontual de tributos, em que o funcionário público exige ilegalmente tributo ou contribuição social em benefício da Administração Pública.

Classificação

É considerado crime próprio, pois exige uma qualidade específica, ser funcionário público.

A conduta é sempre dolosa (**exigir tributo ou contribuição social ou desviar o recebimento indevido**). NÃO existe possibilidade para modalidade culposa.

É um crime comissivo, por conseguinte, pode incorrer em omissão imprópria, quando o agente, como garantidor, podendo evitar, nada faz para que o crime não seja consumado (Art. 13, §2º, CP).

Sujeitos do crime

Sujeito Ativo: somente funcionário público (crime próprio), ademais, é possível a coautoria e participação do particular que tenha consciência da função pública do agente.

Sujeito Passivo: o Estado e, por conseguinte, o particular, pessoa física ou jurídica prejudicada.

Consumação e tentativa
ADMITE Tentativa

O §1º diz que o crime é formal, sendo assim, está consumado no momento da exigência do tributo ou contribuição social por meio vexatório e gravoso, mesmo que a vítima não realize o pagamento.

O § 2º refere-se ao crime material, sendo consumado no momento que ocorre o desvio em proveito próprio ou de outrem, tendo recebido indevidamente.

Descrição
§ 1º do Excesso de Exação

Exigir um tributo ou contribuição social que **sabe ou deveria saber indevido**.

Ex.: Tributo que já foi pago pelo contribuinte; ou a quantia cobrada é superior à fixada em lei.

Exigir um tributo ou contribuição social devido, porém **empregando meio vexatório ou gravoso, que a lei não autoriza**.

Ex.: Meio vexatório: humilhar, causar vergonha ou constrangimento na vítima. Meio gravoso: causar maiores despesas ao contribuinte.

§ 2º da Qualificadora

O **desvio** do tributo ou contribuição social **indevido** ocorre antes de sua incorporação aos cofres públicos, pois, caso ocorra depois, o funcionário público responderá pelo crime de peculato desvio (art. 312, *caput*, 2ª parte do CP).

Tributos

De acordo com o STF, existem cinco espécies de tributos: **impostos, taxas, contribuições de melhoria, empréstimos compulsórios e contribuições sociais.**

Segundo o STJ, **a custa e emolumentos concernentes aos serviços notariais e registrais possuem natureza tributária**, qualificando-se como taxas remuneratórias de serviços públicos. Desse modo, comete o crime de excesso de exação aquele que exige custas ou emolumentos que sabe ou deveria saber indevido.

Prevalece que a expressão "deveria saber" configura dolo eventual, entretanto há doutrina no sentido de que se trata de modalidade culposa do tipo.

Corrupção passiva

Art. 317. Solicitar ou receber, para si ou para outrem, direta ou indiretamente, ainda que fora da função ou antes de assumi-la, mas em razão dela, vantagem indevida, ou aceitar promessa de tal vantagem:
Pena - reclusão, de 2 (dois) a 12 (doze) anos, e multa.
§ 1º. A pena é aumentada de um terço, se, em consequência da vantagem ou promessa, o funcionário retarda ou deixa de praticar qualquer ato de ofício ou o pratica infringindo dever funcional.
§ 2º. Se o funcionário pratica, deixa de praticar ou retarda ato de ofício, com infração de dever funcional, cedendo a pedido ou influência de outrem:
Pena - detenção, de três meses a um ano, ou multa.

Apesar de possuir certas semelhanças com o delito de concussão, nesse delito pode-se dizer que é menos constrangedor para a vítima, pois não há a coação moral da exigência, a honra da imagem do emprego vexatório, ocorre simplesmente a solicitação, o recebimento ou a simples promessa de recebimento.

Classificação

É considerado crime próprio, pois exigem uma qualidade específica, ser funcionário público.

A conduta é sempre dolosa (**solicita, recebe ou aceita promessa**). Não existe possibilidade para modalidade culposa.

É um crime comissivo, por conseguinte, pode incorrer em omissão imprópria, quando o agente, como garantidor, podendo evitar, nada faz para que o crime não seja consumado (Art. 13, §2º, do CP).

Sujeitos do crime

Sujeito Ativo: é o funcionário público no exercício da função, aquele fora da função, mas em razão dela, ou o particular que está na iminência de assumir, e atue criminosamente em razão dela. Pode ter a participação do particular que tenha consciência da função pública do agente.

Sujeito Passivo: o Estado e, por conseguinte, o particular, pessoa física ou jurídica prejudicada.

O particular só será vítima se a corrupção partir do funcionário corrupto.

Consumação e tentativa

Admite tentativa somente na modalidade solicitar, quando formulada por meio escrito (carta interceptada).

O crime é formal, sendo assim, nesse delito, existem três momentos em que o crime pode se consumar. No momento da **solicitação**, no momento do **recebimento**, ou então no instante em que o agente aceita a **promessa** de **recebimento**, independe do efetivo pagamento ou recebimento para o crime estar consumado, caso ocorra, será mero exaurimento do crime.

Descrição

Solicitar: a conduta parte do funcionário público que pede a vantagem indevida. Nesta situação, o funcionário público responde por corrupção passiva e **o particular, caso entregue a vantagem indevida, não responderá por crime algum (fato atípico).**

Receber: a conduta parte do particular que oferece a vantagem indevida e o funcionário público recebe. Nesta situação, o funcionário público responde por corrupção passiva e o particular por corrupção ativa.

Aceitar promessa de tal vantagem: a conduta parte do particular que promete vantagem indevida ao funcionário público e este aceita a promessa. Nesta situação, o funcionário público responde por corrupção passiva e o particular por corrupção ativa. OBS.: não é necessário que o funcionário público efetivamente receba a vantagem prometida, pois o crime estará consumado com a mera aceitação de promessa.

DOS CRIMES CONTRA ADMINISTRAÇÃO PÚBLICA

Espécies de Corrupção Passiva

Corrupção Passiva Própria	Corrupção Passiva Imprópria
O funcionário público negocia um ato ILÍCITO. **Ex.:** PRF solicita R$ 100,00 para não multar motorista sem carteira de habilitação.	O funcionário público negocia um ato LÍCITO. **Ex.:** Juiz de Direito recebe dinheiro de autor de ação judicial para agilizar os trâmites do processo.

Mesmo que a propina seja para a prática de ato LEGAL, ocorrerá o crime em estudo.

Ex.: Comerciantes dão dinheiro para que policiais militares realizem rondas diárias no bairro onde os comerciantes trabalham. É crime, pois os servidores públicos já são remunerados pelo Estado para realizarem estas atividades.

Promessa vantagem indevida

Particular que oferece ou promete vantagem indevida: O particular que oferece ou promete vantagem indevida ao funcionário público, responde pelo crime de corrupção ativa, Art. 333, do CP.

Exceção à teoria unitária ou monista no concurso de pessoas:

Art. 29, CP. Quem, de qualquer modo, concorre para o crime incide nas penas a este cominadas, na medida de sua culpabilidade.

Portanto, a regra é que todos aqueles que concorrem para a prática de um crime responderão pelo mesmo crime. Como se trata de **exceção**, o funcionário público que recebe ou aceita promessa de vantagem indevida responde por corrupção passiva, Art. 317, enquanto o particular que oferece ou promete vantagem indevida responde por corrupção ativa, Art. 333.

Não configura o crime de corrupção passiva o recebimento, pelo funcionário público, de gratificações usuais de pequeno valor por serviços extraordinários (desde que não se trate de ato contrário à lei), ou pequenas doações ocasionais, geralmente no Natal ou no Ano Novo.

Caso a vantagem recebida seja revertida em favor da própria Administração Pública não haverá o crime de corrupção passiva. Todavia, o funcionário público estará sujeito à prática de ato de improbidade administrativa (Lei nº 8.429/92).

Causa de aumento de pena

§ 1º. A pena é aumentada de um terço, se, em consequência da vantagem ou promessa, o funcionário retarda ou deixa de praticar qualquer ato de ofício ou o pratica infringindo dever funcional.

O que seria o exaurimento do crime funciona como causa de aumento de pena para o funcionário público. A pena será aumentada em 1/3.

Se a violação praticada pelo agente público constitui, por si só, um novo crime, haverá concurso formal ou material entre a corrupção e a infração dela resultante. Todavia, nessa hipótese, a corrupção deixa de ser qualificada, pois do contrário incidirá no *bis in idem*, considerando-se o mesmo fato duas vezes em prejuízo do funcionário réu.

Corrupção passiva privilegiada

§ 2º. Se o funcionário pratica, deixa de praticar ou retarda ato de ofício, com infração de dever funcional, cedendo a pedido ou influência de outrem:
Pena - detenção, de três meses a um ano, ou multa.

Punem-se, nesse dispositivo, os famigerados favores administrativos.

Nesta hipótese, o particular não oferece ou promete vantagem indevida ao funcionário público. Ele apenas **pede** para que esse DÊ UM JEITINHO de praticar, deixar de praticar ou retardar ato de ofício, com infração de dever funcional.

Ex.: Pedro é abordado numa Blitz e seu veículo está com o IPVA atrasado. Diante disso, ele pede ao policial rodoviário que não aplique a devida multa ou apreenda o veículo. O policial atende ao pedido. Nesta situação, o policial praticou o crime de corrupção passiva privilegiada e Pedro é partícipe deste crime.

O § 2º tem grande incidência em concursos. É o famoso Dar um jeitinho.

Diferenças Importantes

Corrupção Passiva Privilegiada (Art. 317, §2º, CP)	Prevaricação (Art. 319, CP)
Se o funcionário pratica, deixa de praticar ou retarda ato de ofício, com infração de dever funcional, CEDENDO A PEDIDO OU INFLUÊNCIA DE OUTREM.	Retardar ou deixar de praticar, indevidamente, ato de ofício, ou praticá-lo contra disposição expressa de lei, PARA SATISFAZER INTERESSE OU SENTIMENTO PESSOAL. **Obs.:** Não há intervenção alheia nesse crime.

Facilitação de contrabando ou descaminho

Art. 318. Facilitar, com infração de dever funcional, a prática de contrabando ou descaminho (Art. 334):
Pena - reclusão, de 3 (três) a 8 (oito) anos, e multa.

Conduta: a conduta criminosa consiste em facilitar, por ação ou omissão, o contrabando ou o descaminho.

Sujeitos do crime

Sujeito Ativo: é crime próprio, somente o funcionário público incumbido de impedir a prática do contrabando ou descaminho poderá intentá-lo. Caso não ostente essa atribuição funcional, responderá pelo delito de contrabando ou descaminho, na condição de partícipe.

Sujeito Passivo: O Estado.

Exceção à teoria unitária ou monista no concurso de pessoas (Art. 29, CP)

O funcionário público que facilita, com infração de dever funcional, a prática de contrabando ou descaminho, responde pelo crime do Art. 318. Já o particular que realiza o contrabando ou descaminho responde pelo crime do elo crime do Art. 334 ou Art. 334 - A.

Conceito

Contrabando: é a importação ou exportação de mercadoria cuja entrada ou saída é proibida no Brasil. Ex.: máquinas caça-níquel, cigarros, quando em desacordo com autorização legal.

Descaminho: a importação ou exportação é permitida, porém o agente frauda o pagamento do tributo devido.

> Se a mercadoria importada ou exportada for arma de fogo, acessório ou munição, sem autorização da autoridade competente, o agente responderá pelo crime previsto no Art. 18 da Lei nº 10.826/03 (Estatuto do Desarmamento). Tráfico internacional de arma de fogo.

Consumação

Ocorre no momento em que o funcionário público efetivamente facilita o contrabando ou descaminho. **É crime formal ou de consumação antecipada.**

Não é necessário que a outra pessoa (autor do crime de contrabando ou descaminho - Art. 334) tenha sucesso em sua empreitada criminosa. Desse modo, mesmo que esta outra pessoa não obtenha êxito na realização do crime do Art. 334, o crime de contrabando e descaminho estará consumado, pois é crime formal.

Tentativa

Admitida somente na forma comissiva (ação). **A forma omissiva não admite o *conatus*.**

Elemento subjetivo

Dolo. Não se admite a modalidade culposa.

Competência

Os crimes de contrabando e descaminho é da competência da **Justiça Federal**, pois ofende interesse da União (Art. 109, IV, CF/88).

Prevenir e reprimir o contrabando e o descaminho são atribuições da Polícia Federal (Art. 144, §1º, II, CF/88).

> Súm. 151, STJ. A competência para o processo e julgamento por crime de contrabando e descaminho define-se pela prevenção do Juízo Federal do lugar da apreensão dos bens.

Prevaricação

Art. 319. *Retardar ou deixar de praticar, indevidamente, ato de ofício, ou praticá-lo contra disposição expressa de lei, para satisfazer interesse ou sentimento pessoal:*
Pena *- detenção, de três meses a um ano, e multa.*

Para que configure o delito de prevaricação, faz-se necessário que a ação ou omissão seja praticada de forma indevida, infrinja o dever funcional do agente público.

Classificação

É considerado crime de mão própria, pois exige uma qualidade específica, ser funcionário público e possuir determinado dever funcional.

Assim, é imprescindível que o funcionário tenha a atribuição para a prática do ato, pois, do contrário, não se pode considerar violação ao dever funcional.

A conduta é sempre dolosa, a qual se divide em três tipos: 1) Retardar indevidamente ato de ofício; 2) Deixar de praticar ato de ofício; 3) Praticar contra disposição expressa em lei.

NÃO admite a forma culposa.

Sujeitos do crime

Sujeito Ativo: somente funcionário público (crime próprio).

Sujeito Passivo: o Estado e, por conseguinte, o particular, pessoa física ou jurídica prejudicada.

Consumação e tentativa

Consuma-se o crime com o retardamento, a omissão ou a prática do ato, sendo dispensável a satisfação do interesse visado pelo servidor.

A tentativa não é admitida nas condutas retardar deixar de praticar, pois é crime omissivo próprio ou puro. Já a conduta praticá-lo contra disposição expressa de lei admite a tentativa por ser crime comissivo, ou seja, que exige uma ação.

É um crime formal. Para a consumação basta a intenção do funcionário público de satisfazer interesse ou sentimento pessoal, mesmo que não consiga êxito na concretização deste resultado.

Descrição

Crime de ação múltipla ou de conteúdo variado: Retardar, deixar de praticar ou praticá-lo. A realização de mais de um destes verbos, no mesmo contexto fático, caracteriza crime único. Todavia, tal fato será levado em conta pelo juiz no momento de fixação da pena-base (Art. 59 do CP).

Considerações

Retardar (atrasar / adiar): o funcionário público não realiza o ato de ofício dentro do prazo legal. Deixar de praticar (abster-se de praticar): não praticar o ato de ofício.

+

Indevidamente: (injustificavelmente / ilegalmente)

=

Prevaricação

Nessas duas hipóteses a prevaricação é crime omissivo próprio ou puro (condutas omissivas). Não admite tentativa (*conatus*).

NÃO há crime quando o funcionário público deixa de agir em razão de caso fortuito ou força maior.

Ex.: A falta de efetivo (pessoal) na repartição, incêndio, inundação etc.

DOS CRIMES CONTRA ADMINISTRAÇÃO PÚBLICA

Praticar (realizar um ato)
+
Contra Disposição Expressa de Lei
=
Prevaricação

Nesta hipótese a prevaricação é crime comissivo. Admite tentativa (*conatus*).

Pessoalidade

Interesse Pessoal: é qualquer vantagem ou proveito de caráter moral ou patrimonial. Caso o funcionário público exija ou receba uma vantagem indevida a pretexto de praticar, retardar ou omitir a prática de um ato de ofício, o crime será de concussão (Art. 316 do CP) ou corrupção passiva (Art. 317 do CP).

Sentimento Pessoal: vingança, ódio, amizade, inimizade, inveja, amor.

> No caso concreto, se ausente o interesse de satisfazer interesse ou sentimento pessoal e o funcionário público receber uma ordem que deveria cumprir e não cumpri-la, não estará configurado o crime de prevaricação. Todavia, poderá caracterizar ato de improbidade administrativa (Art. 11, II, Lei nº 8.429/92).

Ex.: Promotor de Justiça solicita o arquivamento de inquérito policial o qual investiga crime que supostamente foi praticado por seu amigo de infância.

A desídia (preguiça), negligência ou comodismo (sem o fim de satisfazer interesse ou sentimento pessoal): não há crime de prevaricação. Todavia, o funcionário público poderá incorrer em ato de improbidade administrativa.

Diferenças Importantes

Prevaricação (Art. 319, CP)	Condescendência Criminosa (Art. 320, CP)
Retardar ou DEIXAR de PRATICAR, indevidamente, ATO DE OFÍCIO, ou praticá-lo contra disposição expressa de lei, para SATISFAZER INTERESSE OU SENTIMENTO PESSOA.	DEIXAR o funcionário, POR INDULGÊNCIA, DE RESPONSABILIZAR subordinado que cometeu infração no exercício do cargo ou, quando lhe falte competência, não levar o fato ao conhecimento da autoridade competente.

Prevaricação imprópria

Art. 319-A. Deixar o Diretor de Penitenciária e/ou agente público de cumprir seu dever de vedar ao preso o acesso a aparelho telefônico, de rádio ou similar, que permita a comunicação com outros presos ou com o ambiente externo:
Pena - detenção, de 3 (três) meses a 1 (um) ano.

Esse crime foi introduzido pela Lei nº 11.466/07 e recebe várias denominações por parte da doutrina, prevaricação imprópria, prevaricação em presídios, omissão do dever de vedar ao preso o acesso a aparelhos de comunicação. Todas essas classificações são aceitáveis, haja vista o legislador não conferir, na elaboração do tipo, o *nomem iuris* da conduta, deixando para que a doutrina o fizesse.

Classificação

É um crime doloso, não exigindo qualquer fim específico da conduta. Não é admitida a culpa.

É um crime simples, pois ofende um único bem jurídico e é um crime próprio, ou seja, podendo ser cometido somente por agente público que tenha o dever funcional de impedir a entrada de aparelhos de comunicação ou Diretor de Penitenciária.

Sujeitos do crime

Sujeito Ativo: por ser um crime próprio, pode ser cometido por agente público que deve ser interpretado de forma restrita, pois o agente deve ser incumbido de evitar a conduta descrita no tipo, para exemplificar podemos citar os agentes penitenciários, carcereiros e até mesmo pelos policiais responsáveis pela escolta.

O preso que for encontrado na posse de aparelho de comunicação não comete este crime, contudo incide em falta grave. Já o particular que fornece o aparelho para o preso comete o crime do art. 349-A do CP.

Consumação e tentativa

Por ser um crime formal, dá-se a consumação no momento em que o agente público ou Diretor de Penitenciária não faz nada para impedir a entrada de aparelho de comunicação ao preso, contudo devendo saber que tal situação é ilícita. É dispensável o efetivo acesso do preso ao aparelho de comunicação.

Não é possível a tentativa, haja vista ser este um crime omissivo próprio.

Descrição do crime

A finalidade deste crime é impedir que o preso tenha acesso a qualquer tipo de aparelho de comunicação que possa se comunicar com qualquer pessoa (familiares, advogados, outros presos).

Os aparelhos eletrônicos podem ser, telefones (fixos ou móveis) *walkie-talkies* ou até mesmo uma *webcam*.

O fato é atípico quando o aparelho não tem nenhuma capacidade de comunicação ou, de qualquer forma, impossibilitado de funcionar. O mesmo acontece para cópias falsas de aparelhos.

Telefones celulares sem crédito tipificam a conduta, pois se verifica a possibilidade da obtenção de créditos de formas ilícitas, por exemplo, extorsões baseadas em falsos sequestros. Caracteriza-se a conduta, até mesmo quando o aparelho não tiver bateria, visto que existem meios alternativos para a sua ativação.

Condescendência criminosa

Art. 320. Deixar o funcionário, por indulgência, de responsabilizar subordinado que cometeu infração no exercício do cargo ou, quando lhe falte competência, não levar o fato ao conhecimento da autoridade competente:
Pena - detenção, de quinze dias a um mês, ou multa.

Esse tipo penal tem por objetivo punir o superior hierárquico que por indulgência (clemência) deixa de punir seu subordinado, bem como aquele que, sem competência para responsabilização, tendo conhecimento de alguma infração, não leva a informação aquém de competência para punir o agente público.

Tem como base o poder disciplinar da Administração Pública.

Classificação

É considerado um crime próprio: omissivo próprio: sendo que ato está na inação (deixar de agir).

O dolo está na conduta de se OMITIR, sendo assim, não admite a forma culposa.

Sujeitos do crime

Sujeito Ativo: somente funcionário público hierarquicamente superior ao servidor infrator.

Sujeito Passivo: o Estado e, por conseguinte, o particular, pessoa física ou jurídica prejudicada.

Consumação e tentativa

Não admite tentativa

É um crime formal e omissivo próprio ou PURO. Consuma-se no momento em que o funcionário superior, depois de tomar conhecimento da infração, suplanta prazo legalmente previsto para a tomada de providências contra o subordinado infrator.

Descrição do crime

O **crime** ocorre com a mera omissão do funcionário público que, ao tomar conhecimento da infração (administrativa ou penal) cometida pelo subordinado no exercício do cargo, deixa de tomar qualquer providência para responsabilizá-lo, ou, quando lhe faltar competência para tanto, não levar o fato ao conhecimento da autoridade competente. Não necessita da efetiva impunidade do infrator.

O fato será atípico quando o superior hierárquico, por negligência, não tomar conhecimento da infração cometida pelo funcionário público subalterno no exercício do cargo.

Se o funcionário público superior hierárquico se omite para atender sentimento ou interesse pessoal, responderá pelo crime de prevaricação.

Se o superior hierárquico se omite com o objetivo de receber alguma vantagem indevida do funcionário público infrator, responderá pelo crime de corrupção passiva (Art. 317 do CP).

Não configura o crime em tela, eventuais irregularidades praticadas pelo subordinado "extra officio" (fora do cargo) e toleradas pelo superior hierárquico.

Nexo funcional

Deve haver o nexo funcional, ou seja, a infração deve ter sido praticada no exercício do cargo público ocupado pelo funcionário público.

Ex.: Policial civil pratica peculato e o Delegado, após tomar conhecimento do caso, por indulgência (tolerância) nada faz.

Indulgência: é sinônimo de tolerância, perdão, clemência.

Advocacia administrativa

> **Art. 321.** *Patrocinar, direta ou indiretamente, interesse privado perante a administração pública, valendo-se da qualidade de funcionário:*
> **Pena** - *detenção, de um a três meses, ou multa.*
> **Parágrafo único.** *Se o interesse é ilegítimo:*
> **Pena** - *detenção, de três meses a um ano, além da multa.*

Esse delito visa tipificar a conduta do agente que tem por objetivo defender, apadrinhar, advogar, interesse alheio perante a Administração Pública.

Classificação

É considerado crime próprio, pois exige uma qualidade específica, ser funcionário público.

A conduta é sempre dolosa. que pode ser praticada pela ação ou omissão. Não existe possibilidade para modalidade culposa.

É um crime comissivo, por conseguinte pode incorrer em omissão imprópria, quando o agente, como garantidor, podendo evitar, nada faz para que o crime não seja consumado (art. 13, §2º, CP).

Sujeitos do crime

Sujeito Ativo: somente funcionário público (crime próprio). Não necessariamente advogado, como diversas questões afirmam.

Admite-se o concurso de terceiro não qualificado, na modalidade de coautoria ou participação, desde que conhecedor da condição funcional do agente público.

Sujeito Passivo: o Estado e, por conseguinte, o particular, pessoa física ou jurídica prejudicada.

Consumação e tentativa

ADMITE Tentativa

Consuma-se com a prática de ato revelador do patrocínio, que ofenda a moralidade administrativa, independente de obtenção de vantagem.

Descrição do crime

Utilizando da qualidade de funcionário, o agente público defende interesse alheio de forma direta: pelo próprio funcionário, ou então, de forma indireta: participação de uma terceira pessoa.

Necessidade de patrocínio

A advocacia administrativa exige mais do que um mero ato de encaminhamento ou protocolado de papéis. É necessário que se verifique o efetivo patrocínio de uma causa, complexa ou não, perante a administração.

Figura qualificadora

> **Parágrafo único.** *Se o interesse é ilegítimo:*

Para ensejar na qualificadora, o agente que pratica o ato de patrocínio deve ter conhecimento de que o pleito é ilegítimo.

DOS CRIMES CONTRA ADMINISTRAÇÃO PÚBLICA

Responsabilidade

Caso o patrocínio seja referente à instauração de processo licitatório ou a celebração de contrato junto à Administração Pública, cuja invalidação seja decretada pelo Judiciário, o agente responderá pelo delito do art. 337-G do CP.

Violência arbitrária

Art. 322. Praticar violência, no exercício de função ou a pretexto de exercê-la:
Pena - detenção, de seis meses a três anos, além da pena correspondente à violência.

Esse delito tem por objetivo tipificar a conduta do agente público que atua com violência no exercício da sua função ou a pretexto dela.

A Lei nº 13.869/2019 (abuso de autoridade) deve revitalizar a aplicação, ainda que subsidiária, do delito de violência arbitrária, visto que parcela doutrina entendia que ter ocorrido a sua revogação tácita pela revogada Lei 4.898/65.

Classificação

A conduta é sempre dolosa: que pode ser praticada pela ação ou omissão. Não existe possibilidade para modalidade culposa.

É um crime comissivo, por conseguinte, pode incorrer em omissão imprópria, quando o agente, como garantidor, podendo evitar, nada faz para que o crime não seja consumado (Art. 13, §2º, CP).

Sujeitos do crime

Sujeito Ativo: somente funcionário público (crime próprio), não exige a qualidade específica de ser um policial, ademais, é possível a coautoria e participação do particular que tenha consciência da função pública do agente.

Sujeito Passivo: o Estado e, por conseguinte, o particular, pessoa física ou jurídica prejudicada.

Consumação e tentativa

ADMITE Tentativa

Consuma-se no momento da prática do ato de violência (ação), com a lesão provocada.

Descrição do crime

Conforme já mencionado, não é condição necessária que para incidir em violência arbitrária ou abuso de autoridade a condição específica de policial.

Ex.: Um fiscal sanitário que, no gozo de suas atribuições, ao encontrar uma bandeja de iogurte vencida, decide por lacrar o estabelecimento pelo prazo de noventa dias, além da aplicação da multa de R$ 100.000,00. Nessa hipótese, é claro observar que o agente abusou da atribuição do seu cargo prejudicando um particular. Pois, sua decisão, não foi proporcional ao agravo.

Figura qualificadora especial

Caso o agente seja ocupante de cargo em comissão, função de direção ou assessoramento, Art. 327,§2º, CP.

O simples emprego de intimidação moral, formada por ameaças, não é suficiente para caracterizar o crime desse artigo.

A pena do crime de violência arbitrária será somada à pena correspondente à violência.

Abandono de função

Art. 323. Abandonar cargo público, fora dos casos permitidos em lei:
Pena - detenção, de quinze dias a um mês, ou multa.
§ 1º. Se do fato resulta prejuízo público:
Pena - detenção, de três meses a um ano, e multa.
§ 2º. Se o fato ocorre em lugar compreendido na faixa de fronteira:
Pena - detenção, de um a três anos, e multa.

Tutela-se o regular desenvolvimento das atividades administrativas, punindo-se a interrupção do trabalho do servidor público que abandona suas atividades, fora dos casos permitidos em lei.

Classificação

Trata-se de um crime de mão própria, ou seja, que só pode ser cometido pelo próprio agente.

É um crime omissivo próprio, cometido por um funcionário específico, no momento em que não cumpre com suas funções.

Pune-se somente na modalidade dolosa.

Sujeitos do crime

Sujeito Ativo: embora o dispositivo diga abandono de função, entende a doutrina que somente o funcionário ocupante de cargo público pode cometer o crime, logo não prevalece a regra do Art. 327, CP.

Sujeito Passivo: A Administração Pública.

Consumação e tentativa

NÃO Admite Tentativa

É consumado após um tempo relevante, sendo previsto uma probabilidade de dano à Administração, porém sem necessidade que esse realmente ocorra para a efetiva consumação do crime.

Há doutrinadores que dizem que só haverá o crime de abandono após 31 dias ou mais de ausência injustificada no trabalho.

Descrição do crime

Forma qualificada pelo prejuízo

§ 1º. Se do fato resulta prejuízo público:
Pena - detenção, de três meses a um ano, e multa.

Nessa hipótese, compreende duas espécies de prejuízo, sendo o prejuízo social ou coleto, bem como aquele que afeta os serviços públicos e o interesse da coletividade.

Forma qualificada pelo lugar de fronteira

§ 2º. Se o fato ocorre em lugar compreendido na faixa de fronteira:
Pena - detenção, de um a três anos, e multa.

Considera-se fronteira a faixa situada até 150 Km de largura, ao longo das fronteiras terrestres.

Exercício funcional ilegalmente antecipado ou prolongado

Art. 324. Entrar, no exercício de função pública antes de satisfeitas as exigências legais, ou continuar a exercê-la, sem autorização, depois de saber oficialmente que foi exonerado, removido, substituído ou suspenso:
Pena - detenção, de quinze dias a um mês, ou multa.

O exercício ilegal de função pública afeta toda uma estrutura organizacional da Administração Pública, influindo diretamente na prestação de serviço público e no seu normal funcionamento. O referido crime tem por finalidade punir quem entra, exerce ou continua no serviço público de forma ilegal. É um crime de ação penal pública incondicionada.

Classificação

É um crime simples, de mão própria e formal.

É um crime doloso, não existindo a modalidade culposa.

Sujeitos do crime

Sujeito Ativo: é o funcionário público já nomeado que ainda não cumpriu todas as exigências para entrar no cargo ou que deixou de ser funcionário por ter sido exonerado, suspenso, removido etc.

Se for pessoa inteiramente alheia à função pública, o crime é o previsto no Art. 328 do CP.

Sujeito Passivo: é o Estado.

Consumação e tentativa

Por ser um crime formal, o delito se consuma com o primeiro ato realizado pelo funcionário público em alguma das condições do tipo penal, não necessitando que a Administração Pública sofra um efetivo dano ou prejuízo. A tentativa é possível, haja vista o caráter plurissubsistente do crime.

Descrição do crime

A primeira parte do *caput* versa uma norma penal em branco homogênea, pois necessita de complementação por legislação específica para saber quais são as exigências legais.

A segunda parte do *caput* descreve um elemento normativo específico, sendo necessário que o agente tenha o efetivo conhecimento de sua situação perante a Administração Pública.

Aquele que ingressa no exercício da função pública, antes de apresentar sua declaração de bens, incide no crime em tela se praticar algum ato inerente ao cargo.

Violação de sigilo funcional

Art. 325. Revelar fato de que tem ciência em razão do cargo e que deva permanecer em segredo, ou facilitar-lhe a revelação:
Pena - detenção de seis meses a dois anos, ou multa, se o fato não constitui crime mais grave.
§1º. Nas mesmas penas deste artigo incorre quem:
I. Permite ou facilita, mediante atribuição, fornecimento e empréstimo de senha ou qualquer outra forma, o acesso de pessoas não autorizadas a sistemas de informações ou banco de dados da Administração Pública;
II. Se utiliza, indevidamente, do acesso restrito.
§2º. Se da ação ou omissão resulta dano á Administração Pública ou a outrem:
Pena - reclusão, de dois a seis anos, e multa.

Certos assuntos da Administração Pública possuem caráter sigiloso e são imprescindíveis à segurança da sociedade e do Estado. Esse artigo tem por finalidade preservar os interesses públicos, privados e coletivos do sigilo das informações necessárias ao normal funcionamento da máquina pública. É um crime de ação penal pública incondicionada.

Classificação

É um crime simples, de mão própria (somente pode ser cometido por funcionário público que tenha o dever de assegurar o sigilo) e formal.

É considerado um crime doloso não tendo especificado em seu tipo penal um especial fim de agir. Não admite a modalidade culposa.

Sujeitos do crime

Sujeito Ativo: por ser um crime de mão própria, exige-se uma qualidade especial do sujeito ativo do crime, podendo ser tanto o funcionário público em efetivo exercício, quanto o aposentado, afastado ou em disponibilidade, podendo o particular ser partícipe do crime (Art. 325 do CP) se concorreu de qualquer modo com a revelação da informação.

Sujeito Passivo: é o ente público que teve o seu segredo revelado e, eventualmente, o particular lesado pela revelação do segredo.

Consumação e tentativa

O delito passa a ser consumado no momento em que a informação sigilosa é revelada a terceira pessoa, não exigindo que tal informação seja de conhecimento geral do público.

A tentativa somente é aceita se for uma conduta por escrito e, por circunstâncias alheias à vontade do agente, a carta não chega ao destino.

Descrição do crime

Figuras Equiparadas do §1º

Inciso I, exemplo: "A", um analista da Receita Federal, revela a senha do banco de dados do cadastro dos contribuintes, para que sua amiga encontre o endereço de seu ex-namorado.

Inciso II, exemplo: "A", analista da Receita Federal, utiliza a senha restrita do banco de dados dos servidores para descobrir informações fiscais de seus colegas de repartição.

Qualificadora §2º

Nessa figura, existe a lesão à Administração Pública ou a algum particular, ou seja, é considerado um crime de dano.

Aplicando-se o princípio da especialidade, a violação de sigilo funcional envolvendo certames de interesse público não caracteriza o crime do Art. 325, mas sim o do Art. 311-A do CP.

DOS CRIMES CONTRA ADMINISTRAÇÃO PÚBLICA

Violação de sigilo de proposta de concorrência

Art. 326. Devassar o sigilo de proposta de concorrência pública, ou proporcionar a terceiro o ensejo de devassá-lo:
Pena - detenção, de três meses a um ano, e multa.

> Revogado tacitamente pelo novo artigo 337-J do Código Penal, pois trata-se de norma contemporânea, que incrimina a prática do delito não só em concorrência, mas em qualquer modalidade de licitação.

Funcionário público

Art. 327. Considera-se funcionário público, para os efeitos penais, quem, embora transitoriamente ou sem remuneração, exerce cargo, emprego ou função pública.
§ 1º. Equipara-se a funcionário público: quem exerce cargo, emprego ou função em entidade paraestatal, e quem trabalha para empresa prestadora de serviço contratada ou conveniada para a execução de atividade típica da Administração Pública.
§ 2º. A pena será aumentada da terça parte quando os autores dos crimes previstos neste Capítulo forem ocupantes de cargos em comissão ou de função de direção ou assessoramento de órgão da administração direta, sociedade de economia mista, empresa pública ou fundação instituída pelo poder público.

São funcionários públicos não só aqueles que desempenham cargos criados por lei, regularmente investidos e nomeados, remunerados pelo cofres públicos, como também os que exercem emprego público (contratados, mensalistas, diaristas, tarefeiros, nomeados a título precário) e, ainda, todos que, de qualquer forma, exercem função pública.

> Para fins penais, considera-se funcionário público aquele que trabalha para uma empresa particular que mantém convênio com o Poder Público, e para este presta serviço.

4.2 Dos Crimes Praticados por Particular contra a Administração em Geral

Usurpação de função pública

Art. 328. Usurpar o exercício de função pública:
Pena - detenção, de três meses a dois anos, e multa.
Parágrafo único. se do fato o agente aufere vantagem:
Pena - reclusão, de dois a cinco anos, e multa.

Introdução

Esse crime foi criado com o intuito de punir aquele que exerce função pública sem possuir legitimidade para tanto, pois o Estado tem interesse em preservação da função das pessoas realmente investidas ao exercício das funções públicas. É um crime de ação penal pública incondicionada.

Classificação

É um crime simples, comum e formal.

É considerado um crime doloso, não dependendo de nenhuma finalidade. Não é admitida a culpa.

Sujeitos do crime

Sujeito Ativo: Por ser um crime comum, pode ser praticado por qualquer pessoa, inclusive por funcionário público. **Ex.:** um escrivão que atue exercendo tarefas exclusivas de um Delegado de Polícia.

Sujeito Passivo: Imediatamente é a Administração Pública e secundariamente a pessoa física ou jurídica à qual recaiu a conduta criminosa.

Consumação e tentativa

Trata-se de crime formal. Consuma-se o delito com a prática de ato exclusivo, que só pode ser praticado por pessoa legalmente investida no ofício usurpado.

A tentativa é plenamente possível. No caso do agente ser impedido de executar ato de ofício por circunstâncias alheias a sua vontade.

Descrição do crime

A figura qualificada (Art. 328, parágrafo único) se refere a um crime material, visto que o agente aufere vantagem do delito, sendo a vantagem de qualquer natureza.

Resistência

Art. 329. Opor-se à execução de ato legal, mediante violência ou ameaça a funcionário competente para executá-lo ou a quem lhe esteja prestando auxílio:
Pena - detenção, de dois meses a dois anos.
§ 1º. Se o ato, em razão da resistência, não se executa:
Pena - reclusão, de um a três anos.
§ 2º. As penas deste artigo são aplicáveis sem prejuízo das correspondentes à violência.

Introdução

Esse crime visa proteger a Administração Pública e, também, a atuação do funcionário público na realização de atos legais e a integridade física e moral do particular que lhe presta auxílio. É um crime de ação penal pública incondicionada.

Classificação

É um crime **pluriofensivo** (atinge mais de um bem jurídico), comum e formal.

É um crime doloso e mais a intenção de impedir a execução de ato legal (especial fim de agir). Não se admite a modalidade culposa.

Sujeitos do crime

Sujeito Ativo: pode ser praticado por qualquer pessoa (crime comum).

O funcionário público pode ser sujeito ativo deste crime nas situações em que age como particular.

O sujeito ativo (autor) pode ser pessoa alheia à execução do ato legal. Ex.: Filho que procura resistir à prisão legítima do pai mediante violência ou grave ameaça.

Sujeito Passivo: primariamente o Estado e, secundariamente, o funcionário público agredido ou ameaçado pela resistência.

Consumação e tentativa

É crime formal. Não importa se o agente consegue ou não impedir a execução do ato legal, o crime estará consumado.

Em regra admite tentativa, com exceção de ameaça verbal.

> É indispensável que o particular esteja efetivamente acompanhado do funcionário público competente para a execução do ato para que se caracterize o crime de resistência, pois caso o particular esteja sozinho o agente responderá por outro crime (lesão corporal, ameaça, tentativa de homicídio etc.).

Descrição do crime

Opor-se: impedir a execução do ato legal. O ato legal deve ser específico e concreto, isto é, apto a gerar efeitos imediatos e dirigido a pessoa(s) determinada(s).

Espécies de resistência

Resistência ATIVA: é o crime de resistência do Art. 329, *caput*, do Código Penal.

Resistência PASSIVA: o agente, sem o emprego de violência ou ameaça a funcionário público competente ou a quem lhe presta auxílio, se opõe à execução de ato legal.

Ex.: "A", policial civil, vai cumprir um mandado de prisão preventiva expedido em face de "B", este se agarra a um poste para não ser preso.

Nesta hipótese, (Resistência Passiva) não se configura o crime de Resistência. Todavia, o agente responderá pelo crime de Desobediência (Art. 330, CP).

Violência:

A violência deve ser dirigida contra pessoa, pois se for dirigida contra coisa o agente responderá pelo crime de dano qualificado (Art. 163, parágrafo único, III, CP).

A violência deve ser empregada durante a execução do ato legal, pois se for empregada antes ou depois o agente responderá pelo crime de ameaça (Art. 147, CP) ou lesão corporal (Art. 129, CP).

A violência deve ser empregada para impedir o cumprimento da ordem, se for outra a causa, o crime será outro.

Figura qualificada (Art. 329, §1º, CP): O que seria o exaurimento do crime funciona como uma qualificadora. Nesta hipótese o crime é material.

Legalidade do ato

Legalidade do Ato: o ato deve ser legal, mesmo que injusto.

Ex.: O juiz decretou a prisão preventiva de "A" pois ele é o principal suspeito de ter estuprado oito mulheres numa pequena cidade do interior. No momento da realização da prisão, "A" agrediu os policiais militares, pois jurava que era inocente. Uma semana após a prisão, "B" o verdadeiro estuprador fez duas novas vítimas e foi preso em flagrante. O juiz mandou soltar "A", mas este responderá pelo crime de resistência, pois o ato, apesar de injusto, era legal.

Desobediência

Art. 330. Desobedecer a ordem legal de funcionário público:
Pena - detenção, de quinze dias a seis meses, e multa.

O crime de desobediência, também conhecido como "resistência passiva", apresenta pontos em comum com o crime de resistência (Art. 329 do CP), porém se diferencia pela ausência de violência ou grave ameaça ao funcionário público ou a pessoa que está auxiliando o funcionário. É um crime de ação penal pública incondicionada.

Classificação

É um crime simples, comum e formal.

Dolo. O agente deve ter consciência da legalidade da ordem e da competência do funcionário público, sob pena de atipicidade do fato (o fato não será crime). Não se admite a modalidade culposa.

Pode ser praticado por ação ou por omissão.

Sujeitos do crime

Sujeito Ativo: qualquer pessoa, desde que vinculada ao cumprimento da ordem legal imposta pela autoridade pública.

Se o agente devia cumprir a ordem, por dever de ofício, tipifica-se, em tese, o delito de prevaricação.

Sujeito Passivo: é o Estado de forma imediata e mediatamente é o funcionário público o qual teve a ordem descumprida injustificadamente.

Consumação e tentativa

→ **A consumação depende do tipo de ordem:**

Se for uma **omissão** do agente: no momento em que o agente atuar, violando, assim, a ordem de abster-se;

Se for uma **ação** do agente: no momento em que transcorrer o prazo para que o agente realize determinado ato e este não cumpra a ordem dada.

Admite-se a tentativa na modalidade comissiva (ação). Não é cabível na modalidade omissiva.

Conduta

Desobedecer (Recusar cumprimento / Desatender / Descumprir) ordem legal de funcionário público competente para emiti-la. Necessita da presença de dois requisitos:

Existência de uma ordem legal: não se trata de uma mera solicitação ou pedido.

Ordem emanada de funcionário público competente: o funcionário deve possuir competência funcional para emitir a ordem.

DOS CRIMES CONTRA ADMINISTRAÇÃO PÚBLICA

Legalidade

Segundo a Jurisprudência, pratica o crime de desobediência o indivíduo que se recusa a identificar-se criminalmente nos casos previstos em lei. Assim, como o indiciado que se recusa a identificar-se civilmente.

Pratica o crime previsto no Art. 307 da Lei nº 9.503/97 (Código de Trânsito Brasileiro), o indivíduo que viola a suspensão ou proibição de se obter a permissão ou a habilitação para dirigir veículo automotor.

Desobediência X Resistência

Desobediência (Art. 330, CP)	Resistência (Art. 329, CP)
Não há emprego de violência ou ameaça.	Há emprego de violência ou ameaça.

Apontamentos

→ Não é crime de desobediência a conduta do agente que se recusa a realizar:
> Teste de bafômetro;
> Exame de sangue (hematológico);
> Exame de DNA;
> Dosagem alcoólica;
> Exame grafotécnico.

Lembre-se de que ninguém é obrigado a produzir prova contra si mesmo, pois trata-se de desdobramento lógico da garantia constitucional ao silêncio.

Desacato

Art. 331. Desacatar funcionário público no exercício da função ou em razão dela:
Pena - detenção, de seis meses a dois anos, ou multa.

Todo funcionário público representa o Estado e age em seu nome a todo o momento em que exerce sua função. O crime de desacato (Art. 332 do CP) foi criado com o intuito de proteger o agente público e o prestígio da função exercida pelo funcionário público. É um crime de ação penal pública incondicionada.

Classificação

Crime de forma livre, admitindo qualquer meio de execução.

Dolo. Vontade livre e consciente de agir com a finalidade de desprestigiar a função pública do ofendido. Não se admite a modalidade culposa.

É um crime formal. Independe, para sua consumação, de um resultado naturalístico.

Sujeitos do crime

Sujeito Ativo: crime comum (pode ser praticado por qualquer pessoa).

É possível que o funcionário público seja autor do crime de desacato, pois, ao cometer este delito, ele se despe de sua qualidade de funcionário público e passa a atuar como um particular. Nesta situação não importa se o agente é ou não superior hierárquico do funcionário público ofendido.

O advogado pode praticar (ser sujeito ativo) o crime de desacato caso ofenda funcionário público no exercício da função ou em razão dela.

Sujeito Passivo: o Estado, primariamente, e o funcionário público ofendido, secundariamente.

Será vítima somente o funcionário público assim definido no *caput* do Art. 327 do CP, não abrangendo o equiparado.

> Não há crime de desacato na hipótese em que o ofendido, no momento da conduta, não possui mais a condição de funcionário público (Ex.: aposentado, demitido etc). Todavia, poderá haver crime contra a honra (calúnia/difamação/injúria), pois neste caso há lesão contra um particular e não contra a Administração Pública.

Consumação e tentativa

É crime Formal. Ocorre no momento em que o funcionário público é ofendido. Não importa se sente ou não ofendido com os atos praticados. Não é necessário que outras pessoas presenciem a ofensa proferida.

Admite-se a tentativa, salvo quando a ofensa é praticada verbalmente.

Descrição do crime

O autor deste crime deve ter ciência de que o ofendido é funcionário público e se encontra no exercício da função pública ou que a ofensa é proferida em razão dela. Deve ter ainda o propósito de desprestigiar a função pública do funcionário público (especial fim de agir).

Não é necessário que o funcionário público se encontre no interior da repartição pública. Basta que esteja no exercício da função pública.

Ex.: Pedro encontra o Juiz de Direito no supermercado e o chama de corrupto.

Haverá crime único de desacato caso o agente ofenda vários funcionários públicos no mesmo contexto fático, pois o sujeito passivo é a Administração Pública.

Considerações

Não haverá o crime de desacato caso a ofensa diga respeito à vida particular do funcionário público. Todavia, poderá caracterizar crime contra a honra.

Ex.: Afirmar que o Promotor de Justiça foi visto saindo de um prostíbulo.

Vejamos as diferenças entre os crimes de injúria (Art. 140 do CP) e desacato (Art. 331 do CP).

Desacato (Art. 331, CP)	Injúria (Art. 140, CP)
A ofensa é proferida na PRESENÇA do funcionário público.	A ofensa é proferida na AUSÊNCIA do funcionário público.
Crime contra a Administração Pública.	Crime contra a honra.
Ação Penal Pública Incondicionada.	Regra: Ação Penal iniciativa privada.

Tráfico de influência

Art. 332. *Solicitar, exigir, cobrar ou obter, para si ou para outrem, vantagem ou promessa de vantagem, a pretexto de influir em ato praticado por funcionário público no exercício da função:*
Pena - *reclusão, de 2 (dois) a 5 (cinco) anos, e multa*
Parágrafo único. *a pena é aumentada da metade, se o agente alega ou insinua que a vantagem é também destinada ao funcionário.*

O crime de tráfico de influência foi criado pela Lei nº 9.127/95, porém antes de sua criação, o delito era chamado de exploração de prestígio (Art. 357 do CP), sendo esse um crime contra a Administração da justiça e o tráfico de influência (Art. 332 do CP) contra a Administração Pública. O crime em apreço é de ação penal pública incondicionada.

Classificação

É classificado como crime simples, comum e FORMAL.

É um crime doloso e com um especial fim de agir (vantagem para si ou para outrem). Não é admitida a modalidade culposa.

Sujeitos do crime

Sujeito Ativo: por ser um crime comum, pode ser praticado por qualquer pessoa.

Sujeito Passivo: de maneira imediata é o Estado e mediatamente, o comprador da influência (pessoa que paga ou promete vantagem), com o fim de obter benefício do funcionário público.

Consumação e tentativa

É um crime de consumação antecipada ou formal, caracterizando-se pela realização da conduta descrita no tipo penal, independentemente da obtenção da vantagem. Observação: com o núcleo do tipo "obter", o crime é material, consumando o delito no momento da obtenção da vantagem.

Tentativa é possível em determinados casos, do contrário não será admitida, pois se a conduta for realizada verbalmente não há que se falar em tentativa.

Descrição do crime

Por haver vários núcleos do tipo (exigir, solicitar, obter, cobrar), o crime de tráfico de influência é classificado como crime de ação múltipla ou de conteúdo variado, respondendo o agente se praticado no mesmo contexto fático, por crime único, mesmo se realizar mais de um núcleo do tipo.

Segundo STJ é dispensável para a caracterização do delito que o agente efetivamente influa em ato praticado por funcionário público, basta que o mesmo alegue ter condições para tanto.

Ex.: "A", dizendo ser amigo de um Delegado de Polícia, sem realmente sê-lo, solicita a "B" que entregue certo valor a pretexto de convencer (influir) o Delegado a não instaurar uma investigação contra o filho de "A".

Influência

Caso a aludida influência seja real, poderá haver outro crime (corrupção).

Causa de aumento de pena, parágrafo único

Caso o agente, além de toda a fraude empregada, alega que a vantagem também se destina ao funcionário público, será aquele merecedor de pena majorada, visto que o bem jurídico tutelado no tipo é mais gravemente afetado, qual seja, o prestígio da Administração Pública.

Corrupção ativa

Art. 333. *Oferecer ou prometer vantagem indevida a funcionário público, para determiná-lo a praticar, omitir ou retardar ato de ofício:*
Pena - *reclusão, de 2 (dois) a 12 (doze) anos, e multa.*
Parágrafo único. *A pena é aumentada de um terço, se, em razão da vantagem ou promessa, o funcionário retarda ou omite ato de ofício, ou o pratica infringindo dever funcional.*

O crime de corrupção ativa está tipificado no Art. 333 do Código Penal e faz parte dos crimes cometidos por particular contra a Administração Pública. Isso não quer dizer que não possa ser cometido por funcionário público que, se praticá-lo, estará se despindo de sua função pública e agindo como um particular.

É um crime de ação penal pública incondicionada.

Classificação

É considerado um crime formal, que para sua consumação não se exige um resultado.

Classificado como plurissubsistente, podendo sua conduta ser fracionada em diversos atos.

É um crime doloso, acrescido de um especial fim de agir (determinar o funcionário público a praticar, omitir ou retardar ato de ofício).

Sujeitos do crime

Sujeito Ativo: crime comum (qualquer pessoa).

Funcionário público também pode ser sujeito ativo deste crime, desde que realize a conduta sem aproveitar-se das facilidades inerentes à sua condição funcional.

Ex.: Pedro, analista judiciário do TRF, oferece dinheiro a um Delegado de Polícia para que este não o prenda em flagrante pela prática do crime de porte ilegal de arma de fogo.

O particular só responderá por corrupção ativa se este oferecer ou prometer vantagem indevida. A simples entrega de vantagem ilícita solicitada por funcionário público não configura crime nestes casos, o particular será vítima secundária de corrupção passiva (Art. 317 do CP).

Sujeito Passivo: o Estado e, secundariamente, a pessoa física ou jurídica prejudicada pela conduta criminosa.

DOS CRIMES CONTRA ADMINISTRAÇÃO PÚBLICA

Consumação e tentativa

É crime formal. Ocorre a consumação com a oferta ou promessa de vantagem indevida ao funcionário público, independentemente da sua aceitação. Ofereceu ou prometeu, o crime já está consumado.

Também não é necessária a prática, omissão ou retardamento do ato de ofício. Desse modo, se o agente oferece ou promete a vantagem indevida ao funcionário público, o crime estará consumado.

A tentativa é possível, salvo quando o crime é praticado verbalmente.

Descrição do crime

Vantagem Indevida: não precisa ser necessariamente patrimonial/econômica. Pode ter qualquer natureza: patrimonial, sexual, moral etc.

Meios de Execução: o delito de corrupção ativa pode ser praticado de duas formas:

Oferecer vantagem indevida: nesta hipótese, a conduta parte do particular que põe à disposição a vantagem indevida ao funcionário público e este a recebe. Desse modo, o particular praticou o crime de corrupção ativa (Art. 333 do CP) e o funcionário público o crime de corrupção passiva (Art. 317 do CP).

PROMETE vantagem indevida: nesta hipótese, a conduta parte do particular que promete a vantagem indevida ao funcionário público e este a aceita. Desse modo, o particular praticou o crime de corrupção ativa (Art. 333 do CP) e o funcionário público o crime de corrupção passiva (Art. 317 do CP). Não é necessário que o particular efetivamente cumpra sua promessa para que ocorra a consumação do delito, basta a simples promessa.

Não se configura a infração penal quando a oferta ou promessa tem o fim de impedir ou retardar ato ilegal.

Causa de aumento de pena

Parágrafo único. A pena é aumentada de um terço, se, em razão da vantagem ou promessa, o funcionário retarda ou omite ato de ofício, ou o pratica infringindo dever funcional.

A corrupção ativa é um crime formal. Desse modo, o que seria o exaurimento do crime (retardar ou omitir ato de ofício, ou o praticar infringindo dever funcional) funciona como uma causa de aumento de pena.

Considerações

O crime de corrupção ativa é uma exceção à Teoria Unitária ou Monista do concurso de pessoas (Art. 29 do CP), pois o particular que oferece ou promete vantagem indevida responde pelo crime de corrupção ativa (Art. 333 do CP), já o funcionário público que recebe ou aceita promessa de vantagem indevida responde pelo crime de corrupção passiva (Art. 317 do CP).

Corrupção Ativa (Art. 333, CP)	Corrupção Passiva (Art. 317, CP)
Sujeito Ativo: Particular	Sujeito Ativo: Funcionário Público
Fato Atípico ←	Solicitar
Oferecer →	Receber
Prometer →	Aceitar Promessa

É possível que ocorra o crime de corrupção ativa sem que ocorra corrupção passiva.

Ex.: Pedro oferece ou promete dinheiro, vantagem indevida, para que João (Delegado de Polícia) não o prenda em flagrante, mas João não recebe ou aceita a promessa.

Também é possível que ocorra o crime de corrupção passiva sem que ocorra corrupção ativa.

Ex.: Ronaldo (auditor fiscal) solicita vantagem indevida a André (empresário) para não aplicar uma multa milionária na empresa deste último.

Duas situações podem ocorrer: André realiza a entrega da vantagem indevida, ou não. Nas duas hipóteses, apenas Ronaldo praticou crime, pois a conduta de André é atípica.

Apontamentos

Na hipótese em que o particular pede para o funcionário público dar um jeitinho não responderá pelo crime de corrupção ativa, pois o agente não ofereceu nem prometeu vantagem indevida. Nessa hipótese, duas situações podem ocorrer:

> O funcionário público Dá o jeitinho. Responderá por corrupção passiva privilegiada (Art. 317, §2º, CP) e o particular será partícipe deste crime;

> O funcionário público Não dá o jeitinho. O fato é atípico para ambos.

Contrabando e descaminho

Descaminho - art. 334

Antes da publicação da Lei nº 13.008/14, o Art. 334 do Código Penal tipificava a prática dos crimes de contrabando e descaminho como crime único, atribuindo pena de reclusão de um a quatro anos. Com a nova redação ocorre a separação dos crimes de contrabando e descaminho, tornando-os crimes autônomos.

Art. 334. Iludir, no todo ou em parte, o pagamento de direito ou imposto devido pela entrada, pela saída ou pelo consumo de mercadoria
Pena - reclusão, de 1 (um) a 4 (quatro) anos.
§ 1º. Incorre na mesma pena quem:
I. pratica navegação de cabotagem, fora dos casos permitidos em lei;
II. pratica fato assimilado, em lei especial, a descaminho;
III. vende, expõe à venda, mantém em depósito ou, de qualquer forma, utiliza em proveito próprio ou alheio, no exercício de atividade comercial ou industrial, mercadoria de procedência estrangeira que introduziu clandestinamente no País ou importou fraudulentamente ou que sabe ser produto de introdução clandestina no território nacional ou de importação fraudulenta por parte de outrem;
IV. adquire, recebe ou oculta, em proveito próprio ou alheio, no exercício de atividade comercial ou industrial, mercadoria de procedência estrangeira, desacompanhada de documentação legal ou acompanhada de documentos que sabe serem falsos.
§ 2º. Equipara-se às atividades comerciais, para os efeitos deste artigo, qualquer forma de comércio irregular ou clandestino de mercadorias estrangeiras, inclusive o exercido em residências.
§ 3º. A pena aplica-se em dobro se o crime de descaminho é praticado em transporte aéreo, marítimo ou fluvial.

No Descaminho, as mercadorias apreendidas são legais no território brasileiro, porém não há o devido pagamento de tributos pela entrada e saída de mercadorias.

Descrição do crime

> Objeto Material: tributos não recolhidos.
> Núcleo do Tipo: iludir, ou seja, ludibriar, frustrar o pagamento do tributo.
> Sujeito Ativo: crime comum (qualquer pessoa) por ser um crime comum, pode ser praticado por qualquer pessoa, até mesmo um funcionário público, desde que o funcionário não tenha o dever funcional de impedir a prática do crime de contrabando e descaminho.
> Sujeito Passivo: o Estado

Apesar de existir divergência entre o STF e o STJ é cabível o princípio da insignificância no crime de Descaminho. Para a aplicação desse princípio o STJ estipula o valor de R$ 10.000,00, enquanto o STF entende que o valor é de R$ 20.000,00. Diante disso é de suma importância atentar-se para o comando da questão e observar qual dos posicionamentos a banca irá abordar.

Ex.: Tício, policial civil, auxilia Caio a contrabandear caixas de cigarro para o outro lado da fronteira. Tício não tem um especial dever funcional de evitar tal conduta, portanto responderá pelo crime de descaminho ou contrabando capitulados, respectivamente, nos Art. 334 e 334-A do CP, como partícipe ou coautor, a depender do contexto fático.

Contrabando - art. 334-a

Art. 334-A. Importar ou exportar mercadoria proibida:
Pena - reclusão, de 2 (dois) a 5 (cinco) anos.
§ 1º. Incorre na mesma pena quem:
I. pratica fato assimilado, em lei especial, a contrabando;
II. importa ou exporta clandestinamente mercadoria que dependa de registro, análise ou autorização de órgão público competente;
III. reinsere no território nacional mercadoria brasileira destinada à exportação;
IV. vende, expõe à venda, mantém em depósito ou, de qualquer forma, utiliza em proveito próprio ou alheio, no exercício de atividade comercial ou industrial, mercadoria proibida pela lei brasileira;
V. adquire, recebe ou oculta, em proveito próprio ou alheio, no exercício de atividade comercial ou industrial, mercadoria proibida pela lei brasileira.
§ 2º. Equipara-se às atividades comerciais, para os efeitos deste artigo, qualquer forma de comércio irregular ou clandestino de mercadorias estrangeiras, inclusive o exercido em residências.
§ 3º. A pena aplica-se em dobro se o crime de contrabando é praticado em transporte aéreo, marítimo ou fluvial.

Diferentemente do que ocorre no Descaminho, no crime de Contrabando as mercadorias são proibidas no território brasileiro. Dessa forma, NÃO é possível a aplicação do princípio da insignificância.

Descrição do crime:

> Objeto Material: mercadoria contrabandeada.
> Núcleos do Tipo: importar, exportar mercadoria contrabandeada.
> Sujeito Ativo: crime comum (qualquer pessoa).
> Sujeito Passivo: o Estado.

Importante

A importação de bebidas é legal, porém a legislação traz uma restrição quanto à quantidade. Caso ocorra o excesso da quantidade permitida incidirá o Contrabando, Art. 334-A. Diferentemente ocorre no caso do crime de Descaminho, Art. 334, no qual ocorre a sonegação do tributo devido.

A redação anterior do Código Penal considerava que a pena seria aplicada em dobro mediante transporte aéreo. De acordo com o §3º dos Arts. 334 e 334-A, a nova redação passou a considerar esta previsão também para os transportes marítimos e fluviais.

É mais uma exceção à teoria monista ou unitária no concurso de pessoas (Art. 29, *caput*, CP). Haja vista ser a conduta do funcionário público que facilita o contrabando ou descaminho (Art. 318 do CP) ser mais reprovável em razão de sua natureza funcional perante a administração pública, as condutas foram separadas e com penas distintas, porém, ambos os crimes tipificam o mesmo resultado, qual seja, o descaminho ou o contrabando.

O funcionário público que:

Não possui o dever funcional de impedir o contrabando ou descaminho. Será coautor ou partícipe do crime de contrabando ou descaminho (Art. 334, CP).

Possui o dever funcional de impedir a prática do contrabando ou descaminho e concorre para a realização de qualquer destes crimes. Responderá pelo crime de facilitação de contrabando ou descaminho (Art. 318, CP).

> Trata-se de mais uma exceção à Teoria Unitária ou Monista do concurso de pessoas (Art. 29, CP).

São crimes materiais (consumam-se com a produção de um resultado)	
Contrabando	O agente importa ou exporta a mercadoria proibida pelas vias ordinárias (caminhos normais), ou seja, pela fiscalização alfandegária: o crime estará consumado no instante em que a mercadoria é liberada pela autoridade alfandegária.
	O agente se vale dos meios clandestinos para importar ou exportar a mercadoria proibida. O crime estará consumado no momento da entrada ou saída da mercadoria do território nacional.
Descaminho	Se consuma com a liberação da mercadoria (permitida) sem o pagamento de tributo devido pela sua entrada ou saída do Brasil.

No crime de contrabando a mercadoria não precisa ser necessariamente estrangeira (produzida no exterior). Desse modo é possível a fabricação da mercadoria em território nacional desde que seja destinada exclusivamente à exportação.

Ex.: Empresa fabrica explosivos no Brasil e os exporta para a Coreia do Norte. Posteriormente, um norte coreano ingressa com estes explosivos em território brasileiro.

DOS CRIMES CONTRA ADMINISTRAÇÃO PÚBLICA

Crimes específicos: por ter natureza genérica ou residual, o crime de contrabando e descaminho somente será aplicado quando a conduta de descaminho ou contrabando de mercadoria não configurar algum crime específico.

Ex.: O indivíduo que importar ou exportar drogas, sem autorização ou em desacordo com determinação legal, responderá pelo crime de tráfico internacional de drogas (Art. 33, Lei nº 11.343/06. Lei de Drogas).

O indivíduo que importar ou exportar arma de fogo, acessório ou munição, sem autorização da autoridade competente, responderá pelo crime de tráfico internacional de arma de fogo (Art. 18, Lei nº 10.826/03. Estatuto do Desarmamento).

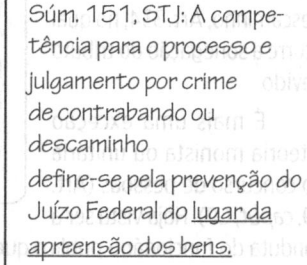

> Súm. 151, STJ: A competência para o processo e julgamento por crime de contrabando ou descaminho define-se pela prevenção do Juízo Federal do lugar da apreensão dos bens.

Competência para julgamento: Justiça federal, pois ofendem interesses da União (Art. 109, IV, CF/88).

Impedimento, perturbação ou fraude de concorrência

Art. 335. Impedir, perturbar ou fraudar concorrência pública ou venda em hasta pública, promovida pela administração federal, estadual ou municipal, ou por entidade paraestatal; afastar ou procurar afastar concorrente ou licitante, por meio de violência, grave ameaça, fraude ou oferecimento de vantagem:

Pena - detenção, de seis meses a dois anos, ou multa, além da pena correspondente à violência.

Parágrafo único. Incorre na mesma pena quem se abstém de concorrer ou licitar, em razão da vantagem oferecida.

Revogado tacitamente pelos pelo artigo 337-I do Código Penal, visto que o novo tipo penal possui maior abrangência.

Inutilização de edital ou de sinal

Art. 336. Rasgar ou, de qualquer forma, inutilizar ou conspurcar edital afixado por ordem de funcionário público; violar ou inutilizar selo ou sinal, empregado por determinação legal ou por ordem de funcionário público, para identificar ou cerrar qualquer objeto:

Pena - detenção, de um mês a um ano, ou multa.

O que é protegido nesse crime é a Administração Pública, pois acarreta complicação ao interesse público e o normal desenvolvimento de suas atividades.

Classificação

É considerado um crime simples, pois ofende um único bem jurídico e também material, pois para sua consumação gera um resultado naturalístico.

É um crime doloso, não possuindo um especial fim de agir. Não é admitida a modalidade culposa.

Sujeitos do crime

Sujeito Ativo: por ser um crime comum, pode ser praticado por qualquer pessoa, até mesmo funcionário público.

Sujeito Passivo: o Estado.

Consumação e tentativa

É exigido para sua consumação um resultado naturalístico, não sendo suficiente para a consumação a conduta descrita no tipo.

É possível que haja o fracionamento do *iter criminis*, portanto é admitida a tentativa.

Descrição do crime

Edital: tem natureza administrativa (licitação) ou judicial (citação).

Selo ou sinal: qualquer tipo de marca feita por determinação legal (lacre de interdição da vigilância sanitária).

Núcleos do tipo: rasgar, inutilizar, conspurcar (sujar) e violar.

Não haverá o crime se os objetos materiais referidos no tipo perderam utilidade, como na hipótese do edital com prazo vencido.

Não pratica o crime aquele que reage, moderadamente, contra ato abusivo (ilegal) de funcionário público, rasgando, por exemplo, tira de papel afixada por oficial de justiça na porta de sua moradia, anunciando seu despejo.

Subtração ou inutilização de livro ou documento

Art.337. Subtrair, ou inutilizar, total ou parcialmente, livro oficial, processo ou documento confiado à custódia de funcionário, em razão de ofício, ou de particular em serviço público:

Pena - reclusão, de dois a cinco anos, se o fato não constitui crime mais grave.

Essa conduta de subtração, inutilização de livro oficial, processo ou documento é prevista em vários tipos do Código Penal. As leituras dos arts. 305, 314, 337 e 356 são relativamente semelhantes, porém cada crime possui uma especificação diferente que os caracteriza. Esse crime é de ação penal pública incondicionada.

Classificação

Considerado um crime simples, pois ofende um único bem jurídico e comum, podendo ser praticado por qualquer pessoa.

É um crime doloso, e não depende de nenhuma finalidade específica. Não admite a modalidade culposa.

Sujeitos do crime

Sujeito Ativo: por ser um crime comum, pode ser cometido por qualquer pessoa, desde que não seja pelo funcionário público responsável pela custódia dos documentos.

Caso o agente seja funcionário público, incumbido ratione officci da guarda dos objetos materiais, a conduta será enquadrada no Art. 314 do CP. Se o agente for advogado ou procurador que, nessa qualidade, tiver retirado o processo ou documentos, o crime será o do Art. 356 do CP.

Sujeito Passivo: primeiramente é o Estado, e secundariamente a pessoa jurídica ou física que foi prejudicada pela ação criminosa.

Consumação e tentativa

Consuma-se o crime no momento da subtração de livro oficial, processo ou documento, mediante apoderamento do agente ou no momento da inutilização total ou parcial da coisa.

A tentativa é possível devido o crime ser de caráter plurissubsistente.

Descrição do crime

Subtrair e inutilizar são os núcleos do tipo. Subtrair é retirar um dos elementos do tipo (livro oficial, processo ou documento) da custódia do funcionário público, se apoderando do item.

Sonegação de contribuição previdenciária

Art. 337-A. Suprimir ou reduzir contribuição social previdenciária e qualquer acessório, mediante as seguintes condutas:
I. Omitir de folha de pagamento da empresa ou de documento de informações previsto pela legislação previdenciária segurados, empregado, empresário, trabalhador avulso ou trabalhador autônomo ou a este equiparado que lhe prestem serviços;
II. Deixar de lançar mensalmente nos títulos próprios da contabilidade da empresa as quantias descontadas dos segurados ou as devidas pelo empregador ou pelo tomador de serviços;
III. Omitir, total ou parcialmente, receitas ou lucros auferidos, remunerações pagas ou creditadas e demais fatos geradores de contribuições sociais previdenciárias:
Pena - reclusão, de 2 (dois) a 5 (cinco) anos, e multa.
§ 1º. É extinta a punibilidade se o agente, espontaneamente, declara e confessa as contribuições, importâncias ou valores e presta as informações devidas à previdência social, na forma definida em lei ou regulamento, antes do início da ação fiscal.
§ 2º. É facultado ao juiz deixar de aplicar a pena ou aplicar somente a de multa se o agente for primário e de bons antecedentes, desde que:
II. O valor das contribuições devidas, inclusive acessórios, seja igual ou inferior àquele estabelecido pela previdência social, administrativamente, como sendo o mínimo para o ajuizamento de suas execuções fiscais.
§ 3º. Se o empregador não é pessoa jurídica e sua folha de pagamento mensal não ultrapassa R$ 1.510,00 (um mil, quinhentos e dez reais), o juiz poderá reduzir a pena de um terço até a metade ou aplicar apenas a de multa.
§ 4º. O valor a que se refere o parágrafo anterior será reajustado nas mesmas datas e nos mesmos índices do reajuste dos benefícios da previdência social.

> No caso do §1º, preenchidos os requisitos para a concessão, é dever do juiz conceder o perdão ou aplicar a pena de multa. Trata-se de direito público subjetivo do réu.

4.3 Dos Crimes Contra a Administração da Justiça

Reingresso de estrangeiro expulso

Art. 338. Reingressar no território nacional o estrangeiro que dele foi expulso:
Pena - reclusão, de um a quatro anos, sem prejuízo de nova expulsão após o cumprimento da pena.

A expulsão do estrangeiro está regulada na Lei nº 13.445/2017. Estatuto do Estrangeiro. Ocorrendo qualquer das hipóteses elencadas no art. 54 desta lei, caberá ao Presidente da República, por meio de decreto, analisar o cabimento e conveniência da expulsão (ato discricionário administrativo).

Para tipificar a conduta, é indispensável, após a edição do decreto de expulsão, que o agente tenha efetivamente saído do país, retornando em seguida. Desta forma, não configura o crime a recusa do estrangeiro expulso em deixar o país.

Denunciação caluniosa

Art. 339. Dar causa à instauração de inquérito policial, de procedimento investigatório criminal, de processo judicial, de processo administrativo disciplinar, de inquérito civil ou de ação de improbidade administrativa contra alguém, imputando-lhe crime, infração ético-disciplinar ou ato ímprobo de que o sabe inocente: (Redação dada pela Lei nº 14.110, de 2020)
Pena - reclusão, de dois a oito anos, e multa.
§ 1º. A pena é aumentada de sexta parte, se o agente se serve de anonimato ou de nome suposto.
§ 2º. A pena é diminuída de metade, se a imputação é de prática de contravenção.

O crime de denunciação caluniosa está capitulado no Art. 339 do Código Penal e versa sobre dar causa à instauração de algum procedimento de investigação contra alguém, imputando-lhe falsamente crime, sabendo que esse não o cometeu. O crime de denunciação caluniosa é de ação penal pública incondicionada.

Tal crime é também chamado calúnia qualificada.

Classificação

É considerado um crime pluriofensivo, ou seja, ofende mais de um bem jurídico como estudaremos no tópico **Sujeitos do Crime**, desse mesmo artigo.

É um crime comum, podendo ser praticado por qualquer pessoa e unissubjetivo, praticado por um só agente, mas admite concurso de pessoas.

O elemento subjetivo é o dolo direto, pois é indispensável que o agente tenha o conhecimento da inocência da pessoa a quem imputou falsamente o crime, segundo STJ.

Sujeitos do crime

Sujeito Ativo: qualquer pessoa (crime comum).

Sujeito Passivo: o Estado e a pessoa acusada falsamente de crime.

Consumação e tentativa

Por ser um crime material, consuma-se no momento em que se tem a efetiva instauração da investigação policial, de processo judicial, instauração de investigação administrativa, inquérito civil ou ação de improbidade administrativa contra alguém que o sabe ser inocente.

É admitida a tentativa.

Ex.: "A" vai à Delegacia e de forma dolosa, imputa "B" a prática de um crime de roubo, de que o sabia não ter cometido, com o fim de instaurar inquérito policial contra "B". O Delegado, contudo, já havia encerrado o referido caso e prendido

DOS CRIMES CONTRA ADMINISTRAÇÃO PÚBLICA

o verdadeiro responsável pelo crime. Constatando a manobra de "A", o Delegado o prendeu em flagrante.

É necessário observar que não se faz necessário que seja a informação formalizada no inquérito policial. Basta que a conduta criminosa desencadeie atos preliminares de investigação. Aqui já se encontra consumado o crime e esse é o entendimento que prevalece.

Descrição do crime

A falsa imputação deve estar relacionada com crime, se for contravenção, estará caracterizada a forma privilegiada de denunciação caluniosa (art. 339, §2º, do CP).

A expressão "contra alguém" versa que deve ser dada a falsa imputação de pessoa determinada, indicando nome e atributos pessoais.

Considerações

Diferença entre o crime de calúnia e denunciação caluniosa.

CALÚNIA (Art. 138, CP)	DENUNCIAÇÃO CALUNIOSA (Art. 339, CP)
Caluniar alguém, imputando-lhe falsamente fato definido como crime.	Dar causa à instauração de investigação policial, de processo judicial, instauração de investigação administrativa, inquérito civil ou ação de improbidade administrativa contra alguém, imputando-lhe crime de que o sabe inocente.
É crime contra a honra.	É crime contra a Administração da Justiça.
Regra: Ação Penal Privada.	Ação Penal Pública Incondicionada.
Não admite a imputação falsa de Contravenção Penal.	Admite (é circunstância que importa na diminuição da pena pela metade (Art. 339, §2º, CP).

Ex.: José assaltou o Banco do Brasil → Calúnia.

José assaltou o Banco do Brasil: eu afirmo isso para o Delegado, querendo a instauração de procedimento inútil e criminoso → denunciação caluniosa.

O advogado não tem imunidade penal na calúnia e, nem tampouco, na denunciação caluniosa.

> Pode ser praticado o crime de denunciação caluniosa até mesmo pelo Promotor de Justiça que denuncia alguém sabendo ser inocente. Essa denúncia criminosa do Promotor de Justiça é denominada denúncia temerária ou abusiva.

Denunciação caluniosa privilegiada

§2º. A pena é diminuída de metade, se a imputação é de prática de contravenção.

A pena é reduzida de metade se a imputação é de contravenção penal. Passa-se a ter infração de menor potencial ofensivo, admitindo-se a suspensão condicional do processo.

Comunicação falsa de crime ou contravenção

Art. 340. Provocar a ação de autoridade, comunicando-lhe a ocorrência de crime ou contravenção que sabe não se ter verificado:
Pena - detenção, de um a seis meses, ou multa.

Introdução

Em que pese ser muito semelhante o *caput* ao crime de denunciação caluniosa, veremos que suas diferenças são facilmente perceptíveis.

Classificação

É considerado um crime SIMPLES por ofender um único bem jurídico e COMUM, podendo ser cometido por qualquer pessoa.

É um crime CAUSAL ou MATERIAL, sendo que a consumação depende de alguma medida tomada pela autoridade.

O elemento subjetivo do agente é o DOLO direto, portanto se a pessoa tem DÚVIDA sobre a existência da infração o fato é atípico.

Ex.: "A" não tem certeza se seu relógio foi furtado ou se foi perdido, e mesmo assim comunica à autoridade), não tendo previsão da modalidade culposa.

Sujeitos do crime

Sujeito Ativo: por ser um crime comum ou geral, pode ser cometido por qualquer pessoa.

Sujeito Passivo: o Estado.

Consumação e tentativa

Por ser um crime material, a mera comunicação falsa não é suficiente para a consumação do delito, exigindo a provocação da ação da autoridade para fazer algo (conduta positiva). Consuma-se no momento em que a autoridade toma providência para apurar a ocorrência do crime, ou contravenção, comunicado falsamente.

A tentativa é possível. Vejamos como exemplo um indivíduo que comunica à autoridade um crime ou contravenção que sabe inexistente e, por circunstâncias alheias a sua vontade, a autoridade não toma nenhuma providência, tem-se o crime tentado.

Descrição do crime

O delito é comunicação falsa de crime ou contravenção (Art. 340 do CP). O agente não acusa nenhuma pessoa, mas a ocorrência de um crime inexistente. Se o agente vier a individualizar o autor, o STF já decidiu: responde por denunciação caluniosa (Art. 339 do CP).

O núcleo do tipo provocar significa dar causa à ação da autoridade, podendo ocorrer de várias formas, uma delas é que o crime ou contravenção penal comunicado não existiu ou houve o fato, mas foi absolutamente diverso do comunicado para a autoridade. Por isso é considerado um crime de forma livre.

Considerações

Caracteriza uma figura equiparada de estelionato (Art. 171, §2º, V, do CP) quando a comunicação falsa de crime ou contravenção é um meio fraudulento para que o agente obtenha o valor do seguro. O delito (Art. 340 do CP) se torna um antefactum impunível. Aplica-se o princípio da consunção.

Ex.: "A" esconde seu automóvel que é amparado por contrato de seguro e comunica à autoridade que sofreu um furto, já com a intenção de receber o dinheiro do seguro.

Atentem-se às diferenças:

Na denunciada caluniosa, o agente imputa a infração penal imaginária a pessoa certa e determinada.

Na comunicação falsa de crime, apenas comunica a fantasiosa infração, não a imputando a ninguém ou, imputando, aponta personagem fictício.

Autoacusação falsa

> **Art. 341.** Acusar-se, perante a autoridade, de crime inexistente ou praticado por outrem:
> **Pena** - detenção, de três meses a dois anos, ou multa.

O que leva uma pessoa a se autoacusar falsamente tem fundamento em vários motivos, por exemplo, alguém que recebe certa vantagem para assumir um crime praticado por outra pessoa ou o próprio pai diz ter sido o autor de um delito para que o filho não seja preso.

Para evitar esse comportamento, o crime de autoacusação falsa está tipificado no Art. 341 do Código Penal. Crime de ação penal pública incondicionada.

Classificação

Considerado um crime simples por ofender um único bem jurídico que é a Administração da justiça. Comum, podendo ser cometido por qualquer pessoa.

É um crime doloso, não tendo previsão para crime culposo.

Crime formal, não exigindo para sua consumação um resultado naturalístico, sendo possível então a tentativa.

Sujeitos do crime

Sujeito Ativo: por ser um crime comum, pode ser praticado por qualquer pessoa, porém se ocorreu realmente o crime, não pode ser sujeito ativo o próprio autor, coautor ou partícipe do crime ocorrido.

Sujeito Passivo: é o Estado.

Consumação e tentativa

É um crime formal, consumando-se no momento em que o sujeito efetua a autoacusação perante a autoridade, independentemente se a autoridade tomou alguma providência.

A tentativa só é possível quando a autoacusação é cometida por meio escrito, não se admitindo quando praticado verbalmente.

Descrição do crime

Não há que se falar em autoacusação falsa quando essa conduta for de CONTRAVENÇÃO PENAL.

O agente que se autoacusa não pode ser autor, coautor ou partícipe do delito anterior.

A autoridade que recebe essa notícia de crime legalmente deve ter poderes de investigar a prática de delitos.

Não configura o crime quando o réu chama para si a exclusiva responsabilidade de ilícito penal de que deve ser considerado concorrente (RT 371/160).

Considerações

Para facilitar o entendimento do crime, exemplos:

Vantagem Pecuniária:

Ex.: "A" recebe dinheiro do verdadeiro autor do crime para autoacusar-se.

Sacrifício:

Ex.: Mãe se autoacusa para livrar o filho que cometeu um crime.

Exibicionismo:

Ex.: Criminoso se autoacusa para que tenha reputação entre a bandidagem de sua comunidade.

Álibi:

Ex.: "A" imputa a si próprio crime menos grave para se livrar de crime mais grave, alegando ser no mesmo horário, porém em lugar diferente.

Supondo que João assuma autoria de crime praticado por outrem, e não só assume a autoria, mas também imputa a coautoria a outrem, que não o autor do delito.

Nessa situação, Fernando Capez[1] diz que o agente irá responder pelos Art. 341 e 339, em concurso formal imperfeito, soma das penas.

Falso testemunho ou falsa perícia

> **Art. 342.** Fazer afirmação falsa, ou negar ou calar a verdade como testemunha, perito, contador, tradutor ou intérprete em processo judicial, ou administrativo, inquérito policial, ou em juízo arbitral:
> **Pena** - reclusão, de um a três anos, e multa.
> **§ 1º.** As penas aumentam-se de um sexto a um terço se o crime é praticado mediante suborno ou se cometido com o fim de obter prova destinada a produzir efeito em processo penal, ou em processo civil em que for parte entidade da administração pública direta ou indireta.
> **§ 2º.** O fato deixa de ser punível se, antes da sentença no processo em que ocorreu o ilícito, o agente se retrata ou declara a verdade.

Muitas vezes o testemunho é o único meio probatório para a autoridade competente louvar-se da decisão. A testemunha que mente, nega ou cala a verdade não sacrifica apenas interesses individuais, mas atinge o Estado, responsável por assegurar a eficácia da justiça.

O Código Penal, visando preservar a busca pela verdade, versa em seu Art. 342 o crime de falso testemunho ou falsa perícia, sendo esse um crime de ação penal pública incondicionada.

Classificação

É um crime de ação múltipla ou de conteúdo variado, pois a prática de várias condutas típicas no tocante ao mesmo objeto material acarreta crime único.

Trata-se de crime de médio potencial ofensivo, admitindo-se a suspensão condicional do processo.

É um crime doloso, não exigindo qualquer finalidade específica.

Crime de mão própria, comissivo ou omissivo e instantâneo.

Sujeitos do crime

Sujeito Ativo: crime de mão própria, somente podendo ser praticado pela testemunha, perito, contador, tradutor ou intérprete.

---

1 - Fernando Capez é um professor, jurista e político brasileiro.

DOS CRIMES CONTRA ADMINISTRAÇÃO PÚBLICA

Crime de mão própria. Em que pese o STF já ter admitido a coautoria quando o advogado instrui a testemunha, são frequentes as decisões de nossos Tribunais afirmando a incompatibilidade do instituto com o delito de falso testemunho, face a sua característica de mão própria. Desta forma, deve se tratar de mera participação.

Toda testemunha pratica o delito, ou apenas aquela que presta compromisso? A corrente majoritária entende que se a lei não submete a testemunha informante ao compromisso de dizer a verdade, não pode cometer o ilícito do Art. 342 do CP. Entretanto, já teve julgados no STF dizendo ser crime.

A vítima, por não ser testemunha (sequer equiparada), não pratica o crime do Art. 322, podendo ser autora de outro delito, como por exemplo, denunciação caluniosa. Art. 339 do CP.

Sujeito Passivo: é o Estado e, secundariamente, a pessoa prejudicada pelo falso testemunho ou pela falsa perícia.

Consumação e tentativa

Consumação ocorre no momento em que o depoimento é encerrado ou que o laudo pericial, os cálculos, a tradução ou interpretação são entregues concluídos. Sendo admitida a tentativa.

É fato atípico a conduta de mentir para evitar sua própria incriminação, pois ninguém é obrigado a produzir prova contra si mesmo.

Descrição do crime

Testemunha: aquela pessoa chamada para depor no processo, sob o compromisso de dizer a verdade fática. Perito: quem fornece laudos técnicos de conhecimentos específicos, que escapam da ciência do Juiz. Contador: especialista em assuntos contábeis. Pessoa que apresenta os cálculos a serem eventualmente efetuados. Tradutor: tem a função de adaptar textos em língua estrangeira para o vernáculo (idioma pátrio). Intérprete: responsável pela comunicação daquele que não conhece o idioma nacional.

O crime em tela possui três núcleos:

→ **Fazer Afirmação Falsa:**
> Falsidade positiva;
> Mentir para a autoridade.

Pedro mente para o juiz, dizendo que na data do crime estava viajando com Ronaldo (acusado) para Florianópolis.

→ **Negar a Verdade:**
> Falsidade negativa;
> Recusar-se a confirmar a veracidade de um fato.

Ex.: "A" nega que presenciou o latrocínio praticado por "B" contra "C".

→ **Calar a Verdade:**
> Reticência;
> Permanecer em silêncio sobre a verdade de determinado fato.

O juiz, durante a oitiva da testemunha formula várias perguntas a esta, mas ela nada responde.

O agente deve saber que falta com a verdade. Não há crime quando a testemunha ou perito é acometido por erro indesejado, pelo esquecimento dos fatos ou mesmo pela deformação inconsciente da lembrança em razão da passagem do tempo.

É imprescindível que a falsidade verse sobre fato juridicamente relevante (apto a influir de algum modo na decisão final da causa). Desse modo, exige-se que a falsidade tenha potencialidade lesiva, de modo a influir no futuro julgamento da causa.

Considerações

Falso Testemunho e Carta Precatória: na hipótese de falso testemunho prestado através de carta precatória, o foro competente para processar e julgar este crime é do juízo deprecado (comarca onde o falso testemunho foi prestado e onde o delito se consumou).

Falso Testemunho em CPI: responde pelo crime previsto no Art. 4º, II da Lei nº 1.579/52 a pessoa que presta falso testemunho perante CPI (Comissão Parlamentar de Inquérito).

> O depoimento falso, prestado perante autoridade incompetente, não exclui o crime.
>
> O depoimento falso, prestado em processo nulo, exclui o crime.
>
> O compromisso de dizer a verdade (Art. 203, CPP) representa mera formalidade relacionada ao procedimento para a oitiva do juiz. Desse modo, tal ato é dispensável para a caracterização do crime.

Apontamentos

Teoria Subjetiva: O crime em estudo adotou a teoria subjetiva: só há crime quando o depoente (testemunha) tem consciência da divergência entre sua versão e o fato presenciado. Desse modo, é possível que haja o crime de falso testemunho ainda que o fato seja verdadeiro. Nesta hipótese, é necessário que a testemunha narre um fato que realmente ocorreu, mas não foi presenciado por ela.

Se o falso testemunho ou falsa perícia se der perante a justiça do trabalho, o seu processo e julgamento estarão afetos ao juízo criminal federal, por ser atingido interesse da União.

Aumento de pena

§1º. As penas aumentam-se de um sexto a um terço, se o crime é praticado mediante suborno ou se cometido com o fim de obter prova destinada a produzir efeito em processo penal, ou em processo civil em que for parte entidade da administração pública direta ou indireta.

> É perfeitamente possível o falso testemunho sobre fato verdadeiro, como no caso do agente que detalha minuciosamente episódios verdadeiros/ocorridos, que jamais presenciou.

→ **São três as causas de aumento de pena:**
> Mediante suborno;
> Com o fim de obter prova destinada a produzir efeito em processo penal;

> Com o fim de obter prova destinada a produzir efeito em processo civil em que for parte entidade da administração pública direta ou indireta.

Retratação: Art. 342, §2º. O fato deixa de ser punível se, antes da sentença, no processo em que ocorreu o ilícito, o agente se retrata ou declara a verdade. Trata-se de causa de extinção da punibilidade (Art. 107, VI, do CP).

A retratação formulada pelo autor deve comunicar-se aos partícipes do delito.

Em processo de competência do Tribunal do Júri, é possível a retratação extintiva da punibilidade, mesmo após a decisão de pronúncia, desde que anterior à sentença de mérito.

Se o perito, contador, tradutor ou intérprete solicitar, receber ou aceitar promessa de vantagem indevida a fim de fazer afirmação falsa, negar ou calar a verdade, mas não o faz, incorrerá no crime de corrupção ativa, pois o crime em estudo depende da efetiva afirmação falsa, negação ou omissão da verdade.

Corrupção ativa de testemunha ou perito

Art. 343. Dar, oferecer ou prometer dinheiro ou qualquer outra vantagem a testemunha, perito, contador, tradutor ou intérprete, para fazer afirmação falsa, negar ou calar a verdade em depoimento, perícia, cálculos, tradução ou interpretação: (Redação dada pela Lei nº 10.268, de 28.8.2001)

Pena - reclusão, de três a quatro anos, e multa.(Redação dada pela Lei nº 10.268, de 28.8.2001)

Parágrafo único. As penas aumentam-se de um sexto a um terço, se o crime é cometido com o fim de obter prova destinada a produzir efeito em processo penal ou em processo civil em que for parte entidade da administração pública direta ou indireta.

O tipo pode ser executado de forma livre (palavras, escritos, gestos etc). Entretanto, se o agente se utilizar de violência ou grave ameaça, o crime será o de coação no curso do processo. Art. 344 CP.

Conduta: trata-se de modalidade especial de corrupção ativa, abrangendo o mesmo comportamento criminoso, acrescido do núcleo dar.

Para configurar o delito em tela é necessário que haja algum procedimento oficial em andamento.

Consumação: trata-se de crime formal, logo se consuma com a simples realização de uma das condutas previstas no *caput*, sendo desnecessária a prática de qualquer ato pelos possíveis corrompidos.

Coação no curso do processo

Art. 344. Usar de violência ou grave ameaça, com o fim de favorecer interesse próprio ou alheio, contra autoridade, parte, ou qualquer outra pessoa que funciona ou é chamada a intervir em processo judicial, policial ou administrativo, ou em juízo arbitral:
Pena - reclusão, de um a quatro anos, e multa, além da pena correspondente à violência.

A razão pela qual existe esse crime é para impedir que frustrem a eficiência da Administração da justiça com violência ou ameaças e para garantir o regular andamento dos processos ou em juízo arbitral. Crime esse de ação penal pública incondicionada.

Classificação

É um crime **pluriofensivo**, pois atinge mais de um bem jurídico, primeiramente a Administração da justiça, e secundariamente a integridade física ou a liberdade individual.

Doloso e com um especial fim de agir, apresentado no tipo com o fim de favorecer interesse próprio ou alheio. Não admite a modalidade culposa.

Considerado um crime comum, instantâneo, de concurso eventual, e em regra comissivo.

Sujeitos do crime

Sujeito Ativo: por ser um crime comum, pode ser cometido por qualquer pessoa, não sendo necessário que o agente tenha interesse no próprio processo.

Sujeito Passivo: é o Estado e de forma mediata, e secundariamente, figurará no polo passivo o indivíduo que sofreu a coação.

Magistrado, delegado, réu, testemunha, jurado etc.

Consumação e tentativa

Ocorre a consumação no momento do emprego da violência ou grave ameaça do agente.

A tentativa é possível, visto que o crime tem caráter plurissubsistente.

Ex.: "A" manda uma carta ameaçadora para uma testemunha de um processo judicial, mas por circunstâncias alheias a sua vontade, a carta se extravia nos Correios.

Segundo STJ, o crime de coação no curso do processo, por ser um crime formal, se consuma tão só com o emprego da grave ameaça ou violência contra qualquer das pessoas referidas no art. 344 do CP, independentemente do efetivo resultado pretendido ou de a vítima ter ficado intimidada. (STJ. REsp 819.763/PR)

Descrição do crime

Se a conduta descrita no tipo penal for realizada no curso de processo de uma CPI, o agente incidirá no crime previsto no Art. 4º, I, da Lei nº 1.579/52 que versa sobre as Comissões Parlamentares de Inquérito.

Não basta para a configuração do delito que a violência ou grave ameaça seja proferida às pessoas do Art. 344. É necessário que se faça tal injusto com o interesse de favorecimento próprio ou alheio.

Ex.: "A" amigo do réu, ameaça a testemunha a depor em favor do amigo. / "B" réu em processo judicial, intimida o perito a não revelar o verdadeiro resultado do laudo pericial.

Considerações

Se da conduta criminosa resulta violência, restarão caracterizados dois crimes, incidindo em concurso material obrigatório, somando as penas da coação no curso do processo mais o crime de violência (lesão corporal ou homicídio).

NOÇÕES DE DIREITO PENAL

DOS CRIMES CONTRA ADMINISTRAÇÃO PÚBLICA

Exercício arbitrário das próprias razões

Art. 345. *Fazer justiça pelas próprias mãos, para satisfazer pretensão, embora legítima, salvo quando a lei o permite:*
Pena - *detenção, de quinze dias a um mês, ou multa, além da pena correspondente à violência.*
Parágrafo único. *Se não há emprego de violência, somente se procede mediante queixa.*

Como disposto no Art. 345 do Código Penal, não é aceita a justiça entre particulares e a ninguém é dado o direito de versar sobre a justiça privada se não o próprio poder judiciário, que tem a competência para resolver as divergências existentes entre os indivíduos. Em regra, esse crime é de ação penal privada, contudo será de ação penal pública incondicionada se estiver presente a violência.

Classificação

Crime simples, pois atinge um único bem jurídico. Comum, cometido por qualquer pessoa.

É um crime doloso, acompanhado com um elemento subjetivo específico "para satisfazer pretensão, embora legítima". Não sendo admitida a modalidade culposa.

Em regra é comissivo e instantâneo, consumando-se em um momento determinado.

A ação penal será pública incondicionada quando o crime é praticado em detrimento do patrimônio ou interesse da União, Estado ou Município.

Sujeitos do crime

Sujeito Ativo: pode ser cometido por qualquer pessoa, mas se o agente for funcionário público e comete o delito prevalecendo-se de sua condição, serão imputados dois crimes: exercício arbitrário das próprias razões + abuso de autoridade (Lei nº 4.898/65).

Ex.: "A" policial, proprietário de uma casa, encosta a viatura na frente de seu imóvel, entra na residência e, de arma em punho, expulsa "B", que não pagara o aluguel do mês anterior.

Sujeito Passivo: primeiramente é o Estado, e secundariamente a pessoa física ou jurídica prejudicada pela conduta criminosa.

Consumação e tentativa

Existe divergência entre os doutrinadores, mas majoritariamente foi classificado como um crime formal, consumando-se mesmo que a pretensão não seja atingida.

É plenamente aceitável a tentativa, visto o caráter plurissubsistente (ação composta por vários atos) do crime.

> Não é regra que, sendo funcionário responda por abuso de autoridade, somente se ele se prevalecer das condições de seu cargo.

Descrição do crime

O núcleo do tipo fazer justiça pelas próprias mãos, tem sentido de satisfazer pretensão pessoal. Essa pretensão pode ser de qualquer natureza, ligada ou não à propriedade, mas exigindo-se ao menos uma aparência de direito legítimo.

Ex.: Marido indignado com a traição da esposa, a expulsa da casa que construíram juntos.

A pretensão deve ser legítima, pois do contrário, a conduta acarretará na incidência de outros crimes, tais como o furto, roubo, estelionato, apropriação indébita, entre outros.

Ex.: "A", indignado com a traição de sua esposa, vai até a casa de "B" que é o homem que se deitou com ela e, para fazer justiça com as próprias mãos, obriga a mulher de "B" a manter relações sexuais com "A".

4.4 Subtração ou Dano de Coisa Própria em Poder de Terceiro

Art. 346. *Tirar, suprimir, destruir ou danificar coisa própria, que se acha em poder de terceiro por determinação judicial ou convenção:*
Pena - *detenção, de seis meses a dois anos, e multa.*

Sujeitos do crime

Sujeito Ativo: somente pode ser executado pelo proprietário da coisa (crime próprio). Sendo que o concurso de pessoas é plenamente possível.

Sujeito Passivo: será o estado, e secundariamente o indivíduo possuidor da coisa ou aquele contra quem foi empregada violência.

Fraude processual

Art. 347. *Inovar artificiosamente, na pendência de processo civil ou administrativo, o estado de lugar, de coisa ou de pessoa, com o fim de induzir a erro o juiz ou o perito:*
Pena - *detenção, de três meses a dois anos, e multa.*
Parágrafo único. *Se a inovação se destina a produzir efeito em processo penal, ainda que não iniciado, as penas aplicam-se em dobro.*

O crime de fraude processual é um crime tacitamente subsidiário, somente sendo aplicável quando o fato não constituir crime mais grave. Delito esse de ação penal pública incondicionada.

Classificação

Considera-se um crime **simples**, pois ofende um único bem jurídico que é a Administração da justiça.

O crime de fraude processual também é considerado um crime **formal** ou de consumação antecipada, pois independe do resultado naturalístico.

Em regra é comissivo, considerado também um crime de dano, pois causa lesão à Administração da justiça.

Crime de concurso eventual, normalmente praticado por um só agente, mas o concurso é plenamente possível.

Sujeitos do crime

Sujeito Ativo: considerado um crime comum, logo, é passível de ser cometido por qualquer pessoa. (vítima, acusado ou mesmo advogado)

Foge do alcance do tipo o perito, uma vez que, se inovar o estado de coisa, pessoa ou lugar no decorrer dos exames periciais, incorrerá no crime previsto no Art. 342 do CPI.

Sujeito Passivo: de forma imediata é o Estado, e de forma mediata é a pessoa prejudicada no processo administrativo, penal ou civil.

Consumação e tentativa

Consuma-se no momento em que o agente utiliza o meio fraudulento para a inovação na pendência do processo.

A tentativa, entretanto, deve apresentar potencialidade real para enganar o juiz ou o perito. Se o artifício (fraude) for grosseiro ou perceptível é crime impossível (Art. 17 do CP) por ineficácia absoluta do meio.

Para o STJ não é exigido para a consumação do crime de fraude processual que o Juiz ou o perito sejam realmente induzidos a erro, basta que a inovação seja apta para produzir o resultado, mesmo que a pessoa não tenha interesse no processo. (STJ. HC 137.206/SP).

Descrição do crime

É um crime doloso e também necessita de um elemento subjetivo específico que é a intenção de induzir a erro o juiz ou perito, não sendo admitida a modalidade culposa.

Estado de lugar, de coisa ou de pessoa é onde deve recair a conduta artificiosa, para enganar o juiz ou perito.

> **Ex.:** Limpar as manchas de sangue onde ocorreu o crime / Colocar uma arma de fogo na mão de uma pessoa assassinada para simular um suicídio.

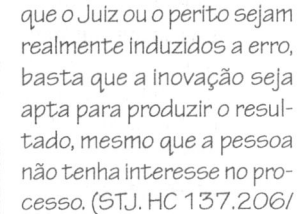

Para o STJ não é exigido para a consumação do crime de fraude processual que o Juiz ou o perito sejam realmente induzidos a erro, basta que a inovação seja apta para produzir o resultado, mesmo que a pessoa não tenha interesse no processo. (STJ. HC 137.206/SP).

Nem toda a inovação caracteriza o surgimento do crime de fraude processual, pois esse elemento normativo do tipo deve ser empregado de forma artificiosa (ardil, fraude).

O parágrafo único aparentemente versa **uma causa especial de aumento de pena** sendo um tipo penal autônomo, pois a conduta de inovar artificiosamente foi cometida em processo penal que ainda não foi iniciado.

> Trata-se de infração subsidiária, logo absorvida quando a finalidade constituir crime mais grave.

STJ pronunciou que o direito à não autoincriminação (nemo tenetur se detegere), não abrange a possibilidade dos acusados de mudarem a cena do crime de forma artificiosa, com o fim de induzir a erro Juiz ou perito. (STJ. HC 137.206/SP)

Conduta: os objetos materiais do crime são taxativos, e desta forma, descabida qualquer integração analógica em relação às inovações que poderão ser praticadas pelo agente.

Pressupõe-se a existência de processo - civil ou administrativo - em andamento.

Em atenção ao princípio da inexigibilidade de conduta diversa, já se entendeu que não ocorre o ilícito quando o autor de um crime de homicídio nega a autoria e dá sumiço à arma, atuando no direito natural de autodefesa (RT 258/356).

Favorecimento pessoal

Art. 348. Auxiliar a subtrair-se à ação de autoridade pública autor de crime a que é cominada pena de reclusão:
Pena - detenção, de um a seis meses, e multa.
§ 1º. Se ao crime não é cominada pena de reclusão:
Pena - detenção, de quinze dias a três meses, e multa.
§ 2º. Se quem presta o auxílio é ascendente, descendente, cônjuge ou irmão do criminoso, fica isento de pena.

O crime de favorecimento pessoal basicamente consiste em prestar auxílio ao agente condenado com pena de reclusão para que escape da ação da autoridade pública. É um crime de ação penal pública incondicionada.

Classificação

Em análise ao Art. 348 do CP pode ser verificado que se trata de um crime acessório, pois depende da prática anterior de um crime com pena de reclusão (contravenção não).

Somente pode ser praticado de forma comissiva (ação), não havendo possibilidade de auxílio à subtração de autor de crime mediante uma conduta omissiva.

Sujeitos do crime

Sujeito Ativo: não é exigida qualquer qualidade específica do agente.

A vítima do crime anterior pode ser sujeito ativo do crime de favorecimento pessoal (Art. 348 do CP). Ex.: uma vítima de roubo (Art. 157 do CP), logo após a ocorrência do crime, engana os policiais, prestando-lhes falsas informações do paradeiro do criminoso para que tenha êxito em sua fuga.

Consumação e tentativa

Por ser um crime material, o crime se consuma com o efetivo auxílio, ainda que seja por curto período de tempo. Caso o criminoso tenha sido pego, o agente responderá pelo crime da mesma forma, já que a conduta de auxiliar o criminoso teve êxito, mesmo que breve.

É plenamente possível a tentativa.

O agente que deixa de comunicar à autoridade pública o local onde está escondido o autor do crime, mesmo que esta circunstância seja de conhecimento do agente, não comete crime algum.

Descrição do crime

Não é necessário que o autor do crime esteja em perseguição, fuga ou esteja sendo procurado pela autoridade pública no momento em que recebe o auxílio. Basta que, de forma idônea, o agente auxilie o criminoso a escapar da ação da autoridade pública.

Não esqueça, se quem presta o auxílio é cônjuge, ascendente, descendente ou irmão do criminoso, fica isento de pena. É a chamada escusa absolutória, presente no §2º do Art. 348 do CP.

DOS CRIMES CONTRA ADMINISTRAÇÃO PÚBLICA

Não existe o crime de favorecimento pessoal (Art. 348 do CP) quando a conduta de auxiliar a subtrair-se à ação de autoridade pública for referente a um crime cometido por um agente menor de idade ou qualquer outro inimputável, já que estes inimputáveis não cometem crimes, mas atos infracionais que acabarão sofrendo medidas de proteção ou medidas socioeducativas no caso dos menores de idade ou medidas de segurança quando forem doentes mentais ou tiverem desenvolvimento mental incompleto ou retardado.

Não há crime quando o agente estiver em escusa absolutória (cônjuge, ascendente, descendente ou irmão), quando o agente que cometeu o crime anterior estiver acobertado por uma excludente de ilicitude ou causa excludente de culpabilidade. E se o agente for absolvido pelo crime anterior, estará excluído o crime de favorecimento pessoal.

O favorecimento deve ocorrer APÓS o cometimento do crime e nunca para o cometimento do crime. Se o favorecimento for ajustado previamente, antes da consumação do crime, incidirá o agente como partícipe segundo o art. 29 do Código Penal: *Quem de qualquer modo concorre para o crime, incide nas penas a este cominadas, na medida de sua culpabilidade.*

O agente que presta o auxílio deve ter ciência da atual situação do criminoso, se não, tem-se excluído o dolo.

Ex.: Tício de forma voluntária, empresta seu carro a Mévio para que este faça uma viajem de negócios, quando na verdade, Mévio, que acabara de cometer um crime, pretendia fugir da polícia. Desta forma Tício não responde pelo crime.

Favorecimento real

Art. 349. *Prestar a criminoso, fora dos casos de coautoria ou de receptação, auxílio destinado a tornar seguro o proveito do crime:*

Pena - *detenção, de um a seis meses, e multa.*

O Código Penal prevê mais uma espécie de favorecimento, demonstrando ser este um crime acessório, pois necessita de algum crime já praticado anteriormente não alcançando as contravenções penais.

Classificação

É um crime de forma livre, ou seja, o favorecimento pode acontecer de diversas formas, como esconder o bem subtraído, aplicar no banco os valores provenientes de um estelionato, deixar um cofre aberto para que o agente que cometeu o crime guarde os documentos roubados no assalto.

É um crime doloso com um elemento subjetivo específico, no qual a finalidade do agente é tornar seguro o proveito do crime, porquanto o agente deve ter a ciência de que seu comportamento será efetivo para auxiliar o criminoso, não se admitindo portanto a modalidade culposa.

Sujeitos do crime

Sujeito Ativo: o crime de favorecimento real é comum, podendo ser praticado por qualquer pessoa, salvo coautor ou partícipe do crime que antecede o favorecimento.

Ex.: Tício, conhecido de Mévio, se dispõe a auxiliar Mévio a esconder o dinheiro que será roubado de uma casa lotérica.

Se efetivamente vier a ocorrer o roubo, Tício será partícipe do crime, por auxiliar Mévio. O intuito de auxiliar deve vir de forma posterior ao cometimento do crime.

Sujeito Passivo: é o Estado e secundariamente, a vítima do delito anterior.

Consumação e tentativa

É considerado um crime formal ou de consumação antecipada, ou seja, o crime se consuma no instante em que o agente presta devido auxílio ao criminoso no intuito de tornar seguro o proveito do crime, mesmo que não venha a ocorrer efetivamente essa finalidade. A tentativa é plenamente aceitável em face do caráter plurissubsistente do delito.

Descrição do crime

O auxílio deve ser destinado a tornar seguro o proveito do crime.

Favorecimento Pessoal. Art. 348 CP:

> **Objeto material:** autor de crime anterior; Se busca a fuga do criminoso.
> **Quanto ao resultado:** crime material (prevalece).
> **Escusa absolutória:** possui hipótese de escusa absolutória, se quem presta o auxílio é cônjuge, ascendente, descendente ou irmão do criminoso, fica isento de pena. É a chamada escusa absolutória, presente no §2º do Art. 348 do CP.

Favorecimento Real. Art. 349 CP:

> **Objeto material:** proveito de crime anterior; Presta-se auxílio não ao criminoso em si, mas indiretamente, assegurando para ele a ocultação da coisa, proveito do crime (real).
> **Quanto ao resultado:** crime formal.
> **Escusa absolutória:** não tem previsão de escusa absolutória.

Para que possa ocorrer o crime do Art. 349, é necessário que o crime anterior tenha alcançado a consumação e se no crime não houve qualquer tipo de proveito, também não haverá o crime de favorecimento real.

Considerações

Quem estuda de maneira superficial o crime de favorecimento real, certamente poderia interpretar de forma errônea as diferenças entre os crimes de receptação própria (CP, Art. 180, *caput*, 1ª parte) na modalidade "ocultar" e favorecimento real (CP, Art. 349). Vamos observar as diferenças:

Receptação própria "ocultar" (Art. 180, *caput*, 1ª parte, CP)	Favorecimento real (Art. 349, CP)
Crime Contra o Patrimônio.	Crime contra a Administração da Justiça.
Quem se beneficia é qualquer outra pessoa que não seja o autor do crime anteriormente praticado.	O próprio autor do crime anteriormente cometido é o beneficiado pela conduta.
Exige-se que o proveito seja econômico.	O proveito pode ser tanto econômico quando de outra natureza.

Favorecimento real impróprio

Art. 349-A. *Ingressar, promover, intermediar, auxiliar ou facilitar a entrada de aparelho telefônico de comunicação móvel, de rádio ou similar, sem autorização legal, em estabelecimento prisional.*
Pena - *detenção, de 3 (três) meses a 1 (um) ano.*

Esse crime foi introduzido pela Lei nº 12.012/2009 e o legislador não atribuiu denominação alguma para esse crime, transferindo essa tarefa à jurisprudência e à doutrina.

Classificação

É um crime de ação múltipla ou de conteúdo variado, ou seja, se o agente vier a cometer mais de um núcleo do tipo no mesmo contexto fático, configurará crime único.

É um crime de forma livre, admitindo qualquer meio de execução.

Ex.: A esposa de um detento que oculta um aparelho celular em suas partes íntimas e leva ao interno no dia de visita ou joga o aparelho por cima dos muros da cadeia e até mesmo coloca os aparelhos no interior de alimentos (bolo, torta).

Sujeitos do crime

Sujeito Ativo: é um crime comum, podendo ser praticado por qualquer pessoa, vale ressaltar que até mesmo um preso pode ser sujeito ativo do crime tipificado no Art. 349-A, somente se este estiver em alguma permissão de saída ou saída temporária e também pode ser partícipe, por exemplo, o preso que induz sua esposa a levar a ele o aparelho de comunicação.

Sujeito Passivo: é o Estado.

Consumação e tentativa

É considerado crime de mera conduta, ou seja, a lei sequer prevê qualquer resultado naturalístico. Consuma-se o crime quando é praticada qualquer das condutas descritas no tipo (ingressar, promover, intermediar, auxiliar ou facilitar a entrada de aparelho de comunicação ou similar em estabelecimento prisional).

A tentativa é plenamente possível.

Ex.: Tício, em horário de visita, ao tentar ingressar no presídio onde seu primo está preso, esconde em sua blusa um aparelho celular e acaba sendo preso em flagrante durante a revista pessoal.

Descrição do crime

O objeto material do crime pode ser qualquer instrumento que tenha potencial de comunicação. (aparelho telefônico, *walkie-talkie*, *webcam*).

Não é exigido qualquer fim específico, basta o dolo, por parte do agente, de levar ao poder do preso o aparelho de comunicação.

Exercício arbitrário ou abuso de poder

Art. 350. *Ordenar ou executar medida privativa de liberdade individual, sem as formalidades legais ou com abuso de poder:*
Pena - *detenção, de um mês a um ano.*
Parágrafo único. Na mesma pena incorre o funcionário que:
I. Ilegalmente recebe e recolhe alguém à prisão, ou a estabelecimento destinado a execução de pena privativa de liberdade ou de medida de segurança;
II. Prolonga a execução de pena ou de medida de segurança, deixando de expedir em tempo oportuno ou de executar imediatamente a ordem de liberdade;
III. Submete pessoa que está sob sua guarda ou custódia a vexame ou a constrangimento não autorizado em lei;
IV. Efetua, com abuso de poder, qualquer diligência.

Os crimes de exercício arbitrário e abuso de poder, tanto o *caput* como as figuras equiparadas do parágrafo único foram revogados pela Lei nº 13.869/2019 – Abuso de autoridade.

Fuga de pessoa presa ou submetida a medida de segurança

> Súmula 75 do STJ. Compete à justiça comum estadual processar e julgar o policial militar por crime de promover ou facilitar a fuga de preso de estabelecimento penal.

Art. 351. *Promover ou facilitar a fuga de pessoa legalmente presa ou submetida a medida de segurança detentiva:*
Pena - *detenção, de seis meses a dois anos.*
§ 1º. Se o crime é praticado à mão armada, ou por mais de uma pessoa, ou mediante arrombamento, a pena é de reclusão, de dois a seis anos.
§ 2º. Se há emprego de violência contra pessoa, aplica-se também a pena correspondente à violência.
§ 3º. A pena é de reclusão, de um a quatro anos, se o crime é praticado por pessoa sob cuja custódia ou guarda está o preso ou o internado.
§ 4º. No caso de culpa do funcionário incumbido da custódia ou guarda, aplica-se a pena de detenção, de três meses a um ano, ou multa.

Evasão mediante violência contra a pessoa

Art. 352. *Evadir-se ou tentar evadir-se o preso ou o indivíduo submetido a medida de segurança detentiva, usando de violência contra a pessoa:*
Pena - *detenção, de três meses a um ano, além da pena correspondente à violência*

Arrebatamento de preso

Art. 353. *Arrebatar preso, a fim de maltratá-lo, do poder de quem o tenha sob custódia ou guarda:*
Pena - *reclusão, de um a quatro anos, além da pena correspondente à violência.*

Conduta

Somente uma conduta é prevista para a prática do crime, consubstanciada no núcleo arrebatar preso, com o fim de maltratá-lo (linchamento). Arrebatar significa arrancar, levar, retirar com violência.

Se não tiver o fim de maltratá-lo, não configurará este crime, mas poderá incorrer no Art. 351 do CP. promover ou facilitar fuga de pessoa presa.

O arrebatamento de pessoa submetida à medida de segurança (ou adolescente apreendido) com a finalidade de maltratá-la não configurará o crime do Art. 353 do CP. Nesses casos a retirada do internado da custódia da autoridade será atípica, respondendo o agente somente por eventual conduta posterior praticada contra o arrebatado (morte, lesões corporais etc).

Motim de presos

Art. 354. *Amotinarem-se presos, perturbando a ordem ou disciplina da prisão:*
Pena - *detenção, de seis meses a dois anos, além da pena correspondente à violência.*

Considerações

No tipo penal não há descrição de quantos presos são necessários para configurar o motim. Para alguns autores, três presos são suficientes. Já Mirabete exige no mínimo quatro. Todavia, nenhum entendimento está consolidado, sendo essencial que constitua um ajuntamento tumultuário de aprisionados.

Patrocínio infiel

Art. 355. *Trair, na qualidade de advogado ou procurador, o dever profissional, prejudicando interesse, cujo patrocínio, em juízo, lhe é confiado:*
Pena - *detenção, de seis meses a três anos, e multa.*

Patrocínio simultâneo ou tergiversação

Parágrafo único. Incorre na pena deste artigo o advogado ou procurador judicial que defende na mesma causa, simultânea ou sucessivamente, partes contrárias.

Sujeitos

Sujeito Ativo: o crime em tela somente poderá ser praticado por advogado ou procurador judicial devidamente inscrito nos quadros da OAB. Não estão incluídos no dispositivo os promotores e procuradores de justiça.

Sujeito Passivo: é o Estado e, possivelmente, o outorgante do mandato que foi prejudicado.

Conduta

Pode se dar por ação (Ex.: Manifesta-se no processo de forma contrária aos interesses da parte defendida), ou por omissão (Ex.: Deixa de recorrer).

Conforme alguns autores, o patrocínio infiel deve ser empreendido em causa judicial, pouco importando a natureza ou espécie. Desta forma, a atuação extrajudicial do profissional, como em inquérito policial, sindicância etc. não caracteriza o crime em estudo, sendo o agente passível, apenas, de punição disciplinar.

Consumação e tentativa

> Não é necessário que o patrocínio se dê no mesmo processo, bastando ser a mesma causa.

Consuma-se com a ocorrência do efetivo prejuízo ao patrocinado, ainda que a situação possa ser revertida.

A tentativa é possível apenas na forma comissiva.

O dispositivo traz duas formas de infidelidade profissional:

Patrocínio simultâneo: consiste na conduta do advogado ou procurador que, concomitantemente, zela (ainda que por interposta pessoa) os interesses de partes contrárias.

Patrocínio sucessivo ou tergiversação: consiste na conduta do advogado que renuncia ao mandato de uma parte (ou por ela é dispensado) e passa, em seguida, a representar a outra.

No parágrafo único é dispensável a comprovação de efetivo prejuízo ao patrocinado traído - delito formal.

Sonegação de papel ou objeto de valor probatório

Art. 356. *Inutilizar, total ou parcialmente, ou deixar de restituir autos, documento ou objeto de valor probatório, que recebeu na qualidade de advogado ou procurador:*
Pena - *detenção, de seis meses a três anos, e multa.*

Exploração de prestígio

Art. 357. *Solicitar ou receber dinheiro ou qualquer outra utilidade, a pretexto de INFLUIR em juiz, jurado, órgão do Ministério Público, funcionário de justiça, perito, tradutor, intérprete ou testemunha:*
Pena - *reclusão, de um a cinco anos, e multa.*
Parágrafo único. *As penas aumentam-se de um terço, se o agente alega ou insinua que o dinheiro ou utilidade também se destina a qualquer das pessoas referidas neste artigo.*

Introdução

Versa de forma similar ao crime de tráfico de influência Art. 332 do CP. Com a edição da Lei nº 9.127/95, esses dois crimes foram diferenciados e o Art. 332 passou a ser o crime de tráfico de influência. Esse delito é de ação penal pública incondicionada.

Classificação

É um crime simples, pois ofende um único bem jurídico que é a administração da justiça.

Considerado um crime comum, podendo ser praticado por qualquer pessoa.

É um crime formal quando o agente (SOLICITAR) ou material (RECEBER).

É conhecido como um crime de ação múltipla ou de conteúdo variado, mesmo o agente praticando mais de um verbo do tipo no mesmo contexto, responderá por um único crime.

Sujeitos do crime

Sujeito Ativo: por ser considerado um crime comum, pode ser cometido por qualquer pessoa, pois a própria Descrição do Crime não exige qualquer qualidade do agente.

Sujeito Passivo: o Estado, e também o servidor utilizado na fraude, bem como a pessoa ludibriada pelo agente.

> STF diz que, para a configuração do delito de exploração de prestígio, não é necessário que o agente influa na atuação das pessoas do tipo (juiz, jurado, perito etc.), bastando que o pedido da vantagem seja a PRETEXTO de influir. (STF. RHC 75.128/RJ)

Consumação e tentativa

A consumação dependerá da conduta praticada:

Se a conduta do agente for solicitar, o crime se consuma com o simples pedido, independentemente do aceite da vítima enganada (crime formal).

A TENTATIVA é possível, porém dependerá de como será praticado o delito.

Ex.: "A", alegando conhecer um jurado, sem realmente conhecê-lo, solicita a "B" uma determinada vantagem para supostamente convencer o jurado a absolver seu irmão, réu em determinada ação penal.

Descrição do crime

Exige-se um especial fim de agir por parte do agente, portanto só caracteriza o crime na forma dolosa, não admitindo a forma culposa.

Causa de aumento de pena

Parágrafo único. As penas aumentam-se de um terço, se o agente alega ou insinua que o dinheiro ou utilidade também se destina a qualquer das pessoas referidas no artigo.

Não é exigida a afirmação explícita de qualquer das pessoas indicadas no *caput* desse artigo, basta a insinuação.

Se restar provado que o destinatário da vantagem é uma das pessoas indicadas no tipo penal, restará a este a corrupção passiva (Art. 317 do CP) e ao particular e ao intermediador o crime de corrupção ativa (Art. 333 do CP).

Considerações

Exploração de prestígio (Art. 357 do CP)	Tráfico de influência (Art. 332 do CP)
Solicitar ou receber.	Solicitar, exigir, cobrar ou obter.
Ato de disposição específica relativa aos órgão ou funcionários da administração da justiça.	Ato praticado por funcionário público no exercício da função.

Violência ou fraude em arrematação judicial

Art. 358. *Impedir, perturbar ou fraudar arrematação judicial; afastar ou procurar afastar concorrente ou licitante, por meio de violência, grave ameaça, fraude ou oferecimento de vantagem:*
Pena - *detenção, de dois meses a um ano, ou multa, além da pena correspondente à violência.*

Desobediência a decisão judicial sobre perda ou suspensão de direito

Art. 359. *Exercer função, atividade, direito, autoridade ou múnus, de que foi suspenso ou privado por decisão judicial:*
Pena - *detenção, de três meses a dois anos, ou multa.*

5. LEI Nº 9.455/1997 - LEI DE TORTURA

A prática da tortura encontra proibição expressa no Art. 5º, inciso III, da Constituição Federal: ninguém será submetido a tortura nem a tratamento desumano ou degradante.

No mesmo sentido, a Convenção contra a Tortura e outros Tratamentos ou Penas Cruéis, Desumanos ou Degradantes (Decreto 40, de 15 de fevereiro de 1991)define que o termo 'tortura' designa qualquer ato pelo qual dores ou sofrimentos agudos, físicos ou mentais, são infligidos intencionalmente a uma pessoa a fim de obter, dela ou de uma terceira pessoa, informações ou confissões; de castigá-la por ato que ela ou uma terceira pessoa tenha cometido ou seja suspeita de ter cometido; de intimidar ou coagir esta pessoa ou outras pessoas; ou por qualquer motivo baseado em discriminação de qualquer natureza; quando tais dores ou sofrimentos são infligidos por um funcionário público ou outra pessoa no exercício de funções públicas, ou por sua instigação, ou com o seu consentimento ou aquiescência. Não se considerará como tortura as dores ou sofrimentos que sejam consequência unicamente de sanções legítimas, ou que sejam inerentes a tais sanções ou delas decorram(Art. 1º, 1).

Essa convenção determinou, ademais, em seu Art. 4º, que cada Estado-Parte assegurará que os atos de tortura sejam considerados crimes segundo a sua legislação penal.

Com esse objetivo, o Brasil editou a Lei 9.455/97, para atender à Convenção assinada pelo Brasil, com a finalidade de proteção de todos os seres humanos contra a prática de tortura.

> A Lei 12.847, de 2 de agosto de 2013, instituiu o Sistema Nacional de Prevenção e Combate à Tortura–SNPCT, com o objetivo de fortalecer a prevenção e o combate à tortura, por meio de articulação e atuação cooperativa de seus integrantes, dentre outras formas, permitindo as trocas de informações e o intercâmbio de boas práticas.

Antes de dar prosseguimento a este estudo, devemos definir o que efetivamente se entende por tortura, levando em consideração a Lei 9.455/1997. Isso porque essa Lei não seguiu integralmente o parâmetro legislativo que a fundamentou, permitindo a punição da tortura praticada não só por funcionário público, mas também por particulares. Nesse contexto, podemos entender a tortura como todo sofrimento físico ou mental que tenha como finalidade obter de informação, declaração ou confissão; provocar uma ação ou omissão criminosa; causar sofrimento em razão de discriminação pela raça ou religião; ou ainda como meio de aplicação de castigo ou medida preventiva contra alguém sob sua guarda, poder ou autoridade.

Todos os crimes previstos na Lei de Tortura visam tutelar de maneira imediata o **bem jurídico "dignidade humana"**. Sobre o tema, é relevante mencionar precedente do Supremo Tribunal Federal sobre a definição de dignidade humana: (...) *a dignidade da pessoa humana precede a Constituição de 1988 e esta não poderia ter sido contrariada, em seu art. 1º, III, anteriormente a sua vigência. (...) Tem razão a arguente ao afirmar que a dignidade não tem preço. As coisas têm preço, as pessoas têm dignidade. A dignidade não tem preço, vale para todos quantos participam do humano. Estamos, todavia, em perigo quando alguém se arroga o direito de tomar o que pertence à dignidade da pessoa humana como um seu valor (valor de quem se arrogue a tanto)*. É que, então, o valor do humano assume forma na substância e medida de quem o afirme e o pretende impor na qualidade e quantidade em que o mensure. Então o valor da dignidade da pessoa humana já não será mais valor do humano, de todos quantos pertencem à humanidade, porém de quem o proclame conforme o seu critério particular. Estamos então em perigo, submissos à tirania dos valores.
(**STF**, Pleno, ADPF 153, voto do rel. **Min. Eros Grau**, j. 29.04.2010, DJe 06.08.2010). (grifo nosso)

De forma mediata, indireta, também se pretende tutelar a vida e a integralidade física da pessoa torturada.

Vale lembrar, ainda, que todos os crimes de tortura são dolosos, isto é, dependem da vontade consciente do agente que o realiza para sua caracterização. Em outras palavras, não há tortura culposa.

Em todos os casos, ademais, a ação penal será pública incondicionada, isto é, o Ministério Público não dependerá de representação da vítima para ingressar com a denúncia contra o suspeito.

Para facilitar o entendimento, vamos dividir a tortura em duas partes: inciso I e inciso II. Depois que tal assunto for compreendido, dividiremos cada uma conforme sua modalidade.

> **Art. 1º.** Constitui crime de tortura:
> **I.** constranger alguém com **emprego de violência ou grave ameaça**, causando-lhe **sofrimento físico ou mental**:
> a) com o fim de **obter informação, declaração ou confissão** da vítima ou de terceira pessoa;
> b) para **provocar ação ou omissão de natureza criminosa**;
> c) em razão de **discriminação racial ou religiosa**;(grifo nosso)

A tortura prevista no inciso I fica condicionada ao preenchimento cumulativo de três elementos: o meio utilizado + as consequências sofridas pela vítima + a finalidade pretendida ou as razões do crime.

Meio utilizado	Violência ou grave ameaça
Consequências sofridas	Físicas ou mentais
Finalidades ou razões	Fim de obter informação, Declaração ou confissão Provocar ação ou omissão de Natureza criminosa Discriminação racial ou religiosa

Nessas hipóteses, o sujeito ativo pode ser qualquer pessoa, não se exigindo qualidade especial, de modo que o inciso I irá tratar de um crime comum.

> **II.** submeter alguém, **sob sua guarda, poder ou autoridade**, com emprego de violência ou grave ameaça, a **intenso sofrimento físico ou mental**, como forma de aplicar castigo pessoal ou medida de caráter preventivo.(grifo nosso)

Este inciso apresenta uma importante diferença com relação ao inciso anterior, pois trata de uma hipótese de crime próprio de tortura. Assim, o sujeito ativo nesse caso tem uma qualidade definida no tipo penal, de modo que somente os indivíduos nele descritos é que podem praticá-lo. Então, o crime descrito no inciso

II SOMENTE será praticado por aquele que tem a guarda, o poder ou a autoridade sobre a vítima.

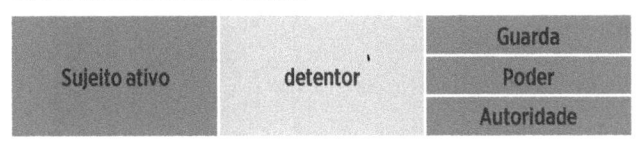

Sujeito ativo	detentor	Guarda
		Poder
		Autoridade

E, ainda, devemos nos atentar à palavra "intenso". O legislador teve o cuidado de ressaltar que não será qualquer sofrimento a ser punido nesse tipo incriminador, apenas os que ensejam intenso sofrimento. A questão é que o intenso sofrimento é um tipo penal aberto, ou seja, dependerá do caso concreto para verificar sua aplicação, devendo o delegado de polícia apurar a intensidade do sofrimento recebido pela vítima, bem como ao Ministério Público comprovar a intensidade desse sofrimento e o juiz justificá-lo na sentença. Caso não seja verificado o "intenso sofrimento", o agente poderá responder pelo crime de maus-tratos.

Outro aspecto importante sobre esse inciso é que há dolo específico nele, ou seja, a vontade de aplicar o sofrimento como forma de castigo pessoal ou medida de caráter preventivo.

O castigo se refere a uma conduta já praticada pela vítima. Assim, o agente tem a intenção de puni-lapor algo já feito. Já a medida de caráter preventivo tem a finalidade de evitar que determinada conduta seja praticada, ela antecede a conduta, visando evitar sua ocorrência.

> **STJ. Recurso ordinário em habeas corpus. Tortura. Lesão corporal e cárcere privado. Crimes praticados em contexto de violência doméstica. Prisão em temporária convertida em preventiva. Circunstâncias dos crimes. Gravidade excessiva. Periculosidade social. Garantia da ordem pública. Custódia fundamentada e necessária. Condições pessoais favoráveis. Irrelevância. Coação ilegal não demonstrada. Reclamo improvido.** *1. Não há o que se falar em constrangimento ilegal quando a constrição está devidamente justificada na garantia da ordem pública, em razão da gravidade efetiva dos delitos em tese praticados e da periculosidade social do acusado, bem demonstradas pelas circunstâncias em que ocorreu o fato criminoso. 2. Caso em que o recorrente foi denunciado pelos crimes de tortura, lesão corporal e cárcere privado, acusado de haver <u>submetido um bebê de pouco mais de 1 ano de idade, que estava sob a sua autoridade, a intenso sofrimento físico e mental, utilizando de violência como forma de castigo pessoal, ofendendo também a sua integridade corporal.</u> Além disso, o agente teria privado a liberdade da mãe da vítima, sua companheira, mediante cárcere privado, tentando evitar que a mesma prestasse socorro a filha que, em razão das agressões sofridas, se encontrava desfalecida. 3. Condições pessoais favoráveis não têm, em princípio, o condão de, isoladamente, revogar a prisão cautelar, se há nos autos elementos suficientes a demonstrar a necessidade da custódia. 4. Recurso ordinário improvido. (STJ - (5ª T.) - Rec. em HC 83785 - SP - Rel.: Min. Jorge Mussi - J. em 22/08/2017 - DJ 30/08/2017 - Doc. LEGJUR 177.1642.4004.6200)*

Como já anunciamos anteriormente, depois de havermos nos dedicado à observação de cada inciso,analisaremos o que eles têm de semelhante e depois os dividiremos conforme sua modalidade.

Primeiramente,é pertinente compreender que, em todas as modalidades descritas anteriormente, o crime de tortura é material, isto é, para que o crime se configure, é necessário que ocorra o resultado naturalístico. Em ambos,admite-se a tentativa e ainda a desistência voluntária. E em todos os casos, a **ação será pública incondicionada.**

MODALIDADES DE TORTURA	
Tortura-prova	Art. 1º, inciso I, alínea a
Tortura-crime	Art. 1º, inciso I, alínea b
Tortura discriminatória	Art. 1º, inciso I, alínea c
Tortura-castigo	Art. 1º, inciso II

Pena - <u>reclusão</u>, de dois a oito anos.

> *§ 1º. Na mesma pena incorre quem submete **pessoa presa ou sujeita a medida de segurança a sofrimento físico ou mental**, por intermédio da prática de ato não previsto em lei ou não resultante de medida legal.(grifo nosso)*

Nesse parágrafo, é possível observar que a exigência é quanto ao sujeito passivo, de modo que apenas poderão ser vítimas nesse tipo incriminador as pessoas que estão presas ou sujeitas a medida de segurança.

> *§ 2º. Aquele que se omite **em face dessas condutas**, quando <u>**tinha o dever de evitá-las ou apurá-las**</u>, incorre na **pena de detenção** de um a quatro anos.(grifo nosso)*

Agora, falaremos da omissão diante da tortura. Neste caso, o agente tinha o dever de evitar o cometimento da tortura ou de efetuar sua apuração, mas não o fez. Esse tipo penal tem uma peculiaridade, primeiramente temos que dividir o § 2º em dois.

A primeira parte diz respeito ao trecho aquele que se omite em face dessas condutas, quando tinha o dever de evitá-las; estamos falando de um crime próprio, no qual somente podem ser sujeitos ativos as pessoas que tinham o **dever de agir**, as quais estão descritas no Art. 13, § 2º do CP:

> ***Art. 13,**§ 2º A omissão é penalmente relevante quando o omitente devia e podia agir para evitar o resultado. O dever de agir incumbe a quem:*
> *a) tenha por lei obrigação de cuidado, proteção ou vigilância;*
> *b) de outra forma, assumiu a responsabilidade de impedir o resultado;*
> *c) com seu comportamento anterior, criou o risco da ocorrência do resultado.*

E a segunda parte se relaciona ao trecho aquele que se omite em face dessas condutas, quando tinha o dever de apurá-las.Neste caso, estamos falando de um crime próprio em que o sujeito ativo só poderá ser a autoridade competente para a apuração do fato.

Então, podemos concluir que o crime de omissão diante da tortura se divide em conduta omissiva de evitação e conduta omissiva de apuração.

Quem COMETE a tortura	→	Pena: reclusão de 2 a 8 anos
Quem se OMITE a tortura	→	Pena: detenção de 1 a 4 anos

> *§ 3º.Se resulta lesão corporal de natureza grave ou gravíssima, a pena é de reclusão de quatro a dez anos; se resulta morte, a reclusão é de oito a dezesseis anos.(grifo nosso)*

A tortura será qualificada se dela houver como resultado lesão corporal de natureza grave, que são as hipóteses previstas no Art. 129, § 1º, do CP, ou gravíssima, hipóteses previstas no Art. 129, § 2º, do CP, ou se da tortura se resulta a morte.

LEI Nº 9.455/1997 - LEI DE TORTURA

5.1 Lesão Corporal de Natureza Grave

§ 1º. Se resulta:
I. Incapacidade para as ocupações habituais, por mais de trinta dias;
II. perigo de vida;
III. debilidade permanente de membro, sentido ou função;
IV. aceleração de parto.

5.2 Lesão Corporal de Natureza Gravíssima

§ 2º. Se resulta:
I. Incapacidade permanente para o trabalho;
II. enfermidade incurável;
III. perda ou inutilização do membro, sentido ou função;
IV. deformidade permanente;
V. aborto.

Tortura que resulta lesão corporal grave	→	Reclusão de 4 a 10 anos
Tortura que resulta lesão corporal gravíssima	→	Reclusão em 4 a 10 anos
Tortura que resulta morte	→	Reclusão de 8 a 16 anos

A tortura qualificada pelo resultado morte ocorre quando há dolo na conduta antecedente (tortura) e dolo ou culpa na consequente (lesão ou morte), exatamente o que ocorreu. A vítima era agredida consecutivamente pelo réu, culminando com sua morte, e condená-lo por CP, art. 121, § 2º, III, e Lei 9.455/1997, art. 1º, II, § 4º, II, incidiria no '*bis in idem*'.

(TJRJ, Apelação Criminal 7.584/2009, rel. **Des. Suely Lopes Magalhães**, j. em 25.11.2009)

§ 4º. Aumenta-se a pena de um sexto até um terço:
I. se o crime é **cometido por** agente público;
II. se o crime é cometido **contra** criança, gestante, portador de deficiência, adolescente ou maior de 60 (sessenta) anos;
III. se o crime é cometido **mediante sequestro**.

Aumenta-se a pena de 1/6 a 1/3	Se cometido por agente público	**Funcionário público:** de acordo com o Art. 327, do Código Penal, considera-se funcionário público, para os efeitos penais, quem, embora transitoriamente ou sem remuneração, exerce cargo, emprego ou função pública.
	Se cometido contra criança, gestante, portador de deficiência, adolescente ou maior de 60 anos	**Criança:** pessoa até doze anos de idade incompletos (Art. 2º da Lei 8.069/90) **Adolescente:** pessoa entre doze e dezoito anos de idade (Art. 2º da Lei 8.069/90). **Portador de deficiência:** considera-se pessoa com deficiência aquela que tem impedimento de longo prazo de natureza física, mental, intelectual ou sensorial, o qual, em interação com uma ou mais barreiras, pode obstruir sua participação plena e efetiva na sociedade em igualdade de condições com as demais pessoas (Art. 2º da Lei 13.146/2015) **Maior de 60 anos:** é a pessoa idosa conforme estabelece Art. 1º do Estatuto do Idoso (Lei 10.741/2003).
	Se cometido mediante sequestro	Sequestro: é a privação da liberdade da vítima por tempo juridicamente relevante.

As causas de aumento de pena se aplicam também ao crime de omissão à tortura e às hipóteses de tortura qualificada, não se limitando aos crimes previstos no Art. 1º.

§ 5º. A condenação acarretará a perda do cargo, função ou emprego público e a interdição para seu exercício pelo dobro do prazo da pena aplicada. (grifo nosso)

Como vimos, existem algumas pessoas que têm o dever de agir, ou seja, têm como obrigação o dever de proteger o indivíduo. Tanto no § 4º, inciso I, quanto no § 5º, o legislador visa garantir que o crime de tortura, quando praticado por agente público, tenha uma pena mais severa, uma vez que o agente público, dentro de suas funções, não age em nome próprio, mas sim em nome do Estado, sendo que é dever do Estado garantir a proteção aos indivíduos.

Assim, o crime de tortura, quando praticado por agente público, acarreta em causa de aumento de pena e ainda perda do cargo e interdição para seu exercício.

Suponhamos que Norberto, carcereiro de determinado presídio, torture Daniel, sendo este um dos presos sob sua responsabilidade; suponhamos que Norberto seja condenado pelo crime de tortura e o juiz o sentencie a uma pena de 6 anos. Além da perda do cargo automática, Norberto só poderá exercer qualquer outra função pública depois de transcorrido o prazo de 12 anos, por força o previsto neste § 5º.

Vale ressaltar que a perda do cargo é, segundo o Supremo Tribunal Federal, efeito automático da condenação: *A perda do cargo, função ou emprego público – que configura efeito extrapenal secundário – constitui consequência necessária que resulta, automaticamente, de pleno direito, da condenação penal imposta ao agente público pela prática do crime de tortura, ainda que se cuide de integrante da Polícia Militar, não se lhe aplicando, a despeito de tratar-se de Oficial da Corporação, a cláusula inscrita no art. 125, § 4.º, da Constituição da República. Doutrina. Precedentes*(**STF**, 2ª T., AI 769.637, rel. **Min. Celso de Melo**, j. 25.06.2013, DJe 15.10.2013).

No mesmo sentido:

A perda do cargo, função ou emprego público é efeito automático da condenação pela prática do crime de tortura, não sendo necessária fundamentação concreta para a sua aplicação (**STJ**, 6ª T., AgRg no Ag 1388953/SP, rel. **Min.Maria Thereza de Assis Moura**, j. 20.06.2013, DJe 28.06.2013)

> *§ 6º. O crime de tortura é inafiançável e insuscetível de graça ou anistia.(grifo nosso)*

Temos aqui um aspecto muito importante que merece atenção: o § 6º segue estritamente o que dispõe a Constituição Federal:

> *Art. 5º, XLIII, CF: A lei considerará crimes inafiançáveis e insuscetíveis de graça ou anistia a prática da tortura, o tráfico ilícito de entorpecentes e drogas afins, o terrorismo e os definidos como crimes hediondos, por eles respondendo os mandantes, os executores e os que, podendo evitá-los, se omitirem.*

Mas o que devemos frisar é que, para fins de concurso, o crime de tortura é equiparado a crime hediondo. Então, além da regra constitucional e da Lei de Tortura, seguimos ainda a regra da Lei 8.072/90:

> *Art. 2º - Lei 8.072/90 - Os crimes hediondos, a prática da tortura, o tráfico ilícito de entorpecentes e drogas afins e o terrorismo são insuscetíveis de*
> *I. anistia, graça e indulto;*
> *II. fiança.*

Então não esqueça, para fins de concurso público, o crime de tortura é **INAFIANÇÁVEL, INSCUSCETÍVEL DE GRAÇA, ANISTIA E INDULTO**.

Embora haja discussão na doutrina, o Supremo Tribunal Federal decidiu que a Constituição Federal veda, implicitamente, o indulto àqueles que tenham praticado crimes hediondos e assemelhados (como é o caso da tortura), veja-se: "Crime hediondo: vedação de graça: inteligência. (...) é constitucional o art. 2º, I, da L. 8.072/90, porque, nele, a menção ao indulto é meramente expletiva da proibição de graça aos condenados por crimes hediondos ditada pelo art. 5º, XLIII, da Constituição. **Na Constituição, a graça individual e o indulto coletivo – que ambos, tanto podem ser totais ou parciais, substantivando, nessa última hipótese, a comutação de pena – são modalidades do poder de graça do Presidente da República (art. 84, XII) – que, no entanto, sofre a restrição do art. 5º, XLIII, para excluir a possibilidade de sua concessão, quando se trata de condenação por crime hediondo**. Proibida a comutação de pena, na hipótese do crime hediondo, pela Constituição, é irrelevante que a vedação tenha sido omitida no D. 3.226/99." (STF, 1ª T., HC 81.565, rel. Min. Sepúlveda Pertence, j. 19-02-2002, DJ 22-03-2002).

> *§ 7º. O condenado por crime previsto nesta Lei, salvo a hipótese do § 2º, **iniciará** o cumprimento da pena em regime fechado. (grifo nosso)*

Com exceção do crime de omissão a tortura, todos **os crimes previstos nessa lei terão como regime inicial o fechado**, sendo possível assim a progressão de regimes.

> **Súmula 698 - STF:** *Não se estende aos demais crimes hediondos a admissibilidade de progressão no regime de execução da pena aplicada ao crime de tortura.*

Caso a questão pergunte sobre o início do cumprimento de pena de acordo com a **jurisprudência do Supremo Tribunal Federal**, a resposta será diferente do texto legal, pois a Corte Suprema entende inconstitucional qualquer determinação abstrata para o início do cumprimento de pena no regime fechado.

> *"Habeas corpus. Penal. Tráfico de entorpecentes. Crime praticado durante a vigência da Lei nº 11.464/07. Pena inferior a 8 anos de reclusão. Obrigatoriedade de imposição do regime inicial fechado. Declaração incidental de inconstitucionalidade do § 1º do art. 2º da Lei nº 8.072/90. Ofensa à garantia constitucional da individualização da pena (inciso XLVI do art. 5º da CF/88). Fundamentação necessária (CP, art. 33, § 3º, c/c o art. 59). Possibilidade de fixação, no caso em exame, do regime semiaberto para o início de cumprimento da pena privativa de liberdade. Ordem concedida. (...) Se a Constituição Federal menciona que a lei regulará a individualização da pena, é natural que ela exista. Do mesmo modo, os critérios para a fixação do regime prisional inicial devem-se harmonizar com as garantias constitucionais, sendo necessário exigir-se sempre a fundamentação do regime imposto, ainda que se trate de crime hediondo ou equiparado. (...) Ordem concedida tão somente para remover o óbice constante do § 1º do art. 2º da Lei nº 8.072/90, com a redação dada pela Lei nº 11.464/07, o qual determina que "[a] pena por crime previsto neste artigo será cumprida inicialmente em regime fechado". Declaração incidental de inconstitucionalidade, com efeito ex nunc, da obrigatoriedade de fixação do regime fechado para início do cumprimento de pena decorrente da condenação por crime hediondo ou equiparado."* (STF, Pleno, HC 111.840, rel. Min. Dias Toffoli, j. 27-06-2012, DJe 16-12-2013)

> *Art. 2º. O disposto nesta Lei aplica-se ainda quando o crime não tenha sido cometido em território nacional, sendo a vítima brasileira ou encontrando-se o agente em local sob jurisdição brasileira.*

Aplicação extraterritorial da Lei 9.455	Caso o crime seja cometido **fora do território nacional** quando:	a vítima for brasileira ou o agente esteja em local sob jurisdição brasileira.

> *Art. 3º. Esta Lei entra em vigor na data de sua publicação.*
> *Art. 4º. Revoga-se o art. 233 da Lei nº 8.069, de 13 de julho de 1990 - Estatuto da Criança e do Adolescente.*

Para a CESPE é correta a seguinte assertiva: "Não é possível a concessão de anistia, graça ou indulto àqueles que tenham praticado crimes hediondos" (CESPE – 2013 – TJDFT – Técnico).

6. LEI Nº 13.869/2019 - LEI DE ABUSO DE AUTORIDADE

A lei de abuso de autoridade é o epíteto da Lei 13.869, de 5 de setembro de 2019, que possui sua base constitucional no art. 5º, inciso XXXIV, alínea "a" de nossa Magna Carta, dispositivo que trata do direito de petição em face dos Poderes Públicos em defesa de direitos contra a ilegalidade ou abuso de poder. Seu objetivo é buscar combater a arbitrariedade no exercício do poder pelos agentes públicos em geral, criminalizando uma série de condutas que anteriormente no máximo eram consideradas ilícitos administrativos.

Deve-se ter em mente, no entanto, que o conceito de "abuso de autoridade" usado pela lei refere-se ao seu conceito legal - subordinado ao princípio da legalidade penal -, sendo mais estrito que o conceito visto em Direito Administrativo em geral.

Essa nova lei revogou expressamente a Lei 4.898/1965, que tratava do mesmo assunto.

Importante observar que o prazo de "vacatio legis" (prazo para a lei entrar em vigor) previsto no art. 45 da lei é de 120 dias, contados a partir de sua publicação oficial, a qual ocorreu no dia 5 de setembro de 2019.

A lei sofreu diversos vetos pelo Presidente da República, sendo que vários deles foram derrubados pelo Congresso Nacional.

De uma certa forma polêmica, é certo que muitos dispositivos da referida lei estão sendo e serão questionados quanto à sua constitucionalidade, devendo estar-se atento a eventuais pronunciamentos do Supremo Tribunal Federal sobre a lei.

Por ser uma lei que trata diretamente da conduta de agentes públicos, deve ser bastante cobrada em provas, especialmente em carreiras policiais e jurídicas.

Para melhor clareza, estudaremos os dispositivos da lei um a um, comentando-os, desprezando-se, porém, aqueles que foram vetados pelo Presidente da República e cujo veto não foi derrubado pelo Congresso Nacional.

Disposições gerais

Art. 1º *Esta Lei define os crimes de abuso de autoridade, cometidos por agente público, servidor ou não, que, no exercício de suas funções ou a pretexto de exercê-las, abuse do poder que lhe tenha sido atribuído.*

§ 1º As condutas descritas nesta Lei constituem crime de abuso de autoridade quando praticadas pelo agente com a finalidade específica de prejudicar outrem ou beneficiar a si mesmo ou a terceiro, ou, ainda, por mero capricho ou satisfação pessoal.

§ 2º A divergência na interpretação de lei ou na avaliação de fatos e provas não configura abuso de autoridade.

O Art. 1º da Lei deixa claro que suas disposições se aplicam aos agentes públicos em geral, seja ou não servidor (vide no próximo tópico o conceito de agente público, para os efeitos dessa lei).

Por outro lado, também deixa claro que as condutas previstas na lei somente serão consideradas criminosas se forem praticadas com o dolo específico de prejudicar ou beneficiar alguém, ou quando o ato for praticado por mero capricho ou satisfação pessoal. Sendo assim, os crimes previstos na lei não admitem a modalidade culposa (que é quando o agente não tem a intenção de produzir o resultado, mas age com imprudência, imperícia ou negligência).

Por fim, especialmente visando tranquilizar o trabalho dos juízes e autoridades policiais, e até para evitar que sejam vítimas de perseguições políticas, o parágrafo 2º do art. 1º estipula que a divergência na interpretação da lei ou avaliação de fatos e provas não configura abuso de autoridade.

Sujeitos do crime

Art. 2º *É sujeito ativo do crime de abuso de autoridade qualquer agente público, servidor ou não, da administração direta, indireta ou fundacional de qualquer dos Poderes da União, dos Estados, do Distrito Federal, dos Municípios e de Território, compreendendo, mas não se limitando a:*

I. servidores públicos e militares ou pessoas a eles equiparadas;
II. membros do Poder Legislativo;
III. membros do Poder Executivo;
IV. membros do Poder Judiciário;
V. membros do Ministério Público;
VI. membros dos tribunais ou conselhos de contas.

Parágrafo único. *Reputa-se agente público, para os efeitos desta Lei, todo aquele que exerce, ainda que transitoriamente ou sem remuneração, por eleição, nomeação, designação, contratação ou qualquer outra forma de investidura ou vínculo, mandato, cargo, emprego ou função em órgão ou entidade abrangidos pelo caput deste art..*

Sujeito ativo de um crime é a pessoa que pode praticá-lo, ou seja, é aquele a quem pode ser imputada a prática do crime.

No caso dos crimes previstos na Lei de Abuso de Autoridade, todo agente público pode incorrer em suas penas, ainda que não seja servidor público, trazendo os incisos do art. 2º apenas exemplos, conforme o "caput" deixa claro, ao dizer "compreendendo, mas não se limitando a".

Por sua vez, o conceito de agente público utilizado pela lei é bastante amplo, assemelhando-se àquele utilizado pela Lei de Improbidade Administrativa.

Assim, para a Lei de Abuso de Autoridade, basta que a pessoa exerça um cargo, mandato, emprego ou função em órgão da Administração Direta ou entidade da Administração Indireta, mesmo que de forma transitória ou sem remuneração, alcançando, desta forma, até mesmo trabalhadores terceirizados ou temporários.

Ação penal

Os crimes previstos na Lei de Abuso de Autoridade são de ação penal pública incondicionada.

Isso quer dizer que quem é o titular legitimado para propor a ação, processando o agente público, é o Ministério Público, não havendo sequer necessidade de representação por parte de algum ofendido. Assim, tomando o Ministério Público conhecimento da prática de ato que configure abuso de autoridade, deverá ele propor de ofício a ação penal respectiva, mesmo que ninguém o requeira.

No entanto, até em obediência à norma constitucional, a mesma lei estabelece que será admitida ação privada se a ação penal pública não for intentada no prazo legal, cabendo ao Ministério Público aditar a queixa, repudiá-la e oferecer denúncia substitutiva, intervir em todos os termos do processo, fornecer elementos de prova, interpor recurso e, a todo tempo, no caso de negligência do querelante, retomar a ação como parte principal.

Ou seja, se o Ministério Público não apresentar a ação no prazo legal, poderá o ofendido - na condição de querelante - propor ele mesmo a ação, desde que o faça, de acordo com o § 2º do Art. 3º, no prazo de 6 meses contados da data em que se esgotar o prazo para oferecimento da denúncia.

Porém, ainda que seja o particular que proponha a ação (ação privada subsidiária da pública), continua sendo o Ministério Público o seu titular, podendo ele intervir no processo, inclusive interpondo recursos e retomando a ação como parte principal, no caso de negligência do querelante.

O Art. 39 da Lei de Abuso de Autoridade estipula que, na condução da ação penal, devem ser aplicadas as normas do Código de Processo Penal e da Lei dos Juizados Especiais (Lei 9.099/95), o que, permite, por exemplo, desde que atendidos os requisitos desta última, considerar-se o crime como de pequeno potencial ofensivo e aplicar-se o "sursis" processual, suspendendo o processo respectivo.

Efeitos da condenação e penas restritivas de direitos

O Capítulo IV da Lei 13.869/19 trata dos efeitos da condenação e também das penas restritivas de direitos que poderão ser aplicadas no caso dos crimes de abuso de autoridade.

Efeitos da condenação

A lei determina em seu art. 4º que são efeitos da condenação:

a) tornar certa a obrigação de indenizar o dano causado pelo crime, devendo o juiz, a requerimento do ofendido, fixar na sentença o valor mínimo para reparação dos danos causados pela infração, considerando os prejuízos por ele sofridos;

b) a inabilitação para o exercício de cargo, mandato ou função pública, pelo período de 1 (um) a 5 (cinco) anos;

c) a perda do cargo, do mandato ou da função pública.

Os efeitos previstos nos itens b) e c), porém, somente ocorrerão se houver reincidência em crime de abuso de autoridade e não são automáticos, ou seja, para que ocorram, o juiz deve prevê-los expressamente e de forma justificada em sua decisão.

Deve-se observar que, além desses efeitos específicos, existem outros, previstos na Constituição Federal ou em outras leis, como a perda dos direitos políticos após o trânsito em julgado da condenação (art. 15, inciso III, da CF).

Penas restritivas de direitos

A Constituição Federal, em seu Art. 5º, inciso XLVI, prevê a aplicação de penas alternativas à prisão, nos casos e na forma previstos em lei.

No caso dos crimes de abuso de autoridade, o Art. 5º da Lei 13.869/19 prevê as seguintes:

d) prestação de serviços à comunidade ou a entidades públicas; e

e) suspensão do exercício do cargo, da função ou do mandato, pelo prazo de 1 (um) a 6 (seis) meses, com a perda dos vencimentos e das vantagens.

Essas penas podem ser aplicadas de forma autônoma ou cumulativamente. Além disso, cabe ao juiz, com base nos critérios previstos no Código Penal, decidir se substituição da pena de prisão por essas penas é adequado e suficiente em cada caso.

Sanções de natureza civil e administrativa

Além das imposições de caráter penal - prisão ou aplicação de penas restritivas de direitos -, a Lei de Abuso de Autoridade prevê que podem ser aplicadas concomitantemente as penalidades de natureza civil e administrativa cabíveis em cada caso.

Isso decorre do princípio da independência entre as instâncias penal, civil e administrativa.

As notícias de crimes previstos na Lei 13.869/19 que também configurarem falta funcional deverão serão informadas à autoridade competente para a abertura de eventual processo administrativo disciplinar.

Embora o Art. 7º da lei estipule que as responsabilidades civil e administrativa são independentes da criminal, deixa ele claro que não se pode questionar sobre a existência ou a autoria do fato quando essas questões tenham sido decididas no juízo criminal.

Ou seja, se o juiz criminal decidiu que não houve crime ou que ficou provado que quem praticou o crime não foi o acusado, ele não poderá ser responsabilizado nas esferas cível e administrativo. No entanto, se o acusado for absolvido no âmbito penal por falta de provas, poderá ser condenado civil e administrativamente.

O Art. 8º também traz disposição importante, ao determinar que faz coisa julgada em âmbito cível, assim como no administrativo-disciplinar, a sentença penal que reconhecer expressamente ter sido o ato praticado com alguma excludente de ilicitude (estado de necessidade, legítima defesa, estrito cumprimento de dever legal ou exercício regular de direito).

Dos crimes e das penas

Em seus Art. 9º a 38, traz a Lei 13.869/19 a descrição dos diversos crimes que configuram abuso de autoridade no âmbito criminal, lembrando que o princípio da legalidade do direito penal estipula que alguém só pode ser acusado de um crime se a conduta respectiva estiver prevista (tipificada) previamente em lei e a mesma lei também preveja as penas aplicáveis.

Reproduzimos abaixo os artigos da lei que tipificam os crimes de abuso de autoridade, cujo estudo pertence ao campo do direito penal, devendo ser lidos com atenção:

Art. 9º Decretar medida de privação da liberdade em manifesta desconformidade com as hipóteses legais:

Pena - detenção, de 1 (um) a 4 (quatro) anos, e multa.

Parágrafo único. Incorre na mesma pena a autoridade judiciária que, dentro de prazo razoável, deixar de:

I. relaxar a prisão manifestamente ilegal;

II. substituir a prisão preventiva por medida cautelar diversa ou de conceder liberdade provisória, quando manifestamente cabível;

III. deferir liminar ou ordem de habeas corpus, quando manifestamente cabível.

Art. 10. Decretar a condução coercitiva de testemunha ou investigado manifestamente descabida ou sem prévia intimação de comparecimento ao juízo:

Pena - detenção, de 1 (um) a 4 (quatro) anos, e multa.

LEI Nº 13.869/2019 - LEI DE ABUSO DE AUTORIDADE

Art. 11. (VETADO).

Art. 12. Deixar injustificadamente de comunicar prisão em flagrante à autoridade judiciária no prazo legal:
Pena - detenção, de 6 (seis) meses a 2 (dois) anos, e multa.
Parágrafo único. Incorre na mesma pena quem:
  I. deixa de comunicar, imediatamente, a execução de prisão temporária ou preventiva à autoridade judiciária que a decretou;
  II. deixa de comunicar, imediatamente, a prisão de qualquer pessoa e o local onde se encontra à sua família ou à pessoa por ela indicada;
  III. deixa de entregar ao preso, no prazo de 24 (vinte e quatro) horas, a nota de culpa, assinada pela autoridade, com o motivo da prisão e os nomes do condutor e das testemunhas;
  IV. prolonga a execução de pena privativa de liberdade, de prisão temporária, de prisão preventiva, de medida de segurança ou de internação, deixando, sem motivo justo e excepcionalíssimo, de executar o alvará de soltura imediatamente após recebido ou de promover a soltura do preso quando esgotado o prazo judicial ou legal.

Art. 13. Constranger o preso ou o detento, mediante violência, grave ameaça ou redução de sua capacidade de resistência, a:
  I. exibir-se ou ter seu corpo ou parte dele exibido à curiosidade pública;
  II. submeter-se a situação vexatória ou a constrangimento não autorizado em lei;
  III. produzir prova contra si mesmo ou contra terceiro:
Pena - detenção, de 1 (um) a 4 (quatro) anos, e multa, sem prejuízo da pena cominada à violência.

Art. 14. (VETADO).

Art. 15. Constranger a depor, sob ameaça de prisão, pessoa que, em razão de função, ministério, ofício ou profissão, deva guardar segredo ou resguardar sigilo:
Pena - detenção, de 1 (um) a 4 (quatro) anos, e multa.
Parágrafo único. Incorre na mesma pena quem prossegue com o interrogatório:
  I. de pessoa que tenha decidido exercer o direito ao silêncio; ou
  II. de pessoa que tenha optado por ser assistida por advogado ou defensor público, sem a presença de seu patrono.

Art. 16. Deixar de identificar-se ou identificar-se falsamente ao preso por ocasião de sua captura ou quando deva fazê-lo durante sua detenção ou prisão:
Pena - detenção, de 6 (seis) meses a 2 (dois) anos, e multa.
Parágrafo único. Incorre na mesma pena quem, como responsável por interrogatório em sede de procedimento investigatório de infração penal, deixa de identificar-se ao preso ou atribui a si mesmo falsa identidade, cargo ou função.

Art. 17. (VETADO).

Art. 18. Submeter o preso a interrogatório policial durante o período de repouso noturno, salvo se capturado em flagrante delito ou se ele, devidamente assistido, consentir em prestar declarações:
Pena - detenção, de 6 (seis) meses a 2 (dois) anos, e multa.

Art. 19. Impedir ou retardar, injustificadamente, o envio de pleito de preso à autoridade judiciária competente para a apreciação da legalidade de sua prisão ou das circunstâncias de sua custódia:
Pena - detenção, de 1 (um) a 4 (quatro) anos, e multa.

Parágrafo único. Incorre na mesma pena o magistrado que, ciente do impedimento ou da demora, deixa de tomar as providências tendentes a saná-lo ou, não sendo competente para decidir sobre a prisão, deixa de enviar o pedido à autoridade judiciária que o seja.

Art. 20. Impedir, sem justa causa, a entrevista pessoal e reservada do preso com seu advogado:
Pena - detenção, de 6 (seis) meses a 2 (dois) anos, e multa.
Parágrafo único. Incorre na mesma pena quem impede o preso, o réu solto ou o investigado de entrevistar-se pessoal e reservadamente com seu advogado ou defensor, por prazo razoável, antes de audiência judicial, e de sentar-se ao seu lado e com ele comunicar-se durante a audiência, salvo no curso de interrogatório ou no caso de audiência realizada por videoconferência.

Art. 21. Manter presos de ambos os sexos na mesma cela ou espaço de confinamento:
Pena - detenção, de 1 (um) a 4 (quatro) anos, e multa.
Parágrafo único. Incorre na mesma pena quem mantém, na mesma cela, criança ou adolescente na companhia de maior de idade ou em ambiente inadequado, observado o disposto na Lei nº 8.069, de 13 de julho de 1990 (Estatuto da Criança e do Adolescente).

Art. 22. Invadir ou adentrar, clandestina ou astuciosamente, ou à revelia da vontade do ocupante, imóvel alheio ou suas dependências, ou nele permanecer nas mesmas condições, sem determinação judicial ou fora das condições estabelecidas em lei:
Pena - detenção, de 1 (um) a 4 (quatro) anos, e multa.
§ 1º Incorre na mesma pena, na forma prevista no caput deste art., quem:
  I. coage alguém, mediante violência ou grave ameaça, a franquear-lhe o acesso a imóvel ou suas dependências;
  II. (VETADO);
  III. cumpre mandado de busca e apreensão domiciliar após as 21h (vinte e uma horas) ou antes das 5h (cinco horas).
§ 2º Não haverá crime se o ingresso for para prestar socorro, ou quando houver fundados indícios que indiquem a necessidade do ingresso em razão de situação de flagrante delito ou de desastre.

Art. 23. Inovar artificiosamente, no curso de diligência, de investigação ou de processo, o estado de lugar, de coisa ou de pessoa, com o fim de eximir-se de responsabilidade ou de responsabilizar criminalmente alguém ou agravar-lhe a responsabilidade:
Pena - detenção, de 1 (um) a 4 (quatro) anos, e multa.
Parágrafo único. Incorre na mesma pena quem pratica a conduta com o intuito de:
  I. eximir-se de responsabilidade civil ou administrativa por excesso praticado no curso de diligência;
  II. omitir dados ou informações ou divulgar dados ou informações incompletos para desviar o curso da investigação, da diligência ou do processo.

Art. 24. Constranger, sob violência ou grave ameaça, funcionário ou empregado de instituição hospitalar pública ou privada a admitir para tratamento pessoa cujo óbito já tenha ocorrido, com o fim de alterar local ou momento de crime, prejudicando sua apuração:
Pena - detenção, de 1 (um) a 4 (quatro) anos, e multa, além da pena correspondente à violência.

Art. 25. Proceder à obtenção de prova, em procedimento de investigação ou fiscalização, por meio manifestamente ilícito:
Pena - detenção, de 1 (um) a 4 (quatro) anos, e multa.
Parágrafo único. Incorre na mesma pena quem faz uso de prova, em desfavor do investigado ou fiscalizado, com prévio conhecimento de sua ilicitude.

Art. 26. (VETADO).

Art. 27. Requisitar instauração ou instaurar procedimento investigatório de infração penal ou administrativa, em desfavor de alguém, à falta de qualquer indício da prática de crime, de ilícito funcional ou de infração administrativa:

Pena - detenção, de 6 (seis) meses a 2 (dois) anos, e multa.

Parágrafo único. Não há crime quando se tratar de sindicância ou investigação preliminar sumária, devidamente justificada.

Art. 28. Divulgar gravação ou trecho de gravação sem relação com a prova que se pretenda produzir, expondo a intimidade ou a vida privada ou ferindo a honra ou a imagem do investigado ou acusado:

Pena - detenção, de 1 (um) a 4 (quatro) anos, e multa.

Art. 29. Prestar informação falsa sobre procedimento judicial, policial, fiscal ou administrativo com o fim de prejudicar interesse de investigado:

Pena - detenção, de 6 (seis) meses a 2 (dois) anos, e multa.

Parágrafo único. (VETADO).

Art. 30. Dar início ou proceder à persecução penal, civil ou administrativa sem justa causa fundamentada ou contra quem sabe inocente:

Pena - detenção, de 1 (um) a 4 (quatro) anos, e multa.

Art. 31. Estender injustificadamente a investigação, procrastinando-a em prejuízo do investigado ou fiscalizado:

Pena - detenção, de 6 (seis) meses a 2 (dois) anos, e multa.

Parágrafo único. Incorre na mesma pena quem, inexistindo prazo para execução ou conclusão de procedimento, o estende de forma imotivada, procrastinando-o em prejuízo do investigado ou do fiscalizado.

Art. 32. Negar ao interessado, seu defensor ou advogado acesso aos autos de investigação preliminar, ao termo circunstanciado, ao inquérito ou a qualquer outro procedimento investigatório de infração penal, civil ou administrativa, assim como impedir a obtenção de cópias, ressalvado o acesso a peças relativas a diligências em curso, ou que indiquem a realização de diligências futuras, cujo sigilo seja imprescindível:

Pena - detenção, de 6 (seis) meses a 2 (dois) anos, e multa.

Art. 33. Exigir informação ou cumprimento de obrigação, inclusive o dever de fazer ou de não fazer, sem expresso amparo legal:

Pena - detenção, de 6 (seis) meses a 2 (dois) anos, e multa.

Parágrafo único. Incorre na mesma pena quem se utiliza de cargo ou função pública ou invoca a condição de agente público para se eximir de obrigação legal ou para obter vantagem ou privilégio indevido.

Art. 34. (VETADO).

Art. 35. (VETADO).

Art. 36. Decretar, em processo judicial, a indisponibilidade de ativos financeiros em quantia que extrapole exacerbadamente o valor estimado para a satisfação da dívida da parte e, ante a demonstração, pela parte, da excessividade da medida, deixar de corrigi-la:

Pena - detenção, de 1 (um) a 4 (quatro) anos, e multa.

Art. 37. Demorar demasiada e injustificadamente no exame de processo de que tenha requerido vista em órgão colegiado, com o intuito de procrastinar seu andamento ou retardar o julgamento:

Pena - detenção, de 6 (seis) meses a 2 (dois) anos, e multa.

Art. 38. Antecipar o responsável pelas investigações, por meio de comunicação, inclusive rede social, atribuição de culpa, antes de concluídas as apurações e formalizada a acusação:

Pena - detenção, de 6 (seis) meses a 2 (dois) anos, e multa.

NOÇÕES DE DIREITOS HUMANOS

1. TEORIA GERAL E CARACTERIZAÇÃO DOS DIREITOS HUMANOS

1.1 Conceitualização

A conceitualização dos Direitos Humanos não obedece a uma forma absoluta de definição universal. Muitos foram, e continuam sendo, os teóricos que refletem esse âmbito do Direito. Vejamos, a título de exemplos, alguns conceitos:

> "Compreendemos por Direitos Humanos os direitos que o homem possui pelo fato de ser homem, por sua própria natureza humana, pela dignidade que a ela é inerente. São direitos que não resultam de uma concessão da sociedade política. Pelo contrário, são direitos que a sociedade política tem o dever de consagrar".
>
> João Baptista Herkenhoff (Advogado e escritor).

> "O conjunto institucionalizado de direitos e garantias do ser humano que tem por finalidade básica o respeito à sua dignidade por meio de sua proteção contra o arbítrio do poder estatal e o estabelecimento de condições mínimas de vida e desenvolvimento da personalidade humana".
>
> Alexandre de Moraes (jurista, magistrado, ex-político e atual ministro do Supremo Tribunal Federal-STF).

> "A expressão Direitos Humanos refere-se obviamente ao homem, e como "direitos" só se pode designar aquilo que pertence à essência do homem, que não é puramente acidental, que não surge e desaparece com a mudança dos tempos, da moda, do estilo ou do sistema, deve ser algo que pertence ao homem como tal".
>
> Charlles Malik (Relator da comissão de Direitos Humanos da ONU, 1947).

Após analisarmos os conceitos dados, uma dúvida pode surgir: "Qual a diferença entre **direitos do Homem**, **Direitos Fundamentais** e **Direitos Humanos**?". Pode-se dizer que a principal diferença entre esses conceitos reside na positivação ou não dos referidos direitos, bem como o local onde se encontram positivados. Porém, as expressões têm sido, equivocadamente, usadas indistintamente como sinônimos. Observe:

> **Direitos do Homem:** é a universalidade de direitos naturais (caráter jusnaturalista) que garantem a proteção global do homem e válido em todos os tempos. Trata-se de direito que não estão nos textos constitucionais ou, nem mesmo, em tratados de proteção aos direitos humanos. Portanto, podemos caracterizar como direitos que:
>   » condicionam ao ser humano exercer sua humanidade;
>   » são universais, válidos em qualquer tempo e em qualquer lugar;
>   » são naturais, inseparáveis e imprescindíveis a qualquer ser humano.
> **Direitos Fundamentais:** representam os direitos naturais positivados ou escritos no Texto Constitucional, ganhando uma conotação de direitos positivos constitucionais. Um exemplo é o Título II da Constituição de 1988.

É importante também ter cuidado para não confundir os direitos fundamentais com garantias fundamentais. A primeira espécie são os bens protegidos pela Constituição, já a segunda é aquela que visa proteger esses bens, ou seja, instrumentos constitucionais.

> **Direitos Humanos:** é evolução dos direitos fundamentais, ou seja, quando esses direitos previstos nas normas internas passaram a ser regulados em **tratados internacionais** (seja no plano global ou regional).

A expressão Direito Humanitário também pode gerar novas dúvidas, portanto fazemos bem em conceituá-la. O **Direito Humanitário** visa ao mínimo de dignidade para os participantes de conflitos armados ou feridos e doentes vítimas de guerras e proteção para aqueles que não participam ou que fugiram de determinado conflito.

> Um tratado é um acordo entre os Estados, que se comprometem com regras específicas. Tratados internacionais têm diferentes designações, como pactos, cartas, protocolos, convenções e acordos. Um tratado é legalmente vinculativo para os Estados que tenham consentido em se comprometer com as disposições do tratado – em outras palavras, que são parte do tratado.

1.2 Concepções

Ao analisarmos os Direitos Humanos, devemos nos perguntar quais as premissas filosóficas que os precedem e os projetam, e o alicerce sobre o qual estão levantadas as colunas que estruturam todos os direitos humanos e suas ramificações. Neste sentido, é possível afirmar as seguintes teorias basilares:

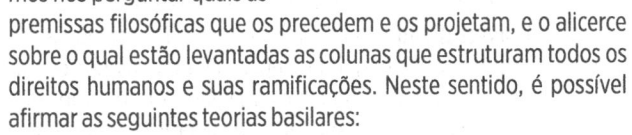

> **Naturalismo:** a pessoa humana é o fundamento atemporal dos Direitos Humanos, pois, a partir dela, verificamos a existência de direitos pré-concebidos e precedentes a qualquer modo de positivação estatal. A dignidade, não importa a cultura na qual a pessoa esteja imersa, deve ser objeto de zelo e amparo, pois está presente no homem enquanto homem. Neste sentido, os Direitos Humanos não são criados pelos homens, não são criados pelo Estado, mas resta a este o reconhecimento destes direitos.

> **Positivismo:** os Direitos Humanos não podem ser caracterizados como absolutos. Devem obedecer à ordem prática do Direito que, como fruto social, leva em consideração fatores culturais, morais e sociais, variáveis em sua constituição. Portanto, não poderíamos almejar uma fundamentação absoluta, ou caráter permanente para algo que necessariamente irá sofrer alterações. Isso gera uma tendência natural à positivação dos Direitos Humanos pelas Constituições nacionais.

Observação: não devemos estabelecer um ponto exato no nascimento dos Direitos Humanos, mas percebê-los como fruto do tempo e das experiências. Eles nasceram

TEORIA GERAL E CARACTERIZAÇÃO DOS DIREITOS HUMANOS

fragmentados em resposta às atrocidades cometidas arbitrariamente sobre o ser humano durante guerras e conflitos. O direito à liberdade e à vida são exemplos de alguns desses direitos. Mesmo com perspectivas de fundamentação distintas, os Direitos Humanos permanecem tendo como horizonte de ação a **DIGNIDADE DO HOMEM**, que, na condição de humano, já merece respeito e dignidade, sendo estes inseparáveis de sua natureza.

> A dignidade pode ser definida como consciência do próprio valor, respeito que se tem para com a própria pessoa e o reconhecimento de suas próprias qualidades. Neste sentido, o ser capaz de reconhecimento de si e autoconsciência, inferindo valores a seu contexto social, artístico e cultural, capaz de dar sentido e promover a Liberdade é o ser humano.

1.3 Características

Os Direitos Humanos são caracterizados pela:

> **Historicidade:** não nasceram todos de uma única vez em um único momento histórico. Surgindo de maneira gradual, são resultados de lutas contra o Poder vigente, evoluem com o tempo e obedecem a fluxos circunstanciais do contexto a que estão inseridos, sendo assegurados pela positivação jurídica dos Estados.

> **Universalidade:** destinam-se para todo ser humano. Não limita, distingue ou separa os homens por conta de sexo, orientação política, religião, cor ou nacionalidade, almejando respeitar e considerar o princípio de Liberdade e o princípio da Dignidade presente em todo e qualquer ser humano só pelo fato de o sê-lo.

> **Inalienabilidade:** os direitos não podem ser alienados, não podem ser vendidos.

> **Inexaurabilidade:** os Direitos humanos não são esgotados em si mesmos, não assumem rol taxativo. É admissível a esses direitos sua ampliação não sua redução, respeitando-se sempre o núcleo essencial de tais direitos.

> **Irrenunciabilidade:** os titulares de tais direitos não podem renunciá-los. Os Direitos Humanos são inerentes à existência humana e, tomando consciência disso, o Estado impede que os indivíduos deliberem sobre direitos de ordem natural.

> **Imprescritibilidade:** podem ser exercidos em qualquer tempo. Mesmo levando em conta um intervalo de tempo que não tenham sido exercidos, não significa que não podem ser exigidos.

> **Inviolabilidade:** os Direitos Humanos não podem ser violados e cabe ao Estado zelar para que a violação de tais direitos não ocorra.

> **Complementariedade:** a evolução dos Direitos Humanos é marcada pela complementação que cada direito dá ao outro. Eles se complementam.

> **Efetividade:** a concretização, a realização no mundo real. Os direitos não permanecem somente no plano teórico, mas efetivam-se no mundo.

> **Concorrência:** os Direitos humanos não têm efeito isoladamente. Eles coexistem entre si, ativam-se conjuntamente e um direito não anula outro.

> **Limitabilidade:** os limites dos direitos são postos por outros direitos. A ponderação e o bom senso sobre determinadas situações irá confirmar que tipo de limitação será essa. Exemplo: direito de propriedade x direito à vida.

> **Vedação ao retrocesso:** compreende-se a ampliação dos Direitos Humanos enquanto Direitos Fundamentais, porém a redução destes Direitos não é permitida.

> **Indivisibilidade:** os Direitos Humanos formam um todo, um conjunto de direitos que não podem ser analisados de maneira isolada.

> **Aplicabilidade imediata:** segundo o Art. 5º, §1º, da Constituição Federal, a aplicação desses direitos é de ordem imediata.

> **Essenciabilidade:** os Direitos Humanos são inerentes à natureza humana e fundamentam-se no princípio da Dignidade de caráter supremo e inigualável.

Questões

01. É correto afirmar sobre direitos humanos:
a) São direitos limitados a determinadas pessoas e grupos sociais.
b) De alcance geral, devem ser aplicados de forma igual e sem discriminação.
c) Tratam-se de direitos divisíveis a parcela a sociedade, como forma de autoproteção social.
d) Somente poderão ser invocados para tutelar direitos quando houver ameaça a minorias étnicas.
e) A sua natureza indivisível, inalienável e irrenunciável permite, a qualquer tempo, que o seu beneficiário o renuncie quando violado.

02. Atente ao seguinte enunciado: "Trata-se de uma teoria amplamente difundida na doutrina e na prática dos direitos humanos, fundamenta tais direitos em uma ordem superior, universal, imutável e inderrogável".
A teoria descrita no enunciado acima é a Teoria
a) Moderna.
b) Moralista.
c) Positivista.
d) Universalista.
e) Jusnaturalista.

03. Considerando as fontes dos direitos humanos, assinale a afirmação verdadeira.
a) As fontes materiais são, mormente, os tratados e acordos internacionais.
b) As fontes formais dos direitos humanos são os fatos sociais e ideias que formam a convicção da necessidade de proteger um valor entendido como fundamental para a promoção da dignidade humana.

c) As fontes materiais dos direitos humanos são as formas de expressão da norma jurídica que consagra direitos inerentes à dignidade humana. Em regra, correspondem às fontes do Direito em geral e às do Direito Internacional Público.

d) As fontes formais dos direitos humanos são as formas de expressão da norma jurídica que consagra direitos inerentes à dignidade humana. Em regra, correspondem às fontes do Direito em geral e às do Direito Internacional Público.

04. Em relação à proteção internacional dos Direitos Humanos:

a) O Direito Internacional Humanitário restringe-se à proteção das populações civis na hipótese de conflitos armados, excluindo-se os militares postos fora de combate.

b) O Direito Internacional dos Refugiados representa a proteção dos refugiados em aspectos relativos ao deslocamento do seu local de residência e à concessão do refúgio, não interagindo com a proteção dos direitos humanos em si.

c) O Direito Internacional Humanitário é menos abrangente que o Direito Internacional dos Direitos Humanos, tendo precedido historicamente este último.

d) O Direito Internacional dos Direitos Humanos não incide na hipótese de conflitos armados internacionais e internos.

e) O Direito Internacional dos Direitos Humanos consolidou-se normativamente logo após a Primeira Guerra Mundial, com a relativização da soberania dos Estados Nacionais e atribuição ao indivíduo da condição de sujeito de direitos no plano internacional.

05. No que tange às características e especificidades dos Direitos Humanos:

a) A irrenunciabilidade determina que a autorização ou consentimento do titular do direito humano não justifica ou convalida qualquer violação ao seu conteúdo.

b) A imprescritibilidade implica o reconhecimento de que os direitos humanos podem ser reivindicados a qualquer tempo, com exceção dos direitos humanos de terceira geração que prescrevem nos termos da legislação nacional.

c) A indivisibilidade é caracterizada pela primazia conferida aos direitos civis e políticos em relação aos direitos econômicos, sociais e culturais.

d) A interdependência ou interrelação transmite a ideia de que a dignidade da pessoa humana pode ser protegida de forma fragmentada em algumas situações, na medida em que há direitos humanos mais essenciais que outros.

e) A inexaurabilidade representa a taxatividade, ou seja, a limitação na consagração de novos direitos humanos.

Gabaritos

01	B	04	C
02	E	05	A
03	D	-	-

AFIRMAÇÃO HISTÓRICA E VERTENTES DOS DIREITOS HUMANOS

2. AFIRMAÇÃO HISTÓRICA E VERTENTES DOS DIREITOS HUMANOS

"Os direitos do homem nascem como direitos naturais universais, desenvolvem-se como direitos positivos particulares, para finalmente encontrarem sua plena realização como direitos positivos universais."

Norberto Bobbio

2.1 Principais Documentos

Observação: devemos evitar anacronismos para melhor compreender a evolução dos direitos humanos na história.

Devemos evitar anacronismos para melhor compreender a evolução dos direitos humanos na história.

> Magna Carta, 1215: documento que limitava o poder monárquico inglês. Neste caso, o Rei João Sem-Terra o assinou, afastando qualquer possibilidade de absolutismo. Por meio deste documento, o rei reconhecia que sua vontade estava sujeita à lei. A Magna Carta surge como primeiro passo histórico no caminho para o Constitucionalismo.

> "Habeas Corpus", 1679: bem antes da Magna Carta, o Habeas Corpus já era presente em território inglês, no caso de arbitrariedades cometidas pela justiça. Não tínhamos muita eficácia na realização desse direito até a formulação da Lei de 1679 que se definia como:

> Bill of Rights, 1689: o Bill of Rights ou lista de direitos, referentes à Declaração dos Direitos, foi uma proposta de lei aprovada em 1689, pelo Parlamento inglês, imposta aos monarcas Guilherme III e Maria II.

> Declaração de Direitos do Povo da Virgínia, 1776: é um documento que emerge em um contexto de luta pela independência dos Estados Unidos. Possui em sua essência aspirações iluministas e contratualistas. Esse documento precede a Declaração de Independência dos Estados Unidos.

> Declaração de Independência dos Estados Unidos, 1776: promovido pelas treze colônias dos Estados Unidos da América, este documento surgiu em resposta à dominação da Grã-Bretanha, mobilizando a sociedade estadunidense em busca de sua independência.

> Declaração dos Direitos do Homem e do Cidadão, 1789: um dos legados mais importantes deixados pela Revolução. É um dos principais documentos da história garantidores de direitos essenciais ao homem e aplicados como garantias inalteráveis nas Constituições democráticas dos tempos atuais. A Declaração seria um tipo de preâmbulo para a futura Constituição Francesa e fundamentava-se nos princípios iluministas e nas declarações americanas. Pela primeira vez foi institucionalizada uma ordem baseada na liberdade, na igualdade e na fraternidade, que vai ao encontro dos direitos individuais, não apenas com aplicação para França, mas para qualquer Estado, oferecendo, assim, outro conceito de Homem e de Cidadão.

SOCIEDADE ANTECEDENTE À REVOLUÇÃO	CAUSAS	FASES DA REVOLUÇÃO
Monárquica absolutista Estamental Feudal	Excessiva intervenção do Estado. Insatisfação da burguesia e das massas populares. Contato com ideais revolucionários iluministas e da revolução norte americana.	Monarquia Constitucional (criada a Declaração dos Direitos do Homem e do Cidadão) Convenção Republicana e Período do Terror. Diretório.

DECLARAÇÃO DE DIREITOS DO HOMEM E DO CIDADÃO (DESTAQUES)

Art. 1º - Os homens nascem e são livres e iguais em direitos. As distinções sociais só podem fundamentar-se na utilidade comum;
Art. 2º - A finalidade de toda associação política é a conservação dos direitos naturais e imprescritíveis do homem;
Art. 4º - A liberdade consiste em poder fazer tudo o que não prejudique o próximo. Assim, o exercício dos direitos naturais de cada homem não tem por limites senão aqueles que asseguram aos outros membros da sociedade o gozo dos mesmos direitos. Estes limites somente podem ser determinados pela lei;
Art. 7º - Ninguém pode ser acusado preso ou detido senão nos casos determinados pela Lei e de acordo com as formas por esta prescrita. Os que solicitam, expedem, executam ou mandam executar ordens arbitrárias devem ser punidos. Mas qualquer cidadão convocado ou detido em virtude da lei deve obedecer imediatamente, caso contrário torna-se culpado de resistências.
Art. 9º - Todo acusado é considerado inocente até ser declarado culpado e, se julgar indispensável prendê-lo, todo rigor desnecessário à guarda da sua pessoa deverá ser severamente reprimido pela lei.
Art. 11 - A livre comunicação das ideias e das opiniões é um dos mais preciosos direitos do homem. Todo cidadão pode, portanto, falar, escrever, imprimir livremente, respondendo, todavia, pelos abusos desta liberdade nos termos previstos na lei.
Art. 16 - A sociedade em que não esteja assegurada a garantia dos direitos nem estabelecida a separação dos poderes não tem Constituição.

> Convenções de Genebra: sequência de tratados constituídos em Genebra na Suíça. Em função dos Direitos Humanitários, as convenções contaram com apoio e liderança de Henri Durant, testemunha das atrocidades da Batalha de Solferino (os tratados foram elaborados entre 1864 – 1949).

CONVENÇÃO	ANO	DESTAQUE
1ª convenção	1864	Criação da Cruz Vermelha
2ª Convenção	1906	Olhar sobre forças navais
3ª Convenção	1929	Prisioneiros de Guerra
4ª Convenção	1949	Proteção dos civis durante a guerra

PROTOCOLOS	ANO	DESTAQUE
Protocolo I	1977	Trata das vítimas de guerra em conflitos internacionais
Protocolo II	1977	Trata das vítimas de guerras em conflitos não internacionais
Protocolo III	2005	Adicional à Cruz vermelha: Cristal Vermelho

Tratado de versalhes / liga das nações / organização internacional do trabalho (oit), 1919.

TRATADO DE VERSALHES (1919)	LIGA DAS NAÇÕES (1919)	OIT (1919)
Acordo de Paz assinado entre países europeus que pôs fim oficialmente à primeira guerra mundial.	Organização internacional constituída por potências europeias vencedoras da primeira guerra mundial idealizada em Paris. Um dos principais pontos foi a criação de uma organização com a função de promover e assegurar a paz no mundo.	Visa a condições de trabalho que respeitem os direitos inerentes ao homem. Instituída pelo Tratado de Versalhes e configurando a parte XIII do mesmo tratado, tem como base argumentativa as vertentes humanitárias, política e econômica.

Tribunal de nuremberg / carta das nações unidas, 1945.

Tribunal de Nuremberg (entre 1945 e 1946)
Série de julgamentos realizados pelos países da aliança vitoriosa pós-guerra contra lideranças da Alemanha Nazista. Ocorreram em Nuremberg na Alemanha.

Observação: Podemos evidenciar o Tribunal de Nuremberg, inclusive pelos erros, como um grande passo no processo de Internacionalização dos Direitos dos Humanos.

Criação da Organização das Nações Unidas (1945)
Nasceu em resposta à Segunda Guerra mundial e ao fracasso da Liga das Nações.

A Organização das Nações Unidas, em sua origem, contava com 51 estados membros. Atualmente, possui 193, com os seguintes objetivos:
> Apoio ao desenvolvimento econômico;
> Zelar pela segurança e paz mundial;
> Promoção dos Direitos do Homem;
> Estimulo ao progresso social;
> Defesa do meio ambiente.

Alguns dos principais órgãos:
> Assembleia Geral: composta por todos os Estados membros. É o órgão deliberativo máximo que tem como atribuições principais discutir, iniciar estudos e deliberar sobre qualquer questão que afete a paz e a segurança em qualquer âmbito, exceto quando ela estiver sendo debatida pelo Conselho de Segurança.
> Conselho de Segurança: composto por 15 Estados membros (5 permanentes 10 temporários). Embora outros conselhos possam deliberar sobre questões de segurança, este é o único que toma as decisões que os países membros são obrigados a cumprir.
> Conselho Econômico e Social: composto por 54 membros. Coordena o trabalho econômico e social da ONU e das demais instituições integrantes, além de formular recomendações relacionadas a diversos setores.
> Tribunal Internacional da Justiça: órgão jurídico máximo da ONU que, por meio de convenções ou costumes internacionais, princípios gerais de direito reconhecidos pelas nações civilizadas, jurisprudência e pareceres ou mesmo por meio de acordos, tem o poder de decisão sobre qualquer litígio internacional, seja ele parte integrante de seu estatuto ou solicitado por qualquer país membro ou não membro (apenas países, não indivíduos), desde que, no último caso, obedeça alguns critérios.

CARTA DAS NAÇÕES UNIDAS (DESTAQUES)
Art. 1º - Os propósitos das Nações Unidas são: 1. Manter a paz e a segurança internacionais, e para esse fim: tomar coletivamente medidas efetivas para evitar ameaças à paz e reprimir os atos de agressão ou outra qualquer ruptura da paz e chegar, por meios pacíficos, e de conformidade com os princípios de Justiça e do direito internacional, a um ajuste ou solução das controvérsias ou situações que possam levar a uma perturbação da paz. 3. Conseguir uma cooperação internacional para resolver os problemas internacionais de caráter econômico, político, cultural ou humanitário, e para promover e estimular o respeito aos direitos humanos e às liberdades fundamentais para todos, sem distinção de raça, sexo, língua ou religião. 4. Ser um centro destinado a harmonizar a ação das nações para a consecução desses objetivos comuns. Art. 2º - A Organização e seus Membros, para a realização dos propósitos mencionados no Artigo 1, agirão de acordo com os seguintes Princípios: 1. A organização é baseada no princípio de igualdade de todos os seus membros.

2.2 Vertentes da Proteção Internacional da Pessoa Humana

A Proteção Internacional da Pessoa Humana foi pautada no Direito Internacional e é caracterizada por três vertentes: o direito humanitário, o direito internacional dos refugiados, o direito internacional dos direitos humanos.

AFIRMAÇÃO HISTÓRICA E VERTENTES DOS DIREITOS HUMANOS

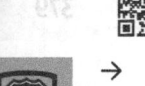

→ Direito Humanitário: especialmente aplicado nos conflitos armados internacionais ou não internacionais, tem origem convencional e consuetudinário. Neste caso, os limites de práticas de guerra são limitados por princípios humanitários.

> Convenções de Haia, 1899 e 1907: Assim como as convenções de Genebra trata sobre leis e crimes de Guerra, os acordos das Convenções Haia versam sobre os limites das condutas procedidas pelos envolvidos militarmente na guerra. Sobre os tratados mais importantes, destacam-se:

| Conferência Internacional da Paz de Haia | 1899 |
| Segunda Conferência Internacional da Paz de Haia | 1907 |

Direito internacional dos refugiados

Observação: Para o direito internacional o conceito de refugiado corresponde àqueles que por receio bem fundamentado, contundente ameaça de perseguição por razões de raça, religião, opinião política ou grupo social, não podem ou não querem permanecer em seus Estados, pois a permanecia em seus Estados configura ameaça à vida.

Origem desta vertente:

> Criação do Alto Comissariado das Nações Unidas para Refugiados (ACNUR);
> Convenção de 1951 (especificações sobre a proteção dos refugiados).

A convenção de 1951 é completada com o Protocolo de 1967. Para este último, a preocupação principal era a de superar a conceitualização e a definição limitada de Refugiado construída na convenção de 1951.

Questões

01. Acerca das três grandes vertentes jurídicas da proteção internacional da pessoa humana – direitos humanos, direito humanitário e direito dos refugiados – existem convergências e divergências. Nesse sentido,
a) a visão compartimentalizada dessas três grandes vertentes encontra-se definitivamente implantada na atualidade.
b) a prática contemporânea deixa de admitir a aplicação simultânea de normas de proteção do direito internacional dos direitos humanos, do direito internacional dos refugiados e do direito internacional humanitário.
c) o processo de gradual distanciamento e divergência do direito humanitário, com a proteção internacional dos direitos humanos, tem-se manifestado nos planos normativo, hermenêutico e operacional.
d) o Estado, na proteção internacional da pessoa humana em tempo de paz, está isento em seus deveres jurídicos de tomar medidas positivas para prevenir, investigar e sancionar violações dos direitos humanos.
e) o reconhecimento, inclusive judicial, do alcance e da dimensão amplos das obrigações convencionais de proteção internacional da pessoa humana assegura a continuidade do processo de expansão do direito de proteção.

02. O conceito de refugiado, dentro da convenção relativa ao Estatuto dos Refugiados (1951), respeita algumas premissas e determinações, sendo correto afirmar que cessa a condição de refugiado e passa a NÃO gozar de toda a sua proteção o agente contra quem houver sérias razões para pensar que:
a) Não abriu mão de sua nacionalidade no país que o acolher.
b) Adotou, no território do país que o acolher, religião diversa da oficial deste país.
c) Pretendeu voltar ao seu país de origem sem que haja autorização expressa da autoridade consular.
d) Pleiteou, no que tange ao direito de associação, o tratamento mais favorável concedido aos nacionais de um país estrangeiro.
e) Cometeu um crime contra a paz, um crime de guerra ou um crime contra a humanidade, no sentido dos instrumentos internacionais elaborados para prever tais crimes.

03. Com relação à origem histórica dos direitos humanos, um grande número de documentos e veículos normativos podem ser mencionados, dentre eles é correto afirmar que cada um dos documentos abaixo mencionados está relacionado com um direito humano específico, com EXCEÇÃO de:
a) Convenção de Genebra, 1864, que teve relevante destaque no tratamento do direito humanitário.
b) Declaração de Direitos (Bill of Rights), 1689, que previu a separação de poderes e o direito de petição.
c) Declaração de Direitos do Estado da Virgínia, 1776, que disciplinou os direitos trabalhistas e previdenciários como direitos sociais.
d) Constituição Mexicana, 1917, que expandiu o sistema de educação pública, deu base à reforma agrária e protegeu o trabalhador assalariado.
e) Constituição de Weimar, 1919, que trouxe a igualdade jurídica entre marido e mulher, equiparou os filhos legítimos aos ilegítimos com relação à política social do Estado.

04. Ao examinar a evolução histórica dos direitos humanos, Celso Lafer destaca a fase da formação dos denominados direitos de primeira geração nos seguintes termos:

"Os direitos humanos da Declaração de Virgínia e da Declaração Francesa de 1789 são, neste sentido, direitos humanos de primeira geração, que se baseiam numa clara demarcação entre Estado e não-Estado, fundamentada no contratualismo de inspiração individualista. São vistos como direitos inerentes ao indivíduo e tidos como direitos naturais, uma vez que precedem o contrato social".

(cf. A reconstrução dos direitos humanos. São Paulo: Companhia das Letras, 1988, p. 126).

Entre as disposições abaixo, NÃO guarda pertinência com a concepção de direitos humanos acima mencionada:
a) "Os homens nascem e são livres e iguais em direitos. As distinções sociais só podem fundamentar-se na utilidade comum."
b) "Nós também concedemos a todos os homens livres do nosso reino, por nós e por nossos herdeiros perpetuamente, todas as liberdades estatuídas nessa Carta, para que as tenham e as conservem para si e para os seus herdeiros, de nós e dos nossos herdeiros."
c) "A finalidade de toda associação política é a conservação dos direitos naturais e imprescritíveis do homem. Esses direitos são a liberdade, a propriedade a segurança e a resistência à opressão."

d) "Um povo tem sempre o direito de rever, de reformar e de mudar a sua constituição: Uma geração não pode sujeitar às suas leis as gerações futuras."

e) "A lei é a expressão livre e solene da vontade geral; ela é a mesma para todos, quer proteja, quer castigue; ela só pode ordenar o que é justo e útil à sociedade; ela só pode proibir o que lhe é prejudicial."

05. Considerando a sua evolução histórica, bem como o sistema internacional de proteção dos direitos humanos, assinale a alternativa correta.

a) No sistema processual de proteção dos direitos humanos, as pessoas físicas são titulares de direitos perante os órgãos de supervisão internacional, mas carecem de capacidade processual nesse sistema.

b) No campo dos direitos humanos, desde a Declaração Universal de 1948, verifica-se a coexistência de diversos instrumentos de proteção estabelecendo regras de efeitos e conteúdo essencialmente formais.

c) A resolução de conflitos nos casos concretos de violações de direitos humanos é tema de interesse exclusivamente nacional dos Estados.

d) Os tratados podem agir como normas de direito interno, desde que ratificados e incorporados, podendo influenciar a alteração, ou criação, de regulamentação nacional específica.

e) A partir de 1950, depois de estabelecida uma unidade conceitual dos direitos humanos, sua proteção internacional viu-se em acentuado declínio.

Gabaritos

01	E	04	B
02	E	05	D
03	C	-	-

3. DIREITOS HUMANOS E RESPONSABILIDADE DO ESTADO

3.1 O Estado

O Estado é um corpo político administrativo, delimitado juridicamente e territorialmente e constituído por forma de poder soberana com a função de garantir os direitos dos que o constituem e o bem-estar social. Formado sobre três pilares fundamentais que permitem sua articulação, o Executivo, o Legislativo e o Judiciário, o Estado possui responsabilidades nas áreas, política, econômica, social que devem garantir a eficiência, a estabilidade e equidade social.

No entanto, ao falarmos de Direitos Humanos, o Estado surge como fenômeno garantidor e destrutivo, isto é, possui um lado positivo e outro negativo: **O Estado que garante é o mesmo que pode violar** os Direitos Humanos. **A Revolução Francesa foi um momento da História que**, além de marcar o início da Idade Contemporânea, **serve de exemplo para análise das responsabilidades do Estado** e como esse Estado estabelecido em prol do bem comum pode se tornar autoritário e violar vários direitos.

> Contrato social ou contratualismo indica uma classe de teorias que tentam explicar os caminhos que levam as pessoas a formarem Estados e/ou manterem a ordem social. Essa noção de contrato traz implícito que as pessoas abrem mão de certos direitos para um governo ou outra autoridade a fim de obter as vantagens da ordem social. Nesse prisma, o contrato social seria um acordo entre os membros da sociedade, pelo qual reconhecem a autoridade, igualmente sobre todos, de um conjunto de regras, de um regime político ou de um governante.

3.2 Gerações ou Dimensões

Em 1979, Karel Vasak (primeiro secretário-geral do Instituto Internacional de Direitos Humanos em Estrasburgo), inspirado nos ideais da Revolução Francesa (Liberdade, Igualdade e Fraternidade), foi o primeiro a propor uma divisão dos direitos humanos em gerações.

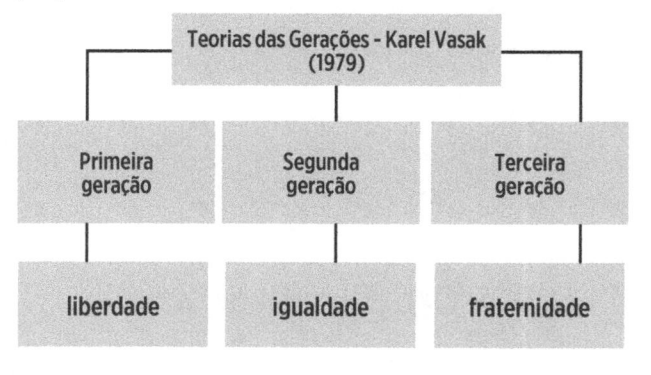

```
        Teorias das Gerações - Karel Vasak
                    (1979)
         |             |              |
     Primeira      Segunda        Terceira
     geração       geração         geração
         |             |              |
    liberdade      igualdade      fraternidade
```

Alguns doutrinadores divergem sobre a terminologia mais coerente para se denominar o evento de evolução histórica dos direitos fundamentais, e isto acontece principalmente sobre o uso das expressões **gerações** e **dimensões**. É muito comum encontrarmos doutrinadores utilizando o termo gerações, porém parte da doutrina têm-se posicionado contrário ao uso desse termo, defendendo o uso do termo dimensões, uma vez que o fato de que o termo gerações poderia desencadear a falsa ideia de que, conforme fossem evoluindo, ocorreria uma substituição de uma geração por outra.

> **Primeira Geração ou Dimensão:** referem-se às liberdades negativas ou clássicas, são chamados também de direitos de resistência ou de defesa. Enfatizam o princípio da liberdade, configurando os direitos civis e políticos. A gênese dessa geração de direitos foi a resistência burguesa contra o Estado absolutista opressor, contra os privilégios da nobreza, contra o sistema feudal que oprimia a burguesia incipiente. Para a realização dos direitos de primeira geração, bastou o surgimento do Estado de Direito, em que a atuação dos entes estatais deveria ser feita mediante lei, suprimindo a vontade despótica do rei.

Observação: a Constituição imperial brasileira de 1824, em seu Art. 179 (o último da Carta Magna), seguindo os passos da Declaração dos Direitos do Homem e do Cidadão, decretada pela Assembleia Nacional Francesa em 1789, afirmou que a inviolabilidade dos direitos civis e políticos tinha por base a liberdade, a segurança individual e a propriedade.

> *Art. 179. A inviolabilidade dos Direitos Civis, e Políticos dos Cidadãos Brasileiros, que tem por base a liberdade, a segurança individual, e a propriedade, é garantida pela Constituição do Império, pela maneira seguinte.*
> *I. Nenhum Cidadão pode ser obrigado a fazer, ou deixar de fazer alguma cousa, senão em virtude da Lei. (...)*
> *V. Ninguém pode ser perseguido por motivo de Religião, uma vez que respeite a do Estado, e não ofenda a Moral Publica. (...)*
>
> Trecho do texto original da Constituição de 1824.

> **Segunda Geração ou Dimensão:** associam-se com as liberdades positivas, reais ou concretas, assegurando o princípio da isonomia material entre os seres humanos. A Revolução Industrial foi o estopim da consagração dos direitos de segunda geração, a partir do século XIX, implicando na luta da classe proletária, na defesa de seus direitos básicos: alimentação, saúde, educação etc. O início do século XX é marcado pela Primeira Grande Guerra e pela fixação desses direitos. Isso fica evidenciado, dentre outros documentos, pela Constituição de Weimar e pelo Tratado de Versalhes, ambos de 1919.

Observação: A partir da Constituição de 1934, em meio à primeira passagem de Getúlio Vargas pelo poder, verifica-se uma maior inserção dos direitos de segunda geração nas Constituições brasileiras. Eles exigem do Estado uma maior participação para que possam ser implementados, ou seja, há a necessidade de uma atuação Estatal positiva.

> *Art. 148. Cabe à União, aos Estados e aos Municípios favorecer e animar o desenvolvimento das ciências, das artes, das letras e da cultura em geral, proteger os objetos de interesse histórico e o patrimônio artístico do País, bem como prestar assistência ao trabalhador intelectual. (...)*
>
> Trecho do texto original da Constituição de 1934.

> **Terceira Geração ou Dimensão:** baseada no princípio da fraternidade (ou solidariedade), tendem a proteger interesses de titularidade coletiva ou difusa, não se destinando especificamente à proteção dos interesses individuais, de um grupo ou de um determinado Estado, mostrando uma grande preocupação com as gerações humanas, presentes e futuras. Possui origem na Revolução Técnico-científico-informacional ou Terceira Revolução Industrial.

Observação: em seu Art. 225, a Constituição de 1988, a "cidadã", enuncia que todos têm direito ao meio ambiente ecologicamente equilibrado, bem de uso comum do povo e essencial à sadia qualidade de vida, impondo-se ao poder público e a coletividade o dever defendê-lo e preservá-lo para as presentes e futuras gerações. Assim, é a primeira, dentre as Constituições brasileiras, que insere em seu texto um direito conhecido como de 3ª geração, ou seja, direito de solidariedade.

Art. 225. Todos têm direito ao meio ambiente ecologicamente equilibrado, bem de uso comum do povo e essencial à sadia qualidade de vida, impondo se ao Poder Público e à coletividade o dever de defendê-lo e preservá-lo para as presentes e futuras gerações.

Trecho do texto original da Constituição de 1988.

GERAÇÕES OU DIMENSÕES DOS DIREITOS HUMANOS		
1ª geração	2ª geração	3ª geração
Surge com a Revolução Francesa, afirma-se durante os séculos XVIII e XIX. Tinha como função a limitação do poder estatal e a garantia de liberdade para os indivíduos ou grupos.	Surge com a queda do Estado Liberal e aparecimento de um Estado de Bem estar social. O que está em jogo não são mais as individualidades e sim as categorias: direitos do idoso, direitos dos trabalhadores.	O papel do Estado é de proteger, não o homem individual, mas o coletivo, no sentido de entender que todos têm dignidade enquanto seres humanos, sem nenhum tipo de distinção.

Na atualidade, existem doutrinadores que defendem a existência dos direitos de quarta e quinta gerações ou dimensões, apesar de ainda não haver consenso na doutrina sobre qual o conteúdo dessa espécie de direito.

> **Quarta Geração ou Dimensão:** para Noberto Bobbio, tratam-se dos direitos relacionados à engenharia genética. Já para Paulo Bonavides, trata-se de aspectos introduzidos pela globalização política, relacionados à democracia, à informação e ao pluralismo. Além de Bobbio e Bonavides, outros doutrinadores vêm promovendo o reconhecimento dos direitos de quarta geração ou dimensão.

> **Quinta Geração ou Dimensão:** o próprio Paulo Bonavides vem afirmando nas últimas edições de seu livro, que a Paz seria um direito de quinta geração.

3.3 Dimensão (ou Eficácia) Subjetiva e Objetiva

> **Dimensão Subjetiva:** nessa perspectiva, os direitos fundamentais geram direitos subjetivos aos seus titulares, permitindo que estes ordenem comportamentos (negativos ou positivos) dos destinatários. Constata-se que a referência aos direitos fundamentais como direitos subjetivos atribui a estes a característica de serem exigíveis judicialmente.

> **Dimensão Objetiva:** os direitos fundamentais são dotados de certos valores que penetram por todo o ordenamento jurídico, condicionando e inspirando a interpretação e aplicação de outras normas (**efeito irradiante**) e criando dever geral de proteção sobre aqueles bens jurídicos salvaguardados.

Questões

01. A noção de direitos humanos foi-se expandindo no decorrer da história, de forma que se passou a falar em diferentes "gerações" ou "dimensões" de direitos. As chamadas primeira, segunda e terceira gerações de direitos compreendem alguns direitos assegurados de forma pioneira em relação à fase histórica anterior, dentre os quais podem ser citados, na ordem cronológica de cada geração, os direitos.
    a) sociais, à autodeterminação dos povos e econômico.
    b) econômico, políticos e ao desenvolvimento.
    c) políticos, ao meio ambiente sadio e sociais.
    d) civis, ao desenvolvimento e políticos
    e) civis, sociais e à paz

02. Assinale a alternativa correta acerca da classificação dos Direitos Humanos em gerações.
    a) A terceira geração de direitos constitui direitos de igualdade.
    b) A quarta geração de direitos é marcada pelos avanços sociais.
    c) As liberdades políticas e civis marcam a segunda geração de direitos.
    d) A quarta geração de direitos é ligada aos direitos tecnológicos, como o direito de informação.
    e) Os direitos de fraternidade, como o progresso e a paz, são elementos dos direitos de primeira geração.

03. Assinale a alternativa que corretamente disserta sobre aspectos conceituais dos direitos humanos em sua evolução histórica.
    a) Os direitos humanos da terceira dimensão marcam a passagem de um Estado autoritário para um Estado de Direito e, nesse contexto, o respeito às liberdades individuais, em uma perspectiva de absenteísmo estatal, fruto do pensamento liberal-burguês do século XVIII.
    b) Os direitos de quarta dimensão, ou direitos de liberdade, têm como titular o indivíduo, são oponíveis ao Estado, traduzem-se como faculdades ou atributos da pessoa e ostentam uma subjetividade que é seu traço mais característico, sendo, assim, direitos de resistência ou oposição ao Estado.
    c) Os direitos fundamentais da primeira dimensão são marcados pela alteração da sociedade por profundas mudanças na comunidade internacional, identificando-se consequentes alterações nas relações econômico-sociais, sobretudo na sociedade de massa, fruto do desenvolvimento tecnológico e científico.
    d) A evidenciação de direitos sociais, culturais e econômicos, correspondendo aos direitos de igualdade, sob o prisma substancial, real e material, e não meramente formal, mostra-se marcante nos documentos pertencentes ao que se convencionou classificar como segunda dimensão dos direitos humanos.
    e) Os direitos da quinta dimensão são direitos transindividuais que transcendem os interesses do indivíduo e passam a se preocupar com o gênero humano, com altíssimo teor de humanismo e universalidade, inserindo-se o ser humano em uma coletividade que passa a ter direitos de solidariedade ou de fraternidade.

NOÇÕES DE DIREITOS HUMANOS

DIREITOS HUMANOS E RESPONSABILIDADE DO ESTADO

04. Considerando o que a doutrina majoritária dispõe sobre o desenvolvimento e conquista dos direitos humanos, pode-se afirmar que esse desenvolvimento histórico, classificado por gerações de direitos, pode ser, cronologicamente, assim representado:
    a) direitos individuais; direitos coletivos e direitos sociais.
    b) direitos de liberdade; direitos sociais e direitos difusos.
    c) liberdades positivas, liberdades negativas e direitos sociais.
    d) direitos individuais, direitos coletivos e liberdades negativas.
    e) direitos sociais; direitos de liberdade e direitos da fraternidade.

05. Dentre as características da perspectiva objetiva dos direitos fundamentais, compreende-se:
    a) Ter sempre a natureza princípio, nunca de regra.
    b) A representação dos interesses individuais sob a ótica negativa perante o Poder Público.
    c) Impossibilitar a agregação do ponto de vista axiológico da comunidade em sua interpretação.
    d) O conjunto de metas traçadas com fins diretivos de ações positivas dos poderes públicos, com o fim de outorgar-lhes eficácia dirigente.
    e) Não há dimensão objetiva na esfera dos direitos fundamentais, os quais têm como característica defender de forma singular o espaço de liberdade individual.

Gabaritos

01	E	04	B
02	D	05	D
03	D	-	-

4. A CONSTITUIÇÃO E OS TRATADOS INTERNACIONAIS DE DIREITOS HUMANOS

4.1 Conceitualização

Antes de abordarmos os Tratados Internacionais de Direitos Humanos e sua relação com a legislação nacional, é necessário entendermos o que são Tratados Internacionais. Segundo a Convenção de Viena (1969), configura um Tratado Internacional um acordo entre duas partes ou mais em âmbito internacional concretizado e formalizado por meio de texto escrito, com ciência de função de efeitos jurídicos no plano internacional. É o mecanismo por meio do qual os Estados estabelecem obrigações para si em nível internacional e coparticipativo.

Contexto: Os ataques à vida humana, as diversas atrocidades e atentados cometidos contra os seres humanos durante a Segunda Guerra Mundial e logo após seu fim, em guerras pontuais, levaram a comunidade internacional:

> a estabelecer ações que visavam punir os próprios Estados em casos de violação dos Direitos Humanos;
> a relativizar a Soberania dos Estados envolvidos que, a partir dos Tratados, colocavam seus acordos internacionais acima de suas vontades particulares.

Atrocidades durante a segunda guerra mundial

> **Genocídio:** aproximadamente seis milhões de judeus mortos em campos de concentração.
> **Tortura e Crueldade:** a polícia militar japonesa (Kempeitai) a serviço do Império, aplicava técnicas de tortura em prisioneiros como lascas de metal marteladas embaixo das unhas, ferro em brasa nas genitálias.
> **Crimes de guerra:** prisioneiros alemães na Noruega foram obrigados a fazer a limpeza em campos minados, o saldo foi de 392 feridos e 275 mortos.
> **Estupros:** O Exército Vermelho estuprou milhares de alemãs, bem como os militares japoneses utilizavam-se de mulheres capturadas em guerra como escravas sexuais.

O breve século XX fez emergir, então, o Direito Internacional dos Direitos Humanos. Era a resposta que a comunidade internacional daria:

> aos Estados devastados pela Guerra e que almejavam um futuro de paz;
> às violações aos Direitos Humanos ocorridos em alta escala durante a Guerra;
> aos países como mecanismo de prevenção contra tentativas de uma nova guerra.

Apesar do movimento mundial pós-guerra, de todo empenho entre as nações para consolidar acordos e tratados que mantivessem o respeito à dignidade humana e aos Direitos humanos e prevenissem outra "catástrofe bélica" como havia sido a segunda grande guerra, o Brasil só começou a participar intensamente do corpo Internacional dos Direitos Humanos a partir de 1985, quando o país volta a dar passos no retorno à Democracia.

Vários Tratados, Pactos e Convenções foram ratificados pelo Brasil. As propostas trazidas pela Carta Constitucional de 1988, evidenciando os Direitos Humanos como norteadores das relações internacionais, exibiram uma nova forma de compreensão dos Direitos Humanos. Temos, então, uma clara relação entre Direitos Humanos e Processo de Democratização do Estado brasileiro.

4.2 A Redemocratização e os Tratados Internacionais de Direitos Humanos

Juntamente com a necessidade de afirmação democrática, em 1985, tem início no Brasil o processo de ratificação de diversos Tratados Internacionais de Direitos Humanos. Esse processo tem como ponto iniciante a ratificação em 1989 da Convenção contra a Tortura e outros Tratamentos cruéis, Desumanos ou Degradantes.

> *Art. 5º, §3º. Os tratados e as convenções internacionais sobre direitos humanos que forem aprovados, em cada Casa do Congresso Nacional, em dois turnos, por três quintos dos votos dos respectivos membros, serão equivalentes às emendas constitucionais. (Incluído pela Emenda Constitucional nº 45, de 2004)*
> Trecho do texto original da Constituição de 1988.

Problema: Os Tratados Internacionais anteriores à Emenda Constitucional 45, de 2004, teriam força de Emenda constitucional com sistema de votação de maioria simples. Isto significa que haveria um ferimento no processo legislativo ao utilizar processo de votação para leis ordinárias elegendo Emendas Constitucionais.

Solução: Os tratados e as convenções internacionais sobre direitos humanos que foram incorporados ao ordenamento jurídico brasileiro pela forma comum, ou seja, sem observar o disposto no artigo 5º, §3º, da Constituição Federal, possuem, segundo a posição que prevaleceu no Supremo Tribunal Federal, status supralegal, mas infraconstitucional.

Norma Supralegal: está acima das leis, mas abaixo da Constituição Federal.

> Rito Ordinário → Maioria simples (todos os tratados anteriores à emenda 45, de 2004).
> Rito de Emenda → Maioria qualificada (3/5, 2 turnos, 2 casas do Congresso Nacional).

O Direito constitucional, depois de 1988, conta com relações diferenciadas frente ao Direito Internacional dos Direitos Humanos. A visão da supralegalidade deste último encontra amparo em vários dispositivos constitucionais (CF, Art. 4º, Art. 5º, parágrafo 2º, e parágrafo 3º e 4º do mesmo Art. 5º).

Localização dos Tratados Internacionais dos Direitos Humanos na Pirâmide de Hans Kelsen segundo a normatização jurídica constitucional:

A CONSTITUIÇÃO E OS TRATADOS INTERNACIONAIS DE DIREITOS HUMANOS

(Pirâmide hierárquica, do topo para a base:)
- CF, EC, Tratados internacionais sobre Dts. Humanos (desde que com votação da EC)
- Leis Supralegais: Tratados Internacionais sobre Dts. Humanos sem votação de EC.
- Lei Complementar
- Lei Ordinária
- Lei Delegada
- Medida Provisória
- Decretos legislativos
- Resoluções

A Constituição Brasileira de 1988 é um marco de ruptura com o processo jurídico ditatorial dos anos que a precederam. Neste sentido, os diversos vínculos existentes na Constituição Federal com os Direitos Humanos podem ser evidenciados em toda redação jurídica constitucional.

Dignidade da Pessoa Humana	Art. 1º, III
Interação entre o Direito Brasileiro e os Tratados Internacionais de Direitos Humanos	Art. 5º, §2º
Sobre julgamento de causas relativas aos Direitos Humanos	Art. 109, V

Ao considerarmos os Tratados Internacionais e seu encontro com a Legislação Constitucional Brasileira, podemos extrair como conclusão que a natureza do Direito encontrado no Tratado Internacional poderá:

Gerar conflitos entre um tidh e o direito interno.

Exemplo: se, na existência de conflito entre um Direito interno e os Direitos Internacionais dos Direitos Humanos, a conclusão a que chegamos é: prevalece a norma que melhor beneficia os direitos da pessoa humana.

CF/88 (Art. 5º, LXVII)	Pacto de San José de Costa Rica (Art. 7, VII)
Não haverá prisão civil por dívida, salvo a do responsável pelo inadimplemento voluntário e inescusável de obrigação alimentícia e a do depositário infiel.	Ninguém deve ser detido por dívidas. Este princípio não limita os mandatos de autoridade judiciária competente expedidos em virtude de inadimplemento de obrigação alimentar.

Identificar-se com um direito já presente na constituição.
Exemplo:

CF/88 (Art. 5º, III)	DOCUMENTOS INTERNACIONAIS
Ninguém será submetido à tortura ou a tratamento desumano ou degradante.	**Art. 5º.** Declaração Universal dos Direitos Humanos (1948). **Art. 7º.** Pacto Internacional de Direitos Civis e Políticos (1966). **Art. 5º.** Convenção Americana de Direitos Humanos (1969).

Complementar e aumentar o território dos direitos previstos constitucionalmente.

Exemplo:

Direito de toda a pessoa a um nível de vida adequado para si próprio e sua família inclusive à alimentação, vestimenta e moradia.	**Art. 11.** Pacto Internacional dos Direitos Econômicos, Sociais e Culturais.
Proibição de qualquer propaganda em favor da guerra.	**Art. 20.** Pacto Internacional dos Direitos Civis e Políticos.

4.3 Fases de Incorporação

Primeira Fase (Celebração): é o ato de celebração do tratado, convenção ou ato internacional, para posteriormente e internamente o parlamento decidir sobre sua viabilidade, conveniência e oportunidade. Tal etapa compete privativamente ao Presidente da República, pois a este cabe celebrar todos os tratados e atos internacionais (CF, Art. 84, VIII). No Brasil, concedem-se poderes de negociação de convenções internacionais a pessoas específicas, ou seja, aqueles considerados aptos para negociar em nome do Presidente da República: os Chefes de Missões Diplomáticas, sob a responsabilidade do Ministério das Relações Exteriores. Com isso, exime-se o Chefe de Estado de negociação corriqueiro no âmbito das relações internacionais.

Segunda Fase (Aprovação Parlamentar): é de competência exclusiva de o Congresso Nacional, pois cabe a este resolver definitivamente sobre tratados, acordos ou atos internacionais que acarretam encargos ou compromissos gravosos ao patrimônio nacional (Art. 49, I CF). Concordando o Congresso Nacional com a celebração do ato internacional, elabora-se um decreto legislativo, de acordo com o Art. 59, VI da Constituição Federal, que é o instrumento adequado para referendar e aprovar a decisão do Chefe do Executivo, dando-se a este uma carta branca para que possa ratificar ou aderir ao tratado se não o tinha feito.

Terceira Fase (Ratificação pelo Presidente): com o objetivo que o tratado se incorpore e, com isso, passe a poder ter efeitos no ordenamento jurídico interno, é a fase em que o Presidente da República, mediante decreto, promulga o texto, publicando-o em português, em órgão da imprensa oficial, dando-se, pois, ciência e publicidade da ratificação da assinatura já lançada. Com a promulgação do tratado esse ato normativo passa a ser aplicado de forma geral e obrigatória.

A doutrina mais moderna de direito internacional defende uma força mais expressiva dos tratados e convenções sobre a legislação infraconstitucional. Chegam a defender até uma equivalência entre normas constitucionais e tratados, especialmente aqueles que versarem sobre direitos humanos, de tal modo que, afora o controle de constitucionalidade, o intérprete deve ainda verificar se o caso sob análise está de acordo com a "legislação" internacional, seria o Controle de Convencionalidade.

Questões

01. Em face da Constituição Federal, é possível afirmar que os tratados internacionais
a) têm hierarquia supralegal.
b) serão equivalentes as normas constitucionais.
c) sobre direitos humanos têm um tratamento especial.
d) têm hierarquia de lei ordinária, independentemente da matéria.
e) sobre direitos humanos ingressam de forma direta e imediata no ordenamento jurídico interno.

02. Os tratados internacionais sobre matéria ambiental
a) desde o momento em que assinados, são fontes de direito ambiental interno e internacional.
b) são fontes de direito ambiental interno e, se aprovados pelo Congresso Nacional, sobrepõem-se às leis.
c) apenas serão fonte de direito internacional ambiental se aprovados e ratificados por todos os Estados que os assinaram.
d) são fontes escritas de direito internacional ambiental, ao lado de outras normas oriundas de organizações internacionais.
e) são fontes de direito ambiental interno, desde que aprovados pelo Congresso Nacional em dois turnos, por 3/5 dos membros de cada uma de suas casas.

03. Os tratados e convenções internacionais sobre direitos humanos que forem aprovados
a) pela Câmara dos Deputados, por maioria absoluta, mediante aprovação prévia da Advocacia Geral da União, serão equivalentes à Lei ordinária.
b) em cada Casa do Congresso Nacional, em dois turnos, por três quintos dos votos dos respectivos membros, serão equivalentes às emendas constitucionais
c) pelo pleno do Supremo Tribunal Federal, desde que previamente aprovada pelo Presidente da República e Senado Federal, serão equivalentes às Leis ordinárias.
d) pelo pleno do Supremo Tribunal Federal, desde que previamente aprovada pelo Presidente da República e Senado Federal, serão equivalentes às Leis complementares.
e) pelo Presidente da República serão equivalentes à Medida Provisória e serão levados à Câmara dos Deputados, para, mediante aprovação por maioria dos votos, serem convertidas em Leis ordinárias.

04. Sobre os tratados internacionais, assinale a alternativa correta.
a) Podem ser celebrados pelo Presidente da República ou pelo Presidente do Senado.
b) Celebrados pela autoridade competente, precisam ser referendados pelo Congresso Nacional.
c) Compete exclusivamente ao Senado Federal resolver definitivamente sobre tratados, acordos ou atos internacionais que acarretem encargos ou compromissos gravosos ao patrimônio nacional.

A CONSTITUIÇÃO E OS TRATADOS INTERNACIONAIS DE DIREITOS HUMANOS

d) Os tratados e convenções internacionais sobre direitos humanos que forem aprovados, em cada Casa do Congresso Nacional, em dois turnos, por maioria simples dos votos dos respectivos membros, serão equivalentes às emendas constitucionais.

e) Nas hipóteses de grave violação de direitos humanos, o Procurador Geral da República, com a finalidade de assegurar o cumprimento de obrigações decorrentes de tratados internacionais de direitos humanos dos quais o Brasil seja parte, poderá suscitar, perante o Supremo Tribunal Federal, em qualquer fase do inquérito ou processo, incidente de deslocamento de competência para a Justiça Federal.

05. Sobre a disciplina constitucional dos tratados internacionais, é correto afirmar que:
   a) O procedimento de aprovação, pelo Congresso Nacional, dos tratados internacionais firmados pelo Brasil sobre direitos humanos é irrelevante para determinar sua hierarquia normativa.
   b) Os tratados internacionais firmados pelo Brasil sobre direitos humanos podem ingressar no ordenamento jurídico brasileiro como normas de hierarquia constitucional.
   c) Os tratados internacionais firmados pelo Brasil não podem ingressar no ordenamento jurídico brasileiro como normas de hierarquia constitucional.
   d) Todos os tratados internacionais firmados pelo Brasil ingressam no ordenamento jurídico brasileiro como normas de hierarquia constitucional.
   e) Todos os tratados internacionais firmados pelo Brasil ingressam no ordenamento jurídico brasileiro como normas infraconstitucionais.

Gabaritos

01	C	04	B
02	D	05	B
03	B	-	-

5. PROGRAMA NACIONAL DE DIREITOS HUMANOS (PNDH-3)

5.1 Considerações Gerais

O PNDH3 tem como base uma estrutura sistemática e que tenta englobar o máximo possível, com eficácia e eficiência, os pontos discutidos em todos os momentos que anteciparam sua afirmação, que foram:

- 6 EIXOS ORIENTADORES
- 25 DIRETRIZES
- 82 OBJETIVOS ESTRATÉGICOS
- 521 AÇÕES PROGRAMÁTICAS

Os objetivos estratégicos e as ações programáticas constam no anexo ao decreto 7037/2009

Eixo orientador I: Interação democrática entre Estado e Sociedade Civil.

Diretriz 1: Interação democrática entre Estado e sociedade civil como instrumento de fortalecimento da democracia participativa.

Diretriz 2: Fortalecimento dos Direitos Humanos como instrumento transversal das políticas públicas e de interação democrática.

Diretriz 3: Interação e Ampliação dos sistemas de informação em Direitos Humanos e construção de mecanismos de avaliação e monitoramento de sua efetivação.

6 objetivos – 28 ações programáticas

Eixo orientador II: Desenvolvimento e Direitos Humanos.

Diretriz 4: Efetivação de modelo de desenvolvimento sustentável, com inclusão social e econômica, ambientalmente equilibrado e tecnologicamente responsável, cultural e regionalmente diverso, participativo e não discriminatório.

Diretriz 5: Valorização da pessoa humana como sujeito central do processo de desenvolvimento.

Diretriz 6: Promover e proteger os direitos ambientais como Direitos Humanos, incluindo as gerações futuras como sujeitos de direitos.

8 objetivos – 54 ações programáticas

Eixo orientador III: Universalizar direitos em um contexto de desigualdades.

Diretriz 7: Garantia dos Direitos Humanos de forma universal, indivisível e interdependente, assegurando a cidadania plena.

Diretriz 8: Promoção de direitos de crianças e adolescentes para o seu desenvolvimento integral, de forma não discriminatória assegurando seu direito de opinião e participação.

Diretriz 9: Combate às desigualdades estruturais.

Diretriz 10: Garantia da igualdade na diversidade.

25 objetivos – 213 ações programáticas

Eixo orientador IV: Segurança Pública, acesso à Justiça e Combate à violência.

Diretriz 11: Democratização e modernização do sistema de segurança pública.

Diretriz 12: Transparência e participação popular no sistema de segurança pública e justiça criminal.

Diretriz 13: Prevenção da violência e da criminalidade e profissionalização da investigação de atos criminosos.

Diretriz 14: Combate à violência institucional, com ênfase na erradicação da tortura e na redução da letalidade policial e carcerária.

Diretriz 15: Garantia dos direitos das vítimas de crimes e de proteção das pessoas ameaçadas.

Diretriz 16: Modernização da política de execução penal, priorizando a aplicação de penas e medidas alternativas à privação de liberdade e melhoria do sistema penitenciário.

Diretriz 17: Promoção de sistema de justiça mais acessível, ágil e efetivo, para o conhecimento, a garantia e a defesa dos direitos.

29 objetivos – 161 ações programáticas

Eixo orientador V: Educação e Cultura em Direitos Humanos

Diretriz 18: Efetivação das diretrizes e dos princípios da política nacional de educação em Direitos Humanos para fortalecer cultura de direitos.

Diretriz 19: Fortalecimento dos princípios de democracia e dos Direitos Humanos nos sistemas de educação básica, nas instituições de ensino superior e nas instituições formadoras.

Diretriz 20: Reconhecimento da educação não formal como espaço de defesa e promoção dos Direitos Humanos.

Diretriz 21: Promoção da educação em Direitos Humanos no serviço público.

Diretriz 22: Garantia do direito à comunicação democrática e o acesso à informação para a consolidação de uma cultura em Direitos Humanos.

11 objetivos – 59 ações

Eixo orientador VI: Direito à Memória e à Verdade.

Diretriz 23: Reconhecimento da memória e da verdade como Direito Humano da cidadania e dever do Estado.

Diretriz 24: Preservação da memória histórica e a construção pública da verdade.

Diretriz 25: Modernização da Legislação relacionada com a promoção do direito à memória e à verdade, fortalecendo a democracia.

3 objetivos – 11 ações

PROGRAMA NACIONAL DE DIREITOS HUMANOS (PNDH-3)

Eixo I	Eixo II	Eixo III
• Diálogo entre Estado e Sociedade Civil; • Pressuposição de que a participação social está no monitoramento das políticas públicas que garantem a realização dos Direitos Humanos e da legitimação da Democracia.	• Evidencia a inclusão social; • A ampliação do espaço da cidadania; • Levanta reflexões acerca das futuras gerações; • Além de atitudes que garantam os direitos dos cidadãos futuros.	• Evidencia a necessidade de reconhecimento das desigualdades; • A concretização da igualdade frente a uma sociedade desigual; • Iniciativas para diminuição ou erradicação de problemas sociais que impeçam o desenvolvimento dos Direitos Humanos.

Eixo IV	Eixo V	Eixo VI
• Metas a serem traçadas no combate à violência; • Aplicação de medidas que promovam mais acesso à justiça; • Transparência da justiça e dos indivíduos que a ela promovem.	• Atitudes com relação à ponte Educação – Direitos humanos; • Atitudes com relação à ponte Cultura – direitos Humanos.	• Valorização dos princípios históricos como valorização dos Direitos Humanos; • Reflexão acerca do processo histórico dos Direitos Humanos, evitando o retorno a momentos de violação desses direitos.

A seguir apresentaremos o texto do decreto 7037/09 na íntegra, porém com algumas contextualizações importantes para o entendimento de cada Eixo Orientador, retirados do anexo do próprio decreto.

Decreto nº 7.037, de 21 de dezembro de 2009.

Aprova o Programa Nacional de Direitos Humanos - PNDH-3 e dá outras providências.

O PRESIDENTE DA REPÚBLICA, no uso da atribuição que lhe confere o art. 84, inciso VI, alínea "a", da Constituição,

DECRETA:

Art. 1º Fica aprovado o Programa Nacional de Direitos Humanos – PNDH-3, em consonância com as diretrizes, objetivos estratégicos e ações programáticas estabelecidos, na forma do Anexo deste Decreto.

Art. 2º O PNDH-3 será implementado de acordo com os seguintes eixos orientadores e suas respectivas diretrizes:

I. Eixo Orientador I: Interação democrática entre Estado e sociedade civil;

CONTEXTUALIZAÇÃO

A partir da metade dos anos 1970, começam a ressurgir no Brasil iniciativas de rearticulação dos movimentos sociais, a despeito da repressão política e da ausência de canais democráticos de participação. Fortes protestos e a luta pela democracia marcaram esse período. Paralelamente, surgiram iniciativas populares nos bairros reivindicando direitos básicos como saúde, transporte, moradia e controle do custo de vida. Em um primeiro momento, eram iniciativas atomizadas, buscando conquistas parciais, mas que ao longo dos anos foram se caracterizando como movimentos sociais organizados.

Com o avanço da democratização do País, os movimentos sociais se multiplicaram. Alguns deles se institucionalizaram e passaram a ter expressão política. Os movimentos populares e sindicatos foram, no caso brasileiro, os principais promotores da mudança e da ruptura política em diversas épocas e contextos históricos. Com efeito, durante a etapa de elaboração da Constituição Cidadã de 1988, esses segmentos atuaram de forma especialmente articulada, afirmando-se como um dos pilares da democracia e influenciando diretamente os rumos do País.

Nos anos que se seguiram, os movimentos passaram a se consolidar por meio de redes com abrangência regional ou nacional, firmando-se como sujeitos na formulação e no monitoramento das políticas públicas. Nos anos 1990, desempenharam papel fundamental na resistência a todas as orientações do neoliberalismo de flexibilização dos direitos sociais, privatizações, dogmatismo do mercado e enfraquecimento do Estado. Nesse mesmo período, multiplicaram-se pelo País experiências de gestão estadual e municipal em que lideranças desses movimentos, em larga escala, passaram a desempenhar funções de gestores públicos.

Com as eleições de 2002, alguns dos setores mais organizados da sociedade trouxeram reivindicações históricas acumuladas, passando a influenciar diretamente a atuação do governo e vivendo de perto suas contradições internas. Nesse novo cenário, o diálogo entre Estado e sociedade civil assumiu especial relevo, com a compreensão e a preservação do distinto papel de cada um dos segmentos no processo de gestão. A interação é desenhada por acordos e dissensos, debates de ideias e pela deliberação em torno de propostas. Esses requisitos são imprescindíveis ao pleno exercício da democracia, cabendo à sociedade civil exigir, pressionar, cobrar, criticar, propor e fiscalizar as ações do Estado.

Essa concepção de interação democrática construída entre os diversos órgãos do Estado e a sociedade civil trouxe consigo resultados práticos em termos de políticas públicas e avanços na interlocução de setores do poder público com toda a diversidade social, cultural, étnica e regional que caracteriza os movimentos sociais em nosso País. Avançou-se fundamentalmente na compreensão de que os Direitos Humanos constituem condição para a prevalência da dignidade humana, e que devem ser promovidos e protegidos por meio do esforço conjunto do Estado e da sociedade civil.

Uma das finalidades do PNDH-3 é dar continuidade à integração e ao aprimoramento dos mecanismos de participação existentes, bem como criar novos meios de construção e monitoramento das políticas públicas sobre Direitos Humanos no Brasil. No âmbito institucional o PNDH-3 amplia as conquistas na área de direitos e garantias fundamentais, pois internaliza a diretriz segundo a qual a primazia dos Direitos Humanos constitui princípio transversal a ser considerado em todas as políticas públicas.

a) Diretriz 1: Interação democrática entre Estado e sociedade civil como instrumento de fortalecimento da democracia participativa;

b) Diretriz 2: Fortalecimento dos Direitos Humanos como instrumento transversal das políticas públicas e de interação democrática; e

c) Diretriz 3: Integração e ampliação dos sistemas de informações em Direitos Humanos e construção de mecanismos de avaliação e monitoramento de sua efetivação;

As diretrizes deste capítulo discorrem sobre a importância de fortalecer a garantia e os instrumentos de participação social, o caráter transversal dos Direitos Humanos e a construção de mecanismos de avaliação e monitoramento de sua efetivação. Isso inclui a construção de sistema de indicadores de Direitos Humanos e a articulação de políticas e instrumentos de monitoramento existentes.

O Poder Executivo tem papel protagonista na coordenação e implementação do PNDH-3, mas faz-se necessária a definição de responsabilidades compartilhadas entre a União, Estados, Municípios e Distrito Federal na execução de políticas públicas, tanto quanto a criação de espaços de participação e controle social nos Poderes Judiciário e Legislativo, no Ministério Público e nas Defensorias, em ambiente de respeito, proteção e efetivação dos Direitos Humanos. O conjunto dos órgãos do Estado – não apenas no âmbito do Executivo Federal – deve estar comprometido com a implementação e o monitoramento do PNDH-3.

Aperfeiçoar a interlocução entre Estado e sociedade civil depende da implementação de medidas que garantam à sociedade maior participação no acompanhamento e monitoramento das políticas públicas em Direitos Humanos, num diálogo plural e transversal entre os vários atores sociais e deles com o Estado. Ampliar o controle externo dos órgãos públicos por meio de ouvidorias, monitorar os compromissos internacionais assumidos pelo Estado brasileiro, realizar conferências periódicas sobre a temática, fortalecer e apoiar a criação de conselhos nacional, distrital, estaduais e municipais de Direitos Humanos, garantindo-lhes eficiência, autonomia e independência são algumas das formas de assegurar o aperfeiçoamento das políticas públicas por meio de diálogo, de mecanismos de controle e das ações contínuas da sociedade civil.

Fortalecer as informações em Direitos Humanos com produção e seleção de indicadores para mensurar demandas, monitorar, avaliar, reformular e propor ações efetivas, garante e consolida o controle social e a transparência das ações governamentais. A adoção de tais medidas fortalecerá a democracia participativa, na qual o Estado atua como instância republicana da promoção e defesa dos Direitos Humanos e a sociedade civil como agente ativo – propositivo e reativo – de sua implementação.

II. Eixo Orientador II: Desenvolvimento e Direitos Humanos:

CONTEXTUALIZAÇÃO

O tema "desenvolvimento" tem sido amplamente debatido por ser um conceito complexo e multidisciplinar. Não existe modelo único e preestabelecido de desenvolvimento, porém pressupõe-se que ele deva garantir a livre determinação dos povos, o reconhecimento de soberania sobre seus recursos e riquezas naturais, respeito pleno à sua identidade cultural e a busca de equidade na distribuição das riquezas.

Durante muitos anos, o crescimento econômico, medido pela variação anual do Produto Interno Bruto (PIB), foi usado como indicador relevante para medir o avanço de um país. Acreditava-se que, uma vez garantido o aumento de bens e serviços, sua distribuição ocorreria de forma a satisfazer as necessidades de todas as pessoas. Constatou-se, porém, que, embora importante, o crescimento do PIB não é suficiente para causar, automaticamente, melhoria do bem estar para todas as camadas sociais. Por isso, o conceito de desenvolvimento foi adotado por ser mais abrangente e refletir, de fato, melhorias nas condições de vida dos indivíduos.

A teoria predominante de desenvolvimento econômico o define como um processo que faz aumentar as possibilidades de acesso das pessoas a bens e serviços, propiciadas pela expansão da capacidade e do âmbito das atividades econômicas. O desenvolvimento seria a medida qualitativa do progresso da economia de um país, refletindo transições de estágios mais baixos para estágios mais altos, por meio da adoção de novas tecnologias que permitem e favorecem essa transição. Cresce nos últimos anos a assimilação das ideias desenvolvidas por *Amartya Sem*, que abordam o desenvolvimento como liberdade e seus resultados centrados no bem estar social e, por conseguinte, nos direitos do ser humano.

São essenciais para o desenvolvimento: as liberdades e os direitos básicos como alimentação, saúde e educação. As privações das liberdades não são apenas resultantes da escassez de recursos, mas sim das desigualdades inerentes aos mecanismos de distribuição, da ausência de serviços públicos e de assistência do Estado para a expansão das escolhas individuais. Este conceito de desenvolvimento reconhece seu caráter pluralista e a tese de que a expansão das liberdades não representa somente um fim, mas também o meio para seu alcance. Em consequência, a sociedade deve pactuar as políticas sociais e os direitos coletivos de acesso e uso dos recursos. A partir daí, a medição de um índice de desenvolvimento humano veio substituir a medição de aumento do PIB, uma vez que o Índice de Desenvolvimento Humano (IDH) combina a riqueza per capita indicada pelo PIB aos aspectos de educação e expectativa de vida, permitindo, pela primeira vez, uma avaliação de aspectos sociais não mensurados pelos padrões econométricos.

No caso do Brasil, por muitos anos o crescimento econômico não levou à distribuição justa de renda e riqueza, mantendo-se elevados índices de desigualdade. As ações de Estado voltadas para a conquista da igualdade socioeconômica requerem

PROGRAMA NACIONAL DE DIREITOS HUMANOS (PNDH-3)

ainda políticas permanentes, de longa duração, para que se verifique a plena proteção e promoção dos Direitos Humanos. É necessário que o modelo de desenvolvimento econômico tenha a preocupação de aperfeiçoar os mecanismos de distribuição de renda e de oportunidades para todos os brasileiros, bem como incorpore os valores de preservação ambiental.

Os debates sobre as mudanças climáticas e o aquecimento global, gerados pela preocupação com a maneira com que os países vêm explorando os recursos naturais e direcionando o progresso civilizatório, está na agenda do dia. Esta discussão coloca em questão os investimentos em infraestrutura e modelos de desenvolvimento econômico na área rural, baseados, em grande parte, no agronegócio, sem a preocupação com a potencial violação dos direitos de pequenos e médios agricultores e das populações tradicionais.

O desenvolvimento pode ser garantido se as pessoas forem protagonistas do processo, pressupondo a garantia de acesso de todos os indivíduos aos direitos econômicos, sociais, culturais e ambientais, e incorporando a preocupação com a preservação e a sustentabilidade como eixos estruturantes de proposta renovada de progresso. Esses direitos têm como foco a distribuição da riqueza, dos bens e serviços.

Todo esse debate traz desafios para a conceituação sobre os Direitos Humanos no sentido de incorporar o desenvolvimento como exigência fundamental. A perspectiva dos Direitos Humanos contribui para redimensionar o desenvolvimento. Motiva a passar da consideração de problemas individuais a questões de interesse comum, de bem-estar coletivo, o que alude novamente o Estado e o chama à corresponsabilidade social e à solidariedade.

a) Diretriz 4: Efetivação de modelo de desenvolvimento sustentável, com inclusão social e econômica, ambientalmente equilibrado e tecnologicamente responsável, cultural e regionalmente diverso, participativo e não discriminatório;

b) Diretriz 5: Valorização da pessoa humana como sujeito central do processo de desenvolvimento; e

c) Diretriz 6: Promover e proteger os direitos ambientais como Direitos Humanos, incluindo as gerações futuras como sujeitos de direitos;

Ressaltamos que a noção de desenvolvimento está sendo amadurecida como parte de um debate em curso na sociedade e no governo, incorporando a relação entre os direitos econômicos, sociais, culturais e ambientais, buscando a garantia do acesso ao trabalho, à saúde, à educação, à alimentação, à vida cultural, à moradia adequada, à previdência, à assistência social e a um meio ambiente sustentável. A inclusão do tema Desenvolvimento e Direitos Humanos na 11ª Conferência Nacional reforçou as estratégias governamentais em sua proposta de desenvolvimento.

Assim, este capítulo do PNDH-3 propõe instrumentos de avanço e reforça propostas para políticas públicas de redução das desigualdades sociais concretizadas por meio de ações de transferência de renda, incentivo à economia solidária e ao cooperativismo, à expansão da reforma agrária, ao fomento da aquicultura, da pesca e do extrativismo e da promoção do turismo sustentável. O PNDH-3 inova ao incorporar o meio ambiente saudável e as cidades sustentáveis como Direitos Humanos, propõe a inclusão do item "direitos ambientais" nos relatórios de monitoramento sobre Direitos Humanos e do item "Direitos Humanos" nos relatórios ambientais, assim como fomenta pesquisas de tecnologias socialmente inclusivas.

Nos projetos e empreendimentos com grande impacto socioambiental, o PNDH-3 garante a participação efetiva das populações atingidas, assim como prevê ações mitigatórias e compensatórias. Considera fundamental fiscalizar o respeito aos Direitos Humanos nos projetos implementados pelas empresas transnacionais, bem como seus impactos na manipulação das políticas de desenvolvimento. Nesse sentido, avalia como importante mensurar o impacto da biotecnologia aplicada aos alimentos, da nanotecnologia, dos poluentes orgânicos persistentes, metais pesados e outros poluentes inorgânicos em relação aos Direitos Humanos.

Alcançar o desenvolvimento com Direitos Humanos é capacitar as pessoas e as comunidades a exercerem a cidadania, com direitos e responsabilidades. É incorporar, nos projetos, a própria população brasileira, por meio de participação ativa nas decisões que afetam diretamente suas vidas. É assegurar a transparência dos grandes projetos de desenvolvimento econômico e mecanismos de compensação para a garantia dos Direitos Humanos das populações diretamente atingidas. Por fim, este PNDH-3 reforça o papel da equidade no Plano Plurianual, como instrumento de garantia de priorização orçamentária de programas sociais.

III. *Eixo Orientador III: Universalizar direitos em um contexto de desigualdades:*

CONTEXTUALIZAÇÃO

A Declaração Universal dos Direitos Humanos afirma em seu preâmbulo que o "reconhecimento da dignidade inerente a todos os membros da família humana e de seus direitos iguais e inalienáveis é o fundamento da liberdade, da justiça e da paz no mundo". No entanto, nas vicissitudes ocorridas no cumprimento da Declaração pelos Estados signatários, identificou-se a necessidade de reconhecer as diversidades e diferenças para concretização do princípio da igualdade.

No Brasil, ao longo das últimas décadas, os Direitos Humanos passaram a ocupar uma posição de destaque no ordenamento jurídico. O País avançou decisivamente na proteção e promoção do direito às diferenças. Porém o peso negativo do passado continua a projetar no presente uma situação de profunda iniquidade social. O acesso aos direitos fundamentais continua enfrentando barreiras estruturais, resquícios de um processo histórico, até secular, marcado pelo genocídio indígena, pela escravidão e por períodos ditatoriais, práticas que continuam a ecoar em comportamentos, leis e na realidade social.

O PNDH-3 assimila os grandes avanços conquistados ao longo dos últimos anos, tanto nas políticas de erradicação da miséria e da fome quanto na preocupação com a moradia e saúde, e aponta para a continuidade e ampliação do acesso a tais políticas, fundamentais para garantir o respeito à dignidade humana. Os objetivos estratégicos direcionados à promoção da cidadania plena preconizam a universalidade, indivisibilidade e interdependência dos Direitos Humanos, condições para sua efetivação integral e igualitária. O acesso aos direitos de registro civil, alimentação adequada, terra e moradia, trabalho decente, educação, participação política, cultura, lazer, esporte e saúde, deve considerar a pessoa humana em suas múltiplas dimensões de ator social e sujeito de cidadania.

À luz da história dos movimentos sociais e de programas de governo, o PNDH-3 orienta-se pela transversalidade, para que a implementação dos direitos civis e políticos transitem pelas diversas dimensões dos direitos econômicos, sociais, culturais e ambientais. Caso contrário, grupos sociais afetados pela pobreza, pelo racismo estrutural e pela discriminação dificilmente terão acesso a tais direitos.

As ações programáticas formuladas visam enfrentar o desafio de eliminar as desigualdades, levando em conta as dimensões de gênero e raça nas políticas públicas, desde o planejamento até a sua concretização e avaliação. Há, neste sentido, propostas de criação de indicadores que possam mensurar a efetivação progressiva dos direitos. Às desigualdades soma-se a persistência da discriminação, que muitas vezes se manifesta sob a forma de violência contra sujeitos que são histórica e estruturalmente vulnerabilizados.

O combate à discriminação mostra-se necessário, mas insuficiente enquanto medida isolada. Os pactos e as convenções que integram o sistema regional e internacional de proteção dos Direitos Humanos apontam para a necessidade de combinar essas medidas com políticas compensatórias que acelerem a construção da igualdade, como forma capaz de estimular a inclusão de grupos socialmente vulneráveis. Além disso, as ações afirmativas constituem medidas especiais e temporárias que buscam remediar um passado discriminatório. No rol de movimentos e grupos sociais que demandam políticas de inclusão social encontram-se crianças, adolescentes, mulheres, pessoas idosas, lésbicas, gays, bissexuais, travestis, transexuais, pessoas com deficiência, pessoas moradoras de rua, povos indígenas, populações negras e quilombolas, ciganos, ribeirinhos, varzanteiros e pescadores, dentre outros.

a) Diretriz 7: Garantia dos Direitos Humanos de forma universal, indivisível e interdependente, assegurando a cidadania plena;
b) Diretriz 8: Promoção dos direitos de crianças e adolescentes para o seu desenvolvimento integral, de forma não discriminatória, assegurando seu direito de opinião e participação;
c) Diretriz 9: Combate às desigualdades estruturais; e
d) Diretriz 10: Garantia da igualdade na diversidade;

Definem-se, neste capítulo, medidas e políticas que devem ser efetivadas para reconhecer e proteger os indivíduos como iguais na diferença, ou seja, para valorizar a diversidade presente na população brasileira para estabelecer acesso igualitário aos direitos fundamentais. Trata-se de reforçar os programas de governo e as resoluções pactuadas nas diversas conferências nacionais temáticas, sempre sob o foco dos Direitos Humanos, com a preocupação de assegurar o respeito às diferenças e o combate às desigualdades, para o efetivo acesso aos direitos.

Por fim, em respeito à primazia constitucional de proteção e promoção da infância, do adolescente e da juventude, o capítulo aponta suas diretrizes para o respeito e a garantia das gerações futuras. Como sujeitos de direitos, as crianças, os adolescentes e os jovens são frequentemente subestimados em sua participação política e em sua capacidade decisória. Preconiza-se o dever de assegurar-lhes, desde cedo, o direito de opinião e participação.

Marcadas pelas diferenças e por sua fragilidade temporal, as crianças, os adolescentes e os jovens estão sujeitos a discriminações e violências. As ações programáticas promovem a garantia de espaços e investimentos que assegurem proteção contra qualquer forma de violência e discriminação, bem como a promoção da articulação entre família, sociedade e Estado para fortalecer a rede social de proteção que garante a efetividade de seus direitos.

IV. Eixo Orientador IV: Segurança Pública, Acesso à Justiça e Combate à Violência:

CONTEXTUALIZAÇÃO

Por muito tempo, alguns segmentos da militância em Direitos Humanos mantiveram-se distantes do debate sobre as políticas públicas de segurança no Brasil. No processo de consolidação da democracia, por diferentes razões, movimentos sociais e entidades manifestaram dificuldade no tratamento do tema. Na base dessa dificuldade, estavam a memória dos enfrentamentos com o aparato repressivo ao longo de duas décadas de regime ditatorial, a postura violenta vigente, muitas vezes, em órgãos de segurança pública, a percepção do crime e da violência como meros subprodutos de uma ordem social injusta a ser transformada em seus próprios fundamentos.

Distanciamento análogo ocorreu nas universidades, que, com poucas exceções, não se debruçaram sobre o modelo de polícia legado ou sobre os desafios da segurança pública. As polícias brasileiras, nos termos de sua tradição institucional, pouco aproveitaram da reflexão teórica e dos aportes oferecidos pela criminologia moderna e demais ciências sociais, já disponíveis há algumas décadas às polícias e aos gestores de países desenvolvidos. A cultura arraigada de rejeitar as evidências acumuladas pela pesquisa e pela experiência de reforma das polícias no mundo era a mesma que expressava nostalgia de um passado de ausência de garantias individuais e que identificava na ideia dos Direitos Humanos não a mais generosa entre as promessas construídas pela modernidade, mas uma verdadeira ameaça.

PROGRAMA NACIONAL DE DIREITOS HUMANOS (PNDH-3)

Estavam postas as condições históricas, políticas e culturais para que houvesse um fosso aparentemente intransponível entre os temas da segurança pública e os Direitos Humanos. Nos últimos anos, contudo, esse processo de estranhamento mútuo passou a ser questionado. De um lado, articulações na sociedade civil assumiram o desafio de repensar a segurança pública a partir de diálogos com especialistas na área, policiais e gestores. De outro, começaram a ser implantadas as primeiras políticas públicas buscando caminhos alternativos de redução do crime e da violência, a partir de projetos centrados na prevenção e influenciados pela cultura de paz.

A proposição do Sistema Único de Segurança Pública, a modernização de parte das nossas estruturas policiais e a aprovação de novos regimentos e leis orgânicas das polícias, a consciência crescente de que políticas de segurança pública são realidades mais amplas e complexas do que as iniciativas possíveis às chamadas "forças da segurança", o surgimento de nova geração de policiais, disposta a repensar práticas e dogmas e, sobretudo, a cobrança da opinião pública e a maior fiscalização sobre o Estado, resultante do processo de democratização, têm tornado possível a construção de agenda de reformas na área.

O Programa Nacional de Segurança Pública com Cidadania (Pronasci) e os investimentos já realizados pelo Governo Federal na montagem de rede nacional de altos estudos em segurança pública, que têm beneficiado milhares de policiais em cada Estado, simbolizam, ao lado do processo de debates da 1ª Conferência Nacional de Segurança Pública, acúmulos históricos significativos, que apontam para novas e mais importantes mudanças.

a) Diretriz 11: Democratização e modernização do sistema de segurança pública;

b) Diretriz 12: Transparência e participação popular no sistema de segurança pública e justiça criminal;

c) Diretriz 13: Prevenção da violência e da criminalidade e profissionalização da investigação de atos criminosos;

d) Diretriz 14: Combate à violência institucional, com ênfase na erradicação da tortura e na redução da letalidade policial e carcerária;

e) Diretriz 15: Garantia dos direitos das vítimas de crimes e de proteção das pessoas ameaçadas;

f) Diretriz 16: Modernização da política de execução penal, priorizando a aplicação de penas e medidas alternativas à privação de liberdade e melhoria do sistema penitenciário; e

g) Diretriz 17: Promoção de sistema de justiça mais acessível, ágil e efetivo, para o conhecimento, a garantia e a defesa de direitos;

As propostas elencadas neste eixo orientador do PNDH-3 articulam-se com tal processo histórico de transformação e exigem muito mais do que já foi alcançado. Para tanto, parte-se do pressuposto de que a realidade brasileira segue sendo gravemente marcada pela violência e por severos impasses estruturais na área da segurança pública.

Problemas antigos, como a ausência de diagnósticos, de planejamento e de definição formal de metas, a desvalorização profissional dos policiais e dos agentes penitenciários, o desperdício de recursos e a consagração de privilégios dentro das instituições, as práticas de abuso de autoridade e de violência policial contra grupos vulneráveis e a corrupção dos agentes de segurança pública demandam reformas tão urgentes quanto profundas.

As propostas sistematizadas no PNDH-3 agregam, nesse contexto, as contribuições oferecidas pelo processo da 11ª Conferência Nacional dos Direitos Humanos e avançam também sobre temas que não foram objeto de debate, trazendo para o PNDH-3 parte do acúmulo crítico que tem sido proposto ao País pelos especialistas e pesquisadores da área.

Em linhas gerais, o PNDH-3 aponta para a necessidade de ampla reforma no modelo de polícia e propõe o aprofundamento do debate sobre a implantação do ciclo completo de policiamento às corporações estaduais. Prioriza transparência e participação popular, instando ao aperfeiçoamento das estatísticas e à publicação de dados, assim como à reformulação do Conselho Nacional de Segurança Pública. Contempla a prevenção da violência e da criminalidade como diretriz, ampliando o controle sobre armas de fogo e indicando a necessidade de profissionalização da investigação criminal.

Com ênfase na erradicação da tortura e na redução da letalidade policial e carcerária, confere atenção especial ao estabelecimento de procedimentos operacionais padronizados, que previnam as ocorrências de abuso de autoridade e de violência institucional, e confiram maior segurança a policiais e agentes penitenciários. Reafirma a necessidade de criação de ouvidorias independentes em âmbito federal e, inspirado em tendências mais modernas de policiamento, estimula as iniciativas orientadas por resultados, o desenvolvimento do policiamento comunitário e voltado para a solução de problemas, elencando medidas que promovam a valorização dos trabalhadores em segurança pública. Contempla, ainda, a criação de sistema federal que integre os atuais sistemas de proteção a vítimas e testemunhas, defensores de Direitos Humanos e crianças e adolescentes ameaçados de morte.

Também como diretriz, o PNDH-3 propõe profunda reforma da Lei de Execução Penal que introduza garantias fundamentais e novos regramentos para superar as práticas abusivas, hoje comuns. E trata as penas privativas de liberdade como última alternativa, propondo a redução da demanda por encarceramento e estimulando novas formas de tratamento dos conflitos, como as sugeridas pelo mecanismo da Justiça Restaurativa.

Reafirma-se a centralidade do direito universal de acesso à Justiça, com a possibilidade de acesso aos tribunais por toda a população, com o fortalecimento das defensorias públicas e a modernização da gestão judicial, de modo a garantir respostas judiciais mais céleres e eficazes. Destacam-se, ainda, o direito de acesso à Justiça em matéria de conflitos agrários e urbanos e o necessário estímulo aos meios de soluções pacíficas de controvérsias.

O PNDH-3 apresenta neste eixo, fundamentalmente, propostas para que o Poder Público se aperfeiçoe no desenvolvimento de políticas públicas de prevenção ao crime e à violência, reforçando a noção de acesso universal à Justiça como direito fundamental, e sustentando que a democracia, os processos de participação e transparência, aliados ao uso de ferramentas científicas e à profissionalização de instituições e trabalhadores da segurança, assinalam os roteiros mais promissores para que o Brasil possa avançar no caminho da paz pública.

V. Eixo Orientador V: Educação e Cultura em Direitos Humanos:

CONTEXTUALIZAÇÃO

A educação e a cultura em Direitos Humanos visam à formação de nova mentalidade coletiva para o exercício da solidariedade, do respeito às diversidades e da tolerância. Como processo sistemático e multidimensional que orienta a formação do sujeito de direitos, seu objetivo é combater o preconceito, a discriminação e a violência, promovendo a adoção de novos valores de liberdade, justiça e igualdade.

A educação em Direitos Humanos, como canal estratégico capaz de produzir uma sociedade igualitária, extrapola o direito à educação permanente e de qualidade. Trata-se de mecanismo que articula, dentre outros elementos:

a) a apreensão de conhecimentos historicamente construídos sobre Direitos Humanos e a sua relação com os contextos internacional, regional, nacional e local;

b) a afirmação de valores, atitudes e práticas sociais que expressem a cultura dos Direitos Humanos em todos os espaços da sociedade;

c) a formação de consciência cidadã capaz de se fazer presente nos níveis cognitivo, social, ético e político;

d) o desenvolvimento de processos metodológicos participativos e de construção coletiva, utilizando linguagens e materiais didáticos contextualizados;

e) o fortalecimento de políticas que gerem ações e instrumentos em favor da promoção, da proteção e da defesa dos Direitos Humanos, bem como da reparação das violações.

O PNDH-3 dialoga com o Plano Nacional de Educação em Direitos Humanos (PNEDH) como referência para a política nacional de Educação e Cultura em Direitos Humanos, estabelecendo os alicerces a serem adotados nos âmbitos nacional, estadual, distrital e municipal. O Plano Nacional de Educação em Direitos Humanos (PNEDH), refletido neste programa, se desdobra em cinco grandes áreas:

• Na educação básica, a ênfase do PNDH-3 é possibilitar, desde a infância, a formação de sujeitos de direito, priorizando as populações historicamente vulnerabilizadas.

A troca de experiências entre crianças de diferentes raças e etnias, imigrantes, com deficiência física ou mental, fortalece, desde cedo, sentimento de convivência pacífica. Conhecer o diferente, desde a mais tenra idade, é perder o medo do desconhecido, formar opinião respeitosa e combater o preconceito, às vezes arraigado na própria família.

• No PNDH-3, essa concepção se traduz em propostas de mudanças curriculares, incluindo a educação transversal e permanente nos temas ligados aos Direitos Humanos e, mais especificamente, o estudo da temática de gênero e orientação sexual, das culturas indígena e afro-brasileira entre as disciplinas do ensino fundamental e médio.

• No ensino superior, as metas previstas visam a incluir os Direitos Humanos, por meio de diferentes modalidades como disciplinas, linhas de pesquisa, áreas de concentração, transversalização incluída nos projetos acadêmicos dos diferentes cursos de graduação e pós-graduação, bem como em programas e projetos de extensão.

• A educação não formal em Direitos Humanos é orientada pelos princípios da emancipação e da autonomia, configurando-se como processo de sensibilização e formação da consciência crítica. Desta forma, o PNDH-3 propõe inclusão da temática de Educação em Direitos Humanos nos programas de capacitação de lideranças comunitárias e nos programas de qualificação profissional, alfabetização de jovens e adultos, dentre outros. Volta-se, especialmente, para o estabelecimento de diálogo e parcerias permanentes como o vasto leque brasileiro de movimentos populares, sindicatos, igrejas, ONGs, clubes, entidades empresariais e toda sorte de agrupamentos da sociedade civil que desenvolvem atividades formativas em seu cotidiano.

• A formação e a educação continuada em Direitos Humanos, com recortes de gênero, relações étnico-raciais e de orientação sexual, em todo o serviço público, especialmente entre os agentes do sistema de Justiça de segurança pública, são fundamentais para consolidar o Estado Democrático e a proteção do direito à vida e à dignidade, garantindo tratamento igual a todas as pessoas e o funcionamento de sistemas de Justiça que promovam os Direitos Humanos.

a) Diretriz 18: Efetivação das diretrizes e dos princípios da política nacional de educação em Direitos Humanos para fortalecer uma cultura de direitos;

b) Diretriz 19: Fortalecimento dos princípios da democracia e dos Direitos Humanos nos sistemas de educação básica, nas instituições de ensino superior e nas instituições formadoras;

c) Diretriz 20: Reconhecimento da educação não formal como espaço de defesa e promoção dos Direitos Humanos;

d) Diretriz 21: Promoção da Educação em Direitos Humanos no serviço público; e

e) Diretriz 22: Garantia do direito à comunicação democrática e ao acesso à informação para consolidação de uma cultura em Direitos Humanos; e

PROGRAMA NACIONAL DE DIREITOS HUMANOS (PNDH-3)

Aborda-se também o papel estratégico dos meios de comunicação de massa, no sentido de construir ou desconstruir ambiente nacional e cultura social de respeito e proteção aos Direitos Humanos. Daí a importância primordial de introduzir mudanças que assegurem ampla democratização desses meios, bem como de atuar permanentemente junto a todos os profissionais e as empresas do setor (seminários, debates, reportagens, pesquisas e conferências), buscando sensibilizar e conquistar seu compromisso ético com a afirmação histórica dos Direitos Humanos.

VI. Eixo Orientador VI: Direito à Memória e à Verdade:

CONTEXTUALIZAÇÃO

A investigação do passado é fundamental para a construção da cidadania. Estudar o passado, resgatar sua verdade e trazer à tona seus acontecimentos caracterizam forma de transmissão de experiência histórica, que é essencial para a constituição da memória individual e coletiva.

O Brasil ainda processa com dificuldades o resgate da memória e da verdade sobre o que ocorreu com as vítimas atingidas pela repressão política durante o regime de 1964. A impossibilidade de acesso a todas as informações oficiais impede que familiares de mortos e desaparecidos possam conhecer os fatos relacionados aos crimes praticados e não permite à sociedade elaborar seus próprios conceitos sobre aquele período.

A história que não é transmitida de geração a geração torna-se esquecida e silenciada. O silêncio e o esquecimento das barbáries geram graves lacunas na experiência coletiva de construção da identidade nacional. Resgatando a memória e a verdade, o País adquire consciência superior sobre sua própria identidade, a democracia se fortalece. As tentações totalitárias são neutralizadas e crescem as possibilidades de erradicação definitiva de alguns resquícios daquele período sombrio, como a tortura, por exemplo, ainda persistente no cotidiano brasileiro.

O trabalho de reconstituir a memória exige revisitar o passado e compartilhar experiências de dor, violência e mortes. Somente depois de lembrá-las e fazer seu luto, será possível superar o trauma histórico e seguir adiante. A vivência do sofrimento e das perdas não pode ser reduzida a conflito privado e subjetivo, uma vez que se inscreveu num contexto social, e não individual.

A compreensão do passado por intermédio da narrativa da herança histórica e pelo reconhecimento oficial dos acontecimentos possibilita aos cidadãos construírem os valores que indicarão sua atuação no presente. O acesso a todos os arquivos e documentos produzidos durante o regime militar é fundamental no âmbito das políticas de proteção dos Direitos Humanos.

As violações sistemáticas dos Direitos Humanos pelo Estado durante o regime ditatorial são desconhecidas pela maioria da população, em especial pelos jovens. A radiografia dos atingidos pela repressão política ainda está longe de ser concluída, mas calcula-se que pelo menos cinquenta mil pessoas foram presas somente nos primeiros meses de 1964; cerca de vinte mil brasileiros foram submetidos a torturas e cerca de quatrocentos cidadãos foram mortos ou estão desaparecidos. Ocorreram milhares de prisões políticas não registradas, cento e trinta banimentos, quatro mil, oitocentos e sessenta e duas cassações de mandatos políticos, uma cifra incalculável de exílios e refugiados políticos.

a) **Diretriz 23:** Reconhecimento da memória e da verdade como Direito Humano da cidadania e dever do Estado;

b) **Diretriz 24:** Preservação da memória histórica e construção pública da verdade; e

c) **Diretriz 25:** Modernização da legislação relacionada com promoção do direito à memória e à verdade, fortalecendo a democracia.

As ações programáticas deste eixo orientador têm como finalidade assegurar o processamento democrático e republicano de todo esse período da história brasileira, para que se viabilize o desejável sentimento de reconciliação nacional. E para se construir consenso amplo no sentido de que as violações sistemáticas de Direitos Humanos registradas entre 1964 e 1985, bem como no período do Estado Novo, não voltem a ocorrer em nosso País, nunca mais.

Parágrafo único. A implementação do PNDH-3, além dos responsáveis nele indicados, envolve parcerias com outros órgãos federais relacionados com os temas tratados nos eixos orientadores e suas diretrizes.

Art. 3º *As metas, prazos e recursos necessários para a implementação do PNDH-3 serão definidos e aprovados em Planos de Ação de Direitos Humanos bianuais.*

Art. 4º *(Revogado pelo Decreto nº 10.087, de 2019)*

Art. 5º *Os Estados, o Distrito Federal, os Municípios e os órgãos do Poder Legislativo, do Poder Judiciário e do Ministério Público, serão convidados a aderir ao PNDH-3.*

Art. 6º *Este Decreto entra em vigor na data de sua publicação.*

Art. 7º *Fica revogado o Decreto no 4.229, de 13 de maio de 2002.*

Brasília, 21 de dezembro de 2009; 188º da Independência e 121º da República.

LUIZ INÁCIO LULA DA SILVA

6. DECLARAÇÃO UNIVERSAL DOS DIREITOS HUMANOS (DUDH)

O período que sucedeu a Segunda Guerra Mundial carregou consigo a memória viva das grandes atrocidades experimentadas em um conflito sangrento e de proporções alarmantes. A barbárie imposta pelos nazistas, consolidada sobre a lógica da "supremacia racial", fez com que o mundo se colocasse diante de situações de absoluta desumanidade em que os direitos mais básicos do ser humano eram negados, restando-lhe a fome, a falta de liberdade, o trabalho forçado, o sofrimento e a morte. Contudo, a consolidação das potências bélicas, vitoriosas da grande guerra, resultou no encabeçamento de um movimento que traria respeito e segurança aos direitos humanos, garantindo-lhes proteção em qualquer tempo e lugar.

A Organização das Nações Unidas (ONU), constituída por 58 Estados-membros em sua origem, entre eles o Brasil, em 10 de dezembro de 1948 instituiu, por meio da resolução 217 A (III), a Declaração Universal dos Direitos Humanos (DUDH). Quando foi editada a Resolução, ela era apenas uma recomendação, não possuía força vinculante. Este posicionamento não é mais adequado porque décadas após a Resolução que criou a DUDH, os Tribunais Internacionais consideram que essa Resolução pode ser vista como espelho do costume internacional de Proteção dos Direitos Humanos.

Constituída por 30 artigos, o documento traz a defesa dos direitos básicos para a promoção da dignidade humana. Sem distinção de cor, nacionalidade, orientação sexual, política ou religiosa, a resolução visa impedir as arbitrariedades dos indivíduos e dos Estados que firam os Direitos Humanos.

Considerando que o reconhecimento da dignidade inerente a todos os membros da família humana e de seus direitos iguais e inalienáveis é o fundamento da liberdade, da justiça e da paz no mundo,

Considerando que o desprezo e o desrespeito pelos direitos humanos resultam em atos bárbaros que ultrajam a consciência da humanidade e que o advento de um mundo em que os homens gozem de liberdade de palavra, descrença e da liberdade de viverem a salvo do temor e da necessidade foi proclamado como a mais alta aspiração do homem comum, (...)

Considerando que os povos das Nações Unidas reafirmaram, na Carta, sua fé nos direitos humanos fundamentais, na dignidade e no valor da pessoa humana e na igualdade de direitos dos homens e das mulheres, e que decidiram promover o progresso social e melhores condições de vida em uma liberdade mais ampla,

Considerando que uma compreensão comum desses direitos e liberdades é da mais alta importância para o pleno cumprimento desse compromisso.

Trechos retirados do Preâmbulo da DUDH, 1948.

Vejamos alguns trechos da DUDH:

A presente Declaração Universal dos Direitos Humanos como o ideal comum a ser atingido por todos os povos e todas as nações, com o objetivo de que cada indivíduo e cada órgão da sociedade, tendo sempre em mente esta Declaração, se esforce, através do ensino e da educação, por promover o respeito a esses direitos e liberdades, e, pela adoção de medidas progressivas de caráter nacional e internacional, por assegurar o seu reconhecimento e a sua observância universal e efetiva, tanto entre os povos dos próprios Estados-Membros, quanto entre os povos dos territórios sob sua jurisdição.	OBJETIVO

Medidas progressivas: não é intenção da Declaração Universal dos Direitos Humanos que suas medidas sejam compreendidas e estabelecidas de maneira absoluta.

Artigo 1

Todos os seres humanos nascem livres e iguais em dignidade e direitos. São dotados de razão e consciência e devem agir em relação uns aos outros com espírito de fraternidade.	Declaração dos Direitos do Homem e do Cidadão, 1789.

Artigo 2

Toda pessoa tem capacidade para gozar os direitos e as liberdades estabelecidas nesta Declaração, sem distinção de qualquer espécie, seja de raça, cor, sexo, língua, religião, opinião política ou de outra natureza, origem nacional ou social, riqueza, nascimento, ou qualquer outra condição. Não será tampouco feita qualquer distinção fundada na condição política, jurídica ou internacional do país ou território a que pertença uma pessoa, quer se trate de um território independente, sob tutela, sem governo próprio, quer sujeito a qualquer outra limitação de soberania.	Nenhum pré-requisito é motivo de distinção entre cidadãos em relação ao direito.

Artigo 3

Toda pessoa tem direito à vida, à liberdade e à segurança pessoal. Exceção: Em caso de Guerra Declarada.	Não podemos encarar de forma absoluta.

Artigo 4

Ninguém será mantido em escravidão ou servidão; a escravidão e o tráfico de escravos serão proibidos em todas as suas formas.	Vedação à escravidão, para alguns autores temos um direito que se reveste de caráter absoluto.

Artigo 8

Todo ser humano tem direito a receber dos tribunais nacionais competentes remédio efetivo para os atos que violem os direitos fundamentais que lhe sejam reconhecidos pela constituição ou pela lei.	Base para os remédios constitucionais.

DECLARAÇÃO UNIVERSAL DOS DIREITOS HUMANOS (DUDH)

Artigo 11.

1. Todo ser humano acusado de um ato delituoso tem o direito de ser presumido inocente até que a sua culpabilidade tenha sido provada de acordo com a lei, em julgamento público no qual lhe tenham sido asseguradas todas as garantias necessárias à sua defesa.	**Presunção de inocência.**
2. Ninguém poderá ser culpado por qualquer ação ou omissão que, no momento, não constituíam delito perante o direito nacional ou internacional. Também não será imposta pena mais forte do que aquela que, no momento da prática, era aplicável ao ato delituoso.	**Reserva Legal.**

6.1 Em alguns artigos da DUDH, podemos ver (Grifos Nossos) os Principais Direitos Tutelados:

Artigo 5
> **Ninguém será submetido** à tortura nem a tratamento ou **castigo cruel, desumano** ou **degradante**.

Artigo 6
> Todo ser humano tem o direito de ser, em todos os lugares, reconhecido como pessoa perante a lei.

Artigo 7
> **Todos são iguais perante a lei** e têm direito, sem qualquer distinção, a igual proteção da lei. **Todos têm direito a igual proteção contra qualquer discriminação** que viole a presente Declaração e contra qualquer incitamento a tal discriminação.

Artigo 13
> 1. Todo ser humano tem direito à **liberdade de locomoção** e residência dentro das fronteiras de cada Estado.
> 2. Todo ser humano tem o direito de deixar qualquer país, inclusive o próprio, e a este regressar.

Artigo 14
> 1. Toda pessoa, vítima de perseguição, tem o direito de **procurar e de gozar asilo em outros países**.
> 2. Este direito **não pode ser invocado em caso de perseguição legitimamente motivada** por crimes de direito comum ou por atos contrários aos objetivos e princípios das Nações Unidas.

Artigo 15
> 1. Todo ser humano tem **direito a uma nacionalidade**.
> 2. Ninguém será arbitrariamente privado de sua nacionalidade, nem do direito de mudar de nacionalidade.

Artigo 16
> 1. Os homens e mulheres de maior idade, sem qualquer restrição de raça, nacionalidade ou religião, têm o **direito de contrair matrimônio e fundar uma família**. Gozam de iguais direitos em relação ao casamento, sua duração e sua dissolução.
> 2. O casamento não será válido senão com o livre e pleno consentimento dos nubentes.
> 3. A **família** é o núcleo natural e fundamental da sociedade e **tem direito à proteção da sociedade e do Estado**.

Artigo 17
> 1. Todo ser humano tem **direito à propriedade**, só ou em sociedade com outros.
> 2. Ninguém será arbitrariamente privado de sua propriedade.

Artigo 20
> 1. Todo ser humano tem direito à **liberdade de reunião e associação pacífica**.
> 2. Ninguém pode ser obrigado a fazer parte de uma associação.

Artigo 21
> 1. Todo ser humano tem o **direito de tomar parte no governo de seu** país diretamente ou por intermédio de representantes livremente escolhidos.
> 2. Todo ser humano tem igual direito de **acesso ao serviço público** do seu país.
> 3. A **vontade do povo** será a base da autoridade do governo; esta vontade será expressa em **eleições periódicas e legítimas**, por **sufrágio universal**, por **voto secreto** ou processo equivalente que assegure a liberdade de voto.

Artigo 26
> 1. Todo ser humano tem **direito à instrução**. A instrução será **gratuita, pelo menos nos graus elementares e fundamentais**. A instrução elementar será **obrigatória**. A **instrução técnico-profissional será acessível a todos**, bem como a **instrução superior**, está **baseada no mérito**.
> 2. A instrução **será orientada no sentido do pleno desenvolvimento da personalidade humana e do fortalecimento do respeito pelos direitos humanos e pelas liberdades fundamentais**. A instrução promoverá a compreensão, a tolerância e a amizade entre todas as nações e grupos raciais ou religiosos, e coadjuvará as atividades das Nações Unidas em prol da manutenção da paz.

6.2 Breves Considerações sobre a Declaração Universal dos Direitos Humanos.

> Quando a Declaração Universal dos Direitos Humanos começou a ser pensada, o mundo ainda sentia os efeitos da Segunda Guerra Mundial, encerrada em 1945.

> Outros documentos já haviam sido redigidos em reação a tratamentos desumanos e injustiças, como a Declaração de Direitos Inglesa (elaborada em 1689, após as Guerras Civis Inglesas, para pregar a democracia) e a Declaração dos Direitos do Homem e do Cidadão (redigida em 1789, após a Revolução Francesa, a fim de proclamar a igualdade para todos).

> Depois da Segunda Guerra e da criação da Organização das Nações Unidas (também em 1945), líderes mundiais decidiram complementar a promessa da comunidade internacional de nunca mais permitir atrocidades como as que haviam sido vistas na guerra. Assim, elaboraram um guia para garantir os direitos de todas as pessoas e em todos os lugares do globo.

> O documento foi apresentado na primeira Assembleia Geral da ONU em 1946 e repassado à Comissão de Direitos Humanos para que fosse usado na preparação de uma declaração internacional de direitos. Na primeira sessão da comissão em 1947, seus membros foram autorizados a elaborar o que foi chamado de "esboço preliminar da Declaração Internacional dos Direitos Humanos".

> Um comitê formado por membros de oito países recebeu a declaração e se reuniu pela primeira vez em 1947. Ele foi presidido por Eleanor Roosevelt, viúva do presidente americano Franklin D. Roosevelt. O responsável pelo primeiro esboço da declaração, o francês René Cassin, também participou.

> O primeiro rascunho da Declaração Universal dos Direitos Humanos, que contou com a participação de mais de 50 países na redação, foi apresentado em setembro de 1948 e teve seu texto final redigido em menos de dois anos.

6.3 Direitos Humanos e Legislação Brasileira

> Podemos afirmar uma clara violação dos direitos humanos durante 21 anos (1964 a 1985).

> Temos uma violação desigual atingindo a Sociedade em diferentes níveis.

> A Emenda Constitucional nº 1, de 1969, alterou o Texto Constitucional, formando na prática uma nova Constituição (referente a Constituição de 1967).

> Em 1984, como resposta à repressão imposta pela Constituição de 1967 aos Direitos Políticos, surgiu o movimento das "Diretas Já", que reivindicava a volta das eleições diretas no Brasil para eleger o Presidente da República. No primeiro momento, o movimento não logrou êxito plenamente, pois a primeira eleição após o regime militar foi indireta, realizada pelo Congresso. Entretanto, conseguiu um bom resultado quando, nestas eleições, conseguiu devolver o governo à sociedade civil.

> A Constituição de 1988, conhecida como "Constituição Cidadã", é a que melhor representa a harmonia do Brasil com os Direitos Humanos nos dias atuais, pelo menos em tese. Pela própria estrutura da Constituição, como ela é escrita e como seus artigos estão organizados, percebemos que há um maior destaque para os Direitos Humanos: estes aparecem logo nas primeiras linhas do texto constitucional, sendo uma forma de demonstrar que o constituinte quis garanti-los e fazer deles a base para a nova sociedade que nascia a partir daquele momento.

> Logo no primeiro artigo, encontramos como fundamento da República Federativa do Brasil a "dignidade da pessoa humana", os "valores sociais do trabalho e da livre iniciativa" e o "pluralismo político". Isto prova que a nova ordem social, acolhida e inaugurada pela nova Constituição, rompia com aquela criada em 1967, e valorizava os Direitos Sociais, Trabalhistas e Políticos. É, porém, no Art. 5º da Carta de 1988, que encontramos o maior leque de direitos garantidos; vão desde direitos individuais e coletivos, passando por direitos civis, até instrumentos de controle judiciário da vida social e de limitações ao direito estatal de punir. É um grande avanço comparado à constituição anterior.

Questões

01. É correto afirmar sobre a Declaração Universal dos Direitos Humanos.
a) Não se admite a prisão, a detenção ou o exílio arbitrário.
b) Admite-se a tortura, excepcionalmente, para se penalizar crimes hediondos.
c) Todo acusado deverá ser considerado culpado até que se prove a sua inocência.
d) É vedada a escravatura, porém, admite-se a servidão de pessoas até dezoito anos.
e) É obrigação dos Estados signatários da Declaração instituírem tribunais parciais e dependentes.

02. É correto afirmar sobre a Declaração Universal dos Direitos Humanos.
a) O caráter laico do Estado dispensa proteção ao direito de religião.
b) Todos os seres humanos nascem livres e iguais em dignidade e em direitos.
c) A proteção à opinião política é reduzida em razão da salvaguarda das liberdades.
d) Por não possuir natureza comercial, não há previsão de proteção e satisfação de direitos econômicos.
e) A Declaração somente protege direitos de cidadãos residentes em países ou territórios plenamente livres e soberanos.

03. Considerando o quanto disposto na Declaração Universal dos Direitos Humanos, é correto afirmar que:
a) a liberdade de opinião e de expressão não inclui a liberdade de transmitir informações por qualquer meio e independente de fronteiras.
b) toda pessoa tem direito a repouso e lazer, inclusive a limitação razoável das horas de trabalho e a férias periódicas não remuneradas.
c) toda pessoa, vítima de perseguição, tem o direito de procurar e de gozar asilo em outros países com os quais existe tratado de reciprocidade.
d) toda pessoa tem o direito de tomar parte no governo de seu país, diretamente ou por intermédio de representantes livremente escolhidos.
e) não será feita qualquer distinção fundada na condição política, jurídica ou internacional do país ou território a que pertença uma pessoa, desde que tal território não esteja sujeito a qualquer tipo de limitação de soberania.

04. A Declaração Universal dos Direitos do Homem foi adotada em 10 de dezembro de 1948. A seu respeito, assinale a alternativa correta.
a) Não tratou do direito à propriedade, tendo em vista que esse ponto poderia ser objeto de impasse com os Estados do bloco socialista.
b) Embora sem grande repercussão, garante o direito à felicidade que, nos últimos anos, tem sido tema de grande debate nacional e internacional.
c) Dada sua correlação com os direitos naturais, houve grande consenso em torno do documento que contou com a aprovação unânime dos Estados, sem reprovações ou abstenções.
d) Estabelece três categorias de direitos: os direitos civis e políticos, os direitos econômicos, sociais e culturais e os direitos coletivos, combinando, de forma inédita, os discursos liberal, social e plural.

DECLARAÇÃO UNIVERSAL DOS DIREITOS HUMANOS (DUDH)

e) Não apresenta força de lei, por não ser um tratado. Foi adotada pela Assembleia das Nações Unidas sob a forma de resolução. Contudo, como consagra valores básicos universais, reconhece-se sua força vinculante.

05. Os direitos humanos são direitos inerentes a todos os seres humanos, independentemente de raça, sexo, nacionalidade, etnia, idioma, religião ou qualquer outra condição. De acordo com o que prescreve a Declaração Universal dos Direitos Humanos leia e analise as assertivas abaixo:

I. Todo ser humano tem o direito de ser, em todos os lugares, reconhecido como pessoa perante a lei.

II. Todos são iguais perante a lei e têm direito, sem qualquer distinção, a igual proteção da lei. Todos têm direito a igual proteção contra qualquer discriminação que viole a presente Declaração e contra qualquer incitamento a tal discriminação.

III. Todo ser humano tem direito a receber dos tribunais nacionais competentes remédio efetivo para os atos que violem os direitos fundamentais que lhe sejam reconhecidos pela constituição ou pela lei.

a) Somente as assertivas I e II estão corretas.
b) Somente as assertivas II e III estão corretas.
c) Somente as assertivas I e III estão corretas.
d) Somente a assertiva I está correta.
e) Todas as assertivas estão corretas.

Gabaritos

01	A	04	E
02	B	05	E
03	D	-	-

7. DIREITOS HUMANOS, MINORIAS E GRUPOS VULNERÁVEIS

7.1 Do Princípio da Igualdade

Em abordagem preliminar, precisamos lembrar do princípio da igualdade.

→ **Igualdade formal:** perante a lei – imposição de tratamento isonômico (igual) a todos da mesma categoria;

→ **Igualdade material:** Igualdade real, de fato. Objetivo de reduzir as desigualdades fáticas por meio de concessão de direitos/vantagens. Exemplo: sistema de cotas.

→ **Igualdade na lei:** igualdade observada pelo legislador na edição de normas.

→ **Igualdade perante a lei:** Observada pelos intérpretes/aplicadores do Direito.

O princípio da igualdade não veda o tratamento discriminatório, mas apenas quando há razoabilidade para discriminação e na medida do razoável.

Observação: Não pode o Poder Judiciário, que não tem função legislativa, de aumentar vencimentos a servidores com base na isonomia. Súmula Vinculante nº 37.

Por exemplo, a Lei Maria da Penha traz uma diferença de tratamento entre homens e mulheres. Foi considerado constitucional pelo STF. Esta diferenciação é razoável. A própria CF faz diferenciações, como o caso de aposentadoria de mulheres mais cedo do que os homens.

> Sobre a igualdade, Boaventura preceitua que temos o direito a ser iguais quando a nossa diferença nos inferioriza, e temos o direito a ser diferentes quando a nossa igualdade nos descaracteriza.

A igualdade material consiste em concretizar duas dimensões de justiça:

→ **Justiça distributiva:** redistribuição de recursos socioeconômicos para grupos historicamente em desvantagens. Exemplo: ações afirmativas;

→ **Justiça de reconhecimento de identidades:** Grupos cujo fator de identidade os leva a situação de vulnerabilidade. Respeitar as pessoas nas suas diferenças. Decorre do pluralismo político, fundamento da República Federativa do Brasil (art. 1, IV da CF).

Exemplo: Constitucionalidade da Lei Maria da Penha, direito do transgênero de alterar o nome e sexo no registro civil independente de cirurgia de transgenitalização ou de tratamento hormonal. (ADI nº 4.275, DF), ato de homofobia e transfobia foi considerado crime de racismo social para o STF. ADO nº 26. O STF reconheceu a união homoafetiva como entidade familiar (ADPF nº 132).

Art. 3º Constituem objetivos fundamentais da República Federativa do Brasil: [...]
III - erradicar a pobreza e a marginalização e reduzir as desigualdades sociais e regionais → fundamento da igualdade material na CF

Exemplos de igualdade material na CF

Art. 5º [...] L - às presidiárias serão asseguradas condições para que possam permanecer com seus filhos durante o período de amamentação;
Art. 7º [...] XX - proteção do mercado de trabalho da mulher, mediante incentivos específicos, nos termos da lei;
Art. 7º [...] XXX - proibição de diferença de salários, de exercício de funções e de critério de admissão por motivo de sexo, idade, cor ou estado civil ⊠ Súmula nº 683 do STF: o limite de idade para inscrição em concurso público só se legitima quando possa ser justificado pelas naturezas das atribuições do cargo a ser preenchido. Além disso, a limitação deve estar prevista na lei.

Observação: O STF já entendeu que cargos de natureza intelectual não podem ter discriminação por idade. Exemplo: magistratura.

Art. 7º [...] XXXI - proibição de qualquer discriminação no tocante a salário e critérios de admissão do trabalhador portador de deficiência;
Art. 12 [...] § 2º A lei não poderá estabelecer distinção entre brasileiros natos e naturalizados, salvo nos casos previstos nesta Constituição.
Art. 203. A assistência social será prestada a quem dela necessitar, independentemente de contribuição à seguridade social, e tem por objetivos:
I - a proteção à família, à maternidade, à infância, à adolescência e à velhice;
II - o amparo às crianças e adolescentes carentes;
III - a promoção da integração ao mercado de trabalho;
IV - a habilitação e reabilitação das pessoas portadoras de deficiência e a promoção de sua integração à vida comunitária;
V - a garantia de um salário-mínimo de benefício mensal à pessoa portadora de deficiência e ao idoso que comprovem não possuir meios de prover à própria manutenção ou de tê-la provida por sua família, conforme dispuser a lei.

→ Ações afirmativas

Política social de redução da desigualdade fática. Também chamadas de discriminações positivas ou reversas. São medidas de compensação, buscando concretizar, ao menos em parte, uma igualdade de oportunidades com o demais indivíduos, que não sofreram as mesmas restrições. As ações afirmativas são transitórias. É mecanismo de inclusão social.

→ Cotas raciais

O sistema de cotas em universidades públicas, com base em critério étnico-racial é constitucional. No entanto, as políticas de ação afirmativa baseadas no critério racial possuem natureza transitória. STF. Plenário. ADPF 186/DF. Rel. Min. Ricardo Lewandowski julgado em 25 e 26/4/2012 (Info nº 663).

É constitucional a Lei nº 12.990/2014 que reserva 20% das vagas oferecidas nos concursos públicos para provimento de cargos efetivos e empregos públicos na administração pública direta e indireta federal. É legítima a utilização, além da autodeclaração, de critérios subsidiários de heteroidentificação, desde que respeitada a dignidade da pessoa humana e garantidos o contraditório e ampla defesa. (ADC nº 41).

→ Heteroidentificação

É a utilização de outros critérios para identificação do candidato as cotas raciais, no intuito de se evitar fraudes.

É constitucional a Lei nº 12.990/2014, que reserva a pessoas negras 20% das vagas oferecidas nos concursos públicos para provimento de cargos efetivos e empregos públicos no âmbito da Administração Pública federal direta e indireta, por três fundamentos.

Em primeiro lugar, a desequiparação promovida pela política de ação afirmativa em questão está em consonância com o princípio da isonomia. Ela se funda na necessidade de superar o racismo estrutural e institucional ainda existente na sociedade brasileira, e garantir a igualdade material entre os cidadãos, por meio da distribuição mais equitativa de bens sociais e da promoção do reconhecimento da população afrodescendente.

Em segundo lugar, não há violação aos princípios do concurso público e da eficiência. A reserva de vagas para negros não os isenta da aprovação no concurso público. Como qualquer outro candidato, o beneficiário da política deve alcançar a nota necessária para que seja considerado apto a exercer, de forma adequada e eficiente, o cargo em questão. Além disso, a incorporação do fator "raça" como critério de seleção, ao invés de afetar o princípio da eficiência, contribui para sua realização em maior extensão, criando uma "burocracia representativa", capaz de garantir que os pontos de vista e interesses de toda a população sejam considerados na tomada de decisões estatais.

Em terceiro lugar, a medida observa o princípio da proporcionalidade em sua tríplice dimensão. A existência de uma política de cotas para o acesso de negros à educação superior não torna a reserva de vagas nos quadros da Administração Pública desnecessária ou desproporcional em sentido estrito. Isso porque: (i) nem todos os cargos e empregos públicos exigem curso superior; (ii) ainda quando haja essa exigência, os beneficiários da ação afirmativa no serviço público podem não ter sido beneficiários das cotas nas universidades públicas; e (iii) mesmo que o concorrente tenha ingressado em curso de ensino superior por meio de cotas, há outros fatores que impedem os negros de competir em pé de igualdade nos concursos públicos, justificando a política de ação afirmativa instituída pela Lei nº 12.990/2014.

7.2 Minorias e Grupos Vulneráveis

Os direitos humanos se fundam em dois grandes sistemas: um sistema geral, aplicado a toda e qualquer pessoa, bastando ser humano para titularizar esses direitos e outro especial por considerar que nem todos os sujeitos de direito conseguem exercer de maneira efetiva os direitos previstos no sistema geral, razão pela qual necessitam de maiores doses de proteção, por estarem em posição de desvantagem na sociedade.

Estamos tratando de grupos vulneráveis e/ou minorias. Vamos entender a diferença entre minorias e grupos vulneráveis. Preliminarmente, nem toda minoria é um grupo vulnerável, nem todo grupo vulnerável é minoria, mas é possível que a mesma categoria se encaixe nos dois grupos.

→ **Minorias:** são grupos de pessoas que não têm a mesma representação política que os demais cidadãos ou sofrem histórica e crônica discriminação por guardarem entre si características essenciais à sua personalidade que demarcam sua singularidade no meio social e, portanto, existem em menor número.

→ **Grupos vulneráveis:** são marginalizados em razão de um fator de identidade específica e não se constituem, necessariamente, em grupos menores.

Como exemplo, mulheres são grupos vulneráveis, eis que marginalizadas em uma cultura altamente machista, mas não são minorias, eis que existem em proporção até maior do que os homens.

De modo semelhante, os afrodescendentes são grupos vulneráveis, em razão da discriminação pelo legado da escravidão, mas não são minorias.

Por sua vez, os índios são minorias e pela posição altamente marginalizada, são, também, grupos vulneráveis, de igual forma a população em situação de rua, os quais são minorias e grupos vulneráveis.

A doutrina aponta minorias que não são grupos vulneráveis pessoas que exercem o direito de liberdade de maneira diversa ao hábito social geral. Por exemplo, os praticantes do candomblé, os ciganos e os nômades.

7.3 Violências de Gênero

O direito à igualdade tem como uma de suas vertentes a igualdade entre os sexos. Nesse sentido, a CF dispõe que:

> **Art. 5º** Todos são iguais perante a lei, sem distinção de qualquer natureza, garantindo-se aos brasileiros e aos estrangeiros residentes no País a inviolabilidade do direito à vida, à liberdade, à igualdade, à segurança e à propriedade, nos termos seguintes:
> I - homens e mulheres são iguais em direitos e obrigações, nos termos desta Constituição;

As mulheres são historicamente discriminadas constituindo-se em grupos vulneráveis. As conquistas das mulheres são recentes na história. A título de exemplo, temos que o voto feminino no Brasil só passou a ser aceito em 1932.

As mulheres são grupos vulneráveis, eis que marginalizadas em uma cultura altamente machista, mas não são minorias, eis que existem em proporção até maior do que os homens.

De toda forma, por serem grupos vulneráveis, necessitam de igualdade material sob o viés da justiça de reconhecimento de identidades.

A Lei Maria da Penha traz uma diferença de tratamento entre homens e mulheres. Foi considerada constitucional pelo STF. Esta diferenciação é razoável. A própria CF faz diferenciações, como o caso de aposentadoria de mulheres mais cedo do que os homens.

Caso Maria da Penha Maia Fernandes: lei nº 11.340/2006

→ **Origem**

Em maio e junho de 1983, em Fortaleza, no Estado do Ceará, Marco Antônio Heredia Viveiros praticou violência física contra a sua então esposa Maria da Penha Maia Fernandes, tendo o fato se subsumido ao crime de homicídio tentado. Foram mais de 15 anos desde o momento em que foram iniciadas as investigações sem sentença definitiva e sem reparação das consequências do delito.

Desta forma, em 20 de agosto e 1998, o Centro pela Justiça e pelo Direito Internacional (CEJIL) e Comitê Latino-Americano de Defesa da Mulher (CLADEM) apresentaram petição a Comissão Interamericana de Direitos Humanos pela tolerância do Brasil em não ter tomado providências efetivas no caso.

O Relatório nº 54/2001 dispõe que:

> A Comissão considera que as decisões judiciais internas neste caso apresentam uma ineficácia, negligência ou omissão por parte das autoridades judiciais brasileira e uma demora injustificada no julgamento de um acusado, bem como põem em risco definitivo a possibilidade de punir o acusado e indenizar a vítima, pela possível prescrição do delito. Demonstram que o Estado não foi capaz de organizar sua estrutura para garantir esses direitos. Tudo isso é uma violação independente dos artigos 8 e 25 da Convenção Americana sobre Direitos Humanos em relação com o artigo 1(1) da mesma, e dos artigos correspondentes da Declaração.
>
> [...]
>
> VIII. RECOMENDAÇÕES
>
> 61. A Comissão Interamericana de Direitos Humanos reitera ao Estado Brasileiro as seguintes recomendações:
>
> 1. Completar rápida e efetivamente o processamento penal do responsável da agressão e tentativa de homicídio em prejuízo da Senhora Maria da Penha Fernandes Maia.
>
> 2. Proceder a uma investigação séria, imparcial e exaustiva a fim de determinar a responsabilidade pelas irregularidades e atrasos injustificados que impediram o processamento rápido e efetivo do responsável, bem como tomar as medidas administrativas, legislativas e judiciárias correspondentes.
>
> 3. Adotar, sem prejuízo das ações que possam ser instauradas contra o responsável civil da agressão, as medidas necessárias para que o Estado assegure à vítima adequada reparação simbólica e material pelas violações aqui estabelecidas, particularmente por sua falha em oferecer um recurso rápido e efetivo; por manter o caso na impunidade por mais de quinze anos; e por impedir com esse atraso a possibilidade oportuna de ação de reparação e indenização civil.
>
> 4. Prosseguir e intensificar o processo de reforma que evite a tolerância estatal e o tratamento discriminatório com respeito à violência doméstica contra mulheres no Brasil. A Comissão recomenda particularmente o seguinte:
>
> a) Medidas de capacitação e sensibilização dos funcionários judiciais e policiais especializados para que compreendam a importância de não tolerar a violência doméstica;
>
> b) Simplificar os procedimentos judiciais penais a fim de que possa ser reduzido o tempo processual, sem afetar os direitos e garantias de devido processo;
>
> c) O estabelecimento de formas alternativas às judiciais, rápidas e efetivas de solução de conflitos intrafamiliares, bem como de sensibilização com respeito à sua gravidade e às consequências penais que gera;
>
> d) Multiplicar o número de delegacias policiais especiais para a defesa dos direitos da mulher e dotá-las dos recursos especiais necessários à efetiva tramitação e investigação de todas as denúncias de violência doméstica, bem como prestar apoio ao Ministério Público na preparação de seus informes judiciais;
>
> e) Incluir em seus planos pedagógicos unidades curriculares destinadas à compreensão da importância do respeito à mulher e a seus direitos reconhecidos na Convenção de Belém do Pará, bem como ao manejo dos conflitos intrafamiliares.

Em face das recomendações, o Poder Legislativo Federal editou a Lei nº 11.340/2006 para o respeito e garantia ao direito das mulheres vítimas de violência doméstica e familiar. A condenação do agressor a pena de 8 anos de reclusão sobreveio após 19 anos do ocorrido.

→ **Direitos na lei nº 11.340/2006**

A Lei nº 11.340/2006 cria mecanismos para coibir a violência doméstica e familiar contra a mulher, nos termos do § 8º do art. 226 da Constituição Federal, da Convenção sobre a Eliminação de Todas as Formas de Discriminação contra as Mulheres e da Convenção Interamericana para Prevenir, Punir e Erradicar a Violência contra a Mulher; dispõe sobre a criação dos Juizados de Violência Doméstica e Familiar contra a Mulher; altera o Código de Processo Penal, o Código Penal e a Lei de Execução Penal; e dá outras providências.

> **Art. 5º** Para os efeitos desta Lei, configura violência doméstica e familiar contra a mulher qualquer ação ou omissão baseada no gênero que lhe cause morte, lesão, sofrimento físico, sexual ou psicológico e dano moral ou patrimonial: (Vide Lei complementar nº 150, de 2015)
>
> I - no âmbito da unidade doméstica, compreendida como o espaço de convívio permanente de pessoas, com ou sem vínculo familiar, inclusive as esporadicamente agregadas;
>
> II - no âmbito da família, compreendida como a comunidade formada por indivíduos que são ou se consideram aparentados, unidos por laços naturais, por afinidade ou por vontade expressa;
>
> III - em qualquer relação íntima de afeto, na qual o agressor conviva ou tenha convivido com a ofendida, independentemente de coabitação.
>
> **Parágrafo único.** As relações pessoais enunciadas neste artigo independem de orientação sexual.
>
> **Art. 6º** A violência doméstica e familiar contra a mulher constitui uma das formas de violação dos direitos humanos.
>
> **Art. 7º** São formas de violência doméstica e familiar contra a mulher, entre outras:
>
> I - a violência física, entendida como qualquer conduta que ofenda sua integridade ou saúde corporal;
>
> II - a violência psicológica, entendida como qualquer conduta que lhe cause dano emocional e diminuição da autoestima ou que lhe prejudique e perturbe o pleno desenvolvimento ou que vise degradar ou controlar suas ações, comportamentos, crenças e decisões, mediante ameaça, constrangimento, humilhação, manipulação, isolamento, vigilância constante, perseguição contumaz, insulto, chantagem, violação de sua intimidade, ridicularização, exploração e limitação do direito de ir e vir ou qualquer outro meio que lhe cause prejuízo à saúde psicológica e à autodeterminação; (Redação dada pela Lei nº 13.772, de 2018)
>
> III - a violência sexual, entendida como qualquer conduta que a constranja a presenciar, a manter ou a participar de relação sexual não desejada, mediante intimidação, ameaça, coação ou

uso da força; que a induza a comercializar ou a utilizar, de qualquer modo, a sua sexualidade, que a impeça de usar qualquer método contraceptivo ou que a force ao matrimônio, à gravidez, ao aborto ou à prostituição, mediante coação, chantagem, suborno ou manipulação; ou que limite ou anule o exercício de seus direitos sexuais e reprodutivos;

IV - a violência patrimonial, entendida como qualquer conduta que configure retenção, subtração, destruição parcial ou total de seus objetos, instrumentos de trabalho, documentos pessoais, bens, valores e direitos ou recursos econômicos, incluindo os destinados a satisfazer suas necessidades;

V - a violência moral, entendida como qualquer conduta que configure calúnia, difamação ou injúria.

DO ATENDIMENTO PELA AUTORIDADE POLICIAL

Art. 10. Na hipótese da iminência ou da prática de violência doméstica e familiar contra a mulher, a autoridade policial que tomar conhecimento da ocorrência adotará, de imediato, as providências legais cabíveis.

Parágrafo único. Aplica-se o disposto no caput deste artigo ao descumprimento de medida protetiva de urgência deferida.

Art. 10-A. É direito da mulher em situação de violência doméstica e familiar o atendimento policial e pericial especializado, ininterrupto e prestado por servidores - preferencialmente do sexo feminino - previamente capacitados. (Incluído pela Lei nº 13.505, de 2017)

§ 1º A inquirição de mulher em situação de violência doméstica e familiar ou de testemunha de violência doméstica, quando se tratar de crime contra a mulher, obedecerá às seguintes diretrizes: (Incluído pela Lei nº 13.505, de 2017)

I - salvaguarda da integridade física, psíquica e emocional da depoente, considerada a sua condição peculiar de pessoa em situação de violência doméstica e familiar; (Incluído pela Lei nº 13.505, de 2017)

II - garantia de que, em nenhuma hipótese, a mulher em situação de violência doméstica e familiar, familiares e testemunhas terão contato direto com investigados ou suspeitos e pessoas a eles relacionadas; (Incluído pela Lei nº 13.505, de 2017)

III - não revitimização da depoente, evitando sucessivas inquirições sobre o mesmo fato nos âmbitos criminal, cível e administrativo, bem como questionamentos sobre a vida privada. (Incluído pela Lei nº 13.505, de 2017)

[...]

§ 2º Na inquirição de mulher em situação de violência doméstica e familiar ou de testemunha de delitos de que trata esta Lei, adotar-se-á, preferencialmente, o seguinte procedimento: (Incluído pela Lei nº 13.505, de 2017)

I - a inquirição será feita em recinto especialmente projetado para esse fim, o qual conterá os equipamentos próprios e adequados à idade da mulher em situação de violência doméstica e familiar ou testemunha e ao tipo e à gravidade da violência sofrida; (Incluído pela Lei nº 13.505, de 2017)

II - quando for o caso, a inquirição será intermediada por profissional especializado em violência doméstica e familiar designado pela autoridade judiciária ou policial; (Incluído pela Lei nº 13.505, de 2017)

III - o depoimento será registrado em meio eletrônico ou magnético, devendo a degravação e a mídia integrar o inquérito. (Incluído pela Lei nº 13.505, de 2017)

Art. 11. No atendimento à mulher em situação de violência doméstica e familiar, a autoridade policial deverá, entre outras providências:

I - garantir proteção policial, quando necessário, comunicando de imediato ao Ministério Público e ao Poder Judiciário;

II - encaminhar a ofendida ao hospital ou posto de saúde e ao Instituto Médico Legal;

III - fornecer transporte para a ofendida e seus dependentes para abrigo ou local seguro, quando houver risco de vida;

IV - se necessário, acompanhar a ofendida para assegurar a retirada de seus pertences do local da ocorrência ou do domicílio familiar;

V - informar à ofendida os direitos a ela conferidos nesta Lei e os serviços disponíveis;

V - informar à ofendida os direitos a ela conferidos nesta Lei e os serviços disponíveis, inclusive os de assistência judiciária para o eventual ajuizamento perante o juízo competente da ação de separação judicial, de divórcio, de anulação de casamento ou de dissolução de união estável. (Redação dada pela Lei nº 13.894, de 2019)

Art. 12. Em todos os casos de violência doméstica e familiar contra a mulher, feito o registro da ocorrência, deverá a autoridade policial adotar, de imediato, os seguintes procedimentos, sem prejuízo daqueles previstos no Código de Processo Penal:

I - ouvir a ofendida, lavrar o boletim de ocorrência e tomar a representação a termo, se apresentada;

II - colher todas as provas que servirem para o esclarecimento do fato e de suas circunstâncias;

III - remeter, no prazo de 48 (quarenta e oito) horas, expediente apartado ao juiz com o pedido da ofendida, para a concessão de medidas protetivas de urgência;

IV - determinar que se proceda ao exame de corpo de delito da ofendida e requisitar outros exames periciais necessários;

V - ouvir o agressor e as testemunhas;

VI - ordenar a identificação do agressor e fazer juntar aos autos sua folha de antecedentes criminais, indicando a existência de mandado de prisão ou registro de outras ocorrências policiais contra ele;

VI-A - verificar se o agressor possui registro de porte ou posse de arma de fogo e, na hipótese de existência, juntar aos autos essa informação, bem como notificar a ocorrência à instituição responsável pela concessão do registro ou da emissão do porte, nos termos da Lei nº 10.826, de 22 de dezembro de 2003 (Estatuto do Desarmamento); (Incluído pela Lei nº 13.880, de 2019)

VII - remeter, no prazo legal, os autos do inquérito policial ao juiz e ao Ministério Público.

§ 1º O pedido da ofendida será tomado a termo pela autoridade policial e deverá conter:

I - qualificação da ofendida e do agressor;

II - nome e idade dos dependentes;

III - descrição sucinta do fato e das medidas protetivas solicitadas pela ofendida.

IV - informação sobre a condição de a ofendida ser pessoa com deficiência e se da violência sofrida resultou deficiência ou agravamento de deficiência preexistente. (Incluído pela Lei nº 13.836, de 2019)

[...]

§ 2º A autoridade policial deverá anexar ao documento referido no § 1º o boletim de ocorrência e cópia de todos os documentos disponíveis em posse da ofendida.

§ 3º Serão admitidos como meios de prova os laudos ou prontuários médicos fornecidos por hospitais e postos de saúde.

Art. 12-A. Os Estados e o Distrito Federal, na formulação de suas políticas e planos de atendimento à mulher em situação de violência doméstica e familiar, darão prioridade, no âmbito da Polícia Civil, à criação de Delegacias Especializadas de Atendimento à Mulher (Deams), de Núcleos Investigativos de Feminicídio e de equipes especializadas para o atendimento e a investigação das violências graves contra a mulher.

[...]

§ 3º A autoridade policial poderá requisitar os serviços públicos necessários à defesa da mulher em situação de violência doméstica e familiar e de seus dependentes. (Incluído pela Lei nº 13.505, de 2017)

[...]

Art. 12-C. *Verificada a existência de risco atual ou iminente à vida ou à integridade física da mulher em situação de violência doméstica e familiar, ou de seus dependentes, o agressor será imediatamente afastado do lar, domicílio ou local de convivência com a ofendida:* (Incluído pela Lei nº 13.827, de 2019)

I - pela autoridade judicial; (Incluído pela Lei nº 13.827, de 2019)

II - pelo delegado de polícia, quando o Município não for sede de comarca; ou (Incluído pela Lei nº 13.827, de 2019)

III - pelo policial, quando o Município não for sede de comarca e não houver delegado disponível no momento da denúncia. (Incluído pela Lei nº 13.827, de 2019)

§ 1º Nas hipóteses dos incisos II e III do caput deste artigo, o juiz será comunicado no prazo máximo de 24 (vinte e quatro) horas e decidirá, em igual prazo, sobre a manutenção ou a revogação da medida aplicada, devendo dar ciência ao Ministério Público concomitantemente. (Incluído pela Lei nº 13.827, de 2019)

§ 2º Nos casos de risco à integridade física da ofendida ou à efetividade da medida protetiva de urgência, não será concedida liberdade provisória ao preso.

Do Crime de Descumprimento de Medidas Protetivas de Urgência

Descumprimento de Medidas Protetivas de Urgência

Art. 24-A. *Descumprir decisão judicial que defere medidas protetivas de urgência previstas nesta Lei:* (Incluído pela Lei nº 13.641, de 2018)

Pena *– detenção, de 3 (três) meses a 2 (dois) anos.* (Incluído pela Lei nº 13.641, de 2018)

§ 1º A configuração do crime independe da competência civil ou criminal do juiz que deferiu as medidas. (Incluído pela Lei nº 13.641, de 2018)

§ 2º Na hipótese de prisão em flagrante, apenas a autoridade judicial poderá conceder fiança. (Incluído pela Lei nº 13.641, de 2018)

§ 3º O disposto neste artigo não exclui a aplicação de outras sanções cabíveis.

→ **Constitucionalidade da Lei Maria da Penha**

A Ação Declaratória nº 19 foi julgada procedente por unanimidade, ou seja, o STF declarou constitucional o art. 1º da Lei, afirmando que não há violação ao princípio da igualdade.

Dessa feita, conclui-se que a Lei Maria da Penha somente protege a mulher.

O homem até pode ser vítima de violência doméstica e familiar (exemplo: homem que apanha de sua esposa). No entanto, somente a mulher recebe uma proteção diferenciada. O homem recebe a proteção comum prevista no Código Penal.

A mulher, conforme o relator, Min. Marco Aurélio, é vulnerável quando se trata de constrangimentos físicos, morais e psicológicos sofridos em âmbito privado. "Não há dúvida sobre o histórico de discriminação por ela enfrentado na esfera afetiva. As agressões sofridas são significativamente maiores do que as que acontecem – se é que acontecem – contra homens em situação similar", avaliou.

O relator afirmou que a Lei Maria da Penha promove a igualdade em seu sentido material, sem restringir de maneira desarrazoada o direito das pessoas pertencentes ao gênero masculino.

Assim, trata-se de uma ação afirmativa (discriminação positiva) em favor da mulher.

O Min. Ayres Britto disse que a Lei está em consonância plena com o que denominou de "constitucionalismo fraterno", que seria a filosofia de remoção de preconceitos contida na Constituição Federal de 1988.

O Min. Gilmar Mendes lembrou que não há inconstitucionalidade em legislação que dá proteção ao menor, ao adolescente, ao idoso e à mulher.

7.4 Racismo

Art. 4º A República Federativa do Brasil rege-se nas suas relações internacionais pelos seguintes princípios:

VIII - repúdio ao terrorismo e ao racismo;

Art. 5º, XLI - a lei punirá qualquer discriminação atentatória dos direitos e liberdades fundamentais;

Art. 5º, XLII - a prática do racismo constitui crime inafiançável e imprescritível, sujeito à pena de reclusão, nos termos da lei;

Declaração Universal dos Direitos Humanos

Artigo 2

1. Todo ser humano tem capacidade para gozar os direitos e as liberdades estabelecidos nesta Declaração, sem distinção de qualquer espécie, seja de raça, cor, sexo, língua, religião, opinião política ou de outra natureza, origem nacional ou social, riqueza, nascimento, ou qualquer outra condição.

2. Não será também feita nenhuma distinção fundada na condição política, jurídica ou internacional do país ou território a que pertença uma pessoa, quer se trate de um território independente, sob tutela, sem governo próprio, quer sujeito a qualquer outra limitação de soberania.

Pacto de São José da Costa Rica

ARTIGO 1

Obrigação de Respeitar os Direitos

1. Os Estados-Partes nesta Convenção comprometem-se a respeitar os direitos e liberdades nela reconhecidos e a garantir seu livre e pleno exercício a toda pessoa que esteja sujeita à sua jurisdição, sem discriminação alguma por motivo de raça, cor, sexo, idioma, religião, opiniões políticas ou de qualquer outra natureza, origem nacional ou social, posição econômica, nascimento ou qualquer outra condição social.

2. Para os efeitos desta Convenção, pessoa é todo ser humano.

Estatuto da igualdade racial. Lei nº12288/2010.

Art. 1º Esta Lei institui o Estatuto da Igualdade Racial, destinado a garantir à população negra a efetivação da igualdade de oportunidades, a defesa dos direitos étnicos individuais, coletivos e difusos e o combate à discriminação e às demais formas de intolerância étnica.

DIREITOS HUMANOS, MINORIAS E GRUPOS VULNERÁVEIS

Parágrafo único. *Para efeito deste Estatuto, considera-se:*

I - discriminação racial ou étnico-racial: toda distinção, exclusão, restrição ou preferência baseada em raça, cor, descendência ou origem nacional ou étnica que tenha por objeto anular ou restringir o reconhecimento, gozo ou exercício, em igualdade de condições, de direitos humanos e liberdades fundamentais nos campos político, econômico, social, cultural ou em qualquer outro campo da vida pública ou privada;

II - desigualdade racial: toda situação injustificada de diferenciação de acesso e fruição de bens, serviços e oportunidades, nas esferas pública e privada, em virtude de raça, cor, descendência ou origem nacional ou étnica;

III - desigualdade de gênero e raça: assimetria existente no âmbito da sociedade que acentua a distância social entre mulheres negras e os demais segmentos sociais;

IV - população negra: o conjunto de pessoas que se autodeclaram pretas e pardas, conforme o quesito cor ou raça usado pela Fundação Instituto Brasileiro de Geografia e Estatística (IBGE), ou que adotam autodefinição análoga;

V - políticas públicas: as ações, iniciativas e programas adotados pelo Estado no cumprimento de suas atribuições institucionais;

VI - ações afirmativas: os programas e medidas especiais adotados pelo Estado e pela iniciativa privada para a correção das desigualdades raciais e para a promoção da igualdade de oportunidades.

Art. 4o *A participação da população negra, em condição de igualdade de oportunidade, na vida econômica, social, política e cultural do País será promovida, prioritariamente, por meio de:*

I - inclusão nas políticas públicas de desenvolvimento econômico e social;

II - adoção de medidas, programas e políticas de ação afirmativa;

III - modificação das estruturas institucionais do Estado para o adequado enfrentamento e a superação das desigualdades étnicas decorrentes do preconceito e da discriminação étnica;

IV - promoção de ajustes normativos para aperfeiçoar o combate à discriminação étnica e às desigualdades étnicas em todas as suas manifestações individuais, institucionais e estruturais;

V - eliminação dos obstáculos históricos, socioculturais e institucionais que impedem a representação da diversidade étnica nas esferas pública e privada;

VI - estímulo, apoio e fortalecimento de iniciativas oriundas da sociedade civil direcionadas à promoção da igualdade de oportunidades e ao combate às desigualdades étnicas, inclusive mediante a implementação de incentivos e critérios de condicionamento e prioridade no acesso aos recursos públicos;

VII - implementação de programas de ação afirmativa destinados ao enfrentamento das desigualdades étnicas no tocante à educação, cultura, esporte e lazer, saúde, segurança, trabalho, moradia, meios de comunicação de massa, financiamentos públicos, acesso à terra, à Justiça, e outros.

Parágrafo único. *Os programas de ação afirmativa constituir-se-ão em políticas públicas destinadas a reparar as distorções e desigualdades sociais e demais práticas discriminatórias adotadas, nas esferas pública e privada, durante o processo de formação social do País.*

Racismo institucional é aquele que se configura no contexto de instituições públicas, cabendo a modificação na estrutura destas instituições em prol da igualdade racial, inclusive mediante adoção de políticas públicas afirmativas, entre as quais se incluem as cotas. O artigo 4°, nos incisos III a V, estabelece o dever de combate ao racismo institucional.

Direitos fundamentais:
> Direito à saúde;
> Direitos à educação, cultura, esporte e lazer;
> Educação;
> Cultura;
> Direito à liberdade de consciência, crença e livre exercício de cultos religiosos;
> Acesso à terra e à moradia adequada;
> Moradia;
> Trabalho
> Meios de comunicação

O art. 47 em diante trata do Sistema Nacional de Promoção da Igualdade Racial:

Art. 47. É instituído o Sistema Nacional de Promoção da Igualdade Racial (Sinapir) como forma de organização e de articulação voltadas à implementação do conjunto de políticas e serviços destinados a superar as desigualdades étnicas existentes no País, prestados pelo poder público federal.

7.5 Proteção das Pessoas com Deficiência

A terminologia adequada ao tratamento dessas pessoas vulneráveis é pessoas com deficiência, eis que não esconde a deficiência, valorizando as diferenças e as necessidades decorrentes da deficiência e defender a igualdade, exigindo a equiparação de oportunidades atendendo as diferenças individuais.

Não se deve utilizar a expressão "portador de deficiência", pois a condição de ter deficiência faz parte da pessoa, é inata a sua condição, não se pode abandonar ou deixar de lado a deficiência. No entanto a própria Convenção Americana de eliminação a todas as formas de deficiência de 2001 utiliza a expressão portador de deficiência.

O direito à igualdade tem como uma de suas vertentes a igualdade formal, a qual veda discriminações por qualquer motivo. Nesse sentido, a CF dispõe:

Art. 5º Todos são iguais perante a lei, sem distinção de qualquer natureza, garantindo-se aos brasileiros e aos estrangeiros residentes no País a inviolabilidade do direito à vida, à liberdade, à igualdade, à segurança e à propriedade, nos termos seguintes:

Art. 7º São direitos dos trabalhadores urbanos e rurais, além de outros que visem à melhoria de sua condição social: XXXI - proibição de qualquer discriminação no tocante a salário e critérios de admissão do trabalhador portador de deficiência;

Art. 23. É competência comum da União, dos Estados, do Distrito Federal e dos Municípios:

II – cuidar da saúde e assistência pública, da proteção e garantia das pessoas portadoras de deficiência;

Art. 24. Compete à União, aos Estados e ao Distrito Federal legislar concorrentemente sobre:

XIV – proteção e integração social das pessoas portadoras de deficiência;

Art. 37. A administração pública direta e indireta de qualquer dos Poderes da União, dos Estados, do Distrito Federal e dos Municípios obedecerá aos princípios de legalidade, impessoalidade, moralidade, publicidade e eficiência e, também, ao seguinte:
VIII – a lei reservará percentual dos cargos e empregos públicos para as pessoas portadoras de deficiência e definirá os critérios de sua admissão;

Art. 203. A assistência social será prestada a quem dela necessitar, independentemente de contribuição à seguridade social, e tem por objetivos:
IV – a habilitação e reabilitação das pessoas portadoras de deficiência e a promoção de sua integração à vida comunitária;

A doutrina cita 04 fases no desenvolvimento da proteção das pessoas com deficiência:

> Fase da intolerância: deficiência representava pecado ou castigo divino.
> Fase da invisibilidade: ignorava-se os direitos das pessoas com deficiência.
> Fase assistencialista: perspectiva médica de encontrar uma cura.
> Fase humanista: direitos à inclusão social para eliminar barreiras.

Nesses termos a Convenção das Pessoas com Deficiência que reconhece a deficiência como resultado da interação entre indivíduos e seu meio ambiente, não residindo apenas intrinsecamente no indivíduo.

Dessa forma, a noção de proteção a pessoa com deficiência atual não é tratá-la como se fosse uma doença, mas entender que se trata de uma forma de manifestação da individualidade humana e garantir a proteção da liberdade dessas pessoas, não se exigindo das pessoas com deficiência adaptação à sociedade.

Estatuto da pessoa com deficiência

Art. 1º É instituída a Lei Brasileira de Inclusão da Pessoa com Deficiência (Estatuto da Pessoa com Deficiência), destinada a assegurar e a promover, em condições de igualdade, o exercício dos direitos e das liberdades fundamentais por pessoa com deficiência, visando à sua inclusão social e cidadania.

Parágrafo único. Esta Lei tem como base a Convenção sobre os Direitos das Pessoas com Deficiência e seu Protocolo Facultativo, ratificados pelo Congresso Nacional por meio do Decreto Legislativo nº 186, de 9 de julho de 2008, em conformidade com o procedimento previsto no § 3º do art. 5º da Constituição da República Federativa do Brasil, em vigor para o Brasil, no plano jurídico externo, desde 31 de agosto de 2008, e promulgados pelo Decreto nº 6.949, de 25 de agosto de 2009, data de início de sua vigência no plano interno.

§ 1º A avaliação da deficiência, quando necessária, será biopsicossocial, realizada por equipe multiprofissional e interdisciplinar e considerará: (Vigência)
I – os impedimentos nas funções e nas estruturas do corpo;
II – os fatores socioambientais, psicológicos e pessoais;
III – a limitação no desempenho de atividades; e
IV – a restrição de participação.

Art. 6º A deficiência não afeta a plena capacidade civil da pessoa, inclusive para:
I – casar-se e constituir união estável;
II – exercer direitos sexuais e reprodutivos;
III – exercer o direito de decidir sobre o número de filhos e de ter acesso a informações adequadas sobre reprodução e planejamento familiar;
IV – conservar sua fertilidade, sendo vedada a esterilização compulsória;
V – exercer o direito à família e à convivência familiar e comunitária; e
VI – exercer o direito à guarda, à tutela, à curatela e à adoção, como adotante ou adotando, em igualdade de oportunidades com as demais pessoas.

Art. 7º É dever de todos comunicar à autoridade competente qualquer forma de ameaça ou de violação aos direitos da pessoa com deficiência.

Do Atendimento Prioritário

Art. 9º A pessoa com deficiência tem direito a receber atendimento prioritário, sobretudo com a finalidade de:
I – proteção e socorro em quaisquer circunstâncias;
II – atendimento em todas as instituições e serviços de atendimento ao público;
III – disponibilização de recursos, tanto humanos quanto tecnológicos, que garantam atendimento em igualdade de condições com as demais pessoas;
IV – disponibilização de pontos de parada, estações e terminais acessíveis de transporte coletivo de passageiros e garantia de segurança no embarque e no desembarque;
V – acesso a informações e disponibilização de recursos de comunicação acessíveis;
VI – recebimento de restituição de imposto de renda;
VII – tramitação processual e procedimentos judiciais e administrativos em que for parte ou interessada, em todos os atos e diligências.

Dos direitos fundamentais previstos no Estatuto:
→ Vida;
→ Direito à habilitação e à reabilitação;
→ Direito à saúde;
→ Direito à educação;
→ Direito à moradia;
→ Direito ao trabalho: habilitação e reabilitação profissional e da inclusão ao trabalho;
→ Direito a assistência social;
→ Direito a previdência social;
→ Direito a cultura, ao esporte, ao turismo e ao lazer;
→ Direito ao transporte e a mobilidade;
→ Direito a acessibilidade;
→ Direito a participação na vida pública e política.

7.6 Proteção da Diversidade Sexual

A proteção da diversidade sexual insere-se no tema de vedação da discriminação por qualquer motivo, direito amplamente protegido no direito internacional e no direito interno.

Segundo o site da ONU: Pessoas cuja orientação sexual, identidade ou expressão de gênero diferem de normas vigentes podem enfrentar discriminação, rejeição e violência dentro de sua comunidade ou família. Em muitos países, pessoas LGBTI enfrentam assédio ativo, discriminação e prisões e detenções arbitrárias por parte das autoridades governamentais, com base em sua orientação sexual ou identidade de gênero, incluindo os 73 Estados onde relações homossexuais consensuais são atualmente criminalizadas. Em alguns países, pessoas trans enfrentam também sanções penais e, em outros, crianças intersexo são submetidas a cirurgias e esterilização sem o seu consentimento.

LGBTQIA é a sigla para lésbicas, gays, bissexuais, pessoas trans, quuer, intersexual, assexual.

A Constituição Federal protege a igualdade sem preconceito de sexo, vejamos:

Art. 5º Todos são iguais perante a lei, sem distinção de qualquer natureza, garantindo-se aos brasileiros e aos estrangeiros residentes no País a inviolabilidade do direito à vida, à liberdade, à igualdade, à segurança e à propriedade, nos termos seguintes:

Art. 1º A República Federativa do Brasil, formada pela união indissolúvel dos Estados e Municípios e do Distrito Federal, constitui-se em Estado Democrático de Direito e tem como fundamentos: [...]

V - o pluralismo político.

Art. 3º Constituem objetivos fundamentais da República Federativa do Brasil: [...]

IV - promover o bem de todos, sem preconceitos de origem, raça, sexo, cor, idade e quaisquer outras formas de discriminação.

Resolução nº 348/2020 CNJ: Art. 4º O reconhecimento da pessoa como parte da população LGBTI será feito exclusivamente por meio de autodeclaração, que deverá ser colhida pelo magistrado em audiência, em qualquer fase do procedimento penal, incluindo a audiência de custódia, até a extinção da punibilidade pelo cumprimento da pena, garantidos os direitos à privacidade e à integridade da pessoa declarante.

§ 1º-A. A possibilidade de manifestação da preferência quanto ao local de privação de liberdade e de sua alteração deverá ser informada expressamente à pessoa pertencente à população LGBTI no momento da autodeclaração.

Art. 6º Pessoas autodeclaradas parte da população LGBTI submetidas à persecução penal têm o direito de ser tratadas pelo nome social, de acordo com sua identidade de gênero, mesmo que distinto do nome que conste de seu registro civil, como previsto na Resolução CNJ nº 270/2018.